＜この本で学ぶみなさんへ＞

地理の大学入試問題は，統計資料や図表を読み取る問題が多い。これは，地理的な思考力を試すものとして統計数値や図表の読み取りがふさわしい材料だからである。本書では，このような統計資料・図表の読み取りを行い，地理的な考察力を高めることができるよう，それぞれのテーマについて統計資料や図表，写真などを用いてまとめている。また，文章資料では現象面の説明だけでなく，その背景まで描くことを心がけて編集している。本書の内容をマスターすれば，地理的な思考力は高まり，大学入試にも万全の態勢で臨める。

＜本書で学ぶためのさまざまなコーナー＞

- **用語**　大学入試に必要な地理の重要用語を解説している。
- **トピック**　とくに掘り下げたい新しい事項などをグラフや文章資料で解説している。
- **コラム**　地理で重要な話題を分かりやすく解説している。
- **参照** p.182　そのテーマに関連する内容の記述があるページを示している。

＜国名の表記について＞

国名はほとんど略称を用いている。
そのおもなものは次のとおり。

本書	正式国名
韓国	大韓民国
北朝鮮	朝鮮民主主義人民共和国
中国	中華人民共和国
アメリカ	アメリカ合衆国
ロシア	ロシア連邦
南アフリカ	南アフリカ共和国

＜統計について＞

イギリスは2020年にEUより離脱したが，統計の年次によってはEUに含まれる。

1　地球のすがた

①　世界の陸地の高度と海洋の深度

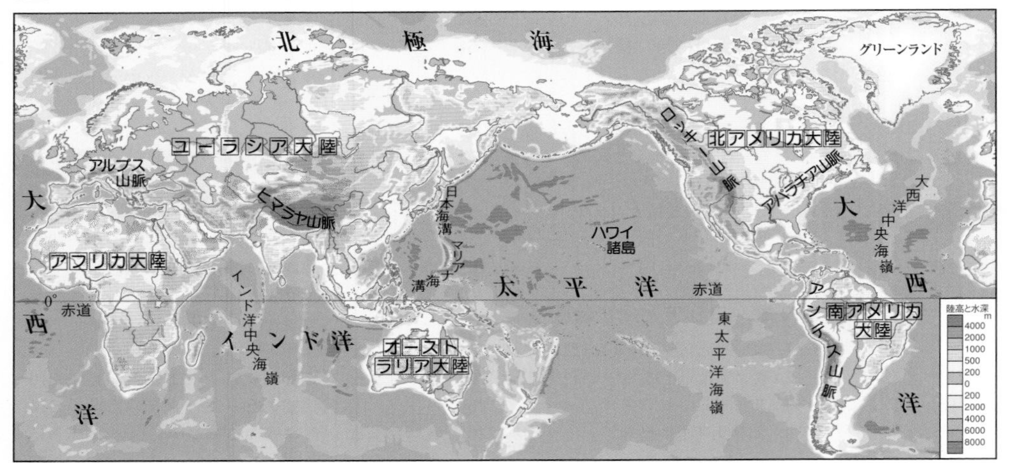

陸地の標高は，現在も**造山運動**が続いているユーラシア大陸南部や太平洋沿岸部で大きい。

一方，海洋の深度は海溝でとくに大きく，深度6000mをこえる。このような大地形の形成には，**内的営力**が強く関係している。

②　地表高度と広さの割合

〔理科年表 平成28年，ほか〕

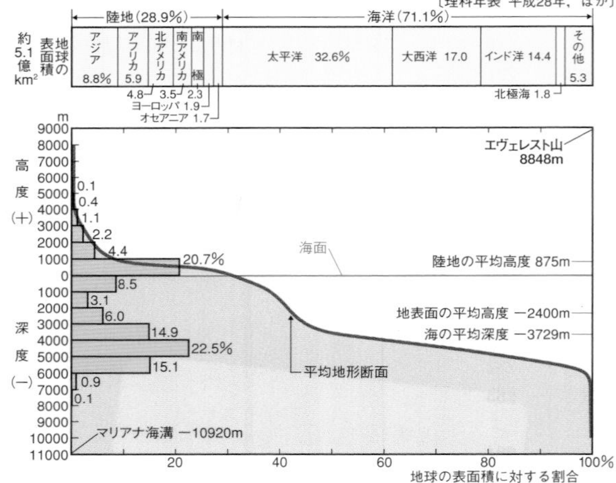

地球の表面積は約5.1億km²である。そのうち，およそ71％は平均深度約3700mの海洋で占められる。残りのおよそ29％は平均高度875mの陸地であるが，これは北半球に偏って分布する。

また，地表の起伏の高度差は1万9768mで，地球の平均半径(約6400km)の0.3％にすぎない。

コラム　地球の基本情報

公転平均速度 29.78km/s

公転周期(太陽年) 365.2422日

赤道と軌道面との傾き 23°26′21.406″

自転周期 23時間56分4秒

極半径 6,356.752km

赤道半径 6,378.137km

質　量	5.972×10^{24}kg
体　積	1.084×10^{12}km³
平均密度	5.51g/cm³
表面積	5.10066×10^{8}km²
平均半径	6 371.03km

赤道の全周 40,074.912km

N　S　地球

地球は球体に近いが，回転しているため，赤道半径のほうが極半径に比べてやや大きくなっている。

〔理科年表　平成26年〕

③　大陸別の高度分布

	200m以下	200〜500	500〜1000	1000〜2000	2000〜4000	4000m以上	平均高度(m)
南　極	6.4	2.8	5.0	22.0	63.8	0.0	2200
オーストラリア	39.3	41.6	16.9	2.2	0.0	0.0	340
南アメリカ	38.2	29.8	19.2	5.6	5.0	2.2	590
北アメリカ	29.9	30.7	12.0	16.6	10.8	0.0	720
アフリカ	9.7	38.9	28.2	19.5	3.7	0.0	750
ヨーロッパ	52.7	21.2	15.2	5.0	2.0	0.0	340
アジア	24.6	20.2	25.9	18.0	7.2	5.2	960
全大陸	25.3	26.8	19.4	15.2	11.4	1.9	875

(単位：％)
〔理科年表 昭和33年〕

ヨーロッパは標高200m未満の低い土地が多い。オーストラリアは台地状，アフリカは高原状である。北アメリカやアジアは急峻である。南極大陸は厚い氷床に覆われているため平均高度が大きい。

④　陸半球と水半球(すいはんきゅう)

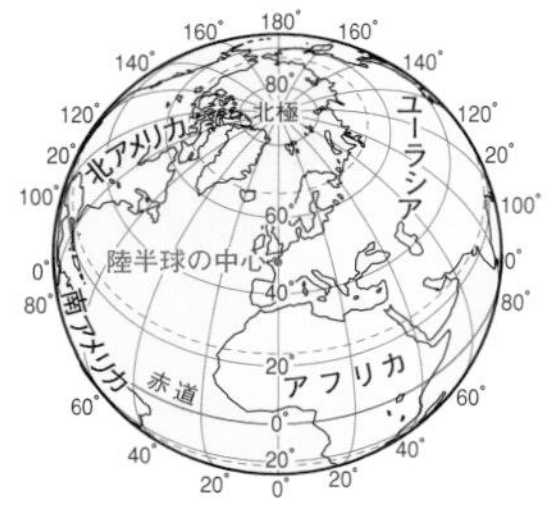

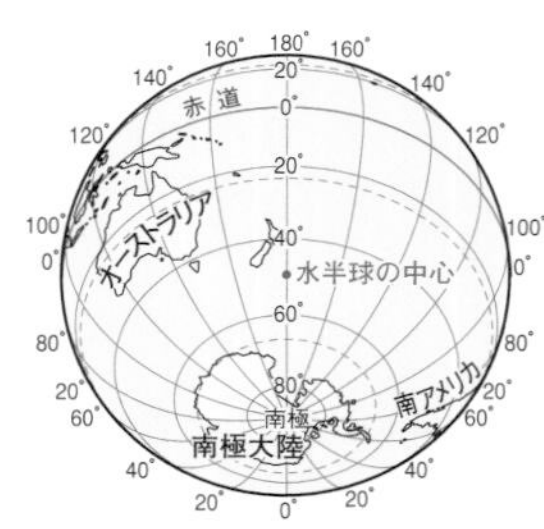

地球を半球に分けたとき，陸地を最も多く含む半球を**陸半球**，その残り，つまり海洋を最も多く含む半球を**水半球**という。陸半球には陸地の約83％が含まれる。

陸半球の中心はフランスのナント付近，また，水半球の中心はこの**対蹠点**(たいせきてん)にあたる南太平洋のアンティポディーズ諸島付近といわれている。

対蹠点とは，ある地点からみた地球の裏側の地点である。対蹠点の緯度の絶対値は同じで，北緯と南緯が逆になる。経度は180度の差がある。東京(35°41′N，139°46′E)の対蹠点は，35°41′S，40°14′Wである。

2　世界の地体構造

①　世界の地体構造の分布

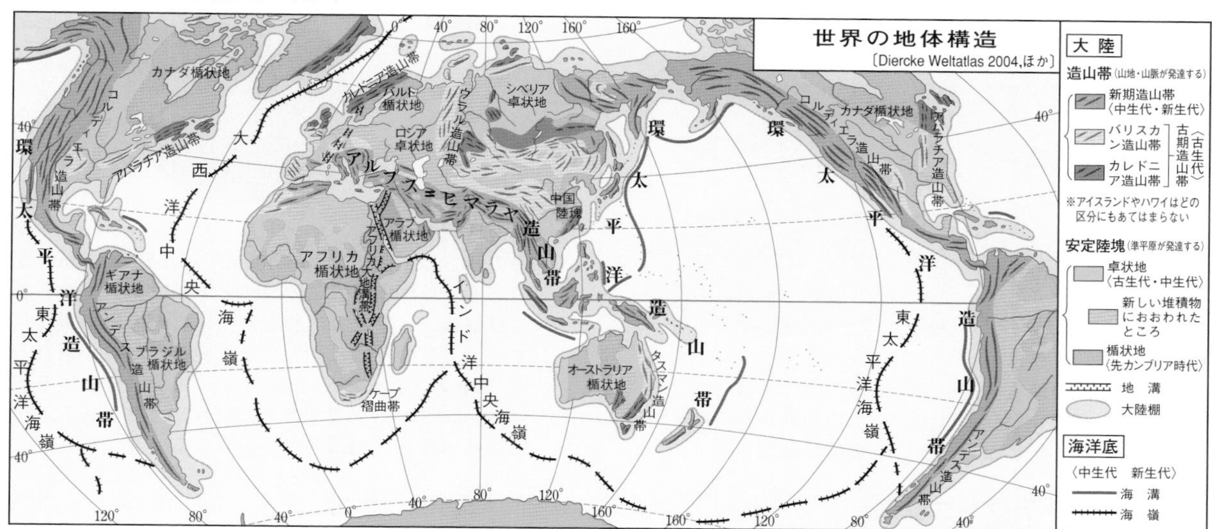

②　地質時代と造山運動

＊年代の数字は現在より何年前にあたるかを示している。
＊＊イギリスやフランスではヘルシニア造山運動とよぶ。

地質時代	新生代							中生代			古生代						先カンブリア時代		
	第四紀		新第三紀		古第三紀														
	完新世	更新世	鮮新世	中新世	漸新世	始新世	暁新世	白亜紀	ジュラ紀	三畳紀	二畳紀（ペルム紀）	石炭紀	デボン紀	シルル紀	オルドビス紀	カンブリア紀	原生代	太古代	冥王代
年代＊（100万年）	0.012	2.6	5.3	23	34	56	66	145	201	252	299	359	419	444	485	541	2500	4000	4600
動物	人類　哺乳類		貝類					アンモナイト　始祖鳥　恐竜			爬虫類　両生類　昆虫		最初の陸上植物	筆石	三葉虫		甲殻をもたない無脊椎動物		
植物	被子植物								裸子植物		羊歯植物			菌・藻時代					
造山活動	日本列島の形成	地殻変動		古い日本の形成				造山運動			地向斜時代			……?					
	アルプス造山運動										バリスカン造山運動＊＊		カレドニア造山運動						

〔地球年代学，ほか〕

大陸の中心部には古い陸地である**安定陸塊**(りくかい)（楯状地や卓状地）が広がる。これをとりまくように，古生代に造山運動を受けた**古期造山帯**（アパラチア造山帯やウラル造山帯など）が分布し，侵食を受けてなだらかになった山地が多く見られる。さらに，現在のプレートの境界にあたる地域には，中生代以降に造山運動を受けてきた**新期造山帯**（アルプス=ヒマラヤ造山帯や環太平洋造山帯）が分布し，急峻な山地が多く見られる。

③　地体構造の分類

分類		成因・特徴
安定陸塊（安定大陸）		先カンブリア時代に形成された古い陸地で，大陸の2/3程度の面積を占める。地震や火山活動がほとんど起こらない。
	楯状地	安定陸塊のうち，先カンブリア時代の地球上で最古の岩盤が広範囲に露出した地域。侵食された平坦な地形が特徴。
	卓状地	安定陸塊のうち，先カンブリア時代の岩盤の上に古生代以降の地層がほぼ水平に堆積した地域。台地状になることが多い。
古期造山帯		古生代に造山運動を受けた地域。かつての巨大山脈がその後の侵食によって，なだらかな地形になった場所が含まれる。
新期造山帯		中生代以降に造山運動を受けてきた地域。アルプス=ヒマラヤ造山帯と環太平洋造山帯があり，地震や火山活動が活発。

用語　内的営力・外的営力

内的営力：地表の形態（つまり地形）を変化させる力を営力という。内的営力は地球内部からはたらく力で，地殻運動や火山活動を通じて地表を変化させる。おもに大規模な地形（大地形）を形づくる。
外的営力：外的営力は地球外にそのエネルギー源をもつもので，流水・波・海流・氷河・風など，主として太陽の熱エネルギーを起源にもつ。風化・侵食・運搬・堆積などのはたらきで，地形を平坦化していく。

▶野島断層＊
（兵庫県，淡路島）
＊兵庫県南部地震で地表に現れた活断層

3　プレートテクトニクスとプレートの境界

① 大陸の移動

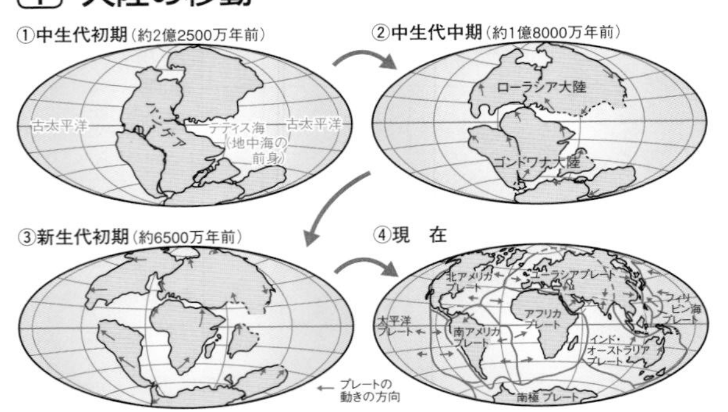

地球物理学者ウェゲナーはアフリカと南アメリカの海岸線の形や両大陸の地質構造が似ていることに着目し，かつては一つだった大陸（パンゲア）が，中生代初期から分離・移動して現在の大陸分布になったという**大陸移動説**を唱えた。

② 地球の内部構造

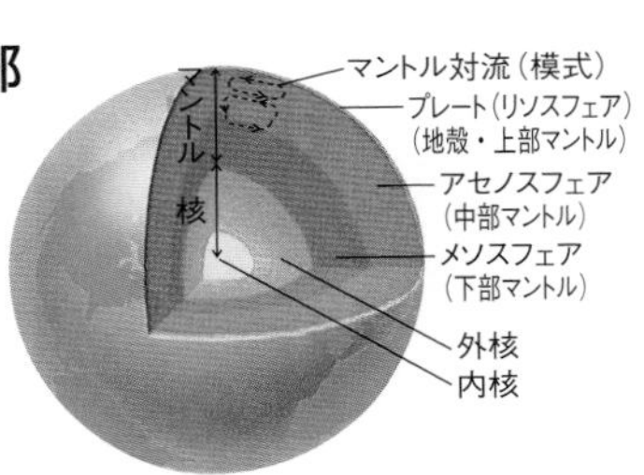

地球内部は地殻・マントル・核に区分される。地殻の厚さは大陸で約30～40km，海洋底で10km程度である。地球表層はこの地殻と上部マントルからなる**リソスフェア**とよばれるかたい岩石の層で覆われている。この下にはやわらかく流動しやすい岩石の層（**アセノスフェア**）が分布し，さらに深い部分（下部マントル）は**メソスフェア**とよばれることがある。核は液体の外核と固体の内核からなる。

③ プレートテクトニクス

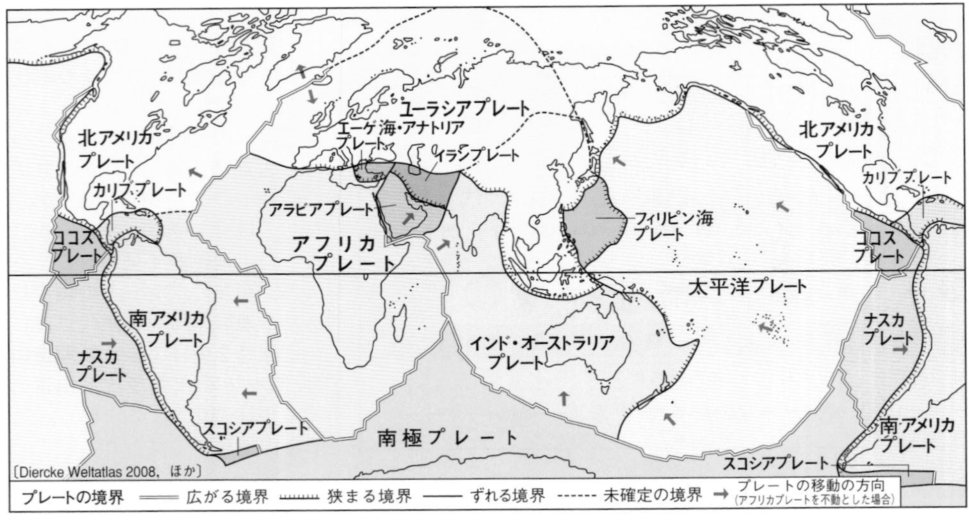

◀世界のプレートの分布

ウェゲナーが唱えた大陸移動説は，マントル対流の理論によって説明され，**プレートテクトニクス**へと発展した。リソスフェアは十数枚のプレートに区分され，地球内部の熱エネルギーなどによりアセノスフェア上を動いている。プレートは年間1～10cm程度の速さで水平方向に移動している。

④ 世界のプレートの境界

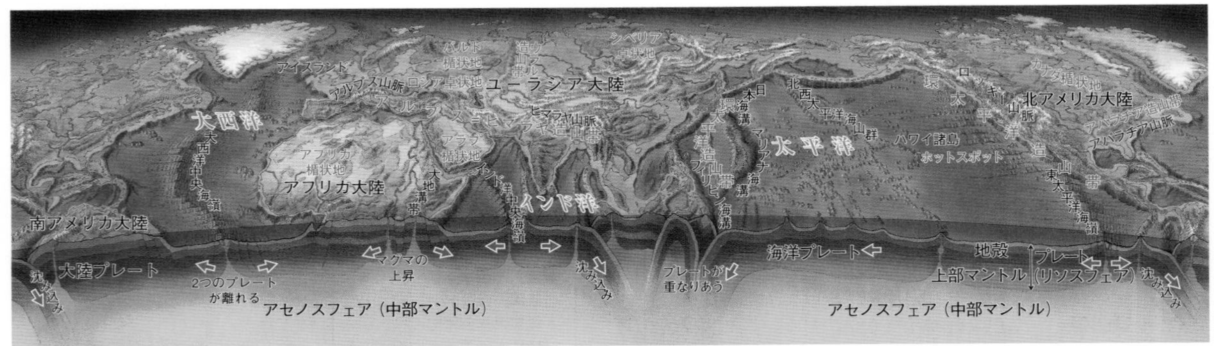

海嶺では，マントル物質が上昇して玄武岩からなるプレートが生成される。プレートは水平方向に運動し，海溝でマントル内に沈み込んで消滅する。

プレートの境界には，プレートが互いに離れていく**広がる境界**（海嶺），プレートどうしがぶつかる**狭まる境界**（海溝や造山帯），二つのプレートが互いにずれ動く**ずれる境界**（トランスフォーム断層）の三つがある。

5 広がる境界（1）海嶺

プレートの広がる境界が大洋底にあると，噴きだした玄武岩質マグマが急速に冷却されて，**海嶺**とよばれる長大な海底山脈を形づくる。新しくできた海洋プレートは海嶺から両側へ移動していく。また，海嶺では高温の熱水の噴出もみられる。アイスランドは，大西洋中央海嶺が海上に現れたものとされている。

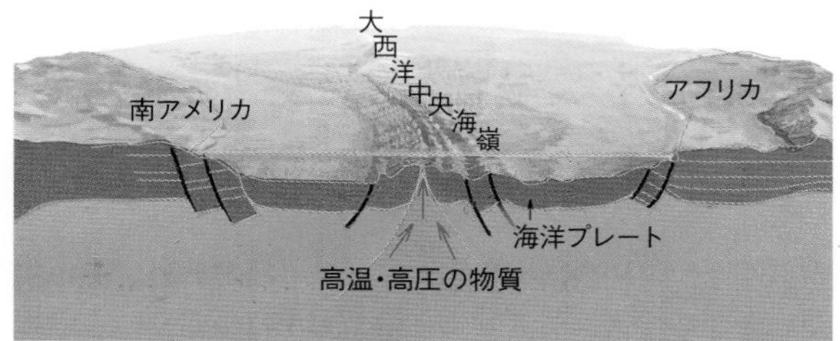

▲海嶺の形成とプレートの動き

（2）地溝帯

プレートの広がる境界が大陸にあると，そこから大地が引き裂かれ，巨大な裂け目(リフト)ができる。その裂け目の落ち込んだ部分を**地溝**という。アフリカ大陸東部には全長6000kmに及ぶ巨大な溝(**アフリカ大地溝帯**)があり，現在大陸が分裂しつつある現場となっている。

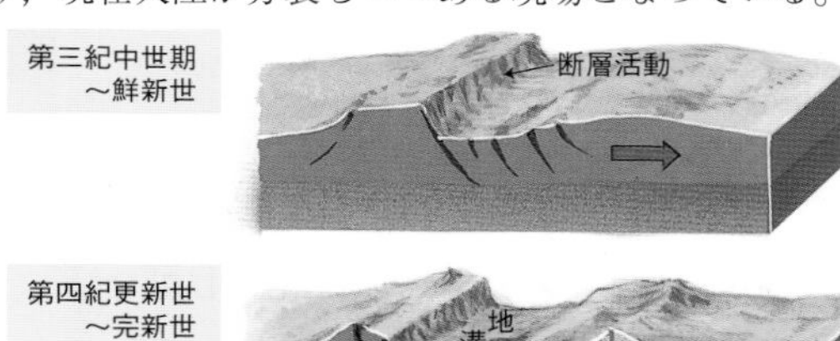

▲グレートリフトヴァレー(大地溝帯)の形成

6 狭まる境界（1）沈み込み帯

大陸プレートと海洋プレートがぶつかる狭まる境界では，重たい海洋プレートが軽い大陸プレートの下に沈み込み，**海溝**がつくられる。海溝に沿った大陸側には弧状列島(島弧)や火山列が形成される。また，プレート境界や大陸プレート内部では地震も多発する。

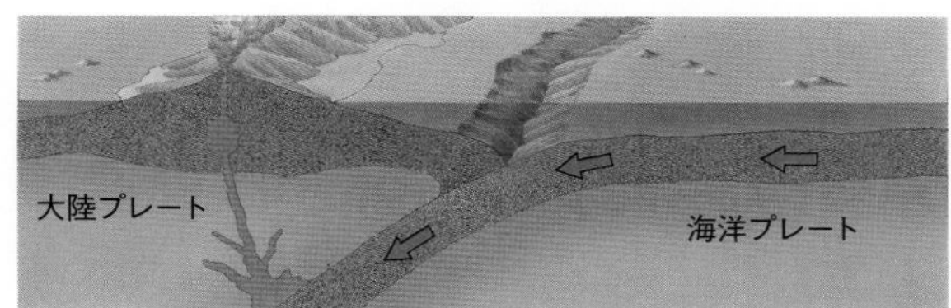

▲大陸プレートの下に沈み込む海洋プレート

（2）衝突帯

大陸プレートどうしがぶつかる狭まる境界では，プレートとプレートが押し合い，高くけわしい山脈が形成される。ヒマラヤ山脈は，4000万年前ごろインド亜大陸がユーラシア大陸に衝突してできた。現在もインドは年5cmの速さで北上し，ユーラシア大陸に衝突している。

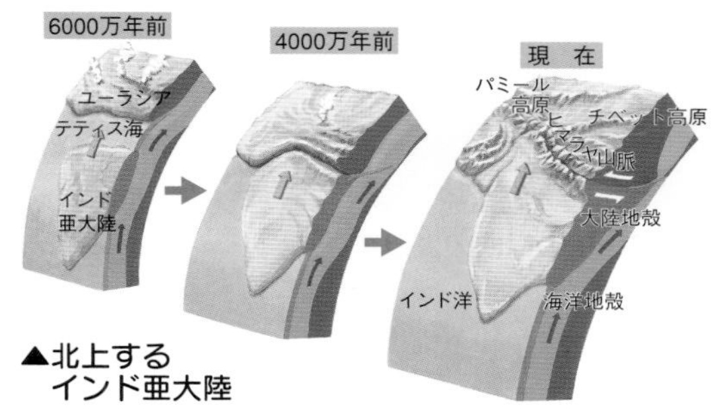

▲北上するインド亜大陸

7 ずれる境界

二つのプレートが水平にずれ動いている境界を，ずれる境界(トランスフォーム断層)という。アメリカ西部の**サンアンドレアス断層**は，北アメリカプレートと太平洋プレートの境界にあたっており，地震が多発している。

▲サンアンドレアス断層

トピック　プルームテクトニクス

プレートテクトニクスは地球表層の地殻の動きを説明している。しかし，半径が6400kmもある地球の大部分を占めるのは，その内側にあるマントルと核である。とくにマントル内の対流運動はプレート運動にも深く関係すると考えられてきた。

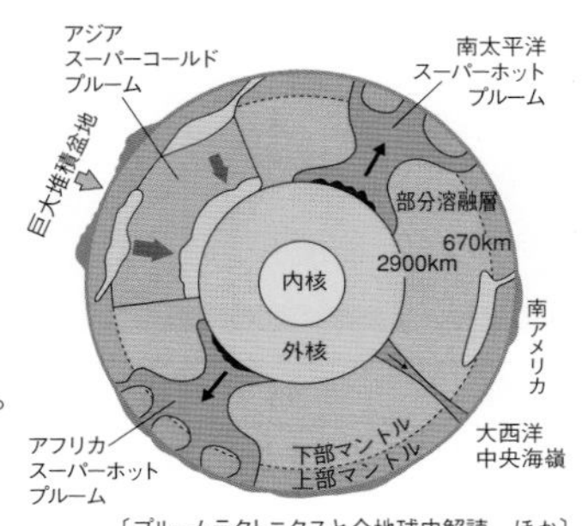

〔プルームテクトニクスと全地球史解読，ほか〕

▲プレートとプルームの動き

1990年代以降，地震波を使った地球内部構造の解析により，マントル内に二つの巨大なホットプルームと一つの巨大なコールドプルームがあることがわかった。プルームとは密度が小さくて上昇する，あるいは密度が大きくて沈降する物質の塊を指す。プルームの運動は大陸の分裂やプレートの発生・消滅などに関わっている。

4　山地の地形

用語　褶曲(しゅうきょく)山地と断層山地

褶曲山地：
岩石や堆積物が横から押され続けると，右図のように折り曲げられて**褶曲**がおこる。この褶曲運動に隆起が加わってできたものが褶曲山地である。ヒマラヤやアルプスなど世界の大山脈の多くが褶曲山地に属する。

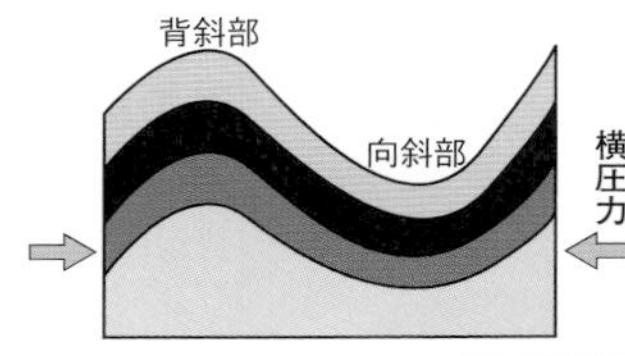

断層山地：
断層により片側または両側が限られた地殻を(断層)**地塊**という。断層山地は，この地塊が断層運動に伴って隆起して山地になったもので，**地塁**と**傾動地塊**に大きく区分される。日本の山地にはこの例が多い。

① 褶曲山地～アルプス山脈の形成～

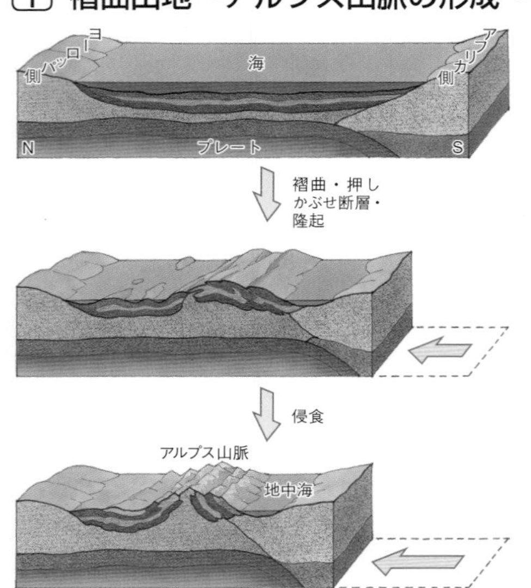

▲アルプス山脈の褶曲のようす

かつて，アフリカ大陸とユーラシア大陸の間には，テティス海とよばれる海が存在し，海底には堆積物が厚く積もっていた。その後，アフリカプレートとユーラシアプレートの衝突がはじまり，この堆積物を含む地殻が圧縮され，高く押し上げられた。この衝突によって変形した地層は，大規模な褶曲構造として観察することができる。さらに，氷河や雨，風による侵食を受けて，現在のようなけわしいアルプス山脈となった。

② ヒマラヤ山脈の褶曲

◀ネパールでみられる褶曲

③ 断層山地の地形

▼断層山地の模式図

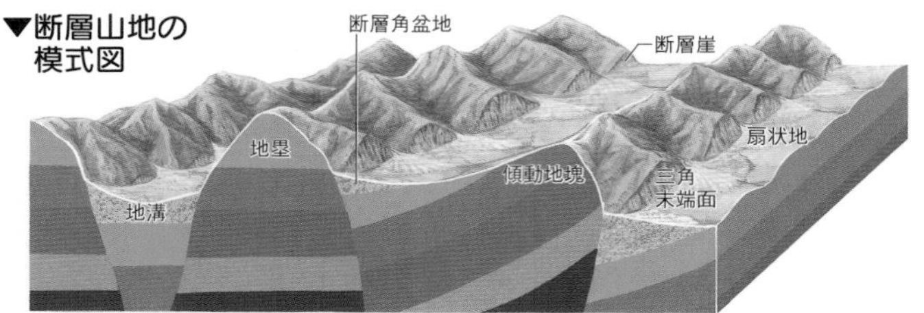

名　称	特　徴	例
地　塁	ほぼ並走する二つの断層崖ではさまれた山地。	木曽山脈・鈴鹿山脈，テンシャン山脈・アルタイ山脈
傾動地塊	片側が急な断層崖で，反対側が緩斜面になっている地塊。山地にみられるものを**傾動山地**という。	六甲山地・比良山地，生駒山地，石鎚山脈，シエラネヴァダ山脈，チンリン山脈，テベク山脈
地　溝	両側を断層崖ではさまれた低地(**地溝盆地**)。	諏訪盆地，伊那盆地 ライン地溝帯，アフリカ大地溝帯
断層角盆地	片側が断層崖により，他方が緩斜面によって限られている低地。	近江盆地，奈良盆地

④ 断層の種類

地層や岩石に力が加わると，急激に壊れることがある。そのときにできる破壊面を境にして岩石などがずれた現象を**断層**という。断層は，ずれの向きによって**正断層・逆断層・横ずれ断層**に分けられる。正断層は両側から引っ張る力がはたらいているとき，逆断層は両側から圧縮力がかかっているときに生じやすい。横ずれ断層は断層の両側が水平方向に移動したものである。

正断層　引っ張りの力によってできた断層

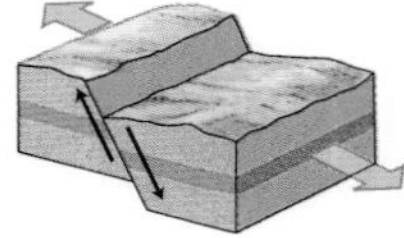

逆断層　圧縮の力によってできた断層

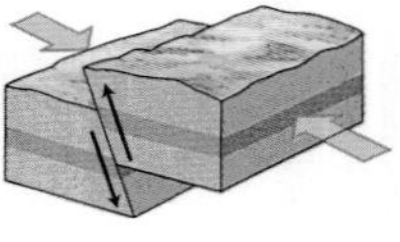

横ずれ断層

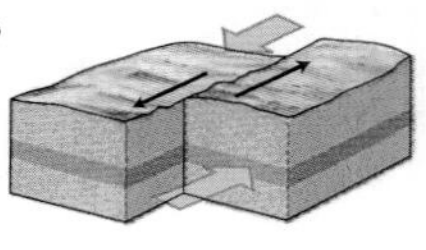

⑤ 火山地形

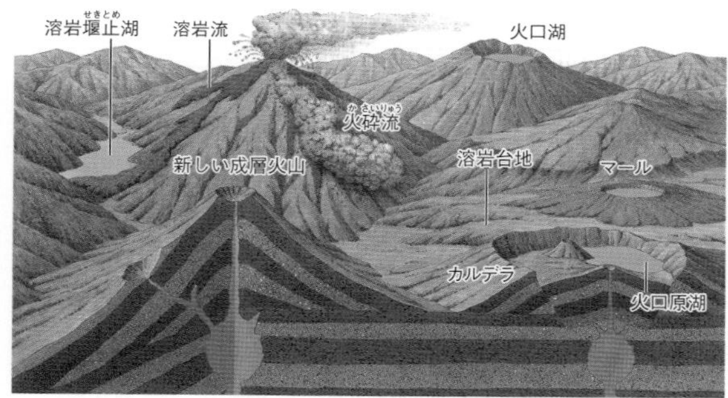

地下にある岩石がとけてできた**マグマ**は地表に噴出し，火山を形成する。火山地形には，噴火でできる**成層火山**や**楯状火山**，爆発や陥没によってできた凹地である**カルデラ**，溶岩流がつくる**溶岩台地**，高温ガスと火山砕屑物が高速で流れくだる火砕流堆積物が堆積してできた**火砕流台地**などがある。噴火の様式や火山の形態はマグマの組成によって異なる。粘性の小さい玄武岩質のマグマは流れやすく，楯状火山を生じやすい。一方，粘性の大きい安山岩質や流紋岩質マグマでは噴火が爆発的になりやすく，成層火山や溶岩円頂丘などが形成される。

⑥ 火山の種類と成因

トピック　使われなくなった火山用語

1911年，ドイツの地理学者シュナイダーは，形態にもとづいて，火山をトロイデ（鐘状火山），コニーデ（円錐火山），アスピーテ（楯状火山）など7分類した。しかし，これは形による分類で，火山の内部構造や形成過程を反映していない。現在では構造や成因を重視した分類が，広く使われている（→p.7⑧）。

⑦ 日本の火山の成因

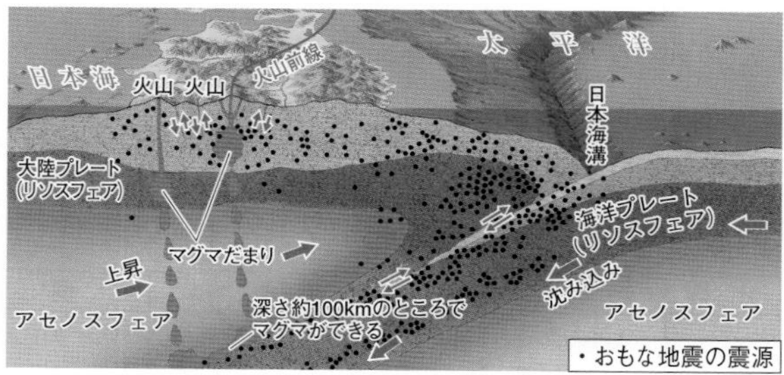

日本のようなプレート沈み込み帯では，海洋プレートが深さ100km付近に達すると，海洋プレート物質の脱水が起こり，放出された水がマントル（アセノスフェア）に供給される。水の供給により，マントルを構成する物質の融点は下がり，その一部が溶融してマグマを生じる。このマグマが地表に噴出して火山を形成する。最も海溝側に位置する火山を結んだ線を**火山前線**（**火山フロント**）という。

⑧ 火山地形の種類

種　類	特　　徴
複成火山	同一箇所で繰り返し噴火がおこって形成された火山。
成層火山	おもに1か所の火口から噴火を繰り返し，溶岩・火砕物が堆積した円錐形の火山。
楯状火山	流動性の大きい（粘性の小さい）溶岩でできた，傾斜のゆるい火山。楯を伏せたような形。
溶岩台地	大量の溶岩流が流れ出てできた広大な台地。
火砕流台地	大規模な火砕流によって運ばれた大量の火山灰・火山礫などが厚く堆積してできた台地。
カルデラ	噴火による爆発・陥没や，噴火後の侵食で形成された直径1～2kmより大きい大規模な凹地。
単成火山	1日あるいは数年にわたる1回のひと続きの噴火でできた比較的小さな火山。
爆裂火口	爆発的な噴火によって形成され，噴出物はほとんど積もっていない火口。
マール	水が大量にある場所でのマグマ水蒸気爆発によりできた円形の火口。池や湖になっていることが多い。
火山砕屑丘	火口の周囲に火山砕屑物が堆積した，円錐形に近い形の小さい山（丘）。
溶岩円頂丘（溶岩ドーム）	粘性の大きい溶岩が火口から塊となって押し出されてドーム状になったもの。このうち火道内（地中）でほとんど固まった溶岩の柱が押し上げられたものを**火山岩尖**という。

コラム　ホットスポット

マントル深部には固定されたマグマの供給源がある。ここから玄武岩マグマが地表に噴出し，ハワイのような**火山島**をつくる。このマグマの源は**ホットスポット**とよばれる。地表にできた火山島はプレートとともに移動し，ホットスポットから離れていく。それぞれの火山島の年代を調べることで，過去のプレート移動の速さを計算できる。

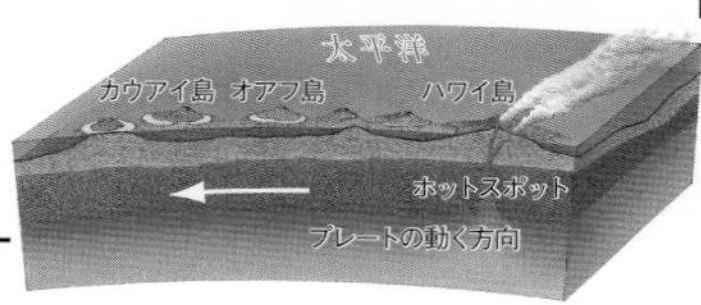

▶ハワイ諸島とホットスポット

5　平野の地形１　―侵食平野と堆積平野―

① 平野の種類　～侵食平野と堆積平野～

侵食平野は，長い間の侵食・風化作用により地表が平坦になってできた地形。**堆積平野**は，河川水や海水の堆積作用により形成された地形。日本の平野の多くは，完新世(約1万年前から現在)に形成された堆積平野である。

分類	成因と特徴	例
準平原	・大陸内部で地質が古く，地殻活動がゆるやかな地域で，長い間の侵食作用により形成。 ・起伏はほとんどないが，岩層の固い部分が残る**残丘(モナドノック)**もみられる。 ・氷河におおわれたユーラシア北部や北アメリカ北部は土地がやせている。	バルト楯状地，カナダ楯状地など，多くの楯状地
構造平野	・安定陸塊の周辺部に古い時代からの地層が堆積し，表面が侵食されて形成。 ・地層はほぼ水平だが，ゆるやかに傾斜しているところでは**ケスタ地形**がみられることがある。 ・地層が水平な場合は，**メサ**や**ビュート**が形成されることがある。	アメリカ中央平原，アマゾン盆地，東ヨーロッパ平原，ロシア卓状地など

▲侵食平野の分類　参照 p.3③

分類	成因と特徴	例
沖積平野	完新世(約1万年前から現在)の間に，河川などによって運ばれた堆積物が，堆積してできた平野。ここには河川の上流から順に，**扇状地**，**氾濫原**(**自然堤防・後背湿地**)，**三角州**などがみられる。	濃尾平野，越後平野，筑紫平野など
台地	更新世に形成された谷底平野・扇状地・三角州などが隆起して形成された，台状の地形。**河岸段丘**や**海岸段丘**などもこれに含まれる。丘陵に比べて平らな面が多い。	下総台地，常総台地，武蔵野，牧ノ原，三方原など
海岸平野	もとは海底にあった，陸地に近い浅い堆積面が，隆起または海面の低下によって地表に現れてできた平野。礫や泥，砂からなる。	九十九里平野，宮崎平野，アメリカ大西洋岸など
その他	風の作用で砂丘や**レス**におおわれる風成平野や氷河前面に形成されるアウトウォッシュプレーンがある。	アルプス山麓，アイスランド，華北平原など

▲堆積平野の分類

② 侵食平野の地形

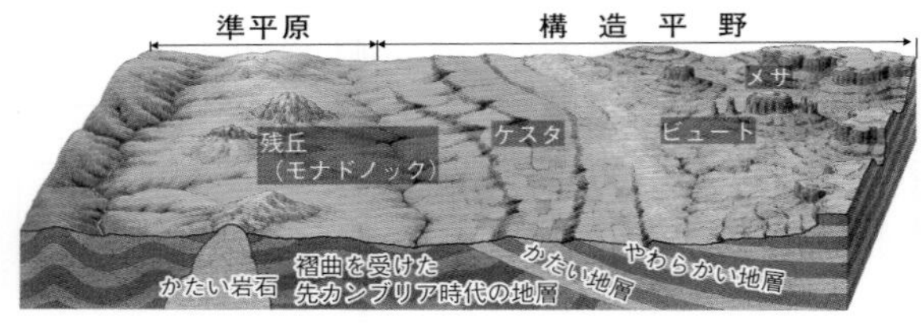

分類	地形	特徴
準平原	残丘(モナドノック)	かたい岩石が侵食から取り残されてできた丘。
構造平野	ケスタ	かたい地層とやわらかい地層が交互に堆積した層がゆるく傾斜し，かたい地層が侵食から残って丘陵となったもの。
	メサ，ビュート	侵食に強い岩層が残ってできたテーブル状の丘をメサ，その小規模なものをビュートとよぶ。

③ ケスタ地形

▲**ケスタの斜面**(パリ盆地)

フランス北部のパリ盆地には，明瞭な数列のケスタがみられる。ケスタの急斜面ではぶどう栽培がさかんで，ワインの貯蔵庫がつくられることもある。また，緩斜面ではぶどうのほかに，小麦も栽培されている。

④ 地形の侵食輪廻

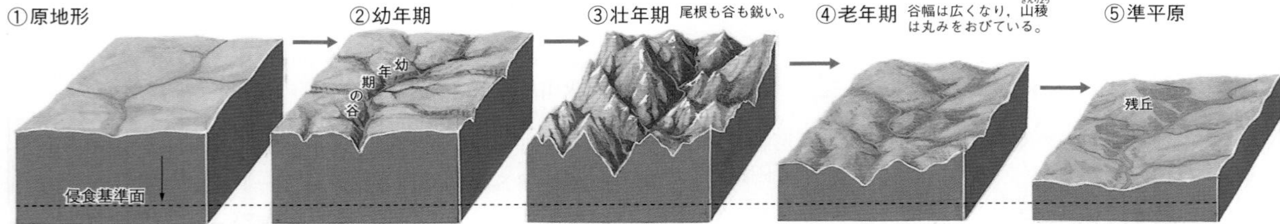

アメリカの自然地理学者デーヴィスが唱えた説を**侵食輪廻**という。この考え方では，まず地盤が急速に隆起し，平坦な**原地形**が陸上に現われる。その後，河川などによる侵食や風化でそれが削られ，**幼年期・壮年期・老年期**の段階を経て，最後に侵食基準面(通常は海面)付近まで削られ，平坦な**準平原**となる。しかしこれだけで説明できないことも多い。

5 河川の営力

河川は岩を侵食し，土砂を運搬・堆積して地表面の起伏を平らにする。これにより山地は侵食され，河口には土砂が堆積する。侵食力や運搬力は，勾配や流量で異なる。

▼河川の営力によってつくられる地形

	〈山地〉（川の上流）	〈谷口〉	（川の下流）	海や湖の影響が強い
作用	侵食＞堆積		侵食＜堆積	
地形	V字谷 河岸段丘 谷底平野	扇状地 （水無川・伏流 網状流）	氾濫原 （自然堤防・後背湿地）	三角州
堆積物	砂礫		砂泥	
土地利用	森林	扇央：果樹園・畑 扇端：湧水帯に集落・水田	自然堤防：集落・畑 後背湿地：水田	水田・湿地 都市

6 谷底(こくてい)平野

河川は，流路を左右に移動させながら流れることで，川の両岸を侵食し谷底(たにぞこ)を広げていく。この側面方向への侵食によって広がった谷底に，土砂が堆積して形成された平野を，**谷底平野**とよぶ。谷底平野は木の枝のような形で山地に入りこんでおり，日本では水田として利用されることが多い。

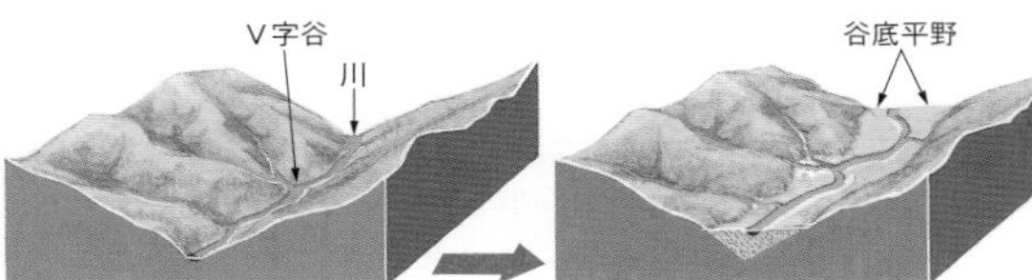

▲谷底平野の形成

7 河岸段丘

参照 p.304

①

氾濫原
谷底平野

上流からの土砂が堆積し，氾濫原を形成。

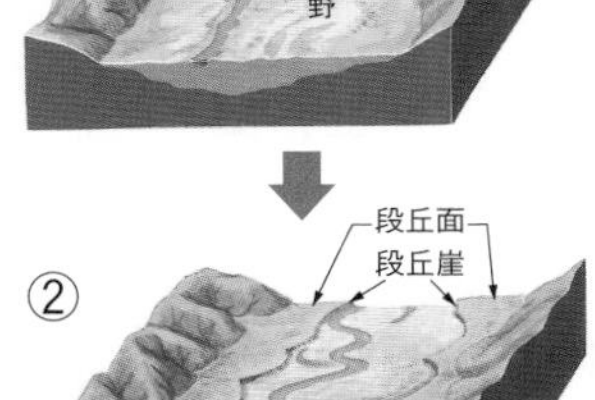

②

侵食基準面の高さの変化に伴い，河川の下方侵食（下刻(かこく)）が進む。そのため，新たに標高の低い氾濫原が形成される。昔の氾濫原のうち河川から離れたところは段丘面となる。

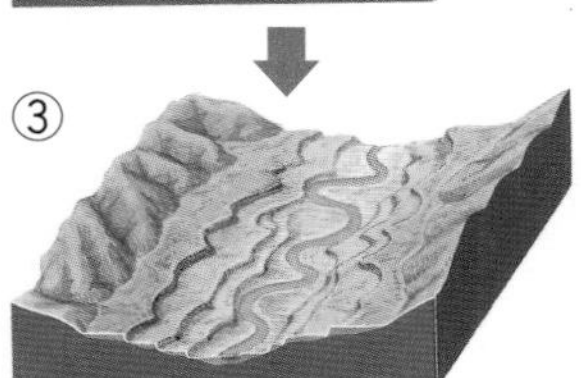

③

②が繰り返され，離水が不連続に何回か起こると，数段の河岸段丘（③では3段）が形成される。

▲河岸段丘の形成

河岸段丘は河川沿いに形成される階段状の地形で，ほぼ平坦なところを**段丘面**，それをくぎる崖を**段丘崖**とよぶ。一般的に現在の河川より高いところにある段丘ほど，古い時代に形成されている。段丘は，地殻変動による隆起や，河川流量・土砂の量の変化などによってつくられる。

コラム　V字谷(じこく)（じだに）

河川の上流では，傾斜が大きく流れが速いため，河川の侵食力，とくに下に削りこむ力が大きい。これを下刻作用とよぶ。この作用によって，山地では幅の狭い深い谷が刻まれることが多い。この谷は，横断面がV字形をなすため，**V字谷**とよばれる。

▶飛驒山脈のV字谷（富山県）

8 扇状地

参照 p.305

河川によって形成された，扇状から半円状の地形。河川が山地から平地に出てくる山麓では，川の勾配が急にゆるくなり，川幅が広がって水深も浅くなるため，運搬力が小さくなって土砂が堆積する。また，河川の流路は洪水のときに，谷口を中心に振れるように移動する。そのため，あらい砂礫が，山麓部に扇状に堆積する。

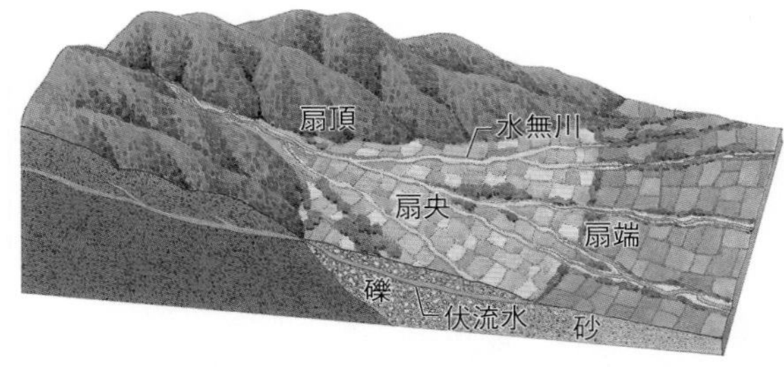

扇頂	扇状地の谷口の部分は大きな礫が多く，川は放射状や網目状に分流することが多い。ここは水にめぐまれるため，水田や**谷口集落**が形成される。
扇央	砂礫層の厚い扇央部では，河川水が伏流して水無川になりやすい。水が乏しいため，水田にすることが難しく，桑畑や果樹園，林地として利用されてきた。
扇端	扇状地の末端にあたり，この下流には氾濫原が広がる。伏流していた水が地表に湧出し，水を得やすいため，集落や水田が分布する。

▲扇状地の地形の分類

コラム　天井川

扇状地の扇央や氾濫原にある，土砂の運搬がさかんな河川では，河道を堤防によって固定すると，土砂が堆積して河床が高くなる。洪水の危険が増すため，堤防をかさ上げすると，河床はさらに高くなる。この繰り返しにより，河床が両側の平野よりも高くなった河川を**天井川**とよぶ。ライン川や黄河の下流部，近畿地方の平野などに多くみられる。

河川の堆積物

6　平野の地形２ －堆積平野－

① 氾濫原（はんらんげん）　参照 p.306

氾濫原は，河川の氾濫により形成された低平地である。川はＳ字状に**蛇行**し，ポイントバー（蛇行する河道の内側に生ずる堆積地形）がみられる。洪水の際には堤防が決壊しやすく，河道からあふれた土砂は自然堤防や後背湿地を形成する。

河跡湖── 平野部にはいって川の蛇行が大きくなると，大洪水時に氾濫によって流路が短縮されることがある。それまでの河川は放棄されて湖沼となる。その形から**三日月湖**・**牛角湖**とよばれることもある。

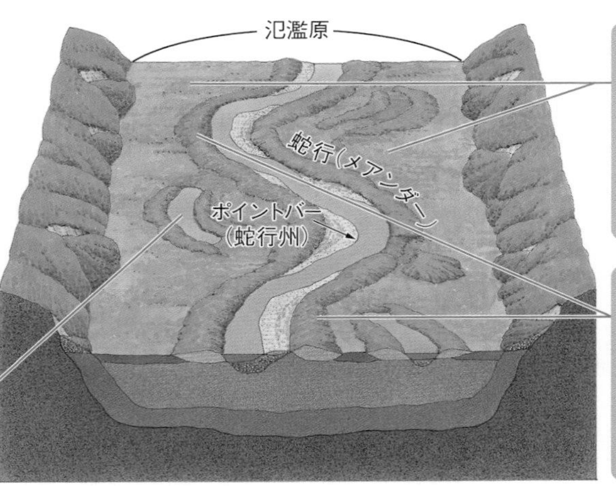

後背湿地── 自然堤防の背後にある低平な地形で，水はけが悪く沼や湿地となっている。日本では江戸時代になり，ようやく開発が進み，水田として利用されていることが多い。

自然堤防── 河川の両側に上流から運ばれてきた土砂が，洪水の際に堆積してできる数十cmから数mの微高地。洪水をまぬかれるため，道路などに利用されてきた。

② 台地とその利用　参照 p.307

台地は更新世に形成された谷底平野・扇状地・三角州などが隆起した地形で，河岸段丘や海岸段丘なども含まれる。台地上には谷地（やち）（谷津（やつ）・谷戸（やと））とよばれる小さな谷が刻まれ，湧水や小川から水を得て集落が立地してきた。谷戸に開かれた水田は，谷地田（やちだ）（谷津田（やつだ）・谷戸田（やとだ））とよばれる。

コラム　関東平野の貝塚

貝塚は縄文時代の人々の生活跡である。人々は魚介類の採集のため海岸近くに住んでいた。下の地図は，貝塚の分布から推定された当時の海岸線である。約6000～7000年前は現在よりも温暖で，海も谷に沿って内陸まではいり込んでいた（**縄文海進**）。貝塚の位置は湧水の得やすい台地の縁辺部にあることもわかる。古くからの集落は台地縁辺部にあるが，その起源は貝塚までさかのぼることができる。

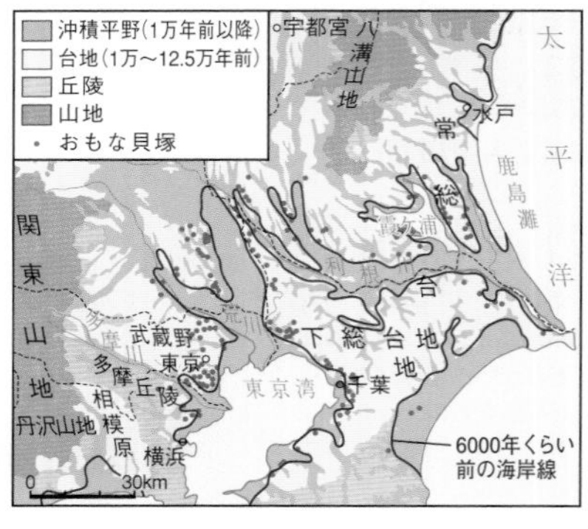

▶関東地方の旧海岸線と貝塚の分布

③ 三角州の分類と形成

河川が海や湖に流入するところに形成された低平地が**三角州**で，その平面形態がギリシャ文字のΔ（デルタ）に似ていることからこの名がついた。三角州の形態は河川からの土砂供給量や流量のみでなく，沿岸流や潮流による影響も受ける。河川営力が強い場合は**鳥趾状**，波（沿岸流）の影響が強ければ**カスプ状**や**円弧状**，潮汐の影響が強ければ河口部が海側に開く**エスチュアリ**（→p.13）のような形態を示す。「潮汐」を考慮することで，アマゾン川や長江，ガンジス川三角州の形態も説明できる。このほか河川勾配や海底勾配，堆積物の粒の大きさも三角州の形態に影響する。

鳥趾（ちょうし）状三角州

円弧（えんこ）状三角州

カスプ状（尖状）三角州

例）テヴェレ川河口

大 ←　海岸の波や流れに対する河川の堆積作用の相対的な強さ　→ 小

▲河川と波の営力で見た三角州の区分

鳥趾状
河川
ミシシッピデルタ
ホーデルタ
ドナウデルタ
（河川卓越型）
マハカムデルタ
エブロデルタ
ナイルデルタ
ニジェールデルタ
メコンデルタ
（潮汐卓越型）
ローヌデルタ
（波浪卓越型）
フライデルタ
ガンジスデルタ
サンフランシスコデルタ
カスプ状
エスチュアリ状
波
（沿岸流）
潮汐

▲潮汐作用も考慮した三角州の区分

④ 三角州の形成

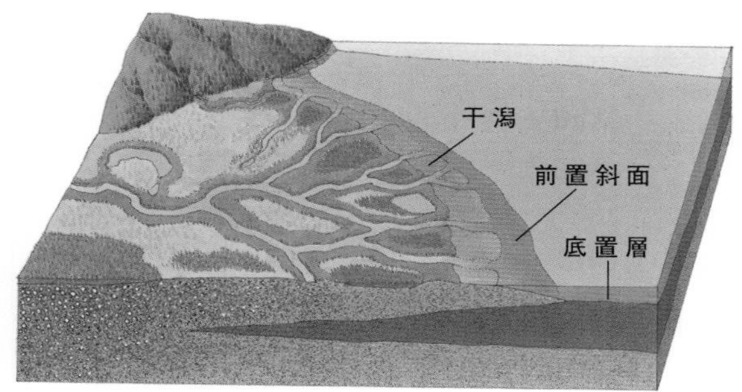

河川が海や湖に流入すると，運搬されてきた土砂が堆積して，低平な三角州を形成する。比較的粗い砂は河口付近に堆積して，河口州や干潟，傾斜の大きい斜面（前置斜面）を形成する。一方，シルトや粘土といった細粒な泥は沈殿しにくいため沖合まで運ばれて堆積し，底置層をなす。図のように三角州は砂からなる前置斜面が泥でできた底置層を覆いながら，前進・拡大していく。陸上部分は三角州が前進していくにつれて，より内陸にみられる氾濫原（自然堤防－後背湿地）の堆積物に覆われるようになる。

⑤ 鳥趾状三角州

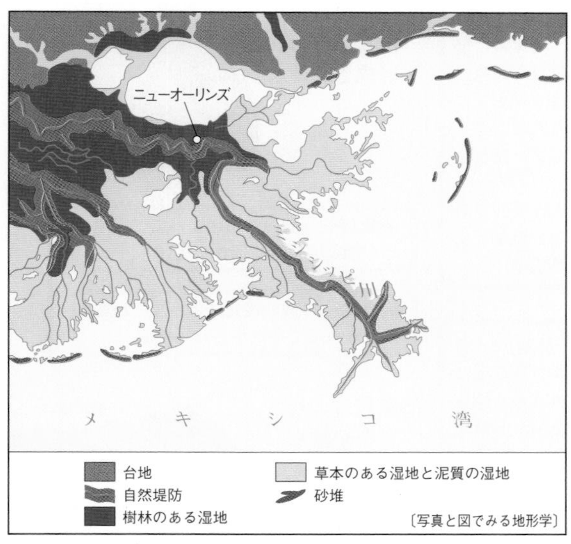

▲ミシシッピデルタ

ミシシッピ川の河口には，典型的な鳥趾状三角州が広がっている。ミシシッピ川は世界有数の水量をもち，膨大な粘土質の土砂を河口に運んでいる。また，メキシコ湾の沿岸流が弱く，堆積物があまり広がらない。その結果，河道に沿って形成される自然堤防が海側にまで伸び，鳥の足のような形の三角州となった。2005年にハリケーン（→p.19⑤）の被害を受けたニューオーリンズは，この三角州に立地する。 参照 p.43②(2)

⑥ 潮汐作用が著しいガンジスデルタ

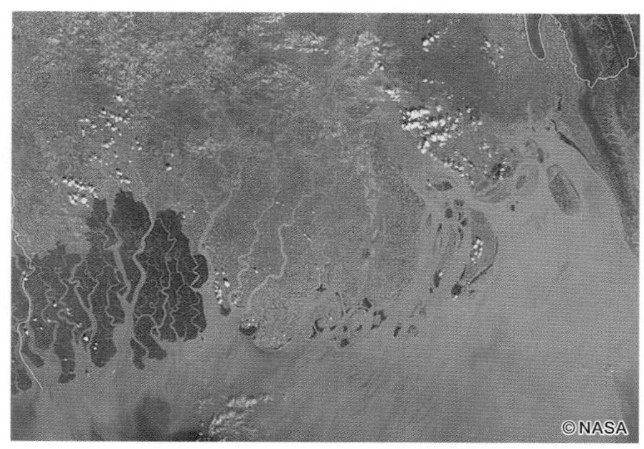

ガンジス川・ブラマプトラ川は世界最大の土砂供給量を誇る。また，潮の干満差（潮差）は大潮のときで3mを超える。潮流の影響が強いため，河口付近の州は流路とほぼ平行する方向に伸びる。広大な干潟やマングローブが発達するのも特徴である。水はけが悪いうえに低平なため，河川の氾濫やサイクロン（→p.19⑤）に伴って発生する高潮に襲われやすい。

⑦ 平野の地形のまとめ

地　形	特　　徴
扇状地	山麓部にみられる，扇状から半円状の堆積地形。砂礫が厚く堆積する扇央では，河川が伏流しやすく，桑畑や果樹園，林地が多くみられる。集落は水の得やすい扇頂や扇端に早くから立地した。
氾濫原	河川が蛇行し，河道沿いにはおもに砂からなる自然堤防，その背後には水はけの悪い後背湿地がみられる。自然堤防は集落や畑，後背湿地は水田に利用されることが多い。
三角州	河口部まで運ばれた土砂が堆積してできた低平な地形。低湿なため水はけは悪いが，開発が進み，農地や人口密集地となっている。

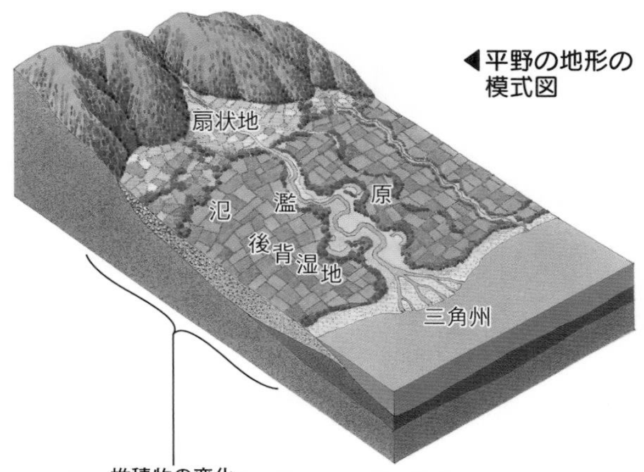

◀平野の地形の模式図

堆積物の変化

粒径の大きい礫は上流に堆積し，砂や泥はより下流まで運ばれて堆積する。これは流速が大きいほど，川底の土砂を動かす力（掃流力）が大きくなるためである。

7 海岸の地形

① 海岸の地形の分類

海岸では波や潮汐，沿岸流により海水が動くことで，土砂の侵食・運搬・堆積が生じ，地形が変化する。また，海面の上昇・低下や地殻の隆起・沈降の影響も強く受ける。

用語 離水と沈水

離水とは，土地が上昇(隆起)あるいは海面が低下して，浅い海底が陸上に現れること。海岸線が陸から後退することを海退といい，海退によってできた海岸を**離水海岸**という。

沈水とは、土地が下降あるいは海面が上昇して，陸地が海面下に沈むこと。海岸線が陸に向かって前進することを海進といい，海進によってできた海岸を**沈水海岸**という。

	小地形	特 徴	例
離水海岸	海岸平野	海岸沿いの浅い海底堆積面が，隆起または海面低下により地表に現れたもの。	九十九里平野，宮崎平野，アメリカ大西洋沿岸
	海岸段丘	何回かにわたる不連続な離水と波の侵食作用(波食)によって形成された階段状の地形。	室戸岬，洲崎(房総半島)，三浦半島
沈水海岸	リアス海岸	山地や丘陵が沈水し，谷に海水が入り込んでできる。海岸線は鋸歯状になる。	リアスバハス海岸(スペイン)，三陸海岸，チェサピーク湾沿岸(アメリカ)，志摩半島の海岸
	フィヨルド	氷食でできた**U字谷**に，海水が侵入してできた奥深い入り江。峡湾ともよばれる。	ノルウェー，ニュージーランド南島，チリ南部
	多島海	島が多く散在する海域。起伏の多い陸地が沈水し，以前の山頂や尾根が残った。	九十九島，瀬戸内海，松島湾，エーゲ海
	エスチュアリ(三角江)	比較的広大な平野を流れる河川の河口部が沈水し生じたラッパ状の入り江で，**三角江**ともよばれる。	テムズ川(イギリス)，エルベ川(ドイツ)，セントローレンス川(カナダ)，ラプラタ川(アルゼンチン)などの河口
沿岸流による砂の堆積地形	砂州 ・砂嘴(さし) ・沿岸州 ・陸繋砂州(りくけい)	波(沿岸流)の堆積作用によって海底に堆積した砂礫が海面上に現れたものの総称。形態によって，**砂嘴**，**沿岸州**(バリアーやバリアー島)，**陸繋砂州**(トンボロ)などとよばれる。	天橋立，弓ヶ浜，野付崎，三保松原，パムリコ湾(アメリカ)，メキシコ湾岸，函館，潮岬，江の島，志賀島
潮の干満による地形	干潟	干潮時に露出し，満潮時には海面下になる。おもに砂や泥からなる平坦な地形。	有明海，北海沿岸，韓国西岸，モンサンミッシェル

② 離水海岸 (1) 海岸平野

①海水面が緩やかに上昇している時期に，砂礫の堆積でできる沿岸州が浅海域に形成され，その背後がラグーン(潟湖(せきこ))となる。

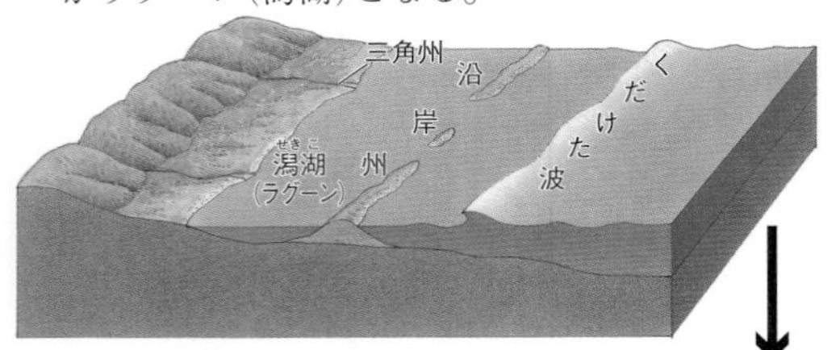

②海水面がほぼ安定すると，河川や波，沿岸流によって運ばれる土砂でラグーンが埋積されていく。

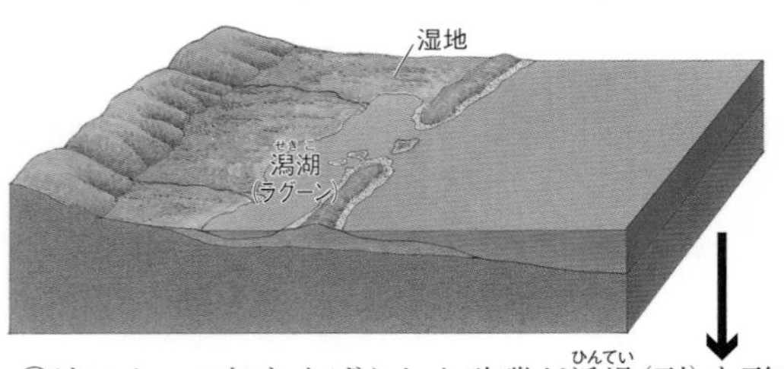

③波によって打ち上げられた砂礫が浜堤(ひんてい)(列)を形成しながら海岸線を前進させていく。その結果，海岸平野が広がっていく。浜堤と浜堤の間は低地(湿地)となる。

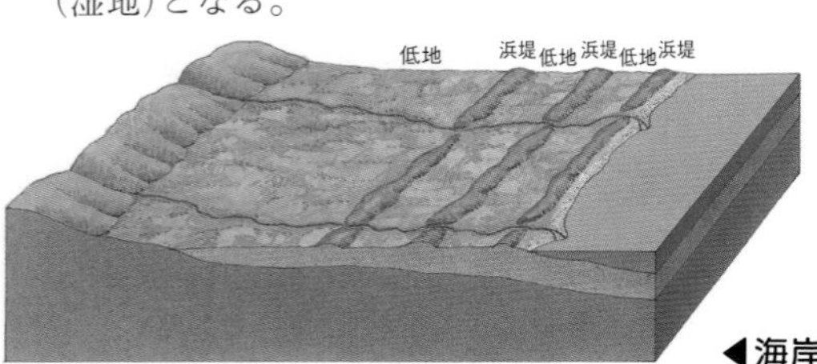

◀海岸平野の形成

沿岸州――海岸線にほぼ平行に伸びる砂州。陸との間はラグーンにより隔てられる。バリアーやバリアー島ともよばれる。
〔例〕アメリカ大西洋沿岸(ハッテラス岬など)，メキシコ湾沿岸

ラグーン(潟湖(せきこ))――沿岸州やサンゴ礁などによって，外洋から切り離された海域。海跡湖の一種である。
〔例〕サロマ湖，中海，河北潟，ミリン湖(ブラジル)，ヴェネツィア潟

浜堤(ひんてい)――波によって打ち上げられた砂礫がつくる高まり。風によって形成される砂丘を伴うことが多い。
〔例〕九十九里平野

参照 p.308

(2) 海岸段丘

①波の侵食により，海食崖(かいしょくがい)と海食台が形成される。

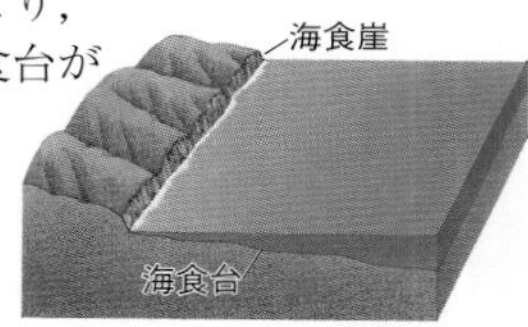

海食崖――波の作用によって，海岸線が削り取られてできた崖。

海食台――波の侵食によって，海底が削られてできた小さな平坦面。

②隆起により海食台が離水して陸地(海岸段丘)となる。

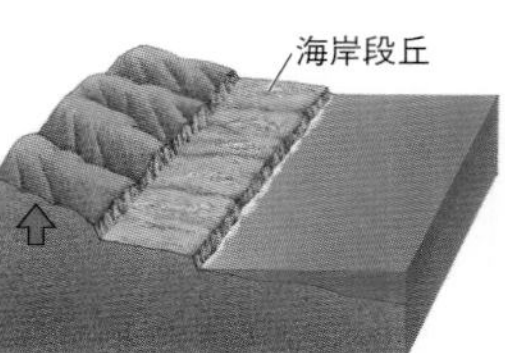

③再び①②が起こり，新たな海岸段丘が形成される。

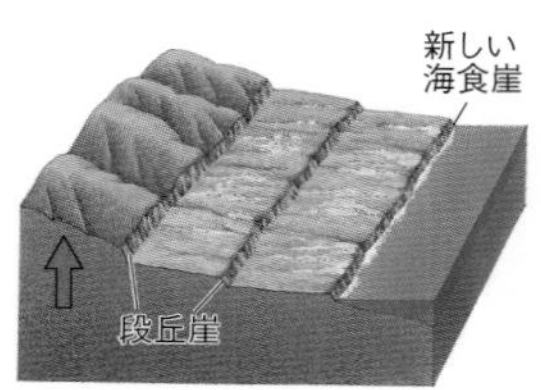

▲海岸段丘の形成

3 沈水海岸

（1）リアス海岸

山地や丘陵が沈水して谷の下流域に海水が侵入してできた，複雑に入り組んだ海岸線をもつ。背後に山地をひかえ，平地も少なく，内陸地方との交通も不便なことが多い。三陸海岸は典型的な**リアス海岸**で，入り江の奥は良港となっている。

参照 p.308

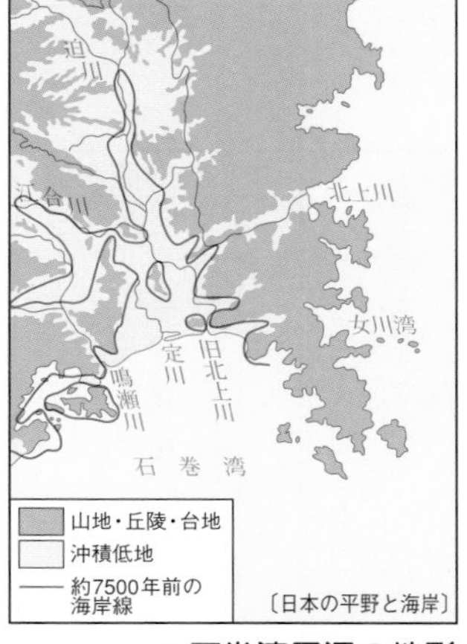

▲石巻湾周辺の地形

（2）エスチュアリ(三角江)

土砂の運搬量が少ない河川の河口部では，河川沿いの低地に海水が侵入，つまり河口部が沈水して，ラッパ状の入り江となっている。この地形を**エスチュアリ**(三角江)という。湾奥は平野であるため，都市が発達し，港湾として栄えることが多い。

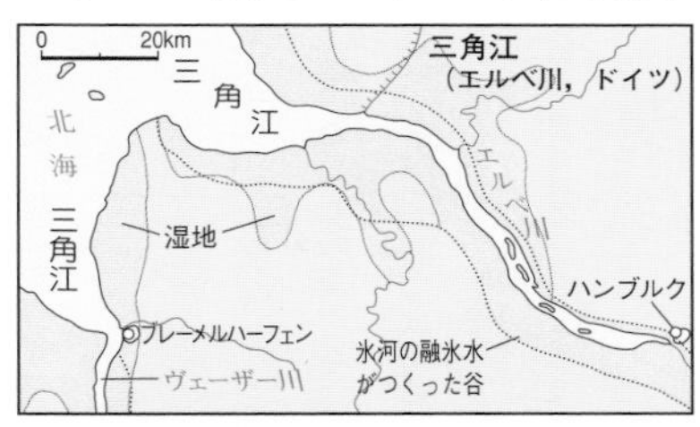

▲エルベ川周辺の地形

（3）フィヨルド

①氷河が流動し，谷底や谷壁を侵食していく。

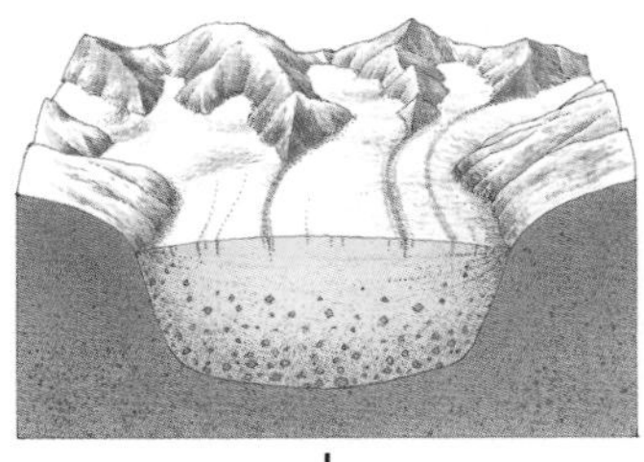

②氷河が融解して消失する。氷河が流れ下った跡は，断面がU字形をなす**U字谷**(氷食谷)となる。

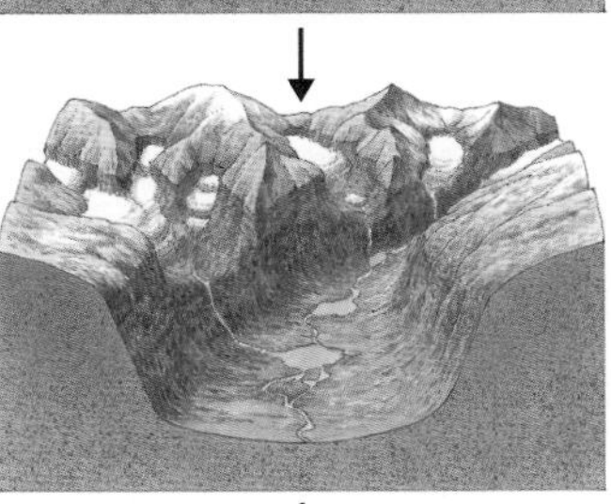

③U字谷に海水が侵入して，**フィヨルド**とよばれる，水深の大きい入り江が形成される。両岸は急崖となり，平地は少ない。

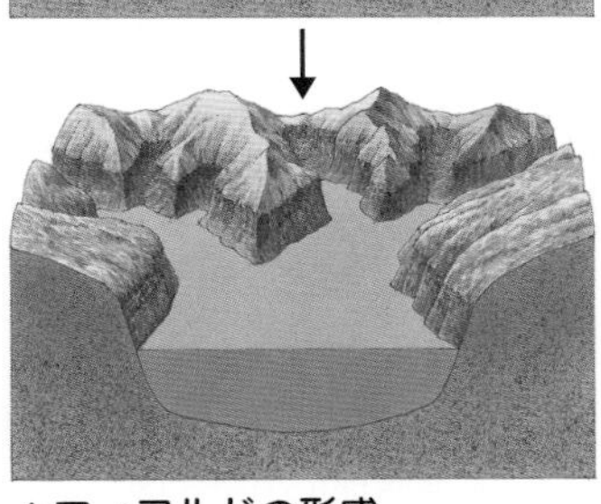
▲フィヨルドの形成

4 砂州の形成と種類

河川が海岸に運んできた土砂や，近くの海岸で侵食された土砂が**沿岸流**で運ばれて，海岸沿いに堆積すると，**砂州**が形成される。

砂嘴	湾口や岬の先端などに堆積した砂礫が，鳥の嘴のように海に突き出した砂州。 （例）野付崎，三保松原，コッド岬
陸繋砂州（トンボロ）	陸と島をつなぐほど発達した砂州。つながれた島が陸繋島。（例）潮岬，函館 また，二方向からの沿岸流がつくったものが二重トンボロ。（例）男鹿半島
沿岸州・ラグーン	海岸線にほぼ平行にのびる砂州が沿岸州。バリアーやバリアー島ともよばれる。陸と沿岸州の間はラグーン(潟湖)により隔てられることが多い。ラグーンは海跡湖の一種。 （例）アメリカ東海岸，メキシコ湾岸

5 干潟とその利用

▲藤前干潟(愛知県)

干潟は干潮時に露出する低平軟弱な土地で，潮差の大きい河川河口部や内湾に広く分布する。また，熱帯～亜熱帯の干潟にはマングローブが発達する。日本ではとくに江戸時代以降，干潟の干拓が大規模に行われ，開発された土地は水田や塩田に利用されてきた。第二次世界大戦後，都市化に伴う内湾の埋め立てが急激に進んだ結果，多くの干潟が失われ，海岸線も直線的なものになった。干潟は魚や貝，それらを捕食する鳥類などの生活の場となっている。また，水質を浄化する機能や津波・高潮による災害を緩和する機能などももつことから，各地で干潟の保護や再生に関する取り組みが必要とされている。

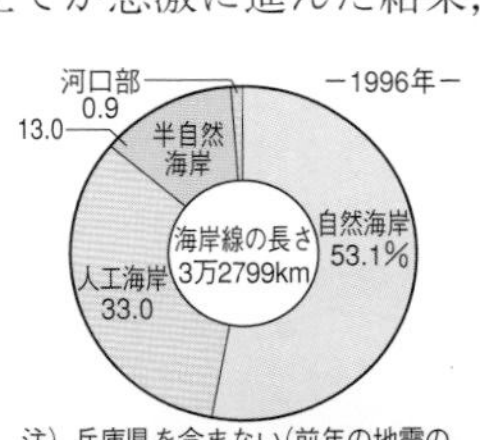

注）兵庫県を含まない(前年の地震の影響で調査できなかったため)。〔自然環境保全基礎調査〕

▲日本の海岸線の種類と割合

8　サンゴ礁と海底地形

① サンゴ礁の分布

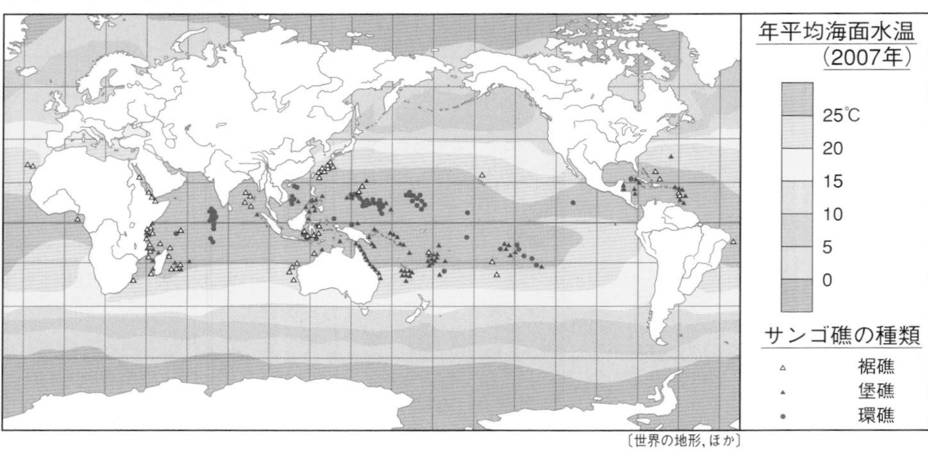

〔世界の地形，ほか〕

サンゴ礁は，サンゴや有孔虫，石灰藻などの石灰質の骨格や殻をもつ造礁生物がつくる生物地形で，熱帯から亜熱帯にかけて分布する。

礁の形成には，高い表面海水温（寒いときでも18℃以上）や浅い水域，透明度の高い海水などが必要である。そのため濁度の高い大河川河口部には発達しない。

② サンゴ礁の発達　参照 p.309

イギリスの博物学者ダーウィンは，火山島の沈降つまり相対的な海面上昇に伴い，サンゴ礁が**裾礁→堡礁→環礁**の順に発達するという説を唱えた（沈降説）。

まず，島をふちどる裾礁が発達する。島が沈降するなかで礁は上方に成長し，島と礁の間にラグーンをもつ堡礁になる。やがて島は水没し，環状のサンゴ礁ができる（環礁）。

▼おもなサンゴ礁の形状と特徴

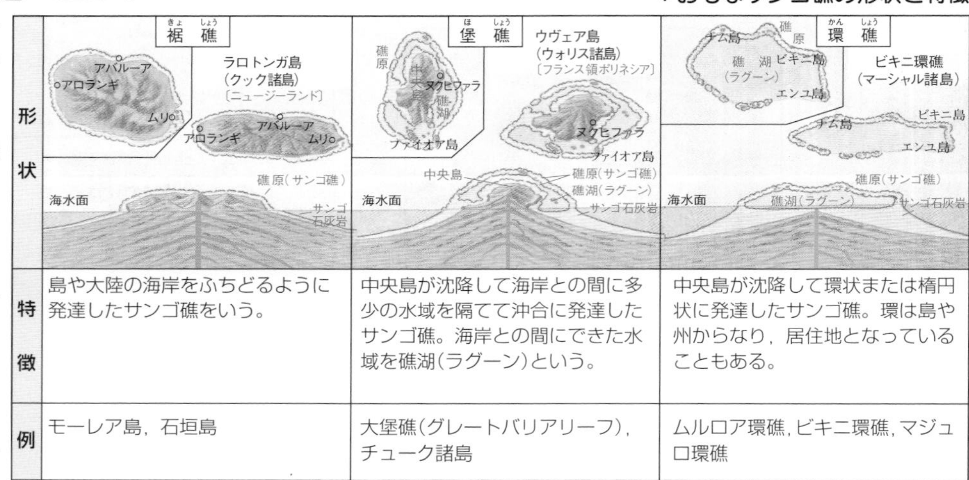

	裾礁	堡礁	環礁
特徴	島や大陸の海岸をふちどるように発達したサンゴ礁をいう。	中央島が沈降して海岸との間に多少の水域を隔てて沖合に発達したサンゴ礁。海岸との間にできた水域を礁湖（ラグーン）という。	中央島が沈降して環状または楕円状に発達したサンゴ礁。環は島や州からなり，居住地となっていることもある。
例	モーレア島，石垣島	大堡礁（グレートバリアリーフ），チューク諸島	ムルロア環礁，ビキニ環礁，マジュロ環礁

③ サンゴ礁と地球温暖化

造礁サンゴの体内には褐虫藻とよばれる藻類が棲んでおり（共生藻），この藻類が光合成を行っている。ところが，サンゴが高水温などのストレスを受けると，体内の共生藻を失い白くなる（**白化現象**）。白化した状態が長く続くとサンゴは死んでしまう。

1997～1998年は世界的に海水温が上昇し，大規模な白化現象がおこった。今後，温暖化が進めば白化の頻度が高くなると考えられている。また，温暖化に伴い海水面が大きな速度で上昇していく場合，サンゴの上方成長が海面に追いつかなくなる可能性も指摘されている。

◀白化したサンゴが目立つサンゴ礁（沖縄県，黒島）

コラム　海底地形

太平洋縁辺部のように海溝が存在する場合，海底地形は陸から海に向かって**大陸棚**，**大陸斜面**，**海溝**，**大洋底**に大きく区分される。一方，海溝をもたない場合は，大陸棚，大陸斜面，コンチネンタルライズ（緩やかな斜面），深海平原となる。大陸棚は比較的平坦な浅海底で，外縁の水深は平均130m程度である。大陸棚や大陸斜面には海底谷や海底段丘もみられる。海溝はプレートが沈み込む場所にあたる。大陸棚は水産・鉱産資源の開発にとって重要な位置を占めるため，領海問題が生じることもある。

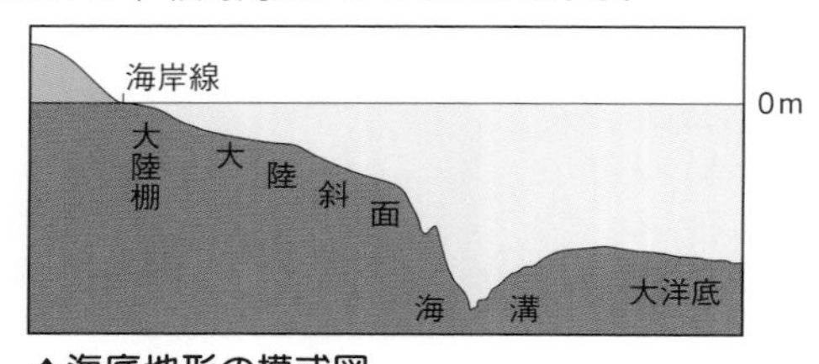

▲海底地形の模式図

9 氷河地形

① 大陸氷河

大陸を覆って発達する氷河で，**氷床**ともよばれる。現在，地球上の氷のほとんどは大陸氷河で，そのうち91%が南極にある（残りはグリーンランド）。

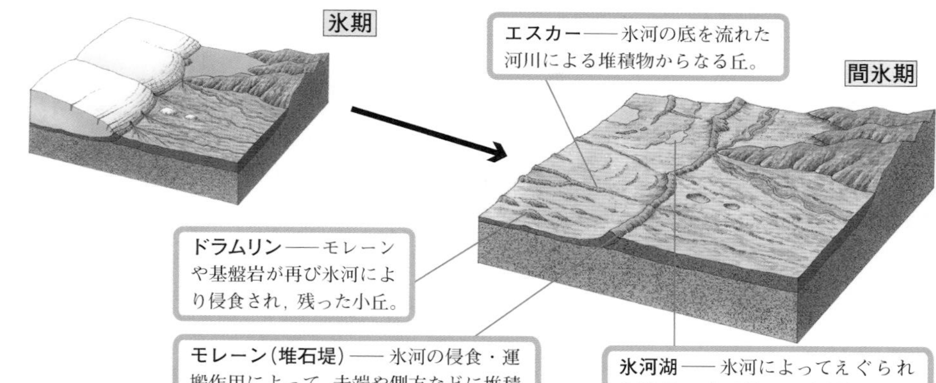

② 山岳氷河

山地内にみられる氷河。山頂付近の積雪は押し固められ，氷の塊となって流動する。氷河による侵食（氷食）でできる**ホーン**や**カール**，**U字谷**，堆積でできる**モレーン**などがみられる。

氷期

間氷期

カール（圏谷）── 山頂部にみられる半椀状の氷食凹地。〔例〕飛驒山脈・木曽山脈・日高山脈など。

ホーン（尖峰）── 氷食によってできたとがった峰。〔例〕マッターホルン山（アルプス），槍ケ岳

U字谷── 氷食谷。断面がU字形をなす。支流からU字谷へ流れ込む谷が**懸谷**。

③ 氷河の広がり

第四紀（約258万年前～現在）には，氷河の拡大・縮小が約10万年間隔で繰り返し起こっている。寒冷な氷期には，スカンディナヴィア半島や北アメリカ大陸北部にも大陸氷河が発達し，2万年前には地球上の陸地の約1/3が氷河におおわれていた。氷河は土壌や岩石を削るので，氷食を受けた場所はやせ地となる。氷河が消えた現在，北海やバルト海沿岸には**ヒース**とよばれるツツジ科の低木を中心とした植生がみられる。スコットランドではヒースランド，北ドイツ平原では**ハイデ**とよばれ，酪農地域となっている。

▲▶ヨーロッパと北アメリカにおける最終氷期の氷河
〔A.N.Strahler:Physical Geography〕

④ 氷期と間氷期（かんぴょうき）

氷河が拡大した寒冷期を**氷期**，縮小した温暖期を**間氷期**とよぶ。これに伴い海面も上昇・下降を繰り返し，氷期には現在と比べて海面が100m以上低下することもあった。氷期・間氷期が繰り返すなかで，さまざまな地形がつくられてきた。

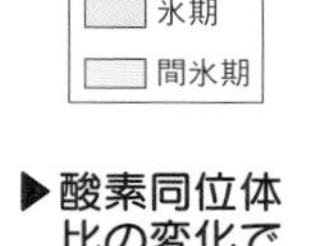

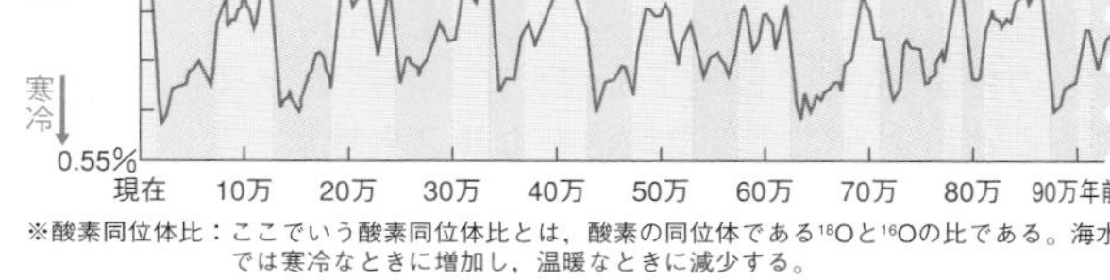

▶酸素同位体比の変化でみる氷期と間氷期

※酸素同位体比：ここでいう酸素同位体比とは，酸素の同位体である^{18}Oと^{16}Oの比である。海水では寒冷なときに増加し，温暖なときに減少する。

10 乾燥地形・カルスト地形

① 乾燥地形の種類

乾燥地域は降水量が少なく，蒸発量が大きい。また，気温の日較差(→p.20)が大きい。岩石に含まれる微量の水分の膨張・凍結などによる激しい破砕作用で，砂礫が形成される。また，風による侵食(**風食**)や運搬作用も大きい。これによって特異な景観がつくり出されている。

オアシス(泉地)――砂漠のなかで水が得られるところ。植物が茂り，周辺には集落が立地する。オアシス農業が営まれるところもある。かつて，砂漠を行く隊商はオアシスとオアシスを結んで隊商路をつくった。
オアシス起源の都市として，アリススプリングス(オーストラリア)，トンブクトゥ(マリ)，カシ(中国)などがある。

メサ・ビュート――侵食に強い岩層が取り残されてできたテーブル状の地形がメサ。その小規模のものをビュートとよぶ。
〔例〕モニュメントヴァレー(アメリカ)

砂丘――砂が風によって再堆積したもの。風の強さや方向によってさまざまな形となる。砂丘の移動によって，耕地や住宅が埋まることもある。

塩湖――乾燥地域に特有の一時的な豪雨によって，土壌・岩石中の塩分が溶かし出される。この塩分はワジを通って凹地に集まる。蒸発によって塩分が濃縮され，塩湖が形成される。塩湖は干上がると**プラヤ**とよばれる塩分の集積した平地となる。

ワジ――乾燥地域にみられる，雨が降ったときだけに流れる川。多くは凹地に流れ込み塩湖を形成。

外来河川――降水量の多い地域に源をもち，乾燥地域を貫流する河川。
〔例〕ナイル川，インダス川，ティグリス川
内陸河川――海洋に注がない河川。
〔例〕タリム川，アムダリア川

コラム 砂丘の形

砂丘の形態には風の強さや向き，砂の供給量，植被などが影響する。**バルハン**は三日月状砂丘ともよばれ，砂の供給が少なく，一定方向に強い風が吹く場所に形成される。風上側が緩斜面，風下側が急な凹型斜面をなす。**マンハ**は風上側が馬蹄形の凹地，風下側が緩斜面になっている。植生で覆われて一度固定された砂丘において，風上側の植生が破壊されたものである。

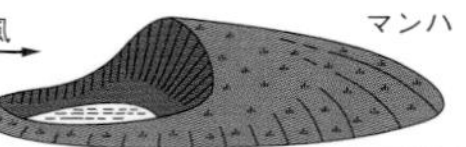

② 砂漠の種類

＊( )内の語は，サハラ砂漠で使われるもの。

種類	特徴	例
砂砂漠(エルグ)＊	起伏があまりなく，主として岩石砂漠から微粒になって風に運ばれた砂の堆積によって形成。	リビア砂漠，タクラマカン砂漠
礫砂漠(レグ)＊	基盤岩が風化によって砕かれ，風や流水によって砂が流されて形成。大小の礫が敷きつめられたように見えるので「砂漠舗石」ともよばれる。	サハラ砂漠の70%，ゴビ砂漠
岩石砂漠(ハマダ)＊	風化して生成された岩屑や砂が風や流水によって流され，岩盤が露出している砂漠。	モハーヴェ砂漠

※実際には砂砂漠の割合は小さく，北アメリカでは1%，サハラで20%，アラビアで30%を占める程度。大部分は礫砂漠や岩石砂漠である。

③ カルスト地形 参照 p.309

カレンフェルト――ピナクルが林立する石灰石斜面または台地。

カレン――石灰岩が溶食を受けて生じた溝状の凹地のこと。石碑のように出っぱった部分をピナクルという。

ドリーネ――溶食の結果，形成された小さな凹地。吸い込み口を伴う。直径数mから数十m。

ポリエ(溶食盆地)――溶食作用によってできた，長軸が数十kmに及ぶ平野となる凹地。

ウバーレ――複数のドリーネが形成した凹地。

海底に堆積した石灰岩が陸化し，溶食によって表面の侵食(もしくは地下の溶食による落盤)が起こることによってできた地形を**カルスト地形**とよぶ。この名称は，スロベニアのカルスト地方に由来する。日本では秋吉台や平尾台などにみられる。

コラム 石灰岩の溶食

岩石が二酸化炭素の混じる水によって溶かされることを**溶食**という。カルスト地形を構成する石灰岩の主成分は炭酸カルシウム($CaCO_3$)である。これが二酸化炭素(炭酸ガス)を含んだ水と次のような反応をおこす。

$$CaCO_3 + H_2O + CO_2 \rightleftarrows Ca(HCO_3)_2 \rightleftarrows Ca^{2+} + 2HCO_3^-$$

11　日本の地形

① 日本のプレート境界と火山・地震

日本列島は**環太平洋造山帯**の上にある弧状列島で，4枚のプレートが出合う世界でも珍しい地域である。**糸魚川・静岡構造線**を境に東北日本と西南日本に分けられる。また，西南日本は中央構造線により内帯と外帯に分けられる。

▼プレート境界と火山帯

〔新版 日本国勢地図 1990年版，ほか〕

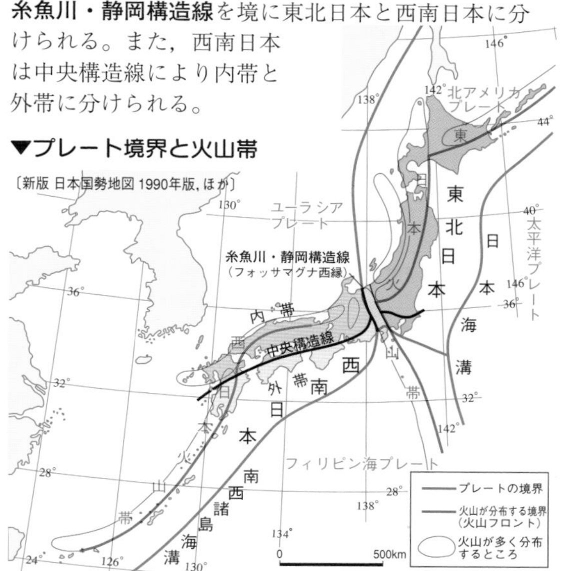

▼おもな火山と地震の震源地

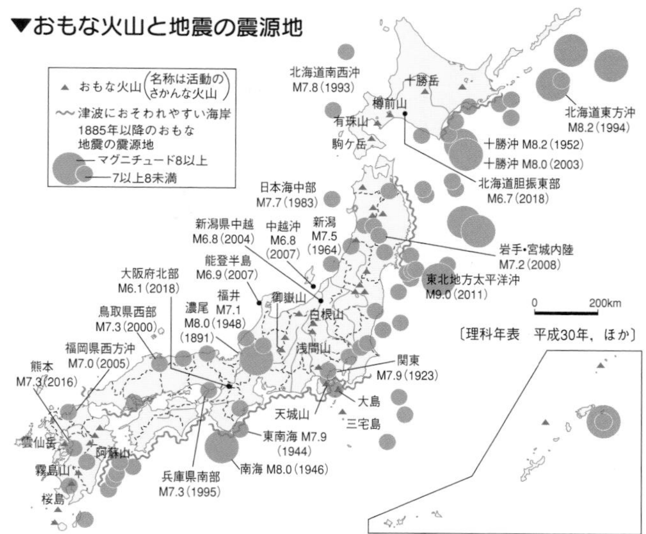

火山はプレートの沈み込み帯に沿って分布し，海溝からは数百km離れている（→p.7）。地震はプレート境界にあたる海溝付近でおこるもの（例：十勝沖地震や南海地震）とプレート内部でおこるもの（例：濃尾地震や兵庫県南部地震）に大別される。

② 地震のメカニズム

（1）プレート境界

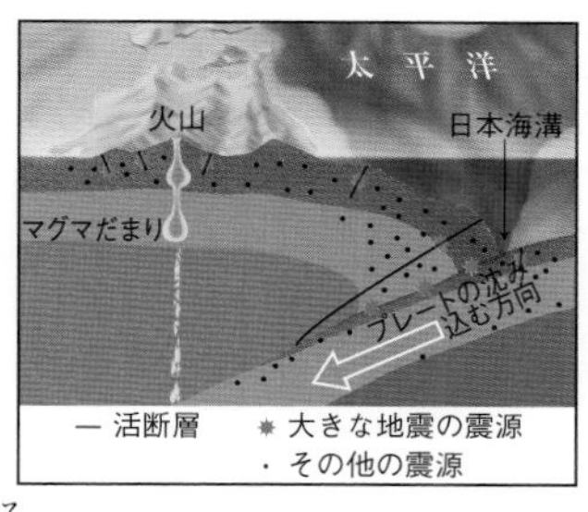

太平洋プレートが海溝付近で沈み込む際，北アメリカプレートの先端部を引きずり込む。北アメリカプレートが反発し，元に戻ろうとしたときに巨大地震やそれに伴う急な地殻変動や津波を生じる。

（2）プレート内部

日本列島はプレート運動により，ほぼ北西－南東方向に圧縮されている。この力に抗しきれなくなると，プレートを構成する岩石が破壊され，震源の浅い地震がおこる。

▶日本列島にかかる力の模式図

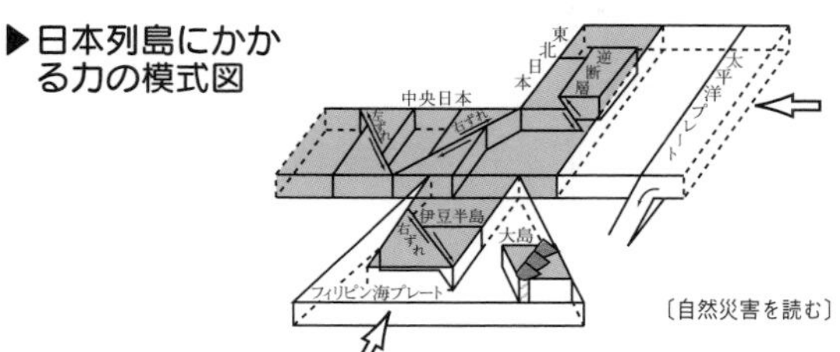

〔自然災害を読む〕

用語　活断層

最も近い地質時代である過去数十万年前から繰り返し地震を引きおこし，将来も活動する可能性のある断層を，**活断層**という。1995年の兵庫県南部地震では，地表に断層が現れ，最大で2.4mのずれが生じた（→p.3写真）。

③ 日本の平野の成因と分布

日本の平野や盆地は堆積平野である。現在地表にみられるものは完新世に形成されていることから，沖積平野ともよばれる。第四紀（約258万年前～現在）に隆起した山地によって分断されるため，大陸の平野に比べて個々の平野の規模は小さいが，沈降量の大きな場所に比較的大きな平野が発達する（例：石狩，関東，新潟，濃尾，大阪）。降水量が多いことや激しい山地の隆起により，多量の土砂が山地で生産される。その土砂が河口まで運搬され，堆積することで平野が形成されてきた。

	河川名	流域面積（km²）	平野・盆地名
1	利根川	16,840	関東平野
2	石狩川	14,330	石狩平野，上川盆地
3	信濃川	11,900	越後平野，長野盆地
4	北上川	10,150	仙台平野，北上盆地
5	木曽川	9,100	濃尾平野
6	十勝川	9,010	十勝平野
7	淀川	8,240	大阪平野
8	阿賀野川	7,710	越後平野，会津盆地
9	最上川	7,040	庄内平野，山形盆地
10	天塩川	5,590	天塩平野，名寄盆地

〔理科年表　2020，ほか〕

▲日本のおもな河川

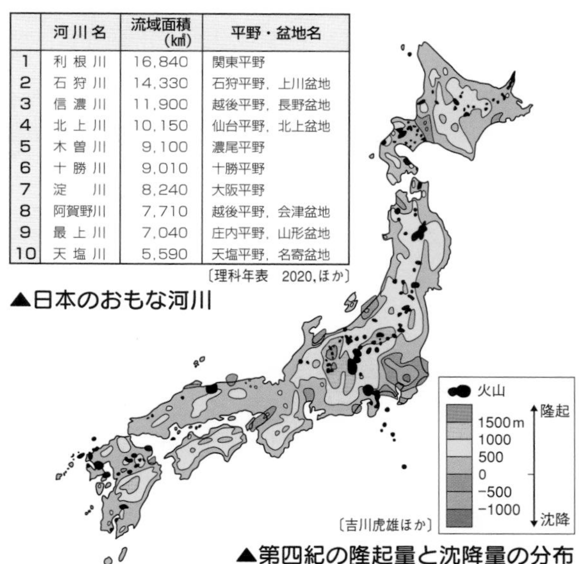

〔吉川虎雄ほか〕

▲第四紀の隆起量と沈降量の分布

1　世界の気候と気候要素1 ー風ー

① 気候要素と気候因子

気候要素	気候因子
・気象観測によって測定され，個々の気候を特徴づけるもの。 ・気温・気圧・降水・風・湿度・日照など。	・気候要素に影響を与えるもの。 ・緯度・海抜高度・海流・地形・海陸分布など。

コラム　気候と気象の違い

気象とは，時々刻々と変化する大気の状態や，大気中で起こる現象のことであり，物理法則によって説明される。

気候とは，ある地域で1年を周期として移り変わる大気の総合状態を傾向として示すものであるが，近年では大気・海洋・雪氷・陸水の状態とその相互関係を示すこともある。

② 大気大循環

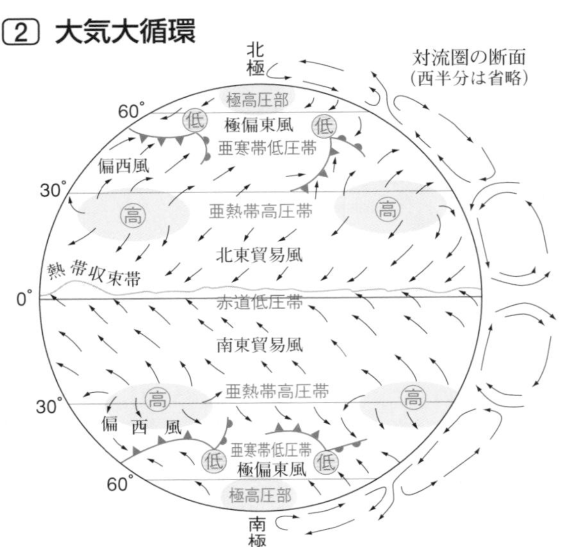

◀**大気大循環の模式図**　赤道上空から見た地球。外側に対流圏の断面を示している。

▼**高圧帯と低圧帯**

極高圧部	北極・南極を中心とした高圧帯。寒冷なため気圧が高く，亜寒帯低圧帯に向かって極偏東風が吹き出す。極前線帯がしばしば形成される。
亜寒帯低圧帯	極偏東風と偏西風の収束により，地上付近でジェット気流と対応して形成。温帯低気圧が発生。ポーラーフロント，寒帯前線帯ともよぶ。
亜熱帯高圧帯 **(中緯度高圧帯)**	回帰線付近に中心がある高圧帯。上昇気流が生じず，晴天が続く。風は弱い。ここから高緯度側に偏西風が，低緯度側には貿易風が吹き出す。
赤道低圧帯 **(熱帯収束帯)**	赤道付近にあり，貿易風の収束によって形成(熱帯収束帯)。上空5km前後のところに赤道西風が吹く(地上に赤道西風がみられることもある)。かつては赤道無風帯とよばれていた。

③ 世界の気圧と風

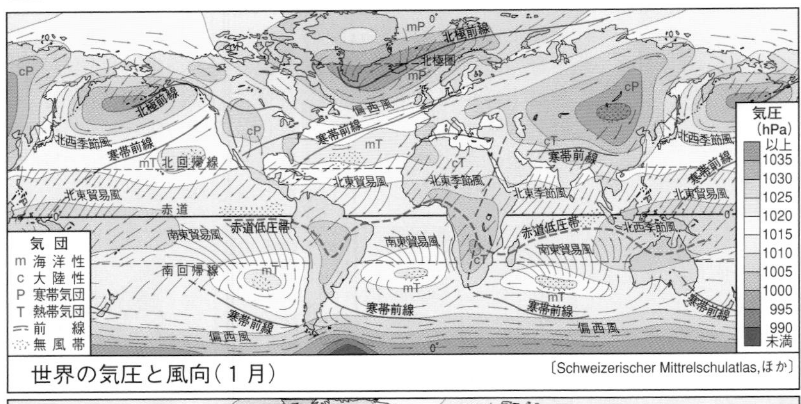

世界の気圧と風向(1月)　〔Schweizerischer Mittelschulatlas,ほか〕

世界の気圧と風向(7月)　〔Schweizerischer Mittelschulatlas,ほか〕

夏の海岸で砂浜は熱くなるが海の水は熱くないように，海洋の比熱は大陸の比熱よりも大きい。これを地球規模で考えると，夏は大陸の方が暖まりやすく，低圧部が発達しやすい。逆に，冬は大陸の方が冷えやすく，高圧部が発達しやすい。

貿易風	地球の自転による転向力を受けて北半球では北東風，南半球では南東風となる。年中一定方向に吹き天気も安定。帆船時代はこの風によってヨーロッパ→新大陸へと航海した。
偏西風	転向力のため北半球では南西風，南半球では北西風となる。大洋上では風向きは一定だが，大陸上では変化する。低気圧が発生しやすく，雨が多い。
極偏東風 **(周極風)**	転向力のため東風となるがあまり一定ではない。

▲**恒常風の種類**

④ ジェット気流

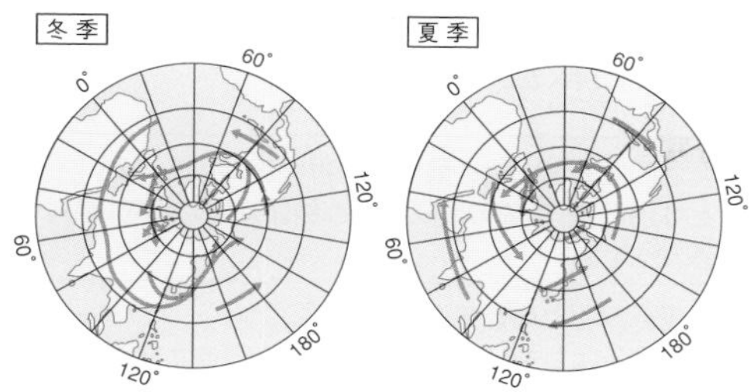

▲ジェット気流の位置

ジェット気流とは，上空8～15kmで極を中心として蛇行しながら西から東に吹く帯状の強風のこと。その中心は約10km上空にあり，冬には秒速約50～100mに達する。北半球では北緯30度付近と北緯40～50度に存在する。航空機の航路とほぼ同じ高度にあり，追い風は積極的に利用され，向かい風は極力避ける経路がとられる。また，**黄砂**を中国から日本にもたらす風でもある。

⑤ 熱帯低気圧

参照 p.43, 268

熱帯の赤道近くでは海面温度が高く，強い上昇気流が起こりやすい。貿易風の波動が，水蒸気による熱をエネルギー源として大きな渦に発達すると，強い風が中心に向かって吹く。これが**熱帯低気圧**で，北西太平洋では**台風**，大西洋と北東太平洋では**ハリケーン**，インド洋と南太平洋では**サイクロン**とよばれる。北半球の台風は，地球の自転の影響を受けて，反時計まわりの渦を巻く。熱帯低気圧により大雨，暴風，高潮，高波といった災害が起こることがある。

コラム　フェーンとフェーン現象

フェーンとは，元来はヨーロッパアルプスの北側を吹く風のことをいう。湿潤な気流がヨーロッパアルプスを越える際に雨を降らせて，高温で乾燥した南風に変わる。この現象は，条件がそろえば風が山脈を吹き越えるときにどこでも起こる。日本でも地方ごとにさまざまな呼称があったが，報道で使われるようになって「**フェーン現象**」という用語が定着した。フェーン現象が起こると高温乾燥の強風が吹くことから，火災に対する注意が必要である。

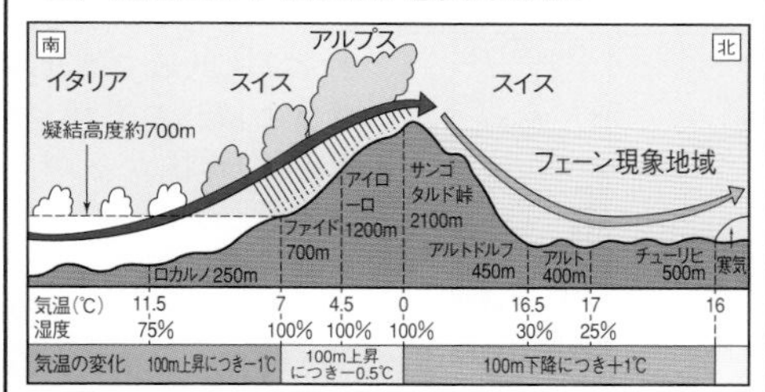

▲フェーン現象のおこるしくみ

⑥ 季節風(モンスーン)と南・東南アジア

夏と冬でほぼ逆向きの方向に吹く風を**季節風**(**モンスーン**)とよぶ。これは，海陸の比熱差と，地球上の偏った海陸分布によって生じる。世界で代表的なモンスーン地域は，アフリカ中部からアジア，オーストラリア北部にかけてである。このうち，南アジアから東アジアでは，夏は海から湿った風が，冬は陸から海へ乾いた風が吹き，広範囲で**雨季**と**乾季**が生じる。アジアでは「モンスーン」は雨季と同義語になっており，稲作地帯は夏の多雨にささえられている。

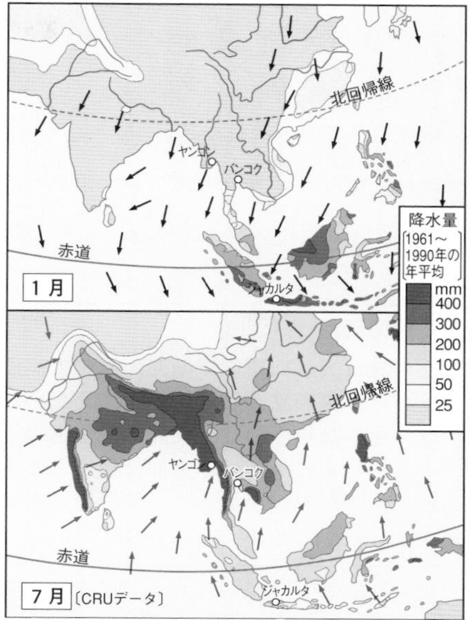

▶モンスーンと降水量

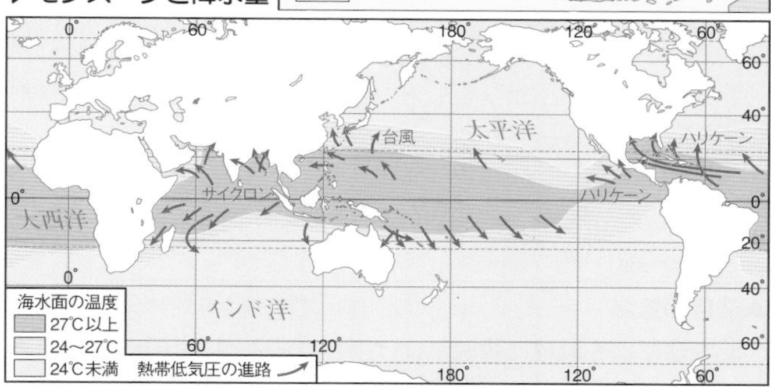

▲世界の熱帯低気圧〔Geography : A Global Synthesis〕

⑦ 局地風(地方風)

比較的狭い地域にみられる風を**局地風**(**地方風**)という。気温や湿度が大きく変化することにより，農作物などに被害をもたらすこともある。

参照 p.35, 268 ②

▶地中海周辺と北アフリカの局地風

▼世界の局地風

シロッコ	地中海を低気圧が通り抜けるとき，サハラ砂漠から南ヨーロッパに吹きつける，砂塵を伴う熱風。
ミストラル	フランスのローヌ河谷沿いに，地中海に向かって吹く寒風。雷や降雪をもたらす。
ボラ	アドリア海に吹きおろす，乾燥した寒風。
ブリザード	冬に，北アメリカなどを襲う，雪を伴う暴風。
フェーン	アルプスの北側に吹く，南からの高温で乾燥した強風。

2　気候要素 2 ー気温ー

① 世界の気温分布

参照 p.18

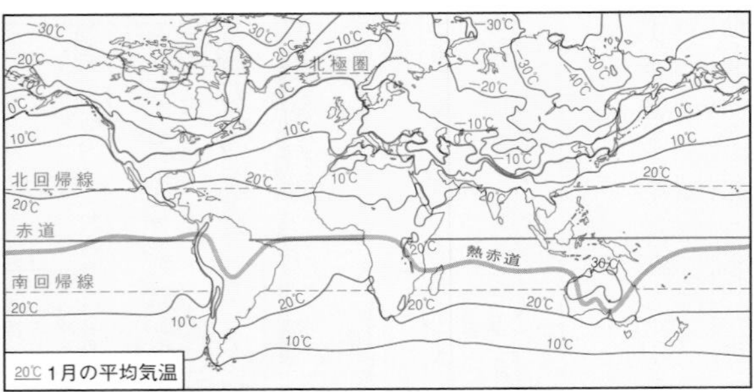

▲1月の気温　〔Diercke Weltatlas 2004,ほか〕

北半球は大陸の東岸で低温，西岸で高温となる。ヨーロッパは，**偏西風**が暖流の上を吹くため温暖である。北半球の中～高緯度では，大陸内部は海岸沿いよりも低温であり，とくにシベリア東部は極寒となる。北半球では地域による気温差が大きく，等温線が密になっている。

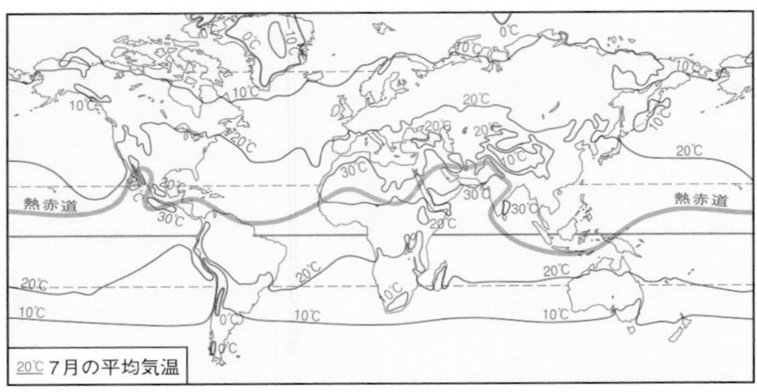

▲7月の気温　〔Diercke Weltatlas 2004,ほか〕

北半球では等温線は緯線とほぼ平行であるが，中緯度では大陸東岸で高温，西岸で低温となる。北半球の大陸内部では気温が上がるため，中～高緯度では，大陸内部は海洋上よりも高温となる。とくに北半球のサハラ砂漠中央部のような砂漠地帯では酷暑となる。

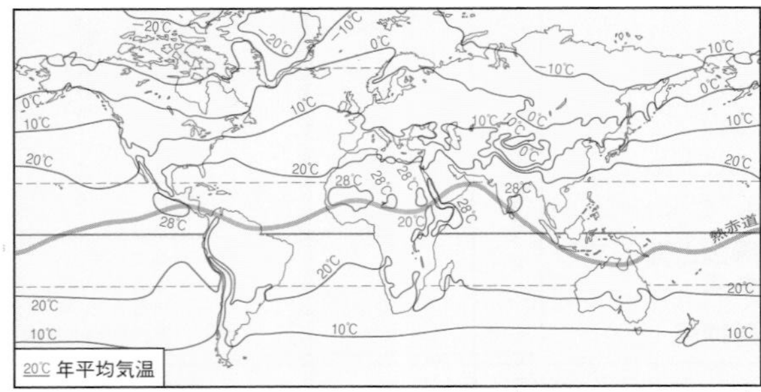

▲年平均気温　〔Diercke Weltatlas 2004,ほか〕

日射量(地表が受ける太陽エネルギーの量)の影響により，等温線は緯線とほぼ平行である。しかし中緯度では，暖流と偏西風の影響を通年で受けるため，大陸西岸は東岸よりも年平均気温が高くなる。また，**熱赤道**(経線上で，年平均気温が最も高い地点を連ねた線)は，赤道よりもやや北半球側に寄っている。

② 年較差(ねんかくさ/ねんこうさ)と日較差(にちかくさ/にちこうさ)

年較差	・平均気温の最も高い月と最も低い月の差のこと。 ・これとは別に，1 年間の最高気温と最低気温の差を「絶対年較差」という。
日較差	・1 日の最高気温と最低気温の差のこと。 ・一般的に海上よりも陸上(とくに内陸)が，また高緯度より低緯度地方が，大きい。

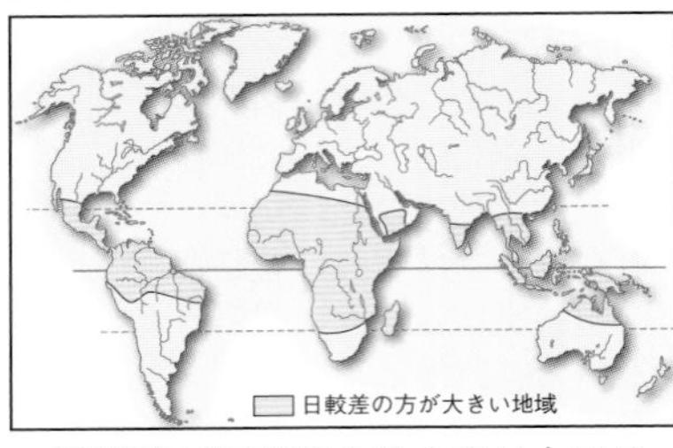

▲日較差が年較差より大きいところ

年較差は低緯度側で小さく，高緯度側で大きい。回帰線から低緯度側では，日較差が年較差より大きい。

③ 気温の緯度変化

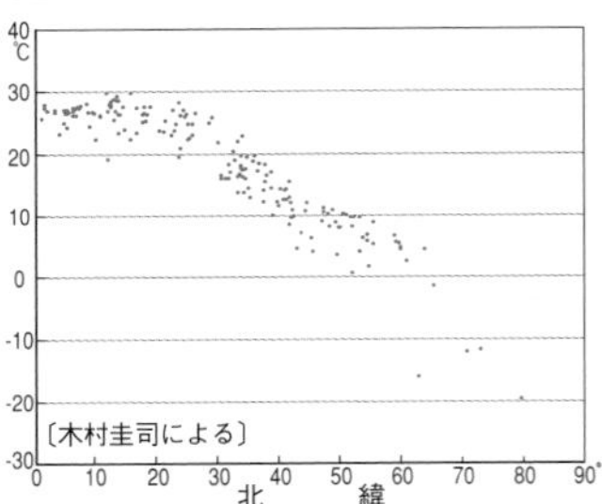

▲北半球の主要都市の年平均気温

各地の年平均気温は，おもに標高と日射量によって決まる。左図からわかるように，赤道から20度付近までの緯度が低い地域では年平均気温はほぼ20℃台であるが，それより高緯度に行くと気温は次第に下がる。

④ 高度による気温・植生の変化

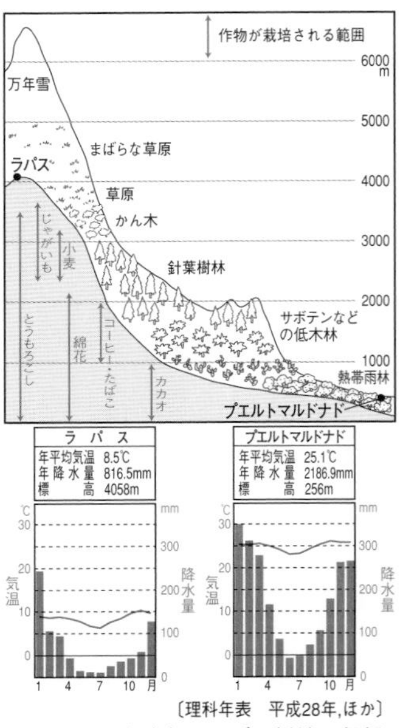

▲アンデス高地とアマゾン低地の気候

気温が海抜高度の上昇にしたがって低下する割合を**気温の逓減率**(ていげん/りつ)**(減率)**という。気温は高度100mにつき約0.65℃低下する。このため，赤道付近ではラパスなどの**高山都市**が発達する。また植生にも大きな影響を及ぼす。南米の植生でみると，アマゾン低地では**セルバ**とよばれる密林(熱帯雨林)が広がるが，標高が上がるにつれてサボテンなどの低木林，針葉樹林，灌木(かんぼく)，草原へと変化し，5000m以上では万年雪となる。

3　気候要素3 －降水－

① 世界の降水量　参照 p.18,19

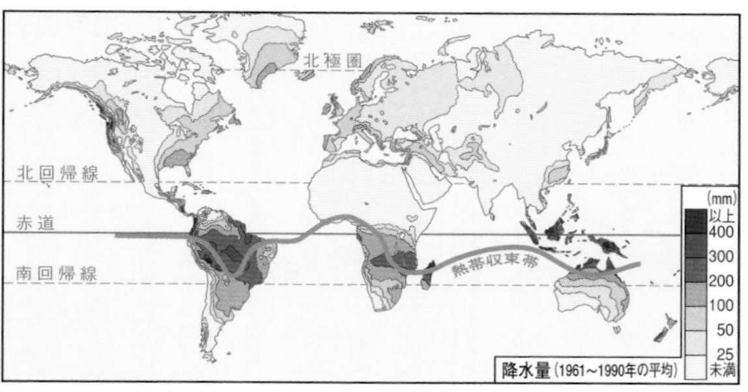

▲1月の降水量　〔Diercke Weltatlas 2004,ほか〕

1月は**熱帯収束帯**が南下するため，赤道付近で降水量が多いのに対し，中～高緯度の大陸東岸では降水量が少ない。北半球の中～高緯度の大陸西岸では，**偏西風**の影響により降水量が多い。ユーラシア大陸の内陸部などでは気温が低いため，降水は雨ではなく雪となる。

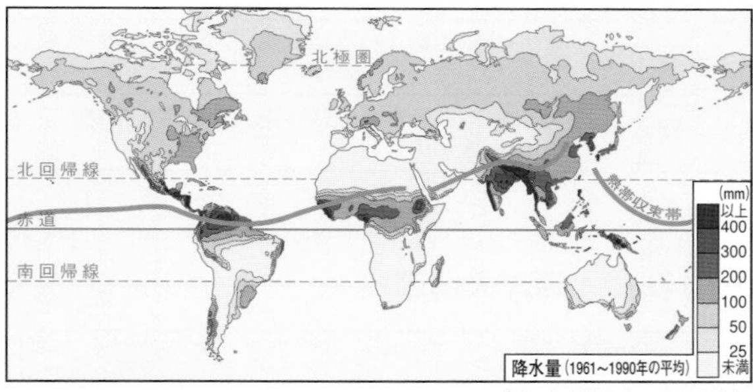

▲7月の降水量　〔Diercke Weltatlas 2004,ほか〕

7月は熱帯収束帯が北上するため，降水量の多い地域が1月よりも北へ移動する。海からの湿った**モンスーン**の影響による，インドから東南アジアにかけての地域や，ギニア湾北部，カリブ海周辺で降水量が多くなる。地中海沿岸やカリフォルニアでは1月よりも降水量は少ない。

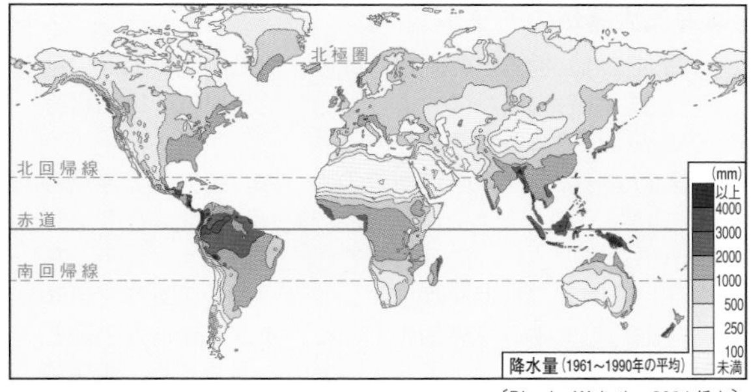

▲年降水量の分布　〔Diercke Weltatlas 2004,ほか〕

年降水量が多いのは，赤道周辺と，夏に雨が多いモンスーン地帯である。これは，気温が高いほど水蒸気を含みやすく，高温多湿のモンスーンにより大雨が降るためである。一方で，中緯度の大陸西岸では年間を通して弱い降水があるため，年降水量は少なくない。また，回帰線周辺の中緯度高圧帯では，年降水量は非常に少ない。

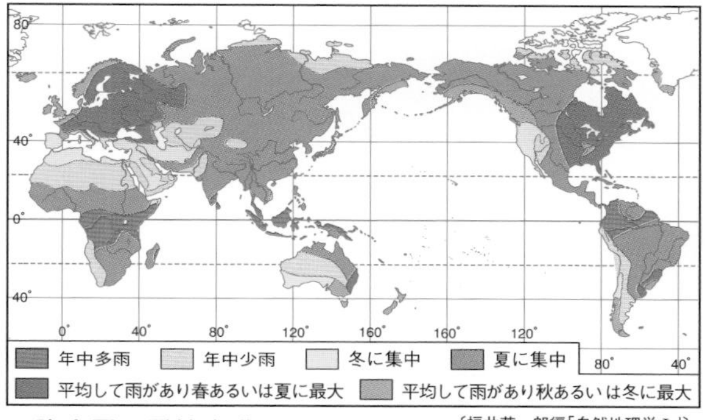

▲降水量の季節変動　〔福井英一郎編「自然地理学Ⅰ」〕

一般に，降水は夏に多い。これに対し，地中海沿岸・北アメリカ西岸・オーストラリア南西岸では，降水は冬に多い。日本の日本海側，北西ヨーロッパの海岸付近，アラスカ南部などでは，冬に雪による降水が多い。

② 緯度別の降水分布　参照 p.18

ある場所が湿潤か乾燥しているかは，おもに降水量と蒸発量の差によって計算される。降水量の方が多いところは湿潤，蒸発量の方が多いところは乾燥した地域となる。

降水量を緯度別にみると，とくに多いのは北緯40～50度，赤道付近，南緯40～60度などである。これらの地域は，**亜寒帯低圧帯**(寒帯前線帯)と**赤道低圧帯**(熱帯収束帯)の位置に相当する。回帰線付近で降水量が少なく，蒸発量が多いのは**中緯度高圧帯**の影響による。降水量が最大となる緯度は，アジアのモンスーンの影響により，赤道よりやや北側となる。

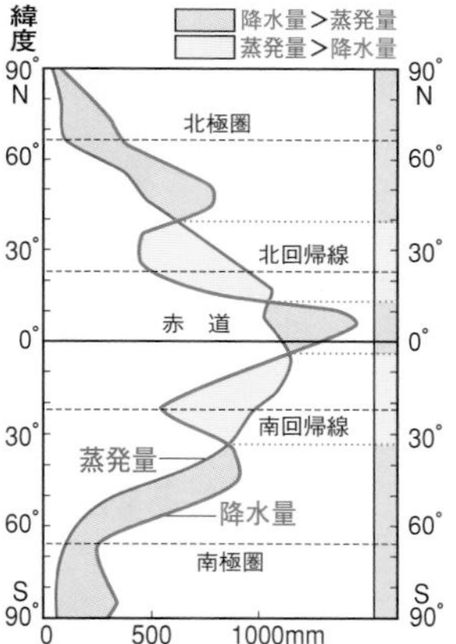

▲緯度別の降水量と蒸発量

コラム　卓越風と降水量

ハワイ島には中央部に高い山々があり，一年中吹く北東**貿易風**がこれらにあたる。このように一定の期間にとくに多く吹く風を**卓越風**とよぶ。降水量は風上側である島の北～東側で多く，風下側では少ない。これと同様の現象は，**偏西風**が一年中吹くニュージーランドなど世界各地でみられる。

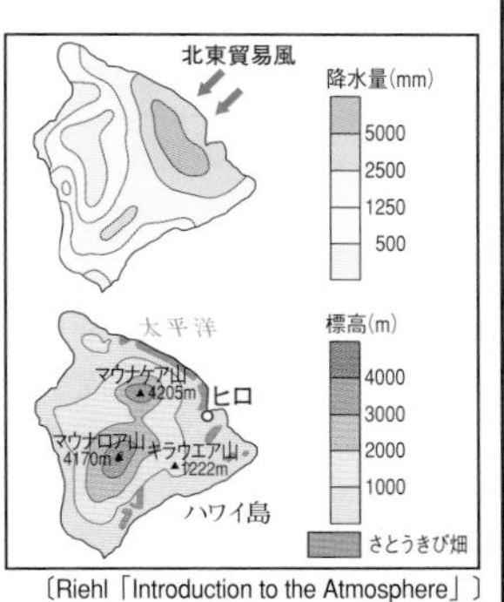

〔Riehl「Introduction to the Atmosphere」〕

▲ハワイ島の年降水量の分布

4 気候因子1－海流－

① 世界の海流とその分類

参照 p.18

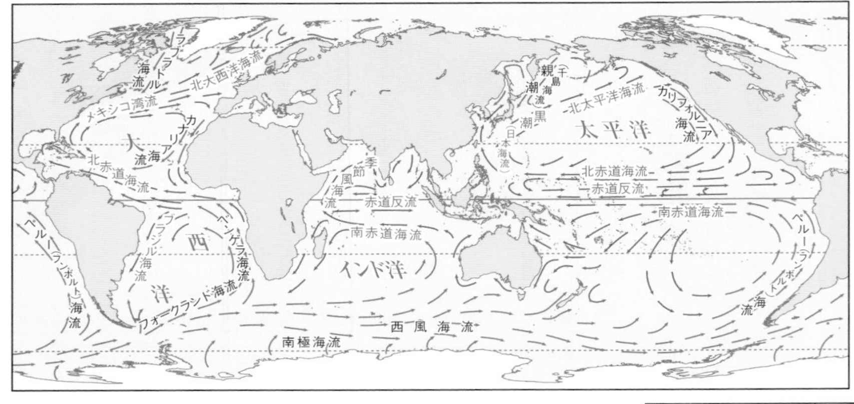

海流の流れる方向は，**恒常風**の向きと類似している。流速は，速いところでは秒速2mほどにもなる。

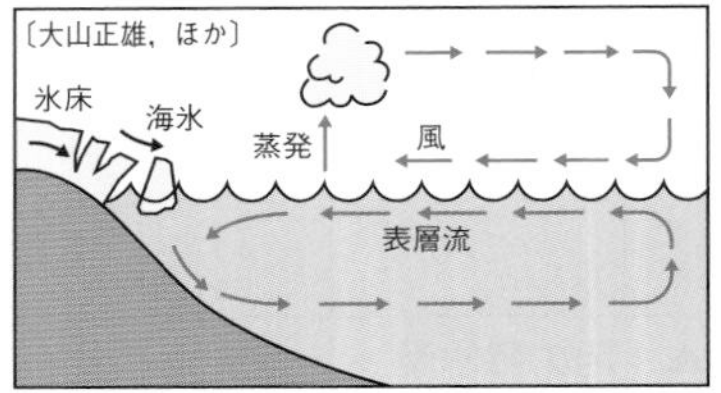

▲風成循環のモデル

◀世界の海流

▼海流の分類

成因による分類	吹送流	一定方向に吹く風によって起こる。
	密度流	海水の密度差によって起こる。
	傾斜流	水位の傾斜で起こる。赤道反流など。
	補流	上記の海流の移動を補うために起こる。
水温による分類	暖流	低緯度側から高緯度側に流れる，相対的に高水温の流れ。
	寒流	高緯度側から低緯度側に流れる，相対的に低水温の流れ。

② 潮境(しおざかい)

参照 p.103

潮境は，**寒流**と**暖流**が出合うところで形成され，潮境が海面に現れた線を**潮目**(しおめ)とよぶ。ここでは水面近くまで深層の栄養豊富な海水が湧昇するため，魚の餌となるプランクトンが大量に発生し，よい漁場となる。また，海面の温度差により湿った空気が急激に冷やされるため，濃い霧が発生しやすい。

▲潮境と漁場

③ 海流による熱輸送と気候への影響

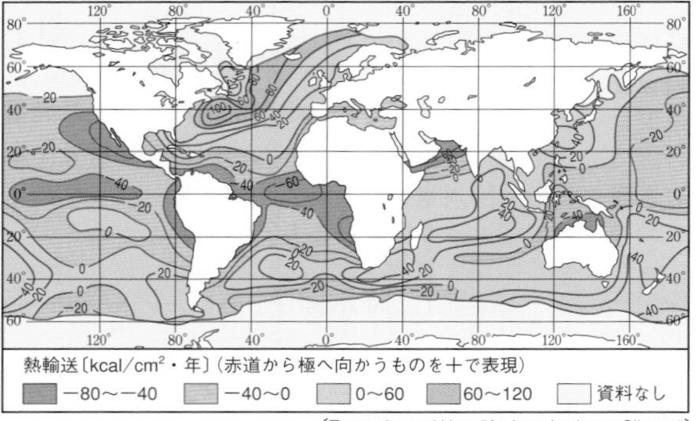

▲海流による熱輸送 〔Trewartha and Horn "An Introduction to Climate"〕

暖流は暖かい低緯度側から冷たい高緯度側へ熱を輸送している。このためとくに冬季には，沖合を暖流が流れるヨーロッパなどの地域は温暖な気候となる。逆に，寒流は高緯度側から低緯度側へ流れ，寒流上の大気を冷却する。このため，寒流が沖合を流れるペルー沖などの地域は冷涼であり，下降気流により高気圧が形成されて乾燥した気候となる。海面水温に異状が発生して熱の輸送が変わると，**エルニーニョ**のように世界の気候に大きな影響を与えることが知られている。 参照 p.42

コラム 海洋大循環

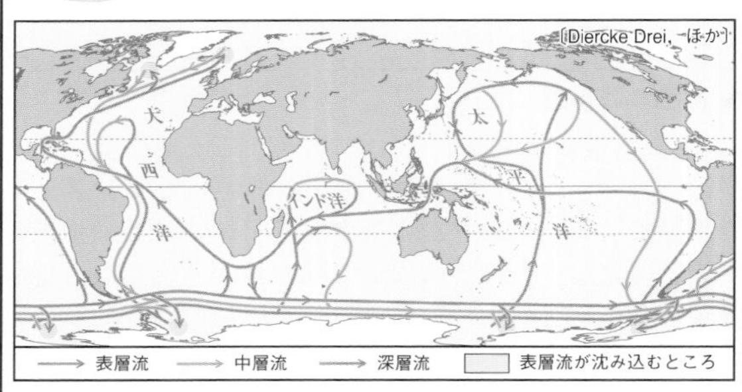

▲海流大循環のモデル

海流には，恒常風の向きに従う，比較的浅い海洋の循環(風成循環)のほかに，より深いところを秒速1cm程度でゆっくり流れる大循環がある。

図のように，北大西洋海流のような表層の海流が高緯度に向かうにしたがって冷却され，北大西洋で水深数千mまで沈み込む。こうしてできた深層流は，大西洋を南下し，南アフリカ沖からインド洋，オーストラリア沖を経由して太平洋へ移動していく。インド洋と太平洋で，深層流はゆっくりと上昇し，表層流と混合する。表層流はオーストラリア北部からインド洋，南アフリカ沖を通って大西洋へと流れ込む。北大西洋で沈み込んだ深層流がベルトコンベアのように流されて長距離を移動し，太平洋で上昇するまでの期間は約1200年といわれている。深層流の海水は体積が大きいため，大気中の二酸化炭素や熱の吸収に大きく関わっていると考えられており，地球上の気候変動に大きな影響を与える可能性がある。

5　気候因子2－東岸気候・西岸気候，大陸性気候・海洋性気候－

① 東岸気候・西岸気候，大陸性気候・海洋性気候

〔理科年表 平成28年，ほか〕

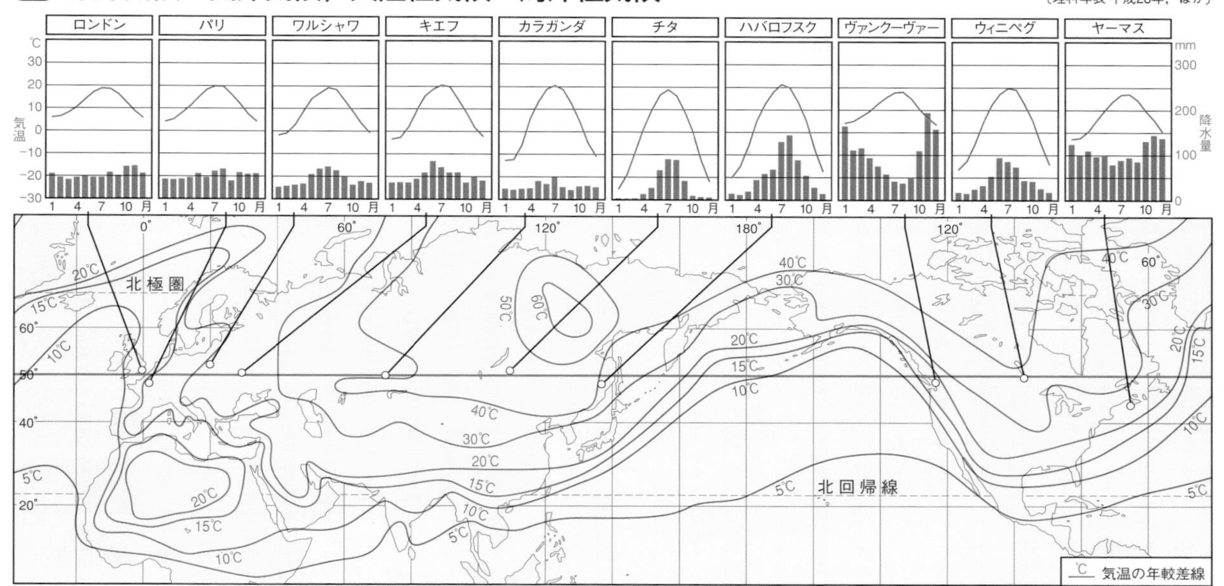

▲北半球の年較差と，北緯50度近辺の都市の気温と降水量

大陸性気候	大陸内部は比熱が小さいため，暖まりやすく冷えやすい。太陽からの熱を多く受ける夏は高温となり，それが少なく地面からの放射が多い冬は低温となる。	
海洋性気候	海洋は大陸に比べて比熱が大きいため，夏は暖まりにくく，冬は冷えにくい。このため，海に沿った地域では，大陸内部と比べて，年較差が比較的小さい。	
	東岸気候	大陸東岸では，冬は大陸内部の高気圧から寒冷な風が吹くため低温になり，夏は洋上の高気圧からの高温多湿な風で高温となる。西岸気候と比べて年較差が大きい。
	西岸気候	大陸西岸では，海洋上の空気が偏西風によって運ばれてくるため，冬は温暖であり，夏でもそれほど暑くならない。

▲大陸性気候･海洋性気候，東岸気候･西岸気候のちがい

北緯50度に沿ったほぼ同緯度の気候を比較すると，**西岸気候・大陸性気候・東岸気候**が明瞭となる。

西岸気候のロンドンやパリは，**偏西風**が暖流上の空気を運んでくるため，一年中温暖である。ワルシャワからカラガンダにかけては，西岸気候から大陸性気候へと次第に移り変わっていく。ヴァンクーヴァーは大陸の西岸に位置するが，沖合には寒流が流れているため，夏は乾燥し，冬に雨が降る。

チタとウィニペグは大陸性気候の典型的な地点であり，夏は暑く冬は寒いため，**年較差**が非常に大きい。

ハバロフスクは東岸気候で，冬は大陸内部の寒冷な高気圧に支配され低温に，夏は太平洋上の高気圧の影響で暑くなる。ユーラシア大陸東岸では，冬の北西季節風，夏の南東季節風が，気温と降水量の季節変化に大きな影響を与えている。ヤーマスも東岸気候で夏と冬の気温差が大きいが，沖合の暖流の影響で，ユーラシア大陸東岸と比較すると温和である。

② 海洋と積雪

参照 p.46④

〔渡部興亜，ほか〕

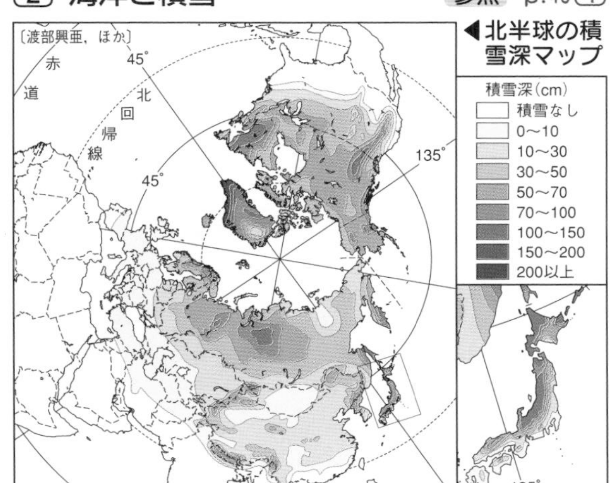

◀北半球の積雪深マップ

北半球の積雪深マップを見ると，積雪が多いところは，次に示すようないずれかの特徴がある。

①高山で地上の気温が低いため，降水が雨ではなく雪として降る地域。ロッキー山脈やヒマラヤ山脈など。

②高緯度で一年中寒い地域であり，かつ，低気圧の通り道となっている地域。シベリア北部など。

③比較的暖かい海に面しており，海から大量に供給される水蒸気を含んだ空気が，背後の山(または氷床)にぶつかって上昇気流となり，積雪をもたらす地域。日本の日本海側やグリーンランド南部など。

上記の②と③では，海で蒸発した水蒸気が雪となって降る。ここでは，吹きつける風の風上に暖流が流れていること，さらに風下側に標高の高い山や氷床があり上昇気流が発生することなどの条件が重なって，積雪の多い地域が形成される。

6　ケッペンの気候区分

① ケッペンの気候区分

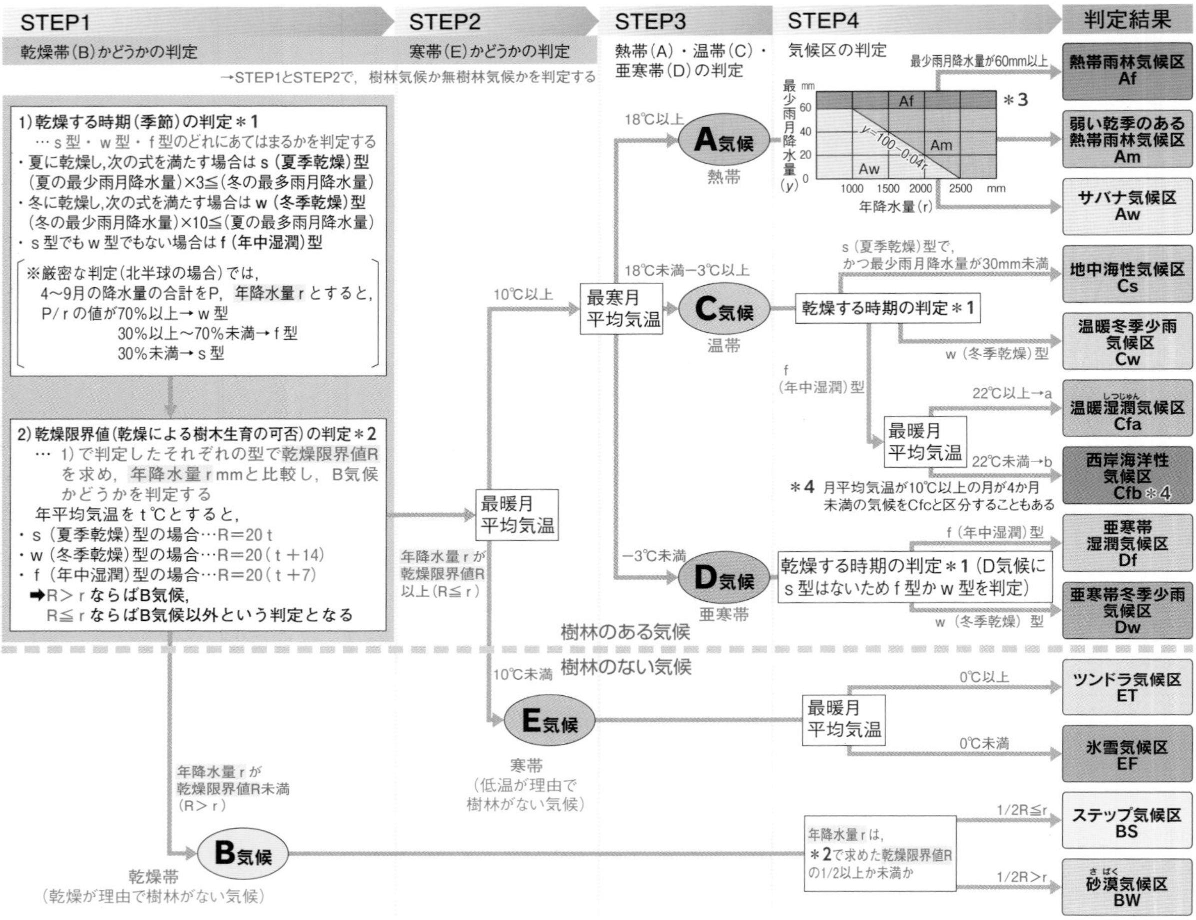

STEP1　乾燥帯(B)かどうかの判定
STEP2　寒帯(E)かどうかの判定
→STEP1とSTEP2で，樹林気候か無樹林気候かを判定する
STEP3　熱帯(A)・温帯(C)・亜寒帯(D)の判定
STEP4　気候区の判定
判定結果

1) 乾燥する時期(季節)の判定＊1
…s型・w型・f型のどれにあてはまるかを判定する
・夏に乾燥し，次の式を満たす場合はs(夏季乾燥)型
(夏の最少雨月降水量)×3≦(冬の最多雨月降水量)
・冬に乾燥し，次の式を満たす場合はw(冬季乾燥)型
(冬の最少雨月降水量)×10≦(夏の最多雨月降水量)
・s型でもw型でもない場合はf(年中湿潤)型

※厳密な判定(北半球の場合)では，
4〜9月の降水量の合計をP，年降水量rとすると，
P/rの値が70%以上→w型
30%以上〜70%未満→f型
30%未満→s型

2) 乾燥限界値(乾燥による樹木生育の可否)の判定＊2
…1)で判定したそれぞれの型で乾燥限界値Rを求め，年降水量r mmと比較し，B気候かどうかを判定する
年平均気温をt℃とすると，
・s(夏季乾燥)型の場合…R＝20t
・w(冬季乾燥)型の場合…R＝20(t＋14)
・f(年中湿潤)型の場合…R＝20(t＋7)
➡R＞rならばB気候，
R≦rならばB気候以外という判定となる

樹林のある気候

年降水量rが乾燥限界値R以上(R≦r) → 最暖月平均気温
- 10℃以上 → 最寒月平均気温
  - 18℃以上 → **A気候**(熱帯)
    - 最少雨月降水量が60mm以上 → **熱帯雨林気候区 Af**＊3
    - → **弱い乾季のある熱帯雨林気候区 Am**
    - → **サバナ気候区 Aw**
  - 18℃未満−3℃以上 → **C気候**(温帯) → 乾燥する時期の判定＊1
    - s(夏季乾燥)型で，かつ最少雨月降水量が30mm未満 → **地中海性気候区 Cs**
    - w(冬季乾燥)型 → **温暖冬季少雨気候区 Cw**
    - f(年中湿潤)型 → 最暖月平均気温
      - 22℃以上→a → **温暖湿潤気候区 Cfa**
      - 22℃未満→b → **西岸海洋性気候区 Cfb**＊4
  - −3℃未満 → **D気候**(亜寒帯) → 乾燥する時期の判定＊1(D気候にs型はないためf型かw型を判定)
    - f(年中湿潤)型 → **亜寒帯湿潤気候区 Df**
    - w(冬季乾燥)型 → **亜寒帯冬季少雨気候区 Dw**

＊4　月平均気温が10℃以上の月が4か月未満の気候をCfcと区分することもある

樹林のない気候

- 最暖月平均気温10℃未満 → **E気候**(寒帯(低温が理由で樹林がない気候)) → 最暖月平均気温
  - 0℃以上 → **ツンドラ気候区 ET**
  - 0℃未満 → **氷雪気候区 EF**
- 年降水量rが乾燥限界値R未満(R＞r) → **B気候**(乾燥帯(乾燥が理由で樹林がない気候)) → 年降水量rは，＊2で求めた乾燥限界値Rの1/2以上か未満か
  - 1/2R≦r → **ステップ気候区 BS**
  - 1/2R＞r → **砂漠気候区 BW**

ケッペンは世界の**植生**を樹林の有無で大別し，前者は熱帯(A)・温帯(C)・亜寒帯(D)の樹木の生育地域に，後者は乾燥が理由で樹林がない地域(B)と低温が理由で樹林がない地域(E)に区分した。そして平均気温や乾燥限界の判定値などと対応づけ，これらの等値線を世界全図に描くことで，気候区分を行った。ケッペンの気候区分で用いられるアルファベットには，A〜Eというようにアルファベットの最初の5文字を単純に割りあてているものもある一方で，ケッペンがドイツ人であることから，その由来がドイツ語にあるものもある。例えば，乾燥する時期(季節)の判定において分類の型の名前に使用されている小文字のsはsommertrocken(夏季乾燥)，wはwintertrocken(冬季乾燥)，fは乾燥した時期がfehlt(欠けている)という語の頭文字からとっている。また，BW気候区のWはWüste(砂漠)，EF気候区のFはFrost ewig(ずっと氷点下の寒さ)という語から命名している。

コラム　ケッペン(1846-1940)の人物紹介

ケッペンは，大学生のころ，最初の大学生活を過ごしたサンクトペテルブルクと，両親の住む黒海沿岸のクリム(クリミア)半島とを列車で往復するうち，植生景観の変化を目のあたりにし，気候と植生のかかわりに興味をもった。その後，ハイデルベルクやライプツィヒの大学でも学び，卒業後はロシアの観測所やドイツの気象台に勤めた。そして，70歳を過ぎた1918年に，AからEまでの区分が定められた世界の気候区分に関する論文を発表した。それから，何年もかけて気候区分の改良や修正を重ね，1930年からは気候学者ガイガーとの共著にも取り組み，その生涯を気候学の研究にささげた。

② 仮想大陸上の気候区分

右図はケッペンの気候区分を模式的に示したもの。中央の気球型の部分は，現実の海陸比にもとづいた仮想大陸で，気候帯の南北分布と東西分布を示している。赤道から両極方向にAからEの順に並ぶが，BとCsは大陸西岸のみ，CwとDwは大陸東岸のみに，Dは北半球のみに存在する。

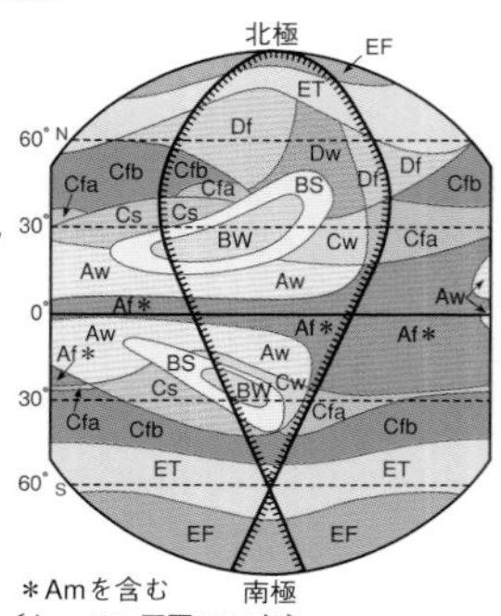

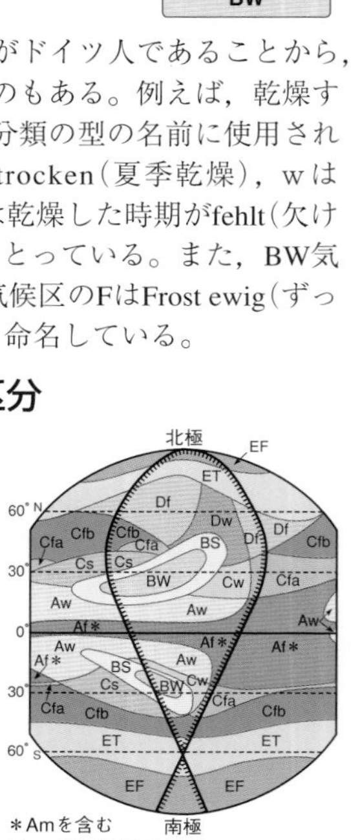

＊Amを含む
〔ケッペン原図1936年〕

3 ケッペンの気候区分のまとめ

熱　帯　A……最寒月でも月平均気温が18℃以上

熱帯雨林気候区
- (Af)区…年中多雨(最少雨月降水量が60mm以上)
- (Am)区…最少雨月降水量が60mm未満でも年降水量が多い

サバナ気候(Aw)区…はっきりした乾季がある
最少雨月降水量が60mm未満で
年降水量も多くない

乾燥帯　B……降水量が蒸発量より少ない

砂漠気候(BW)区……年降水量が極めて少ない

ステップ気候(BS)区…年降水量が少ない

温　帯　C……最寒月の平均気温が18℃未満で－3℃以上

温暖冬季少雨気候(Cw)区…冬に少雨(最少雨月降水量×10≦最多雨月降水量)

地中海性気候(Cs)区…夏に少雨(最少雨月降水量×3≦最多雨月降水量)

温暖湿潤気候(Cfa)区…年中多雨。最暖月の平均気温が22℃以上

西岸海洋性気候区………年中多雨。最暖月の平均気温が22℃未満
- (Cfb)区………月平均気温10℃以上の月が少なくとも4か月
- (Cfc)区………月平均気温10℃以上の月が4か月未満

亜寒帯(冷帯)D……最寒月の平均気温が－3℃未満で最暖月の平均気温が10℃以上

亜寒帯湿潤気候(Df)区…年中多雨

亜寒帯冬季少雨気候(Dw)区…冬に少雨(最少雨月降水量×10≦最多雨月降水量)

寒　帯　E…最暖月の平均気温が10℃未満

ツンドラ気候(ET)区…最暖月の平均気温が10℃未満0℃以上

氷雪気候(EF)区……最暖月でも月平均気温が0℃未満

なお，ケッペンの気候区分には含まれないが，高山にはA気候の地域にB，C気候が現れるため，以下のような区分を設けることもある。

〔山岳気候〕
山地気候(G)区……およそ海抜2000m以上3000m未満の山地の気候
高山気候(H)区……3000m以上の高山の気候

4 アリソフの気候区分

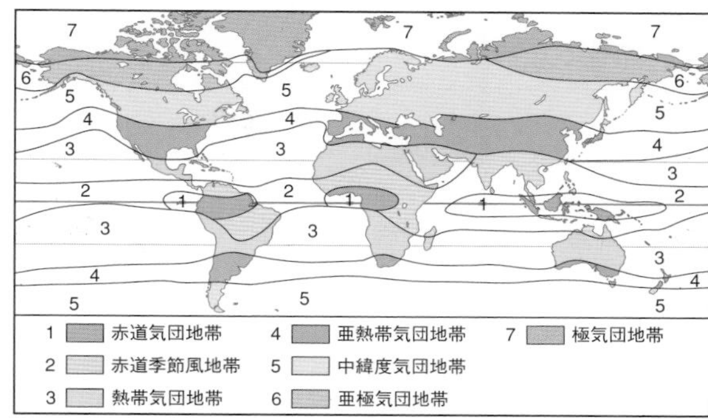

ソ連の地理学者アリソフは，緯度によって気団地帯がつくられ，その境界にできる前線帯が季節によって南北移動すると考え，世界の気候を区分した。大陸の東西差の説明には向かないが，降水要因はわかりやすい気候区分である。

5 気候帯による降水の特色　参照 p.18

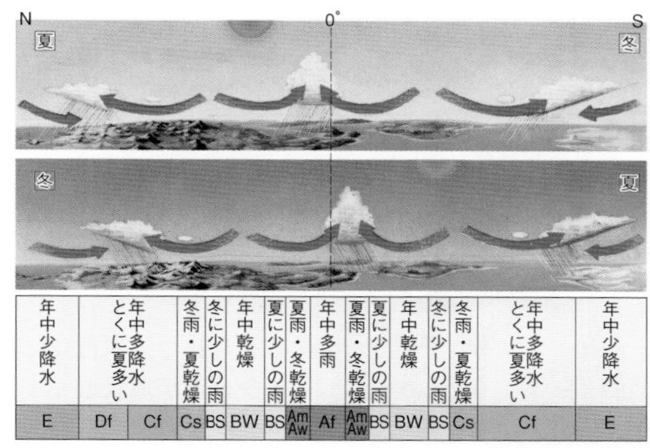

上昇気流の発生する赤道付近と前線の発達する**亜寒帯低圧帯**は一年中降水が多いのに対して，**亜熱帯高圧帯**や**偏西風帯**では降水の季節変化がみられる。

コラム　ハイサーグラフ

気候の特徴を表現するグラフとして，**ハイサーグラフ**がよく用いられる。これは各月ごとに，縦軸に気温，横軸に降水量をとり，月の順に点を結んだものである。ケッペンの各気候区でハイサーグラフを作成すると次のような形になる。なお温帯では，北半球の気温は1月に低く7月に高いのに対し，南半球の気温は1月に高く7月に低くなることから，似た形でも留意が必要である。

A気候…18℃より下にはいかない
- Af… 右上に集中，60mmより左へいかない
- Am… 上に大きくおおいかぶさるような形
- Aw… Amより短いが，上方で横に伸びる形

B気候…左端に寄る
- BW… y軸からほとんど離れない
- BS… 一時的にy軸から離れる

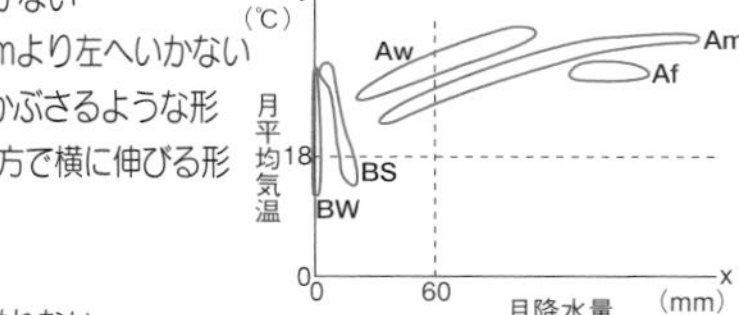

C気候…10℃～18℃の間を必ず一度通る
－3℃より下にいかない
- Cs… 左上がりになる
- Cw… 右上～左下にかけておおいかぶさるような形
- Cfa… Cwに近い形で，右上～左下に伸びる　22℃以上の部分がある
- Cfb… 中央部で縦に伸びた形　22℃以上にはならない

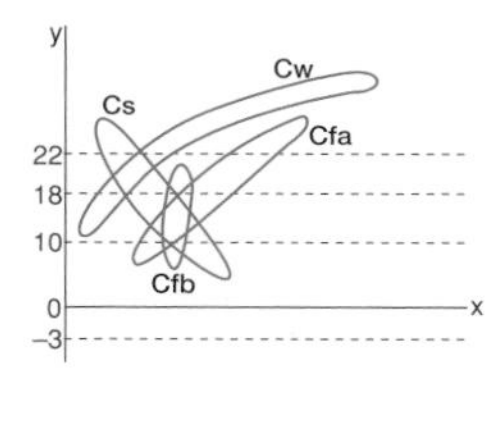

D気候…10℃以上と，－3℃未満を必ず一度は通る
年較差が大きいので，上下に大きく伸びる
- Dw… 右上から左下へ深く伸びる
- Df… Dwほど長くないが，右上から左下へ伸びる

E気候…いずれも降水量は少なく，y軸寄り
- ET… 0℃以上の部分があるが，10℃には達しない
- EF… 0℃以上にはならない

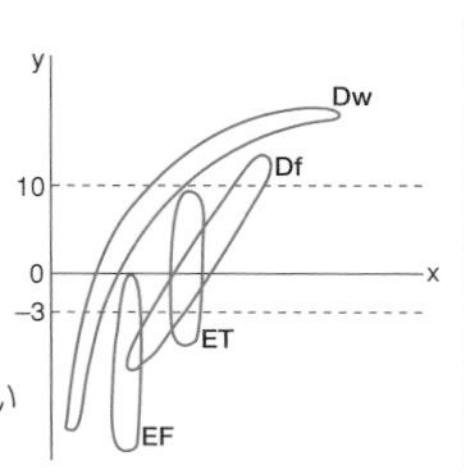

7 熱帯（A）

① 熱帯の分布

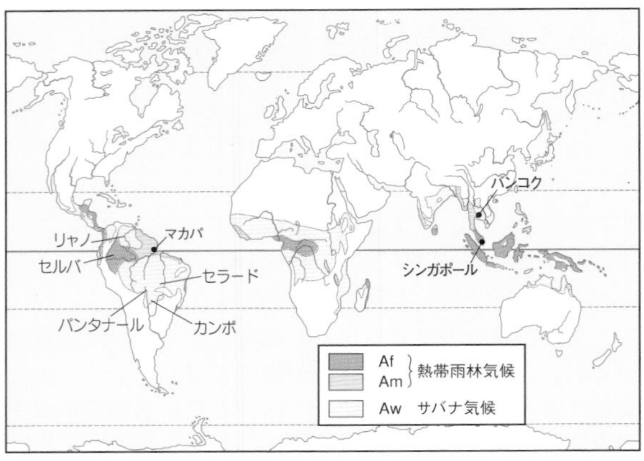

② おもな都市の気温と降水量，降水要因

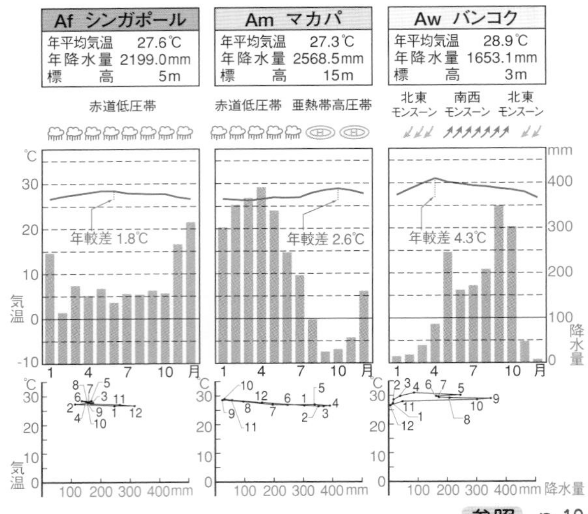

参照 p.19

熱帯は，最寒月でも18℃以上と一年中気温が高いことが特徴である。Afは一年中降水量が多いのに対し，AwやAmは明瞭な**雨季**と**乾季**がある。Amは大陸東岸で，Awは大陸西岸や内陸でみられることが多い。図のバンコクのように，モンスーン地帯にもAwは存在する。

③ 熱帯の植生

▲熱帯雨林の模式図

熱帯は気温が高く降水量が多いため，植物の生育にはよい環境である。

熱帯雨林には，ときに50mをこえる高さの突出木があり，その下にさまざまな高さの多種類の常緑樹やツル性の植物が繁茂している。それらにさえぎられて，光合成に必要な日射が地表近くまでは届かないため，林内は暗く，下草はあまり生えていない。しかし，焼畑農業などによって人の手が加わると，地面に直射日光がさし込み，下草やツル性の植物が生える森林となる。突出木は，高い幹をささえるために，**板根**（板状の根）をもつものが多い。

サバナは熱帯雨林と比べて水分が少ないため疎林となっていて，窪地や谷筋など土壌の水分が高いところで樹木が生育しやすい。**アンブレラツリー**や**バオバブ**など，枝が高い位置で広がる落葉樹が多いが，これは雨季の降水を生かし，乾季の乾燥に耐えるためである。

④ Aw気候ができる理由

参照 p.18

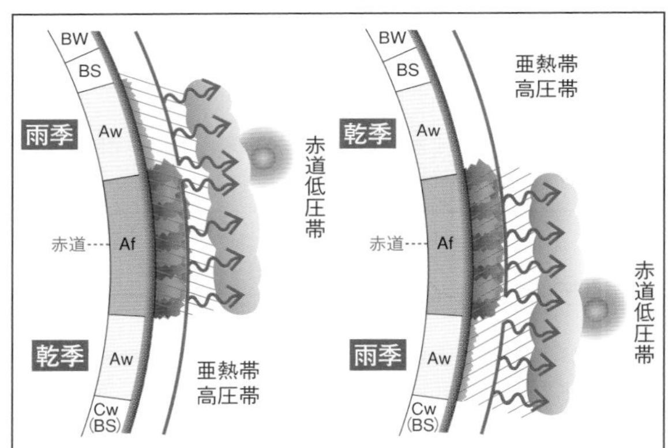

▲北半球の夏　▲南半球の夏

Aw気候の地域では，太陽から受ける日射エネルギーが大きいため上昇気流がよく発達するが，地球の自転軸が傾いていて季節変化があるため，その場所が南北に移動する。その結果，**赤道低圧帯**（上昇気流が発達し多雨）と**亜熱帯高圧帯**（下降気流が発達し乾燥）に交互に支配され，雨季と乾季が明瞭な気候になる。Aw気候では，雨季と乾季が約半年で入れ替わる。7月は北半球では夏，南半球では冬であるが，太陽が北にかたよるために赤道低圧帯も北にずれる。それに伴い，多雨地帯は北に広がり，Awでは北半球で雨季，南半球で乾季となる。逆に1月は北半球では冬，南半球では夏となり，赤道低圧帯が南にずれ，Awの多雨地帯は南に広がる。

⑤ 各気候区の特徴

参照 p.36,67

気候区	特　徴	植生・土壌	人間生活・産業〔　〕はおもな作物	分布・代表的な都市
熱帯雨林気候 Af	年中高温多雨で，気温の年較差が小さい。年間を通して赤道低圧帯や貿易風の影響を受ける。午後は**スコール**が頻発。	多種類の常緑広葉樹からなる，多層構造の**熱帯雨林**。赤色・酸性でやせた**ラトソル**が分布。	焼畑農業と**プランテーション**農業がさかん〔**天然ゴム**・**油やし**・カカオ〕。黄熱病・**マラリア**などの風土病が残る。熱帯雨林の乱伐が深刻な環境問題となっている。	シンガポール，クアラルンプール（マレーシア），マナオス（ブラジル），キサンガニ（コンゴ民主共和国）
弱い乾季のある熱帯雨林気候 Am	夏は低緯度側からの多湿な**モンスーン**，冬は高緯度側からの乾燥したモンスーンの影響を受ける。熱帯モンスーンともよばれる。	おもに乾季に落葉する広葉樹林からなるが，熱帯雨林ほど種類は多くない。土壌はラトソル～赤色土。	アジアでは稲作農業が発達。嗜好品のプランテーションもさかん〔さとうきび・バナナ・コーヒー・茶〕。（図：さとうきび）	マカパ（ブラジル），キガリ（ルワンダ），マイアミ（アメリカ）
サバナ気候 Aw	夏は赤道低圧帯に入り雨季，冬は中緯度高圧帯に入り乾季となる。Aw気候は，スーダン地方の先住民が，熱帯疎林と草原を**サバナ**（サバンナ）とよんだことにちなむ。	バオバブやアカシア類などの疎林と長草草原からなる。土壌はラトソル中心。（図：アカシア類）	乾季と雨季を生かしたプランテーション〔綿花・さとうきび・コーヒー〕。ヤギの放牧や牛の企業的牧畜がみられる。（図：コーヒー）	バンコク（タイ），コルカタ（インド），バマコ（マリ），ダーウィン（オーストラリア），ブラジリア（ブラジル）

⑥ 熱帯の生活

▲キャッサバを中心とした混栽（ナイジェリア）

キャッサバはいもの一種で，粉などに加工して主食とする。熱帯では気温が高いため有機物の分解が速く，土壌に蓄積される養分が少ないため，一つの畑でいも類や豆類，果樹などの数種類の作物を栽培する**混栽**を行うのが一般的である。これは，作物が成長するときに必要な養分を分散して，地力を落とさないための工夫であるが，干ばつや病虫害などの危険を分散する効果ももっている。

▲バオバブの木と家畜の飼育（セネガル）

バオバブはマダガスカル，アフリカ大陸，オーストラリアに自生する落葉広葉樹で，太い幹と上部の枝が特徴的である。若葉は野菜として，実は果肉も種子も食用となる。樹皮は丈夫なので住宅の屋根や壁に使われたり，加工してかごやロープの原料になったりする。干ばつのときにはバオバブの木を切り倒して，水分の含んだ幹の柔らかな部分を家畜に食べさせることもある。

用語

ジャングル：東南アジアやアフリカの熱帯雨林。
セルバ：アマゾン川流域にみられる熱帯雨林。スペイン語・ポルトガル語で「大密林」の意味。世界最大の熱帯雨林で，多量の二酸化炭素を吸収し酸素を出すため「世界の肺」ともよばれるが，その減少が問題になっている。
セラード：ブラジル高原のサバナ。低木がいたるところに生えていて見通しがきかず，ポルトガル語で「閉ざされた」の意味をもつ。1979年から2001年まで日本のODA（政府開発援助）により開発された。
リャノ：ベネズエラのオリノコ川流域でみられるサバナ。スペイン語で「平野」の意味。
カンポ：ブラジル高原に広く分布する疎林。ポルトガル語で「草原・畑」の意味をもつ。早くから農園開発が進んだ。セラードよりも範囲が狭い。
パンタナール：世界最大の湿原。ブラジル・パラグアイ・ボリビアの3か国にまたがり，日本の本州ほどの面積がある。流れが緩やかなパラグアイ川に沿って広がる，世界最大の野生生態系の一つ。 参照 p.276

8　乾燥帯（B）

① 乾燥帯の分布

参照 p.18

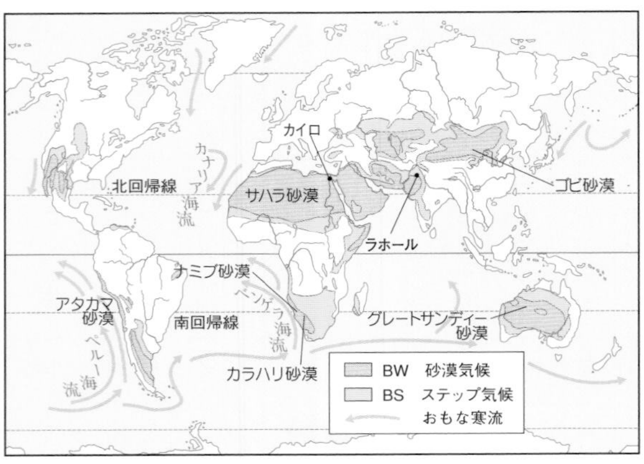

乾燥帯は，**亜熱帯高圧帯**や**寒流**の影響を受ける南北回帰線付近と，海からの湿った風が届かない大陸内部に多く分布する。

② おもな都市の気温と降水量，降水要因

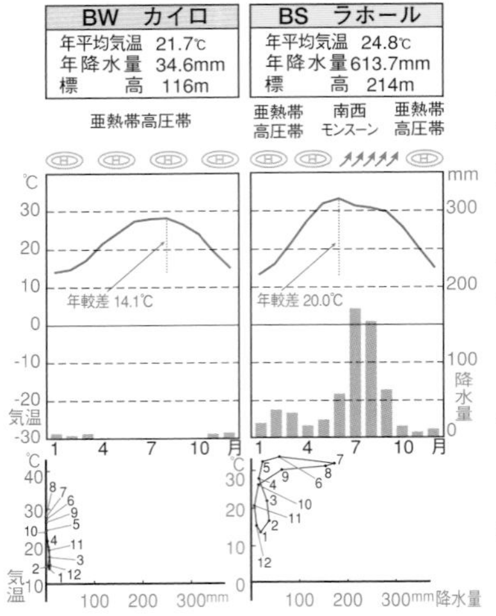

参照 p.16,50

BWは一年中ほとんど降水がないが，まれに集中豪雨があり，**ワジ**が形成される。

BSは**砂漠**の周辺部に広がり，前線帯の影響を受けて短い**雨季**がある。降水量は200～500mm程度で，それよりも蒸発量が上回る。大きな樹木は生育しにくく**ステップ**とよばれる丈の短い草原が広がる。

③ 砂漠の成因

(1)回帰線砂漠　世界の砂漠の多くが南北の回帰線上に存在する。ここは亜熱帯高圧帯の支配を受けており，赤道付近で熱せられ上昇した大気が，高緯度に向かって移動する途中，南北の回帰線付近で下降する。そのため雨を降らす原因である上昇気流が生じない。この現象がほぼ一年中続く影響で砂漠となる。

例：サハラ砂漠，グレートサンディー砂漠，カラハリ砂漠

▲回帰線砂漠ができるしくみ

(2)内陸砂漠　大陸内部に存在する内陸砂漠は，海岸から離れていたり，周囲を大山脈で囲まれていたりするため，湿った空気が十分に供給されない。その結果，年中乾燥し，砂漠ができる。

例：ゴビ砂漠，タクラマカン砂漠，カラクーム砂漠

▲内陸砂漠ができるしくみ

(3)海岸砂漠　低緯度の大陸西岸沿いには砂漠がみられる。砂漠の成因には，亜熱帯高圧帯と，海岸沿いを流れる寒流が大きく関わっている。

①亜熱帯高圧帯からの風が吹きつける。

②海岸沿いに流れる寒流は，海底からの湧昇流により冷たい水温を保っている。この寒流により下層の風は冷やされる。こうして，上空は比較的高温だが，下層で低温という気温の逆転が形成される。

③低温の下層の空気は重く，高温の上層の空気は軽いため大気が安定する。上昇気流が生じにくいため，対流が起こらず，霧は生じるが雨があまり降らない。

例：ナミブ砂漠，アタカマ砂漠，ペルーの海岸砂漠

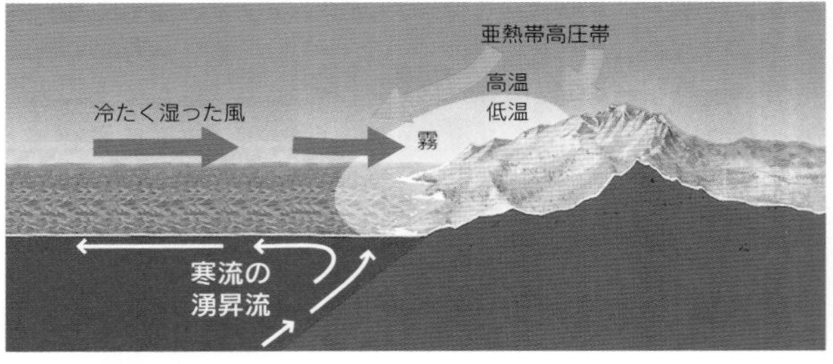

▲海岸砂漠ができるしくみ

(4)雨陰（あまかげ）砂漠　湿った大気が山を越える場合，風上側で強制的に上昇させられ，そこで雨を降らす。山を越えた後は，乾いた下降気流となるので雨は降らない。

例：パタゴニア（偏西風に対してアンデス山脈の風下側）

▲雨陰砂漠ができるしくみ

(4) 各気候区の特徴

気候区	特　徴	植生・土壌	人間生活・産業	分布・代表的な都市
砂漠気候 BW	気温の**日較差**が大きい。降水はほとんどみられず，大半の地域で年降水量250㎜以下。降水は不定期で，**ワジ**(涸れ川)がみられる。砂漠気候では，年降水量が極端に少なく，気温の日較差が大きいため，岩石の風化が激しく，砂漠の発達がみられる。	オアシス周辺を除いて，植生はほとんどみられない。岩石の風化が激しい。土壌は褐色・強アルカリ性の砂漠土で，蒸発がさかんなため塩性土壌を生じやすい。	**オアシス**や**外来河川**の流域で灌漑農業。**フォガラ**(アフリカ)や**カナート**(イラン)とよばれる灌漑用地下水路が用いられる。灌漑が不適切に行われた地域では，塩類集積による被害がみられる。	リヤド(サウジアラビア)，カイロ(エジプト)，ラスヴェガス(アメリカ)
ステップ気候 BS	砂漠周辺に分布。3か月程度の短い雨季がある。	短草草原(ステップ)。土壌はおもに栗色土。比較的降水量が多い地域には肥沃な黒土が形成(ウクライナの**チェルノーゼム**など)。	遊牧がさかん。小麦栽培や牛・羊の企業的牧畜もみられる。ゲル(モンゴル)，パオ(中国)，ユルト(キルギス)とよばれる遊牧生活に適した移動式住居がみられる。	サマルカンド(ウズベキスタン)，ラホール(パキスタン)，キンバリー(南アフリカ)，ンジャメナ(チャド)

(5) 乾燥帯の生活

◀砂漠の中のオアシス(アルジェリア)
▼オアシスの内部(オマーン)

砂漠やステップでは，利用できる水の量が少ないため，生活場所はかなり限定され人口密度は低い。**オアシス**は，砂漠の中で**地下水・わき水・外来河川**などにより水が容易に得られる場所である。オアシスでは人々が暮らし，交通の結節点となり，市が立つなど，にぎわいを見せるだけでなく，**灌漑農業**によりオリーブ・なつめやし・柑橘類などが栽培される。**遊牧民**たちは，家畜の飲み水を得るため，日帰りでオアシスまで往復できる距離に移動式の住居を定めることが多い。

(6) 砂漠の水利用

参照 p.242

サハラ砂漠は一年中乾燥しており，オアシスを結んで地中海からギニア湾にいたる**隊商**ルートが開かれている。この地域では，縦穴の井戸を地下の横穴でつないだ地下水路(**フォガラ**)で，山麓の**地下水**を集落や畑に導くくふうをしている。砂漠には氷河時代に蓄えられた地下水が大量に存在し，この地下水を使った開発が行われた。しかし，過剰な灌漑によって耕地への塩類の集積が進んだため，大規模な開発は中断されている。

◀サハラ砂漠のおもな地下水域

用語

砂漠：「砂漠」は降水量よりも蒸発量の方が大きいため植生がほとんどなく，岩石や砂におおわれている地域のこと。砂漠は構成する物により岩石砂漠・礫砂漠・砂砂漠に分けられる。**岩石砂漠**(ハマダ)は風化して形成された岩屑や砂が風や流水によって流され，岩盤が露出しているもの。**礫砂漠**(レグ)は基盤岩が風化され，風や流水によって砂が流されて形成されたもの。**砂砂漠**(エルグ)は起伏があまりなく，主として岩石砂漠から微粒子になって風に運ばれた砂の堆積によって形成されたもの。大部分は岩石砂漠や礫砂漠であり，砂砂漠は少ない。

参照 p.16

ステップ：丈の短いイネ科等の草や低木におおわれた，砂漠周辺部の乾燥した草原地帯。元来はテンシャン山脈の北部を中心とした，中央アジアの草原をさすロシア語である。

パンパ：アルゼンチンのパラナ川・ラプラタ川流域に広がる広大な草原地帯。年降水量550mmを境に東部の湿潤パンパと西部の乾燥パンパに分けられる。湿潤パンパでは混合農業が，乾燥パンパでは小麦生産や牛・羊の放牧が行われている。

プレーリー：北アメリカ大陸に分布する長草草原の植生。グレートプレーンズよりもやや降水量が多い。

参照 p.89,268

9　温帯（C）

①温帯の分布

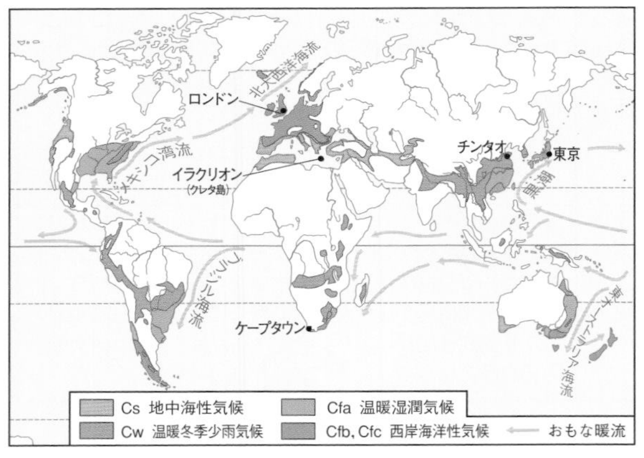

コラム　なぜ温帯に四季が生じるか

地球の公転面に対して，地軸（自転の軸）は約23度26分傾いている。そのため，太陽光線の地表にあたる角度は季節によって大きく変化し，夏と冬で地球が受ける日射エネルギーは中高緯度で大きく異なる。この結果，気温の変動が生じる。さらに，亜熱帯高圧帯・亜寒帯低圧帯が南北に移動することにより，温帯では明瞭な**四季**が現れる。

▼四季が生じるしくみ

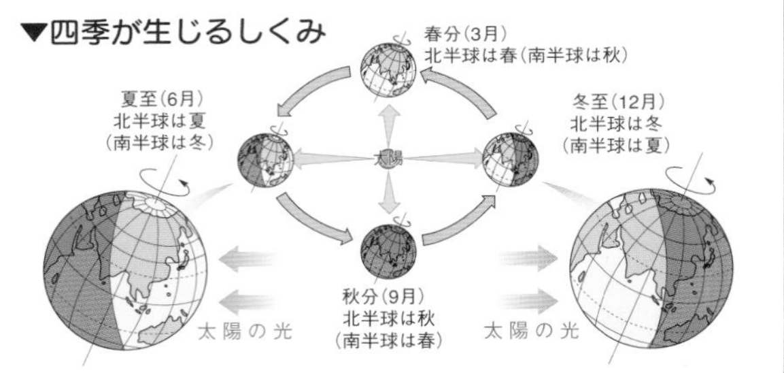

②おもな都市の気温と降水量，降水要因

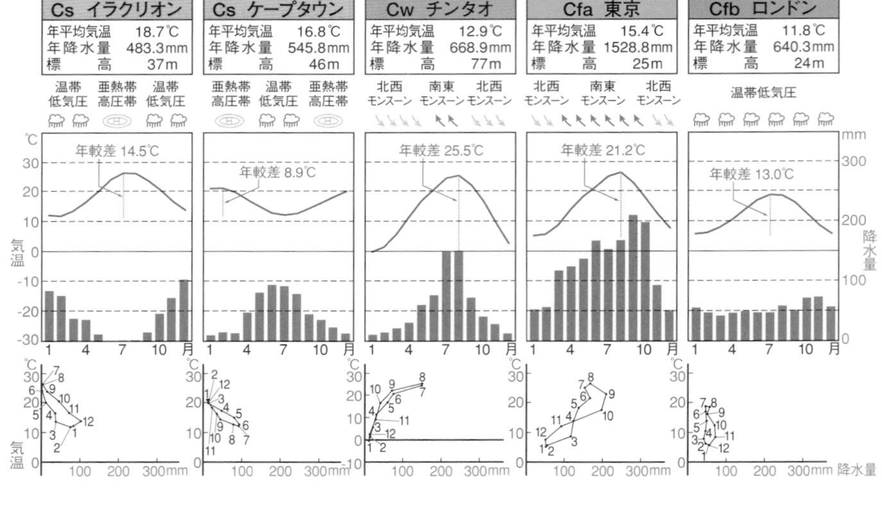

温帯はほかの気候帯に比べて四季の変化が明瞭である。Csでは降水の大半が，冬に発生する温帯低気圧や前線でもたらされ，夏は高温だが湿度が低くてしのぎやすい。Cwはおもに**モンスーン**などの影響で，気温の上がる夏に降雨が多く，農業に適していて，東アジアでは稲作が広く分布している。Cfaは一年を通じて降水がみられ，年降水量も多い。Cfbは降水量の月による変動が小さく，**偏西風**の影響で冬の冷え込みが弱いため，気温の年較差が小さい。なお四季は，左のCs気候の例のように，北半球と南半球とでは逆になる。

③温帯の生活

▲コルクがしの収穫（スペイン）　参照 p.64,336

夏に乾燥するCsの地域では，コルクがしやオリーブなどの樹木作物，ぶどうや柑橘類などの果樹が多く栽培されている。写真のコルクがしは樹皮のコルク層をはいで，飲料の栓などに使う。約10年間隔で何回も採取できる。

▲羊の放牧（イギリス）　参照 p.63

Cfbの地域は緯度のわりに温和であるが，家畜の屋内飼育が必要となる。夏の高温の期間や冬の寒冷な期間が短いため，牧畜に適している。写真の羊の放牧のほか，デンマークなどでは**酪農**がさかんである。

4 各気候区の特徴

気候区	特　徴	植生・土壌	人間生活・産業　〔　〕はおもな作物	分布・代表的な都市
地中海性気候 Cs	夏は亜熱帯高圧帯の影響を受け乾燥。降水は亜寒帯低圧帯下にはいる冬に集中する。最暖月の平均気温が22℃以上になる気候を**オリーブ気候**，22℃未満の気候を**エリカ気候**と細分することもある。	**オリーブ**・**コルクがし**など耐乾性の**硬葉樹林**。地中海地方には石灰岩の風化土壌であるテラロッサがみられる。	耐乾性果樹の栽培〔**オリーブ**・ぶどう・柑橘類〕や，冬の降水を利用した小麦栽培がさかん。地中海沿岸では夏と冬で牧地を上下垂直に移動する移牧が行われる。	イラクリオン（ギリシャ，クレタ島），バルセロナ（スペイン），ケープタウン（南アフリカ），サンフランシスコ（アメリカ），パース（オーストラリア）
温暖冬季少雨気候 Cw	夏は高温湿潤なモンスーンの影響を受け多湿。冬は乾燥し温暖。夏にはときどき**熱帯低気圧**が襲来。	しい・かし・くすなどの**照葉樹林**。高緯度地域では落葉樹や針葉樹もみられる。赤色土～黄色土が分布。	アジアでは**米**・綿花・**茶**の栽培がさかん。アフリカ南部・アンデス山脈東側ではとうもろこし・小麦・コーヒーなど。	チンタオ，ホンコン（中国），ハノイ（ベトナム），カトマンズ（ネパール）
温暖湿潤気候 Cfa	夏は高温多雨で，冬は低温少雨。気温の年較差が比較的大きい。夏には熱帯低気圧（東南アジア：台風，アメリカ：ハリケーン）が襲来。	**常緑広葉樹林～落葉広葉樹**林と**針葉樹**の混交林。南部には照葉樹林もみられる。アルゼンチンのブエノスアイレス周辺ではパンパとよばれる草原が広がる。褐色森林土～黄色土が分布。	適度な気温と降水にめぐまれ，主要穀物の生産がさかんで，人口が集中する地域も多い。アジアやアメリカで大農業地帯を形成〔米・小麦・大豆・とうもろこし〕。	東京，ニューヨーク（アメリカ），ブエノスアイレス（アルゼンチン），シドニー（オーストラリア）
西岸海洋性気候 Cfb，Cfc	年中**偏西風**の影響により湿潤。同緯度の大陸東岸部と比べて，夏は冷涼で冬は温暖。気温・降水量とも季節変化が小さい。なお，Cfcは海洋でみられ，陸上ではほとんど生じない。	ぶな・かしなどの**落葉広葉樹**と**常緑針葉樹**の混交林。褐色森林土～**ポドゾル**が分布。	居住に適した気候のため人口密度の高い地域が多い。酪農・混合農業がさかん。	ロンドン（イギリス），パリ（フランス），ベルリン（ドイツ），メルボルン（オーストラリア），クライストチャーチ（ニュージーランド）

5 温帯に多い大都市

	アジア	アフリカ	ヨーロッパ	ロシア	アメリカ・カナダ	ラテンアメリカ	オセアニア
熱帯	ムンバイ，ジャカルタ，バンコク，ダッカ，コルカタ，ホーチミン，シンガポール，バンガロール，チェンナイ	キンシャサ				リオデジャネイロ	
乾燥帯	デリー，カラチ，テヘラン，ラホール，バグダッド	カイロ				リマ	
温帯	シャンハイ，ソウル，イスタンブール，東京，ホンコン，ウーハン，コワンチョウ，チョンチン		ロンドン		ニューヨーク	サンパウロ	シドニー，メルボルン
亜寒帯	テンチン，シェンヤン			モスクワ，サンクトペテルブルク			
寒帯							
山岳気候						メキシコシティ，ボゴタ	

左表は，人口400万以上のおもな都市を気候帯ごとにまとめたもの。温帯に大都市が多いことがわかる。これは，人々が快適に暮らせる気候であること，大規模な農牧業が活発であり多くの人口を養えること，そしてその結果，古くから工業が発達してほかの気候帯から人々が集まってきたことなどが考えられる。

◀**気候帯別に示した人口400万以上のおもな都市**

用語

常緑広葉樹と**落葉広葉樹**：常緑広葉樹は落葉しない広葉樹で，熱帯から温帯にかけての温暖で湿潤な地域に分布する。低緯度ほど樹種が豊富である。

落葉広葉樹は，乾燥や寒さに弱い葉を乾季や冬季に捨て，温暖湿潤な時期にだけ光合成を行う広葉樹で，熱帯の雨季と乾季が明瞭な地域と，温帯の冬季に低温になる地域に分布する。ぶなやミズナラなどを主としている。**参照** p.36，100

硬葉樹と**照葉樹**：Csなど夏に雨が少ない気候では，夏の乾燥に耐えるために，厚いコルク層をもつ幹や，オリーブのように小さく硬い葉をもつ広葉樹が発達する。これらは，硬葉樹とよばれる。

また，Cwなど夏に雨が多く降る気候では，しいやかしのように葉が比較的大きく，表面のクチクラ層が発達しているため光ってみえる照葉樹が多い。

10　亜寒帯(冷帯)(D)・寒帯(E)，高山(H)気候

① 亜寒帯・寒帯，高山気候の分布

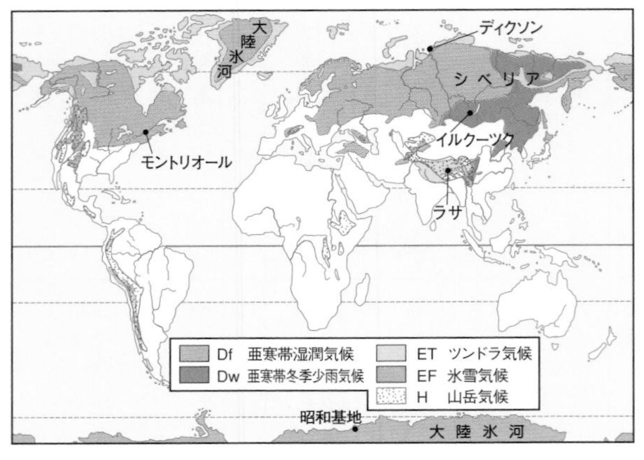

② 農業からみた亜寒帯の区分

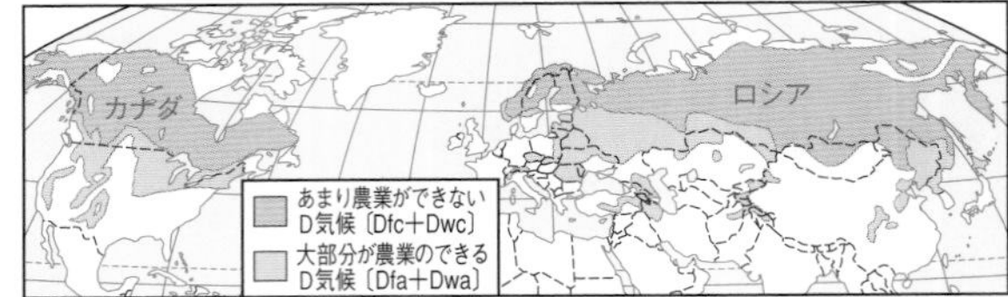

ケッペンの気候区分では，亜寒帯はDfとDwとに分類されるが，上図のように，農業ができるかどうかによって区分する方法もある。この方法では，夏の気温に着目している。比較的気温が上がることを利用して麦やてんさいなどを栽培する南部の**大陸性混合林気候**と，夏が短く低温で農業ができない北部の**針葉樹林気候**とに分けている。

③ おもな都市の気温と降水量，降水要因

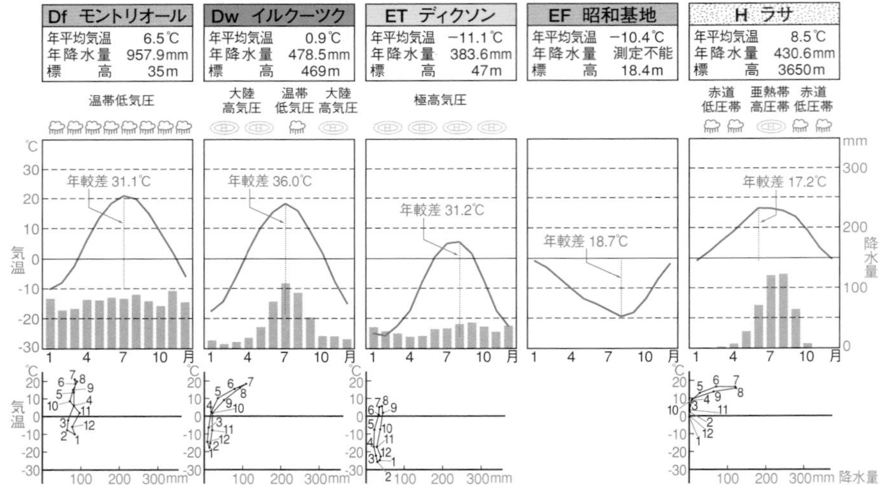

コラム　亜寒帯と冷帯

ケッペンの気候区分では，熱帯から寒帯までをA～Eの記号で表している。しかし，これでは気候の特色がとらえにくいため，温帯などの呼称がつけられた。

亜寒帯も冷帯も，ともにD気候のことを示す。亜寒帯は「寒帯よりもやや暖かい気候」であることを意訳した名称である。これに対し冷帯は，ケッペンが指標とした植生について説明した際の「Boreal」を「冷帯」と訳した名称である。

④ 亜寒帯の生活

▲凍ったまま売られる魚(ロシア，ヤクーツク)

亜寒帯のシベリアでは，夏にダーチャとよばれる都市近郊の別荘・小農園で野菜や果物を栽培し，食用としたり市場で売ったりする。また，森に自生するベリー類を採り，砂糖漬けにして保存する。これをお湯で煮出してコンポートとよばれるジュースをつくり，ビタミンと糖分の不足を補う。冬は極寒を利用して，屋外の市場で魚や肉が凍ったまま売られ，家庭では牛乳を屋外で凍らせて保管することがある。

建物は，室内の熱が地下の**永久凍土**(→p.264)をとかすと柱が傾くので，コンクリートの柱を地中深くまで打ち込み，高床にするというくふうをしている。室内の窓はできるだけ小さくし，室内の熱が逃げないように二重，三重にしている。暖房は重要な社会基盤であるため，街には集中給湯センターがあることが多く，パイプを通って各戸に給湯され，暖房やシャワーなどに用いている。

5 各気候区の特徴

気候区	特　徴	植生・土壌	人間生活・産業〔　〕はおもな作物	分布・代表的な都市
亜寒帯湿潤気候 Df	北半球にのみ分布。気温の**年較差**が大きい。降水量は年間を通じて変化が少ない。	南部はシラカバなどの落葉広葉樹と針葉樹との混交林。北部は**タイガ**とよばれる針葉樹林が広がる。土壌は灰白色・酸性でやせた**ポドゾル**が主体。	南部では夏の高温を生かした酪農，混合農業，商業的穀物農業〔小麦・ライ麦・えん麦・じゃがいも〕。北部は林業（製材・パルプ）中心。アルプス山脈では，夏は高原の牧場（アルプ），冬は村の畜舎という**移牧**が行われる。	モスクワ（ロシア），ヘルシンキ（フィンランド），シカゴ（アメリカ），ウィニペグ，モントリオール（カナダ）
亜寒帯冬季少雨気候 Dw	ユーラシア大陸北東部にのみ分布。気温の年較差は最大で，冬は極めて寒冷。降水は夏に集中。	タイガが発達。土壌はポドゾルが主体。北部には一部**ツンドラ土**や**永久凍土**が分布。	林業中心。中国東北部などでは耐寒性作物の畑作地域もみられる。技術の発達により，農業の栽培限界は北進。	ハバロフスク，イルクーツク，チタ（ロシア）
ツンドラ気候 ET	最暖月平均気温0℃以上10℃未満。高緯度のため降水量は少ない。	夏のみ永久凍土の表面がとけ，わずかな草と蘚苔類や地衣類が成長。土壌は低温のため分解の進まないツンドラ土か永久凍土。	イヌイット（北米）・サーミ（北欧）などの民族が分布。狩猟やトナカイの遊牧がさかん。 トナカイ	バロー（アメリカ），ディクソン（ロシア）
氷雪気候 EF	最暖月平均気温0℃未満。夏の一時期を除いて氷雪におおわれる。	永久氷雪で植生はみられない。	無居住地域（アネクメーネ）。一部で学術調査や資源調査が行われている。	昭和基地（南極）
高山気候 H	気温の逓減によって低温。年較差小・日較差大の「常春気候」。降水量は比較的少ない。 ※ケッペンの区分以降に修正が加えられてできた気候区。	高度差に伴い，熱帯から寒帯の植生が垂直分布。疎林ないし草原が中心。一部に植生のない礫砂漠が分布。	遊牧が主。アンデス地方ではリャマ・アルパカの飼育や，じゃがいもの栽培が行われる。低緯度地方では**高山都市**が発達。 アルパカ リャマ	ラサ（3650m，中国），クスコ（3248m，ペルー），ラパス（4058m，ボリビア）

6 高山の生活

▲**じゃがいもの収穫**（ペルー）

平地の少ないアンデス山脈では，山の急斜面も耕して畑に変え，じゃがいもやとうもろこしを栽培している。

用　語

タイガ：亜寒帯で生育する針葉樹林で，樹種が少ない純林が多い。シベリア中央部のエニセイ川付近を境界として東側は，カラマツなどの落葉針葉樹が中心の「明るいタイガ」，エニセイ川の西側や極東，北米は，トウヒなどの常緑針葉樹が中心の「暗いタイガ」である。

経済林：木材（建築資材，パルプなど）および特用林産物（薪（まき），木炭，竹，きのこ，山菜，栗の実など）を得ることを主目的とする森林のこと。

ツンドラ：低温で植物生育可能期間が短いため，樹木が生育できず，夏の間のみ草だけが生える地域。地下には永久凍土があり，降水量は少ない。

凍土：土壌水分が凍結した土。毎年夏に完全に融解する季節凍土と，2年以上連続して凍結した状態のままである永久凍土に分けられる。永久凍土の上部は夏の間融解するため，タイガ林やツンドラ植生が生育可能。

黒土：東ヨーロッパ平原からウクライナにかけて（**チェルノーゼム**），グレートプレーンズ（**プレーリー土**）など，大陸内部のステップ地帯に分布する黒色で肥沃（ひよく）な土。

11　日本の気候

①　日本の気候区分

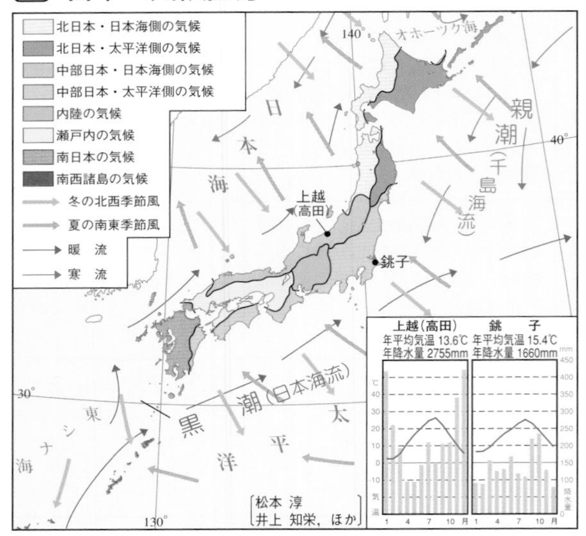

②　明瞭な四季

季節	特　徴
春	・移動性高気圧と温帯低気圧が周期的に日本上空を東進し，三寒四温となる。
夏	・小笠原気団とオホーツク海気団の間の**梅雨前線**が停滞する。 ・小笠原気団が強まるにつれ，梅雨前線は北海道まで北上し，本州以南では高温多湿の南東季節風（モンスーン）が吹く。
秋	・南の海上で発達した**台風**が北上する。 ・小笠原気団が弱まって**秋雨前線**が南下すると**秋霖**（しゅうりん）になり，その後，移動性高気圧と温帯低気圧が周期的に日本上空を東進するようになる。
冬	・シベリア気団の影響を受け，寒冷な北西季節風（モンスーン）が吹く。 ・対馬海流から水蒸気が供給され，日本海側では雪，太平洋側では乾燥した，風の強い晴れた日が続く。

③　日本周辺の気団とその特性

気団の名称	性質による呼び名	発源地	出現する季節	気団の特性	日本の天気	東アジアの気圧配置型
シベリア気団	寒帯大陸性気団（cP）	シベリア	冬，春，秋	上層では乾燥，下層は変質によりやや不安定	日本海側は雨または雪，太平洋側は好天	西高東低
長江（揚子江）気団	熱帯大陸性気団（cT）	華中または華北	春，秋	乾燥しており上層は比較的不安定	好天で西風	移動性高気圧型
オホーツク海気団	寒帯海洋性気団（mP）	オホーツク海，日本の東方太平洋	初夏，秋	多湿，気層は不安定，厚さは約2km	曇り，または微雨，北東～南東の風	停滞性前線型
小笠原気団	熱帯海洋性気団（mT）	本州南方の北西太平洋	春，初夏，夏，秋	多湿，下層は非常に安定，まれに不安定	一般的に好天，夏は曇り，まれににわか雨，南よりの風	夏型
赤道気団	赤道海洋性気団（mE）	赤道地方	初夏，秋	上層では高温多湿で安定	短時間の強雨，集中豪雨をおこすことが多い	台風

▲おもな気団と特性

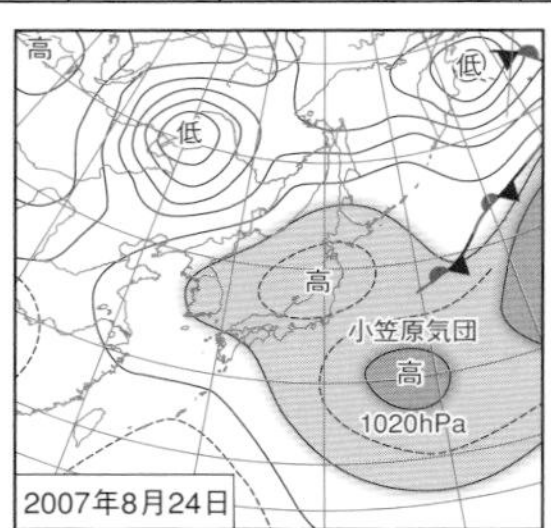

◀1月（左）と8月（右）の気団の位置

④　梅雨

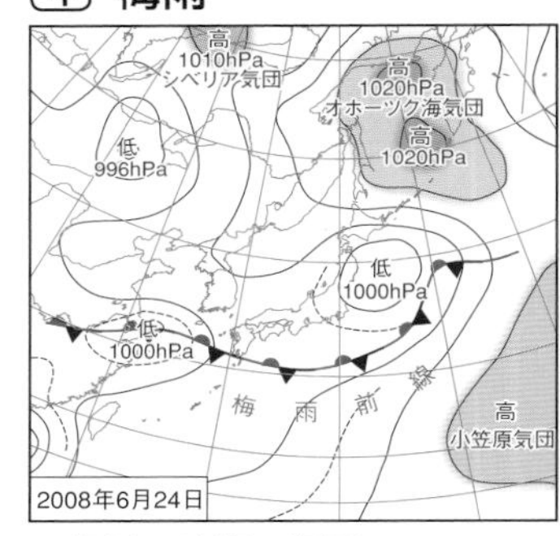

▲梅雨の時期の気団

南の高温多湿な小笠原気団と北の低温多湿なオホーツク海気団の間の境界となる梅雨前線が，6月から7月にかけて日本上空に停滞して，雨が続く**梅雨**となる。小笠原気団は徐々に勢力を増し，梅雨前線が北上したところから梅雨明けとなり，小笠原気団に支配されるようになって，Af（熱帯雨林気候）のような蒸し暑い夏がやってくる。

⑤　冬の日本海側の大雪　参照 p.23

日本海側に大雪が降る条件として，①シベリア気団からの寒波が，②日本海（対馬海流）から水蒸気の補給を受け，③脊梁山脈により強制的に持ち上げられること，が重要である。また，日本海沿岸に南風が吹くとき，北陸不連続線とよばれる前線が形成され，平野部で大雪（里雪）が降る。このとき，太平洋側は，山から吹きおりてくる乾燥した空気におおわれて晴れる。関東平野に吹きおりる風を**からっ風**という。

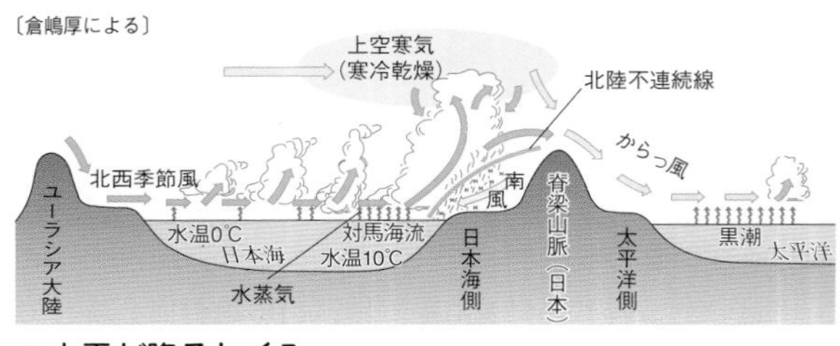

▲大雪が降るしくみ

12 都市気候・小気候

① 都市気候 −ヒートアイランド−

（1）東京のヒートアイランド

都市では人口の集中や経済活動による人工排熱の発生により，周囲より（とくに夜間の）気温が高い**ヒートアイランド**が出現する。ヒートアイランドは大都市だけでなく，中小都市や小集落でもみられる。東京では，1958〜2007年の50年間で1月の平均気温が2.62℃上昇し，過去10年間でも熱帯夜（日最低気温が25℃以上の日）は年間で3.7日増，冬日（日最低気温が0℃未満になる日）が9.5日減など，ほかの都市よりも急激に温暖化が進んでいる。

右図では，東京湾から東京中心部に流れ込む海風の流れ（風の道）を示しており，東京湾から流れ込んできた海風が新橋駅や東京駅周辺の高層ビル群によりさえぎられ，都心部には流入していないこと，緑の多い公園などは気温が低くなっていることがわかる。都市計画の際に，自然の「風の道」を上手に利用することによって，都市の気温上昇を緩和することができると考えられている。

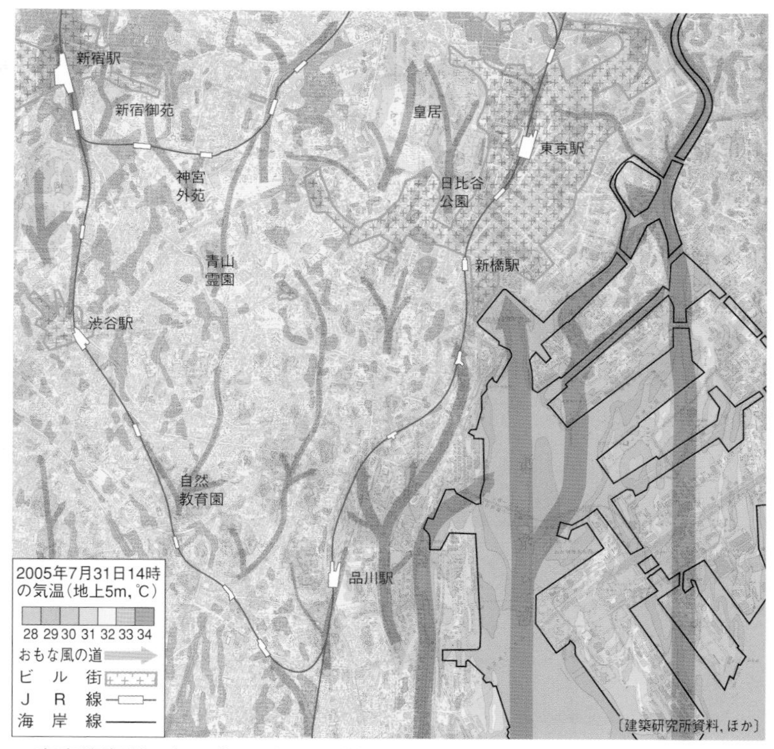

▲東京臨海部のヒートアイランドと風の道

（2）ヒートアイランド対策

屋上緑化・壁面緑化	屋上や壁面近くに植物を植えて，蓄熱性のあるコンクリートの表面積を減らし，蒸発散により表面温度を下げる。
保水性のある舗装	保水性のあるアスファルト舗装により，水が蒸発するときの気化熱で地表面温度を下げる。
人工排熱の抑制	冷暖房の設定温度の変更，服装による体温調節などにより，人工排熱を減らす。

▲ヒートアイランド対策の例

（3）局地的大雨

▲局地的大雨（2008年8月，東京都千代田区）

都市で降る集中豪雨は近年，ごく限られた範囲に集中して降ることが増えている。これらは「ゲリラ豪雨」とも表現され，1時間に100mmを超えるものもある。ヒートアイランド現象は，この豪雨の要因の一つと考えられている。

② 日本の局地風

参照 p.19

特定の狭い地域で地形の影響を受け，決まった方向に吹く強風は**局地風**とよばれ，独特の名称がついているものが多い。局地風がみられる代表的な場所は，山脈の風下側の山麓，狭い峡谷を抜け出た先などで，気圧配置の影響により強風が起こる。局地風は，人々の生活や農業に大きな影響を及ぼす。局地風によく付けられる名前として「だし」と「おろし」がある。「だし」は放射冷却によって盆地にたまった冷気が気圧配置の影響で盆地の下流側に急激に流れ出るもの，「おろし」は地中海のボラと同様に，冷たい風が山を越えて吹き降りる強風で，日本では冬の北西季節風の影響によることが多い。一般に，清川だし，広戸風，やまじ風を日本三大局地風とよぶ。

1　植生と土壌

① 気候と植生・土壌との関係

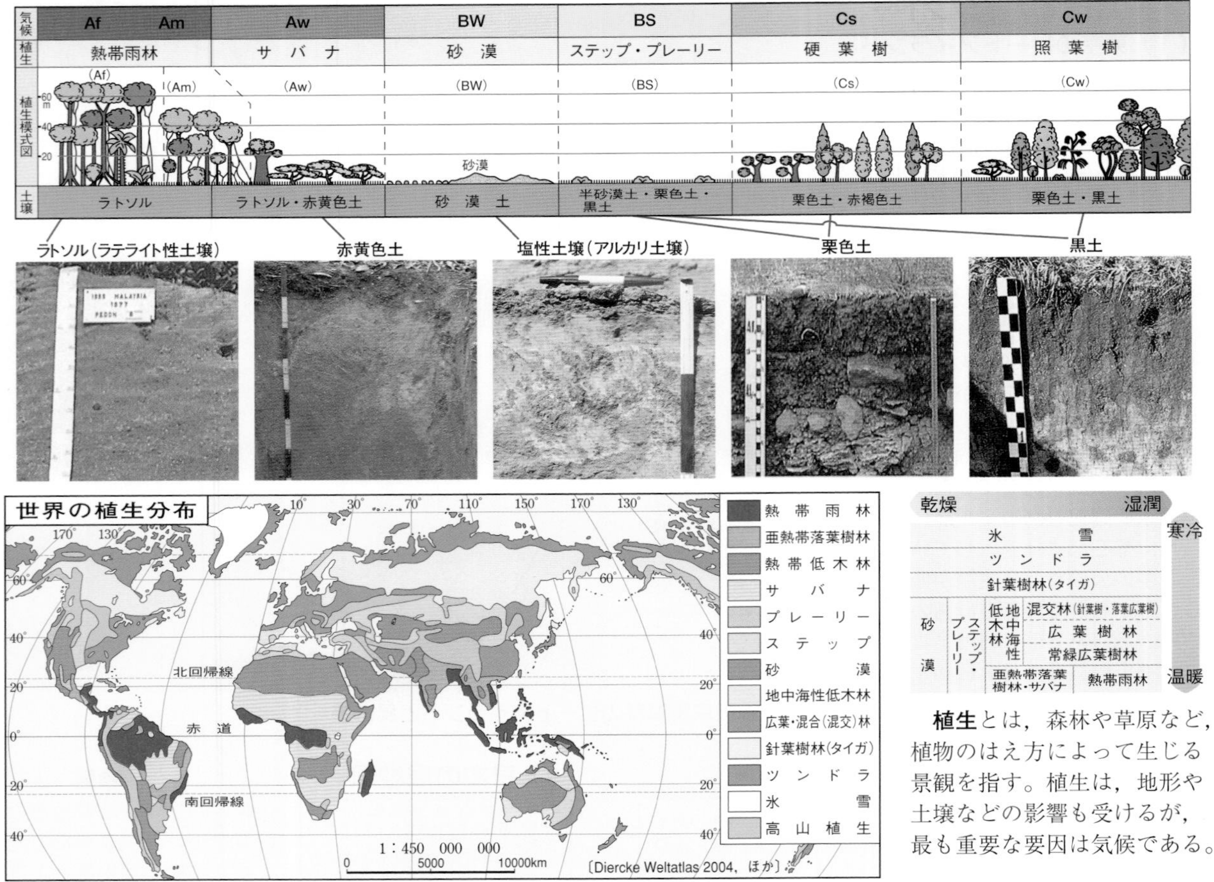

植生とは，森林や草原など，植物のはえ方によって生じる景観を指す。植生は，地形や土壌などの影響も受けるが，最も重要な要因は気候である。

② 世界の植生

植生名	特色
熱帯雨林	常緑広葉樹の多種多用構造，下草，つる植物に富む。一般に材質は硬い。チーク・ラワン・マホガニーなどを除くと加工用には不適。（例）**セルバ**　東南アジアなどでは，乾季に一部落葉する**熱帯雨緑林（ジャングル）**。
亜熱帯落葉樹林・熱帯低木林・サバナ	疎林と長草草原の組み合わせが中心。雨季には緑をつけるが，乾季には落葉・枯草になり，茶褐色の草原となる。（例）**リャノ**，**カンポ**，**グランチャコ**
プレーリー・ステップ	ステップは短草草原で樹木はほとんどない。プレーリーは長草草原。（例）**プスタ**，**パンパ**，**プレーリー**，**グレートプレーンズ**
砂漠	オアシス周辺の多肉性植物（サボテン，なつめやしなど）を除き，植生なし。
地中海性低木林	夏の乾燥に耐えるオリーブ，コルクがしなど**硬葉樹**林（→p.31）が中心。葉は緑色で硬く小さく，保水性に富む。
広葉・混合（混交）林	低緯度側は常緑広葉の**照葉樹**林（→p.31）が中心。葉は深緑色で大きく，水を多く含むことのできる構造をもつ。高緯度側はカシやシイなどの**常緑広葉樹**林と，スギやマツなどの**常緑針葉樹**林が混在。
針葉樹林（タイガ）	高緯度地帯に分布する針葉樹林帯。モミ・ツガ・トウヒ・エゾマツ・トドマツ・カラマツなど，建築・パルプ材として最適。
ツンドラ	短い夏の間に地表の雪や氷がとけて裸の土壌が現れ，低い樹木や**蘚苔類**（せんたいるい）・**地衣類**（ちいるい）が生育。
氷雪	一年中，雪と氷におおわれ，植物はほとんど生育しない。
高山植生	山地の森林限界以上の高山帯に生育する植物。低温や積雪，強風などの生育に不利な環境に耐える。

用語　広葉樹・針葉樹

広葉樹とは，葉が広くて平らな樹木の総称である。常緑広葉樹と落葉広葉樹とに大別される。**針葉樹**とは，葉が針状をなす樹木の総称である。

参照　p.31

Cf	Df・Dw	ET	EF	気候
混交林	タイガ	ツンドラ	氷雪原	植生
(Cfa, Cfb)	(Df, Dw)	(ET)	(EF) 氷雪	植生模式図 60m 40 20
栗色土・黒土・褐色森林土・ポドゾル性土	黒土・ポドゾル	ツンドラ土		土壌

褐色森林土　　ポドゾル　　ツンドラ土

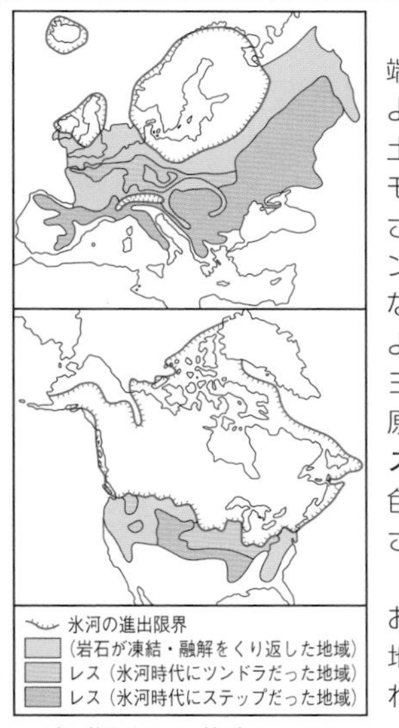

▲氷成レスの分布

大陸氷河の末端には，氷河によって運ばれた土砂が堆積して，モレーンが形成される。モレーンのなかの細かな砂礫が北風によって運ばれ，ヨーロッパの平原に堆積し，**レス**とよばれる黄色の地層が形成される。

ヨーロッパにおける主要穀倉地帯は，おおむねレスの分布と一致している。

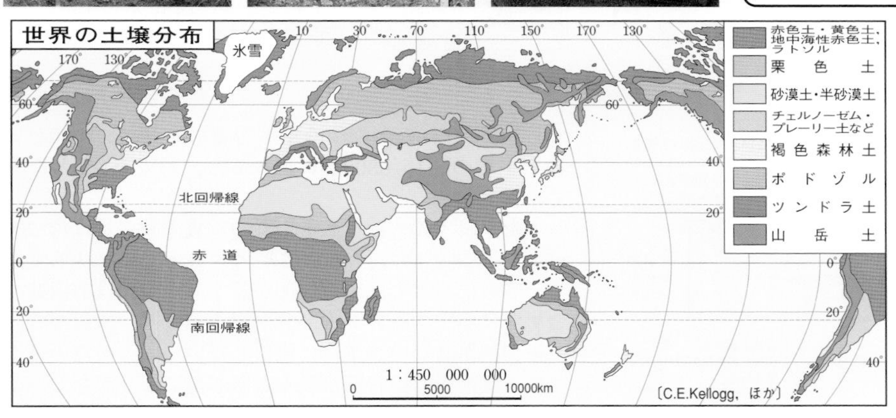

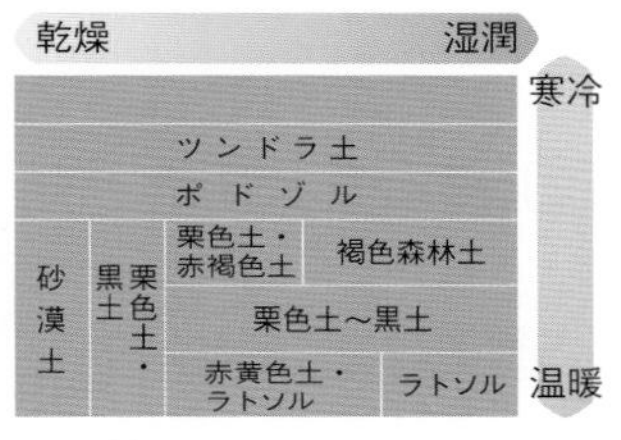

土壌とは，地表の岩石や堆積物が，その場所の地形や気候，植物などの影響を受けて，物理的・化学的に変化した土のことである。

③ 成帯土壌 ― 形成要因*として，気候の影響が強い。

土壌名	特色
赤色土・黄色土，地中海性赤色土，ラトソル	熱帯・亜熱帯に分布。ラトソルは鉄・アルミニウムなどの酸性物質が表面に多く，酸性・硬質のやせた土壌。高緯度側は赤色土や黄色土。
栗色土	半乾燥から乾燥気候下に分布。乾燥の度合いが強くなるにつれてアルカリ性になり，黄色を帯びる。
砂漠土・半砂漠土	乾燥気候下に分布。塩類が地表に集積し，強アルカリ性。農業には向かない。
チェルノーゼム・プレーリー土など	半乾燥気候下に分布。中性～アルカリ性。腐植土を多く含み，肥沃。大農業地帯を形成。
褐色森林土	温帯の森林地帯に分布。溶脱した土壌に腐植土が加わり，中性～やや酸性。農業も可能で，比較的肥沃。
ポドゾル	亜寒帯～寒帯に分布。塩基分の溶脱により酸性，灰白色を示す。やせており，農業には不適。
ツンドラ土	寒帯に分布。青灰色で泥炭・水分が多く，酸性。やせており，地衣類・蘚苔類が生育。
山岳土	岩石がむき出しになっている状態。

＊　土壌の形成要因としては，気候・母岩双方の制約がある場合が多く，成帯土壌と間帯土壌とを厳密には区分できないこともある。

④ 間帯土壌 ― 形成要因*として，母岩の影響が強い。沖積平野の沖積土や**関東ローム**（富士山・箱根山などを起源とする火山灰），**シラス**（九州南部の火山灰）も含まれる。

土壌名	分布地域	特色
レグール	デカン高原	玄武岩の半乾燥化での風化。有機物に富み肥沃。綿花の栽培に適す。
テラロッサ	地中海沿岸	石灰岩の溶食後に残ったばら色の土壌。鉄分，アルミ分が多く，酸性。それほど肥沃ではなく，果樹が栽培される。
テラローシャ	ブラジル高原	玄武岩，輝緑岩が湿潤気候下で風化。紫色で，比較的肥沃。コーヒーが栽培される。

⑤ レス ― 風によって運ばれた細かな土が堆積。

土壌名	分布地域	特色
レス（風成レス）	華北地方（中国）	**黄土**ともいう。ゴビ砂漠から風や黄河によってもたらされる。黄色で，透水性に富み，畑作に適す。
レス（氷成レス）	ヨーロッパ，南北アメリカ	氷河の末端や縁辺域に堆積した細粒物質が風によって運ばれてできたもの。透水性がよく，畑作に適する。腐植土が混ざったものが**チェルノーゼム**や**プレーリー土**。

2　水の循環

① 水の循環と水収支

地球上の水の総量は，およそ13億8500万km³と推定されているが，陸水は約2.6％にすぎない。しかも，陸水のうち70％以上が氷（氷山・雪氷原・氷河），20％以上が地下水として存在する。循環する水は，地球上の全水量の0.05％にも満たない。水は人類にとって限られた貴重な資源であり，人間の生活・生産活動に大きな影響を及ぼす。

地球上の水収支は，下図のように見積もられている。水の収支式は，つぎのとおりである。

陸上では	降水量＝流出量＋蒸発量
海上では	降水量＋流出量＝蒸発量

地球の水量 13億8485万km³：海水 97.4%　大気中の水 0.001　陸水 2.6

降水量 3598.7万km³：氷河 76.4%　地下水 22.8　湖水・河川水 0.59　その他 0.21

〔理科年表 平成24年〕

▶地球上の水

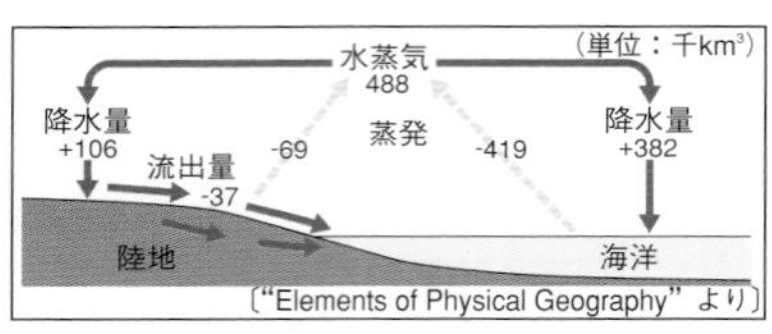

◀地球の水収支

② 日本の水資源

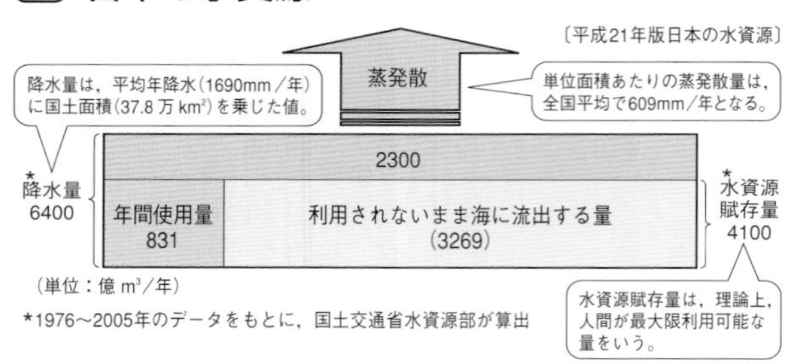

▲日本の水資源の使用量

日本の人口1人あたりの年平均降水総量は約5000m³で，世界平均の約1万6800m³に比べると，およそ1/3となっている。

また，日本の人口1人あたりの水資源賦存（ふそん）量は約3200m³で，世界平均の約8600m³と比べると，1/2以下である。さらに日本の河川は勾配が急で，かつ雨は梅雨期や台風期に集中するので大部分が洪水となり，水資源としては利用されないまま海に流出している。そのため日本では，雨が少ない時期が続くと水不足になりがちである。

③ おもな河川の縦断曲線・河況係数

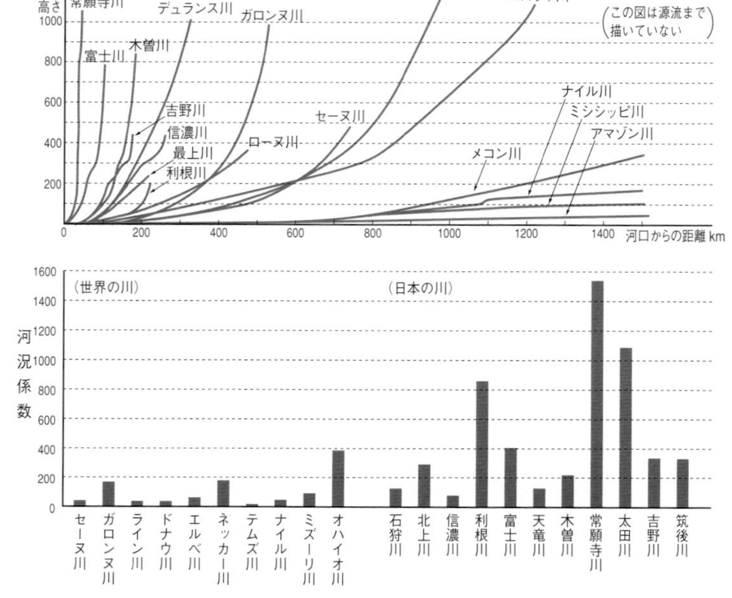

◀おもな河川の縦断曲線

日本の河川と世界の河川とを比べてみると，日本の河川のほうがより勾配が急で，かつ短いことがわかる。世界の大河川と比べてみると日本の河川は，まるでそれらの上流部のようである。

河況係数とは，〔最大流量÷最小流量〕の値である。河川の流量の季節変化が大きいほど，河況係数の値は大きい。

日本では，夏の季節風（梅雨や台風）による降雨や冬の降雪など，降水の季節差が大きいので，河川の河況係数は世界の諸河川に比べてきわめて大きい。とくにヨーロッパの大河川と比較すると，著しく異なっている。

◀おもな河川の河況係数

④ 日本のおもな河川の流量の変化

河川の流量は流域の気候を反映する。

日本では，太平洋側の河川は梅雨や台風，秋雨前線による降水が多いため，夏から秋にかけて流量が多くなる。一方，日本海側の河川は雪どけによって春に流量が多い。

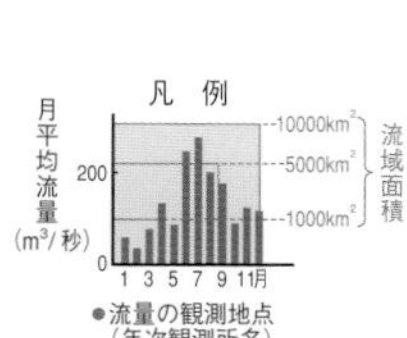

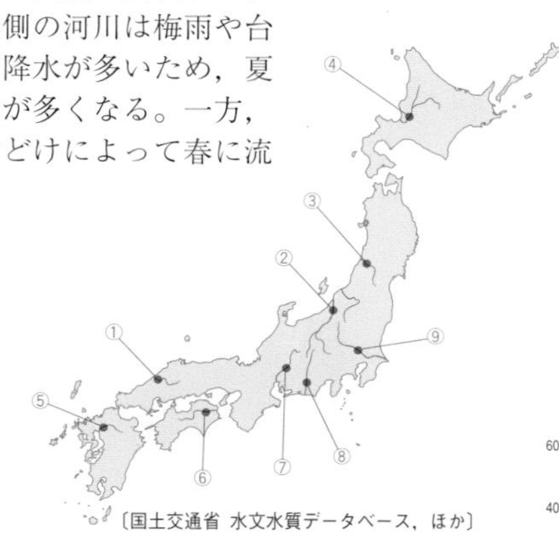

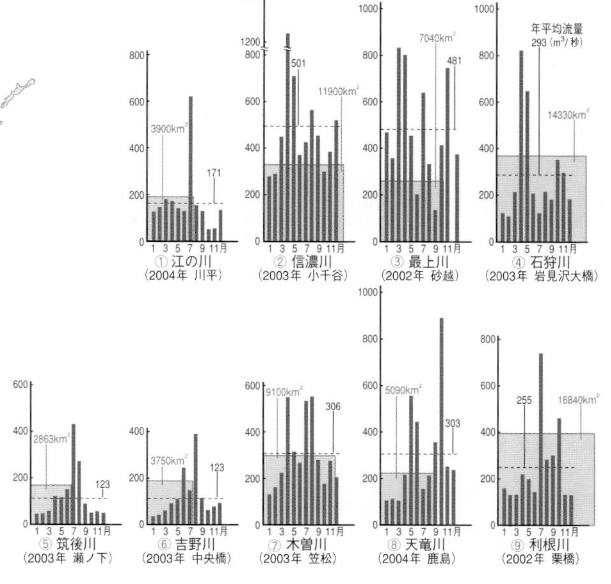

⑤ 湖沼の分類

分類	名　称	解　　説	例
成因による分類	断層湖	断層によってできた凹地に水がたまってできたもの。	諏訪湖，バイカル湖，タンガニーカ湖
	火口湖・カルデラ湖	火口（あるいはカルデラ）に水がたまってできたもの。	赤城小沼（火口湖），十和田湖（カルデラ湖）
	堰止湖	地すべり，火山噴出物などによって川がせきとめられてできたもの。	富士五湖，印旛沼
	河跡湖	河川の一部が本流から切り離されてできたもの（**三日月湖**・牛角湖）。	石狩川流域に多い
	海跡湖	海だったところが切り離されてできたもの。	浜名湖，霞ケ浦
	潟　湖	砂州，沿岸州の発達により海の一部が閉じ込められてできたもの。	サロマ湖，風蓮湖
	氷河湖	氷食によってできた凹地に水がたまったもの。	五大湖 北ヨーロッパに多い
生産力による分類	富栄養湖	窒素0.2mg/L以上，りん0.02mg/L以上含む。海岸沿いの浅い湖に多い。	霞ケ浦，浜名湖
	貧栄養湖	上記の量よりも窒素，りんの含有量が少ない。	田沢湖，十和田湖
	中栄養湖	窒素，りんの値は上２者の中間。	
	酸栄養湖	pH5.5以下の酸性の強い湖沼。	御釜（蔵王）
塩分による分類	淡水湖	塩分量が500mg/L以下の湖。	
	塩水湖	塩分量が500mg/L以上の湖。	死海，グレートソルト湖
	汽水湖	湖水に直接海水が侵入してくるもの。塩分量はさほど多くない。	中海，浜名湖

⑥ 地下水

▶地下水の模式図

自由地下水 —— 一番浅い不透水層の上にたまっている地下水。

被圧地下水 —— 不透水層の間にはさまれた地下水。被圧地下水のたまっている地層まで達する井戸が掘り抜き井戸（鑽井）である。井戸の高さが被圧地下水面より低い場合，井戸は自噴し，自噴井となる。

宙水 —— 局地的な不透水層上にたまった地下水。武蔵野の台地などは，火山灰の上に宙水がたまっており，この水を汲み上げ，農業などに利用してきた（三富新田など）。汲み上げすぎると涸れやすく，地盤沈下が生じることもある。

コラム　仮想水

輸入される農畜産物や工業製品の生産に使われた水を，**仮想水**（バーチャルウォーター）とよぶ。日本は世界有数の食料輸入国であることから，仮想水の大量輸入国となっている。食料を輸入するということは，ほかの国の水を使っているとも考えられるのである。とくに，小麦や牛肉の大量輸入先であるアメリカから，仮想水の輸入が多い。

世界の人口が急増している現在，水の需要も大きく伸びている。また，気候変動によって，地球規模での水への影響が心配されている。こうした世界の水問題への対応は，世界有数の食料輸入国である日本にとっても重要な課題となっている。

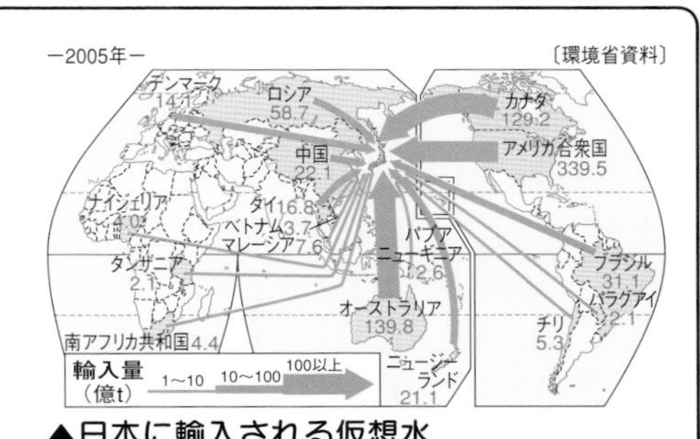

▲日本に輸入される仮想水

1　火山・地震などの災害

① 火山と地震の分布　参照 p.4,7

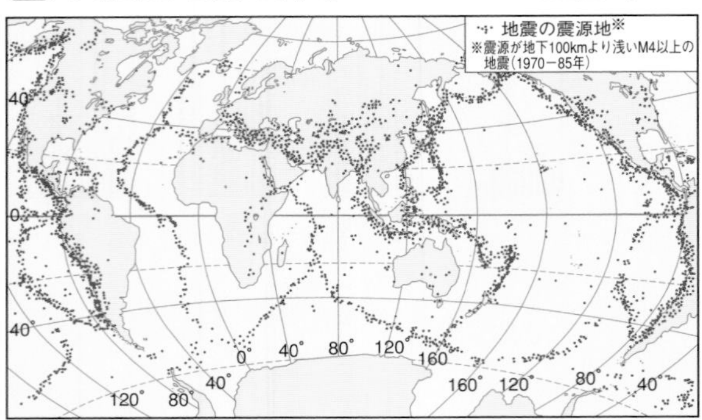

▲地震の分布　〔Dierke Weltatlas 2004，ほか〕

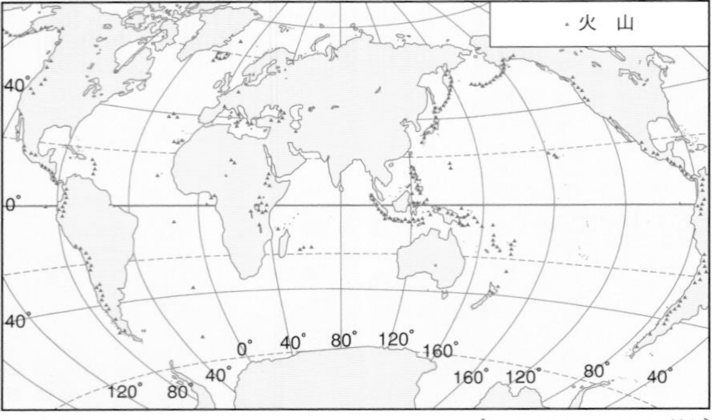

▲火山の分布　〔Dierke Weltatlas 2004，ほか〕

火山と**地震**は世界中のどこにでもあるのではなく，いくつかの帯状の場所に集中して分布し，ここは火山帯・地震帯とよばれている。火山帯と地震帯は，太平洋の周囲や海嶺付近などに位置し，**プレート**の境界と重なっていることが多い。火山帯と地震帯はほぼ一致しているが，ハワイのように地震帯ではなく**ホットスポット**による火山がみられる場所や，ヒマラヤのように火山は少ないが地震帯である場所なども存在する。

② おもな巨大地震

日本のおもな巨大地震			世界のおもな巨大地震		
年月	地震名	M※	年月	地域	M※
1995. 1	兵庫県南部	7.3	2001. 1	エルサルバドルなど	7.8
2000.10	鳥取県西部	7.3	2001. 1	グジャラート州(インド)など	8.0
2001. 3	芸予	6.7	2001. 6	チリ，ペルー	8.2
2003. 5	宮城県沖	7.1	2001.11	チベット自治区(中国)など	8.0
2003. 9	十勝沖	8.0	2002.11	アメリカ	7.9
2004.10	新潟県中越	6.8	2003. 1	ソロモン諸島	7.8
2005. 3	福岡県西方沖	7.0	2004.12	スマトラ沖(インドネシア)	8.8
2005. 8	宮城県沖	7.2	2005. 3	スマトラ沖(インドネシア)	8.4
2007. 3	能登半島	6.9	2005.10	パキスタン	7.7
2007. 7	新潟県中越沖	6.8	2006. 5	トンガ	7.8
2008. 5	茨城県沖	7.0	2006.11	千島列島(ロシア)	7.8
2008. 6	岩手・宮城内陸	7.2	2008. 5	四川(中国)	8.0
2011. 3	東北地方太平洋沖	9.0	2010. 1	ハイチ	7.3
2016. 4	熊本	7.3	2010. 2	チリ	8.5
2016.10	鳥取県中部	6.6	2010.10	スマトラ沖(インドネシア)	7.3
2016.11	福島県沖	7.4	2012. 4	スマトラ北部西方沖(インドネシア)	8.6
2018. 9	北海道胆振東部	6.7	2015. 9	チリ中部沿岸	8.3

※M=マグニチュード，地震はM6.6以上のもの　〔理科年表　平成30年，ほか〕

③ 巨大津波の発生

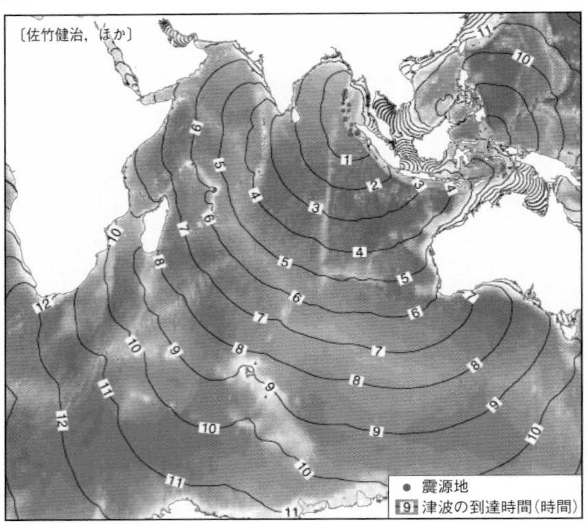

▲スマトラ沖地震(2004年)の津波の到達時間

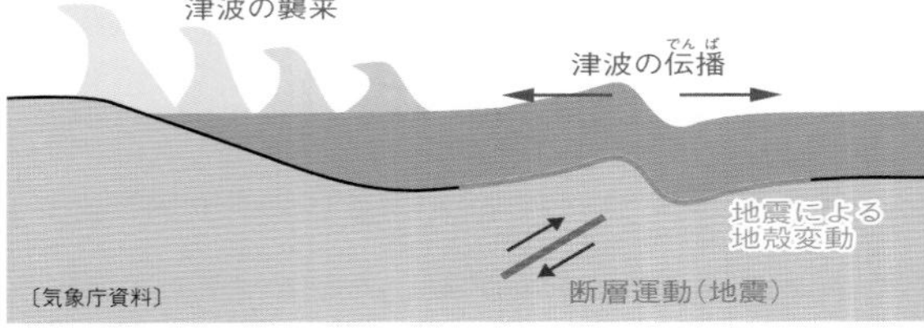

▲津波発生のメカニズム

2004年12月26日のスマトラ沖地震はマグニチュード9近かったが，この地震の揺れによって直接に被災した地域はきわめて限られた範囲であった。これに対し，この地震が引きおこした津波の被害はインド洋周辺各地に及び，死者・行方不明者は28万人をこえた。これは，ところによっては10mを超える大規模な津波であったことと，太平洋津波警報システムのような国際的連絡網がインド洋にはなかったことが被害を大きくしたためである。

用語

ホットスポット：マントル上昇流がプレートを突き抜けている地点と考えられているところ。マントル上昇流の位置はほとんど変わらず，プレートがその上から移動すると新たな上昇口ができるため，火山が列状に並ぶ。

マグニチュード：1回の地震の全エネルギーを示す値。常用対数でとられている。値が0.2増えるとエネルギー量はおよそ2倍に，値が1増えるとエネルギー量はおよそ32倍になる。

震度：ある地点における地震の揺れの強さを示す値。日本では，0から7までの10段階(5と6は強・弱がある)で示される。1996年以降は機械による観測となった。

津波：地震や噴火などにより海底面が急激に変化しておこる高波。風波や潮汐と違って「水の塊」が沖合から猛スピードでやってくるため，破壊力が非常に強く，大きな被害をもたらすことがある。

④ 地震の観測

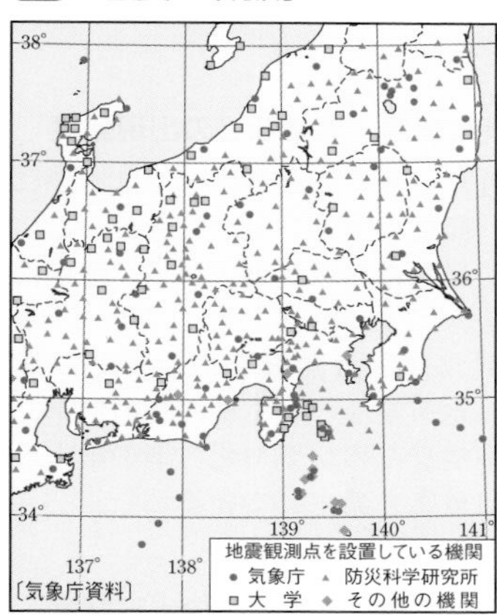

▲関東・中部地方の地震観測点

日本では図のような機関が，計4000地点以上に地震計を設置して，24時間体制で観測を続けている。2007年に気象庁は**緊急地震速報**の発表をはじめた。これは，地震の発生直後に震源地に近い地震計でとらえた観測データをもとに，地震による主要動が各地に到着する数秒前に，伝えるシステムである。

⑤ おもな火山噴火

日本のおもな噴火		世界のおもな噴火	
年	火山名	年	火山名
1707	富士山	1815	タンボラ山（インドネシア）
1783	浅間山	1883	クラカタウ山（インドネシア）
1914	御岳（桜島）	1912	カトマイ山（アメリカ）
1977	有珠山	1980	セントヘレンズ山（アメリカ）
1986	三原山（大島）	1982	エルチチョン山（メキシコ）
1991	雲仙岳	1991	ピナトゥボ山（フィリピン）
2000	雄山（三宅島）	2010	エイヤフィヤトラヨークトル（アイスランド）
2014	御嶽山	2015	カルブコ山（チリ）
2015	阿蘇山	2015	マラピ山（インドネシア）

〔理科年表　平成29年，ほか〕

用語

▲火山がもたらす被害

火山ガス：火山作用に伴って地表に放出されるガス。毒性をもつ成分を含む場合もある。三宅島では2000年に雄山が噴火した際，4年以上にわたり全島民が避難した。

火山灰：火山噴出物のうち直径2mm以下の粒子のもの。小さな火山灰は成層圏で1年以上ただよい続けるため，太陽放射をさえぎり，地球の気温を下げるなどの影響を及ぼす。

火山性地震：火山体または火山付近を震源とする地震。

溶岩流：火山噴火に伴い，地下にあったマグマが液状の溶岩として地表に出現し，流れ落ちるもの。

火砕流：火山噴火の際に，火山噴出物（火山灰など）が高温のガスと混ざり合いながら火山の斜面を高速で流れ落ちる現象。1991年に雲仙岳（普賢岳）で大規模に発生。

火山泥流：火山噴火や豪雨をきっかけに，山頂部の雪や氷河が解けてできた大量の水分と火山噴出物が，混ざり合いながら火山の斜面を高速で流れ落ちる現象。1991年のフィリピンのピナトゥボ山の噴火では，台風の豪雨で大規模な泥流が発生した。

⑥ 火山の噴火予知

気象庁では，全国50の火山を常時監視しており，居住地域や火口周辺に影響が及ぶような噴火の発生が予想されたときには火山警報が発表される。約300年前に大噴火をした富士山では，国と地方自治体が参加した富士山火山防災協議会を結成し，**ハザードマップ**を作成するなど，噴火時の対策を講じている。

◀富士山のハザードマップ　参照 p.316
〔静岡県防災局資料〕

▼火山の監視網

2　異常気象

①　気温や降水量の異常

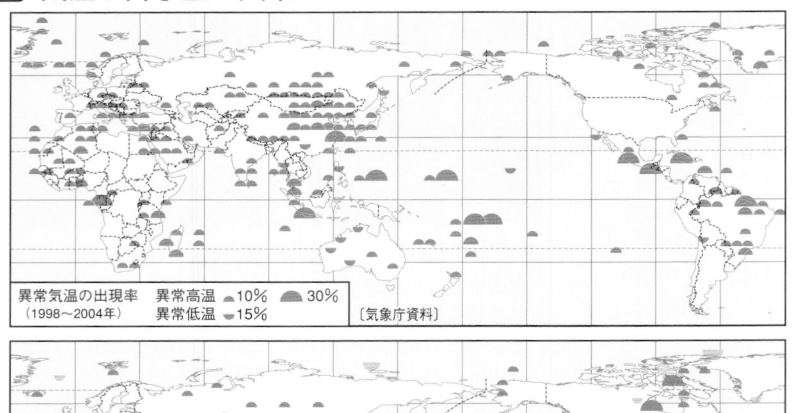

◀異常高温・異常低温の出現頻度

近年，異常低温と比べてはるかに高い頻度で異常高温がおきている。とくに熱帯地域と東アジア，地中海周辺，アイスランド周辺で多い。夏の異常高温は**熱波**をもたらし，農業・水産業などの生産活動の低下，熱中症などの病気や死亡率の増大などの被害も発生している。

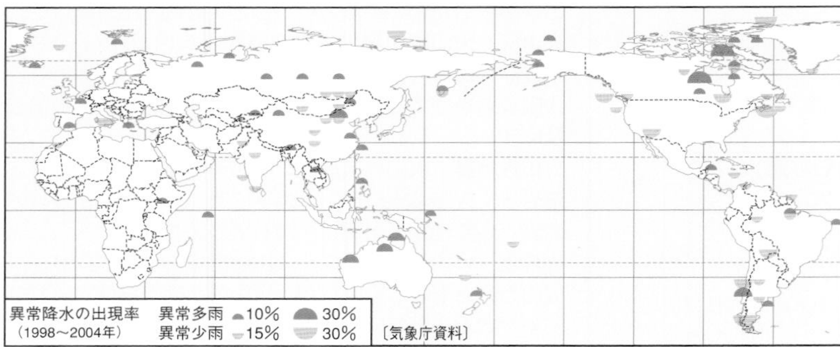

◀異常多雨・異常少雨の出現頻度

気温の異常ほど明確ではないが，降水の異常もおきている。とくに北アメリカではどの季節も，モンゴルから中国北部にかけての地域では夏に，異常少雨が多く発生した。これによって，アメリカやカナダでは，毎年のように**干ばつ**や森林火災の被害が発生している。

②　エルニーニョ現象・ラニーニャ現象

（1）海面温度の変化

— 海面水温※　エルニーニョ現象発生期間　ラニーニャ現象発生期間

※北緯5°〜南緯5°，西経150°〜90°の水域の，海面水温の平均値　〔気象庁資料〕

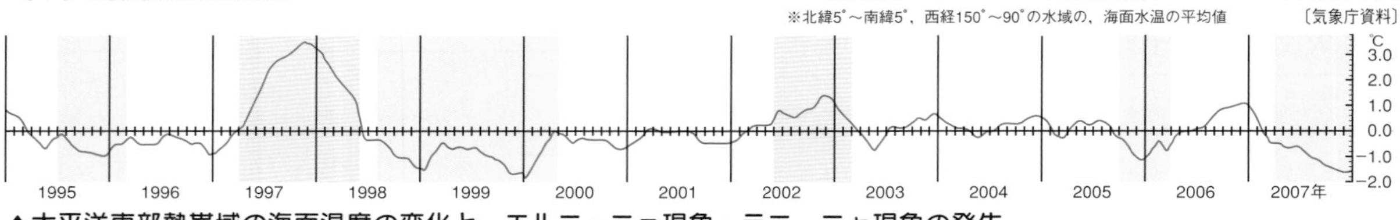

▲太平洋東部熱帯域の海面温度の変化と，エルニーニョ現象・ラニーニャ現象の発生

（2）発生時の天候の特徴

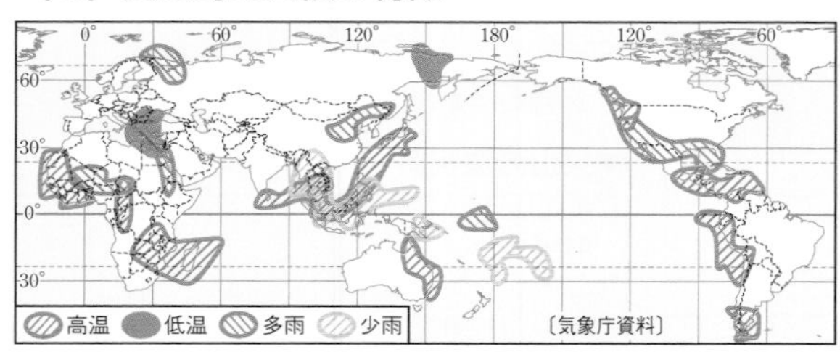

▲エルニーニョ現象発生時の天候の特徴（3〜5月）

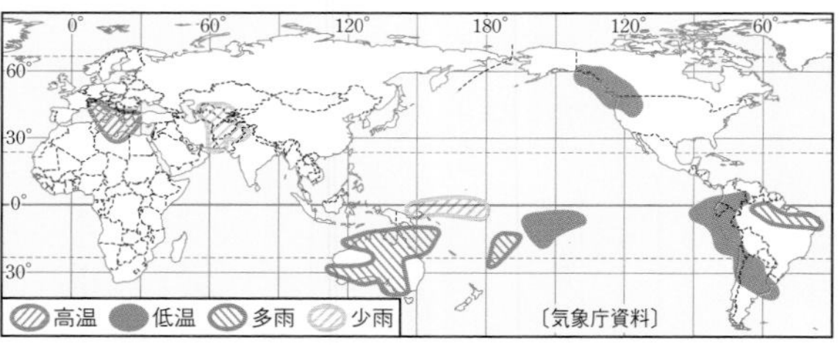

▲ラニーニャ現象発生時の天候の特徴（3〜5月）

エルニーニョ現象の発生時には，太平洋の東側にあたるアメリカ西部で多雨，太平洋の西側にあたる東南アジアで高温少雨の傾向となる。**ラニーニャ現象**の発生時には，南北アメリカ大陸の太平洋岸で低温，オーストラリアで多雨になる傾向が強い。

用　語

異常気象：気象庁では，過去30年間に発生しなかったような値が観測された場合をさす。気象災害を引きおこすことが多い。

エルニーニョ現象：数年に1回おこる，太平洋東部の熱帯域の海水温上昇。大気海洋相互作用により世界中の気候に影響を及ぼす。「エルニーニョ」はスペイン語で「神の男の子」（イエス=キリスト）を意味する。クリスマスのころにおこるペルー付近の海水温上昇を，地元の漁師がこうよんでいたことにはじまる。参照 p.22, 103

ラニーニャ現象：数年に1回おこる，太平洋東部の熱帯域の海水温低下。「ラニーニャ」はスペイン語で「神の女の子」の意味で，エルニーニョと対比して名づけられた。

3　気象災害

①　世界のおもな異常気象

参照 p.46

◀おもな異常気象（1998～2004年）

世界各地で毎年，大雨・台風・**ハリケーン・サイクロン**・春の融雪などによる洪水や，干ばつ，森林火災，熱波，寒波などにより，多数の犠牲者や農作物などへの被害が生じている。**地球温暖化**に伴って，異常気象も増加すると考えられており，対策を講じる必要がある。

②　さまざまな気象災害

（1）干ばつ

参照 p.51

▲干ばつでひびわれた川床（ブルキナファソ）

干ばつとは，ある地域に降る雨の量が，平年よりも非常に少ないために，農作物が育たない状況をいう。とくにアフリカの**サヘル**や，オーストラリアなど，砂漠周辺の半乾燥地域で深刻な問題となることが多い。発展途上国の干ばつは，飢饉（ききん）や紛争を誘発することも多い。

（2）ハリケーン

参照 p.11⑤，19⑤

▲アメリカを襲ったハリケーン「カトリーナ」

1990年代半ば以降，北大西洋の熱帯域では海面水温の高い状態が続いており，勢力の強いハリケーンが多く発生している。とくに，2005年8月にアメリカ南東部を襲った「カトリーナ」は，ニューオーリンズの町の大半が水没するなど大きな被害を出した。

（3）熱波・寒波

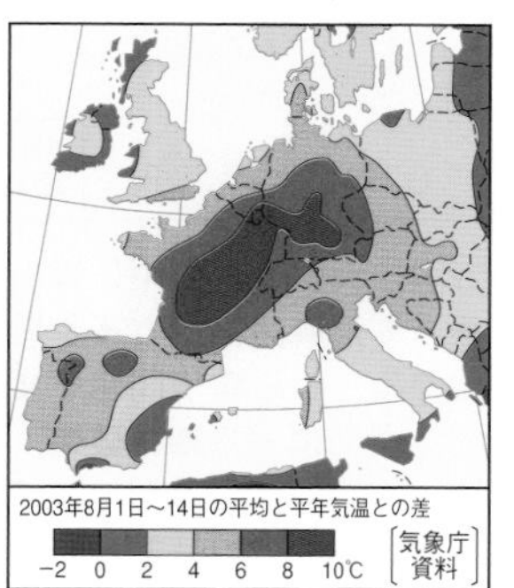

▲熱波の際のヨーロッパの気温平年差（2003年8月）

ヨーロッパは2003年8月に**熱波**に襲われた。とくにフランスとドイツでは，平年よりも半月平均で8℃，3か月平均でも4℃高く，パリでは40℃に達する日もあった。この熱波による死者は2.2万人以上で，EUの小麦の生産量も15％減少した。

③　都市の洪水

参照 p.35①（3）

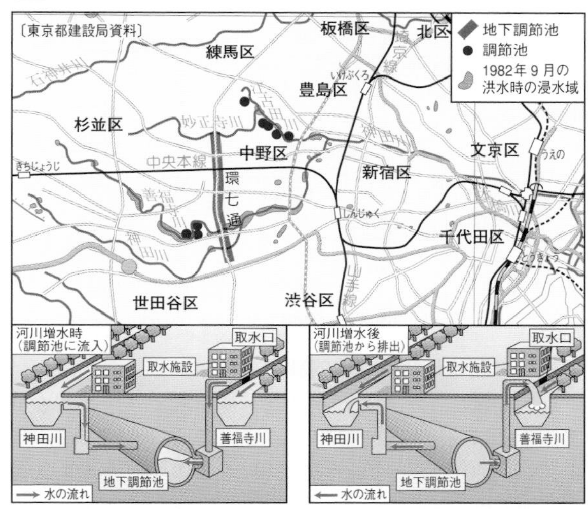

▲都市洪水の被害と神田川・環状七号線地下調節池

現在の都市は，地表面のほとんどが舗装や建築物におおわれている。このため，水が地下にしみこまず，降雨後すぐに河川や下水管で排水されるようになったが，豪雨により排水が追いつかないときには洪水となる。東京では地下に巨大な調節池をつくり，豪雨時に水を貯め，川の水が減った後に排水するなどの対策を行っている。

1　世界の環境問題

① さまざまな環境問題

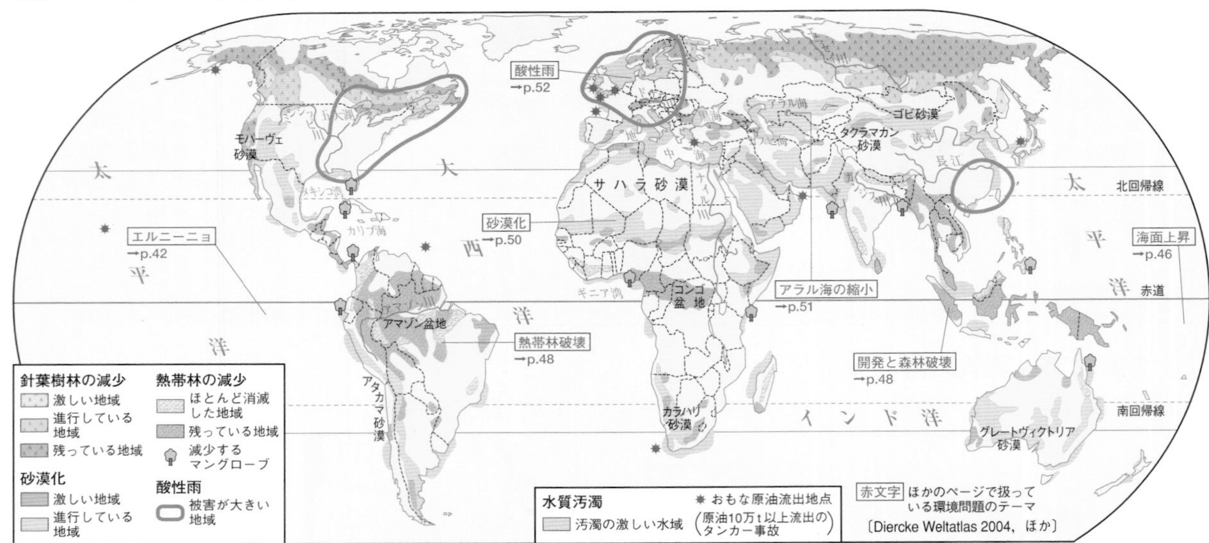

環境問題に国境はない。ある国が大気中や水中に排出した有害物質は，風や海流に乗って近隣諸国へとまき散らされていく。上の図は，広域でみられる環境問題をまとめたものである。森林地帯では開発による**森林破壊**，乾燥地では**砂漠化**や**塩類の集積**，工業のさかんな地域では**酸性雨**や**水質汚濁**など，地球上の多くの地域で，さまざまな環境問題が発生していることがわかる。

発がん性のあるダイオキシンや，微量でも生物に大きな影響を与える環境ホルモンの放出は，国際的な問題となっている。近年では，**生物の多様性の減少**がとくにクローズアップされてきた。生態系は，多くの動植物が同じ地域に生息することにより均衡が保たれている。しかし，人間による急速な環境の変化は動植物の種類の減少を引きおこし，生態系の均衡がもろく崩れてしまう。

② 地球的課題の相互関係

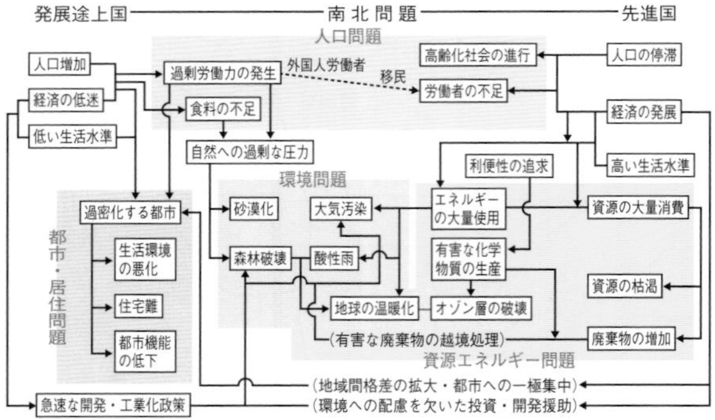

▲相互に関連し合う地球的課題

環境問題は，それぞれが独立しているようにみえるが，実は相互に関連し合っている。さらには，人口問題，都市問題，資源エネルギー問題といった地球的課題とも関連が深い。先進国は高い生活水準を維持しようとし，発展途上国は工業化を進展させて生活水準を向上しようとする。こうした人間の欲求を満たすために，資源が産出，輸送，消費される。この結果，副産物として多くの排出物が生成されるが，市場原理のもとでは排出物はたれ流しで放出するのが一番安くあがる。こうして，これまでさまざまな環境問題が引きおこされ，人間だけではなくほかの生物にも影響が及んできたのである。

③ 持続可能な社会

同じ場所で人類がずっと住み続けられるように，自然や社会のシステムを維持できるしくみは「**持続可能な社会**」とよばれ，現在の国際社会の重要なキーワードである。たとえば，焼畑の周期が自然の回復力より早く，土壌が回復する前に次の焼畑を行うと，土地が次第にやせ，ついには作物ができなくなる。しかし焼畑の周期が自然の回復力より遅いときには，ずっと耕作が可能である。

コラム　環境か経済か

（1）ヨーロッパとアメリカの対立

ヨーロッパでは環境意識に早くからめざめ，環境対策の費用を産業に組み込んでいる。一方でアメリカは，環境対策を行うことは経済発展への足かせになると考え，独自の経済第一主義を貫いている。これは，東西統合により効率化が進んだヨーロッパが，環境を理由にアメリカ経済の足を引っ張っていると考えているためといわれる。

（2）先進国と発展途上国の対立

先進国は発展途上国にも環境への問題意識をもたせ，地球規模での環境保持を求めている。一方，発展途上国は，先進国のこれまでの発展は環境破壊によって成り立ってきたとし，発展途上国が環境保持にコストをかけることに難色を示している。とくに**BRICS**諸国は，環境への影響が大きく，世界的な問題になっている。

2　オゾン層の破壊，放射能汚染

① オゾン層の破壊

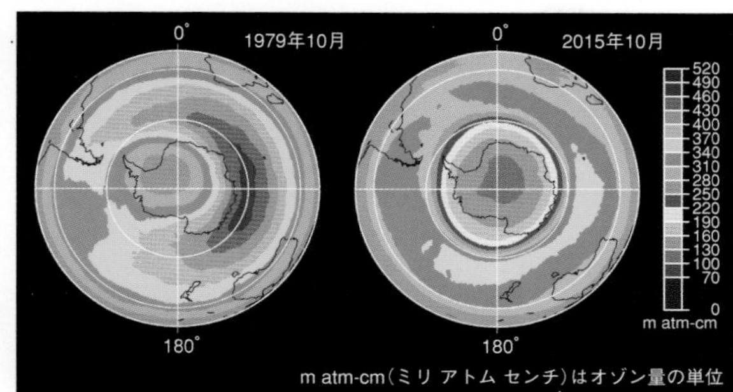

▲拡大するオゾンホール　〔気象庁資料〕

オゾン層の破壊は，第二次世界大戦後，**フロン**ガスの急速な普及によりはじまったとされる。フロンガスは無害であると考えられていたため，冷蔵庫やクーラーの冷媒などに使用され続けた。フロンガスの使用が規制された後も大気中にその成分が残っており，オゾン層の破壊を続けている。

② オゾン層が必要な理由

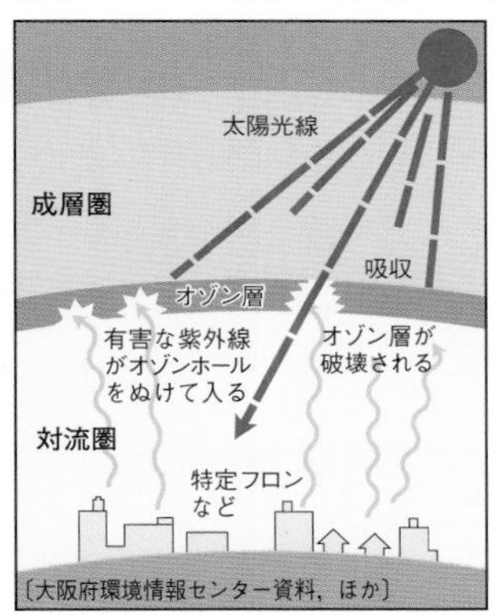

成層圏のオゾン層は太陽から放出される有害な紫外線を吸収している。オゾン層がなくなると，多くの有害な紫外線が地表にまで到達するため，皮膚がんや目の異常が増加すると考えられており，その傾向は，標高の高い地域で顕著である。

◀オゾン層の役割

③ オゾン層破壊のメカニズム

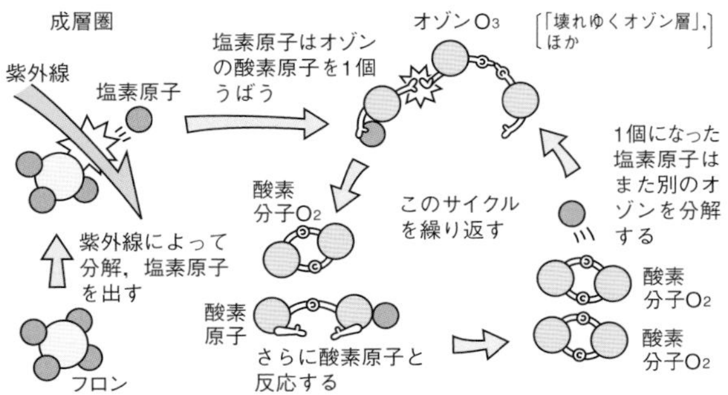

▲オゾン層が破壊されるメカニズム

フロンは，紫外線があたると触媒となって成層圏中のオゾンを破壊する。これは，フロン分子の塩素原子が活性化して，不安定なオゾンの原子間結合を切断し，安定した酸素分子に変化させてしまうためである。塩素原子の数はあまり減少しないまま，次々にオゾンを破壊する。

④ オゾン層を守るための国際協力

1984年に日本の南極観測の結果として**オゾンホール**が発見された。そのおもな原因がフロンであると特定された後，国際社会は協力してフロンガスの使用規制を進めた。オゾン層保護のための枠組みを決めた**ウィーン条約**(1985年)と，オゾン層を破壊するおそれのある物質の特定と規制を目的とした**モントリオール議定書**(1987年)により，先進国では1996年まで，発展途上国も2015年までにフロンを全廃することとなった。これを受け，日本では1988年にオゾン層保護法を制定し，フロンの生産規制がはじまった。フロンは生活に密着して使用されていたが，代替物質が開発され，その利用が推進された。

⑤ 原子力発電所の事故による放射能汚染

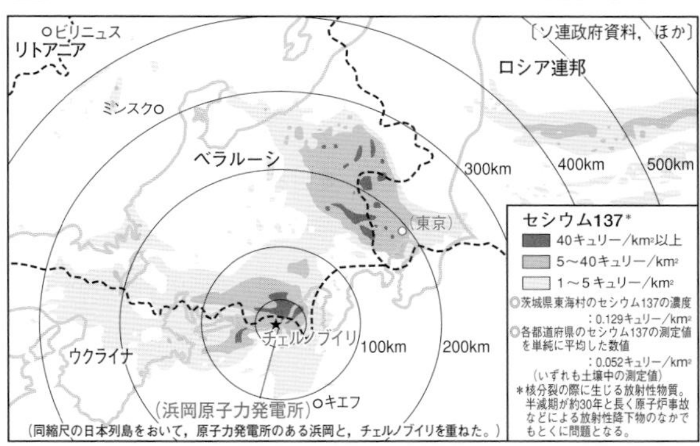

▲チェルノブイリ原子力発電所の事故による放射能汚染

1986年，当時のソ連にあったチェルノブイリ原子力発電所第4号炉が核分裂反応の制御に失敗し，爆発した。広島型原子爆弾の数百発分の放射能が大気中に放出され，ウクライナ，ロシア，ベラルーシの穀倉地帯は深刻な**放射能汚染**にさらされた。汚染地域は，日本の本州とほぼ同じ規模の範囲である東西約950km，南北約400kmにわたり，日本の居住禁止基準の数十倍の濃度に達するところもあった。この後，先進国では**原子力発電**をやめる国も増えていった。

コラム　イタリアの原発

2011年6月にイタリアで行われた国民投票で，94%という圧倒的多数で政府の原発再開方針は否定された。

イタリアは，1960年代にはアメリカ，イギリスにつぐ世界第3位の原子力発電国であった。しかし，1986年チェルノブイリ原発事故の影響で安全性が大きな問題になり，1987年に行われた国民投票の結果，稼働中だった4か所の原発がすべて廃止された。その後，事故の記憶が薄れるとともに，電力の一部を輸入している現状を憂慮(ゆうりょ)し，2008年にこの方針が改められ，原発の建設が進められていた。それが，2011年3月に起きた福島第一原発の事故の影響により，再び計画の凍結が決定されたのである。事故後は，イタリアだけでなく各国に，原発見直しの動きが広がっている。参照 p.119

3　地球温暖化

①　地球温暖化の現状

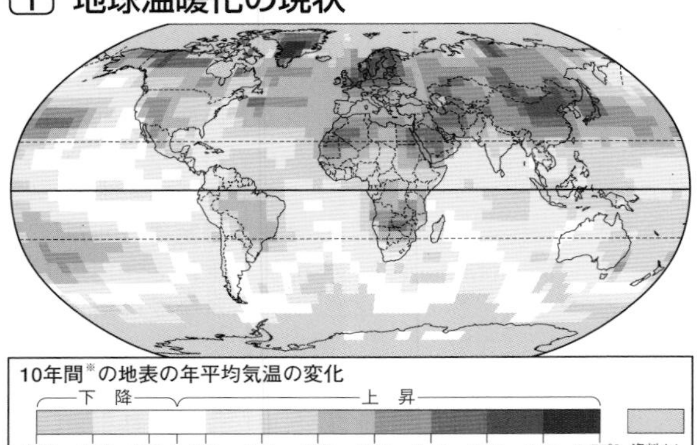

〔IPCC第4次報告書〕

▲気温が上昇する地域

※1979～2005年の期間の平均値から換算

〔IPCC第4次報告書〕◀世界の平均気温の変化

地球温暖化の世界的な分布と最近の歴史をみてみよう。地球温暖化は地球上すべてが一様に気温が上昇しているのではなく，地域によって気温上昇の度合いは異なっている。なかでも温暖化が顕著な地域としては，ユーラシア大陸の中高緯度地域，北アメリカ大陸北部があげられる。また，19世紀末からの世界の平均気温の移りかわりをみると，とくに1980年以降の上昇が急激であることがわかる。

②　海面上昇と沈む島々

▲大潮のときに冠水したツバルの首都フナフティの道路

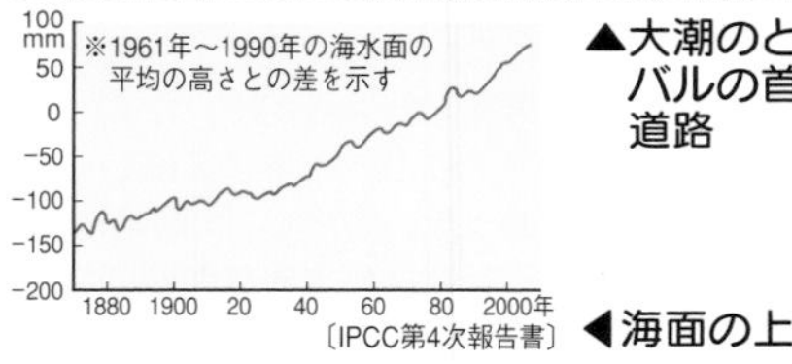

〔IPCC第4次報告書〕◀海面の上昇

地球温暖化に伴って，熱による海水の膨張などがおこり，海面が上昇している。**海面上昇**は20世紀の100年間で約170mmと推定されている。南太平洋のツバルはサンゴ礁が隆起してできた島々からなり，平均標高は1m余りと低い。このため，海岸が侵食されたり，生活用水である地下水に海水がまじるようになったりして，海面上昇の影響を大きく受けている。

③　地球温暖化の影響

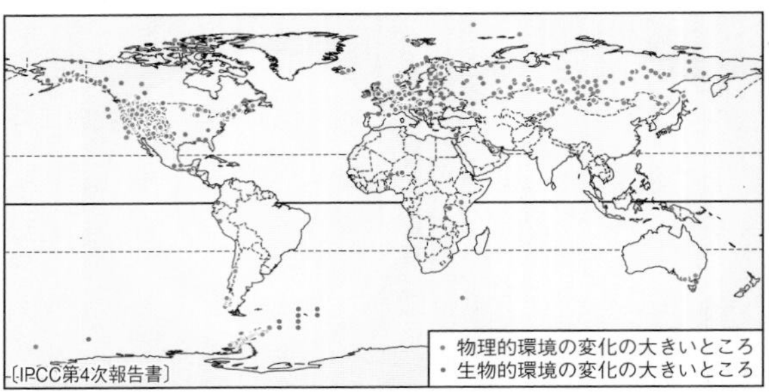

地球温暖化は，氷河の融解のような物理的環境と，動物の生育限界の移動のような生物的環境の両方に大きな影響を与えている。これまで，ヨーロッパや北アメリカを中心として，世界中で多くの物理的環境・生物的環境の調査が行われている。物理的・生物的環境変化の90％以上が地球温暖化と一致した変化傾向を示しており，関連性の研究が進められている。

④　減少する積雪　参照 p.23

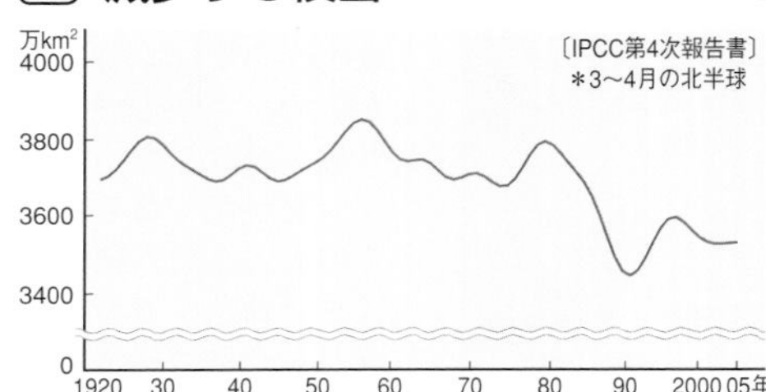

▲積雪面積の推移

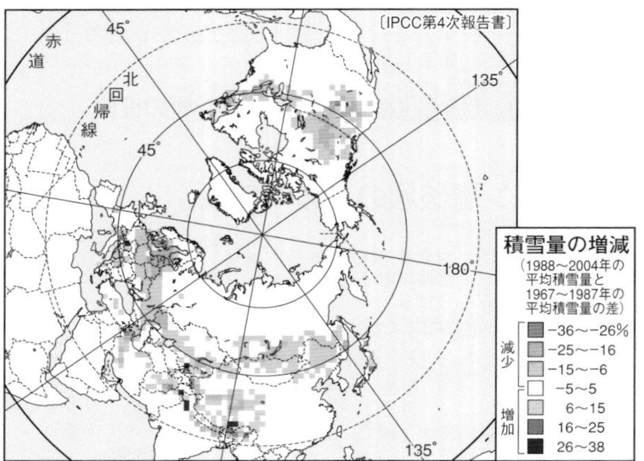

▲積雪が減少する地域

地球温暖化に伴い，積雪面積が減少している。北半球の積雪面積は，1980年代に急激に減少した。上のグラフと図①の「世界の平均気温の変化」を見比べると，積雪面積の減少は気温の上昇と関連があることがわかる。

また，温暖化により雪解けが早まっている。とくに，春の平均気温が0～5℃の地域で急激に雪解けが早まっている。一方で，面積は小さいが，温暖化により降雪量が増加するため雪解けが遅くなる地域もある。

⑤ 温室効果をおこすメカニズム

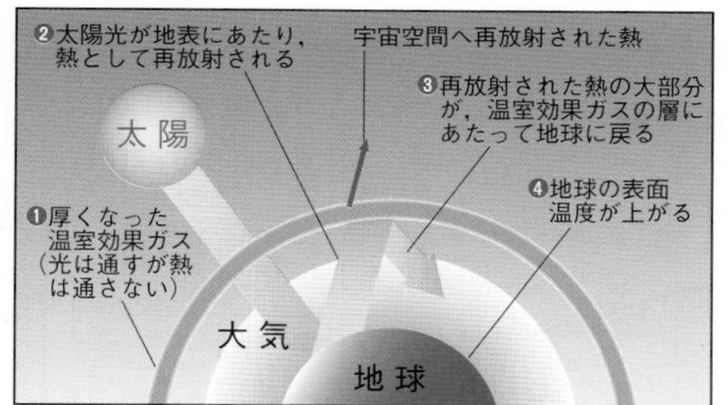

温室効果ガスが増加すると，地球から放射された熱（赤外線）が大気中の温室効果ガスに吸収・再放射され，宇宙空間に放出されるはずの熱が地球にもどされ，地球の表面温度が上昇する。

しかし，**温室効果**は必ずしも悪者ではなく，生物にとって必要である。地球の平均気温は約15℃であるが，温室効果がまったくない場合には，地球から放出された熱がすべて宇宙空間に逃げていくため，地球の表面温度は−18℃という氷に閉ざされた世界となる。

⑥ 二酸化炭素の増加

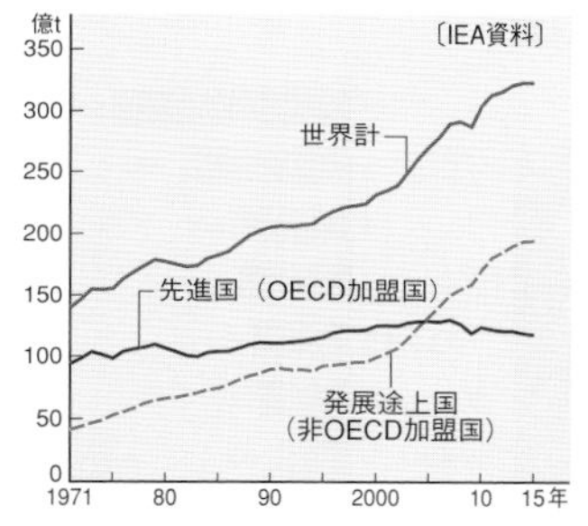

▲世界の二酸化炭素排出量の推移

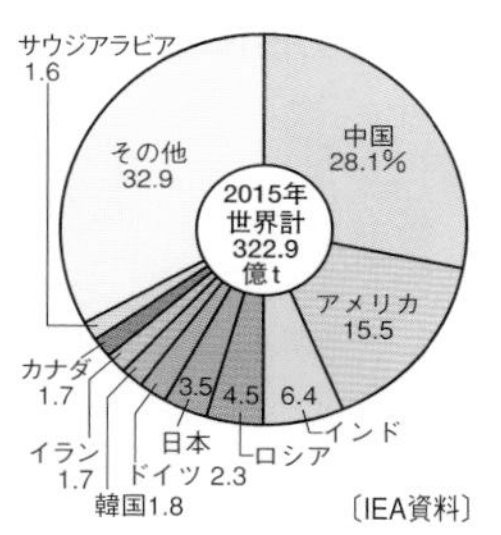

▲二酸化炭素の排出量

産業革命以降の石炭の使用と，1960年代にはじまる石炭・石油の大量消費により，大気中の二酸化炭素（CO_2）量は増加してきた。1958年から観測を行っているハワイのマウナロアでは，1959年の316ppmから2016年には405ppmまで二酸化炭素の濃度が上昇している。2015年現在，二酸化炭素は，アメリカや日本などの先進国と，中国やインドなどの新興工業国を合わせると，世界の約70%を排出しており，削減方法は国際問題となっている。

コラム　温室効果ガス

温室効果ガスとは，大気中で温室効果を示す気体の総称である。代表的な気体として，水蒸気，二酸化炭素，メタン，一酸化二窒素，フロンがあげられる。

二酸化炭素は，大気中の濃度がほかの温室効果ガスと比べて非常に大きいため，総量として最も強い温室効果を示す。フロン，一酸化二窒素，メタンは，少量でも強い温室効果を示し，また大気中で長時間分解されないことから，大きな問題になっている。水蒸気は自然物質であり，人為の影響を定量化できないため，温暖化の議論の際にはほとんど議論されないが，実は二酸化炭素よりも大きな温室効果をもつ。

⑦ 今後の気温上昇の予測

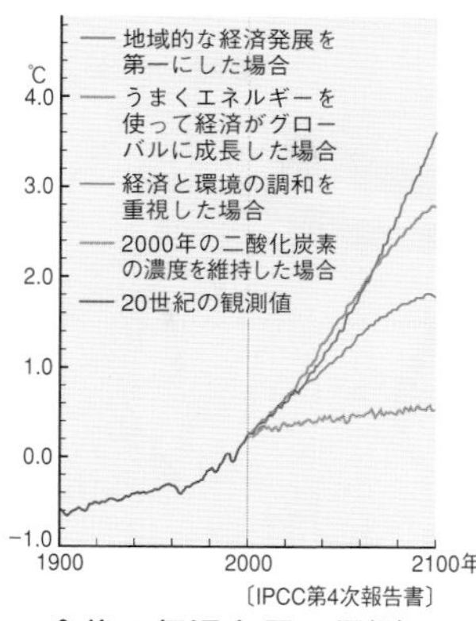

▲今後の気温上昇の予測

気温上昇の予測には，経済・社会の今後の方針（シナリオ）を考えなければならない。

最も気温が上昇すると考えられているシナリオは「化石エネルギーを重視しつつ高い経済成長を実現する社会」であり，2100年には2000年と比較して4.0℃上昇すると予測されている。

参照 p.101 ⑦

コラム　京都議定書とその後

京都議定書の内容（1997年，COP※3で合意）

※Conference of the Parties to the United Nations Framework Convention on Climate Change

1. 先進国の温室効果ガス排出量について，法的拘束力のある数値目標を各国毎に設定。
2. 国際的に協調して，目標を達成するための仕組みを導入。＝京都メカニズム（排出量取引，共同実施，クリーン開発メカニズム）
3. 発展途上国に対しては，数値目標などの新たな義務は導入せず。
4. 数値目標
   - 対象ガス：二酸化炭素，メタン，一酸化二窒素，HFC（ハイドロフルオロカーボン＝代替フロン），PFC（パーフルオロカーボン），SF_6（六フッ化硫黄）
   - 吸収源：森林等の吸収源による温室効果ガス吸収量を算入
   - 基準年：1990年（HFC，PFC，SF_6は，1995年としてもよい）
   - 目標期間：2008年から2012年
   - 目　標：先進国全体で少なくとも５%削減を目指す

▲京都議定書の内容

−8%	EU15か国＊，スイス
−7%	アメリカ（離脱）
−6%	日本，カナダ
−5%	クロアチア
±0%	ニュージーランド，ロシア，ウクライナ
＋1%	ノルウェー
＋8%	オーストラリア
＋10%	アイスランド

＊EU加盟国のうち，旧15か国（2004年拡大前）は，共同で−8%の削減の約束を負っている。

◀温室効果ガス排出量の削減目標例
〔環境省資料〕

1997年，日本が議長国となって，**地球温暖化防止京都会議**が開催され，**京都議定書**が締結された。京都議定書では，温室効果ガスの削減基準年が1990年となっている。1990年は東西ヨーロッパの統合直後であり，この時期以降，ヨーロッパでは二酸化炭素の排出量が減少している。こうしたヨーロッパの現状を知ったアメリカは，ブッシュ政権の経済成長主義とあいまって京都議定書を批准しなかった。その後，2015年に全会一致で採択された**パリ協定**では，全ての国に対して削減目標の作成・報告が義務化され，気温上昇を２℃より低く抑えるなどといった具体的な目標も掲げられた。しかし2020年，トランプ政権のアメリカは協定から正式に離脱した。

4 森林破壊

① 熱帯林の減少

参照 p.36, 100

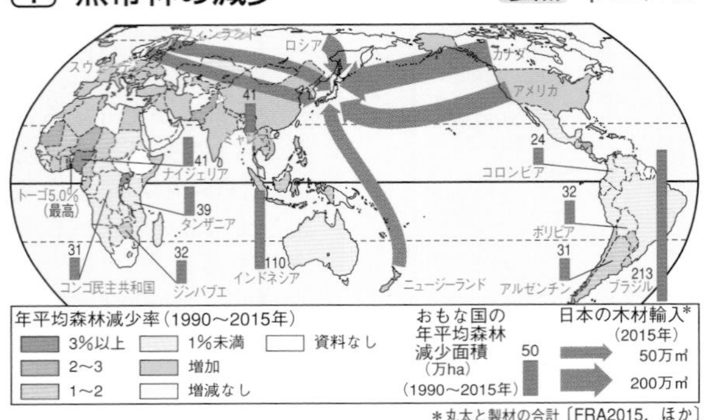

▲年平均の国別森林減少率とおもな国の森林減少面積

	発展途上国の経済的不安定	地下資源の開発	人口急増
熱帯林破壊の背景	木材を輸出，あるいは放牧地やプランテーションなどに転換して外資を獲得。	開発に伴う道路やダムの建設。アマゾン流域カラジャス鉄山では，木炭を燃料とする製鉄のため。	薪炭材取得，焼畑のリサイクル短縮・面積拡大。

▲熱帯林破壊の背景

熱帯林の破壊が進行している背景として，熱帯に多い発展途上国が経済的に不安定であること，地下資源の開発が進められていること，人口が急増していることがあげられる。とくに，地下資源の開発には先進国の利害がからんでおり，発展途上国側だけで解決できる問題ではない。

コラム 古代文明と森林

世界四大文明であるメソポタミア，エジプト，インダス，中国は，現在ではほとんどが乾燥地帯に位置しているが，文明が最も発展していた時代には，これらの地域は森林地帯であったと考えられている。壁画には豊かな森林や動物の群れなどがあざやかに描かれている。文明の発達に伴い，森林は切り尽くされて消滅し，文明も衰退していった。このように古代文明と森林は密接な関係にあったのである。

② 熱帯林破壊が及ぼす影響

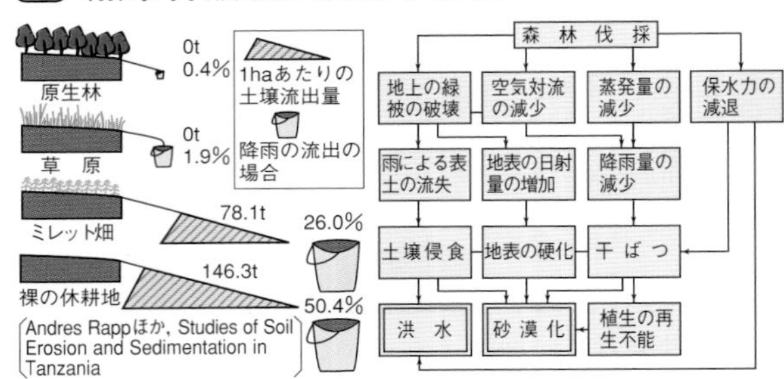

▲緑の喪失によって加速する土壌侵食

▲森林破壊の影響

熱帯林が破壊されると，森林による蒸発散量が減少するため，大気中の水蒸気量も減少する。同時に，森林による光合成が少なくなるため，大気中の二酸化炭素濃度は高くなる。また，熱帯では高温により落葉などの分解が速いため，一般に土壌層が薄い。熱帯林を破壊すると，雨が薄い表土を洗い流してしまい，土壌侵食が進み，砂漠化や洪水がおこりやすくなる。

③ 生活に必要な伐採

▲生活伐採

▲熱帯材の輸出国

熱帯林地域に住む住民にとって，生活に必要な住居や薪炭のための伐採は有史以前から行われてきたが，人間の影響は小さく持続可能であった。しかし現在では，輸出用の木材生産や農地の開墾などを目的として，大規模な皆伐（かいばつ）が行われている。発展途上国では熱帯材は貴重な資源として外貨の獲得に役立っているが，問題も多い。

④ 熱帯林の破壊が地球環境に及ぼす影響

▼熱帯林破壊のしくみ

熱帯林は，二酸化炭素の吸収源として重要であり，とくにアマゾンの熱帯林は「地球の肺」ともよばれている。また，熱帯林は樹種が多く，いくつもの層に枝木が重なり合っており，さらに，そこにすむ動物や菌類も多いため，生物多様性の宝庫として重要である。

熱帯林の低湿地では，高温にもかかわらず地下水位が高いため，落葉が分解されず，厚い泥炭層で覆われている。泥炭上の熱帯林が伐採されたり森林火災で焼失したりすると，地下水位が下がり，泥炭が急速に分解されるため，大量の二酸化炭素を放出するといわれている。

5 アマゾンの熱帯林破壊

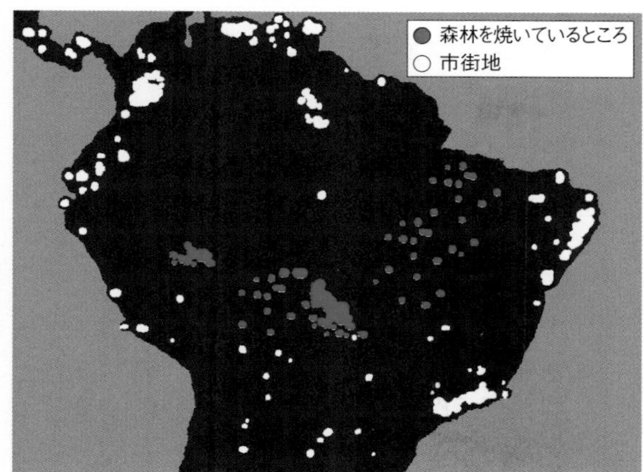

▲衛星画像がとらえた夜のアマゾン

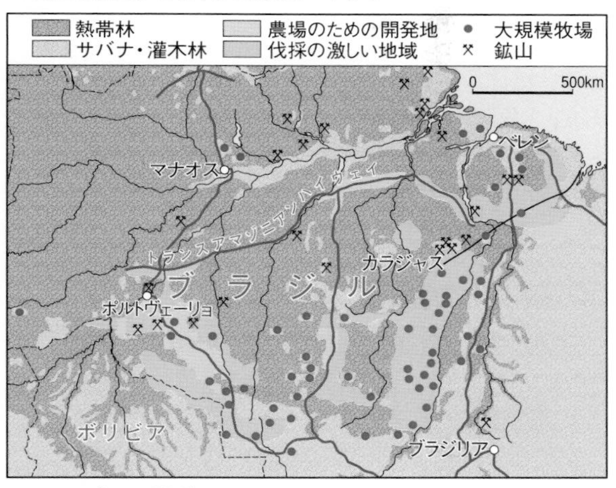

▲アマゾンの開発

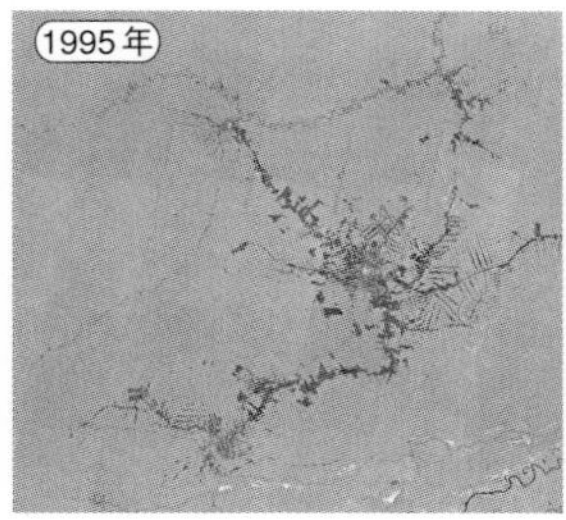

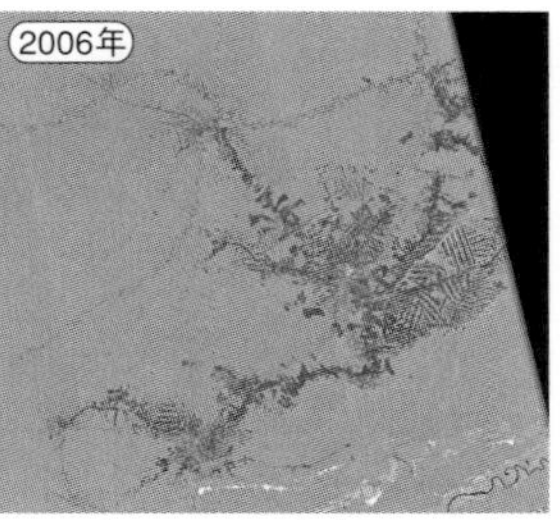

〔©JAXA，METI〕 0　1000km

▲リモートセンシングでとらえたアマゾン

人工衛星で地球を観測すると，地表面の温度分布や，地表の植物の分布などがわかる。乾季のアマゾンを観測すると，昼夜を問わず，あちこちで開発のために森林を燃やしていることがわかる。大企業による牧場・農場・鉱山の開発は，熱帯林の周辺部から進んでいる。

1990年代はじめには，環境問題の意識の高まりから開発のスピードがいったん落ちた。しかし現在では，原油高騰を受けたバイオ燃料の生産加速に伴って，開発のスピードが速まってきている。また，人工衛星から長期の地表の植物の変化を比較すると，開発が川や道路に沿って線状に進んでいるのがみえる。このように，アマゾンの森林保全には，日本の人工衛星も活躍している。

6 東南アジアのマングローブ破壊

養殖えびの生産(2005年)			マングローブの面積		
位	国名	生産量(万t)	1980年(万ha)	2000年(万ha)	増減率(%)
1	中国	102.5	−	−	−
2	タイ	37.5	25.3	10.4	−58.8
3	ベトナム	32.7	28.6	24.4	−14.5
4	インドネシア	28.0	425.4	293.0	−31.1
5	インド	14.3	50.6	47.9	−5.3
6	メキシコ	7.2	64.0	44.0	−31.3
7	エクアドル	5.6	19.3	14.8	−23.4
8	フィリピン	4.0	20.7	11.0	−46.9
9	ブラジル	6.3	264.0	101.0	−61.7
10	バングラデシュ	6.3	59.6	62.3	4.4

※　　はアジアの国。「−」は数値不明。〔FAO資料〕

▲養殖えびの生産国(左)とその国のマングローブの面積(右)

熱帯の海岸にはマングローブが広がり，水中の根の間には魚やえびなどがすんでいる。日本で大量に消費されるえびを養殖するため，マングローブが伐採され，えびの養殖池がつくられた。その結果，東南アジアや南米のマングローブは，最近20年間で激減した。

7 北方林の破壊

参照 p.33, 36, 37

◀タイガの伐採跡地

タイガはおもに針葉樹の純林である。建築材やパルプ材として需要が高く，伐採も簡単である。このため無秩序な伐採が続けられたが，寒冷な気候のため回復が遅く，近年では森林破壊がめだってきた。また，キャンプやたばこの火の不始末から森林火災が生じることも多い。

8 森林の持続的利用

森林を守り持続的に利用していくためには，一定の範囲をすべて伐採(皆伐)して植林するという手法を改める必要がある。森林は天然更新が可能であるため，皆伐せずに適度に伐採し，その後に植林すれば，森林の活性度の向上と二酸化炭素吸収に有効である。

コラム　野生生物絶滅の危機

熱帯林には地球上の生物種の半数以上が生息しているといわれる。しかし，近年の急速な熱帯林の伐採によって，30年以内に5%以上が絶滅するとの予測もある。生態系を守るためだけでなく，野生生物の遺伝情報が新薬の開発に役立つともいわれ，保護が叫ばれている。1973年には，絶滅のおそれのある動植物の輸出入を規制する**ワシントン条約**が結ばれた。92年には**生物多様性条約**によって，先進国から発展途上国への技術・資金援助のあり方が定められた。

5　砂漠化

① 世界の砂漠化

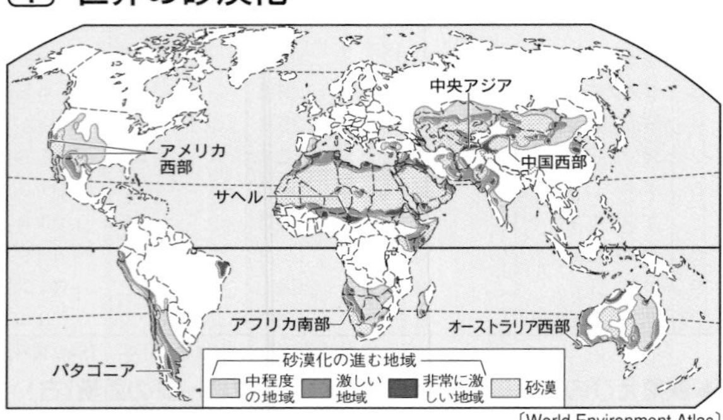

▲砂漠化の進む地域

世界で最初に**砂漠化**が問題になったのは，1960年代後半に起こった**サヘル**の干ばつである。サヘル以外でも砂漠化が進行している地域は世界中でみられ，世界の人口の約6分の1が砂漠化の影響を受けているといわれている。砂漠化は，自然環境の変化に伴った降水量の減少や気温の上昇だけでなく，発展途上国では人口増加に伴う**過放牧**や焼畑の増加，先進国では企業的穀物栽培や牧畜による土地の荒廃といった人為的な要因も大きい。

② 乾燥地・半乾燥地と砂漠化

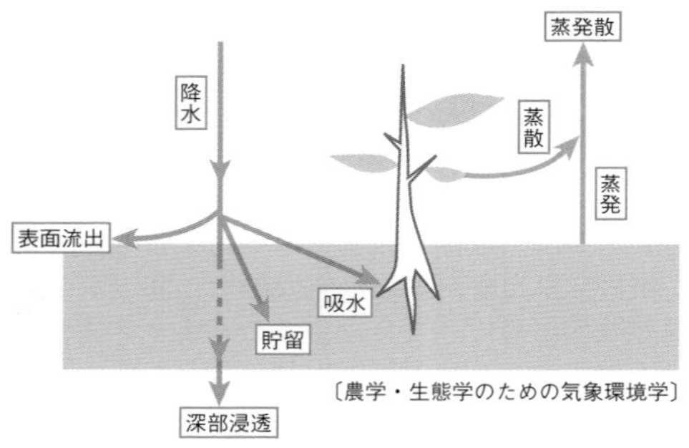

▲降水と蒸発に関する水収支の模式図

ある場所の乾燥度合いを知るには，降水量の多少だけを調べればよいのではなく，水収支(→p.38)とよばれる，降水量から蒸発散量を引いた差を考える必要がある。水収支が正の値であれば湿潤であり，負の値であれば乾燥している。たとえばシベリアは，乾燥帯のステップよりも降水量は少ないが，低温で蒸発散量が非常に少ないため，水収支は正の値となり，湿潤であることがわかる。

コラム　砂漠化

国連砂漠化対処条約(1994年に採択，1996年に発効)では，「砂漠化とは，乾燥地域，半乾燥地域及び乾燥半湿潤地域における種々の要素(気候の変動及び人間活動を含む)に起因する土地の劣化をいう」と定義した。このように，砂漠化は土地の乾燥化だけではなく，土壌の侵食，**塩類集積**，飛砂などによる土地の劣化を含んだ考えである。なお，サハラ砂漠中央部などの超乾燥地域では砂漠化はおきないとされている。

③ ソーンスウェイトの気候区分

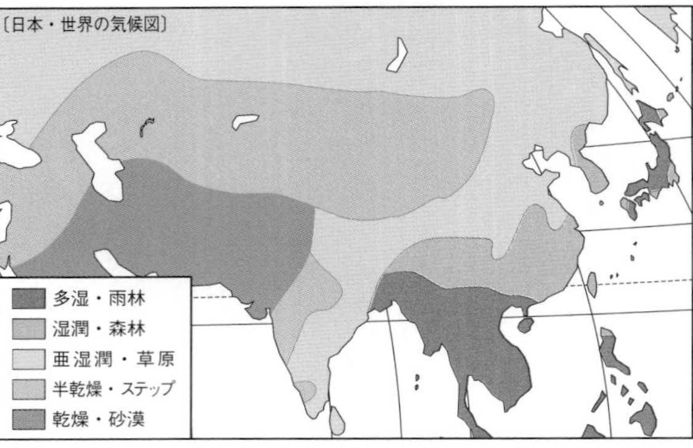

アメリカの気候学者ソーンスウェイトは，乾燥・湿潤の度合いを決める重要な指数として水収支に着目し，水収支の分布と年変化を図に示した。上図は1年間の水収支から得られた湿潤示数をアジアの範囲で示したものであり，「多湿・雨林」から「乾燥・砂漠」になるほど乾燥していくことが示されている。ソーンスウェイトによって考案された蒸発散量の推定式は，乾燥の程度をよく示すものとして用いられている。

④ 砂漠化の要因

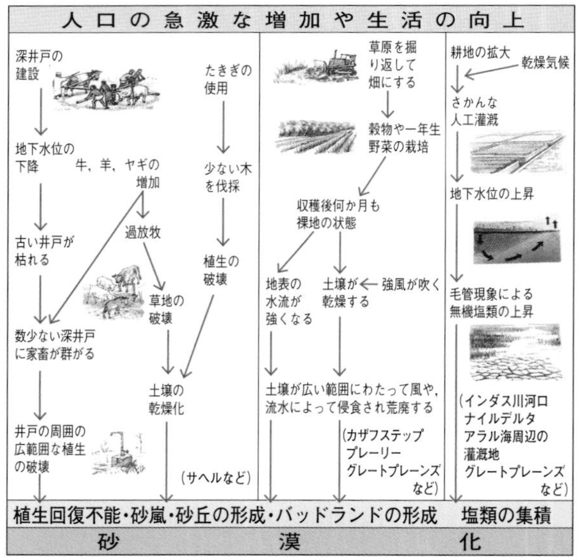

急激な人口増加や人々の生活の向上によって，自然環境にはさまざまな問題が引き起こされる。とくに降水量の少ない地域では，飲料水に適した深井戸の増設や生活の糧である家畜の過放牧，煮炊き用の薪炭(しんたん)の伐採などで植生が崩壊し，土壌の乾燥化も進む。新たな農地の開発は，さらに土壌の乾燥化や表土の侵食をまねき，人工灌漑は土壌に塩類の集積をもたらす。こうして，土地が荒れ，植生が回復不能になり，砂漠化が進むと考えられている。

⑤ 土壌の塩類集積

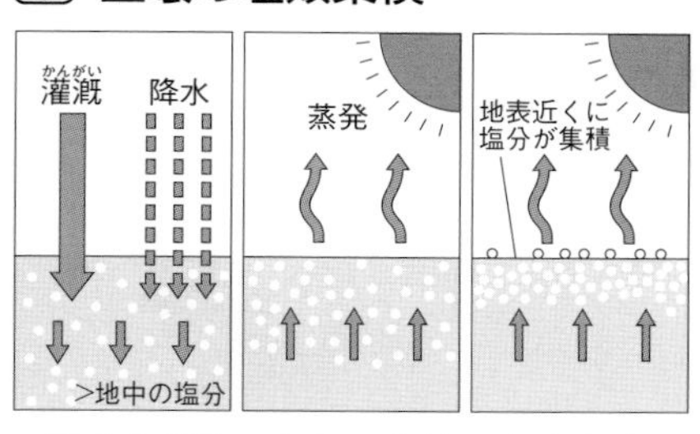

◀塩類集積のしくみ

降水と灌漑により，農地の土壌水分はいったん増える。乾燥地では地表面からの水の蒸発が多いため，土壌中の水は塩類を溶かしたまま，**毛管現象**によって表面に近い方に移動していき，ついには水分だけが蒸発してしまう。残った塩分は浅い土壌に集積する。

⑥ 過放牧による土地の荒廃

◀乾燥地でのヤギの放牧（エチオピア）

家畜を放牧するときには，草の生長量と，家畜が食べる草の量とを考えなければならない。家畜の方が多ければ，草木の葉だけではなく根まで食べてしまうため，翌年には草が生えなくなり，土地は荒れてしまう。この状態は**過放牧**とよばれている。

⑦ サヘルの砂漠化

※1971～2001年の平均

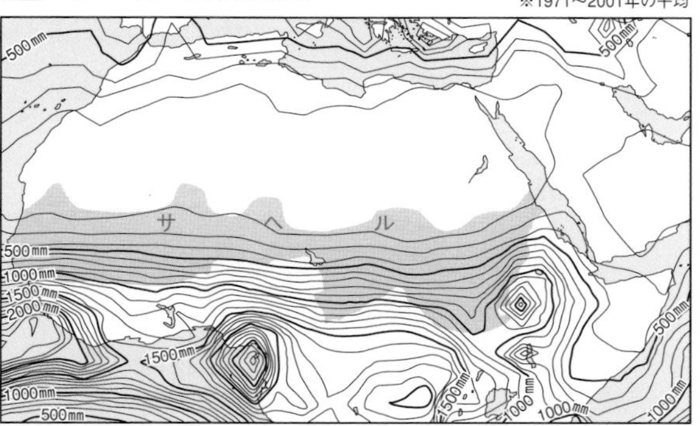

▲サヘルの分布と年降水量〔木村圭司，ほか〕

▶サヘルの降水量の変化〔JISAO資料〕

サハラ砂漠南縁の**サヘル**では，1960年代後半から1990年代にかけて，降水量の少ない状態が続いた。同じ時期に，人口増加に伴った過耕作・過放牧・薪炭材の伐採が急速に進み，植生が破壊され，砂漠化が進んだ。現在も降水量が少ない状況が続き，砂漠化は進行している。

⑧ アラル海の縮小

参照 p.217

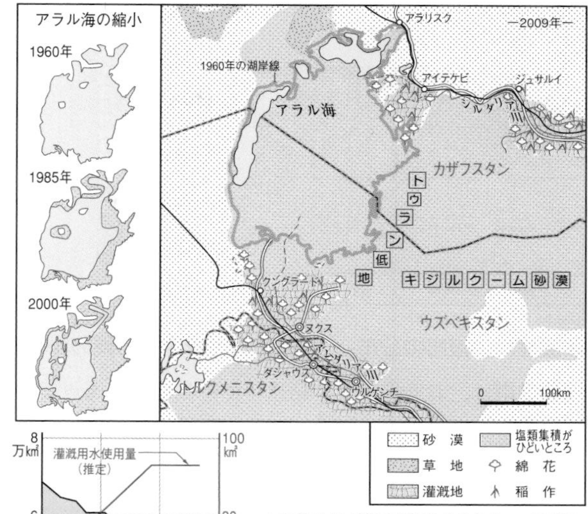

▲アラル海の縮小（左）と，アラル海周辺の土地利用と塩類集積（右）

◀アラル海の面積（1960～85年）と周辺流域の年間灌漑用水使用量（1963～87年）〔地球白書'90-'91〕

1960年代から当時のソ連が，この地域の農地開発を進めるために灌漑用水路を整備し，綿花を栽培してきた。しかし，灌漑地で水が蒸発してしまい，アラル海に流れ込む水量が極端に減ったので，アラル海が縮小しはじめた。一方で，土壌の塩類集積のために放棄される農地が増加している。

⑨ 砂漠化への対策

すでに進みつつある砂漠化への対策としては，次の6点が有効である。

1）**砂漠化のモニタリングおよび評価**：砂漠化の進行状況をリモートセンシング調査や現地調査により明らかにし，事実を認識する。

2）**土壌保全・塩類集積の防止策**：土壌が侵食されないよう，薪や用材を求めて過剰に森林を伐採することをやめる。また，塩類が集積しないよう，灌漑するときには排水設備を併用する。

3）**放牧地の管理**：とくに井戸などの水源の周囲で過放牧とならないよう，放牧地の管理を徹底する。

4）**農業における水資源管理**：農業用水の管理のために，畑で利用する水の量を調節して水源となる湖沼がかれないようにする。また，灌漑水路を整備する。

5）**農業技術の開発**：乾燥地でも耐えられる品種の栽培や，耕作方法の改良など，乾燥した土地に適応した農業技術を利用する。

6）**砂漠化対処に向けての環境教育**：地域社会における環境教育は，人為的な砂漠化を食い止める最大の手段である。一時的な生活のために人為的な砂漠化が進行すると，持続可能でない環境になることを学習によって知り，将来のことを考えた生活のしかたをする。

6 酸性雨

① 酸性雨の被害

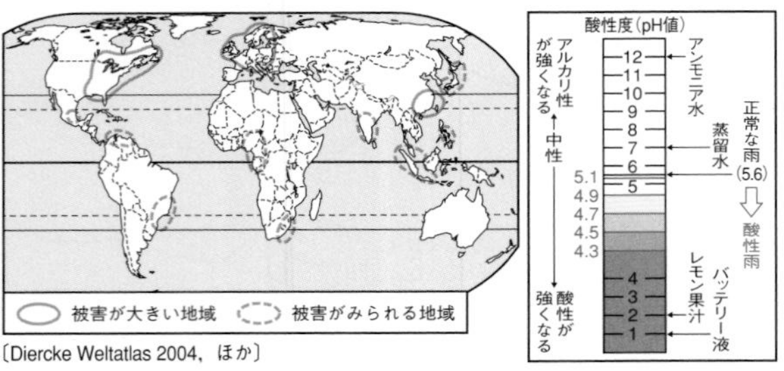

▲酸性雨の被害の分布　◀酸性雨と身近な物質のpH値

酸性雨は，おもに工業の発達している地域の周辺に広がっている。大気中の二酸化炭素が溶け込むため，雨はやや酸性のpH5.6が正常な状態である。しかし，酸性雨の被害が最も大きな場所では，pH4.0より強い食酢並みの雨が降ることがあり，森林や湖沼などに被害が生じる。

② 酸性雨発生のしくみ

酸性雨は，おもに火力発電所や工場などから放出される**硫黄酸化物**と，おもに車の排ガスとして放出される**窒素酸化物**が大気中で水に溶け込み，pH値が5.6以下の酸性の雨として地上に降ったものである。

③ ヨーロッパの酸性雨 参照 p.154

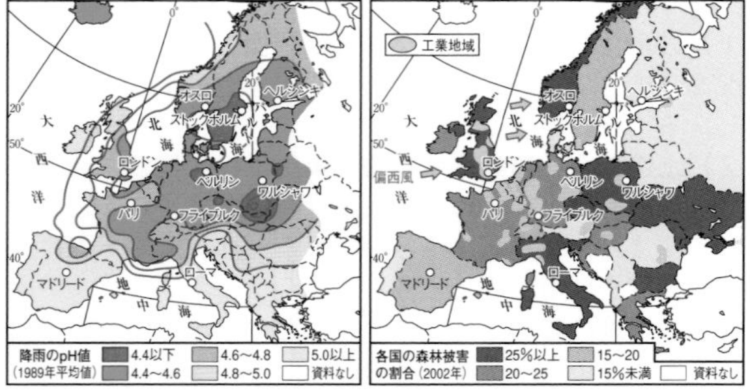

▲酸性雨の分布〔EMP資料〕　▲各国の森林被害の割合と工業地域の分布〔環境省資料〕

ヨーロッパでは，イタリア北部と東ヨーロッパで汚染物質の濃度が高く，ほぼ同じ地域で酸性雨の被害が大きい。これは，排ガス規制が東ヨーロッパで遅れていることに加え，偏西風の風上側である西ヨーロッパの工業地域から，汚染物質が東ヨーロッパに流れていくためである。また，イギリス北部から排出された汚染物質は，北海をはさんでスカンディナヴィア山脈の風上側にあるノルウェーに達して酸性雨となり，森林に被害を与えている。

④ アメリカの酸性雨 参照 p.158

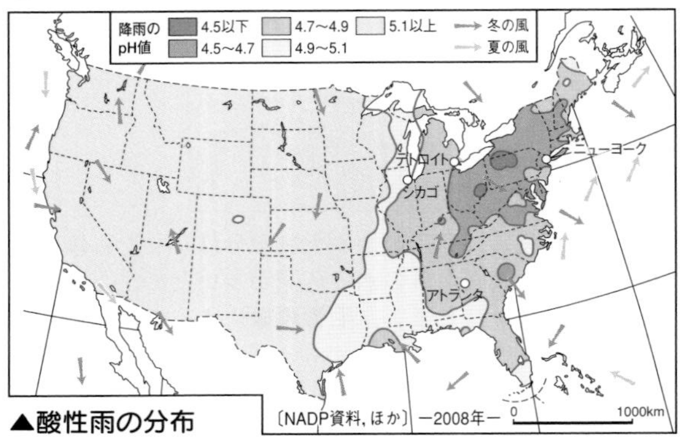

▲酸性雨の分布

現在のアメリカでは，強い酸性雨は東海岸でのみ観測されている。これは卓越風により汚染物質が吹き寄せられるためであると考えられる。

⑤ 中国の酸性雨 参照 p.225

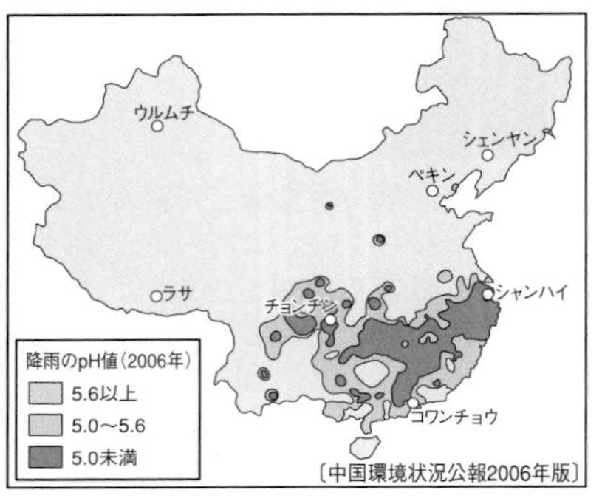

◀酸性雨の分布

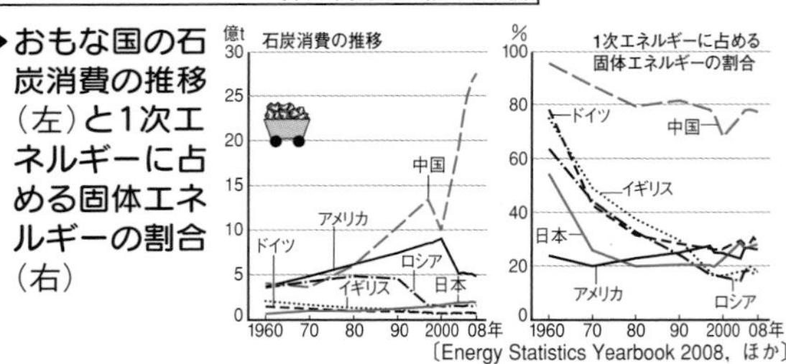

▶おもな国の石炭消費の推移(左)と1次エネルギーに占める固体エネルギーの割合(右)

中国では石炭資源が豊富であり，現在でも1次エネルギーとしておもに石炭を使用している。南部のチョンチン(重慶)やホーナン(湖南)省では硫黄分の多い石炭を燃料として使っていることから，大気中の汚染物質濃度が高く，酸性雨の被害が大きくなっている。

⑥ 酸性雨の対策

酸性雨の対策としては，原因となる硫黄酸化物や窒素酸化物を大気中に放出しないように排ガス処理装置を取り付けたり，行政による排ガスの規制強化が考えられる。現在，日本の気象庁が中心となって，東アジアの酸性雨モニタリングネットワークが結成され，汚染物質の観測結果と移動の予測が公開されている。近年の工業化が著しく，排ガス規制のゆるい中国も，このネットワークに参加している。

7　日本の環境問題

① 公害問題から環境問題へ

（1）日本の公害問題，環境問題の年表

年	事例
1887	足尾銅山の鉱毒による被害拡大
1911	神通川流域でイタイイタイ病が発生
49	東京都が全国ではじめて公害防止条例を制定
56	水俣病の存在が社会問題化
61	四日市のぜんそく被害者が多発
65	阿賀野川流域で新潟水俣病が発生
67	公害対策基本法施行
68	大気汚染防止法，騒音規制法施行
70	東京で光化学スモッグが発生 静岡県田子ノ浦港で製紙工場排水のヘドロ汚染が問題化
71	新潟水俣病訴訟，患者側勝訴 環境庁発足
72	四日市公害訴訟，イタイイタイ病訴訟，患者側勝訴
73	水俣病訴訟，患者側勝訴
84	第1回世界湖沼環境会議を開催(大津市)
94	環境基本法完全施行
97	地球温暖化防止京都会議を開催(京都市)
99	環境アセスメント法完全施行
2000	容器包装リサイクル法完全施行
01	環境庁が環境省となる 循環型社会形成推進基本法完全施行 家電リサイクル法完全施行 グリーン購入法完全施行
05	自動車リサイクル法完全施行 アスベストの被害拡大 京都議定書，発効
08	北海道洞爺湖サミット開催
15	パリ協定，採択

産業の発達により健康や生活環境に被害が及ぶようになった。このうち，社会的な災害を**公害**といい，大気汚染・水質汚濁・土壌汚染・騒音・振動・悪臭・地盤沈下などがあげられる。一方で，人々の生活一般から生じるものが**環境問題**であり，廃棄物問題などがあげられる。

日本では，高度経済成長期に**四大公害病**が問題となったが，環境庁(現在の環境省)が設置されるなど行政機関の取り組みが進み，大きな公害は少なくなった。

（2）日本の公害

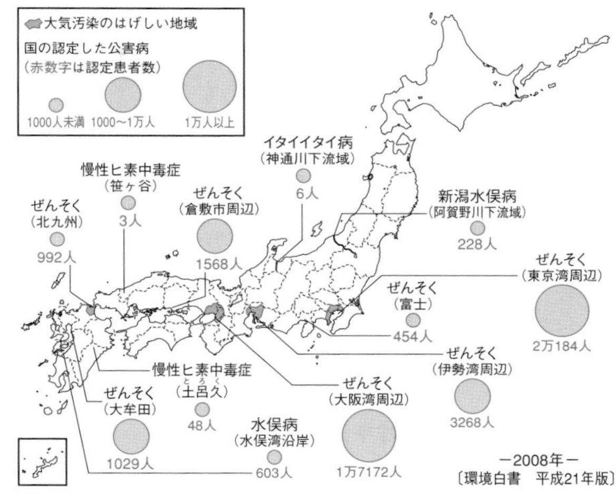

−2008年−
〔環境白書　平成21年版〕

（3）日本の環境問題

ラムサール条約*登録湿地

*水鳥の生息地などとして国際的に重要な湿地や，そこに生息・生育する動植物を保全しようとする条約。1971年にイランのラムサールで採択された。

仏沼
伊豆沼・内沼
大山上池・下池
瓢湖
佐潟
志津川湾
化女沼
蕪栗沼・周辺水田
立山弥陀ヶ原・大日平
片野の鴨池
中池見湿地
三方五湖
中海
宍道湖
円山川下流域・周辺水田
芳ヶ平湿地群
尾瀬
奥日光の湿原
渡良瀬遊水地
涸沼
葛西海浜公園
谷津干潟
秋吉台地下水系
宮島
琵琶湖
藤前干潟
東よか干潟
肥前鹿島干潟
荒尾干潟
藺牟田池
くじゅう坊ガツル・タデ原湿原
串本沿岸海域
東海丘陵湧水湿地群
屋久島永田浜
−2019年9月−
〔環境省資料，ほか〕

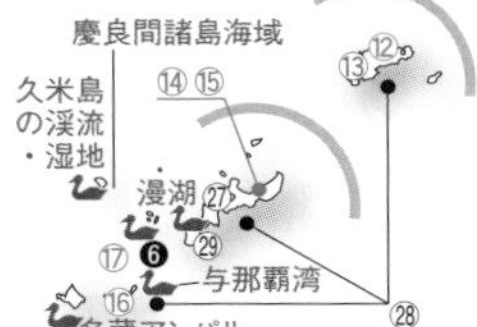

水環境にかかわる問題

①千歳川放水路事業見直し
②奥只見水力発電所増設問題
③清津川ダム建設問題(猛きん類)
④渡良瀬遊水地開発計画
⑤有明旧貯木場埋め立て計画
⑥江戸川可動堰問題
⑦三番瀬埋め立て計画
⑧盤州干潟周辺開発計画
⑨伊豆大島波浮港埋め立て問題
⑩藤前干潟埋め立て計画
⑪長良川河口堰問題
⑫中部国際空港埋め立て計画
⑬和歌山下津港雑賀崎埋め立て計画の見直し
⑭徳山ダム建設計画(猛きん類)
⑮高倉揚水発電所計画(イヌワシ，クマタカ)
⑯金居原揚水発電ダム計画(イヌワシ)
⑰大阪ガス液化天然ガス備蓄基地整備計画
⑱中海干拓中止
⑲吉野川第十堰改築事業
⑳四万十川ダム撤去論争
㉑上関原発建設計画
㉒中津港埋め立て計画
㉓博多湾アイランドシティ事業
㉔諫早湾干拓事業，有明海のり不作問題
㉕川辺川ダム計画
㉖鹿児島港沖合い埋め立て問題
㉗アメリカ軍普天間飛行場代替地建設計画(ジュゴン)
㉘サンゴの白化現象，オニヒトデによる食害
㉙中城湾港公有水面埋め立て計画

国立・国定公園内

❶十勝三股ふれあい自然塾事業
❷北海道時のアセス・士幌高原道路中止
❸知床マイカー規制一部開始
❹有珠山噴火
❺奥入瀬渓谷遊歩道整備と景観保護問題
❻岩手山奥産道路計画中止
❼早池峰国定公園山頂トイレ建てかえ計画の撤回
❽尾瀬シカの湿原植生食害問題
❾三宅島噴火
❿ノヤギによる聟島列島の環境破壊と駆除
⓫小笠原空港建設問題
⓬富士山トイレ問題
⓭御嶽町産廃問題
⓮大台ケ原におけるシカのとうひ原生林食害
⓯大山山麓ゴルフ場計画断念
⓰豊島廃棄物問題
⓱大久野島ヒ素問題
⓲友ヶ島ニホンザル，タイワンザル雑種交配問題
⓳阿蘇火山ガス死者発生
阿蘇草原維持の取り組み
⓴屋久島西部林道中止

国立・国定公園内で水環境にかかわる問題

❶琵琶湖ブラックバス，ブルーギルなど移入種問題
❷新宮港埋め立て反対運動
❸ナホトカ号油流出事故
❹瀬戸内海砂採取処理問題
❺ヒメシロレイシガイダマシ大発生によるサンゴ食害
❻仲間川マングローブ倒壊問題

その他

①稚内風力発電による景観破壊
②鉛弾(ライフルなどの鉛のたま)による猛きん類(ワシやタカなどの鳥)鉛中毒問題
③道東でのシカによる農林業被害
④森吉山開発断念
⑤山形県真室川・小国線，朝日−小国間大規模林道中止
⑥福島原発増設計画(オオタカ)
⑦首都圏中央連絡自動車道(オオタカ)
⑧神奈川県第2東名自動車道問題(イヌワシ，クマタカ)
⑨静岡空港建設計画(オオタカ)
⑩愛知万博海上の森
⑪三嶺ロープウエー架設反対運動
⑫奄美ゴルフ場問題(アマミノクロウサギ訴訟)
⑬マングースによる固有種の減少
⑭やんばる地域の国立公園化
⑮ヘリコプター着陸帯移設計画
⑯石垣空港計画
⑰西表島大富西工区農地開発事業

② 光化学スモッグ

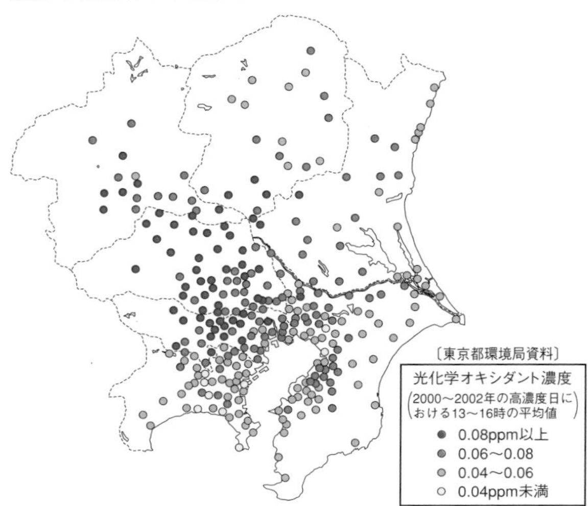

▲関東地方の光化学オキシダント濃度

工場や自動車などから放出される排ガスが太陽の紫外線を受けると光化学反応を起こし，光化学オキシダントを生じる。光化学オキシダント濃度が高いまま継続する状態が**光化学スモッグ**であり，目やのどに異常を感じる。関東地方では，京浜工業地帯と交通量の多い高速道路で放出された排ガスが昼間の海風にのって高温の内陸へ移動するので，東京湾岸から群馬県にかけての地域で，おもに夏に光化学オキシダント濃度が高い。

③ 循環型社会へ

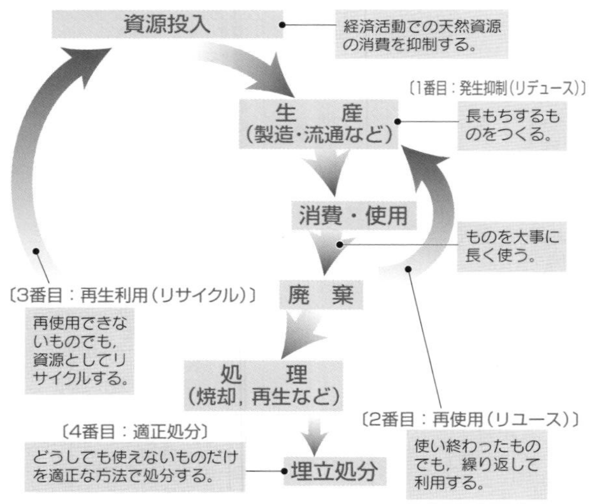

▲循環型社会のしくみ

高度経済成長期には大量生産・大量消費がよしとされた結果，大量廃棄が生じたが，近年ではごみの排出抑制と資源の有効利用をめざした**循環型社会**への移行が進んでいる。ごみの**リサイクル**を例に考えると，従来は資源投入から埋立処分への一方向への流れしかなかったが，再利用や再生利用という逆向きの流れができ，資源が循環するようになった。しかし現在，リサイクルは大量消費よりもコストがかかるという課題に直面している。

④ 企業の環境問題対策

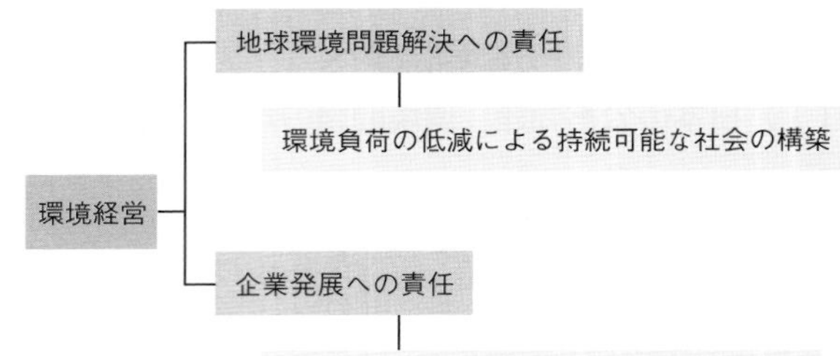

▲環境経営が必要とされる理由

企業は利潤追求を目的とするため，環境への取り組みが遅れていたが，近年では環境に悪影響を与えないよう配慮することが企業の利益になり，企業のイメージアップにもつながると考えられるようになってきた。環境に配慮しつつ企業の持続的な発展を目指す経営は環境経営とよばれ，国際規格による認証(**ISO**：International Organization for Standardization)の有無が取引条件になる場合が増えている。

コラム 環境問題に取り組む企業

カルビーでは，ポテトチップスなどの生産の際に生じる廃棄物の再利用を進めている。じゃがいもの切りくずや不良品は家畜のえさや畑の肥料としている。じゃがいもを水洗いしたあとの汚れた水は，微生物を利用して浄化し，沈殿した汚泥も畑の肥料としている。ポテトチップスを揚げる際の油は，少しずつ継ぎ足して使うことにより廃油をなくすことに成功した。2007年にはカルビー全体で廃棄物の再資源化率が99.53%となり，製造過程のごみを100%リサイクルする「**ゼロエミッション**」をめざした活動が続けられている。また農産物を原料とするなど，農業と深いつながりをもつことから，日本の農村の景観や文化を守り育てる活動へのサポートも行っている。

参照 p.102

トピック 里山を守る活動

都市近郊の雑木林は**里山**とよばれる。かつては村人が共同で利用する入会地(いりあいち)として手入れが行き届き，薪炭や山菜などの採取に利用されたが，エネルギー革命以降は荒れた状態となり，住宅地として開発された場所も多い。しかし，近年では都市近郊の緑地として再認識されるようになっている。

たとえば群馬県の川場村には，世田谷区民健康村がある。ここでは，1981年に川場村と世田谷区と縁組協定を締結してはじまった，相互の住民と行政が一体となって村づくりを進めている。小学校5年生が2泊3日の移動教室で環境学習に取り組んでいる。また，「やまづくり塾」で世田谷区民が川場村の人々との協働作業で里山の森林作業の基礎を学び，都会で望めなくなった豊かな自然のめぐみにふれながら，水源地である川場村の自然環境を守り育てる活動に取り組んでいる。

1 農業の起源と作物の栽培条件

① 農作物の原産地と伝播ルート

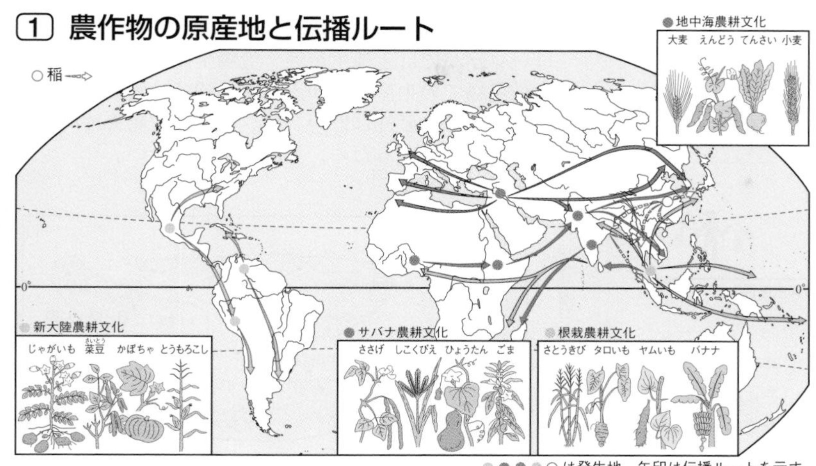

●●●●○は発生地、矢印は伝播ルートを示す。

世界の農耕文化の起源についてはさまざまな学説がある。大きくは図のように，一年生の麦類を主とし西アジアで発生した**地中海農耕文化**，東南アジアで発生したいも類を主とする**根栽農耕文化**，雑穀を主とし西アフリカで発生した**サバナ農耕文化**，じゃがいもやとうもろこし，豆類の複合からなる**新大陸農耕文化**の，4類型に分けて示される。

② 作物の栽培条件

	おもな栽培条件	具体例
自然条件	気象	平均気温，気温の日較差・年較差，無霜期間
	降水量	降水量，降水パターンの季節性
	地形	多様な地形(平野，丘陵，盆地，台地，扇状地，谷)，日照条件，水資源へのアクセス
	土壌	酸性／アルカリ性，排水性，土壌母材，肥沃度
社会条件	市場との関係	産地と市場の距離，流通，商慣習
	交通の発達	高速交通体系の整備，輸送コスト
	資本・労働力	土地改良事業の実施，灌漑整備，生産用具や施設の進歩，人件費，技術
	農業政策	生産・流通システムの整備，農家保護的政策／規制緩和，国際ルールの影響

作物の栽培には，**自然条件**と**社会条件**の両方が影響する。寒冷限界・高距限界・乾燥限界のように，農業生産には自然条件に関連した栽培限界が存在するが，品種改良や栽培方法の改良などで変化しうる。また冷凍船の発明により新大陸で牧畜が拡大したように，社会条件の変化が新興産地の誕生をもたらすことがある。

コラム　チューネンの『孤立国』

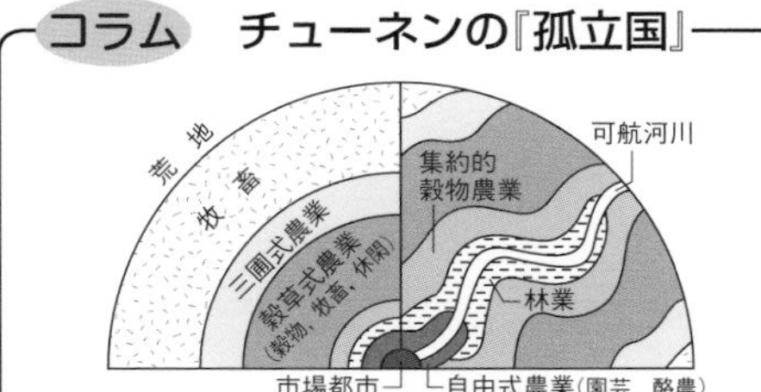

ドイツの経済学者チューネンは，1826年に出版した書物『孤立国』で，農業の地域的差異(作物の選択や集約度など)を規定する要因として，市場からの距離などの経済社会要因を重視した。この考え方は，それ以前からあった自然条件重視の考え方の盲点をつくものとして，大きなインパクトを与えた。

③ 作物栽培と気候

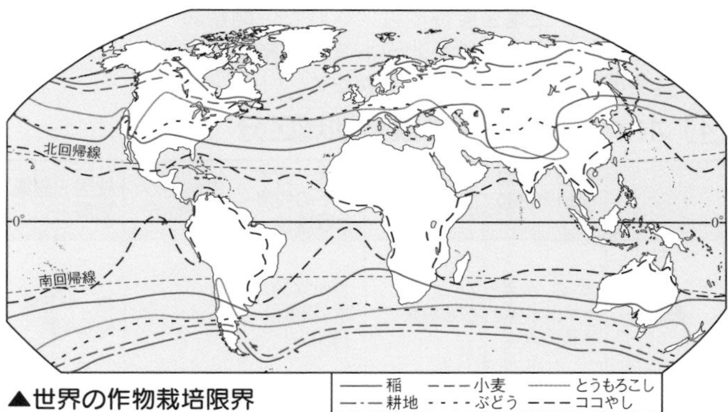

▲世界の作物栽培限界

作物がどのような気象条件下で生育するかはその生理的性質によって異なるが，一般に寒冷地は，積雪や降霜，夏季の低温など制約が多い。しかし品種改良や栽培技術革新によって，寒冷限界が克服される余地もある。暖地作物の稲も寒冷地での栽培が可能となり，暖地をしのぐ収量を得られるようになっている。

④ 作物の生育と温度

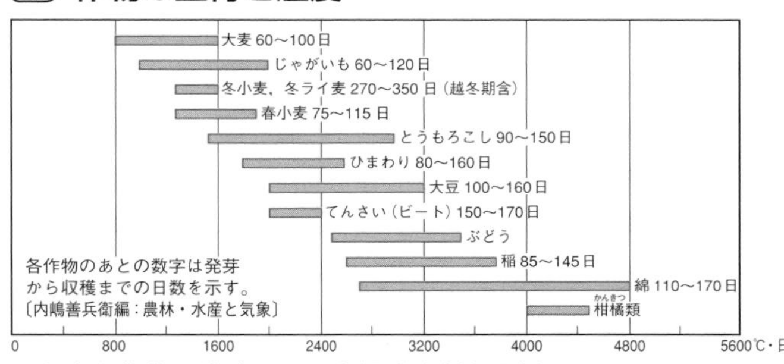

▲おもな作物の生育に必要な温度(積算温度)

積算温度とは，作物生産が可能となる温度以上の日の平均気温の総和であり，作物によって必要とされるその値は大きく異なる。積算温度が少ない作物は寒冷地で，多い作物は温暖な地域での栽培が適している。

2 農業の生産性と農牧業の分類

① 農業の集約度と生産性

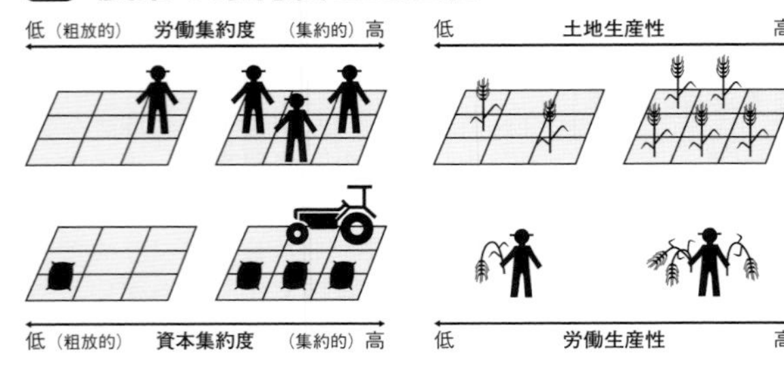

▲集約度と生産性の高低

個々の農業分類の特徴を理解する際，集約度と生産性という考え方が重要である。集約度とは，その農業にどれだけのものを投入するかであり，労働力を多く投入する農業を**労働集約的農業**，農業機械など資本を多く投入する農業を**資本集約的農業**という。一方，生産性とは単位あたりの生産物の量や付加価値額であり，面積あたりの生産性を指す**土地生産性**や投入された労働量あたりの生産性を指す**労働生産性**などがある。生産性の高低は地域の農業の形態によって大きく異なる。

② 世界の農業生産性

ヨーロッパでは土地生産性・労働生産性とも高い。大規模農場での生産がさかんな新大陸では労働生産性は高いが土地生産性は低い。アジアでは労働集約的な農業がさかんであるため，労働生産性が低い。

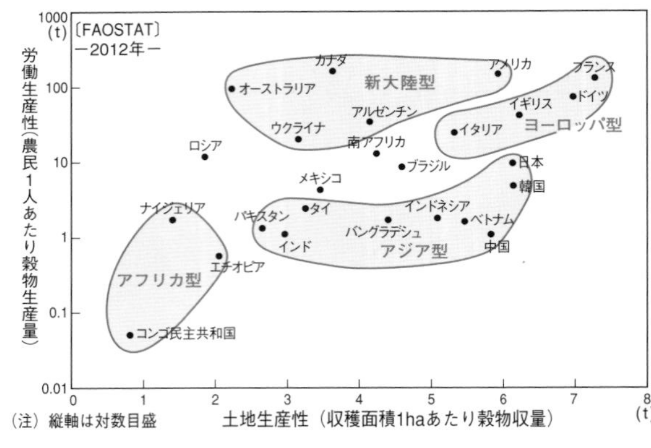

▲おもな国の労働生産性と土地生産性

④ ホイットルセイの農業地域区分

	作物・家畜の組み合わせ	栽培・飼養方法	労働・資本投下の程度と収益性	生産物の仕向け先	住居・農業施設	分布
遊牧	羊・牛・ヤギ・トナカイなど家畜のみ	放牧飼養	土地への労働・資本投下なし	ほぼ自給生産	水・草を求めて移動	
焼畑農業	多種類の作物のみ	焼畑耕作	土地・労働粗放的 収益は小さい		簡単な住居で移動	
粗放的定住農業	作物と少数の家畜	耕地を移動（休閑を含む）		自給生産が中心	簡単な定住的住居	
自給的集約的稲作農業	稲中心	手労働，役畜に依存 灌漑発達	土地・労働集約的 労働生産性低い		農村を形成	
自給的集約的畑作農業	穀物（稲以外）	手労働，役畜に依存 灌漑不十分				
自給的混合農業	小麦以外の麦類中心 少数の家畜	伝統的技術 手労働依存	労働集約的 収益性は低い	自給生産が中心	農場に農業労働者居住	
商業的混合農業	小麦 肉用家畜	近代的技術（輪作施肥，機械化）	資本集約的 収益性は高い	商品生産と自給生産	耕地つきの独立家屋	

分布図

モンゴル高原
アマゾン川流域
サハラ砂漠
コンゴ盆地

黄河流域
長江流域
デカン高原
アンデス山ろく

東ヨーロッパ
西ヨーロッパ
コーンベルト
湿潤パンパ

3 農牧業の分類

（1）経営形態による分類の例

分類	形態
自給的農業	販売を目的とせず，自家消費のために行われる農業。最も古い農業形態である。自給的農業には，焼畑農業や遊牧のように移動を伴うものと，集約的稲作農業のように定住性のものとがある。
商業的農業	都市の発達などにより農産物の需要が増大すると，農産物の流通がさかんになり，販売を目的とした商業的農業が発達する。地域に適した有利な農産物を栽培する傾向が強まり，農業の地域的分業が進む。
企業的農業	世界市場を対象とし，多くの資本と最新の農業技術を投入した大規模な生産を特徴とする農業。生産と販売の効率化をはかるため，単一種類の作物や家畜を栽培・飼育することが多く，労働生産性が高い。
集団的農業	土地や農機具などを共有化した大規模な経営で，かつての社会主義体制のもとで行われてきた農業。旧ソ連の**コルホーズ**や**ソフホーズ**，中国の**人民公社**が，かつての例である。イスラエルのキブツは協同農場。

（2）総合的な分類の例（D.ホイットルセイ）

農牧業を類型化し，地域分布を見出す作業は，これまで数多く行われてきた。アメリカの地理学者ホイットルセイは下の5指標をもとにして，世界の農牧業を13に分類し，分布を示した。彼の分類は，自然条件・経済条件・文化的要素を取り入れた総合的な分類であり，指標のとり方も妥当である。世界規模の分布図を作成したことから，現在最も広く用いられている。

1．作物と家畜の組み合わせ
2．作物栽培・家畜飼養の方法
3．労働・資本投下の程度と収益性
4．生産物の仕向け先
5．住居・農業施設の状態

コラム　その他の農牧業の分類

農牧業の分類はこのほかにも多数ある。たとえば農具や農法など文化的な状態に注目したものや，ヨーロッパ式農業の海外への広がりなど経済史上の位置づけを重視した分類などである。また農業の変化によって，これらの分類の有効性は絶えず問い直される。重要なことは，分類や地域区分は何らかの分析のための用具であり，それ自体が目的ではない。地域の農業を理解するために適した分類を用いることが重要である。

	作物・家畜の組み合わせ	栽培・飼養方法	労働・資本投下の程度と収益性	生産物の仕向け先	住居・農業施設	分布	分布図
地中海式農業	小麦・オリーブ・果樹	手労働中心 一部機械化	土地・労働集約的 大土地所有では粗放	自給生産と商品生産	集村を形成		五大湖周辺 カリフォルニア 北西ヨーロッパ フロリダ半島 地中海沿岸 チリ 南アフリカ南部
酪農	飼料作物 乳牛	高度な技術 機械化進展	施設に資本投下 収益性高い	ほぼ商品生産	近代的住居が散在		
園芸農業	果樹，野菜，花卉など	高度な技術 特殊な生産物は専門化	土地・労働集約的 収益性は極めて高い				
企業的牧畜	飼料作物 牛羊など	放牧飼育	施設に資本投下 1頭あたりの収益大	商品作物が目的	牧場の中心に居住		黒土地帯 グレートプレーンズ プレーリー セラード パンパ パタゴニア マリーダーリング盆地
企業的穀物農業	小麦，飼料作物 少数の家畜	近代的技術 大規模機械化進展	土地は粗放的 面積あたりの収量は低い		近代的住居の散村		
プランテーション農業	コーヒー，茶，カカオ，ゴムなど熱帯工芸作物	近代的技術，安価な現地民・移民労働力，一部機械化	大規模な資本投下 収益性は高い	完全な商品作物生産	近代的施設 労働者は簡単な住居		年平均20℃ キューバ 中央アメリカ ブラジル東部 東南アジア オーストラリア東岸 年平均20℃

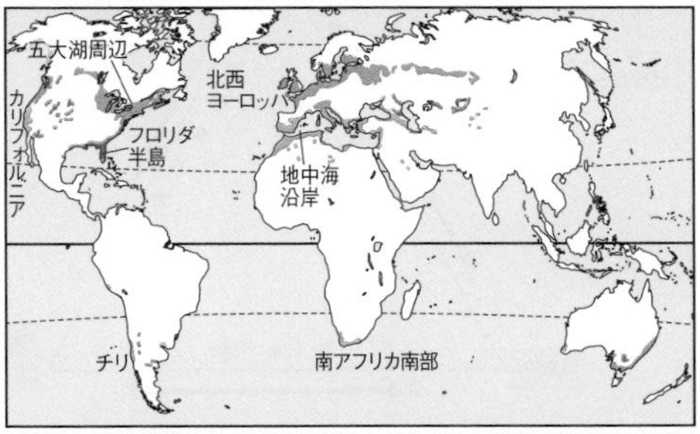

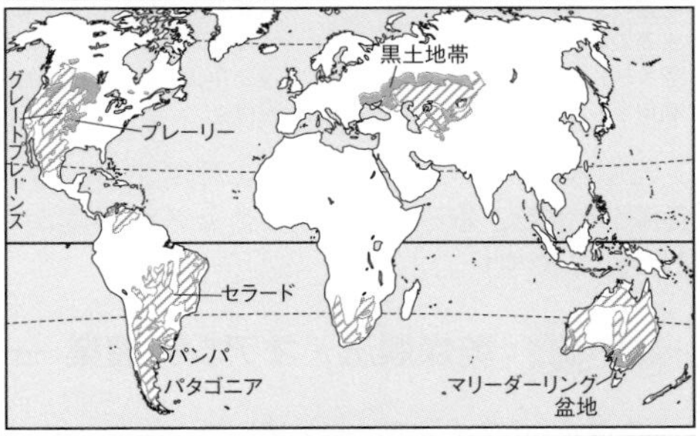

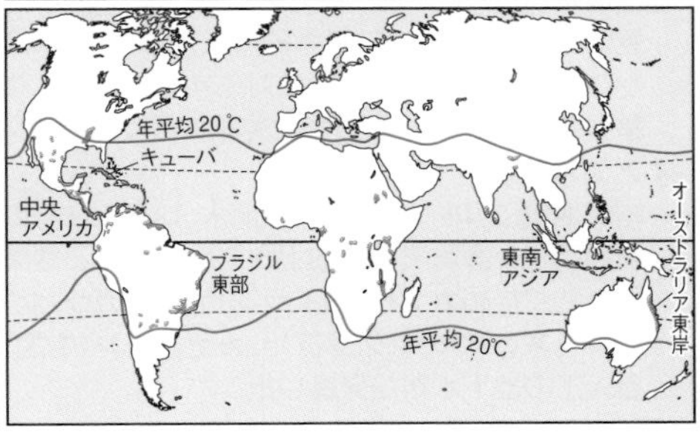

3 自給的農業

① 自給的農業の分布

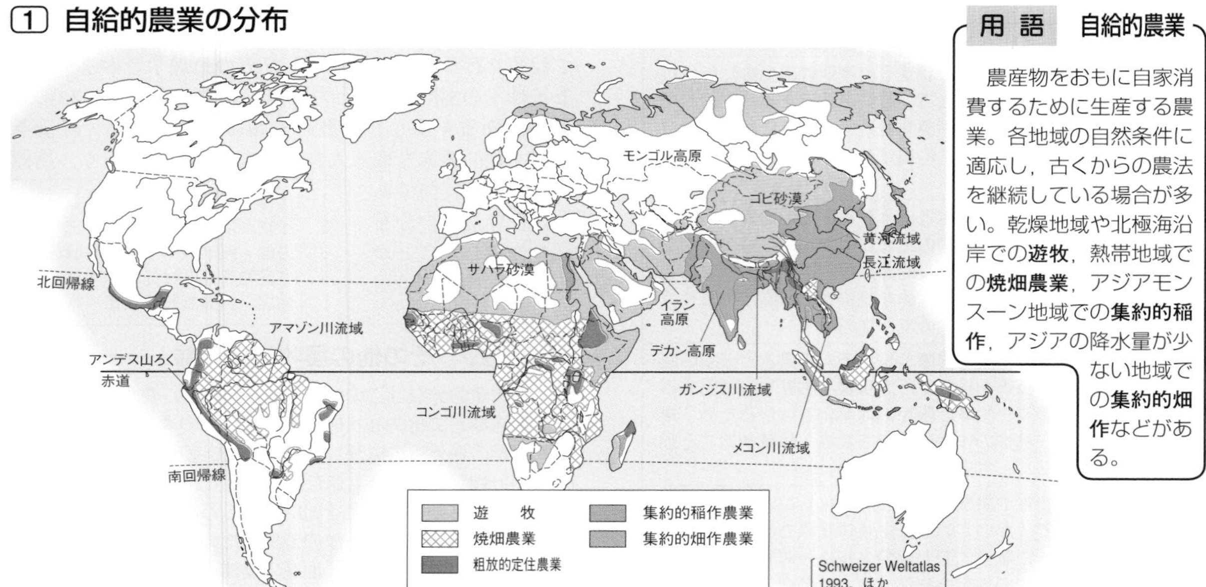

用語 自給的農業

農産物をおもに自家消費するために生産する農業。各地域の自然条件に適応し，古くからの農法を継続している場合が多い。乾燥地域や北極海沿岸での**遊牧**，熱帯地域での**焼畑農業**，アジアモンスーン地域での**集約的稲作**，アジアの降水量が少ない地域での**集約的畑作**などがある。

② 乾燥地域の伝統的農業

▼乾燥地域における環境と農業の型

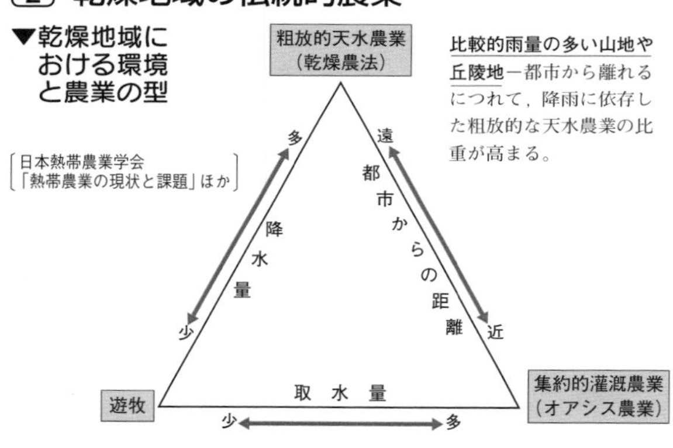

乾燥地域における農業形態を理解するには，都市と水資源（降水量，取水量）へのアクセスの程度から整理するとわかりやすい。

用語 乾燥農法・オアシス農業

乾燥農法（ドライファーミング）：
乾燥地域に展開する，基本的に天水に依存する農業。少量かつ年変動の大きな降雨に対応するため，休閑期間に深耕して雨水を深く浸透させ，乾季に浅く耕して蒸発を防ぐ。

オアシス農業：
乾燥地域に展開する，河川や湧水，地下水などの農業用水を利用した灌漑農業。地下水を水源とする農業では，蒸発を防ぐため**カナート**（イラン）や**フォガラ**（北アフリカ），**カレーズ**（アフガニスタン），**カナルチン**（中国）とよばれる人工の地下水路が発達した。

③ 西アジアのカナートとなつめやし

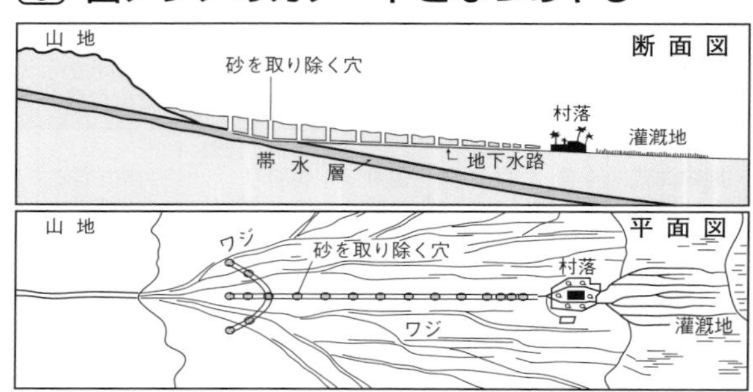

▲カナートの灌漑システム

乾燥気候の河川が少ない地域では，水源を地下水に依存する農業が展開した。イランのカナートは，帯水層の水を利用した人工の地下水路である。竪坑（砂を取り除く穴）を複数掘削し，そこから横方向へ掘ってつなげながら，村落まで水路を導くので，建設するには特殊な技術と資本を必要とした。こうして得た水でつくられる作物としては小麦・大麦に加え，乾燥に強く多様な用途に用いられるなつめやし（デーツ）が多いが，近年では綿花やさとうきびなどの商品作物も導入されている。

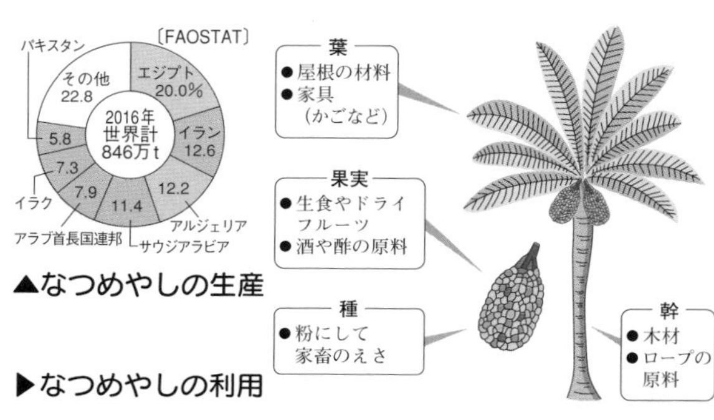

▲なつめやしの生産

▶なつめやしの利用

④ 遊牧

遊牧とは，水と草を求めて家畜とともに移動する粗放的な牧畜である。住居は移動・組み立てが容易なテント(モンゴルでは**ゲル**，中国では**パオ**，中央アジアでは**ユルト**とよばれる)であり，衣食や燃料も家畜に依存する。中央アジアから北アフリカの砂漠やステップでは，羊・ヤギ・ラクダ・馬の遊牧が，また北極海沿岸のツンドラが広がる地域では，トナカイの遊牧が行われてきた。

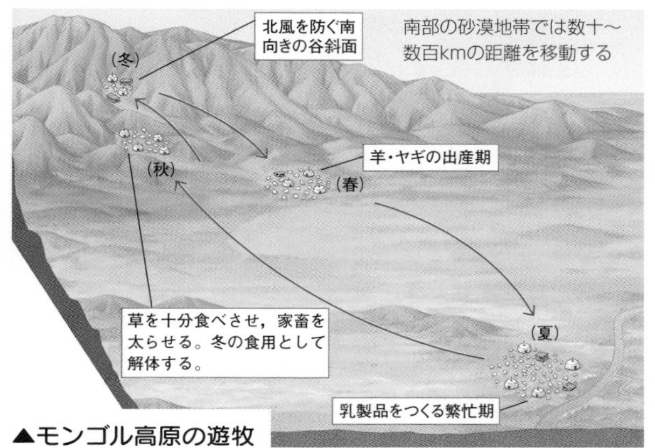

▲モンゴル高原の遊牧

▼遊牧で飼育される家畜の分布 参照 p.337

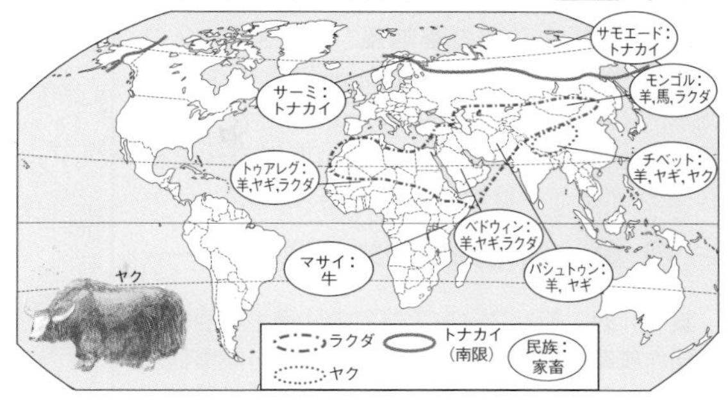

▼世界の遊牧のまとめ

おもな地域	特徴
中央アジア・西アジア・北アフリカの乾燥地域	年降水量が500mm以下の砂漠やステップ地域で**羊**・**ヤギ**・**ラクダ**の遊牧。住居は組み立て式テント。
高地での遊牧	チベット高原では**ヤク**，モンゴル高原では**羊**や**ヤギ**などの遊牧。
北極海沿岸のツンドラ地域	スカンディナヴィア半島北部の**サーミ**，ロシア北部の**サモエード**・**ヤクート**，アラスカの**エスキモー**やカナダ北部の**イヌイット**などがトナカイの遊牧。

⑤ 焼畑農業

焼畑農業とは，短期の耕作と長期の休耕を組み合わせた農業であり，休耕期間後に火入れを行って植生を除去し，地力を向上させる点に特徴がある。長期に休耕するため，耕地を短期間でかえることになり，住居の移動を伴う場合が多かったが，近年では定住化も進んでいる。

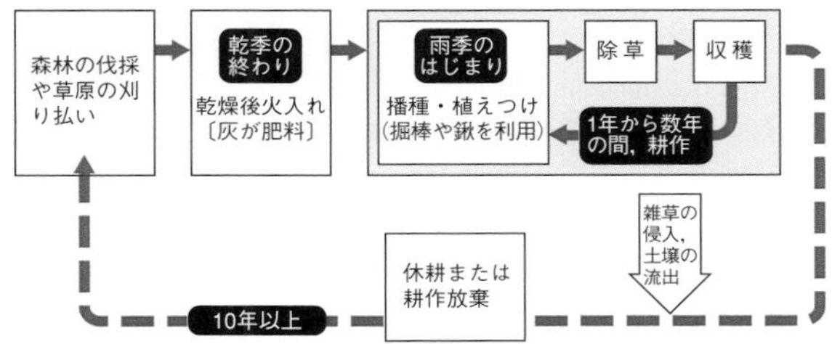

▲焼畑のサイクル

▼世界の焼畑農業のまとめ

おもな地域	特徴
東南アジア	熱帯地域で焼畑のサイクルが守られながら，いも類やバナナなどの栽培が伝統的に行われてきた。現在では，開拓移住者による焼畑や企業による油やしなど農園開発のための火入れが多く，熱帯林破壊が問題になっている。
アフリカ	熱帯雨林地域では，キャッサバやタロいもなどのいも類を中心とした栽培，サバナ地域では，乾燥に強いソルガムや ひえ(とうじんびえ，しこくびえ)といった雑穀類が栽培される。乾燥化がすすみ，焼畑のサイクルが短くなり，植生が回復しにくい地域が増えている。
ラテンアメリカ	アマゾン川流域の熱帯雨林地域で伝統的な焼畑農業によりキャッサバ・とうもろこし・さとうきび・大豆など，さまざまな作物が栽培されてきた。

トピック 焼畑周期の短縮と弊害

焼畑農業は土地に余裕があり，長期の休耕期間が守られる限りは持続可能な農業である。しかし道路開通などにより人口が集中し，耕作期間の延長や休耕期間の短縮が生じると，地力が回復せずに土地の荒廃が進み，農業生産が減少する。また，移住者による農園開発のための焼畑では，休耕期間やその間の植生回復が意識されにくく，それが環境破壊にもつながるため問題視されている。

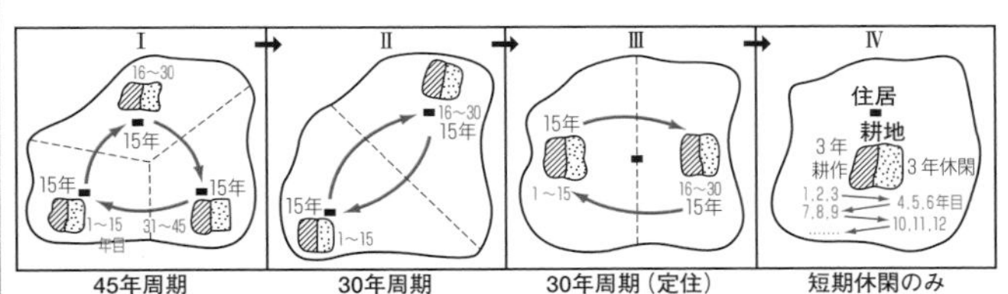

▲焼畑周期の短縮と定住化

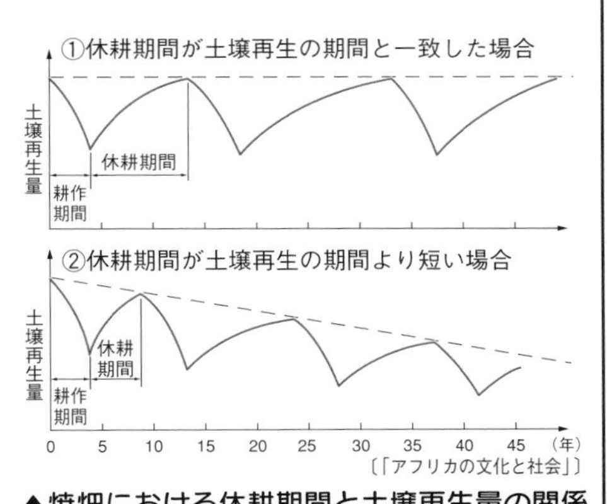

〔「アフリカの文化と社会」〕

▲焼畑における休耕期間と土壌再生量の関係

6 アジアの降水量と農業

アジアでは，夏の**季節風(モンスーン)**の影響を受けた年降水量1000mm以上の湿潤な地域では稲作が，500～1000mmの地域では小麦・雑穀などの畑作が，500mm以下の砂漠やステップなどでは遊牧が行われている。

用語 自給的集約的農業

集約的稲作農業：モンスーンアジアの沖積平野や**棚田**などで行われている，労働集約的であるが労働生産性は低い稲作農業。経営規模は小さく，家族労働が主体。

集約的畑作農業：アジアを中心に年降水量1000mm以下の地域や寒冷地で行われる，労働集約的であるが労働生産性は低い畑作農業。小規模経営が主体。

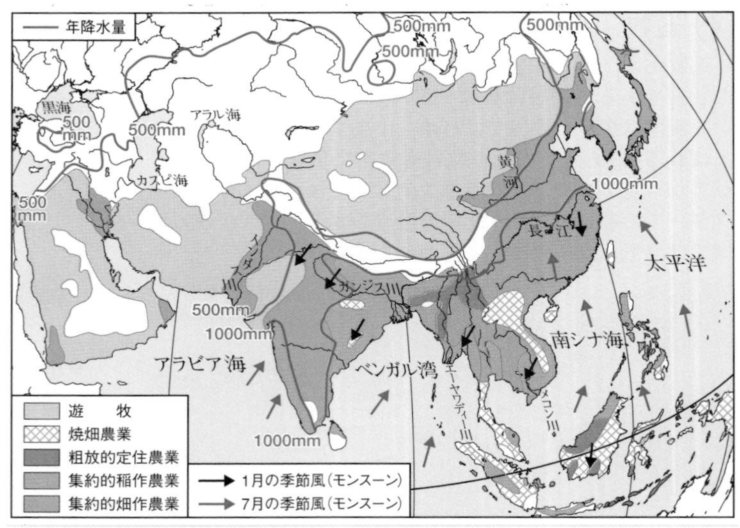

▲アジアの農業区分と年降水量，季節風(モンスーン)の向き

7 アジアの農業の自給的集約的性格

アジアの米の生産量は世界の約9割を占めるが，自家消費や国内流通が主で，輸出に向けられるのは生産のわずか数%である。小麦やとうもろこしも同様に，生産量は多いが輸出はわずかであり，アジアの農業は自給的性格が強いといえる。また，農業就業人口がほかの地域と比べて多く，少ない土地に多くの労働力を投入する労働集約的性格をもつため，土地生産性は高い。

〈米〉 アジア 90.1% 南アメリカ 3.1 ヨーロッパ 0.6 その他 4.5 北アメリカ 1.7
4.7% 26.2 12.2 51.3

〈小麦〉 アジア 43.6% 北アメリカ 13.0 ヨーロッパ 33.4 その他 6.1 南アメリカ 3.9
1.5% 46.6 41.9 41.9

〈とうもろこし〉 アジア 30.6% 北アメリカ 40.6 ヨーロッパ 11.1 その他 6.6 南アメリカ 11.1
0.5% 13.8 41.5 30.5

－2016年－〔FAOSTAT〕

▶主要穀物の生産量の地域別割合(帯グラフ)と生産量に占める輸出量の割合(円グラフ)

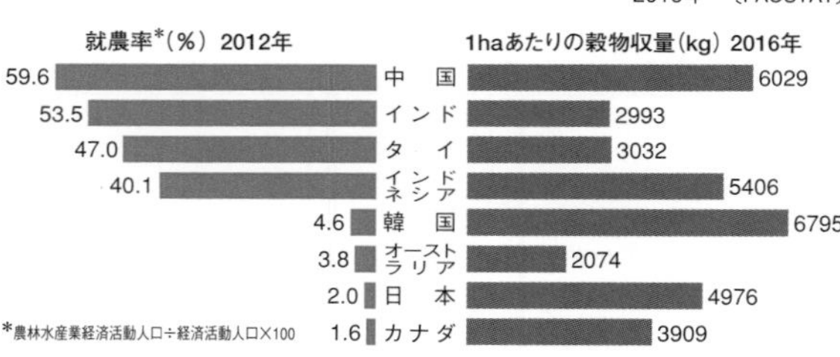

	就農率*(%) 2012年	1haあたりの穀物収量(kg) 2016年
中国	59.6	6029
インド	53.5	2993
タイ	47.0	3032
インドネシア	40.1	5406
韓国	4.6	6795
オーストラリア	3.8	2074
日本	2.0	4976
カナダ	1.6	3909

*農林水産業経済活動人口÷経済活動人口×100

▲おもな国の就農率と単位面積あたりの穀物収量〔FAOSTAT〕

用語 緑の革命

1960年代後半から世界各地で小麦および稲の高収量品種が導入され，土地生産性が向上した。この農業技術の革新を**緑の革命**とよぶ。稲については国際稲研究所(IRRI)が1966年に高収量品種**IR-8**を開発して以来，多くの改良品種が普及している。アジア諸国が急激な人口増加を経験したにもかかわらず米需給が緩和したのは，緑の革命の貢献が大きいといわれる。

8 高収量品種の導入と課題

米の高収量品種は各地で導入され，フィリピンでは1980年に米の自給達成を宣言するほど生産量を伸ばした。しかし品種の高収性を引き出すには，灌漑(かんがい)施設の整備や化学肥料・農薬の投与といった，高コスト型の管理が必要であったため，多数の小農はこれを限定的に導入するにとどまった。また高収量品種は食味面で劣ることから，米輸出国タイでは導入に慎重であった。

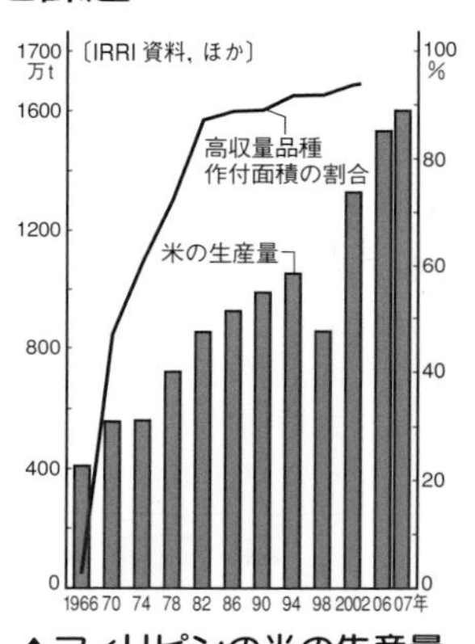

▲フィリピンの米の生産量，高収量品種の割合

9 アジアの集約的畑作での灌漑の進展

乾季は水さえ確保できれば，ほかの条件は農業生産に好適である。そのため，アジアの集約的畑作農業地域においても，灌漑を導入し乾季に高い生産量をあげる地域が現れた。インドでは，稲作地域よりも小麦栽培地域で灌漑の普及が進み，土地生産性が向上している。しかし，灌漑の普及は地域により異なり，導入した地域でも末端の水管理が不十分であるなど，課題も残っている。

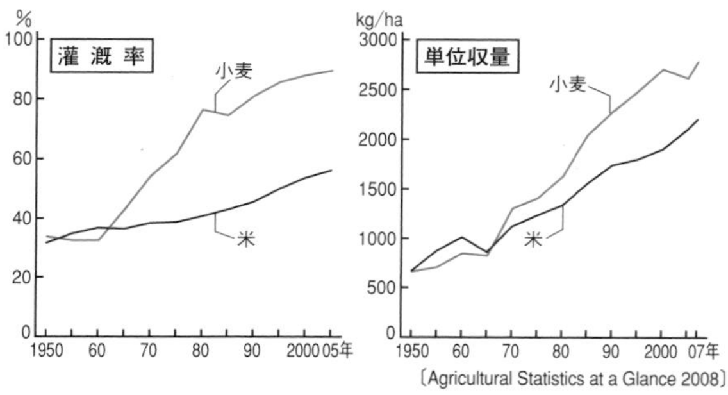

▲インドの小麦と米の栽培地の灌漑率と単位収量の変化

4 商業的農業

① 商業的農業の分布

アメリカ北部太平洋岸
セントラルヴァレー
五大湖周辺
アメリカ中部
アメリカ東部
フロリダ半島
カリフォルニア南部
ヨーロッパ北部
地中海沿岸
北回帰線
赤道
オレンジ川上流部
南アフリカ南部
南回帰線
パンパ
チリ中部
タスマン海沿岸
ニュージーランド
混合農業
酪農
園芸農業
地中海式農業
〔Schweizer Weltatlas，ほか〕

用語　商業的農業

販売を目的とした農産物を生産する農業。都市の発達により農業以外の産業への就業が増え，農産物需要が高まることで発達した。市場からの距離や自然環境に適合した農産物が専門的に栽培される。

② 商業的農業の発展

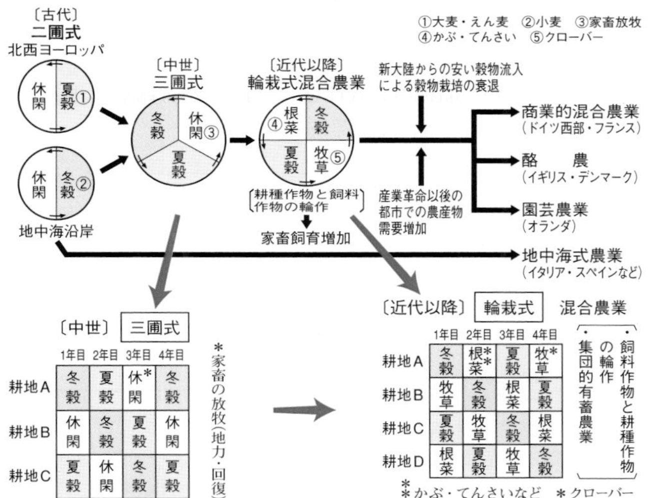

〔中世〕三圃式

	1年目	2年目	3年目	4年目
耕地A	冬穀	夏穀	休閑*	冬穀
耕地B	休閑	冬穀	夏穀	休閑
耕地C	夏穀	休閑	冬穀	夏穀

*家畜の放牧（地力回復）

〔近代以降〕輪栽式　混合農業

	1年目	2年目	3年目	4年目
耕地A	冬穀	根菜**	夏穀	牧草*
耕地B	牧草	冬穀	根菜	夏穀
耕地C	夏穀	牧草	冬穀	根菜
耕地D	根菜	夏穀	牧草	冬穀

・飼料作物と耕種作物の輪作
・集団的有畜農業

**かぶ・てんさいなど　*クローバー

▲二圃式から発展したヨーロッパの農業

古代は，小麦・大麦・えん麦の栽培の後を休閑にする二圃式が基本であった。中世期に，年間を通じて降水が見込めるアルプス以北で発達した三圃式農業では，集落近くの耕地は3区分され冬穀作（小麦）・夏穀作（大麦）・休閑と3年で利用を一巡させ，休閑地や集落から離れた放牧地では羊や豚などの共同放牧が行われた。これが**混合農業**のもとである。のちに穀物以外の農畜産物の需要が増えると，**酪農**，**園芸農業**が分化し，混合農業も商業的性格を強めた。

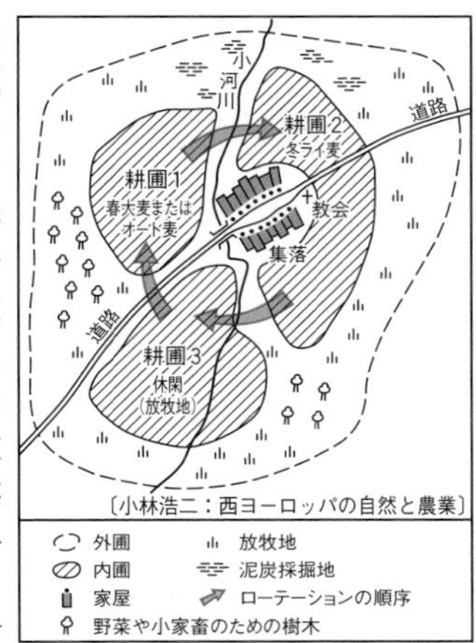

〔小林浩二：西ヨーロッパの自然と農業〕

▲デンマークの三圃式農業（16世紀）

コラム　混合農業をささえた根菜類とクローバー

三圃式農業と混合農業の違いは休閑の有無にある。フランス北部からオランダ南部の地域で発達した混合農業では，休閑のかわりに**根菜類**や**クローバー**が植えられた。これらは家畜の飼料として利用されるほか，根菜類は土壌を深く耕す役割，クローバーなどのマメ科植物は，根粒菌による窒素固定で土地の肥沃度を保つ役割を果たした。

③ ヨーロッパの商業的農業

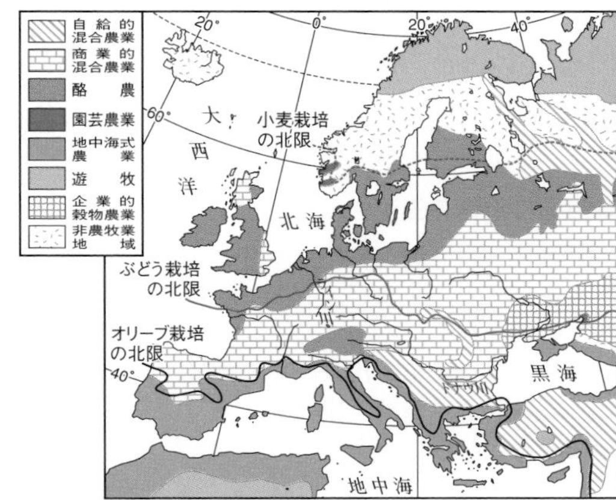

▲ヨーロッパの農業区分

ヨーロッパの農業は，気候や市場からの距離などの条件によって異なる形態をとる。気候の影響では，アルプス山脈を境に南が地中海式農業，北が混合農業・酪農に大別され，農耕が難しい極圏地域では遊牧もみられる。また，都市部などの市場が比較的近い地域では，園芸農業や商業的混合農業が発達し，東ヨーロッパの農村地域などでは自給的な混合農業がみられる。

④ 混合農業

用語　混合農業

食用の麦類(小麦・ライ麦など)・根菜類(じゃがいも・てんさいなど)・飼料作物(えん麦・とうもろこし・牧草など)の栽培と，肉用家畜の飼育を組み合わせた農業形態。西ヨーロッパでは集約的生産で商業的，東ヨーロッパでは自給的生産が中心である。

(1) ドイツの混合農業地帯

ドイツのボン近郊では，ヨーロッパの混合農業の典型的な例がみられる。集落に隣接した耕地を細かく区切って，小麦・ライ麦・じゃがいも・クローバーなど，混合農業に特徴的な作物が栽培されている。

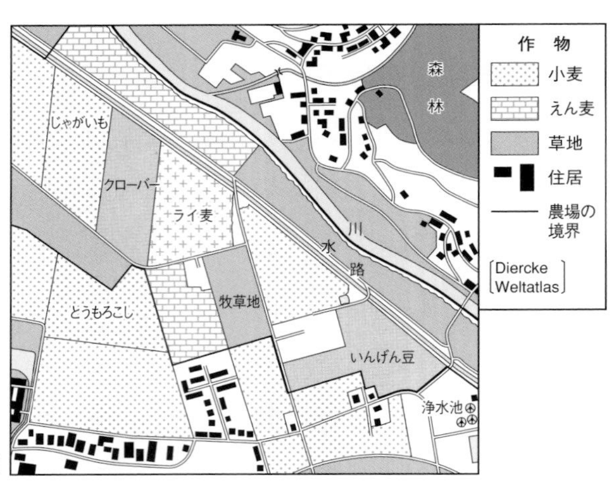

▶ボン近郊の農業地域の土地利用

(2) 混合農業地域で栽培される作物

作物名	栽培条件	用途
小麦	冷温帯性の気候に適する。	パン，パスタ
大麦	寒冷地・乾燥地にも適する。	飼料，押麦，ビール
えん麦	冷涼湿潤気候に適する。	オートミール，飼料
ライ麦	寒冷地でも育つ。	黒パン，飼料
てんさい	冷温帯性の気候に適する。	砂糖，飼料

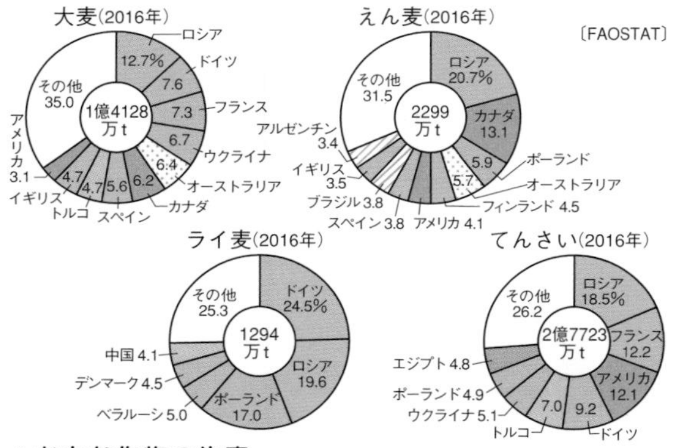

▲おもな作物の生産

ヨーロッパの混合農業で生産される穀物は麦類が多く，小麦やライ麦は主食用，大麦やえん麦はおもに飼料用として利用されている。てんさいも亜寒帯(冷帯)地方で栽培される混合農業の代表的な作物で，ビート，砂糖大根ともよばれる。砂糖の原料となるほか，しぼりかすや葉，糖度の低い品種は家畜の飼料として利用される。

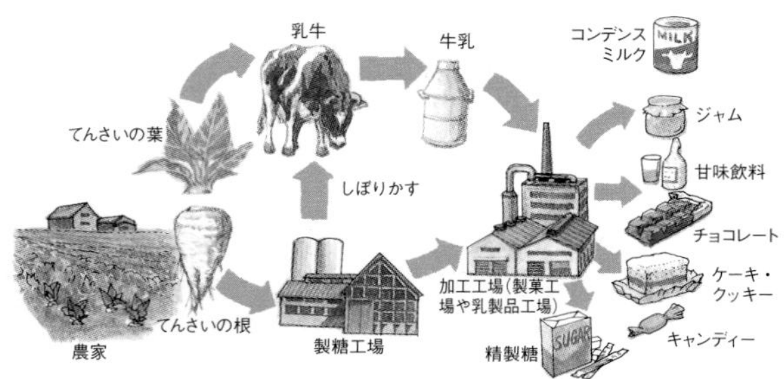

▲てんさいの利用

(3) 豚の分布と飼育頭数

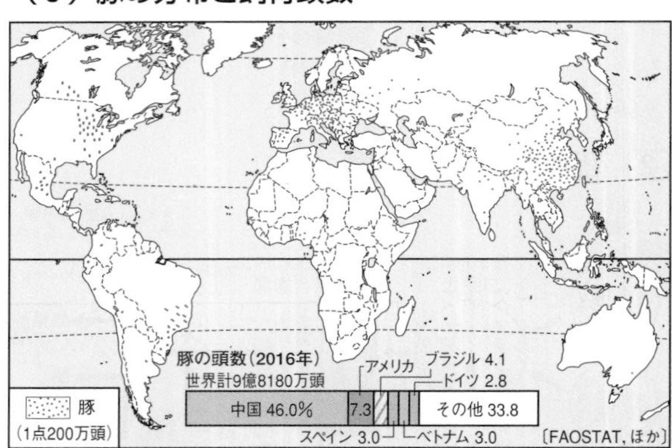

豚の飼育地域は，食文化や人口規模とも関連していて，アジアに多い。しかし，アメリカのコーンベルト(→p.89)やヨーロッパなどの混合農業地帯でも重要な家畜として飼育され，その頭数は多い。

コラム　豚の種類

世界で飼育される豚の品種は100種以上にのぼり，脂肪の厚さや筋繊維の柔らかさなどから用途により分類される。代表的なものとして精肉用の**バークシャー種**(黒豚)，ベーコンなど加工用の**ヨークシャー種**がある。

(4) 世界の混合農業のまとめ

おもな地域	特徴
ヨーロッパ(ドイツ・フランスが中心)	・やや内陸の丘陵性地形に発達。年間を通じ平均した降水。冬作物の栽培も可能。 ・ドイツ…家族経営が主体。 ・フランス…パリ盆地以北。100ha以上の企業的経営も多い。
アメリカ(オハイオ州・インディアナ州・イリノイ州・アイオワ州が中心)	・とうもろこしや大豆を組み込む。とうもろこしで豚・肉牛を肥育。 ・夏平均気温20℃以上，肥沃な**プレーリー土**，無霜期間140日以上の**コーンベルト**。 ・20〜80haの経営農家が多く，家族労働中心で機械化，企業化も進む。
アルゼンチン	・年降水量550mm線以東の湿潤**パンパ**に発達。 ・とうもろこしや**アルファルファ**で肉牛を飼育。

5 酪農

用語　酪農

飼料作物を栽培して乳牛を飼育し，生乳・バター・チーズなどの乳製品を生産する農業形態。冷涼で大消費地に近い地域で発達することが多い。

（1）牛乳，チーズ，バターの生産

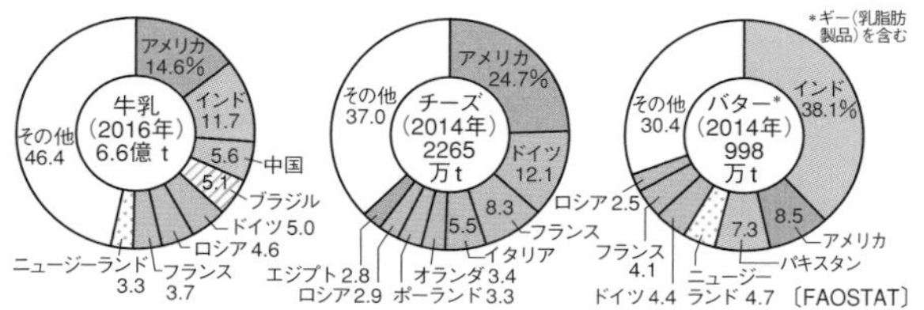

牛乳や乳製品の生産はアメリカやヨーロッパで多い。大都市に近い地域ではそのまま飲用の牛乳として消費される割合が高いが，消費地から遠い地域では保存のきく乳製品に加工され，各地の食文化をささえている。

（2）デンマークの農業　参照 p.15③

19世紀に戦争でユーラン半島南部の肥沃(ひよく)地を失ったデンマークは，19世紀末から，農地改革による自作農の創出，穀物生産から付加価値の高い酪製品生産への転換，生産・加工・販売を担う農業協同組合の育成，西部に多い荒地（ヒースランド）の土壌改良などを行った。その結果，ヨーロッパ有数の酪製品・畜産物輸出国に成長した。近年では，西部はもちろん，肥沃な氷河堆積物(たいせきぶつ)が残されている東部でも，飼料用作物やてんさいの生産と豚・鶏の飼育の組み合わせから，酪農への専門化が進んでいる。

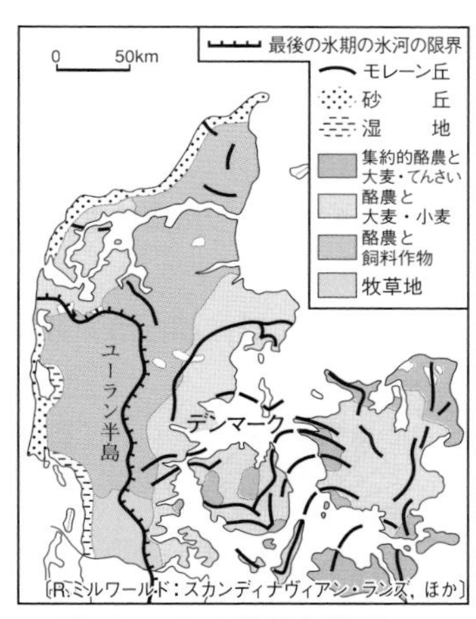

▲デンマークの農業と地形

（3）アメリカの酪農地帯の変化

アメリカの酪農はヨーロッパからの移民により東部ではじまり，都市の成長や輸送手段の発達とともに西へ広がった。五大湖周辺は都市への近接性を背景に牛乳生産が中心で，家族経営規模で営まれる。一方，中部ではバター，西部ではチーズといった加工品生産も多く，経営規模が大きい。

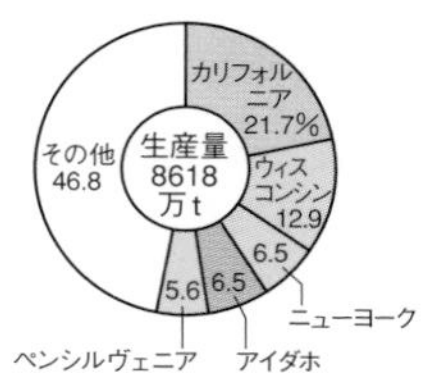

▲アメリカの州別牛乳生産

（4）スイスの移牧

スイスなどではアルプスの山腹斜面を利用して，垂直的に移動する**移牧**とよばれる牧畜が営まれている。冬は谷底の**本村**で乳牛を舎飼いし，夏は暑さを避けるため高地の自然草地（**アルプ**）で放牧する。

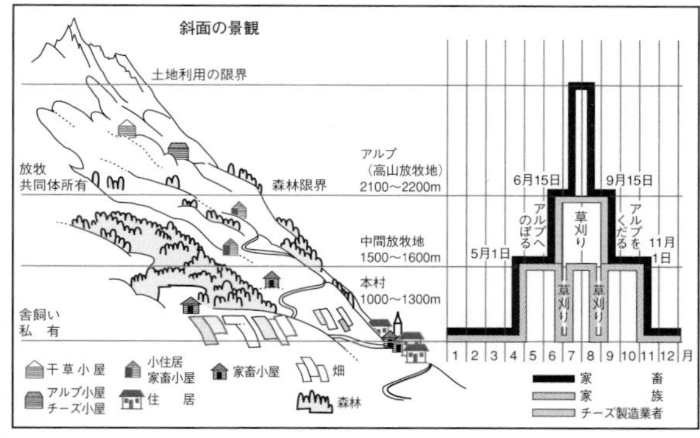

▲アルプを利用した移牧

用語　アルプと本村農地

アルプ：森林限界線以上にある自然草地。村や組合などにより共同所有され，乳牛がここで夏の3か月間ほど放牧されることが多い。得られた乳は，共同の山小屋（シャレー）で製品に加工される。

本村農地：河谷部や日あたりのよい緩傾斜(かんけいしゃ)にある集落周辺の農地。かつては牧草のほかに自給用として小麦やじゃがいもが栽培されていたが，穀物の輸入により牧草生産が多くなった。外部からの交通の便がよく，観光産業用地への転換も多い。

（5）世界の酪農のまとめ

	自然条件	社会的条件	おもな作物・家畜	栽培・生産の特色	おもな地域
ヨーロッパ	大陸氷河の影響を受けた低地とアルプス山脈。年間平均した降水。冷涼だが牧草の生育に適する。	労働生産性・土地生産性が高い。消費水準の高い都市向けの商品作物を生産。	牧草・大麦・えん麦など。牧草地には放牧地と採草地がある。家畜は乳牛中心。	チーズ・バター・生乳などの乳製品。牧草や家畜の品種改良などの技術発達（アルプスでは移牧）。	デンマーク，オランダ，イギリス，スイスなど。
アメリカ	冷涼・湿潤な気候，氷食を受けたやせた土壌。牧草・飼料作物の生育には適する。	北東岸の大都市市場。内陸部から安い商品が供給されるにつれ，穀物栽培の割合が低下。	酪農地帯東部では牛乳，中部ではバター，西部ではチーズの生産が多い。	50ha以上の経営。ミルカーなど機械の普及。舎外飼育は4～10月（半年）。	ニューイングランド地方，五大湖西岸（ウィスコンシン州など），カリフォルニア州
オーストラリア	南東部海岸のCfa，Cfb地域。	消費地である大都市に近い。日本やアメリカへの輸出もさかん。	牛乳・バター・チーズなど酪製品。	100～150haの農場で80～100頭の乳牛を，年間を通じて戸外で飼育。	南東部のバス海峡に面する地域が中心。

6 園芸農業

用語 園芸農業

資本や労働力，高度な技術を投入して野菜，果樹，花卉(かき)などを集約的に栽培する農業。都市への人口集中と生活水準の向上に伴って発達した。古くは消費地周辺に**近郊農業**として発達したが，交通手段の発達とともに，都市から遠く離れた地域で大消費地向けに大量の農産物を生産する**遠郊農業**(**輸送園芸**)も発展するようになった。

(1) オランダの園芸農業

現在のオランダの農業地域は，排水不良地の牧草地を利用した酪農地帯を中心として，近世以降に低湿地を干拓して整備された**ポルダー**や北東部の土地改良地域における混合農業地帯と，南部・北海沿岸の砂丘の内側の園芸農業地帯とに分けられる。近年，園芸農業は着実な成長をみせているが，この背景にはEUの**共通農業政策**(→p.85)により穀物や砂糖への価格支持が後退するなかで，園芸農業を拡大する農家が増えたことがある。なかでも花卉(かき)は，高度な農業技術を背景に生産の伸びも著しく，世界最大規模の花卉卸売市場を擁(よう)している。園芸作物は重要な輸出品であり，ドイツのような大消費地をはじめEU各国へ出荷される。

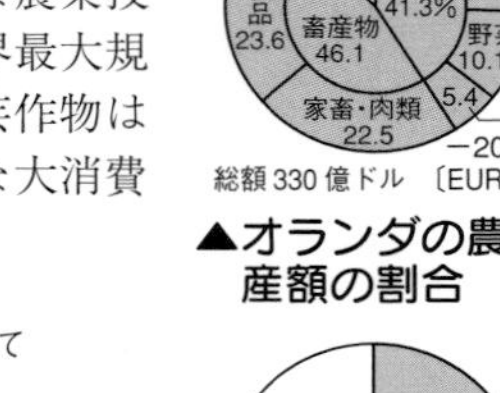

▲オランダの農業生産額の割合

▲ポルダーのしくみ

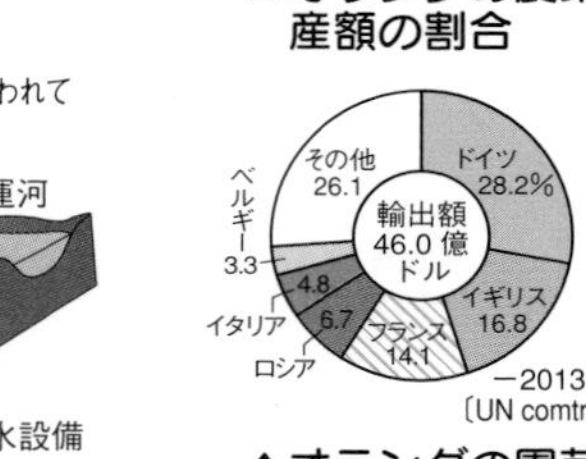

▲オランダの園芸作物の輸出先

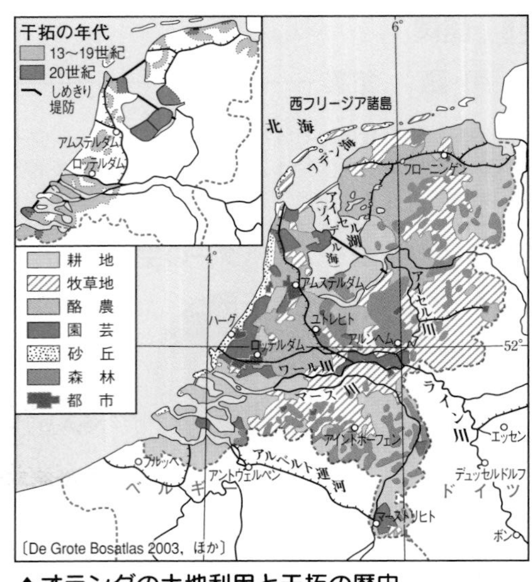

▲オランダの土地利用と干拓の歴史

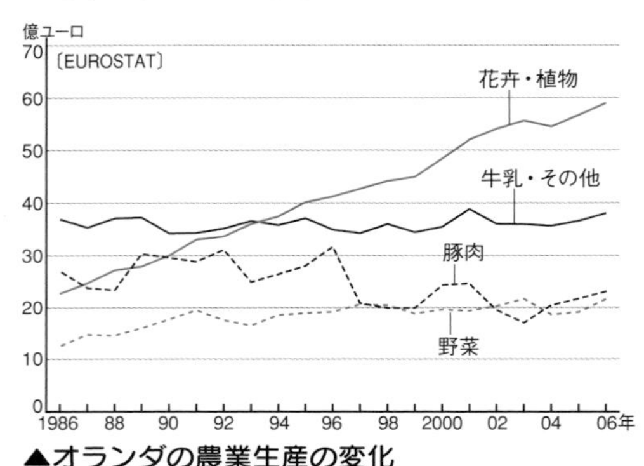

▲オランダの農業生産の変化

7 地中海式農業

用語 地中海式農業

地中海沿岸など中緯度の大陸西岸に位置する地中海性気候の地域で行われる農業。夏の乾燥に強いオリーブやコルクがし，ぶどうや柑橘(かんきつ)類などの栽培，冬季の降雨を利用した小麦栽培，ヤギや羊の飼育が行われている。

(1) 地中海沿岸地域の農業

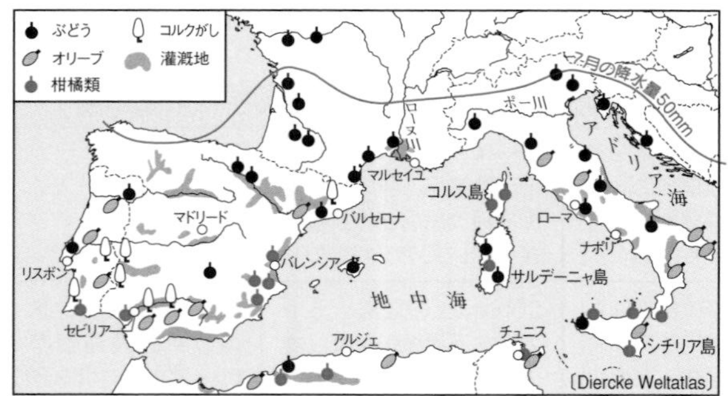

地中海沿岸では，夏の高温・乾燥に耐えられるぶどうや柑橘(かんきつ)類が重要な作物である。灌漑可能な耕地では米や野菜が集約的に栽培される。牧畜では，夏季の乾燥で牧草が不足するため，ヤギや羊の**移牧**が中心となる。

(2) オリーブ，ぶどう，オレンジの類生産

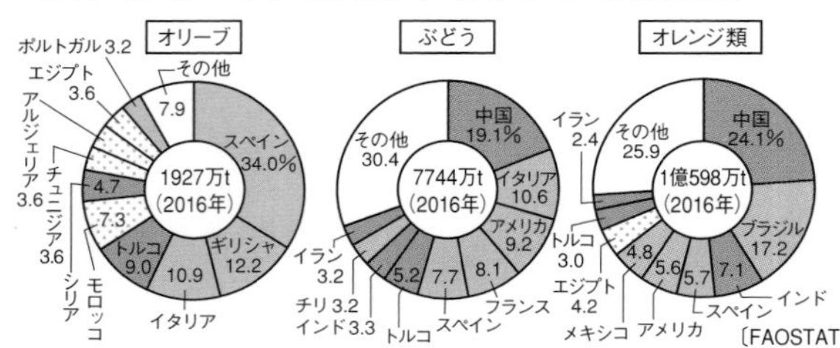

(3) 世界の地中海式農業のまとめ

おもな地域	特徴
地中海沿岸	小規模農家が多く，小麦，オリーブ，ぶどう，柑橘類などの生産が主体。イタリア南部には小作制が残存，集約的農業の育成をはばんだ。
カリフォルニア州(アメリカ)	カリフォルニアはアメリカ有数の農業州だが，比較的小規模な農園が多い。農場の作業員はメキシコなどから来た移民が多い。
南アフリカ	白人農場下での商品作物栽培が近年増加。山の斜面や谷でぶどうの栽培がさかんで，そのほとんどをワインに加工。
チリ	北半球の産地の**端境期**(はざかいき)に，りんご，ぶどう，野菜などを栽培。代表的な輸出品目となり外貨獲得に貢献。

5 企業的農業

① 企業的農業の分布

ウクライナ
ロシア南部
プレーリー西部
北回帰線
リャノ
赤道
カンポ
グランチャコ
南回帰線
南アフリカ
パンパ
パタゴニア
オーストラリア内陸部
オーストラリア南東部

企業的牧畜
企業的穀物農業
プランテーション農業

〔Schweizer Weltatlas，ほか〕

用語　企業的農業

外部から調達した資本や雇用労働力を積極的に投入し，商品である農産物を販売し，利潤を追求する農業形態。生産と販売の効率化をはかるために，単一の作物や家畜を生産することが多く，労働生産性は高い。

② 企業的穀物農業

用語　企業的穀物農業

広大な耕地で，飛行機やコンバインハーベスターなど大型の農機具や施設を利用して，小麦や とうもろこし などの穀物を栽培する農業。土地生産性は低いが，高度な機械を活用して生産するために労働生産性は高い。生産量の多さを背景に，農産物流通における発言力も高く，収益率の高い販売価格を維持しやすい。

（1）新大陸の企業的農業と旧大陸の農業の比較

	新大陸		旧大陸（ヨーロッパ）		
	アメリカ	オーストラリア	フランス	ドイツ	イギリス
自然条件	・温暖で降水量は比較的少ない。		・夏季に冷涼で降水量は少ない。		
歴史的な発展過程	・ヨーロッパから入植後，豊富な土地と少ない労働力のもとで粗放的，労働節約的な大規模機械化農業が成立。 ・畑作における穀物の専作化，大規模化の進展により穀物などの輸出型農業として発展。		・イギリスでは2度におよぶ囲い込みによって，フランスにおいては17世紀の農業不況およびこれに続く農業革命によって，規模の大きい農業の基盤が成立。 ・畑作における地力維持の観点から，畜産，穀作，飼料作物などを組み合せた有畜複合型の農業として発展。		
生産性	・機械化が進展し，高い労働生産性を誇る。		・機械化のさらなる進展と労働生産性向上の余地は残されているが，土地生産性は高い。		

（2）おもな国の農業生産活動の比較

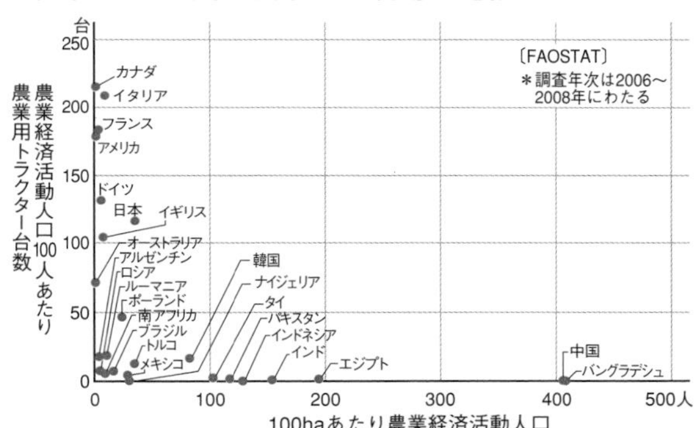

企業的農業が卓越する国では，自給的農業や家族経営的な農業が中心の国と比べて農業の機械化が進み，少ない労働力で農業が営まれ，労働生産性が高い。

（3）世界の企業的穀物農業のまとめ

おもな地域	自然条件	特　徴
アメリカ	**プレーリー**の肥沃な黒色土。年降水量500～600mm。	北部は春小麦，南部は冬小麦の生産が中心。在庫管理を行い，政府が支持価格を設定することで生産を支援。
カナダ	アメリカから続く肥沃な黒色土。年降水量250～500mm。	春小麦が中心。耐寒品種の**ガーネット種**が開発されて，小麦地帯が北方に広がる。
アルゼンチン	年降水量550mm以上の**湿潤パンパ**が中心。	北半球との収穫時期の差を利用した小麦栽培。近年では遺伝子組み換えの大豆栽培もさかん。
オーストラリア	マリー川流域が中心。	**スノーウィーマウンテンズ計画**（→p.216）で，降水量が少ないマリー川流域が灌漑され，小麦や米の生産がさかん。

3 企業的牧畜業

用語　企業的牧畜業

土地や資本を大規模に投入して効率的に経営する畜産。**冷凍船**の普及や鉄道など交通機関の発達によって，南半球から北半球への輸出が可能となるなど，市場から離れた地域での生産が飛躍的に拡大した。穀物飼料を投与して牛を効率的かつ大量に肥育する**フィードロット**方式などが代表的。

（1）牛・豚・羊の飼育と流通

畜産では，おもに国内自給用に生産される地域と，企業的経営のもと輸出を指向する地域とがある。中国は家畜の飼養頭数は多いが，もっぱら国内需要向けである。世界的に流通する畜産物は，新大陸での生産が主である。

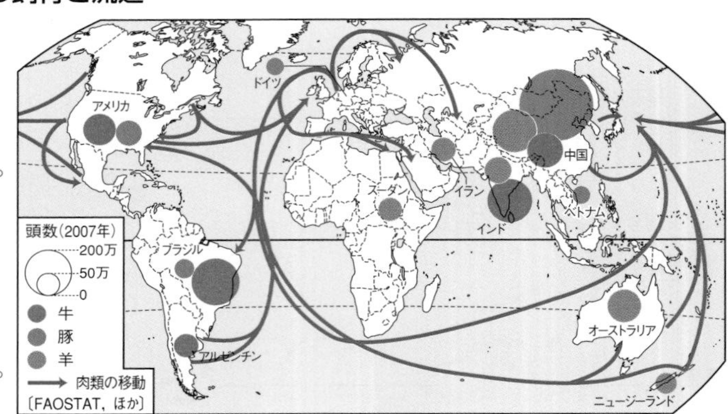

（2）穀物を多用する家畜の飼育

畜産は大量の穀物を飼料として消費する部門でもあり，1kgの肉を生産するのに，それを上回るだけの穀物飼料が必要である。アメリカのとうもろこしの約半分が飼料用であるなど，すでに多くの資源が家畜の飼料にあてられている。今後，経済発展に伴い世界の肉需要が高まると，さらに多くの資源が飼料生産に投じられるとみられる。畜産部門に向けられる非難の一つは，これらの飼料用の資源を人間の食料生産にあてた場合に，世界の食料危機を緩和できる，というものである。参照 p.190

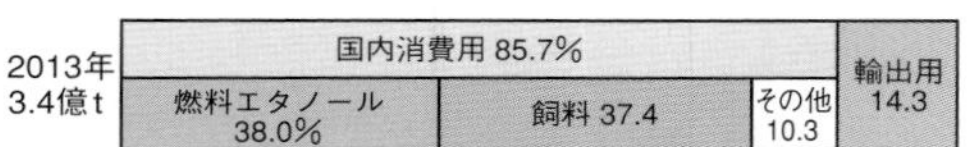

▲アメリカのとうもろこし需要の内訳

トピック　狂牛病問題

狂牛病とは牛海綿状脳症（BSE）の俗称。ヒトの変異型クロイツフェルト・ヤコブ病の発症は，BSEに感染した牛の肉や牛乳の摂取と関連があるとされている。日本でも2001年にBSE牛の発生が確認されたのを機に，牛の全頭検査の実施と個体管理・履歴追跡体制（トレーサビリティ）を確立し，安全確保に努めた。2003年にアメリカでBSE牛が発見されると，アメリカ産牛肉の輸入は禁止された。2005年には禁輸措置が解除されたが，全頭検査の未実施，特定危険部位の混入事例などを機に，アメリカの検査・検疫体制に対する不信感が広まった。

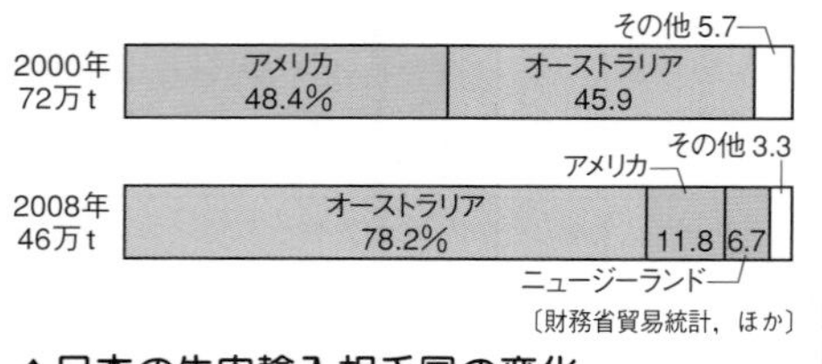

▲日本の牛肉輸入相手国の変化

（3）フィードロットの位置づけ

参照 p.90 6

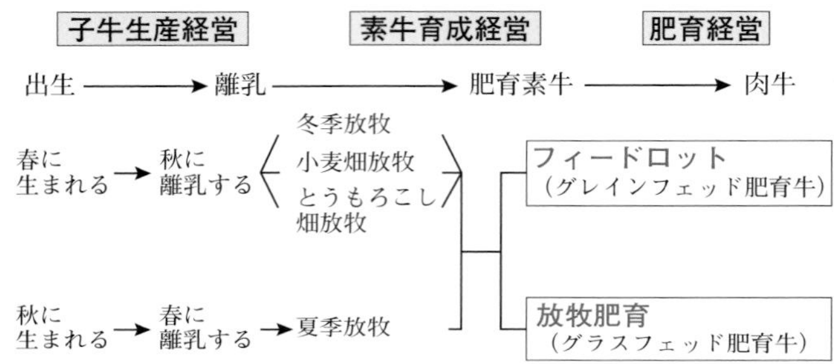

肉用牛の飼養は，子牛の生産・育成を行う繁殖経営と，子牛を牛肉として出荷するまで育成する肥育経営に大別される。肥育経営には，大量の飼料を必要とする。降雨が十分で牧草にめぐまれた地域では，**放牧**で対応できる。乾燥地域では，穀物飼料を人工的に投与する，**フィードロット**とよばれる経営方式が展開した。その効率的な生産は高い競争力を生んでいる。

（4）世界の企業的牧畜業のまとめ

<table>
<tr><th colspan="2">国 名</th><th>自 然</th><th>社会条件</th><th colspan="2">家 畜</th></tr>
<tr><td colspan="2">アメリカ</td><td>グレートプレーンズから南西部の帯水層。</td><td>日本向けの生産，鉄道の開通による西進。</td><td colspan="2">牛・羊。肉牛生産は繁殖，肥育，加工に専門分化。穀物飼料の投与による肥育。</td></tr>
<tr><td colspan="2">アルゼンチン</td><td>年降水量550mm以上の湿潤パンパ。</td><td>ヨーロッパ向けの生産，冷凍船の開発で発展。</td><td colspan="2">東部で牛，西部・パタゴニアで羊。アルファルファを飼料に，とうもろこしも加わる。</td></tr>
<tr><td colspan="2">ブラジル</td><td>サバナ地域（カンポ）。</td><td>ヨーロッパ向けの生産。</td><td colspan="2">牛，豚。大牧場で多数の労働者が飼育。</td></tr>
<tr><td rowspan="3">オーストラリア</td><td>集約的牧羊</td><td>年降水量500mm前後の地域。</td><td rowspan="3">シドニー中心に開拓がはじまる。東部沿岸の山脈を越えて内陸部へ進出。南部の開拓者はスコーター，北部の開拓者はオーバーランダーとよばれる。</td><td rowspan="2">羊毛種のメリノが中心。肉用種や兼用種も増えてきた。</td><td>牧草・小麦・休閑の3年輪作，2年輪作。</td></tr>
<tr><td>粗放的牧羊</td><td>年降水量250～500mmの地域。</td><td>自然草利用，1haあたり0.5頭以下。</td></tr>
<tr><td>牧 牛</td><td>年降水量500mm以上の地域。</td><td colspan="2">肉用牛。自然草利用の粗放的飼育。近年南東部で肥育が増える。</td></tr>
</table>

4 プランテーション農業

用語　プランテーション農業

商品作物の栽培に大規模工場生産の方式を取り入れた農業。熱帯・亜熱帯地域の広大な農地に大量の資本を投入し，安価な労働力を使って単一の商品作物を大量に栽培する。

（1）おもな商品作物の分布

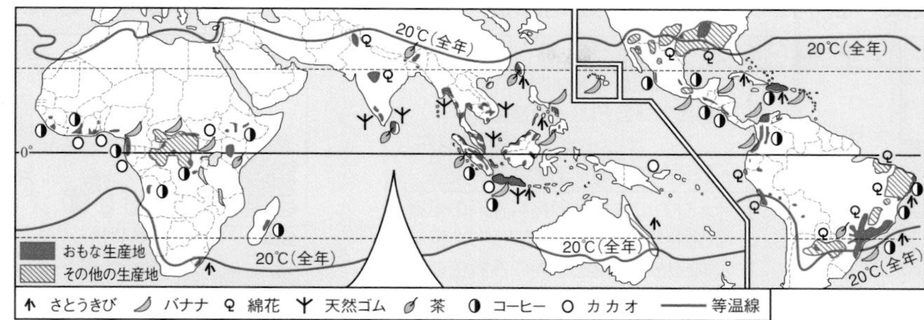

プランテーション農業は，欧米諸国による植民地支配の過程ではじまり，独立後も主要な輸出部門となった例が多い。一方で，ひとたび生産・流通が停滞すれば経済全体が影響を受ける，**モノカルチャー経済**とよばれる経済構造を示す。

（2）プランテーション農業の歴史

16世紀　ブラジル北東部でさとうきび生産のプランテーションがはじまる。
（大土地を所有する家族が，黒人奴隷を労働力として使用し，高価な熱帯商品作物を生産する農園を経営する農業形態として成立。）

↓

カリブ海周辺地域，アメリカ南部(コットンベルト)に広がる。

↓

19世紀　ヨーロッパの産業革命で熱帯商品作物の需要が増大。他方，奴隷貿易の廃止や独立戦争などで，中南米のプランテーション生産は停滞。

↓

19世紀後半　蒸気船の発達やスエズ運河の開通などにより，アジア・アフリカで熱帯商品作物生産が拡大。現地の小農以外に，近代的プランテーションによる生産。
（欧米資本で，現地の住民や移民など安い賃金の労働力を利用する企業的な大農園が，海上輸送に有利な沿岸部に集中して発達。）

↓

第二次世界大戦後　アジア・アフリカの植民地の独立によって，欧米資本のプランテーションは国有化されたり活動が制限されたりする。小規模に分割されて自作農の所有や，公共企業・現地資本による経営に変化。

（3）コーヒー豆の生産とその変化

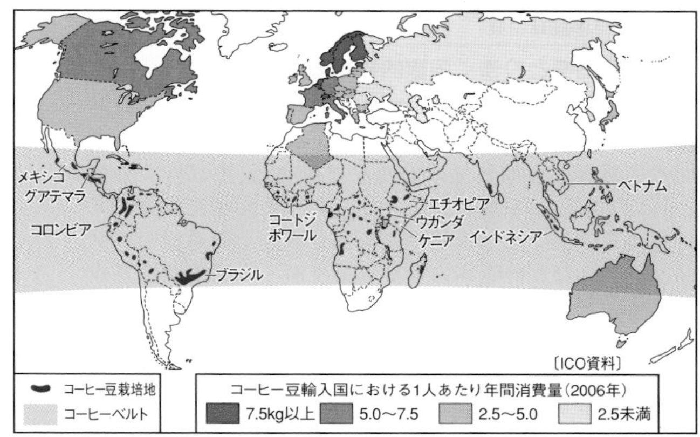

▲コーヒー豆の生産地と消費地

コーヒー豆は南緯・北緯約25度までの地域(コーヒーベルト)で生産されるのに対し，販売や消費は先進国に集中する。低い収益性，霜害や病害虫の発生，政治・経済不安などにより生産が変動する。近年は高品質なアラビカ種の大産地ブラジルと，安価なロブスタ種をおもに生産するベトナムが，主要な産地となっている。

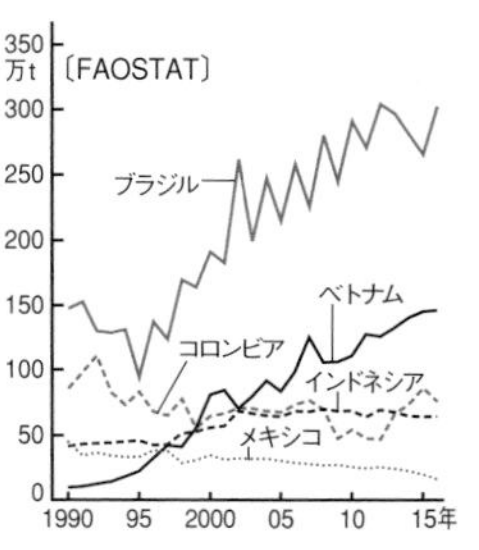

▲コーヒー豆生産の推移

（4）おもな商品作物のまとめ

	さとうきび	コーヒー豆	カカオ豆	茶	天然ゴム	バナナ
気候条件	年平均気温20℃以上，年降水量1000mm以上，多雨かつ収穫期に乾燥すること	年平均気温16〜22℃，年降水量1000〜3000mm，収穫期に乾燥すること，霜がおりないところ	年平均気温24〜28℃，年降水量2000mm以上，実が落下しやすいため強風地帯は不適	年平均気温14℃以上，年降水量2000mm以上	年平均気温26℃以上，年降水量2000mm以上(熱帯雨林地域)	年平均気温21℃以上，最高気温が38℃以下，年降水量900mm以上
適地	熱帯モンスーン地域とサバナ地域	熱帯の高原，丘陵地ブラジルのテラローシャ地域，火成岩質の土壌	排水のよいところ，防風・日かげ用に「母の木」を植える	排水のよい丘陵地・高地，亜熱帯・温帯の丘陵地	砂質の厚い土壌	赤道を中心とした北緯30度〜南緯30度までの一帯，排水のよいところ
生産国(2016年)〔FAOSTAT〕	18.9億t ブラジル 40.7% インド 18.4 中国 6.5 タイ 4.6 パキスタン 3.5 メキシコ 3.0 その他 23.3	922万t　＊生豆 ブラジル 32.7% ベトナム 15.8 コロンビア 8.1 インドネシア 6.9 エチオピア 5.1 ホンジュラス 3.9 インド 3.8 ペルー 3.0 その他 20.7	447万t コートジボワール 33.0% ガーナ 19.2 インドネシア 14.7 カメルーン 6.5 ナイジェリア 5.3 ブラジル 4.8 エクアドル 4.0 その他 12.5	595万t 中国 40.3% インド 21.0 ケニア 7.9 スリランカ 5.9 トルコ 4.1 ベトナム 4.0 その他 16.8	1315万t タイ 34.0% インドネシア 24.0 ベトナム 7.9 インド 7.2 中国 6.2 マレーシア 5.1 その他 15.6	1.1億t インド 25.7% 中国 11.5 インドネシア 6.2 ブラジル 6.0 エクアドル 5.8 フィリピン 5.1 その他 39.7

6 アグリビジネスの展開

① 農業・食料システムの歴史的展開

時期	中心	特徴
第二次世界大戦前	イギリス	グローバルな分業体制 ・植民地→欧州：一次産品（小麦，食肉，原材料） ・欧州→植民地：工業製品
1950年代～70年代	アメリカ	アメリカによる世界食料経済の組織化（食料援助にはじまるアメリカ農業の輸出依存，第三世界の食料依存体制の深化），各国では農業保護政策，畜産複合体，加工食品複合体などのアグリビジネス資本登場
1980年代～	中心が多極化，国際機関（GATT-WTO，IMF），多国籍企業	国際貿易ルールが国内農業政策に対しても強い影響力をもつ，多国籍企業による再編（農産物の工業過程による代替），農業政策は保護と規制緩和の相反する方向へ

▲農業部門をとりまく国際的枠組みの変化

農業・食料をとり巻く国際的な枠組みは，歴史的に上表のように展開してきた。第二次世界大戦以前は，宗主国の工業製品と植民地の安価な農産物（天然ゴム，茶など）との貿易を基礎としていた。第二次世界大戦後，アメリカを中心とした枠組みに再編され，その過程でアグリビジネスなどの資本による大量生産・大量消費の方式が世界的に広まる。しかし，その後のアメリカの地位低下とともに中心は国際機関に移り，そこで組み立てられた国際貿易のルールが，国内の農業のあり方に対しても影響力をもつようになってきた。

② アグリビジネスと穀物メジャー

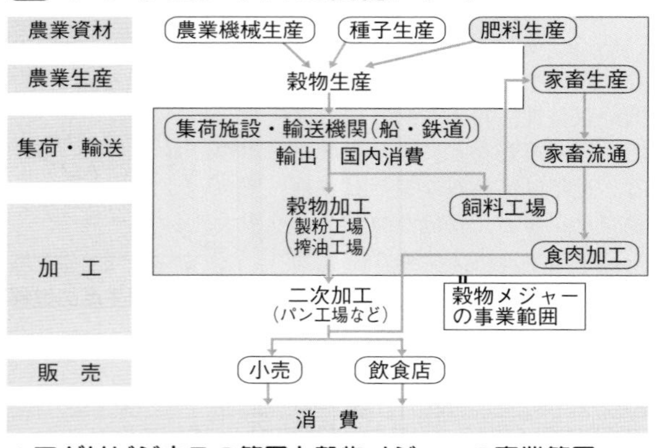

▲アグリビジネスの範囲と穀物メジャーの事業範囲

アグリビジネス（農業関連産業）とは，農産物の生産段階だけでなく流通・加工・販売といった第2次産業・第3次産業を組み合わせた経済活動をさす。その巨大な形態である**穀物メジャー**とは，穀物の生産地と集散地を結ぶ効率的な流通網を築き，販売や加工などを大規模に行い，輸出市場を支配する多国籍企業のことである。なお，バイオテクノロジー企業は穀物メジャーの直接の傘下にはないものの，同分野の代表的な企業と穀物メジャーの間には強力な提携関係が築かれている。

③ 穀物メジャーがにぎるアメリカの穀物流通

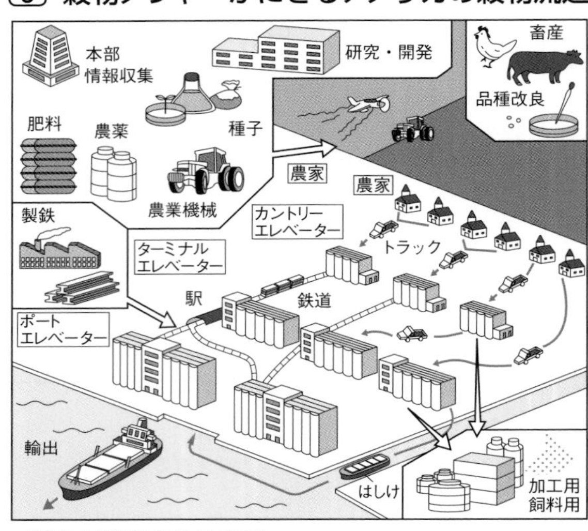

▲穀物が輸出されるまで

穀物メジャーは生産地や集散地，港湾に貯蔵倉庫（カントリーエレベーター，リバーサイドエレベーターなど）を所有し，トラック，鉄道，輸送船で穀物を港湾に運ぶ。その後，穀物は，港湾に設置されたポートエレベーターからベルトコンベアによって大量に外航船に積み出され，世界各地に輸出される。

④ 穀物メジャーの再編

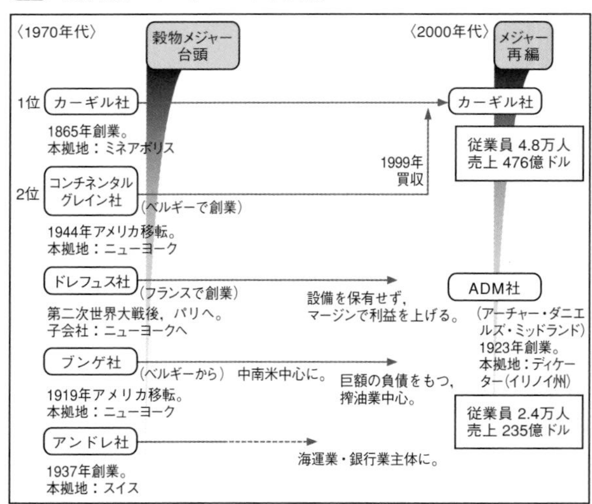

▲二大メジャーへと変化した穀物メジャー

穀物メジャーは1970年代には「ビッグファイブ」とよばれる5社をさしていたが，穀物メジャー間の再編が進み，現在では，カーギルとADMの2社による寡占状態となっている。カーギルはアメリカ中西部の穀物商社から出発し，企業買収や合併を繰り返し，経営の多角化を進めてきた。一方，ADMは穀物や食品の加工部門で影響力のある企業であったが，ドレフュスを合併するなどして穀物メジャーとして台頭してきた。

5 遺伝子組み換え作物の展開

遺伝子組み換え作物（GM作物：Genetically Modified Organism）とは，遺伝子をほかの生物から取り出して組み込むことにより，農業生産上有用な性質を加えた作物のことで，品種改良よりも早く確実な品種開発ができる利点がある。GM作物は現在も急速に拡大しているが，それはいまのところはアメリカ・ブラジル・アルゼンチンなどの国々に限られ，GM作物の本格的な栽培に慎重な国も多い。代表的なGM作物としては大豆，とうもろこし，綿花があげられる。特性では，除草剤耐性，害虫耐性のように，農薬使用を減らしコスト削減をはかる，生産現場の効率化をめざした開発が多い。一方で，特定の成分の増大または減少という，消費者のメリットとなる品質の改良は，現在も途上にある。

▲遺伝子組み換え作物の導入国とおもな国の栽培面積

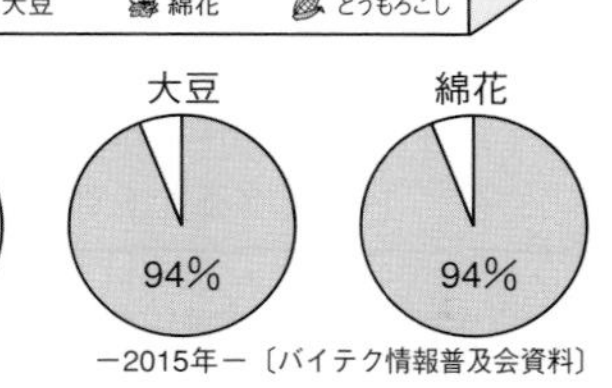

▶アメリカの遺伝子組み換え品種の作付割合

－2015年－〔バイテク情報普及会資料〕

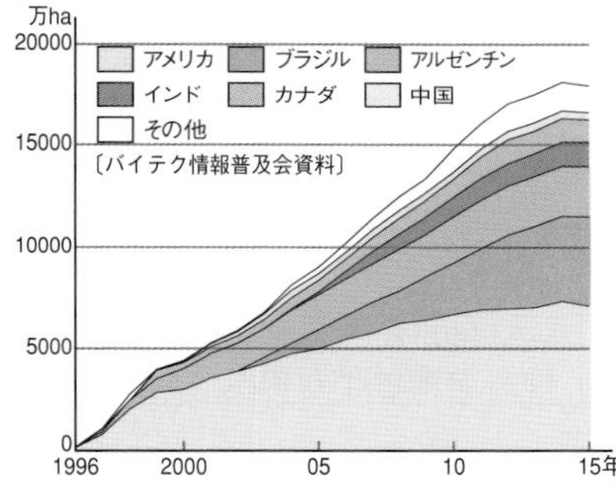

▲遺伝子組み換え作物栽培面積の推移

トピック 遺伝子組み換え作物の普及と日本の流通への影響

GM作物の急速な拡大は，大豆やとうもろこしの多くをアメリカからの輸入に頼る日本にも影響を与えた。日本では1998年ごろから，GM作物に対し安全性や環境への影響についての不安が消費者の間で高まったのを受けて，とうふやみそ，コーンスナック菓子などの特定の食品について，2001年4月からGM作物の使用の有無の表示が義務化された。対象となった食品ではその後，非組み換え原料の使用が一般化したため，原料の調達先をアメリカ以外に求めたり，非組み換え原料の分別流通を確立するなどの対応を迫られた。しかし食用油や飼料など，表示義務の対象でない食品については，こうした動きは顕著ではない。

6 商品作物の産地の変化

参照 p.78 4

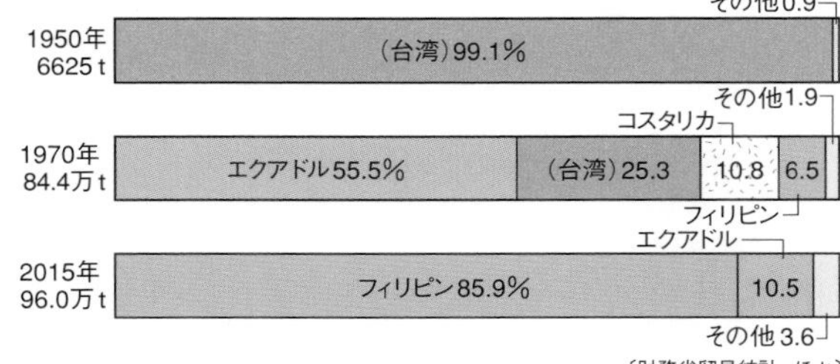

▲日本のバナナ輸入相手国の変化

日本でバナナの流通がはじまった20世紀はじめ，主要な産地は台湾であった。1963年に輸入が自由化し輸入量が急増すると，小規模個人農家による生産が多く，台風の被害を受ける台湾に代わり，エクアドル産の輸入が増加する。しかし1970年代半ばには，フィリピン産が市場を席巻し現在にいたる。これは1960年代末から，アメリカの多国籍企業や日本の商社が，ミンダナオ島で，日本市場向けに大規模なバナナ栽培を開始したからであった。こうした多国籍企業と商社によるバナナ市場独占の歴史や，現地労働者の管理のあり方への批判は，日本の消費者運動や社会運動にも大きな影響を与えてきた。

7 急増するラテンアメリカでの大豆栽培

大豆の生産・輸出ではアメリカが長く圧倒的な地位にあったが，1990年代以降はブラジル・アルゼンチンを中心とするラテンアメリカ諸国での増加が著しい。同地域で1970年代以降に大豆が増加した要因は，世界的な大豆需要の伸びや，外貨節約を企図した政府による国内生産の奨励に加え，熱帯に適した種子の開発，ブラジルのセラードやアルゼンチンのパンパ北部・北西部のような広大な未開地での農業開発，道路と河川からなる輸送ルートの整備などが挙げられる。現在，同地域には穀物メジャーが参入し，GM大豆の提供，農家からの大豆の購入と搾油工場の操業，農業機械や肥料の販売，農家への融資など，さまざまな段階で深く関与している。

参照 p.72 2

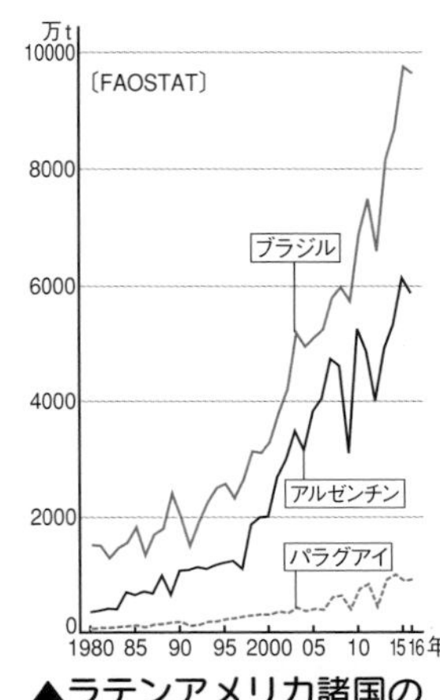

▲ラテンアメリカ諸国の大豆生産の推移

1　米

用語　米

気候条件：生育期間中に高温多雨。平均気温17～18℃で，日中は25℃以上が適する。年降水量1000mm以上。
土地条件：平坦な沖積地で，多量の水を得られるところ。
カロリー：350kcal/100g
原産地：長江中・下流域説が有力（かつては中国のユンナン省説が有力）
栽培の特徴：連作が可能。
生産の特徴：おもにアジアで生産され，地域内での消費が多い。そのため貿易量が小麦と比べると少ない。

① 米の生産とその変化

世界各地での高収量品種の導入や灌漑施設などの整備によって，1960年代以降，米の単位収量・生産量がともに増加した。しかし大規模な開田も減少し，肥料や農薬の投与による単位収量の伸びも限界に近づいているといわれている。

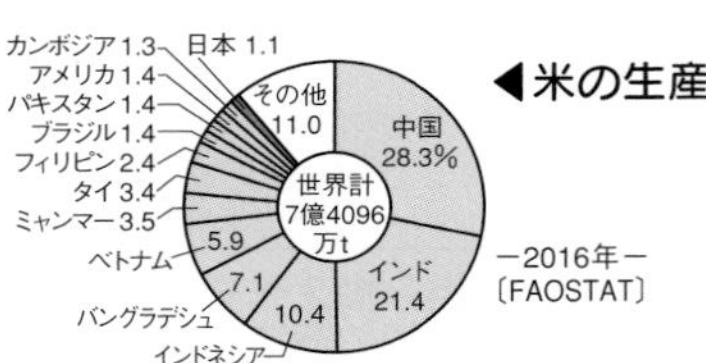

◀米の生産

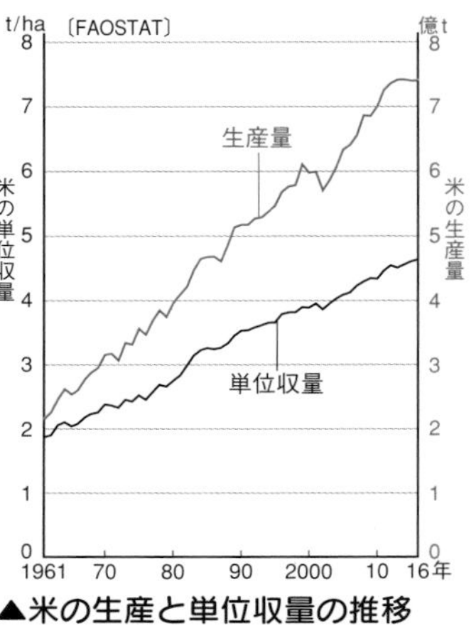

▲米の生産と単位収量の推移

② おもな国の米の単位収量

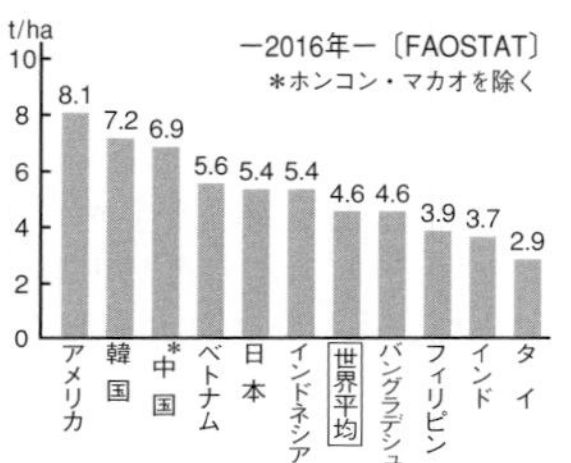

③ 世界のおもな稲作地帯とその特徴

	栽培地域	土地生産性	経営	栽培技術・歴史など	
アジア	東アジア，インドネシアのジャワ島	高	自給的	多労・多肥（集約度大），裏作も多い。	
	ベトナム・タイ・ミャンマーのデルタ	低	輸出向	灌漑整備遅れ，未利用地大。粗放的生産。	華僑（華人）が流通に影響力。19世紀開田。
	インド，バングラデシュ	低	自給的		大地主制が残存。
地中海	ナイルデルタ，イタリアのポー川流域，フランス南部，スペインの北東沿岸部	高	商業的	灌漑の整った地域で，輪作の一環として栽培。	
新大陸	アメリカのメキシコ湾岸・カリフォルニア	高	企業的	経営規模が大きく，機械力・化学肥料を利用。労働生産性が高い。	

④ 米の貿易

米の大半はアジアで生産されるが，地域内での消費が多い。アジア以外では商品作物としてつくられることが多く，新大陸では大規模な企業的経営のもとで生産されている。

▼米の輸出と輸入

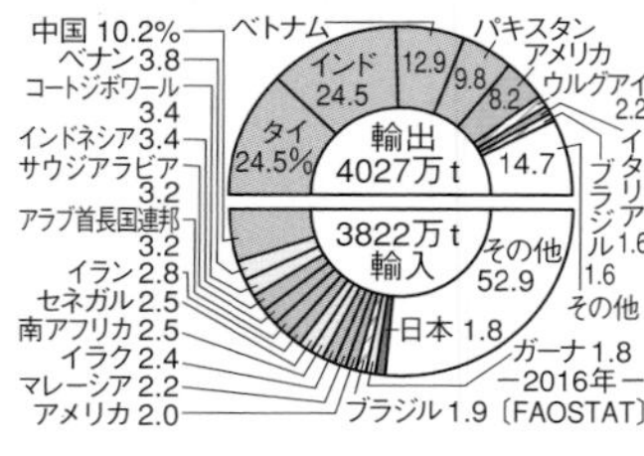

▼米のおもな栽培地と米の移動

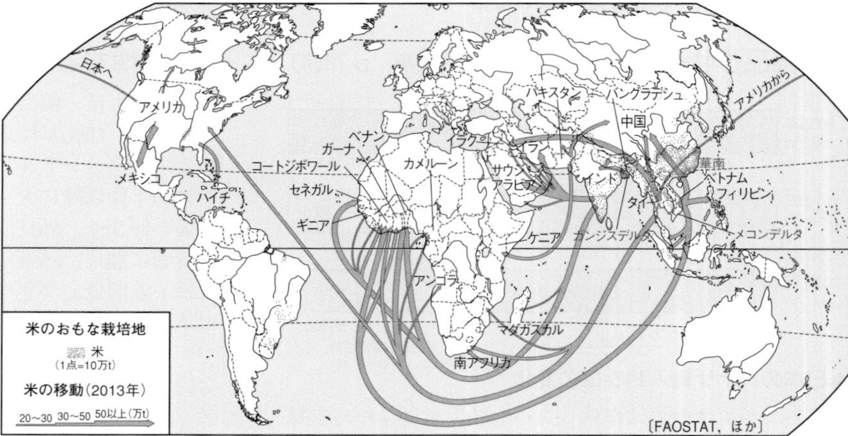

⑤ インドネシアの米の生産と輸入

インドネシアは植民地時代にプランテーション化が進み，米を輸入していた。独立後は緑の革命（→p.60）による栽培技術の改良が強力に推進され，1980年代には米の需給が安定する。しかし90年代以降，収益性の高い商品作物栽培が奨励されると米の増産は行き詰まり，大量に輸入されることがある。

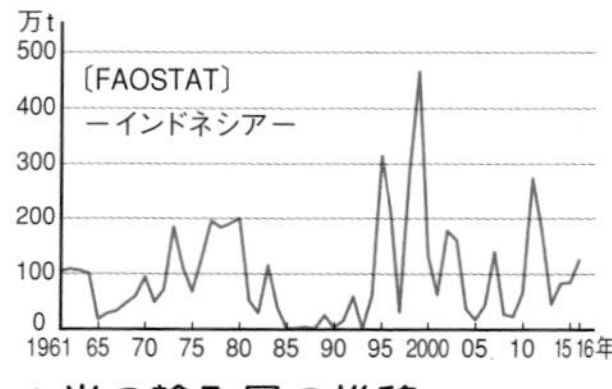

▲米の輸入量の推移

用語　ジャポニカ種とインディカ種

イネは，短粒種で粘り気が強いジャポニカ種，長粒種で粘り気が少ないインディカ種が主である。ジャポニカ種は日本を含む温帯や寒冷地で，インディカ種は亜熱帯や熱帯で栽培されるが，日本食ブームを背景にジャポニカ種を東南アジアで作付けする動きもある。

2 小麦

用 語　小麦

気候条件：冷涼でやや乾燥した地域。生育期間中は14℃くらいで，成熟期に20℃くらいが適する。年降水量500～750mmくらい。
土地条件：有機質に富んだ肥沃(ひよく)な土壌が適する。
カロリー：337kcal/100g
原産地：カフカス山脈～イラン高原
栽培の特徴：連作をきらう。
生産の特徴：世界各地で栽培され，貿易量が多い。アジアでは自給的，ヨーロッパでは商業的，新大陸では企業的な農業の作物として栽培されている。

① 小麦の生産とその変化

緑の革命や耕地の拡大により，長期的には小麦の生産量は増加し，中国・インドなどの人口大国でも自給を達成した。小麦は，穀粒の硬い硬質小麦と軟らかい軟質小麦があり，前者はおもに強力粉としてパンや中華麺，後者はおもに中力粉・薄力粉としてうどん麺の原料となる。日本産の小麦の多くは軟質小麦である。

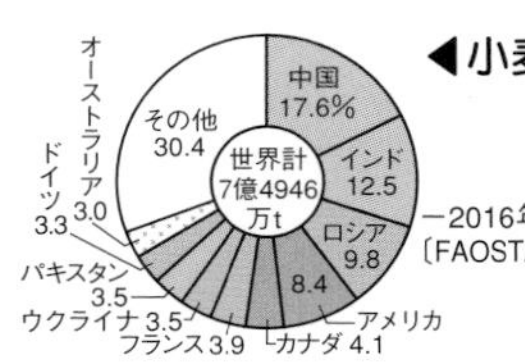

◀小麦の生産

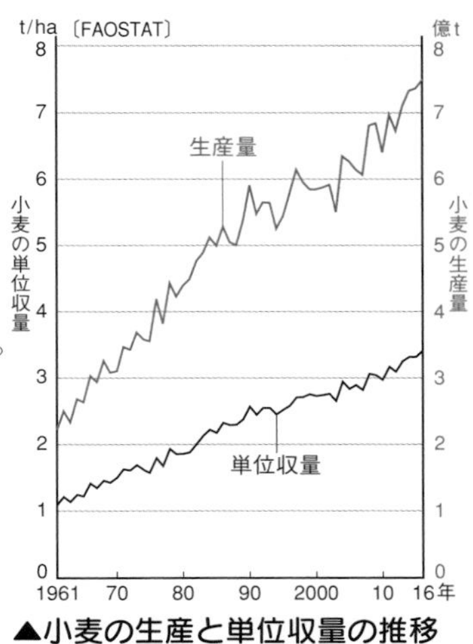

▲小麦の生産と単位収量の推移

② おもな国の小麦の単位収量

単位面積あたりの収量は，西ヨーロッパ諸国が圧倒的に高い。これは，1980年代に高収量の改良品種が導入・普及したためである。

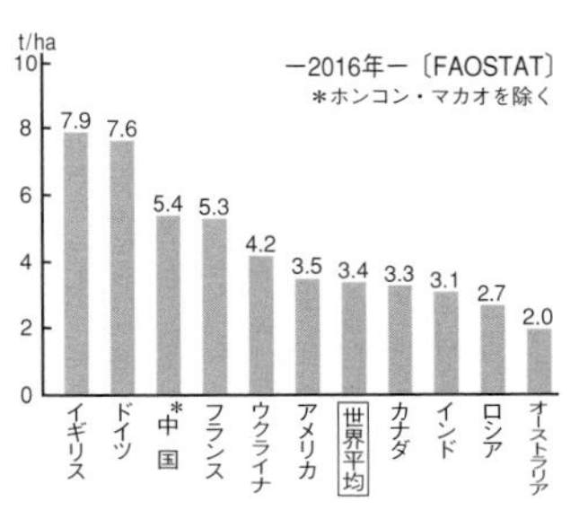

③ 世界のおもな小麦栽培地域とその特徴

	栽培地域	土地生産性	経営形態	栽培技術など
アジア	中国の華北地方，インド西部，パキスタンのパンジャブ地方	低	自給的畑作農業	手労働による集約度の高い連作。経営規模は小さい。
ヨーロッパ	ロシア・ウクライナの黒土地帯，ポーランド，ルーマニア	低	自給的混合農業	旧社会主義国では集団農場の解体後，農業企業による生産が多い。
ヨーロッパ	ドイツ，イギリス東南部，フランスのパリ盆地	高	商業的混合農業	機械力・化学肥料を利用し，集約度は高い。中規模の経営。
新大陸	アメリカ・カナダのプレーリー，オーストラリアのマリー川流域	低	企業的穀物農業	機械力を利用した大規模な経営で，粗放的な単一耕作。

④ 小麦の貿易

世界各地で生産・消費される小麦は，米と比較して貿易量が多い。主要な輸出地域である新大陸では，大規模な企業的穀物農業の作物として生産されている。

▼小麦の輸出と輸入

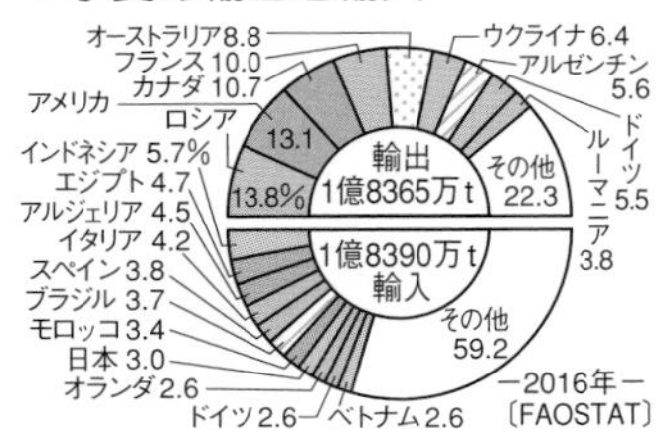

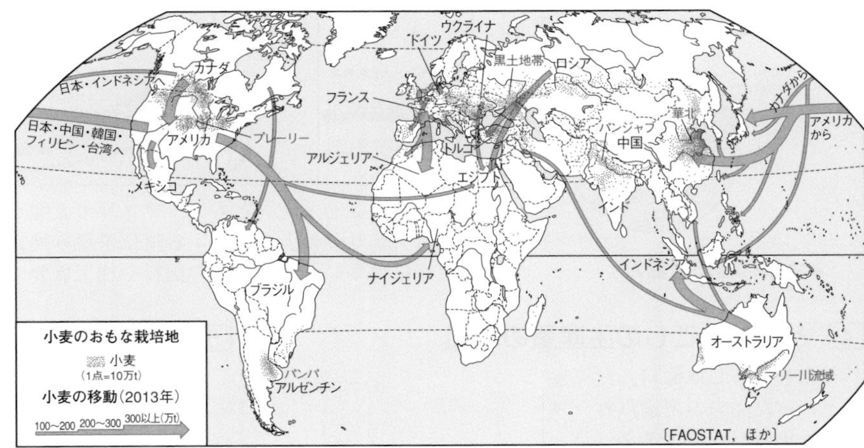

▲小麦のおもな栽培地と小麦の移動

⑤ 小麦カレンダー

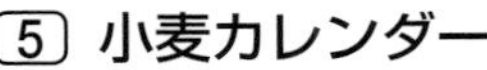

各国の小麦収穫期を一覧にしたのが**小麦カレンダー**である。南北半球のずれと**冬小麦**・**春小麦**のずれにより，小麦が一年を通じてどこかで収穫されていることがわかる。

国＼月	1	2	3	4	5	6	7	8	9	10	11	12
アルゼンチン	■	■										■
オーストラリア	■	■									■	■
チリ		■										
インド			■	■	■							
中国					■	■	■	■	■			
アメリカ					■	■	■	■				
日本					■	■	■	■				
フランス						■	■	■				
カナダ							■	■	■			
ロシア							■	■	■			
イギリス								■	■	■	■	
ペルー											■	■
ブラジル											■	■

用 語　冬小麦と春小麦

多くの地域で小麦は秋に種を播き，初夏に収穫する(冬小麦)。しかし，冬が寒冷で冬小麦が栽培できない高緯度地方では，春に種を播き秋に収穫する春小麦として生産される。

3　とうもろこし・大豆

用 語　とうもろこし

主食や飼料用として，米・小麦に次ぐ重要な穀類。近年は燃料用としても注目される。
気候条件：夏季高温であれば栽培可能
　　　　　生育期　22～27℃
　　　　　年降水量　600～1000mm
土地条件：どこでも栽培可能。
カロリー：101kcal/100g
原産地：アメリカ大陸
栽培の特色：連作をきらう。

用 語　大豆

飼料作物として需要増大(20%が油分，80%が大豆粕として飼料に利用)。
気候条件：冷涼を好むが，熱帯でも栽培が可能。
土地条件：やせた土壌でも可能。
カロリー：417kcal/100g
原産地：東アジアと推察される。
栽培の特色：連作が可能。

① とうもろこしの生産

とうもろこしはアメリカ大陸が原産であるが，栽培が比較的容易なため，16世紀末には世界各地に普及した。世界生産の約35%を占めるアメリカでは，おもに家畜の飼料用の高収量一代雑種(ハイブリッド種)が作付・輸出されている。一方，アンデス地方やアジア，アフリカでは主食として重要であり，栽培方法も伝統的・粗放的な場合が多い。

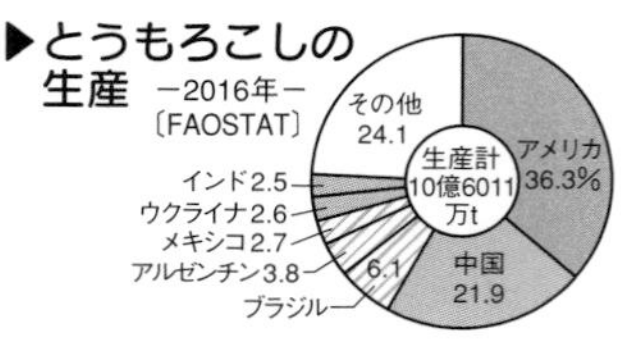

▶とうもろこしの生産　－2016年－〔FAOSTAT〕

② 大豆の生産

大豆はアメリカ・ブラジル・アルゼンチンの3国で世界の約80%が生産される。第二次世界大戦前は中国が最大の生産国であった。戦後，飼料需要の伸びに牽引されてアメリカが，1970年代に世界的な供給不足によりブラジルが，生産を拡大した。大豆から油脂を抽出したものを乾燥させたのが大豆粕で，飼料として全畜種に広く利用される。

参照　p.69⑦

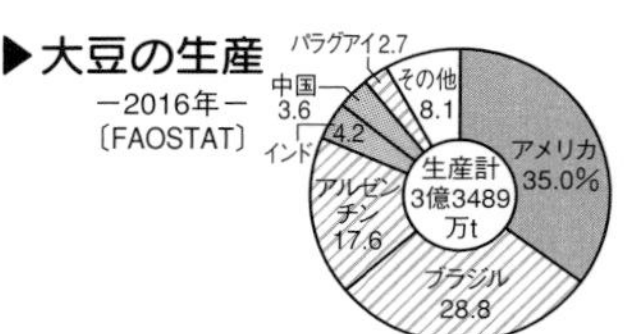

▶大豆の生産　－2016年－〔FAOSTAT〕

③ とうもろこしと大豆の貿易

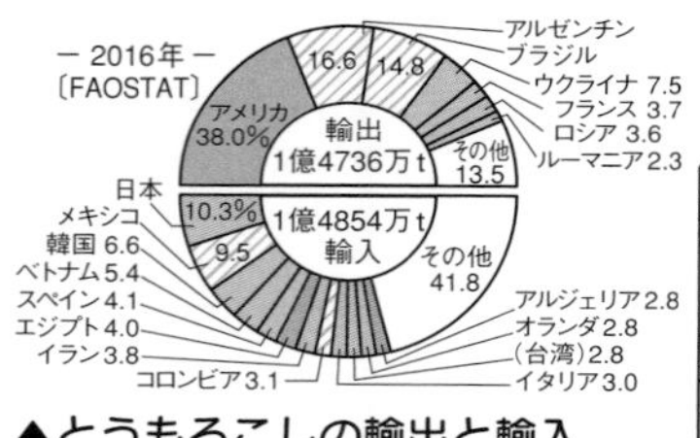

▲とうもろこしの輸出と輸入

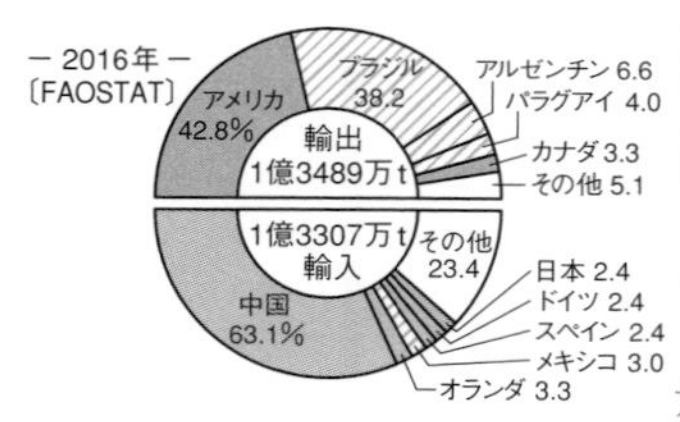

▲大豆の輸出と輸入

▼世界のとうもろこしと大豆の栽培地とその移動

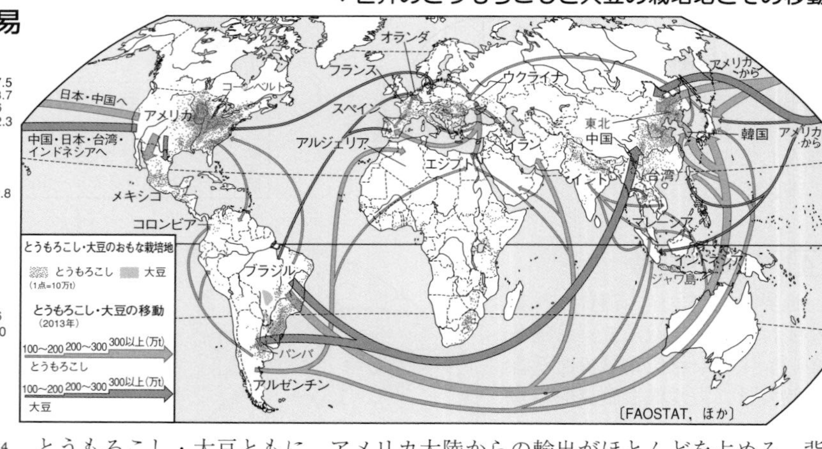

とうもろこし・大豆ともに，アメリカ大陸からの輸出がほとんどを占める。背景にはアメリカの大企業による遺伝子組み換え作物の大規模な作付がある。中国は生産量は多いが，国内での飼料や加工需要の伸びにより，輸入も伸びている。

④ とうもろこしの生産量の増加

とうもろこしは飼料，食料といった従来の用途以外に，近年はバイオエタノール原料としても需要が伸びている。そのため作付面積の拡大や，遺伝子組み換え品種の開発・普及による増産がはかられているが，増加する需要を満たすには十分でなく，近年の飼料価格の高騰につながっている。

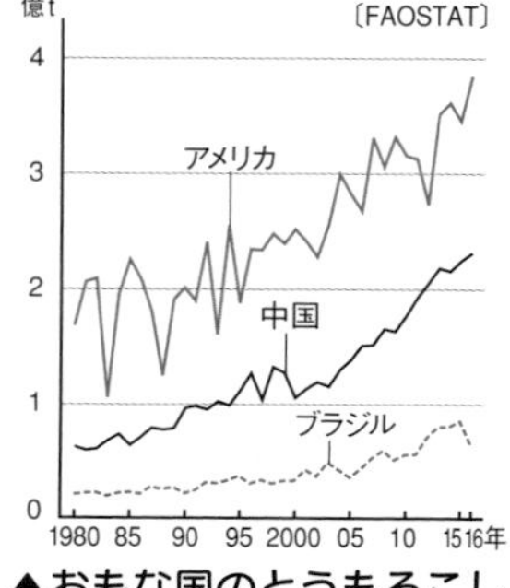

▲おもな国のとうもろこし生産の推移

⑤ 油脂作物

種子を搾油(さくゆ)原料として利用する作物を油脂作物といい，なかでも大豆油の生産が圧倒的に多い。一般に，経済発展により食生活の欧米化が進むと消費が増えるため，中国やインドなど人口大国の急速な経済発展に伴い，今後需要が大きく伸びるとみられている。

油脂作物	おもな生産国
大　豆	アメリカ，ブラジル，中国
ひまわり(種子)	アルゼンチン，ロシア，ウクライナ，フランス，アメリカ
なたね	中国，カナダ，インド，ドイツ，フランス
綿　実	中国，ロシア，アメリカ，インド，パキスタン
落花生	中国，インド，アメリカ，ナイジェリア
油やし	マレーシア，インドネシア

▲おもな油脂作物の生産国

4　牛肉・羊毛・綿花

① 牛肉

▼牛肉の生産と輸出

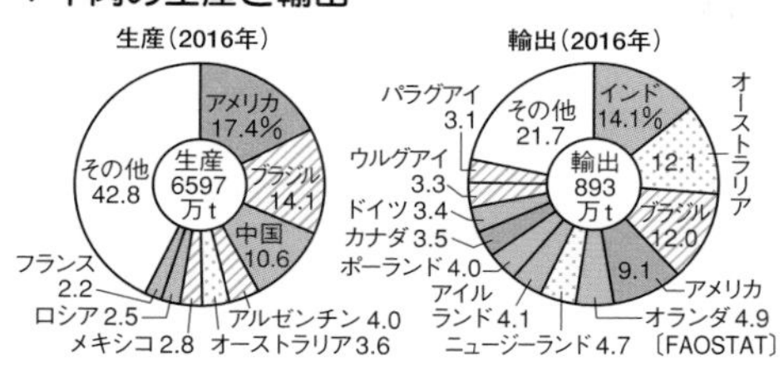

コラム　冷凍船と南半球の牧畜

南半球は，豊富な土地資源や適度に湿潤な降水量など，牧畜に適した条件を備えていたが，北半球からの距離により，大規模な市場とは結びついていなかった。19世紀末に冷凍船が発明されたことにより，畜産製品の供給基地として発展を遂げた。

▼牛の分布と牛肉の移動

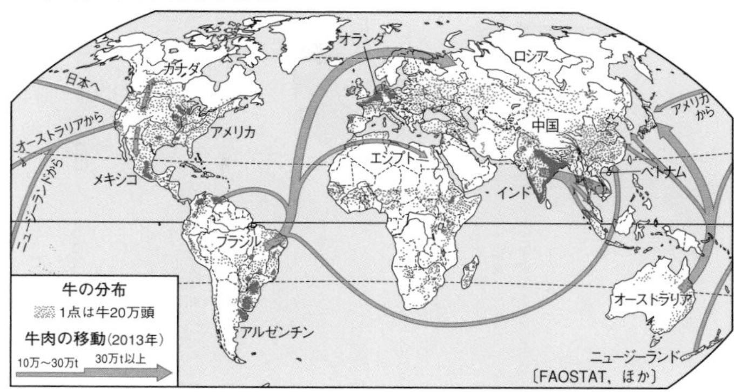

牛は世界各地で飼養されているが，牛肉の輸出国はアメリカ大陸，オーストラリア，ヨーロッパに集中する。アメリカは世界有数の輸出国であるが輸入も多い。その多くは牧草肥育の牛肉で，ハンバーグやソーセージに使用される。

② 羊毛

▼羊毛（脂付）の生産と輸出

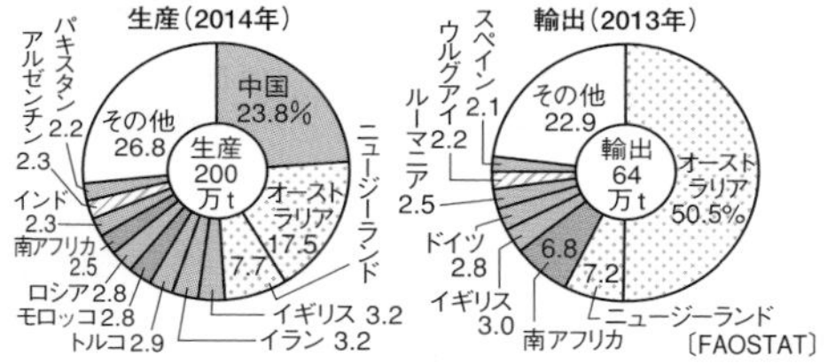

用語　コリデール種とメリノ種

羊には肉用種と毛用種とがある。コリデール種は20世紀初頭に改良を重ねてつくられた毛肉兼用種で，湿潤な気候に適し，ニュージーランドで多く飼育される。メリノ種は白く細長い丈夫な羊毛を生産する毛用種で，12世紀にスペイン帝国で改良され，世界各地に広まった。乾燥に強く，オーストラリアの気候に適し，飼養頭数の約75%を占めるまでに普及した。

▼羊の分布と羊毛の移動

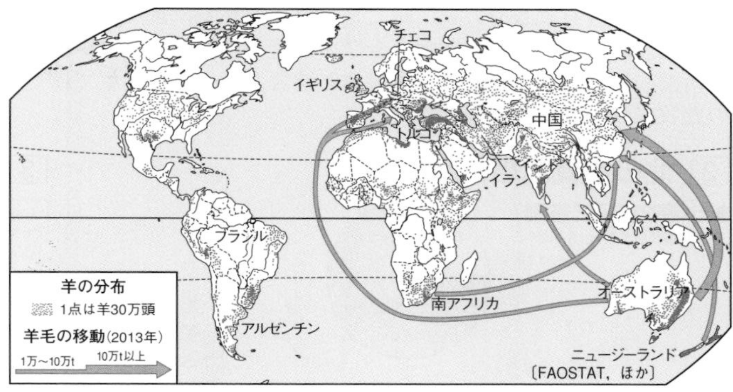

牧羊は，穀物生産に不向きな乾燥地域でも可能であり，最近ではアジア・アフリカで飼養頭数が増加している。オーストラリアは羊毛の輸出では第1位を維持しているが，羊の飼養頭数では長年の首位の座から転じ，かわって中国が第1位に躍進した。

③ 綿花

▼綿花の生産と輸出

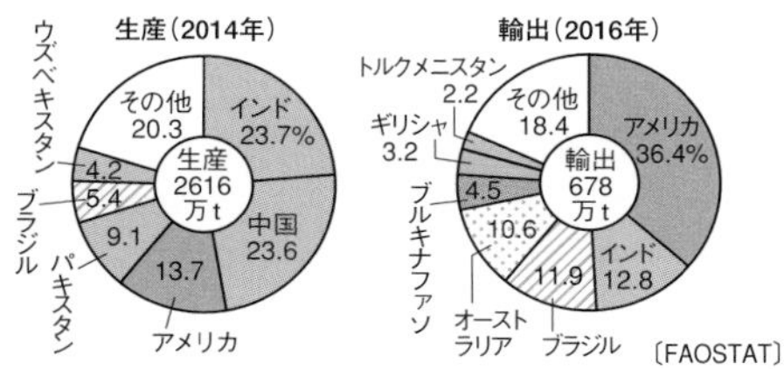

綿花は温暖で開花後よく乾燥する気候に適し，華北平原，中央アジア，アメリカ南部，デカン高原などが主要な産地となっている。種子に密生する綿毛が繊維原料となる。摘み取り作業には多くの労働力を用いる。

▶綿花生産と綿工業の歴史

インドは高い綿織物生産技術をもち，17世紀にはイギリスへ輸出していた。しかしイギリスが産業革命を迎えて大量生産に成功すると，インドの綿工業は壊滅し，綿花輸出・綿織物輸入国となった。独立後のインド政府は綿工業の振興に注力したが経済は低迷し，また綿花生産でも，国際価格の低迷に直面している。

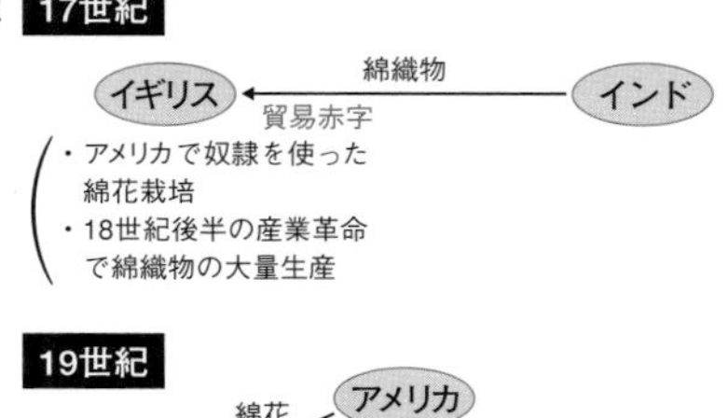

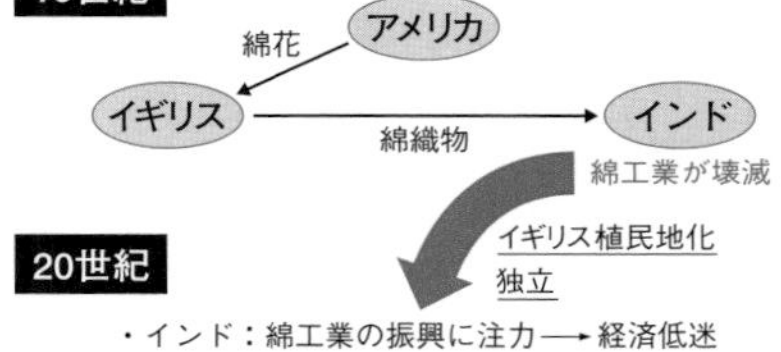

1 中国の農業

① 中国の農業地域

▶農作物の作付面積割合
〔中国統計年鑑 2016〕

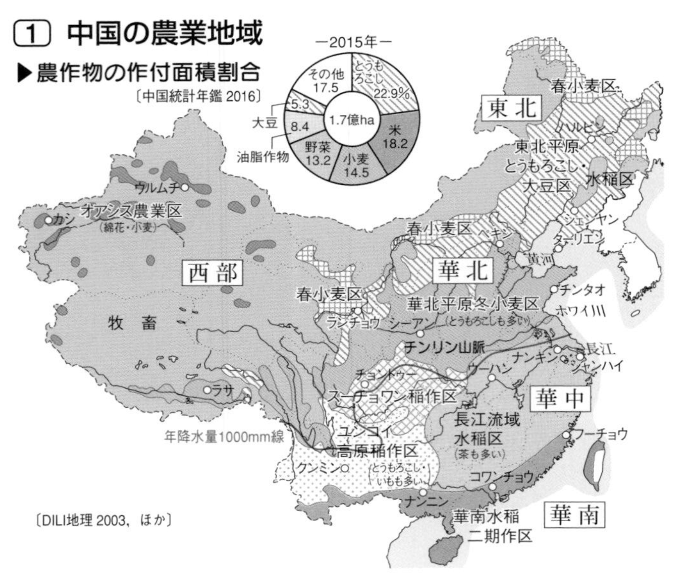

地　域	自然条件	農業の特徴
東北地方の畑作	寒冷で降水量が少ない，平原地帯。	春小麦，大豆，こうりゃんなどの雑穀が多かったが，近年，とうもろこしや稲作が中心。1年1作。
華北地方の畑作	気温が低く，降水量が少ない。大平野地帯。	冬小麦＋とうもろこしの1年2作。黄河流域の綿花生産，沿海部の輸出向け野菜の生産。
華中地方の稲作	温暖で湿潤な気候，長江などの大河川の流域。	水稲と冬小麦の二毛作，大都市周辺では園芸農業も展開。
華南地方の稲作	モンスーン気候，沖積平野。	稲二期作，三熟制（稲二期作の後に麦類作付），チュー川流域では稲三期作もみられる。
西部の牧畜	乾燥気候，ステップや砂漠。	オアシスで小麦やとうもろこし，綿花などの生産，羊や牛，ヤクなどの遊牧。

▲中国の農業地域のまとめ

チンリン山脈とホワイ川とを結ぶ線（チンリン=ホワイ線）を境にして，北部が畑作，南部では稲作が中心となる。畑作では，東北地方ではとうもろこしや大豆，華北地方では冬小麦，長江(チャンチャン)や黄河(ホワンホー)流域の綿花，華南地方の茶やさとうきびの栽培が代表的である。そのほか西部の乾燥地域ではオアシス農業と遊牧，チベット高原ではヤクの遊牧がみられる。

② 北の小麦栽培，南の稲作

▶小麦の生産（省別）
〔中国統計年鑑 2015，ほか〕

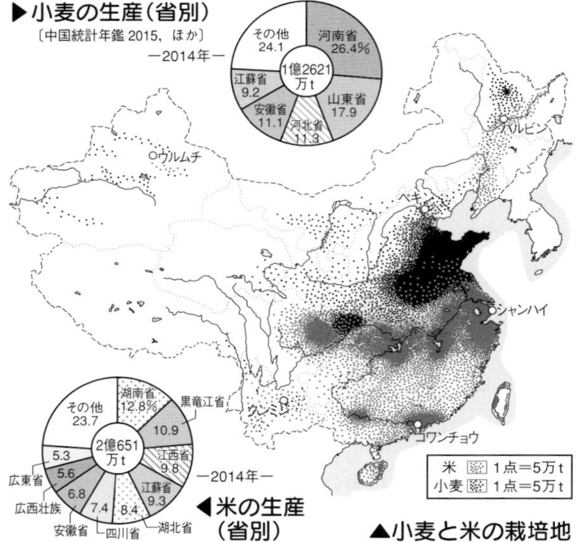

◀米の生産（省別）

▲小麦と米の栽培地

小麦の生産は，畑作のさかんな北部を中心に展開し，なかでも華北地方（冬小麦）が圧倒的である。稲作は南部の沖積平野に広がり，華中地方では二毛作，華南地方では二期作や三熟制など，土地生産性を高める工夫がとられている。なお，従来，中国ではインディカ種の生産が主流であったが，1990年代以降，東北地方を中心にジャポニカ種の生産が急速に拡大している。

③ とうもろこし生産の拡大と商品作物栽培

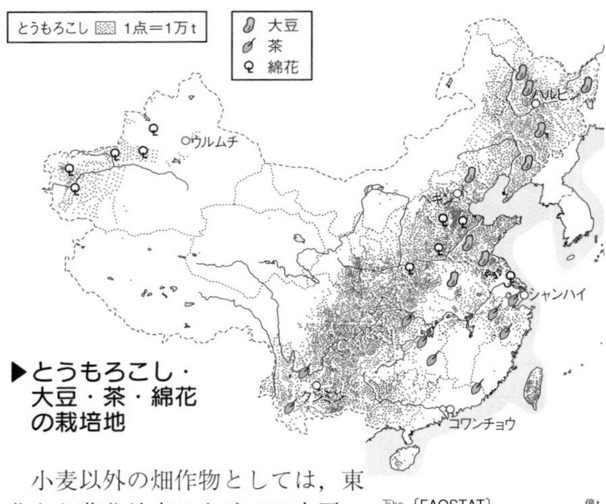

▶とうもろこし・大豆・茶・綿花の栽培地

小麦以外の畑作物としては，東北から華北地方にかけての大豆，華中・華南地方の茶，黄河流域や西部の綿花などがみられる。とうもろこしは中国の全土で生産されるが，とりわけ東北地方においては主要作物となっている。近年では畜産物需要の増加に伴い，飼料用作物として需要が伸びているほか，バイオエタノールや薬品の原料として脚光をあび，栽培面積・生産量ともに伸びている。

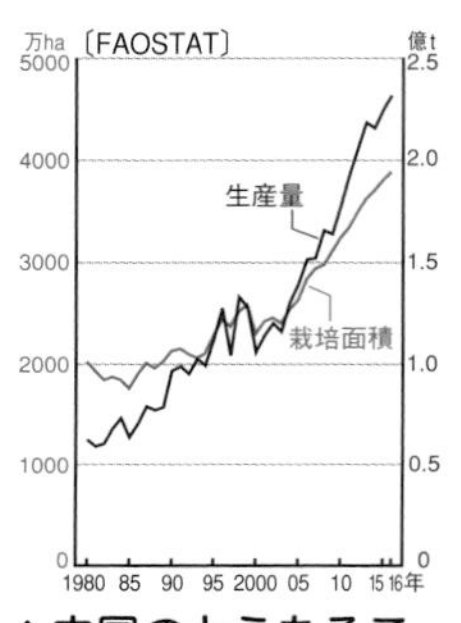

▲中国のとうもろこし生産の推移

④ 中国の農業制と農業生産の増加 参照 p.221

かつて中国では**人民公社**とよばれる国が管理する**集団農業**を行っていたが，労働にかかわらず収入が同一であるため農民は勤労意欲を失っていた。1979年以降，収入の一定額を国に支払い，それ以上は個人の収入となる**生産責任制**を導入すると，農業生産は急増した。なかでも，経済成長に伴い需要の伸びた園芸作物や畜産物の増産が著しい。農家のなかには「**億元戸**」とよばれるきわめて富裕な層も現れている。しかし中国農業は，人口増加に伴う需要増加や，高品質な農産物の需要増加に対応しきれておらず，穀物輸入量は輸出量を上回っている。

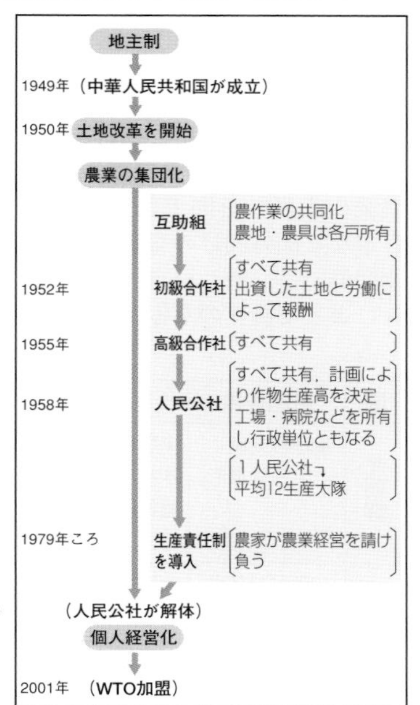

▲中国の農業制の変化

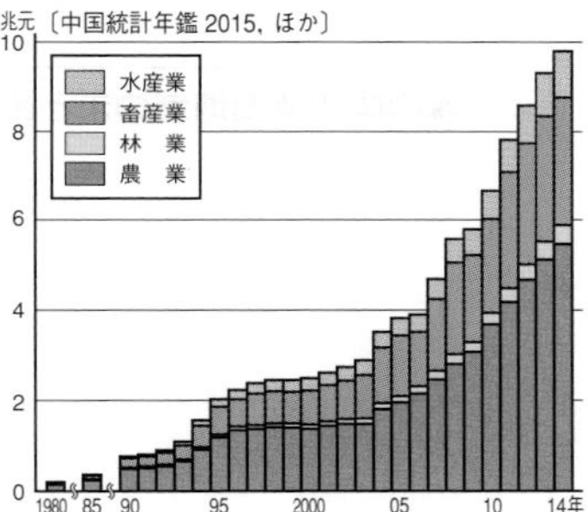

▶中国の農林水産業生産額の推移と内訳

⑤ 農村の変化と格差 参照 p.223

1980年代前半から，中国政府が改革・開放政策の一環として農業・農村改革に取り組んだ結果，農村部の経済はいったんは成長した。しかし80年代後半からはこれらの改革がストップする一方，都市部の成長は続いたため，都市部と農村部との格差が拡大した。とりわけ内陸農村部の経済は低迷し，「三農（農村，農業，農民）問題」の中心といわれている。80年代後半からは**郷鎮**（ごうちん）**企業**の拡大により農村の工業化が進んだが，この格差が埋まるにはいたっていない。90年代後半からは，食料供給不足への不安から農産物価格が大幅に引き上げられたが，これが生産過剰につながり，2000年以降の農産物価格の低下や食料の契約買付制度の一部停止にいたるなど，農村のおかれた状況は明るくない。

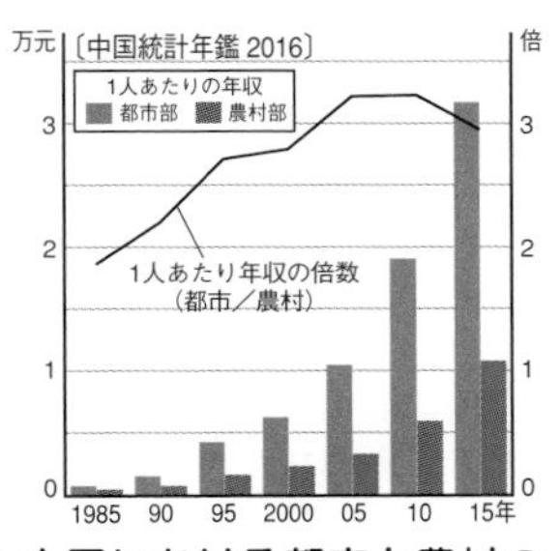

▲中国における都市と農村の1人あたりの年収の変化

⑥ 日本へ輸出される中国野菜

中国産野菜の日本向け輸出が1990年代から増加している。背景には，日本の商社やスーパーによる**開発輸入**があげられる。きびしい品質管理による農産物の契約栽培がみられる。おもな生産地はシャントン省などで，ねぎ，生しいたけなどが栽培されている。しかし中国からの農産物輸入をめぐっては摩擦も生じている。急速な輸入拡大に日本政府は2001年，ねぎ，生しいたけ，い草の輸入制限を行う**セーフガード**を発動し，その結果中国は日本の工業製品を輸入しないなどの対応をとった。また2002年には日本の規定以上の農薬が検出され，中国産農産物の検疫が強化された。

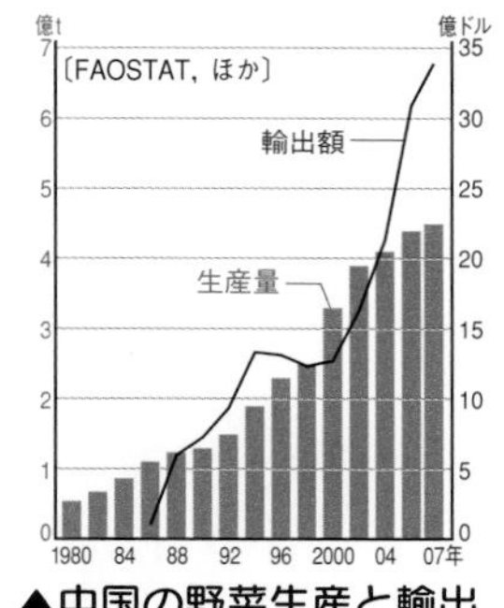

▲中国の野菜生産と輸出の推移

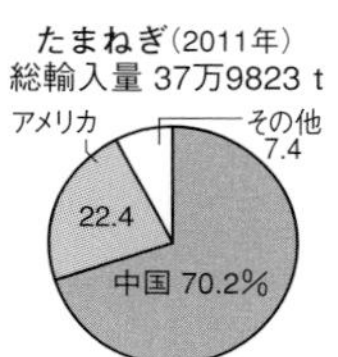

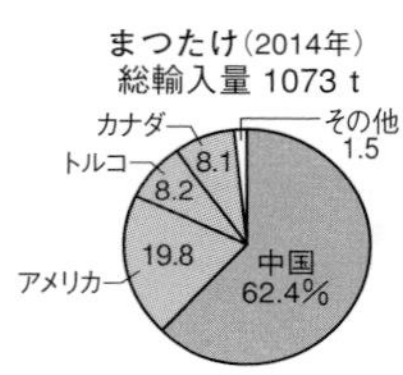

▲日本の農産物の輸入先の内訳　〔財務省貿易統計〕

⑦ 中国の農業の課題

中国の多くの農産物は，高い国際競争力をもっていない。改革・開放政策後の中国農業は，土地生産性では大きく上昇したが，1人あたり耕地面積は小さく，1人あたり生産量でも目立った伸びを示していない。もともと穀物など自給的農産物の品質は高くはなく，都市部の求める高品質の農産物は輸入に頼ってきた。そこへ経済発展に伴って食生活が西欧化したため，増大した大豆などの油脂作物や飼料作物の需要は，輸入の拡大となって現れた。しかも，中国の大半の農産物は国際価格より若干高い水準にあるため，2001年のWTOへの加盟を契機に外国からの安い農産物の流入が拡大し，それにより農民の所得が低下することが懸念されている。

項目	1970年	2006年
1haあたり穀物収量（kg/ha）	2143	5315*
1haあたり肥料消費量（kg/ha）	43.0	334.6
農業従事者1人あたり農地面積（ha）	0.24	0.19
農業従事者1人あたり穀物収量（kg）	466.7	563.3

＊2007年　〔FAOSTAT〕

▲中国農業の生産性の変化

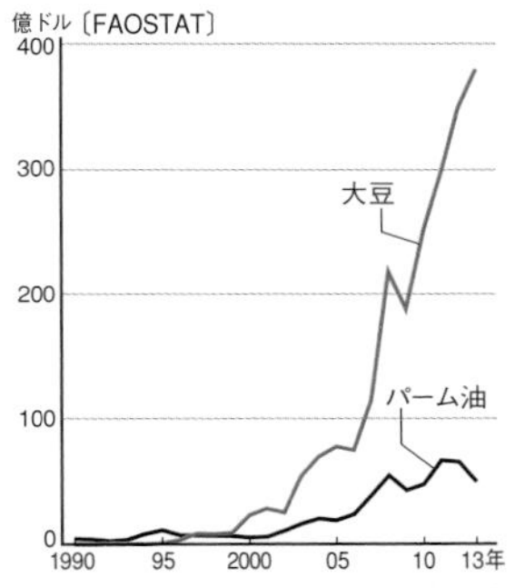

▲中国の油脂作物輸入の推移

2 朝鮮半島の農業

① 朝鮮半島の農業地域

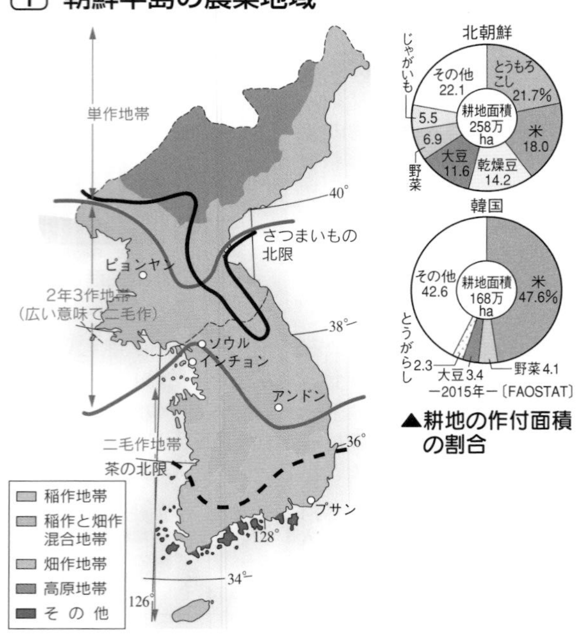

▲耕地の作付面積の割合

亜寒帯気候である北部では畑作が，温暖湿潤気候である南部では稲作が中心に行われている。韓国では近代化を進める農業政策（**セマウル運動**）の全国的な展開により，農業の生産性を向上させることに成功した。最近では日本など国外向けの農産物の栽培が急増している。一方，北朝鮮では，厳しい自然環境や農業・農村の近代化の遅れによって農業の不振が続いており，食料不足が深刻である。

国	自然条件	社会条件	農家の特徴
北朝鮮	亜寒帯気候。山がちな地形。	未熟な農業・土木技術。農業・農村近代化の遅れ。	ほとんどの地域でとうもろこし・じゃがいもなどの畑作中心。集団農場制を採用。低い生産性。
韓国	温暖湿潤な気候。	セマウル運動による農村近代化，1990年代からの補助事業。	稲作を中心とする二毛作。最近ではビニルハウスを使用した野菜・果実の栽培も行われている。

② 韓国の農業の課題

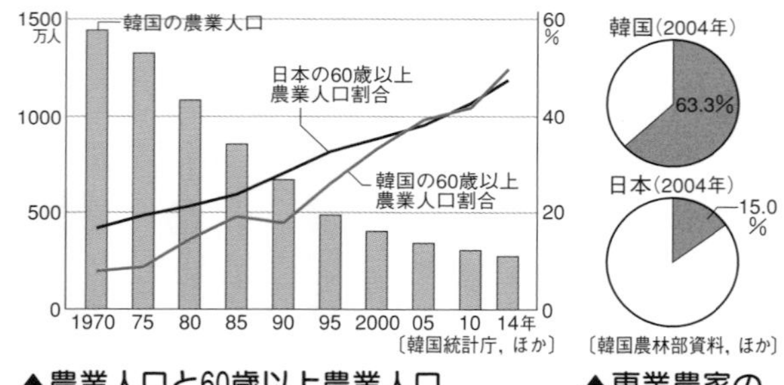

▲農業人口と60歳以上農業人口の割合の推移　▲専業農家の割合

韓国では，農村における工業化が進まず，兼業する機会が十分に育たなかった。そのため，韓国経済が急速に成長した1970年代以降は，若者を中心とする労働力が農業から離れ，農村から都市への大規模な人口移動が起こった。その結果，農業人口は激減するとともに，日本以上に速いスピードで農業人口の高齢化が進んでいる。

用語　セマウル運動

韓国のセマウル（新しい村）運動は，政府主導の事業として，1970年代にはじまった。それまで経済成長で後れをとっていた農村部において，所得の向上と近代化をめざしたものである。具体的には，農民の意識改革をはかる社会教育プログラムや，耕地・道路の整備などが含まれる。

③ 北朝鮮の穀物生産

北朝鮮は山がちで寒冷な気候に加え，農地・技術・エネルギーなどの不足，特殊な政治経済体制下の農業指導などの理由で，農業の不振が続いている。1990年代には洪水など自然災害による食料危機が伝えられたが，その後も農業の低生産性は改善されていない。

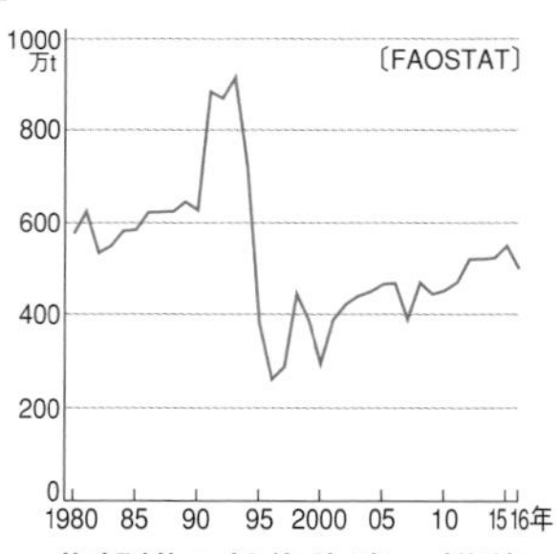

▲北朝鮮の穀物生産の推移

トピック　韓国の園芸農業

韓国政府はウルグアイ・ラウンド合意をきっかけに，農業部門の競争力強化のため，1990年代から施設園芸や果樹を中心に積極的な補助事業を推進した。その結果，園芸農業が成長し，なかでも日本市場に向けたトマトやパプリカなどの生産がさかんになっている。しかし，こうした事業は農家の負債の増加につながり，返済ができない農家がでるなど社会問題となっている。

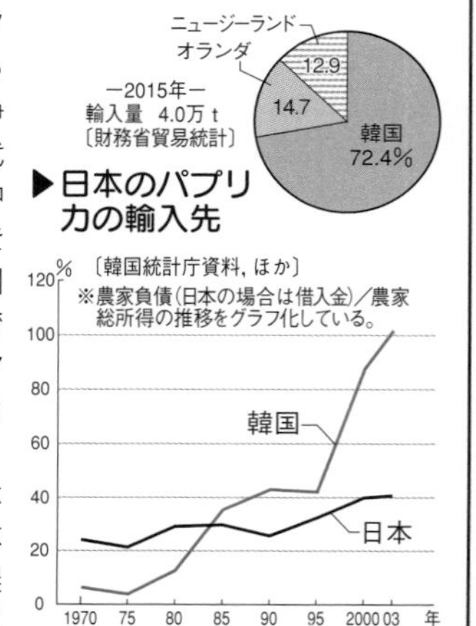

▶日本のパプリカの輸入先

▲韓国の農家負債比率の推移

3 東南アジアの農業

① 東南アジアの農業地域

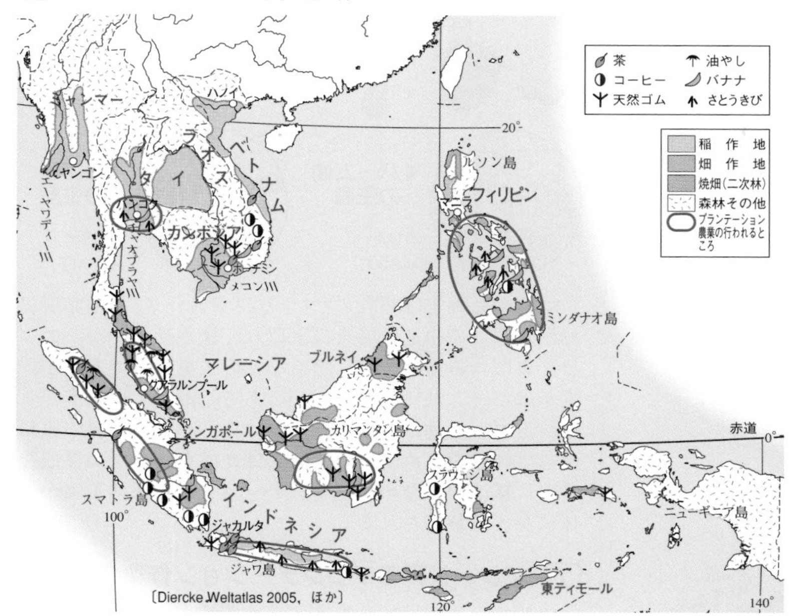

国	農業の特徴
タイ	19世紀から開拓が進んだチャオプラヤ川流域などでは稲作が大々的に行われ，世界有数の米輸出国である。プランテーションでの天然ゴムや，キャッサバ，さとうきびなども生産・輸出が多い。
マレーシア	天然ゴムの生産がさかんであったが，ゴム価格の伸び悩みと老木化を契機に，油やしへの転換が進んだ。工業化の進む半島部に代わり，農業開発の中心はカリマンタン島に移っている。
インドネシア	人口が密集するジャワ島では**自給的稲作**やコーヒーなどのプランテーション栽培が，ジャワ島以外の島では豊富な土地資源を利用した天然ゴムや油やしのプランテーション農業がさかんに行われる。
ベトナム	**ドイ・モイ政策**採用後，農業生産が拡大している。**メコンデルタ**などでの稲作のほか，近年はコーヒーの生産が大幅に増えている。
フィリピン	稲作のほか，湿潤な東岸気候区でココやしが，乾季のはっきりした西岸気候区でさとうきびが，両者の中間でバナナやアバカ(マニラ麻の原料)が栽培される。

大部分の地域が熱帯に属する東南アジアでは，モンスーンを利用した稲作と，植民地時代からはじまった**プランテーション農業**が中心となっている。半島部では大河川のデルタで稲作が，島嶼(とうしょ)部では天然ゴムや油やし，コーヒーなどのプランテーション農業がさかんである。

② 東南アジアの農地制度

ベトナムやラオスでは，土地は国有で農家は土地使用権を認められている。それ以外の東南アジアの平坦部の多くは私有制で，地主と小作の関係が広範にみられる。高地の森林地帯では，少数民族が土地を所有するが，移動式焼畑を行う土地を政府が国有としたため，係争となる例も多い。

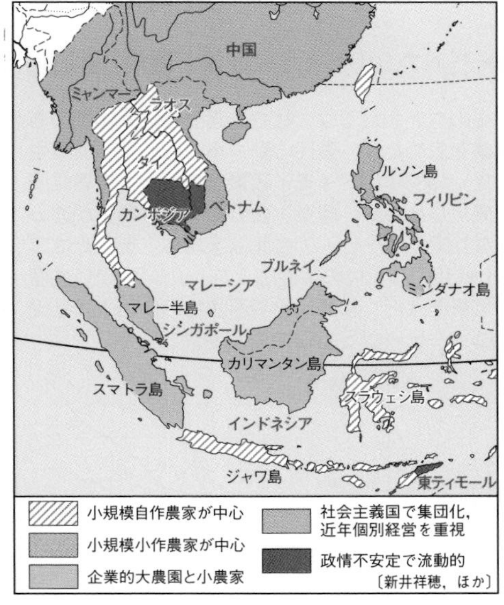

③ タイの稲作と米の輸出

19世紀後半に東南アジアですず鉱山やプランテーションの開発が進むと，そこに働く移民労働者が急増し，食料需要も拡大した。これを受けてタイをはじめ大陸部のデルタ地帯では輸出用の稲作が発展した。タイは米の生産費の低さに加え，灌漑の整備，乾季作の増大，国による品種改良，高級香り米の栽培普及などを背景に，世界有数の米輸出国であり続けている。米の流通過程には，初期から華僑や華人が深く関わっており，それらのなかには現代では財閥に発展したものもある。

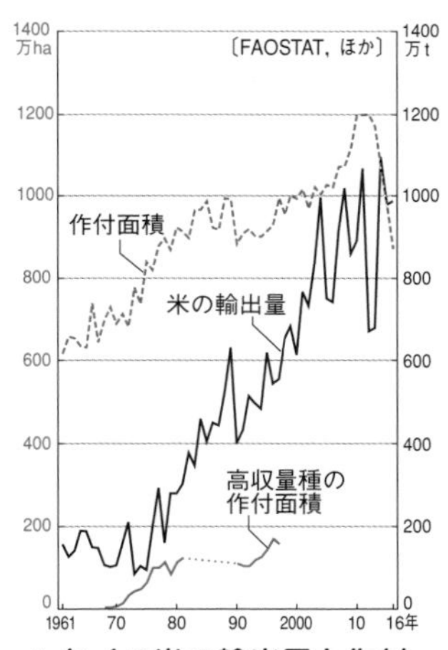

▲タイの米の輸出量と作付面積・高収量種作付面積の推移

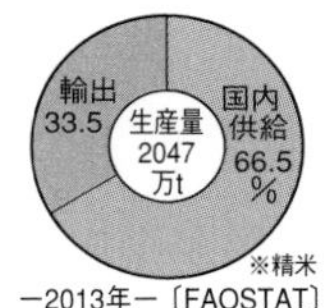

▲タイの米の需要の割合

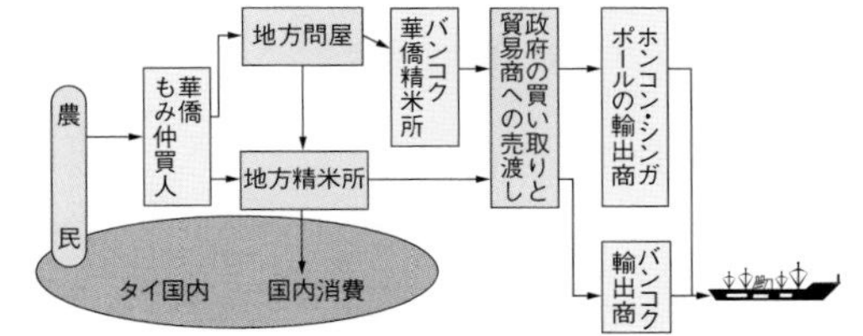

▲タイ米の流通のしくみ

用語 浮稲

東南アジアの大河川流域のデルタ地帯は，雨季には最高で3〜5m水につかる。こうした地域では雨季のはじめに，洪水による水位の上昇に応じて茎が伸び，地上部が完全に水没しない浮稲品種の稲を直播きする。しかし生産性の低さや味が劣ることから，現在では浮稲の作付面積は減少している。

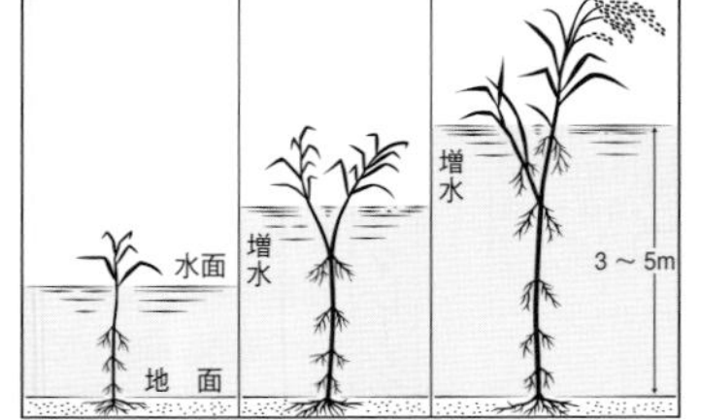

▶浮稲の生長

④ フィリピンのバナナプランテーション

フィリピンのバナナプランテーションは，ミンダナオ島のダヴァオ北部に集中する。日本市場の成長を見越し1960年代後半からデルモンテやドール，ユナイテッド，住友商事などの多国籍企業が進出した。プランテーションを経営するとともに，地元大地主の農園および小規模農家の農園と栽培契約を結び，集荷や加工，輸出を効率的に行っている。

参照 p.69⑥

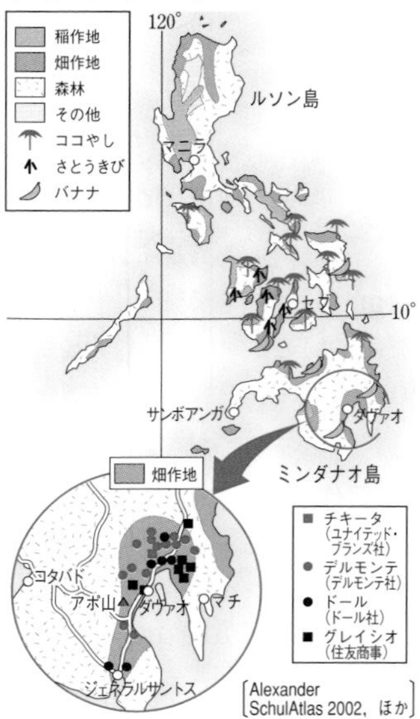

▲フィリピンの土地利用とプランテーションの分布

⑤ 東南アジアの天然ゴム生産の変化

天然ゴムの生産が急増したのは20世紀はじめ，自動車産業の発展によるタイヤ需要の増加などがきっかけであった。合成ゴムが普及した現在も，合成ゴムは天然ゴムの用途すべてを代替はできないため，安定した需要がある。マレーシアはかつては世界一の天然ゴム生産国であったが，油やしへの転換を進めたため，1990年にタイに抜かれ，1991年にはインドネシアにも抜かれて第3位となった。世界の天然ゴム生産量のうち，タイ・インドネシア・ベトナム・マレーシアの4国で世界全体の約70%を占める。

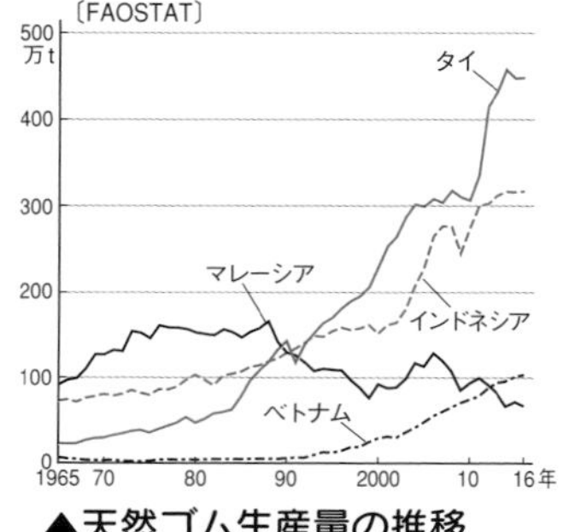

▲天然ゴム生産量の推移

⑥ 油やしとココやし

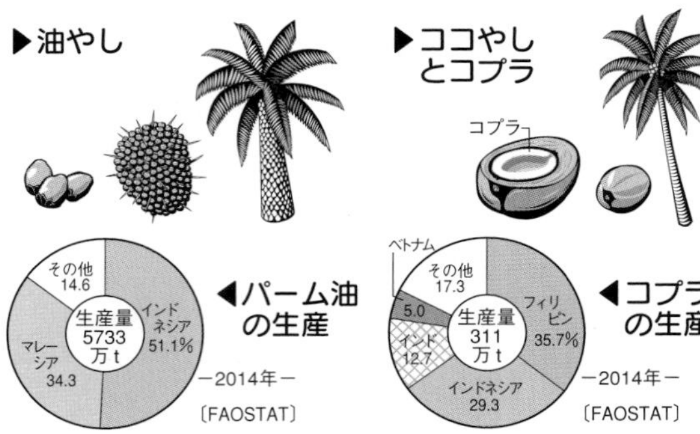

ココやしの実は胚乳（ココナッツジュース）と油脂層に分かれる。この油脂層をはぎ取り乾燥させたのが，コプラとよばれる石鹸（せっけん），ろうそくなどの工業原料であるが，近年はパーム油に代替されつつある。油やしの果実からとれるパーム油は洗剤やマーガリン，バイオ燃料の原料として注目を集めている。果実は変成を防ぐため採取後すぐに採油するため，プランテーションと採油工場が一体になって栽培される。

⑦ マレーシアのプランテーション作物の変化

マレーシアでは19世紀末に，イギリス資本とインド人労働者による天然ゴムの大規模農園がマレー半島西岸を中心に開発され，東南アジアにおける主要生産地域となっていた。小規模農家による生産もさかんに行われ，戦後も長く世界一の生産国であり続けた。しかしパーム油の国際価格がより堅調であったことや，ゴムの木の更新時期を迎えたのをきっかけに，油やしへの改植が進み，現在では油やしの経営面積が大きく上回っている。

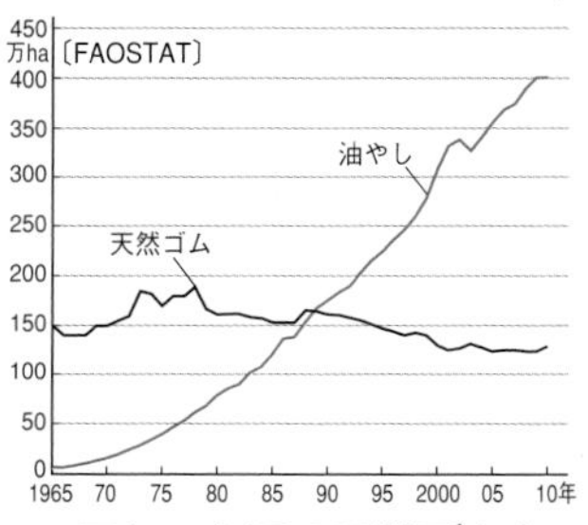

▲マレーシアの天然ゴムと油やしの栽培面積の推移

トピック ベトナムのドイモイ政策と農業の多角化

南北統一後のベトナムでは，社会主義計画経済体制のもとで**集団農業**を広めたが，農民の勤労意欲は低下し農業生産は激減した。1986年に**ドイモイ政策**を採択し，市場経済への移行を果たした結果，農業生産の拡大と多角化が進みつつある。なかでもコーヒーの生産は急増し，現在ではブラジルについで世界第2位の生産国となった。しかし生産増加による価格低迷と，園芸作物や畜産物の価格上昇を受けて，近年はコーヒーからの転換も進みつつある。

▶おもな商品作物の栽培面積の推移

4 南アジアの農業

① 南アジアの農業地域

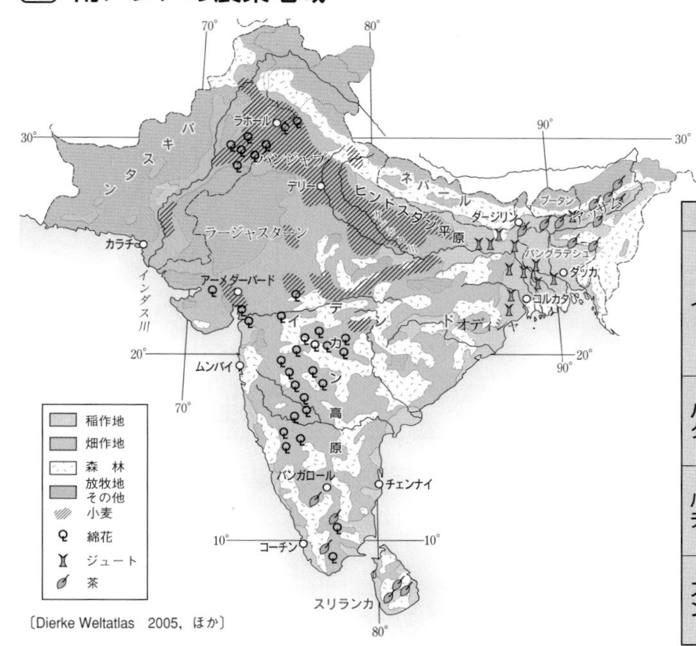

〔Dierke Weltatlas　2005，ほか〕

南アジアの農業は，典型的なモンスーン気候のもと，夏の雨季の米，冬の乾季の小麦を主要作物とする。東経80度線にほぼ一致する年降水量1000mmの線を境に，東部の湿潤地域では稲作が，西部の乾燥地域では冬小麦や綿花などの畑作が行われる。北東部の多雨地域やスリランカでは茶の栽培もさかんである。

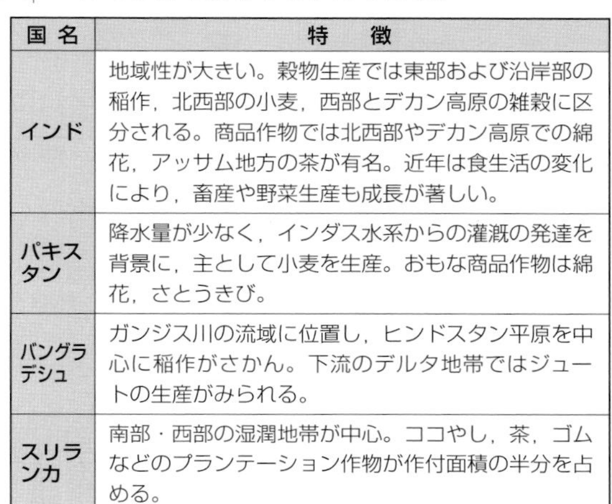

国名	特　徴
インド	地域性が大きい。穀物生産では東部および沿岸部の稲作，北西部の小麦，西部とデカン高原の雑穀に区分される。商品作物では北西部やデカン高原での綿花，アッサム地方の茶が有名。近年は食生活の変化により，畜産や野菜生産も成長が著しい。
パキスタン	降水量が少なく，インダス水系からの灌漑の発達を背景に，主として小麦を生産。おもな商品作物は綿花，さとうきび。
バングラデシュ	ガンジス川の流域に位置し，ヒンドスタン平原を中心に稲作がさかん。下流のデルタ地帯ではジュートの生産がみられる。
スリランカ	南部・西部の湿潤地帯が中心。ココやし，茶，ゴムなどのプランテーション作物が作付面積の半分を占める。

② インドの産業における農業の重要性

インドの就業構造は，地域により大きく異なる。農林水産業部門は2007年においても，労働力では約20%を占め，経済活動における比重もいまだ大きい。この理由として，製造業などに雇用の場が少なく，農業がおもな労働の場となっている地域が多いことがあげられる。

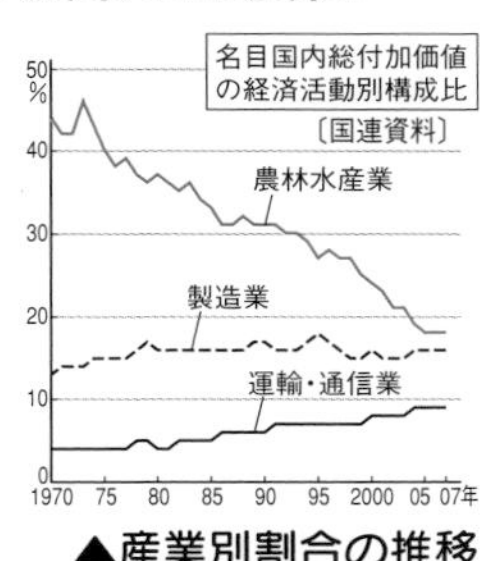

▲産業別割合の推移

③ インドの農業経営規模

インド農業の特徴の一つが，零細な経営である。この理由として，土地制度改革の不徹底から，ザミンダール制*に代表される大土地所有制が，独立後も残ったことがあげられる。また，農村で急激に人口が増加した一方で，耕作地はほとんど拡大せず，さらに，もともと土地をもっていた少数の大規模農家が，機械化の進展でより多くの農地を所有するようになり，土地をもっていなかった農家は農地を広げることが困難になったことなど，いくつかの理由が重なったことにある。そのため近年は，土地をもたない農家の数が増えている。

＊イギリス支配期に実施された土地所有・徴税制度

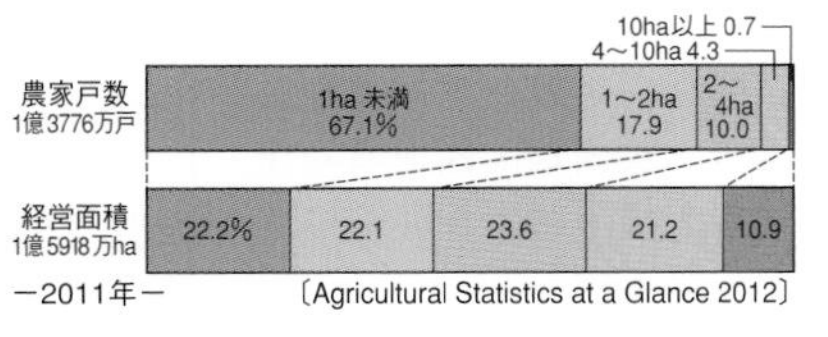

▶インドの経営規模別農家戸数と経営面積

④ 地域により異なる穀物生産

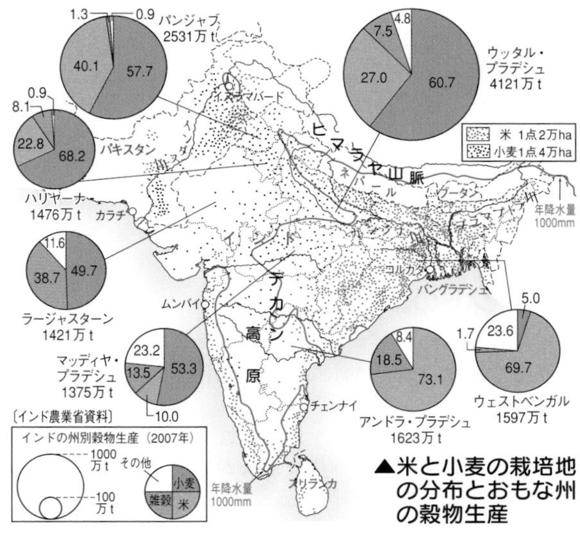

▲米と小麦の栽培地の分布とおもな州の穀物生産

インドの穀物生産は，降水量の多い東部・沿岸部における稲作，稲作には降水量が足りない北西部での小麦，雨量がさらに少ない西部・デカン高原における雑穀（ミレット）に3区分され，消費もこの地域的特徴を反映したものになっている。

インドでは経済成長とともに雑穀の需要が減退しており，その対応としてデカン高原などでは油脂作物への転換を進めてきた。しかし，国際競争力をもたないため，今後の輸入自由化で苦しい対応を迫られると予想されている。

5 インドの緑の革命と穀物自給

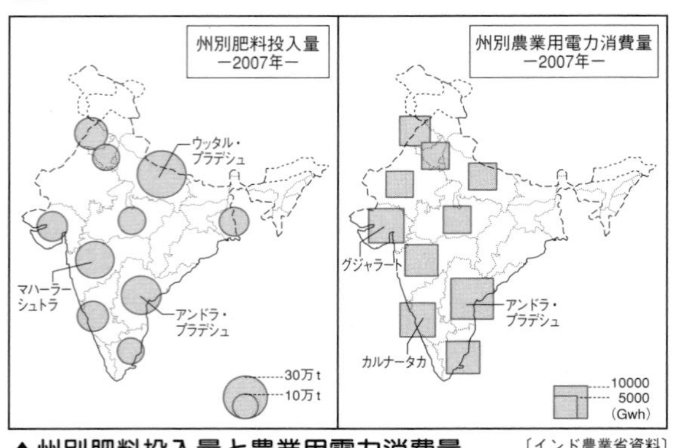

▲州別肥料投入量と農業用電力消費量 〔インド農業省資料〕

インドにおける**緑の革命**(→p.60)は，1950年代後半からの凶作と食料不足を機にはじまった。高収量品種が1960年代後半に小麦で，続いて米で導入された。そのうえ，食料公社が高価格で食料作物を買い上げた効果もあり，1972年には食料自給を達成し，その後は余剰を輸出できるほど増産に成功している。地域的には，耕地や農道，管井戸(管を刺した井戸)の整備と電化が進んでいた北西部で先行し，その後，南部の稲作地帯で推進された。現在は東部で着手されているが，灌漑の動力源である電力の供給が不安定なことが制約となっている。こうした地域間の格差を生んだことのほか，農民における階層間の格差拡大，管井戸灌漑による地下水の過剰汲み上げは，緑の革命への批判をよんでいる。

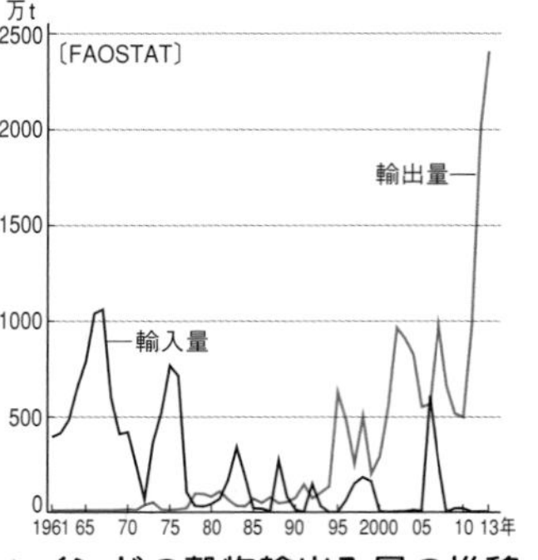

▲インドの穀物輸出入量の推移

トピック 食の近代化で変化するインドの農業

インドでは1980年代以降の高い経済成長に伴い，食生活も欧米風に変化しつつある。穀物の生産では，従来多く消費されていた雑穀が米や小麦に代わった。穀物以外の食用油，野菜，畜産物の生産も著しく伸びた。さらにもともと多く摂取されてきたミルク・乳製品の需要が伸びたため，おもに西部地域で酪農が振興され，**「白い革命」**とよばれる農村の変化が引き起こされた。食肉消費は伝統的には少なかったが，近年は鶏肉を中心に消費が伸びており，それに応じて生産も著しく増えている。

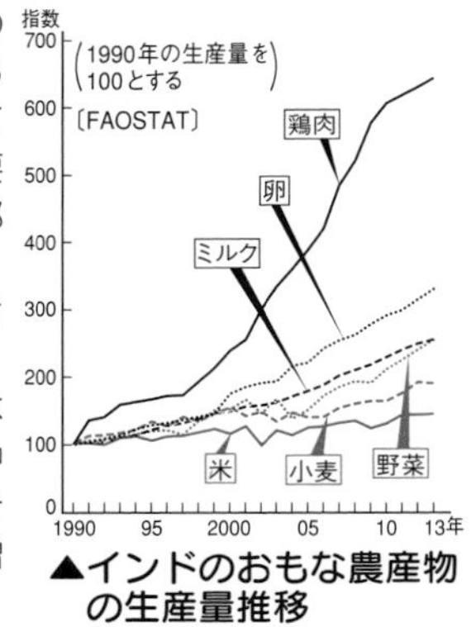

▲インドのおもな農産物の生産量推移

7 バングラデシュの農業

バングラデシュは農業地帯が大河のデルタ地帯に広がる。雨季には大部分が水没するため，作物の構成は土地の高度によって決まる。米の生産が圧倒的に多いが，緑の革命と灌漑の整備により，乾季に稲や小麦の高収量品種，油脂作物が導入された。梱包用の麻袋やロープに加工されるジュートは1980年代までは代表的な商品作物であったが，その後は減少傾向にある。

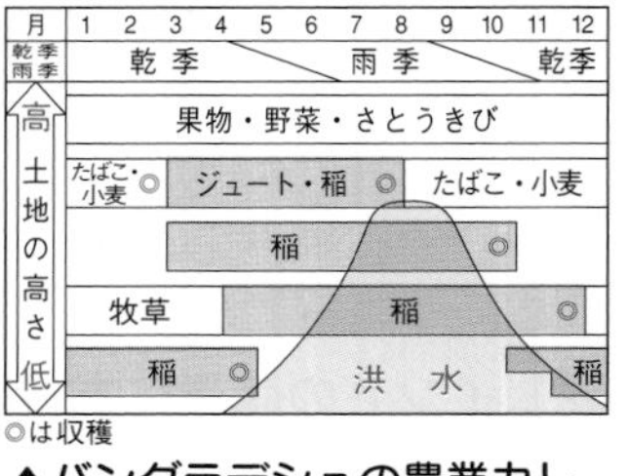

▲バングラデシュの農業カレンダー

▶ジュートの生産
〔FAOSTAT〕

6 インドの綿花栽培

綿花は北西部やデカン高原が古くからの産地である。なかでもデカン高原は，玄武岩が風化してできた，肥沃で保水力の高いレグール土が分布し，一大綿花地帯として知られてきた。しかし土地生産性では同地域は，パンジャブ州やグジャラート州などほかの主要産地，あるいは1990年代から生産を拡大するハリヤーナ州やアンドラ・プラデシュ州などに大きく差をつけられている。綿花の国際価格の低迷も加わり，デカン高原ではとうもろこしや大豆，生鮮野菜や油脂植物への転換も進んでいる。

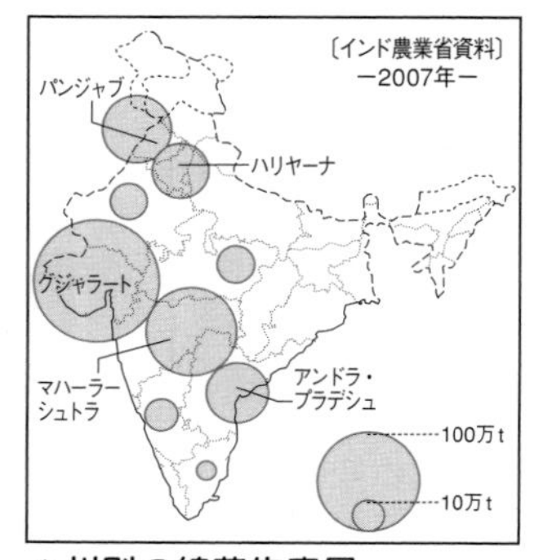

▲州別の綿花生産量

8 スリランカの農業

スリランカの農業生産は，1年に2回の雨季があり降水量が多い南部と西部に集中する。水稲の二期作のほか，紅茶，ゴム，ココナッツのような植民地時代以来のプランテーション作物が主要輸出品となっている。

一方，北部と東部の乾燥地域は，稲作に不向きで焼畑農業が広範に営まれていた。20世紀に入ってからは，マハーウェリ・ガンガー水系開発に代表されるように，灌漑の整備と南西地域の住民の入植事業が長期的に進められている。

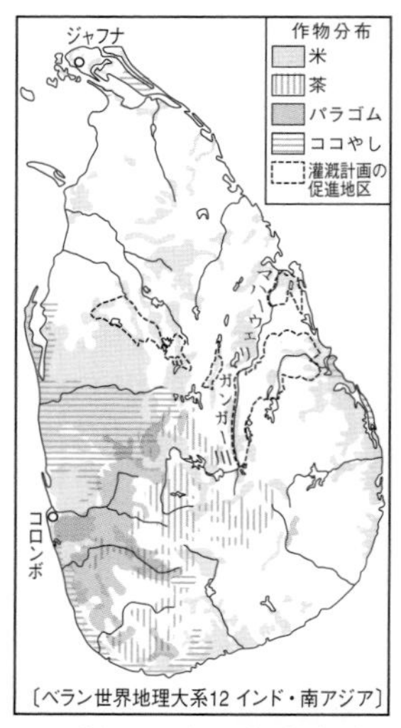

▲スリランカの農業地域

5 中央アジア・西アジアの農業

① 中央アジア・西アジアの農業地域

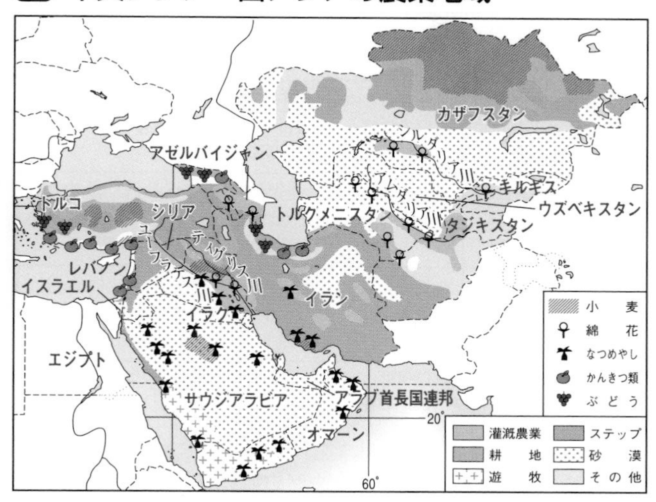

乾燥地域が広がるため，水が得にくい地域では遊牧や家畜の放牧が中心である。しかし，外来河川の流域では灌漑を行い，小麦，なつめやし，綿花などが栽培されている。また，山岳地域から地下水路を設けて灌漑を行っている地域もある。

水獲得の多寡		
多	灌漑農業	乾燥地域の農業は，灌漑によって成り立っている河川の水や湧水を利用し，なつめやし，綿花などを栽培している。
↑	乾燥農法	降水量の比較的多いトルコ中央部からイラン南東部にかけて展開される。小麦などを栽培する(→p.58)。
↓	遊牧	灌漑ができない西アジアの地域では遊牧が行われている。羊ややぎ，らくだを連れて草の生長にあわせて移動し，成長した家畜を市場などで取引して現金収入を得る。
少	砂漠	オアシスを除いて農業はみられない。

② イランの農業　参照 p.242

イランの国土の大部分は乾燥気候のもとにあり，降水だけで農業を営める地域は少ない。イラン高原などにおいては，山岳地域では冬の積雪が春に融水となるが，多くは伏流水となって流れる。山麓の扇状地に湧き出す地下水を水源として，地下に水路を掘って平地まで導き，耕作することが多い。このような地下水路は，イランでは**カナート**，北アフリカでは**フォガラ**，アフガニスタンでは**カレーズ**とよばれる。

〔日本熱帯農業学会「熱帯農業の現実と課題」〕

（雨量極少の場合　塩湖 ↕ 砂漠）　標高↑

	低湿地	永久草地	平地	平地	山麓緩傾斜地	山腹急傾斜地	山頂部
地下水中の塩類濃度	極高	高	中	低	低	低	低
塩類集積	大	中	小	微	なし	なし	なし
地下水位（排水）	高（不良）	中（やや不良）	低（良）	低（良）	低（良）	低（良）	低（良）
農業利用	不毛	放牧	灌漑農業		乾燥農法		耕地外（放牧）
栽培作物	なし	なし	大麦，小麦 てんさい 綿	野菜，果樹 小麦，たばこ てんさい アルファルファ	小麦	小麦	なし

▲イラン内陸部の地形と土地利用

コラム　砂漠の民ベドウィンと遊牧

アラブ諸国の遊牧民は，ベドウィンという名で知られている。この名前は，アラビア語で砂漠に住む者という意味のことばである「バドゥ」に由来する。

ベドウィンの人々は，水場の周辺で牛や羊，やぎを飼育する。また，より乾燥したルブアルハリ砂漠やサハラ砂漠などでは，比較的長い間，水分の補給をしなくても活動できるラクダを遊牧している。

近年は移動の際に自動車を使う人々も多い。政府が遊牧民に定住をすすめる政策を採っているので，都市に住む人や，牧畜以外の職業に就く若者が増えている。

③ 中央アジアの農業の変化　参照 p.51,217

カザフステップはソ連時代からの穀物生産地域である。小麦のほか，綿花やてんさい，じゃがいもなどが栽培され，羊の放牧もさかんである。

1950年代，ソ連は食料増産のために中央アジア地域で大規模な未開地開発を行った。また，アラル海南東部の河川(アムダリア川やシルダリア川)流域で灌漑開発を行い，綿花栽培が増えた。しかし，のちにアラル海の面積が縮小するという問題がおきている。

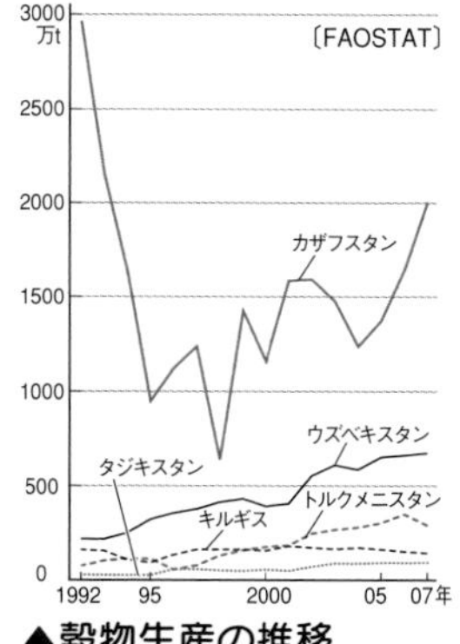

▲穀物生産の推移

④ サウジアラビアの近代的な農業

サウジアラビアは，国土の大部分が乾燥地域であるために耕地が少なく，食料の輸入国であった。そこで食料自給をめざした農業政策を採用し，**センターピボット方式**(→p.90)の灌漑を導入するなどして，穀物や野菜の生産量を著しく増加させた。また畜産業も，空調完備の畜舎を設けるなどして発達してきた。

深刻な水不足により，2016年から小麦の生産が中止となったが，その後政策は流動的となっている。

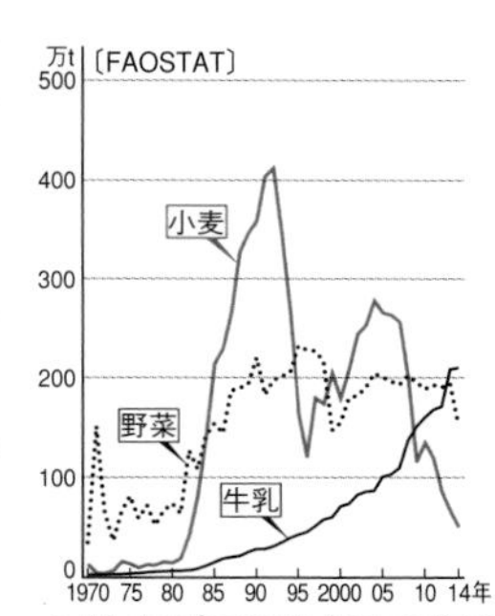

▲サウジアラビアの牛乳，小麦，野菜生産の推移

6 アフリカの農業

① アフリカの農業地域

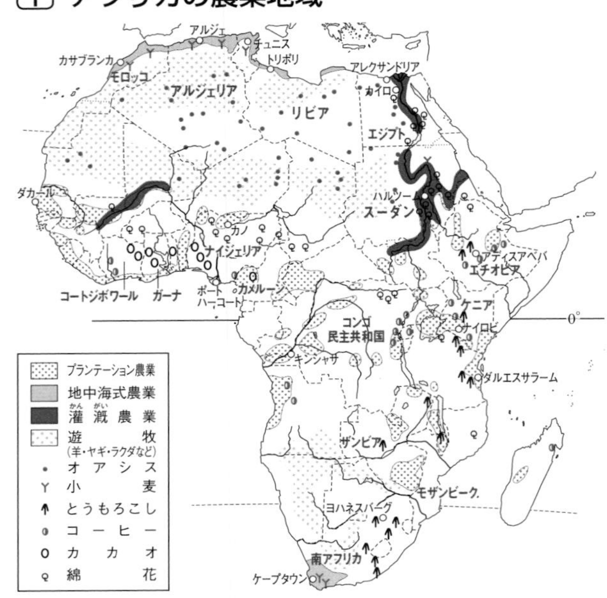

気候条件	生業形態	おもな作物と農耕方式
ステップ	遊牧，オアシス農業	ラクダの遊牧。商品作物はなつめやし，綿花など。
乾燥サバナ*	定着農耕と家畜飼育の混合	耐干性作物（ソルガム，しこくびえなど）。干ばつ時には家畜（おもに牛）を売って食料を購入。
湿潤サバナ*	定着農耕	とうもろこし，キャッサバ，豆類などを混植して，干ばつの被害を回避。家畜はやぎなどの中小家畜。
熱帯雨林	焼畑による定着農耕	バナナ，キャッサバなどの通年栽培。ツェツェバエの媒介する感染症がおこりやすいため，牛の飼育は困難。

＊サバナは，年降水量1000mm前後を境に，乾燥サバナと湿潤サバナに細分される。

▲気候条件と生業形態

アフリカでは，全体として粗放的な**自給的農業**が多くみられるが，地域の気候や歴史的経緯によって特徴的な農業がみられる地域もある。

ギニア湾沿岸などを中心に，熱帯地域ではコーヒーやカカオなどの**プランテーション農業**が展開されている。また，地中海性気候である北アフリカの地中海沿岸とアフリカ南端の地域では，**地中海式農業**が展開されている。さらに，乾燥地域ではラクダなどの**遊牧**がみられるが，ナイル川のような**外来河川**の流域では**灌漑農業**が行われている。

② 自給的作物の生産

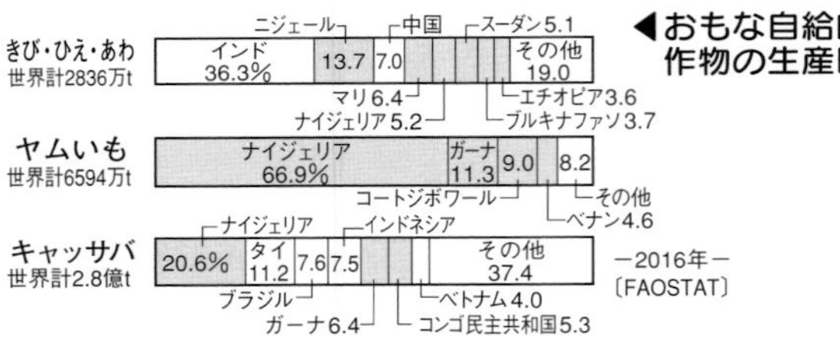

◀おもな自給的作物の生産国

きび・ヤムいも・キャッサバなどは国際取引量が少なく，自給的作物の性格が強い。生産上位国にはアフリカ諸国が多い。

③ スーダンの遊牧

参照 p.59④

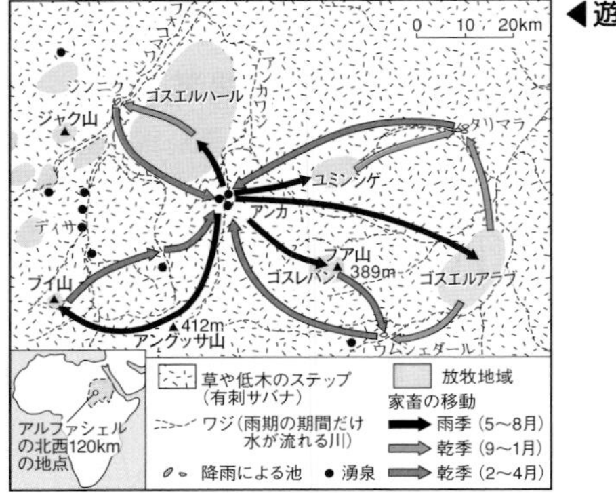

◀遊牧民の移動

家畜とともに移動する遊牧民の移動経路は，毎年決まっている。図はスーダン西部の遊牧民の1年間の移動経路である。雨季のはじめに**オアシス**を後にした遊牧民は，周辺の放牧地を水と草を求めて転々とし，いよいよ家畜が草を食べつくすころにオアシスに戻る。

④ プランテーション農業

参照 p.67④，250

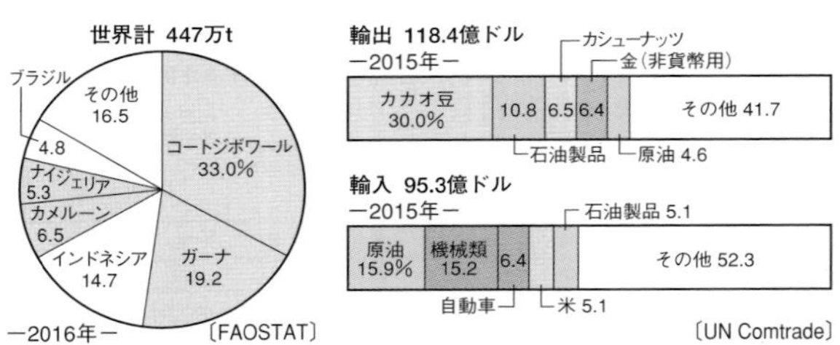

▲カカオ豆の生産　▲コートジボワールの貿易

プランテーション農業とは，輸出用の商品作物を大規模に栽培する企業的農業のことである。アフリカではサハラ以南の諸国に多い。代表的な例としては，ガーナのカカオ豆，コートジボワールのカカオ豆や落花生，エチオピアやケニアのコーヒーなどがある。

これらの発達は，植民地時代に，欧米の企業が資本や技術を提供し，大規模な農園で，現地の労働力を低賃金で雇い，特定の作物のみを単一栽培したことにさかのぼる。独立後は欧米資本は撤退し，経営主体は国や現地資本に移ったが，経営形態はいまだに残っている。

現在でもプランテーションで生産された農産物は，各国の輸出品のなかで大きな割合を占めている。そのため，農産物価格の国際変動が，一国の経済全体に大きな影響を与える事態が，しばしば生じている。

7 ヨーロッパの農業

① ヨーロッパの農業地域

ヨーロッパの農業は，休閑を利用する**二圃式農業**をさらに発展させた**三圃式農業**が起源である。農耕と牧畜との結びつきが強く，産業革命後の食料需要の増大や流通の発達によって，農業形態はさらに分化していった。気候や市場などの条件から，**混合農業**・**地中海式農業**・**酪農**・**園芸農業**に大別される。

ヨーロッパの各国は，EUによる共通農業政策のもとで，農業の保護と振興をはかってきた。しかし，過剰生産や補助金による財政の悪化，貿易の自由化を求める外圧などによって，改革を進めている。

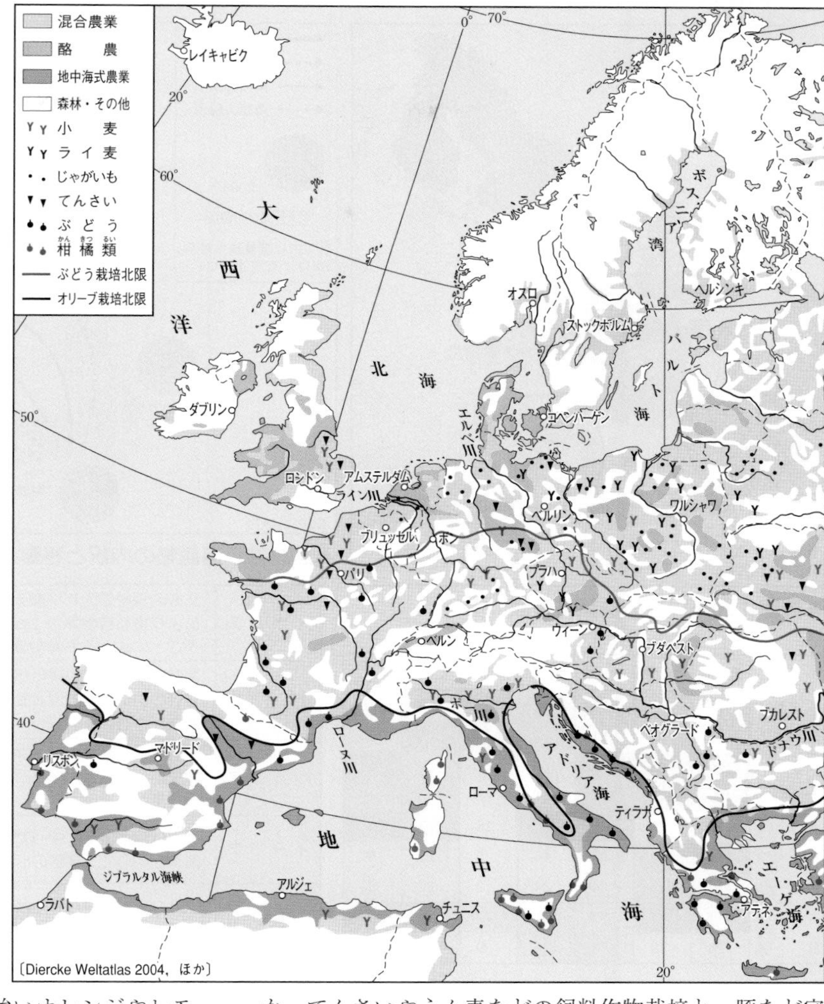

② 自然環境にあわせて営まれる農業

ヨーロッパは暖流の北大西洋海流と温暖な空気を運ぶ偏西風の影響を受け，高緯度にありながら農業に適した気候環境になっている。地域ごとに異なる自然環境に対応して，特徴ある農業が営まれている。

イタリアやスペインなどの地中海沿岸では，地中海式農業が発達している。地中海性気候に対応して，高温で雨の少ない夏に，乾燥に強いオレンジやレモンなどの柑橘類，ぶどう，オリーブなどを，冬には温暖で雨の多い気候を利用し小麦を栽培している。

ヨーロッパ北西部など西岸海洋性気候の地域や，亜寒帯に属すヨーロッパ東部では，混合農業が広範にみられる。そこでは小麦・ライ麦・じゃがいもなどの栽培のほか，てんさいやえん麦などの飼料作物栽培と，豚など家畜の飼育を組み合わせている。

一方，冷涼で穀物栽培に適さないドイツ北部やデンマーク，イギリスやスイスなどの山岳地域では，乳牛の飼育と乳製品の加工を行う酪農が発達している。アルプスでは移牧もみられる。

▼ヨーロッパの農業区分

	自然条件	社会的条件	おもな作物・家畜	栽培・生産の特色
酪農	大陸氷河の影響を受けた低地とアルプス山脈。降水量は季節による変動が小さい。冷涼だが牧草の生育に適する。	高度に発達した産業を背景に発達。消費水準の高い都市向けの商品作物を生産。それだけに機械化も進み，労働生産性・土地生産性がともに高い。EUの共通農業政策によって，経営規模の拡大合理化を進めている。地中海式農業は全般的にやや停滞気味。	牧草・大麦・えん麦など。牧草地には放牧地と採草地がある。家畜は乳牛中心。	チーズ・バター・生乳などの乳製品。牧草や家畜の品種改良などの技術発達(アルプスでは移牧)。
混合農業	やや内陸部の丘陵性地形に発達。降水量は季節による変動が小さい。冬作物の栽培も可能。		飼料用作物(酪農と同じ)，食用作物(小麦・ライ麦)，肉牛，豚・乳牛も飼育。	家畜はハム・ベーコンなどの肉製品に加工。パリ周辺部では穀物生産の比重が高まっている。
地中海式農業	地中海沿岸の山腹傾斜面。夏(高温期)に乾燥，降水の大半は冬である地中海性気候。		冬作の小麦。耐乾樹木作物のオリーブ・ぶどう・柑橘類。家畜は羊・やぎ(移牧)。	ぶどうはワインに加工。イタリア北部では灌漑によって稲作可能で，ほかの作物と組み合わせる。
園芸農業	北海に面するオランダの砂丘地帯を中心に温室で栽培。		主力はきゅうり・レタス・トマト。ほかに球根を中心とする花卉類。	野菜も花卉もヨーロッパを市場とするが，北米に空輸される生花もある。

(3) 各国の農業事情

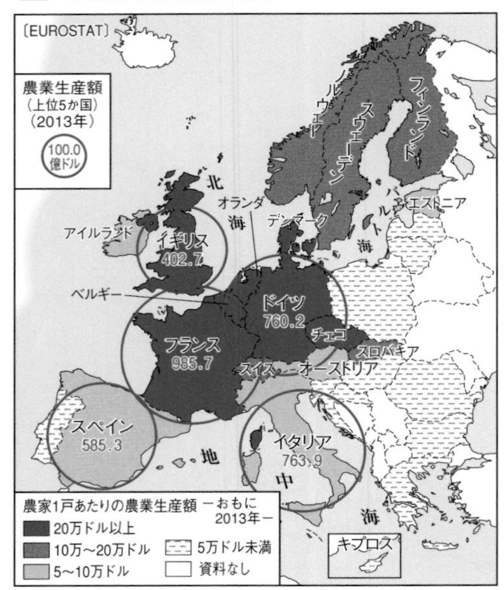

▲農家１戸あたりの農業生産額

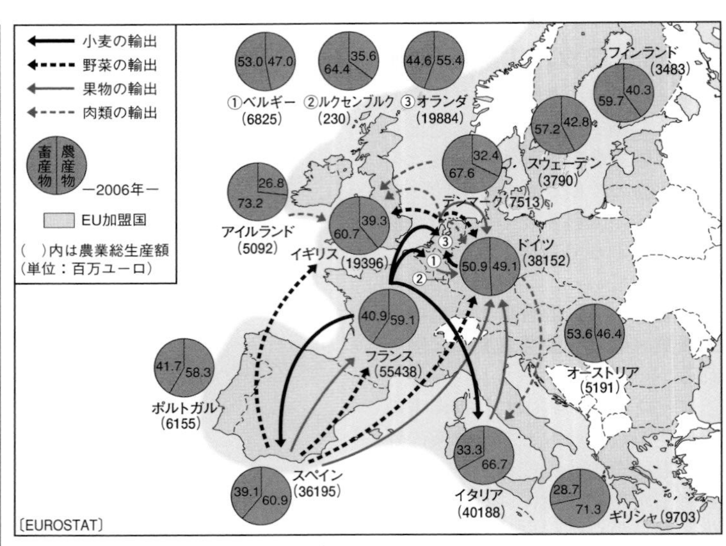

▲農産物・畜産物の内訳と移動

	全穀類	小麦	いも類	野菜類	果実類	肉類	牛乳乳製品
イタリア	76	61	54	136	108	79	66
スペイン	73	72	61	175	135	128	75
フランス	176	179	127	78	62	102	128
ドイツ	103	124	124	41	28	113	119
オランダ	14	22	200	290	28	207	200
イギリス	101	110	87	40	5	69	81
スウェーデン	110	103	74	34	3	67	85
アメリカ	118	171	93	91	77	114	104
日本*	28	12	76	79	39	55	64

＊日本のみ2013年のデータ

自給率 ―2011年― 120%以上 100〜120 50〜100 50%未満

▲おもな国の品目別自給率 〔平成25年度 食料需給表〕

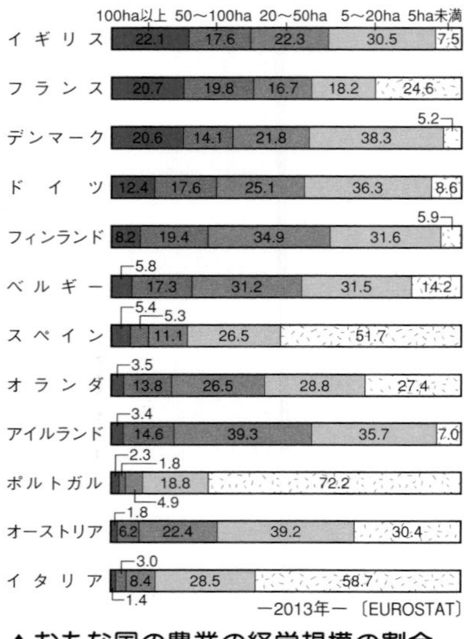

▲おもな国の農業の経営規模の割合

イギリス	比較的規模の大きな農業経営が行われている。かつてEUの共通農業政策により食料自給率が上昇した。EUを離脱し，あらたに自由貿易協定を結ぶことによって活発な農産物の流通が期待されている。
ドイツ	農業の経営は中規模だが，生産性が高い。家畜飼育と作物栽培が有機的に結びついた商業的混合農業がさかん。ハムやソーセージなどの畜産製品の製造が中心。
フランス	EU最大の農業国。EU共通農業政策の恩恵を最も受けてきた国。EUの財政圧迫による共通農業政策の見直しが進められており，見直しへの反対運動が最も大きい。
イタリア	北部は混合農業が中心で，ポー川流域では稲作もさかん。南部は地中海式農業が中心で，果実のほかにも灌漑地域における野菜栽培がさかん。
デンマーク オランダ	冷涼な気候を生かした酪農が中心で，乳製品の輸出が多い。オランダでは園芸農業が，デンマークでは畜産もさかん。
ギリシャ スペイン ポルトガル	地中海式農業の地域であり，ぶどうやオリーブを中心とした果樹栽培がさかん。ドイツやイギリスなどへの果樹や野菜の輸出が多い。
ノルウェー スウェーデン フィンランド	国土の多くを森林が占めており，林業がさかん。ノルウェーはにしん・たら漁を中心とするヨーロッパ有数の漁業国。
東欧圏	混合農業が中心であるが，西ヨーロッパと比較して作物栽培の比重が高く自給的色彩が強い。ポーランドなどの北側の地域では，寒冷な気候に強いライ麦の栽培が多い。ブルガリアはばらの栽培で知られている。

ヨーロッパ諸国の農業の経営規模には著しい格差がみられるが，これは各地の自然環境，主力となる農産物，文化，離農の進展，農業政策のあり方と関連づけて説明できる。

地中海沿岸諸国では，5ha未満の経営規模農家が半数を占める。これは果樹など労働集約的な農産物が多いことに加え，相続時に等しく分け合う慣行(均分相続)による土地の細分化，農業人口の多さなどが背景にある。

イギリスやフランス，デンマーク，フィンランドなど北西ヨーロッパの国々では，20ha以上の農地を経営する農家が50%前後を占める。これらの地域では小麦や畜産など広い農地を活用する作目が卓越しており，農家は経営規模の拡大で労働生産性を高めようと努力し，政府もそれを積極的にうながしている。

一方，オランダのように，園芸農業など，土地あたりの収益性が高い部門を抱える国では，経営面積はそこまで大きくないが，1人あたりの農業生産額は高い。

EUとしては，生産性の向上は農産物の統一価格の低下につながるため，これを推進する意向である。したがって，経営規模の拡大や農業技術向上のためのプログラムを準備し，農業の構造改革をめざしている。

4 ＥＵの農業政策

（1）共通農業政策（CAP：Common Agricultural Policy）

①共通市場政策 ……	域内の市場を統一した形の価格政策をとる。
②共同農業財政 ……	農業関連財政を共通基金から支出する。
③統一構造政策 ……	農業構造改善の方向に関して共通の目標をもつ。運用は各国にまかせる部分が大きい。

▲共通農業政策（CAP）の理念

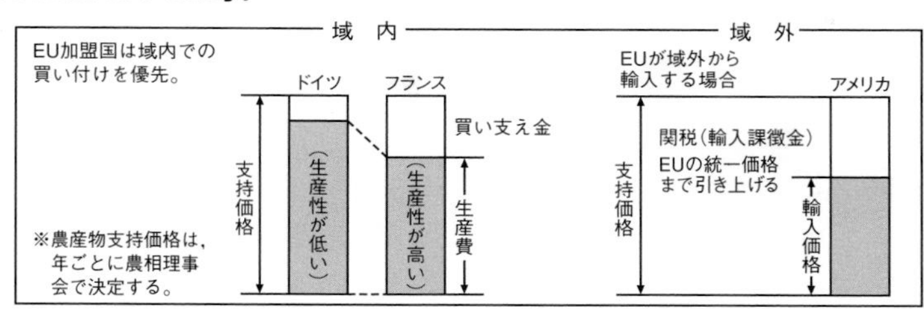

▲EUの共通市場政策（小麦の場合）

EUは，前身である**ヨーロッパ経済共同体（EEC）**時代から**共通農業政策（CAP）**を設け，域内の農業を保護するために多額の補助金を配分してきた。共通農業政策はおもに上の3項目からなる。

このうち共通市場政策は，支持価格（域内の農産物ごとに定めた統一の価格）を設定したものである。EU加盟国で生産された農産物に対して，市場価格が支持価格を下回った際には，EUの機関が支持価格で買い支えることで，生産・流通の拡大を進めている。一方で，EU以外の地域から輸入される農産物に対しては輸入課徴金（関税）を課し，支持価格にまで引き上げたうえで域内に流通させる。輸入課徴金で得られる収入の一部はEUの財源となっている。このほかに，EUから域外に輸出される穀物や砂糖などの農産物には，国際価格と域内価格の差を補塡（ほてん）し，国際市場での競争力をもたせている。

支持価格は，域内の生産性の低い地域を基準に，高めの水準に定められるため，EU加盟国の農家の生産意欲を刺激するとともに，各地の農産物の品質を引き上げた。一方で，過剰に生産されるようになり，多額の財政支出の原因となってEUの財政を圧迫するようになった。

（2）共通農業政策（CAP）の見直し

共通農業政策は，「バターの山」「ワインの池」とよばれる農産物の生産過剰に早くから直面していた。これに伴い財政負担も増大し，1985年には農業部門の予算が，EU予算全体の75％を占めるほどになっていた。このため1980年代から，過剰農産物の無制限な買い取りをやめたほか，過剰農産物の処理費用の一部を生産者の負担としたり，生産枠を設け生産調整を強化するなどの対応を行ってきた。しかしそれだけでは十分な改善効果が得られなかったところに，農業生産を刺激する政策を削減しようとする国際機関（ウルグアイ・ラウンド交渉）の動向もあり，1992年に共通農業政策の改革がはじまった。

支持価格
直接支払い
支持価格
直接支払い
支持価格
農村開発
直接支払い
支持価格
～1991年　1992年改革　1999年改革　2003年改革

▲改革の変遷

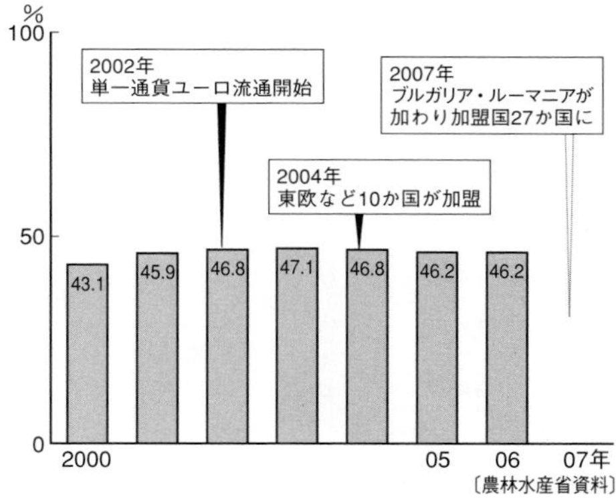

▲EUにおける農業関連予算の割合

このときの内容が，農産物の支持価格を引き下げ，その分を「直接支払い」，すなわち，長期的には農業生産と切り離した形での補助として，農家に補塡するというものであった。

1999年には，「**アジェンダ2000**」というEUの財政改革プログラムが合意されたが，その焦点となったのもやはり，共通農業政策の見直しであった。このときは支持価格をさらに引き下げる一方，直接支払いの単価を引き上げた。また，条件面で不利となる地域への対策や農業環境政策などのプログラムに重点をおくことで，地域の人口水準や農業景観の維持を，農業生産を刺激しないやり方で行う方途を示した。

中・東ヨーロッパ諸国のEU加盟直前の2003年に合意に達した共通農業政策の改革は，基本的にはアジェンダ2000で意図した方向を強化したものである。その内容は，酪農製品や米についてさらに支持価格を下げたほか，直接支払いについても段階的に削減を盛り込んだ。逆に農村開発については，対象分野や予算を拡大している。

この結果，東ヨーロッパの新規加盟国など，農業基盤が脆弱な地域に農業振興補助金が支給されるようになった。一方，これまで生産の合理化を達成し，支持価格との差で補助金を得てきていたフランスやドイツなどは，現行の仕組みでは補助金を受けにくい。そのため農家の間に危機感が高まり，デモも行われている。

5 各地の農業

（1）フランスの農業

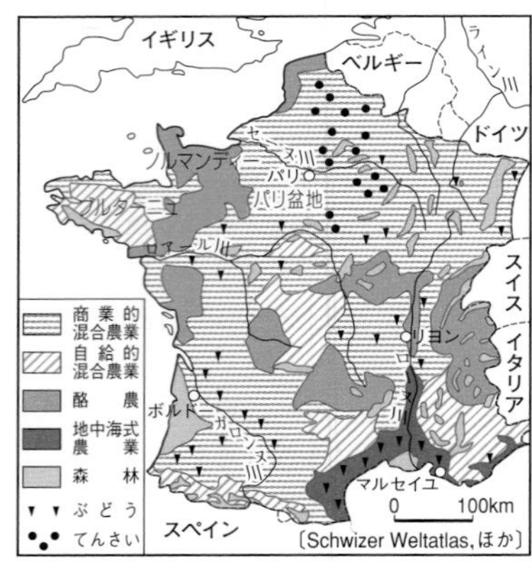

▲フランスの農業地域

フランスの農業は自作農による商業的**混合農業**を主体としているが，地中海沿岸やローヌ川，ガロンヌ川流域にはぶどうの専業経営がみられる。また，ノルマンディー地方やアルプス地方では酪農が中心となるなど，地方ごとに特色ある農業が営まれている。

地域によって経営規模の違いが大きいことも特徴の一つである。ブルターニュ地方や南フランスには山がちな地形のもと，零細な農場が多い。これに対して北部のパリ盆地では，借地で規模を拡大し，雇用労働力と大型機械を使用する，小麦中心の大規模な企業的農業が発達している。

▼ヨーロッパのワイン・チーズ

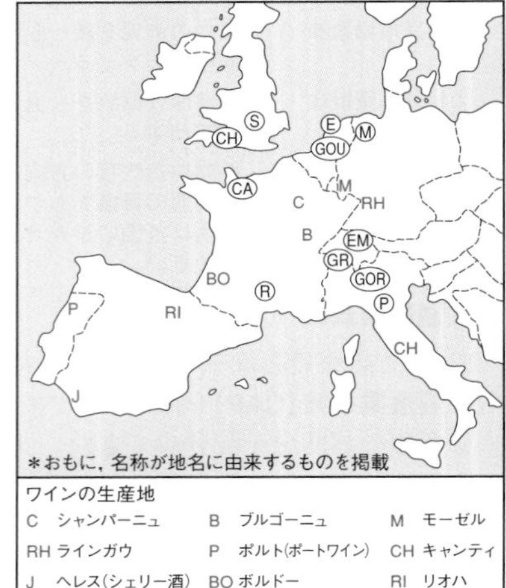

フランスの農業政策　フランス政府は，共通農業政策を導入する以前の1960年から，競争力の高い農業をめざし，経営規模の拡大をはかってきた。賃借人の権利が強く保護されたため農地の賃借が進み，2003年には70%をこえる農地が小作地となっている。

（2）ドイツの農業

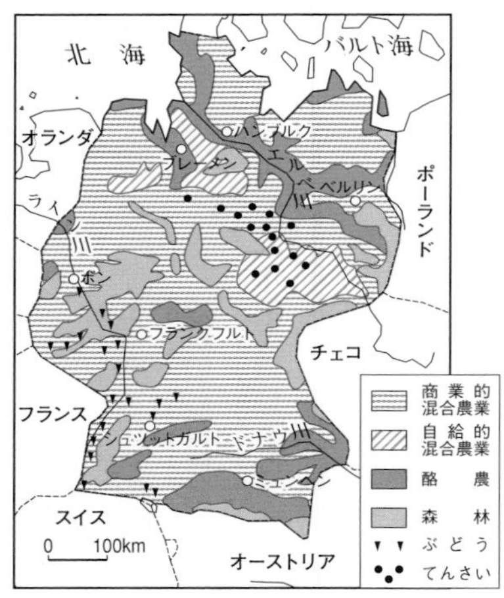

▲ドイツの農業地域

ドイツの国土は氷食の影響を受けたため，肥沃度が地域ごとに大きく異なる。北部の海岸沿いや南部・中部高地など，土壌・気候条件にめぐまれない地域では，酪農・肉用牛飼育が多くみられる。中部は肥沃な**レス**（→p.37）堆積地が分布し，小麦・てんさいを基盤にした混合農業が展開されているが，経営規模は零細で，イギリス・フランスと比べると競争力が弱い。ライン川やモーゼル川の流域では，肥沃な土地と温暖な気候を背景に，ぶどう栽培とワイン生産がみられる。旧東ドイツ地域を中心とした東部は，平坦な地形でライ麦などの穀物・じゃがいも・飼料作物と畜産の複合経営が多いが，社会主義時代に機械化や土地改良が遅れ，土地生産性が低い。

ドイツ北西部の農業　ドイツ北西部に広がる北ドイツ平原は，氷河による侵食を受けた**ハイデ**とよばれるやせた土地が広がり，自給的な貧しい農業地帯であった。19世紀以降に化学肥料の投入や土地改良が行われ，農業生産性が向上した。最北部の北海沿岸では，都市に近接していることから，低湿地の自然草地や干拓地での飼料生産を利用した酪農が展開した。　参照 p.15③

（3）東ヨーロッパの農業

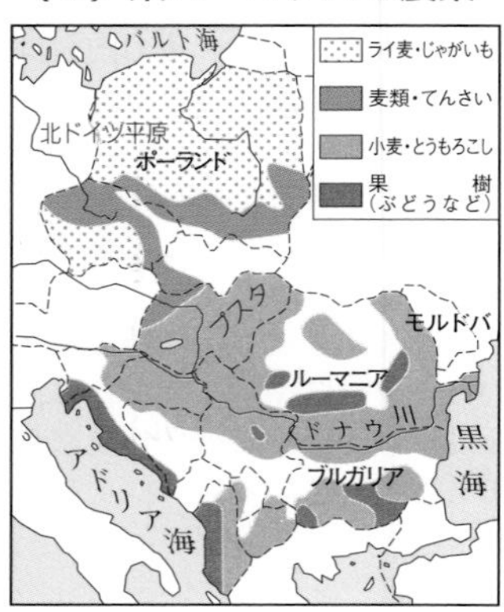

◀東ヨーロッパの農業地域

社会主義体制の崩壊後，東ヨーロッパ諸国では農地の私有化が進められた。社会主義政権成立以前に個人が所有していた農地の多くは，元の所有者に返還された。また国営農場や集団農場の土地などの資産は労働者に配分され，形式上の所有権は個人に移された。しかしこれらの私有化された農地は，依然として大規模農場として経営が継続されている場合が多い。このため農地の私有化後も，農業生産に占める大規模農場の割合は高いままである。

コラム　商品作物の栽培

気候の温暖な東ヨーロッパ南部の国々は，灌漑施設の充実もあって，果実や野菜類のほか，たばこ・ひまわり・ばらなどの**商品作物**の栽培がさかんである。

とくにブルガリアは香水用のばらの生産で知られる。ローズオイルの生産量は，トルコとともに，世界のおよそ4割を占めている。

8 ロシアと周辺諸国の農業

① ロシアと周辺諸国の農業地域

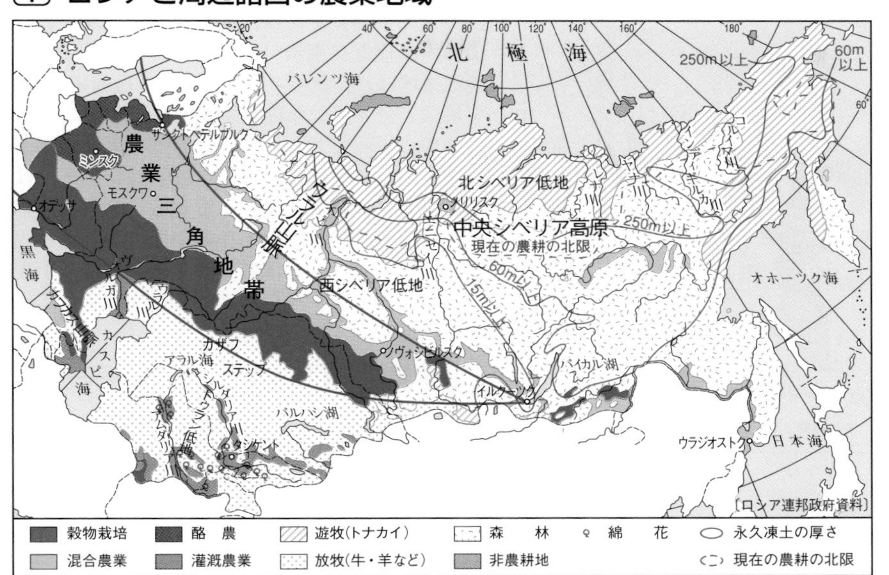

ロシアは全体として温度や降水量，土壌において，農業には不利な条件にある。モスクワを中心とする地域では**混合農業**，その南部に広がる**黒土**地帯では小麦などの穀物栽培，シベリア中央部では**タイガ**の森林開発，北部では**トナカイ**の**遊牧**がみられる。ソ連時代には社会主義体制下で，**コルホーズ**(集団農場)や**ソフホーズ**(国営農場)とよばれる組織による集団農業が行われていた。現在では解体し，企業や組合，個人による農業へと変わった。

参照　p.59④，p.62④(2)

農業地域	自然条件	おもな作物・家畜	おもな地域
放牧地域	ツンドラ	トナカイ	北シベリア
混合農業・酪農地域	混合林・タイガ 低温で冷涼な気候	ライ麦・大麦・えん麦・じゃがいも	東西シベリア・極東ロシア・ヨーロッパロシア
小麦地域	肥沃なチェルノーゼム	冬小麦・春小麦	ウクライナ・西シベリア
牧羊地域	ステップ	羊・ヤギ	中央アジア
綿花地域	砂漠の灌漑地域	綿花・米・野菜	アムダリア川・シルダリア川流域
地中海式農業地域	地中海性気候	花卉(かき)・ぶどう・柑橘(かんきつ)類	黒海沿岸

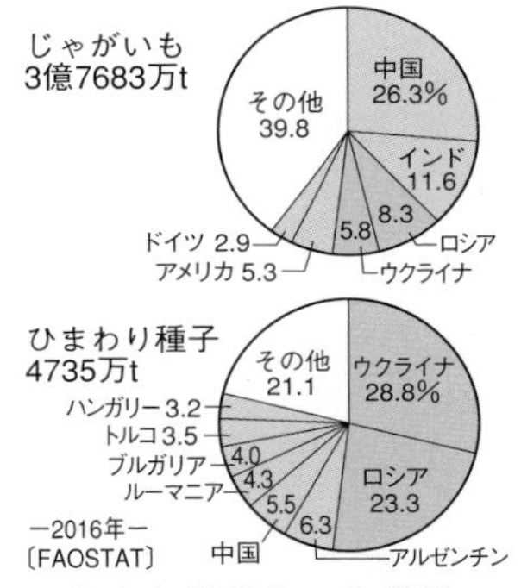

▲おもな農産物の生産国

② 穀物生産の推移

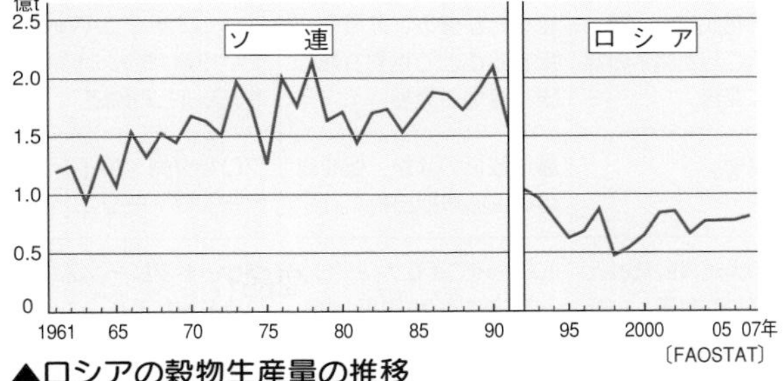

▲ロシアの穀物生産量の推移

ソ連時代の穀物生産は，豊凶の変動が大きかった。そのうえ，競争力の低い畜産を振興したことで大量の穀物飼料を必要としたため，ソ連は恒常的な穀物輸入国となっていた。ソ連が崩壊して市場経済となると，ロシアは穀物の輸出国となった。これは，国内の畜産業が衰退して輸入畜産品に依存する一方で，競争力のある穀物が輸出向けに生産されたことによる。

③ 経営形態の割合

体制崩壊後のロシア農業には，3種類の農業経営形態がみられる。「**農業企業**」は，社会主義時代の集団作業を引き継ぐもので，大型機械を利用して生産する穀物やてんさい，ひまわりなどで主要となる一方，収穫作業に多くの労働力が必要な野菜やじゃがいもの生産からは撤退した。これらをになうのが「**個人副業経営**」で，土地保有制限の撤廃により経営規模を拡大しているが，元来小規模で自給的性格が強く，市場向けの生産は限られている。このほかに，集団作業を嫌う者による「**農民(フェルメル)経営**」が新たに登場し，市場向けの生産を行っている。ほとんどは家族経営だが，なかには雇用労働力を用い，経営規模が数千haに達する農民経営も登場している。

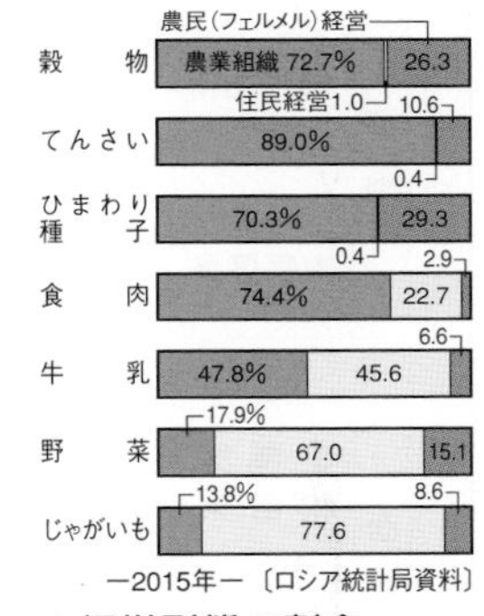

▲経営形態の割合

9　アメリカ・カナダの農業

1　アメリカ・カナダの農業地域

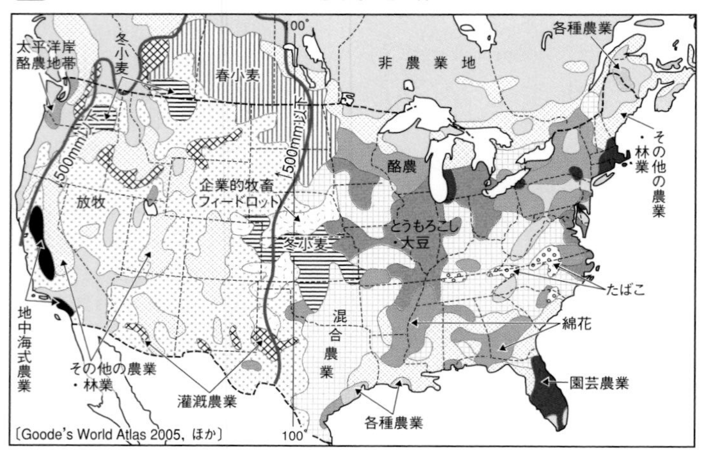

アメリカやカナダは，**適地適作**を行うことにより，多様な農産物で世界有数の生産量を誇る。農業地域は，大陸の中央を縦断する西経100度線を境に二分する。年降水量500mmの等値線がこの経線に沿っており，アメリカでは東側が湿潤な畑作地帯，西側は乾燥した放牧地帯，または灌漑農業による穀倉地帯が広がる。北東部の都市域周辺では酪農や近郊農業が発達し，その周辺にはとうもろこし地帯，各種農業地帯，小麦地帯，放牧地帯がみられるが，作物生産は多様化し，混在してきている。

用語　適地適作

その土地の自然条件や社会条件に最も適した作物を栽培すること。自然条件を生かす栽培方式のため，生産費や労働力を最小限に抑えることができる。

2　アメリカ・カナダの地域別の農業

＊春小麦も多い

		農業地域	自然条件	社会条件	おもな作物・家畜	栽培・生産の特色	おもな地域
アメリカ	北東部	酪農地帯	氷食を受けたやせた土壌。牧草・飼料作物の生育には適する。	北東岸の大都市市場。内陸部から安い商品が供給され穀物の割合低下。	酪農地帯東部では牛乳，中部ではバター，西部ではチーズの生産が多い。	50ha以上の経営。搾乳機などの機械の普及。舎外飼育は4～10月(半年)。	ニューイングランド地方，五大湖西岸(ウィスコンシン州など)
アメリカ	中西部	とうもろこし地帯(コーンベルト)	夏の平均気温20℃以上，生育期間の月平均降水量100mm前後。プレーリー土か褐色森林土。	タウンシップ制を基盤にアメリカの典型的自作農が育った。現在は企業化が進行中。	とうもろこしと豚の飼育・肉牛の飼育を組み合わせた混合農業。大豆・えん麦と3年輪作。	おもに100～150haの経営農家が多い。近年は，飼料栽培と家畜飼育が分離する傾向にあり，経営規模の拡大が進んでいる。	アイオワ州・イリノイ州が中心
アメリカ	中西部	企業的穀物農業　春小麦	ロッキー山脈の東麓にあるグレートプレーンズからプレーリーにかけての肥沃な黒色土。年降水量500～600mm。	ヨーロッパ・北米東岸の都市市場での食料需要の増大。大陸横断鉄道の開通。	夏作(とうもろこし・大豆)と春小麦の輪作。	春小麦地帯では400ha，冬小麦地帯でも300haの大型機械による大規模経営。冬小麦地帯では借地による規模拡大，乾燥農法の発達。地下水位の低下。	ノースダコタ州・サウスダコタ州
アメリカ	中西部	企業的穀物農業　冬小麦			じゃがいも・牧草・とうもろこしとの輪作。		カンザス州・オクラホマ州・コロラド州・モンタナ州＊
アメリカ	南部	綿花地帯(コットンベルト)	北限：年200日の無霜日 南限：秋季降水量250mm以下 西限：年降水量250mm以上	イギリス綿工業の原料供給地として黒人奴隷使用のもとで発展。	近年，綿花から，大豆・とうもろこしと肉牛の混合農業に変容。	機械化が進み，灌漑を利用することで世界有数の綿花産地に発展。	ジョージア州・アラバマ州・テキサス州・ミシシッピ州・カリフォルニア州など
アメリカ	南部	園芸農業	亜熱帯気候 温暖湿潤気候	トラック・冷凍輸送の進歩による輸送園芸。	野菜・果実。	露地栽培のほか，促成栽培による早期出荷。	フロリダ州・ルイジアナ州・ヴァージニア州
アメリカ	西部	企業的牧畜業	グレートプレーンズを中心に年降水量500mm以下。	大陸横断鉄道の開通。近年，食肉需要の増大により飼育頭数も増加。	牛・羊の大規模飼育ととうもろこし，牧草，小麦など家畜飼料との複合経営。	1000頭をこえるフィードロットでの肉牛生産。繁殖，肥育，と畜・加工の3部門に分化。家畜飼料は，センターピボット灌漑での栽培が発達。	グレートプレーンズ(コロラド州など)
アメリカ	西部	地中海式農業	地中海性気候	トラック・航空機・鉄道により，東部大都市へ生鮮野菜類を供給。	牛肉などの畜産物・綿花の生産が比重を高め，野菜・果実の地位低下。	近代的灌漑設備，機械化。近年，地下水位が低下し，塩害が問題化。	カリフォルニア州(セントラルヴァレー中心)
カナダ		企業的穀物農業	アメリカの小麦地帯から続く肥沃な黒色土。年降水量250～500mm。	産業革命以後のヨーロッパでの食料需要の増大。大陸横断鉄道の開通。	春小麦が中心。企業的牧畜による肉牛の飼育も行われる。	大規模で機械化され，耐寒品種のガーネット種や乾燥農法を採用。	平原3州(マニトバ州・サスカチュワン州・アルバータ州)

③ アメリカの農業政策と農業経営の変化

アメリカでは1980年代までに農場の階層分化が生じ，農業構造が大きく変化した。市場競争に対応するため，それまで主流であった小規模家族農業経営から企業的農業経営への移行がはかられ，農業の「工業化」が進展した。

アメリカ農業といえば，大型機械による大規模かつ企業的農業や**アグリビジネス**を連想しがちだが，実際は家族経営が全体の9割弱を占める。一方で，これら零細農家の経営面積はわずかにすぎない。これまで，アメリカ農業をささえる多くの農家を保護するため，さまざまな農業保護政策が行われてきた。かつて，1996年農業法ではWTO農業協定に沿って自由化政策を進めたが，2002年農業法では国内農業の保護強化に転じた。これは，WTO交渉に逆行するものであり，各国との摩擦を生んでいる。 参照 p.68

農業法の内容	農業政策
1985年農業法 GATTウルグアイ・ラウンド農業交渉の妥結まで，アメリカの新戦略の基礎となった。	自由化 ↓
1990年農業法 85年農業法の枠組みを踏襲しつつも，財政支出を削減。	↓
1996年農業法 国内農業保護支出を削減し，自由化を推進するウルグアイ・ラウンド農業合意の路線に沿う。	↓
2002年農業法 財政的な制約が緩和。生産者に手厚い内容。	保　護 ↓

▲アメリカ農業法の変遷

年	家族経営または個人経営	共同経営	法人	その他
1982年	86.9%	10.0	2.7	0.4
1992年	85.9	9.7	3.8	0.6
2002年	89.7	6.1	3.5	0.7
2007年	86.5	7.9	4.4	1.2

▲経営形態の推移

◀平均経営規模の推移
〔USDA-NASS，ほか〕

④ アメリカの小麦栽培 参照 p.68，71

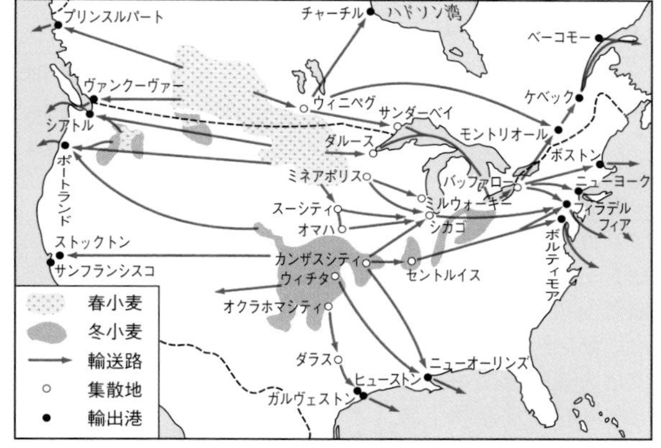

▲アメリカの小麦栽培地と小麦の輸出ルート

小麦の主産地は，西経100度線を中心として**グレートプレーンズ**から**プレーリー**にかけて分布している。南部の冬小麦生産の中心地は，アメリカ最大の生産を誇るカンザス州で，北部に広がる春小麦生産の中心地は生産量2位のノースダコタ州である。収穫は，小麦専門の収穫請負業者(コンバインクルー)が行う場合が多い。請負業者の多くは家族単位で，5月から9月までの収穫時期に合わせて生産地を北上し，契約農家の収穫を行う。広大な農地で自分の現在地や収穫の範囲を把握するため，GPSを用いるなどハイテク化が進んでいる。収穫された小麦は農協系，もしくは穀物会社の所有するグレインエレベーター(穀物貯蔵庫)に運ばれる。そこから鉄道で，西海岸や南部の都市，またはシカゴ経由で東海岸の大都市に輸送され，海外に輸出される。

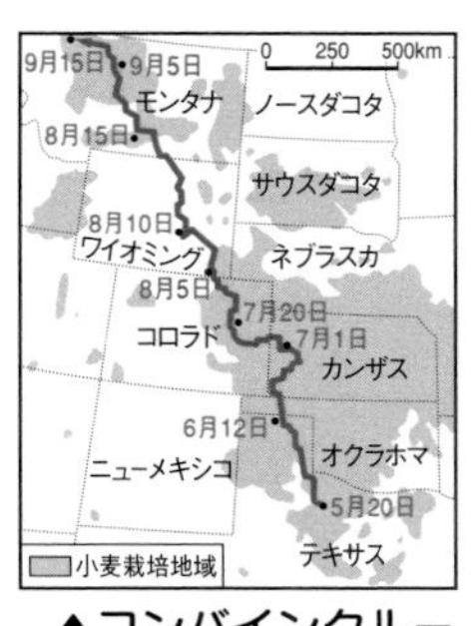

▲コンバインクルーの進路の例

⑤ コーンベルトでの農業 参照 p.69，72

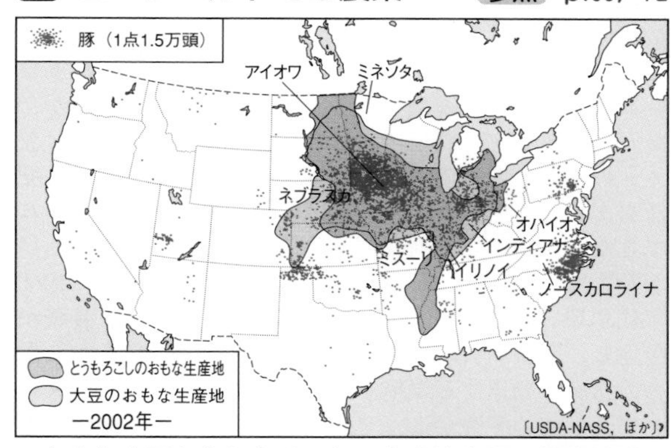

▲おもな大豆ととうもろこしの生産地と豚の飼育地域

コーンベルトは，アイオワ州とイリノイ州を中心とする中央平原に広がっている。この地域では，おもにとうもろこしと大豆の輪作と，豚や肉牛の飼育を組み合わせた混合農業が発達するが，飼料栽培と家畜飼育は分離する傾向にある。

2000年代に入り，国際市場において植物油の需要が増加したため，大豆の生産は拡大していた。しかし近年，バイオエタノール生産のため原料となるとうもろこしの需要が伸びており，大豆畑からとうもろこし畑への切り替えが進んでいる。取引価格の上昇に伴い，2007年のとうもろこしの作付面積は戦後最大となり，その連作障害が懸念されている。また，遺伝子組み換えとうもろこしの生産割合も急増している。

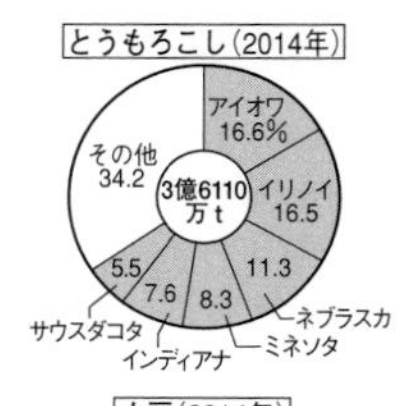

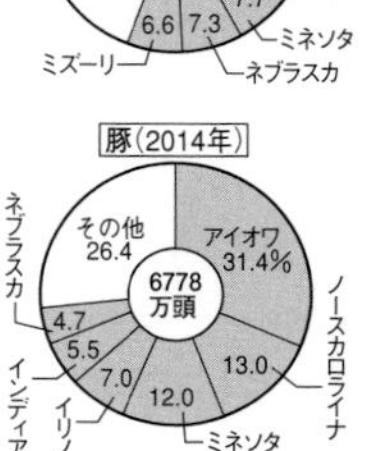

▲州別の農畜産物生産

6 アメリカの肉牛生産地の変化 参照 p.66

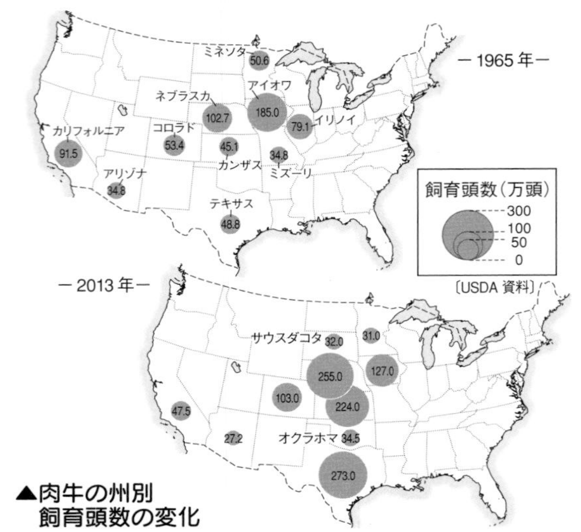

▲肉牛の州別飼育頭数の変化

アメリカは世界最大の牛肉生産国である。1960年代は西部での素牛生産，中西部での育成，コーンベルトでの最終肥育という分業体制が行われており，牛肉生産はおもにコーンベルトでさかんであった。現在，グレートプレーンズがアメリカ最大の牛肉生産地である。産地がグレートプレーンズ周辺に移動した背景には，アグリビジネスの存在と灌漑農業の発達，地下水の存在がある。肥沃なグレートプレーンズでは伝統的に小麦生産が行われてきたが，高需要で高収益を見込める牛肉への事業転換が穀物商社によって行われた。また，この地域では1960年代以降，地下水を利用した**センターピボット**灌漑が発達し，家畜飼料が大規模に生産されるようになったため，畜産が発達する環境がととのった。大規模な**フィードロット**での肥育が進んでおり，牛の飲料水を確保するためにも豊富な地下水が生産の好条件となっている。

トピック 灌漑と地下水の減少

いまやグレートプレーンズは，アメリカを代表する牛肉・小麦の産地である。この乾燥地域での農業を可能にしたのは，オガララ帯水層とよばれる世界最大規模の地下水層である。地下水の約95%が灌漑に利用されており，過剰な水のくみ上げによる地下水位の低下や枯渇が問題となっている。くみ上げ経費の負担増もあり，すでに一部の地域では天水農業への転換や耕作放棄がされている。放棄された場合，風食による塩害や砂漠化の進行も懸念されている。

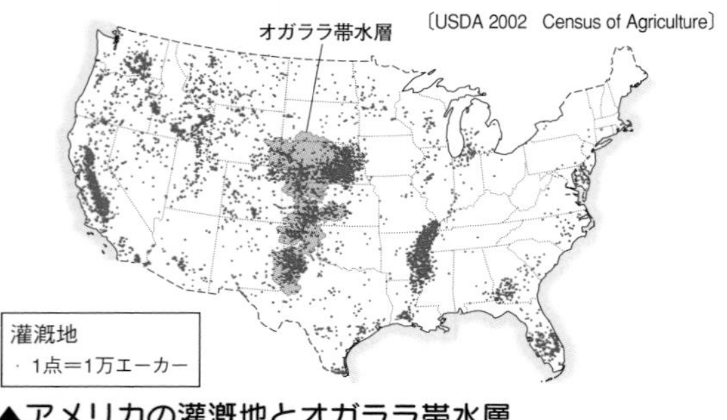

▲アメリカの灌漑地とオガララ帯水層

7 綿花栽培地の変化

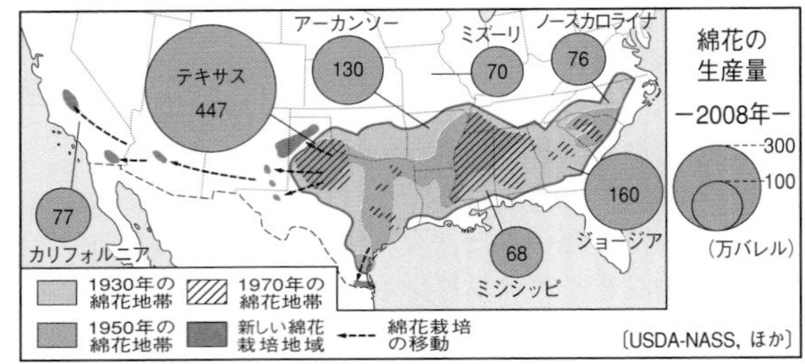

アメリカは世界有数の綿花生産国で，輸出は世界貿易の約38%（2009年）を占め第1位である。19世紀半ばまでは，奴隷労働力を利用したプランテーションが南東部一帯の**コットンベルト**で展開されていたが，19世紀後半には衰退した。現在の綿花栽培は，東はジョージア州，西はカリフォルニア州にいたる南部一帯で行われている。栽培地は，灌漑によって大量の水を得られる地域に局地的に分布しており，地力低下や虫害などにより移動する。栽培は，播種（はしゅ）から収穫まで完全に機械化されている。

8 カリフォルニアの農業

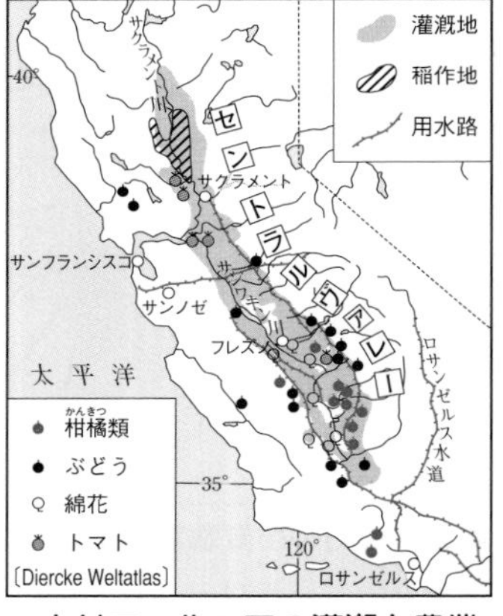

▲カリフォルニアの灌漑と農業

カリフォルニア州は温暖な地中海性気候のもと，市場への近接性を生かして付加価値の高い農産物を栽培し，アメリカ最大の農業生産額をあげている。また灌漑面積も最大で，とくに**セントラルヴァレー**では大規模灌漑を利用して多様な農産物生産がされている。

セントラルヴァレー北部は稲作がさかんで，高品質なカリフォルニア米は日本にも多く輸入されており，農業生産額は年々高まっている。一方，南部では果物や野菜を中心に，ナッツ類，乳製品や綿花，牧草など多種類の農産物が生産されている。これら農産物は，会社組織の大農園や地代を重視する企業的な借地農業のもとで生産される。メキシコとの国境に近いこともあり，労働力は**ヒスパニック**の低賃金季節労働者に依存している。また近年，カリフォルニアでは有機農産物の生産も多い。

コラム 農業協同組合サンキスト

カリフォルニアオレンジの代名詞ともいえるサンキストは，1893年に結成された生産者組合である。カリフォルニア州とアリゾナ州の約6000の柑橘類生産者で組織されている。カリフォルニア州の果樹生産者は，早くから作物別の生産者組合を組織し，合理的な出荷を行ってきた。収穫作業は，サンキストから派遣された労働者が行い，単位組合ごとに選果・荷造・出荷される。

9 アメリカの土壌侵食とその対策

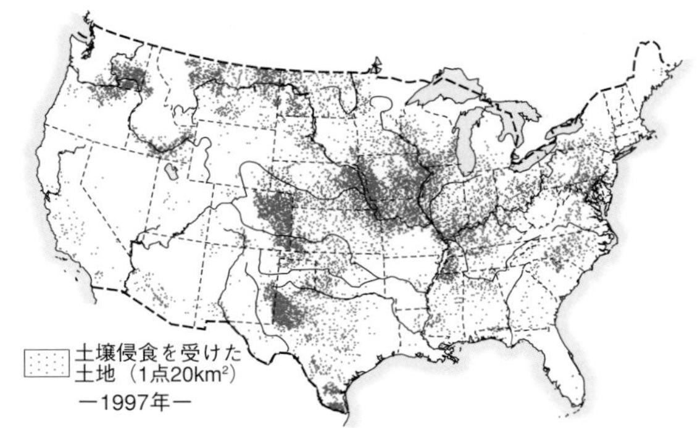

▲土壌侵食を受けた地域

アメリカの農業地域では，1970年代から規模拡大による深刻な土壌侵食が問題になっていた。水食(水による土壌侵食)が進行する地域はコーンベルトやミズーリ川流域の春小麦地帯で，風食(風による土壌侵食)は乾燥したグレートプレーンズの灌漑農地で顕著であり，センターピボットを行う農地での被害が大きい。このような土壌侵食の対策として，侵食の危険度が高い土地を10～15年休耕させるCRP(土壌保全留保計画)とよばれる農地保全政策が行われている。登録面積はテキサス州，モンタナ州，カンザス州などグレートプレーンズで多い。2003年の年間土壌侵食量は，1982年の約6割に減少しており，政策は一定の成果を上げている。

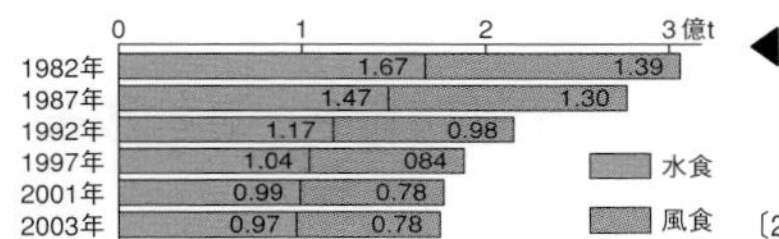

◀耕地における年間土壌侵食量の変化

〔2003 Annual NRI〕

10 カナダの農業とその変化

▲カナダの農業地帯と農作物の移動

カナダは世界有数の穀物生産国である。なかでも小麦は主要農産物で，大規模な春小麦が西部の平原3州で栽培されている。しかし，カナダではアメリカに比べて農業地帯が高緯度にあるため作柄の変動が大きく，とくに夏季の高温によって水収支のバランスが崩れ，干ばつの被害を受けやすい。標高500～1000mの地域で，小麦栽培中心地より低い地域には混合農業，高い地域には放牧がみられる。

国内で生産される小麦の約6割が輸出用である。日本へはパンやパスタ用に高品質の小麦が輸出されている。農産物の輸出は，1980年代は穀物が全体の6割以上を占めていたが，1990年代以降は油脂作物（→p.72）や野菜，肉など多様化し，加工品が多くなっている。カナダの農産物貿易額は非常に高く，世界に与える影響が大きい。

▶カナダの農畜産物輸出の変化

1983年 93.5億ドル*：穀物64.1%（小麦49.7，大麦8.7，その他5.7），肉類7.0，なたね4.6，野菜・果物4.2，その他20.1

2012年 480.6億ドル：穀物17.5%（小麦12.9，その他4.6），肉類9.6，なたね・なたね油17.9，野菜・果物7.7，魚介類7.6，その他39.7

＊魚介類を含まない　〔Agriculture and Agri-Food Canada，ほか〕

11 生産性の高い輸出指向型農業

アメリカ・カナダの農業は，日本やEU諸国と比較して，大規模農業による圧倒的な労働生産性の高さに特徴があり，近年は肥料消費の増加によって土地生産性も高まっている。このような農業によって生産される農産物のなかでも穀物は，その大半が輸出用であり，世界貿易に与える影響が大きい。1994年のNAFTA(北米自由貿易協定)発効以後，これら加盟国間での貿易がさかんになっている。とくにアメリカとメキシコとの貿易が著しく拡大している。

	アメリカ	カナダ	日本*2	フランス
耕地1haあたりの肥料消費量*1	128.9kg	67.3	241.9	129.8
収穫面積1haあたりの穀物収量	5925kg	3625	6134	7524
農民1人あたり穀物収量	148.1t	160.8	9.4	135.7
農民1人あたり耕地面積	66.4ha	157.6	3.7	36.9

◀各国の農業経営の規模の比較

＊1 2012年7月～2013年6月
＊2 日本の耕地面積には牧草地を含む
—2012年—〔FAOSTAT〕

▶カナダの生産に占める輸出の割合

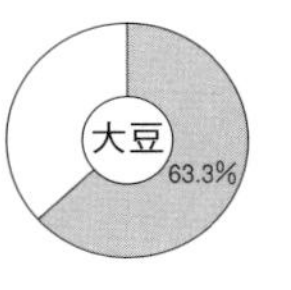

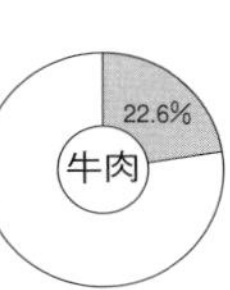

—2013年—〔FAOSTAT〕

▼アメリカの生産に占める輸出の割合　—2013年—〔FAOSTAT〕

小麦 57.9%　とうもろこし 6.8%

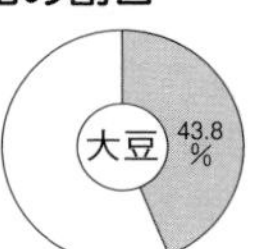

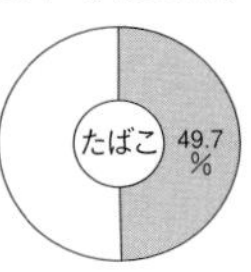

▶カナダの農畜産物輸出先の変化

1983年 93.5億ドル*1：アメリカ27.7%，旧ソ連14.3，日本13.8，EC11.8，中国8.2，その他24.2

＊1 魚介類を含まない

2012年 480.6億ドル：アメリカ49.5%，中国11.3，日本8.9，EU*2 5.1，メキシコ3.7，その他21.5

＊2 EU27か国　〔Agriculture and Agri-Food Canada，ほか〕

▶アメリカの農畜産物輸出先の変化

1990年 395.4億ドル：日本20.6%，カナダ10.7，韓国6.7，メキシコ6.5，(台湾)4.2，その他51.3

2013年 1441.0億ドル：中国18.0%，カナダ14.8，メキシコ12.6，日本8.4，EU*8.2，韓国3.6，(台湾)2.1，その他32.3

＊EU28か国　〔Statistical Abstract of the United States 2013〕

10 ラテンアメリカの農業

1 ラテンアメリカの農業地域

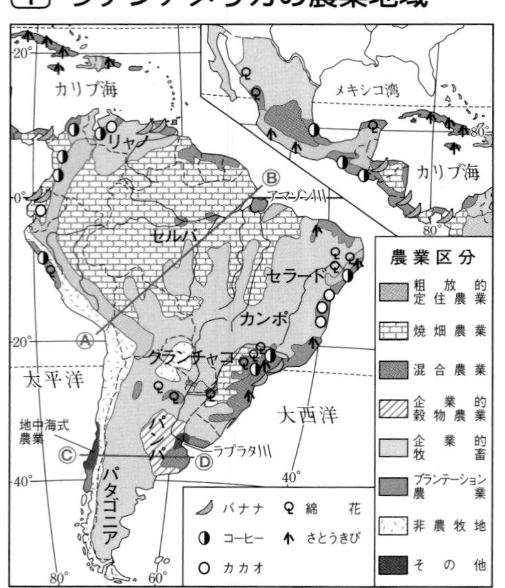

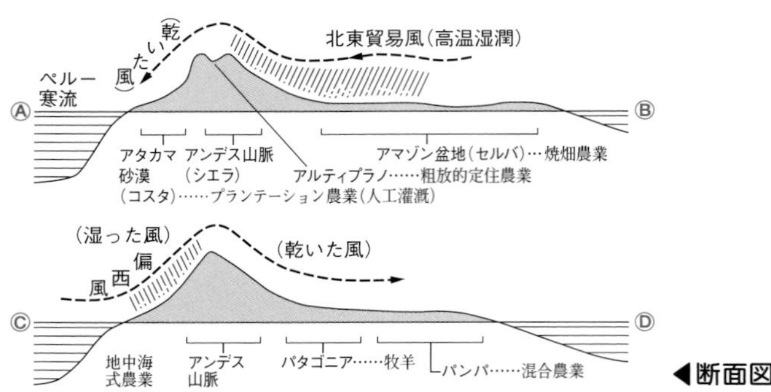

◀断面図

ラテンアメリカの農業は，①セルバを中心とする**焼畑農業**，②アンデス山脈と中央アメリカにみられる粗放的定住農業，③海岸部に点在する**プランテーション農業**，④セラードからパタゴニアにかけて広がる企業的牧畜に分けられる。企業的牧畜は，植民地時代に起源をもつ**大土地所有制**と，冷凍船の発明によって発展した。近年では，大豆やとうもろこしなどを生産する**企業的穀物農業**が，企業的牧畜地域で拡大している。

農業地域		自然条件	社会条件	おもな作物・家畜	おもな地域
伝統農業	焼畑農業	熱帯雨林気候	先住民による移動耕作	キャッサバ，豆類	アマゾン川流域
	粗放的定住農業	山脈斜面	先住民による段階耕作	じゃがいも，とうもろこし	アンデス高地
企業的農業	プランテーション農業	サバナ気候，熱帯雨林気候	大土地所有制	コーヒー，さとうきび，バナナ	カリブ海沿岸，ブラジル沿岸部
	企業的牧畜	サバナ気候，温暖湿潤気候	流通経路の発展(冷凍船，鉄道)	肉牛	ブラジル南東部，アルゼンチン
	企業的穀物農業	サバナ気候，温暖湿潤気候	穀類・豆類の需要増大	大豆，小麦，とうもろこし	アルゼンチンの湿潤パンパ，ブラジルのカンポ，セラード

2 ラテンアメリカの伝統農業

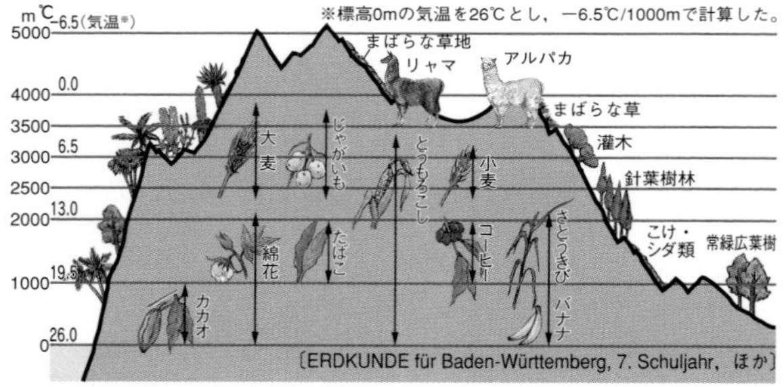

▲高度による作物の変化

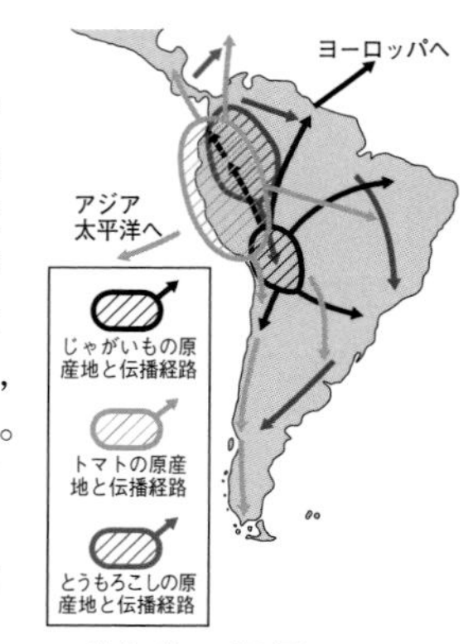

▲農作物の伝播

アンデス山脈の山ろくでは，海抜高度によって気候が異なる。そのため，高度によって栽培作物に違いがみられ，作物の高距限界は熱帯作物で1000m～2000m，温帯作物で3000mをこえる。とくに高地でも栽培されているじゃがいもやとうもろこしは，アンデス山脈の高地が原産であり，先住民によって栽培化された。これらの作物は，16世紀にヨーロッパで普及し，農業生産の向上に貢献した。

3 ラテンアメリカの大土地所有制と農地改革

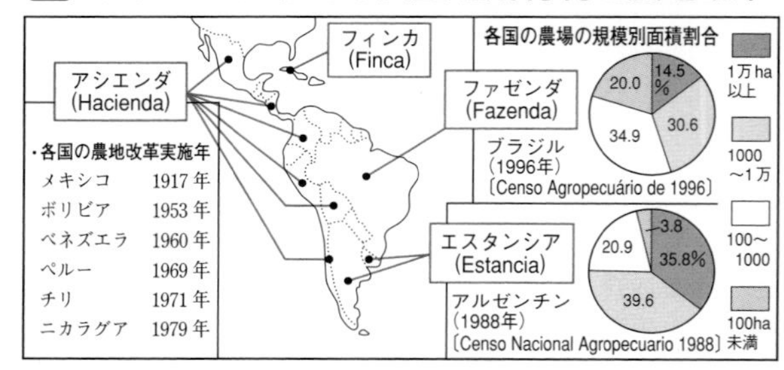

▲大土地所有制と農地面積割合

ラテンアメリカでは，ブラジルの**ファゼンダ**やアルゼンチンの**エスタンシア**，メキシコやペルーの**アシエンダ**など，植民地時代の大土地所有制につくられた大農場が残存する。たとえば，アルゼンチンの場合，1万ha以上の大規模な農場がすべての農場の面積の約4割を占めている。多くの国では大農場の土地を再配分する農地改革が実行されたが，成功といえる事例は少ない。

メキシコ	1917年のメキシコ革命後，**アシエンダ**を解体して土地所有権を国有化。耕作権，収穫権は**エヒード**(村落共有)の形で個人農に与えられている。
キューバ	1959年のキューバ革命で**フィンカ**を解体。その大部分を国営農場化して，引き続きさとうきびを生産。
ペルー	1969年のクーデター後，政府が**アシエンダ**を強制的に買い上げて，農民に再分配。アシエンダ単位に協同組合方式で経営。

▲おもな農地改革

④ メキシコの農業地域

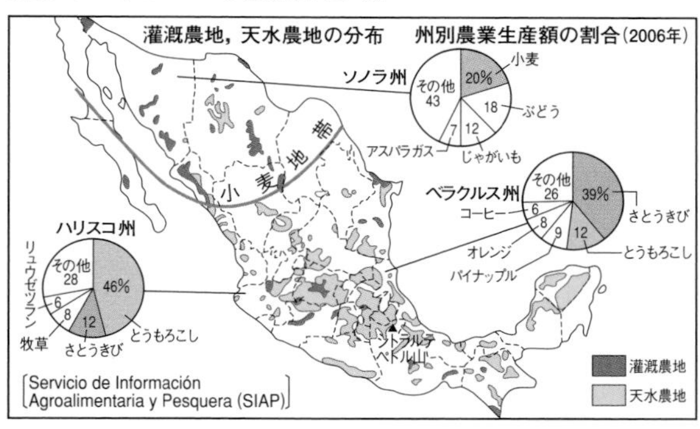

メキシコでは，南北で農業が大きく異なる。北部は乾燥帯であるが，灌漑によって大規模な企業的農業がさかんであり，小麦などが栽培される。一方，中部から南部にかけては，自給的なとうもろこし作を中心とした零細な伝統的な農業が営まれているが，天水耕作が多く条件はあまりよくない。また，南部のメキシコ湾岸では さとうきび などのプランテーション農業もさかんである。

トピック メキシコで急増するとうもろこし輸入

メキシコでは，1994年に施行された**北米自由貿易協定(NAFTA)**によって，価格の安いアメリカ産とうもろこしの輸入が急増している。その結果，灌漑農地を整備して市場向けにとうもろこしを栽培してきた大規模な農場では，生産量が激減した。そのため，世界的なとうもろこし価格の高騰が，メキシコの食卓を直撃している。

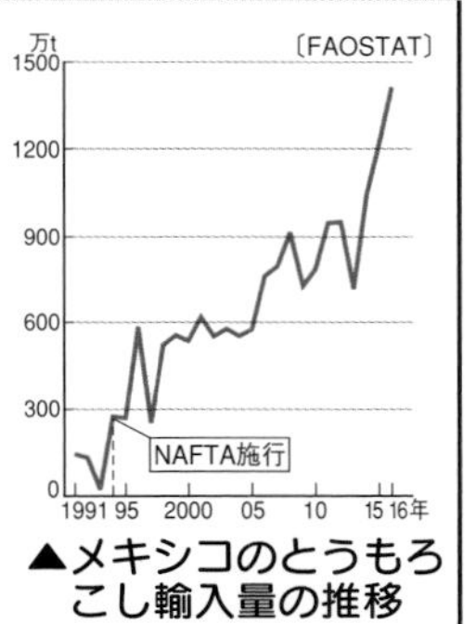

▲メキシコのとうもろこし輸入量の推移

⑤ 中央アメリカのプランテーション農業

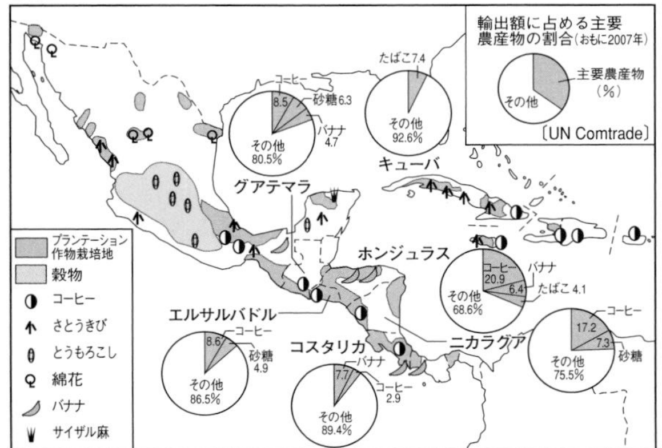

ヨーロッパ諸国による植民地支配を受けた中央アメリカでは，大土地所有制を起源とする大農場で大規模にコーヒー，さとうきび，バナナなどの熱帯商品作物が栽培されている。これらの**プランテーション農業**は，単一作物の栽培により国家の経済が国際市場価格に大きく左右される**モノカルチャー経済**を生むため，現在では多くの国で農産品目の多角化が進められている。

⑥ パンパの農業

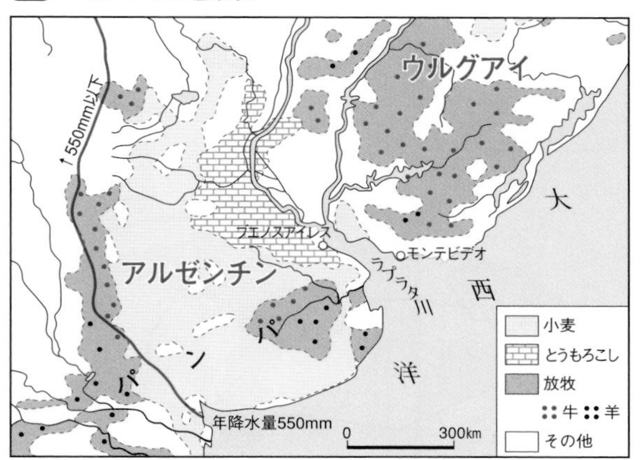

パンパの農業は，年降水量550mm線付近に沿って広がる小麦栽培，その東側の**湿潤パンパ**での肉牛の放牧ととうもろこしなどを栽培する混合農業，西側の乾燥パンパでの大規模なエスタンシアによる羊の放牧が中心である。羊の放牧は**乾燥パンパ**から南部のパタゴニアまで続き，**ガウチョ**とよばれる牧夫が働いている。アルゼンチンの畜産の発展には，ヨーロッパへの輸送を可能にした**冷凍船**の発明，栄養価の高い**アルファルファ**(マメ科の牧草)の普及，という技術的な進歩が大きく貢献してきた。また，近年では，混合農業地帯を中心に輸出用の大豆栽培が急増している。

⑦ ブラジルの農業

▶ブラジルの輸出農産物の変化

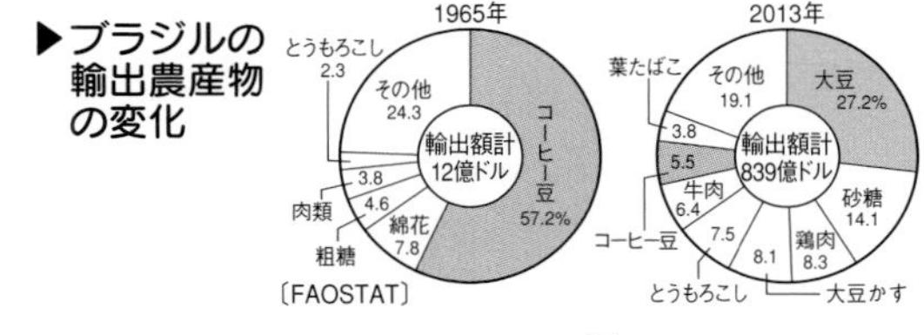

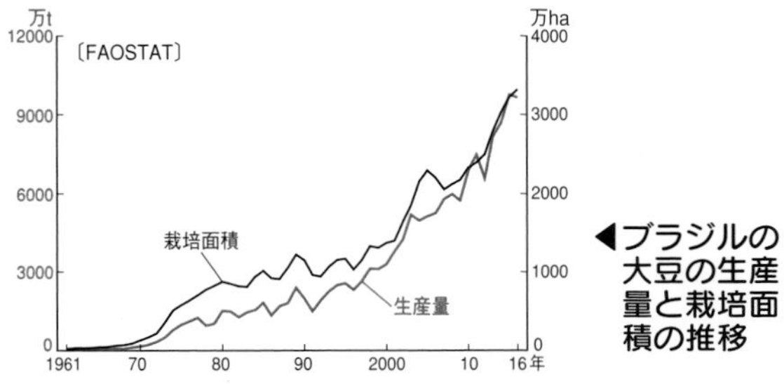

◀ブラジルの大豆の生産量と栽培面積の推移

ブラジルの農業は，北東部のさとうきびプランテーションにはじまり，19世紀半ばにはコーヒーによるモノカルチャー経済が確立した。第二次世界大戦後は，農作物の多角化が進められ，オレンジ，綿花，大豆のほか，国内用として米や小麦の生産も増加した。ファゼンダの経営は投機的であるため，近年では大豆価格の上昇により大豆の栽培面積が増えている。それまで肉牛を飼育していた放牧地や，未開だったセラードが大豆畑へ変化している。ブラジル産の大豆は，カーギルやADMなどのアメリカの**穀物メジャー**を介して，中国，日本，ヨーロッパ諸国などに輸出されている。

11 オセアニアの農業

① オーストラリアの農業地域

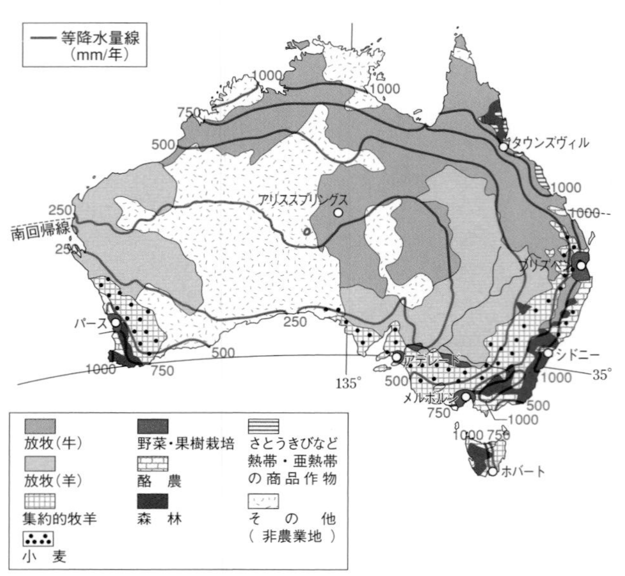

オーストラリアの農牧業は，降水量に左右される。降水が多く人口密度の高い大陸南東部では酪農や果樹，都市近郊では集約的牧羊と野菜・果樹栽培，降水の少ない内陸部にかけて小麦，羊の放牧，牛の放牧となる。

降水量	農業地域	特　徴
多	都市近郊の野菜・果樹栽培	降水量が多い地域は大都市の分布と重なっている。これらの地域では大都市市場向けの野菜や果樹生産がさかんである。
↑	酪農地域	酪農は，おおむね1000㎜以上の降水量のみられるメルボルンからブリズベンにかけての大都市郊外に分布している。
	南部の牧羊と小麦栽培	毛の細い高級品種である**メリノ種**は降水量の多い南部でおもに飼育され，小麦栽培との混合農業がさかんである。毛・肉兼用の**コリデール種**も飼育されている。
	マリー川流域の灌漑農業	**スノーウィーマウンテンズ計画**により灌漑されたマリー川流域では，小麦栽培を中心に牧羊や稲作もみられる。
	内陸部の牧羊	降水量がおおむね500㎜以下では，穀物栽培はなくなり牧羊となる。毛織維の太いメリノ種が多くみられる。
↓	内陸部の牧牛	降水量が最も少ない地域では，**掘り抜き井戸**を利用した牛の放牧がみられる。また，牛の放牧は大陸北部にもみられる。
少	内陸部の乾燥地	赤茶けた土におおわれた荒涼とした景観が広がり，農牧業はほとんどみられない。

② オーストラリアの牧羊

▶オーストラリアの羊の飼育頭数

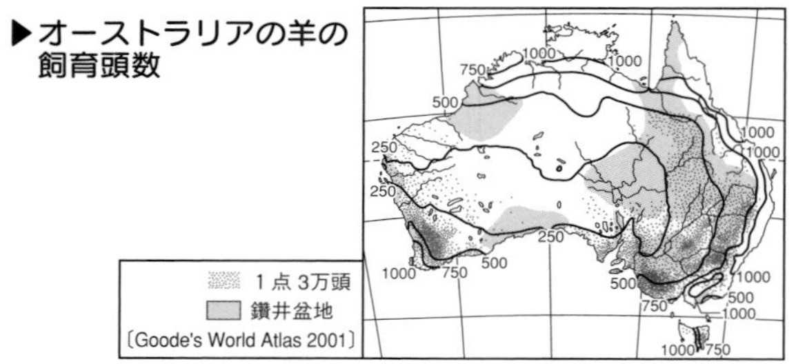

オーストラリアの牧羊は，1788年に最初の流刑者らとともに28頭が運ばれたことにはじまる。その後，1797年にスペイン・メリノ種が導入され，乾燥した風土に合わせた改良が重ねられた。オーストラリアにおける牧羊の約3/4はメリノ種であるが，南部の降水量の比較的多い地域では毛・肉兼用のコリデール種などもみられる。

▼オーストラリアの歴史と羊の飼育頭数・羊毛生産

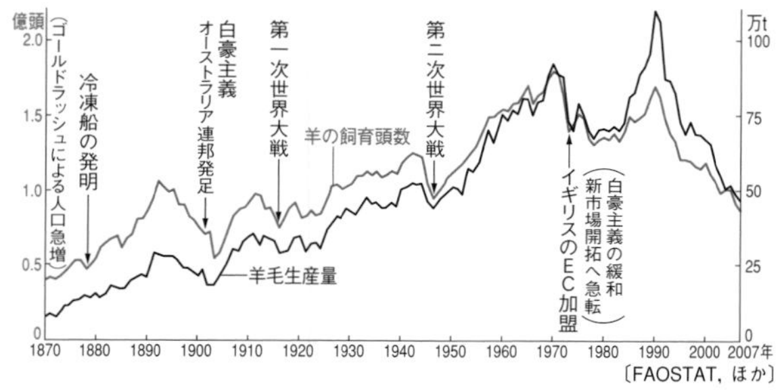

③ オーストラリアの牧牛

▶オーストラリアの牛の飼育頭数

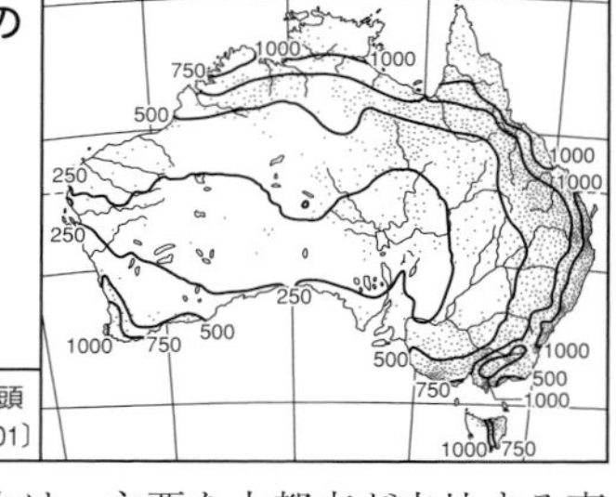

オーストラリアの牧牛は，主要な大都市が立地する東部から南東部の沿岸にかけての地域がおもな産地である。大都市近郊では酪農をはじめ，単位面積あたりの飼育頭数も多い肉牛肥育などの集約的な牧畜もみられる。一方，面積的には広大な内陸の乾燥地域では土地生産性が著しく低く，粗放的な放牧が行われているのみである。

用語　掘り抜き井戸 参照 p.39

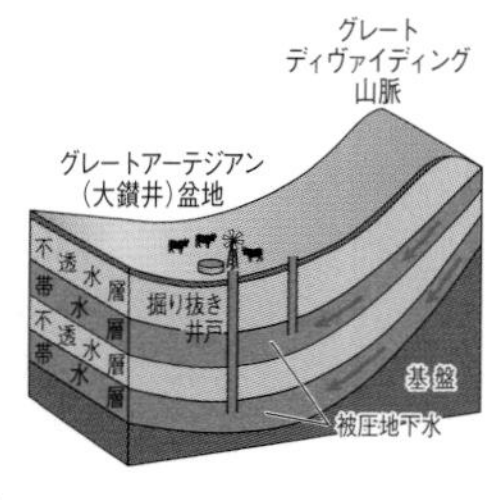

オーストラリアの乾燥した内陸部では，被圧地下水層まで達する深い掘り抜き井戸を掘り，飲料水や農業用水に利用している。開発当初は自噴井が多かったが，水量の減少などもあり，近年ではポンプでくみ上げる井戸も多い。

④ オーストラリアの小麦生産

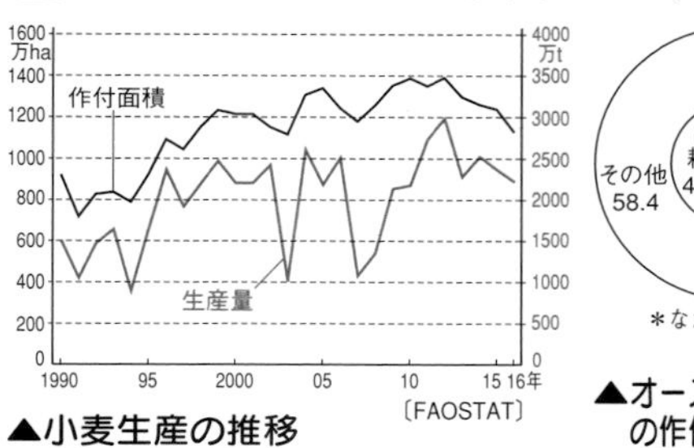

▲小麦生産の推移

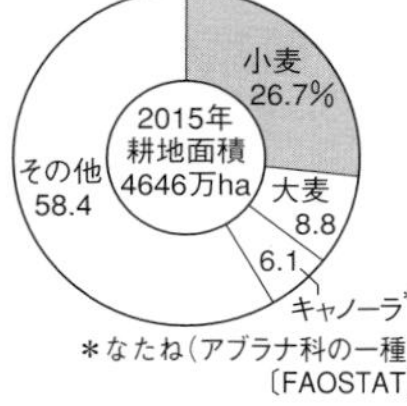

▲オーストラリアの耕地の作付面積の割合

小麦はオーストラリアの農業粗生産額の約1割を占め，全耕地面積の4分の1を占める主要な作物である。大規模な灌漑によってひらかれたマリーダーリング盆地をはじめ，南西部のパース周辺でも大規模な栽培がみられ，日本をはじめとするアジアの国々への輸出も多い。しかし，干ばつの影響により豊作・不作による生産量の変動が大きいほか，近年では野菜や果樹の生産の増加により小麦の耕地面積は減少傾向にある。

トピック　増加するぶどう栽培とワイン生産

オーストラリアの大都市郊外には広大なぶどう畑が広がる。乾燥した気候はぶどう栽培に最適であり，アデレードやパースの郊外では果実味の強い濃厚なワインが多い。また，冷涼で湿潤な気候の南東部では本場フランスに近い繊細な味のワインが生産されている。ヨーロッパ人の入植初期から続くワイン生産は国内消費用がほとんどであったが，近年では輸出量が伸び，世界のワインコンテストでも好成績を残すものが続出している。

▲ワイナリーの分布

▲ワインの輸出量の推移

⑤ ニュージーランドの農業地域

北島のオークランド周辺の温暖湿潤な地域では，生乳のほかバターやチーズの生産がさかんである。南島はサザンアルプス山脈を境に，**偏西風**の影響で多雨な西部では林業が，東部の乾燥したカンタベリー平野では牧羊と小麦の混合農業がさかんである。

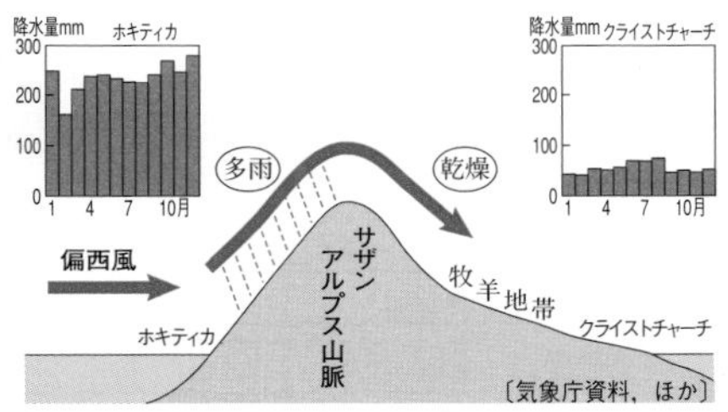

▲偏西風による東西の気候の違い

農業	特　徴
牧羊	南島の東側を中心に，広くみられる。とくに偏西風の風下斜面にあたる乾燥地域でさかん。オーストラリアに比べ，毛・肉兼用のコリデール種が多い。
酪農	最大の都市である北島のオークランド周辺，および多雨地域である南島の西側の一部でさかん。
混合農業	南島のサザンアルプス山脈の東側は，降水量が少ない。カンタベリー平野の大部分では，牧羊と小麦の混合農業がみられる。
その他	農産物の加工品の生産，南島西部の林業などもさかん。

⑥ 羊と牛がささえるニュージーランドの農牧業

ニュージーランドは，人口の数倍の羊がいる牧羊大国である。とくに毛・肉兼用種である**コリデール種**の飼育がさかんであり，羊を誘導して放牧を手伝う牧羊犬が大きな役割をになっている。19世紀末に**冷凍船**が発明されたことにより，イギリスをはじめとするヨーロッパ諸国への輸出用に肉類や乳製品の生産が増えた。その後，イギリスとの結びつきが弱まることで，輸出相手国は環太平洋地域に変化し，輸出品目も多様化している。

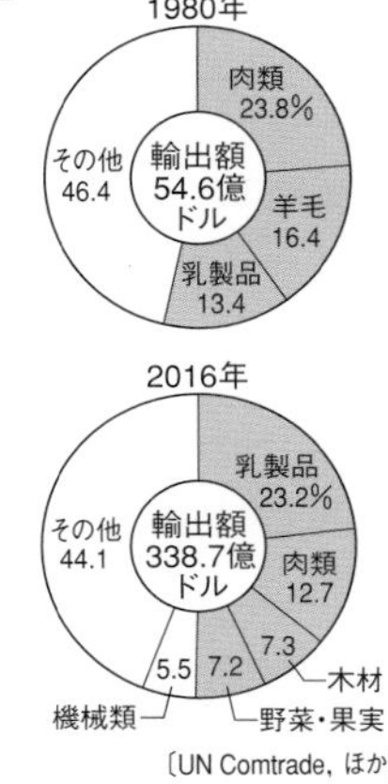

▲ニュージーランドの輸出品の変化

⑦ 端境期を利用したオセアニア諸国の農業

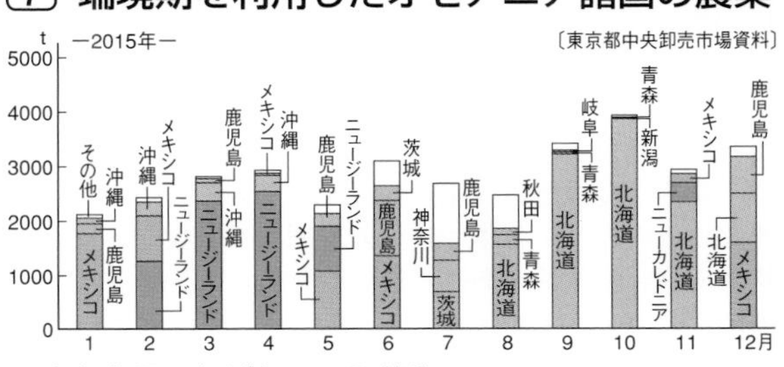

▲東京市場のかぼちゃの入荷先

オセアニアでは，北半球と季節が逆であることを利用した農業がさかんである。日本の市場に出回るかぼちゃは，日本産が品薄になる**端境期**に合わせて，ニュージーランド産やメキシコ産が増える。かぼちゃ以外にも，そばやいちごなど，輸出先の端境期に合わせて，生産・輸出されるオセアニア産の農産物は多い。

12 日本の農業

① 農政の変化と生産性

年	おもな出来事	農政の方針
1942	第二次世界大戦(1939-45) 食糧管理法が成立	生産から消費まで政府が管理し，供給と価格の安定化，干拓事業の推進
47	**農地改革**	農地を政府が買い上げ**小作人**に売却
53	農産物価格安定法	農産物価格の低落防止による生産と所得の安定化
61	**農業基本法**の制定	生産性向上による所得の増大，**選択的拡大(農業の近代化)**
63	米の**供給過剰**	
69	自主流通米の確立	政府を介さない流通の許可
70	古米在庫が過剰	米の**生産調整(減反政策)**開始
72		米の小売価格(消費者米価)の自由化
80	農用地利用増進法等農地関係3法が成立	農地貸借の規制緩和(借地農主義への転換)
81	食管制度の改正	配給制度のとりやめ，米穀通帳の廃止
93	冷害による米不足－米の緊急輸入 GATTウルグアイ・ラウンド合意	**米の一部自由化**
95	**ミニマムアクセス導入** 主要食料の需給及び価格の安定に関する法律(新食糧法)が施行(食管制度から移行)	国内消費量の4%の米の輸入
99	**米輸入関税化開始** 食料・農業・農村基本法(新農業基本法)制定	**保護から競争へ** 農業・農村の持続的発展
2000	中山間地域等直接支払制度が開始	中山間地域の農業振興・多面的機能の確保
04	改正食糧法の施行	米の販売・流通の自由化，減反割り当ての廃止(生産地ごとに決定)
15	TPP大筋合意	大半の品目で関税が撤廃

▲日本の農業に関するおもな出来事と農政の方針

	自作	自小作	小作
農地改革前(1941年) 農家数 541.2万戸	30.6%	40.9	28.5
農地改革後(1965年) 農家数 566.5万戸	80.1%	17.9	2.0

▲農地改革による自作農家の増加 〔第17回 日本統計年鑑〕

戦後の**農地改革**によって地主制が廃止され，農家は自分の土地で農業を営めるようになった。戦後の食料難の時期は，主食である米の生産向上をはかり，米価を維持する政策に重点を置いてきた。しかし，1960年代にはいると米が供給過剰となり，1970年には**減反政策**が開始された。それでも米を保護するため輸入を制限してきたが，1990年代に入ってからは市場開放をうながす国際的な要請に対応するため，米においても市場原理を導入し，輸入米との競争力を強化する方向にある。一方で，現在の農業政策は自給率の向上や農業の多面的機能の確保のため，農業・農村整備に重点が置かれている。このような農業政策のもと，日本では労力や肥料を多投し，狭小な耕地で高い生産性をあげる農業が行われている。

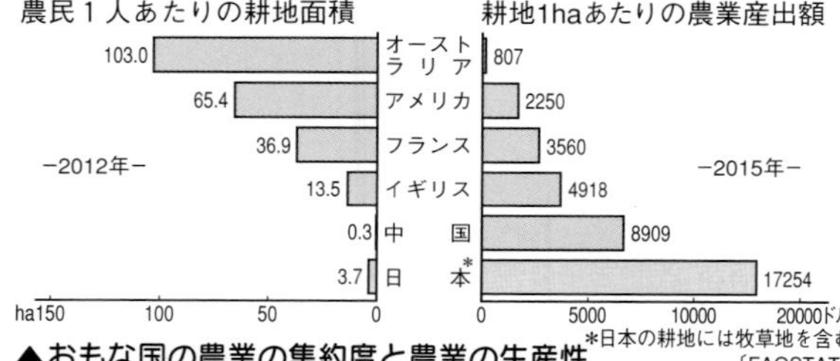

▲おもな国の農業の集約度と農業の生産性 〔FAOSTAT〕

② 農家の減少と高齢化

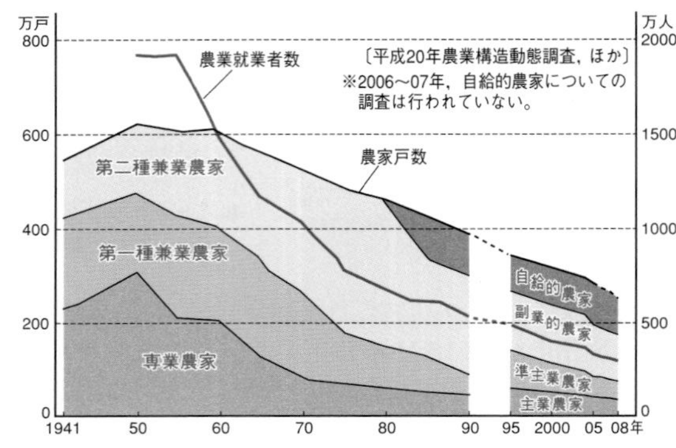

▲農業就業者数・農家戸数と兼業の推移

高度経済成長期以降，第2次・第3次産業が急速に発達し，これらの産業との所得格差が拡大したことで労働力の流出が生じ，農業就業者数が急減している。1950年には45.4%であった農業就業人口の割合も，2005年にはわずか4.7%まで落ち込んだ。また，農業就業者数の減少に伴い，農業人口の高齢化が進展している。半分以上の**主業農家**において生産年齢人口がいない状況になっており，後継者問題が深刻である。さらに，全体の農家戸数も減少しており，相対的にみると農外収入に多くを依存する**副業的農家**が多い。耕地面積も全体的に減少しているものの，5ha以上の大規模経営を行う農家が増加しており，小規模で農業を行う者と二極化している。一方，離農や農業における高齢化，後継者不足などによって，零細規模農家層を中心に耕作放棄地が増加しており，全農地に占めるその比率は9.6%に達する。

▶農業就業人口と年齢別構成の変化

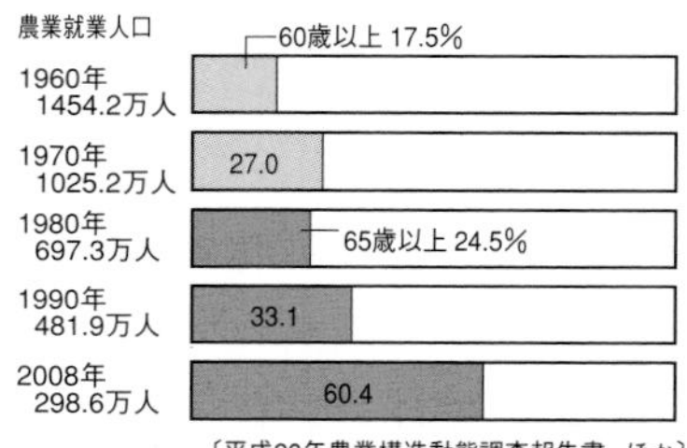

〔平成20年農業構造動態調査報告書，ほか〕

▼農家の分類と定義

分類	定義
販売農家	経営耕地面積30a以上または農産物販売金額が年間50万円以上の農家。
主業農家	農業所得が主(農家所得の50%以上が農業所得)で，１年間に60日以上自営農業に従事している65歳未満の者がいる農家。
準主業農家	農外所得が主(農家所得の50%未満が農業所得)で，１年間に60日以上自営農業に従事している65歳未満の者がいる農家。
副業的農家	１年間に60日以上自営農業に従事している65歳未満の者がいない農家(主業農家及び準主業農家以外の農家)。
自給的農家	経営耕地面積が30a未満かつ農産物販売金額が年間50万円未満の農家。

③ 食生活の変化

	米	小麦	豆類	魚介類	肉類	牛乳・乳製品	野菜	果実	いも類	砂糖類	油脂類	その他
1960年 2291 kcal/日	48%	11	5	4	1	2	4	1	4	7	5	8
2007年 2551 kcal/日	23%	13	4	5	7	6	3	3	2	8	14	12

＊その他には，みそ，しょうゆ，海藻，大麦などが含まれる。〔平成19年度　食料需給表，ほか〕

▲日本人１人あたり供給熱量内訳

高度経済成長期以降，所得向上に伴い，低カロリー高蛋白(たんぱく)であった日本の伝統的食文化に欧米的食生活が浸透した。消費割合は米が大幅に縮小し，肉類や油脂類が高まった。また，単身世帯の増加や女性の社会進出，食品産業の成長などライフスタイルや社会情勢の変化とともに簡便化志向が高まり，調理や食事を家の外に依存する食の外部化が進展している。近年は健康や安全性への配慮もあり，有機農産物などの質を重視した需要も高い。

④ 食料自給率の低下

日本の**食料自給率**は，40％(2009年)と主要先進国のなかで最も低い。自給率が低下した要因として，農業生産基盤の機能が低下したこと，自給可能な米の消費量が減る一方，自給率の低い畜産物や油脂類の需要に対応するために輸入が増えたこと，国内の食料供給が消費者の需要に対応しきれなかったことがあげられる。現在，地域でとれたものを地域で消費する，**地産地消**の促進や農業生産基盤の強化，食料供給体制の整備など自給率の向上にむけた取り組みが行われている。

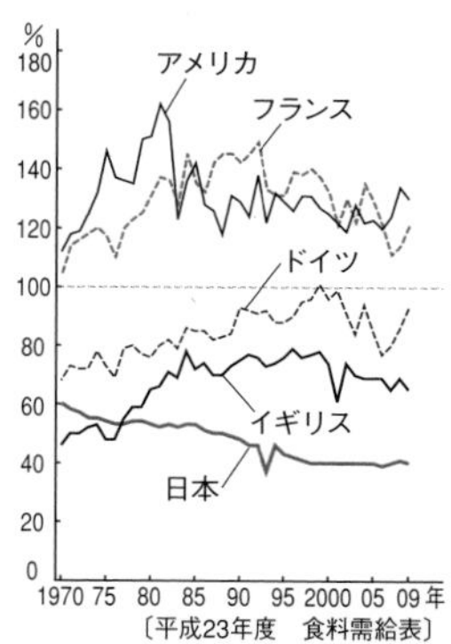

▲おもな国の食料自給率

⑤ 世界各国から輸入される農林水産物

1984年以降，日本は世界最大の食料輸入国になった。2017年の輸入先は，中国が24.5%，アメリカが10.7%，オーストラリアが5.8%と，上位3か国で農産物輸入額の4割を超えており，特定国に輸入を依存する傾向がある。近年は，アメリカの割合が減少し，中国の割合が高まっている。品目別では小麦と大豆はアメリカとカナダから，牛肉はオーストラリアとアメリカからそれぞれ全体の8割と9割を輸入している。そのため，輸入相手国の生産状況の影響を受けやすい。

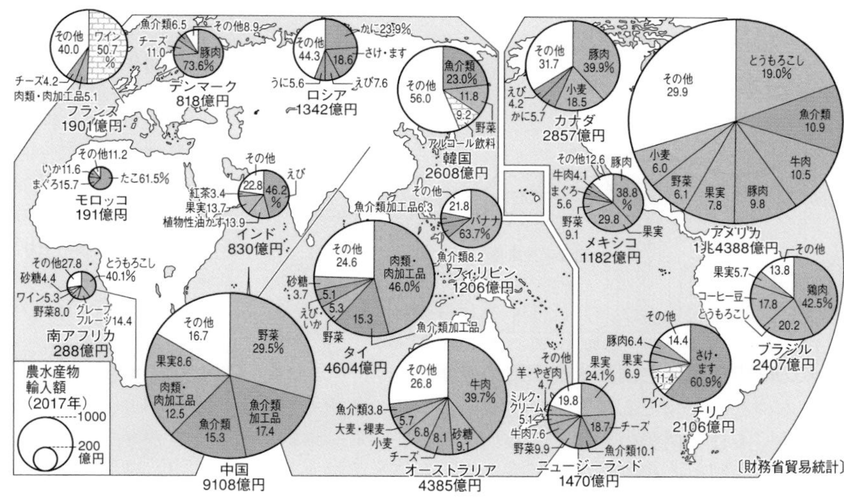

▶日本がおもな国から輸入する農水産物

トピック フードマイレージでみた日本の食料

フードマイレージは，食料の輸入量に輸送距離を乗じて算出され，食料生産地から消費地までの距離が大きいほど輸送に伴うエネルギーによる環境負荷が高まるという考えにもとづくものである。食料輸入相手国別のフードマイレージでは，アメリカが半分以上を占め最も高い。日本の食料輸入は，特定品目と特定の輸入相手国に偏っており，大量の物資が長距離輸送されている。食料の6割を外国に依存する日本のフードマイレージは突出しており，食料の半分を輸入に依存する韓国の約3倍にもなる。

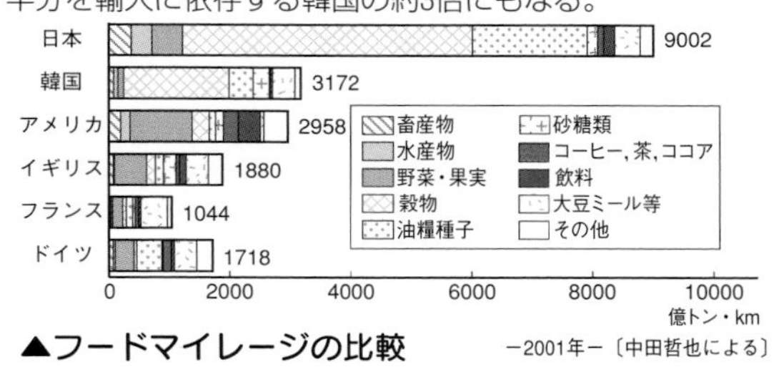

▲フードマイレージの比較　－2001年－〔中田哲也による〕

⑥ 世界に輸出される日本の農産物

近年，日本の農産物が世界市場に徐々に認知されるようになりつつある。輸入自由化の影響もあり，国内市場が飽和状態にあるなかで，農家は生き残りをかけて日本ブランドの農産物を輸出する戦略をとるようになった。おりしも，世界的な日本食ブームやアジア各国で所得水準が向上し，高価でも高品質で安全な日本産の農産物の需要が高まっている。とくに台湾や中国などアジア向けの輸出が多い。

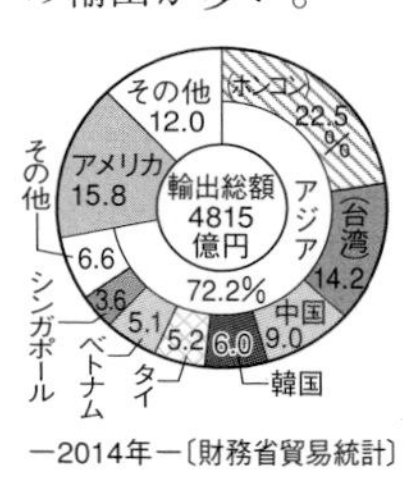

▲日本の農林水産物輸出先

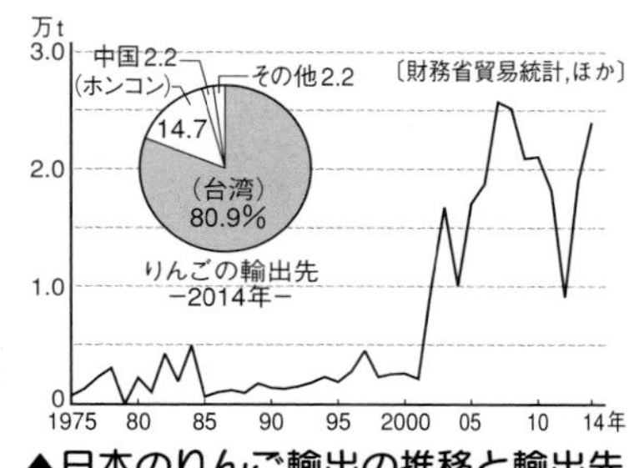

▲日本のりんご輸出の推移と輸出先

7 日本の農業の変化

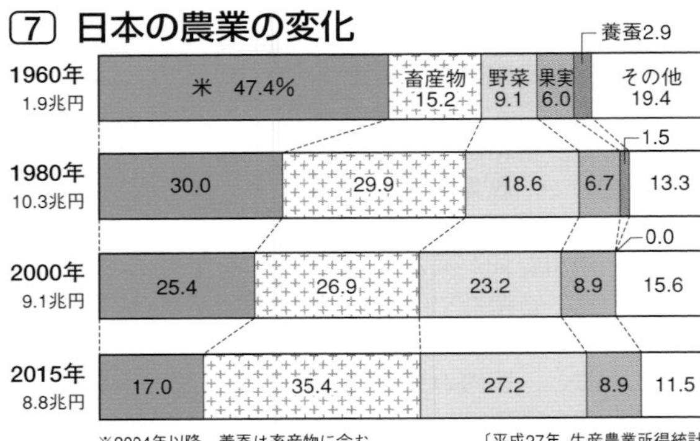

▲日本の農業総産出額の構成と変化

米麦中心の土地利用型農業から，野菜や畜産など商業的農業の比重が大きくなっている。農産物が輸入自由化されるにつれ，地代や労働費が高い日本でも，狭い農地で高い収益を得ることができる，高付加価値型農業が指向されるようになった。日本の農業は農業人口，面積ともに縮小しているが，このような農業への移行により農業総産出額は一定額を維持している。

8 日本の稲作

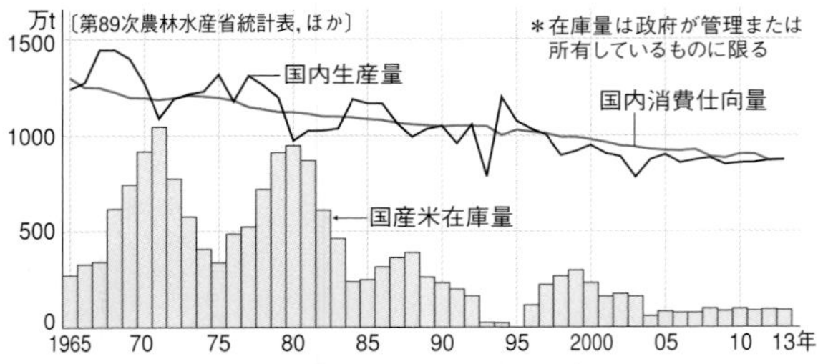

▲米の国内生産量と国産米在庫量の推移

日本の基幹作物である米の生産は，食生活の変化や農業をめぐる社会情勢の変化とともに減少している。供給が需要を上回ると在庫量が増えるため，転作を奨励するなど，**減反**とよばれる生産調整を，1970年代初期から行っている。米は全国的に栽培されているが，とくに北日本で生産量が大きい。気候条件から，北日本では水田単作地帯，西南日本では夏に稲作，冬に野菜を栽培する二毛作地帯となることが多い。コシヒカリの作付が最も多く，日本独自の品種が栽培されている。

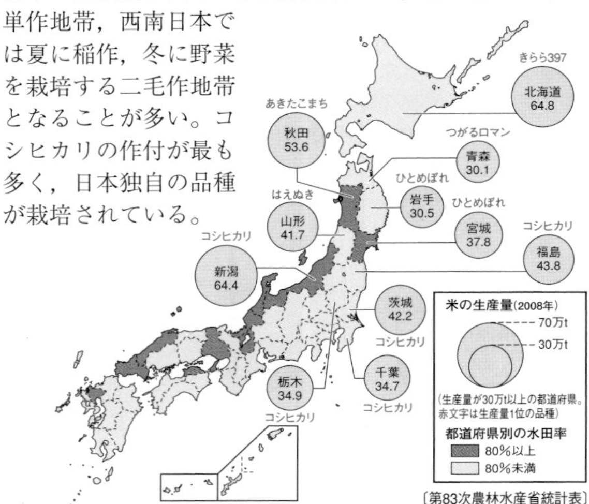

▲ 各県の水田率と米のおもな生産県

トピック 日本の米輸入

日本の米の自給率は，長年100%前後で推移してきた。しかし，1993年のウルグアイ・ラウンドにおいて米輸入が求められ，1995年から**ミニマムアクセス**（最低輸入義務量）を導入した。1999年にはミニマムアクセスを超える輸入に関税をかけて米の輸入を自由化した。2006年のおもな輸入先は，アメリカ，タイ，中国などで，年間77万tを輸入している。これらの輸入米は，国内産の米に影響を与えないように主食用以外で流通するように管理されている。

9 日本の野菜栽培

野菜は鮮度が重視されるため，産地は都市近郊で発達してきたが，保冷技術や交通輸送の発達により遠距離輸送が可能になった。また，**施設園芸**によって価格の高くなる冬に出荷されるなど，市場には全国の産地から周年的に野菜が供給されるようになった。しかし1982年以降，国内の野菜生産量は減少している。その要因として，国内消費量の減少，輸入野菜の増加による価格の低迷が国内産地に影響を与えたこと，農業生産基盤の縮小などがある。

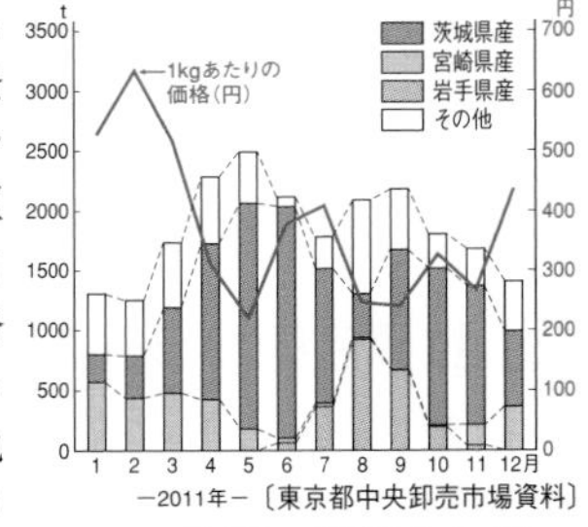

▲東京へ出荷されるピーマンの量と価格

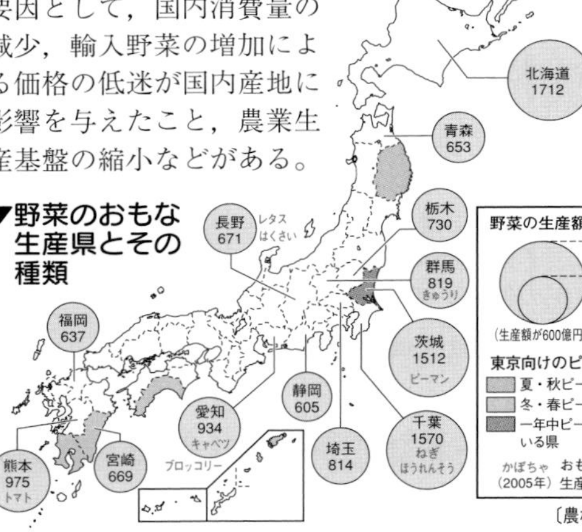

▼野菜のおもな生産県とその種類

トピック 急増する中国野菜

参照 p.75

野菜の輸入量は年々増加しており，2005年には国内の野菜需要量の2割を占める過去最高の250万tが輸入された。とりわけ，中国からの輸入が57%に達しており，その割合は増加傾向にある。中国から輸入される野菜のなかでは，生鮮野菜の割合が急増しており，これが野菜の輸入量を押し上げている。輸入された主要野菜の55%が加工・業務用に使用される。しかし，2002年には冷凍ほうれんそうの残留農薬問題がとりあげられるなど，食の安全性が懸念されている。

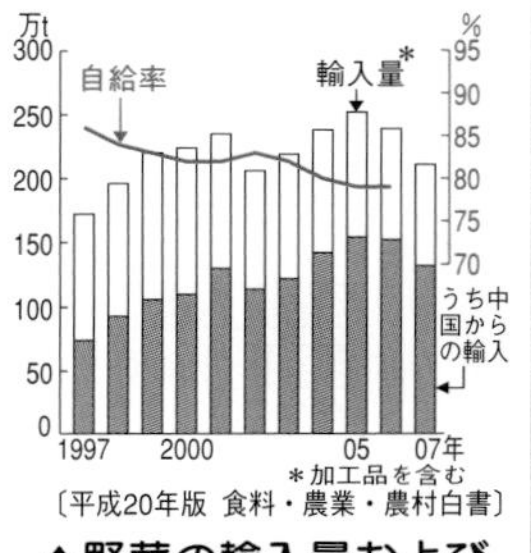

▲野菜の輸入量および自給率の推移

⑩ 日本の果樹栽培

日本の果樹栽培は，山の斜面や丘陵地を利用して行われている。生産量全体の3割を占めるみかんは気候の温暖な西南日本で栽培され，生産量第2位のりんごは青森や長野など冷涼な気候下で栽培される。果樹も野菜と同様，1960年代から大規模産地が形成されてきたが，高齢化による規模縮小や市場開放などによって，国内生産量は下降の一途をたどっている。1998年以降，輸入が国内生産を上回り，2009年には自給率が42%まで落ち込んでいる。

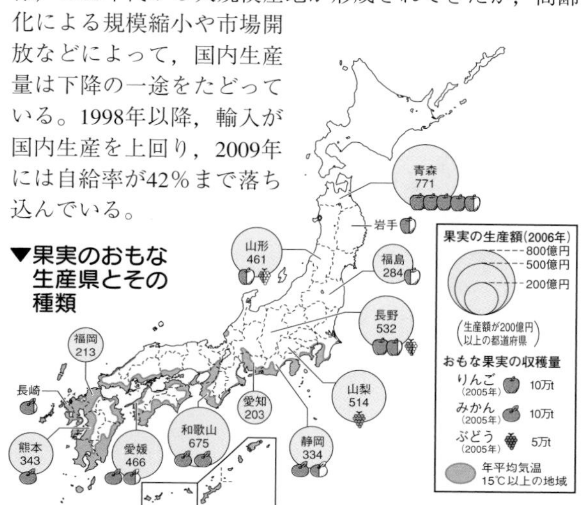

▼果実のおもな生産県とその種類

〔平成18年 生産農業所得統計，ほか〕

⑪ 日本の畜産

1960年代以降，日本人の食生活が変化し，肉類の需要が大幅に増加している。豚肉は1971年，牛肉は1991年に輸入自由化されたことで，国内の畜産地域はある程度淘汰され，特定の地域に分布している。家畜の飼養戸数は減少しているが，1戸あたりの頭数は増加しており，経営規模の拡大と専業化が進行し，肉は高級ブランド化している。畜産業の成長に飼料の生産が追いつかず，その多くを輸入に依存している。また，BSE問題(→p.66)が生じたのち，国産牛の需要が高まっている。

〔平成19年度 食料需給表〕

▲牛肉の国内生産量と輸入量の推移

▼おもな畜産県と家畜の種類

〔平成18年 生産農業所得統計，ほか〕

⑫ 農業の新しい担い手「農業生産法人」

農業生産法人は，農地などの権利を取得できる事業体で，年々増加している。これらの事業体は，兼業化の進展した地域の遊休耕地を活用し，借地による経営を行うことが多い。農産物の栽培だけでなく，加工や観光農園の経営，稲作地域では農作業受託を行っている。また，近隣の有力農家を組織化し，外食産業やスーパーと直接契約するなど場外流通において大きな役割を担っている。農業人口の減少，高齢化，担い手不足，耕作放棄地の増加など農業生産基盤の低下が著しいなか，これら農業生産法人だけでなく，集落ごとに任意の経営組織をつくって同様の取り組みを行う集落営農や，農外から農業に参入してくる法人が増加しており，新しい農業の担い手として注目されている。

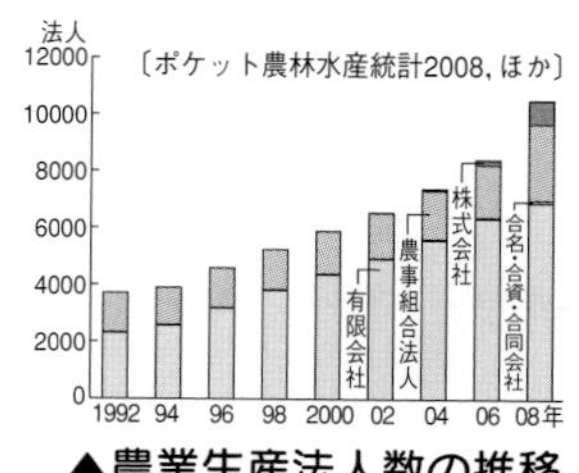

▲農業生産法人数の推移

⑬ 環境保全型農業の進展

環境保全型農業とは，生産性を維持しつつ，土づくりなどを通じて環境負荷の軽減に配慮した持続的な農業のことをいう。これは1980年代半ばから食料・人口問題や環境負荷の上昇を背景に欧米先進国を中心に発達してきた。日本でも食に対する安全性や質を重視する声の高まりを背景とし，1990年代に入ってから本格的にはじまった。有機農産物などの需要が高いこともあり，環境保全型農業に取り組む農家が増えている。とくに都市圏周辺部，畜産地域，中山間地域において取り組む農家の割合が多い。労働時間の増加など生産の大変さが価格に反映しないため，農業経営面積の一部で行われる傾向がある。

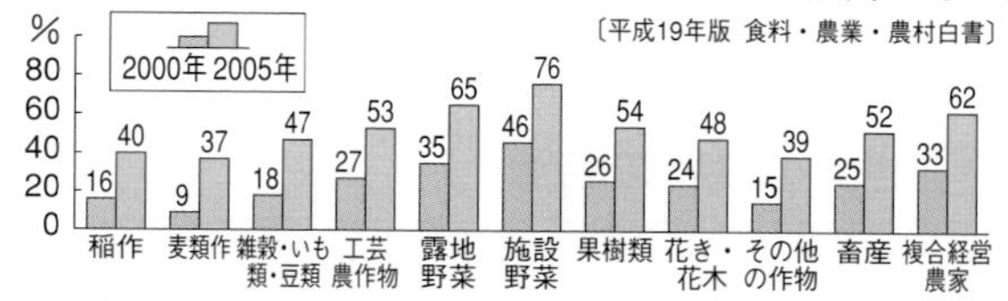

▲環境保全型農業に取り組む農家の割合の変化

トピック　食の安全と食育の展開

1990年代以降，食中毒事件，BSE問題，残留農薬問題，産地偽装表示など，国産および輸入された食品においてさまざまな問題が表面化し，消費者の食の安全をおびやかしている。これらの問題に対応するべく，2001年には生鮮食品の原産地表示や遺伝子組み換え食品の表示など食品表示が強化された。また，2004年には食品の流通経路情報を管理する**トレーサビリティ**が牛肉に適用された。国産ブランド牛として有名な松阪では，松阪肉個体識別管理システムをいち早く導入している。食品産業におけるトレーサビリティ導入率は年々増加しているものの約4割にとどまっている。このような制度の導入だけでなく，消費者自身の食生活の見直しや改善をはかるため，生活習慣病予防や栄養バランスに優れた日本型食生活の実践が行われており，これが自給率向上につながることが期待されている。

1 世界の林業

① 世界の森林資源とおもな国の木材の生産量

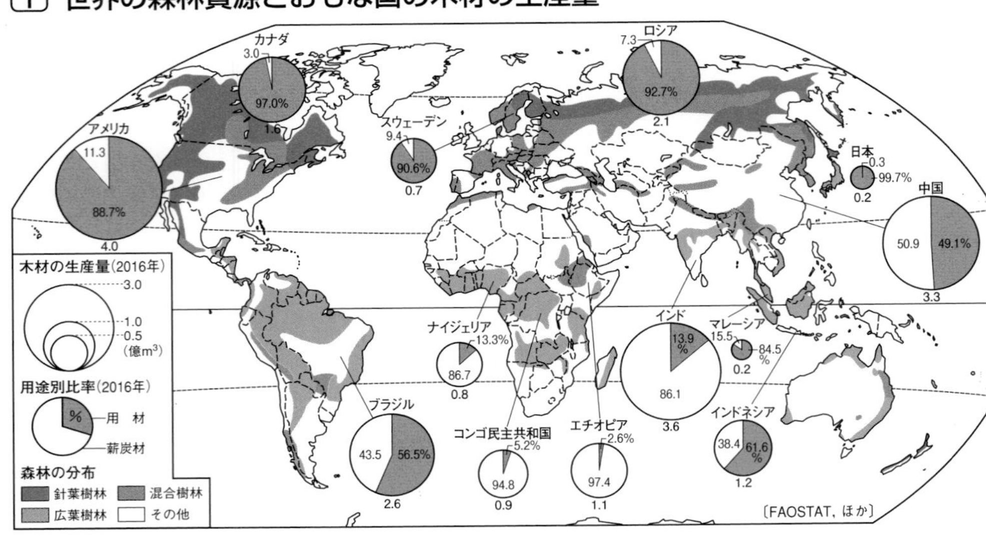

森林は世界の陸地の3割を占める。原木の生産が多いのは，主として面積が広く，人口の多い国々で，中国を除けば，おおむね広葉樹林からなる**熱帯林**，または針葉樹林からなる**亜寒帯林**の分布域と重なる。木材の用途では，北米など先進国では**用材**が主であるのに対し，アフリカやアジアなどの発展途上国では**薪炭材**が主である。

② 世界の木材生産と貿易

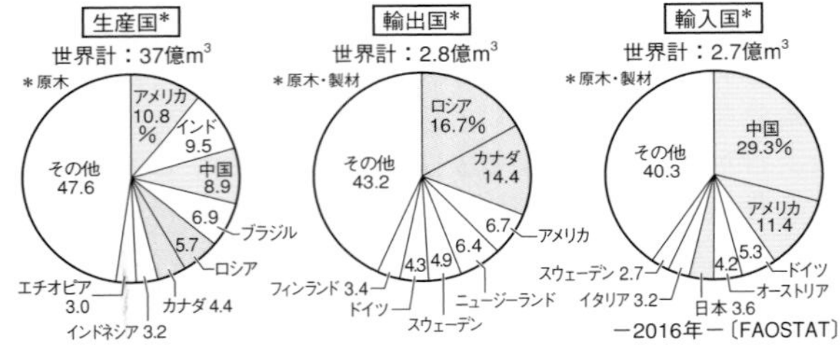

木材生産の多くは国内消費向けで，貿易にまわる量は少ない。輸出はロシアとカナダで全体の3割，輸入は中国とアメリカで全体の4割を占める。中国では，天然林保護策や経済発展により輸入量が伸びている。

③ 森林の役割

		役割
経済林	用材	①建築資材，パルプの生産
	薪炭材	②薪・木炭の生産
	その他の用途	③山菜，しいたけ，くりの実などの生産 ④活性炭・医薬品への利用
保安林		①水資源の涵養(かんよう) ②洪水の緩和 ③炭酸ガスの吸収 ④土砂流出の防止 ⑤土砂崩壊の防止 ⑥なだれ・落石の防止 ⑦森林レクリエーション ⑧生活環境の保全（騒音防止など） ⑨緑豊かな景観の形成 ⑩魚付林(うおつきりん)*

＊水面に陰をつくる，流れこむ水の汚濁を防ぐなどのはたらきで，魚の繁殖を助ける森林。

④ 世界の森林の特徴

参照 p.31,36

	熱帯林	温帯林	亜寒帯林
分布地域	アマゾン川流域・東南アジア・コンゴ川流域など赤道周辺の低緯度地域に分布。 熱帯雨林……年中高温多雨の地域に分布する常緑広葉樹林。アマゾン川流域のセルバ，東南アジアのジャングルが代表。 熱帯モンスーン林……熱帯の雨季と乾季の区別のある地域に分布し，乾季には落葉。東南アジアに分布。	温帯に分布。 暖帯林……常緑広葉樹林 照葉樹林(西南日本・中国などに分布) 硬葉樹林(地中海沿岸などに分布) 狭義の温帯林……落葉広葉樹と針葉樹の混合林 (東北日本・ヨーロッパなどに分布)	カナダ・シベリアなど亜寒帯に分布。ツンドラと接する。 タイガとよばれる針葉樹の大森林地帯を形成。
特徴	・多種多様な樹種が混在して密林をなすため，大量生産が困難。 ・交通の不便なところが多く，伐採や運搬が困難。 ・利用価値の高い樹種を選んで伐採し，世界市場に供給。 ・林業のほか，焼畑耕作や薪炭材として利用されることが多い。 ・硬木であるため本来パルプには適さないが，最近はパルプ化も可能になった。	・古くから開発が進んでいるため天然林は少なく，人工林が多い。人工林の例として，ドイツのシュヴァルツヴァルトやチューリンゲンヴァルトなど。 ・交通の便がよく，市場にも近いので，林業がさかん。	・針葉樹の純林をなし，大量生産が可能。 ・軟木のため，パルプ材として使われることが多い。
利用樹種	ラワン……合板材・建築材に用いる。フィリピン・カリマンタン島。 チーク……船舶材・建築材に用いる。ミャンマー・タイ・マレーシア。 マホガニー……材質が硬く高級家具に用いる。カリブ海沿岸地域。 紫檀(したん)・黒檀(こくたん)……高級家具・装飾品に用いる。インド・タイ・台湾。 ケブラチョ……タンニンの原料。パラグアイ・アルゼンチン。 ほかに，油やし，ココやし，天然ゴム，マングローブ。	常緑広葉樹として，カシ・クス・シイ。 落葉広葉樹として，ブナ・ナラ・ケヤキ。 針葉樹として，マツ・スギ・ヒノキ・モミ・トウヒ。 ほかに，コルクがし・オリーブ(地中海沿岸)，クス(樟脳(しょうのう)の原料；九州・台湾など)，うるし(日本・中国)，ユーカリ(オーストラリア)。	エゾマツ・カラマツ・トウヒ・トドマツ

5 東南アジアの丸太輸出禁止への動き

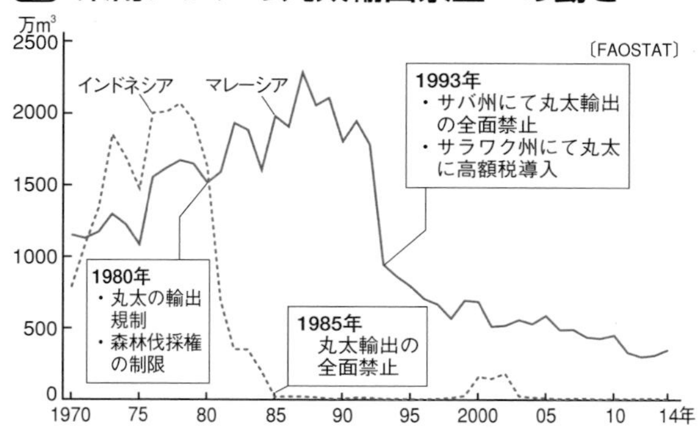

▲マレーシアとインドネシアの丸太輸出の推移

東南アジアでは，豊富な森林資源を背景に，外貨獲得手段の一つとして丸太の輸出が行われてきた。しかし，1970年代に入ると，森林資源の減少や経済的メリットの低下により，丸太輸出が制限されるようになった。丸太の輸出禁止は，特定の樹種のみの場合を含め，1972年の半島マレーシアや，1977年のタイをはじめ，1980年代にはフィリピンやインドネシア，1990年代にはベトナムなどへ広がっていった。

一方で，自国内に木材産業を育成し，合板などの加工度の高い木材を輸出することも奨励された。こうした変化は，世界的な資源ナショナリズムの高まりや，東南アジアにおける輸出指向型工業化への動きとも関連している。

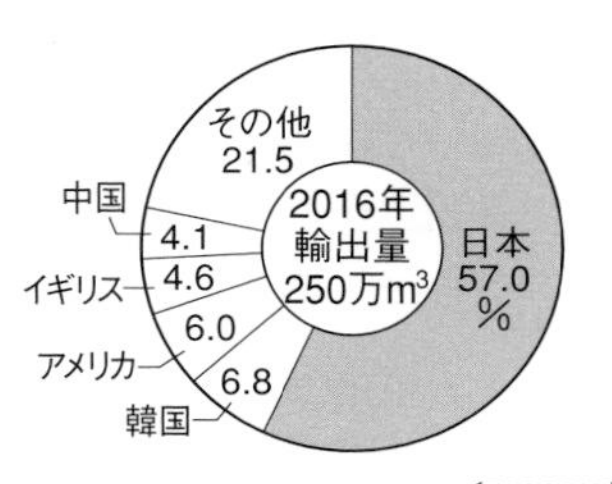

▲マレーシアの合板輸出相手国

6 亜寒帯林伐採の増加

参照 p.49

世界的に木材消費量が増大する一方で，熱帯林をはじめとする森林は減少している。かつて木材の輸出がさかんであった東南アジアでは，木材生産のための伐採をはじめ，農地や鉱山，ダム，道路などの開発，火災や紛争といった複合的な要因で熱帯林が劣化・減少し，木材の輸出も減少した。これに対し，伸び続ける世界の木材需要を賄ったのは，広大な天然の針葉樹が分布するカナダやロシアであった。カナダでは持続的な森林資源の利用に向けた管理が開始されたが，ロシアでは森林の管理が十分でなく，森林の劣化・減少が進んでいる。

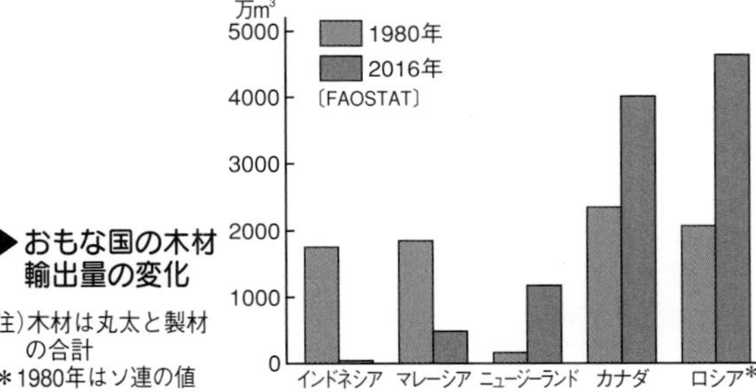

▶おもな国の木材輸出量の変化

注）木材は丸太と製材の合計
＊1980年はソ連の値

7 京都議定書と森林

参照 p.47

森林は，**京都議定書**において**温室効果ガス**排出量の削減目標を達成するための手段の一つに認められた。その理由は，森林は温室効果ガスの一種である二酸化炭素を吸収するからである。ただし，1990年以降新たに造成された森林（新規植林，再植林）と，森林経営（人間の手で森林を適切な状態に保つこと）が行われた森林に限り，二酸化炭素の吸収源として認められる。日本が京都議定書の目標を達成するためには，温室効果ガス排出量の削減はもとより，二酸化炭素の森林吸収量を活用することも重要である。日本の森林は，現状では京都議定書のルールで認められた二酸化炭素の森林吸収量を満たしていない。このため，新たな森林の造成や，森林経営の対象となる森林を増やす必要がある。

新規植林：過去50年間森林がなかった土地に植林

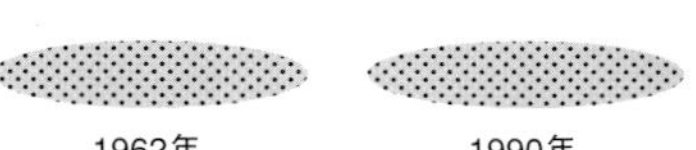

1962年　1990年　2012年

再植林：1990年以降森林でなかった土地に植林

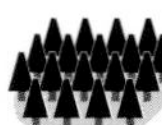

1962年　1990年　2012年

森林経営：持続可能な方法で森林の多様な機能を十分に発揮するための一連の作業

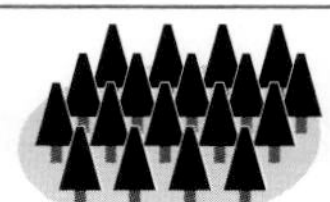

1962年　1990年　2012年

〔平成21年版森林・林業白書〕

▲京都議定書で森林吸収源と認められる森林

コラム　漁民の森づくり

森林の消失や荒廃は，河川を通じて海の環境にも影響を与える。漁業者は古くから，**魚付林**と称する海岸近くの森林を大切にしてきた。近年は漁業者やその家族が中心となって，河川の上流部での植樹活動に取り組む例が少なくない。こうした活動は，現在では全国の漁業地区の約3割で実施されている。よく知られている例に，「お魚殖やす植樹運動」（北海道）や「森は海の恋人」（宮城県）などの活動がある。

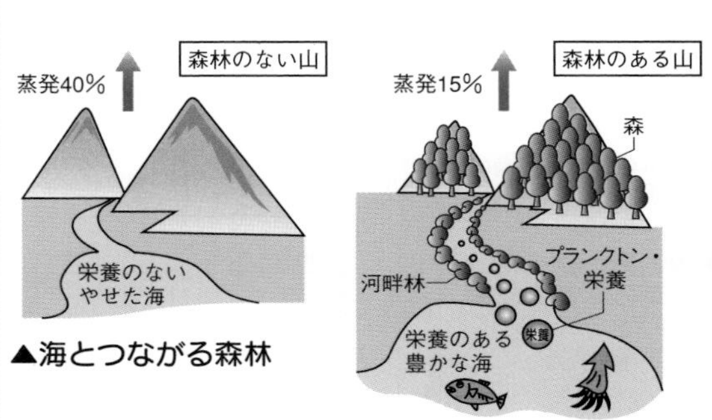

▲海とつながる森林

2 日本の林業

① 日本の木材生産

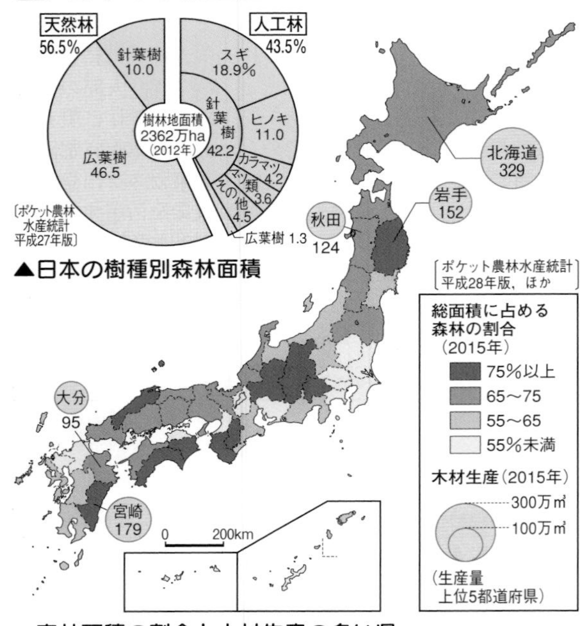

▲日本の樹種別森林面積

▲森林面積の割合と木材生産の多い県

日本の森林は，人の手が加わった**人工林**が面積の4割を占める。国内の木材生産は北海道や，岩手県などの東北地方，宮崎県などの九州地方で多い。

② 日本の林業の現状

日本の国土の約3分の2は森林であり，多くは山地に分布する。森林の半分以上を占める**私有林**では森林所有面積の狭い林業経営体が多く，就業者の減少と高齢化が進んでいる。また，森林の3割を占める**国有林**では，1990年代に林業経営の悪化が表面化した。こうした国内林業の低迷により，間伐などの管理が十分でない森林が拡大し，森林のもつ多面的な機能，すなわち生物多様性や環境の保全，土砂災害防止，水源涵養，安らぎ・憩い・教育の場の提供といった機能の低下が懸念されるようになった。政府は2001年に林業政策を見直し，かつての木材生産中心の政策から，経済的な機能を含めた森林の多面的機能を持続的に発揮させる政策へ転換した。

▶日本の木材の需要と供給
〔平成28年 木材需給表〕

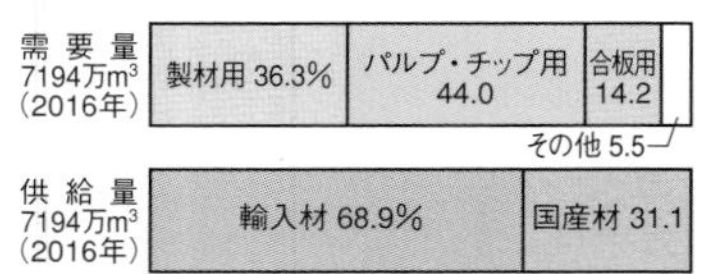

▶日本の林野面積の内訳
〔2015年農林業センサス〕

林野面積 (2010年) 2484.5万ha	国有林 29.1%	公有林 16.2	私有林 54.7

▶製造業と比べた，林業の年齢別就業人口
〔平成17年 国勢調査〕

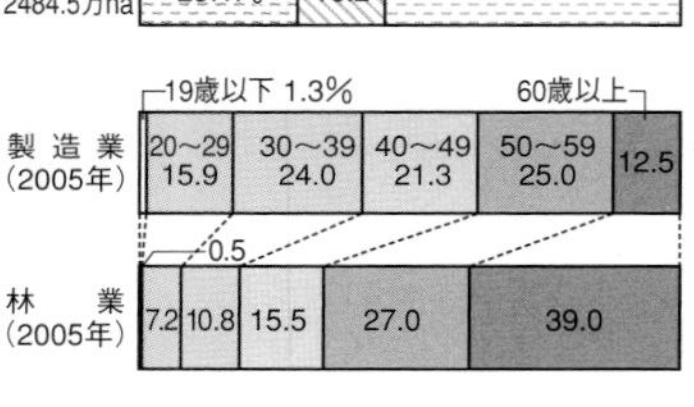

③ 日本の木材供給量の推移

かつて日本の木材自給率は90%を超えていたが，高度経済成長期に入り海外からの供給が増えると，自給率は急激に低下した。ところが近年は，自給率が回復傾向に転じ，国産材の供給量も増えている。

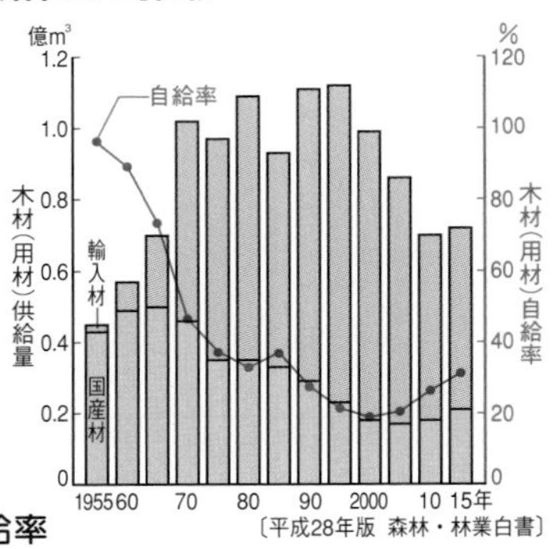

▶木材の供給量と自給率

④ 日本の木材輸入

日本の輸入木材は，北米やロシアからのものが過半を占める。かつては東南アジアから輸入される木材も多かったが，それらの国々で伐採量制限や禁輸措置がとられたため，近年は減少した。

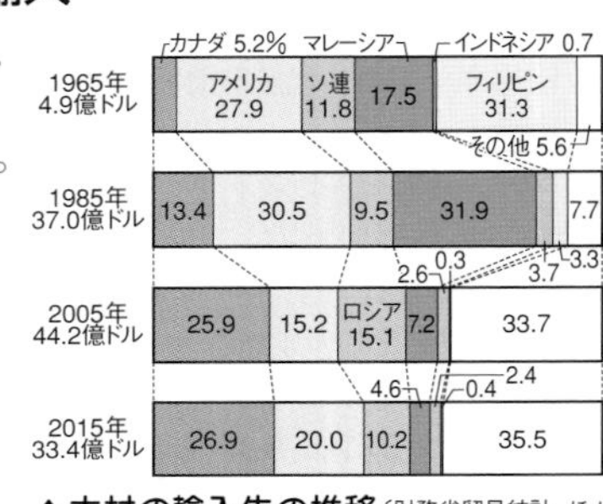

▲木材の輸入先の推移〔財務省貿易統計，ほか〕

⑤ 海外への産業植林

▲日本企業のおもな海外産業植林プロジェクト

産業植林とは，産業用資材として木材を持続的に活用するために，日本の製紙関連企業が中心となって行う植林で，主として南半球やアジアの国々で進められている。

コラム 林業の需要拡大に向けた取り組み

国産材の供給量と木材自給率は2000年代に入って向上し，輸出も伸びている。背景には，経済成長が続く中国などの影響で世界的に木材需要が伸びていることや，木材の輸入価格が上昇していること，かつて植林した国内の森林が利用可能な段階に生長したこと，木材の加工技術が向上したことなどがある。また，国産材の利用拡大に向けてさまざまな取り組みも行われ，「顔の見える木材での家づくり」として，森林所有者・木材産業関係者・住宅生産者が連携した地元産木材を使った住宅の提供もなされている。近年は，中国や韓国への木造住宅の輸出もはじまっている。

3　世界の水産業

① 世界の水産業の動向

漁獲量は，1980年代までは，変動の大きなペルーを除き，日本とソ連が上位を占めた。1990年代には養殖生産を伸ばした中国や，再びアンチョビの豊漁期を迎えたペルーが台頭した。2000年代に入り，新たにインドやインドネシア，アメリカの漁獲量も伸びている。

水産物の輸出では，もともと輸出のさかんな北米や北欧諸国に加え，近年は中国やベトナムが上位を占めるようになった。日本は水産物の輸入大国である。

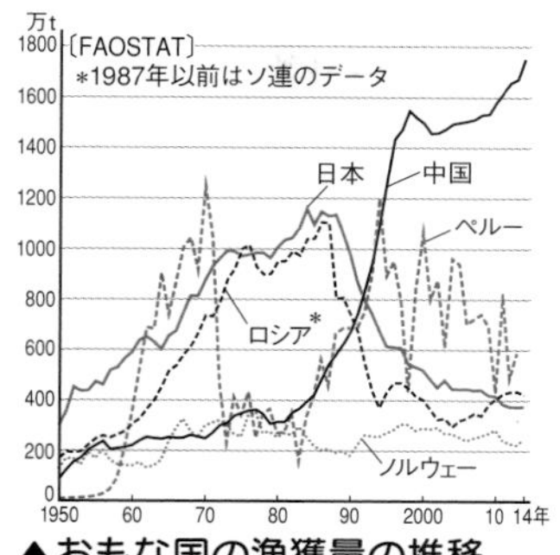

▲おもな国の漁獲量の推移

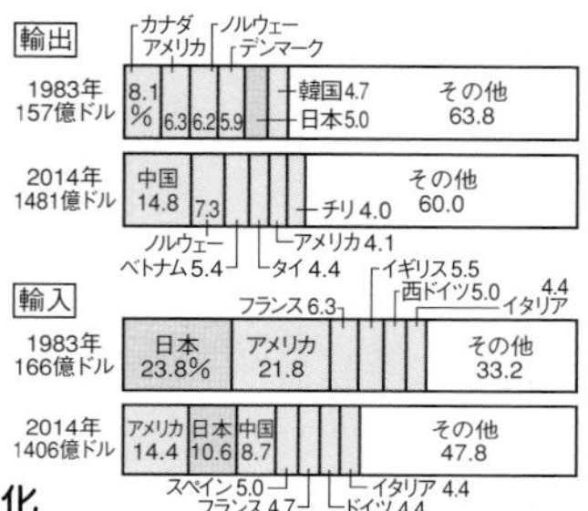

▶世界の水産物貿易の変化

② 漁場の成立条件

自然条件	① **大陸棚・バンクの存在**(→p.14「コラム」) 大陸棚は大陸の周縁にある水深約130mまでの緩斜面の棚状の海底。バンク(浅堆)はそのなかでとくに浅いところを指す。これらは，水底まで太陽光線が透過し，酸素やプランクトンにめぐまれる。また，大陸沿岸は河川によって陸の栄養塩類が豊富に供給される。 ② **潮目(潮境)の存在**(→p.22②) 暖流と寒流が交わると渦流が起こり，海底に堆積した栄養塩類が表層に上昇してくる。なお，寒流のほうが暖流よりプランクトンが発生しやすい。 ③ **湧昇流** 海水の下層水塊が上昇し，海の表面に向かう流れをいう。海底付近の水には，表層の生物が死後，分解されて生じた栄養塩類が多くたまっている。この水が表面に上がってくると，光合成によって植物性プランクトンが発生する。動物性プランクトンがこれをえさとし，そして小魚→中魚→大魚という食物連鎖ができ，周辺の海域が優良な漁場となる。
社会条件	① **市場** 人口規模や1人あたりの所得水準に左右される。また，国民性によって魚介類への嗜好が異なる。 ② **技術・資本** 魚群探知技術・養殖技術などの開発。加工・冷凍・冷蔵施設の整備。漁船・港湾設備の近代化。 ③ **水質などの環境** 沿岸漁業は排水や赤潮の影響を受ける。 ④ **国際関係**　200海里問題など。 ⑤ **文化**　宗教，風俗・慣習の影響を受ける。

③ 世界の漁場

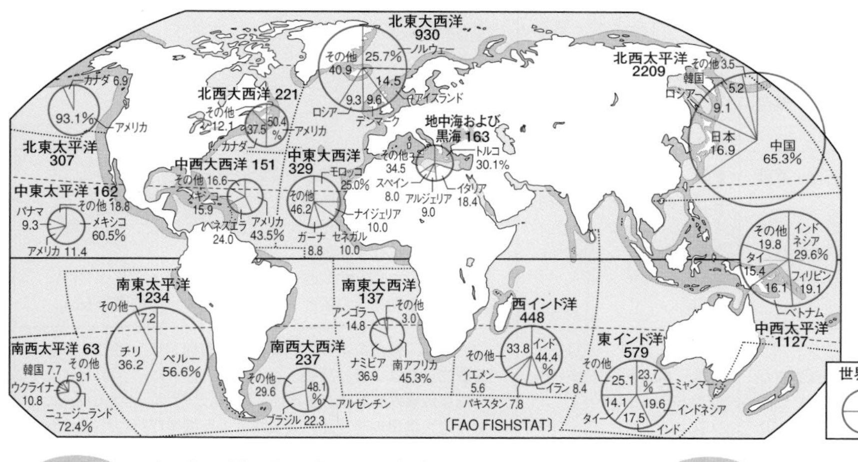

◀世界のおもな漁場と水域別漁獲量

海面漁業は，漁業全体の漁獲量のうち6割を占める。世界の漁場のうち，日本周辺海域を含む北西太平洋は最も漁獲量が多く，漁獲される魚種も豊富である。これに次ぐのは，アンチョビの豊富な南東太平洋，経済発展の過程で漁業生産を高めた東南アジアの周辺海域を含む中西太平洋，古くから優れた漁場であった北海を含む北東大西洋である。

コラム　急速に伸びる中国の水産業

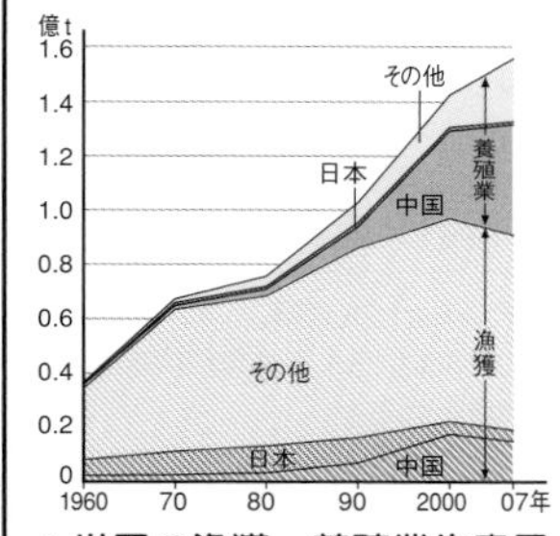

▲世界の漁獲・養殖業生産量の推移〔平成21年版 水産白書〕

近年の中国の漁業生産の伸びをささえているのが**養殖業**である。中国の養殖業の特徴は，湖沼や河川で行われる内水面養殖業にある。進んだ技術を用い，コイ科を中心に多種の淡水魚を生産している。政府の内水面養殖業への支援と，国民の所得増による水産物需要の高まりが生産拡大をうながした。

コラム　エルニーニョ現象とペルーの水産業

ペルー沖は**湧昇流**が発生しており，世界有数の好漁場が形成されている。この海域は**アンチョビ**(かたくちいわしの一種)が豊富に生息し，それがペルーの漁獲量の大部分を占める。漁獲されたアンチョビは飼料や肥料にするための**魚粉(フィッシュミール)**に加工され，世界各国へ輸出されている。**エルニーニョ現象**は，アンチョビの漁獲量に大きな影響を及ぼす。エルニーニョ現象が起こると，湧昇流の発生が弱まり，アンチョビのえさが少なくなるため，結果的に漁獲量が減少する。これにより，世界市場での魚粉の供給量が低下して，代替品の大豆などの価格が高騰することもある。

参照 p.42

4 世界の主要漁場

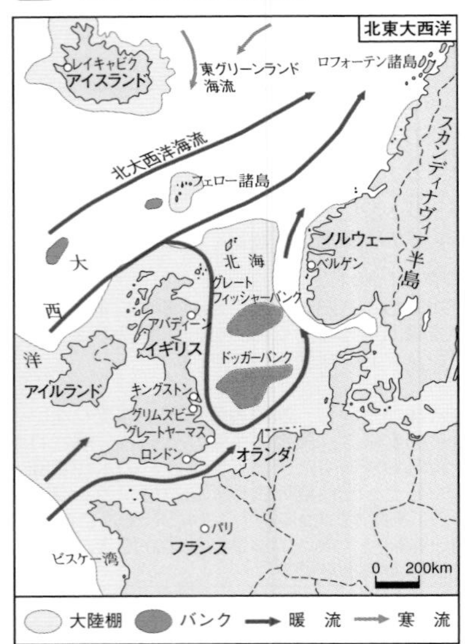

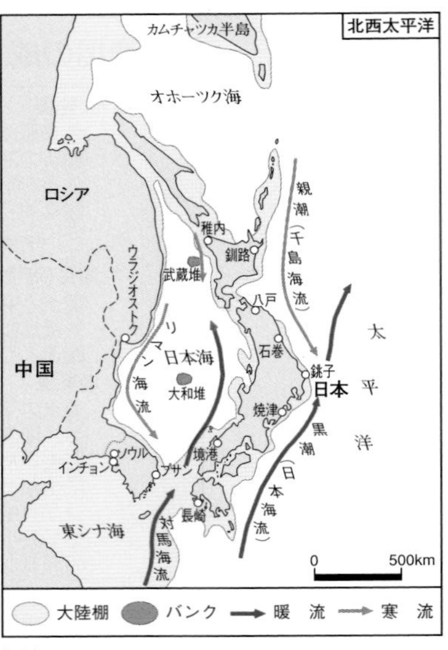

▲主要漁場の大陸棚，バンクの位置と海流

世界の主要漁場は，海流や地形の条件が魚介類の産卵や成長に適した海域であり，漁場周辺には大規模な漁港とその関連施設が立地する。日本を含む北西太平洋は，漁場面積あたりの漁獲量が世界最大である。

▼主要漁場のまとめ

漁　場	自然条件	おもな水産都市	特　徴
北東大西洋 北海を中心に，ロフォーテン諸島沖（ノルウェー沖）からビスケー湾まで	・大陸棚が広く分布。ドッガーバンク，グレートフィッシャーバンクなどバンクが多い。 ・東グリーンランド海流（寒流）と北大西洋海流（暖流）が合流し，潮目（潮境）をつくる。	キングストン，グリムズビー，グレートヤーマス，アバディーン，ベルゲン，レイキャビク	・トロール漁業の伝統を生かして，たら・にしんを漁獲。消費地に近く，開発が古い。
北西太平洋 日本列島を中心に，カムチャツカ半島から東シナ海まで	・大陸棚が広く分布。大和堆・武蔵堆などバンクが多い。 ・黒潮（暖流）と親潮（寒流），対馬海流（暖流）とリマン海流（寒流）が合流し，潮目（潮境）をつくる。	釧路，稚内，八戸，石巻，銚子，焼津，境港，長崎，ウラジオストク，プサン，インチョン，シャンハイ	・漁獲物の種類，漁獲量ともに世界最大。 ・北部は寒流に適する魚種 　さけ，ます，にしん，たら ・南部は暖流に適する魚種 　さば，いわし，かつお，まぐろ ・古くから水産物を食用とする割合が高く，消費量が多い。
北西大西洋 ノヴァスコシア半島沖を中心に，ニューファンドランド島からハッテラス岬沖まで	・大陸棚が広く分布。グランドバンク，ジョージバンクなどバンクが多く形成されている。 ・メキシコ湾流（暖流）とラブラドル海流（寒流）が合流し，潮目（潮境）をつくる。	セントジョンズ，ハリファクス，ボストン，ポートランド	・フランス人領民によって開拓された漁場。サンピエール島，ミクロン島はフランス領。 ・おもな漁獲物はたらであるが，にしん，さば，かれいも多い。 ・近くに大消費地を控え，大企業による操業が行われている。
北東太平洋 アラスカ湾を中心に，アリューシャン列島からカリフォルニア半島沖まで	・大陸棚やバンクはあまり発達していないが，海岸線は屈曲に富む。 ・アラスカ海流（暖流）・カリフォルニア海流（寒流）が合流し，潮目（潮境）をつくる。	プリンスルパート，ヴァンクーヴァー，シアトル，ポートランド，サンフランシスコ	・フレーザー川，コロンビア川などは，さけ・ますのよい産卵場であり，河川漁業がさかん。 ・20世紀に入り，日本人移民によって，さけ・ます漁業がさかんに。 ・消費市場に遠いので，沿岸に大規模な缶詰・冷凍工場が発達。
南東太平洋 ペルー北部からチリ北部の沖合	・大陸棚やバンクはあまり発達していない。 ・南から北上する寒流のペルー（フンボルト）海流にはプランクトンが多く，好漁場。	チンボテ，カヤオ，ピスコ，アントファガスタ	・おもに，飼料・肥料となるアンチョビを漁獲。 ・ペルー沿岸は顕著な湧昇海域。下層から栄養塩類が供給され，プランクトンが繁殖して好漁場となる。 ・1955年ごろからアンチョビの漁獲量が急激に増加し，62年から71年までペルーの漁獲量は世界一となった。1970年代，乱獲や海流の異変（エルニーニョ現象）で漁獲量が激減したが，90年代再び豊漁期に（→p.103コラム）。

4　日本の水産業

① 日本の水産業の動向

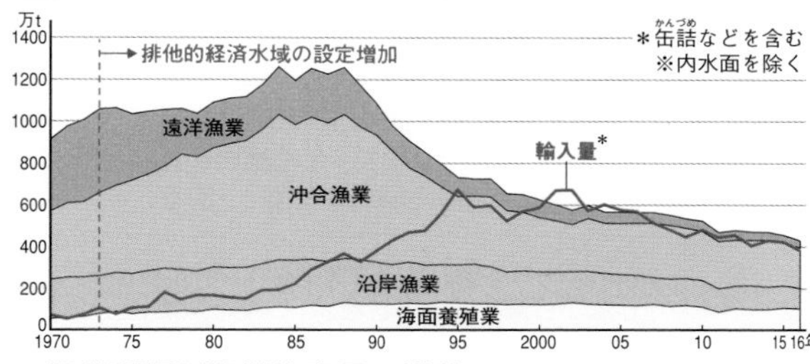

▲漁業種類別漁業生産量の推移〔平成28年 漁業・養殖業生産統計，ほか〕

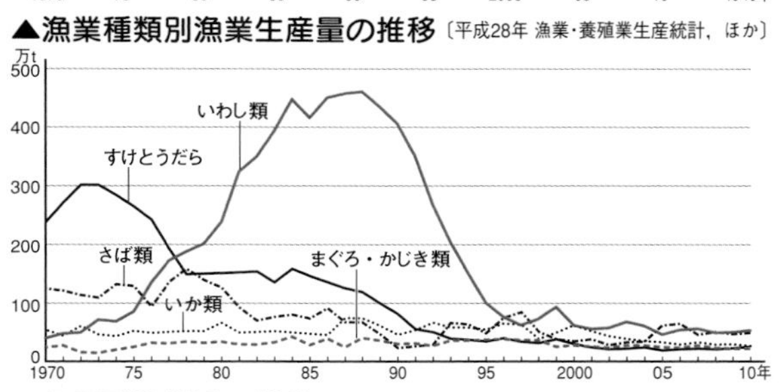

▲魚種別漁獲量の推移〔平成22年 漁業・養殖業生産統計，ほか〕

1990年代以降，日本の漁獲量は減少している。かつての日本は**遠洋漁業**，**沖合漁業**がさかんで，世界最大の漁獲量を誇っていた。しかし，石油危機や200海里体制への本格的な移行によって遠洋漁業が縮小し，沖合漁業もいわし類の資源量の変動によって漁獲量が減少した。この供給減を補うように，1980年代後半から水産物の輸入量が大幅に伸びた。他方で，**沿岸漁業**の漁獲量はほぼ一定で，**養殖業**の生産量は次第に増加している。

② おもな漁港の水揚量と魚種別割合

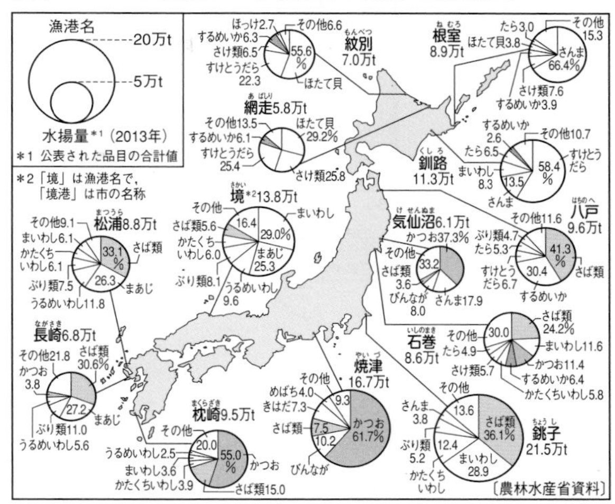

③ 日本の漁業経営

日本の漁業経営体の大多数は家族経営中心の沿岸漁業層であるが，販売金額は6割である。また，漁業就業者数は減少を続け，高齢化も進んでいる。

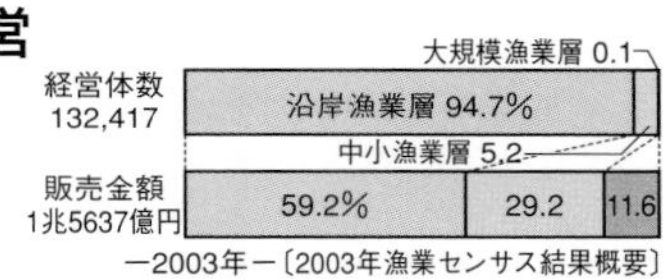

	沿岸漁業層	中小漁業層	大規模漁業層
経営体数 132,417	94.7%	5.2	0.1
販売金額 1兆5637億円	59.2%	29.2	11.6

―2003年―〔2003年漁業センサス結果概要〕

▲漁業生産の構成

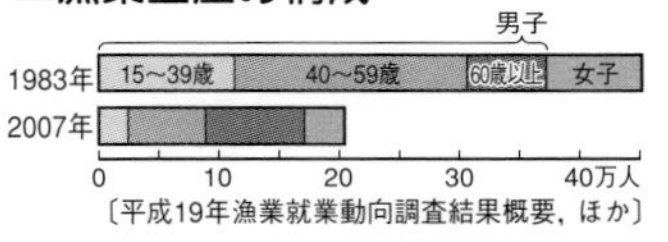

〔平成19年漁業就業動向調査結果概要，ほか〕

▲漁業就業者の年齢別変化

④ 日本の漁業水域　参照 p.206①

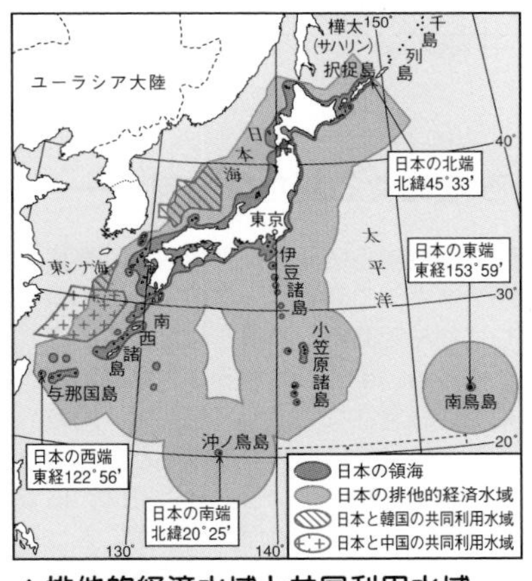

▲排他的経済水域と共同利用水域

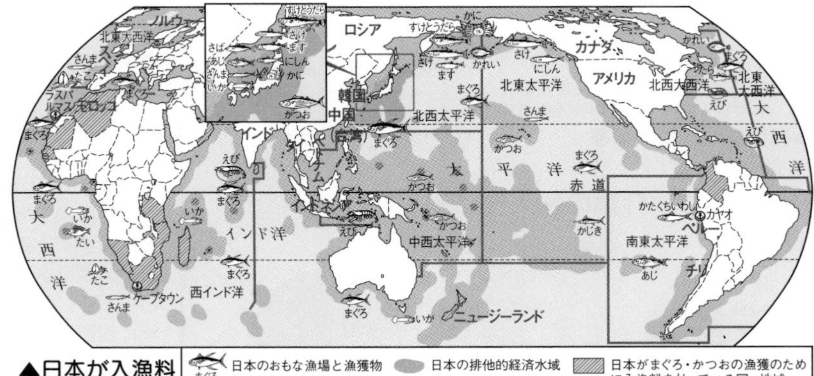

▲日本が入漁料を払っている国・地域

日本は1977年に**200海里漁業水域**を設定し，1996年には国連海洋法条約を批准して**排他的経済水域**（EEZ）を設けた。日本の海外漁場の多くは沿岸国の200海里内にあるため，入漁する場合には，政府間協定や民間で契約を結び，一定の入漁料を払っている。領土問題を抱える周辺諸国との間でも，ロシアとは1977年，韓国とは1999年，中国とは2000年に協定が発効され，相互の入漁海域や対象魚種，漁獲可能量の調整がなされている。

コラム　捕鯨問題

国際捕鯨委員会（IWC）は1982年に商業**捕鯨**の全面禁止を採択し，日本も1987年を最後に商業捕鯨を中断した。日本は，鯨類の保存をはかりながら捕鯨産業を持続的に行うべきとする立場に立ち，一定のルールの下での商業捕鯨再開をIWCに働きかけている。現在，日本は，国際ルールに則った捕獲調査（調査捕鯨）と，IWC管轄外の小型鯨類を対象とした，沿岸域での小型捕鯨を行っている。

5 水産物の自給率

参照 p.191

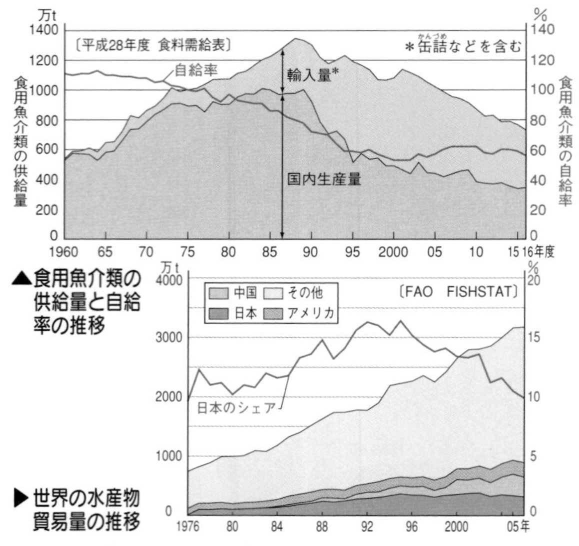

▲食用魚介類の供給量と自給率の推移

▶世界の水産物貿易量の推移

日本の食用魚介類の**自給率**は，1980年代半ばから大幅に低下したが，2000年以降は落ちついている。また，日本は世界有数の水産物輸入国であるが，世界的に水産物の需要が増えているため，シェアが下がっている。

6 水産物の輸入

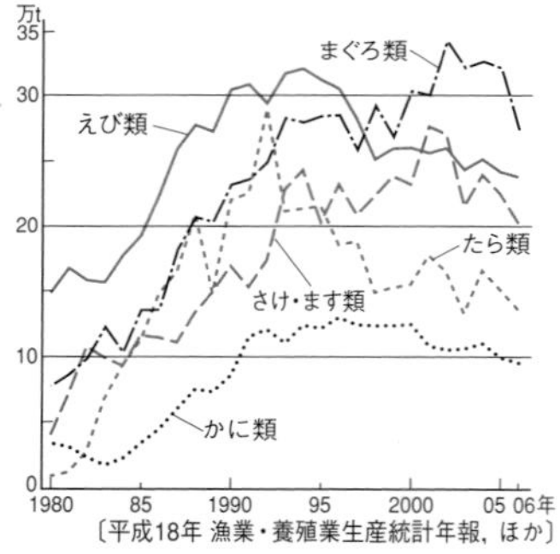

▲品目別輸入量の推移

日本の水産物輸入量は1980年代半ばに急増した。その要因は，プラザ合意後の円高や流通関連技術の発達，海外漁場からの撤退，国内生産の減少などである。日本に輸入される水産物は，中・高級品が主で，輸入先は世界各国に及んでいる。

7 おもな魚介類の輸入先

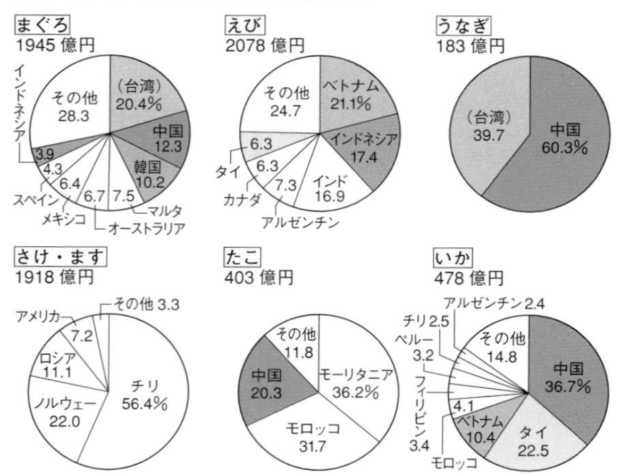

8 養殖業と栽培漁業

養殖業	・水産物を人工的に育成する漁業のこと。種苗生産を含めて完全に人工的に育成できるものを**完全養殖**という。「育てる漁業」とよばれる。 ・海面を利用する**海面養殖**業と，河川や湖沼を利用する**内水面養殖**(淡水養殖)業に分けられる。 ・生産量は漁業全体の2割，生産額では3割以上。1986年以来，遠洋漁業の生産額を上回る。
栽培漁業	・種苗生産や放流，育成管理など人為的に資源を増やしながら漁業をすること。「つくる漁業」とよばれる。 〔例〕さけ 捕獲→採卵・受精→孵化→人工飼育→稚魚の放流→漁場管理→漁獲回収 ・種苗生産技術の開発が続けられ，80種類以上の水産物が対象となっている。 〔例〕さけ類，えび類，たい類，ひらめ類，ほたて，あわび，うに，がざみ(わたりがに)

▲養殖業と栽培漁業の違い

	収獲量(t)	おもな産地の割合(%)
海面養殖業		
ぶり類……	155,009	鹿児島37・愛媛17・大分10・長崎8・香川6
ほたて貝類…	212,094	北海道56・青森34・宮城7・岩手3
かき類……	208,182	広島51・宮城24・岡山7・岩手5・三重3
こんぶ類…	41,338	北海道59・岩手36・宮城4
わかめ類…	59,093	岩手46・宮城30・徳島10・兵庫5・長崎2
のり類……	367,678	佐賀21・兵庫16・福岡13・熊本13・宮城8
真珠………	27,355*	長崎32・愛媛31・三重25・熊本5
内水面漁業		
ます類……	11,000	静岡19・長野17・山梨10・岐阜7・福島6
あゆ………	6,270	和歌山18・徳島13・愛知13・宮崎9・滋賀9
こい………	3,306	群馬25・福島27・宮崎16・富山7・長野6
うなぎ……	20,733	鹿児島34・愛知33・宮崎15・静岡7・高知3
淡水真珠…	99*	茨城72・滋賀28

−2006年− *真珠は浜揚量(kg)〔平成18年 漁業・養殖業生産統計年報〕

▲養殖業の収獲量

コラム まぐろ をめぐる新たな動向

まぐろは広い範囲を回遊する魚種で，世界各地で漁獲されるほか，地中海やメキシコ湾では天然の幼魚や小型魚を育成する**養殖**もさかんである。漁獲されたまぐろの3分の1は日本で消費される。まぐろの需要は世界的に伸びており，資源の枯渇が懸念されている。現在は，海域別に設置された五つの地域漁業管理機関が中心となってまぐろ漁業を管理し，乱獲を防いでいる。最近では，日本で開発されたまぐろの完全養殖技術が実用段階に入っている。まぐろ資源の持続的な利用を可能にする新たな方法の一つとして期待されている。

名称	略称
大西洋まぐろ類保存国際委員会	ICCAT
中西部太平洋まぐろ類委員会	WCPFC
インド洋まぐろ類委員会	IOTC
みなみまぐろ保存委員会	CCSBT
全米熱帯まぐろ類委員会	IATTC

◀まぐろ類の地域漁業管理機関

1　エネルギーの歴史と構成

① エネルギー資源の変化

産業革命以来，世界のエネルギー資源の中心は石炭であった。しかし第二次世界大戦以降，自動車普及の本格化などによって，石油消費が伸び，1960年代には石炭消費を上回るようになった。また，環境への負荷が少ないことなどを理由に，天然ガスの消費も伸びている。

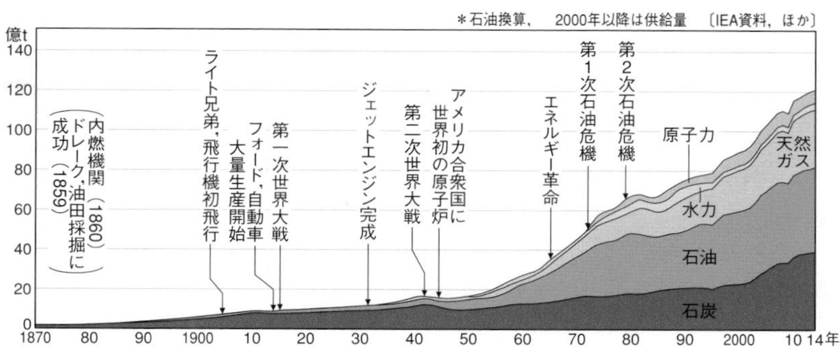

▶世界のエネルギー消費量の推移

エネルギーの分類

化石エネルギー　地質時代の動植物の死骸が，地下で圧力と熱を受け形成されたエネルギー源。石炭・原油・天然ガスなどで，枯渇する。

⟺

非化石エネルギー　原子力のほか，太陽熱，水力・風力・波力・地熱などの自然エネルギーを中心とする，化石燃料に頼らないエネルギー源。

1次エネルギー　自然に存在するものをそのままの形で利用するもの。石炭・石油・天然ガス・水力・風力など。

⟺

2次エネルギー　1次エネルギーを使いやすいよう加工したもの。電力・ガソリン・コークス・都市ガスなど。

用語　エネルギー革命と石油危機

使用される主要エネルギー資源が急激に交替することを，**エネルギー革命**という。第二次世界大戦後，石炭から石油へのエネルギー革命がおきたが，1970年代の2度の**石油危機**（→p.111）を契機に，原子力などの**代替エネルギー**利用や省エネが進められた。しかし，依然として石油はエネルギー源の主役の座を維持している。

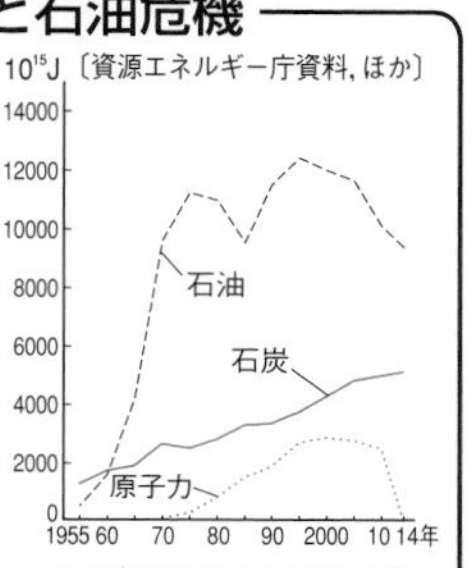

▲日本におけるエネルギー供給の推移

② エネルギー消費

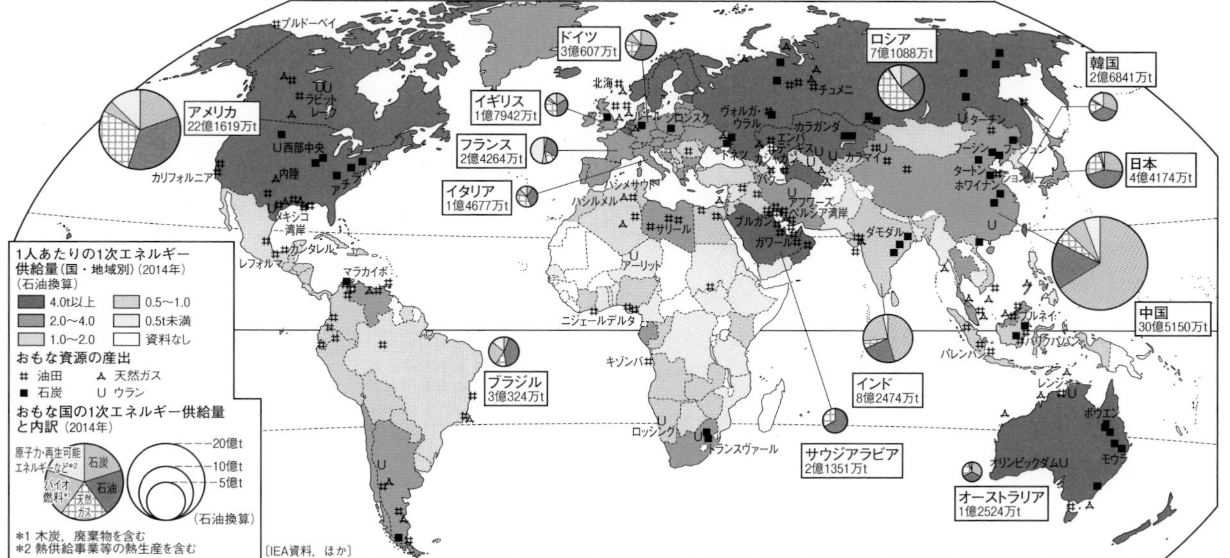

▲各国のエネルギー消費量

0　5　10　15　20　25　30　35 石油換算，億t

中国
アメリカ
インド
ロシア
日本
フランス
サウジアラビア

—2014年—〔IEA資料〕

石炭
石油
天然ガス
バイオ燃料＊1
原子力・再生可能エネルギーなど＊2

＊1 木炭・廃棄物を含む
＊2 熱供給事業等の熱生産を含む

▲おもな国のエネルギー消費量

日本，アメリカ，西ヨーロッパなど先進国では，石油や天然ガスの消費が主流であるが，インドや中国など発展途上国ではエネルギー効率の悪い石炭消費が主流である。また，カナダや北欧などは，人口は少ないが暖房を用いるため，1人あたりのエネルギー消費量が大きい。アメリカは生産量も多いが，消費量も多いため，最大のエネルギー輸入国でもある。

2 石 炭

① 石炭とその種類

参照 p.338

541　359　299　252　66　23　2.6(百万年前)

先カンブリア時代	古生代			中生代	新生代		
		石炭紀	二畳紀		古第三紀	新第三紀	第四紀

├── 無煙炭・瀝青炭 ──┼── 褐炭・亜炭 ──┤

おもな炭田　アパラチア，タートン，ボウエン，ロッキー，ダモダル，クズネツクなど　　フーシュン，シロンスク，石狩など

▲石炭の生成

地中に堆積した古代の植物が，地中の圧力や地熱の影響を受けて分解・炭化し，生成される。石油に比べて，運搬しづらく，エネルギー効率も悪く，二酸化炭素排出量も多いが，資源量が豊富であり，供給も安定的である。

用語　坑道掘りと露天掘り

石炭が堆積する層(炭層)が地下深くにある場合は，地上から縦に坑道を掘り，炭層付近で坑道を水平に掘り進む，**坑道掘り**が用いられる。一方，炭層が地下浅く広範にある場合は，地表から直接炭層を削り取る**露天掘り**が用いられる。露天掘りは，大型機械が使用しやすく，採掘能率が高い利点があるが，植生破壊など環境問題も引き起こす。

種　類	特　徴	用　途
無煙炭	最も炭化が進んだ石炭で，燃焼時に煙の発生が少ない。	練炭・豆炭といった家庭用燃料など。
瀝青炭(れきせいたん)(亜瀝青炭)	現在，最も産出量の多い石炭で，発熱量も高い。	製鉄用のコークスやガス製造用など。
褐炭	炭化不十分で硫黄やりんなどを多く含み，燃焼時に煙が発生する。	発電ボイラー用の燃料など。

▲石炭の種類

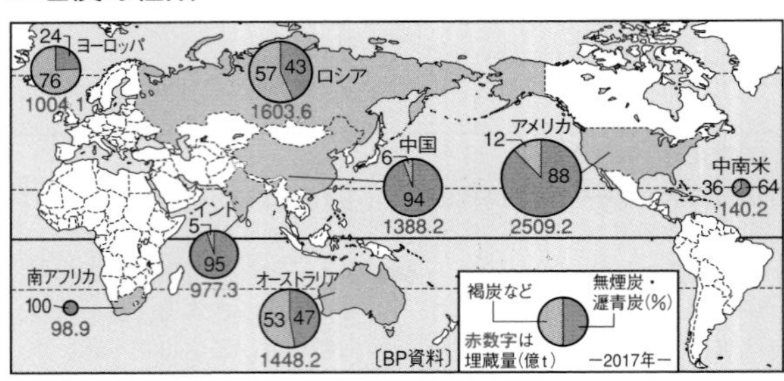

▲おもな国の埋蔵量にみる瀝青炭と褐炭の割合

② 石炭の分布と移動

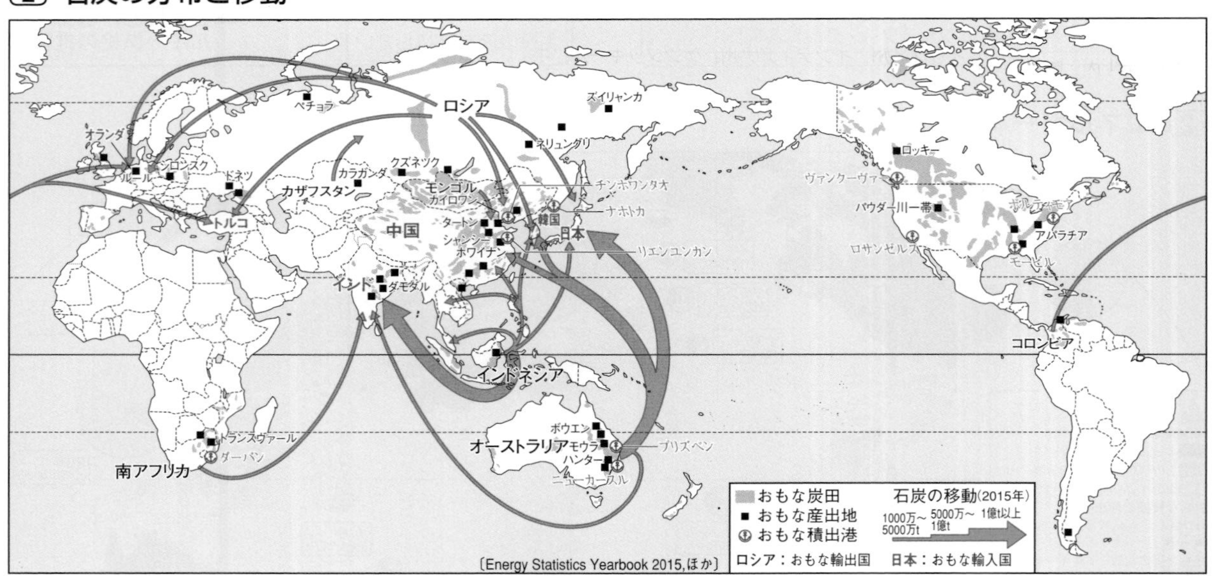

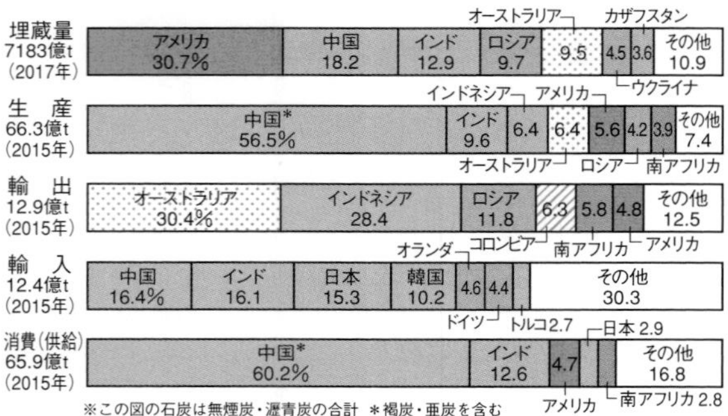

▲石炭の埋蔵量・生産・輸出入・消費

古生代は，巨大なシダ植物による大森林が存在した**石炭紀**を含むなど，良質な炭層が形成された時期である。そのため，古生代に造山運動を受けた古期造山帯に，世界の大炭田は多い。生産量の50%以上を占める中国は，自国の消費が大量にあるため，輸出余力は小さく，むしろ輸入国の第1位となっている。第二次世界大戦後の日本では，石炭産業が重視され，自給率も高かったが，高度経済成長期以降に海外から安い石炭の輸入が活発化するにつれ，急激に衰退した。現在は，世界第3位(2015年)の輸入国として，ほとんどを外国の資源に依存しており，国内の炭鉱は釧路の1鉱のみである（→p.121）。

③ おもな国の石炭

国	特徴
中国	生産量と消費量は世界最大。国内のエネルギー消費に占める割合も高い。経済成長につれて消費量も伸びたが，環境対策は遅れている。
アメリカ	生産量は世界第5位(2015年)。おもに発電用。近年は，伝統あるアパラチア炭田よりも，西部のワイオミング州が生産の中心。
インド	石炭がエネルギー需要の半分以上を占める。大半は国内生産でまかなえるが，国内炭は，工業用の原料として適さないため，工業には原料炭を輸入。
オーストラリア	生産量は世界第4位(2015年)。多くが輸出されるため，世界第1位(2015年)の輸出国。日本の輸入石炭の6割はオーストラリア産。

トピック 消える!?フーシュン炭田

フーシュン(撫順)炭田は，中国の製鉄業を長年ささえてきた。しかし現在，フーシュン市の住民から環境や労働条件の改善を強く求められるようになり，結果，炭鉱は閉山，公園などの施設に変わる計画がなされている。

年	出来事
1901年	民間により採掘開始
1907年	満州鉄道(日本)の管理下に
1914～45年	満鉄時代の産出量は約7700万tにのぼる
1950～60年代	産出量が1000万tを超える年もあった
1990年代	次第に環境や労働条件が問題となる
2010年以降	採掘･生産の停止予定

▲フーシュン炭田の変遷

▼世界のおもな炭田

国名	炭田名	特徴
中国	フーシュン(撫順)	リヤオニン(遼寧)省中部に分布。第二次世界大戦前に日本の資本で開発が進んだ。かつては中国最大の炭田で，良質な瀝青炭を産出し，**アンシャン**(鞍山)鉄鋼コンビナートへ供給してきたが，老朽化し閉鎖予定。
	タートン(大同)	シャンシー(山西)省北部に分布。歴史はきわめて古く，1500年前から採掘。埋蔵量は300億tをこえるともいわれる中国最大の炭田。**パオトウ**(包頭)の鉄鋼コンビナートなどに石炭を供給。
	カイロワン(開灤)	ホーペイ(河北)省東部に分布。良質の瀝青炭を産出。ペキン(北京)やタンシャン(唐山)など，付近に立地する多数の製鉄所にも供給。
アメリカ	アパラチア	アパラチア山脈に分布。良質な無煙炭や瀝青炭を産出。かつてはアメリカ最大の炭田で，五大湖沿岸の鉄鋼業や重工業など，大西洋工業地域形成の原動力であった。
	内陸	イリノイ州，インディアナ州，ケンタッキー州が中心。瀝青炭を産出し，シカゴやゲーリーなどの五大湖南西部の重工業地帯に供給されたが，現在は発電向けが中心。
	西部	ワイオミング州を中心に分布。埋蔵量自体はアメリカ最大だったが，工業地帯から遠く，開発が遅れていた。しかし近年，発電用に低コストで産出される硫黄分の低い石炭需要が大きくなり，産出量もアメリカ最大となった。
インド	ダモダル	ダモダル川流域に分布する，インド最大の炭田。流域の工業化を進めている。とくに**シングブーム**の鉄鉱石と結びついた，ジャムシェドプルの鉄鋼業の発展が著しい。
オーストラリア	ハンター	かねてから日本の製鉄業向け原料炭を，積出港であるニューカースル港から輸出。近年は韓国向けも多い。
	ブラックウォーター-ブレアソール	クインズランド州東部の**ボウエン地区**に分布する，世界最大級の瀝青炭埋蔵量を誇る炭田。アメリカ・オーストラリア・日本の企業が出資して開発。
南アフリカ	トランスヴァール	良質な瀝青炭を産出し，西ヨーロッパ諸国などに輸出。
ロシア	クズネツク	1930年代から開発が進む，世界最大級の炭田。シベリアにあるケメロヴォ州を中心に，クズネツク重化学工業地域に石炭を供給。
	ウラル	ウラル山脈にある。第二次世界大戦後に開発され，ウラル工業地域の基盤となる。
ポーランド	シロンスク	東ヨーロッパ最大の炭田で，オドラ(オーデル)川とヴィスワ川の上流にある。良質の瀝青炭を産出し，シロンスク地域に重化学工業が立地する要因となった。
ウクライナ	ドネツ	ドネツ川南部のドネツ丘陵に分布。良質な無煙炭と瀝青炭を産出。**クリヴォイログ**の鉄山とも結びついて，旧ソ連最大のドニエプル工業地域を形成。
カザフスタン	カラガンダ	カラガンダ州に分布する炭田。瀝青炭をおもに産出しているが，国内の混乱などにより生産量は減少。ロシアやヨーロッパなどに輸出。
ドイツ	ルール	ライン川支流のルール川沿いに分布。西ヨーロッパ最大の炭田で，瀝青炭を中心に産出。**ルール工業地域**発展の原動力であったが，採掘費用の上昇や資源量の枯渇などで，炭鉱の閉鎖があいつぐ。
イギリス	ランカシャー	ペニン山脈南部西麓に分布し，**マンチェスター**を中心に，産業革命の発祥地となった。20世紀初頭が最盛期で，現在は老朽化が激しい。

3　石　油

1 原油の生産

参照 p.338

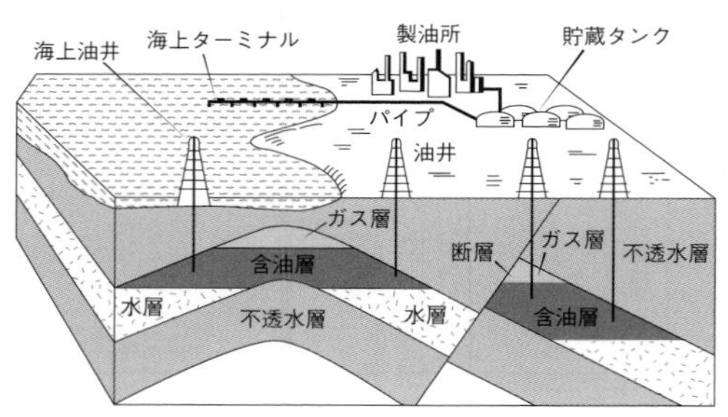

▲油田の断面図

原油の多くは，褶曲した地層の背斜部に存在する。そこでは，水より軽い石油が地下水の上に浮いた状態で集まり，油田が形成される。採掘するときは地上(海上)から井戸(油井(ゆせい))を掘ってくみ上げる。原油の埋蔵場所は，地質調査をしたうえで試掘を行い探査されるが，実際に発見されて事業化される可能性は極めて低い。

用語　ガロンとバーレル

ともにヤード・ポンド法の単位。かつて原油を木の樽(バーレル)で運んだ経緯から，バーレルが原油の計量単位となった。アメリカでは1バーレル＝42ガロン≒159L。

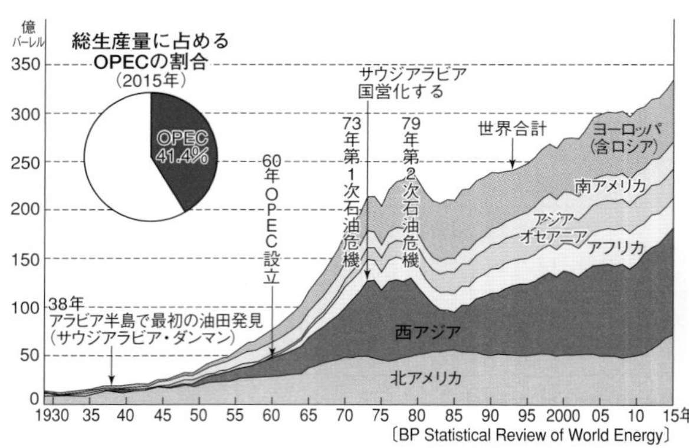

▲地域別にみた原油生産量の推移

本格的に石油生産の産業化が進んだのは19世紀後半のアメリカである。第二次世界大戦前まではアメリカが世界一の原油生産地であり，ほかにルーマニア，ソ連のカフカス地方，オランダ領東インド(インドネシア)，ベネズエラなどが代表的な生産地であった。おもに自動車，飛行機，船舶などの内燃機関に石油は利用され，消費量が増大していったが，とくに戦後は飛躍的に伸びた。その需要を満たしたのが，戦後に開発が進んだ中東の油田であり，現在も世界一の原油生産地である。また，2度の石油危機を経て，北海油田の開発が進んだ。

2 油田の分布

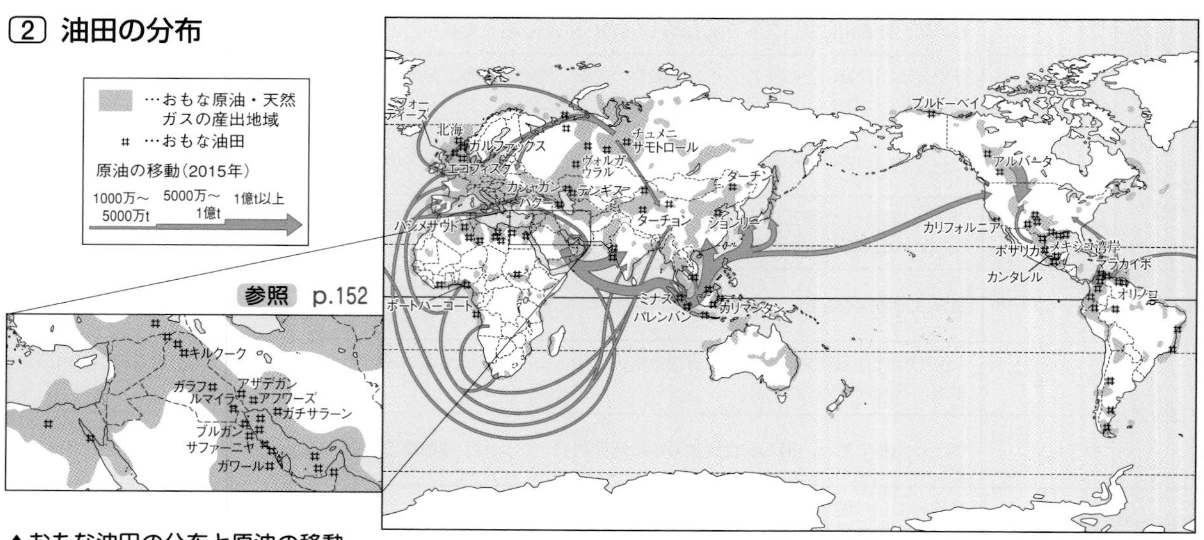

▲おもな油田の分布と原油の移動

〔石油鉱業連盟資料，ほか〕

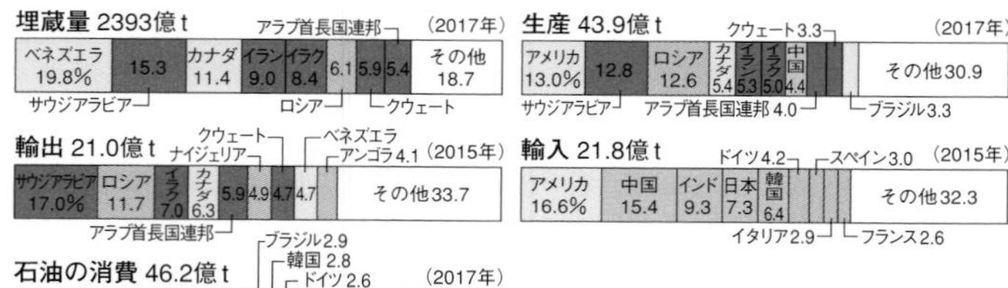

◀原油の埋蔵量・生産・輸出入と石油の消費

原油の多く採れる場所はペルシア湾周辺やカスピ海周辺など，特定の地域に偏在する。また，確認埋蔵量の半分近くが中東に偏在している。サウジアラビアには世界最大の油田がある。日本にも油田は存在するが，生産量はごくわずかであり，世界でも有数の輸入国である。

3 石油の供給

（1）メジャーの変遷

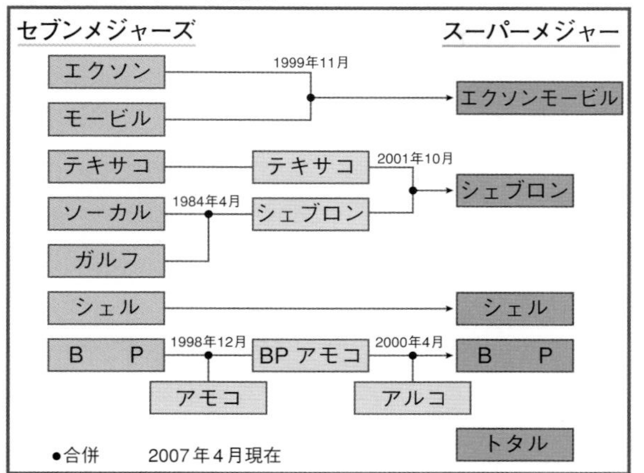

用語　メジャー（国際石油資本）

欧米の巨大石油企業のことを，**メジャー**とよぶ。かつては川上（探査・採掘）から川下（流通・精製・販売）までの一貫体制をもち，世界の石油市場を支配していた。その後，資源ナショナリズムにより，OPECの結成，油田の国有化が進み，川上部門での影響力が薄れた。しかし，川下部門では依然として影響力が大きい。

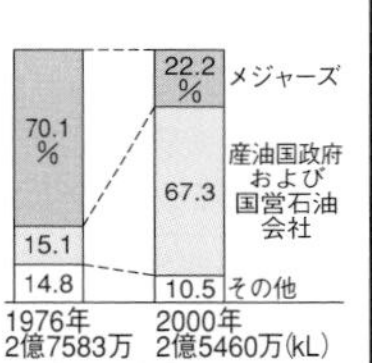

▲日本への供給者の変化
〔石油・天然ガス開発資料 2006，ほか〕

（2）OPECの結成

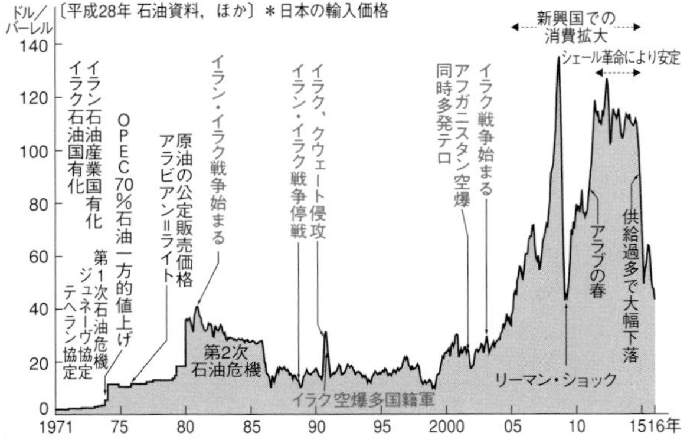

▲原油価格＊の動き

第二次世界大戦後に大規模油田開発が進み，メジャーは1950年代末に原油公示価格を引き下げた。産油国はこれに反発して1960年に**OPEC（石油輸出国機構）**を結成した。1970年代には，**資源ナショナリズム**の高まりから産油国が油田の国有化を進めて価格決定権を取得し，価格の引き上げが続いた。さらに，第4次中東戦争とイラン革命の発生による減産は，**石油危機**を引きおこした。1980年代以降は，省エネや非OPEC諸国の増産によって価格も低下していたが，2000年代に入り，中国など新興国の需要増加やイラク戦争などを理由に，価格は急騰した。

（3）消費国の変化と大企業の登場

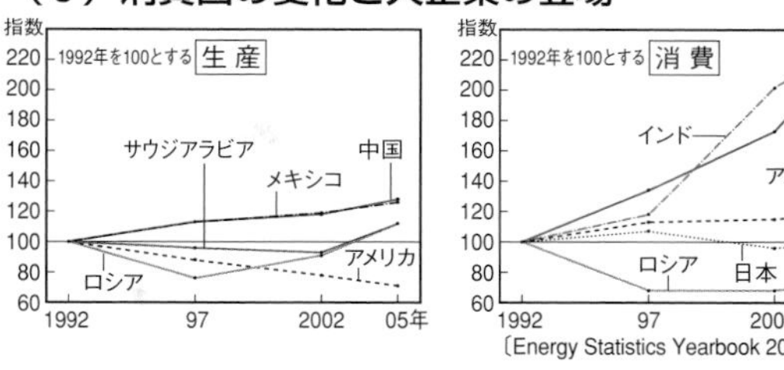

▲石油の生産・消費の推移

ガスプロム（ロシア）	天然ガスの全世界の埋蔵量のうち，3割以上を保有しているともいわれる。株式の半分以上を国が保有し，国営に近い企業となっている。
CNPC（ペトロチャイナ）（中国）	ターチンやションリーなど，国内の大油田の採掘に成功した国営企業。国内需要の高まりから，世界中で石油資源の獲得にのりだしている。

▲石油関連の大企業

石油はOPECとメジャーの間で流通することが多かったが，採掘から販売までを一国で管理できるロシアのような国が出現し，影響力をもつようになった。さらに中国やインドといった大消費国が新たに加わってきている。これらの状況も原油の価格に影響を与えている。

（4）各国の輸入の状況

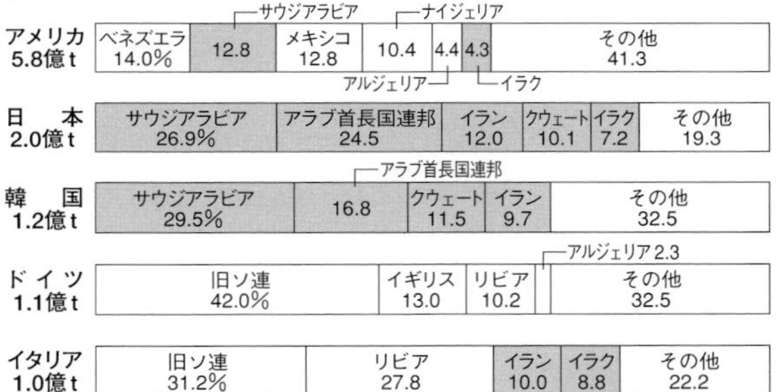

▲おもな国の石油輸入相手国

石油の輸入相手国は，国によって異なっている。日本や韓国のような東アジアに比べ，欧米は近隣からの輸入が多い。輸送手段も日本ではタンカーだが，ヨーロッパでは**パイプライン**が用いられることが多い。

用語　資源ナショナリズム

国名	企業名	資源
サウジアラビア	サウジアラムコ	石油
マレーシア	ペトロナス	石油
ベネズエラ	PDVSA（ペドヴェサ）	石油
チリ	CODELCO（コデルコ）	銅
ブラジル	ペトロブラス	石油

▲おもな国営・半国営企業

自国の資源は，自国のものであるから，自国の経済発展のためにそれを利用しようとする考えを**資源ナショナリズム**という。1960年代後半から強まりをみせていたが，その後，資源価格の引き上げは国際経済を混乱させるという懸念などから，あまりいわれなくなっていた。しかし新興国における消費の増大や，資源を扱う国営・半国営企業などの台頭により，再びこの考え方が強まってきている。

④ おもな国の石油

国名	特　徴
サウジアラビア	生産量・確認埋蔵量とも多い。そのほとんどを輸出する世界最大の石油輸出国だが，国内消費も増えてきている。世界最大の**ガワール**をはじめ，**ペルシア湾岸**に大規模油田が並んでいる。
中国	生産量も伸びているが，経済成長に伴い消費量が急増。1990年代前半から輸入国に転じ，現在では輸出を停止。国内生産の大幅な伸びが期待できないため，積極的に海外に進出して，油田探索・開発を行っている。
ロシア	かつて，ソ連解体に伴う混乱や乱開発がもとで，生産量は落ち込んだ。社会情勢の安定や西側諸国の技術導入によって1990年代後半から回復。現在は**西シベリア**を中心に，サウジアラビアに匹敵する生産・輸出国になっている。
アメリカ	生産量も多いが，それ以上に消費量が多いため，世界最大の石油輸入国となっている。近代石油産業発祥の地であり，老朽化した油田も多い。石油危機以降，国内油田の開発に力を注ぎ，**メキシコ湾岸**や**アラスカ**が主力。
メキシコ	メキシコ湾岸で多く産出し，大半はアメリカに輸出。タンピコやポサリカ周辺に多くの油田が存在。現在の生産の中心は，世界有数の産出量をもつ**カンタレル油田**。

▼世界のおもな油田

国名	油田名	特　徴
中　国	ターチン（大慶）	**ヘイロンチヤン**（黒竜江）**省**に分布する中国最大の油田。1960年に開発はじまる。これにより中国は石油の自給を達成。現在，老朽化にともなう環境問題も懸念される。
	ションリー（勝利）	シャントン（山東）省，黄河の下流付近に分布する中国第２の油田。チンタオ（青島），ペキン（北京），テンチン（天津）などの工業都市にパイプラインで輸送。
インドネシア	ミナス	インドネシア最大の油田。スマトラ島にある。低硫黄原油を産出し，日本へ大量に輸出。インドネシアには，ほかにパレンバンやメダン，カリマンタン島のバリクパパン周辺にも油田が存在。
サウジアラビア	ガワール	リヤドの東に分布する，世界最大の生産量と埋蔵量をもつ油田。1951年に開発はじまる。当初からエクソンやモービルといったアメリカのメジャーが参入し，採掘。
サウジアラビア・クウェート	カフジ	ペルシア湾奥に分布する海底油田。1961年に採掘がはじまった，日本の海外石油開発の草分け的な油田。かつては日本企業が採掘権をもつ自主開発油田だったが，利権協定の終結により，2003年には権益を失った。
クウェート	ブルガン	クウェート最大，世界でも屈指の大油田。1990年の湾岸戦争のときには，イラクによって生産設備が破壊されたが，現在は復旧。
イラク	ルマイラ キルクーク	これらは，世界でも有数の油田であったが，イラク戦争後の混乱や施設の老朽化により生産は不安定。現在，各国の支援のもと，復旧が進められている。
イラン	アザデガン	世界屈指の埋蔵量をもつ。日本企業が多くの権益をもっていたが，その後，大幅に縮小。現在，日本が権益をもつ数少ない油田の一つであるため，その開発について検討が重ねられている。
ナイジェリア	ポートハーコート	ニジェール川デルタから海底にかけて分布。メジャーが進出し，製油などの近代工業も行われる。しかし，地元住民との軋轢や自然破壊などの課題が指摘されている。近年，中国からの投資で開発が進む。
アルジェリア	ハシメサウド	同国最大の油田で，近年，国内情勢の安定に伴い増産を続ける。積出港の整備も進み，おもに地中海諸国に輸出。
イギリス・ノルウェー	北海	北海にある海底油田の総称で，1960年に開発開始。**パイパー**や**フォーティーズ**といった油田が分布。採掘された石油はパイプラインにより本国に輸送。イギリスはこの油田により，石油の自給を達成。
アゼルバイジャン	バクー	19世紀から開発された油田。第二次世界大戦以前は旧ソ連最大の油田。カスピ海沿海部の油田はほとんど枯渇してしまったが，沖合に産出量が豊富な海底油田が発見され，ヨーロッパ諸国に供給。
ロシア	ヴォルガ・ウラル	第二次世界大戦後に開発がはじまったソ連時代最大の油田地域。第２バクー油田ともよばれ，ソ連全体の３分の２の産油量を誇った。現在，この地域で産出される石油は**ドルジバパイプライン**でドイツなどに輸出。
	チュメニ（西シベリア）	埋蔵量・生産量ともに現在ロシアの主力の油田。1960年代に開発はじまる。**サモトロール**油田が中心だが，ほかの油田の開発も進む。しかしシベリアの針葉樹林の破壊や永久凍土の融解などの環境破壊が懸念される。
アメリカ	プルドーベイ	アラスカ州で1968年に発見された，アメリカ最大の油田。パイプラインで，輸出港の**ヴァルディーズ**まで輸送され，カリフォルニア州などに供給。
	メキシコ湾岸	1901年から開発された，アメリカ第２位の油田。ヒューストンやダラスなどの工業地域を発展させる要因の一つ。現在，メキシコ湾の沖合に中心を移している。日本の石油会社も権益を取得。
ベネズエラ	マラカイボ	マラカイボ湖周辺の油田群で，ベネズエラ産油量の過半を占める。オランダ領キュラソー島で製油，アメリカなどにおもに輸出。ベネズエラではこのほかにオリノコ川流域（オリノコベルト）でも採掘。
メキシコ	カンタレル	メキシコ最大にして，世界でも有数の油田。カンペチェ沖合に存在。近年，生産量が減少傾向にあるため，周辺の油田開発が進められている。

4　天然ガス

① 天然ガスの利用

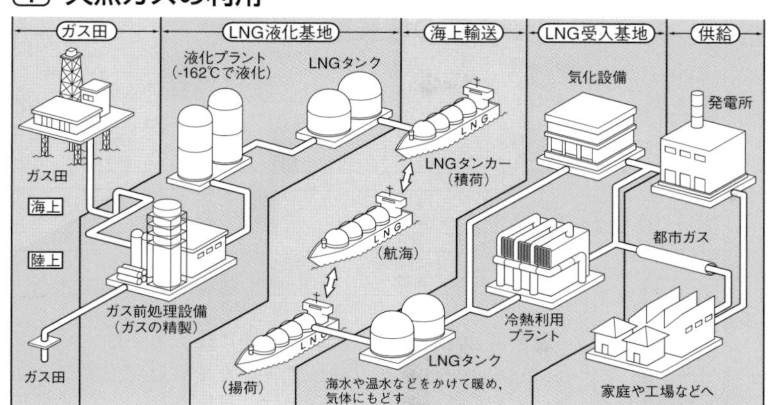

▲天然ガスの精製

天然ガスは，燃焼時に発生する二酸化炭素や窒素酸化物が石炭や石油よりも少なく，硫黄酸化物は含まないので，環境負荷の少ないクリーンエネルギーといわれる。また，石油に比べて，埋蔵量の中東への偏りが小さく，供給の安定性が高い。そのため，石油代替エネルギーとして需要が伸びている。パイプラインでの輸送が主流だが，冷却によって体積を約600分の1にした**液化天然ガス(LNG)**の海上輸送も全体の4分の1を占める。また，石油を加工する際に発生する気体を液化した**液化石油ガス(LPG)**は，都市ガスなどに用いられている。

② 天然ガスの分布と移動

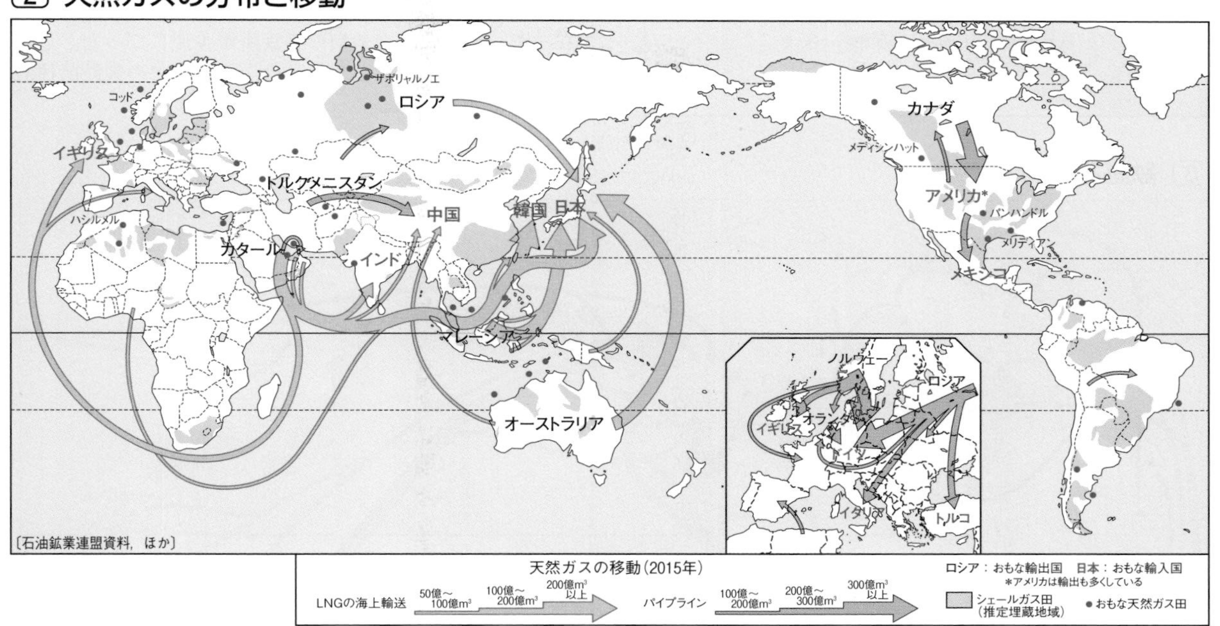

埋蔵量・生産量ともにロシアが世界上位に位置しており，ヨーロッパ諸国へ発達した**パイプライン**網を通して輸送される。日本は，輸入量の9割近く(2017年)がアジア・太平洋諸国からのLNG海上輸送にたよっている。天然ガスは，油田・炭田地帯からも産出するため，分布の重複が多い。

天然ガスの生産・輸出・輸入▶

生産　3兆6804億m³(2017年)

国	%
アメリカ	20.0%
ロシア	17.3
イラン	6.1
カナダ	4.8
カタール	4.8
中国	4.1
ノルウェー	3.3
オーストラリア	3.1
サウジアラビア	3.0
その他	33.5

輸出　40307千兆ジュール(2015年)

国	%
ロシア	19.0%
カタール	11.8
ノルウェー	11.2
カナダ	7.6
トルクメニスタン	5.4
アメリカ	4.7
アルジェリア	4.3
オランダ	4.2
オーストラリア	3.4
ドイツ	3.1
その他	25.3

輸入　40727千兆ジュール(2015年)

国	%
日本	11.2%
ドイツ	9.8
アメリカ	7.2
イタリア	5.7
中国	5.6
フランス	4.6
トルコ	4.5
韓国	4.4
イギリス	4.3
メキシコ	3.4
その他	39.3

〔BP Statistical Review of World Energy 2018，ほか〕

③ おもな国の天然ガス

国名(地域)	特　徴
ロシア	世界有数の生産国かつ輸出国。ガス田の大半が北極圏にある。パイプラインによってヨーロッパ諸国などに輸出されるが，パイプが通過したり建設予定経路にあったりする国々と，しばしば政治問題が発生。
アメリカ	生産量は世界1位だが，国内需要が多いため，世界有数の輸入国。国内産地および最大の輸入元であるカナダからパイプラインで輸入するほか，LNG輸入量も多い。近年はシェールガスの採掘も進む。
中東	埋蔵量は世界の約40%を占める。しかし，天然ガス輸送には莫大な費用が必要なうえ，石油開発投資に力を入れてきたため，生産量は約15%でしかない。現在，世界的に天然ガス需要が高まっており，LNG生産能力の向上が進められている。

5　鉱産資源　ー鉄鉱石ー

① 鉄鉱石の種類

参照 p.338

鉄は，紀元前3000年ごろから人類に利用されている。文明の発達とともに重要度を増し，産業の基幹となる金属として利用されてきた。鉄鉱石の可採埋蔵量は金属資源のなかで群を抜いて多く，最も一般的な金属でもある。製鉄原料になる鉄鉱石には，赤鉄鉱，磁鉄鉱，褐鉄鉱などがある。

種　類	特　色	鉱山の例
赤鉄鉱（ヘマタイト）	鉄分を50〜60%含み，暗赤色。精錬が容易で製鉄用として重要。大規模鉱山が多く，現在の主流。	メサビ，クリヴォイログ，イタビラ，ターイエ(大冶)，カラジャス
磁鉄鉱（マグネタイト）	鉄分を50〜65%含み，暗黒色。強い磁力を帯び，一般に良質の鉱石。	キルナ，マルムベリェト，マグニトゴルスク
褐鉄鉱（リモナイト）	鉄分を20〜50%含み，黄色または黒褐色。水分や燐分を含み，低品位。	

② 鉄鉱石の埋蔵量と生産量

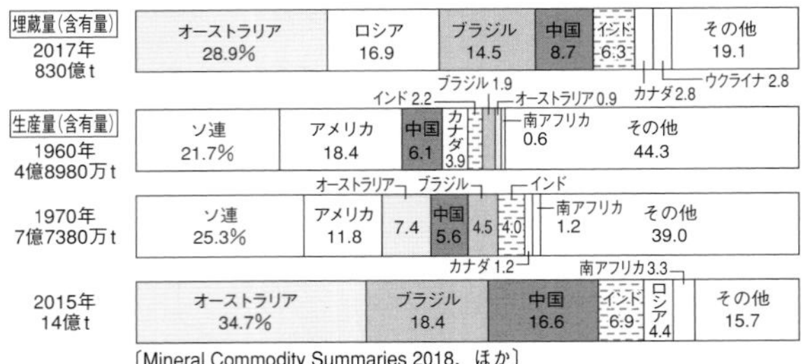

〔Mineral Commodity Summaries 2018，ほか〕

鉄鉱石の生産地は，産業革命期以降，ヨーロッパが中心だったが，20世紀以降はアメリカやソ連が主要な地位を占めた。第二次世界大戦後は，品位が高く，露天掘りが可能な，ブラジル，オーストラリアなどの新しい鉱山開発が進んだ。工業国は海外原料の輸入にたよるようになったため，臨海立地型の製鉄所が主流になった。近年，資源価格が高騰したことを受け，資源国での製鉄所建設を進める動きもある。

③ 鉄鉱石の分布と移動

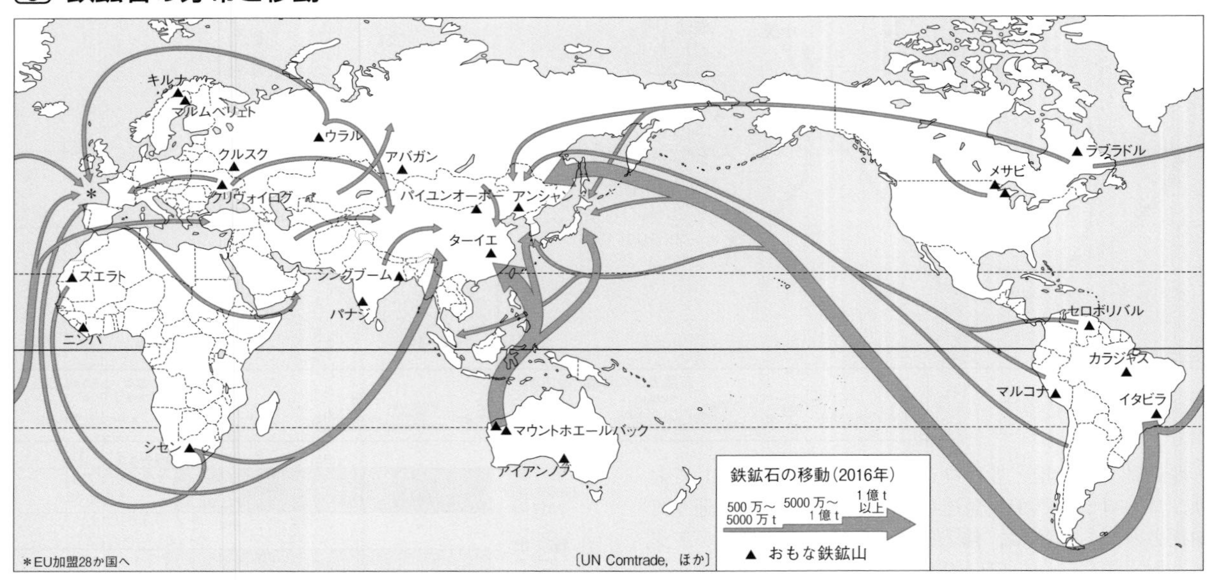

〔UN Comtrade，ほか〕

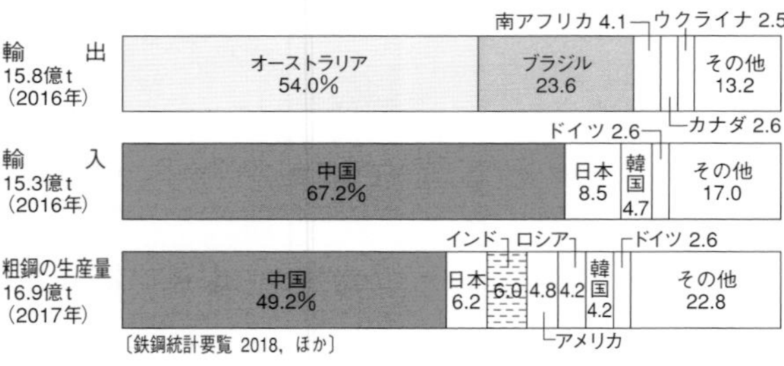

〔鉄鋼統計要覧 2018，ほか〕

▲鉄鉱石の輸出・輸入と粗鋼の生産量

アメリカ(10.8%)：ブラジル 45.0%，カナダ 44.8，チリ 2.3，南アフリカ 1.9，その他 6.0
ドイツ(100.0%)：ブラジル 19.6%，スウェーデン 11.7，カナダ 6.4，旧ソ連＊ 3.4，その他 58.9
イギリス(100.0%)：ブラジル 41.3%，スウェーデン 15.8，カナダ 13.1，ベネズエラ 11.0，その他 18.8
フランス(100.0%)：ブラジル 45.6%，カナダ 37.7，リベリア 6.5，モーリタニア 4.1，その他 6.1
中国(82.9%)：オーストラリア 63.7%，ブラジル 20.1，南アフリカ 4.8，旧ソ連＊ 2.9，その他 8.5
韓国(100.0%)：オーストラリア 71.5%，ブラジル 17.6，南アフリカ 6.4，カナダ 2.9，その他 1.6
日本(100.0%)：オーストラリア 61.0%，ブラジル 27.8，南アフリカ 4.4，カナダ 3.0，その他 3.8

＊バルト3国を除く12か国　(　)は海外依存度(2014年)　ー2015年ー〔鉄鋼統計要覧2016〕

▲おもな輸入相手国

鉄鉱石は，広く地球上に豊富に存在するが，採掘が容易で採算性の高い鉱山は，先カンブリア時代の地層が露出した安定陸塊の楯状地に多く，輸出国はオーストラリアやブラジルが上位に並ぶ。中国以外の輸入国は，粗鋼生産が多く，鉄鉱石生産が少ない国である。中国は，自国の鉄鉱石の品位が低く，世界最大の輸入国になっている。

4 おもな国の鉄鉱石

国	特　徴
ブラジル	ミナスジェライス州やアマゾンが生産の中心。高品位の鉄鉱石を産出し，その多くは日本やヨーロッパに輸出。日本は，カラジャスの開発や**ウジミナス製鉄所**の設立などに関与。
オーストラリア	埋蔵量のほとんどが，ウェスタンオーストラリア州の**ピルバラ地**区に集中。古くからの鉱山も多く，新しい鉱床を次々に開発。長年，日本が最大の輸出先だったが，現在は中国が1位。
中　国	世界有数の生産量があるものの，第二次世界大戦以前からの古い鉱山が多く，鉄鉱石の品質が低い。現在では，世界最大の粗鋼生産国かつ世界最大の輸入国。
インド	オディシャ州・ジャルカンド州が生産の中心。南西部のカルナータカ州やゴア州でも鉄鉱石を産出。日本にも輸出されていたが，近年は国内消費の高まりとともに，輸出規制が強まっている。
ロシア	鉄鉱石埋蔵量は世界第2位(2017年)であり，生産量もかつては世界第1位だったこともあった。内陸部に主要鉱山があり，輸出には不向き。ウラル，シベリア地域を中心に分布。
アメリカ	第二次世界大戦以前は，世界でも有数の鉄鉱石の生産国。歴史が古いため良質な鉄鉱石は次第に減少。それでも主要粗鋼生産国のなかでは，海外原料への依存度は20%程度で，非常に低い。

コラム　ミネット鉱とタコナイト鉱

鉄資源が豊富でない場合，貧鉱も活用される。代表的なのが，フランスのロレーヌ地方に分布し，りん分を含む鉄分含有量30～40%の**ミネット鉱**。19世紀後半の**トーマス法**により利用できる。最近でも，アメリカのメサビ鉱山で高品位の赤鉄鉱が枯渇したため，従来は利用されていなかった鉄分含有量20～30%の**タコナイト鉱**が開発されている。

▼世界のおもな鉄山

国	鉄山名	特　徴
ブラジル	イタビラ カラジャス	かつては**イタビラ**(ミナスジェライス州)が中心。1980年代半ばに，アマゾン南東部の**カラジャス**が開発されると，そちらに中心が移る。カラジャス鉄山は世界最大級の埋蔵量をもち，日本にとって重要な輸入元である。
オーストラリア	マウントホエールバック マウントトムプライス	ピルバラ地区にある世界でも有数の産出量を誇る鉄山。**資源メジャー**(→p.121)や日本の商社による開発が進む。産出された鉄鉱石は，**ダンピア**，**ポートヘッドランド**といった積出港から世界へ輸出。
中　国	アンシャン(鞍山) ターイエ(大冶)	近隣には石炭の産出地が多く，古くからそれらの石炭を利用した鉄鋼コンビナートを形成。アンシャン・パオトウ(包頭)・ウーハン(武漢)などの都市で鉄鋼業が発展。
インド	シングブーム	オディシャ州・ジャルカンド州にまたがる，インド最大の鉄山。近隣には**ダモダル炭田**があり，これらの石炭を利用した鉄鋼業が**ジャムシェドプル**で発展。
ロシア	ウラル	ウラル山脈南東部には，おもに磁鉄鉱を産出する鉄山が多く分布。**クズネツク炭田**と結びつき，**マグニトゴルスク**などの多くの鉱業都市を形成。自国資本による開発が，現在も進む。
アメリカ	メサビ	スペリオル湖西岸の赤鉄鉱産地だったが，現在では**タコナイト鉱**を採掘。五大湖の水運を利用して，**クリーヴランド**など沿岸の鉱業都市へ輸送。積出港は**ダルース**。
カナダ	ラブラドル	世界でも有数の鉄鉱床である**ケベックラブラドル鉄鉱床**に分布。20世紀はじめから開発が進み，アメリカを中心に日本などにも輸出。カナダでは鉄鉱石産出の約6割がニューファンドランド・ラブラドル州に集中。
南アフリカ	シセン	資源メジャー傘下の自国企業が開発を進める，南アフリカでも有数の鉄山。東アジアに向けての輸出量が多く，中国が3割，日本が2割を占める。
ウクライナ	クリヴォイログ	世界でも有数の規模で，露天掘りにより採掘。ソ連時代から地域最大の産出量を誇っていた。**ドネツ炭田**の石炭と結びつき，周辺では鉄鋼業が発展。
スウェーデン	キルナ マルムベリェト	第二次世界大戦以前からの良質な磁鉄鉱の産地。かつては，夏は**ルレオ**港，冬は隣国ノルウェーの**ナルヴィク**港から積み出していた。現在，世界的な規模でみると産出は少ないが，ヨーロッパでは主要な産出国。

トピック　鉄の輸出入国の変化からみえる世界情勢

近年，中国，インド，ブラジルなどの新興国が急速に経済発展するにつれ，鉄鋼需要も急伸してきた。とくに中国では鉄鋼業が急成長した。現在では粗鋼生産量が世界一となり，鉄鉱石輸入も世界全体の6割以上を占める。このような需要の急増に対し，鉱山開発は十分に追いついておらず，鉄鉱石価格が急騰している。しかも，日本の鉄鉱石輸入は停滞気味であるため，大需要国である中国に買い負けることもあり，供給企業への価格交渉力が弱まる傾向にある。製品価格にも反映され，鉄を多く使用する自動車などは価格が上がり，日本が競争力をもつ製品の需要が冷え込む原因にもなりかねない。

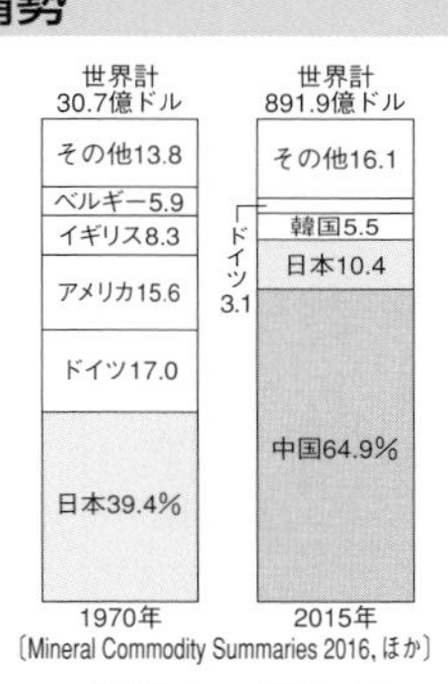

〔Mineral Commodity Summaries 2016, ほか〕

▲鉄鉱石の輸入国

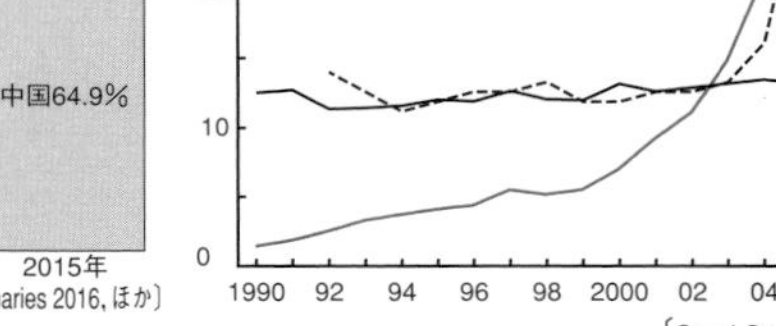

▲輸入量と価格の推移〔Steel Statistical Yearbook 2007, ほか〕

6　鉱産資源　ーその他の金属ー

※ダイヤモンドは金属ではないが，記載している。

① おもな非鉄金属などの特徴と用途　参照 p.338

金属	性質・特色	用途
金	延性(のばす)，展性(ひろげる)に富み，電導性(電気を伝える)などにすぐれる。水中・空気中でも腐食しない。	装飾品，半導体・電子基板(携帯電話など)
銀	白色の光沢のある金属。延性，展性に富み，熱・電気の導体としては，最良。古くから貨幣などに用いられてきた。	装飾品，写真感光材料，高級電線
銅	金に比べやわらかく，青銅器など古くから使用されてきた。延性，展性にすぐれる。銀についで電導性がよい金属。	電線，伸銅(電気機械，自動車，半導体など)
すず	銀白色の金属。延性，展性，耐食性(腐食しにくい)に富み，さびにくい。青銅は銅とすずの合金。	すずメッキ鉄板(ブリキなど)，ハンダ

金属	性質・特色	用途
アルミニウム	ボーキサイトを原料とする代表的な軽金属。軽く，耐食性があり，加工が容易。銅などとの合金として用いられる。	建築材料(アルミサッシなど)，航空機体材料，鉄道車両材料
鉛	展性に富み，きわめて薄く広げることができるが，延性には乏しく線に加工しづらい。亜鉛と共存することが多い。	自動車用バッテリー，塗料，鉛管
亜鉛	青白く光沢があり，鉛よりやや硬くてもろい金属。延性，展性に富み，加工しやすい。	亜鉛メッキ鉄板(トタンなど)，合金材料
ダイヤモンド※	炭素だけからなる鉱物で，硬度と光の屈折率は天然物質のなかで最高。色は透明なものから青・黄・緑などさまざま。	装飾品(宝石)，工業用(研磨，切削用など)

非鉄金属は，近代工業のさまざまな分野で基礎資材として重要な役割を果たしている。しかし，その資源には限りがあり，偏在しているため，合成樹脂をはじめとする新素材によって代替が進んでいる分野もある。近年は，新興国の経済成長に伴うインフラ整備推進や購買力上昇などによって，需要が増大し，供給が逼迫(ひっぱく)する資源も出てきた。

② おもな非鉄金属などの分布と生産

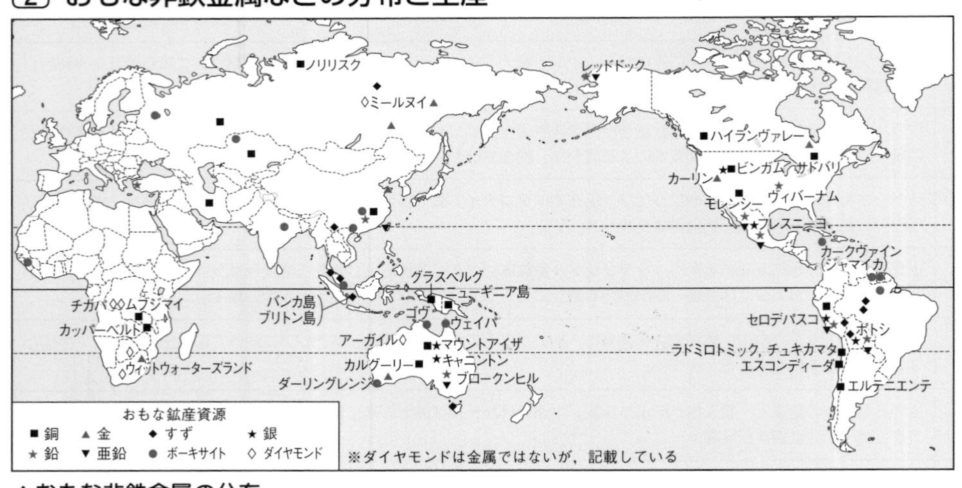

▲おもな非鉄金属の分布

多くの資源で，中国かオーストラリアが上位を占めている。そのほか特徴的なのは，ロシアの金，ペルーやメキシコの銀，チリの銅，インドネシアのすず，ペルーの亜鉛，ロシア・ボツワナ・コンゴ民主共和国のダイヤモンドなどがある。

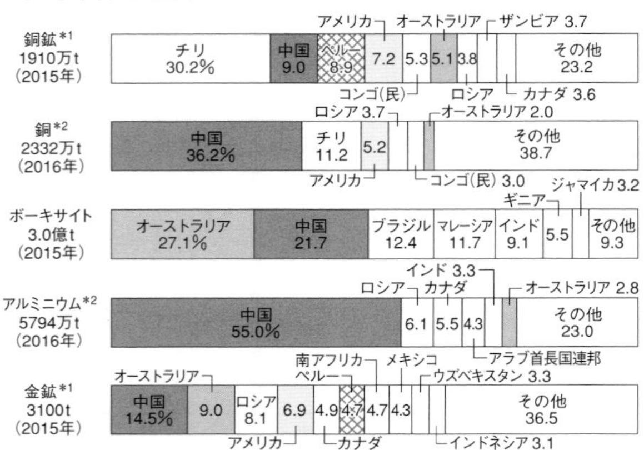

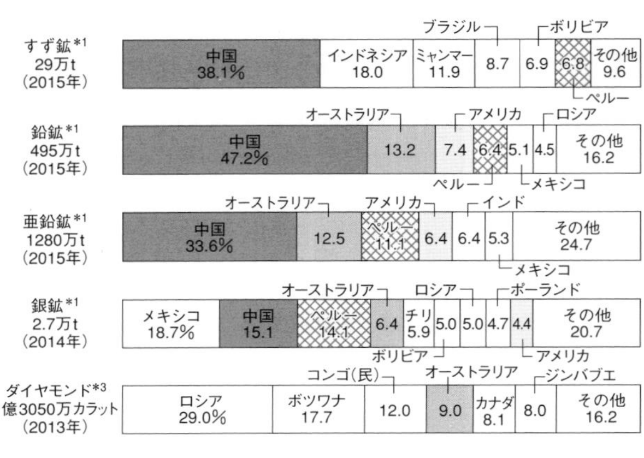

▲おもな非鉄金属の生産国

*1 含有量　*2 地金　*3 金属ではないが，記載している〔World Metal Statistics 2017，ほか〕

③ おもなレアメタルの特徴と用途

金属	性質・特色	用途
ニッケル	耐食性にすぐれる。鉄に比べ，空気や水におかされない。合金の材料として用いられ，代表的なものがステンレス鋼。	ハイブリッドカー向け蓄電池，家庭用充電池
チタン	軽く，耐食性や耐熱性にすぐれ，強度，硬度も大きい。地中に広く存在するが，加工，精錬がきわめて難しかった。	ロケットエンジン，超音速機体構造材
コバルト	鉄やニッケルに似た銀白色の金属。単体ではあまり用いられない。合金にすると，高温でも耐食性に富む物質となる。	ジェットエンジン，切断工具，充電池

金属	性質・特色	用途
プラチナ	「白金」として知られる。灰白色で光沢をもった貴金属。展性，延性にすぐれ，とける温度も高い。	装飾品，自動車排ガス浄化触媒，燃料電池
マンガン	銀白色の金属。鉄より硬いがもろく，空気中では酸化しやすい。単独ではほとんど用いられず，合金として広く用いられる。	乾電池
インジウム	やわらかい金属であるが，空気中では安定。ただし水中では酸化しやすい。かつて最大の鉱山は日本にあったが，現在は閉山。	液晶やプラズマのディスプレイ，太陽電池

レアメタルとは，埋蔵量や生産量が少なく，希少性が高い金属のことで，全部で31種類ある。一般的な素材にまぜて，従来以上の強度，耐食性，耐熱性などをもつ合金としたり，液晶パネルや太陽電池製造のための部品材料として使われたりする。日常生活では見かけづらいが，航空機・自動車・電子・電機などの先端産業には欠かせない。

④ おもなレアメタルの生産と分布

レアメタルは，中国，ロシア，オーストラリア，カナダや，南アフリカをはじめとするアフリカ諸国などに偏在する。また，政情不安定な国が少なくないため，供給体制に不安がある。先端製品に強く，世界で生産されるレアメタルの2割を使う日本は，7種のレアメタルを国家備蓄している。

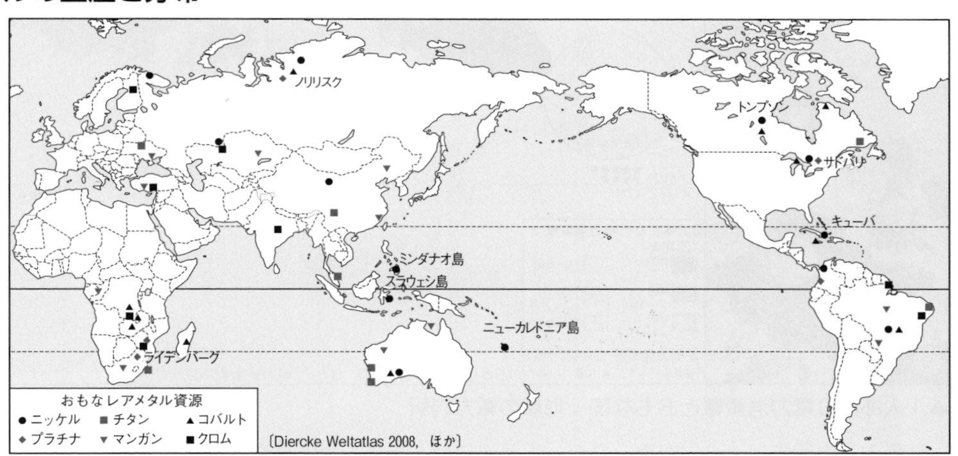

▲おもなレアメタルの分布

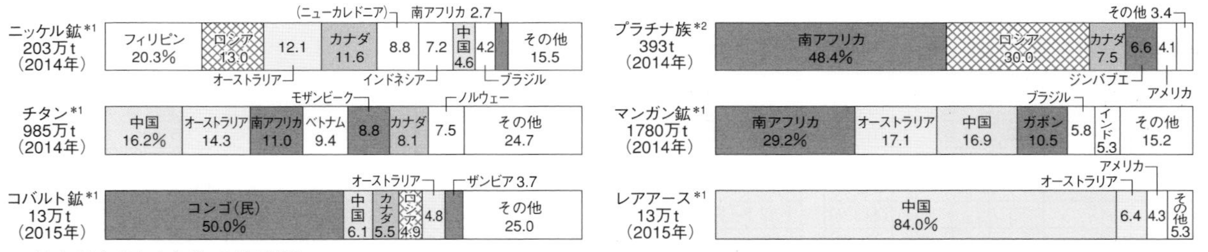

▲おもなレアメタルの生産国　＊1 含有量　＊2 プラチナ，パラジウム，イリジウム，オスミウム，ルテニウム，ロジウムの総称　〔Mineral Commodity Summaries 2017，ほか〕

トピック 都市鉱山

日本の基幹産業でもある先端産業の材料として，レアメタルは欠かせない。近年，レアメタルの価格高騰が著しくなるにつれ，これらの産業への影響は深刻になってきている。しかし日本には，レアメタルを使っている先端製品が，すでに現物として大量に存在している。それら製品の使用済廃棄物からレアメタルを取り出して再利用すれば，日本は有数の資源国であるともいえる。これら有用な資源を用いている製品を鉱山にみたて，都市鉱山ともいう。

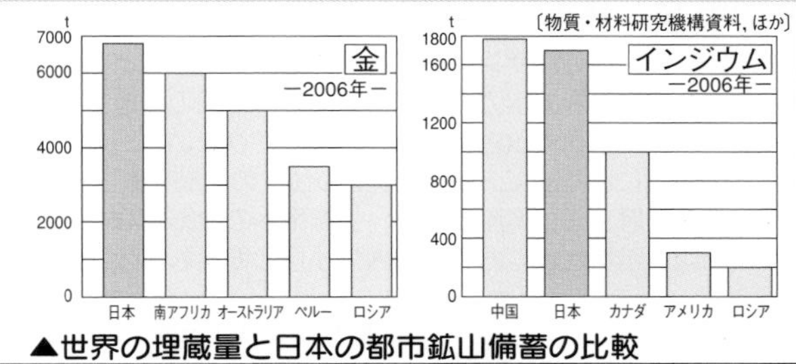

▲世界の埋蔵量と日本の都市鉱山備蓄の比較

7 電 力

① 発電の分類

方 式	水 力 発 電	火 力 発 電	原 子 力 発 電
エネルギー源	水の落下エネルギーでタービンを回す。	石油・LNG・石炭などを燃やし水を沸騰させ，水蒸気でタービンを回す。	核分裂の熱で水を沸騰させ，水蒸気でタービンを回す。
立地条件	包蔵水量が豊富な河川の山間部や大河川を中心に立地。	場所の制約が少なく，消費地である大都市にも多く立地。	人口密度の低い河川沿いや海岸部に多く立地。
発電コストと問題点	発電施設を消費地から遠い山間部につくるため，建設費や送電費は高いが，長期的な経済性には優れる。ダム建設による環境破壊などに問題がある。	建設費や送電費は水力発電より安いが，石油などの燃料コストが高くつく場合がある。また燃料燃焼後の排煙や温室効果ガスの排出などの問題がある。	発電コストは最も優れ，発電に際して環境への負荷も少ない。しかし事故が発生した際は放射能汚染など甚大な被害を広範囲にあたえる可能性がある。
発電の特徴	需要に合わせた柔軟な供給が可能だが，渇水時には供給が止まる。	大容量の発電が可能で，供給の調整も可能。	大容量の発電が可能だが，出力の調整は困難で，たえず最大出力で供給される。

② おもな国・地域の発電量と電力構成

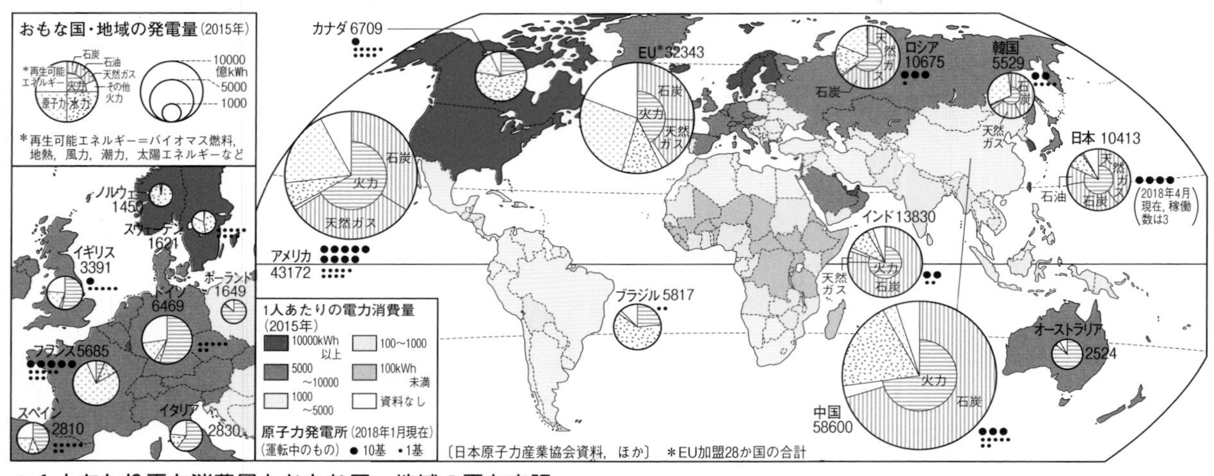

▲1人あたり電力消費量とおもな国・地域の電力内訳

世界の電力構成は，火力が中心だが，大河川にめぐまれる**カナダやブラジルは水力**が主力で，**フランスは原子力**を主力にしている。原子力は，発電時に二酸化炭素を排出せず，大出力発電が行える特性が見直され再評価されていたが，福島第一原発の事故によって脱原発に向かう動きもある。また，まだ構成比は少ないが，風力や太陽光などの**自然エネルギー**の利用も急増している。

水力発電所 発電所名	国名	設備容量（千kW）
サンシヤ（三峡）	中国	18300
イタイプ	ブラジル／パラグアイ	12600
グリ	ベネズエラ	10200
トゥクルイ	ブラジル	8370
グランドクーリー	アメリカ	6809

火力発電所 発電所名	国名	設備容量（千kW）
ポリョン（保寧）	韓国	5800
タイジョン（台中）	（台湾）	5500
スルグート第2	ロシア	4800
トクト（托克托）	中国	4800
クオホワチョーノン（国華浙能）	中国	4540

原子力発電所 発電所名	国名	設備容量（千kW）
ザポロージエ	ウクライナ	6000
ヨンクワン（霊光）	韓国	5900
ウルチン（蔚珍）	韓国	5900
グラブリーヌ	フランス	5460
パリュエル	フランス	5320

▲世界のおもな発電所

―2010年―〔海外電力調査会資料〕

コラム 発電所の建設と環境問題

2009年に完成した**サンシヤダム**は，発電，治水などを目的とした，世界最大級の水力発電ダムである。中国の逼迫（ひっぱく）するエネルギー事情を大きく改善するものと期待されている。しかし，ダムの建設にあたって100万人以上の住民の強制移転とそれに伴う社会問題，文化遺産の水没，生態系への悪影響など，数多くの問題が指摘されており，国内外からの批判も根強い。

参照 p.217

サンシヤ（三峡）ダム
高さ：185m（黒部ダム：186m）
長さ：2335m（黒部ダム：492m）
貯水池面積：1084㎢（満水位時）
（■の部分）
タンチヤンコウダム
フーペイ省
スーチョワン省
イーチャン
ウーハン
コウチョウパダム
長江
チョンチン
0 250 500km

▶サンシヤ（三峡）ダムの概要

3 世界の原子力発電

1950年代にイギリス，ソ連が先行した原子力発電は，アメリカが新しい発電方式（軽水炉方式）を導入し，現在はこの方式が世界の主流になっている。原子力による発電量は，1986年の**チェルノブイリ原発事故**の後も増加を続けている。とくに，アジアや旧ソ連での発電量が増えている。近年は，エネルギー需要の増大を受け，中国など新興国の発電量が増えていたが，2011年3月の福島第一原発の事故を受け，原発を見直す動きもある。

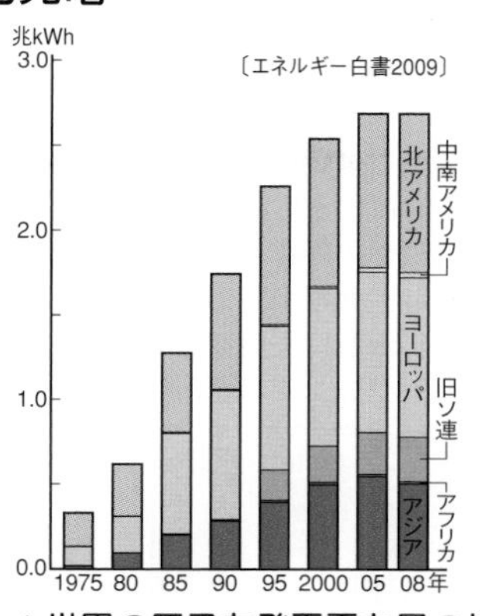

▲世界の原子力発電電力量の推移

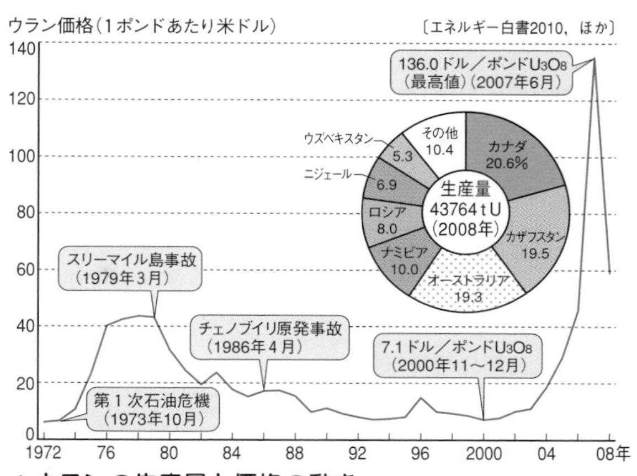

▲ウランの生産量と価格の動き

原発の燃料であるウランの価格は，石油危機直後に代替エネルギーとしての原発が注目され，上昇したものの，その後，安定していた。しかし，近年の原発廃止の動きもあり，変動がはげしくなっている。

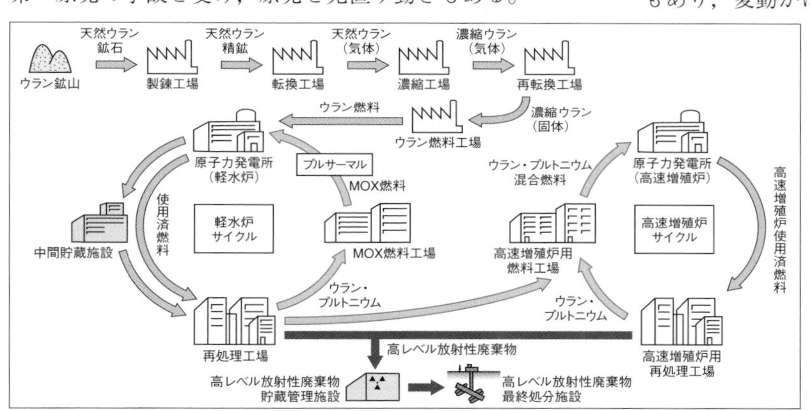

▲日本における核燃料サイクルのしくみ

原発から出る使用済燃料には，さらに使用が可能なプルトニウムやウランが残存している。これらの物質を，再処理によって分離回収し再利用することを，**核燃料サイクル**とよぶ。既存の軽水炉で再処理使用済燃料を用いるプルサーマル発電は，実績ある技術だが日本では反対が根強いため開始が遅れ，2009年11月に始まった。将来的には，より効率的に再処理使用済燃料や天然ウランを利用できる，高速増殖炉の開発も進められているが，福島第一原発の事故を受け，見直す動きもある。

4 日本の電力供給

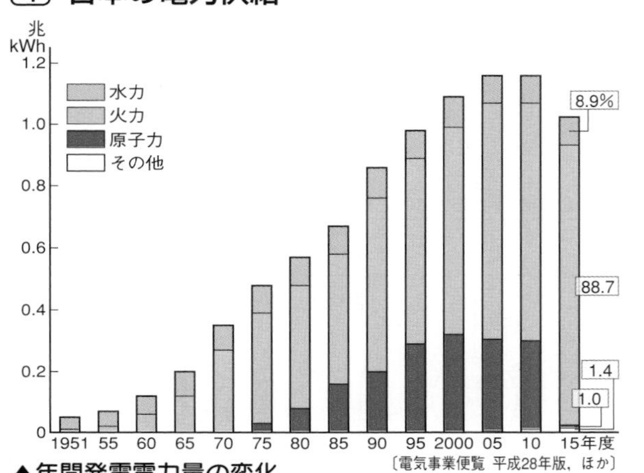

▲年間発電電力量の変化

高度経済成長期までは水力が主だったが，それ以降，急速な電力の需要拡大に対応するため，建設場所の制約が少ない火力が主になった。石油危機以降は脱石油のため，火力でも石炭とLNG（液化天然ガス）が主になり，原子力も増加した。自然エネルギーは，太陽光発電の分野での導入を進めたものの，いまだ開発途上である。

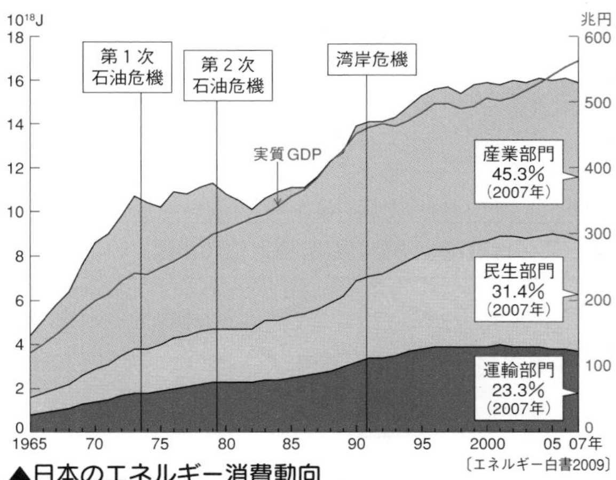

▲日本のエネルギー消費動向

産業部門の9割は製造業が占めており，第1次石油危機までは急速に伸びていたが，1986年度まではマイナス成長で，以降微増しているが，全体的には抑制できている。一方，業務部門と家庭部門から構成される民生部門および産業部門は，GDPの伸びを上回る率で消費量が伸びた。

8 資源問題

① 限られた資源

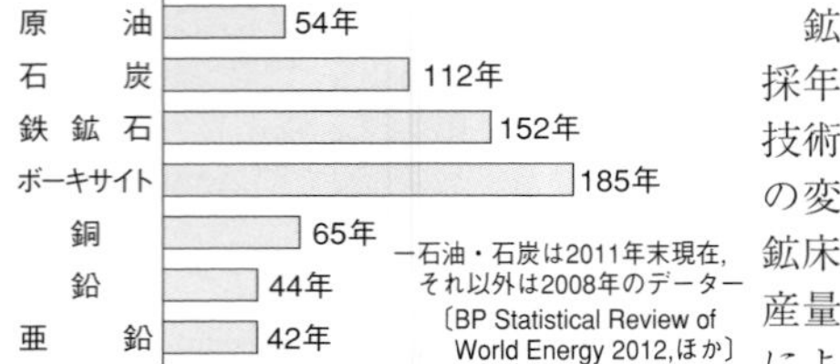

▲おもな資源の可採年数

鉱産資源の可採年数は，採掘技術，採掘費用の変化，新しい鉱床の発見，生産量の増減などにより変化する。

資源	状態
マンガン団塊	海水に含まれる鉄・マンガンなどの酸化物が沈殿・凝集したもので，深海に多く分布。
熱水鉱床	海底火山の活動により噴出する熱水に含まれる鉱物が沈殿・堆積したもの。
メタンハイドレート	水に含まれるメタン分子が取り込まれたシャーベット状の物質で，比較的浅い海底に分布。

▲おもな海底資源の分布と状況

トピック 北極海の資源をめぐる攻防

北極海には大量の天然資源があると推定されている。これまでは厚い氷にはばまれ，開発は困難だった。ところが，地球温暖化の影響で氷が減少し，開発が容易になってきた。ロシアは，北極点下のロモノソフ海嶺を自国領だと主張するため，海底に国旗を立てた。しかし，隣接国は反発し，デンマークは，この海嶺を自国領だと主張している。

▶ロシアの天然ガス可採埋蔵量と北極海の領有

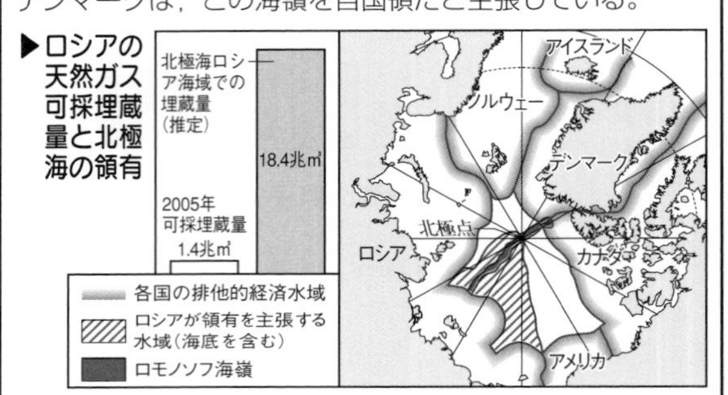

② 偏在する資源とその消費

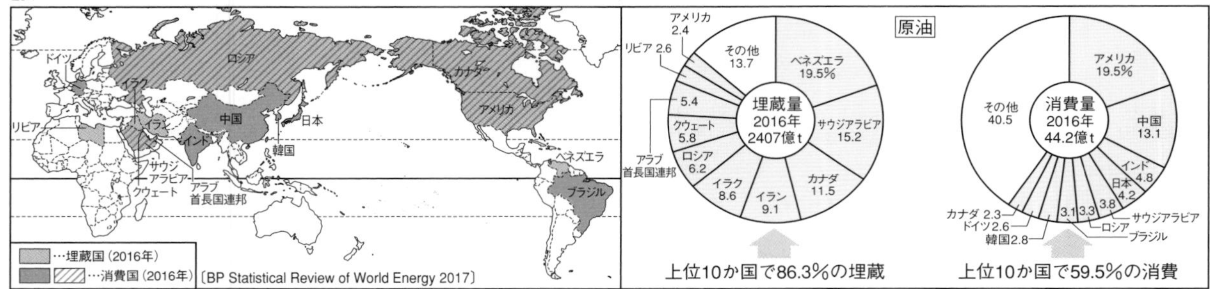

▲原油の埋蔵量・石油の消費量上位10か国

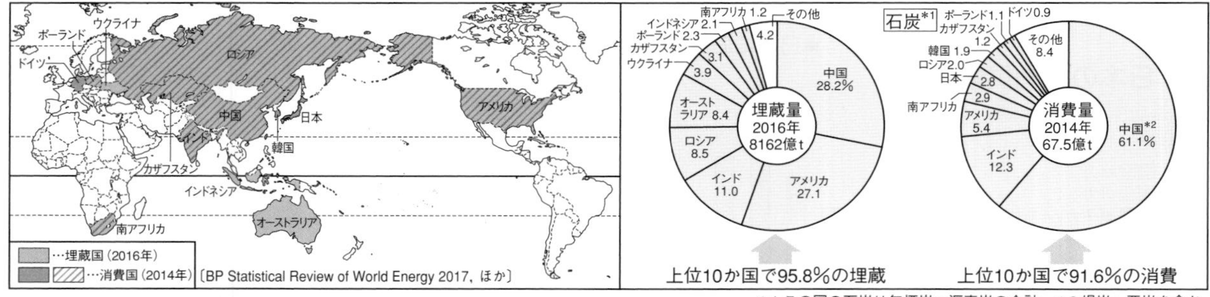

＊1 この図の石炭は無煙炭・瀝青炭の合計　＊2 褐炭・亜炭を含む

▲石炭の埋蔵量・消費（供給）量上位10か国

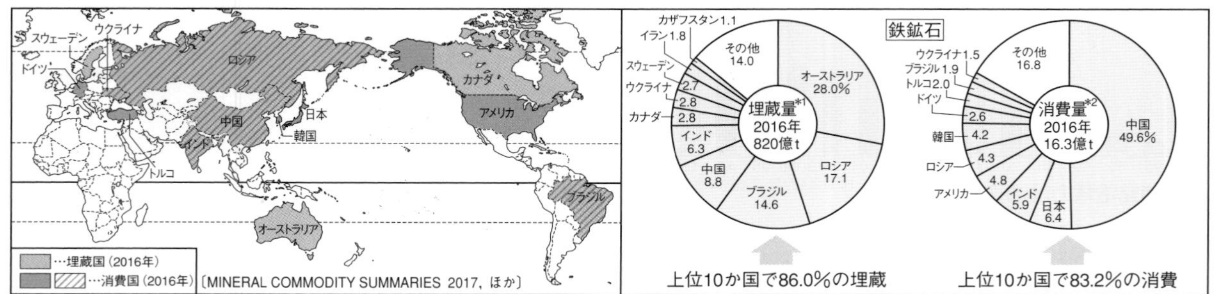

＊1 含有量　＊2 粗鋼の生産量

▲鉄鉱石の埋蔵量・消費量（粗鋼の生産量）上位10か国

天然資源の多くは，一部の国に偏在している。消費国も上位で大多数を占めるが，各国の埋蔵量と消費量は大きく異なる。そのため，安定的な交易が肝要だが，埋蔵国の政治的混乱や価格の乱高下によって，しばしば問題が発生する。

③ 資源の確保

方　式	長　所	短　所
単純輸入（短期契約／長期契約）（海外の鉱山会社が生産した鉱産物を購入する方式）	・資金負担なし。 ・短期契約は，国際価格の安値時に購入可能。長期契約は契約期間中安定。	・短期契約は，必要量確保が困難で，供給逼迫(ひっぱく)時には高値でも購入。
融資買鉱（買付方式／出資方式）（海外の鉱山会社の開発に資金を提供し，その鉱産物を輸入）	・開発資機材輸出の利益。 ・安定した数量が確保され，価格も国際価格より有利。 ・配当収入あり(出資方式)。	・開発利益は入らず。 ・経営権は相手側に属する。
開発輸入（合弁方式／単独方式）（開発国の会社が単独または合弁で調査・探鉱・開発して輸入）	・価格，数量の長期低廉安定。 ・生産量のコントロール可能。 ・開発資機材輸出の利益大。 ・配当収入あり。	・長期の探鉱，開発期間。 ・開発失敗のリスクは開発する側にあり。

▲輸入の形態とその特徴

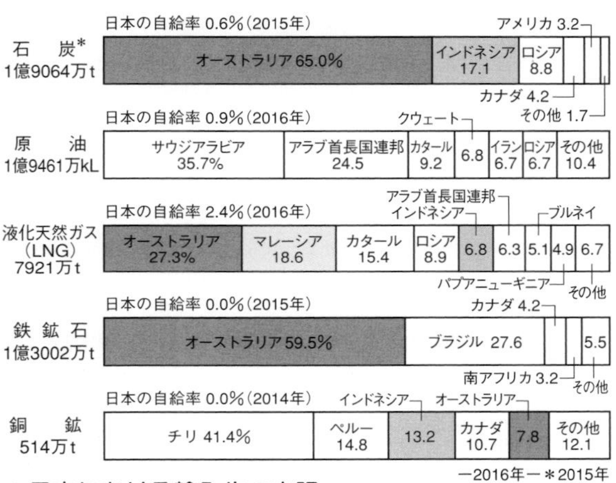

▲日本における輸入先の内訳

日本の製造業は，海外から資源を輸入して，付加価値をつけた製品として輸出する，**加工貿易**によって成立している。それゆえ，資源の確保は不可欠であり，資源価格の高騰は，最終的には製品の値段に反映され，日本の競争力に悪影響を与える。

コラム　日本の鉱山

油田・ガス田／炭田／鉱山(産物)
勇払　釧路　由利原　岩船沖　東長岡　願寺(石灰石)　戸高津久見(石灰石)　津久見(石灰石)　東谷(石灰石)　宇部伊佐(石灰石)　鳥形山(石灰石)　菱刈(金，銀)　春日(金，銀)
〔メタルマイニング・データブック2008，ほか〕

▲日本のおもな鉱山・油田・ガス田

日本の地下資源の種類は豊富だが，採掘が困難なことや産出量の少なさなど問題が多い。そのため，かつては自給率の高かった石炭なども輸入にかわり，衰退していった。唯一，石灰石の産出量は多く，いまでも輸出国である。

④ 資源メジャーの台頭

企業名(国名)	概　要
BHPビリトン（イギリス／オーストラリア）	1885年に鉱山開発を目的に設立。資源関連業者を次々に買収。鉄鉱石だけでなく石油などエネルギー資源も手がける世界第1位の総合資源メジャー。
ヴァーレ（ブラジル）	1942年に国営企業として設立。資産規模としてはブラジル最大の企業であると同時に，ラテンアメリカ最大の鉱山会社。鉄鉱石の生産は世界有数。

▲おもな資源メジャー

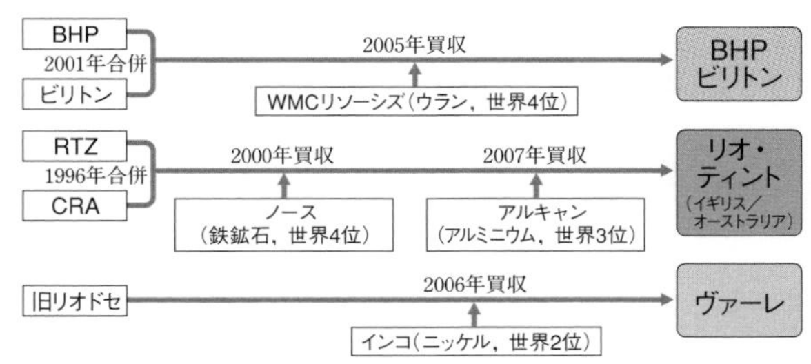

▲資源メジャーの再編

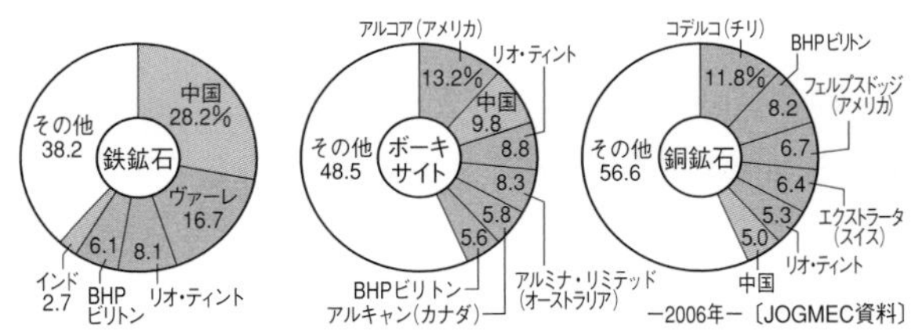

▲資源の生産量における資源メジャーの占める割合

鉄鉱石やボーキサイトなどの資源において，鉱山開発などを中心に，多国籍に事業展開する企業を**資源メジャー**という。1990年代後半から，合併・買収が進み，寡占化が進行してきた。その結果，資源を買う側の人間は，資源メジャーを通さなければ，必要量をまず確保できない状態である。価格交渉の場では，資源メジャーが購買側へ，一方的に価格を通達するという状況もみられるようになった。これは，各種資源の価格を数倍にはね上がらせる要因の一つにもなった。

トピック　厳しい日本の資源確保

資源価格が高騰する要因として，資源メジャーの統合による供給側の発言力が強まったことに加え，経済成長著しい新興国の需要急増による，供給の逼迫(ひっぱく)があげられる。資源の購入量が増大した国の企業は，供給する側にとって得意先となるため，価格交渉力が高まる。一方，日本は購入量が横ばいの資源が多く，価格交渉に不利な条件となっている。

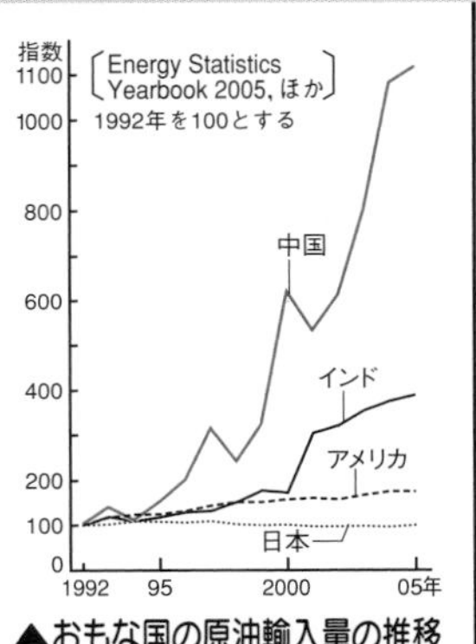

▲おもな国の原油輸入量の推移

9 エネルギー問題

① エネルギー問題の考え方

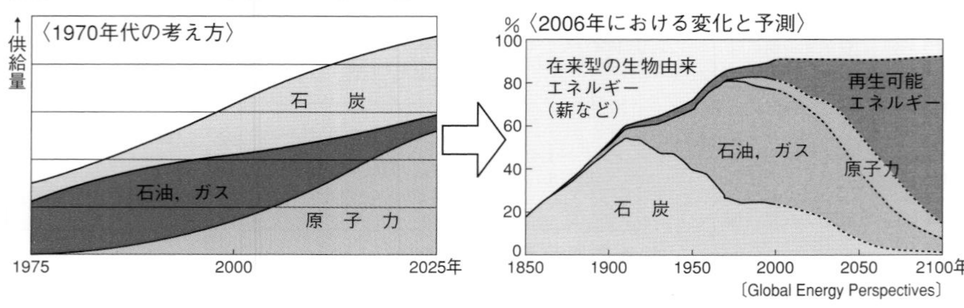

現在のエネルギー供給見通しでは，2040年ごろまでは化石燃料が主流を占め，その後，風力やバイオマスエネルギーなどの**再生可能エネルギー**が代替すると期待されている。こうしなければ，資源の枯渇や地球温暖化などを抑制できず，持続可能な発展も望めないと考えられる。

② 再生可能エネルギーの開発

□…エネルギーロスをなくすための工夫

種類	利用方法	種類	利用方法
太陽熱エネルギー	太陽熱をエネルギーとして利用。エネルギーの転換がなく，理想的なエネルギーの利用法。温水器などに実用。	地熱発電	地殻内の熱を利用し，水を温め蒸気でタービンをまわす。日本など地殻変動の多い地域に適した発電方法。
太陽光発電	太陽光がシリコンにあたり発電する。日本は発電技術，設置台数ともに世界でも有数の地位にある。	海洋エネルギー	潮の干満を利用する潮汐発電，波の上下動を利用する波力発電などがある。波力発電を利用したブイが実用化。
風力発電	風力をエネルギーとして利用。世界中で実用化は進んでいるが，設置地区の騒音問題などが発生している。	コージェネレーション	電力を使用するところで発電し，さらに発電で生じる排熱も利用することでエネルギーロスをなくす方法。
小水力発電	大型ダムをつくるのではなく，川の流れをそのまま利用する。小規模分散型のエネルギー利用のよい例。	未利用エネルギー	排熱を熱源として利用するシステムで，洗濯乾燥機などで実用化されている。ヒートアイランドの防止にも有効。
バイオマスエネルギー	再生可能な生物を利用したエネルギーの総称。糞尿や生ごみを利用したバイオガスの利用は世界で広がっている。	燃料電池	水素と大気中の酸素を化学反応させて，電気と熱を得る。コージェネレーションや自動車の動力として実用化。

▲再生可能エネルギーとエネルギーロスをなくす方法

再生可能エネルギーは，一度使用しても再び同じ形で利用できるため枯渇の心配がなく，環境に与える負荷も小さい。しかし，大規模供給が困難で，経済効率も悪いという課題もあり，改良が進められている。一方，再生は不可能ではあるが，効率的に化石燃料を利用したり，エネルギー源とみなされていなかった資源を活用したりして，環境負荷を下げる試みも進められている。

〔エネルギー白書2009〕

	アメリカ	日 本	デンマーク	ドイツ
1990年	3.8%	1.7%	6.1%	1.1%
2006年	3.7%	1.8%	14.5%	5.3%

＊水力エネルギーを除く

▲1次エネルギー供給における再生可能エネルギー＊シェアの変化

③ 太陽エネルギーの利用

（1）世界の太陽光発電

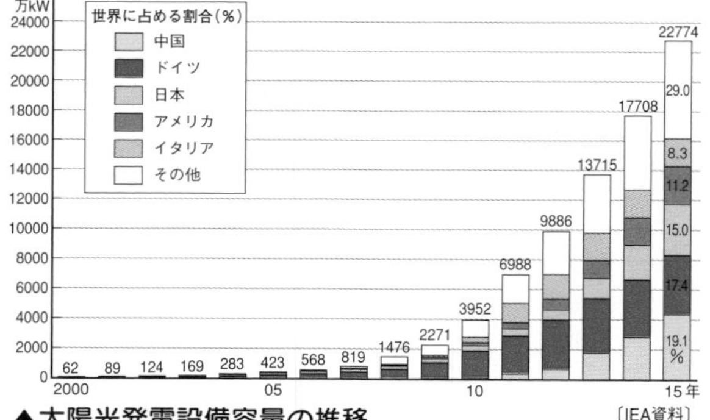

▲太陽光発電設備容量の推移

太陽光発電の民生向けの開発が本格的に進んだのは，石油危機以後で，爆発的に普及したのは2000年代以降である。その背景には，化石燃料の価格上昇による，電力価格の上昇がある。これにより，化石燃料を使用しない太陽光発電が見直され，それまで高かった導入費用が低くなり，さらに，環境意識の高まりによって各国政府も優遇制度を創設するようになったのである。

（2）太陽光発電をめぐる動向

日本は，石油危機以降，技術開発を進めるとともに，設備導入に対する補助金を創設するなど，太陽光発電の利用に積極的であった。そのため長年，発電量でも太陽電池生産量でも世界一であった。しかし，設置費用の助成が終了したことで，2005年には設備導入量でドイツに抜かれた。ドイツは，2004年に法律を改め，電力会社などが太陽光発電の電力を買い取る際の価格を引き上げるなど，太陽光発電を導入しやすくする政策をとった結果，世界有数の設備導入量を誇っている。

また，太陽電池の国別生産量では，中国などアジアのメーカーが急速に生産量を増やしている。そのような状況において日本では，導入に際しての補助金制度を再度開始し，さらに余剰電力の買い取り制度も設けることで，普及に積極的に取り組んでいる。

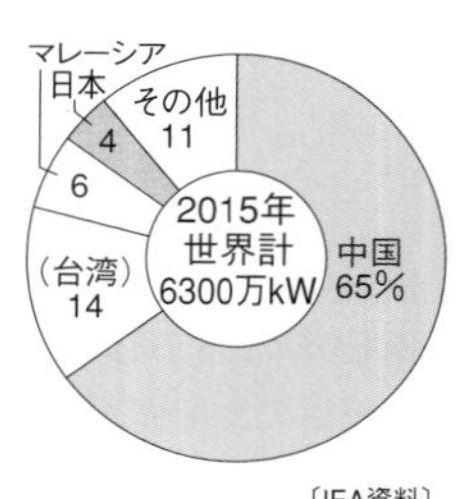

▲太陽電池の生産国・地域

4 風力エネルギーの利用

(1) 世界の風力発電

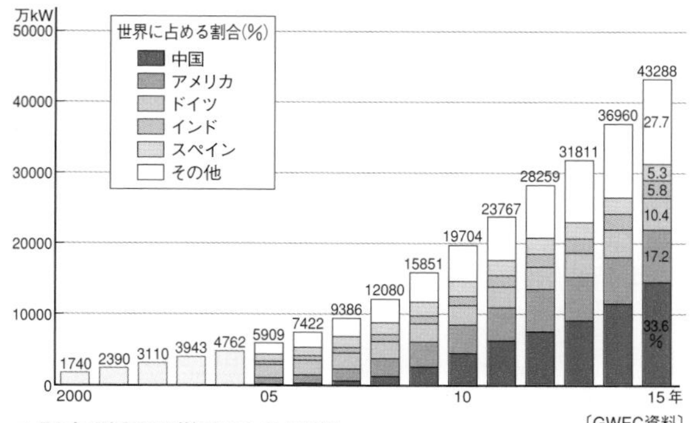

▲風力発電設備容量の推移

風力発電は，再生可能エネルギーのなかでは比較的発電コストが低く，設備規模も調整しやすいため，事業化が容易である。再生可能エネルギーのなかでは総発電量が最も多い。日本は，欧米諸国に比べて普及が遅れており，日本の風力発電機メーカーの市場シェアも小さい。

(2) デンマークのエネルギー政策

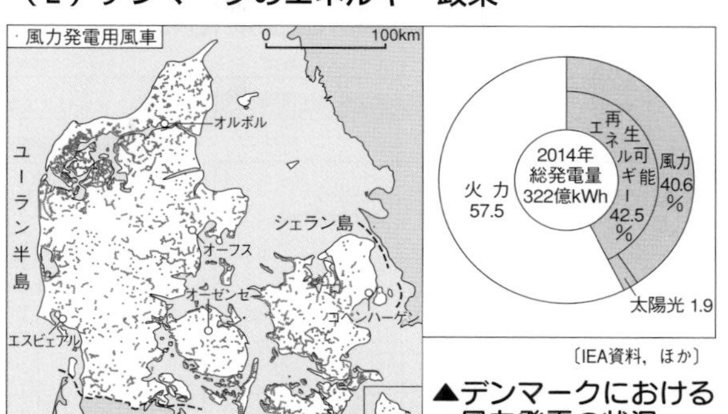

▲デンマークにおける風力発電の状況

デンマークは，石油危機以後，国産エネルギーの確保に力をいれた。北海の油田開発のほかに，**偏西風**の影響を受けやすいこと，国土が**低地**であることから風力発電の普及が進んだ。国土が狭いため海上発電設備の建設にも積極的で，2030年までに全発電量の過半数を風力でまかなう予定である。

5 バイオマスエネルギーの利用

(1) バイオマスエネルギーとは

バイオエタノール	糖分やでんぷん質の多い植物を発酵させて得られるアルコール燃料。さとうきびやとうもろこしが多く用いられている。
バイオディーゼル	植物から得られる油脂を加工して得られる，軽油に似た燃料。なたねや油やしが多く用いられる。
バイオガス（メタン）	生ごみや家畜の排泄物などを発酵させて得られるガス。熱と電力を供給することができる。

▲バイオマスエネルギーの種類

生物がつくり出す有機物を利用する再生可能なエネルギーの総称。化石燃料を燃焼させる場合とは異なり，バイオマスの燃焼で発生するCO_2は，本来，光合成により植物が固定したものなので，理論上CO_2を増加させないとされている。

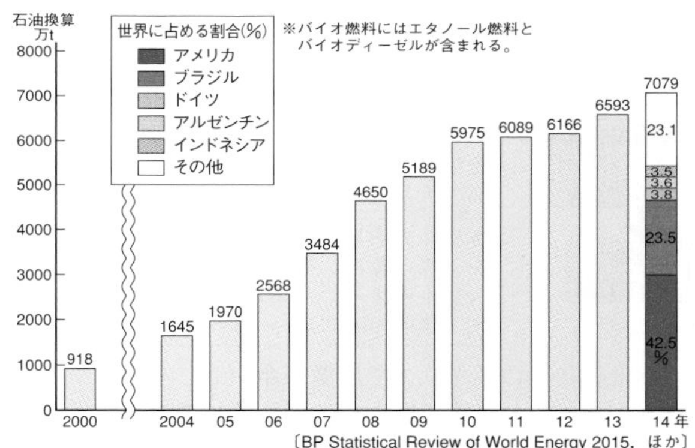

▲輸送燃料用バイオエタノール生産量の推移

バイオエタノールの製造原料には，その国で栽培がさかんな作物が多い。近年，中国やインドといった新興国での生産も増えている。

(2) アメリカのバイオエタノール

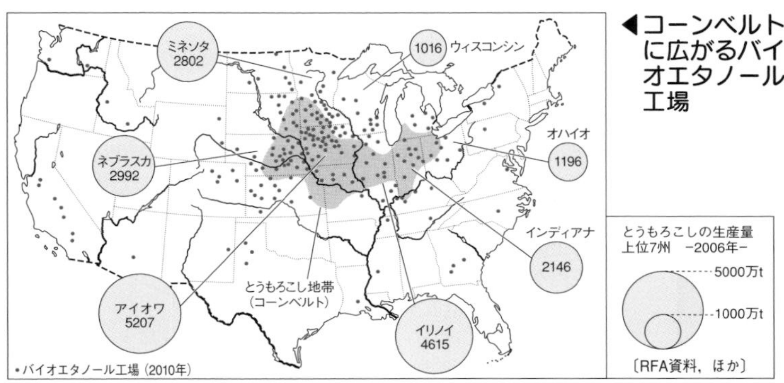

◀コーンベルトに広がるバイオエタノール工場

アメリカは，とうもろこしをバイオエタノールの原料とすることが多い。製造工場はとうもろこし地帯（コーンベルト）に多く分布している。

トピック　バイオエタノールの課題

バイオエタノールの原料は農産物である。そのため資源作物の需要が増加し，幅広い品目の食品価格が高騰している。たとえばアメリカの場合，バイオエタノール用の資源作物としてとうもろこしが多く使われると，需要が高まり，とうもろこしの価格が高騰する。一方，家畜の飼料としても広く使われているため，肉類の価格も高くなる。また，とうもろこし栽培の拡大により，コーンベルトでの大豆栽培用耕地が減少しかねず，そうなると豆腐や醤油の価格上昇につながる。このようにさまざまな食物に影響するため，資源作物にたよらず，もみ殻や間伐材などからエタノールを取り出す研究が進められている。

1　工業の発達

①　主要国の産業革命期と工業化のあゆみ

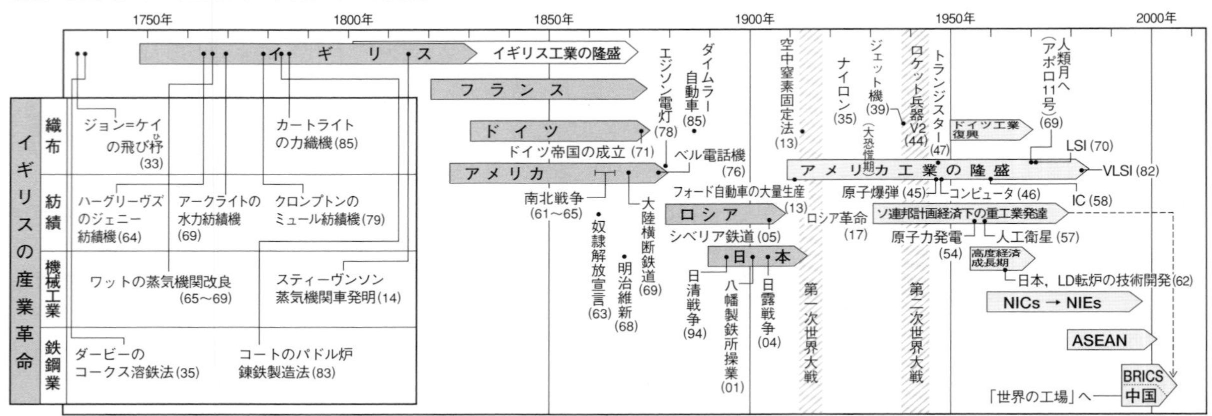

②　産業革命と工業化

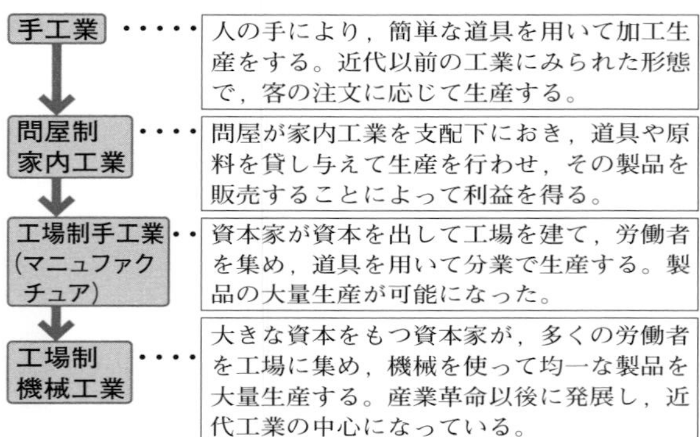

18世紀後半にイギリスで**産業革命**がおこり，大規模な資本が導入されて**手工業**から**工場制機械工業**へと工業化が進展した。19世紀にはフランス，ドイツ，アメリカ，ロシア，日本などの主要国でも急速に産業革命が進み，20世紀初頭には経済活動の中心が工業へと移行した。

③　大量生産体制の確立

20世紀初頭には工場制機械工業が拡大し，大量生産が行われるようになった。工場の設備が大規模化すると固定費(売上高や生産量に関係なく，一定額発生する費用)が多くかかるため，製品を大量に生産する必要が生じるからである。大量生産体制のはじまりは，アメリカの自動車メーカーであるフォード社がT型フォードとよばれる大衆車を量産したころだとされる。T型フォードの生産はベルトコンベア方式とよばれる流れ作業で行われ，部品の規格化や労働管理などの点で現代の工業に大きな影響を与えた。そのため，大量生産体制はフォーディズムとも称される。

▲T型フォードの生産

④　工業化と技術革新

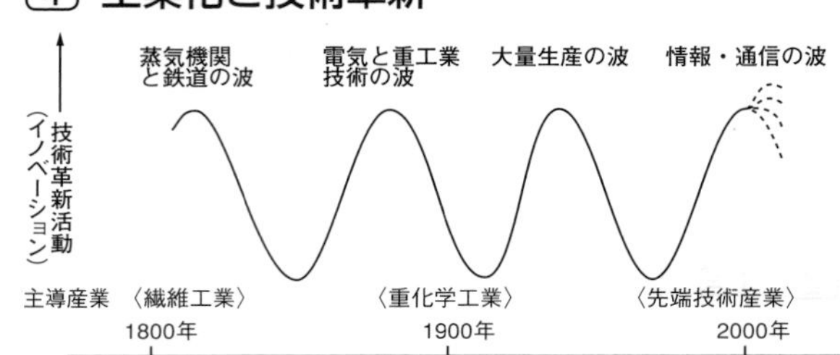

▲技術革新(イノベーション)の波動

新技術が続出し，短期間のうちに経済構造が大きく変わってきたのは産業革命以降と考えられている。イギリスで引き起こされた産業革命に次ぐ大きな技術革新は，19世紀後半のフランス・ドイツ・アメリカでおこった。1930～1950年は中心がヨーロッパからアメリカに移り，さらに今日，新たな技術革新の波が日本を中心におこってきている。長期的にとらえると，技術革新活動は「コンドラチェフの波」とよばれる40～60年間隔の景気変動とも大きく関わっており，現代は情報や通信の波がおこっているとされる。技術革新は**イノベーション**ともよばれる。

コラム　工業化と近代世界システム

近代以降の世界の歴史をみると，工業化の進展は西ヨーロッパからアメリカ，ロシア，日本に広がり，20世紀に入るとそのほかの国・地域でも工業化がみられるようになった。このように，世界の国・地域における工業化の発展段階には差があり，工業の先進国を「中核」，アフリカやラテンアメリカなど工業の後進国を「周辺」ととらえて，全世界の工業化を俯瞰的にみる視点を**近代世界システム**という。工業化に伴い分業が進むと，各国・地域の相互関係も強まっていくので，工業化の格差を考えるうえで有益な見方といえる。

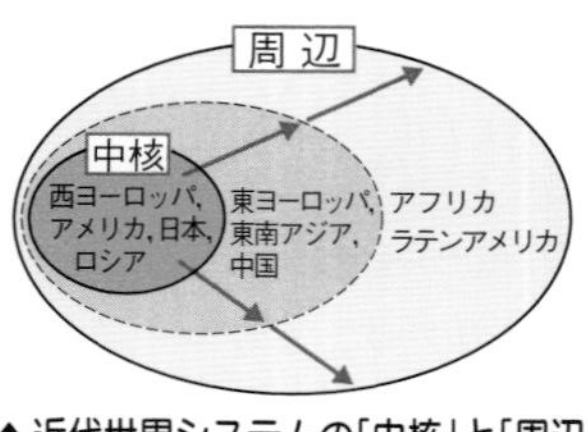

▲近代世界システムの「中核」と「周辺」

2　工業の種類と立地

① 工業の種類と分類

軽工業は，おもに日常生活に使われる比較的重量の軽い製品をつくる工業である。**重化学工業**は，大型の装置を用いて比較的重量の重い製品をつくる工業で，鉄鋼業や機械工業が該当する。**先端技術産業**はハイテク産業ともよばれ，エレクトロニクスやバイオテクノロジー，新素材などが含まれる。**伝統産業**は地場産業ともいわれ，地元の零細資本による伝統的な工業をいう。一般に，工業は軽工業からはじまり重化学工業，先端技術産業へと付加価値の高い方向へ発展する。先進国ではこの流れをたどってきたが，発展途上国では，軽工業の段階にとどまっている国も多い。

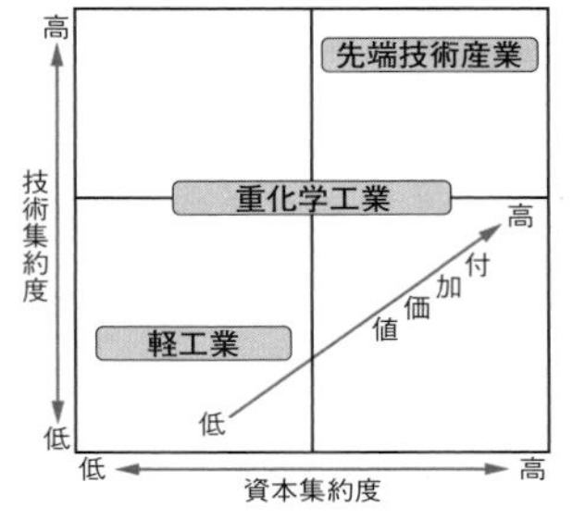

▶産業構造変化のプロセス

分類	工業の種類		特　徴	工業の例
原料・製品・技術による分類	軽工業		日用消費財の生産 中小企業が主体	食料品，繊維，衣服，印刷，皮革，窯業など
	重化学工業	重工業	生産財・耐久消費財の生産 大企業が主体	鉄鋼，金属，一般機械，自動車，電気機器など
		化学工業	化学的処理を中心とした生産 大企業が主体	石油化学，化学肥料，化学繊維，合成樹脂など
	先端技術産業（ハイテク産業）		最先端の科学技術を用いた生産 大企業やベンチャー企業が主体	新素材，エレクトロニクス，バイオテクノロジーなど
需要先による分類	生産財工業	中間財	加工生産を行った製品の原材料 中間生産物	鉄鋼，金属，化学製品，半導体，電子部品
		資本財	製造過程で用いられる設備や機械 製造装置，生産機械	プラント，工作機械，半導体製造装置など
	消費財工業	日用消費財	日常生活によく用いられる消費財 購入頻度が高い	食料品，衣服，日用雑貨など
		耐久消費財	長期の使用に耐える消費財 日用消費財より高価	自動車，家電製品，家具など

▲工業の分類

② 工業の立地

（1）立地因子と立地条件

立地因子	輸送費	原料輸送費，製品輸送費
	生産費	労働費，地代，用水費，電力費
立地条件	自然条件	気候，地形，地下水，河川
	社会条件	交通・通信，情報，教育，生活の便

工業では原料や材料を工場で加工して製品をつくり，市場で販売する。このため企業は工場を建設する場合，原料供給と市場の両面を考慮し，生産にかかる費用をできるだけ節約できる場所に立地しようとする。輸送費や生産費のように立地決定に直接作用するものを**立地因子**という。生産費には労働費や地代，用水費，電力費などが含まれ，工業の種類によって重視される費目が異なる。これに対して，生産効率や労働者の生活などに有利・不利な影響を及ぼすものを**立地条件**という。工業立地の際，企業は立地因子を第一に考え，そのうえで立地条件の影響を考えて立地を決定する。

（2）立地に影響を与える原料

普遍原料	産地が限定されず，いたる所で入手可能な工業原料
局地原料	産地がある場所に限られる工業原料
純粋原料	製造過程を通じて，原料と製品の重量があまり変わらぬもの
重量減損原料	製造過程で，製品の重量が原料に対して軽くなるもの

▲工業原料の区分

工業立地は，工業原料の性質によって，その立地因子である輸送費に大きな影響を受ける。工業原料は，産地の普遍性や局地性による区分と，製造過程を通じての重量の変化による区分に分けられる。前者は資源の分布と需要によって変化し，後者は製造方法に左右される。

（3）A.ウェーバーの工業立地論

ドイツの経済学者，アルフレッド=ウェーバー（Alfred Weber，1868～1958）はその著書『工業立地論』（1909年）のなかで工業立地をはじめて体系的に明らかにした。工業生産において利潤を最大化するには，輸送費や労働費，地代などの生産費を節約する必要があり，そのなかでも輸送費が最小となる地点に工場は立地するとした。右図において，原料・動力・製品の重量をW_1，W_2，W_3としたとき，$r_1W_1+r_2W_2+r_3W_3$の値が最小となるP点において輸送費は最小となるので，理論上はこの地点が最も合理的な工場立地となる。

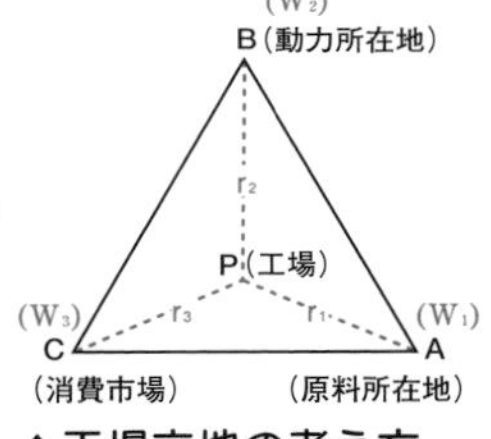

▲工場立地の考え方

トピック　工業立地論から産業集積論へ

現代の工業では分業が複雑になる一方で，さまざまな財の輸送や部品取引が行われており，相互に関連する範囲が広がってきている。そのため，現実には工業立地も輸送費以外の立地因子や立地条件に影響され，とくに近接性（地理的な近さ）が重要になってきている。産業集積は特定の産業がある一定の地理的な範囲に集中して企業や工場が相互に関連している状態をさす。ウェーバーは立地因子のうち，工業立地が集まる要因を集積因子とよんだ。また，イギリスの経済学者，アルフレッド=マーシャル（Alfred Marshall，1842～1924）もウェーバーと同時期に集積要因を考察した。2人の学者が考察した産業集積は，現代の工業で広く観察されるようになってきている。

3 立地による工業の分類

（1）原料指向型

原料産地が特定の場所に限られており，加工すると製品の重量が原料よりも著しく軽くなるもの。たとえば，鉄鉱石・その他の鉱石・石灰石を加工する鉄鋼・金属・セメント，木材チップを加工するパルプ・製紙，果汁を濃縮する果実加工などが，原料指向型工業にあてはまる。

例：秩父，苫小牧，伊万里，ミッドランド（イギリス），ルール（ドイツ）

▶石灰石鉱山とセメント工場

鉱産資源は重量減損原料であり，同時に局地原料でもある場合が多い（→p.125）。このため，原料産地に立地すれば輸送費が最小になる。日本のセメント工業は，原料の石灰石鉱山の近くに立地しており，原料指向型工業の典型である。

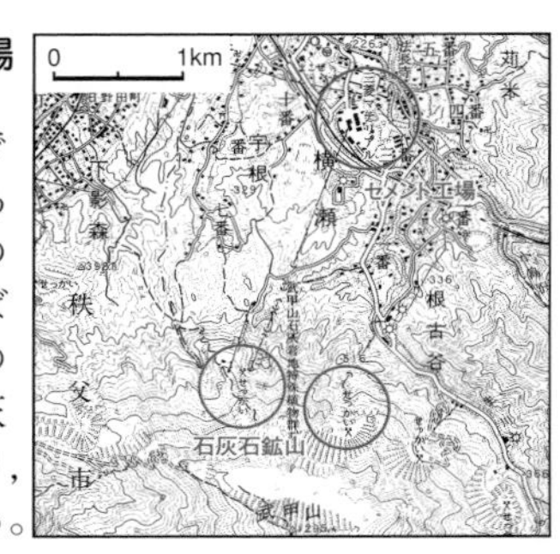

（2）労働力指向型

原料産地が特定の場所に限られており，加工しても製品の重量が原料とほとんど変わらないもの。そのため労働力が重要になる。たとえば，茶の加工，繊維工業や電気製品などの組立加工では製造過程で多くの人手が必要となる。このような労働集約的な製造過程の場合，労働力指向型の工業立地となる。

例：安価で豊富な労働→発展途上国の輸出加工区
**　　高度な技術労働　→京都，シリコンヴァレー（アメリカ）**

▶岐阜市・一宮市周辺の繊維工業

重量が変わらない純粋原料の場合，原料産地と市場の間のどこでも輸送費は変わらず，このため労働力が最も得やすいところに立地する。右図では，繊維工業が大都市圏郊外の労働力の豊富な場所に分布している。

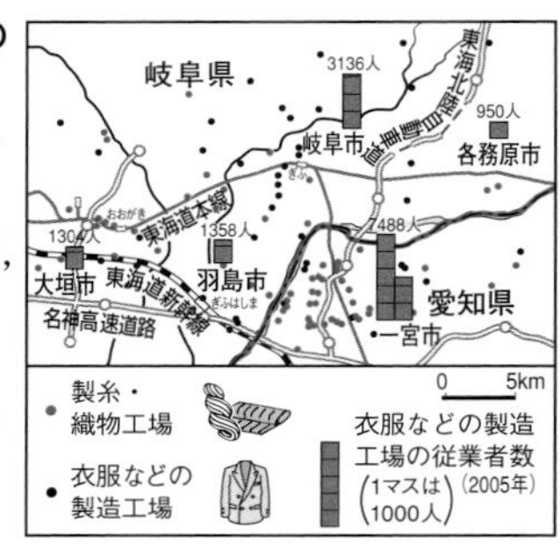

（3）市場指向型

原料産地が限定されず，どこでも入手可能なもの。たとえば，清涼飲料水やビールの原料はほとんど水で，おもに地下水を利用するため，広範囲な場所で得やすい。その結果，製品の輸送距離がなるべく短くなるように，市場の近くに工場を建設する市場指向型となる。

例：原料が容易に入手可能→東京圏，京阪神
**　　情報・流行に敏感　　→東京，ニューヨーク，パリ**

▶東京周辺のビール工場

ビールや清涼飲料水の主原料である水は普遍原料のため，輸送費が最小になる大都市圏の近郊に工場が立地している。市場の情報や流行を重視する印刷・出版や，高級服飾品などの工業も，大都市とその周辺に立地する。

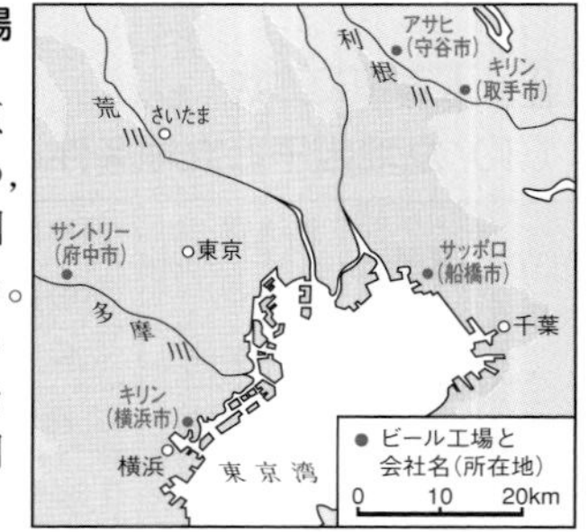

（4）交通指向型

原料や製品の輸送費を節約するために，交通の便利な場所に立地しやすい工業。大きく，臨海指向型と臨空港指向型とに二分される。たとえば，鉄鋼業や石油化学工業などは，鉄鉱石や石炭，石油などの原料資源の輸入や製品の輸出に便利な臨海部の立地になる。

例：臨海指向型　→鹿島臨海工業地域
**　　臨空港指向型→九州（シリコンアイランド）**
**　　石油化学コンビナート→市原，新居浜，水島**

▶九州のIC工場と空港

IC・LSIなどの小型・軽量かつ付加価値の高い先端技術産業は，生産費に占める輸送費の割合は小さい。そのため，短時間で製品を市場に供給できるメリットから空港周辺に立地している。

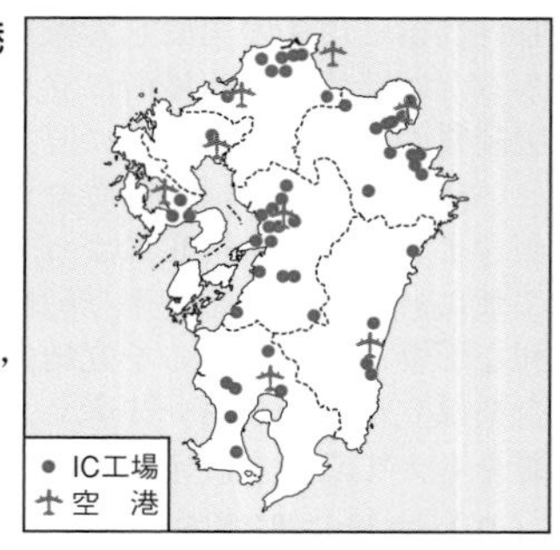

（5）集積指向型

たがいに関連ある企業が近接することで，原料や製品の輸送費の削減や特殊な機械や技術などを安価に利用できるなど，生産費を節約できる。また，工業に必要な電力や用水，道路や用地などのインフラも多くの工場が集まることで整備されやすくなる。

例：関連企業集積　→豊田，デトロイト（アメリカ）
**　　機械系産業集積→東京都大田区周辺，東大阪市周辺**

▶トヨタ自動車の企業集積

自動車や電気機器などの組立型工業は，製品を組み立てる親企業とその下請企業が一定の場所に集積し，工業地域を形成する傾向がある。また，特定の企業が地域経済の中心となる企業城下町となることもある。

3 工業立地の変化

① 主導工業と各国工業の変化

19世紀	軽工業(綿・毛・絹などの繊維工業，食品工業)
20世紀	重化学工業(金属，鉄鋼，プラスチック，合成繊維，一般機械，電気機械，輸送機械，精密機械)
1980年代以降	先端技術産業(エレクトロニクス，バイオテクノロジー，新素材，新エネルギー)

▲主導工業の変化

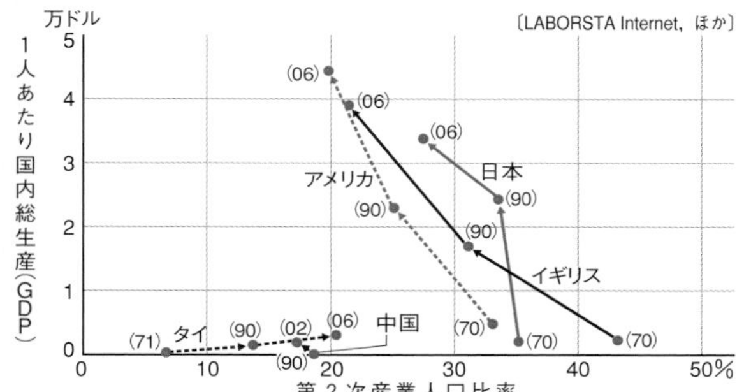

▲第２次産業人口比率と１人あたり国内総生産

産業構造のなかで，中軸となる工業の部門を**主導工業**(リーディングインダストリー)とよぶ。先進国では，19世紀は軽工業，20世紀の中ごろまでは重化学工業，1980年代以降は先端技術産業が中心になってきている。このような主導工業の変化に伴って，産業構造のなかで工業の比重も変化する。先進国では，1人あたりの国内総生産が高まるにつれて，工業の比重が低くなる傾向がみられる。発展途上国では先進国とは逆に，経済発展に伴って第2次産業人口比率が高くなる傾向にある。

② おもな工業の立地変化

種類		工業地域・生産国の移動	移動の理由
繊維工業	羊毛	フランドル地方➡ヨークシャー地方(イギリス：リーズ，ブラッドフォード)	14～15世紀の百年戦争で毛織物職人が移動
	綿	中国：シャンハイ，テンチン➡チョンチョウ，シーチヤチョワン，チンタオ アメリカ：ニューイングランド➡アパラチア山脈東南部の滝線都市	消費地から綿花の産地へ(アメリカの場合，南部の方が安い労働力が得られた事も大きな理由)
鉄鋼業		アメリカ：ピッツバーグ，バーミングハム➡シカゴ，ゲーリー，クリーヴランド イギリス：バーミンガム，シェフィールド➡カーディフ，ニューカッスル，ミドルズブラ ドイツ：エッセン➡ブレーメン フランス：メス➡ダンケルク，フォス 日本：北九州・釜石・室蘭➡川崎，君津，倉敷	原料(鉄鉱石，石炭)産地から，消費地，海外からの原料輸入港湾付近へ
電機工業(テレビなど)		アメリカ・西ヨーロッパ➡日本➡NIEs・ASEAN諸国(韓国，シンガポール，マレーシア，ホンコン，台湾)，中国	初期の製品開発国から製品の標準化が進み，価格が低下すると低賃金の国へ

③ 立地変化をもたらす要因

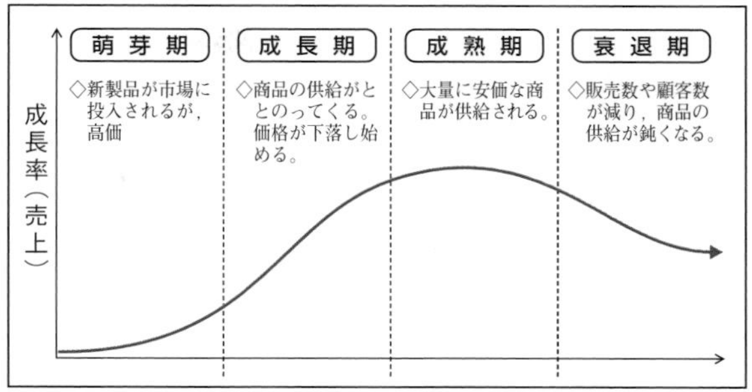

▲製品のライフサイクル

工業の立地因子や立地条件は時代とともに変化するため，工業はより有利な場所に発達するようになり，立地に変化が現れる。とくに，消費地や原料産地の変化などは工業立地に大きな影響を及ぼす。歴史的には，繊維工業や鉄鋼業などで立地変化がみられた。

一方，電機工業などは製品市場の動向によって立地変化がおこる。通常，製品にはライフサイクルがあり，製品市場の萌芽期，成長期，成熟期，衰退期と進行する。製品市場が成長期から成熟期に入ると，製品の標準化が進み，製品の価格が下がっていくため，企業は生産費を下げる必要がでてくる。その結果，初期の生産国から低賃金の国・地域へ工業が立地変化していく。

④ 産業の空洞化と国内回帰 参照 p.163, 165

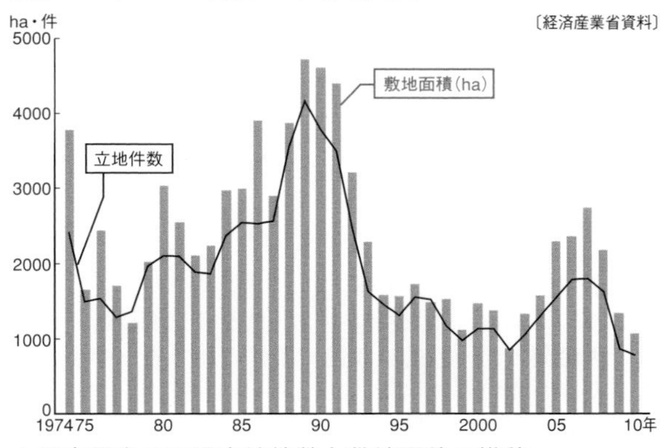

▲日本国内の工場立地件数と敷地面積の推移

日本の工業も時代とともに変化している。1960年代後半から都市圏やその周辺から地方へと工場が分散し，全国各地で工業立地が進んだ。しかし，1980年代中ごろから，円高によって国内の生産費が相対的に上昇したことで，大きな立地変化がおこった。企業は海外へ生産移転を進めるとともに，労働費の高い国内工場が数多く閉鎖された。1990年代には国内の工業が縮小して，維持が難しくなるという懸念から，「**産業の空洞化**」(→p.163)が社会問題となった。その後，一時は国内へ回帰する傾向がみられたものの，依然として縮小に歯止めがかからないのが現状である。

4 企業形態と工業

用語 工場と企業

工業を考える際には，**工場**と**企業**の違いに留意しよう。立地の基本単位は工場であり，工業の分布図では工場が一つの点として記される。企業は立地決定を行う主体であり，工場を組織し管理する主体でもある。現代の工業では，多くの企業は複数の工場を所有しているので，理解を深めるために両者を区別して考える必要がある。

1 規模による企業の分類

（1）企業と工場の関係

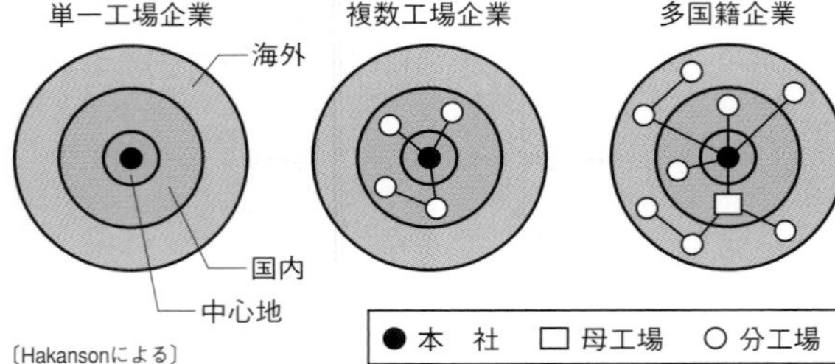

▲工場との関係でみた企業の分類

工場を一つしか所有しない企業を**単一工場企業**という。この場合は企業と工場を区別する必要がない。企業がいくつかの工場をもつ場合は，**複数工場企業**という。そのうち，国内だけではなく海外にも工場を所有するようになると**多国籍企業**とよぶ。

企業が成長していくと，生産の拡大を目的として工場が新たに建設される。立地因子や立地条件の変化，製品のライフサイクルなどから，外へ延びるように立地していく傾向がある。また，各工場で製品や機能に違いがあるため，中心となる母工場や部分的な機能しかもたない分工場などの階層性もみられるようになる。

（2）大企業と中小企業

日本の工業は，産業用ロボットなどの先端技術を導入した**大企業**と，一般的に設備や条件の面で劣る**中小企業**とが共存している。

大企業の多くは複数工場をもち多国籍に事業を展開しているが，中小企業は国内で大企業の下請けとして，厳しい競争下におかれている場合が多い。

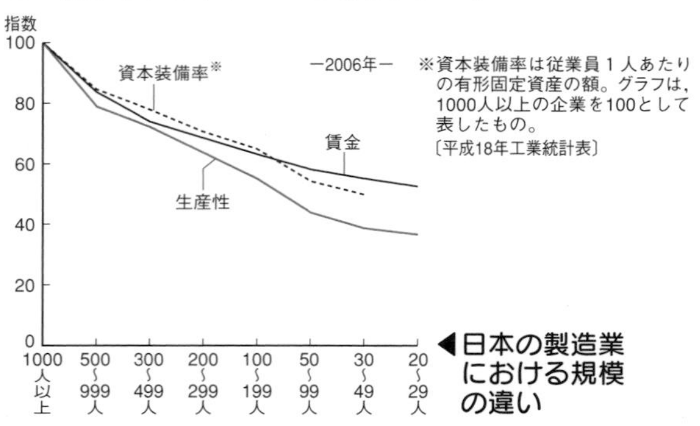

◀日本の製造業における規模の違い

2 企業と分業

（1）製品・工程でみた分業体制

近代世界システム	国の区分	製品間分業	工程間分業
中核	先進国	先端技術製品 製品差別化	R&D(研究開発)，試作，知識集約化，高度加工・組立，資本集約的工程
	工業化途上国 (アジアNIEs，中国，ASEANなど)	標準化製品	生産技術開発 標準化した加工・組立(一部自動化・労働集約工程・資本集約工程)
周辺	工業化途上国	労働集約部品 標準化，低価格商品	労働集約的工程

企業内分業には，製品の内容・技術レベルにより生産国をふり分ける**製品間分業**と，一つの製品の工程を分割する**工程間分業**がある。製品間分業では，先端技術製品や付加価値の高い製品を先進国で生産し，標準化製品や労働集約的な低価格商品を工業化途上国などで生産する分業が一般的である。一方，工程間分業は研究開発や資本集約的工程などを先進国で行い，労働集約的工程などを工業化途上国で行う場合が多い。実際には，企業の分業は，製品間分業と工程間分業が混在している。

（2）企業内分業と企業関係

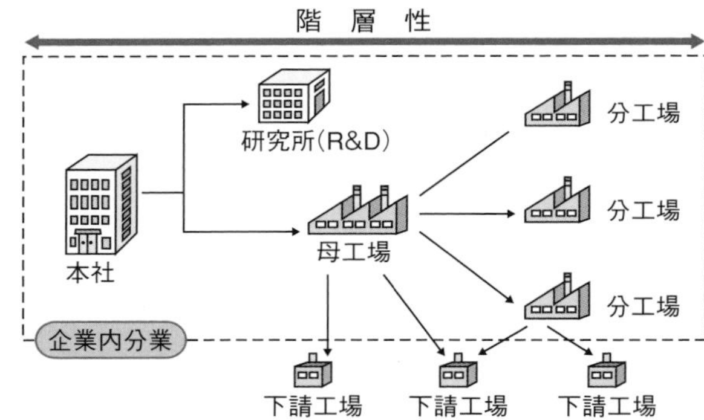

▲階層性をもつ企業と工場の関係と取引企業

企業内分業が進むと，階層性をもった組織がつくられる。企業の生産，販売などの全社的な管理は本社で行われ，研究・開発(R&D)は研究所，高度な加工・組立や資本集約的工程は**母工場**が担当する。母工場の下にはいくつかの分工場があり，技術支援や相互の生産調整を行うなどの階層性がある。

このような企業内分業のほかに，企業間の取引関係がある。とくに，加工組立型の機械工業では数多くの原材料や部品を必要とするため，親会社から委託を受けて生産する取引企業が存在する。親会社との取引関係が大きく影響する企業を**下請企業**といい，加工・組立などをおもに担当する場合が多い。

5　多国籍企業と直接投資

用語　多国籍企業

多国籍企業とは，二つ以上の国において，工場などの生産設備，販売拠点，事務所などを所有している企業をいう。本国の親会社が海外に直接投資して子会社をつくり，生産から販売までの企業活動を現地で行わせる場合や，本国の親会社が技術開発，生産，販売まで集中管理する場合などさまざまな組織形態がみられる。

用語　直接投資と間接投資

直接投資とは，投資先の事業に対して継続的に経営参加することを目的とする投資をいう。海外子会社の設立，既存外国企業の買収および出資などの形態をとる。一方，**間接投資**とは，株式市場や債券などに投資して利子や配当などを得ることを目的とする投資をいう。日本では海外法人の株式の10%以上を取得すると，直接投資に分類される。

① 世界の多国籍企業

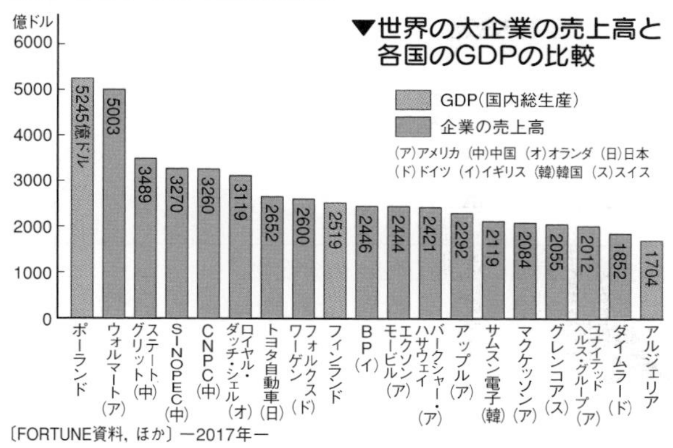

多国籍企業は世界的視野に立って事業を展開できるため強い競争力をもち，国際貿易や各国・地域の経済発展にも大きな影響を及ぼしている。世界経済において多国籍企業が顕著となってきたのは1960年代以降であるが，現代では一企業の売上高が中堅国の国内総生産額を上回るなど，国家の財政規模を超えた企業もでてきている。

コラム　現代における企業の動向

企業の成長や衰退に伴い，組織にも変化がおこる。多くの大企業では，いくつかの事業をそれぞれ別の事業部として独立させる，事業部制組織をとっている。

このうち，**多角化**とは本業とは異なった事業を展開していくことをいう。企業は多角化に失敗すると，その事業を停止したり，他社に売却したり，別会社として独立させたりする。こうした組織の変動は，「**選択と集中**」とよばれる。

また，企業が事業を拡大する場合，他社を**吸収・合併**して組織の規模を大きくする。組織の変動によって，中長期的には工場の立地も変化することが多く，工場の統廃合などが行われ，企業の規模が大きいほどその影響も広範囲にまたがる。

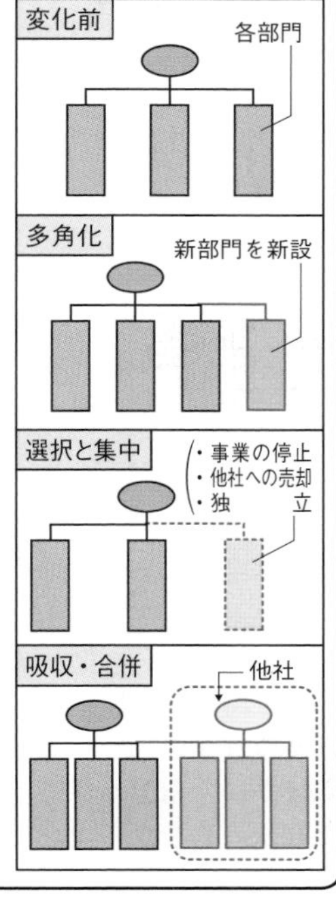

② 世界の直接投資

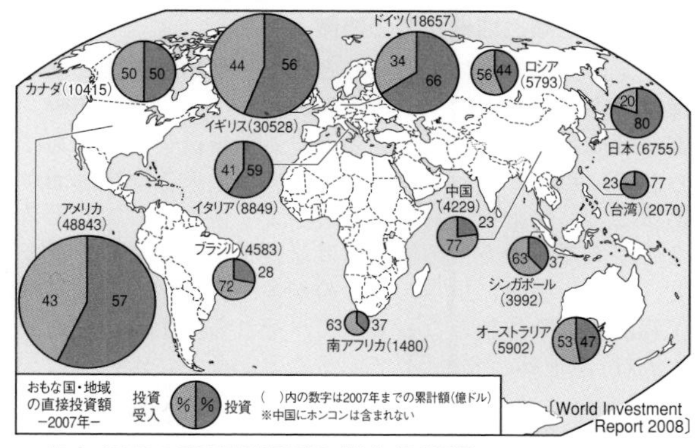

▲おもな国の直接投資受入額と投資額

経済のグローバル化が進むにつれて，世界の直接投資額も増加している。一般的に先進国では，自国への直接投資受入額よりも他国への直接投資額が多く，発展途上国では直接投資受入額が多くなる傾向にある。日本は海外への直接投資が多い一方で，アメリカやイギリスなどに比べると，自国への直接投資受入額が少ない。

③ 海外に展開する多国籍企業

多国籍企業は，利潤を求めて企業内での最適な分業体制をとる。日本の大企業も多くは多国籍企業であり，積極的な海外展開を行っている。日本の代表的な家電メーカーであるパナソニックでは，1960年代から海外に子会社を設立し，タイやマレーシアなど東南アジアに工場を建設した。近年は中国への立地変化がおこってきている。冷蔵庫や洗濯機などの白物家電は各国・地域の生活慣習にあわせてつくる必要があるため，日本と海外で製品間分業として生産の現地化が行われた。一方，テレビやハイテク製品などは付加価値の高い工程を日本で行い，生産費を安くする必要のある工程は海外に任せるなどの工程間分業がみられる。電機工業は製品市場の動きが激しいため，企業内分業の変化も早く，日本とASEAN，中国の間で分業体制の見直しが進んでいる。

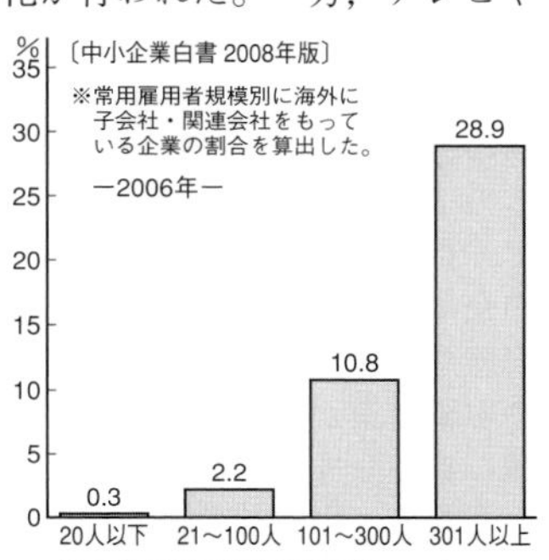

▲常用雇用者規模別にみた海外展開企業数割合

6　都市型工業と地場産業

1 都市型工業と地場産業

	都市型工業	地場産業
技術	伝統的技術と新技術が混在	伝統的技術を柱に新技術を導入
原料	輸入・国内(情報や知識も重要)	輸入・国内(ただし，陶磁器などは地元原料)
市場	全国・海外	輸出(円高前は高かった)・全国
労働力	都市圏，地方からの流入	地元中心(一部，出稼ぎなどもあり)
資本	国内資本，外資	地元資本
生産構造	域内分業と全国的ネットワーク	域内での社会的分業

▲都市型工業と地場産業の特徴

工業の立地場所による区分として，**都市型工業**と**地場産業**がある。都市型工業の代表例として，出版・印刷，高級服飾品，高度技術を必要とする機械産業などがあげられる。都市に立地する利点としては，大きな市場圏があること，豊富な労働力，さまざまな情報へのアクセスなどがある。一方，地場産業は伝統工業や在来の工業など，地域の歴史に根ざしたものが多い。地域内で製品や工程別に分業体制となっていて，それらの生産者を地域の商社(産地卸)が統括していることが多い。

2 都市型工業

(1) 都心に多い印刷業

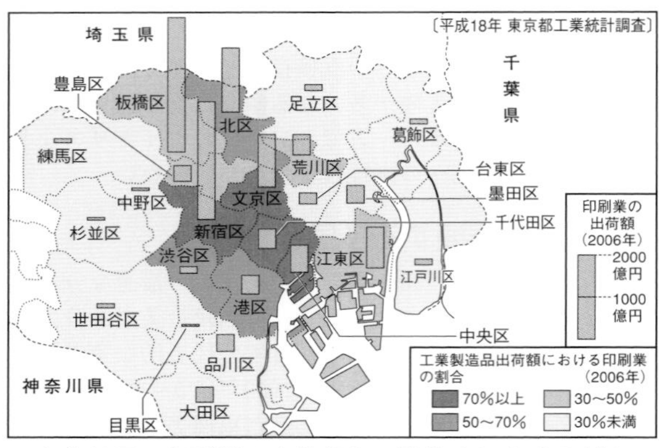

▲東京23区の印刷業の出荷額と工業生産に占める割合

▶文京区の工業に占める印刷業の割合

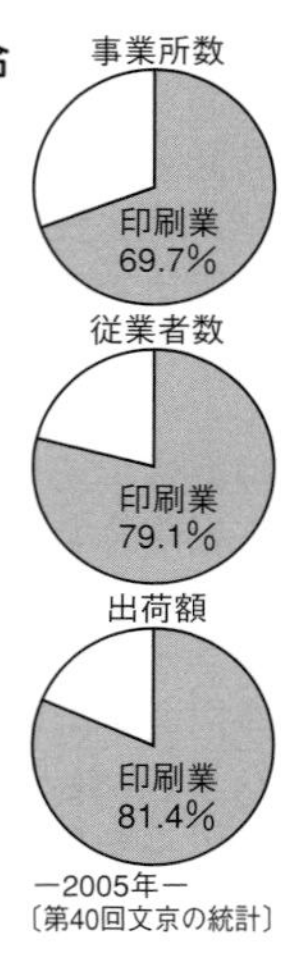

印刷業およびその関連産業は，印刷業，製版業，製本業，印刷物加工業，印刷関連サービス業などから構成される。印刷物の生産は，版の制作から印刷を経て製本の工程をたどる。全工程を一つの企業で一貫して行う場合はまれであり，多くの企業が各工程を分担する**工程間分業**の形態をとっている。印刷業では中小企業や零細企業がほとんどであり，特定の地域に集積している。印刷は納期が重要になるため，出版社の近くに立地する場合が多く，東京では文京区，新宿区，板橋区などで印刷業の工業出荷額が多い。

(2) 機械系産業の集積と変化

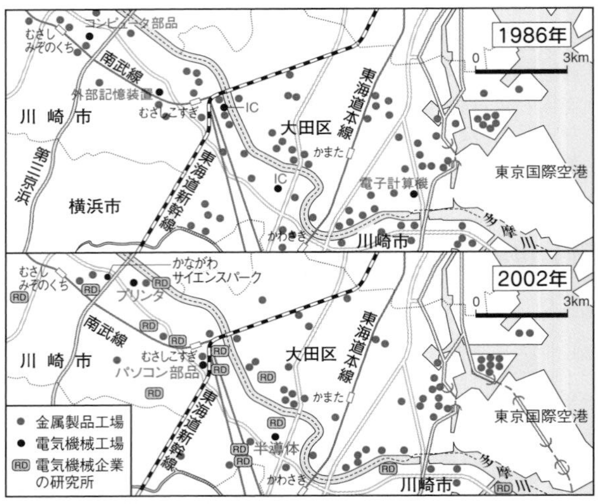

▲多摩川流域の工場立地とその変化

東京と川崎にまたがった多摩川流域は，古くから工業地域として発展してきた。もともと大田区などでは電機工業が発達し，大手企業の本社工場や量産工場などが立地して，その周辺に金属製品などを加工する下請企業が集積した。大手企業からの委託加工の水準が高く，もとからの職人気質もあり，大田区は高度な技術を有する機械系の産業集積地へと発展した。しかし，近年は大手企業の工場が地方や海外へ移転して，工業地域としては縮小の傾向にあり，工場の跡地が研究所などのオフィスビルに建て替えられるなどの立地変化がみられる。

3 地場産業

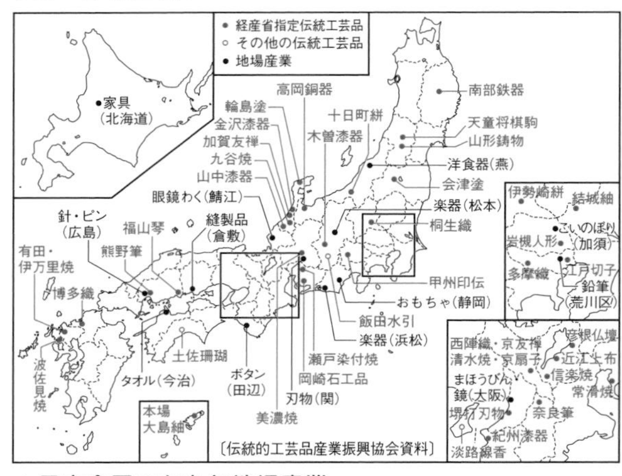

▲日本全国のおもな地場産業

地場産業は地元資本による産業の意味で，日本では近世以来，各地の資源，労働力，技術，市場などを基盤として，織物，陶磁器，和紙などの工業が発達した。明治以後の変化のなかで伝統的工芸品として残っているもののほかに，全国や海外市場に販路を拡大し，新しい技術を取り入れながら現在でも特色ある産地を形成している。ただし，多くの産地は縮小する傾向にある。

7 繊維工業

① 繊維工業の種類

紡績業……糸をつむぐ工業。
織物業……糸を織って布をつくる工業。
縫製業……布を縫って衣服などをつくる工業。

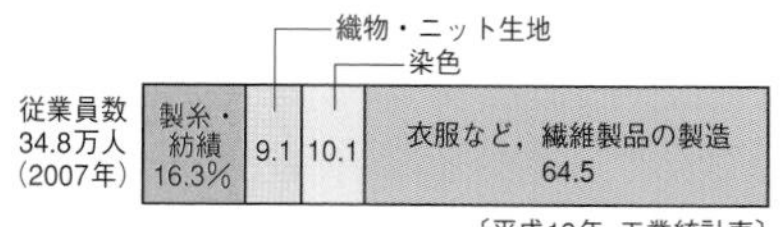

◀**繊維工業の従業者数(日本)**

繊維工業は日本で最も早く近代工業として確立し，その後長く生産・輸出に重要な地位を占めてきた。しかし重化学工業化が進むなかでその地位は低下している。現在では化学繊維が生産の中心となっており，日本の化学繊維工業の分布では静岡県以西，とくに瀬戸内や東海に集中しており，石油化学コンビナートに隣接した臨海工業地帯や繊維加工業と直結した立地が特色である。

② 繊維の種類と生産の変化

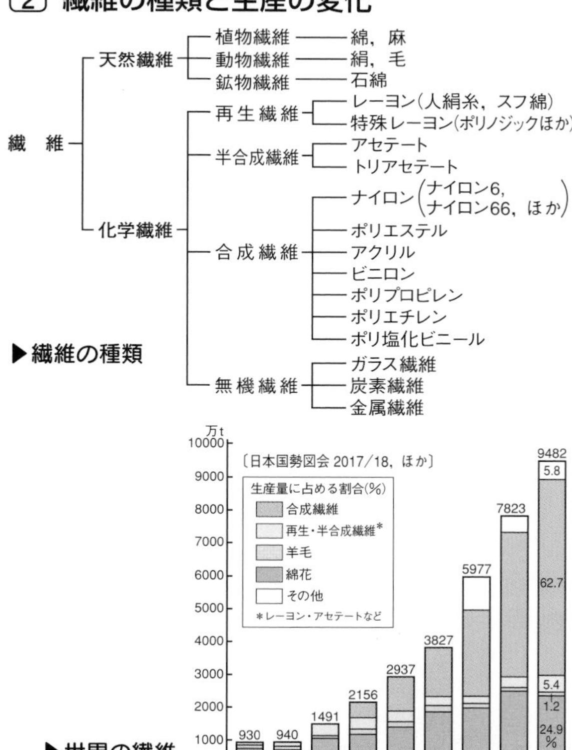

▶**繊維の種類**

▶**世界の繊維生産の推移**

繊維工業，とくに綿工業は産業革命の際の中心となった工業である。現在も発展途上国の工業化では最初の段階となる場合が多い。

繊維工業は世界の人口に比例して発達してきており，20世紀の初頭に化学繊維が発明されて以来，合成繊維の割合が増加している。近年は天然繊維のよさも見直されており，とくに高級製品として需要が増えている。また化学の技術進歩により，新しい素材の開発も進んでおり，炭素繊維などの新繊維の需要も伸びている。

③ 各繊維製品の生産と特徴

(1) 綿織物

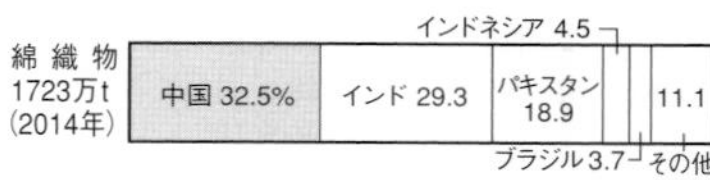

▶**綿織物の生産**

第二次世界大戦前は，イギリスや日本などが主要な綿糸の生産国であったが，最近は中国・インド・パキスタンなどの綿花生産国に中心が移ってきている。とくに，中国とインドでは近年綿織物の生産が急増している。

(2) 毛織物

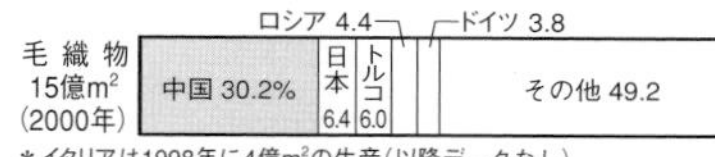

▶**毛織物の生産**

原料の羊毛はオーストラリアなど南半球での生産が多いのに対し，羊毛工業は高度な技術が得られ，原料輸入に便利な港湾に近い，北半球の消費地周辺に立地する。

(3) 絹織物

▶**絹織物の生産**

繭(まゆ)を原料として生糸をとり，絹織物に加工する工業で，アジアで古くから行われてきた。繭から生糸をつくる工業を製糸業とよぶ。現在，中国が8割以上を生産する。

(4) 化学繊維

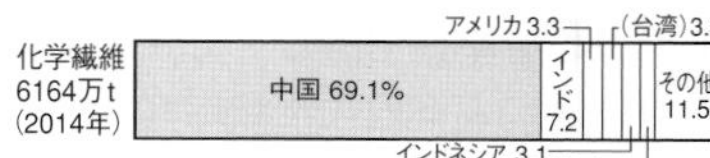

▶**化学繊維の生産**

19世紀後半にフランスでレーヨンが，1930年代にはアメリカでナイロンが発明されて生産がはじまった。高度な技術と巨大な資本を必要とするので，工業国で発達する。

④ 繊維工業の立地

中　国	各種繊維製品の世界一の生産国。第二次世界大戦前からの**シャンハイ**に加え，**チョンチョウ**や**チョントゥー**の生産が多い。絹工業の製糸業はシャンハイ，**コワンチョウ**，**ハンチョウ**などに立地。
インド	綿織物の歴史は古いが，イギリスの植民地政策のもとで一時衰退。しかし現在は世界有数の綿工業国で，**ムンバイ**，**アーメダーバード**，**ハイデラバード**，**ショラープル**，**デリー**などの生産が多い。ジュート産地に近い**コルカタ**には**ジュート工業**が立地。
フランス・ベルギー	フランドル地方には**リール**(フランス)，**ヘント**，**ブルッヘ**(ベルギー)など，古くから羊毛工業が立地。リヨンには絹織物業。
イタリア	綿工業は**トリノ**，絹織物業はトリノ，**ミラノ**で発達。
日　本	綿工業はかつての中心，大阪南部は減少し，**名古屋**，**浜松**が中心。羊毛工業は**尾西地方**(**尾西**，**一宮**)。絹工業の製糸業はかつては諏訪，絹織物業は桐生，金沢，福井，京都などに立地。

トピック　旅客機の機体にも炭素繊維

炭素繊維は強度と弾性が高く，耐熱性や低熱膨張率などに優れる。最新鋭の中型旅客機であるボーイング787型機(→p.140 ②)には，機体重量の半分以上に炭素繊維強化プラスチックが使われている。これにより，機体の軽量化，燃料効率の上昇，二酸化炭素排出量の削減が期待されている。この炭素繊維は，日本企業である東レが供給している。

8　金属工業—鉄鋼業・アルミニウム工業—

1 鉄鋼業の歴史

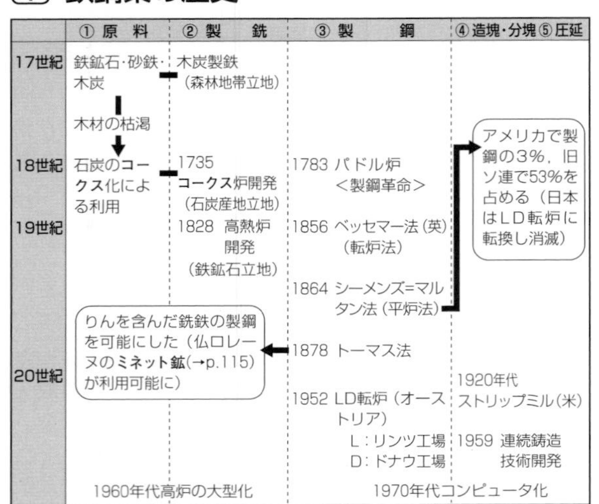

近代の**製鉄業**は，コークス炉の開発にはじまり，19世紀後半の製鋼革命をへて，最も重要な素材産業となってきた。第二次世界大戦後，高炉の大型化，LD転炉，連続鋳造，コンピュータ化などをいち早く導入した日本は，世界一の生産性を誇る一方，アメリカ，イギリスなどは設備投資による近代化が遅れたために競争力を失った。

2 鉄鋼ができるまで

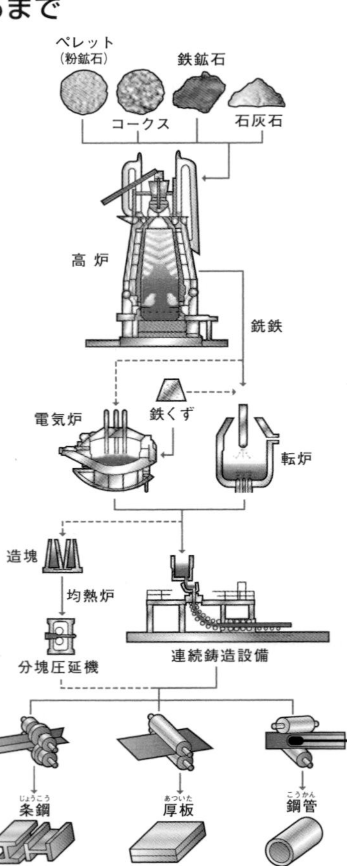

①原料
鉄の原料は鉄鉱石だが，これを溶かして鉄分を取り出すため，コークスや石灰石なども必要となる。

②製銑（せいせん）
高炉に原料を投入すると，鉄鉱石は還元され高温の銑鉄が取り出される。銑鉄は炭素分が多く含むため，硬くてもろい。

③製鋼
銑鉄と少量の鉄くずを投入して炭素分や不純物を除き，鋼にする。転炉が主流だが，電気炉も用いられる。

④連続鋳造
かつては溶鋼から造塊，分塊圧延という工程を行っていたが，現在は溶鋼から直接，半製品に固められる連続鋳造を行い，効率化がはかられている。

⑤圧延
鋳造された鋼片を押しのばして製品の形にする。こうしてできた鋼材は，自動車や電気製品，ビルの建材などに使われる。

3 世界の鉄鋼業の動向

近代鉄鋼生産は，当初イギリスで発展したが，20世紀初頭にはアメリカ・ドイツが中心となった。第二次世界大戦後，日本とソ連が急激に発展した。とくに，日本は粗鋼生産で世界一になるまでにいたったが，近年は中国の生産が著しく急増している。鉄鋼業では銑鉄がつくられる高炉が最も重要な生産設備になるが，2000年以降，中国の高炉建設が際立って多くなっている。

日本の鉄鋼業は1901年に官営の八幡（やはた）製鐵所が操業をはじめて以降，戦前と戦後の基幹産業として発展した。一時期，輸出不振や新興国の台頭で低迷が続いたが，大幅な合理化と業界再編で，近年は国際競争力が再び高まっている。

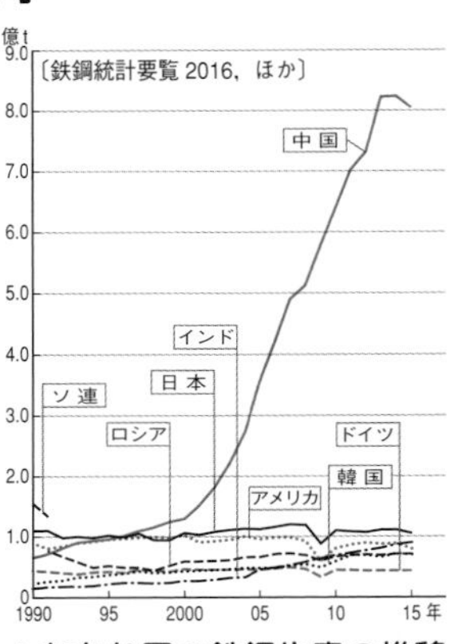

▲おもな国の鉄鋼生産の推移

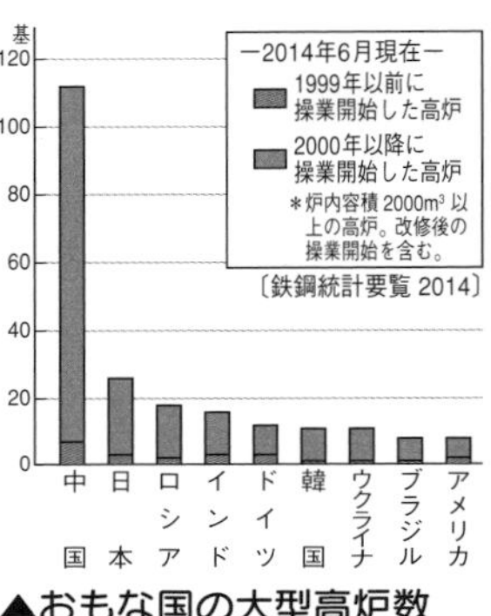

▲おもな国の大型高炉数

4 再編が進む鉄鋼業界

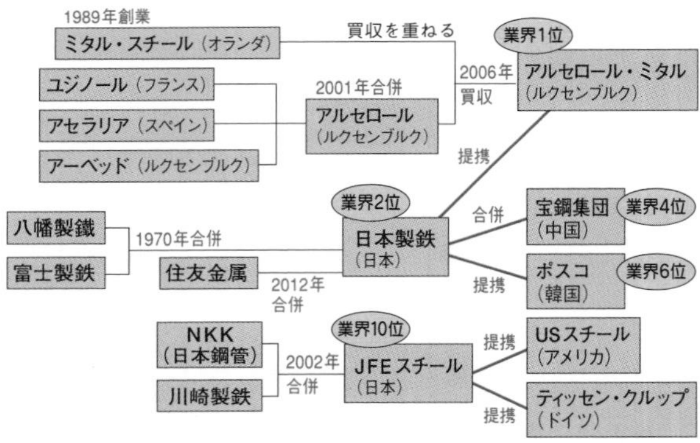

近年，鉄鋼業界は企業の吸収・合併が続き，再編が進んでいる。鉄鋼業は大規模な生産設備が必要なため，設備投資も巨額となる。新興国などの工業化に伴い，鉄鋼の需要が急増した。その結果，これまでの企業規模では設備投資を続けていくのが難しくなり，合併や提携によって規模の拡大がはかられている。鉄鋼業界はいくつかの企業グループに集約されつつあり，業界1位のアルセロール・ミタルに次いで，日本の鉄鋼メーカーである日本製鉄や，2002年にNKKと川崎製鉄が合併してできたJFEスチールなどが激しい市場競争を行っている。

5 鉄鋼業の立地

原料単位(t)（製品1tあたり使用量）	年	1901	1930	1960	1970	2000	使用量が変化した理由
	石　炭	4.0	1.5	1.0	0.8	0.8	熱効率の向上
	鉄鉱石	2.0	1.6	1.6	1.6	1.5	高品位鉱石の使用
立地の変化	石炭産地に立地 → 鉄鉱石産地にも立地 → 先進国 ── 輸入原料への依存による臨海・消費地立地　発展途上国 ── 資源立地						

▲原料の使用量の変化と立地変化

これまでの鉄鋼業は，製品よりも原料が重い重量減損原料(→p.125)のため原料産地に立地していたが，近年は表のように原料使用量の低下，国内原料の枯渇と高コスト，安価な輸入原料への依存などで消費地に近い臨海部に移った。日本では港湾部の大規模な埋立地に立地している。

▼世界の鉄鋼業立地

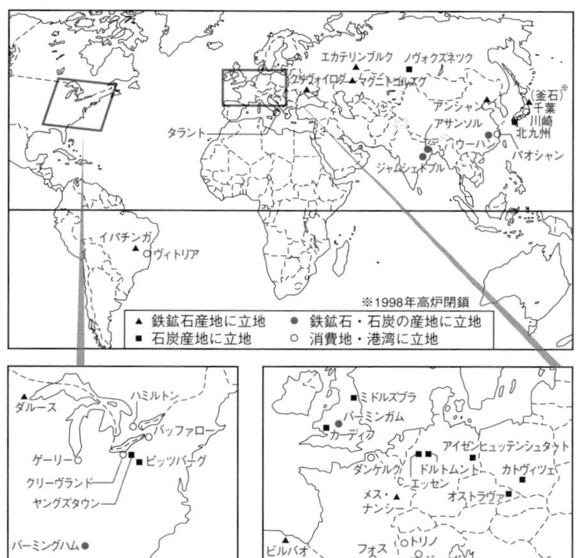

▼おもな国の鉄鋼業立地

イギリス	石炭・鉄鉱石の併存したミッドランドやランカシャーから，産炭地の南ウェールズやイングランド北東部の臨海部へ比重が移る。
フランス	炭田地帯の北部，鉄鉱石産地の**ロレーヌ地方**から，臨海の**ダンケルク**，**フォス**の大型製鉄所に移動した。
ドイツ	ルール炭田，ザール炭田を後背地にした**ルール地方**，**ザール地方**が依然として中心。オイルショック後，ルール地方の停滞が指摘されている。
イタリア	日本の技術協力で，**タラント**に臨海型大型製鉄所が立地。
アメリカ	**アパラチア炭田**，**メサビ鉄山**，ラブラドル地方の鉄山を結びつけた五大湖周辺が中心。技術革新の遅れから，低迷を続ける。
ロシアと周辺諸国	鉄鉱石と石炭の結合で，**ドネツ・ドニエプル**(ウクライナ)，**ウラル**，**クズネツク**(ロシア)などが中心。基幹産業の確保という国策から，発展してきた。しかし，設備の老朽化が激しく，生産性は低下。
中　国	鉄鉱石・石炭産地の**アンシャン**，**ウーハン**から，日本の技術協力による**パオシャン**などの臨海部に比重移る。
その他	日本などの技術協力により，最新鋭の設備を保有。低コストで近年急激に伸びている。韓国は**ポハン**，ブラジルはヴィトリア，イパチンガが中心。インドはジャムシェドプルなど。

6 アルミニウムができるまで

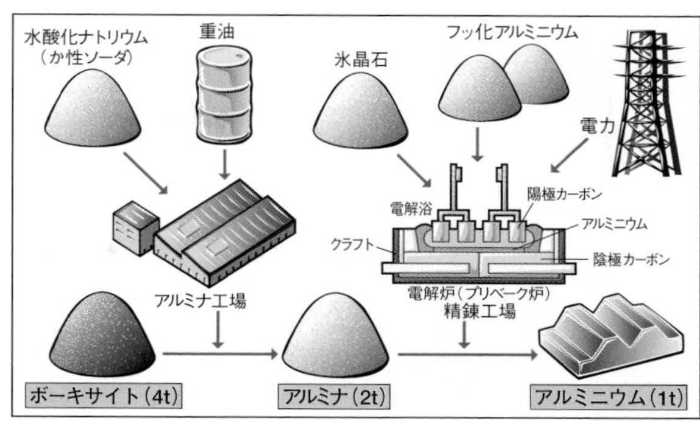

アルミニウムのおもな原料はボーキサイトである。ボーキサイトを水酸化ナトリウムに溶解させてアルミナをつくる。ボーキサイトの重量に比べて，アルミナの重量はほぼ半分になる。その後，精錬工場の電解炉において約1000℃の高温でアルミナと氷晶石やフッ化アルミニウムを電解させるとアルミニウムがつくられる。

7 世界のアルミニウム生産

アルミニウムの工業的生産が本格化したのは19世紀末のことだが，20世紀に入って急速に普及し，現在では鉄に次ぐ重要な金属材料となっている。中間製品のアルミナからアルミニウムを製造する工程で大量の電力を消費することから「電気の缶詰」とよばれている。そのため，石油危機以後，石油火力発電に依存する地域は電力料金の値上げによって競争力を失い，水力発電への依存が強まっている。日本のアルミニウム精錬は，かつては大町，喜多方，新潟，新居浜，大牟田などで生産され，最盛期には世界第3位を誇ったが，次々と閉鎖され，国内唯一の製錬拠点だった日本軽金属の蒲原製造所（静岡県）も2014年に製錬事業から撤退した。

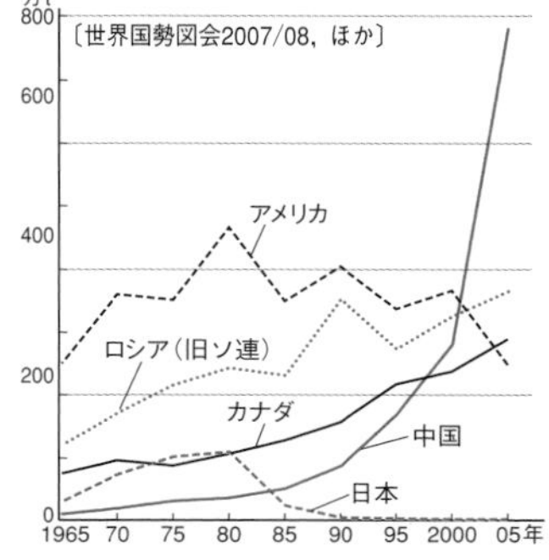

▶おもな国のアルミニウム生産の推移

8 アルミニウム工業の立地

アメリカ	TVA開発(テネシー川)に伴う**ノックスヴィル**や**アルコア**，CVA開発(コロンビア川)に伴う**スポケーン**や**タコマ**など水力発電と結びつく立地が多かった。その後，天然ガスや石油を利用するメキシコ湾岸や，石炭を利用するオハイオ河谷への立地が増えた。
カナダ	**アルヴィーダ**(ケベック州)など水力発電に依存して立地。
フランス	アルプス地方の**グルノーブル**やピレネー地方で水力発電を利用。
ロシア	サンクトペテルブルク近くの**ヴォルホフ**，ウラルの**クラスノトゥリンスク**，シベリアの**ノヴォクズネツク**，エニセイ川やアンガラ川の水力発電を利用する**クラスノヤルスク**や**ブラーツク**に立地。

9　化学工業

① 石油化学工業

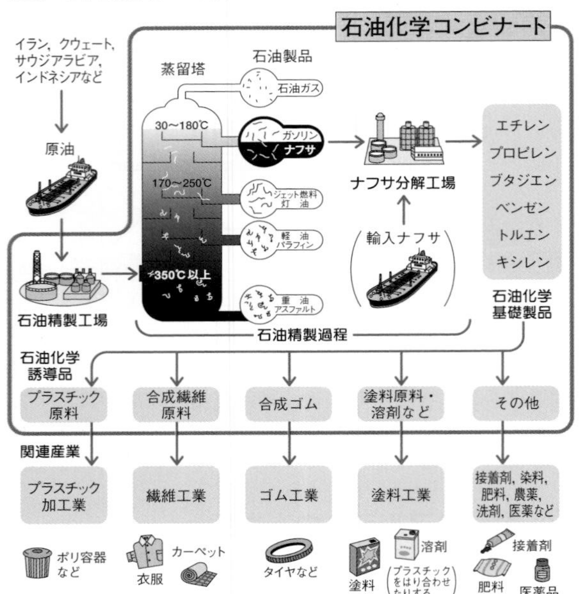

▲石油化学工業の流れ

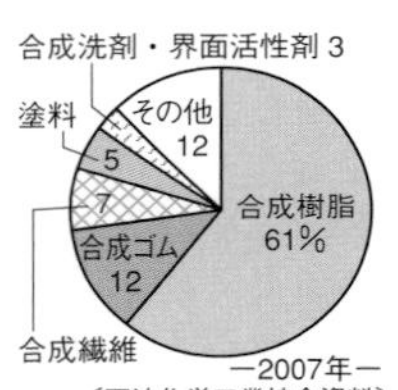

▲石油化学製品の需要

石油や石炭は高温で処理すると化学変化をおこして，多種の原料を得られる。このような工業や，得られた原料を用いてさまざまな製品を生産する工業を**化学工業**といい，とくに石油を原料とするものを**石油化学工業**という。日本の石油化学工業は，石油の輸入に便利で，広大な敷地が得られ，市場に近い太平洋ベルトの臨海部の埋立地に立地する場合が多い。また，石油化学工業の立地形態は原油を搬入して蒸留し，ナフサや燃料など石油製品を製造して出荷するまで，それぞれの工場がパイプラインでつながった**石油化学コンビナート**となっている。 参照 p.165⑤

② おもな石油化学製品の生産

ナフサ 2億4033万t（2013年）：中国 16.8%，韓国 10.2，ロシア 8.9，インド 7.1，日本 6.3，アメリカ 4.3，クウェート 3.4，ドイツ 3.3，オランダ 3.2，その他 36.5

エチレン 1億3638万t（2014年）：アメリカ 18.2%，中国 12.2，サウジアラビア 10.8，韓国 6.1，日本 4.9，カナダ 3.5，その他 44.3

ポリエチレン 6891万t（2007年）：アメリカ 21.2%，中国 9.2，韓国 5.5，日本 4.6，カナダ 4.5，その他 55.0

〔経済産業省資料，ほか〕

▲ナフサ，エチレン，ポリエチレンの生産

石油化学工業の原料である原油は蒸留され，精製される。このとき成分の比重によって，ナフサやガソリンなどの燃料，LPガスなどに分離される。そのなかでもナフサからは石油化学基礎製品としてエチレンなどがつくられ，そこからプラスチック原料のポリエステル，化学繊維，合成ゴムなどの石油化学誘導品がつくられる。

③ 石油化学工業の分布

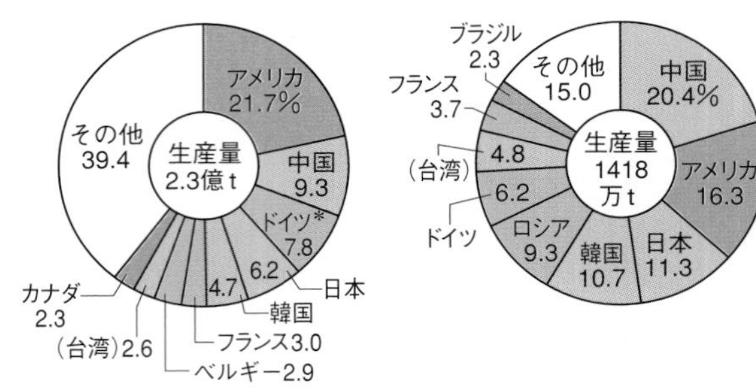

*塗料・接着剤を含む　〔日本プラスチック工業連盟資料，ほか〕

▲合成ゴムとプラスチックのおもな生産国

石油化学製品は中間財として幅広い工業原料として使われるため，石油化学工業は先進工業国で発達している。日本と同様に，多くの先進国も原料である原油を輸入に依存しているため，石油化学コンビナートの立地は海運に便利な湾岸部が中心となっている。石油化学工業の分布はアメリカ，西ヨーロッパ，東アジアが中心である。

④ 化学工業の立地

ドイツ	水運やパイプラインで河口と結ばれるライン河谷が中心。ミュンヘン地方の**インゴルシュタット**には地中海沿岸からのパイプラインが引かれ，石油精製基地を建設。
フランス	臨海部への移動が顕著。ドーヴァー海峡に面した**ダンケルク**や，マルセイユ西方の**フォス湾**，セーヌ河口の**ルアーヴル**に発達。
オランダ	ロッテルダムの**ユーロポート**には，ヨーロッパ最大規模の石油精製，石油化学工業のコンビナートが立地。
イギリス	北海油田の開発により，**ミドルズブラ**などに石油化学工業が立地。
イタリア	北部の**ミラノ**，南部の**ナポリ**に加え，南部の**クロトーネ**にも発達。
スイス	ライン川の河港の**バーゼル**に，医薬品などの化学工業が発達。
アメリカ	五大湖に近い**アクロン**は「ゴムの首都」として有名。石油化学は南部の**ヒューストン**，**ニューオーリンズ**，西部の**ロサンゼルス**など。
台湾	南部の**カオシュン**に石油化学コンビナートを建設。
韓国	南東部の**ウルサン**に石油化学コンビナートが立地。

コラム　その他の素材型工業

産業の基礎素材となる製品をつくる産業を**素材型工業**とよぶ。鉄鋼業や石油化学工業のほか，木材，パルプ・紙，窯業（ようぎょう），非鉄金属などの工業があてはまる。このうち，窯業とは粘土や石などの原料を釜で焼いて製品をつくる工業をいい，製品の種類によって陶磁器，セメント，ガラス工業などに分類される。新素材としてニューセラミックスなども開発されてきた。原料となる陶土などのめぐまれたところに立地し，日本では明治以降，代表的な輸出産業として発展した。古くから各地に特色ある窯元が存在したが，近年は出荷額が縮小傾向にある。

10 紙・パルプ工業，食品工業

① 紙の生産工程

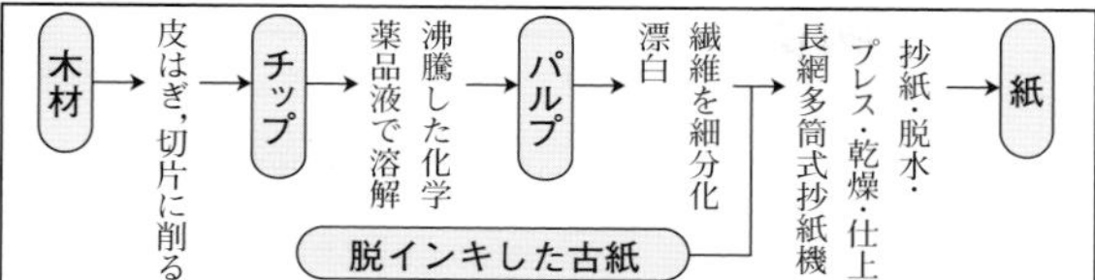

紙の原料は木材である。木材を切片に削りチップ化した後，沸騰した化学薬品液で溶解させて**パルプ**をつくる。パルプを漂白して繊維を細分化したものが紙の材料となる。紙の消費量は経済発展とともに増加の一途をたどっているが，森林伐採による環境破壊への懸念から，リサイクルへのとり組みが強化されつつある。日本の古紙の回収率は世界的に高い水準にある。

② 紙の歴史と種類

	種　類	代表的な品目	用　途
洋紙	新聞用紙		新聞紙
	印刷・情報用紙	中質紙，上質紙，アート紙，PPC用紙，コート紙	教科書，ポスター，コピー用紙，雑誌
	包装用紙	クラフト紙	包装紙，セメント袋
	衛生用紙	ティッシュペーパー	紙おむつ，ちり紙
	雑種用紙	加工原紙，グラシン紙	壁紙，紙コップ
和紙	家庭用雑種紙	書道用紙，障子紙	紙ひも，ふすま紙
板紙	段ボール原紙	ライナー，中芯原紙	段ボール箱
	白板紙	ボール紙	菓子箱，切符
	その他板紙	黄板紙，紙管原紙	表紙やテープの芯

紙の歴史は長い。古代エジプトではパピルスが使用されていたが，現在の紙は前漢時代(紀元前2世紀ごろ)に中国で発明された。印刷の発明とともに文化の普及に貢献し，紙の消費量は文明の尺度ともいわれた。現代はコピー機などOA化の進展で紙の種類が増えるとともに，リサイクル用紙など紙の材質も技術進歩がみられる。

③ パルプと紙の生産・消費

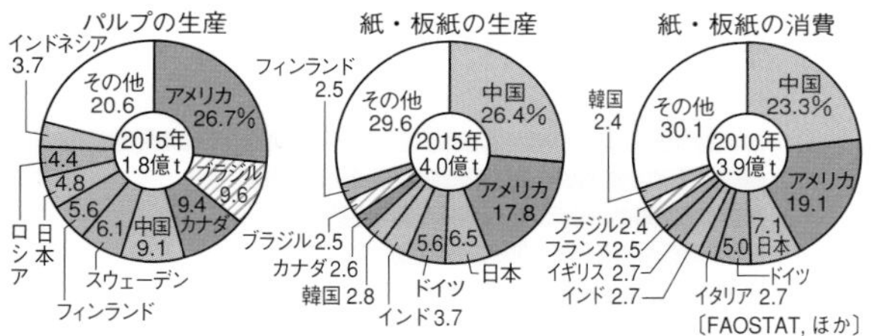

紙は大きく紙(洋紙)と板紙とに分けることができる。生産量の構成では，洋紙が全体の約60%，板紙は全体の約40%になっている。板紙は箱類などに加工して使用する。紙や板紙の材料になるパルプの消費は各国・地域の人口規模や教育水準，出版業の発展度に比例する。一方，紙とパルプの生産は大規模な消費国や木材の豊富な国で多くなっている。紙の生産量と消費量は，中国とアメリカが多く，次いで，日本，ドイツの順になっている。国民1人あたりの消費量では，ヨーロッパの国々やアメリカ，日本などの先進国が上位を占める。

④ 食品工業

	原　料	一次産品	製　品
穀物・豆	小麦	小麦粉	パン，麺類
	とうもろこし	コーンスターチ，コーン油	コーンフレーク，スナック菓子
	大豆	味噌，豆乳	味噌料理，豆腐，しょうゆ
畜産品	牛・豚	牛肉，豚肉	ハンバーグ，ハム・ソーセージ
	鶏	鶏肉，鶏卵	フライドチキン，プリン
魚介	魚	ツナ，かつおぶし	かまぼこ，はんぺん

食品工業は，原料の大部分を農業や漁業からの供給物に依存する，農林水産物の加工産業である。農産物や水産物をそのまま食すことも多いが，一次産品や製品など加工品も幅広く利用されている。食品工業は加工技術の進歩や，乾燥食品や冷凍食品を中心とする製造技術や流通経路の改善など関連技術の発達に伴って，インスタント食品など加工品の種類も増加している。

⑤ 食品工業の生産

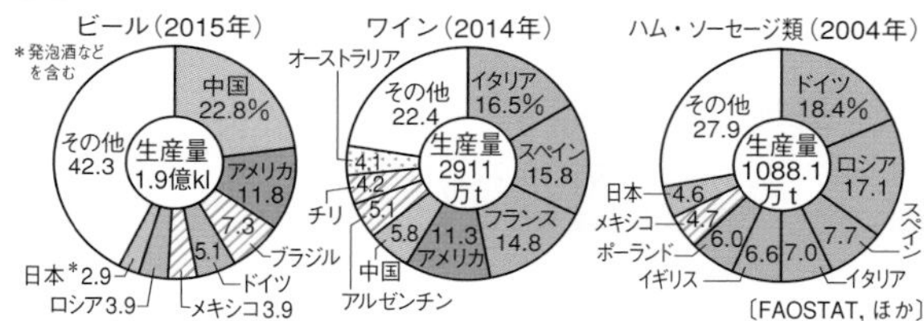

▲ビール，ワイン，ハム・ソーセージ類の生産

世界の食品工業は，その国や地域で産出される食材をもとに発展する場合が多い。ワインはフランスやイタリアなど，原料であるぶどうの産地で生産される。ハム・ソーセージ類は豚の頭数の多い国で生産が多い。日本の食品工業は世界有数の多様性をもつが，国内農業を保護するため割高な国産原料を使う場合が多い。日本料理に欠かせない魚介類などは近年，輸入の割合が高まっている。

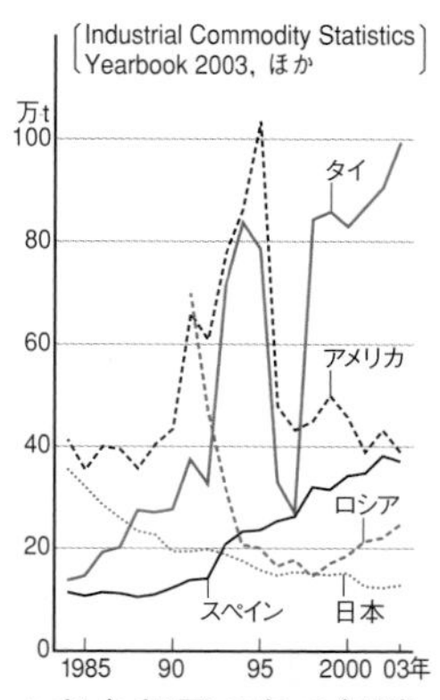

▲おもな国の魚の缶詰生産の推移

トピック 食品工業の成長 参照 p.99「トピック」

食生活の変化に伴って，冷凍食品やレトルト食品の市場が拡大してきており，また海外からの輸入の増大も著しい。核家族化や単身世帯の増加などから，外食のほか，惣菜などを買って帰り，家で食事をする中食(なかしょく)など，食品工業の裾野は広がっている。他方，安全でおいしい食品への志向が高まっている。原産地や素材の明記など食材のトレーサビリティや食品の流通過程を含めた品質管理の徹底に対して，消費者のニーズは高まりつつある。

11 機械工業1 ―構成・動向・一般機械―

① 機械工業の構成

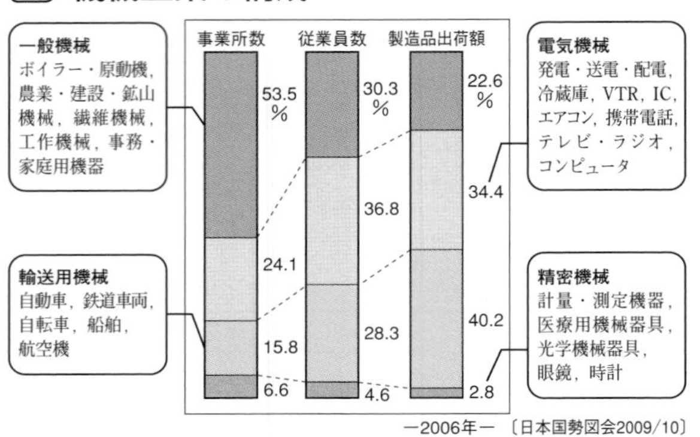

▲日本の機械工業の内訳

機械工業は，金属・プラスチックなどの素材を部品に加工し，製品として組み立てる加工組立型工業である。機械工業は，一般機械，電気機械，輸送用機械，精密機械，兵器からなる。製造品出荷額では，自動車などの輸送用機械やテレビやパソコンなどの電気機械の比率が7割以上を占める。

② 機械工業の動向

第二次世界大戦以前には産業用・軍事用としての側面が重視されたが，戦後は家庭用電気機器や乗用車などの耐久消費財の普及とともに成長し，技術革新の中心となってきた。また，機械工業は一国の工業技術の水準を示す部門である。

日本の機械工業は機械類の輸出額が増加しており，強い国際競争力をもつ。近年は中国の台頭がめざましい。

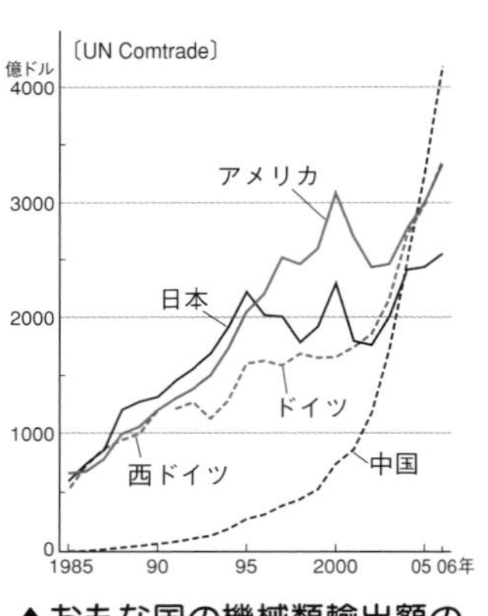

▲おもな国の機械類輸出額の推移

③ 機械工業の国際分業

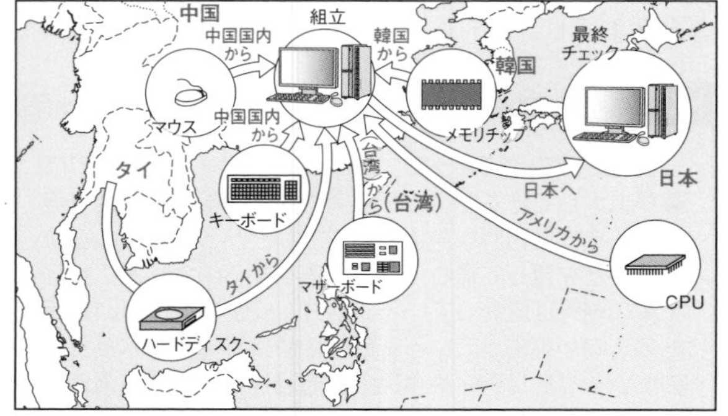

▲1台のパソコンができるまで

④ 工作機械

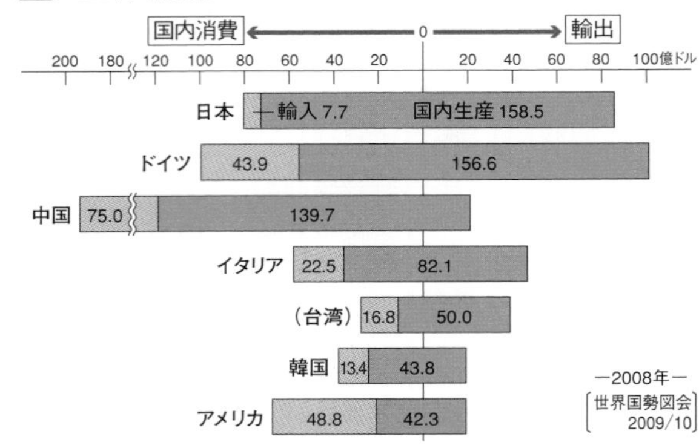

▲おもな国の工作機械の生産・消費・輸出・輸入

工作機械はほかの機械を製造するための機械であり，「マザーマシン」ともよばれる。このため，工作機械の技術水準が機械類の品質・性能や生産性を大きく左右し，ひいては一国の産業・生活・軍事力を規定するほどの大きな役割を果たす。したがって各国とも，工作機械を重要な戦略産業と位置づけている。近年では工作機械とエレクトロニクス技術が融合し，FMSやFAなどのメカトロニクス化が進展している。

NC工作機械	数値制御(Numerical Control)機能により，入力したデータに合わせた加工をする工作機。
MC(マシニングセンター)	複数の工具を交換しながら，数多くの作業工程を自動的に行う複合NC工作機械。
FMS(フレキシブルマニファクチュアリングシステム)	機械の加工や組立を，NC・MCを取り入れて自動化し，無人搬送車や自動倉庫と結びつけて，多品種少量生産に柔軟に(フレキシブル)対応するシステム。
CAD，CAM	コンピュータを利用した設計(CAD)，製造(CAM)。
FA(ファクトリーオートメーション)	上記のような機器を導入した工場の自動化のこと。

▲生産の自動化に関する用語

⑤ 産業用ロボット

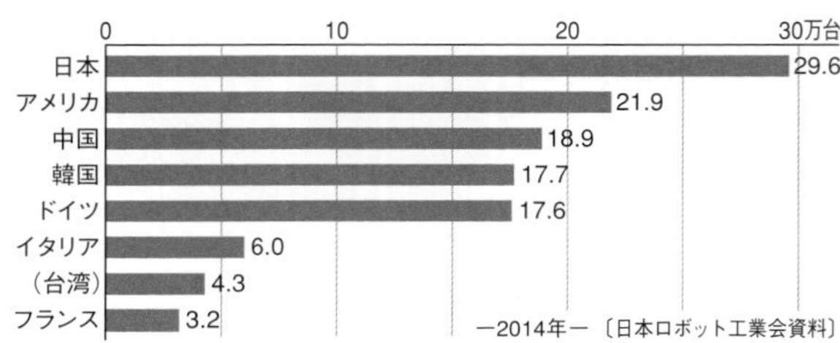

▲産業用ロボットの稼働台数(上位8か国・地域)

産業用ロボットは，自動車，電気機械産業を中心に導入され，溶接・切削・塗装・組立作業を担う場合が多い。日本は産業用ロボットの導入に積極的で，欧米諸国に比べて普及率が極めて高い。産業用ロボットの導入には初期投資がかかる一方，人件費を減らせるメリットが大きい。現代の工業では，産業用ロボットとコンピュータが融合して生産ラインの自動化がいっそう進んでいる。

12 機械工業 2 ー自動車工業ー

① 自動車工業の発展

年	日本を中心としたおもな出来事
1885	ダイムラー(独)，ガソリンエンジン二輪車を完成
1907	国産車第１号車完成
08	フォード(米)，流れ作業によりT型を大量生産（→p.124 ③）
47	国産車の生産再開 自動車産業の育成
66	自動車の排ガス規制 公害・安全対策
81	対米乗用車の輸出自主規制 貿易摩擦により現地生産はじまる
2005	現地生産台数が国内生産台数を上回る

年	生産台数(千台)
1880	
90	
1900	10
10	255
20	2,383
30	4,135
40	4,901
50	10,577
60	16,488
70	29,267
80	38,495
90	48,885
2000	58,946
07	72,318

19世紀末にドイツで誕生した**自動車工業**は，20世紀に急速に発展した。自動車工業は現代の代表的な産業である。流れ作業方式による大量生産と，大衆市場を対象とすることが特徴である。近年は，ガソリンの消費による二酸化炭素の排出が問題視され，排ガス規制や新たな燃料を用いる自動車の開発など，環境にやさしい産業への転換が急ピッチで進んでいる。

② 世界の自動車生産

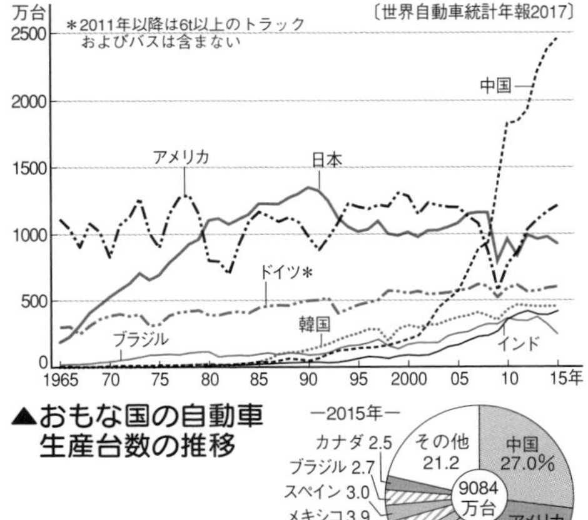

▲おもな国の自動車生産台数の推移

▶自動車の生産国
〔世界自動車統計年報2017〕

日本においては高度経済成長期に**モータリゼーション**が本格化し，小型車を中心に世界市場へ進出，自動車大国の一つとなった。世界の自動車生産は，1980年に日本がアメリカを追い抜いて以後，日本とアメリカが２大生産国として独走してきたが，近年は中国の伸びが著しい。一方で日本とアメリカの生産は減少しており，韓国やインド，ブラジルなど新興国が追いあげる状況となっている。

③ 自動車生産の流れ

自動車は約3万点の部品を組み立てる総合組立工業であり，それらの部品はそれぞれが各種工業の製品である。そのため，自動車工業は幅広い関連部品工業から成り立っており，企業内分業だけでなく企業間関係も複雑になっている。部品の多くは，それぞれ系列化された会社の工場で生産されており，下請企業が数多く関わっている。部品の取引関係は完成車メーカーである親会社を頂点として，1次下請や2次以下の下請まで階層性が特徴となっている。

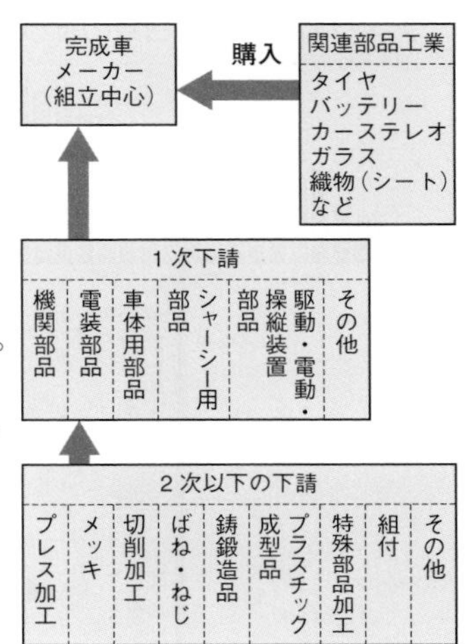

④ 自動車の国際分業

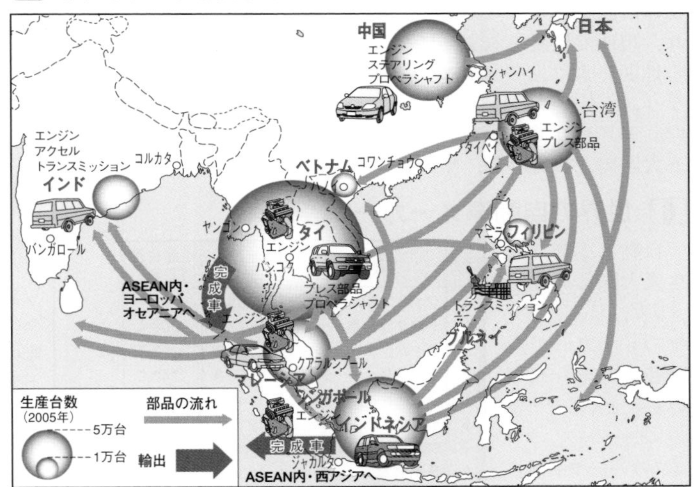

▲トヨタ自動車のアジアでの国際分業体制

自動車工業は，ベルトコンベアを利用したライン方式で生産されており，産業用ロボットなども数多く利用されている。一方で，組立作業に人手がかかるなど，装置型産業と労働集約的産業の両面の特徴を併せもつ。日本の自動車工業は輸出の増加にともない貿易摩擦が問題とされたことを背景に，1980年代から積極的に海外に進出し，車種別の製品間分業やさまざまな部品の生産を各国・地域で分担する工程間分業が進展している。近年はアジアにおける国際分業が深化し，タイや中国などの役割が増している。

コラム　自動車工業特有の企業間関係

自動車は多くの部品から成り立ち，部品はいくつもの下請工場で生産されている。部品の生産では，在庫や品質，原価の管理が厳しく統制されるため，親会社との結びつきが強く，完成車メーカーごとで系列化されてきた。自動車は約2～5年単位でモデルチェンジが行われるため，取引関係も長期的なものになりやすい。しかし近年では，国際競争の激化から長期的な系列関係が見直しされ，半導体部品の車載比率の上昇もあり，これまでの企業間関係が変化してきている。

(5) 海外生産の増加

▶日本の自動車メーカーのアメリカでの生産台数の推移
〔日本自動車工業会資料〕

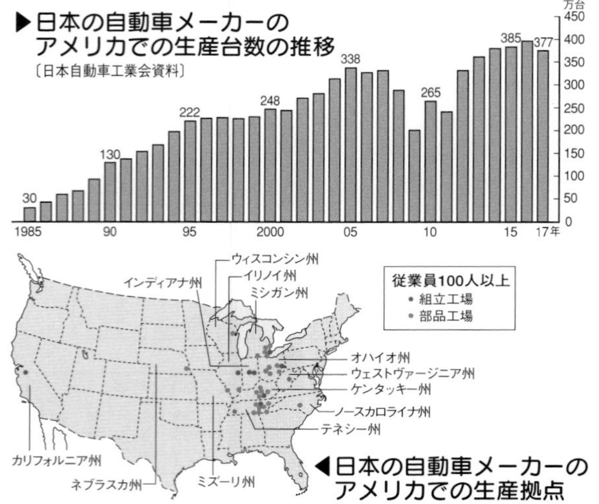

◀日本の自動車メーカーのアメリカでの生産拠点

トヨタやホンダをはじめ日本の自動車会社は，円高対策や貿易摩擦解消を目的にアメリカなどに進出した。当初は部品も日本から輸入したが，現地での調達が求められ，現地で生産するようになった。このような海外生産の進展により，アメリカの自動車生産が再び世界1位となり，日本では「産業の空洞化」(→p.163)の一因ともなった。アメリカでの現地生産は，労働組合の組織率が高い五大湖周辺を避けた，やや南部よりの地域が多い。

(6) 世界の自動車メーカー

自動車工業では，生産大国であるアメリカ，日本，ドイツのメーカーが国際競争力をもっている。とくにゼネラル・モーターズ，クライスラー，フォードの3社は「ビッグスリー」とよばれ，アメリカ自動車工業の象徴的な存在であった。近年は，日本のトヨタをはじめ躍進するメーカーと停滞するメーカーに二分され，環境規制の高まりや新技術への研究開発投資の増加などを背景にして，規模の拡大を目的とした国際的な合併や提携が増えている。

順位	会社名	売上高（億ドル）	生産台数（万台）
1	フォルクスワーゲン	2685.7	987.2
2	**トヨタ自動車**	2477.0	1008.4
3	ダイムラー	1722.8	213.5
4	ゼネラル・モーターズ	1559.3	748.6
5	フォード	1440.8	639.6
6	**ホンダ**	1212.2	454.4
7	BMW	1066.5	228.0
8	**日産自動車**	1034.6	517.0
9	上海汽車	1022.5	226.1
10	ヒュンダイ	847.7	798.8

—2015年—〔FORTUNE GLOBAL 500，ほか〕
▲おもな自動車メーカー

▼おもな自動車メーカーの提携関係

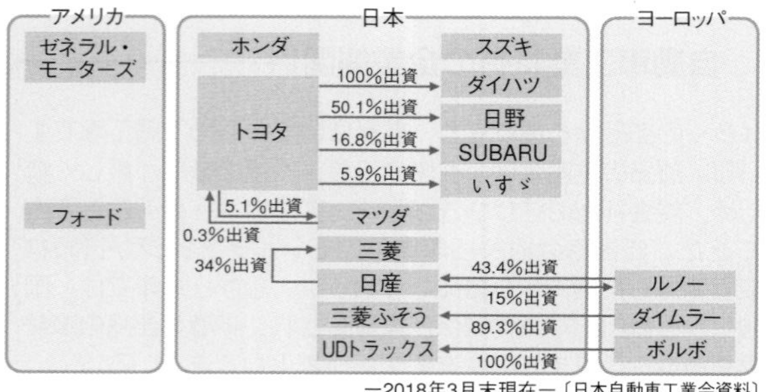

—2018年3月末現在—〔日本自動車工業会資料〕

(7) 国により異なる自動車メーカーのシェア

アメリカ 425万台：GM 20.3%，ホンダ 16.1，トヨタ 14.5，フォード 11.4，日産 10.9，ヒュンダイ 9.4，FCA[*1] 6.2，その他 11.2
イギリス 153万台：日産32.7%，ランドローバー 24.5，BMW 11.7，トヨタ 11.3，ホンダ 8.0，その他 11.8
ドイツ 560万台：フォルクスワーゲン[*2] 40.2%，BMW 19.9，メルセデス・ベンツ 18.2，フォード 11.5，GM(オペル) 6.5，その他 3.7
フランス 150万台：プジョー 37.6%，シトロエン 20.6，ルノー 20.5，トヨタ 15.1，ルノーサムスン 6.2
韓国 412万台：ヒュンダイ 38.9%，キア 38.9，GM 15.1，3.7，その他 3.4
中国 1993万台：上海GM五菱[*3] 15.2%，GM 9.6，ヒュンダイ 7.0，長安汽車グループ 5.6，フォルクスワーゲン 4.8，トヨタ 4.8，日産 4.8，ホンダ 4.3，フォード 4.0，その他 39.9
ブラジル 250万台：フォルクスワーゲン 20.0%，GM 18.5，フィアット 18.4，フォード 9.8，ヒュンダイ 8.4，ルノー 8.0，トヨタ 6.4，その他 10.5

*1 クライスラーとフィアットが統合 *2 アウディを含む *3 上海汽車のグループ会社
—2014年—〔世界自動車統計年報 2016〕

▲おもな国のメーカー別乗用車生産台数の割合

アメリカ，ドイツ，日本，フランスなどの自動車生産国の市場では，それぞれのメーカーの国産車がシェアの上位にくる。他方，イギリスでは1980年代以降国産メーカーが外資系の傘下に入るなど衰退した結果，自動車市場は多国籍化した。ブラジルなどの新興国では各国の主力メーカーが激しくシェアを争っている。

トピック 今後の自動車のゆくえ

自動車の普及はわれわれの生活に多くの利便性を与えてくれたが，その一方でガソリンの燃焼による二酸化炭素の排出が地球環境を悪化させてきた。新興国における自動車市場が今後いっそう拡大することを考えると，新たな自動車の動力源の開発が急務になってきている。トヨタは1997年，世界に先駆けてエンジンと電気モーターを組み合わせたハイブリッド車「プリウス」を発売した。この技術はガソリン車から電池車へ移る過渡期の技術であるが，環境問題への関心の高さからプリウスをはじめとするハイブリッド車は先進国を中心に非常に人気が高い。現在，ハイブリッド車に続く新たなエコカーの開発が世界的に進んできており，電気自動車，燃料電池自動車などが21世紀の自動車工業の中心になると期待されている。

(8) 自動車工業の立地

国	立地
中国	チャンチュン(第一汽車・トヨタ)などから広まる。現在ではテンチンやコワンチョウなど大都市に立地。
韓国	ウルサン(ヒュンダイ)，クワンジュ(KIA)などに立地。
インド	デリー，ムンバイ，チェンナイ，コルカタなどが中心。シェアはマルチ·スズキ，タタなどが上位を占める。
アメリカ	デトロイト(ゼネラル・モーターズ，フォード，クライスラー)を中心に周辺各州に広がるが，日本メーカーの工場はテネシー州など南部にも立地。
ドイツ	ヴォルフスブルク(フォルクスワーゲン)，シュツットガルト(ベンツ)，フランクフルト(オペル)，ミュンヘン(BMW)など。
フランス	パリ周辺(ルノー，シトロエン)が中心だが，アルザス地方のベルフォール周辺(プジョー)などにも立地。
イタリア	トリノ(フィアット，ランチア)，ミラノ周辺(アルファロメオ)など北部で発達。
イギリス	コヴェントリ(ジャガーなど)は古くから自動車工業が発達。
ロシア	モスクワ，ニジニーノヴゴロド，トリヤッティなどで発達。

13 機械工業 3 －造船業－

① 船の種類

- 船舶
  - 商船
    - 旅客船
      - オーシャン・ライナー
      - クルーザー
    - 貨客船
      - フェリー
    - 貨物船
      - コンテナ船
      - RO-RO船
      - タンカー
        - オイルタンカー
        - LNG船
        - LPG船
      - バルク・キャリア
        - 鉱石専用船
        - 石炭専用船
        - 穀物専用船
      - その他専用船
  - 漁船
  - 特殊船
  - 軍艦

造船業は基幹産業の一つで，造船所の周囲には製鉄業や機械工業が集まって工業地域を形成している。近年，タンカーや貨物船は大きさよりもスピードのある船が，一方，観光業の発達で客船は大きく豪華な船が求められるようになり，造船技術の発達とともに多様化している。

② 世界の造船業

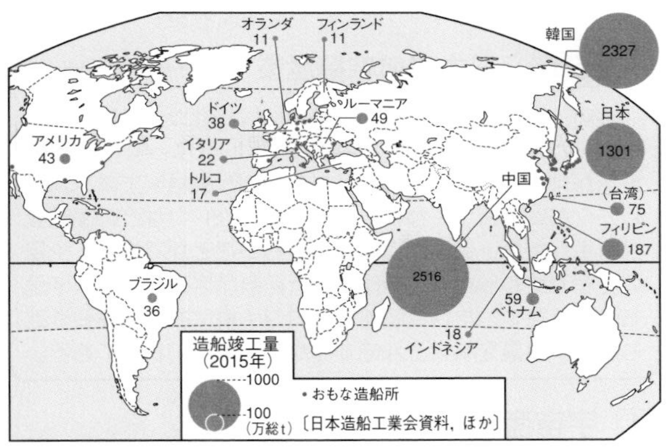

▲世界のおもな造船所と造船竣工量

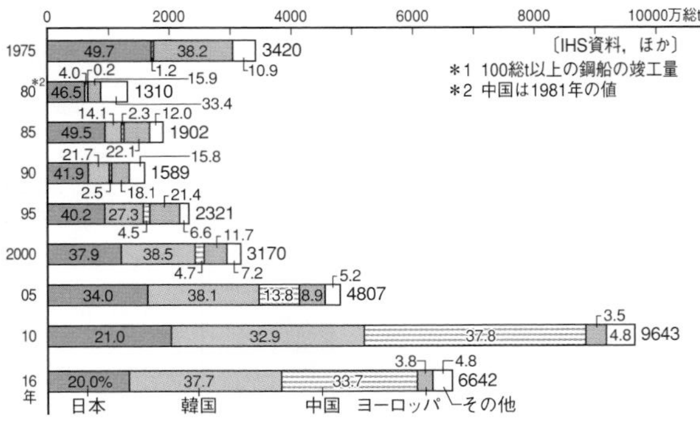

▲世界の船舶生産[*1]の変化

日本の造船業は，戦前の軍事産業の一部門として発展してきた歴史をもつ。その後，1956年にイギリスを抜いて以後，世界一の造船国としての地位を保ってきた。しかし近年は低コストを武器とする，新興生産国などとの競争が激しくなり，国内造船業の不振もあいまって，2000年前後には韓国に抜かれた。その後，中国が韓国からの技術革新を受け，現在では世界一となっている。日本，韓国，中国といった東アジアが造船業の世界的な生産地域である。

③ 日本の造船業

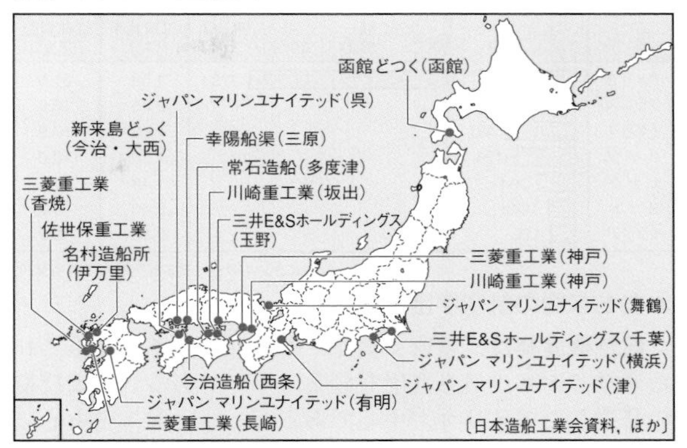

▲日本のおもな造船所

造船業は海運産業の景気動向に大きく左右される。石油危機後，輸送需要の減退により新規発注が減少，韓国などとの競争もあり国内の造船業は長く不況が続き，政府主導の設備削減が進んだ。

近年は海運産業の盛況から再び各地の造船業が活況になっているが，従業員の高齢化などの問題も深刻化している。

④ 韓国の造船業

▲船舶の輸出国

韓国の造船業は，1973年に韓国政府が重化学工業振興計画を策定したなかで，船舶の輸出により外貨獲得をはかる目的から育成がはじまった。石油危機によって日本や西ヨーロッパの造船業が不振に陥ったのと対照的に，韓国内の造船所は次々と近代化され，安価な船舶を武器に国際競争力を高めていった。現在，中国の伸びが著しいが，依然として韓国の造船業は高い生産性を有している。

トピック　ドックの再開発　参照 p.174①

船舶の製造，修理，荷役作業のために，港湾に面して建設される大規模な施設をドック（船渠〔せんきょ〕）という。先進国では，造船業の不況に伴い，ドックの削減などがこれまでたびたび行われてきた。ドックは大規模な敷地であったため，都市再開発のもとで新しい役割をもった地区へと転換が進んだ。

イギリスではテムズ川沿岸の**ドックランズ**地区の再開発が有名で，超高層ビル街や商業地区が新しく誕生した。日本では，横浜のみなとみらい地区や東京の豊洲なども大規模なドックの跡地で，ウォーターフロント再開発が行われ，住宅地区や商業地区へと転換が進んだ。

14　機械工業4 －航空機・宇宙産業－

① 航空機・宇宙産業の規模

国名	生産額（億ドル）	GDP比率（%）	従業員数（万人）
アメリカ	2284	1.32	61.0
フランス	674	2.38	18.0
イギリス	481	1.63	10.9
ドイツ	426	1.10	10.6
カナダ	264	1.48	7.6
日本	184	0.40	3.6
イタリア	176	0.85	5.2

ーおもに2014年ー〔日本航空宇宙工業会資料〕

▲おもな国の航空宇宙工業

航空機産業は，精密で軽く，耐久性の高さを要求される産業であり，最も高度な産業の一つである。先端技術の発達したアメリカが中心であるが，フランスを中心にEUでも開発がさかんである。現在ではアメリカとEUとで世界の多くの航空機を生産している。

宇宙産業は，航空機の技術にさらに知識や技術を集約した産業で，国家の安全保障から国営の場合が多い。アメリカとロシアが先端技術の開発で進んでいる。

② アメリカの航空機産業の国際分業

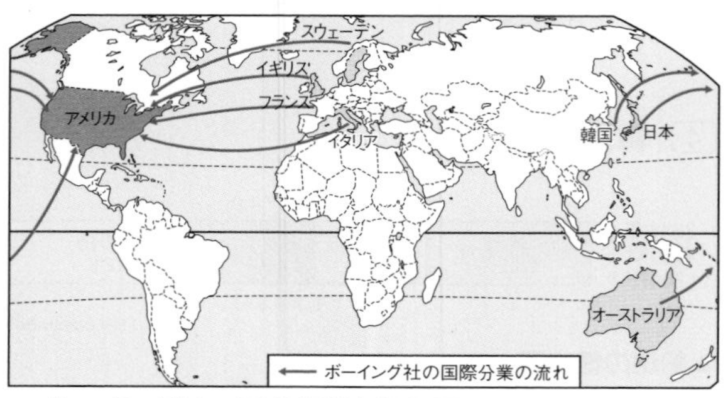

▲ボーイング社の国際分業を担う国々

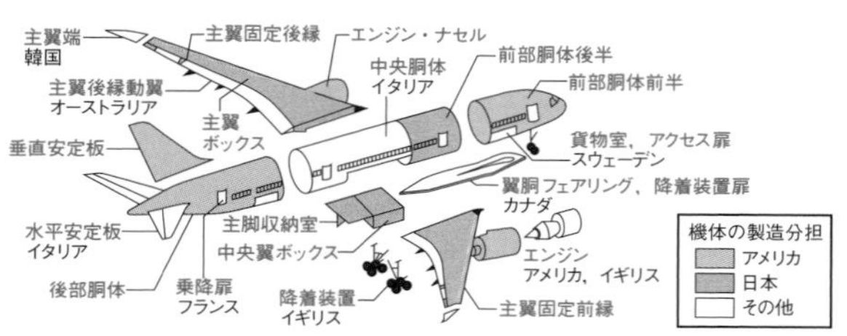

▲ボーイング787の機体製造分担

航空機産業は，高機能の素材（アルミ合金，チタン，炭素繊維），機械加工（エンジン，機体），電子制御技術など先端技術が統合された組立工業である。アメリカでは第二次世界大戦中，太平洋沿岸に軍需用として立地した。降雨量の少ない気候が屋外作業の多い航空機製造に適し，豊富な電力がアルミニウムの製造で有利であったため，発達した。

上図の航空機（ボーイング787）の製造では，多数の部品メーカーの参加による国際分業が行われている。日本，イタリア，イギリス，フランスなどから部品がアメリカへ輸出され，最終組立を行う。日本のメーカーも下請企業として関わっている。

③ ヨーロッパの航空機産業の国際分業

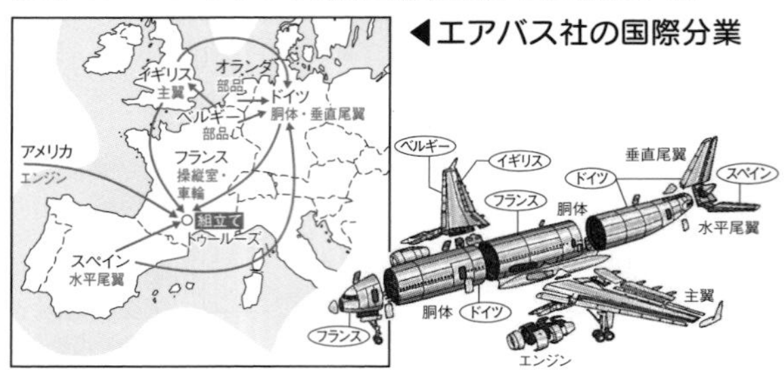

◀エアバス社の国際分業

大型旅客機の製造では，アメリカのボーイング社とEUのエアバス社の2社で寡占状態となっている。ボーイング社はアメリカのシアトルを生産の本拠地としており，エアバス社はフランスのトゥールーズが中心となっている。エアバス社の国際分業では，EU各国で生産した部品を集めて，航空機を製造している。航空輸送の発達に伴い，航空機は座席数を増やす大型化，低騒音化，省燃費化などが求められるようになってきている。

コラム　日本の航空機産業

戦前，軍需を背景にして最盛期には10社以上の航空機メーカーがあった。しかし戦後は，GHQによって航空機の製造が禁止され，優秀な設計者や技師が機械系工業へ流出して，基礎技術が失われた。その後，YS-11などの国産機が誕生したが，価格面で競争力をもつことができず，少量の生産で終わった。近年は小型近距離旅客機への参入準備も進められていたが，2020年，コロナ禍（か）における需要低迷もあり，事業を事実上凍結するなど，厳しい状況にある。

④ 宇宙産業

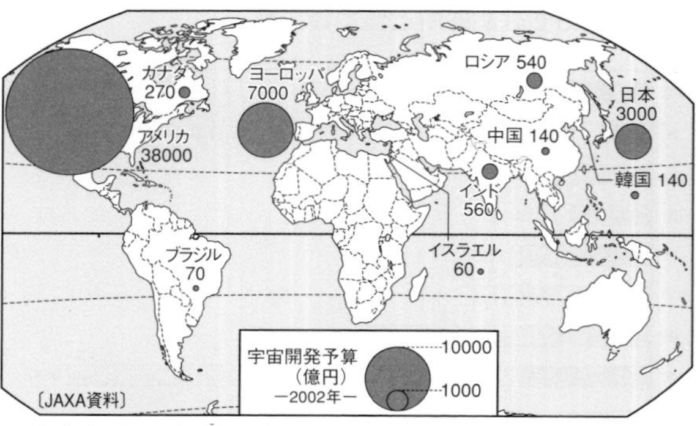

▲おもな国の宇宙開発予算規模

宇宙産業は，ロケットや衛星を製造する宇宙機器産業を中心に，それらを利用したサービスを提供する関連産業など大きな裾野の広がりをもっている。もともと宇宙は純粋な科学研究の対象であったが，現代では本格的な産業利用の時代に突入しつつある。アメリカやロシアなどは，早くから安全保障や科学技術力の向上の観点から宇宙利用を国家政策として位置づけ，ロケットの打ち上げや人工衛星の保有，有人宇宙飛行などを積極的に取り組んできた。日本も2008年に宇宙基本法が制定され，基礎研究と産業化の両面から宇宙開発を進めている。

15 機械工業 5 －電気機械工業－

① 電気機械工業の分類と動向

	分　野	おもな製品
電気機械	重電機器	発電機，変圧器，太陽光発電システム，車の電装品
	民生用電気機械	電子レンジ，エアコン，冷蔵庫，洗濯機，掃除機
	電球・電気照明器具	電球，蛍光灯，水銀灯
	電子応用装置	X線装置，VTR，ビデオカメラ，電子顕微鏡
	電気計測器	電気測定器，工業計器
	その他の電気機械	乾電池，太陽電池，磁気ディスク
情報通信	通信機器	電話機，ラジオ，テレビ，ステレオ，テープレコーダ
電子機器	電子計算機	コンピュータ，プリンタ
	電子部品	集積回路，半導体

19世紀末からの電気技術の発達によって，発電設備，モーター，電灯，通信機などが普及したことからはじまり，今日の電気機器の飛躍的な発展につながっている。とくに，コンピュータや半導体部品の普及は，いろいろな産業分野の技術革新を誘発する原動力となっている。**電気機械工業**には多様な製品が含まれ，装置型産業の特徴をもつ重電機器から電球やラジオなど身のまわりにある小型製品まで，幅広いのが特徴である。

② 世界の電気機械工業

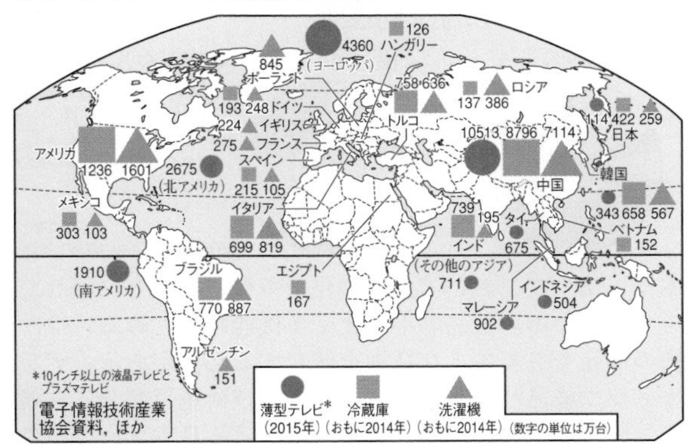

▲薄型テレビ・冷蔵庫・洗濯機の生産国

電気機械工業は大きく産業用と民生用に分けられる。コンピュータはもともと産業用機器として発達してきたが，近年は民生用の比重が大きくなるなど，用途も時代を経て多様化している。テレビ・冷蔵庫・洗濯機などの家庭用電気機械は，その国の生活や慣習に大きく影響を受けるため，先進国や途上国を問わず，現地生産化が進む傾向にある。とくに近年は，アジア各国の生活水準が向上して家電の普及率が高まっており，中国，タイ，インドネシア，インドなどで生産量が増加している。一方，先進国では，家電に多機能化や省電力化が求められ，電機メーカーによる技術開発競争が激しい。

③ 日本の電気機械工業の海外進出

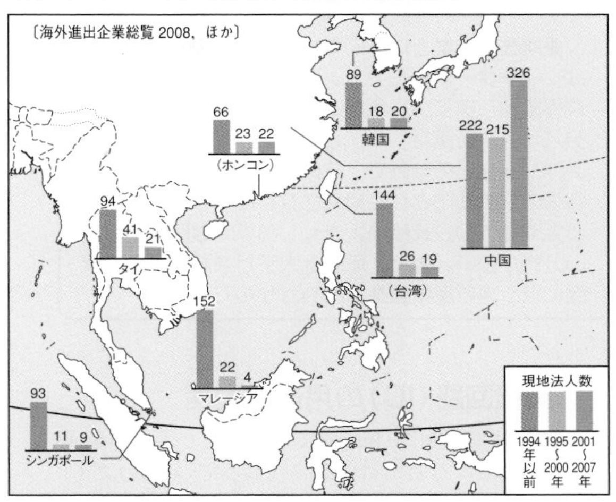

▲電気機械メーカーのアジアへの進出数の変化

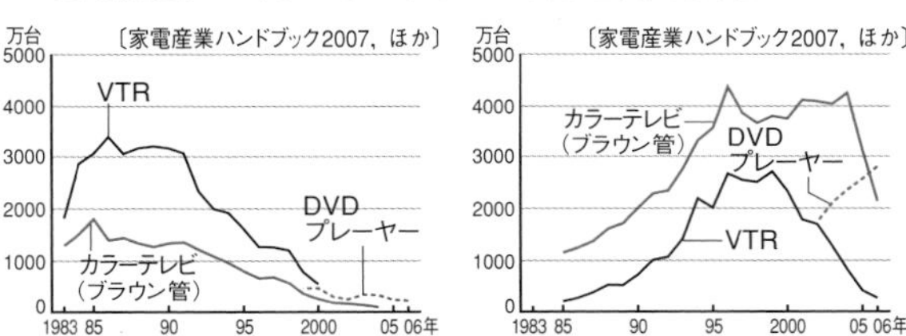

▲日本の国内生産の推移　▲日本企業の海外生産の推移

日本では自動車と並ぶ重要な工業であり，国内と海外に数多くの工場が立地している。もともと電気機械工業は，京浜工業地帯や阪神工業地帯など都市圏に集中していたが，関東内陸部や東北，九州などに分散した。円高の進展後は海外への進出が進み，国際分業が深まり，とくにアジア域内での生産が増加している。電気機械メーカーのアジアへの進出に伴って，国内の生産は減少しており，その結果，国内ではより付加価値の高い製品がつくられるようになってきている。

④ 電気機械工業の立地

中　国	中国の製造業のなかでもとくに国際競争力が高い。**チンタオ**(ハイアール社)，ホイチョウ(TCL社)などが知られる。
東南アジア	バンコクやクアラルンプールなどの輸出加工区のほか，ペナンなどの工業団地を中心に発達。
ドイツ	シーメンス社の**ミュンヘン**への本社移転をきっかけに，バイエルン州や**シュツットガルト**付近など南部に電機・電子工業が集積。
オランダ	フィリップス社の本社のある南部**アイントホーフェン**などが中心。
フランス	**パリ**周辺が中心で，国内生産の約3分の2を占める。
イギリス	**ロンドン**周辺や，**マンチェスター・リヴァプール**周辺のほか，スコットランドの**シリコングレン**(→p.155)には電子工業が集積。
アメリカ	サンノゼ周辺の**シリコンヴァレー**，ダラス中心の**シリコンプレーン**，ボストン近郊の**エレクトロニクスハイウェー**など(→p.159)。

16　先端技術産業と新しい産業

用 語　先端技術産業

先端技術産業とは，明確な定義はない。一般的には，インターネットやコンピュータなどの情報通信技術関連，デジタル家電関連，ICなどの先端的電子デバイス，新素材，バイオテクノロジー，ナノテクノロジーなどの分野で，技術革新のスピードが速く，将来の成長部門として期待される産業のことをさす。研究開発への投資額が大きく，国際的な競争の激しい分野が多い。また，産業と大学が共同で研究や開発に取り組む**産学連携**などもさかんである。

(1) 集積回路(IC)の用途と生産

半導体は集積回路(Integrated Circuit)と半導体素子に分けられる。今日では鉄鋼に代わって「産業のコメ」とよばれるなど，さまざまな工業製品に利用されている。

集積回路はおもに，計算や処理を行うロジック，情報を保存するメモリ，転換処理するアナログなどに分けられる。近年では半導体にソフトウエアを組み込んだシステムLSIなどの高度な製品も生産されている。

かつて日本は世界一の生産国であったが，近年は米国メーカーの再興や韓国，台湾メーカーの台頭がみられる。

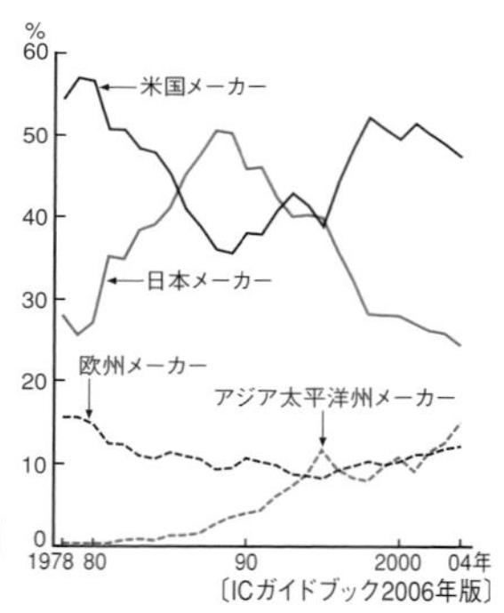

▶メーカーの国籍別IC生産の推移

(2) IC産業の立地　参照 p.126(3)(4)，165(5)

ICは小型，軽量で製品の価格は高く，生産費に占める輸送費の割合は小さい。そのため，九州や東北のように，空輸が可能であり，地価が安く，若年労働力の豊富な地域に立地しやすい。

また，技術開発の競争が激しいので，共同研究や開発が進んでおり，特定の地域に集積するのも特徴である。

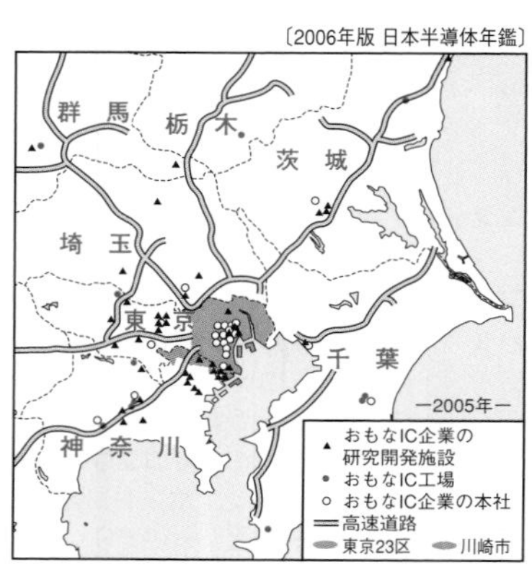

▶研究開発施設が集まる地域

(3) パソコンの生産

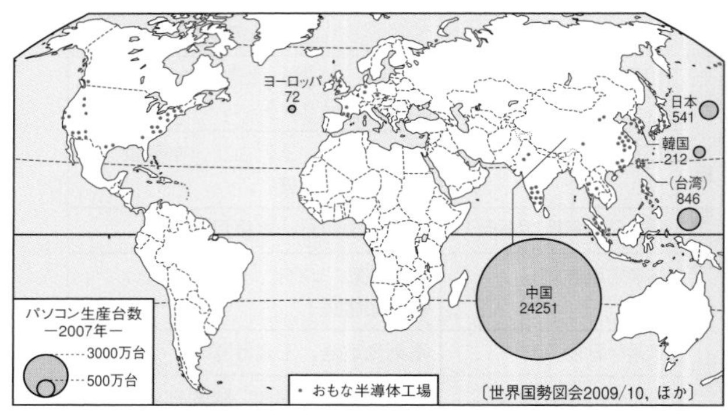

▲パソコンの生産台数と半導体工場の立地

パソコンは半導体部品のほか，ディスプレイやキーボードなど，さまざまな加工部品から構成されている。これらの部品は世界で標準化が進んでいるため，パソコン本体のメーカーが違っても，部品をつくるメーカーは同じ場合が多い。そのため，自動車のように原料を輸入して加工するような垂直分業とは異なり，相互に部品取引をする水平分業で生産されることが多い。

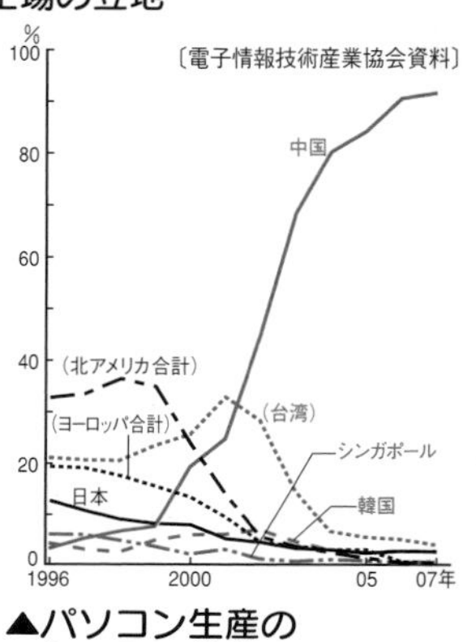

▲パソコン生産のシェアの推移

(4) 日本も強い先端技術産業

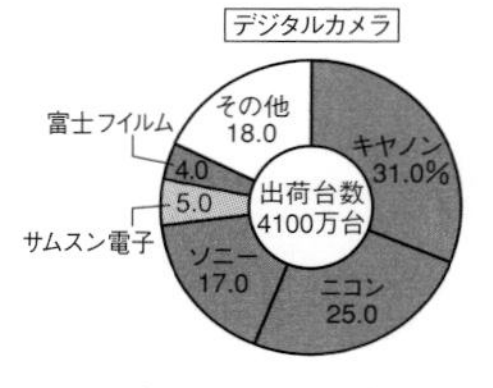

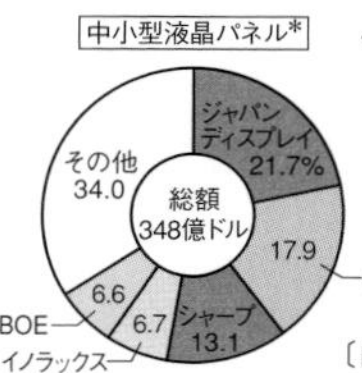

◀デジタルカメラと中小型液晶パネルの世界シェア

＊パソコン、スマートフォン向け

—2015年—
〔日経業界地図2017年版，ほか〕

日本は工業生産において，小型化や多機能化などに優れた技術をもっている。製品の小型化や多機能化を進めるには，新技術の開発やさまざまな技術を統合する必要がある。デジタルカメラや液晶パネルなどは，次々と技術革新がおこる競争の激しい製品であるが，世界市場における日本メーカーのシェアは高く，日本の「お家芸」として世界から高く評価されている。

トピック　複雑化する先端技術産業の生産

近年の工業製品はエレクトロニクス技術との融合や新技術の採用などで複雑化が進んでいる。技術開発の迅速化が求められるようになってきている一方，技術の実用化までの困難も大きい。先端技術産業の生産には専門的な知識が必要であり，社内だけでなく，社外の知識やノウハウなども有効に活用することが求められている。近年，半導体部品の使用率が高まっている自動車において，リコールや電子系トラブルが頻発するようになった理由として，工業製品が複雑化したことがあげられる。

⑤ 脱工業化から知識産業へ

前工業社会…農業など第１次産業を中心とする社会。

⇩

工業社会…第１次産業の比重が低下し，機械制の工業生産が中心となる。

⇩

脱工業社会…生産の自動化の進展などにより，直接生産にたずさわる労働者が減少する一方，情報・サービス部門の比重が高まる社会。工業の発展によって「もの」が充足され，所得や時間をスポーツ・レクリエーション・芸術・教育などに使うようになり，第３次産業が発展する。

⇩

知識社会…知識社会とは，これまでの工業社会におけるものの見方や考え方が変換し，社会や経済のさまざまな場面で知識の重要性が高まる社会をいう。第１次産業から第３次産業まで幅広い産業において，専門的で高度な知識が必要とされ，知識労働者の人口割合が高まる。

▲脱工業化から知識産業へ向けての変化

先進国の多くでは1970年代以降，脱工業社会に向けて産業構造が急速に変化しつつある。農業や鉱工業のような物財生産部門の国内生産に占める比率が減少し，知識・サービス生産部門の比率が著しく上昇している。また，情報化が進展して，知識や情報の価値が高まるとともに，ICT機器によるさまざまなネットワークが形成されてきている。

⑥ 世界の知識産業

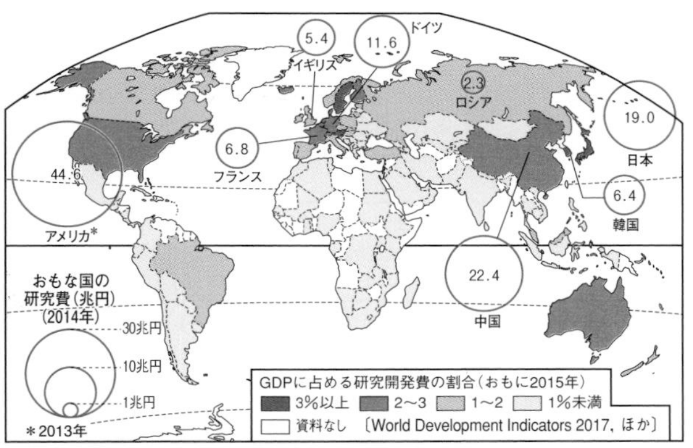

▲おもな国のGDPに占める研究開発費の割合と研究費

発見や発明，技術，ノウハウなどのような知的創造活動が生産の中心になる産業を総称して，**知識産業**という。かつて，生産は土地・労働力・資本の三要素から成り立つといわれてきたが，近年では，生産に投入する「知識」の量と質とが重要になってきている。世界の主要国では，研究開発費が上昇しており，新しい技術の開発に向けてしのぎを削っている。

工業生産において最も重要な変化は，特許権やライセンスの重要性が高まっていることである。アメリカをはじめ各国は，特許権を含めた知的財産権の保護とさらなる保有や拡大を積極的に進めており，国際競争が激しくなっている。

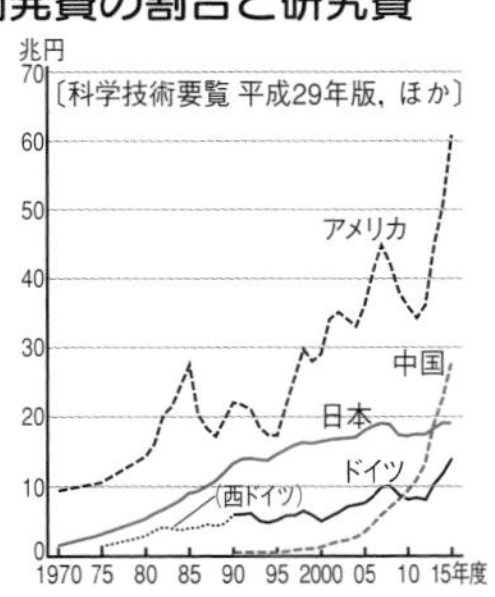

▲おもな国の研究開発費の推移

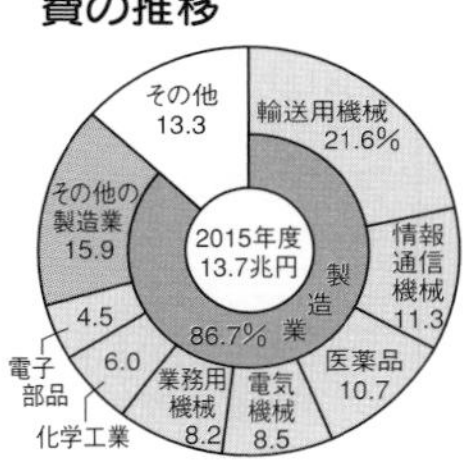

▲日本の産業別研究費の割合

⑦ 産業化が進む科学技術分野

〔内閣府資料〕

1．ライフサイエンス

遺伝子の研究などをはじめとした，生命そのものを科学する分野

⇒ 病気の予防・治療や食料問題の解決につながる

2．情報通信

インターネットなどで情報をやりとりする技術やロボット開発など

⇒ 高度情報通信社会の構築，情報・ハイテク産業の拡大につながる

3．環　境

地球温暖化対策やリサイクルシステム，クリーンエネルギーの開発など

⇒ 人の健康，生活環境の保全，人類の生存基盤の維持につながる

4．ナノテクノロジー・材料

ナノメートル(1/10億m)単位でモノをつくったり操作する技術

⇒ 幅広い分野に波及し，商品化技術の発展につながる

▲科学技術基本計画でとくに重点的に取り組む分野

産業の国際競争が激しくなるなかで，科学技術への期待は高まっている。日本では，1995年に科学技術基本法が施行され，「科学技術創造立国」として，政策からも科学技術の産業化を後押ししている。とくに，科学技術の分野が将来，大きな産業に育つことで，経済と社会の変革につながることが期待されている。

現状では，自動車のハイブリッドカーは世界的に高いシェアをもち，優位な立場にある。一方，ソフトウェアなどは世界的に劣勢であるなど，日本の産業には強みと弱みがある。

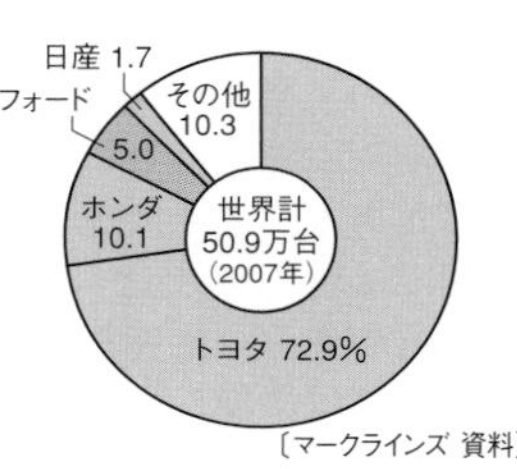

▲ハイブリッドカーの販売台数シェア

順位	会社名	売上高(億ドル)
1	IBM(米)	741
2	マイクロソフト(米)	448
3	EDS(米)	221
4	アクセンチュア(米)	197
5	ヒューレットパッカード(米)	190
6	オラクル(米)	180
7	SAP(独)	150
8	CSC(米)	149
9	キャップジェミニ(仏)	128
10	ロッキード・マーチン(米)	102

―2008年―〔世界国勢図会2009/10〕

▲世界のソフトウェアメーカー

トピック　コンテンツ産業　参照 p.165

コンテンツ産業には，映画産業・テレビ番組制作業・アニメ産業などの映像産業，音楽産業，ゲーム産業，コミックや雑誌を含めた出版産業などが含まれる。日本人特有の色彩感覚や独自のマンガ文化，厳しい目をもつ消費者の存在などを背景にして，近年，日本のコンテンツ産業は世界から注目されている。コンテンツ産業の国内立地は都市圏に集中している。デザインや開発などが中心的な機能であるが，機械工業の下請関係に類似した労働集約的な工程も数多くみられる。今後の発展には，国際的な発信力も必要になる。

1 世界の鉱工業地域

① 世界の鉱工業地域の分布

ヨーロッパでおこった近代工業は，次いでアメリカや日本に新しい工業地域を登場させた。第二次世界大戦後は，これらの先進工業国内でも，地方への分散が進んだ。1980年代以降は，アジアや中南米のNIEs*諸国の発展が著しい。またブラジルやメキシコのように，従来は鉱産資源の輸出国であった諸国でも工業化が進展している。近年は，世界最大の人口を有する中国の工業化が急速に進み，世界の工業分布にも大きな変化が生じている。

*Newly Industrializing Economiesの略。新興工業経済地域と訳される。

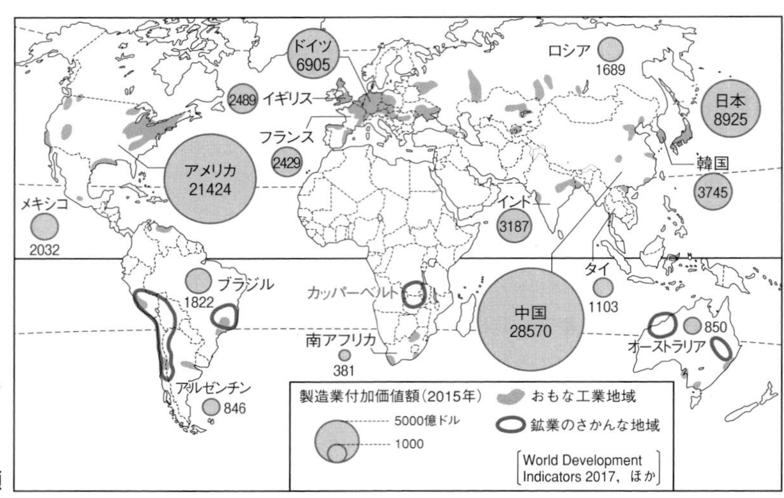

▶おもな国の製造業付加価値額

② 世界の鉱工業生産の動向

各国の工業化には，成長期や成熟期などの段階がある。多くの先進国では脱工業社会への移行が進み，生産指数の伸びは微増にとどまる一方，韓国やインドなど，新しい工業地域では急激な増加がみられる。日本は1990年以降，産業の空洞化の影響やリーマン・ショック(2008年)による不況の影響で，低迷している。

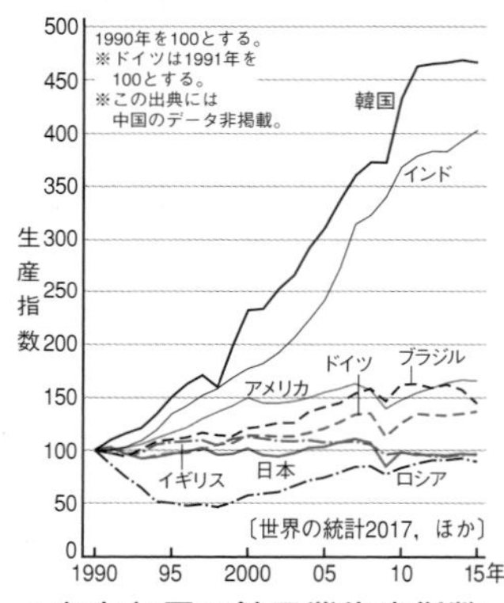

▲おもな国の鉱工業生産指数の推移

③ 地域で異なるさかんな工業

	繊維	金属	化学	紙・パルプ	食品	自動車	造船	航空機	電気機械	鉱業
東アジア	◎	◎	◎		○	◎	◎	○	◎	○
東南アジア	○				○	○			◎	○
南アジア	◎	◎			○	○			○	○
中央アジア・西アジア										◎
アフリカ	○									○
ヨーロッパ	○	○	○	○	◎	◎	○	◎	○	○
ロシア				◎	○	○			○	◎
北アメリカ	○	○	◎	◎	◎	◎	○	◎	○	○
中南アメリカ		○			○	○		○		○
オセアニア										◎

▲主要工業がさかんな地域

※ ◎：その鉱工業がとてもさかんな地域
○：その鉱工業がさかんな地域

工業生産の分布をみると，地域的なかたよりがある。これは，資源の分布や工業化の進捗度などによって生じている。世界的には，東アジア，ヨーロッパ，北アメリカが最も工業のさかんな地域になっている。

④ 世界の鉱工業地域

鉱工業地域	特　徴
東～東南アジア 日本，韓国，台湾，ホンコン，シンガポール，タイ，マレーシアなど	日本は欧米地域以外ではじめて工業化に成功。資源は少ないが，豊富な労働力を基礎として外国の技術を積極的に導入したことが成功の理由。韓国や台湾も技術や資本を導入しながら，世界市場への工業製品の輸出が急増。ASEAN諸国もこれに続く。
中　国	東北部や内陸の資源立地の工業都市のほか，沿海部に経済特区などを設定し，外国資本を積極的に導入。「世界の工場」とよばれる。
南～西アジア インド，パキスタン，サウジアラビアなど	植民地支配を脱して以来，資源と労働力を基盤として工業化が進む。西アジア諸国も石油の輸出収入への依存から脱却するために，石油化学コンビナートを建設。
アフリカ 南アフリカなど	北アフリカの石油，中央部～南部の鉱産資源の開発が中心。とくに南アフリカは希少金属の供給国として重要。
ヨーロッパ ドイツ，イギリス，フランス，イタリア，ベネルクス3国など	産業革命の母国・イギリスをはじめとして，最も早くから近代化，工業化が進む。石炭・鉄鉱石などの資源があり，各種の工業が資源立地の工業都市や大都市に集積。近年は，各国の臨海部やスペインなどの南ヨーロッパに新しい工業地域が展開。
ロシアと周辺諸国 ロシア，ウクライナなど	ロシアは世界有数の資源大国。とくに石油，天然ガスの輸出がロシア経済を牽引。そのほか，石炭・鉄鉱石・ウラン・金・プラチナ・タングステンなどが世界有数の生産を誇る。
アメリカ・カナダ アメリカ北東部～カナダ五大湖沿岸，アメリカ南部，太平洋岸	アメリカは移民の国で，熟練労働力の不足を，機械化と大量生産方式によって克服し，資源にもめぐまれていたため世界最大の工業国となる。北東部～五大湖沿岸に工業が集中していたが，南部～太平洋岸(サンベルト)に中心が移りつつある。
ラテンアメリカ メキシコ，ブラジル，アルゼンチンなど	ヨーロッパ人の進出以来，豊富な鉱産資源の供給地域として位置づけられる。近年メキシコやブラジルの工業化が進む。対外債務やインフレの問題は，2000年代に入り，解消しつつある。
オセアニア	オーストラリアを中心に，鉱産資源の供給国としての役割が大きい。

2　中国の鉱工業

①　中国の鉱工業

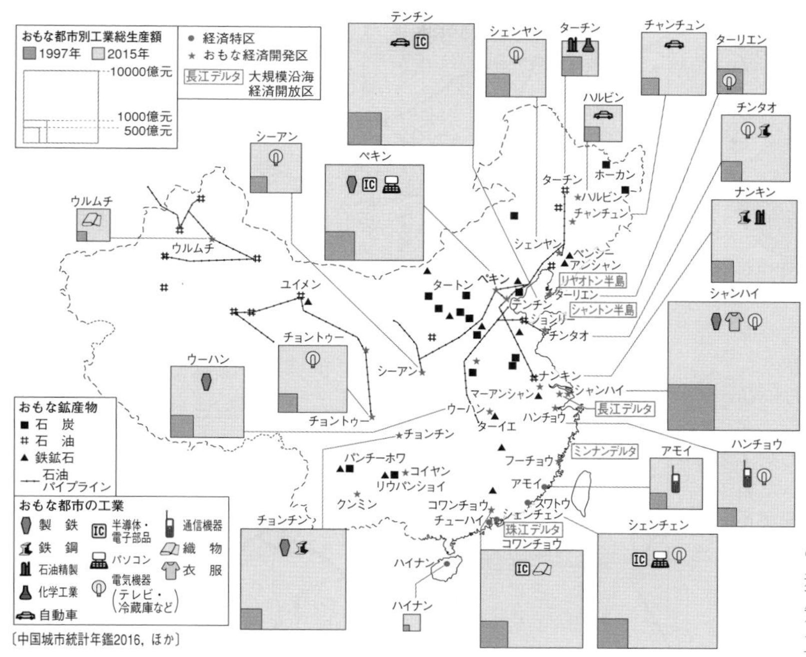

〔中国城市統計年鑑2016，ほか〕

	特　徴
東部沿海	中国工業を主導する地域で，工業生産額は全体のおよそ6割を占める。古くからの大都市や工業都市のほか，近年急速に工業化した都市もこの地域に多い。
中部	鉄鉱石などの地下資源が多く，製鉄や金属，自動車などの機械工業などがみられる。
西部	工業化が遅れていた。西部大開発により，さまざまな分野での開発が行われ，東部との経済格差の是正が進められている。
台湾	1980年代以降，北部のタイペイ近郊に，ハイテク部品を中心とする多くの電子産業が集積した。

中華人民共和国の成立後，アンシャン・パオトウ・ウーハンの三大鉄鋼基地のような原料産地を指向した，内陸立地型工業が中心であった。1978年の経済政策の転換後は，経済特区のある沿海部の工業発展が著しい。近年は，沿海部にもいくつかの産業集積がみられ，特徴ある工業地域が形成されている。

②　中国の工業生産

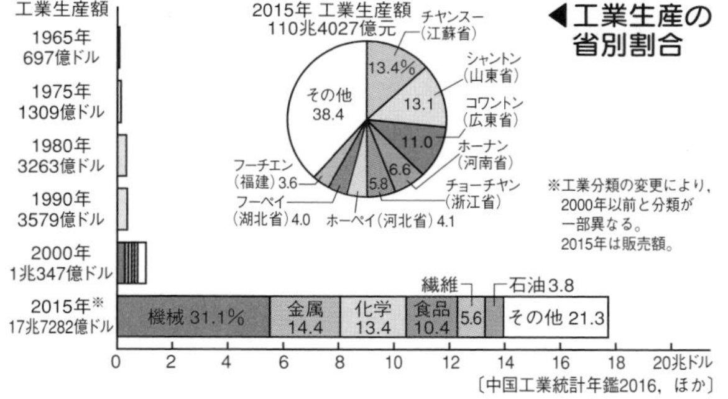

〔中国工業統計年鑑2016，ほか〕

▲工業生産の変化と内訳

中国は鉄鉱石や石炭，金属の地下資源にめぐまれ，政府の工業政策もあって，重化学工業の発展が著しい。とくに沿海部の**経済特区**や**経済技術開発区**を中心に，外国資本や豊富で安価な労働力による工業生産が伸びており，「世界の工場」と称されている。また輸出だけでなく，経済成長によって豊かになった中国国内への販売も急成長している。

しかし，都市部と農村部，沿海部と内陸部との経済格差が拡大し，これを解消するために**西部大開発**が行われている。中国の工業生産は，1978年末からの**経済改革・対外開放政策**を端緒にして，社会主義を維持しながら1993年から市場経済が導入されて以後，急速に発展している。とくに，2000年以降は機械系工業の発達が著しく，世界の工業生産の中心に躍進した。省別の工業生産ではチヤンスー(江蘇省)の比率が一番高い。

③　外資を導入して成長する中国の工業

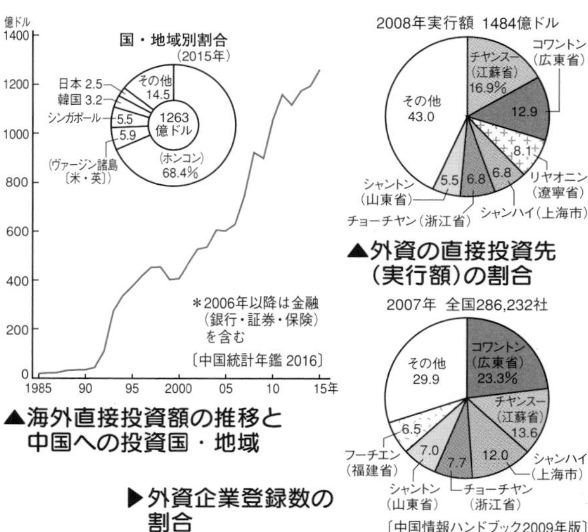

〔中国情報ハンドブック2009年版〕

1992年に，政治的には社会主義を維持しながら，経済的には市場経済への道を進むという政策が打ち出された。その後，自国産業の育成を目的に外国資本を積極的に受け入れ，中国に対する海外直接投資額は急増した。中国政府は，外資と国内企業との合弁会社の設立を求め，海外からの技術移転をはかることで工業化を進めた。その結果，中国の国内企業のなかで国際競争力をもつ企業が育ち，近年は合弁会社に関する規制が緩和されている。

4 「世界の工場」 中国

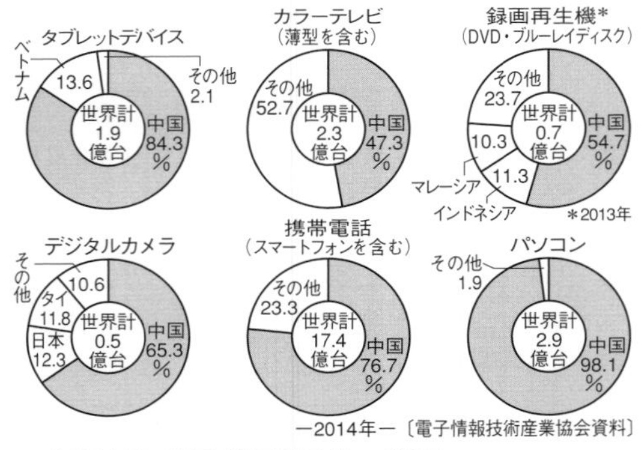

▲中国が生産量世界第1位の製品

産業革命期，イギリスは植民地から原料の加工・製品生産・輸出を一手に握り，「世界の工場」と形容された。現在は，安価な労働力にひかれた日本や欧米企業が中国沿海部を中心に進出することにより，軽工業からハイテク工業まであらゆる工場がつくられた。できあがった製品は世界中に輸出されるまでになり，中国が新たな「**世界の工場**」と形容されるようになった。工業化が進むにつれて生活水準が上がってきた中国では，電化製品などの需要が増えている。労働集約的な製造工程をもつパソコンなどで世界シェアが高いが，輸出するためだけではなく，国内市場に向けても生産される商品の世界シェアも高くなっている。

5 中国の工業と企業

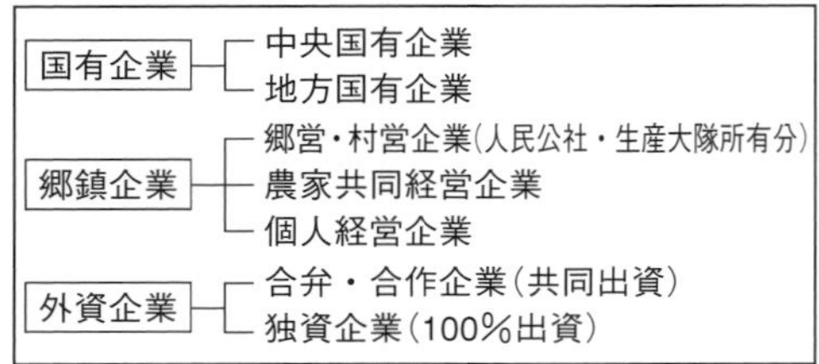

▲中国の企業の分類

中国は社会主義国であるため，資本主義国と異なる企業の形態が存在する。国有企業はかつて国営企業とよばれていたが，1992年に所有と経営の分離が定められて以後，国有企業といわれるようになった。中央国有企業と地方国有企業に分類される。**郷鎮企業**（ごうちん）とは，おもに地方の郷や鎮にある企業をさす。自治体などが経営する共同経営企業と個人企業とがある。外資企業には，合弁企業，合作企業，独資（100％外資）企業などが含まれる。

6 沿海部の工業発展と企業進出

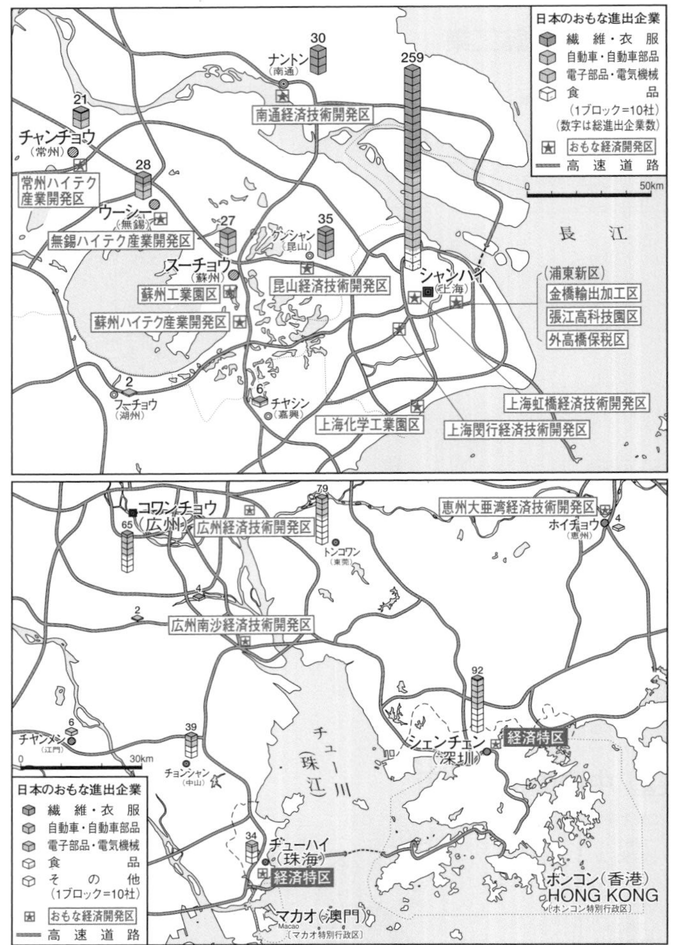

▲長江デルタ（上）とチュー川（珠江）デルタ（下）への企業進出

沿海部の工業発展は，**経済特区**と**経済技術開発区**の設置がきっかけとなっている。経済特区は，1979年と1988年に中国の改革開放政策の一環として設置された五つの経済地域（シェンチェン，チューハイ，スワトウ，アモイ，ハイナン省）で，税制上の優遇措置を与えるなどして，外国資本を積極的に導入しようとしたものである。境界線によって国内と明確に隔離されている。

一方，経済技術開発区は，1984年に指定された経済開発地域である。経済特区と同じような優遇策がとられているが，国内企業にも開放されている。また，国家による指定のものと，省による指定のものとがある。これらの工業地区の設置が周辺地域に波及効果をもたらし，大規模な貿易港の周辺に一大工業地域が形成されている。

コラム　「中国のシリコンヴァレー」シェンチェン（深圳）

シェンチェン（深圳）は中国南東部のコワントン（広東）省に位置する都市の一つで，かつては小さな地方都市に過ぎなかった。1980年に経済特区に指定されて以来，外資の導入などによって「世界の工場」とよばれる中国の工業を牽引（けんいん）し，都市人口300万あまりの大都市に成長した。近年は政府の強力な後押しによって，多くのベンチャー企業が立地するICT産業の一大中心地へと発展し，「中国のシリコンヴァレー」とよばれるまでになった。例えば，シェンチェンに立地する企業DJIは，高い技術が求められるドローンの製造台数で世界シェアの7割を超えるとされるなど，世界から注目を集める企業が生まれている。

3　朝鮮半島の鉱工業

① 朝鮮半島の鉱工業

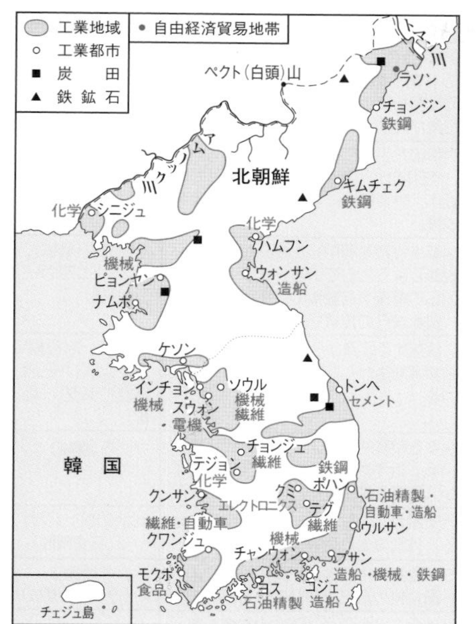

韓　国	軽工業中心から製鉄や造船などの重化学工業国へ転換した。近年は半導体などハイテク産業や自動車産業などが大きく成長している。
北朝鮮	重化学工業中心の工業が発達していたが，近年は停滞している。外資導入による回復を目指している。

朝鮮半島の両国とも，工業化は日本より遅れた。しかし韓国では，1960年代から輸出指向型の工業化政策が進められ，製鉄や自動車，造船業などの重化学工業が発展して，「**漢江**（ハンガン）**の奇跡**」とよばれる高度経済成長を達成した。最近では，携帯電話やテレビなどの家電製品が多く，中国などへ輸出されている。また，電子部品やICT関連産業も急成長している。

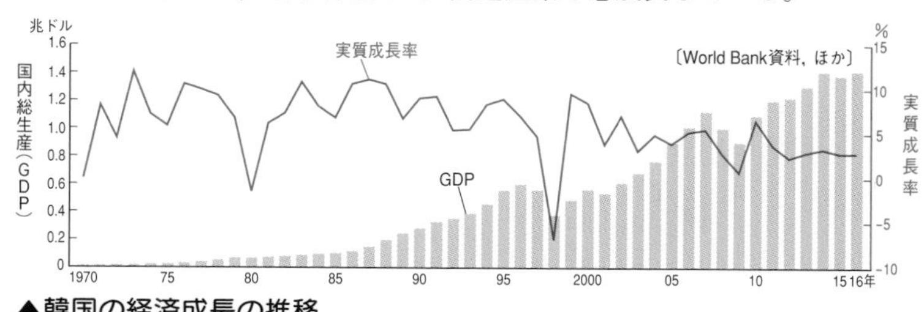

▲韓国の経済成長の推移

② 韓国の鉱工業

もともと地下資源にめぐまれない韓国は，原材料を輸入して付加価値を国内でつけて輸出する輸出指向型工業化を積極的に進めた。とくに，鉄鋼，造船，自動車，電気機械工業などで国際競争力が高まった。

韓国の造船業は，2000年に造船竣工量で世界一となり，現在も世界の4割を占めている。韓国の自動車産業は世界でも上位の生産台数を誇るが，国際的な自動車産業再編の影響で上位2社以外のメーカーは伸び悩んでいる。近年の電気機械工業はハイテク産業によってささえられ，低価格を武器にして積極的に輸出を進めている。ソウル近郊のスウォンには半導体やパソコンの工場が集まり，大量に生産され，輸出されている。右図は，かつて日本が独占していた工業製品だが，乗用車と船舶は韓国の生産が伸びて，続いて中国が追い抜いている。

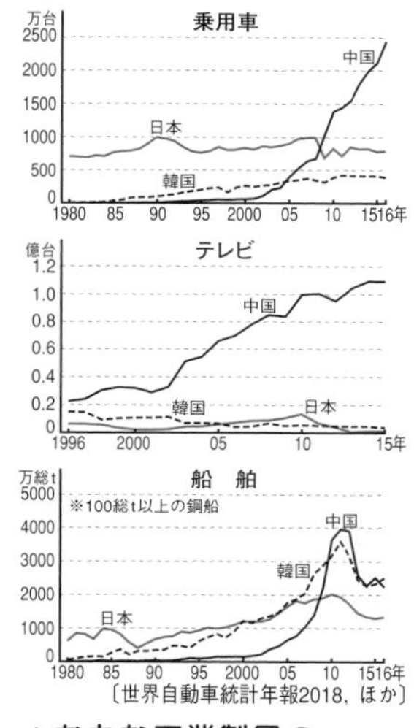

▲おもな工業製品の生産の推移

③ 韓国の財閥

韓国の産業発展は，1980年代までは国家による経済計画の主導のもとで，**財閥**系の大企業の多角化によって担われてきた。韓国の財閥の特徴は，同族で世襲の経営，複数業種への多角化，日本と異なり銀行は所有しない，などがあげられる。また歴代の政権と癒着（ゆちゃく）するなど，政治への影響力も大きかった。しかし，1997年のアジア通貨危機で韓国にIMFが介入した際，ヒュンダイグループなどに対して財閥解体が行われ，近年は財閥のあり方に変化がみられる。

サムスングループ	グループの総売上が15兆円を超える韓国最大の財閥。グループ傘下にはサムスン電子からサムスンライオンズ(球団)まであらゆる業種がある。
LGグループ	かつてはラッキー金星という名の財閥。化学工業の会社を前身とするが，現在では携帯電話やディスプレイなど電子製品の分野で大きく発展。
ヒュンダイグループ	重工業(造船)，自動車産業を中心に発展。一時は韓国最大の財閥だったが，世代交代により分裂。ヒュンダイ自動車など名前を受け継いでいる企業が多く存在。

▲おもな財閥

④ 北朝鮮の鉱工業

朝鮮戦争のころまでは，朝鮮半島の南部は農業地域であった一方，北部は鉱工業地域であった。もともと北部は石炭や鉄鉱石，タングステンなどの鉱産資源が比較的豊富な地域である。南北分断後は計画経済の失敗による設備の老朽化が目立つ。さらに，国際的な孤立からの外貨不足，電力不足，資材不足によって工業の生産能力は極めて低位にある。近年は，韓国企業が北朝鮮の企業に原材料を提供し，製品を輸入する「**委託加工貿易**」が急増している。2002年には北朝鮮南部のケソンに南北共同の工業団地「開城（ケソン）工業地区」を建設し，特区として韓国企業の誘致を進めて操業を始めたが，2016年2月に閉鎖された。(2017年，北朝鮮が単独で操業再開)

4 東南アジアの鉱工業

① 東南アジアの鉱工業

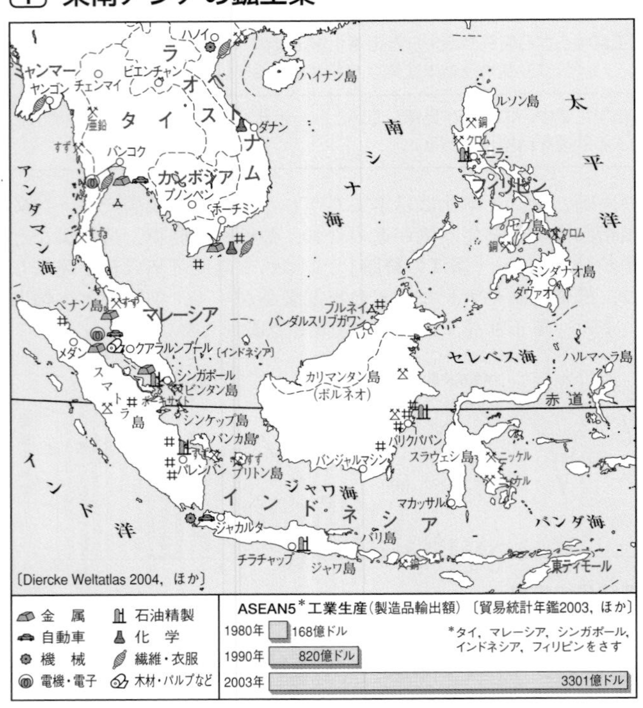

地域	特色	おもな工業都市
シンガポール	アジアNIEsの一つ。中国系住民が全体の4分の3を占め，東南アジアの金融センターの役割も果たす。ジュロン工業団地は各種工業が発達。	シンガポール（製油・電機・電子）
マレーシア	日本や韓国を手本にしたルックイースト政策で，1980年代，急速に工業力をつけてきた。近年，外資導入により電機・電子産業が急成長。	クアラルンプール（機械），ペナン（金属），クラン（電機）
タイ	豊かな農業資源を利用した食品加工業中心から脱却しようとしている。近年は，外資を導入して電機や自動車の工場が集積している。日本からの投資も急増した。	バンコク（機械），サムットプラカーン（機械）
インドネシア	石油に依存する経済からの脱却をめざして，豊富な資源を生かした工業の育成に力を入れている。	ジャカルタ（機械），パレンバン（石油精製），メダン（繊維）
フィリピン	外国資本を積極的に導入して，近代化を進めている。近年はICT産業が成長してきているが，累積債務が重くのしかかっている。	マニラ（機械）
ブルネイ	石油と天然ガスの輸出で，経済をまかなっている。外国資本に依存。	バンダルスリブガワン（石油精製）
ベトナム	ドイモイ政策による改革・開放路線によって，外国企業の進出が伸びている。	ハノイ（機械），ホーチミン（機械）
ミャンマー	市場経済化を進めるが，軍政の影響もあって，進行は遅い。	ヤンゴン（機械）
ラオス	工業は木材加工程度で，目立ったものはない。	とくになし
カンボジア	縫製業の伸びが目立つ。	とくになし

② モノカルチャー経済から工業国へ

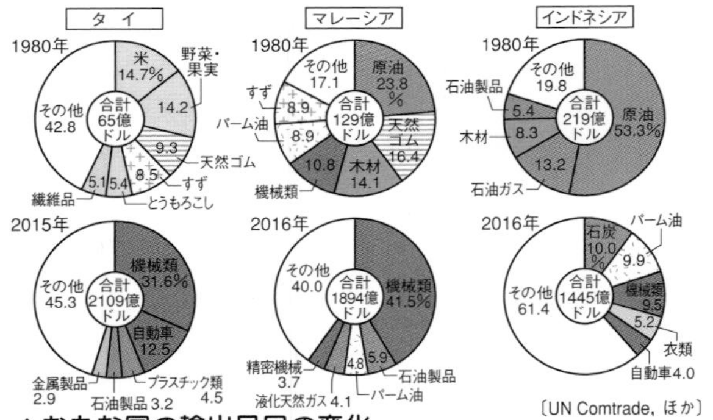

▲おもな国の輸出品目の変化

東南アジア諸国は第二次世界大戦後，特定の農産物や鉱産資源に依存する**モノカルチャー経済**から脱却するために，シンガポールを皮切りに，一様に工業化政策をとった。安価な労働力を生かして，日本をはじめとする先進国の企業を誘致する政策をとり，**輸出指向型**の工業化を進めた。

タイ，マレーシア，インドネシアの輸出品の変化をみると，1980年代は米，野菜，天然ゴム，木材などの農林産物，原油やすずなどの鉱産資源が輸出品の中心であったが，近年は機械類の輸出が大半を占めるようになった。また，工業化が進むことで**国際分業**も深まって，東南アジア域内での分業もさかんになっている。

③ 東南アジアの輸出加工区

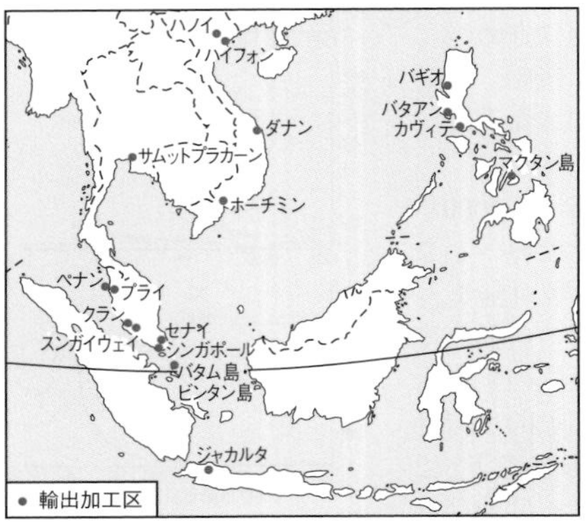

◀輸出加工区の分布

1970年代にマレーシアや台湾ではじまり，東アジアや東南アジア各国でさかんになった**輸出加工区**（EPZ）は，発展途上国の工業化を進める有効な手段として，世界90か国近くにまで拡大した。輸出加工区とは，外貨の獲得，技術の導入，雇用の増大などを目的として，外国資本の誘致をはかって，輸入関税や法人税などの税制優遇が認可されている地域をいう。日本は，近隣にある東アジアや東南アジアの国や地域に多く投資をしている。安価な労働力を生かして労働集約的な工業の工場を輸出加工区につくり，部品や製品を日本や東南アジア各国に輸出している。代表的なものとして，マレーシアのペナン島やウルクラン，タイのサムットプラカーン，シンガポールのジュロン工業団地などがあげられる。

コラム　海外企業の立地

外国資本の自動車部品工場（二輪車も含む）
日本
その他の国
おもな工業団地
高速道路
国道
鉄道
空港
ジャカルタ市

スカルノ・ハッタ空港
タンゲラン
ジャカルタ
ベカシ
カラワン
デポック
チカンペック
カラワン工業団地
インドネシア
ジャワ島
0　10km

▲カラワン工業団地

都市（国）	月額賃金（ドル）
横浜(日本)	2493
シンガポール(シンガポール)	1703
コワンチョウ(中国)	468
バンコク(タイ)	338
クアラルンプール(マレーシア)	321
ジャカルタ(インドネシア)	320
マニラ(フィリピン)	255
ホーチミン(ベトナム)	214
ビエンチャン(ラオス)	140
ヤンゴン(ミャンマー)	124

＊横浜(日本)以外は現地日系企業で調査。一般工職。
—2016年—〔ジェトロ資料〕

▲日本の進出企業(製造業)の月額賃金の比較

インドネシアは，東南アジアのなかで最も日本からの投資が多い国である。インドネシアはASEANのなかでも賃金が安く，首都ジャカルタ周辺には自動車関連産業をはじめとする日本企業の工業団地が多い。工場は，製品や原料の輸送手段となる高速道路や鉄道の付近に集中している。ジャカルタの郊外にあるカラワン工業団地は，日本の大手商社とインドネシアの現地財閥の共同出資により1995年に造成された。団地内の工場の9割が日本の関連企業であり，大手自動車工場とその関連工場が集積している。

④ 中継貿易国　シンガポール

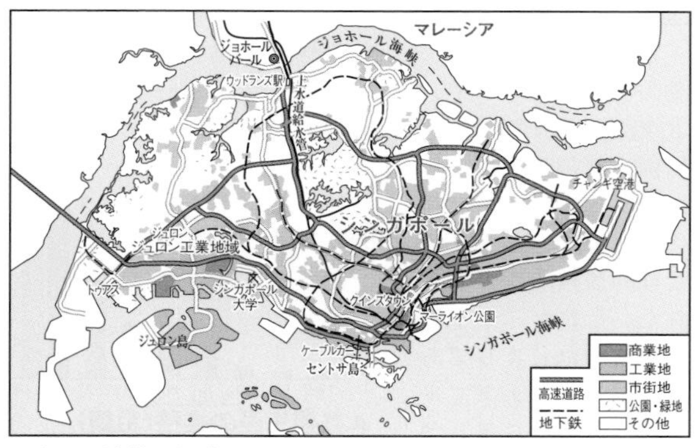

▲シンガポール島

外資に対する優遇策で，石油化学プラントや造船業の誘致で成功したシンガポールの工業は，石油危機や造船不況の波を受けて産業構造の変換にせまられた。狭い国土のなかで必然的に知識集約型のハイテク産業への移行が進められ，半導体や電子部品などの**加工貿易型**の工業国へと転換した。輸出額の大半は外国企業の現地法人が担っている。近年は，知識産業へと投資を進める一方，ASEANやアジアの世界的なハブ拠点として，金融や情報，物流などの機能を国家政策で強めている。

⑤ 企業の進出が進むマレーシア

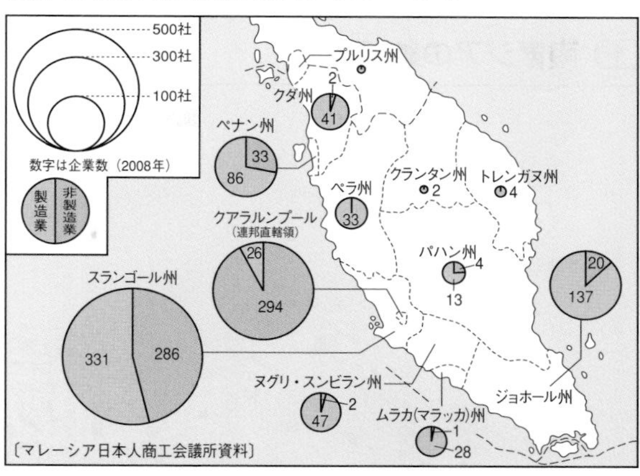

▲マレーシアに進出した日本企業の分布

マレーシアは日本や韓国をモデルにした**ルックイースト**という政策をかかげて，工業化を推進した。1987年には製造業の国内総生産が農林水産業を上回り，輸出加工区の設置などで外資導入を積極的に進めて，加工組立型機械工業などが急成長した。日本企業の進出も多く，近年では半導体をはじめとする電気・電子産業がさかんである。

しかし一方では，自動車工業では独自の国産車の生産を進めるために，国内産業の保護を進めた結果，外資の進出がタイやインドネシアに比べて遅れている。企業の進出は，首都のクアラルンプール周辺やスランゴール州で多くなっており，製造業の進出は輸出加工区の発達しているペナン島やジョホール州で増えている。

⑥ 成長が著しいベトナム

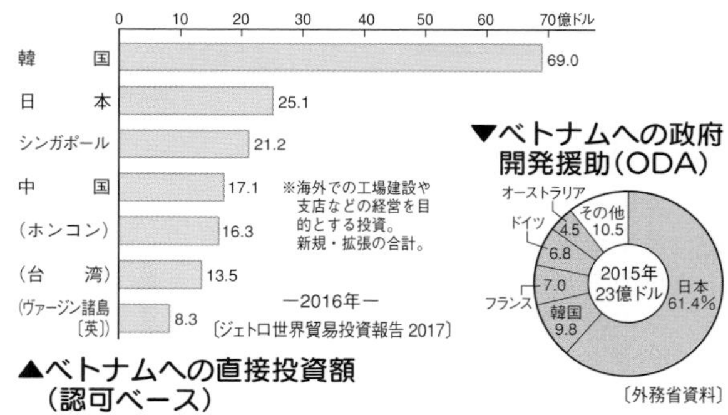

▲ベトナムへの直接投資額（認可ベース）

ベトナムは，長らく続いた独立戦争や内戦の影響で，東南アジア諸国のなかでも工業化が遅れた。1986年に社会主義型市場経済を目指して，**ドイモイ**(刷新)**政策**がはじまり改革・開放路線に転換すると，1995年にアメリカとの国交樹立，ASEANへの加盟などがきっかけとなって，急速に工業化が進んだ。

ベトナムは近年，ASEANのなかで賃金が最も低い水準にあることや，労働者の勤勉さなどが評価されている。中国への集中からリスク分散をはかるためにベトナムへ進出する企業が増えてきている。「チャイナプラスワン」として外資の進出が伸びている。

5 南アジアの鉱工業

① 南アジアの鉱工業

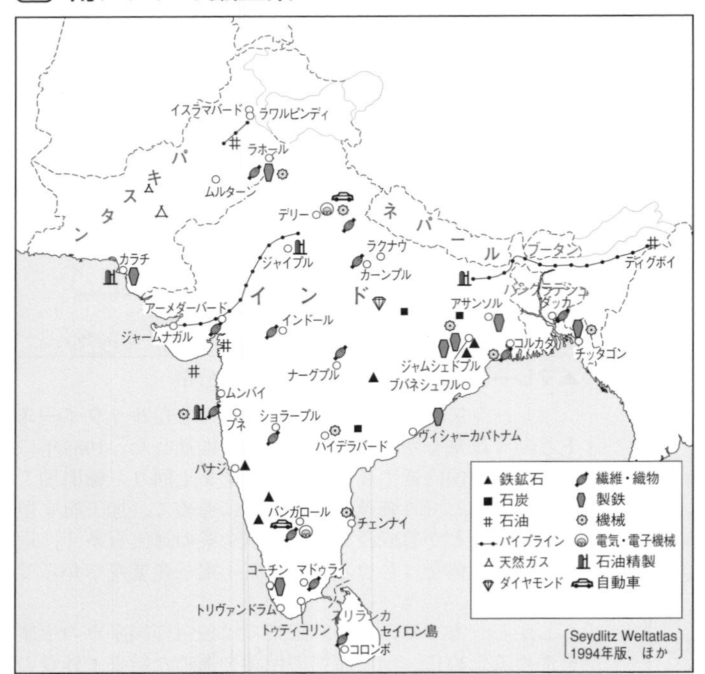

インド	従来，綿工業や鉄鋼業が中心。経済の自由化政策で，重化学工業が成長。近年は，科学教育に力を入れ，ICT関連産業が急速に伸びる。
パキスタン	伝統的な綿工業や衣料品に加え，近年では石油製品の生産も増える。
バングラデシュ	かつてはジュートが原料の繊維工業が主力。いまは衣料の縫製やニット関連の製品がさかん。
スリランカ	みるべき工業製品は少ない。なかでは衣類の占める割合が高い。貴石の島として有名。

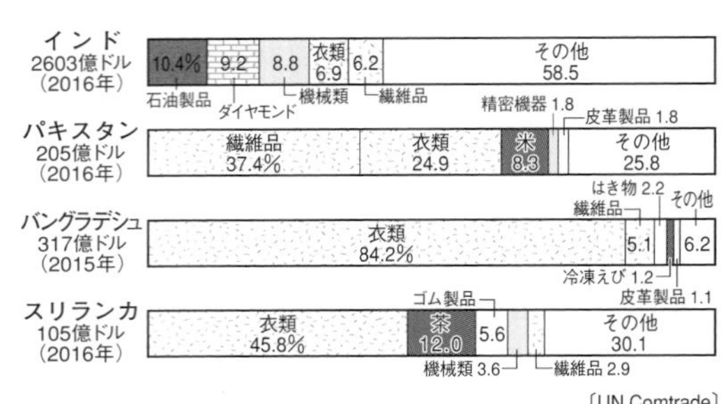

▲おもな国の輸出品目

インドはイギリス植民地時代から製鉄業や綿工業を中心に，インド人の資本によって工業化に取り組んでいた。独立後は政府主導で工業化が進められ，航空機からちり紙まで公営企業による生産が行われていた。1980年代からは積極的な外資の導入が行われ，現在では，ICT関連産業などを中心に経済成長が著しい。他方，周辺国のパキスタンやバングラデシュでは繊維工業などの軽工業が中心であり，重化学工業化は遅れている。スリランカ，ネパールやブータンなども同様で，特産品の加工，衣料や日用雑貨の生産が一部みられる程度である。

② インドの綿工業

インドの綿工業は旧宗主国のイギリスとの貿易のなかで発展してきた歴史をもつ。18世紀にはイギリスのインド進出の一方で，良質なインドの綿製品がイギリスで流行した。イギリスは輸入制限をかけて自国の綿工業を保護した。さらにイギリスでは18～19世紀にまたがって機械制の紡績・織物工場が増えて，逆にインドの綿工業に深刻な影響をもたらした。

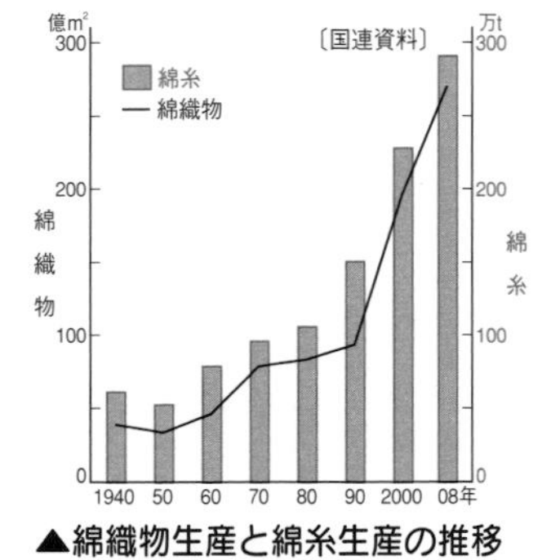

▲綿織物生産と綿糸生産の推移

20世紀に入ると，イギリスの工業が衰退したこともあり，インドにおいてムンバイなどで機械制の綿工業が発展をとげた。綿工業の原料である綿花はデカン高原の広い地域で栽培されることもあり，現在ではインドは隣国のパキスタンとともに有数の綿製品の生産国となっている。綿工業は労働集約的な産業であり，インドの農村部や都市周辺などの安価な労働力がささえている。

③ インドの鉄鋼業

インドは北東部が工業の中心である。インド東部，ジャルカンド州南東部の工業都市であるジャムシェドプルに，1907年，タタ鉄鋼会社の製鉄所がつくられた。これがインドの鉄鋼業のはじまりである。ジャムシェドプル周辺は石炭と鉄鉱石が豊富に産出する地域であり，ダモダル川に多目的ダムが建設され電力網が整備されたこともあって，鉄鋼業を中心とした工業地域が形成された。1947年の独立後は，国家主導の重工業化政策のもとで，国営製鉄所を中心に発達した。1980年代から90年代にかけて鉄鋼業が自由化されると，安価品を中心に中国向けなどの輸出が増加した。現在，世界最大の鉄鋼メーカーであるアルセロール・ミタルはインド人の実業家が所有しており，インドの鉄鋼業が世界的に注目されている。

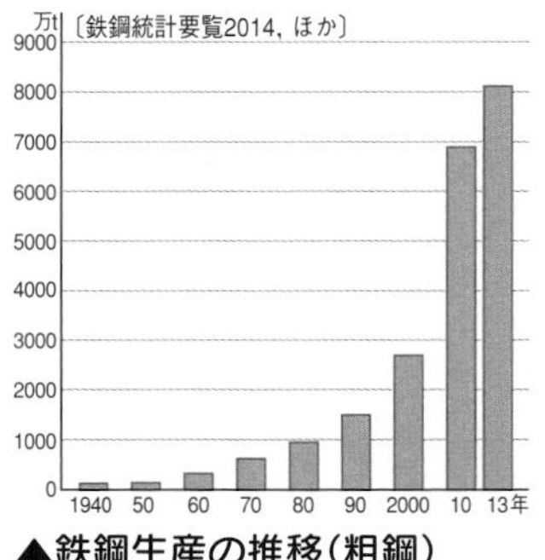

▲鉄鋼生産の推移（粗鋼）

④ インドの自動車工業

インドの自動車工業は，日本と同じくらい長い歴史をもつ。第二次世界大戦以前には，アメリカの自動車メーカーが進出しており，また国内の財閥企業なども生産していた。しかし戦後は，国家統制型の産業政策がとられるなかで，インドの自動車工業は強い国家保護を受けて寡占状態が続いていた。

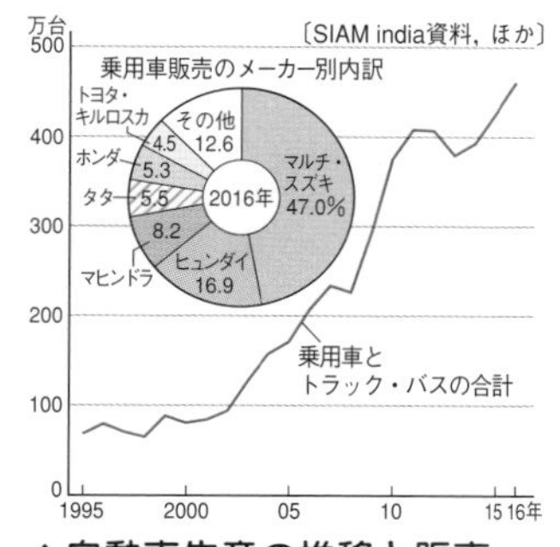

▲自動車生産の推移と販売

転機は1980年代以降である。日本のスズキがインドのマルチ=ウドヨクとの合弁で参入するなど，外資への規制が緩和され，1991年に経済自由化路線へ転換すると各国の大手自動車メーカーが次々とインド市場へと参入した。近年は生産台数の伸びが著しい。日系自動車メーカーや部品メーカーの多くはデリー大都市圏に立地しており，高品質の小型車を中心に生産している。

⑤ インドのICT産業

インドでは，欧米との時差，公用語が英語であること，理数科教育の充実などが要因で，ソフトウェア産業を中心に，ICT産業における成長が著しい。

もともとのきっかけは，企業が消費者からの電話注文や問い合わせなどに一括して対応する部門である**コールセンター**の立地が，1990年代の中ごろから進んだことである。人件費が安く，英語に堪能な人材が豊富なため，アメリカ企業のコールセンター業務を引き受けるサービスがさかんとなった。このように，欧米企業の業務の請負先としてインドが注目された。その結果，技術が発展し，ソフトウェア産業に代表されるようなインド国内のハイテク産業が発達していった。

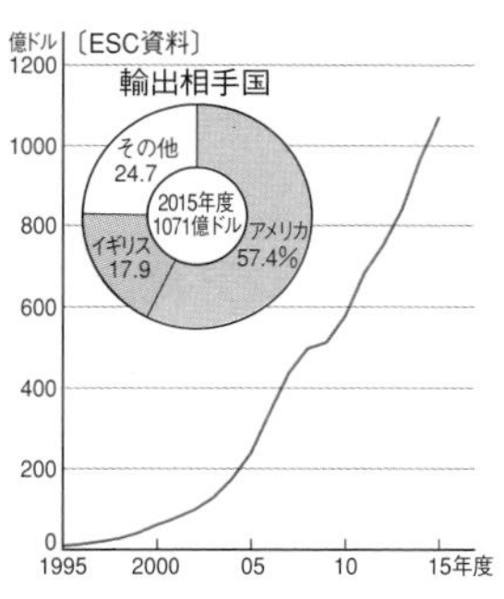

▶ICT関連産業の輸出額の推移と輸出相手国

⑥ インドのテクノロジーパーク

インド国内におけるソフトウェア産業やICT産業の成長は，特定の都市に集中してみられる。代表的な産業集積は，インド南西部カルナータカ州の州都バンガロールである。バンガロールは高原に位置しており，インドのほかの地域に比べて気候が穏やかなため，「インドのガーデン・シティ(庭園都市)」とよばれる。従来，国営の重工業や航空宇宙産業，防衛産業などが立地していたが，経済の自由化後はICT関連企業が集積して，「インドのシリコンヴァレー」といわれるようになった。バンガロールのほかにも，インド国内には高い研究水準をほこる大学や研究所などを集積させたテクノロジーパークが，近年数多く建設されている。また，アメリカやヨーロッパなどに移住し，ICT産業に携わるインド人も多い。

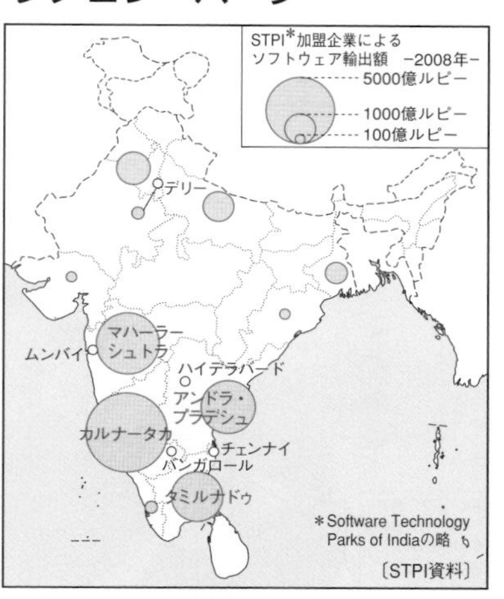

▲ソフトウェアの輸出額

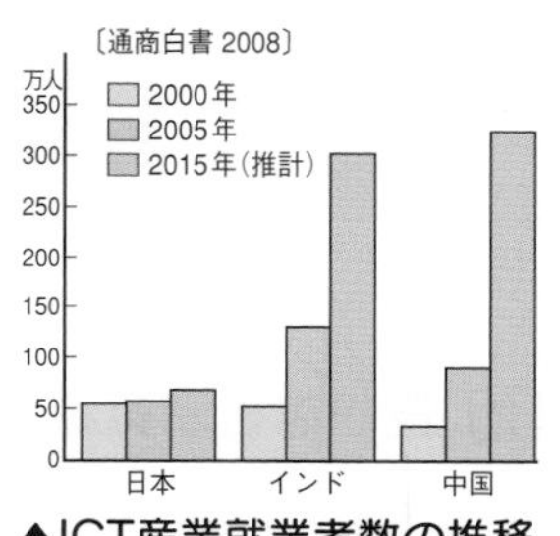

▲ICT産業就業者数の推移

⑦ その他の工業

インドの工業は，綿工業など労働集約的で低賃金の労働力に依存した工業から，高度な理数系人材を利用するソフトウェア，ICT関連産業まで，両極端な特徴をもっている。

航空産業や宇宙産業は軍需にからんで独自に発展してきた経緯をもつ。また，近年は，バイオテクノロジー関連産業も急速に発展するなど，先端技術産業の発展が著しい。

コラム　BRICSの台頭

BRICSとは，ブラジル(Brazil)，ロシア(Russia)，インド(India)，中国(China)，南アフリカ共和国(South Africa)の5国の頭文字を合わせた総称で，2003年にアメリカの証券会社が用いたことから広まった。これらの国々はいずれも人口規模が大きく，天然資源が豊富で，かつ経済成長が著しい。経済成長率は世界平均を上回っていて，将来の有力な市場としても期待できる。BRICSの経済発展による消費拡大が世界経済にどのような影響を与えるのか，注目されている。

コラム　"NEXT 11"として注目されるパキスタンとバングラデシュ

NEXT 11とは，アメリカの証券会社が新興国のBRICSに続く経済成長の可能性を秘めた国々をまとめて命名したものである(→p.153)。南アジアではパキスタンとバングラデシュが含まれる。

両国とも，工業の中心は繊維工業などの軽工業の段階にとどまっており，今後の工業化が期待されている。しかし，パキスタンは政情と治安の安定，バングラデシュは洪水の被害を最小限にする社会インフラの整備などが課題となっている。

6　中央アジア・西アジアの鉱工業

① 中央アジア・西アジアの鉱工業

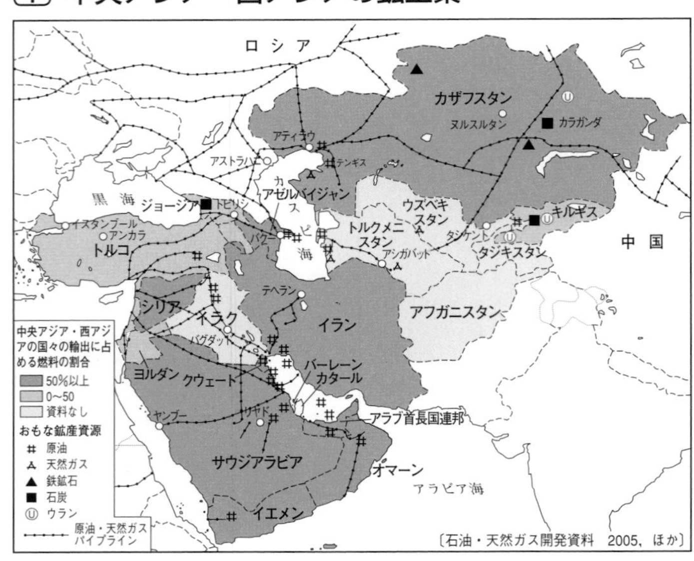

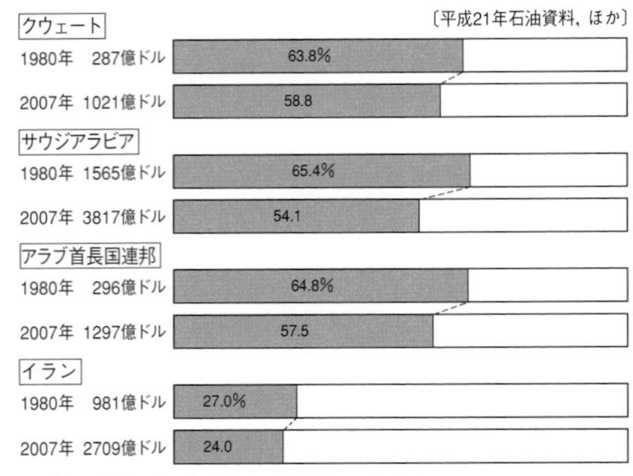

▲GDPに占める石油収入の割合

この地域，とくに西アジアは世界最大の石油埋蔵地域である。ペルシア湾岸諸国では**OPEC（石油輸出国機構）**の結成により石油の生産・輸出・価格決定の利権をもてるようになった。石油関連産業が発展するとともに，豊富なオイルマネーを用いて石油に依存しない分野での工業化も進んでいる。一方で，資源がない国との経済格差などの問題も抱えている。中央アジア諸国は繊維工業や鉱産資源の採掘などが発展している。

② 豊かな石油資源

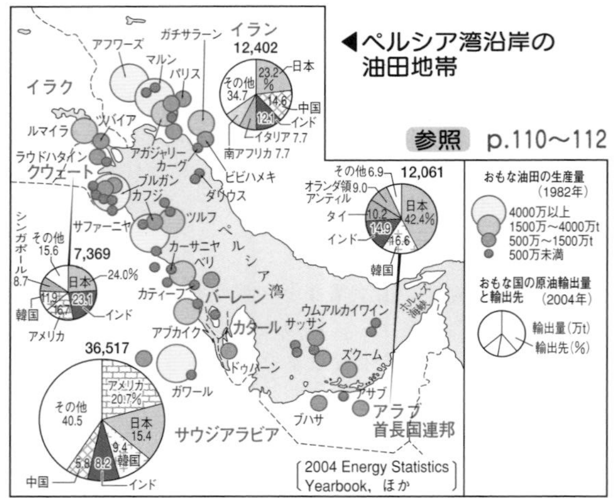

◀ペルシア湾沿岸の油田地帯

参照　p.110～112

西アジアとその周辺地域は，世界一の石油生産地域である。ペルシア湾沿岸には大型油田が数多くあり，原油の埋蔵量も世界最大である。とくに，サウジアラビアは原油の生産量・埋蔵量・輸出量のいずれも世界有数の石油大国である。原油の埋蔵量の基準は複数ある。地球上に存在する全体の量（原始埋蔵量）と，そのうち技術的・経済的に採掘が可能と考えられている量（可採埋蔵量），さらに後者のなかでも，すでに既存の油田で確認されている量（確認埋蔵量）がある。可採埋蔵量は採掘技術の進歩によって増えているが，ペルシア湾沿岸の中東諸国はたびたび戦争や摩擦がおこり，そのたびに石油の供給不安がおこっている。とくに，イランやイラクなどはアメリカとの関係の悪化などで対立が生じて，この地域の油田操業にも影響がでている。

③ OPECとOAPEC

OPEC（石油輸出国機構）	OAPEC（アラブ石油輸出国機構）
・1960年に結成。世界の主要石油輸出国が加盟する国際機構。 ・石油政策の調整や原油価格の安定維持のため，産出制限の検討など産油国の共通政策を立案，実施し，安定供給をはかる。	・1968年に結成。アラブの産油国による地域機構。 ・加盟国の利益を守り，石油産業における経済活動での協力方法を決定する。

④ ペルシア湾岸以外の国々の工業

中央アジアでは，さまざまな鉱産資源を利用した工業が各国でみられる。カザフスタンの鉱工業は，原油・鉄鉱石・金・ウランなどの採掘と加工，建設機械や農業機械製造などが中心である。とくに，ウラン埋蔵量は世界第3位（2015年）を誇り，発展途上国などでも原子力発電所の建設がさかんでウランの需要は増加している。その他の工業は，トルコを除くと，国内向けの衣類や雑貨など日用消費財の工業が中心であり，重化学工業や機械工業などの発達はあまり進んでいない。

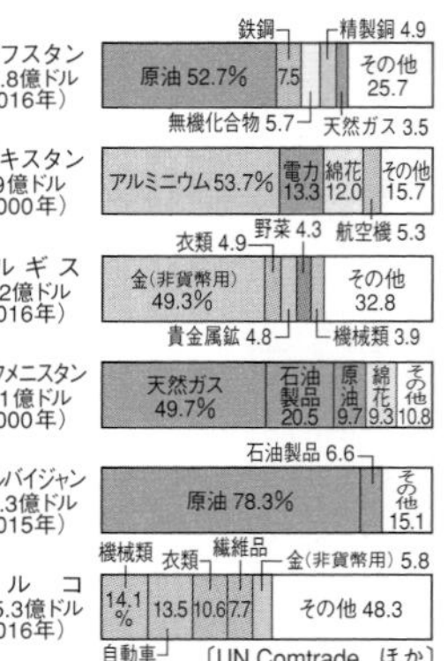

▲おもな国の輸出品目

7 アフリカの鉱工業

1 アフリカの鉱工業

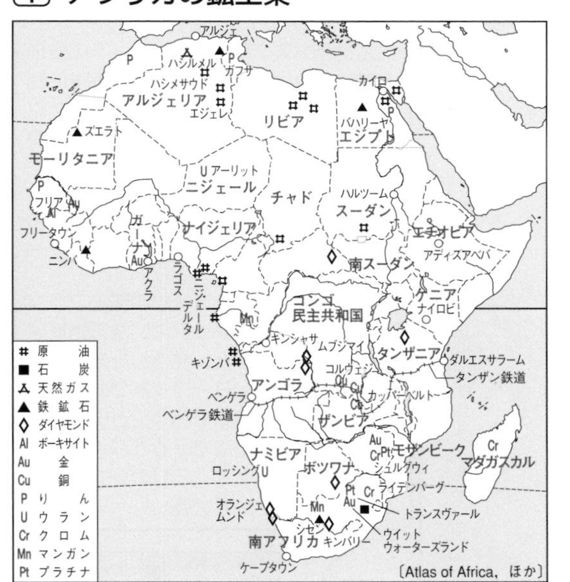

古い地層からなるアフリカ大陸は，金属資源がきわめて豊かである。ギニア湾沿岸ではボーキサイトや金，原油が産出される。コンゴ民主共和国から南アフリカにかけてはダイヤモンドや金，銅などの金属，さらにマンガン，クロムなどの**レアメタル**が産出されている。内陸の鉱山から積出港へは長い鉄道によって運ばれる。地中海沿岸やギニア湾沿岸諸国には油田やガス田が分布しており，リビアやナイジェリアなどが主要産油国である。

参照 p.151

コラム　ポストBRICS

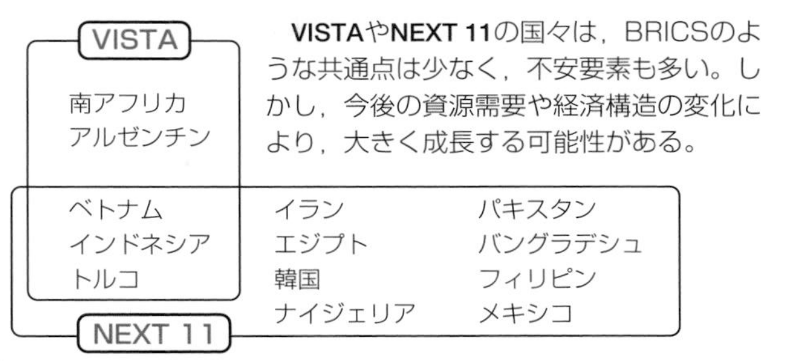

VISTAやNEXT 11の国々は，BRICSのような共通点は少なく，不安要素も多い。しかし，今後の資源需要や経済構造の変化により，大きく成長する可能性がある。

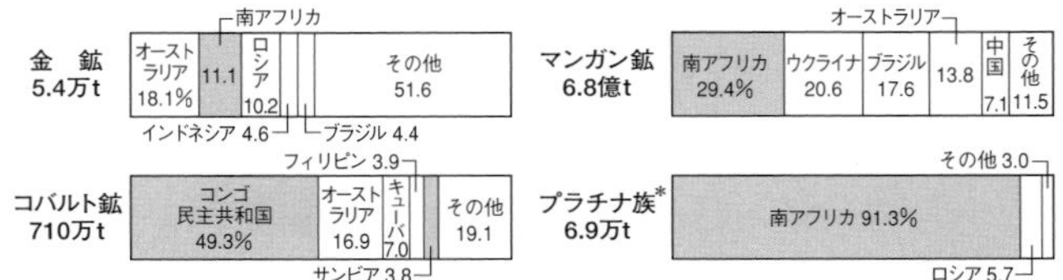

▲金鉱・レアメタルの埋蔵量(含有量)　参照 p.116〜117

2 豊かな資源を生かした工業

アフリカには，工業が著しく発達している地域はない。南アフリカ，エジプト，ナイジェリア，リビアなどでは，比較的工業が発達している。

とくに，南アフリカは**アパルトヘイト**関連法の廃止後，黒人の経済参画支援政策であるBEE政策(→p.251[2])の後押しや外資への積極的な門戸開放政策もあり，近年は工業国として発展している。そのなかでも，自動車工業は急速に伸びており，日本を含めた先進国の自動車メーカーの進出が活発化している。

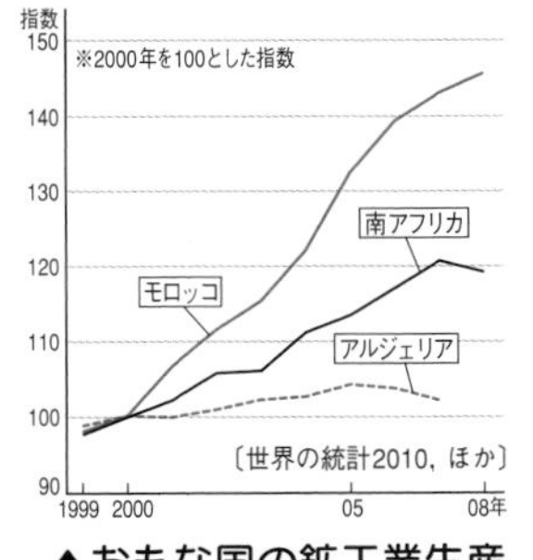

▲おもな国の鉱工業生産の推移

その他の地域では，農林水産物，エネルギー資源や鉱産資源などの一次産品の生産や輸出に依存する**モノカルチャー経済**の国が多い。プランテーション農業が卓越した地域では，国営ないし民間企業の大農園経営が重要な位置を占め，労働集約的な軽工業がみられる。鉱産資源の埋蔵量が豊かな地域では，低賃金労働者によって鉱山労働がささえられており，近隣諸国から労働者の移動がみられる。近年は，資源が国際的に高騰していることもあり，アンゴラなど急激に経済成長率が上昇している国が増加している。

3 先進国主導の鉱工業開発

①旧宗主国主導の開発
②国際機関などからの援助
③地元資本(規模は小さい)

◀アフリカにおける鉱工業開発の分類

アフリカ諸国は途上国や最貧国などが多く，鉱工業はおもに外国資本に依存して開発されている。とくに，植民地時代の結びつきが独立後も継続する場合が多く，旧宗主国からの直接投資や技術支援などが大きな役割を占めている。しかし，外国資本主導の鉱産資源開発では，自国への経済的な波及効果や雇用創出の効果が限定的であり，「資源の搾取」として反発も起きるなど，一部では**資源ナショナリズム**(→p.111)などもみられる。一方，国際機関からの援助により，社会インフラの整備や教育支援などに一定の成果がみられるが，先進国主導の開発を自国の経済発展へと結びつけるには課題が山積している。

コラム　アフリカで工業が発達しない理由

豊かな資源と広大な土地，高い人口増加率など，アフリカの鉱工業には大きな潜在力がある。しかし現状では，港湾や空港などの物流拠点，道路や鉄道など輸送網が十分でない。また，識字率が低いため工業労働者に適した人材もそれほど多くない。さらに，鉱工業開発の利権をめぐって民族間の対立や政府への反発が高まるなど，政情が不安定になることが多く，外国資本の進出を阻害する大きな要因となっている。

8　ヨーロッパの鉱工業

① ヨーロッパの鉱工業

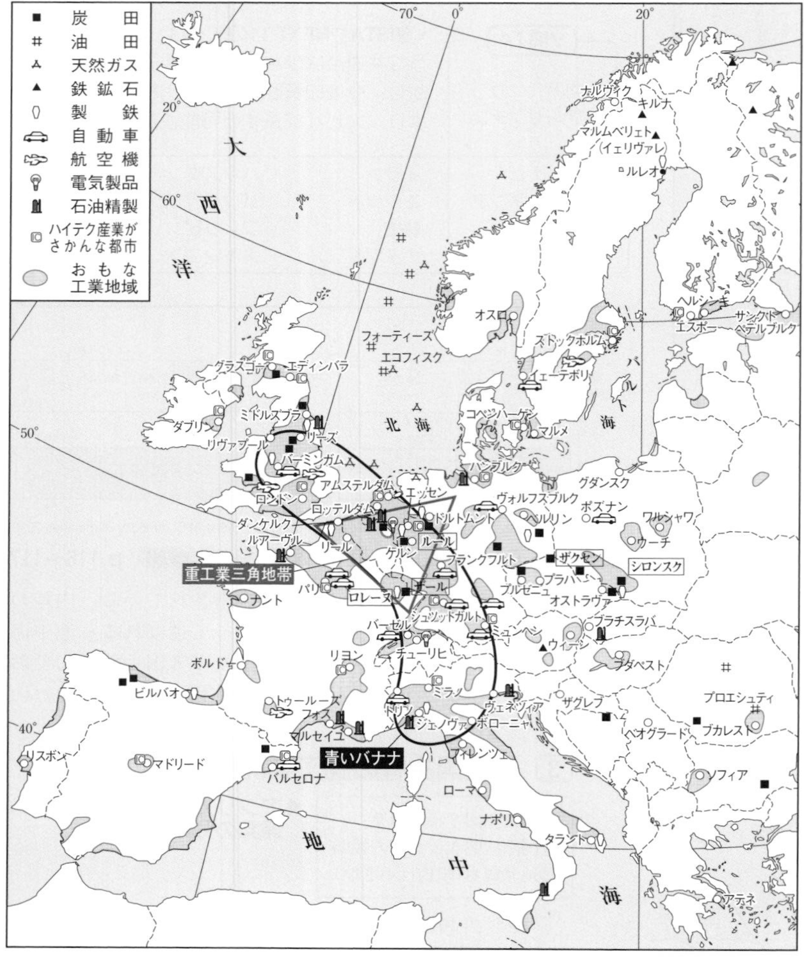

用語　重工業三角地帯

北フランス・ルール・ロレーヌの各地方を結ぶ地域は，第二次世界大戦後に西ヨーロッパの高度経済成長をささえた。現在では生産拠点が消費地の近くや臨海部に移動し，以前ほどの活気はみられなくなった。

用語　青いバナナ

イギリス南部からドイツ西部とフランス東部を経て北イタリアにいたる地域は，いくつもの大都市と，発達した先端産業や交通網を有し，ヨーロッパでも高い経済水準にある。「青いバナナ」という名称は，この地域を地図でみるとバナナのような形であることと，ＥＵのシンボル色である青にちなんでいる。

国	生産額	機械（%）	一般	電気	輸送	食品	化学	繊維	金属	その他
ドイツ	2兆3212億ドル	42.8	13.0	9.5	20.3	10.9	20.5		12.6	13.2
フランス	9875億ドル	26.7	5.3	7.5	13.9	21.9	24.0		10.6	16.8
イタリア	1兆1332億ドル	27.3	12.7	6.7	7.9	14.7	18.9	2.4	15.3	21.4
イギリス	7664億ドル	30.7	6.6	6.5	17.6	14.8	23.3	1.0	10.0	20.2
オランダ	3635億ドル	18.7	8.7	5.1	4.9	23.6	36.0		9.2	12.5
ポーランド	3253億ドル	23.6	3.6	7.6	12.4	21.5	23.9	1.0	11.3	18.7

―2013年―〔EUROSTAT〕

▲おもな国の工業生産の割合

国	特色	おもな工業都市
イギリス	産業革命発祥の地。一時は「世界の工場」とよばれたが，両大戦を通じてその地位をアメリカに奪われた。第二次世界大戦後は経済が停滞し，「英国病」ともいわれた。北海油田の開発や先端技術産業の誘致で経済が立ちなおる。	**ロンドン**（総合），バーミンガム（鉄鋼），グラスゴー（電子），ミドルズブラ（石油化学）
ベネルクス3国	ベルギーとルクセンブルクはともに鉄鋼業が発達。また，ベルギー北部のフランドル地方は伝統的な羊毛工業地域。オランダは乳製品の食品加工がさかんで，臨海部では大規模な石油化学工業がみられる。	ロッテルダム（石油化学），アムステルダム（ダイヤモンド研磨）
ドイツ	ヨーロッパ最大の工業国。ルール炭田とライン川の水運で発達したルール工業地域が柱。自動車や医薬品，先端技術産業などの先進国。しかし，東西統合（1990年）から20年たった現在でも，旧東ドイツ地域では生産性などで遅れがみられる。	ドルトムント・エッセン（鉄鋼），**ミュンヘン**（ビール・自動車・電子），**シュツットガルト**・ヴォルフスブルク（自動車）
フランス	昔から発達したリヨンの絹織物，ボルドーのワイン醸造などが今もさかん。工業の中心はパリ。臨海部にも輸入原料に依存した鉄鋼業や石油化学工業が立地。南部のトゥールーズにはエアバス社の航空機組立工場が立地。	**パリ**（自動車・電機），ダンケルク（鉄鋼），リール（繊維），リヨン（絹），トゥールーズ（航空機），フォス（石油化学・鉄鋼）
イタリア	資源にめぐまれず工業の近代化もやや遅れたが，繊維や皮革などの伝統工業が高級ブランドとして成長。ミラノ・トリノ・ジェノヴァを結ぶ三角地帯が工業の中心。	ミラノ（繊維），トリノ（自動車），タラント（鉄鋼）
北欧諸国	豊富な森林資源にめぐまれる北欧諸国では，伝統的に製紙・パルプ工業が発達。近年は，通信技術の産業もさかん。	イェーテボリ（自動車），エスポー（電子）
東欧諸国	社会主義時代には，ポーランド南部のシロンスク炭田やチェコ東部のボヘミア炭田を中心に重工業が発達。冷戦終結後は経済成長が遅れていた。2004年以降にＥＵに新規加盟した国々では，ＥＵを中心に投資が急増。	グダンスク（造船），ポズナン（自動車），プラハ（ガラス），プルゼニュ（ビール），ブラチスラバ（石油化学），エステルゴム（自動車）

② 19世紀末の工業の分布 参照 p.124

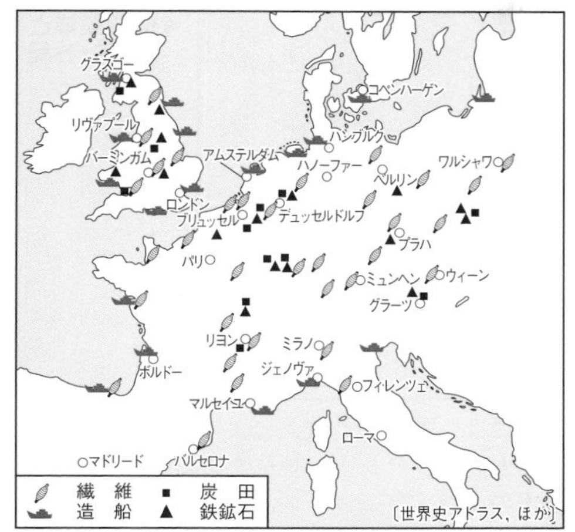

▲1850～1914年のヨーロッパの工業化

ヨーロッパでは，世界で最も早い18世紀後半から**産業革命**が進展した。それをささえたのが内陸部の炭田や鉄鉱山であり，その近辺に製鉄などの工業が発展した。原料や製品の運搬には，発達した運河網が活用された。しかし，とくに第二次世界大戦以降，石油消費と貿易が活発になるにつれ，工業地域は輸出入に便利で広大な土地も確保しやすい臨海部へ移転した。また，北海油田やロシアから石油と天然ガスを運ぶパイプライン網も充実している。

③ イギリスの脱工業化

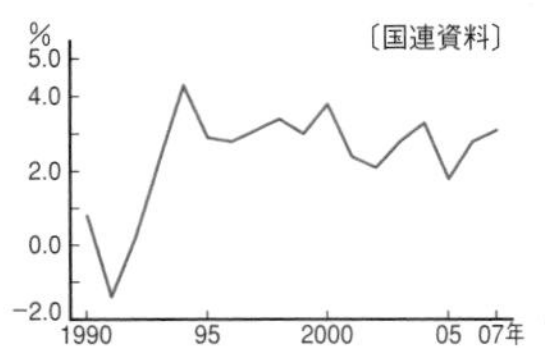

▲GDP成長率

〔世界国勢図会2009/10，ほか〕

年	金融・保険・不動産業	製造業	その他
1990年 5573億ポンド	21.0%	20.6	
1995年 7197億ポンド	22.6	19.3	
2000年 9447億ポンド	25.0	15.7	
2005年 1兆2260億ポンド	29.4	12.1	

▲GDPに占める割合の変化

イギリスは，産業革命の発祥地であり，19世紀には世界一の工業国であった。ところが，その地位は20世紀に入りアメリカへと交代し，第二次世界大戦後は設備の老朽化や高賃金によって国際競争力を失い，「英国病」とよばれる深刻な経済停滞期を迎えた。しかし，北海油田の開発や，1980年代以降の民営化や規制緩和によって，先端工業を中心に復調し，金融・サービス業も大きく成長した。さらに90年代後半には，音楽や映像などの文化産業の振興にも力を入れ，観光客をひきつける原動力にもなった。

コラム　シリコングレン

伝統的にスコットランドの基幹産業であった重工業が第二次世界大戦後に衰退する一方，外国企業の進出によって電子産業が勃興した。その地域を**シリコングレン**とよぶ。その後，ソフトウェア産業の成長，産学連携の進展や，地元企業の成長などの変化もあるが，現在でもイギリス第一のベンチャー・情報産業集積地である。

④ ルール工業地域

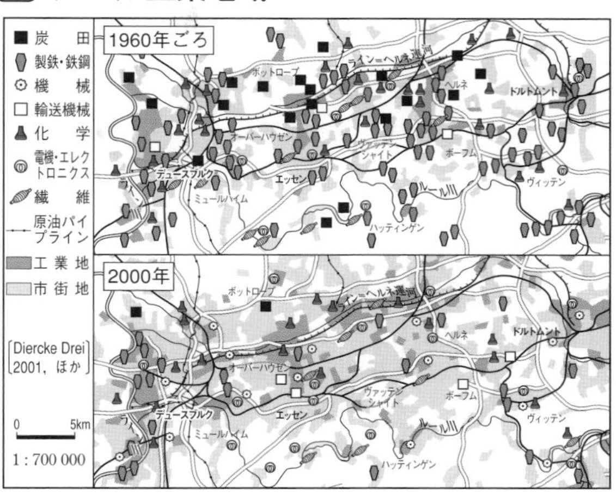

▲ルール工業地域の変化

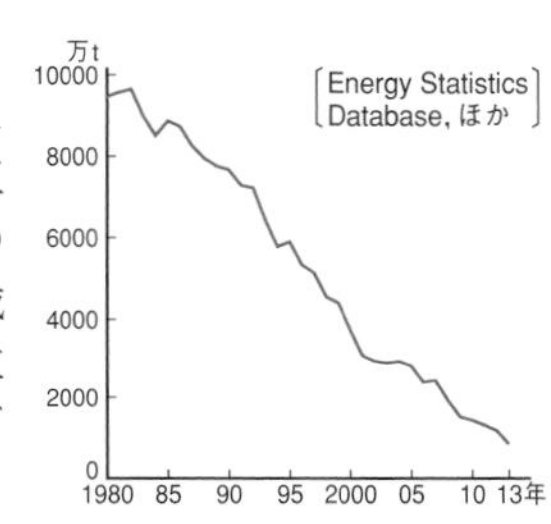

▲ドイツの石炭産出の推移

ルール地方は，石炭資源にめぐまれ，19世紀以降は重工業が発展した。ドイツ経済の屋台骨として，臨海工業地域の発達がみられる，現在も重要な地域である。しかし，ドイツの軍事力を生み出すもとであったため，フランスによる戦間期のルール進駐，第二次世界大戦中の壊滅的な打撃など，戦争の影響も大きく受けてきた。そこで，2度の大戦への反省から，各国の資源争奪を防ぐ目的で，1952年に**ヨーロッパ石炭鉄鋼共同体（ECSC）**が設立され，ルール地方の石炭も管理下に置かれるなど，のちのEUの基礎となった地域でもある。採掘費用が上昇したことなどから，石炭の産出量は低下を続け，今後は閉山する見込みである。

⑤ 第3のイタリア

イタリアの地域経済区分は，トリノ，ミラノ，ジェノヴァを核とする大企業中心の北部（第1）と，工業が未発達な南部（第2）という構図が伝統的である。しかし，おもに中部から北東部にかけての一帯には，職人や中小企業を中心に皮革や服飾などの高級品生産が主導する豊かな地域が存在する。これは**第3のイタリア（サードイタリー）**とよばれる。信頼にもとづく地域的な企業ネットワークが存在するため，情報を得やすく，状況次第で取引先も切り替えるなど，市場変化に素早く対応できる強みがある。

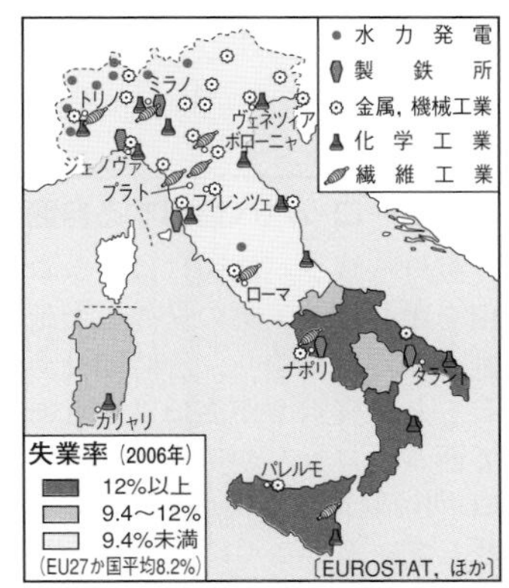

▲イタリアの工業の分布

⑥ 北ヨーロッパの鉱工業

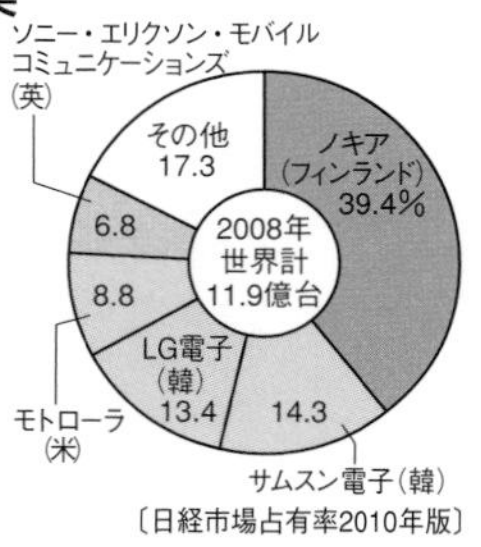

▲携帯電話の販売台数の割合

北ヨーロッパ諸国は，人口が少ないながらも，経済的に豊かな地域で，世界的に有名な企業も多い。その代表例が，携帯電話端末の生産で世界有数のノキアである。もともと，人口密度が低く，冬も厳しい地域であるため，携帯電話の普及も早かった。ノキアは，製紙工場として発足し，その後多角化していった。1990年代の経営危機の際，携帯電話や電気通信分野に事業を絞り，現在の成功の礎を築いた。また，スウェーデンのエリクソン(携帯電話インフラ・同端末)やボルボ(輸送用機械)，イケア(家具)などの名が世界に知られている。代表的な鉱産資源は，スウェーデンの鉄鉱石や，北海油田の石油・天然ガスなどがある。

⑦ 東ヨーロッパの鉱工業

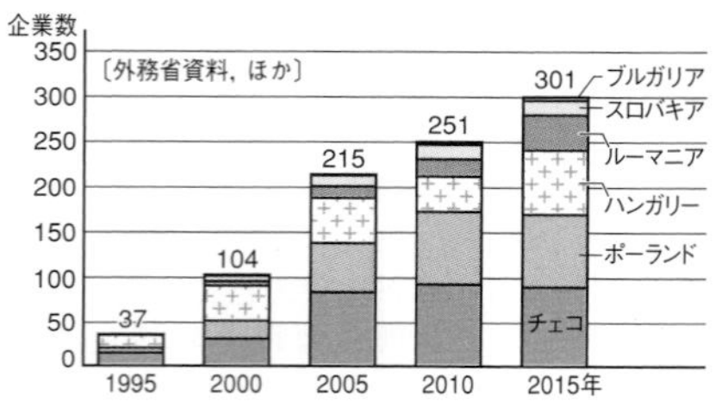

◀おもな国に進出した日系企業数(製造業)の変化

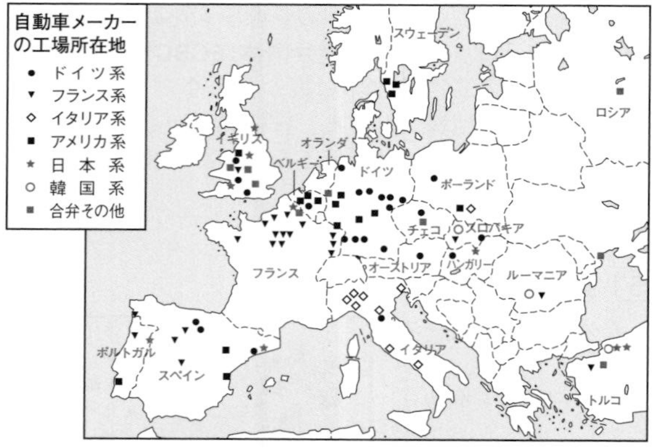

▲東ヨーロッパへ進出する自動車工場

東ヨーロッパ諸国には，シロンスク炭田やボヘミア炭田を中心に重工業の発達した地域があった。社会主義体制が崩壊したのち，一時期社会が混乱した。しかし，もともと教育水準が高いこともあって，安い労働力を求めて西ヨーロッパやアメリカ，日本などの企業が，おもにEU向け製造業の拠点を築くようになり，順調に経済も成長している。とくに，2004年以降，新たにEUに加盟したポーランドやチェコなどでは，EU域内への輸出障壁がないため，同じEU域内の国々から多くの企業が進出している。ワルシャワやプラハなどの大都市では，ホテルなどのサービス業や通信関連の事業が新たに展開されているほか，外国企業進出の受け皿として工場団地も各地に造成されている。

⑧ ヨーロッパの伝統産業

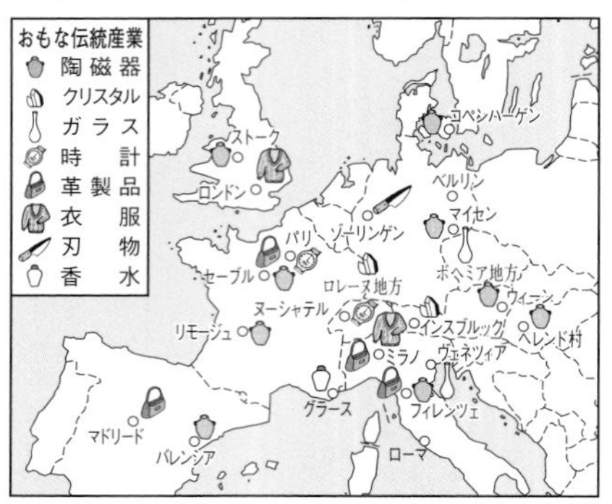

◀伝統産業とブランド品

ヨーロッパには，熟練した職人による高い技術と品質の伝統工芸品が高級ブランドの地位を獲得した例が多い。ボヘミア地方のボヘミアンガラス，ヨーロッパではじめて磁器製造に成功したマイセン磁器，手術用メスなども生産するゾーリンゲンの刃物などが有名である。

⑨ ヨーロッパで進む企業再編

分野	企業名	再編の経緯
航空機	エアバス(フランス)	アエロスパシアル(フランス)とDASA(西ドイツ)が共同出資し，1970年に設立。
鉄鋼	アルセロール・ミタル(ルクセンブルク)	アルセロールは2001年，ユジノール(フランス)，アセラリア(スペイン)，アーベッド(ルクセンブルク)が合併。2006年，ミタルスチール(オランダ)がアルセロールを買収。
石油エネルギー	ロイヤル・ダッチ・シェル(オランダ)	ロイヤルダッチペトロリアム(オランダ)とシェル・トランスポート&トレーディング(イギリス)が事業提携。2005年に単一の事業法人となる。
航空	エールフランスKLM	エールフランス航空(フランス)とKLMオランダ航空(オランダ)が2004年に経営統合。

▲おもな企業再編の例

世界市場での勝ち残りをめざしたヨーロッパ内での企業合併や提携は，EU設立以前から多いが，近年でもいくつかの大型の企業再編が行われている。ヨーロッパの統合は，EUのような国同士が決めた枠組みだけではなく，民間レベルでも着実に進んできた証しでもある。

コラム　注目を集める国々

中欧・東欧諸国の経済力には大きな差がある。EU加盟国のうち，西欧諸国の1人あたりGDPが，ポルトガルを除き，軒並み3万ドル以上であるのに対して，一番豊かなスロベニアで2万ドル強，ほかはおよそ1万ドル台で，ルーマニアとブルガリアは1万ドルを大きく下回っている。

このなかで注目度が高いのは，ポーランド，チェコ，ハンガリー，スロベニアである。これら4国は，社会主義時代からの工業国で，民主化以降も政治が比較的安定していた。外国からの直接投資が活発で，いずれも経済成長率が高い。ポーランドは，新規加盟国のなかで最大の人口と面積をもち，チェコは第二次世界大戦前からの工業国だった伝統もあり，投資受入国の先頭を走っているが，一方で労働力不足が深刻になっている。ハンガリーには日系企業が早くから進出している。スロベニアは，中欧・東欧諸国で最初に，通貨をユーロに切り替えた。

9 ロシアと周辺諸国の鉱工業

(1) ロシアと周辺諸国の鉱工業

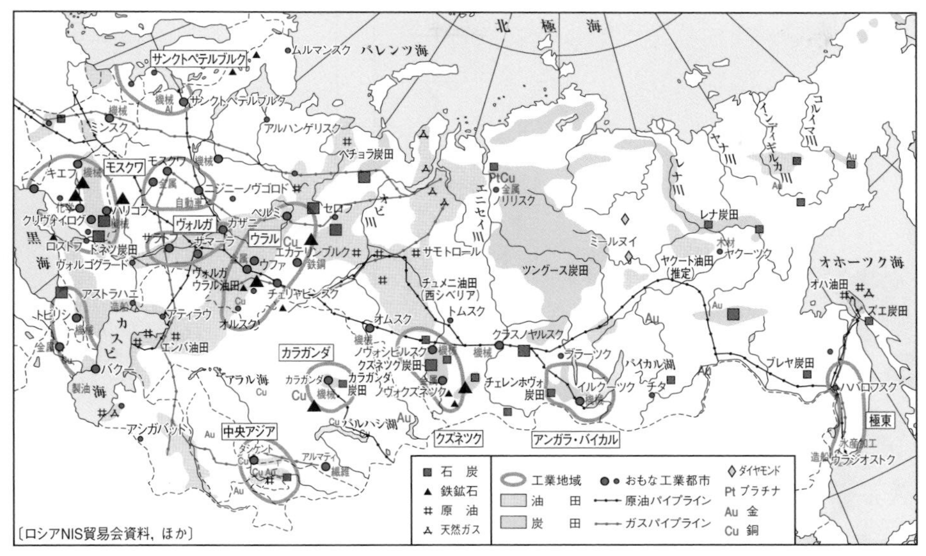

かつては計画経済によって，原料や燃料の産地と工場を計画的に結び付けた**コンビナート**が形成され，重工業がさかんであった。ソ連崩壊後，これらの企業は民営化されたが，古い設備が残り，技術革新などが遅れがちである。一方，豊富なエネルギー資源や鉱産物が重要な産業となり，現在のロシア経済を牽引している。外資の導入にも積極的で，日系を含む海外企業の進出がさかんである。

(2) 急速に発展するロシアの鉱工業

ロシアの経済は，ソ連崩壊後の混乱と金融危機などで1990年代には低迷が続いていた。その後，世界的な原油価格高騰で，石油と天然ガスの輸出が増大し，2000年以降は急成長している。いまロシアは**BRICS**(→p.151)の一員として，注目を集めている。しかし，石油・天然ガスの生産は，半国営事業体ガスプロムのような一部企業が独占しているうえに，国営企業によるさらなる民間企業買収の動きがあり，富の一極化が今後も進む可能性が高く，貧富の格差拡大が懸念される。

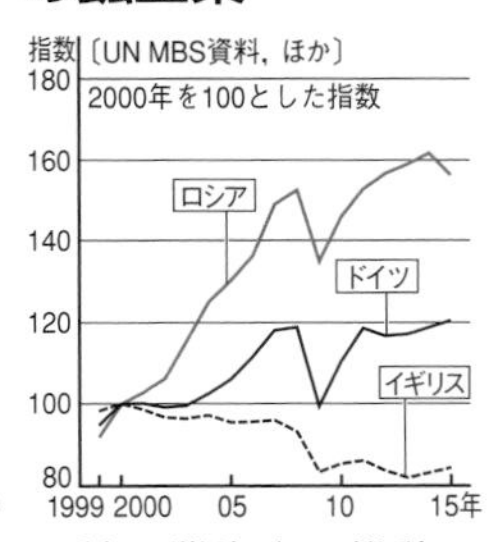

▲鉱工業生産の推移

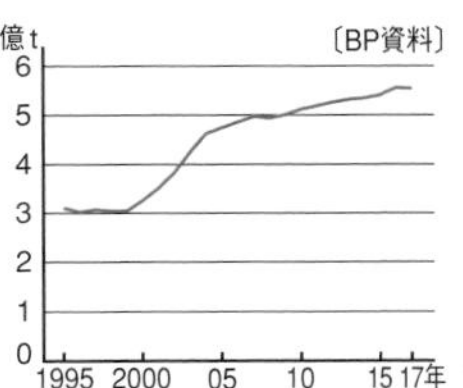

▲原油生産量の推移

(3) ロシアへの直接投資の変化

ロシアへの外国からの直接投資は，業種別では鉱業，とくに資源開発が中心である。これまでは，ヨーロッパ企業による投資が主であった。

1997年に発生した金融危機からの回復をうけて，国内消費の活況で自動車販売が伸びている。そこでロシアへの投資に慎重であった日本のトヨタや日産などの企業も大型投資をおこなっている。

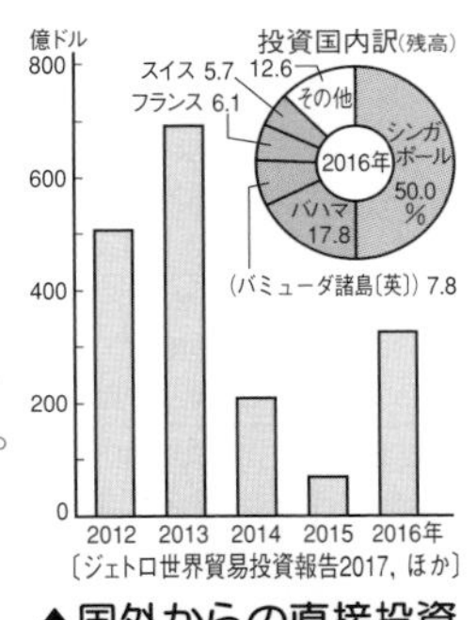

▲国外からの直接投資額の変化と投資国

(4) ロシアの資源開発

参照 p.267

サハリン(樺太)沖の大陸棚には豊富な石油資源があり，日本を含む外資が導入され開発が進んでいる。しかし，2006年にサハリン2計画は，環境保護を理由に工事許可が取り消され，半国営のガスプロム主体の計画に変更された。サハリン1計画の天然ガスも，当初は日本に輸出される予定であったが，中国への輸出が中心になる可能性も出きている。資源開発は政治との関係が深いため，外資企業は難しい対応を迫られている。

▲極東ロシアの資源開発

コラム　ロシアの自動車工業

ソ連時代末期に年間100万台程度の自動車を生産するなど，一定の基盤をもっている。しかしロシアの経済成長が進み，日米欧韓の外資による現地生産と輸出が加速しているため，技術力が低い国産車のシェアは減っているうえ，現地部品メーカーも実力不足である。

ウクライナ	ソ連の構成国だった国のなかでは，ロシアに次いで人口が多い。東部のドネツ炭田を中心に重工業もさかん。ソ連時代，クリヴォイログの鉄鉱石を使って，ドニエプルコンビナートを形成していた。
ベラルーシ	第二次世界大戦後に，自動車や石油化学工業が発達し，農業国から工業国へと変わった。

▲周辺諸国の鉱工業

10 アメリカ・カナダの鉱工業

① アメリカ・カナダの鉱工業

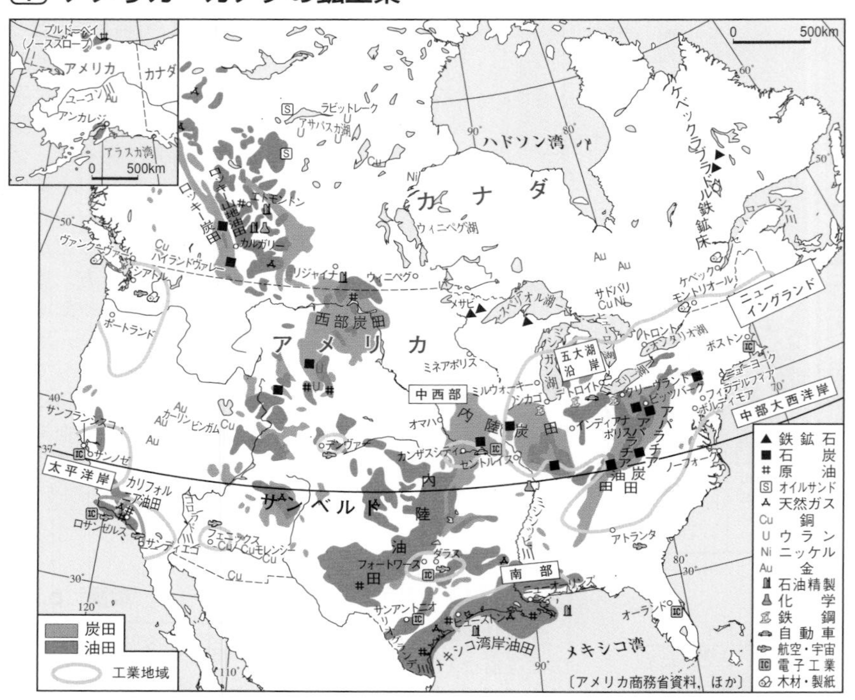

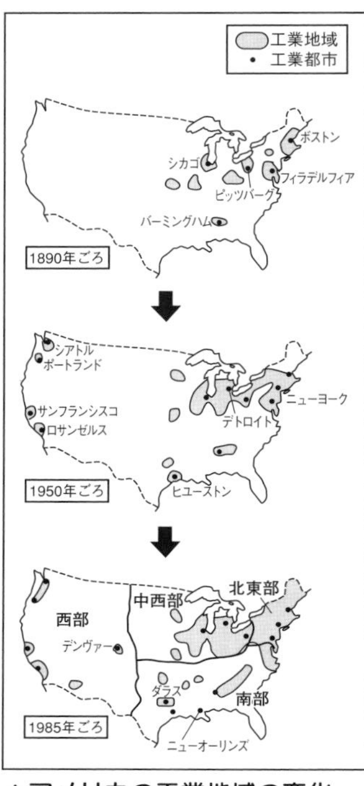

▲アメリカの工業地域の変化

20世紀以降，アメリカは世界最大の工業国であり続けている。1960年代には，社会主義国以外の全工業生産額の半分近くを占めていた。1970年代以降はヨーロッパや日本の成長，1990年代以降は新興国の成長によって，かつて強かった鉄鋼・自動車・電機などを中心に，アメリカの相対的地位は低下している。しかし航空・宇宙産業，情報産業などの先端産業では，依然高い競争力を持っている。

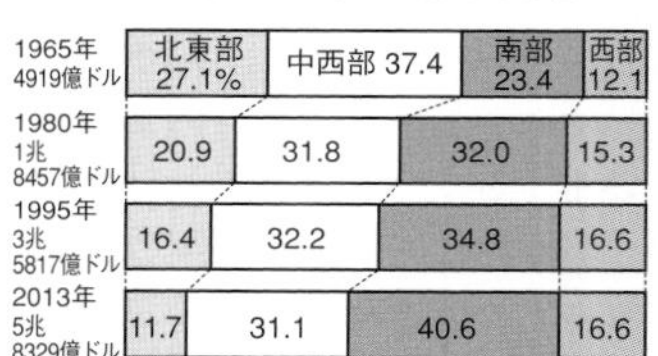

＊製造品出荷額。アラスカ・ハワイを除いた数値
〔Annual Survey of Manufactures 2013，ほか〕

▲アメリカの地域別工業生産額の変化

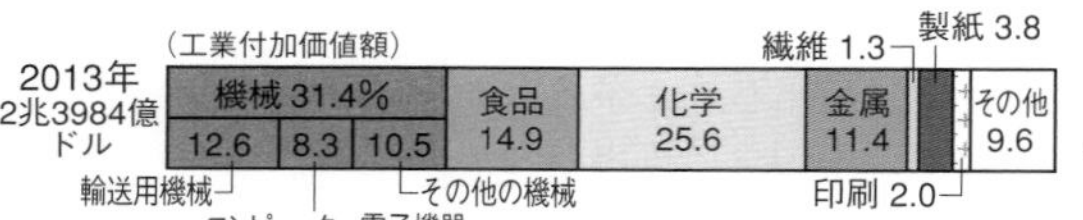

◀アメリカの工業生産額の内訳
〔Annual Survey of Manufactures 2013，ほか〕

地域	特色	おもな工業都市
ニューイングランド	アメリカで最も古い工業地域。伝統的な高級毛織物など歴史を感じさせる工業も発達。また，大学や研究所が多く立地し，先端技術産業をはじめとして，知識集約型の産業が集積。	**ボストン**(繊維・造船・電子)，プロヴィデンス(石油関連)，ハートフォード(航空機・精密機械)
五大湖沿岸	五大湖を運河で結んだ水運と，**メサビ鉄山**，**アパラチア炭田**，周辺の農畜産物などの産物を利用。アメリカ最大の工業地域であったが，古典的な業種からの転換が遅れて取り残されていた。最近は，先端技術産業の誘致などで巻き返しをねらう。	**ピッツバーグ**・クリーヴランド・ヤングズタウン(鉄鋼・重機械)，アクロン(ゴム)，**デトロイト**(自動車)，**シカゴ**(車両・農業機械)，ミルウォーキー(農業機械・ビール)
中部大西洋岸	**メガロポリス**の人口集中地域に形成され，大消費地を背景に大都市型の工業が発達。大西洋に面していることから，臨海指向型の工業もみられる。ニューイングランドや五大湖沿岸と同様，工業生産の伸びはあまり大きくない。	**ニューヨーク**(大都市型総合工業)，フィラデルフィア(非鉄金属)，ボルティモア(造船)，ノーフォーク(電子)
南部	メキシコ湾岸の石油を原料に石油化学工業が発達。最近は，シリコンプレーンに代表されるように，先端技術産業が立地。また，NASAの基地もあり，航空宇宙関連の産業もみられる。	**ヒューストン**(石油精製・石油化学・宇宙産業)，ニューオーリンズ(石油化学)，**ダラス**(電子・航空機)，**アトランタ**(食品・航空機)，コロンバス(綿織物)
中西部	豊かな農業地帯が周辺に広がり，いくつかの都市に，食品加工・農業機械などの関連工業が発達。工業地帯としてのまとまりには欠ける。	ミネアポリス(農業機械・製粉・食肉加工)，インディアナポリス(農業機械・食品)，カンザスシティ(自動車)，セントルイス(航空機・自動車)
太平洋岸	カリフォルニアの石油や豊富な水力発電によって工業が発達。第二次世界大戦後は，航空機産業も立地。近年は，**シリコンヴァレー**に代表されるように，コンピュータや半導体などの先端技術産業が発達。	シアトル(航空機・木材・パルプ・造船)，ポートランド(パルプ)，**サンフランシスコ**(食品・自動車・造船)，サンノゼ(電子)，**ロサンゼルス**・サンディエゴ(航空機・電子・石油化学)
カナダ	鉱産資源や森林資源にめぐまれ，金属精錬やパルプ・製紙，木材工業などが発達。アメリカ向けの工業製品が多い。	モントリオール(木材・製紙・造船)，エドモントン(機械・石油化学)，ヴァンクーヴァー(木材・製紙)，ケベック(造船・木材)

② 五大湖沿岸の工業地域

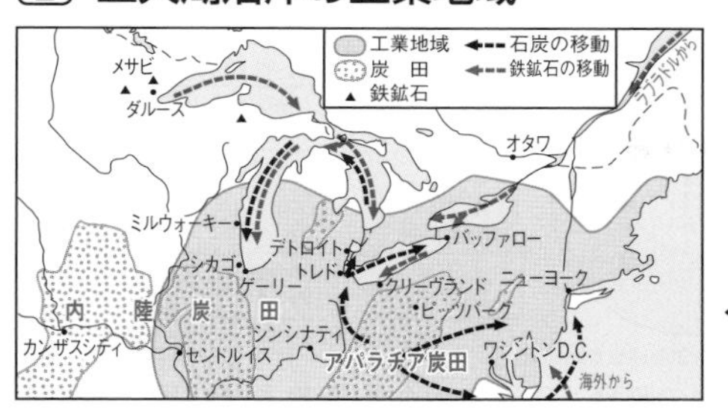

◀五大湖周辺の鉱工業

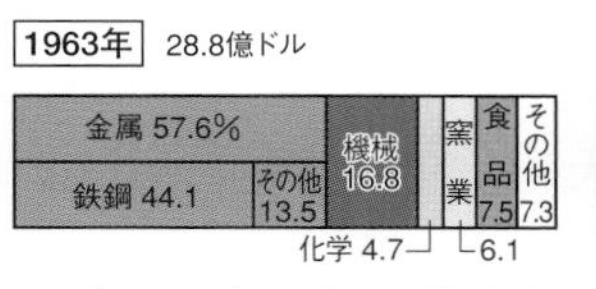

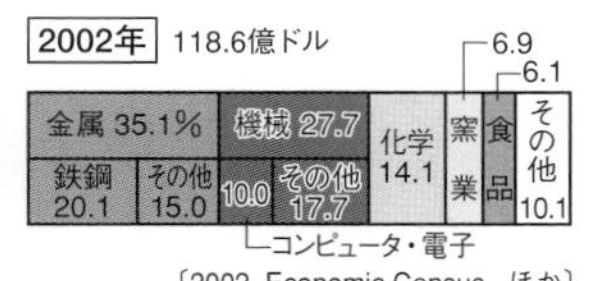

〔2002 Economic Census，ほか〕

▲ピッツバーグの工業生産の変化

五大湖沿岸の工業は，五大湖を運河で結んだ水運と，メサビ鉄山，アパラチア炭田，周辺の農畜産物などの産物を利用している。歴史が古く，アメリカ最大の工業地域であったが，農業機械のほかに鉄鋼や自動車などの古典的な業種が中心であった。そのため，アメリカがその競争力を失っていく過程で，この地域は業種転換が遅れて取り残されていった。

たとえばピッツバーグは，「鉄の街」として繁栄したものの，鉄鋼業の衰退とともに人口流出や都市環境の悪化が進んだ。しかし近年は都市再開発事業を進め，ICT産業を核に再生した。このように，先端技術産業の誘致などで巻き返しをはかっている。

③ サンベルト

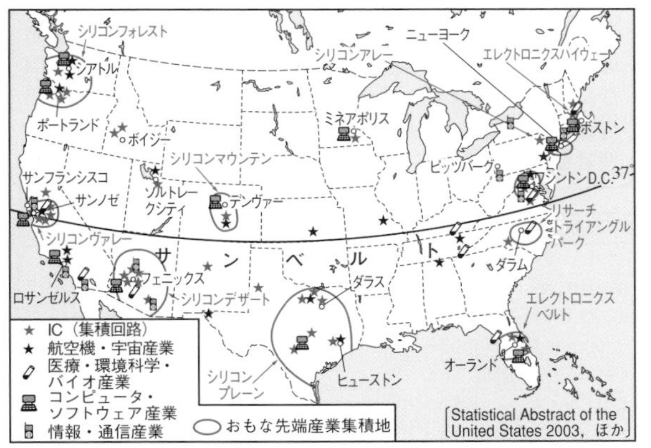

▲先端技術産業の分布

1960年代に，北東部や中西部から温暖で生活費の安い南部や西部への人口移動がはじまった。この，ヴァージニアからカリフォルニアにいたる15州が**サンベルト**である。かつて後進地域であったサンベルトには，人口流入とともに先端産業の進出が急増し，現在のアメリカ工業の中心地となっている。メキシコ湾岸沿いの石油化学工業，シリコンプレーンの半導体産業，NASAの基地を核とした航空宇宙産業の南部と，世界中の優秀な技術者を集めるシリコンヴァレーがあり，ICT産業が中心のカリフォルニア州が，主要地域である。

④ 太平洋岸の工業地域

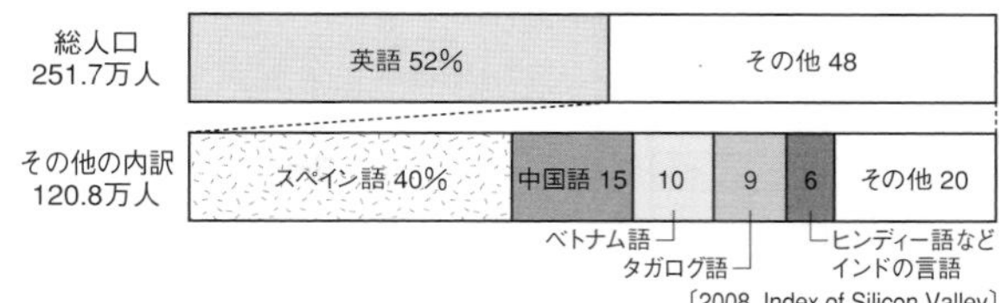

〔2008 Index of Silicon Valley〕

▲シリコンヴァレーの家庭で使う言語

第二次世界大戦以前，この地域の工業は未発達だったが，カリフォルニアの石油や豊富な水力発電に加え，第二次世界大戦前後の軍需産業の急成長によって，航空機産業と電子産業の基盤ができあがった。前者はシアトルのボーイング，後者はサンフランシスコのヒューレット・パッカードが，その代表例である。現在，シアトルにはマイクロソフトや任天堂アメリカの本社が立地し，ソフトウェア産業もさかんになっている。

一方，サンフランシスコ郊外において，半導体産業の企業が多数誕生し拠点を置くようになった。のちに**シリコンヴァレー**とよばれる地域が出現したのである。シリコンヴァレーは，いまでも半導体産業がさかんであるが，そのほかにもソフトウェア産業・インターネット産業の中心地であり，インテル，グーグル，アップルなどの著名企業の本社がある。またシリコンヴァレーは，ベンチャー企業の創業地に選ばれることが多く，近年ではバイオ産業が芽生えはじめている。太平洋岸に数多くの先端産業の企業が立地する理由は，自由闊達（かったつ）な雰囲気があり，地域内で情報や人脈の交流が活発なのが一因であるといわれる。

⑤ 北東部の工業地域

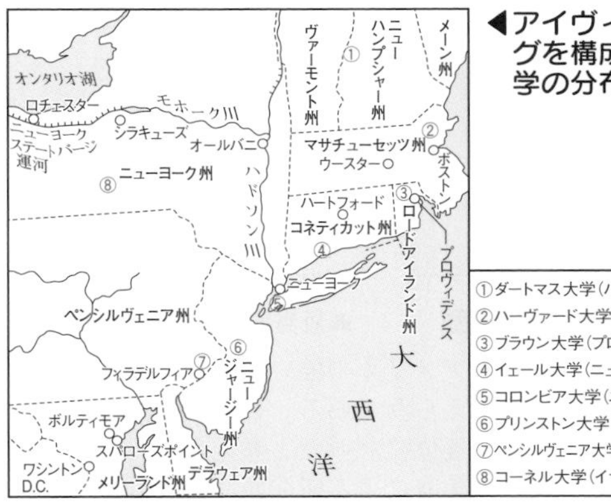

①ダートマス大学（ハノーヴァー）
②ハーヴァード大学（ケンブリッジ）
③ブラウン大学（プロヴィデンス）
④イェール大学（ニューヘヴン）
⑤コロンビア大学（ニューヨーク）
⑥プリンストン大学（プリンストン）
⑦ペンシルヴェニア大学（フィラデルフィア）
⑧コーネル大学（イサカ）

◀アイヴィーリーグを構成する大学の分布

北東部は，アメリカで最も古い工業地帯である**ニューイングランド**地方を筆頭に，古くからのアメリカ工業の中心地である。ニューイングランドでは，伝統的な毛織物工業のほか，近年では先端産業が発展している。ニューヨークなどの大西洋岸**メガロポリス**（→p.172）では，機械・服飾・印刷などの大都市型工業や，造船などの重工業が発達する。ただ，近年の工業生産の伸びは高くない。ニューイングランドの先端産業をささえる要因の一つが，アイヴィーリーグとよばれる8校の名門大学群との産学連携である。

6 世界のなかのアメリカ

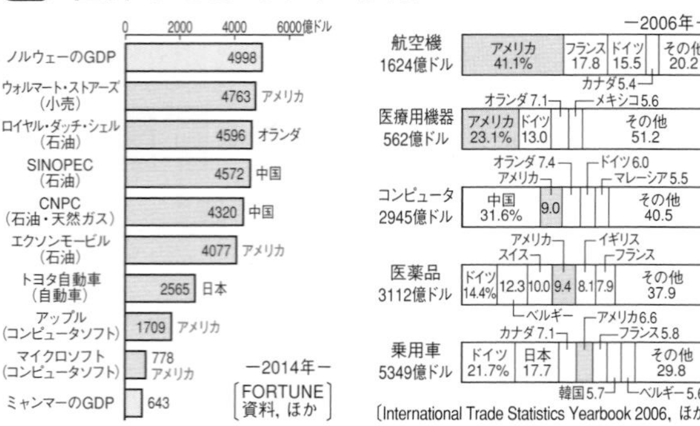

▲世界の企業の収益　▲おもな工業製品の輸出額の国別割合

アメリカは，現在でも世界最大の経済力，工業力をもっていて，世界経済の中心に位置している。工業では，航空機や医療用機器などの先端工業を中心に，高い競争力がある。また，ソフトウェア産業，インターネット産業，金融業，農畜産業，エネルギー産業でも，アメリカの存在感は大きい。世界のおもな多国籍企業にはアメリカ企業が多く，ほとんどの発展途上国のGDP以上の売上高があるものすらある。

このような強い経済力をもつため，それに付随した文化や制度などの影響力もまた強い。グローバル化が進展し，アメリカ流の標準が世界標準となったり，アメリカの映画やファストフードが人気を博したりする。ただ，結果的に経済や文化の摩擦が生じることもある。

7 アメリカの新しい産業

参照 p.143⑥

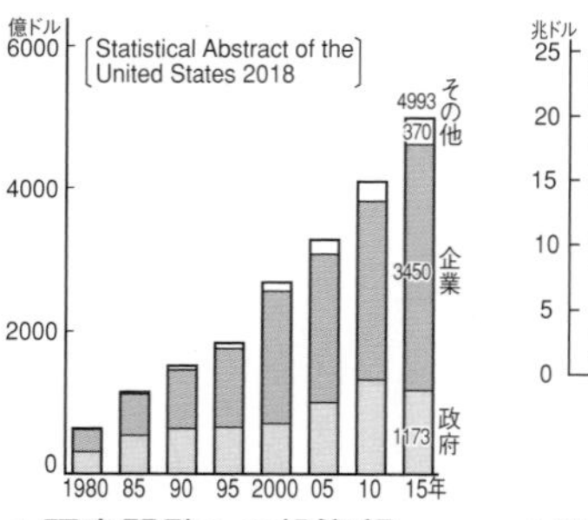

▲研究開発への投資額

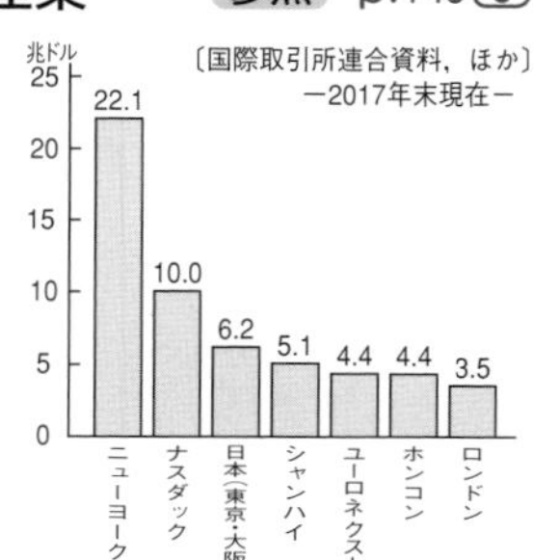

▲証券取引所の株式時価総額

先端産業におけるアメリカの強い競争力は，積極的な研究開発投資にささえられている。とくに1980年代に，日本が各種技術力で優位に立ったと考えられたため，それに対抗するために政府による研究開発投資も増やされた。先端技術がアメリカの競争力をささえると理解されるようになり，研究開発のための法律や制度の整備も進み，企業も投資額を増やしている。それも貢献して，ICT産業やバイオ産業といった新しい産業におけるアメリカの競争力は圧倒的である。

さらに，多くの多国籍企業がアメリカに本社を置いているうえに，世界最先端の金融技術や洗練された金融市場が整備されている。そのため，アメリカ国外からの資金流入が活発で，ニューヨーク証券取引所の規模は世界最大である。

8 カナダの鉱工業

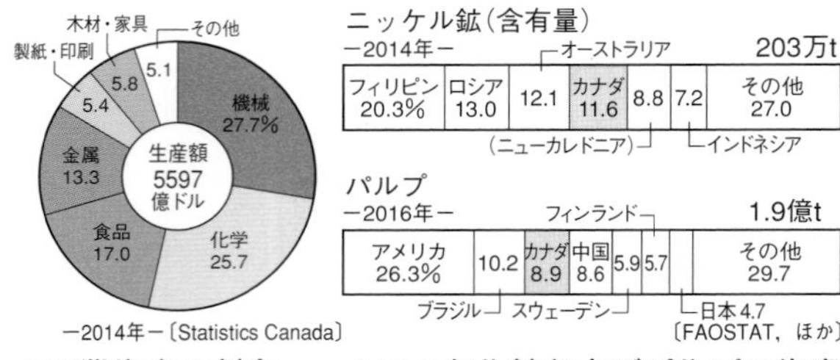

▲工業生産の割合　▲ニッケル鉱およびパルプの生産割合

カナダの経済力は，オンタリオ，ケベックの東部2州で7割以上を占める。その大きな理由が，カナダの工業とアメリカ北東部の工業地帯の強い結びつきである。カナダの五大湖沿岸地方は，アメリカの五大湖沿岸の工業地帯に隣接するため，とくに自動車関係のアメリカ企業の関連会社が多い。豊富な鉱産資源を生かした金属工業もさかんである。ニッケルと銅の鉱床地域にあるサドバリでは精錬がさかんで，五大湖の水運を活用してアメリカに輸出される。一方，西部ではプレーリーのなかにあるマニトバ，サスカチュワン，アルバータの3州が小麦3州とよばれるように，多くの農産物の生産がさかんで，それに付随する食品工業が発達している。

コラム　資源開発をめぐる動き

カナダには未開発の有望資源が多い。たとえば，北極圏には各種の資源が眠っているが，過酷な環境にあるため，開発が進んでいなかった。しかし，温暖化で氷が解けはじめ，開発が比較的容易になってきたため，注目が集まっている。ただ，ロシアなど周辺諸国との間で，占有権をめぐる対立が存在する。また近年，原油を含んだ岩（砂岩）である**オイルサンド**の開発が進んでいる。原油を取り出す費用が高く採算が合わないため軽視されていたが，原油価格が高騰した影響で，戦略的資源として見直されている。その埋蔵量は，サウジアラビアに匹敵する。

都市名	企業名	事業内容
エヴァレット(シアトル近郊)	ボーイング	航空機
ポートランド	ナイキ	アパレル
ミルウォーキー	ハーレーダビッドソン	オートバイ
ミルウォーキー	ミラー	ビール醸造
シャンバーグ(シカゴ近郊)	モトローラ	通信機器
セントルイス	アンハイザー・ブッシュ(バドワイザー)	ビール醸造
オーバーンヒルズ(デトロイト近郊)	クライスラー	自動車
ディアボーン(デトロイト近郊)	フォード	自動車
デトロイト	ゼネラルモーターズ	自動車
アクロン	グッドイヤー	タイヤ製造
アクロン	ファイアストン	タイヤ製造
アトランタ	コカ・コーラ	飲料
ロチェスター	イーストマン・コダック	フィルム・デジタル関連製品ほか
フェアフィールド	ゼネラル・エレクトリック	電気機器ほか
ハーシー	ハーシー	食品（菓子など）
ヒューストン	シェル	石油
アービング(ダラス近郊)	エクソン・モービル	石油
メンフィス	フェデラルエクスプレス(FedEx)	航空貨物
シンシナティ	プロクター・アンド・ギャンブル(P&G)	家庭用品

▲企業と関係が深い都市

11 ラテンアメリカの鉱工業

① ラテンアメリカの鉱工業

用語　マキラドーラ

メキシコの保税加工制度。おもにアメリカなどの先進国の企業から部品を受け取り，技術指導を受けて加工し，製品を納める。

ラテンアメリカは，ブラジルの鉄鉱石，チリの銅，メキシコやベネズエラの原油など地下資源が豊富である。20世紀以降，輸入代替工業の発達と外国資本の導入により，地域開発と工業化が行われた。とくに近年，ブラジルは**BRICS**(→p.151)の一国として注目されている。

しかし，依然として特定の一次産品の輸出に経済が大きく依存する**モノカルチャー経済**を基盤としている国もある。また，累積債務や地域間の経済格差が深刻な問題となっている。

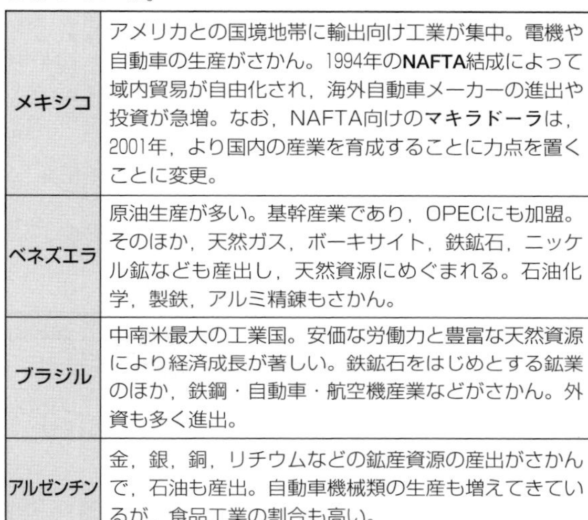

メキシコ	アメリカとの国境地帯に輸出向け工業が集中。電機や自動車の生産がさかん。1994年の**NAFTA**結成によって域内貿易が自由化され，海外自動車メーカーの進出や投資が急増。なお，NAFTA向けの**マキラドーラ**は，2001年，より国内の産業を育成することに力点を置くことに変更。
ベネズエラ	原油生産が多い。基幹産業であり，OPECにも加盟。そのほか，天然ガス，ボーキサイト，鉄鉱石，ニッケル鉱なども産出し，天然資源にめぐまれる。石油化学，製鉄，アルミ精錬もさかん。
ブラジル	中南米最大の工業国。安価な労働力と豊富な天然資源により経済成長が著しい。鉄鉱石をはじめとする鉱業のほか，鉄鋼・自動車・航空機産業などがさかん。外資も多く進出。
アルゼンチン	金，銀，銅，リチウムなどの鉱産資源の産出がさかんで，石油も産出。自動車機械類の生産も増えてきているが，食品工業の割合も高い。

② メキシコの鉱工業

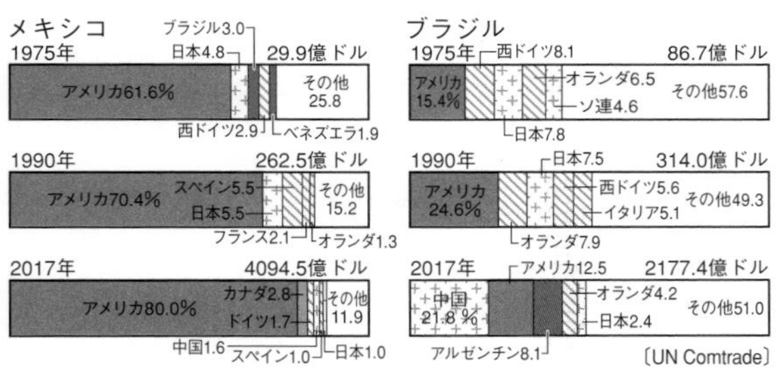

▲メキシコ・ブラジルにおける輸出相手国

メキシコは伝統的にアメリカが最大の貿易相手国であり，全貿易額に占める割合は年々高くなっている。1965年に採用された**マキラドーラ**を利用して，アメリカとの国境地帯に機械，電機，自動車などの工場が外資系企業によって設立された。これらはおもにアメリカへの輸出を目的にしたもので，輸出およびそこからの部品輸入が拡大した。マキラドーラ工場は，生産した製品全量を輸出するという条件で，必要な原材料輸入に関税がかからない。NAFTA発足によって，アメリカとの結びつきはさらに強まっているが，2001年にアメリカや欧州向けマキラドーラは廃止されたため，代替となる制度はあるものの問題も多い。今後もアメリカへの工業品輸出地域としてメキシコが発展するかは不透明である。

③ ブラジルの鉱工業

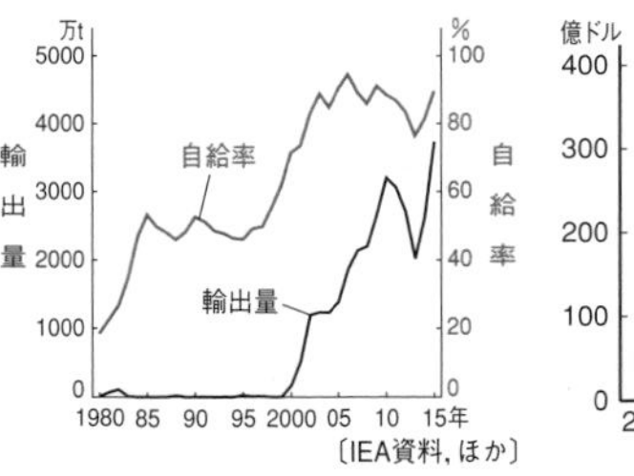

▲ブラジルの原油

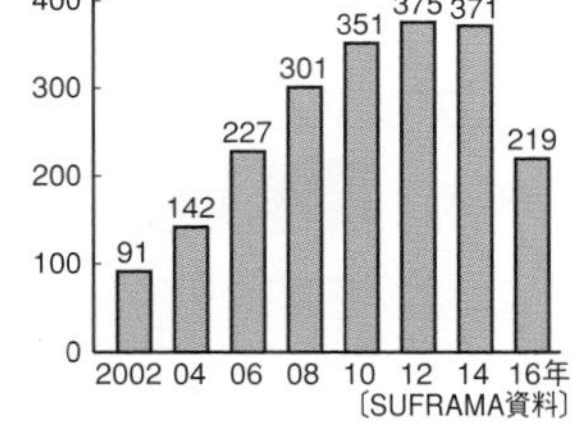

▲マナオスフリーゾーンの売上高の推移

外資による国内市場向け輸入代替型工場の進出が，ブラジル工業発展の鍵となった。1950年代前半までに北米資本の進出が進んでおり，50年代後半からは日本やヨーロッパからの投資も増大した。さらに，1960年代から輸入規制がとくに厳しくなっていたため，たとえば各種の税制を優遇するマナオスフリーゾーンには，国内向け生産をする多数の外資系工場が進出した。現在では，それらによる周辺諸国や先進国への輸出も拡大している。また，日本との合弁である**ウジミナス製鉄所**のように，ブラジルの鉱産資源を利用した工業も発達した。近年では，油田の開発により原油生産も増加し，航空機産業や自動車産業も発達するなど，鉱産資源国であるとともに，各国への輸出も多い，中南米最大の工業国である。

12 オセアニアの鉱工業

① オセアニアの鉱工業

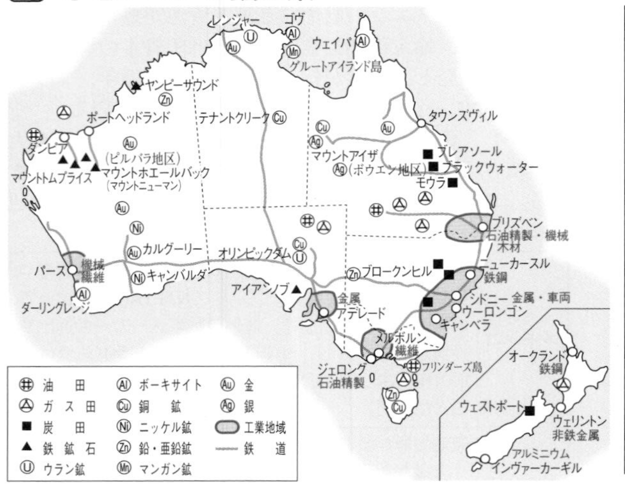

地　域	鉱工業の特徴	おもな工業都市
オーストラリア	**ボーキサイト(アルミニウム)**や**鉄鉱石**, **石炭**, 銅, 鉛, 金, 銀, ダイヤモンド, ウランなどの多種多様な鉱産資源にめぐまれ, その多くは輸出されている。液化天然ガスの生産も伸びており, 国内消費だけでなく輸出も増加している。	ニューカースル(鉄鋼・機械), シドニー(金属), メルボルン・ジェロング(石油精製)
ニュージーランド	おもな輸出品である畜産物の加工が中心。また, 水力発電による豊富な電力を利用したアルミニウム生産もさかん。	オークランド(鉄鋼・食品), クライストチャーチ(食品), インヴァーカーギル(アルミニウム精錬)
ニューカレドニア	世界有数の**ニッケル**の生産量と埋蔵量をもつ。クロムや鉄などの資源も多い。	
ナウル	海鳥の糞(ふん)が堆積したりん鉱石を主要な輸出品としてきたが, 現在では資源が枯渇している。	

② オーストラリアの鉱工業の歴史

年	事　　項
1851	ゴールドラッシュはじまる イギリスからの海上輸送費の高さ→ 自給的工業が発達
1901	連邦結成, 自治領に→植民地型経済からの脱却 第一次世界大戦による工業製品の一時的途絶 ＞ 工業化の必要性
1915	ニューカースルに鉄鋼業立地
1926	アデレードに自動車組立工場が立地
1950年代	移民誘致政策→労働力の増加 保護主義 ＞ 工業化の急速な進展
1960年代	鉄鉱石輸出禁止令解除→鉄鉱山の開発→ 鉱産物輸出急増
1970年代	保護主義の弱まり→競争的政策→ 工業の成長は鈍化
1980年代	外国資本を活用した天然ガス田の開発
2007	「3鉱山政策」の撤廃によるウランの輸出増加
2017	国内の自動車工場がすべて閉鎖

③ アジアと結びつくオーストラリアの鉱工業

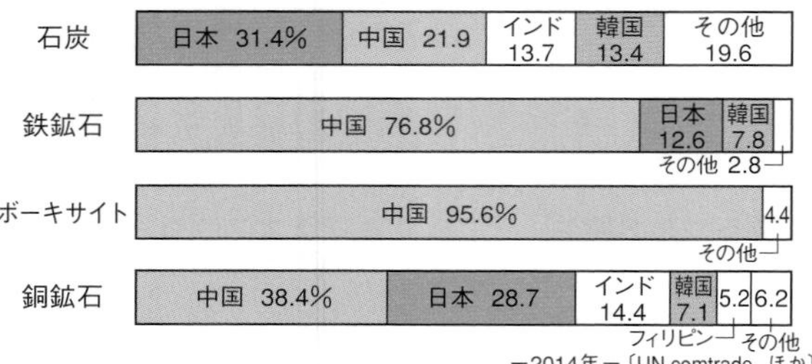

▲オーストラリアの鉱産物の輸出先

　オーストラリアは原油を除き，鉄や石炭からレアメタルまでほとんどすべての種類の鉱産資源にめぐまれており，輸出金額に占める鉱産資源の割合は高い。輸出先は，かつてヨーロッパが多かったが，近年では日本や中国などアジアの割合が増えている。ここ数年は，工業の発展著しい中国への輸出が目立つ。かつて日本の資本を導入して鉱山開発が進められ，長く日本が最大の輸出先であった鉄鉱石においても，中国が最大の輸出先となっている。また，日本をはじめとする外国資本の導入による天然ガス田の開発も進み，生産額が増えている。

④ 鉱山の開発と都市の発達

　高度経済成長期に急拡大した日本の鉄需要に対応するため，1966年にピルバラ地区で大規模な鉄鉱山開発がはじまった。内陸の鉱山開発が進むと，鉱山と海岸部の輸出基地を結ぶ鉄道が敷設されたほか，飲料水確保のためのダムや鉱山従業員のための住宅開発も進んだ。開発以前には3000人にも満たなかった鉱山周辺の人口は，現在では5万人を超す規模へと拡大した。マウントホエールバックなどがあるウェスタンオーストラリア州は国内の鉄鉱石の95%以上を産出しており，世界有数の産地である。

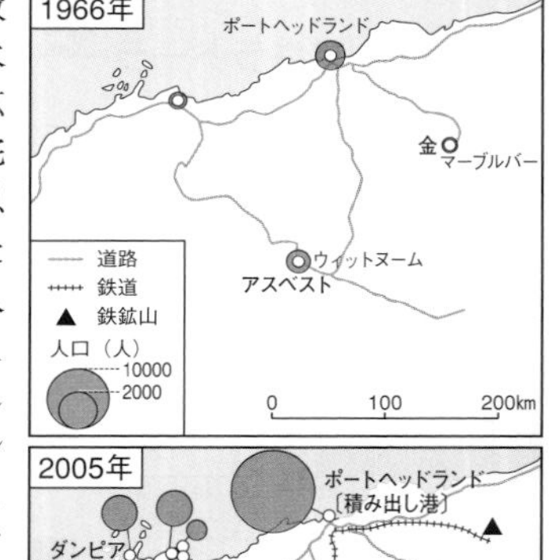

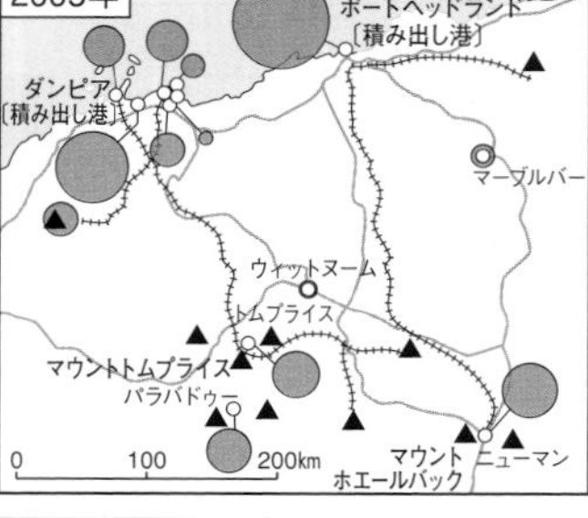

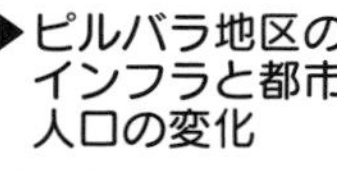
▶ピルバラ地区のインフラと都市人口の変化

鉱山	鉄道敷設	港湾整備
マウントトムプライス	ダンピアまで 393 km	ダンピア(10万t級入港可能)
マウントホエールバック	ポートヘッドランドまで 426 km	ポートヘッドランド(19万t級入港可能)

◀ピルバラ地区のおもな鉱山と鉄道・港湾

トピック オーストラリアのウラン生産

　オーストラリアではウラン埋蔵量が世界一でありながら，核拡散防止のため，その生産が国内の3か所のみとされ(3鉱山政策)，輸出先も限定されてきた。しかし，2007年に方針を転換し，温室効果ガスの抑制のためウランの輸出拡大を表明した。

13 日本の鉱工業

① 日本の鉱工業の発達

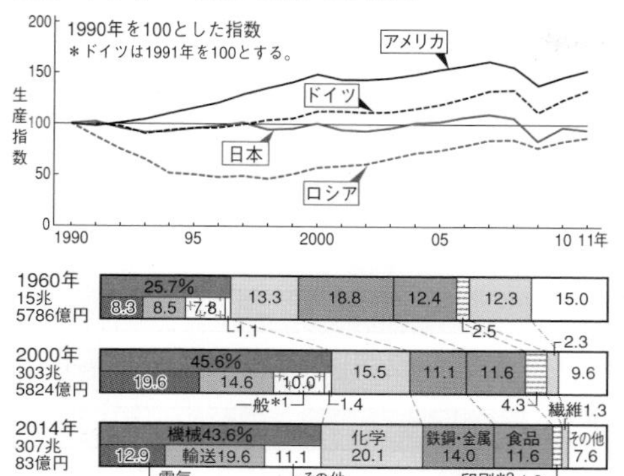

◀おもな国の鉱工業生産の推移
〔世界の統計 2013，ほか〕

◀工業出荷額の内訳の変化
＊1　2008年の分類変更に伴い，データはそれ以前とは一致しない。一般機械は削除。
＊2　1960年は出版・印刷。
〔平成26年工業統計表，ほか〕

明治政府は，繊維・鉄鋼・造船などの官営工場を設立し，**殖産興業政策**を推し進め，経営が軌道に乗った後は民間に払い下げた。大正期に重化学工業が発展し，1937年に軽工業を上回った。第二次世界大戦で大打撃を受けたが，1950年代後半から技術導入と大規模な設備投資により生産を拡大した。しかし，1973年の石油危機以降，資源多消費型の産業構造は転換を迫られ，ICT・LSIを駆使したハイテク産業への脱皮をはかった。また，外国での工場設置など海外直接投資が急増し，「産業の空洞化」が深刻になったが，近年は国内回帰の動きもみられる。 参照 p.127

② 大企業と中小企業

―2014年―		
事業所数 397735	中小企業 99.2	大企業 0.8%
従業者数 779.0万人	30.0%	70.0
製造品出荷額 307.0兆円	51.9%	48.1

◀製造業における大企業と中小企業
＊従業者300人未満の会社を中小企業とした。
―2014年―〔平成26年工業統計表〕

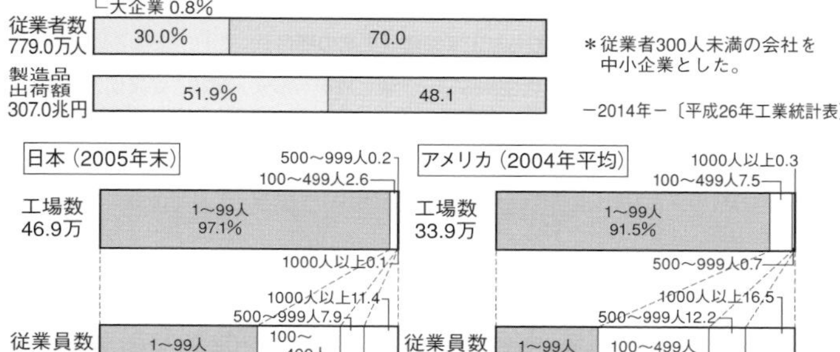

〔日本国勢図会 2008/09〕
▲日本とアメリカの工場規模の比較

日本の工業は，ロボットなどの先端技術を導入した近代的な**大企業**と，一般的に設備や環境の面で劣る**中小企業**とが共存している。従業員99人以下の工場数は全体の99％を占めており，大企業の多くはこれらの中小企業による下請けを前提に操業している。中小企業は食品や機械の部品工場に多い。また，日本の中小企業には，大企業にはない高い技術や製品をもつものも多い。ところが，外国製品との競争による納入価格の引き下げや後継者不足などの理由で，廃業が増えている。その結果，日本の技術力の根幹が揺らぎかねず，競争力低下が懸念されている。

一方，とくに先端産業分野では，独創的な技術や製品を開発して商品化する**ベンチャー**企業も存在し，新たな中小企業像として注目されている。

③ 企業の海外進出

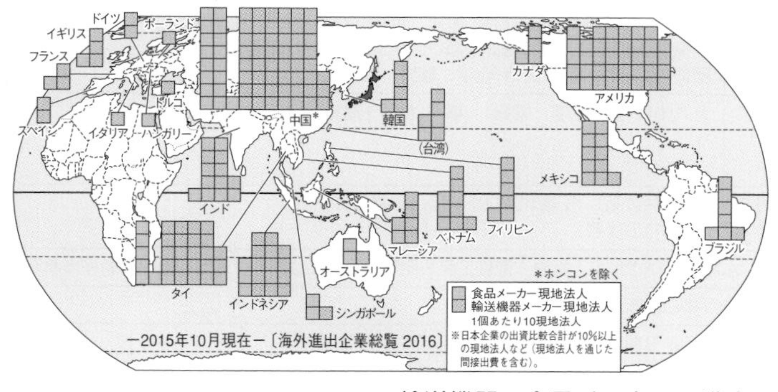

▲輸送機器・食品メーカーの進出

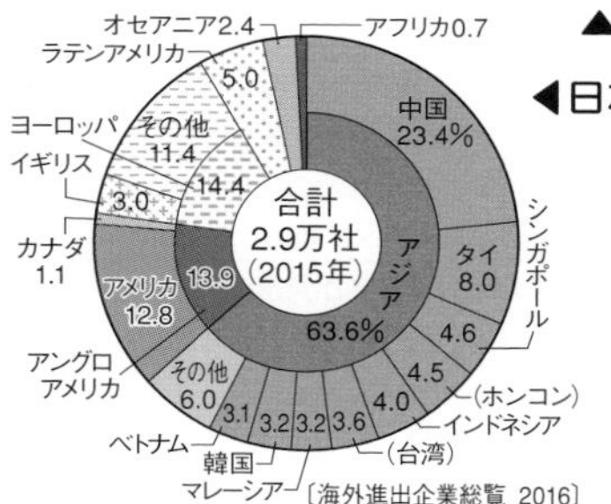

◀日本企業による現地法人数

日本企業の海外工場進出は，アメリカなどとの**貿易摩擦**や円高への対策として，1980年代から自動車を中心に本格化した。アジアの多くの国では，税制上の優遇策を設けて外国企業を誘致しているうえに，現地の物価や人件費は安い。そこで近年では，自動車や電気機械をはじめ，多くの企業がアジア諸国へと進出している。かつてはその製品の多くが日本に輸出されたが，近年はアジア諸国の経済成長が著しく，中国やインドなどは大きな市場となりつつある。

これを受けて，現地向けの製品をつくる企業が増えている。このため，国内において「**産業の空洞化**」が問題となっているが，海外への技術流出の懸念に加え，国内の高い技術力や人材を評価するなど，工場の国内回帰の動きもみられる。

用語　産業の空洞化

自動車や電気機械など，多くの企業が，生産拠点を海外に移して国際競争力を高めようとした。反面，国内では下請けや関連企業の生産も縮小され，雇用が減少した。このような現象を「**産業の空洞化**」という。

④ 日本の工業地域

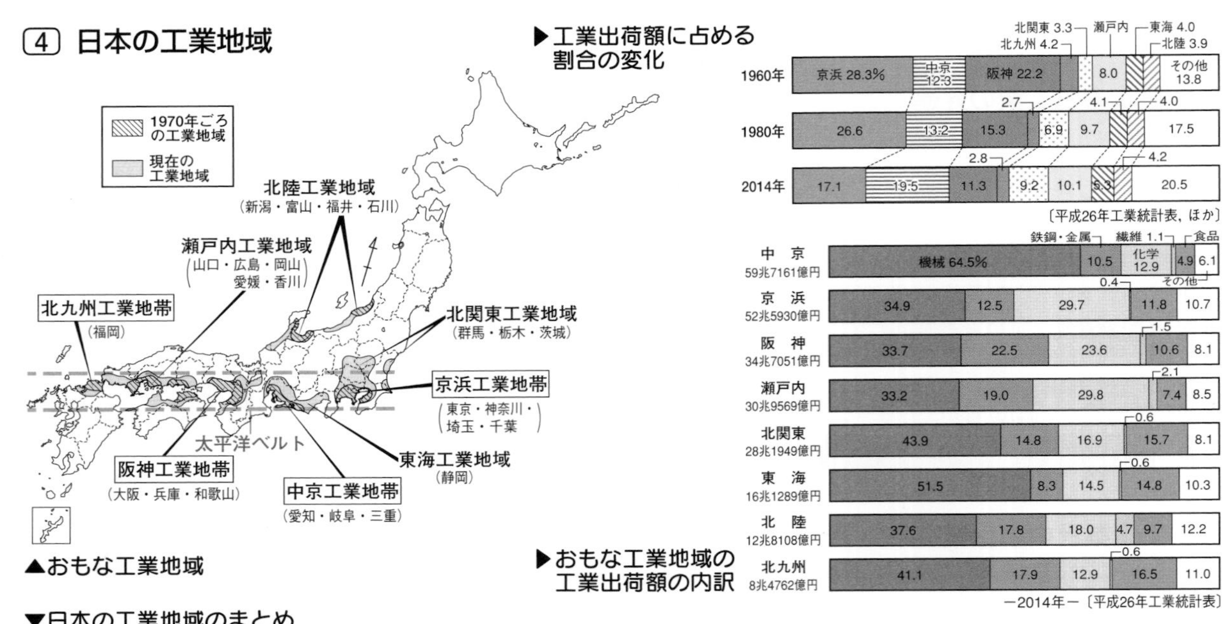

▲おもな工業地域

▶おもな工業地域の工業出荷額の内訳

▼日本の工業地域のまとめ

地域	特　　色	おもな工業都市（工業の種類）
京浜	・東京，神奈川，千葉，埼玉を含む日本有数の工業地帯。外縁部への拡大がみられる。 ・臨海部に素材供給型重化学工業，内陸に組立機械工業，消費財工業がみられる。都心部に出版・印刷業が立地。 ・近年，研究開発機能と結びついて，エレクトロニクス・メカトロニクスが発達。先端産業をリード。	東京(出版・印刷＝都心　機械＝城南　金属・皮革＝城東　雑貨・金属加工＝城北)　川崎(石油化学，電機，鉄鋼，自動車，近年はとくにIC関連)　横浜(電機，石油化学，機械)　八王子(IC，電機)　日野(自動車)　相模原(機械，金属)　厚木(自動車部品，電機)　藤沢(電子機器，自動車)　横須賀(自動車)　南足柄(フィルム)　川口(鋳物)　さいたま(薬品)　狭山・上尾(自動車)　深谷(電機・IC)
(京葉)	・千葉を中心に木更津・君津にいたる臨海工業地域。 ・京浜工業地帯の延長として発展した。	千葉(鉄鋼，食品)　市原(石油化学)　君津(鉄鋼)　市川～船橋(機械，食品)　袖ケ浦(石油化学)　木更津(電機)
阪神	・商都の経済力を背景に早くから工業化が進み，1930年代までは日本最大の工業地域であった。 ・戦後は全国に対する地位が低下しつつある。 ・臨海部に重化学工業，内陸に機械工業が立地。 ・大阪，神戸を中心に京都・滋賀まで広がっている。	大阪(鉄鋼，化学，機械，繊維，食品，雑貨，出版)　神戸(酒造，ゴム，造船，食品)　尼崎(鉄鋼，化学，機械)　守口・門真・大東(電機)　池田(自動車)　貝塚・泉大津(繊維)　堺・泉北(鉄鋼，化学)　和歌山(鉄鋼，化学)　姫路(鉄鋼，化学，電機)　高砂・加古川(鉄鋼，機械)　京都(食品，繊維，機械，出版)　草津(電機)
中京	・愛知県を中心に岐阜県，三重県に広がる。 ・成長率が高く，出荷額では京浜工業地帯を上回る(2006年)。 ・繊維，機械工業の比重が高い。伝統ある綿織物，毛織物，窯業などは全国的な出荷額を誇っている。戦後，自動車，石油化学，鉄鋼業もおこり，総合的工業地帯に成長。	名古屋(自動車，鉄鋼，機械)　豊田・田原・鈴鹿(自動車)　四日市(石油化学)　桑名(IC)　岡崎(綿工業，自動車)　刈谷・安城・西尾(自動車部品)　尾西・一宮・津島(毛織物)　東海・半田(鉄鋼)　知多(製油)　各務原(航空機)　津(造船)　瀬戸・常滑・多治見(窯業)　関(刃物，洋食器)　豊橋(化学・繊維)
北九州	・官営八幡製鉄所と筑豊炭田を軸に発展した。 ・素材供給型の重化学工業地帯で，中国との経済関係の弱まりや石油へのエネルギー転換の影響もあって，地盤沈下が著しい。	北九州(鉄鋼，化学，電機)　福岡(食品，電機)　苅田・宮若(自動車)
道央	札幌(ビール，乳製品)　苫小牧(石油化学，紙・パルプ)　室蘭(鉄鋼，石油製品)　千歳(IC，ビール)　白老(パルプ) 1962年の全国総合開発計画で新産業都市になるが，苫東開発は計画だおれの状態。	
仙塩	仙台～塩竃を中心とする地域で，わが国有数の漁港をひかえ，水産加工がさかん。製油，機械工業も発達。石巻にはパルプ工業も進出。新産業都市。	
常磐・郡山	常磐炭田を基礎に発展。いわき(化学，電機)，郡山(化学，機械)が中心。新産業都市。	
北関東	前橋，桐生，足利の伝統的な製糸・絹織物に加え，高速道路の開通により組立工業が進出し，内陸工業団地を形成。 高崎・宇都宮・矢板(電機，IC)　太田・上三川(自動車)　佐野(食品)　壬生(玩具)　小山(アルミ，機械)　日立（電機）	
鹿島	工業整備特別地域の指定を受け，掘り込み式の港湾が整備された。輸入原料に依存する鉄鋼一貫工場と製油所・石油化学。	
東海	東駿河湾と東三河地区は工業整備特別地域に指定された。京浜と中京を結ぶ交通動脈に沿って発展。伝統工業としての綿織物に加え，浜松の楽器・オートバイ・自動車，富士の製紙，富士宮のフィルム，静岡の金属・機械・アルミ・造船，三島の化学など。	
北陸	北陸４県にまたがり，新潟と富山・高岡は新産業都市として指定された。新潟では製油・金属工業。富山では肥料・薬品などの化学工業，高岡・黒部ではアルミ工業がみられる。金沢・福井は絹織物や化学繊維工業。小松は機械工業。	
瀬戸内	岡山県南・東予は新産業都市，播磨・備後・周南は工業整備特別地域。阪神と北九州にはさまれた位置を利用して各種工業が発達。 倉敷(石油化学，鉄鋼，繊維，自動車)　広島・防府(自動車)　周南(石油化学)　松山・坂出(化学製品)　宇部・小野田(セメント，化学)　呉(造船，鉄鋼)　福山(鉄鋼)　新居浜(化学)　西条(化学繊維)　四国中央(製紙)	
九州	不知火・有明・大牟田，日向・延岡，大分が新産業都市。熊本・大分をはじめIC工業進出でシリコンアイランドとなる。 大牟田(化学)　久留米(ゴム)　長崎・佐世保(造船)　延岡・水俣(化学)　大分(鉄鋼，製油，IC)　熊本・霧島(IC)	

5 おもな工場の分布

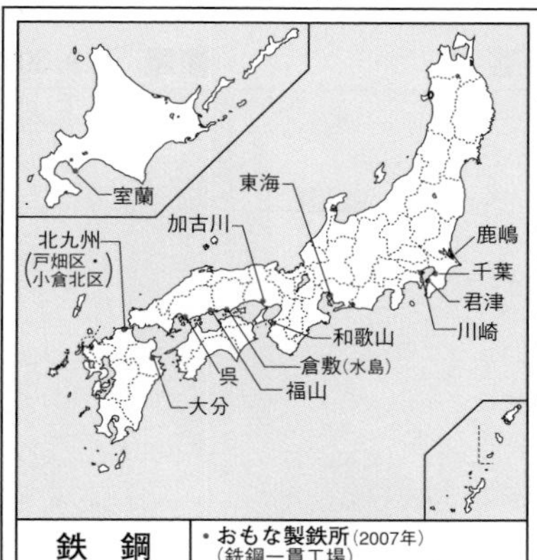

第二次世界大戦前は八幡・室蘭・釜石などの原料立地が主だった。戦後は原料輸入に便利で消費地に近い太平洋ベルトに立地が進み，高度経済成長をささえたが，生産設備が過剰となり，名古屋や君津などの新鋭の製鉄所への統合が進められている。

自動車工業は，自動車メーカーを頂点に，多層的な下請け関係を構築する。そのため，自動車メーカーは愛知県(トヨタ)，神奈川県(日産)，広島県(マツダ)など，創業地に基盤を持ち続ける傾向がある。1990年代以降，九州の工場が増加した。

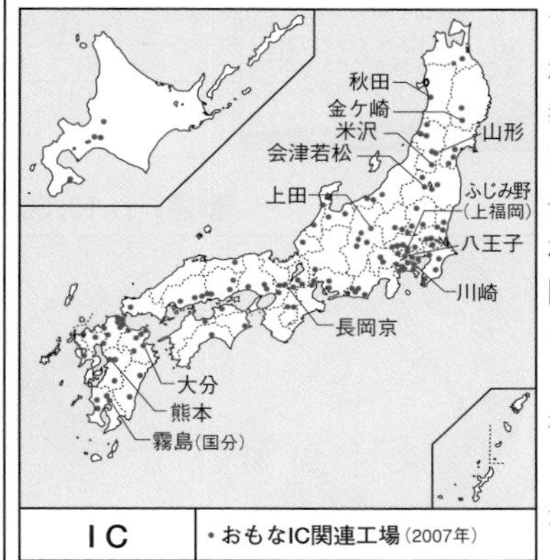

高度な技術をもつ人材が集めやすく，情報も得やすいため，関東地方には研究開発を主目的とする工場が多い。一方，実際の量産を担う工場の多くは，地価が安く，安価な労働力が得られ，輸送に便利な地方の空港や高速道路の近くに立地している。

広大な敷地と大量の工業用水が得られ，国内市場にも近いうえに，石油の輸入と製品輸出に便利な，太平洋の臨海部に立地している。国内から十分な石油を供給できたことがないため，鉄鋼とは異なり，原料立地のコンビナートはない。

トピック　工場等制限法の廃止と工場立地

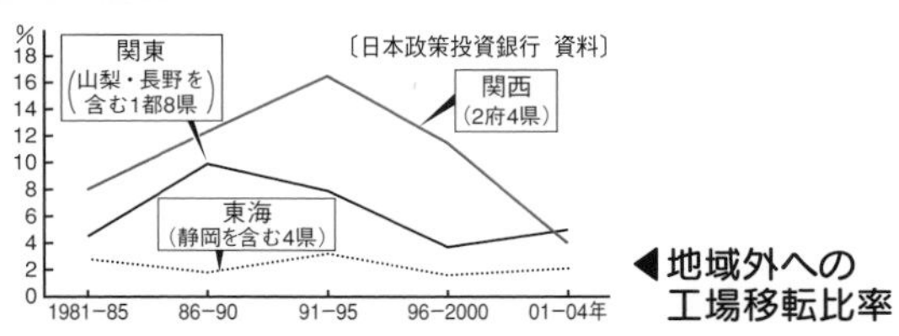

◀地域外への工場移転比率

1960年の前後に，既存の都市区域内での大規模工場や大学の新設や増設を制限する法律が二つ制定された。あわせて「工場等制限法」と総称する。目的は，首都圏と関西圏における都市部への著しい産業と人口の過度の集中を防止し，都市の環境を改善することであった。その後，工場の地方への移転を促進する「工業再配置促進法」が1972年に，生産設備の面積制限や環境配慮を求める「工場立地法」が1973年に，それぞれ制定された。これらをあわせて，「**工場三法**」とよぶ。

しかし，工場の海外移転や地方流出によって，大都市圏の空洞化が問題となった。そこで，激化する国際競争に対応するため，高度な技術開発や先端製品の生産に関係する工場を大都市圏に呼び戻し，産業集積を強化することによって競争力を高めようという意図で，工場三法は廃止・緩和された。大都市部に工場が回帰するようになったほか，工場等制限法の対象であった大学も，学生を集めやすい都心への回帰が進んでいる。

6 コンテンツ産業

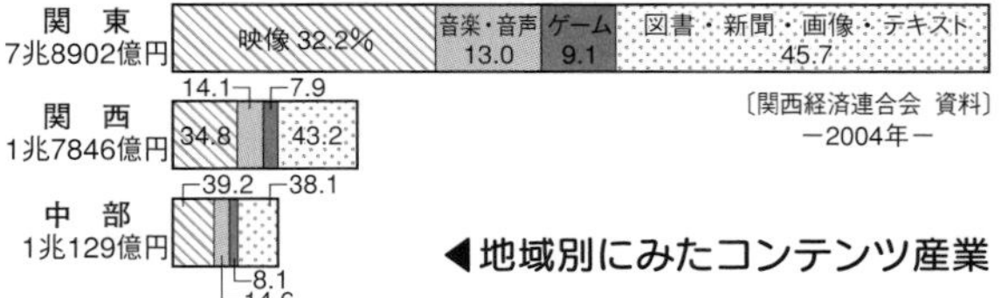

◀地域別にみたコンテンツ産業

映像，音楽，ゲーム，広告などのような情報の内容を**コンテンツ**といい，それに関係する産業を**コンテンツ産業**とよぶ。日本のアニメやまんがは，世界的に評価が高い。コンテンツ産業は，南関東，より正確には東京へ集中している。それ以外の地域でも大都市に多く，世界的にみても少数の大都市へ大多数のコンテンツ企業が立地している。コンテンツ産業の多くは経済活動の活発さと密接な関係があるため，大企業の本社や支社のある大都市に集中しやすい。

たとえば日本の場合，テレビ番組配信の中心であるキー局は東京に立地している。民放テレビ局の経営をささえる広告料の提供元の多くが東京にあり，東京のテレビ局の力が強いためである。結果として，関連するコンテンツ産業も，多数が東京に立地するようになった。また，広告を制作する企業も必然的に東京に立地する。さらに，テレビ時代以前から東京は人や情報が集まる地域であるため，出版業の多くも東京に立地している。

1 村落の立地

① 村落のさまざま立地

立地	特色
扇状地	水との関係では谷水のある扇頂部，伏流水が湧水となる扇端部に立地。交通条件などからは扇端部が有利。用水網などが整備されると，面積の広い扇央部にも立地。
台地	地下水位が低く，一般には村落の発達は遅れる。局地的な地下水「宙水(ちゅうみず)」の上や，湧水帯のある台地の縁に立地。やがて深井戸を掘って台地上にも立地するようになる。河岸段丘の段丘面にも立地。
沖積平野の三角州・氾濫原	洪水を避けることのできる微高地で，比較的乾燥している自然堤防上に立地。やがて，洪水を避けることができるくふうをしたうえで，後背湿地にも立地。
山間部	水の得やすい河谷の河川周辺部，日あたりのよい南向きの緩斜面などに立地。
火山山麓	裾野の湧水帯に立地。
砂漠	水を求めて，オアシス(自然湧水・カナートなどによる引水)や外来河川沿いに立地。

▲村落の立地の自然的条件

用語 集落・村落・都市

集落とは，一定の範囲に住居や商店，オフィス，公共施設など，生活に関連する機能が集合したものである。集落は，人口の規模や密度，産業構造の違いによって**村落**と**都市**に分けられる。

このうち村落は，都市よりも人口の規模・密度が小さく，第1次産業従事者の比率が高い集落であり，生産活動や共同生活の単位となっている。これに対して都市は，村落よりも人口・規模が大きく，第2次産業・第3次産業従事者の比率が比較的高い集落であり，社会的なまとまりは一般に希薄である。

② 集落の立地と地形的条件

近代以前において，水を確保することと災害を避けることは，生活を営むうえでの基本的な条件であった。古くから存在する集落は，そうした条件を満たす場所に立地しているため，集落の立地と地形は密接に関係している。扇状地では，湧水が得られる扇端において，不規則な塊状や列状に集落が立地した。台地周辺の集落は，湧水帯のある台地の崖下に立地し，生活用水の確保が難しい台地上には成立しなかった。一方，比較的水の得やすい沖積平野の集落は，洪水を避けることができる自然堤防上に立地するが，集落の周りを堤防で囲んで水害を防ぐ濃尾平野の**輪中**集落のような例もみられる。同様に高潮のおそれがある海岸平野では，微高地である浜堤の上に集落が立地している。現在では上水道や用水の整備が進み，治水技術の向上で洪水も少なくなったため，かつては集落が立地しなかった台地上や後背湿地などにも，住宅地の開発がみられる。

(1) 扇状地の集落

参照 p.9, 305

1：50 000「竹生島」平成19年修正

(2) 台地の集落

参照 p.10, 307

1：50 000「佐倉」平成9年修正

(3) 沖積平野の集落

参照 p.10, 306

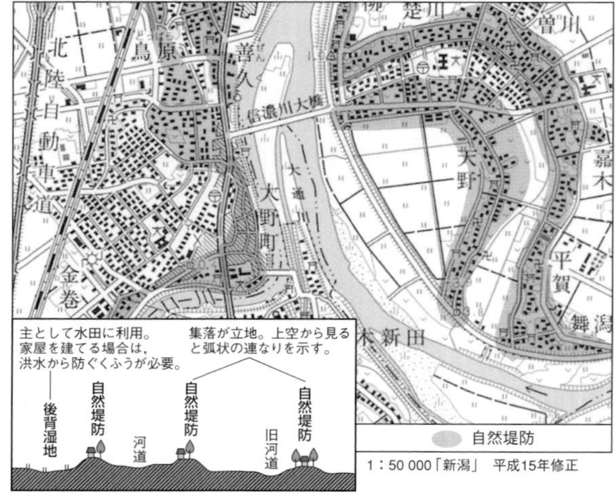

1：50 000「新潟」 平成15年修正

2　村落の発達

① 村落の起源

時代	集　落	地域・地名	特　色
古代		条，里，反，坪，面，番	条里制にはじまる村落。30～40戸が配置され，塊村を形成。
中世	荘園集落	本荘，領家，別所，給田	中世の荘園制とともに発達した集落。
	名田（みょうでん）百姓村	太郎丸，三郎丸，五郎丸	開墾権を与えられた名主の屋敷を中心に発達。
	豪族屋敷村	根古屋（根小屋），寄居，箕輪，土居	荘園領主である豪族の屋敷を中心に発達。
	隠田（おんでん）百姓村	五家荘，椎葉，白川郷，米良荘	隔絶した山間部にある集落で，地租を納めない隠し田をもつ。落武者集落ともいわれる。
	寺百姓村	（とくになし）	寺領の開拓にはじまる村。
近世	新田集落	新田，新開，加納，出屋敷，高野，免，受	江戸時代に幕府によって開墾が奨励された際につくられた計画的な集落。
近代	屯田兵（とんでんへい）村	琴似，江別（初期）野付牛，士別（末期）	明治時代に，北海道の開拓と防衛を目的につくられた集落。碁盤目状の地割りが特色で，はじめは集村だったが，のちには散村も形成された。

② 開発の歴史と集落

（1）中世の集落

参照 p.311

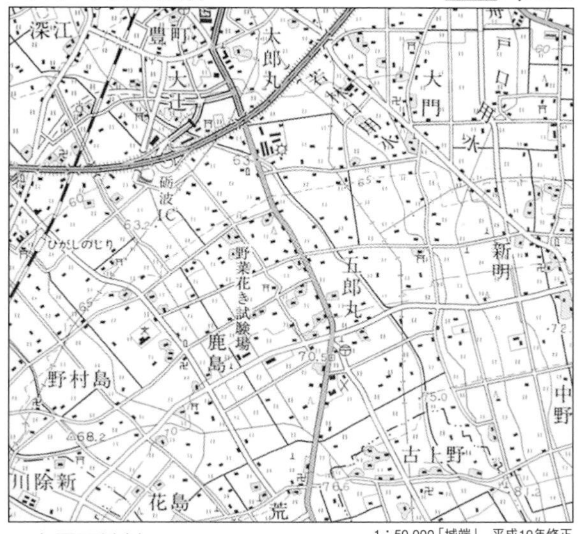

▲名田百姓村　1：50 000「城端」　平成10年修正

中世には，貴族，寺社，豪族などの私有地が拡大した。荘園内では，荘園領主である豪族や開墾権を与えられた名主（有力農民）による林野の開墾が行われたが，豪族や名主の屋敷を中心に，一族郎党や下人などが集まって集落が形成された。名田百姓村には「太郎丸」や「五郎丸」など，名主の名前が地名となって残されている。

（2）近世の集落

参照 p.310

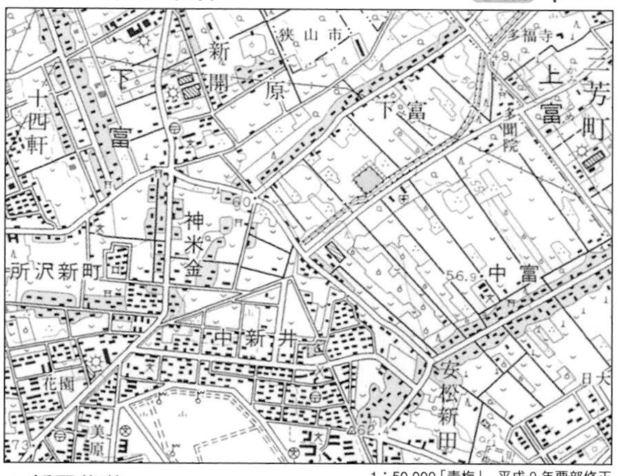

▲新田集落　1：50 000「青梅」　平成９年要部修正

豊臣秀吉の太閤検地で確定された本田（ほんでん）に対し，江戸時代以降に開発された耕地を新田とよぶ。新田では本田で禁止された換金作物の耕作や土地の売買が認められたため，開発は著しく進み，本来は農地に適していない水の乏しい土地や低湿地に集落が立地した。新田集落では，1本の道路の両側に家屋が配置され，その背後に耕地，燃料・堆肥の供給源である雑木林と続く土地割が多くみられる（図右中央の「中富」付近）。

（3）近代の集落

▲低湿地の開拓村　1：50 000「羽後浜田」　平成３年修正

日本で第2位の面積をもつ湖であった秋田県八郎潟は，戦後の食料不足解消を目的として，1957年に国による干拓事業がはじまり，約1万7000haの干拓地が造成された。入植者の住居は，農地とは分離した総合中心地とよばれる区域に計画的に集められ，道路や用水路が碁盤目状に整備された。100m四方で区画された農地では，大型機械による大規模な稲作経営が行われている。

3 村落の形態と機能

① 村落の形態

(1) 集村

種類		特徴	例
列状村	路村	主要道路や開拓路に沿って家屋が列状に並んでいる。家屋のうしろに耕地をもつ例が多い。	新田集落 ヨーロッパの林地村
	街村	路村よりも道路との結びつきが強く，商店や宿屋などが多くなる。耕地はないか，あっても少ない。	宿場町 市場町 門前町
塊村（かいそん）		家屋が不規則に並び，塊状（かたまり）に集まっている。井戸や湧水のあるところに自然発生的に成立することが多い。	オアシス集落
円村（環村）		中央に教会や広場があり，これを囲むように家屋が円状に配列されている。家屋の外側に放射状に耕地，牧草地，森林がある。	ドイツ東部やポーランドの伝統的農村

▲集村の種類と特徴

湧水や道路の周辺に自然発生的に成立した集村は，各農家が自分の農地を家の近くに所有できない，火災の際に延焼の危険性が高い，などの短所がある。しかし，田植えや稲刈りなどの共同作業，外敵からの共同防衛，領主による支配などには都合がよいため，成立時期が古い村落には集村が多い。

(2) 散村

参照 p.311

種類	特徴	例
疎村	数戸の家屋がまとまって散在している。台地や丘陵地，河岸段丘などにみられる。	大井川三角州
タウンシップ	公有地の分割制度により，1農家につき800m四方の方形区画が割りあてられた。	アメリカ・カナダの農牧業地域
孤立荘宅（しょうたく）	屋敷林に囲まれた農家が1戸ごとに独立して点在し，周囲には耕地が広がる。散居村ともいう。	砺波平野，出雲平野，十勝平野，北フランス

▲散村の種類と事例

家屋が1戸ごとに点在している散村は，家屋に隣接して農地が配置されているため，農作業の効率性が高い，火災の被害が少ない，などの長所がある。こうした散村形態が普及するには，共同防衛や共同作業の必要性が低いことが条件となる。

用語　丘上（きゅうじょう）集落・林地村・オアシス集落

村落や集落は，世界各地でさまざまな形態がみられる。治安や衛生状態が悪かった中世以前の地中海沿岸では，マラリアなどの風土病や外敵・野獣を避けて，丘の上に立地する**丘上集落**がみられた。ドイツやフランス北部の森林地帯では，谷沿いの路村の背後に短冊状の耕地，草地，森林が続く**林地村**が，中世以降に開拓された。北アフリカや西アジアの砂漠地帯には，地下水が湧出する地点に**オアシス集落**が立地した。

② さまざまな土地区画

(1) 条里制

参照 p.312

班田収授法(646年)の成立によって採用された土地区画制度を**条里制**という。耕地を6町(約654m)間隔で正方形に区画した「里」(約43ha)に，30〜40戸が配置された。条里制の区画は，現在も奈良盆地や近江盆地などの道路や用水路に残存し，条・里・坪・反などの地名もみられる。

このように，耕地を格子状に区画する条里制に対して，都市の街路を格子状に配置する制度を**条坊制**という。藤原京，平城京，平安京が代表例である。

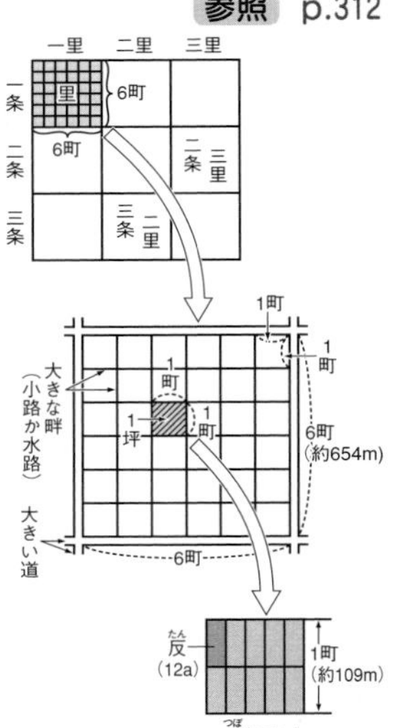

▲条里制の土地区画

(2) タウンシップ制

自己所有の農地での家族経営を奨励するアメリカ政府は，1862年に**ホームステッド法**を制定し，その土地に5年間居住した入植者には，約65haの公有地を無償で提供した。公有地の分割にあたっては，経緯線に沿って格子状に土地を分割し，1/4セクション(64.8ha)を各農家に割りあてる**タウンシップ制**を導入した。典型的な散村の形態であるタウンシップ制は，日本の屯田兵村開拓のモデルとなった。

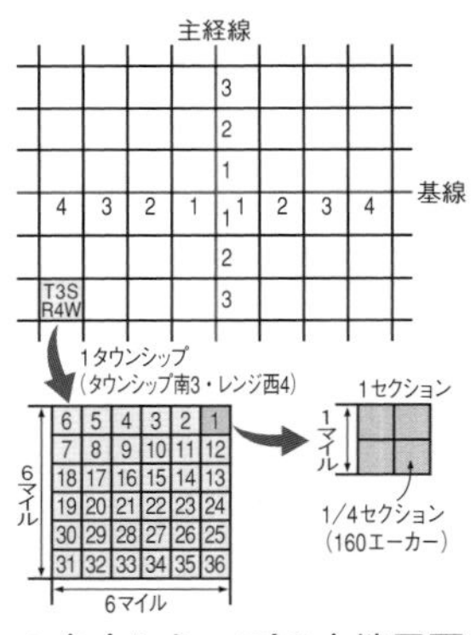

▲タウンシップの土地区画

(3) 屯田兵村

参照 p.294①，312

屯田兵村は，明治時代，北海道の開拓と北方防衛という二つの使命をもった入植者(屯田兵)によって形成された計画的な集落である。屯田兵は，おもに東北地方の農村から募集された。タウンシップ制をモデルとした格子状の道路によって土地が区画されたが，当初は集村の形態が多かった。その後，治安の向上や農業経営の大規模化に伴って，次第に散村の形態に移行した。

1：50 000「札幌」平成11年修正
▲屯田兵村

4 都市の立地と発達

1 都市の立地

立地点	立地の要因		代表的な都市
平野の中心	後背地の商業・交通・政治などの中心		パリ，ベルリン，モスクワ
二つの異なる地域の境界	牧畜地域と農業地域		パオトウ(包頭)
	山地と平野		谷口集落(青梅，寄居)
交通の要地	海上交通	湾頭	サンクトペテルブルク，ボルティモア，東京，大阪，ベルゲン，気仙沼
		海峡	ジブラルタル，イスタンブール，函館，青森，ドーヴァー
		運河	スエズ，ポートサイド，コロン
	河川交通	河口	ニューヨーク，ニューオーリンズ，モンテビデオ
		潮汐限界点	ロンドン，ハンブルク
		合流点	ベオグラード，セントルイス
		終航点	バーゼル，滝線都市
	陸上交通	渡津(としん)	ケンブリッジ，島田，金谷
		峠	トリノ，ミラノ，箱根，三島

2 地名にみる都市の立地

城(都市)	カッスル(castle〈英語〉)，バラ(borough・burgh〈英語〉)，ブルク(burg〈ドイツ語〉)，ブール(bourg〈フランス語〉)
橋	ブリッジ(bridge〈英語〉)，ブルック(bruck〈ドイツ語〉)
浅瀬(渡津)	フォード(ford〈英語〉)，フルト(furt〈ドイツ語〉)
堤　防	ダム(dam〈オランダ語〉)
町・集落	タウン(town〈英語〉)，ヴィル(ville〈フランス語〉)，ウィッチ(wich〈英語〉)，シュタット(stadt〈ドイツ語〉)

▲立地のわかる地名

3 谷口集落と滝線都市　参照 p.273

都市は人や物資の集まる場所に立地する。生産物の異なる山地と平野の境界である谷口(山地から平野に河川が流れ出す地点)には，両地域からの物資が集まり，市場町が発達した。河川交通の終点となる滝線(台地と平野の境界となる崖下)には，交易や交通の要衝として早くから都市が成立し，河川の落差による水力を利用した産業も発達した。

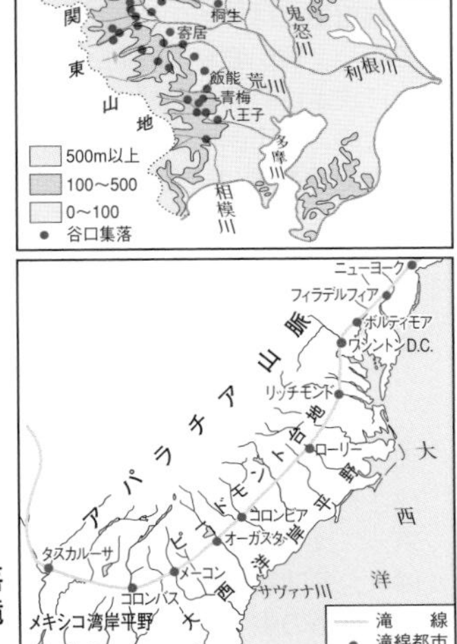

▶関東地方の谷口集落(上)とアメリカの滝線都市(下)

4 都市の発達

	世界の歴史的都市	日本の歴史的都市
古代	支配階級の出現により，宗教・政治・軍事の中心地として，古代国家の首都(ローマ，長安)，地中海沿岸の**植民都市**(カルタゴ，アレクサンドリア)，ローマ帝国辺境の**要塞都市**(ウィーン，ケルン)などの都市が発達。	政治の中心地として，唐の長安をモデルに格子状道路網を備えた計画都市(平城京，平安京)を建設。
中世	領主の居城や教会を中心とする**封建都市**(パリ)に加え，産業や交通の発達により経済力を持った**ハンザ同盟都市**(ハンブルク，ブレーメン)，北イタリアの諸都市(ヴェネツィア，フィレンツェ)などの**自治都市**が成立。	宗教権力の拡大を背景に，寺院や神社を中心とした**門前町**(高野山，長野)，**鳥居前町**(伊勢，琴平)が発達し，浄土真宗の寺院を中心に防御施設を持つ**寺内町**(富田林，貝塚)も出現。大陸との貿易により**港町**(堺，博多)が成長。
近世	統一国家の誕生や中央集権化により首都(ロンドン，モスクワ)が成長。大航海時代以降の貿易港として**商業都市**(リスボン，アムステルダム)も発達し，新大陸やアジアでは**植民都市**(マニラ，ムンバイ)が成立。	城郭を中心に，武家町，町人町，寺町など身分・職種による町割で構成された**城下町**が各地に成立。五街道の整備や参勤交代制により**宿場町**(三島，妻籠)が成長し，国内産業の発達と物流の増大を背景に**港町**(大坂，敦賀)も発達。
近代	産業革命以降，多くの**工業都市**(マンチェスター，エッセン)が成長。先進国ではグローバル経済の中心地である**世界都市**(ニューヨーク，ロンドン)が台頭し，途上国では**首位都市**(メキシコシティ，バンコク)が出現。	経済成長を背景に，各地で**工業都市**(豊田，北九州，長崎)が発達。東京の**世界都市**(→p.170)化が進む一方，大都市圏の郊外には多くの**衛星都市**(多摩，春日井)が形成される。

▲世界と日本の都市の発達史

5 囲郭都市と城下町　参照 p.313

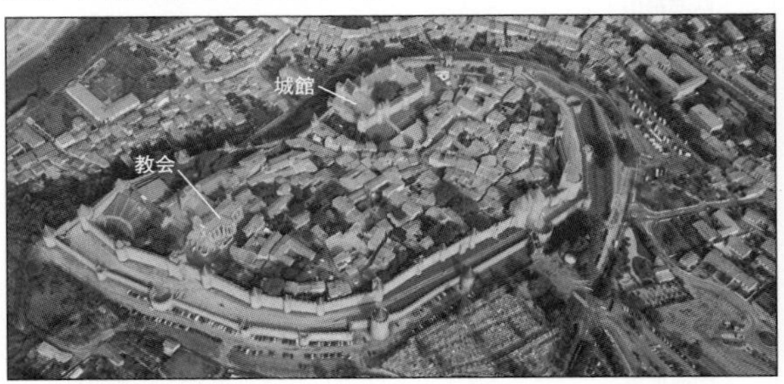

▲カルカソンヌ(フランス)

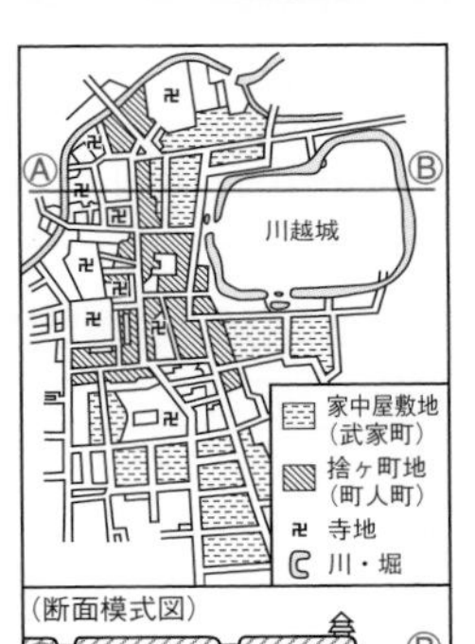

▶川越の城下町と断面模式図

日本の**城下町**では，町人町や寺社町などが堀や石垣の外側にあるが，ヨーロッパの**囲郭都市**では，市街地全体が城壁に囲まれている。これは日本の戦乱がおもに武士間の戦いであったのに対し，ヨーロッパでは民族間や国家間の戦乱が多く，一般市民が巻き添えになることが多かったためといわれる。

5 都市の機能と階層性

① 都市の形態

都市の形態は，街路網や市街の区画，建物の配置などによって特色づけられる。

一般に，自然発生した都市の道路は不規則で狭く，市街地も雑然としているが，計画的な都市は規則正しい街路網で，市街地も整然と区画されていることが多い。

世界では，直線的な道路を直交させた**直交路型**街路網が最も一般的である。中国の古代都市や，日本の奈良(平城京)，京都(平安京)が代表的な例である。新大陸の都市にも直交路型が多く，シカゴやニューヨークが代表的な例である。都心から放射状に道路がのびている計画都市も多く，ワシントンD.C.は**放射直交路型**街路網を中心部にもっている。モスクワやパリ，カールスルーエは，一つの核からなる**放射環状路型**街路網を中心部にもっている。西アジアや北アフリカなどの古い都市には，計画的に袋小路を設けた**迷路型**がみられる。日本の城下町(→p.169⑤)も，迷路型に該当する。

直交路型　放射環状路型　放射直交路型　迷路型

▲街路網の基本型

② 都市機能による分類

分類		代表的な都市
生産都市	鉱業都市	[金] ヨハネスバーグ，カルグーリー [銅] チュキカマタ，ビンガム，ビュート [鉄] イタビラ，ニューマン，カラジャス，クリヴォイログ，キルナ，トムプライス [鉛，亜鉛] 飛騨(神岡)，マウントアイザ，セロデパスコ [ニッケル] サドバリ [石炭] タートン，カラガンダ，ノヴォクズネツク [石油] キルクーク，マラカイボ，バクー，ターチン，パレンバン，ダーラン
	工業都市	[鉄鋼] 北九州，ウーハン，ゲーリー，アンシャン，エッセン，マグニトゴルスク [自動車] 豊田，デトロイト，ヴォルフスブルク [造船] 長崎，グラスゴー，ウルサン [綿工業] ムンバイ，タシケント [絹工業] 桐生，福井，リヨン [製紙] 苫小牧，富士，オタワ
	林産都市	能代，新宮，アルハンゲリスク，シトカ
	水産都市	釧路，焼津，アバディーン，キングストン，セントジョンズ，ベルゲン
交易都市	商業都市	大阪，ニューヨーク，ブエノスアイレス，シャンハイ，ロンドン
	交通都市	[鉄道] 米原，鳥栖，ウィニペグ [港] 横浜，神戸，シンガポール，パナマ，ホンコン [空港] 千歳，アンカレジ，カラカス，カラチ
消費都市	政治都市	ワシントンD.C.，ブラジリア，キャンベラ
	軍事都市	横須賀，ポーツマス，ジブラルタル，ウラジオストク
	宗教都市	[キリスト教] エルサレム，バチカン(ローマ) [イスラーム] メッカ，メディナ，エルサレム [ヒンドゥー教] ヴァラナシ [仏教] ブッダガヤ，ラサ，長野，成田 [神道] 伊勢，出雲(大社) [ユダヤ教] エルサレム [新宗教] 天理，ソルトレークシティ
	住宅都市	[東京周辺] 多摩，立川，所沢，越谷，船橋 [名古屋周辺] 春日井，小牧 [大阪周辺] 茨木，枚方，池田，豊中，芦屋，生駒 [ロンドン] レッチワース，ウェリンガーデンシティ
	学術都市	つくば，ケンブリッジ，オックスフォード，ライプツィヒ，ハイデルベルク，アカデムゴロドク，ボストン
	観光都市	奈良，京都，パリ，アテネ，ローマ，ヴェネツィア，ナポリ，ジュネーヴ，ペキン
	保養都市	[避暑] 軽井沢，バンドン，シムラ，バギオ [避寒] マイアミ，ニース，ヤルタ，パームスプリングス [温泉] 別府，草津，バーデンバーデン

③ 都市の階層的分類

	小都市	中都市	大都市
中心地機能	・スーパーマーケット，小商店 ・卸売業，金融業の支店 ・高校 ・保健所，病院	・大型小売店 ・都市銀行の支店，地元企業の本社 ・短期大学 ・総合病院 ・役所の出先機関	・百貨店，高級専門店 ・全国企業の本社 ・大学，博物館 ・専門病院 ・広域の行政機関

▲都市の大きさによる中心地機能の違い

コラム　クリスタラーの中心地理論

ドイツの地理学者クリスタラーは，都市圏とは商品やサービスをできるだけロスを少なく行き渡らせるために，同心円的な構造になり，小さな都市圏をより大きな都市圏が包み込むように存在していると考えた(都市圏の円は，同じ規模の都市どうしでは競合するため，六角形になっている)。しかし実際には，地形や交通網などの条件により，理論どおりに分布することは少ない。

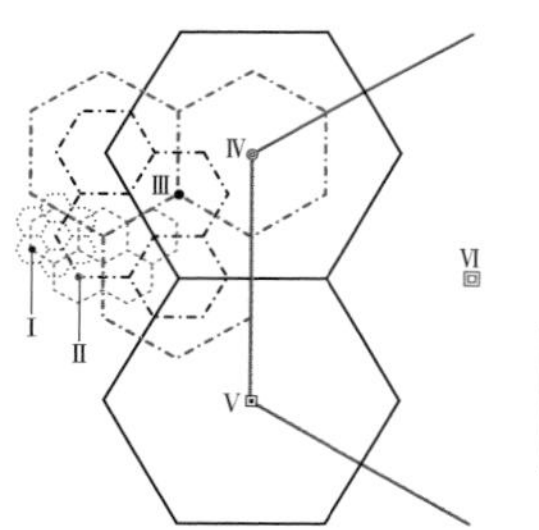

◀都市の配置のパターン

用語　都市圏・中心地機能・都市システム・世界都市

都市は，都市圏の広がりや中心地機能の大小により，階層的に分類される。

都市圏とは，その都市の影響や勢力が及ぶ範囲のことであり，買い物客や通勤・通学者の移動データなどをもとに決定される。階層上位の都市ほど広域から人が集まるため，都市圏は広い。

中心地機能は，その都市が周辺地域に対して物資やサービスを供給する機能のことであり，階層上位の都市ほど専門性が高く，規模の大きな機能をもつ。階層が下位の都市は，商業・交通・行政などの面で，上位の都市を補完する役割を果たす。

このように，上位と下位の都市が階層的に結びついたシステムを**都市システム**という。都市システムは，地域，国家，世界などを単位として，さまざまなスケールで形成される。世界的な都市システムの最上位に位置する東京，ニューヨーク，ロンドンなどの都市は**世界都市**とよばれ，多国籍企業の本社や世界的な金融市場が立地する世界経済の中心地となっている。

6　都市の内部構造

① 都市内部の地域分化　参照 p.174, 189

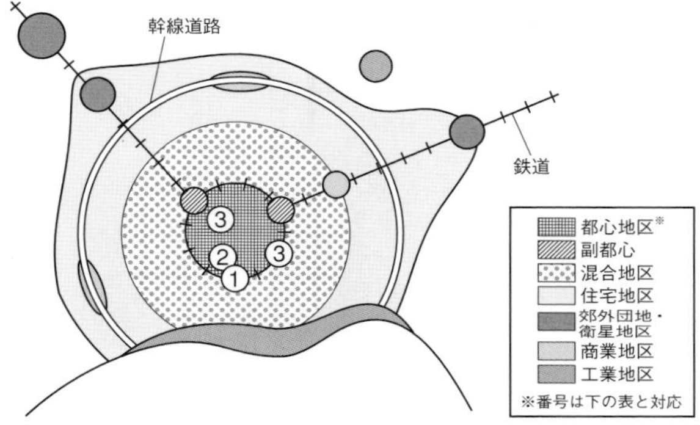

▲都市地域の内部分化の模式図

地域名	特徴		東京	大阪
都心地域	①中心業務地区(CBD)	企業の本社や銀行などが立地。高層ビルがめだつ。	丸の内 大手町	堂島 中之島
	②官公庁地区	政治や行政の中心。諸官庁の建物が並ぶ。	霞が関	大手前
	③都心商業地区	専門店や百貨店が集まる。再開発による大型商業施設もみられる。	銀座 秋葉原 六本木	梅田 船場 難波
副都心	鉄道のターミナルに位置し，商業・行政などの都心の機能を一部分担する。		新宿 渋谷 池袋	天王寺 京橋
工業地区	敷地にめぐまれ，地価の安い港湾付近や郊外に工場が集まる。		江東	淀川河口
混合地区	住宅と工場・商店が混在。建物の密度が高く，零細企業が多い。		荒川 大田	西成
商業地区	鉄道の駅前や郊外の幹線道路沿いに，商業施設や飲食店が集まる。		吉祥寺 国道16号沿い	十三 大阪外環状線沿い
住宅地区	交通の便や住環境がよい地区ほど高級化。鉄道沿線を中心に郊外へ拡大してきた。		世田谷	住吉
郊外団地・衛星都市	鉄道沿線に開発されたニュータウンなどにより，近郊農村が都市化した地域。		多摩 柏	千里 三田

▲都市内部の地域とその特徴

東京や大阪のような大都市圏では，内部で地域分化が進行している。**中心業務地区**(**CBD**：Central Business District)のある都心は，地価が高いため建物の高層化や地下化が進んでいる。昼間人口比率がきわめて高いが，近年は超高層マンションの建設などで，比率は低下しつつある。都心の周辺には混合地区(遷移地帯)がみられ，商店街の衰退などの**インナーシティ**(→p.174)問題もみられる。都心よりも新しい中心地である副都心には，郊外住民を対象とした商業やサービス機能が集まっている。商業地区は都心部のほか，鉄道沿線や郊外の幹線道路沿いにもみられる。工場はかつては中心部にも立地していたが，広い土地を求めて郊外や臨海部に移転し，工業地区を形成した。郊外の住宅地区には，都心部への通勤・通学者が多く居住し，一般に人口増加率は高いが，開発時期が古い地区では，高齢化や人口減少もみられる。

② 地価と土地利用

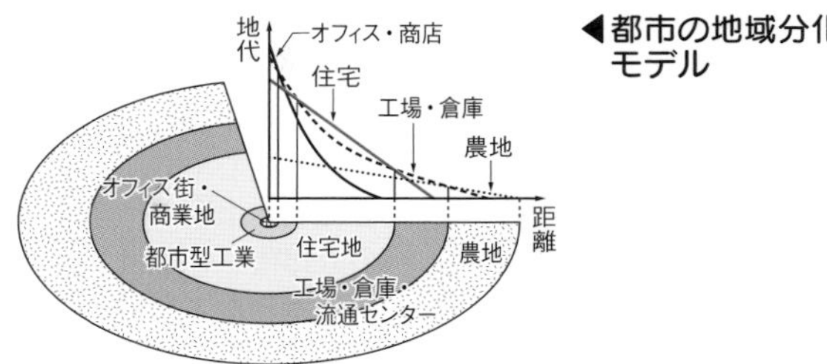

◀都市の地域分化モデル

都市の内部構造は，それぞれの土地利用が負担できる地代(賃料)の違いによって説明することができる。一般的に，都心に近いほど交通の便がよく**地価**が高くなるため，高い地代を払うことが可能な利用の仕方が多くなる。都心部には，建物を高層化し，少ない土地で大きな収益をあげることが可能なオフィスや商店が立地する。一方で，オフィスや商店は，交通の便が悪くなると収益が大きく低下するため，都心から少し離れると，次に高い地代を負担できる集合住宅や高級住宅が多くなる。その外側には，住宅のなかでも地代の負担力が低い一戸建てやアパートが立地し，広い土地を必要とする工場や倉庫などもみられるようになる。さらに郊外になると，通勤・通学や買い物などで，日常的に都心へ通うことがむずかしくなるため，最も地代の負担力が低い農地が多くなる。もっとも，このモデルでは近隣の都市の存在や地形の影響などを考慮していないため，現実の都市の構造はこれほど単純ではない。

③ さまざまな都市構造

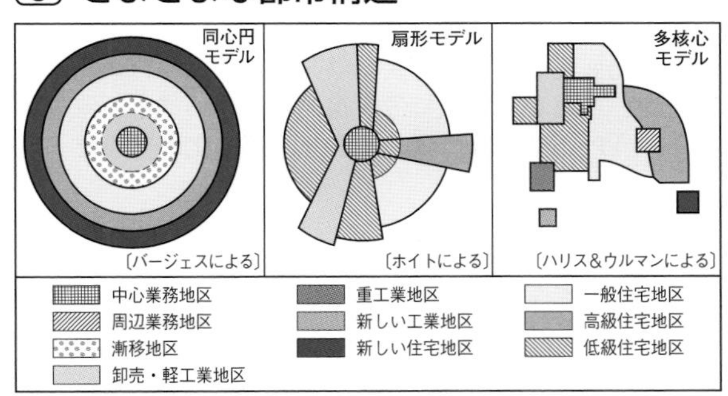

▲都市構造のモデル

都市の内部構造については，現実の都市を分析した研究者らによって，さまざまなモデルが提示されている。**バージェス**は，アメリカのシカゴの都市構造を分析し，都心から同心円状に地域分化がみられる**同心円モデル**を提示した。これに対して，**ホイト**は都心から郊外へのびる鉄道路線の影響を考慮した**扇形モデル**を提示し，路線沿いに卸売業・軽工業地区や低級住宅地区が発達するとした。**多核心モデル**では，中心業務地区以外に副都心をはじめとする複数の核が発達し，そのまわりをいくつかの特色ある地域がとりまく構造が示されている。日本の大都市の内部構造は，これらのモデルを組み合わせることで説明することができる。

7 都市化

① 都市人口の増加

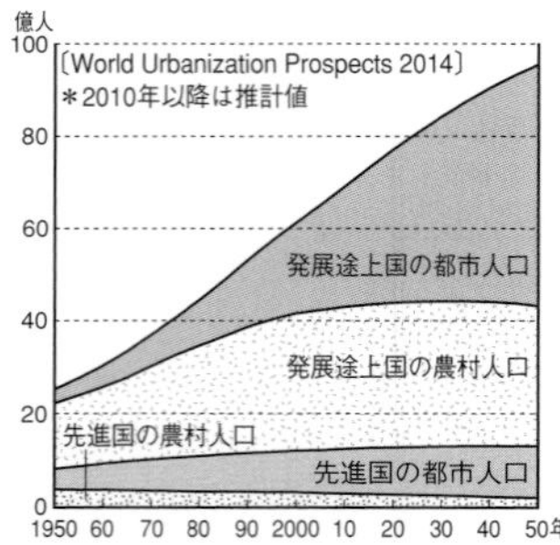

▲世界の都市人口と農村人口の推移

先進国は産業革命以降の商工業の発展により都市人口が増加したが，現在は安定している。

発展途上国は大都市への人口集中により都市人口の増加が著しい。今後の世界人口の増加分は，発展途上国の都市人口が大半であると予測されている。

② 都市人口の増加とその要因

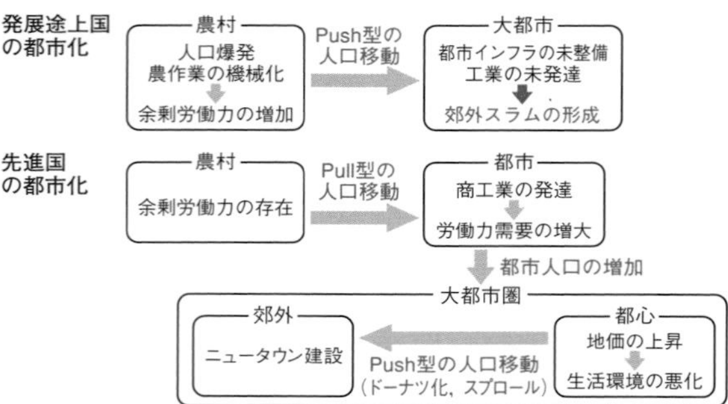

▲都市人口増加の要因

先進国の**都市化**は，産業革命や経済成長に伴う都市での労働需要の増加に対して，周辺の農村から労働力が供給されるというPull型の人口移動によるものであった。一方，発展途上国では，人口爆発がおきた農村の余剰労働力が，産業が未成熟で労働需要の少ない都市へ流入するというPush型の人口移動により，都市化が進んだ。

③ メガロポリス

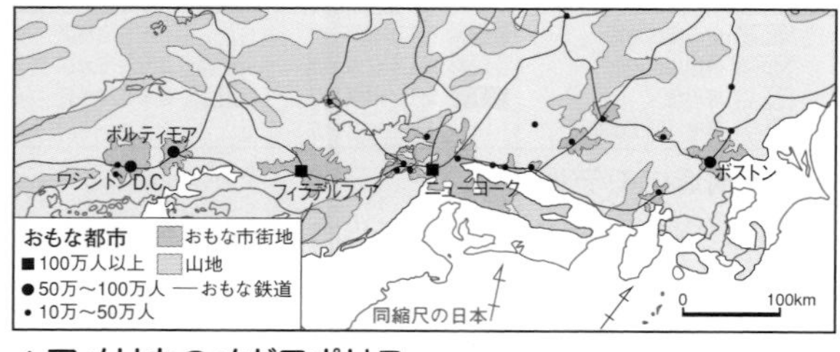

▲アメリカのメガロポリス

メガロポリスとは，近接したいくつかの大都市が相互に機能的な連携を深め，帯状に連なった地域のことをいう。都市間は交通・通信のネットワークで結ばれ，国の政治・経済・文化の中心となっている。1957年にフランスの学者ゴットマンが命名し，巨帯都市とも訳される。当初はアメリカ北東部(ボストン～ワシントン間)を指す固有名詞であった。現在は東海道メガロポリス(東京～神戸間)など，普通名詞としても使われている。

④ メトロポリタンエリアの形成

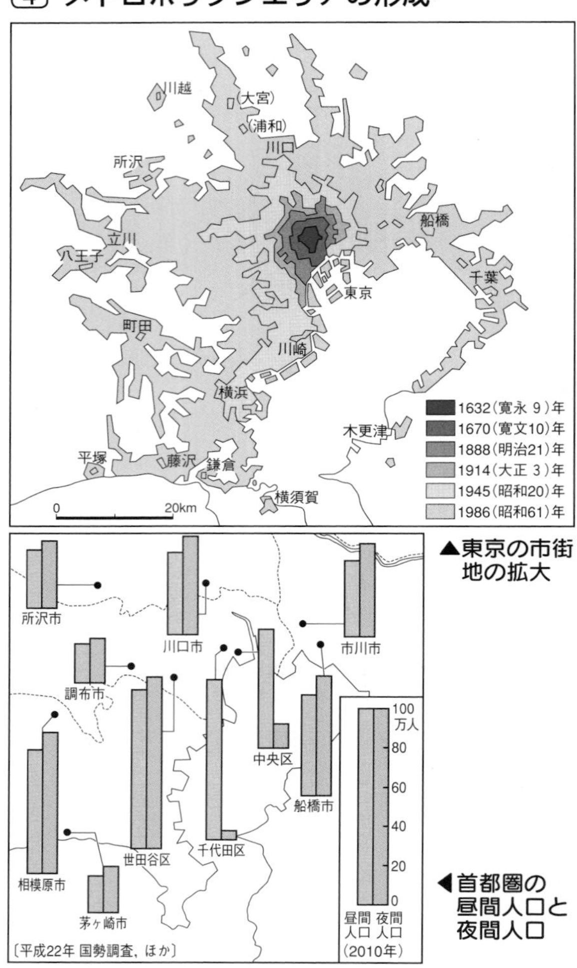

▲東京の市街地の拡大

◀首都圏の昼間人口と夜間人口

東京やロンドンをはじめとするメトロポリスは，徐々にその影響力を拡大しながら，メトロポリタンエリアを形成してきた。都市としての東京は，15区からなる東京市の発足(1889年)にはじまり，1947年には現在の23区となった。高度経済成長期以降，区部の人口は減少し，代わって郊外の多摩地区や隣接県の人口が急増した。

新たにメトロポリタンエリアの一部となったこれらの地域は，東京のベッドタウンとしての性格が強いため，昼間人口が夜間人口に比べて少ない。反対に，郊外からの通勤者が集中する都心部では，昼間人口がきわめて多くなっている。

用語　メトロポリス

メトロポリス(巨大都市)の影響圏を意味する**メトロポリタンエリア**(大都市圏)の内部では，市街地の拡大によって隣接する都市が連続した都市群の状態となる**コナーベーション**(連接都市)が一般的にみられる。大阪湾岸，東京湾岸，ルール地方，五大湖周辺はいずれもコナーベーションの典型例である。

8 発展途上国の都市問題

① 大都市のスラム居住者

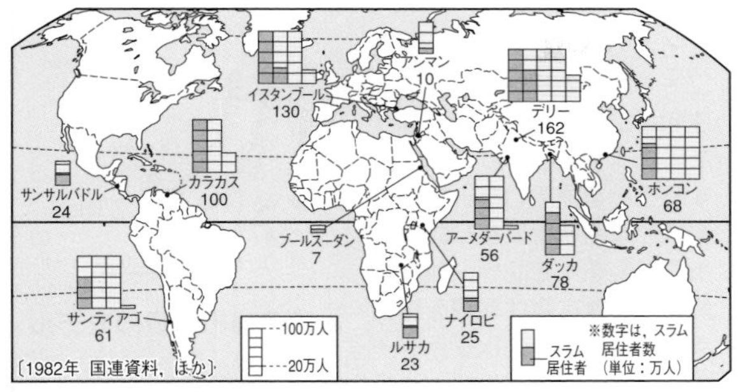

▲大都市のスラム居住者

発展途上国では，第二次世界大戦後の人口爆発や農業の機械化によって生み出された農村地域の余剰労働力が，仕事を求めて都市へ大量に流入している。しかし，工業化が進んでいない途上国の都市では，十分な教育を受けていない農村からの労働力を吸収するだけの雇用がなく，結果的に，路上での物売りや不定期な日雇い労働などのインフォーマルセクターに属す人が多い。こうした人々は，行政による保護も規制も受けず，公式の人口統計にも反映されない存在となっている。

② インフラ整備率の低い途上国

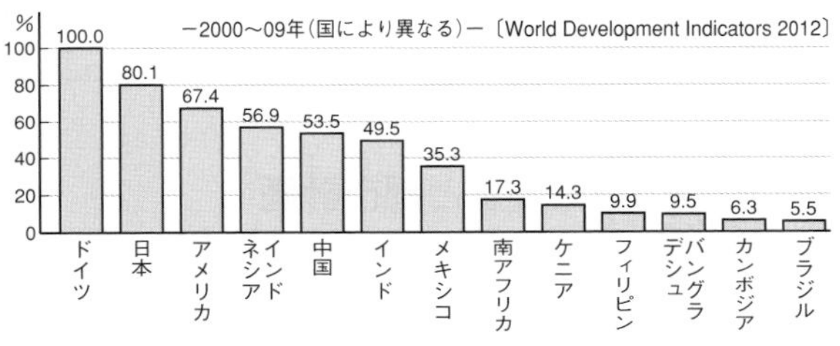

▲おもな国の道路舗装率

発展途上国の大都市は，高層ビルが林立する都心部の街区が整備されている一方で，それ以外の地域のインフラストラクチャー（上下水道，電気，道路などの社会資本）の整備率が低く，人口増加の速さに住宅の供給が追いついていない。そのため，農村から流入した人々は市街地周辺部の河川敷や傾斜地など，居住には適していない公有地や，土地所有が不明確な空き地にバラックを建てて居住している。こうして自然発生的に形成されるスラムは，リオデジャネイロなどの南米の大都市では**ファベーラ**，マニラでは**スモーキーマウンテン**など，地域ごとに固有の名称でよばれている。

用語　インフォーマルセクター

発展途上国の大都市では，貧困のために家庭の保護を受けられないストリートチルドレンとよばれる子どもたちや，ホームレスとよばれる住居のない人々が，路上や空き地などで生活していることが社会問題化している。これらの人々は，物売りや靴磨き，日雇い労働などの**インフォーマルセクター**によって生計を立てている。

③ 首位都市（プライメートシティ）の肥大化

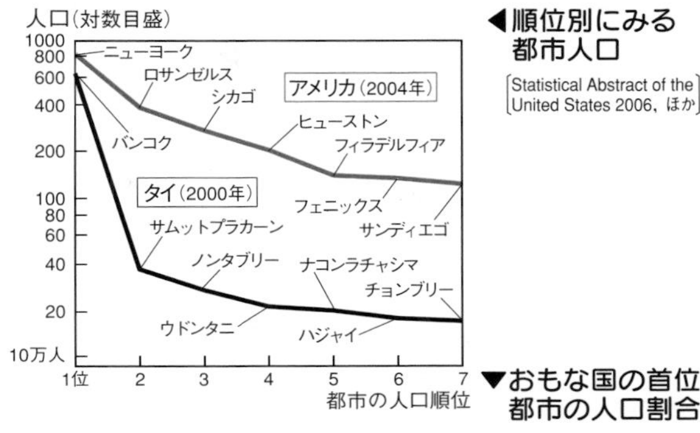

◀順位別にみる都市人口
〔Statistical Abstract of the United States 2006，ほか〕

▼おもな国の首位都市の人口割合

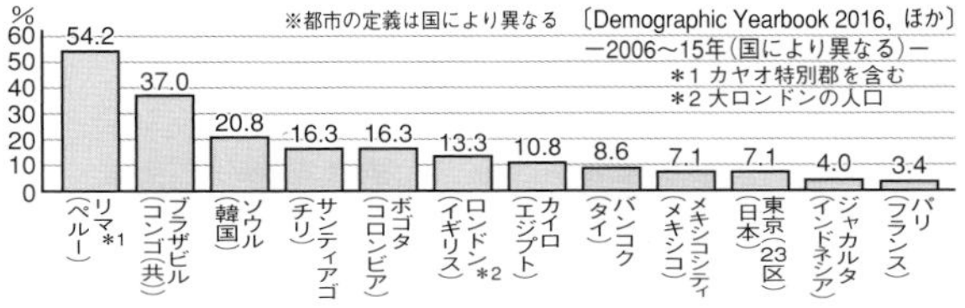

政治や経済など，国の中枢的機能が集中し，人口が突出して多い都市を**首位都市**（**プライメートシティ**）とよぶ。とくに発展途上国の首位都市は，ほかの地域との経済格差が大きいことから，職を求める人々の流入が著しく，国内の総人口に占める人口比率が高まっている。急激な人口増加のため，交通渋滞や大気汚染，飲料水不足などの都市公害も深刻化している。

④ スラムが拡大するメキシコシティ

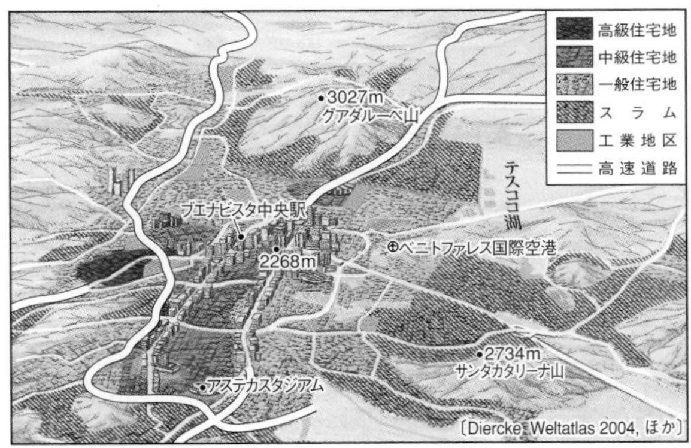

▲メキシコシティの住宅地

標高2200mほどの盆地に位置するメキシコシティは，盆地の中央に都心部が形成され，多国籍企業などの入居する高層ビルが建ち並んでいる。その外側には市街地が広がっているが，市街地をとりまく斜面は，スラムで覆い尽くされている。

スラムでは，劣悪な衛生環境や高い犯罪率，ストリートチルドレンの存在などが問題となっているが，農村から流入した人々は，生計を立てる手段が肉体労働，家政婦，物売りなどに限られるため，スラムでの生活を余儀なくされている。こうしたなかで，メキシコシティのスラムは現在も拡大を続けている。

9　先進国の都市問題

① ロンドンの都市問題と都市計画

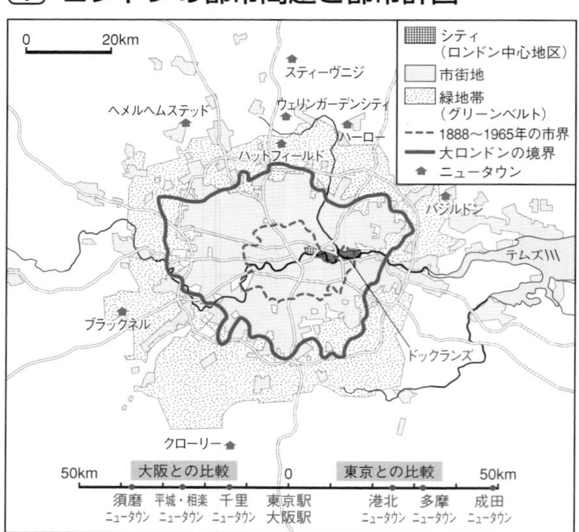

▲大ロンドン計画

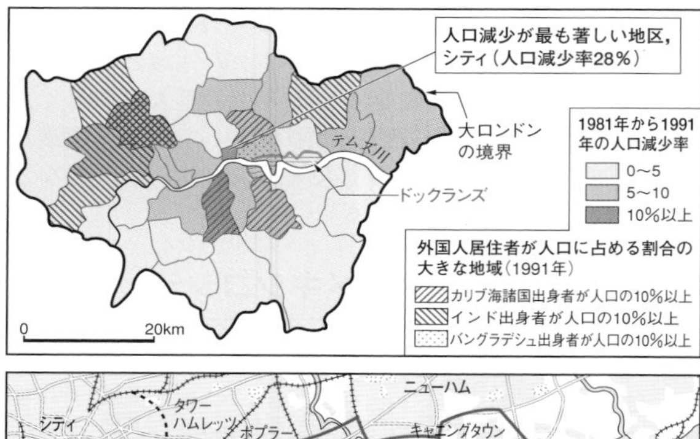

▲インナーシティの人口減少と外国人居住者の割合（上），ドックランズの再開発（下）

1944年，ロンドンの過密化を防ぐため，既成市街地の開発を厳しく規制し，郊外にグリーンベルトを設置したうえで，その外側に**ニュータウン**を建設して人口や産業の誘致をはかる**大ロンドン計画**が発表された。これにより，ロンドンの人口は1960年までに80万ほど減少し，当初の目的は達成されたが，その後のさらなる人口減少により，近年は都心部やインナーシティの再開発が課題となっている。テムズ川沿いの**ドックランズ**は，19世紀〜20世紀初頭に貿易の中心地としてさかえた港湾地区であるが，コンテナ化に乗り遅れて衰退していた。1980年代に官民共同で再開発がはじまり，交通機関が整備され，ホテルやオフィスビルなども建設されている。

コラム　ハワードの田園都市構想

イギリスの都市計画家ハワードは，大都市の郊外に，住宅と工業地区が一帯となった人口3万程度の都市を建設することを提唱した。その目的は，過密状態にあった大都市の環境悪化を防ぎ，都市労働者に良質な職住環境を提供することにあり，レッチワースなどの田園都市が建設された。

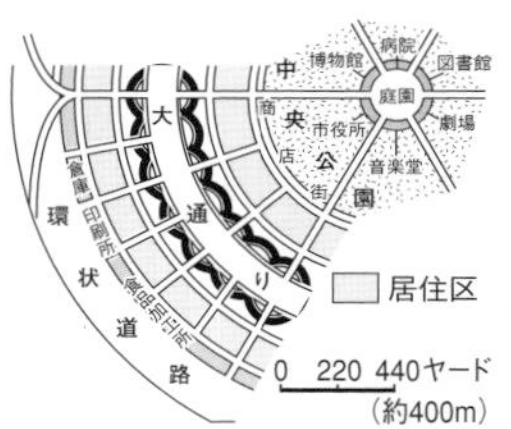

▲田園都市構想のモデル

用語　インナーシティ，ジェントリフィケーション

先進国の大都市では，早くから市街地化されて建物の老朽化が進んだ都心周辺地区で，富裕層が郊外へ流出し，家賃の下がった住宅に貧困層や移民，外国人労働者が流入したことにより，**スラム**が形成された。そこでは治安の悪化，失業者の増加，商店街の衰退，都市税収の減少などの**インナーシティ**問題が生じている。

これに対して，近年ではスラムを一掃してオフィスや高層住宅を新たに建設する再開発が進んでいる。このようにして市街地が再び高級化する現象は**ジェントリフィケーション**（gentrification）とよばれ，都心部への人口回帰につながっている。

② パリの都市問題と都市計画

▲パリの土地利用と再開発

パリでは，第二次世界大戦後の住宅難や経済成長に伴って，オフィスや住宅の需要が増加した。それによって，郊外のラ・デファンス地区で大規模な再開発が進む一方，都心部では歴史的な建物の取り壊しも問題化した。

これに対して，1962年に世界初の歴史的環境の保全制度となるマルロー法が制定され，マレ地区など歴史的環境の保全地区では，建物の修復作業が進められた。近年は，建物の高さ規制などによる景観保全も進んでいる。

10 日本の都市問題

① 日本の住宅問題

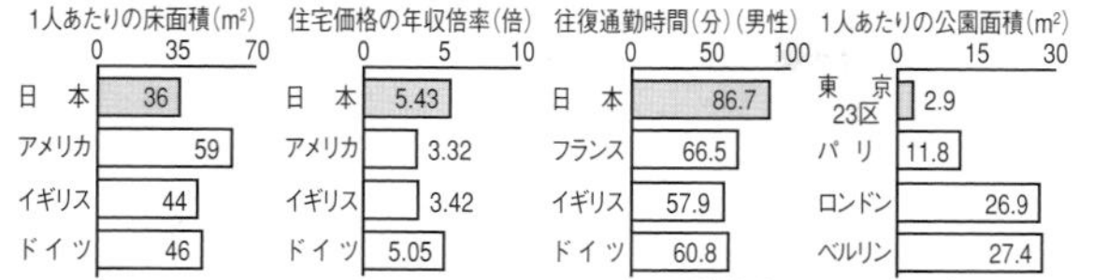

※調査年次は1994～2006年にわたる
〔国土交通省資料，ほか〕

▲日本と世界の生活環境の比較

日本の住宅は，諸外国と比較して床面積が狭い，価格が高い，勤務地から遠い，などの特徴が一般的にみられる。その背景には，日本の都市における人口密度や地価の高さがあり，とくに都心周辺地区で良質の住宅や住環境が不足している。今後は，職住が近接した住宅の供給や，高齢化社会に対応した住居のバリアフリー化，耐震性の強化などを進めることが課題となっている。

② 日本のニュータウン

参照 p.314

名称	入居開始年	総面積(ha)	計画人口(万人)	構成する市町村
千里	1962	1160	15.0	豊中市，吹田市
泉北	1967	1557	18.0	堺市，和泉市
高蔵寺	1968	702	8.0	春日井市
多摩	1971	2885	28.6	八王子市，町田市，多摩市，稲城市
千葉	1979	1933	14.3	白井市，船橋市，印西市
港北	1983	2530	22.0	横浜市

▲日本のおもな大規模ニュータウン

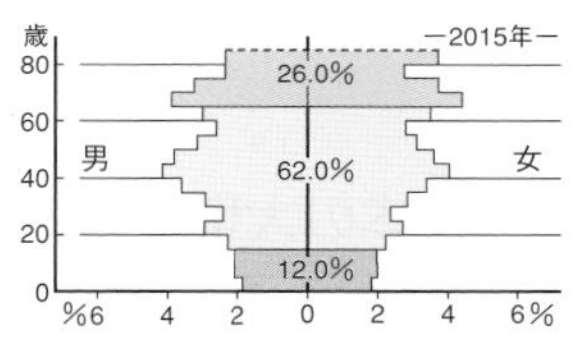

▶多摩市の人口ピラミッド
〔平成27年 国勢調査〕

日本のニュータウンは，大ロンドン計画で整備されたイギリスのニュータウンのように職住近接型ではなく，居住者が都心部まで通勤する職住分離型となっている。日本のニュータウン建設は，大都市圏の人口が急増した1960年代にはじまり，公団や鉄道会社が開発主体となった大規模な住宅地開発が，郊外地域で次々と進められていった。こうして開発時に同一世代が一斉に入居したニュータウンは，人口構造に歪みが生じているため，現在では少子高齢化が急速に進み，地域コミュニティの希薄化や小学校の統廃合などの問題が表面化している。

用語　スプロール現象

経済成長に伴って，大都市圏の中心部はしだいにオフィスや官公庁などの中心業務機能に特化し，高地価に耐えられない住宅や工場が郊外へと移動することで，市街地は拡大していった。こうした市街地の拡大が無秩序に進行し，郊外の農地や緑地が虫食い状に開発されていくようすを**スプロール現象**という。スプロール現象は，学校や道路，下水道などの社会資本の計画的な整備を阻害し，地方自治体の財政を圧迫する要因となっている。

③ ドーナツ化現象と再開発

参照 p.189

高度経済成長期以降，大都市圏では都心部とその周辺で地価高騰や環境悪化が進み，居住人口が減少する一方，郊外で人口が上昇する**ドーナツ化現象**が顕著になった。しかし，東京大都市圏では23区内を中心に，1990年代後半から再開発によるマンションの供給が増加し，人口の都心回帰現象がみられるようになった。近年では，臨海部の遊休地などを活用した超高層マンションの建設も活発化している。

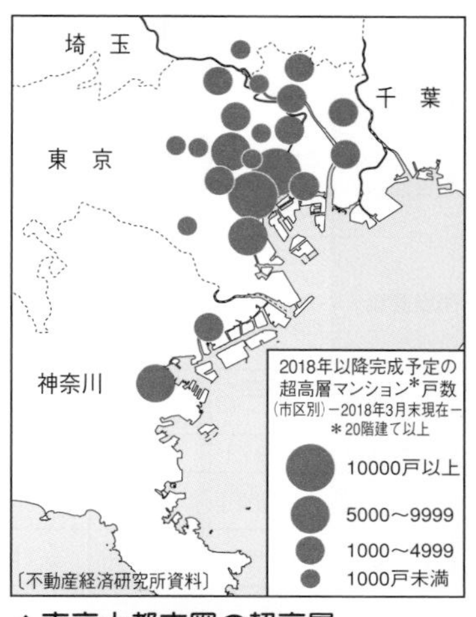

〔不動産経済研究所資料〕

▲東京大都市圏の超高層マンションの戸数分布

④ 大都市圏への機能の集中

金融などの経済的機能はバブル経済期(1980年代後半～1990年代前半)に大都市圏への集中度を高めたが，情報通信技術の発達や地方分権の進展により，機能の分散も進んでいる。大都市圏への過剰な集中により，住宅・交通・ごみ処理などの問題がおこる。また，近年は大都市圏と地方圏の地域格差も問題視されている。

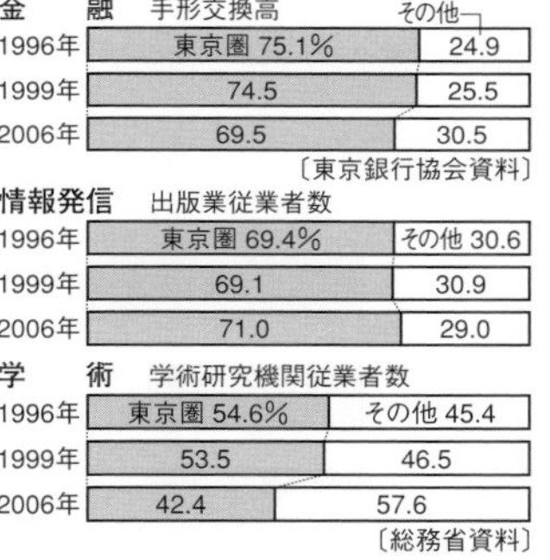

▲東京大都市圏への機能集中

コラム　防災とまちづくり

地震の多い日本では，震災に強いまちづくりが都市計画上の重要な課題となっている。1995年に発生した兵庫県南部地震や，その後あいついだ地震の教訓として，倒れにくく燃えにくい建物への更新，避難・防災活動のための経路の確保，避難地や身近な防災活動拠点となるオープンスペースの確保などが，まちづくりのポイントとなることが明らかになった。また，このようなハード面での整備に加えて，住民自らが地区単位で自主防災組織を形成し，ボランティア団体などと連携して災害に対応できるようにしておくことも，地震が残した教訓のひとつである。

1 消費活動とその変化

① 小売業の業態

	百貨店	総合スーパー	専門スーパー	コンビニエンスストア	専門店
販売方式	対面販売	セルフサービス	セルフサービス	セルフサービス	対面販売
取扱商品	衣食住全般の買回り品が中心	衣食住全般の最寄り品が中心	衣食住いずれかの最寄り品が中心	飲食料品が中心	衣食住いずれかの商品に特化
売場面積	大型店は3000㎡以上（政令指定都市は6000㎡以上）	大型店は3000㎡以上（政令指定都市は6000㎡以上）	250㎡以上	30㎡以上250㎡未満	―
営業時間	夜間閉店	夜間閉店が多い	夜間閉店が多い	24時間営業が多い	夜間閉店
店舗数（店）	271	1,585	35,512	43,684	694,578
売場面積1㎡あたりの年間商品販売額	121万円	50万円	59万円	140万円	68万円
1店あたりの年間商品販売額	284億円	47億円	6.7億円	1.6億円	0.8億円

―2007年―〔平成19年商業統計表，ほか〕

▲日本の小売業の分類と現状

小売業を分類する方法には，薬局や書店など，販売する商品によって分類する**業種**と，百貨店やスーパーのように，商品の売り方によって分類する**業態**とがある。スーパーでは，最寄り品を低価格で提供するために，効率的な販売方式が導入されているが，買回り品をおもに扱う百貨店では，店員が直に接客する対面販売が多く，1店あたりの販売額も大きい。コンビニエンスストアは，品揃え豊富な商品を狭い売場で長時間販売することで，売場面積あたりの販売額が大きくなっている。

② 業態ごとに異なる小売業の立地

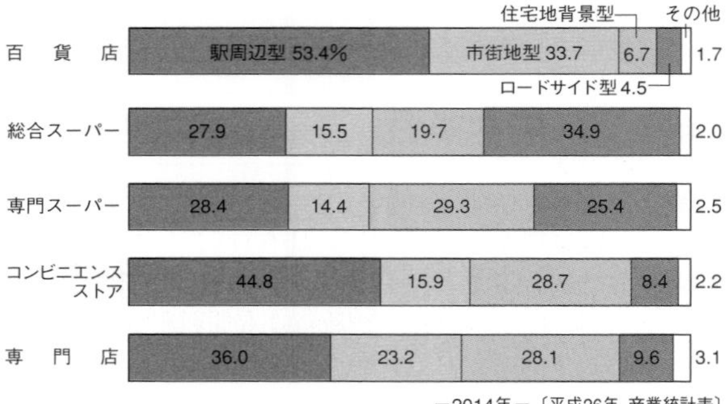

―2014年―〔平成26年 商業統計表〕

▲各業態の立地環境別事業所数の割合

小売業は業態ごとに立地が異なる。これは，業態によって利用する客層が異なることを反映したものである。購入頻度が少ない買回り品を求める顧客が多い百貨店は，広範囲から集客する必要があるため，大都市のターミナル駅周辺に集積する傾向がある。これに対して，飲食料品や日用品を求める近隣の客が頻繁に訪れるコンビニエンスストアは，店舗面積が小さいこともあり，住宅地など多様な場所に立地している。また，自家用車の利用客が多いスーパーは，車でのアクセスが容易で，広い駐車場が確保できる郊外のロードサイド（幹線道路沿い）に数多く立地している。

③ モータリゼーションと郊外大型店

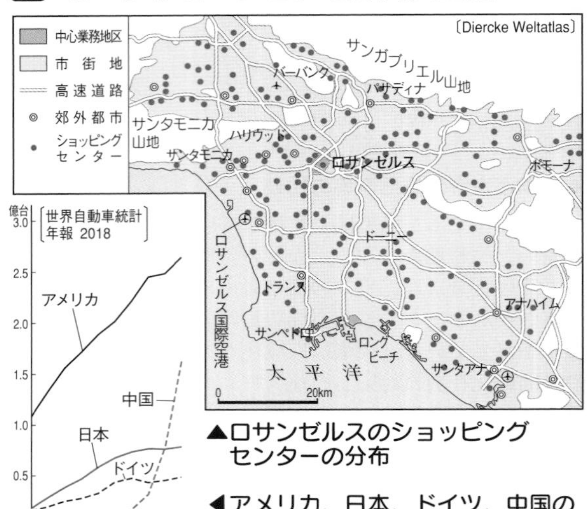

▲ロサンゼルスのショッピングセンターの分布

◀アメリカ，日本，ドイツ，中国の自動車保有台数の推移

先進国のなかで最も**モータリゼーション**（車社会化）が進展しているアメリカでは，1960年代から，都市郊外の幹線道路沿いに大規模なショッピングセンターが数多く出現した。こうしたショッピングセンターには，車による来店を前提として大型駐車場が整備されている。また大型店を核として，多くの専門店や映画館，レストランなどが複合的に集積していることも特徴である。

参照 p.192「用語」

④ 日本の大型店の郊外化

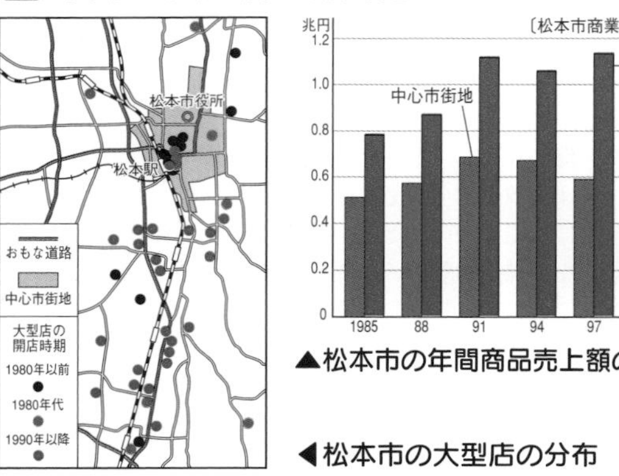

▲松本市の年間商品売上額の変化

◀松本市の大型店の分布

日本では，大規模小売店舗法（**大店法**）による規制の影響などもあり，1980年代の中ごろまで郊外での大型店の出店は少なく，その多くは駅周辺などの中心市街地に立地していた。しかし，1980年代後半以降，規制緩和が進んだことで，大型店の郊外化が急速に進んだ。

たとえば長野県松本市では，1980年代から食料品，家電，衣料品などの業種を中心に，郊外の幹線道路沿いに大型店の出店があいついだ。これによって，郊外に新しい商業集積が形成され，売上が伸びた一方で，古くからの市街地にある商店街の衰退が問題となっている。

5 コンビニエンスストアの展開

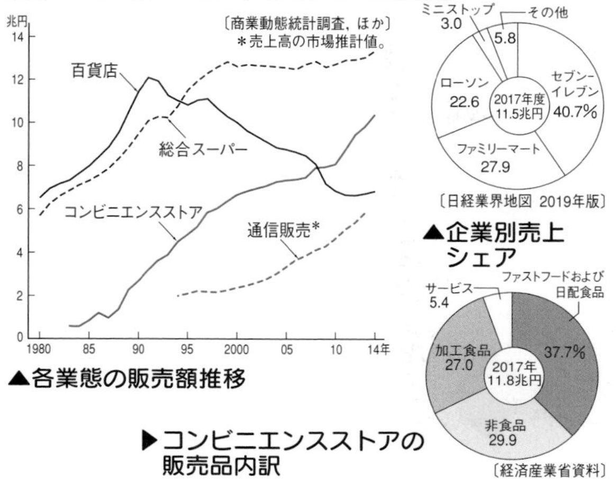

▲各業態の販売額推移

▲企業別売上シェア

▶コンビニエンスストアの販売品内訳

日本に**コンビニエンスストア**が誕生したのは1970年代はじめである。コンビニエンスストアの経営は，本部となる企業が，商標を使う権利や経営のノウハウを加盟店に提供し，加盟店は対価として本部に利益の一部を支払うフランチャイズ契約によって成立している。コンビニエンスストア各社は，フランチャイズ契約により加盟店を増やすことで，1980年代以降，全国的に店舗数を拡大してきた。こうした急成長には，単身世帯の増加や女性の社会進出によって，弁当を購入して自宅で食べる生活スタイルが普及するなど，日本人のライフスタイルの多様化が大きく関係している。また近年では，店舗を持たずテレビやインターネットを通じて販売する通信販売がのびている。

6 コンビニエンスストアを支えるPOSシステム

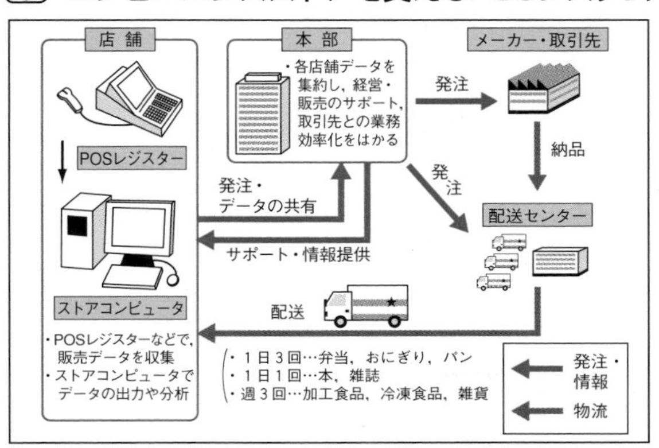

▲POSシステムの仕組みとコンビニエンスストアの流通

店舗が小さいコンビニエンスストアは，在庫をほとんど持たないにもかかわらず，約3000品目の商品が，毎日品切れすることなく並んでいる。こうした経営を可能にしているのが，販売されたと同時に商品のデータを処理する**POSシステム**(販売時点情報管理システム)である。データは次の発注や売れ筋商品の把握に利用されるとともに，多頻度少量輸送の物流システムと結びついて，商品の効率的な配送を実現している。

7 宅配便の普及

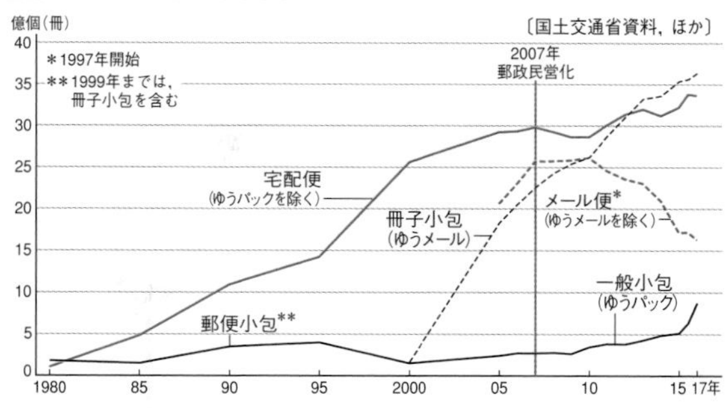

▲宅配便・郵便小包取扱量の推移

比較的小さな荷物の戸口輸送を特徴とする宅配便のサービスは1970年代にはじまり，おもな取次窓口であるコンビニエンスストアの店舗数の拡大に合わせるように，1980年代以降，輸送量が急増した。その後，配送時間帯の指定などのサービスにより，利便性も向上した。近年では，インターネットによる通信販売の利用が広がったことで，メール便とともに，宅配便の需要はさらに拡大している。

8 増加する電子商取引

電子商取引とは，インターネットなどのコンピュータ・ネットワークを通じて，商品やサービスを受注・発注・決済する取引形態のことである。電子商取引は当初，「企業対企業の取引」で導入が進んだが，インターネットの普及に伴って，Webサイト上の電子商店街で商品を売買する「企業対消費者の取引」や，インターネット・オークションのような「消費者対消費者の取引」が急速に増えている。こうした取引には，時間や場所の制約を受けずに売買が可能となったり，出店や流通にかかるコストが削減されたりするなどのメリットがある一方で，消費者情報の保護や取引の安全性など，電子商取引ならではの課題も残されている。

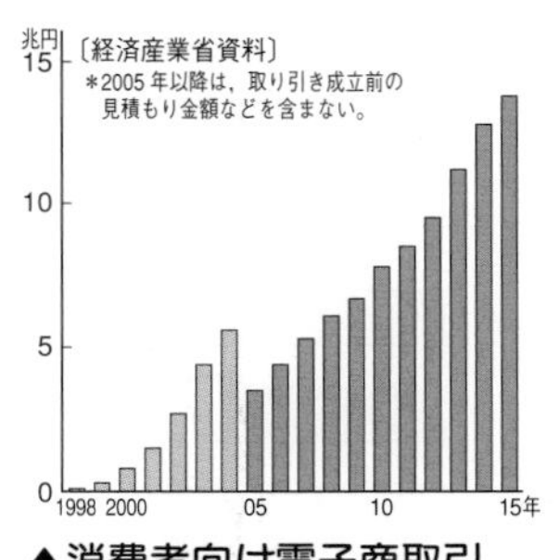

▲消費者向け電子商取引市場の推移

トピック　消費市場として期待されるBRICS

経済が急速に発展しているBRICS(→p.151)は，世界で最も有力な消費市場の一つである。なかでも都市部では，先進国の富裕層と変わらない購買力を持つ階層が急増し，消費拡大の原動力となっている。一方，これまで都市部との経済格差が問題となっていた農村部も，多くの人口を抱えていることから，潜在的な消費市場として注目されている。中国やインドでは，携帯電話，パソコン，自動車などの商品を中心に，農村部向けの市場開拓が進んでいる。

参照 p.75 5

2　余暇活動とその変化

① 世界各国の余暇活動の違い

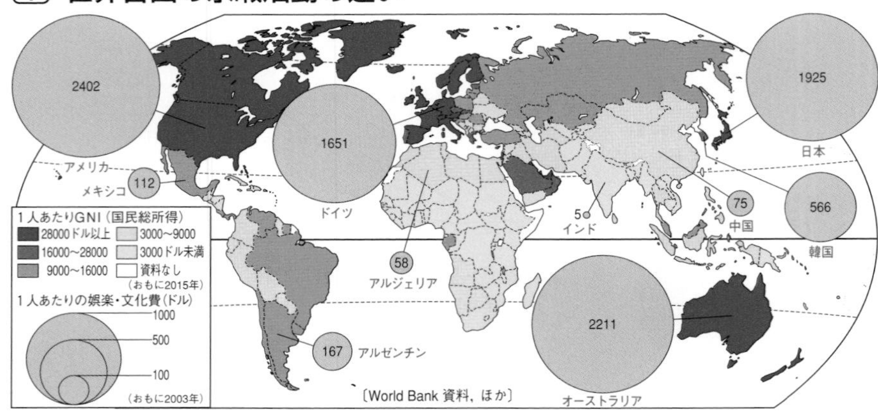

余暇活動には，趣味や娯楽から旅行まで，さまざまな活動が含まれる。一般的に，余暇活動は所得水準が高く，労働時間が短い先進国でさかんである。日本も所得水準の向上や長期休暇の普及に伴って，余暇活動への支出が高まった。同様に，韓国や中国など，経済成長が著しい国では，余暇活動への支出も増加傾向にあるが，アフリカやアジアの途上国は，依然として低い水準にとどまっている。

② 労働時間の短縮と余暇活動

日本では，**労働生産性**(労働の質)の向上や休日日数の増加などにより，労働時間の短縮が進み，1990年代後半には，イギリスやアメリカと同程度の水準にまで短縮された。また，こうした変化と連動するように，日常生活における余暇活動への関心も高まってきた。

日本は週休二日制の普及により，週休日は欧米諸国と一致しているが，祝日がやや多い。一方で，有給休暇の取得日数は10日ほどで，欧州各国と比べ少ない。これによって，日本では特定の休日に余暇活動が集中し，交通機関や宿泊施設が混雑する一因となっている。

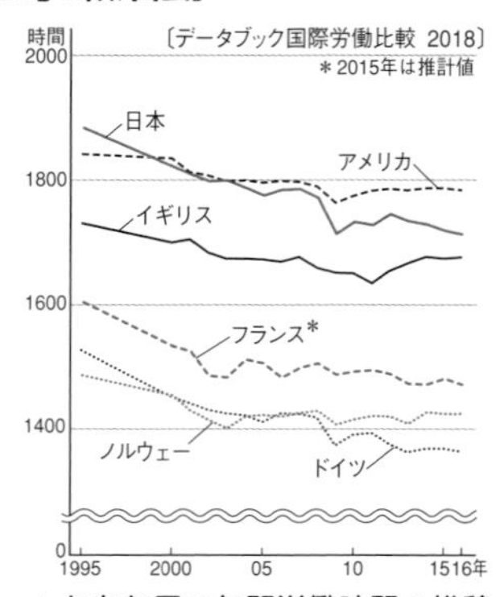

▲おもな国の年間労働時間の推移

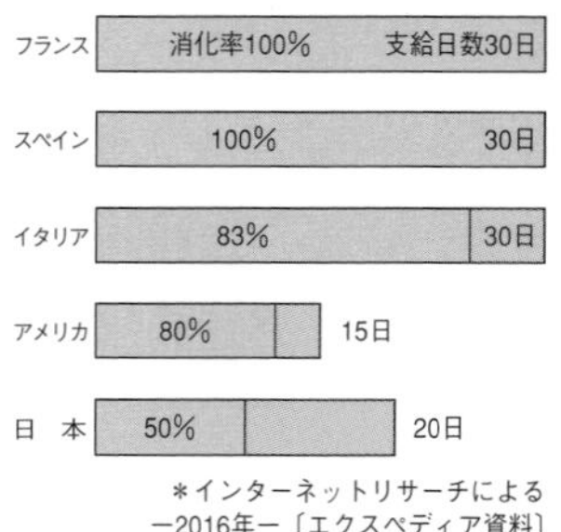

▲おもな国の有給休暇消化率

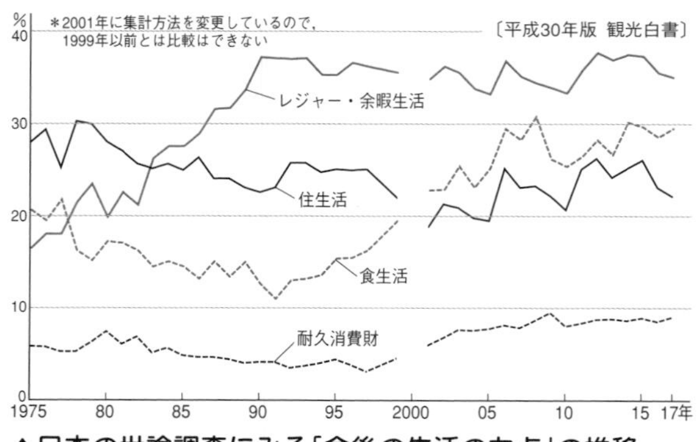

▲日本の世論調査にみる「今後の生活の力点」の推移

③ 各国の国際観光収支

観光目的の国際間移動が頻繁なヨーロッパ諸国は，収入・支出ともに多く，なかでもスペインやフランスなど，豊富な観光資源を抱える国々は，収支が大幅な黒字となっている。近年，日本は訪日外国人旅行者数が海外旅行者数を上回っているため，収支は黒字となっている。

④ 観光地の類型

類型	特徴	例
温泉保養地型	温泉療養(湯治)を起源とし，大衆化により宿泊施設の大規模化が進んだが，近年は小規模施設で独自性のある温泉地が台頭。	バーデンバーデン(ドイツ)，湯布院(大分)，草津(群馬)，修善寺(静岡)，黒川(熊本)
海浜保養地型	海水療養を起源とし，王侯貴族の避寒地として発達したが，20世紀には大衆化。日本では海水浴場が主流でリゾート地は少ない。	コートダジュール(フランス)，コスタデルソル(スペイン)，ワイキキ(ハワイ)，ゴールドコースト(オーストラリア)，沖縄
山岳高原保養地型	19世紀後半からスキーや登山のブームを背景に発達したが，現在も避暑地または通年型リゾート地として人気。	インターラーケン(スイス)，インスブルック(オーストリア)，軽井沢(長野)，伊豆・富士・箱根(静岡・山梨・神奈川)
自然環境保全型	世界自然遺産への登録などにより，自然に触れながら環境保全の意識を高めるエコツアーが発達。	グレートバリアリーフ(オーストラリア)，知床(北海道)，白神山地(青森・秋田)，屋久島(鹿児島)，小笠原諸島(東京)
歴史文化遺産型	寺社や歴史的街並み，地域固有の伝統文化などを観光資源として，周辺に宿泊施設やサービスが集積。	ロマンティック街道(ドイツ)，ウィリアムズバーグ(アメリカ)，高山(岐阜)，伊勢(三重)，遠野(岩手)，奈良・京都
都市文化型	大都市に集積する多様な文化，豊富な品揃えの専門店，テーマパークなどの観光資源が存在し，外国人観光客も多い。	パリ(フランス)，東京ディズニーランド(千葉)，秋葉原・浅草(東京)，大阪
地場産業型	地域固有の農産物や産品を観光資源として集客。行政と連携して観光開発を進める事例が多い。	小岩井農場(岩手)，勝沼ぶどう(山梨)，讃岐うどん(香川)，関あじ・関さば(大分)
メディア誘導型	映画やテレビドラマのロケ地として知名度が高まる。観光振興のためにロケ地を政策的に誘致する自治体も多い。	富良野(北海道)，尾道(広島)

5 日本の国内旅行

国内旅行は，日本の観光旅行市場の80％以上を占めるが，1人あたりの国内旅行回数，宿泊数，旅行消費額は，いずれも近年伸び悩んでいる。こうした停滞の背景には，海外旅行の増加のほかに，日本人の旅行形態の変化がある。従来，国内の旅館やホテルの多くは，旅行代理店が手配する職場旅行や修学旅行などの団体旅行客を受け入れることで利益を獲得し，大規模な設備投資を進めてきた。しかし，団体旅行からグループや個人の旅行への転換が進むなかで，多くの宿泊施設や観光地が対応に苦慮している。その一方で，個人客や外国人観光客などを対象に，地域性を生かした新たな戦略で集客力を高めている観光地もみられる。

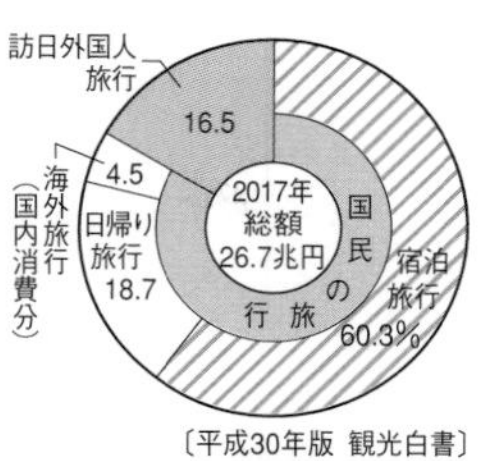

▲日本国内での旅行消費額割合

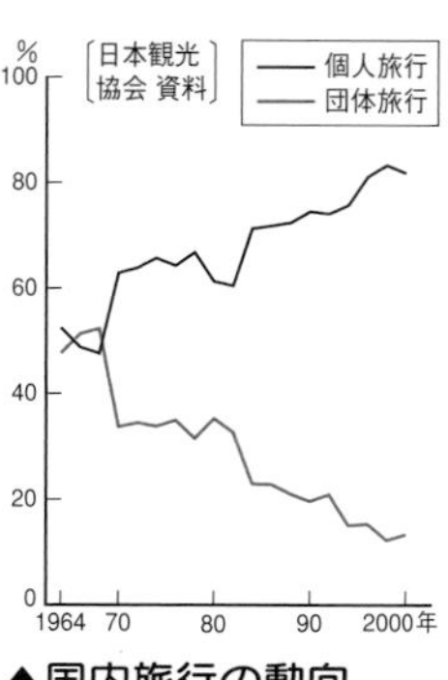

▲国内旅行の動向

6 国際化する日本の観光

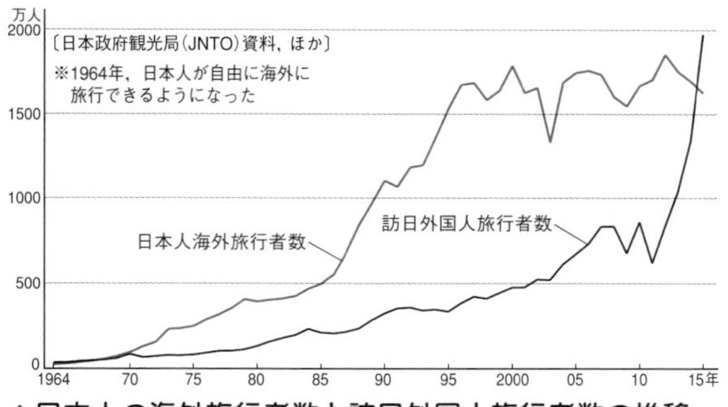

▲日本人の海外旅行者数と訪日外国人旅行者数の推移

日本人の海外旅行者数は，所得の上昇とともに増え続けてきた。とくに1980年代後半以降は，円高による海外旅行の割安感が高まり，その数も大きく増えた。旅行先は，イベントや治安の影響で年ごとに変動する。近年はアジア諸国の比率が高まっており，一時中国が最多となった。しかし，最近ではハワイを含むアメリカが第1位（2014年）である。一方，訪日外国人数は，政府によるキャンペーンの効果などもあり，近年は韓国，台湾，中国をはじめ海外からの旅行者数が大きく伸びている。そのため，外国人旅行者受入数の国別順位は16位（2015年）まで上昇している。

▲日本人海外旅行者の渡航先

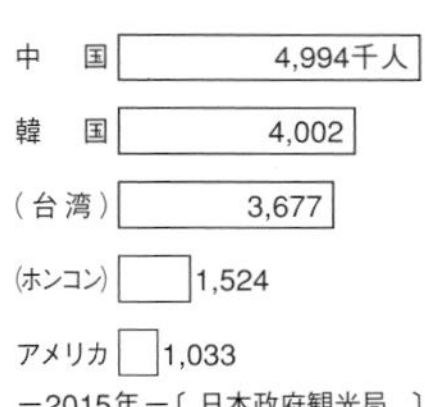

▲訪日外国人旅行者の割合

7 交通網の整備とリゾート開発

かつては山あいの小さな温泉地であった新潟県湯沢町は，高度経済成長期にスキー場の本格的な開発がはじまった。1980年代になると，上越新幹線と関越自動車道が開通し，首都圏からの交通手段が大幅に改善されるとともに，バブル景気やリゾート法の制定も後押しとなり，スキー場やリゾートマンションの開発が急速に進んだ。しかし，地元では景観破壊やごみ処理が問題となり，スキーブームの衰退などで客足が減少に転じてからは，開発への過剰投資の問題も表面化している。

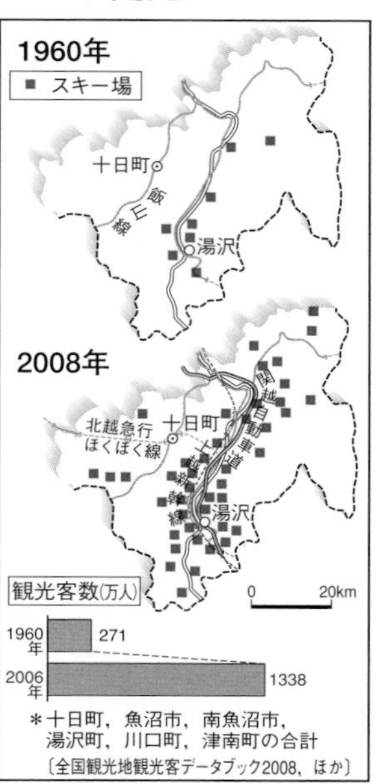

▲湯沢町周辺のスキー場の立地

8 日本の世界遺産とその課題

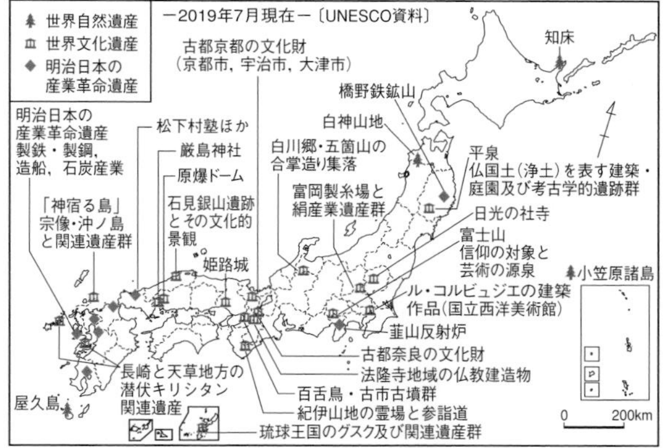

世界遺産条約とは，世界的にみて保存する価値がある自然や建造物などを，人類の遺産として世界の国々で保存しようとする条約である。世界遺産の指定を受けた地域は，多くの観光客を集めるが，もともと観光のための条約ではないため，指定を受けたことにより，かえって自然が破壊されたり，建造物の破損が進んだりするなどの問題も発生している。

トピック　グリーンツーリズムとエコツーリズム

環境意識の高まりや地域活性化の動きを背景に，近年はさまざまな観光のスタイルが提案されている。たとえば，都市住民が地方の農家へ滞在し，農作業の体験や地元食材の消費などを通じて交流を深める**グリーンツーリズム**や，地域の自然や文化を保全しながら観光に活用し，環境教育や地域経済の振興を進める**エコツーリズム**が注目を集めている。

1 人口の推移と人口爆発

① 世界の人口の分布と人口爆発

地球上の陸地は，人間が居住可能な地域(**エクメーネ**：Ökumene)と居住できない地域(**アネクメーネ**：Anökumene)に分けられる。前者においても，人口分布のかたよりは激しく，人口密度のとくに高い地域は，米などの穀物生産のさかんな地域とほぼ対応する。両者の境界には，寒さによる**極限界**，標高による**高距限界**，降水量の少なさによる**乾燥限界**などがある。

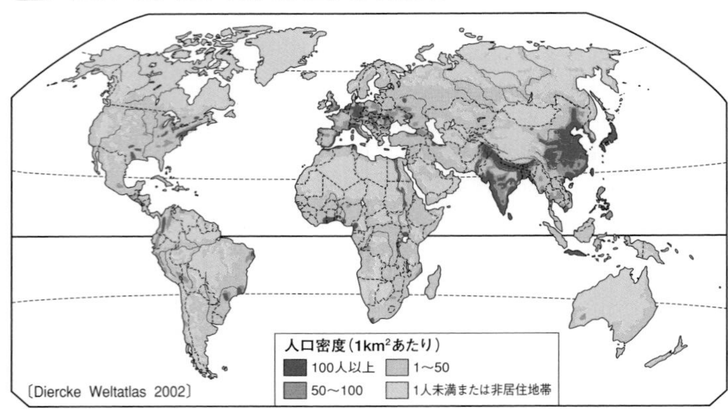

◀**世界の人口分布**

産業革命以降，まず先進国で，その後は発展途上国でも**人口転換**が進み，**人口爆発**が拡大した。世界の人口が10億になるまでには，人類誕生以降数百万年かかったが，以後の約130年で倍の20億に達し，その後も増加は加速した。しかし出生率が低下しはじめたため，1980年代以降，世界の人口増加率は下がっている。

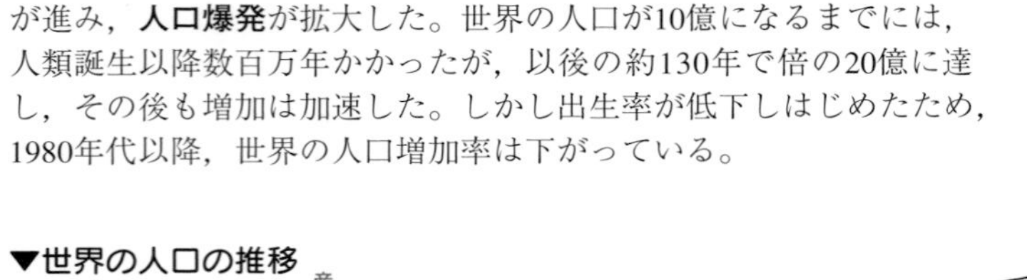
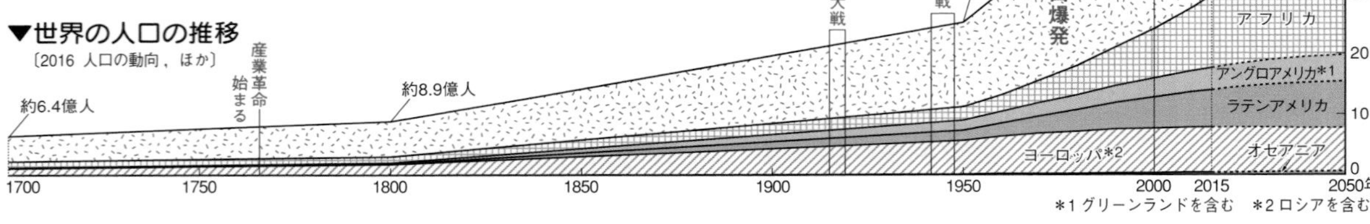

＊1 グリーンランドを含む　＊2 ロシアを含む

② 人口転換

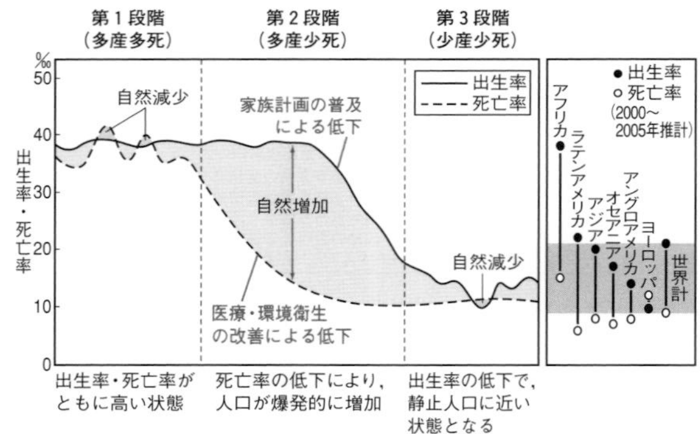

〔Demographic Yearbook 2005〕

▲**人口転換のモデル**

人口転換とは，死亡率，出生率が図のように時間差を伴って低下することをいう。第2段階では，医療や衛生状態の改善によって死亡率がまず低下するが，死亡率の高い時代の慣例で多くの子どもを望む人々が多いため，しばらくは高い出生率が維持される。そのため人口が急増し，人口爆発とよばれる状態になる。その後，家族計画の普及などによって出生率も低下しはじめる。なお1994年の第3回「世界人口会議」以降は個人，とくに女性の出産に対する意思と健康及び権利(リプロダクティブ・ヘルス／ライツ)が尊重され，単純な出生数調節の考え方は否定されつつある。

③ 自然増加と社会増加

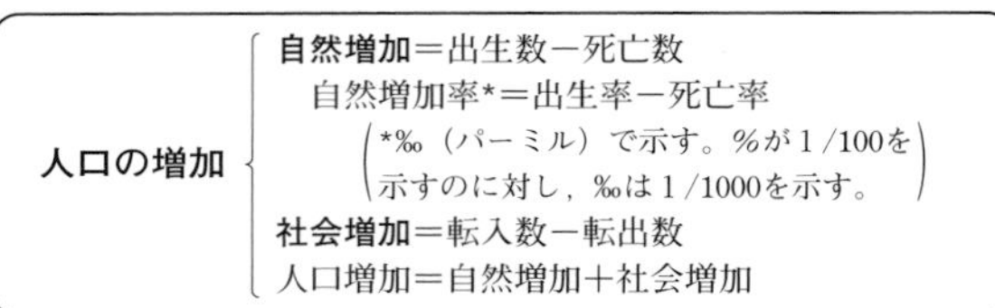

人口の増加
- **自然増加**＝出生数－死亡数
  - 自然増加率*＝出生率－死亡率
  - (*‰（パーミル）で示す。%が1/100を示すのに対し，‰は1/1000を示す。)
- **社会増加**＝転入数－転出数
- 人口増加＝自然増加＋社会増加

④ 人口の増加

アフリカ諸国やイスラーム圏では出生率がかなり高く，人口が急増している国が多い。一方で東南アジアやラテンアメリカは，近年出生率が低下し，人口増加がゆるやかになり，人口漸増(ぜんぞう)の状態となっている。先進諸国はおおむね出生率が低く人口停滞の状態である。図中の斜線は，出生率と死亡率とがまったく同じ，人口が増えも減りもしない状況を示すが，日本やイタリア，ドイツのようにこの線よりも下にあり，人口が自然減少となる国も増えつつある。

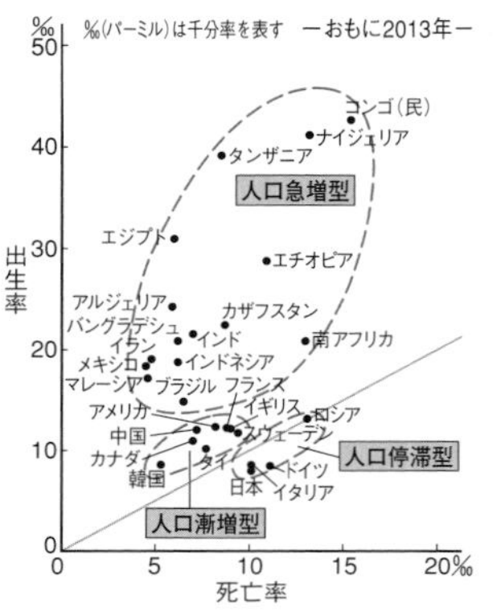

▲**主要国の出生率・死亡率の型**〔世界国勢図会 2015/16〕

2　人口の構成

1　年齢別人口構成

（1）人口の構成

人口の構成
- 生物学的要因
  - 男女別・年齢別＊ → 人口ピラミッド
- 社会経済的要因
  - 産業別・職業別 → 三角図表

＊0～14歳を**年少人口**，15～64歳を**生産年齢人口**，65歳以上を**老年人口**に分類する。また，年少人口＋老年人口を従属人口とよぶ。

用語　人口ピラミッド

性別・年齢別に人口構成を示したグラフ。縦軸に年齢を，横軸に構成割合か人数を示す。人口のかたよりや出生率や死亡率の特徴を読みとることができる。

（2）人口ピラミッドの型の変化

①人口転換による変化

富士山型・釣鐘（ベル）型・つぼ（紡錘）型　↓　多産多死から少産少死へ

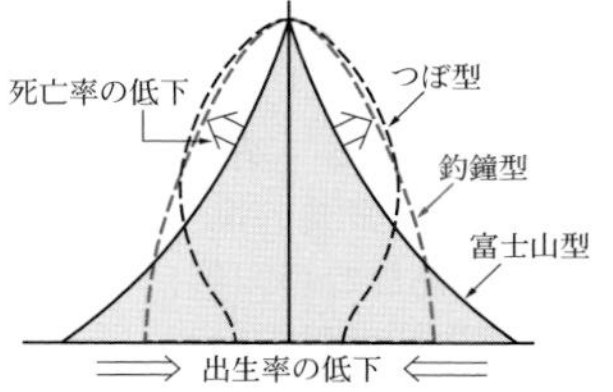

②人口移動による変化

ひょうたん型・星型　↓　農村部から都市部へ

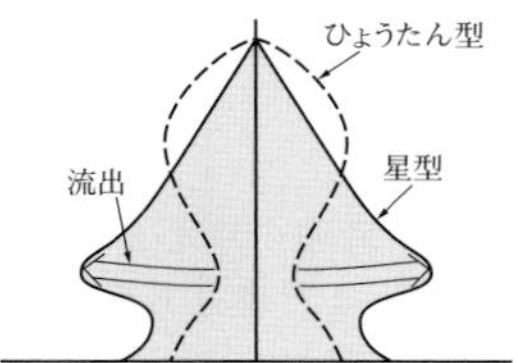

	人口ピラミッド	類型と例	特徴	事例
人口転換による型	富士山（ピラミッド）型	出生率：高，死亡率：高。多産多死で人口漸増。発展途上国に多い。	・どの年齢層においても死亡率が高く，上に行くほど人数が少なくなる。 ・年少人口が生産年齢人口に比べて相対的に多く，扶養の負担などが経済発展の制約となる。しかしながら死亡率が改善されることで，近い将来においては豊富な労働力が期待できる。	エチオピア（2008年）
	釣鐘（ベル）型	出生率：中，死亡率：低。少産少死で人口停滞。フランスやイギリスなどの先進国に多い。	・出生率の低下で，富士山型に比べて年少人口が少ない。 ・死亡率の低下により，年少人口から生産年齢人口の比較的広い年齢層において，構成比がほぼ同じになる。 ・生産年齢人口の比率が安定的に高く，経済発展上有利である。	アメリカ（2016年）
	つぼ（紡錘）型	出生率：低，死亡率：低。少産少死で人口減少。ドイツ，日本などの先進国に多い。	・出生率がさらに低下し，年少人口の構成比が生産年齢人口のそれより小さくなる。親世代よりも子世代の人数が少ないため，長期的には人口減少となる。 ・老年人口の比率が高まることから，生産年齢人口が負担する医療・福祉などの費用が多くなる。	イタリア（2016年）
人口移動による型	星型	生産年齢人口がほかの地域から転入する，都市部などに多い。	・20～40歳の，生産年齢人口の若年層の転入が活発で，この年齢層を中心とした構成比がかなり高い。 ・また，この層の子世代である乳幼児層の構成比も高くなる。	東京都中央区（2015年）※男女計0.3%が年齢不詳。
	ひょうたん型	生産年齢人口がほかの地域へ転出する，農村部や離島などに多い。	・就職や進学に伴い，若者が大都市などへ転出することから，20歳前後を中心とした年齢において層が薄くなる。 ・転出した人たちがUターンしない場合は，人口減少となる。	長崎県対馬市（2015年）

▲人口ピラミッドの型

〔Demographic Yearbook 2016，ほか〕

2　日本の年齢別構成の推移

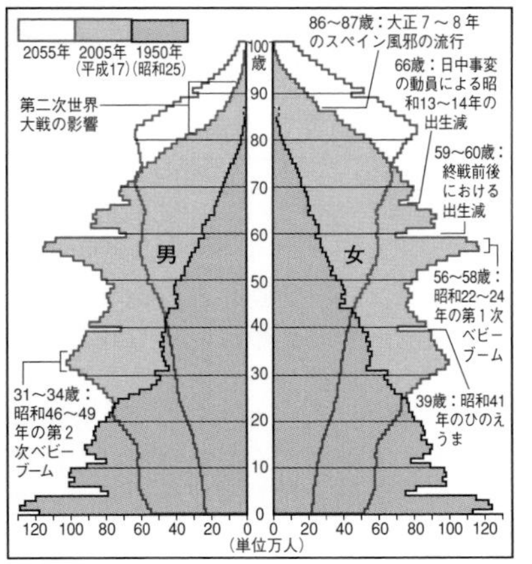

〔日本の将来推計人口，ほか〕

日本の人口は，1950年には富士山型であったが，その後に釣鐘型となり，現在はつぼ型である。なお上記のような典型的な形にならないのは，戦争やベビーブームの影響などで凹凸が生じるためである。

3　日本の家族構成別世帯数の推移

20世紀後半には，高度経済成長期を中心として，夫婦と子どもからなる核家族世帯が急増した。これは第1次ベビーブーム世代の次男・三男などが都市部へ流入して，新たに世帯をつくったことが大きな要因となっている。その後の少子化により核家族世帯の増加は頭打ちとなり，近年は高齢化の進行とともに単独世帯が増加しつつある。

＊住宅と生計を共にしている人々の集まりおよび一戸を構えて住んでいる単身者。
＊＊普通世帯に，間借り，下宿などの単身者と会社などの独身寮の単身者を加えたもの。

（グラフ：100万世帯，1880～2020年，推計　単独世帯・一般世帯＊＊・核家族世帯・普通世帯＊・その他の親族世帯・総数）

▲家族構成別世帯数の推移

〔国立社会保障・人口問題研究所資料〕

3 産業別人口構成

1 産業別人口構成

第１次産業…農林水産業
第２次産業…鉱業・製造業・建設業
第３次産業…商業・サービス業・運輸通信業・金融保険・不動産・医療・福祉・公務など

▲産業の分類

経済の発展に伴い，第1次産業から第2次産業・第3次産業へと，産業の中心が変化する。これを「産業の高度化」という。また農業も機械化，省力化が進むため，第1次産業人口が減少する。第2次産業・第3次産業はおもに都市で営まれるため，これらの増加は，都市人口率の上昇も招く。

コラム　三角図表

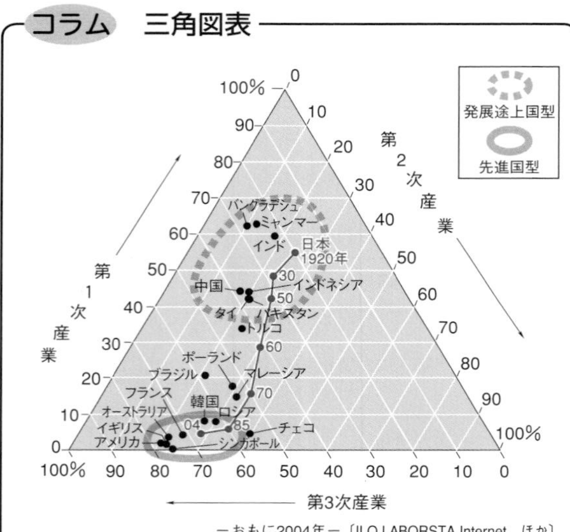

－おもに2004年－〔ILO LABORSTA Internet，ほか〕

▲おもな国の産業別人口構成

この図は**三角図表**とよばれ，正三角形の任意の点から各辺に平行に引いた3本の長さの合計が一定になる事象の表現に用いられる。**産業別人口構成**は，要素を第1次産業～第3次産業に3分類するため，三角図表を使うのが効果的である。

この図では，底辺に平行する線を引いて左辺の目盛りを読めば第1次産業の割合が，左辺に平行する線を引いて右辺の目盛りを読めば第2次産業の割合が，右辺に平行する線を引いて底辺の目盛りを読めば第3次産業の割合が，それぞれ読みとれる。

図からは，第1次産業の割合が高い**発展途上国**は三角形の上方に，第3次産業の割合の高い**先進国**は三角形の左下の方に位置することがわかる。またチェコなどの東欧諸国においては第2次産業の人口が比較的多いが，これは旧社会主義国では生産部門が比較的重視されていたことが影響している。

日本の産業別人口構成の推移をみてみると，1950年までは現在の発展途上国と同様の構成を示していたが，高度経済成長期の1960年代以降，急速に左下方に移動し先進国型となった。

2 おもな国の産業別人口構成比の変化

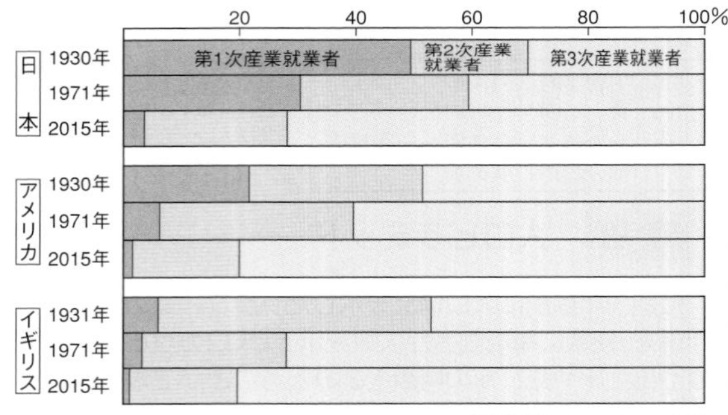

〔世界国勢図会2016/17，ほか〕

日本では1950年代以降の工業化の進展とともに第1次産業就業者が減少しはじめたが，高度経済成長が終わった1970年代には第2次産業就業者も減少に転じた。以後第3次産業就業者のみが増加を続け，2015年には7割以上になっている。アメリカやイギリスでは，1970年ごろにすでに第3次産業就業者が半数を超えていた。

3 県別の産業別人口構成

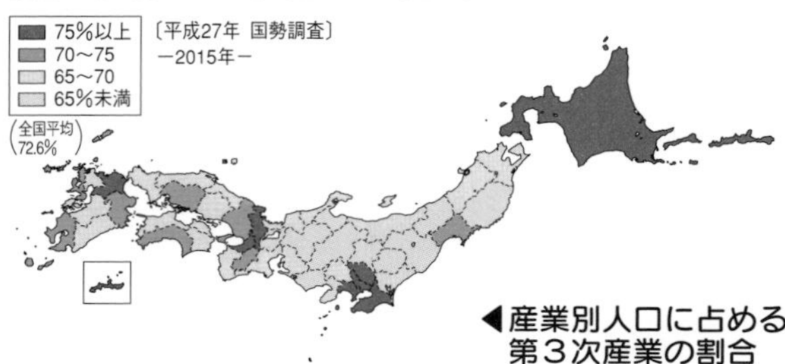

◀産業別人口に占める第３次産業の割合

日本の国内で**第3次産業**の割合が高いのは，人口の多い県とその周辺である。東京都，大阪府とその周辺の県がこれにあたる。また，サービス業の一つである観光業がおもな産業となっている沖縄県も割合が高い。

4 職業別人口構成の推移

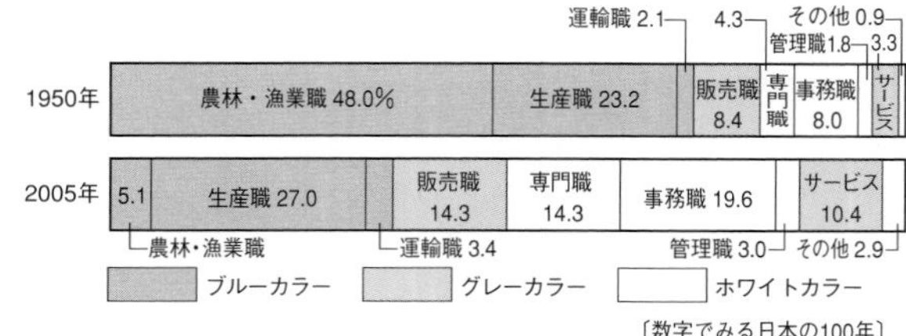

〔数字でみる日本の100年〕

産業別にみた人口構成は，経済活動の大まかな特徴を知るには便利だが，事業所の産業分類に従って就業者が分類されるため，実態がやや把握しづらい。たとえば，自動車会社に勤める事務職の人は，第2次産業に分類されることになる。そこで，上図のように職業別に人口構成をみてみると，事務職・販売職などの非生産部門が増大していることがわかる。

4　人口の移動

1 都市人口率

(1) 都市人口率の高いところ

都市人口率とは，各国の人口のうち都市部に居住する人口の割合をいう。先進諸国では，産業の高度化に伴い都市での雇用機会が増大することから，都市人口率が高くなる。南アメリカ，オーストラリアといった新大陸でも都市人口率が高いが，これはもともと人口が少なかった地域に，都市を拠点にして入植を進めたためである。このほか，シンガポールやモナコなどの**都市国家**では都市人口率は基本的に100％である。

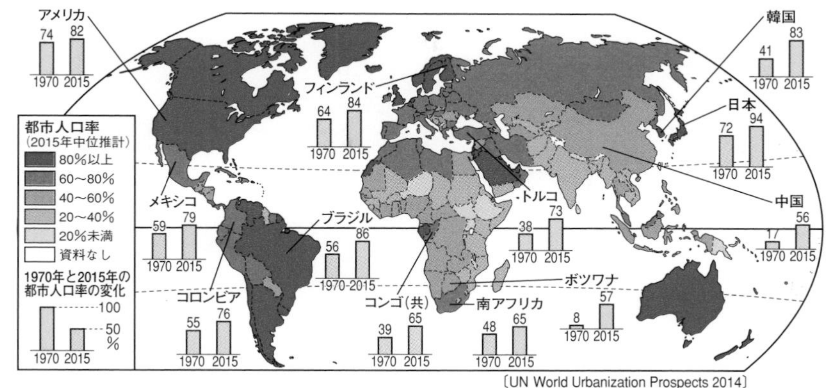

▲各国の都市人口率の変化

(2) 発展途上国の問題

参照 p.173

発展途上国の多くの国では，農村で発生した余剰人口が都市へ流入する，**向都離村型**の人口移動が激しい。この移動によって，都市人口率が急激に上昇している。発展途上国では，都市に移動してきたものの，人々が十分な雇用機会にめぐまれなかったり，正規の居住地を得られずに**スラム**を形成したりするなど，都市問題になっているところも多い。

先進国
オーストラリア
日本
アメリカ

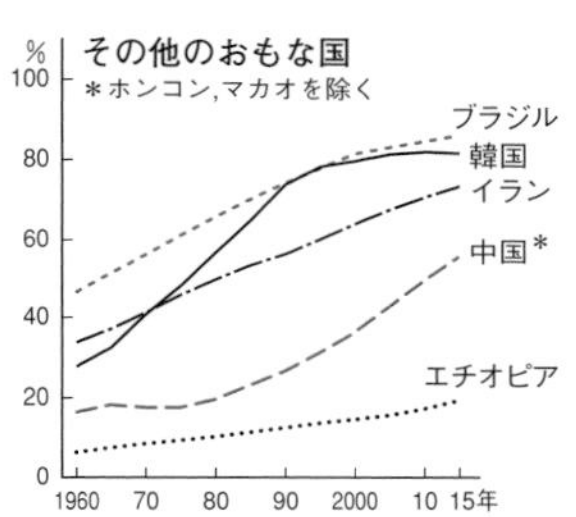

▲都市人口率の推移

〔UN World Urbanization Prospects 2018〕

2 人口移動の理由

参照 p.184 1

人口移動には国内移動と，国境をこえる国際移動とがある。また，移動の理由には経済的なものと，政治的・宗教的なものとがある。近年では，EPAなどの国どうしの取り決めによる(→p.200)労働力の移動もみられるようになっている。

		国際移動	日本の国内移動
分散型移動	人口の密な地域 人口圧で押し出される 人口のまばらな地域	〔農業移民〕 ・ヨーロッパ→新大陸 ・日本→南アメリカ，アメリカ西海岸 〔華僑〕…3751万人(2003年) ・中国華南(福建省・広東省)→東南アジアをはじめ，世界各地へ 〔印僑〕…イギリス植民地時代 ・インド→東アフリカ・東南アジア(→p.286 2)	・北海道への開拓移民→p.294 1
集中型移動	経済発展の遅れた地域・失業率の高い地域	・地中海沿岸諸国→ドイツ・フランスなど ・カリブ海諸国・メキシコ→アメリカ ・アジア諸国→日本 ・東南アジア→西アジア産油国	・向都離村による大都市集中(一方でUターン，Jターン移動も)
	職を求める 先進地域	〔かつての一時的移動〕 ・スペイン・イタリア→アルゼンチン (ゴロンドリーナ＝小麦の収穫作業)	・出稼ぎ(酒づくりの杜氏，土木建設作業者など)

▲経済的な理由による移動の種類

理　　由	例
政治的迫害からのがれるため	亡命
信教の自由を求めるため	初期のアメリカ移民(イギリス国教会からの分離)
流刑	オーストラリア・シベリアへの入植
内戦や社会体制の変革に伴う混乱をのがれるため	アフガニスタン・パレスチナ・インドシナ(ベトナム・カンボジアなど)・イラク・ミャンマーなどの難民 参照 p.213
国家建国のため	ユダヤ人のパレスチナ移住(イスラエル建国)

▲政治的・宗教的な理由とその例

用語

Uターン：地方圏の出身者が，進学や就職などの理由で大都市圏に移住し，その後出身地に戻ること。

Jターン：Uターンが自分の出身地に戻る場合を指すのに対して，Jターンは，たとえば生まれ育った村の近くの都市など，出身地以外に戻る場合を指す。

Iターン：大都市圏出身者が地方圏に移り住む現象を指す。田舎暮らしに憧れる若者の移住などのケースがある。

5 外国人労働者

① 世界のおもな人口移動

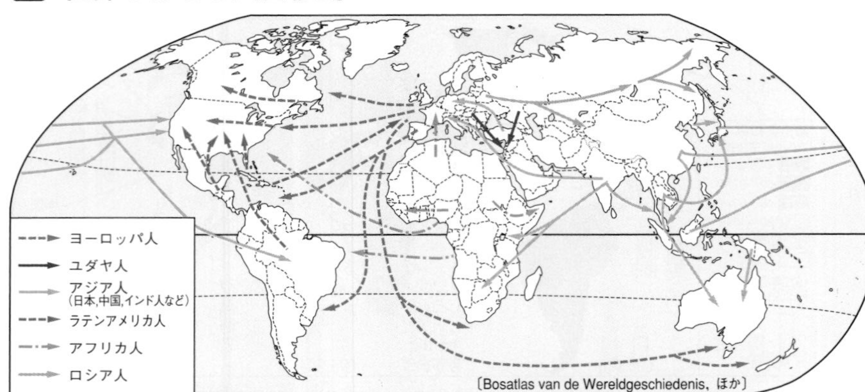

〔Bosatlas van de Wereldgeschiedenis，ほか〕

国際的な人口移動は現在，経済的理由によるものが多い。しかし，かつては17世紀のアメリカへの**移民**など政治的・宗教的な理由にもとづく移動や，アフリカ出身の奴隷など自らの意思にもとづかない移動も多くみられた。

参照 p.269, 283

◀**16世紀以降における世界のおもな人口移動**

② 増大する外国人労働者

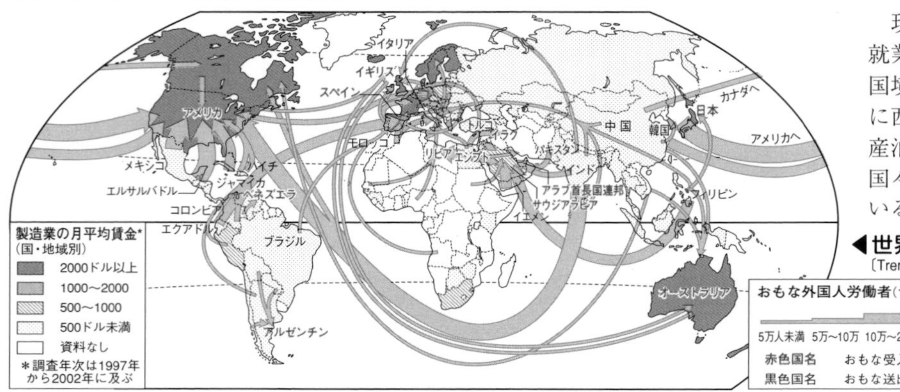

現代では多くの人々が，豊富な就業機会やよりよい所得を求め，国境を越えて移動している。とくに西ヨーロッパ，アメリカ，中東産油国などには，主として周辺の国々から多くの労働者が流入している。

◀**世界の外国人労働者**
〔Trends in International Migration 2004，ほか〕

③ 労働力の国際移動の推移

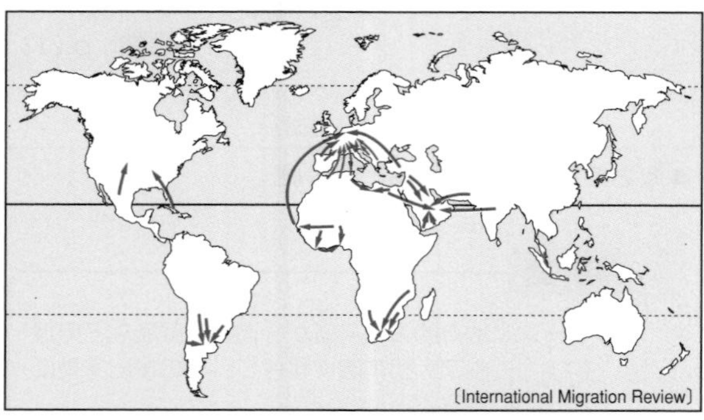
〔International Migration Review〕

▲**1970年ごろのおもな労働力の国際移動**

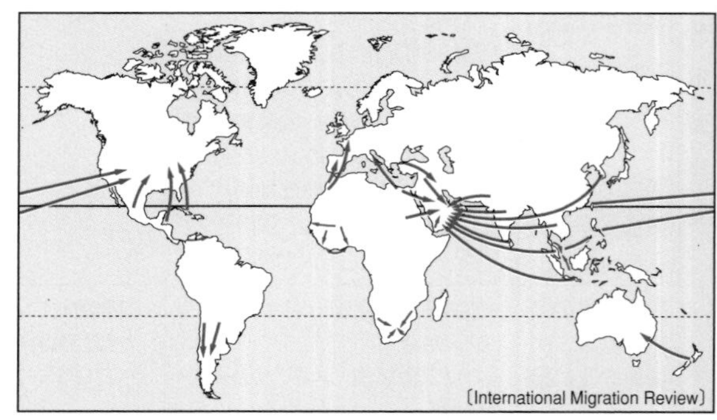
〔International Migration Review〕

▲**1980年ごろのおもな労働力の国際移動**

1970年ごろの国際移動では，西ヨーロッパへ向けた流れがめだつ。これは1960年代の経済成長期に，労働力不足を補うために積極的に受け入れられた**外国人労働者**が，その後この時期に家族を呼び寄せたことなどによる。1980年ごろになると西ヨーロッパへの移動は減少するが，これは流入を制限する政策への転換が影響している。

外国人労働者をめぐる問題

- 低賃金で働く外国人労働者⟶国内労働者の賃金水準低下・失業
- 失業率の高い外国人労働者⟶社会不安，都市部で集住地区を形成
- 二世三世の増大⟶受入国社会への同化問題・民族間の摩擦

4 華僑と印僑

〔インド外務省資料，ほか〕
▲華僑と印僑の分布

コラム　華僑と華人，印僑

漢民族は戦争や内乱が起こるたびに海外移住をくり返し，東南アジアをはじめとする世界各地に進出した。**「華僑」**とよばれる彼らは，出身地域の企業に投資したり，親族に送金するなど，いまなお出身地域と強い結びつきを保っている場合も多い。また進出先においても，たがいに経済的にささえあうなど結びつきが強く，各国において**チャイナタウン**を形成している。一方，東南アジアでは，少数派でありながらも，その国の経済活動の中心を担っている場合があり，多数派の民族との軋轢(あつれき)もみられる。今日では，仮住まいの人々を意味する「僑」の字を用いない**「華人」**の呼称が一般的になりつつある。

また，インドがイギリス植民地であった時代に，海外に移住したインド人は**印僑**とよばれる。移住先はかつてのイギリス植民地が多く，イギリスの間接統治に寄与した。今日でも流通を中心に経済の一端を担っている。

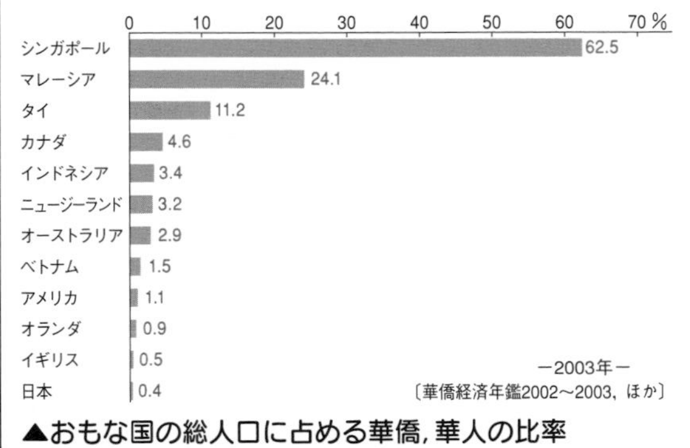

▲おもな国の総人口に占める華僑，華人の比率

5 インドからの外国人労働者

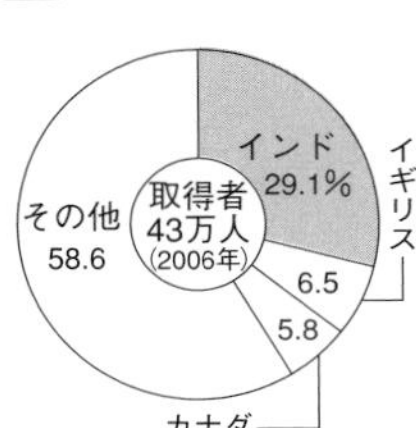

英語を共通語として使用するインドの人々は，アメリカにも多数が働きに出ている。とくに先端技術産業の世界的な集積地である**シリコンヴァレー**などで，研究職や技術職として従事している人々が多い。

〔Yearbook of Immigration Statistics 2006〕
▲アメリカの専門職就労ビザ取得者に占めるインドの人々の割合

6 ヨーロッパへの外国人労働者

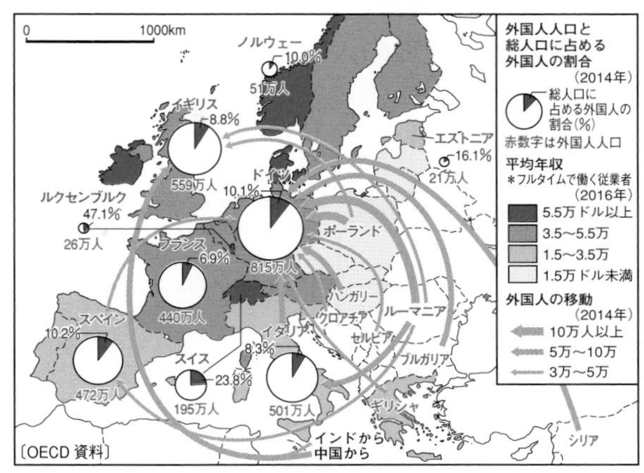

▲ヨーロッパの外国人の割合とその移動

ヨーロッパでは1950年代～1960年代を中心に，多くの外国人労働者を受け入れた。その後，定住した外国人が家族をよびよせたことで，移民は増加した。

とくにトルコなどから積極的に労働者(ガストアルバイター)を受け入れたドイツは，現在人口の1割近くを外国人が占める。しかし外国人の急増は，失業率の上昇や，文化・生活習慣の違いから来る軋轢をもたらして排斥運動なども起きた。

7 増加する外国人労働者

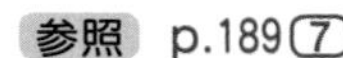
参照 p.189⑦

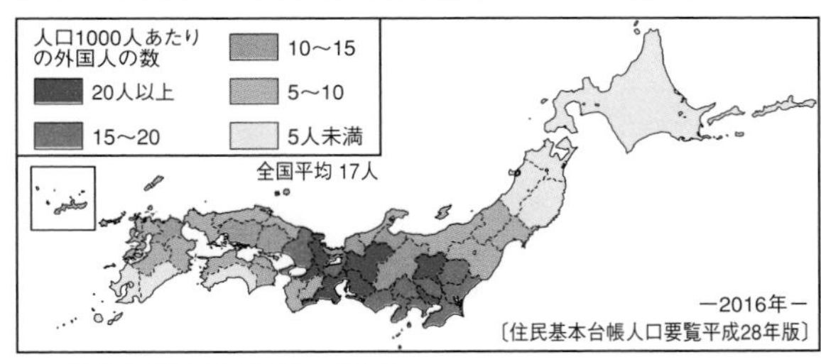

▲県別在留外国人数の割合

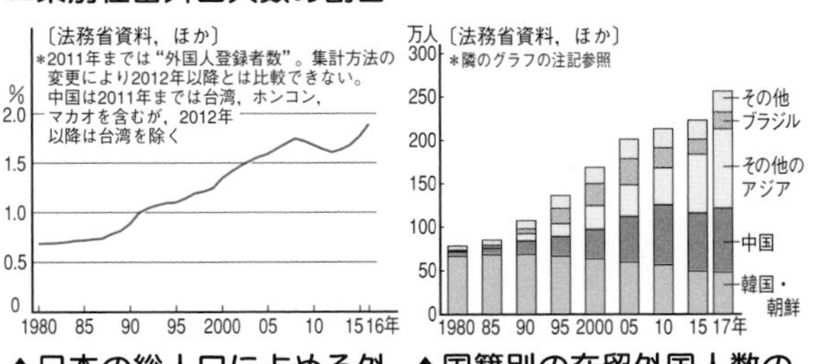

▲日本の総人口に占める外国人の割合の推移　▲国籍別の在留外国人数の変化

日本に居住する外国人は1980年代以降急増している。**在留外国人**数を国別にみると，以前はもともと日本に多く居住している韓国・朝鮮籍の人々が多かったが，今では中国や東南アジア諸国の人々が増えた。一方で近年では，日系人の多いブラジルから多くの労働者が来日している。居住している地域別にみると，大都市のほか，中部地方の工業がさかんな県を中心に外国人が多い。愛知県・静岡県・群馬県などは外国人労働者がとくに多く，自動車関連の工場などで働いている。

6 発展途上国の人口問題

① 発展途上地域の人口問題

先進地域と発展途上地域の人口比は，1960年までは1：2だったが，1980年代には1：3となった。さらに，2050年には1：8に拡大するとの予測もある。

発展途上国の出生率が高い理由

①労働集約的な産業
→子どもは貴重な労働力，家計を補助する働き手

②社会保障制度の整備の遅れ
→子どもに親の老後の扶養を期待

③高い乳幼児死亡率
→多産の傾向

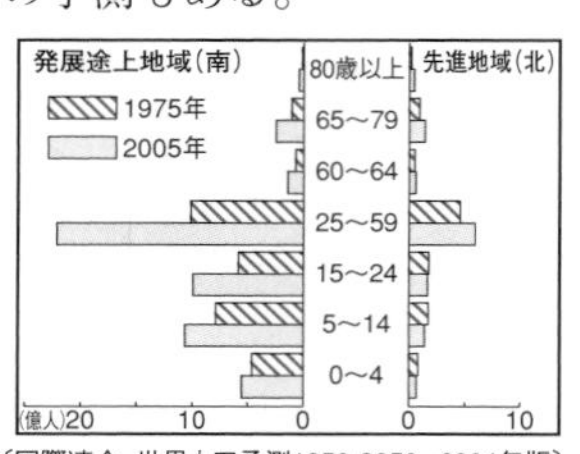

▲進む人口の南北格差

参照 p.201, 204

② 児童労働

※5～14歳の子ども

地　域	経済活動に従事している児童※人口(万人)	児童総数※に占める割合(%)
アジア太平洋	12230	18.8
サハラ以南アフリカ	4930	26.4
ラテンアメリカ及びカリブ海諸国	570	5.1
その他の地域	1340	5.2
世界計	19070	15.8

—2004年—〔ILO児童労働統計〕

▲経済活動に従事している児童人口と割合

アジアやアフリカなどの発展途上国では，**児童労働**の多さが問題となっている。家庭の貧しさから働かざるを得ない場合が多いが，これにより教育の機会が奪われ，結果として将来にわたって低賃金の職にしか就けず，貧困から抜け出すことができない。また，子どもは雇い主に抗議する手段などが未熟なことから，賃金未払いや虐待などの問題も多発している。

③ 高い死亡率

発展途上国の死亡率が高い理由

・乳児死亡率※や幼児の死亡率がとくに高い。
・民族紛争や内戦の犠牲者が多い。
・HIVなどの感染症の多発。

※出生数1000に対する0歳児死亡数の比率

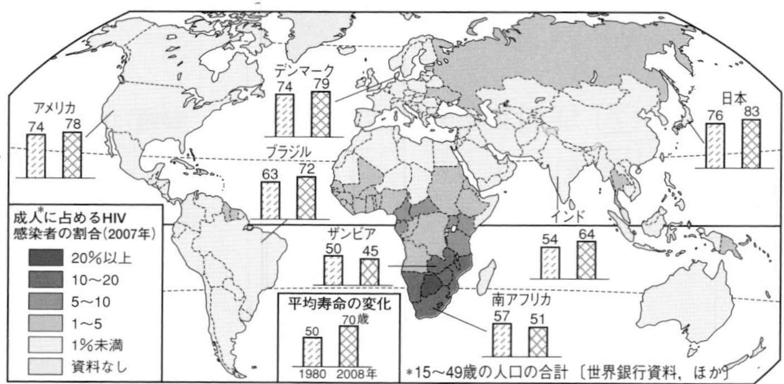

▲成人に占めるHIV感染者の割合とおもな国の平均寿命の変化

発展途上国では，**乳児死亡率**がとても高い。先進地域では7.7‰であるのに対し，発展途上地域は10倍近い62.4‰となっている(2000～05年の平均値)。

世界の平均寿命は1970～75年から2000～05年にかけて，男性は56.6歳から63.2歳へ，女性は60.0歳から67.7歳へと上昇している。しかし国別にみるとその状況は一様ではない。経済発展の著しいインドやブラジルでは大きな伸びがみられ，日本を含めて先進諸国では平均寿命がゆるやかに上昇している。その一方でアフリカの一部では，平均寿命が短くなっている国がある。その大きな要因となっているのが**HIV**※の蔓延(まんえん)である。アフリカ南部のボツワナのように，成人のHIV感染者の割合が20%を超えている国もある。

※ヒト免疫不全ウイルスの略

④ 発展途上国の人口政策 参照 p.222「用語」

人口政策への取り組み方には，発展途上国のなかでも違いがある。サハラ以南のアフリカでは実行率が低いが，アジアの国々では1960年代後半以降，**家族計画**が積極的に推進され，世界の人口増加率の低減に寄与した。中国では1970年代から人口抑制策に着手した。当初は晩婚奨励にとどまっていたが，1979年から**一人っ子政策**が推進された。この政策は急激な高齢化などさまざまな問題を生んだことから，2016年より緩和された。

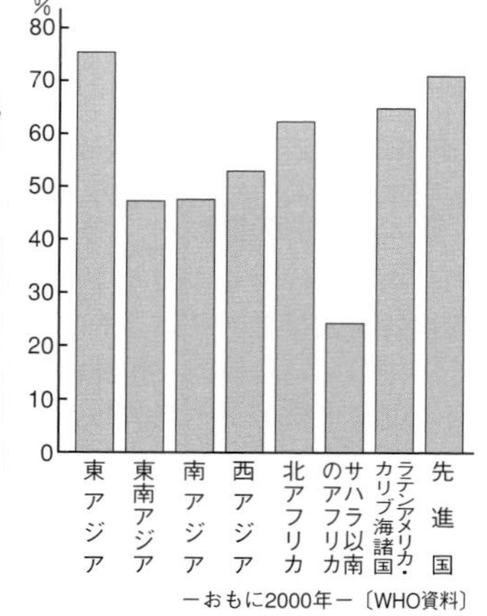

▲家族計画の実行率

⑤ 中国とインドの人口の変化 参照 p.222, 240

中国では，一人っ子政策の効果や大都市部における少子化の進行によって人口増加のペースが弱まっており，国連の推計によると2025年ごろにはインドの人口が中国を上回ると予測されている。また，中国では子どもの数が減る一方で，一人っ子政策以前に生まれた人数の多い世代が今後高齢者となるため，老年人口の割合が急激に上昇することが問題になっている。

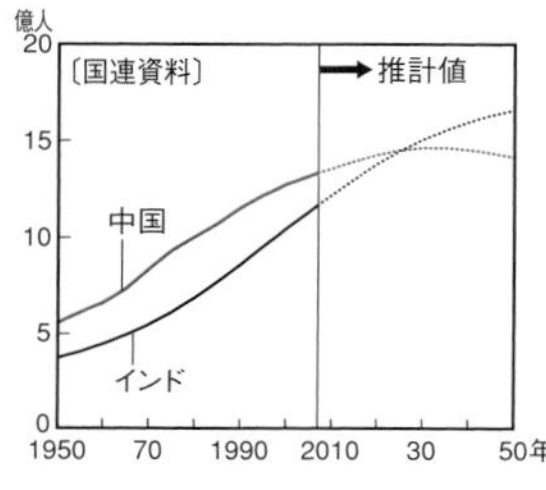

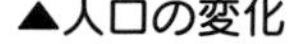

▲人口の変化

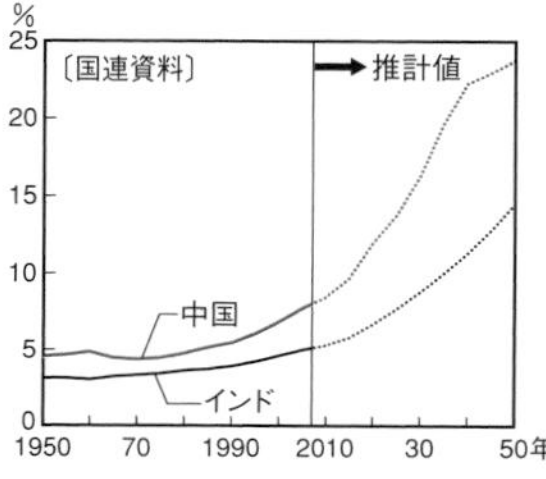

▲老年人口の割合の変化

7 先進国の人口問題

① 先進地域の人口問題

先進地域では多くの国で**合計特殊出生率**※が，人口規模を維持する水準（約2.1）を下回っており，高齢化と人口減少に直面している。日本，ドイツ，スペインなどでは出生率がとくに低い。　※1人の女性が生涯に産む子どもの数の推定値

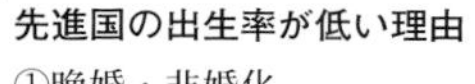

先進国の出生率が低い理由

①晩婚・非婚化
- 若者の雇用や収入が不安定になってきていること
- 独身生活を快適に過ごす条件が整ってきたこと

②既婚女性の出生率の低下
- 就業と結婚・出産・育児を両立させる環境が整わないこと
- 育児や教育に多くの費用がかかること

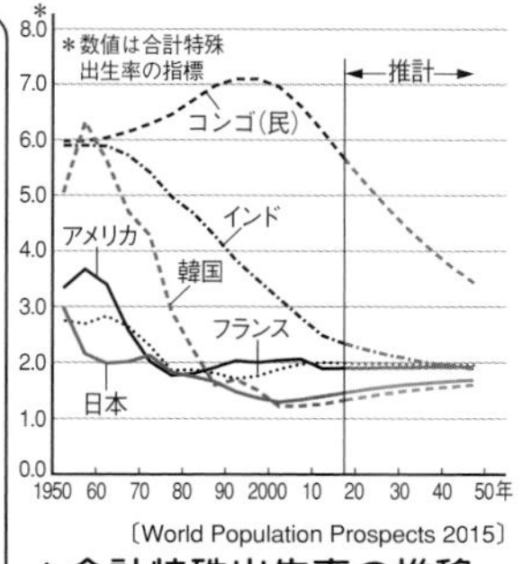

▲合計特殊出生率の推移

② 先進国の出生率

合計特殊出生率が低い国（2010年，人）	合計特殊出生率が比較的高い国（2010年，人）
日本　1.39 ドイツ　1.39 スペイン　1.39 イタリア　1.41（2009年）	アメリカ　2.01（2009年） フランス　1.99（2009年） デンマーク　1.87 〔国立社会保障・人口問題研究所資料〕
〔問題点〕 ①人口の高齢化 →社会保障負担の増大 ②過疎の深刻化 →人口分布の不均等の拡大 ③外国人労働者の流入 →社会的な摩擦の増大 ④長期的にみると，民族滅亡の危機	〔特色〕 ①移民の出生率が高く，国全体の出生率を底上げ（アメリカなど） ②手厚い育児支援策の効果が表れる（フランス，デンマークなど）

③ 人口の高齢化

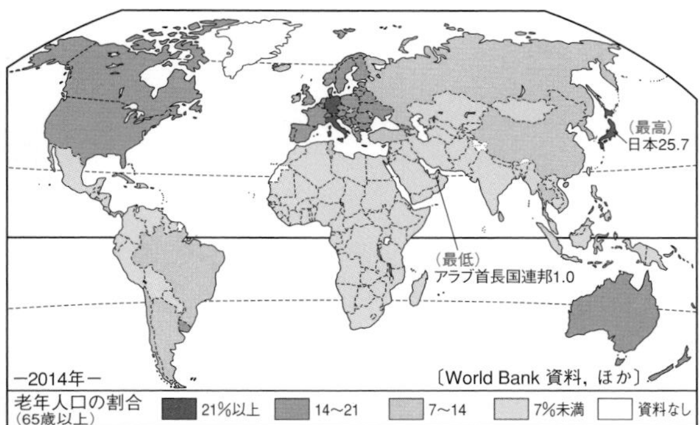

▲世界の老年人口の割合

先進諸国では，かつての多産少死時代に生まれた人々が高齢期にさしかかりつつあるために，老年人口の割合が急速に上昇している。なかでも出生率の低い日本は世界最高水準となっている。

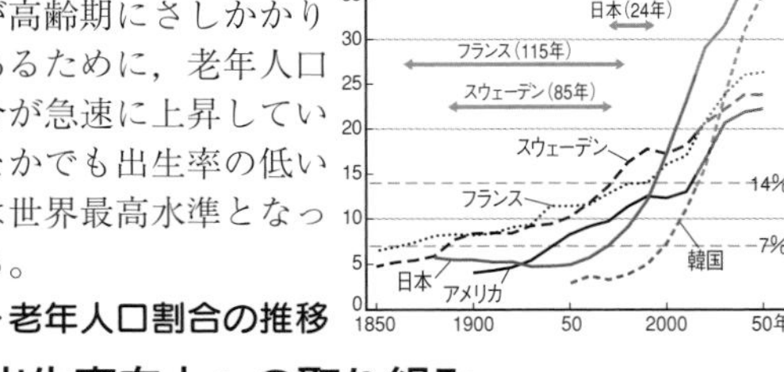

▶老年人口割合の推移

④ 少子高齢化と社会保障

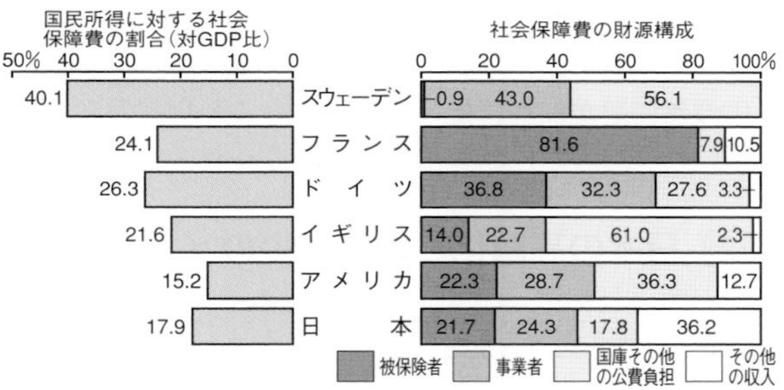

▲おもな国の社会保障費と財源構成

先進諸国では，老年人口の増加に伴い，**社会保障費**が必然的に増加している。そのうえ，出生率の低下により生産年齢人口が縮小していることから，働いている世代の1人あたりの負担がますます増大するという問題を抱えている。「高福祉・高負担」か「中福祉・中負担」かの選択を迫られるなか，スウェーデンでは前者の政策を推し進めてきた。老人ホームや在宅介護サービスの充実などを手本として評価する意見がある一方，税率の高さが勤労意欲の低下や高所得者の国外流出につながっているとする批判的な見方もある。

⑤ 出生率向上への取り組み

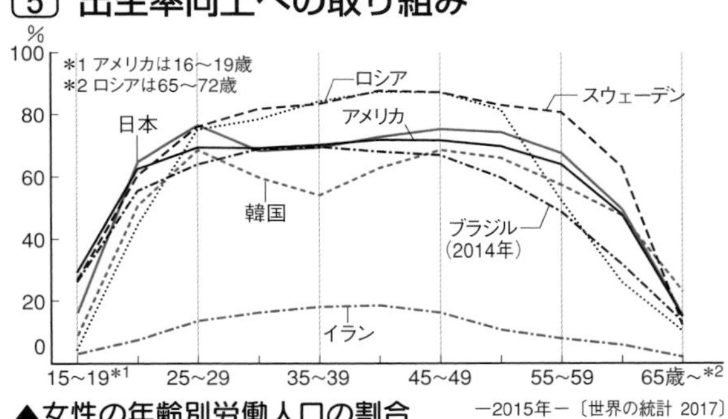

▲女性の年齢別労働人口の割合

日本は20歳代・30歳代の母親世代が働いている割合は，スウェーデンやロシアなどと比べて低い。近年は，この世代の労働力率が高い国ほど，出生率が高くなる傾向がある。そのため，夫婦ともに，子育てをしながら働くことができるよう，保育所や学童保育の充実，育児休業などの制度を利用しやすくすることなどが，出生率向上のために必要と考えられている。一方で，そもそも結婚しない若者が増えていることから，若者をとり巻く雇用環境の整備などがまず重要であるとの見方もある。

8 日本の人口問題

① 人口の推移

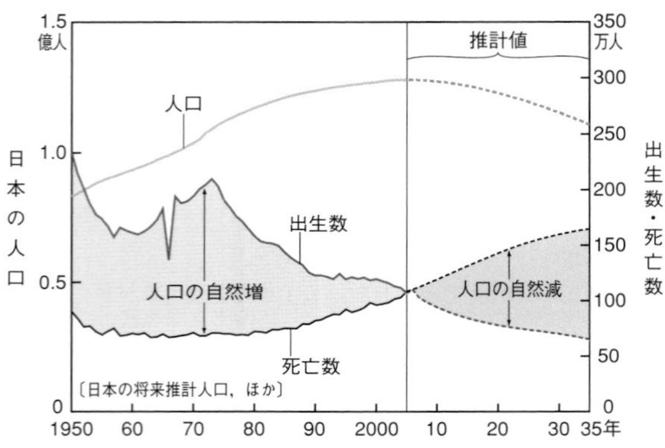

▲日本の人口，出生数，死亡数の変化と推計値

日本の人口は明治時代以降，一貫して増加し続けてきたが，2005年に約1億2800万人でピークに達した。上の図のように**少子化**に伴って出生数が減少する一方で，死亡数が増加するため，今後は人口減少に転じることが確実である。その後，母親となる世代の人数が減ることによる出生数の減少や，人数の多い第1次**ベビーブーム**世代の死亡数が加齢に伴って増加することなどから，数十年にわたって人口減少が続くと考えられている。

② 日本の高齢化と人口減少のメカニズム

実績値← →推計値

年	1950	1960	1970	1980	1990	2000	2010	2020	2030
総　数*	8411	9430	10467	11706	12361	12693	12718	12273	11522
0～ 9歳	2098	1730	1717	1855	1396	1193	1053	827	721
10～19歳	1748	2051	1714	1723	1853	1403	1201	1054	829
20～29歳	1405	1667	1988	1688	1687	1821	1413	1240	1098
30～39歳	1035	1366	1671	1997	1679	1689	1805	1417	1247
40～49歳	857	991	1331	1643	1968	1672	1676	1784	1401
50～59歳	620	790	930	1281	1581	1918	1629	1633	1740
60～69歳	412	513	676	843	1185	1484	1822	1538	1552
70～79歳	199	254	343	506	684	1005	1292	1607	1368
80歳以上	38	68	96	162	296	485	827	1174	1566
老年人口									
65歳以上	416	540	739	1065	1489	2201	2941	3590	3667
85歳以上	10	19	30	53	112	223	391	642	849

＊は年齢不詳の人口も含む。＊＊　　は「団塊の世代」を含む年齢層　(単位：万人)

〔国立社会保障・人口問題研究所資料，ほか〕

▲日本の年齢別人口の変化

上の図からは，高齢者の数が1970年ごろまでは少なかったが，その後急速に増えているのがわかる。これは多産少死の時代に生まれ，生まれたときから人数の多い世代が，次第に高齢になってきているためである。今後，**「団塊の世代」**とよばれる第1次ベビーブーム世代を含む最も人数が多い年齢層が高齢者となるため，さらに**老年人口**の増加が続く。また老年人口の増加とともに必然的に死亡数が増加するため，日本の人口減少に拍車がかかることになる。

③ 都道府県別の人口の変化

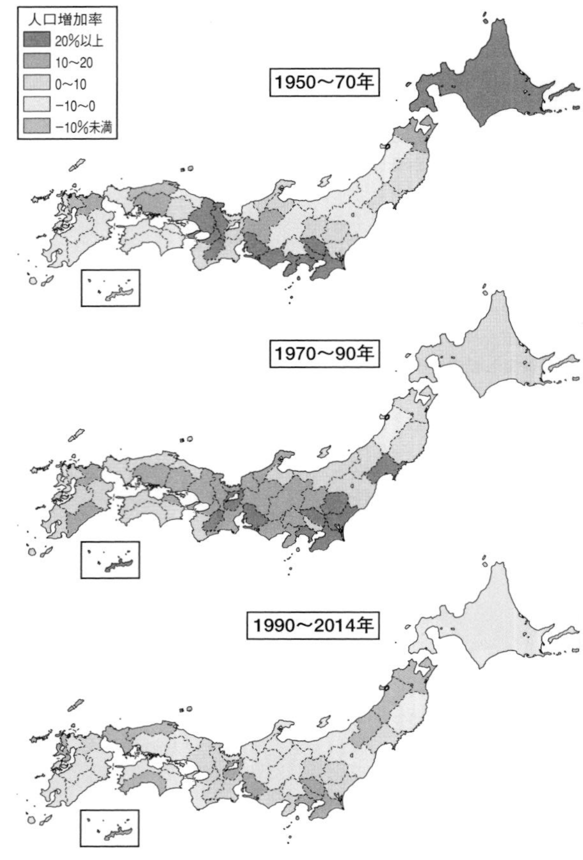

〔総務省統計局資料〕

《1950～1970年》　東北や四国，九州地方では，第1次ベビーブーム世代などが中学や高校の卒業と同時に大都市に向かったため，人口減となったところが多い。一方，彼らが流入することとなった**太平洋ベルト**は，豊富な労働力を得て，高度経済成長を牽引した。

《1970～1990年》　全国的に人口移動は沈静化し，この期間に人口減となったのは2県のみである(秋田県，長崎県)。大きく人口を増やした県も少ないが，埼玉県や千葉県などでは引き続き人口が大幅に増えた。これは高度経済成長期に大都市に流入した人たちがその後郊外に住宅を得て，さらに彼らの子どもが生まれたことで，社会増加，自然増加がともに大きかったことによる。

《1990～2014年》　地方において再び人口減少がはじまった。これまでは社会減少を自然増加がカバーすることで人口減少を抑制してきたが，地方においても少子高齢化が進み，自然減少が徐々に拡大しているためである。大都市圏においては人口増加が続いているものの，増加幅はかなり小さくなり，近年は，大都市圏・地方とも多くの県で人口減少に転じた。

④ 過疎問題

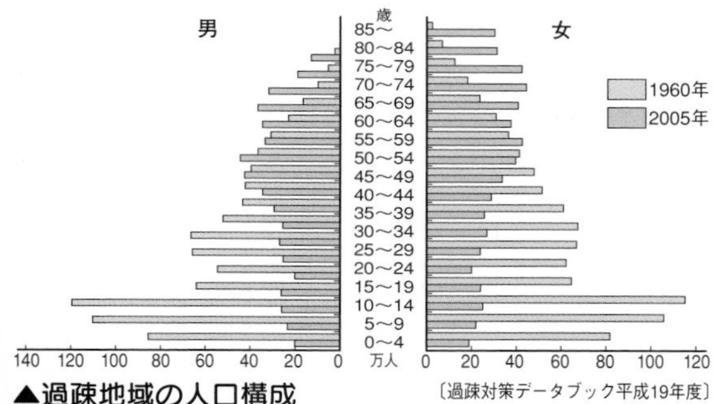

▲過疎地域の人口構成　〔過疎対策データブック平成19年度〕

地方の山間地域や離島などでは，若者の流出が進み，人口の減少と高齢化が著しい。このような**過疎**地域では，農林漁業の存続が困難となり，耕作放棄地が拡大するなどの問題を抱えている。また用水路の維持管理や消防などの活動もできなくなることから，集落そのものの消滅も危惧されている。

コラム　限界集落

山間地域などの**過疎化**が進んだ集落で，65歳以上の住民が半数を超え，冠婚葬祭など共同生活の維持が困難になった集落を指す。このような集落の人口減少要因は，これまでは若者の流出などの社会減少であったが，今後は残された高齢者の死亡による自然減少がおもな要因となる。そのため，さまざまな対策を講じたとしても，限界集落の多くが今後消滅することは避けられない。

⑤ 首都圏における社会増加

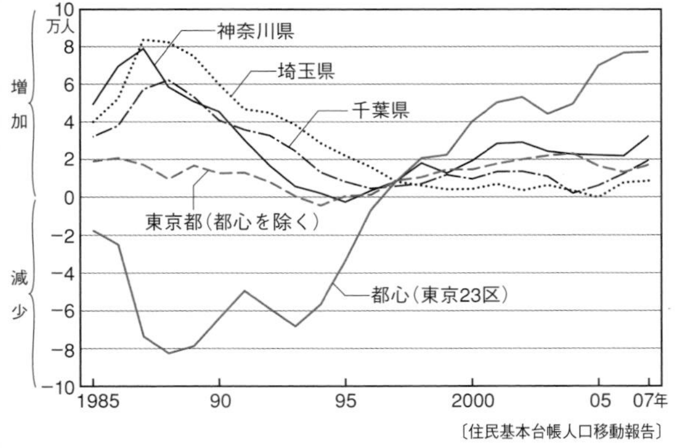

〔住民基本台帳人口移動報告〕

▲首都圏の各地域における社会増加の変化

都心で人口の社会減少がおきていた1980年代には，郊外地域では逆に社会増加がおきていた。これは高度経済成長期に都心地域に流入していた人たちが，結婚，子どもの誕生などを機に郊外で住宅を得るケースが多かったためである。1990年代半ば以降，地方から上京する若者の郊外への再転出が減ったこと，郊外で生まれ育った若者が都心で住宅を得るケースが増えたことなどが要因で都心が社会増加に転じ，「**人口の都心回帰**」ともよばれている。

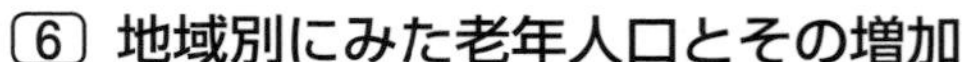

⑥ 地域別にみた老年人口とその増加

▼老年人口の割合

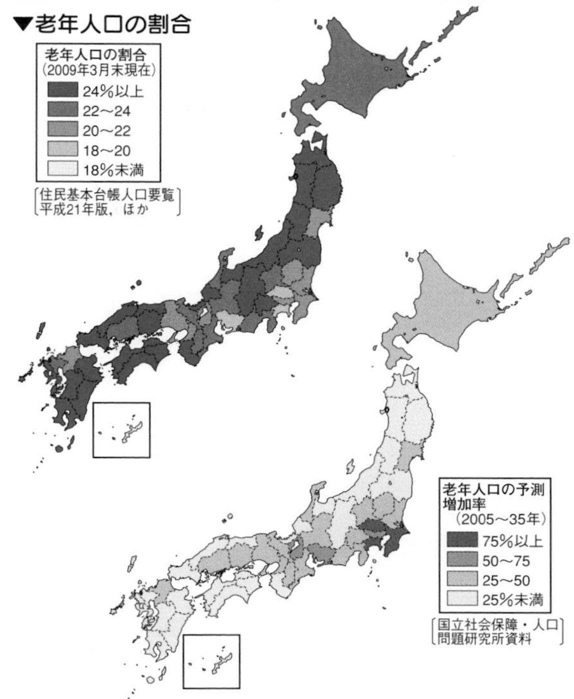

▲老年人口の増加予測

高度経済成長期に若者が大量に流出した地方の各県では，それ以降高齢化が進み，現在どの県も老年人口の割合が大きい。この状況は今後も続くと予測されている。さらに，当時若者が大量に流入した大都市圏では，現在，彼らが高齢期に差しかかる時期になったことから，急激な**高齢化**に見舞われようとしている。彼らが多く居住する郊外の県では，老年人口の増加がとくに著しい。たとえば埼玉県や神奈川県では2035年までの30年間で老年人口が約2倍に増えると予測されている。また，**ニュータウン**ではあき家の増加などによる地域の衰退・荒廃が危惧されている。

⑦ 人口減少と外国人の受け入れ　参照 p.185⑦

人口減少の対策として，日本に**外国人労働者**を受け入れることについては，現在さまざまな意見がある。人口減少が続く状況において，不足する労働力を補うためには不可欠であるとして，推進を主張する意見がある。その一方で，後々，福祉やその子どもの教育などにかかる費用の負担などを理由に，慎重な意見も少なくない。若年労働力を一定期間受け入れるだけであれば，企業にとっては比較的低賃金で労働力が得られるなどのメリットが大きい。しかし，それが長期間に及び，外国人労働者が家庭をもつようになることは，ドイツにおける先例からも予想され，これを抑制することは現実的に難しい。

このようなことから，いまのところ外国人労働者の受け入れに対してはさまざまな法規制がかけられている。しかし一方で，非合法な外国人労働者も多数存在するのが現状である。

9 食料問題

① 食料の供給のかたより

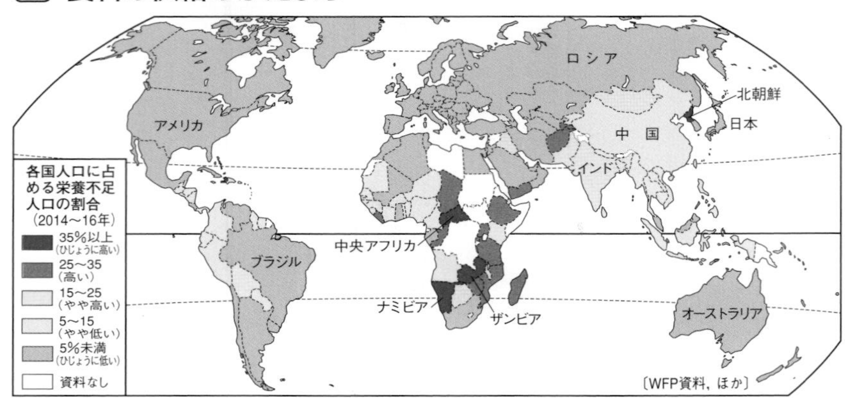

食料の不足に伴う栄養不足は，アフリカ諸国を中心に，深刻な問題となっている。植民地時代からの商品作物重視の農業政策が続けられ，政府による有効な食料増産政策が行われてこなかったところに，政情不安や内戦が追い打ちをかけ，また気候変動も食料生産を不安定にさせている。さらに世界的な食料価格高騰が，低所得者層の食料調達をより困難にしている。

◀世界の各国に占める栄養不足人口の割合(ハンガーマップ)

② 肉の生産と穀物

参照 p.224

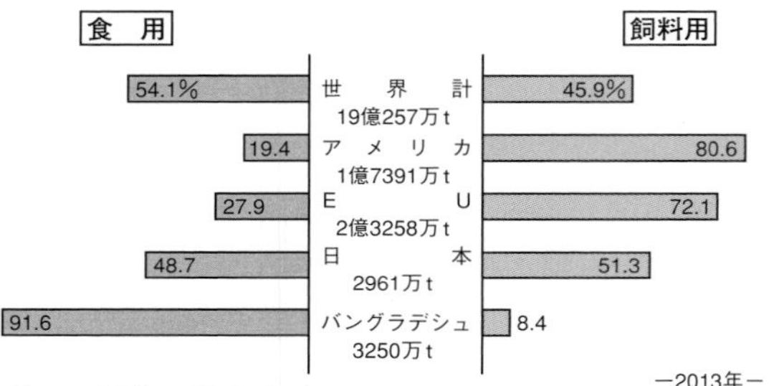

▲世界の穀物の使われ方

穀物は人間の食料であるだけでなく，食肉用の家畜の飼料としても多く消費されている。食用肉1kgを生産するのに必要な飼料の重量をとうもろこしに換算すると，牛の場合は11kg，豚の場合は7kg，鶏の場合は4kgといわれている。先進国における肉類の消費拡大は，発展途上国からの飼料輸入を増大させる。また，中国など新興国の消費も急増しており，今後いっそう拍車がかかると考えられる。その結果，発展途上国では穀物の生産の用途が，自国民の食用から輸出飼料用へと切り替えられ，逆に自国民の食料を輸入でまかなう状態になっている。これが食料不足を深刻化させる一因にもなっている。

用語 飢餓にかかわる用語

飢餓：食料を満足に得ることができず，慢性的な栄養不良や栄養不足に陥った状態。

栄養不良：エネルギーや栄養素の供給・消化・吸収が不十分なために病気にかかった状態。

栄養不足：人が生きていくうえで最低限必要な栄養摂取量をとっていない状態。国連食糧農業機関(FAO)によると世界の栄養不足人口は約8億5000万(2002年)。

オリジナルカロリー：肉や卵などの動物性の食品から摂取するカロリーについて，それぞれがもつカロリーではなく，これらを生産するのに要した飼料のもつカロリーで計算したもの。

③ アメリカの影響を大きく受ける穀物供給

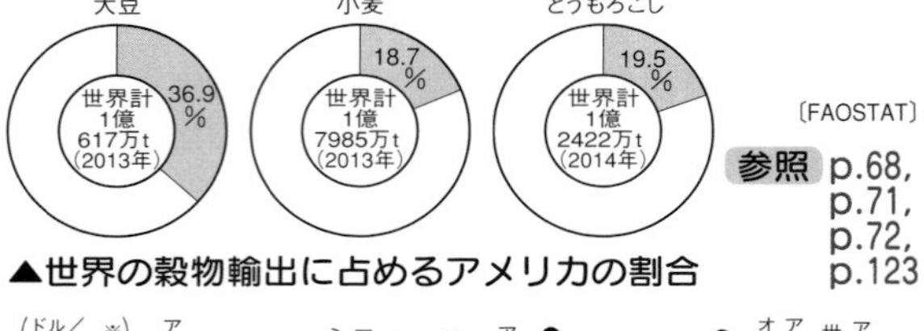

参照 p.68, p.71, p.72, p.123

▲世界の穀物輸出に占めるアメリカの割合

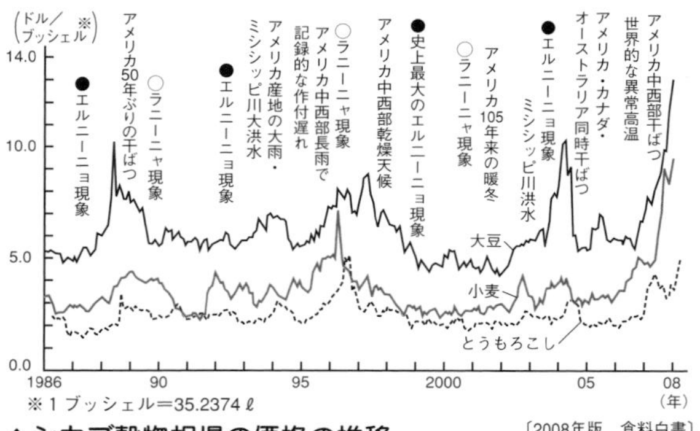

▲シカゴ穀物相場の価格の推移

近年，世界的に食料需給が逼迫(ひっぱく)している。小麦・とうもろこし・大豆といった主要穀物は，2005年以降，大幅に価格が上昇した。その結果，エジプトなどではパンの入手が困難になるなど，世界同時**食料危機**の様相を呈している。この原因としては，中国やブラジルなどの新興国における需要の伸びとエネルギー源への転用が挙げられる。前者については，たとえば中国は2002年に約1500万tのとうもろこしを輸出し，米国に次ぐ世界第2位の輸出国であったが，その後生産は増えているにもかかわらず輸出量は激減し，2007年にはわずか100万t程度にまで落ち込んでいる。後者については，とうもろこしの輸出量第2位のアメリカで，**バイオエタノール**への転用が急激に増えている。2000年代初頭にはエタノール向け需要は輸出量に比べ3分の1程度しかなかったが，2006年にはほぼ同量となり，今後はエタノール需要が大幅に上回るようになると予測されている。

4 発展途上国の食料問題

（1）食料不足

世界の多くの地域では，1990年代に食料の増産に成功し，とくにアジアでその伸びが大きかった。一方，アフリカでは**内戦**などの影響で，食料事情はほとんど改善されていない。

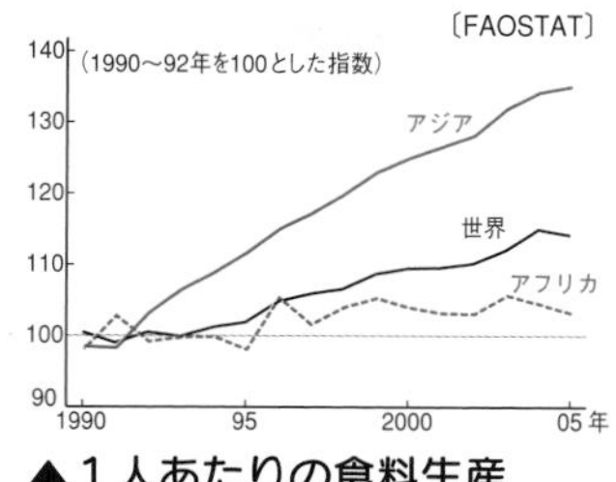

▲1人あたりの食料生産

（2）飢餓の原因

飢餓の原因として，慢性的な貧困，紛争などの人為的災害，洪水や干ばつなどの自然災害，そしてこれらが複合したものなどが挙げられる。さらに，飢餓は農業の不振や環境異変，紛争などの原因にもなり，ひとたび争いが起きれば，飢餓の問題はいっそう深刻化する。

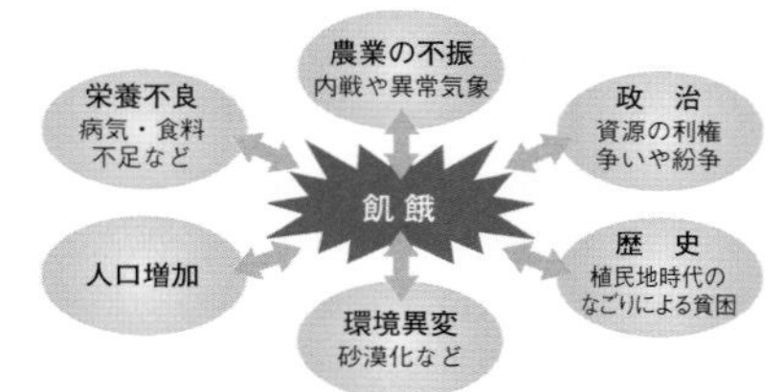

（3）不安定な食料生産

参照 p.42, 67, 82

▲ニジェールの穀物生産量と食料援助　〔FAOSTAT，ほか〕

アフリカ中西部には，農業が主要な産業であるにもかかわらず，食料の輸入の割合が高い国が目立つ。これらの国では，**プランテーション農業**によって，輸出用の作物がさかんに生産されている一方で，自国で消費するための食料の生産が十分でない。そのため，**異常気象**などに見舞われた場合には，食料不足になることがある。

（4）食料援助の問題点～ガーナの米栽培と食料援助

ガーナはカカオの生産国として有名である。カカオ農民はカカオ栽培とともに，主食の米やヤムいもをつくるなど食料生産も行ってきた。そのため，1970年代前半まで，ほぼ国内の食料自給を達成していた。1980年代に大干ばつが発生すると国内の食料が不足し，米を輸入や外国からの援助に求めた。しかし，干ばつのあとでも低価格な輸入米に人気が集まったため，国内産の米の需要が低下した。このように国際的な援助は，援助される国の農業生産にも大きな影響を与えるので，その国の実情を理解したうえで進めていくことが大切である。

5 先進国の食料問題

（1）自給率の低さと食料備蓄

参照 p.97, 106

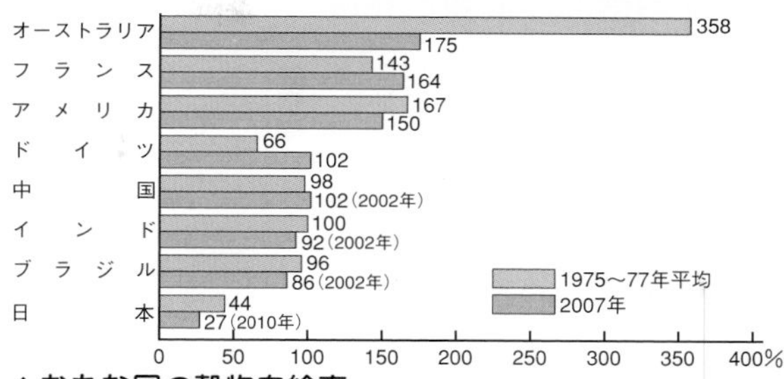

▲おもな国の穀物自給率　〔平成22年度食料需給表，ほか〕

	スイス	ノルウェー	フィンランド	参考：日本
品目，量 (万t)	約6か月分 穀物 (30.4) 砂糖 (15.0) 食用油 (5.1) 米 (1.8) コーヒー (2.8) ココア (1.2) 飼料 (41.5)	食用小麦 6か月分 飼料 3か月分 砂糖，イースト，マーガリン 1か月分 たんぱく強化ビスケット 25日分	食用麦 1年分(40) 飼料用麦 6か月分(20) 種子用麦 (8) 牧草種子 (0.9)	米 1.9か月分(150) 飼料 2.6か月分 小麦 1か月分(120) 大豆 20日分(5)
人口(万人)	720	440	510	12590

▲おもな国の食料備蓄量　〔農林水産省資料〕

日本の食料自給率は極めて低い水準にある。穀物自給率でみた場合，2010年には27％であり，1975～77年平均の6割程度である。また食料全体の自給率をカロリー換算でみる方法もあるが，この場合でも40％であり，アメリカの124％，カナダ168％，フランス111％，ドイツ80％などと比べてかなり低い(2007年)。

また，おもな国の**食料備蓄量**をみると，スイス，ノルウェー，フィンランドでは主食にあたる穀物を半年分から1年分備蓄しているのに対し，日本では米の備蓄量が約2か月分しかないなど，全般的に食料備蓄が少ない。

（2）食品ロス

世界的に食料不足が問題となっている一方で，日本では食べ残しや消費期限切れによる食品のむだも少なくない。農林水産省の調べによると，2005年度の食品ロス率は4.1％となっている。食品ロスの要因の半分は，「過剰除去」(大根の皮を必要以上にむくなど)であるが，「食べ残し」と「(賞味期限切れなどによる)直接廃棄」も要因の4分の1ずつを占めている。

（3）食料安全保障

参照 p.69, 97, 99

FAO(→p.207)によると，**食料安全保障**には次の四つの側面がある。①入手可能性：生産・輸入の能力，食料備蓄などによって決まる。②アクセス：世帯の購買力や，適切な食料配分システムがあるか否かなどに左右される。③供給とシステムの安定性：気象変動，価格変動，人間由来の災害などの影響を受ける。④安全で健康的な食料の利用：食品の安全と品質，衛生などに左右される。

以上は，先進国ではおおむね達成されていると考えられているが，日本では自給率の低さや備蓄の少なさ，輸入食品などの安全性などの問題を指摘する意見も多い。

1 世界の交通

① 交通機関の種類と発達

＊「人キロ」とは輸送した人員にそれぞれの輸送距離で乗じたもの

			鉄道	自動車	船舶	航空機	
輸送サービスの質	安全性	人キロ*あたりの事故の少なさ	◎	×	●	◦	
	定時性	目的地の到着時刻に遅れない	◎	×	◦	△	自動車は道路交通渋滞が多い。航空機は離陸前の整備が遅れることがある。
	迅速性	目的地まで早く着ける	○	◦	×	◎	自動車は道路渋滞の影響を受ける。
	利便性	目的地まで便利に行ける	◦	◎	×	×	航空機・船舶は必ず両端末輸送が必要。鉄道については地下鉄・路面電車など目的地まで行けるものがある。
	快適性	ゆったり移動を楽しめる	◦	●	○	◦	座席の広さ・個室性・ドライブの楽しさ・乗り心地などを総合したもの。
経済効率	省力性	わずかの運転要員で多くの人やものを運べる	●	×	◎	△	大型旅客機は大単位輸送ができるが，客室乗務員を含めて考えると省力性は高くない。船舶・航空機については，貨物について考えた。
	大量性	多くの人やものを運べる	●	◦	◎	◦	自動車・船舶は，貨物について考えた。
	エネルギー効率	動力を効率よく利用できる	○	×	●	×	
外部条件	低公害性	環境条件を悪化させない	◦	×	○	△	航空機については，空港周辺にのみ影響がある。
	土地利用効率	同一量を運ぶために広い土地を必要としない	○	×	●	△	航空機の場合，都市圏の空港ではこの条件はきわめてきびしい。

交通機関を相対的にみてその条件が　◎とくによい　●かなりよい　○よい　◦やや悪い　×悪い　△条件により異なる　〔天野光三「運輸と経済」〕

② 交通と都市形成の関係

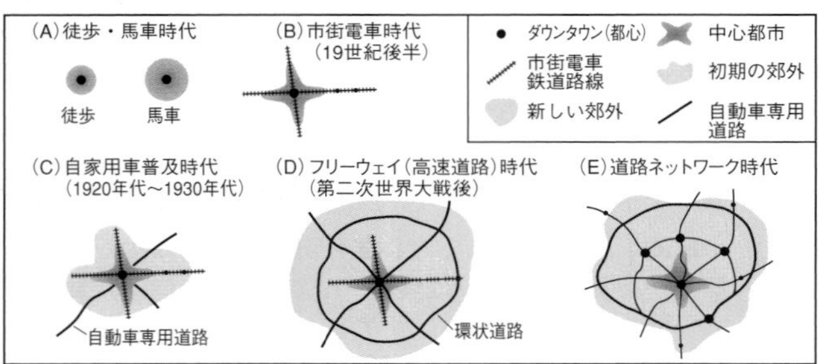

徒歩や馬車が移動手段であった時代，市街地は狭い範囲に限られていたが，市街電車や鉄道が発達すると，市街地は路線に沿って郊外へと拡大していった。自家用車が普及すると，鉄道路線から離れた地域にも住宅地が開発され，高速道路の整備も進んだ。道路のネットワーク化が進んだアメリカの都市郊外では，環状道路の交差点に新たな都心が形成されている。

③ 世界の旅客輸送・貨物輸送

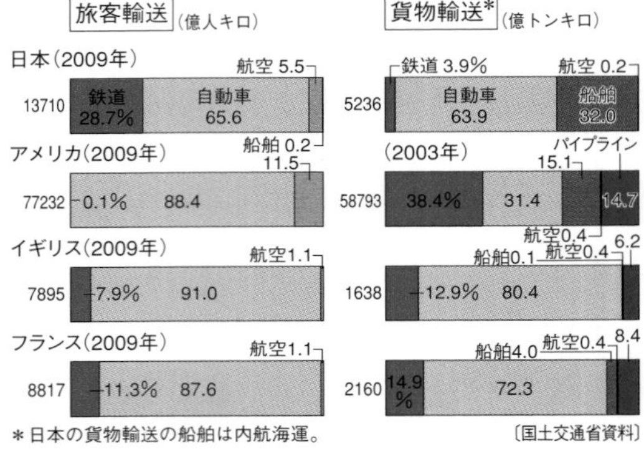

＊日本の貨物輸送の船舶は内航海運。　〔国土交通省資料〕

旅客や貨物の輸送手段は，国土面積や産業構造などの違いを反映して，国ごとに大きく異なる。旅客輸送は，通勤電車や新幹線の利用が多い日本で鉄道のシェアが高く，国土の広いアメリカは，遠距離での航空利用も多い。貨物輸送は，重量のある穀物や鉱産物の輸送需要が高いアメリカで鉄道利用が多く，かつて石炭輸送で鉄道が利用された日本は，現在では自動車が中心となっている。

④ 輸送量とエネルギー消費の割合

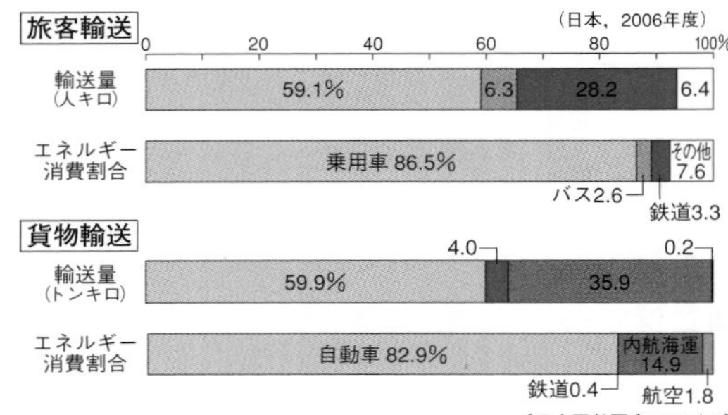

〔日本国勢図会2009/10〕

輸送量が同じ場合，自動車や航空機は，鉄道や船舶と比べて多くのエネルギーを消費する。とくにエネルギー消費量が大きい自動車のシェアが高くなると，二酸化炭素の排出量が増加し，排ガスに含まれる窒素酸化物は酸性雨や光化学スモッグの原因となる(→p.52，54)。そこで近年では，乗用車やトラックから鉄道，船舶へ輸送手段を転換する**モーダルシフト**が進められている。

用語　モータリゼーション

モータリゼーションとは，自動車の利用が広く普及すること。これにより生活の利便性は向上したが，大気汚染や交通渋滞，中心市街地の衰退，公共交通の廃止による交通弱者への負担など，多くの問題も生み出された。

2 世界の陸上交通

① 世界の鉄道輸送

国　名	鉄道営業キロ(2015年)		鉄道輸送量(2015年)	
	営業キロ(千km)	面積100km²あたり(km)	旅　客(億人キロ)	貨　物(億トンキロ)
日本	27.9	7.4	4,275	215
中国	67.2	0.7	(14) 8,071	(14) 23,087
インド	66.0	2.0	11,472	6,817
ドイツ	33.3	9.3	793	729
フランス	(14) 30.0	(14) 5.4	847	331
イギリス	16.1	6.7	(14) 623	(10) 192
ロシア	85.3	0.5	2,065	23,048
ウクライナ	21.0	3.5	376	1,951
アメリカ	(14) 228.2	(14) 2.3	105	25,473
ブラジル	(14) 29.8	(14) 0.3	159	(14) 2,677
アルゼンチン	(14) 25.0	(14) 0.9	(14) 86	(14) 121
南アフリカ	(14) 20.5	(14) 1.7	(14) 147	(14) 1,346

()内は調査年次。(14)は2014年の意味。〔世界国勢図会2017/18〕
人キロ…旅客1名を1km輸送した場合，1人キロという。
トンキロ…貨物1トンを1km輸送した場合，1トンキロという。

旅客輸送が中心の日本やヨーロッパ諸国は，移動の利便性を高めるため，鉄道がネットワーク状に発達していることから，単位面積あたりの営業キロが長い。一方，鉱石や木材などの資源産出国は貨物輸送が中心で，産地と積出港を結ぶ鉄道のような長距離路線が多い。

② 世界の鉄道

鉄道の種類	特　徴	例
大陸横断鉄道	開拓鉄道としての性格が強い。大陸の東西を結ぶ。	シベリア鉄道，バイカル=アムール鉄道(バム鉄道；ロシア)，ユニオンパシフィック鉄道(アメリカ)，トランスコンティネンタル鉄道(オーストラリア)
国際鉄道	多国間にまたがり運行される鉄道。アフリカでは一次産品の輸送用に建設された。	ユーロスター(ヨーロッパ)，タンザン鉄道，ベンゲラ鉄道(アフリカ南部)
都市間高速鉄道	中距離の都市間を結ぶ。旅客輸送量が多い，重要な鉄道。	TGV(フランス)，ICE(ドイツ)，新幹線(日本)，KTX(韓国)

③ 自動車交通と経済発展

自動車の保有率は，その国の経済水準のバロメータともいわれ，一般的には経済水準の高さに比例するが，国土面積や自動車の利用率なども影響する。先進国のなかでも鉄道の利用率が高い日本は，経済水準に対する自動車保有率が低い。一方で，中国やインドなどの発展途上国も，国民の生活水準が上昇するにつれて，海外や国内の自動車メーカーによる生産が拡大し，自動車の保有台数は急速に拡大している。

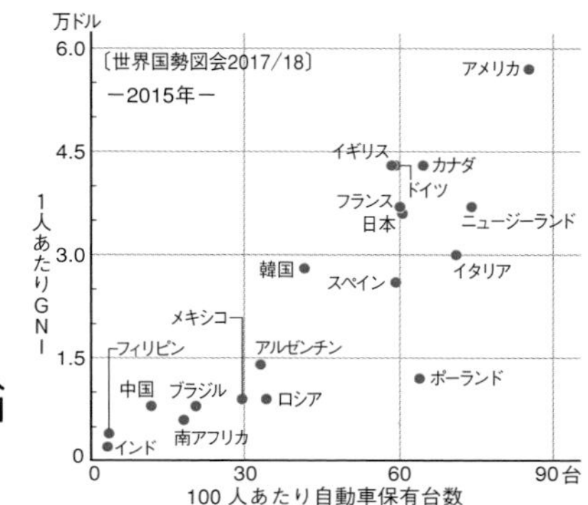

▶各国の1人あたりGNIと自動車保有率

④ 世界の道路

種類	道路名	特　徴
高速道路	アウトバーン	ドイツの高速道路。1933年，ヒトラーによって建設がはじまった。料金は無料。
高速道路	アウトストラーダ	南部開発のため建設されたイタリアの高速道路。このうち1号線(A1)をアウトストラーダ=デル=ソーレ(太陽道路)という。
高速道路	インターステート・ハイウェイ	アメリカの高速道路。人口5万以上の都市の9割を連絡している。料金は，多くは無料だが一部は有料。
高速道路	モーターウェイ	イギリスの高速道路。料金は無料。
国際自動車道	パンアメリカンハイウェイ	フェアバンクスから南アメリカ南端まで南北アメリカ大陸を縦貫する国際道路。
国際自動車道	アラスカハイウェイ	かつて軍事用に建設された国際道路。フェアバンクスからカナダのドーソンクリーク間を結ぶ。
国際自動車道	アジアハイウェイ	アジア32か国を横断する全長14万kmの国際道路。1号線は東京～トルコの2万km。

コラム　ストラスブールの交通事情

フランスのアルザス地方に位置する人口約26万の地方都市ストラスブールでは，1994年から，トラムとよばれる路面電車による新しい都市交通システム(LRT：Light Rail Transit)が導入され，自動車に依存しないまちづくりが進められている。中心部は自動車の乗り入れが一部規制される代わりに，郊外のトラム停留所に駐車場が併設され，自動車からトラムに乗り換えて中心部へ向かう**パークアンドライド**のシステムが整備されている。車両や停留所のデザインもくふうされたトラムは，順調に利用客数を伸ばし，中心部の商業活性化や二酸化炭素の排出削減に貢献している。

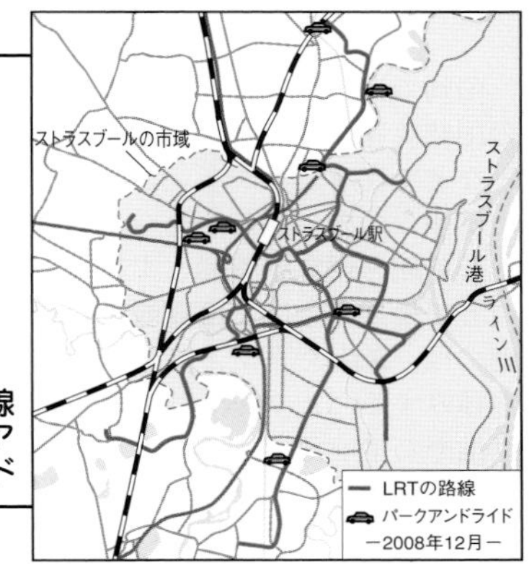

▶LRTの路線とパークアンドライド

3　世界の水上交通

①　世界の海上輸送

▼世界のおもな港湾のコンテナ取扱量と日本への海上輸送路

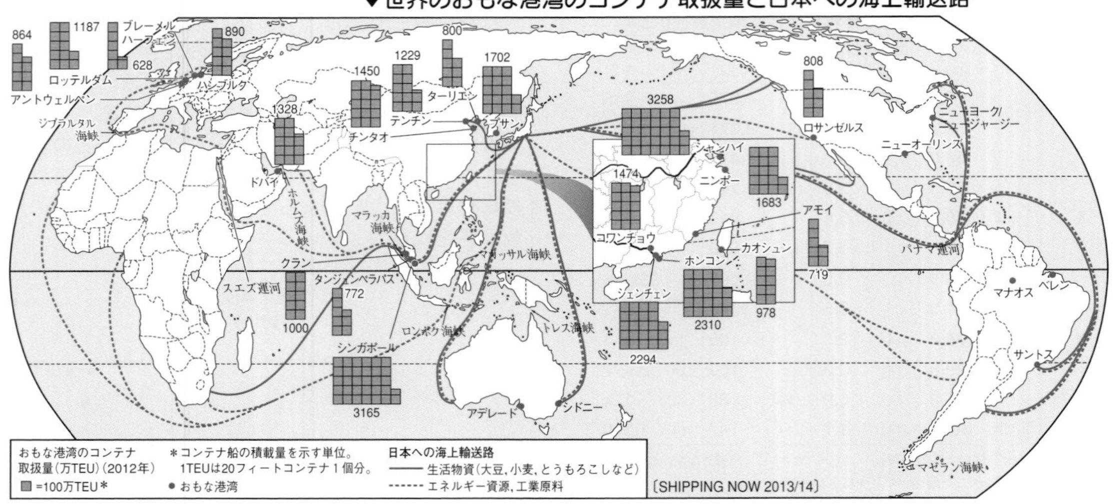

船舶による貨物輸送は，タンカーやコンテナ船の出現により大型化と合理化が進んだ。かつて大型の原油タンカーは，原油満載時には水深の浅いマラッカ海峡を通過できず，ロンボク海峡を迂回していた。機械製品や食料などを積載するコンテナは，大きさが国際標準化され，港湾での合理的な荷役作業を可能にしている。経済成長が著しいアジアを中心に，コンテナの取扱量は増加している。

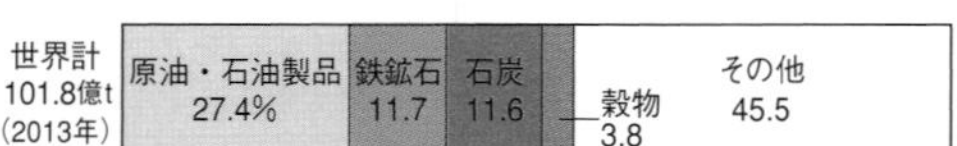

▲世界の海上荷動き量の内訳　〔日本船主協会資料〕

②　世界の商船の船腹量

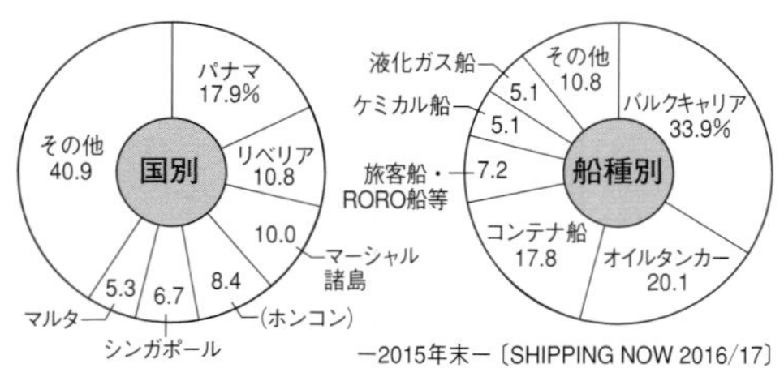

国別では，船舶にかかる税金が安く，乗組員の国籍要件などの規制がゆるいパナマやリベリアなどで保有船数が多い。運行経費の節減のために多くの国の船舶が籍を置いている。このような船舶を**便宜置籍船**とよび，置籍すると税金などで優遇する国を**便宜置籍船国**という。船種別では，鉱石や石炭，穀物など，一般貨物をばら積みするバルクキャリアが最も多く，次いで原油や石油を運ぶオイルタンカー，コンテナを専用に運搬するコンテナ船の順となっている。

コラム　パナマ運河とスエズ運河

パナマ運河（1914年完成，2016年拡張）は，海抜高度26mのガトゥン湖を経由しているため，途中3か所の水門で運河の水位を上下させて，船舶の航行を可能にしている。こうした運河は**閘門式運河**とよばれ，ヨーロッパの河川などにもみられる。これに対して，**スエズ運河**（1869年完成）は航路に起伏が少なく，地中海と紅海を水門なしで結ぶ**水平式運河**である。

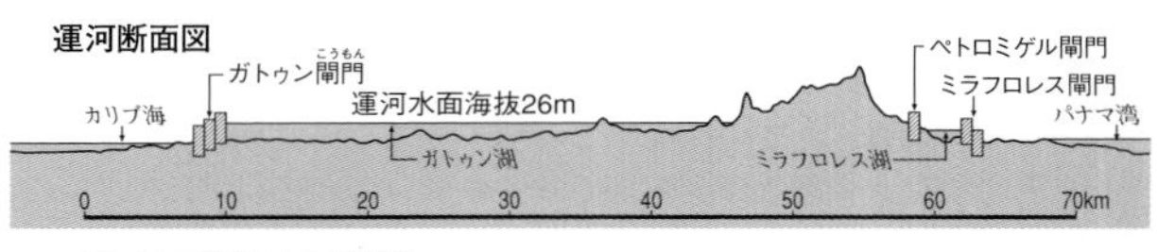

▲パナマ運河の構造

③　ヨーロッパの内陸水路交通

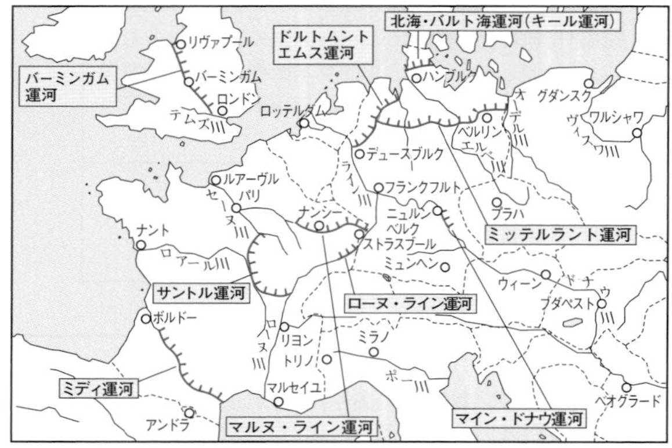

降水量の季節変化が少ないヨーロッパは河川の流量の変化が少なく，平坦な地形で勾配もゆるやかなため，内陸水路交通がさかんである。ライン川やドナウ川などの**国際河川**（複数の国を流れ，条約によりどの国の船舶でも航行できる河川）が**運河**で結ばれたことで内陸水路網が形成され，ヨーロッパ域内の航路は大幅に短縮された。近年は，貨物船による運河の利用が減少する一方で，観光目的の利用が増加している。

4　世界の航空交通

① 世界の航空輸送

航空輸送は，航空機の大型化や高速化，航続距離の延伸に伴って，旅客・貨物ともに輸送量が増加している。とりわけ，北極圏をとりまく北半球の先進国間で航空路が発達しているが，陸上交通が未発達なアフリカやオセアニアなどの地域でも，都市間交通として重要な役割を担っている。こうした人やモノの国際移動の活発化は，経済のグローバル化を推し進める要因にもなっている。

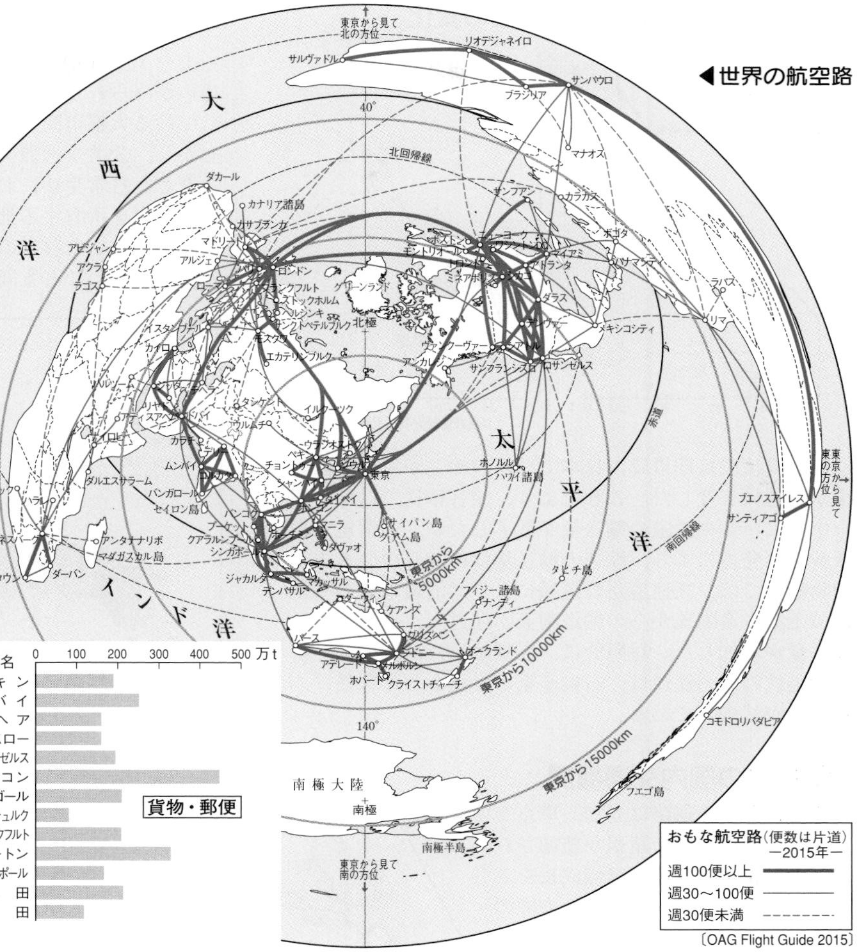

◀世界の航空路

おもな航空路(便数は片道)　—2015年—
週100便以上
週30〜100便
週30便未満

〔OAG Flight Guide 2015〕

▼おもな空港の旅客・貨物利用

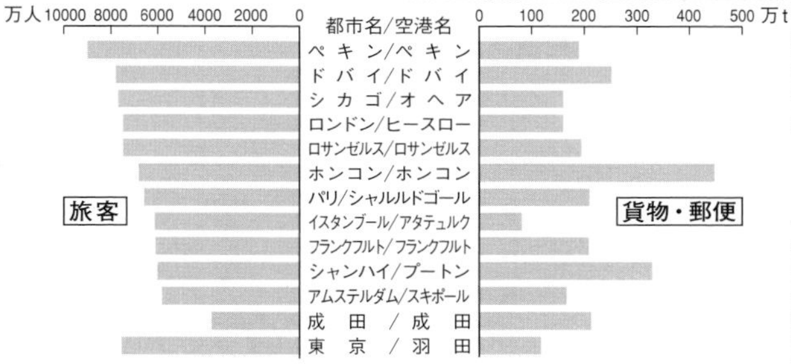

旅客（万人 10000 8000 6000 4000 2000 0）　都市名/空港名　貨物・郵便（0 100 200 300 400 500 万t）

ペキン/ペキン
ドバイ/ドバイ
シカゴ/オヘア
ロンドン/ヒースロー
ロサンゼルス/ロサンゼルス
ホンコン/ホンコン
パリ/シャルルドゴール
イスタンブール/アタテュルク
フランクフルト/フランクフルト
シャンハイ/プートン
アムステルダム/スキポール
成田/成田
東京/羽田

〔航空統計要覧 2016〕—2015年—

② 成田国際空港の輸出入品目 参照 p.204③

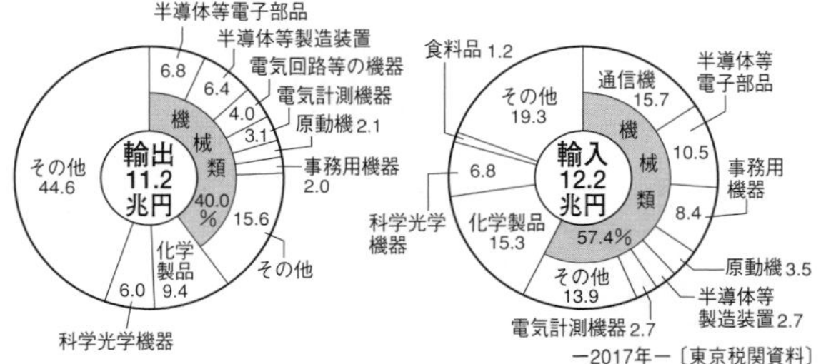

—2017年—〔東京税関資料〕

航空機は高速で長距離輸送が可能な輸送手段であるが，輸送費が高い。そのため，航空貨物は小型軽量で付加価値が高い半導体やコンピュータ，早く運ぶことで付加価値の高まる生花や生鮮食品などが中心である。

成田国際空港は，輸出入額では自動車関連製品の輸出が多い名古屋港などを大きく上回り，国内最大の貿易港である(2017年)。国際分業の拡大により，厳格な納期を要求される製品や部品の取り扱いが増えているほか，まぐろをはじめとする魚介類や野菜，果物の取り扱いも多く，「成田市場」「成田漁港」ともよばれることもある。

コラム　ハブ空港

ハブ空港は地域内の航空ネットワークの中心となる巨大空港である。これは，車輪の中心をハブ，その中心から放射状に延びる部品をスポークということに由来する。放射状に周辺空港との路線が設定され，多くの乗り継ぎ客が利用するハブ空港は，経済効果も大きいと考えられるため，東アジアでは，成田，韓国のインチョン，中国のシャンハイプートン(上海浦東)などの国際空港が，ハブ空港化をめざし，競って設備投資を進めている。

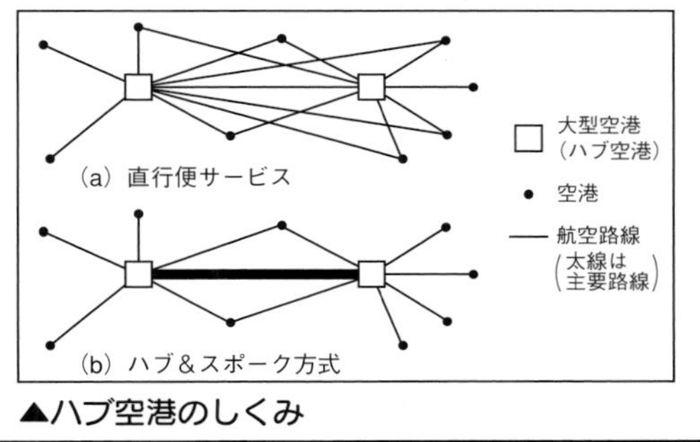

▲ハブ空港のしくみ

5 日本の交通

① 日本の交通機関別輸送量の変化

旅客輸送量
億人キロ
8000
7000
6000
5000
4000
3000
2000
1000
0
乗用車
鉄道
バス
航空
船
1960 70 80 90 2000 05年
貨物輸送量
億トンキロ
4000
3500
3000
2500
2000
1500
1000
500
0
自動車
船
航空
鉄道
1960 70 80 90 2000 05年
〔交通経済統計要覧平成18・19年版〕

高度経済成長期以降，日本では戸口輸送が可能な自動車が急速に普及した。これにより，旅客輸送では地方圏を中心にバスや鉄道の輸送量が低下したが，通勤電車や新幹線の発達により，鉄道の輸送量は増加しつつある。貨物輸送では，高速道路の開通により，沿線地域の電気機械工業や遠隔地からの輸送園芸が発達し，トラックの輸送量が増加した。対照的に，大量輸送には向いているが機動性の低い鉄道は，石炭産業の衰退などを背景に，輸送量が減少している。

② 交通の地域格差

モータリゼーション（車社会化）の進行には，地域間で違いがみられる。鉄道やバスなどの公共交通機関が発達している大都市圏では，自家用乗用車の普及率は低い。しかし，公共交通機関が脆弱な地方圏では，通勤や買い物など，日常生活における自家用車への依存度が高く，複数の車を所有する世帯も多い。一方で，地方圏では自家用車がないと移動の制約が大きくなるため，交通弱者が生じやすいことも問題である。

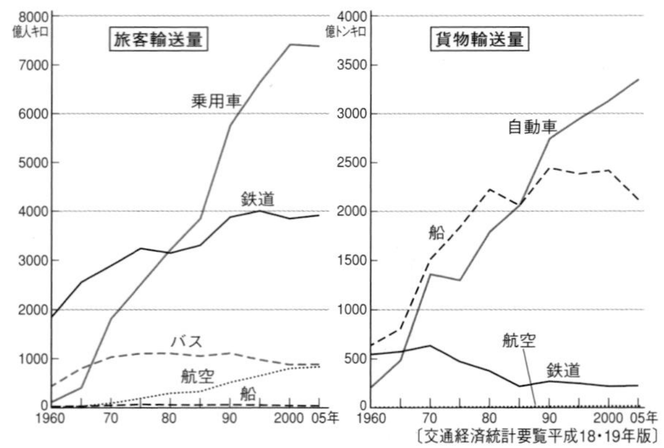

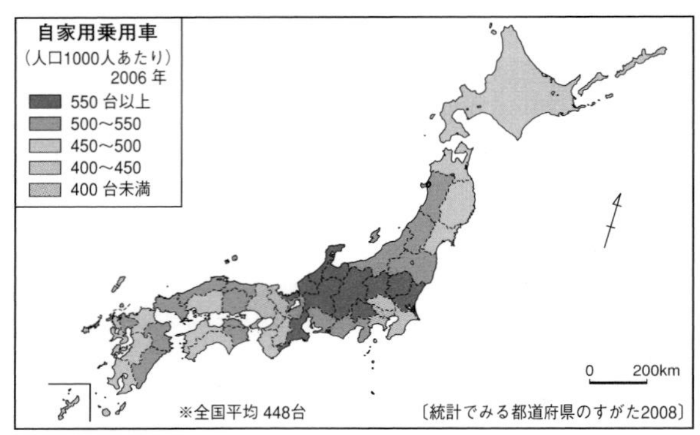

自家用乗用車
（人口1000人あたり）
2006年
550 台以上
500〜550
450〜500
400〜450
400 台未満
0 200km
※全国平均 448台
〔統計でみる都道府県のすがた2008〕

▲自家用乗用車の普及率

③ 日本の国内交通機関

新幹線と高速道路は当初，東京を中心とする大都市圏間の路線が整備され，日本の大動脈として高度経済成長をささえてきた。その後，整備は地方圏の路線へと移行したが，地域活性化や地域間格差の是正に高速交通網は不可欠とする意見がある一方，国や地方の財政が悪化するなかで，その効果や採算性を疑問視する意見もみられる。

▼日本の新幹線と高速道路

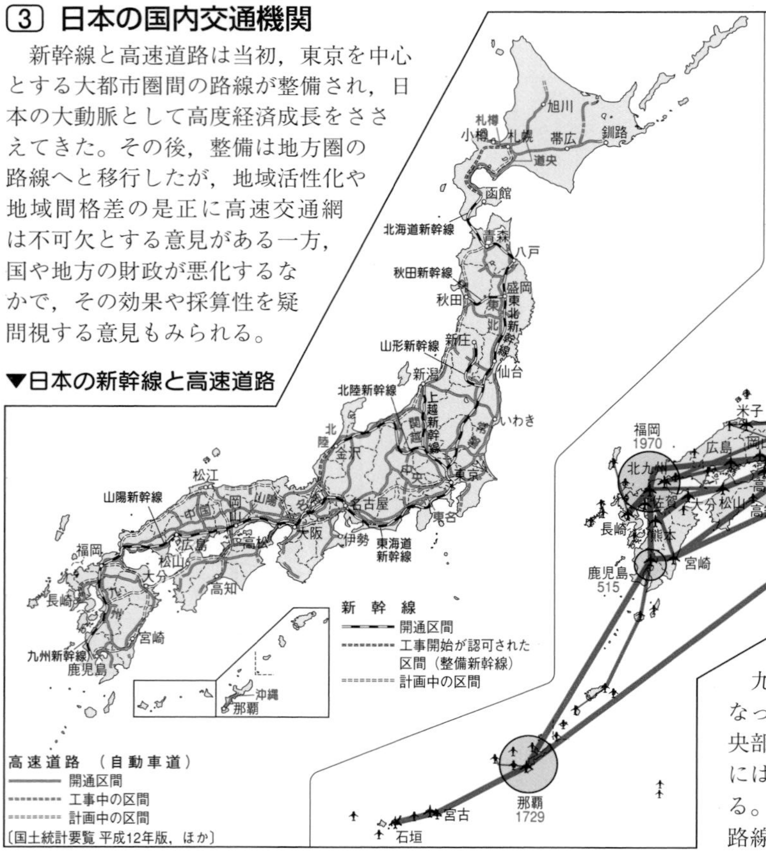

北海道新幹線
秋田新幹線
山形新幹線
北陸新幹線
上越新幹線
東北新幹線
東海道新幹線
山陽新幹線
九州新幹線
新幹線
開通区間
工事開始が認可された区間（整備新幹線）
計画中の区間
高速道路（自動車道）
開通区間
工事中の区間
計画中の区間
〔国土統計要覧 平成12年版，ほか〕

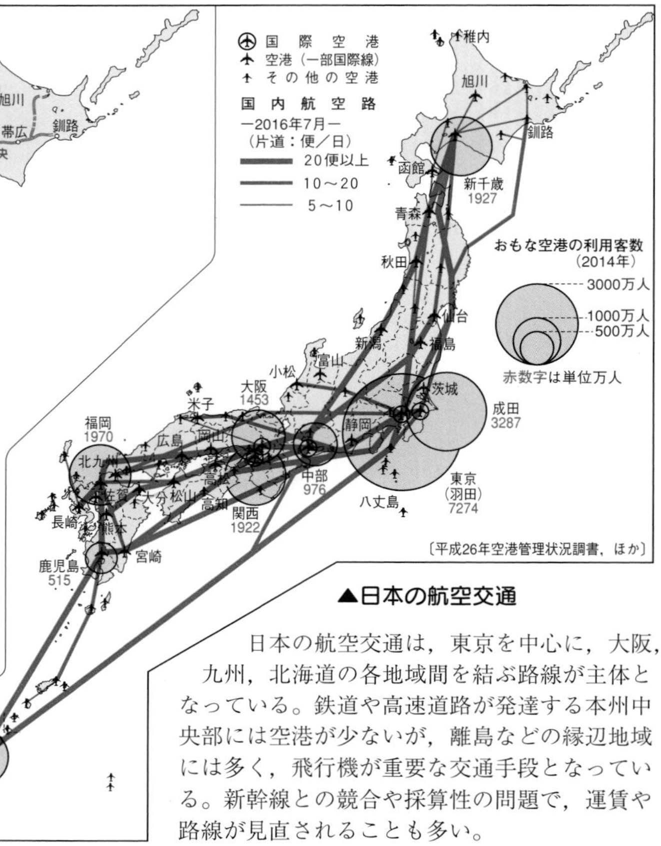

国際空港
空港（一部国際線）
その他の空港
国内航空路
−2016年7月−
（片道：便／日）
20便以上
10〜20
5〜10
おもな空港の利用客数
（2014年）
3000万人
1000万人
500万人
赤数字は単位万人
新千歳 1927
成田 3287
東京（羽田） 7274
大阪 1453
関西 1922
中部 976
福岡 1970
鹿児島 515
那覇 1729
〔平成26年空港管理状況調書，ほか〕

▲日本の航空交通

日本の航空交通は，東京を中心に，大阪，九州，北海道の各地域間を結ぶ路線が主体となっている。鉄道や高速道路が発達する本州中央部には空港が少ないが，離島などの縁辺地域には多く，飛行機が重要な交通手段となっている。新幹線との競合や採算性の問題で，運賃や路線が見直されることも多い。

6　情報化社会の進展

① インターネットの歴史と利用者数の推移

インターネットは，開発当初は軍事目的の情報通信媒体であったが，1990年に商業利用がはじまると急速に普及した。初期には開発国のアメリカをはじめ，先進国や英語圏の国々を中心に普及し，日本では1993年に商業利用が開始された。2000年代に入ると，発展途上国も含めた世界全体で利用者数が増加し，現在は中国がアメリカを抜いて利用者数第1位となっている。中国やインドは普及率がいまだ低いことから，今後さらなる利用者数の増加が見込まれている。

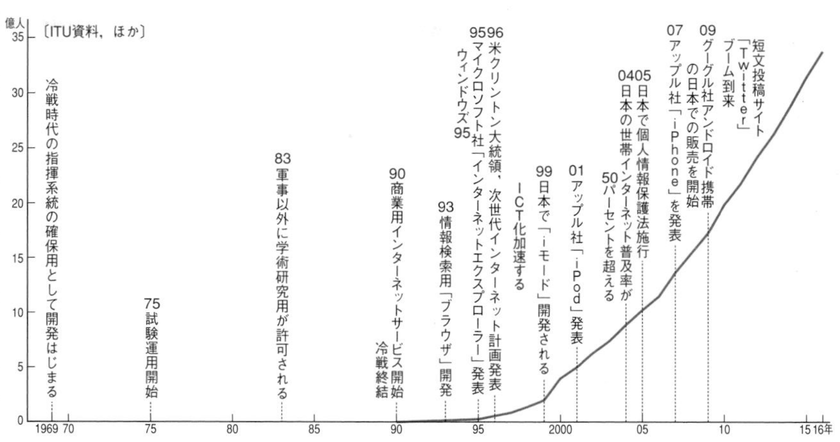

② おもな国の通信メディア 参照 p.231 ①(5)

国名	郵便数*（百万通）	電話回線数（千回線）	携帯電話加入契約数（千契約）	ブロードバンド契約数（千人）	インターネット利用率（%）
日本	18,142	63,633	158,591	37,611	83.0
中国	5,788	230,996	1,305,738	－	50.3
韓国	4,065	28,883	58,935	20,024	89.9
タイ	2,007	5,309	84,797	－	39.3
インド	－	25,518	1,011,054	－	26.0
エジプト	72	6,235	94,016	－	35.9
イギリス	－	33,613	80,284	24,652	92.0
ドイツ	20,498	45,352	96,360	30,707	87.6
ロシア	927	36,525	227,288	－	73.4
アメリカ	143,914	121,991	382,307	100,865	74.6
ブラジル	8,092	43,677	257,814	－	59.1
オーストラリア	4,124	9,080	31,770	6,763	84.6

＊2014年　　－2015年－〔世界の統計 2017，ほか〕

③ 発展途上国における携帯電話の普及

インフラストラクチャーへの投資が十分でない発展途上国では，農村地域を中心に固定電話が未整備の地域が多いが，電話線を敷設するよりも，携帯電話用の基地局を設置するほうが簡単で費用が安いため，携帯電話の新しい市場として注目されている。近年は，携帯電話の低価格化や新しい通信技術の開発を背景に，中国やインド，東南アジアなどで携帯電話が急速に普及しているが，今後はアフリカやラテンアメリカ諸国への普及も進むと考えられる。

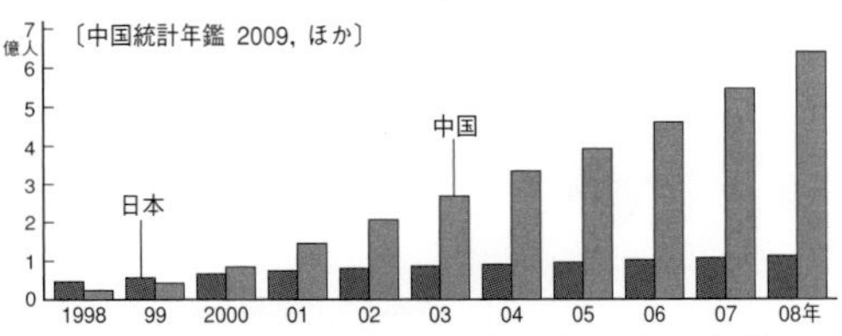

▲日本と中国の携帯電話加入契約者数の推移

④ 携帯電話が牽引するインターネットの普及

日本では，インターネットへ接続する端末として，携帯電話や携帯情報通信端末を利用する比率が高いことが特徴的である。こうした「モバイル化」の進展は，場所や時間を問わずにインターネットに接続できる環境が整備されていることを意味し，いつでもどこでもネットワークにつながるユビキタス社会(→p.198)の土台となっている。

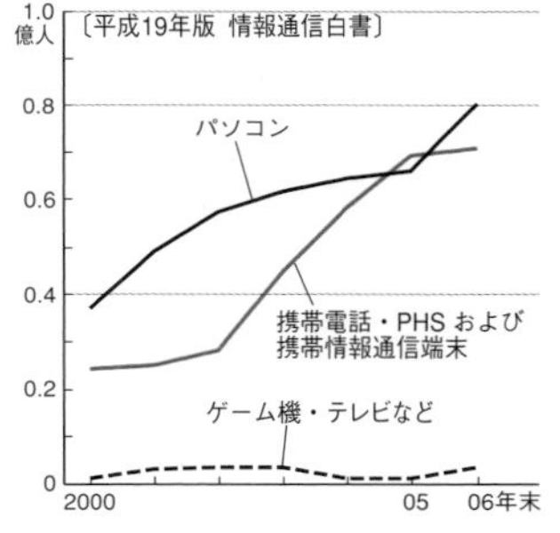

▲日本の端末別インターネット利用人口の推移

⑤ ブロードバンドの普及

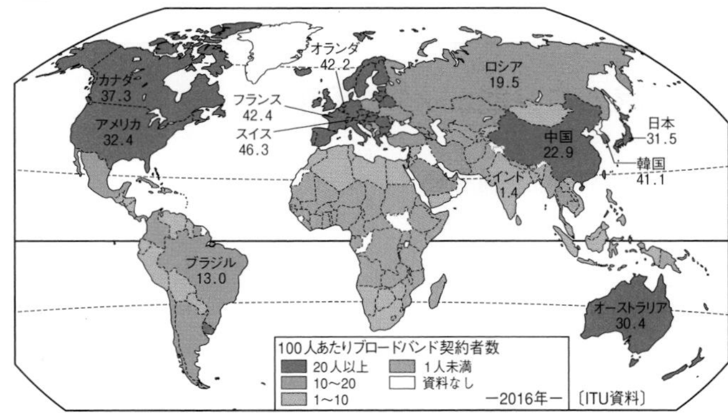

▲各国の100人あたりブロードバンド契約者数

高速通信回線によるインターネットへの接続サービスを意味するブロードバンドは，インターネットの普及が早く進んだアメリカ・カナダやヨーロッパ，日本などで契約者数が多くなっている。大容量データの送受信などを可能にするブロードバンドの普及は，仕事や余暇のあり方にも影響を及ぼしつつある。しかし，導入には費用がかかるため，先進国と発展途上国の間で普及率に大きな差があり，これが経済的格差を助長する一因とも考えられている。

(6) ユビキタス社会

ユビキタス社会とは，いつでも，どこでも，誰でも，何でもネットワークにつながる社会のことである。これまでネットワークへ接続する情報端末は，パソコンや携帯電話が主体であったが，現在は家電製品の情報端末化が進んでいる(情報家電の普及)。また，電子タグなどの小型チップの発達により，意識せずに持ち運べるICカードのような情報端末も普及している。

こうした情報端末の多様化は，日常生活のさまざまな場面でネットワークへ接続することを可能にし，われわれは必要な情報を必要なときに入手・交換できるようになっている。このようなユビキタス社会の進行は，医療福祉，食の安全性，交通渋滞，地域コミュニティの再生など，現代社会が直面するさまざまな問題の解決につながると考えられているが，情報セキュリティやプライバシーの確保，デジタル・デバイドの解消など，取り組むべき課題も多く残されている。

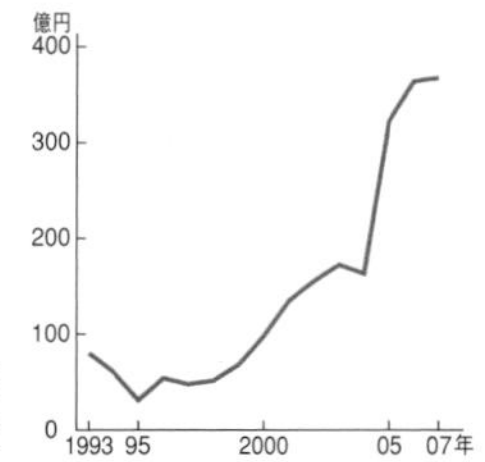

▶電子タグの出荷金額の推移
〔日本自動車認識システム協会資料〕

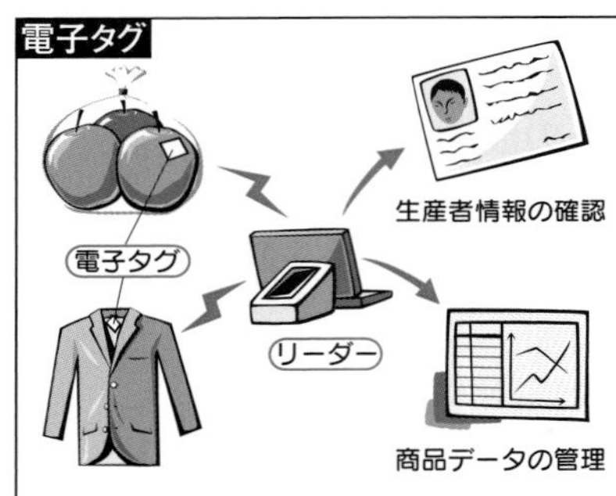

店頭に並ぶ食品に生産者情報を記録した電子タグをつけることで，消費者は生産地や生産方法を参考に買い物ができる。販売店では，電子タグで商品の売上状況を把握し，販売戦略や在庫管理に活用している。

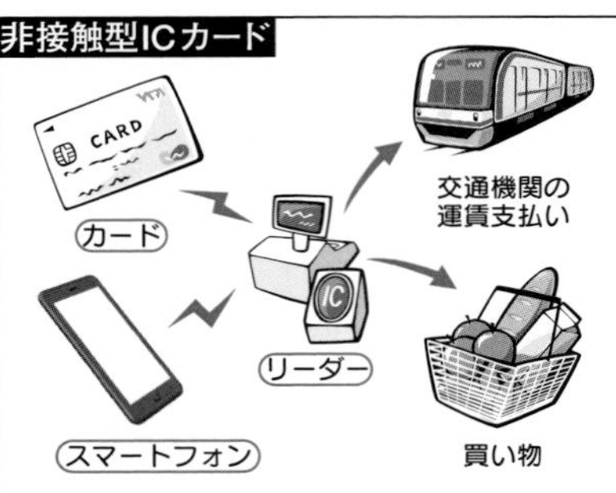

非接触型ＩＣカードは，カード内に蓄積された電子マネーや個人情報を無線通信でやり取りするため，携帯性や利便性に優れる。交通機関やコンビニでの支払い，企業の入退室管理など，日常生活での利用が浸透している。

▲ユビキタスネットワークをささえる技術

トピック 情報家電

情報家電とは，ネットワークに接続できる機能を備えた家電製品のことである。テレビやエアコン，照明などのほかに，インターフォン，警報器，鍵などの住宅設備機器も含まれる。これらの情報家電とパソコンやスマートフォンなどの情報端末を相互に接続することで，帰宅時間に合わせてエアコンや照明を制御したり，火災やガス漏れを自動で監視・通報したり，遠隔で医療や教育のサービスを受けたりすることが可能となる。情報家電の普及は，高齢者などを含めた幅広い人々がネットワークを利用することにつながると期待されている。

(7) 増えるコンピュータの犯罪

インターネットの普及により生活の利便性が向上する反面，コンピュータ・ネットワークを利用したサイバー犯罪が急増し，個人情報の保護や著作権の侵害などが問題となっている。サイバー犯罪は次第に巧妙化，高度化しているため，政府によるセキュリティ対策も重要となっている。

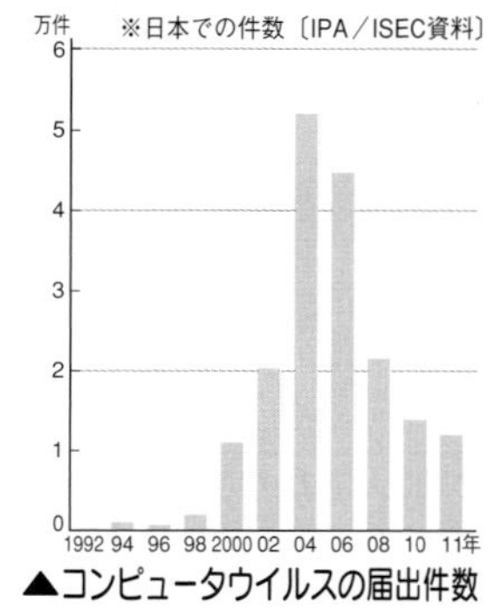

▲コンピュータウイルスの届出件数

ウイルス	おもに，ホームページやメールによって感染。操作不能やデータ流出がおこる。
迷惑メール	ダイレクトメールやチェーンメールなど，勝手にメールが送りつけられてしまう。
ハッキング	他人のコンピュータに侵入し，勝手に操作してしまう。
コピー	音楽や画像などを勝手に複製し，著作権をおかす。

▲おもなコンピュータ関係の犯罪

(8) デジタル・デバイド

情報技術の発達は，あらゆる人々の生活を豊かにする可能性を持つ一方で，デジタル・デバイド(Digital Divide)とよばれる社会的な格差を生み出しつつある。デジタル・デバイドには，情報技術を活用して経済成長を遂げる地域と，資金やブロードバンドなどのインフラの不足により情報技術が十分に活用できない地域との間に生じる地域間格差や，パソコンを使い慣れている若者とそうではない高齢者との間に生じる世代間格差などがある。

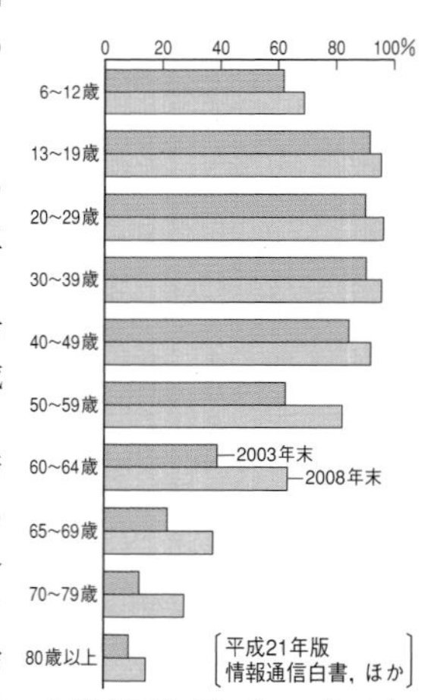

▲世代別インターネット利用状況

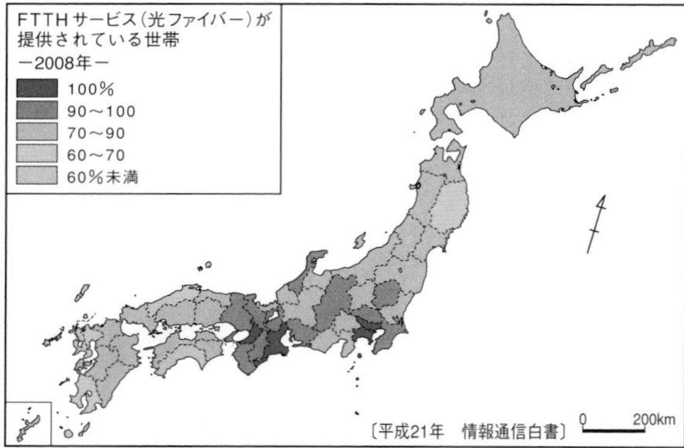

▲ブロードバンドが利用できる世帯の割合

1　世界の貿易構造

(1) 貿易の類型

貿易の分類		特　徴
品目による分類	工業国型	原料，燃料を輸入し，工業製品を輸出。近年は工業製品の輸入も多い。
	発展途上国型	工業製品を輸入し，食品，原料，燃料などの一次産品を輸出。
	大国型	国内資源が豊富で工業も発達し，原燃料，工業製品ともに輸出入。
	NIEｓ型	発展途上国型から工業国型への移行型。労働集約型の軽工業製品や電気機器，鉄鋼などの輸出が多い。
貿易相手国による分類	水平貿易	先進国相互間の貿易。おもに工業製品が輸出入されて，貿易摩擦が生じやすい。
	南北貿易（垂直貿易）	発展途上国(南)と先進国(北)との貿易。石油産出国と先進国との割合が多い。
貿易政策による分類	自由貿易政策	国家が貿易活動に干渉しない。
	保護貿易政策	国家が自国の産業を保護するために輸入品に高率の関税を課すなど，いろいろな制約を加える。
さまざまな貿易	中継貿易	二国間貿易に第三国が仲立ちする貿易。第三国は貿易品通過で運賃や荷役などの収入を得る。
	加工貿易	おもに国内資源の乏しい国が，ほかの国から原材料や半製品を輸入し，製品に加工して付加価値を高めたうえで輸出。
	三角貿易	A国がB国に対し入超，B国がC国に対し入超，C国がA国に対し入超であるとき，これら三国が組んで貿易を行えば，三国とも輸出入の均衡がとれる。
	バーター貿易	本来の意味は貨幣なしの物々交換。現在では，二国間で同じ額のものを輸出しあうときに用いる。
	フェアトレード	先進国が発展途上国の原料や製品を適正な価格で継続的に輸入する運動。貿易上の立場の弱い途上国の環境保護や生産者の生活改善が目的。

(2) グローバル化と貿易の拡大

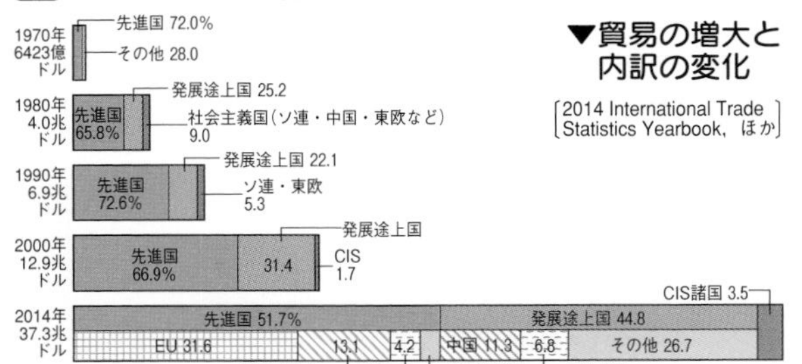

▼貿易の増大と内訳の変化

〔2014 International Trade Statistics Yearbook，ほか〕

経済のグローバル化を背景に，世界全体の貿易規模は一貫して増加している。近年は，中国やアジアNIEsなど，輸出指向型工業化を進める国々の貿易額が急増していることから，発展途上国のシェアが徐々に高まっている。先進国では，関税・非関税障壁が撤廃され，域内貿易のさかんなEUのシェアが高い。

(3) 世界貿易の地域間関係

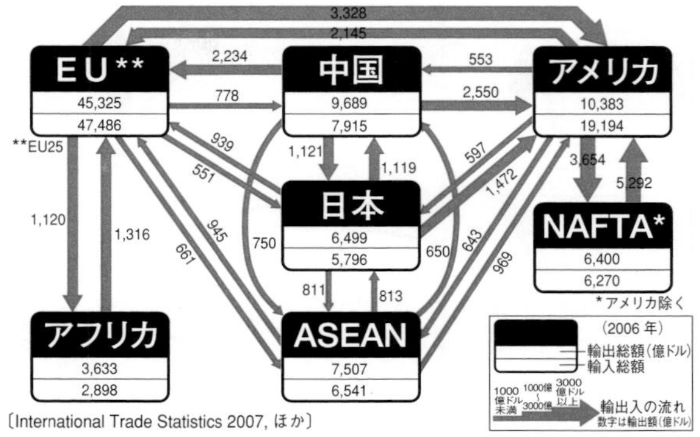

〔International Trade Statistics 2007，ほか〕

世界貿易の約半分はEU，アメリカ，日本などの先進国間における水平貿易，およびEUやNAFTAの域内貿易が占めている。一方，先進国と発展途上国の間の貿易は，これまでEUとアフリカ間のような南北貿易が主体であったが，近年は中国やASEAN諸国を中心に工業製品の輸出が増加し，これらの国は先進国と水平貿易による結びつきを強めている。

(4) 輸出入超過の推移

アメリカは1980年代以降，国内の好景気などを背景に，日本や中国からの輸入が拡大し，大幅な輸入超過(貿易赤字)が続いている。

対照的に，産油国であるOPEC諸国は，2度の石油危機を経験した1970年代や，石油の需要が伸びている2000年代など，石油価格が上昇する時期に輸出超過(貿易黒字)となっている。

〔UN Comtrade Yearbook 2006，ほか〕

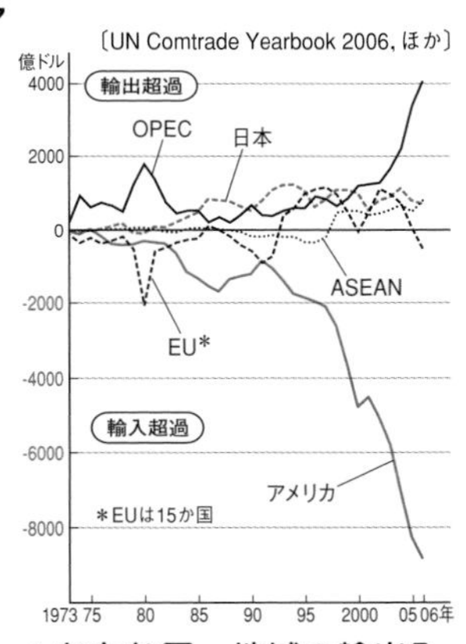

▲おもな国・地域の輸出入超過額の推移

(5) 貿易に関する国際機関

機　関	役　割
WTO（世界貿易機関）	GATT(関税と貿易に関する一般協定：自由な世界貿易拡大のため貿易障害の排除を目的に1948年に発効)にかわり，1995年発足。GATTが扱わなかったサービス貿易や知的所有権の問題も扱う。
IMF（国際通貨基金）	為替相場の安定化などを目的に，1945年設立。現在は，累積債務国の救済などに取り組む。
IBRD（国際復興開発銀行）	1945年，IMFとともに設立。世界銀行ともいう。当初は第二次世界大戦後の復興，現在は発展途上国の開発のための融資を行う。
UNCTAD（国連貿易開発会議）	1964年，世界貿易の先進国支配に対抗し，国連の直属機関として設立。発展途上国の輸出の拡大など南北問題の解決をめざす。

2 経済連携と貿易の自由化

① 世界のおもな経済連携の動き

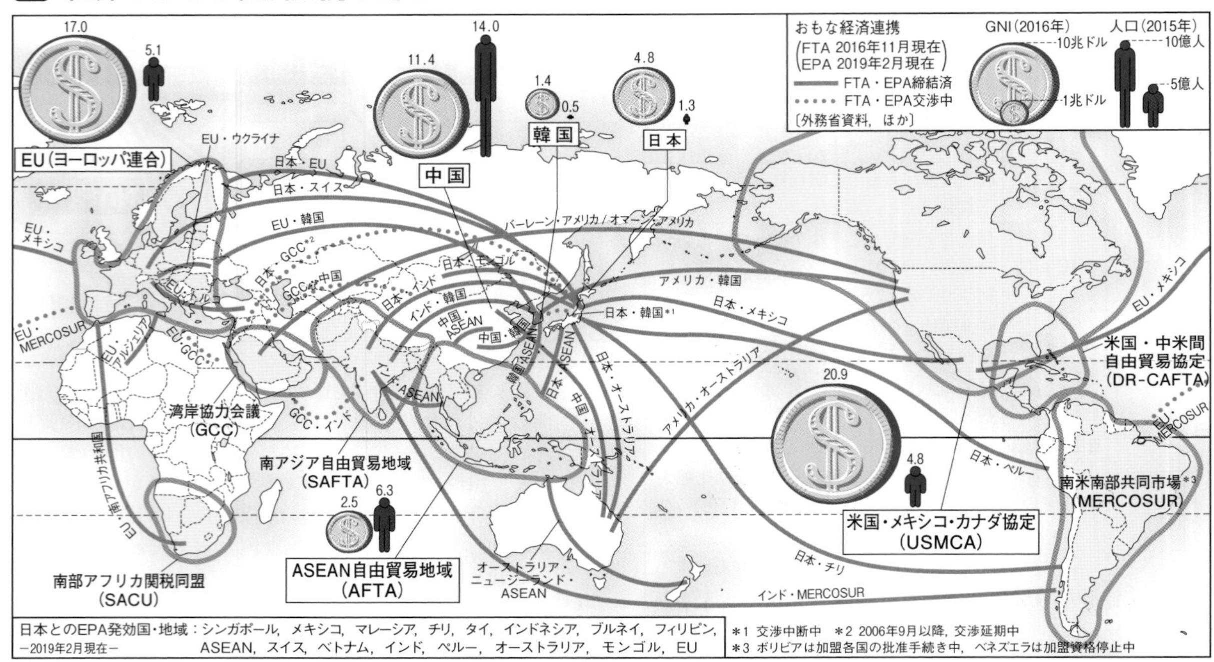

② 貿易体制の変化

18 世紀後半〜	**産業革命後の国際分業体制** 自由貿易による先進国と植民地の間の垂直的分業

● 世界恐慌(1929)による自由貿易体制の崩壊

1930年代〜60年代前半	**ブロック経済による保護貿易体制** 先進国は植民地を抱え込んだ排他的な経済体制を形成

● 後発資本主義国の世界市場からの締め出し(第二次世界大戦の一因)
● 第二次世界大戦(1939〜1945)

1940年代後半〜60年代	**ブレトンウッズ体制** IMF と GATT を中心とする為替相場の安定と自由貿易の促進(ブロック経済への反省)

● ブレトンウッズ体制の崩壊(1971)と変動為替相場制への移行
● 貿易摩擦や保護貿易への動きなどを背景としたウルグアイ・ラウンド(多角的貿易交渉)による WTO の設立(1995)
● EPA / FTA による特定の国や地域間での経済連携の拡大

1990年代後半〜現在	**WTO と EPA/FTA による自由貿易体制** WTO を中心とする世界的な自由貿易体制を EPA や FTA が補完

世界の貿易をリードする先進国は，各時代の政治や経済の状況に合わせた貿易体制を模索してきた。自由貿易体制の構築を目指して1995年に設立されたWTOも，交渉の中断や決裂が続くなかで，転換期を迎えている。

用語　FTA(自由貿易協定)とEPA(経済連携協定)

FTAは，特定の国や地域間で，輸入にかかる関税やサービス業を行う際の規制を撤廃するための国際的な協定である。**EPA**は，このFTAを柱として，投資環境の整備，知的財産保護の強化，技術協力など，貿易以外の連携も含めて締結される包括的な協定である。FTAとEPAにより，労働力，資本，サービス，商品などの移動の自由を確保し，ルールや手続の透明化・簡素化を進めることで，経済関係を強化することが可能となる。

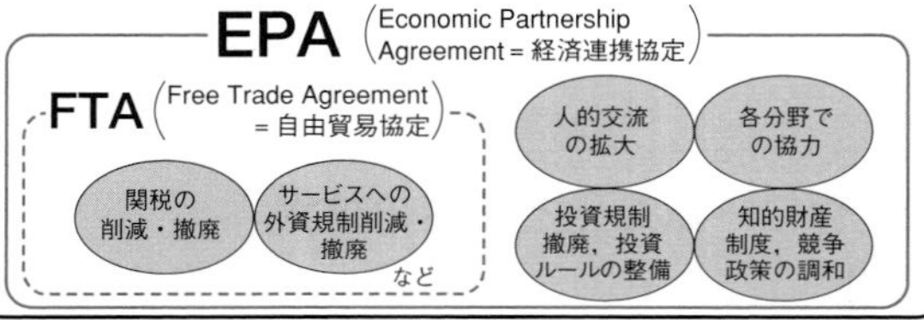

③ 世界で進むFTA・EPA

*2020年7月，米国・メキシコ・カナダ協定(USMCA)発効。

1990年代以降，欧米ではEU，NAFTA*の成立により経済連携の動きが活発化した。これに対して，チリやメキシコなどの新興国や日本を含むアジア諸国が，FTA/EPAを積極的に活用するようになったことで，協定の締結数は急増している。なかでも市場開放を進める発展途上国の関与が多い。

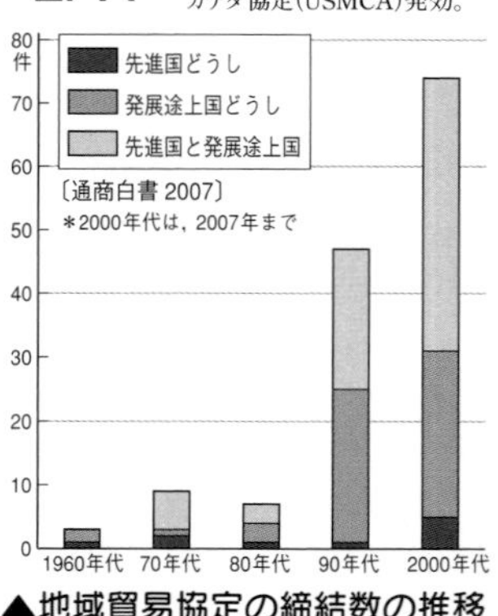

▲地域貿易協定の締結数の推移

④ EPAによる貿易の活発化

多角的な貿易自由化をめざすWTOと異なり，EPAは相手国や対象分野を柔軟に選択し，締結国間の貿易や投資の自由化を速やかに進められることから，WTOの機能を補完する役割をもっている。日本も，対外的な経済関係の強化や経済的利益の確保のため，アジア諸国を中心にEPAの締結を積極的に進めている。メキシコとのEPAでは，平均16%課されていた関税が段階的に引き下げられ，自動車を中心に輸出額が大きく増加している。

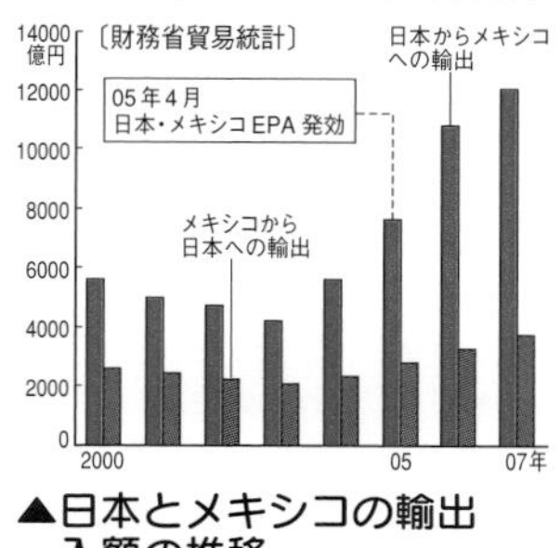

▲日本とメキシコの輸出入額の推移

⑤ 域内貿易の増加

経済のグローバル化のもとで地域統合が進んだ現在，域内貿易の比重が高まっている。1968年から関税同盟を形成しているEUは，関税障壁の撤廃や市場統合により，域内貿易が最もさかんである。NAFTA※は，1990年代後半からカナダとメキシコのアメリカ向け輸出が拡大し，域内貿易が活発化した。これに対して，近年は東アジアが国際分業体制の拡大により，域内貿易比率を急速に高めている。

※2020年7月，米国・メキシコ・カナダ協定（USMCA）発効。

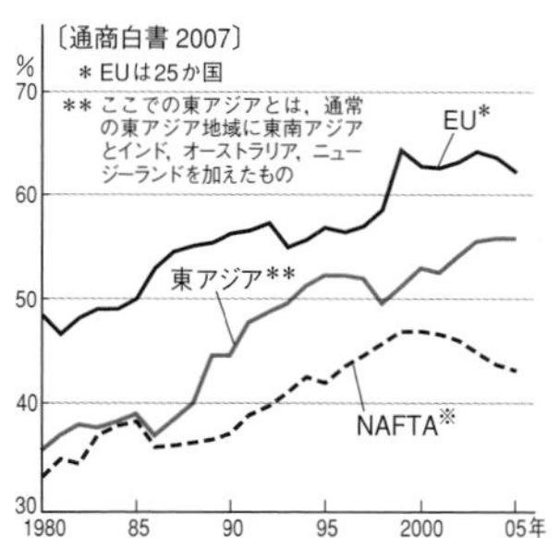

▶東アジア・EU・NAFTA※の域内貿易比率の推移

⑥ 日本・中国・ASEAN間の貿易の緊密化

日本の貿易相手国は，これまでアメリカが中心であったが，近年はアジア諸国の比率が高まり，とりわけ，日本・中国・ASEANの相互依存関係が強まっている。これらの地域間では，電気機械製品などの中間財（部品や加工品）の貿易がとくにさかんであり，国境を越えた生産ネットワークが形成されている。こうしたアジアにおける経済的関係は，FTA/EPAによる域内関税の撤廃や投資ルールの整備，技術や人的交流の拡大に伴って，さらに強化されつつある。

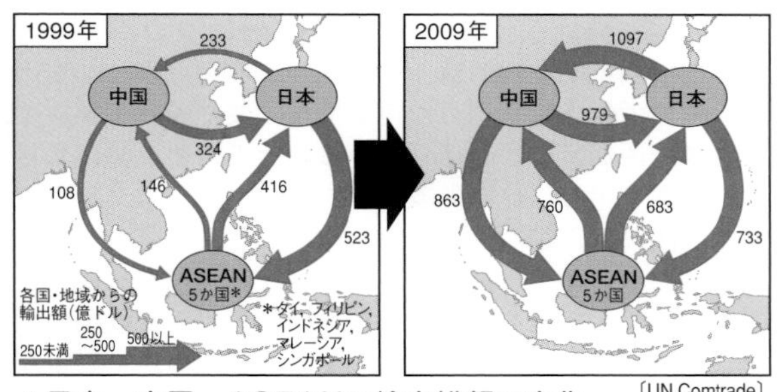

▲日本・中国・ASEANの輸出総額の変化　〔UN Comtrade〕

⑦ アジアにおける国際分業の変化

アジアでは，日本やNIEsで生産された付加価値の高い部品や加工品を，労働力の安価な中国やASEANで組み立て，最終製品を日本や欧米に輸出する三角貿易が，標準的な貿易のモデルとなっている。近年は，日本企業の海外進出や現地企業の技術レベルの向上が進み，中国やASEANでも部品や素材の開発・生産が拡大するなど，部品を相互に供給し合う体制が発達し，多国間での工程分業がさらに高度化，複雑化している。

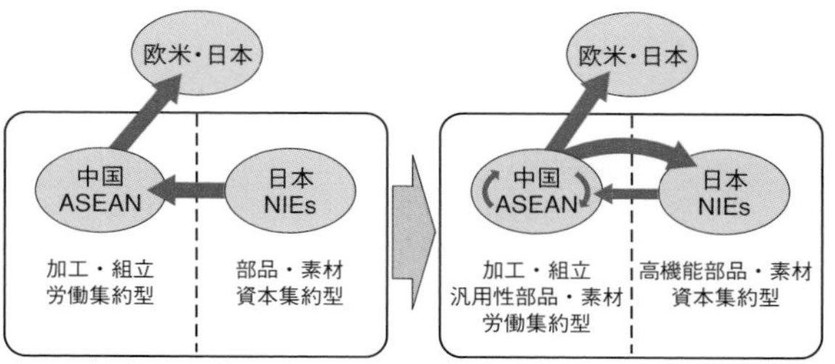

〔通商白書2007〕

▲アジアの多国間工程分業の進展

⑧ 世界の貿易問題

貿易問題	特　徴
貿易摩擦	二国間の輸出入の不均衡によって発生する問題。輸入超過となる国が，貿易赤字解消のために輸入数量を制限したり，関税障壁を設けたりすることで，貿易相手国との間で摩擦が生じる。
南北問題	経済的に安定した先進国と，一次産品の輸出に依存する途上国との間の経済格差に関する問題。先進国は北半球に，途上国は南半球に多いことから，南北問題とよばれる。問題の解決には，途上国の自助努力とともに先進国の協力も必要とされる。
累積債務問題	発展途上国では，経済開発を進めていくうえで不足する資金を補うために，先進国の政府や民間金融機関などから借り入れを進めた。しかし，アメリカの高金利政策などを背景に，こうした対外債務が支払い能力を超えた規模に蓄積し，アフリカや中南米諸国を中心に返済が困難な状況に陥っている。

トピック フェアトレード

コーヒーやカカオなど，発展途上国で一次産品を生産する農家は，取引業者による買いたたきや市場価格の変動により，少ない収入で不安定な生活を強いられている例が少なくない。こうした状況を改善するために，**フェアトレード**では，発展途上国の生産者が持続的に安定した収入を得られるようなフェアな（公正な）価格を設定したうえで，継続的な取り引きが行われている。

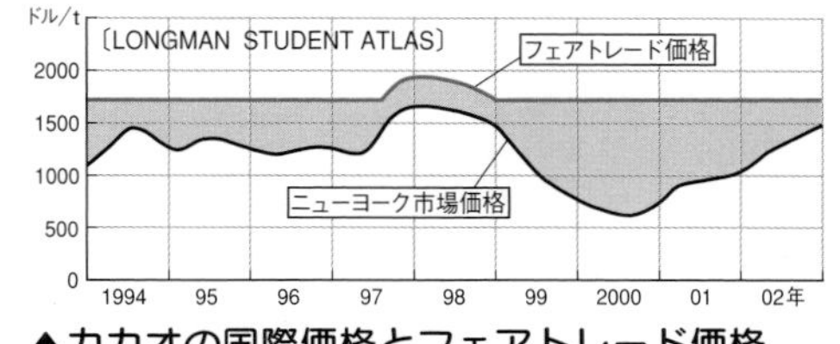

▲カカオの国際価格とフェアトレード価格

3 世界各国の貿易

① 貿易額の上位国

（億ドル）－2015年－ ＊2014年 〔UN Comtrade，ほか〕

国名	貿易総額	輸出額	輸入額	貿易収支	輸出相手国(%)			輸入相手国(%)		
中国	39,636	22,819	16,817	6,002	アメリカ 18.0	(ホンコン)14.6	日本 6.0	韓国 10.4	アメリカ 9.0	日本 8.5
アメリカ	38,107	15,039	23,068	−8,029	カナダ 18.6	メキシコ15.7	中国 7.7	中国 21.8	カナダ13.0	メキシコ12.9
ドイツ	23,875	13,312	10,563	2,749	アメリカ 9.5	フランス 8.6	イギリス 7.4	中国 9.7	オランダ 9.3	フランス 7.0
日本	12,725	6,247	6,478	−231	アメリカ 20.1	中国17.5	韓国 7.0	中国 24.8	アメリカ10.3	オーストラリア 5.4
イギリス	10,951	4,659	6,292	−1,633	アメリカ 14.9	ドイツ10.0	スイス 7.3	ドイツ 15.0	中国10.0	アメリカ 9.2
フランス	12,246	5,731	6,515	−784	ドイツ 13.9	アメリカ 8.4	スペイン 6.3	ドイツ 14.9	アメリカ 8.9	中国 8.1
(ホンコン)	10,698	5,105	5,593	−488	中国 56.3	アメリカ 8.7	日本 3.1	中国 46.7	日本 6.3	シンガポール 6.2
韓国	9,634	5,269	4,365	904	中国 26.0	アメリカ13.3	(ホンコン) 5.8	中国 20.7	日本10.5	アメリカ10.1
オランダ	8,911	4,720	4,191	529	ドイツ 23.2	ベルギー10.4	イギリス 8.9	ドイツ 17.2	ベルギー 9.8	中国 9.1
イタリア	8,678	4,588	4,090	498	ドイツ 12.3	フランス10.3	アメリカ 8.7	ドイツ 15.4	フランス 8.7	中国 7.6
カナダ	8,280	4,088	4,192	−104	アメリカ 76.7	中国 3.9	イギリス 3.1	アメリカ 53.3	中国12.3	メキシコ 5.8
メキシコ	7,760	3,808	3,952	−144	アメリカ 81.2	カナダ 2.8	中国 1.3	アメリカ 47.4	中国17.7	日本 4.4
ベルギー	7,687	3,977	3,710	267	ドイツ 16.8	フランス15.4	オランダ11.4	オランダ 16.7	ドイツ12.7	フランス 9.5
インド	6,551	2,644	3,907	−1,263	アメリカ 15.2	アラブ首長国連邦11.3	(ホンコン) 4.6	中国 15.8	サウジアラビア 5.5	スイス 5.4
シンガポール	6,433	3,466	2,967	499	中国 13.8	(ホンコン)11.4	マレーシア10.9	中国 14.2	アメリカ11.2	マレーシア11.1
スペイン	5,834	2,781	3,053	−272	フランス 15.5	ドイツ10.8	イタリア 7.5	ドイツ 13.1	フランス10.8	中国 8.7
ロシア	5,267	3,439	1,828	1,611	オランダ 11.7	中国 8.2	イタリア 4.7	中国 19.3	ドイツ10.4	アメリカ 6.3
(台湾)	5,090	2,804	2,286	518	中国 25.4	(ホンコン)13.6	アメリカ12.2	中国 19.3	日本16.9	アメリカ11.6
アラブ首長国連邦*	6,789	3,803	2,986	817	イラン 4.5	サウジアラビア 4.1	イラク 3.5	中国 15.1	アメリカ 8.0	インド 7.4
タイ	4,129	2,109	2,020	89	アメリカ 11.2	中国11.1	日本 9.4	中国 20.3	日本15.4	アメリカ 6.9

② 貿易額上位国の変化

輸出貿易では，多国籍企業による生産拠点の海外移転などでアメリカの輸出が停滞している。一方，市場経済を導入した中国が輸出指向型工業化を進め，輸出額が急増している。ドイツをはじめとするEU諸国は，関税や数量制限の撤廃による域内貿易の活発化を背景に，シェアを維持している。

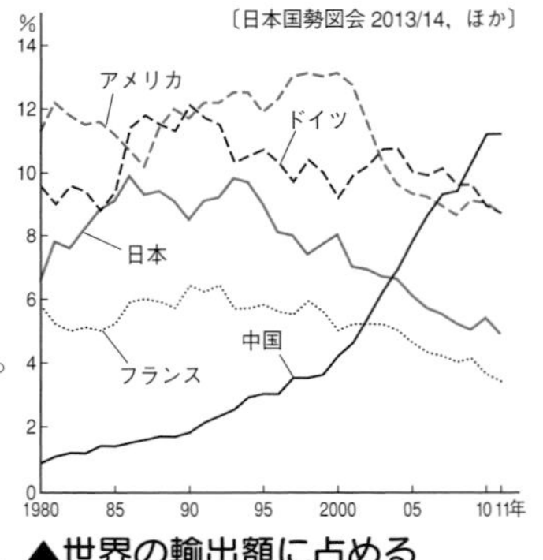

▲世界の輸出額に占める主要国の割合

③ 貿易依存度

GDPに対する貿易額の比率を示す**貿易依存度**は，域内貿易のさかんなEUやNIEsの国々で高く，とくに国内市場の小さいシンガポールやベネルクス諸国は高水準にある。「世界の工場」として製造業関連の輸出入額が多い中国やASEANの貿易依存度も上昇している。

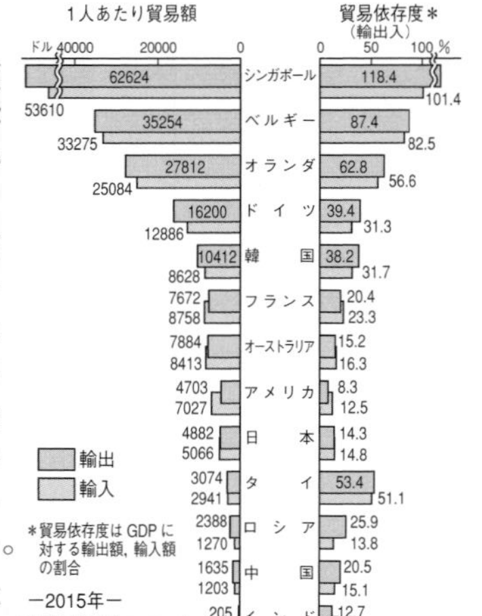

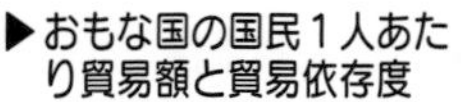
▶おもな国の国民１人あたり貿易額と貿易依存度

④ 発展途上国の輸出品

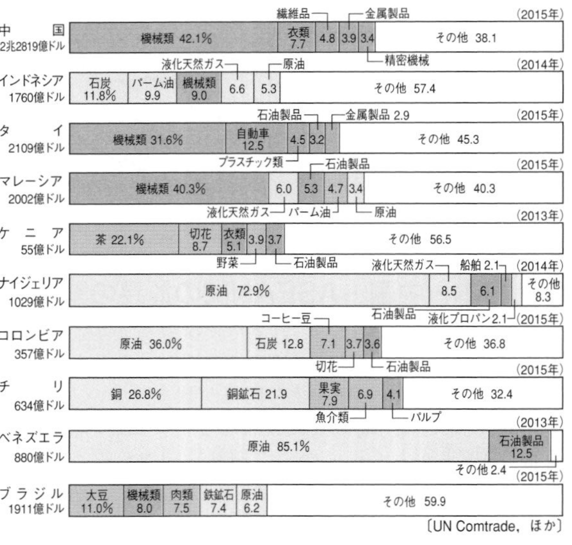

貿易が比較的さかんな発展途上国は，大まかに，輸出指向型工業化を進める国と，特定の有力資源の輸出に依存する国に分けられる。中国やASEAN，ブラジルなどの輸出指向型工業国では，先進国の資本を導入し，安価で大量の労働力を利用した電気機械工業や繊維工業など，労働集約的な産業が発達している。そのため，輸出品目は機械類を中心に比較的多様である。一方，アフリカや南米諸国には，鉱産資源や商品作物など，特定の一次産品が輸出額の多くを占めるモノカルチャー経済(→p.248)を脱していない国も多い。これらの国では，先進国の需要により一次産品の市場価格が変動するため，不安定な経済構造となっている。

4 日本の貿易の歴史

① 日本の貿易のあゆみ

第二次世界大戦後の日本の貿易は，原燃料を輸入して工業製品を輸出する加工貿易であったが，経済が発展し，輸出品が鉄鋼から電気機械，自動車へと移行するなかで，アメリカとの**貿易摩擦**がたびたび生じた。1980年代以降は輸出超過となり，とくにアメリカに対する貿易黒字が拡大したが，これを解消するために，1985年にはプラザ合意が成立し，円高が急速に進んだ。円高以降は，原燃料に加えて電気機械や衣類などの輸入も増加している。

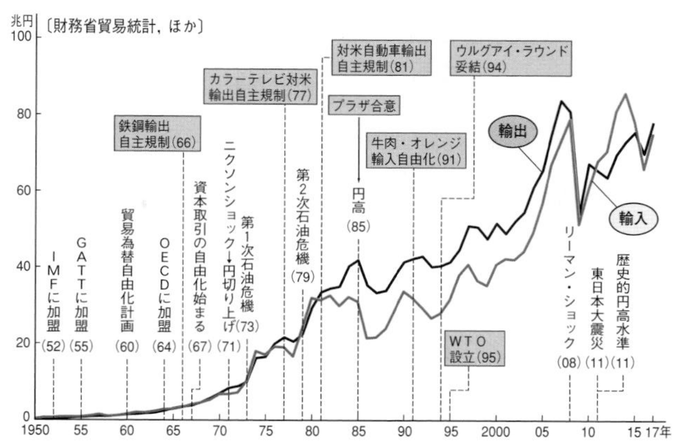

▶日本の輸出入額の推移

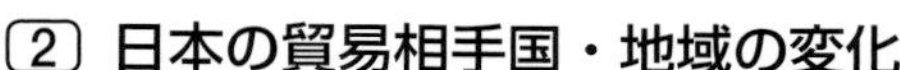

② 日本の貿易相手国・地域の変化

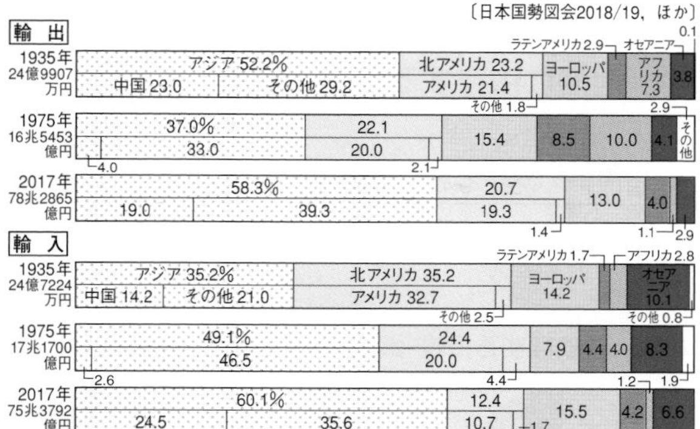

日本の貿易相手は，地域別では輸出入ともにアジアが最大である。とくに近年は域内貿易の活発化により，中国を中心に貿易額が拡大している。対照的に，アメリカの比率が低下しているが，輸出では依然として重要な貿易相手国である。

③ 日本の貿易品目の変化

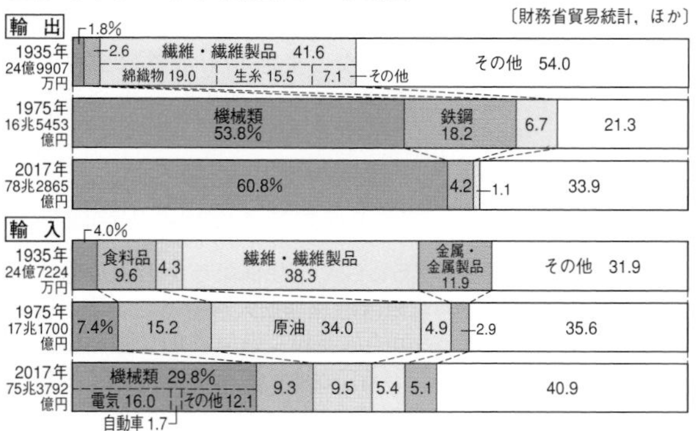

第二次世界大戦前は，繊維製品や繊維原料が輸出入の中心であったが，戦後は加工貿易に移行したことで，原燃料である原油の輸入が増加し，輸出も鉄鋼や電気機械が主体となった。現在は，輸出では自動車や建設機械などの機械類，輸入ではコンピュータや電子部品などの機械類，原油，衣類などが多くなっている。

④ 農産物の輸入自由化

参照 p.96①

日本は従来，農産物の輸入数量を制限することで，国内農家を保護してきたが，1988年の日米牛肉・オレンジ交渉を契機として，アメリカからの農産物の輸入が段階的に自由化された。こうした二国間の交渉に加えて，WTOでは農産物の輸入自由化へ向けた多国間協議が進められている。

年	おもな動き
1982	日米農産物交渉でアメリカ側が完全自由化を要求
86	GATTのウルグアイ・ラウンドでコメの市場開放協議を開始
88	牛肉・オレンジ交渉が合意―91年から自由化―
93	凶作によりコメを緊急輸入
93	GATTのウルグアイ･ラウンド最終合意，コメの国内消費量の一定割合を輸入するミニマムアクセスを受け入れる
99	コメの輸入制限措置を撤廃し，関税措置に切り替え

▶農産物の輸入自由化の経緯

⑤ 日米貿易摩擦と自動車の海外生産

日米貿易摩擦は，1960年代の繊維や鉄鋼，70年代のカラーテレビ，80～90年代の自動車や半導体と，摩擦の焦点となる製品を変えながらも，断続的に生じている。とくにアメリカの貿易赤字が拡大しはじめた1980年代，輸入超過のおもな原因であった日本車は，「自動車摩擦」として政治問題に発展した。これに対して，日本の自動車メーカーは輸出数量の自主規制を行うとともに，1985年のプラザ合意後の円高で，海外生産がコスト面でも有利になったことから，現地法人を設立し，現地生産や現地部品調達の比率を高めている。

参照 p.163③

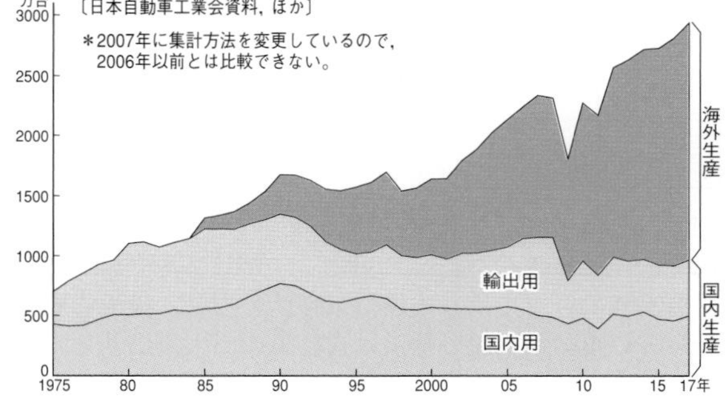

▲日本の自動車生産の内訳と推移

5　日本の貿易の現状

① 日本のおもな国・地域との貿易

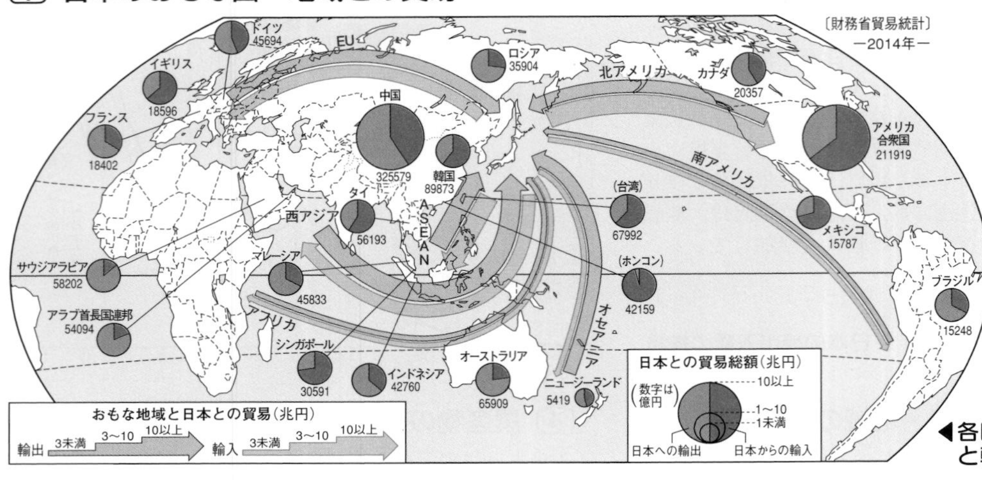

先進国の多くは，機械類や自動車などを中心に，日本からの輸入が多い輸入超過となっている。一方，発展途上国は貿易総額は少ないものの，原燃料や電気機械製品などを中心に，日本に対して輸出超過となっている。

◀各国の日本との貿易総額と輸出入の割合

② 日本の貿易相手上位国とおもな貿易品

	国名	総額(億円)	おもな貿易品(%) 1位		2位		3位	
輸出国	アメリカ	152,246	自動車(部品を除く)	28.8	一般機械	20.5	電気機械	14.2
	中国	132,234	電気機械	23.7	一般機械	16.0	精密機械	10.2
	韓国	53,266	電気機械	16.7	一般機械	13.2	精密機械	9.9
	(台湾)	44,725	電気機械	23.0	精密機械	13.5	一般機械	8.4
	ドイツ	19,648	電気機械	31.0	一般機械	21.3	自動車(部品を除く)	9.4
	オーストラリア	15,549	自動車(部品を除く)	45.9	石油製品	17.4	一般機械	10.8
	インドネシア	13,963	一般機械	27.1	電気機械	12.7	鉄鋼	12.4
	アラブ首長国連邦	10,521	自動車(部品を除く)	52.0	一般機械	14.4	鉄鋼	7.2
	サウジアラビア	8,260	自動車(部品を除く)	51.3	一般機械	17.8	鉄鋼	6.4
輸入国	中国	194,288	電気機械	29.1	一般機械	16.3	繊維製品	14.6
	アメリカ	80,598	電気機械	14.3	一般機械	11.7	精密機械	7.8
	韓国	32,439	電気機械	21.6	石油製品	13.3	一般機械	10.3
	(台湾)	28,174	電気機械	47.0	一般機械	7.1	プラスチック	3.6
	タイ	24,718	電気機械	20.6	一般機械	14.5	肉類・同加工品	7.4
	ドイツ	24,542	自動車(部品を除く)	22.2	医薬品	16.9	電気機械	13.3
	シンガポール	9,566	電気機械	19.4	精密機械	14.4	医薬品	13.2
	オランダ	3,277	精密機械	27.7	電気機械	9.7	医薬品	7.3
	(ホンコン)	2,274	電気機械	5.0	精密機械	4.7	ダイヤモンド	3.6

―2015年―〔財務省貿易統計〕

③ 日本のおもな貿易港　参照 p.195②

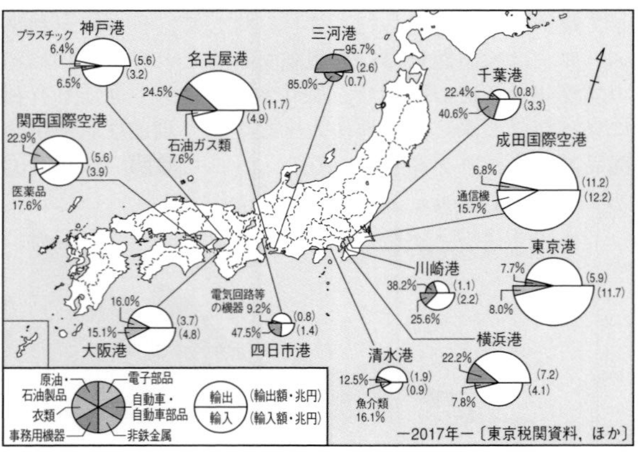

貿易額の合計では，成田，東京，名古屋，横浜の順となっている。名古屋と横浜は自動車の二大輸出基地で，三河と合わせて輸出に特化している。川崎や千葉など工業地帯に隣接する港は，原燃料を中心に輸入が多い。

④ 他国に依存する日本の産業

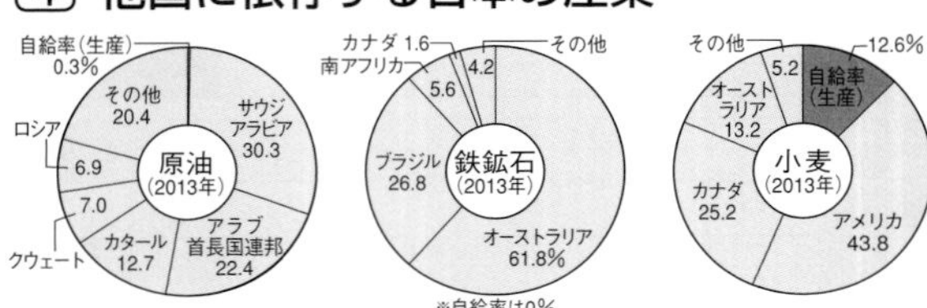

▲輸入に依存する食料・資源　〔平成25年 資源・エネルギー統計年報，ほか〕

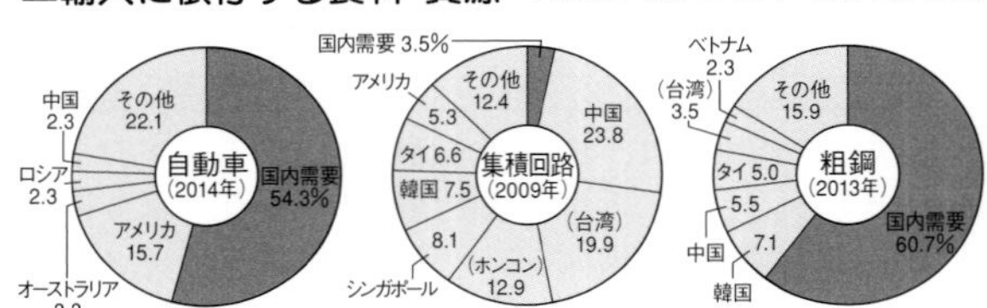

▲輸出に依存する工業製品　〔日本自動車工業会資料，ほか〕

日本は天然資源が乏しく，工業製品の原料や燃料の大部分を海外に依存しているため，原油や鉄鉱石，すずなどの輸入の割合がきわめて多い。また，小麦や大豆など，国内生産ではコストが高くなる農産物も海外に依存している。一方，輸入した原料や素材を加工して生産した工業製品では，輸出の割合が多い。

トピック　貿易の自由化と貿易大国日本の課題

WTOとその前身であるGATTが構築した自由貿易体制のもとで，世界の貿易は急速な拡大を続けている。しかし，WTOによる多角的な貿易交渉は，加盟国の増加により交渉が難航していることから，それを補完するものとして，特定の国や地域の間で，WTOの地域限定版ともいえるEPAやFTA(→p.200)を締結する動きが急速に広がっている。

こうしたなかで，貿易大国である日本は現在，WTOの枠組みにもとづく世界的な貿易秩序の形成を後押ししながらも，EPA/FTAを利用した個別の経済連携を拡大していくという課題を抱えている。

1　国家とは何か

⑴ 国家の概念

国家は，一定の**領域**（統治権の及ぶ範囲）と**国民**（国家を構成する人々）からなり，国家のあり方を最終的に決定する最高・独立・絶対の権力である**主権**を保持する。この領域・国民・主権を国家の3要素とよぶ。

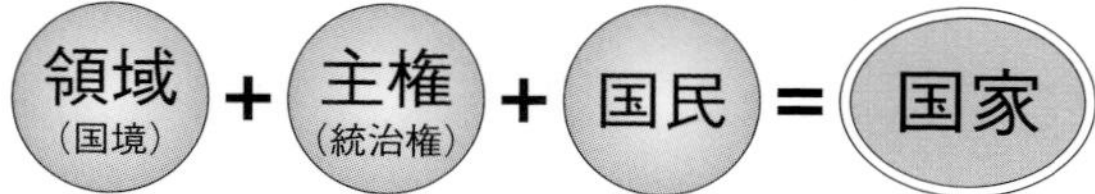

▲国家の３要素

用語　君主制・共和制・連邦制

サウジアラビアのように，1人の君主が統治する体制を**君主制**という。しかし現在では君主がいながらも，憲法にもとづいて統治する**立憲君主制**や，君主をおかず国民の代表者が合議で統治する**共和制**をとる国が多い。

また**連邦制**とは，連邦を構成する州と中央政府とで統治権を分担する制度をいう。分担のあり方は各国で異なるが，教育など住民に身近な事項は州が，連邦全体に関わる外交・国防などは中央政府が担当することが多い。

分類		特徴	おもな国
統治による分類	共和国	主権が国民にあり，国民が元首や政治を行う代表者を選出する国。	アメリカ，フランス，イタリア，中国，韓国など
	君主国	単独の首長により統治される国。その制度の違いにより，立憲君主制など，いくつかに分類される。	サウジアラビア，カナダ，オーストラリア，イギリス，ベルギーなど
組織による分類	単一国家	一つの国家機関（政府）のもとに統治されている国。世界の多くの国がこれに属する。	日本，シンガポールなど多数
	連邦国家	自治的な政府をもついくつかの州が集まって，中央政府のもとに一国家を組織している国。	アメリカ，ドイツ，アラブ首長国連邦，ロシアなど
民族による分類	単族国	一つの民族で構成されている国。現代においては厳密な意味での単一民族国家は存在しない。	－
	複族国	複数の民族が国内に存在している国。現代の国家ではほとんどがこれに属する。	マレーシア，ベルギー，スイス，カナダ，スリランカ，キプロスなど

▲国家の分類

⑵ 独立国の変遷

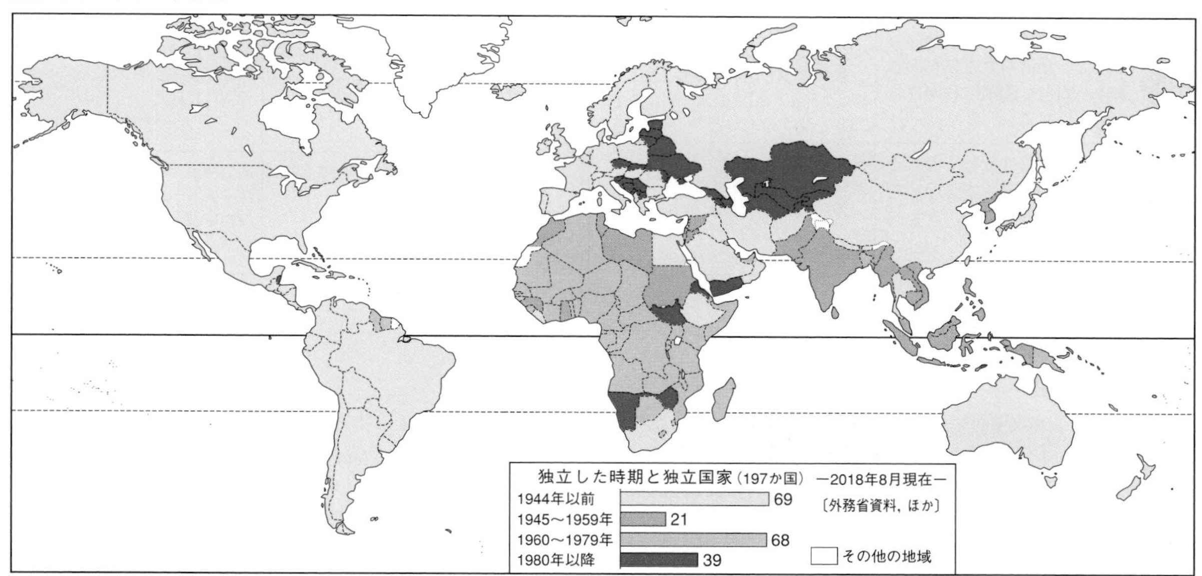

▲独立国の数と推移

1945年に51か国で発足した**国際連合（国連）**の加盟国は，2012年には193か国となり，約4倍に増えた。国際社会は，**民族自決**による国民国家の樹立を正義にかなうものと認め，国々の独立を承認してきた。だいたい1945年から50年代にアジア・中東，50年代後半から60年代にアフリカ，70年代から80年代にカリブ海やオセアニアの諸国が植民地・自治領・信託統治領の地位を脱した。1991年以降，ソ連やユーゴスラビア連邦が解体して新たな独立国ができたが，それに伴う分裂・対立・内戦を通して，民族自決の概念への反省も生まれている。

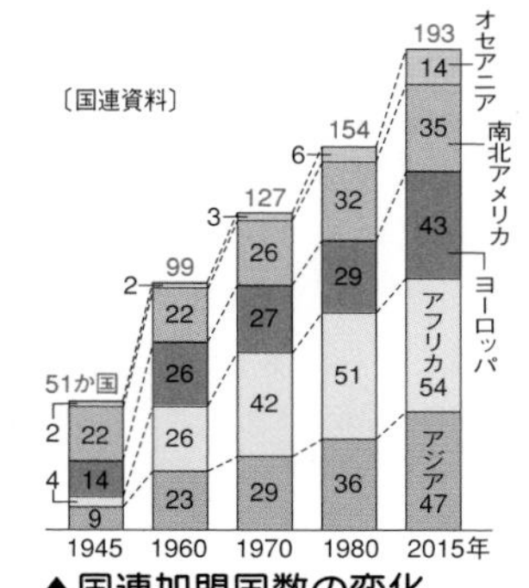

▲国連加盟国数の変化

1945年	第二次世界大戦の終結により，東南アジア・南アジアの国々が独立
1960年	アフリカ諸国で17か国が独立（**アフリカの年**）
1960～70年代	太平洋の島々が次々に独立
1991年	ソ連崩壊に伴い，中央アジアや東欧諸国・バルト３国が独立
1991年以降	ユーゴスラビアに属していた共和国が分裂・独立

▲独立国が増えたおもなできごと

2　国家の領域と国家間の結びつき

① 国家の領域

**低潮時の海岸線から24海里までの範囲で設定できる警察、関税、衛生などに関して一定の権限をもつ。

参照 p.14「コラム」

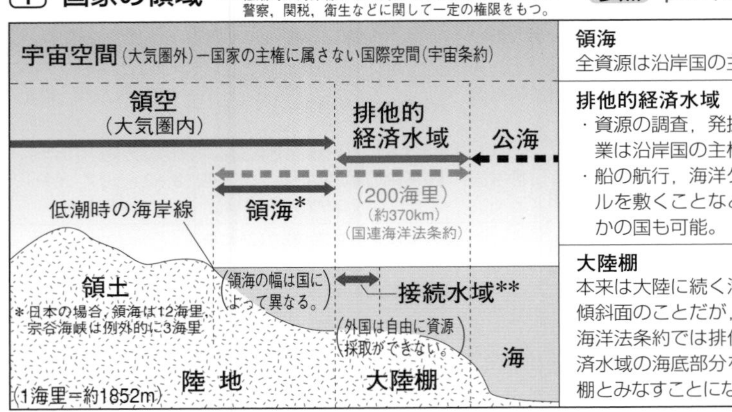

領海
全資源は沿岸国の主権下。

排他的経済水域
・資源の調査，発掘や漁業は沿岸国の主権下。
・船の航行，海洋ケーブルを敷くことなどはほかの国も可能。

大陸棚
本来は大陸に続く海底の傾斜面のことだが，国連海洋法条約では排他的経済水域の海底部分を大陸棚とみなすことになった。

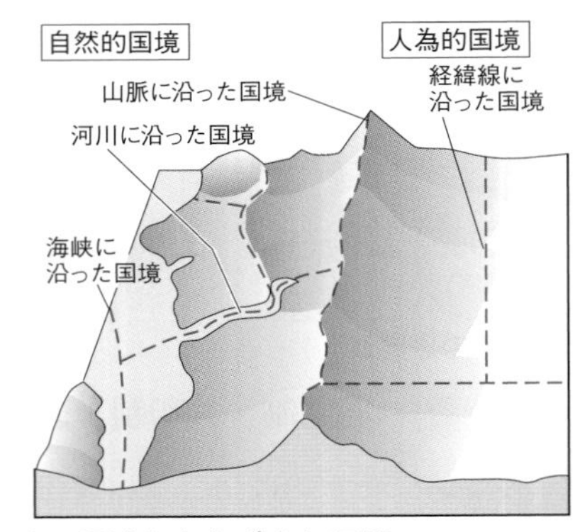

◀▲領域とさまざまな国境

種類		特色	代表例
自然的国境	山岳国境	山岳(とくに山脈)の分水嶺を利用。隔離性は十分だが，交流性には欠ける。ただしアルプス山脈では峠の交通が発達した。	アルプス山脈(スイス・イタリア)，ピレネー山脈(フランス・スペイン)，アンデス山脈(チリ・アルゼンチン)，スデーティ山脈(ポーランド・チェコ)，パトカイ山脈(インド・ミャンマー)など
	河川湖沼国境	古くから国境として利用されてきたが，河道が変化することで国境紛争の原因にもなってきた。湖沼も大きなものは海洋と同じく国境に利用されることがある。	ライン川(ドイツ・フランス)，メコン川(タイ・ラオス)，アムール川(ロシア・中国)，五大湖(アメリカ・カナダ)，リオグランデ川(アメリカ・メキシコ)，ヴィクトリア湖(ケニア・タンザニア・ウガンダ)など
	海洋国境	隔離性・交流性ともに優れるが，排他的経済水域の設定をめぐる問題が生じることもある。	日本海(日本・韓国・ロシア)，ドーヴァー海峡(イギリス・フランス)，マラッカ海峡(マレーシア・インドネシア)，ジブラルタル海峡(スペイン・モロッコ)など

自然的国境には，表に示したもの以外に，砂漠・湿地・森林などがある。

種類		特色	代表例
人為的国境	数理的国境	経線・緯線に沿って直線的に定められた国境。新大陸や，かつての植民地に多い。	北緯49度(アメリカ・カナダ)，西経141度(アメリカのアラスカ州・カナダ)，東経141度(インドネシア・パプアニューギニア)，北緯22度(エジプト・スーダン)，東経25度(リビア・エジプト)など
	障壁国境	攻防上，人工的に城壁や濠などをつくって国境としたもの。軍事境界線として一時的にひかれているものもある。	韓国・北朝鮮の軍事境界線(北緯38度付近)，かつての中国の万里の長城，第二次世界大戦以前のマジノライン（ドイツ・フランス）など
	文化国境	民族(言語・宗教)の分布による境界。	同じ植民地から分かれて独立したインド・パキスタン・スリランカなど

▲国境の種類

② 国家間の結びつき

（1）国際連合

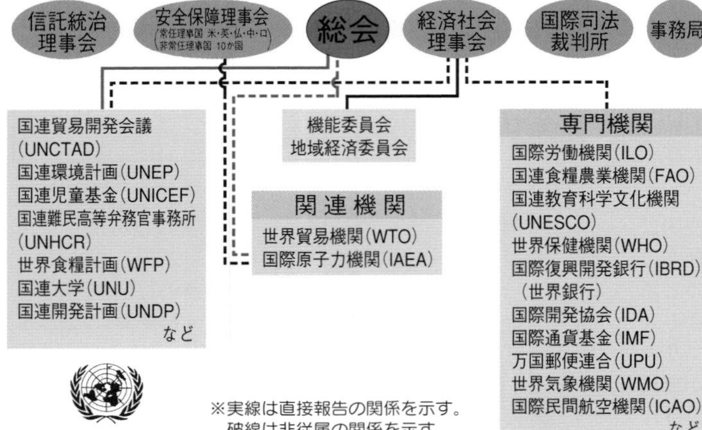

▲国連の組織図

1945年に発足した**国連**は，国際社会の平和と安全を維持し，国際協力を進めるうえで重要な役割を果たしてきた。六つの主要機関からなる国連本体と，国連の計画および基金，国連と緊密に連携する独立の専門機関で構成される。**総会**は全加盟国の代表が参加する唯一の世界的な話し合いの場で，各国は1票ずつ投票権を持ち，多数決で結論を出す。**安全保障理事会**は，国際の平和と安全の維持に第一の責任を有する機関で，紛争の解決に必要な経済・軍事制裁の権限をもち，その決議は加盟国を拘束する。

第二次世界大戦直後に発足したため，「旧敵国条項」が憲章に含まれるなど，当時の状況が残っている。アメリカを設立当初から国連に加盟させるため，本部はニューヨークにおかれた。日本は1956年に加盟した。

—2020年7月現在—

機関名(略称)	加盟国	目的・活動など	機関名(略称)	加盟国	目的・活動など
世界貿易機関（WTO）本部：ジュネーヴ	160か国・3地域＋EU 23準加盟 設立：1995年	関税など貿易の障壁となる規制を軽減させ，加盟国の貿易促進をはかる。GATTの発展機関として誕生。	国連食糧農業機関（FAO）本部：ローマ	194か国＋EU，2準加盟 設立：1945年	人々の栄養を確保し生活水準の向上させること，また，農業生産性や農民の生活条件を向上させることが目的。
国際労働機関（ILO）本部：ジュネーヴ	187か国 設立：1919年	労働条件の世界的な改善を目的とした機関。男女の平等な雇用や児童労働の撲滅などをはかる。	国際原子力機関（IAEA）本部：ウィーン	171か国 設立：1957年	原子力の平和的利用を促進すること，原子力が軍事的利用に転用されることを防止することが目的。
国連貿易開発会議（UNCTAD）本部：ジュネーヴ	194か国 設立：1964年	発展途上国の経済開発の促進と，南北問題に代表される世界的な経済格差の是正が目的。	国連児童基金（UNICEF）本部：ニューヨーク	195か国と1地域(条約締結国) 設立：1945年	子どもの生命が守られ，成長できるように，暴力などの過酷な状況から守ることが目的。

（2）その他の国家群と協調体制

＊ボリビアは各国の批准待ち，ベネズエラは加盟資格停止中　—2020年7月現在—

機関名(略称)	加盟国	目的・活動など	機関名(略称)	加盟国	目的・活動など
ヨーロッパ連合（EU）本部：ブリュッセル	27か国 設立：1993年	1967年に発足したヨーロッパ共同体(EC)が，1993年に発展的に改組した。加盟国の政治，経済・通貨統合をはかり，世界的にも大きな経済圏を形成。	南米南部共同市場（MERCOSUR）事務局：モンテビデオ	6か国＊と6準加盟 設立：1991年	域内の貿易の自由化と関税同盟の設定，政治統合が目的。加盟国同士の経済的な衝突もあり，実質的な統合は難航。
ヨーロッパ自由貿易連合（EFTA）本部：ジュネーヴ	4か国 設立：1960年	もともとヨーロッパ経済共同体(EEC)に対抗して設立。1994年にヨーロッパ経済領域（EEA）協定発効後はEU市場に参加。経済関係の拡大をはかる。	中米統合機構（SICA）本部：サンサルバドル	8か国 設立：1991年	1951年設立の中米機構（ODECA)を発展的に解消してできた。地域内の経済社会統合を進めている。
東南アジア諸国連合（ASEAN）事務局：ジャカルタ	10か国 設立：1967年	東南アジアの安全保障を目的として設立。現在では経済，政治の面においても協力体制を強めている。	南米諸国連合（UNASUR）事務局：キト	12か国 設立：2008年	南アメリカ諸国の政治，経済，安全保障面での協力を強め，南アメリカ諸国の統合をめざす。
湾岸協力会議（GCC）本部：リヤド	6か国 設立：1981年	加盟国の経済，安全保障の協力のために設立。関税同盟を発足させるなど経済面での協力関係を強めている。	独立国家共同体（CIS）本部：ミンスク	9か国と1準加盟，1参加国 設立：1991年	ソ連に属していた国々が集まって構成。おもに経済，外交，防衛の面での協力が目的。
南アジア地域協力連合（SAARC）本部：カトマンズ	8か国 設立：1985年	南アジア諸国の生活，福祉の向上を推進させ，経済，社会，文化を発展させることが目的。2006年に南アジア自由貿易圏が発足。	経済協力開発機構（OECD）本部：パリ	37か国 設立：1961年	経済成長，雇用，生活水準の向上を達成し，世界経済の発展に貢献することが目的。また，発展途上国の経済発展に寄与する。
アフリカ連合（AU）本部：アディスアベバ	54か国＊と西サハラ 設立：2002年	安全保障や経済面での協力を促し，アフリカの統合をはかる。また，域内の紛争や政治問題などの撲滅をめざす。＊スーダンは資格停止中	北大西洋条約機構（NATO）本部：ブリュッセル	30か国 設立：1949年	東西冷戦時代に，ソ連の脅威に対抗するための共同防衛組織として設立。現在は加盟国の安全保障，テロ対策などに取り組む。
米国・メキシコ・カナダ協定（USMCA）	3か国 設立：2020年	アメリカ・メキシコ・カナダの貿易協定。GDPでみるとEUを抜いて世界最大の自由貿易地域となっている。1994年に発効した北米自由貿易協定(NAFTA)は，USMCAの発効により効力を失った。	アジア太平洋経済協力会議（APEC）事務局：シンガポール	19か国と2地域 設立：1989年	環太平洋地域の政府間の経済協力を推進することが目的。年に一度の首脳会議のほかに，各分野の担当大臣会議を開催。

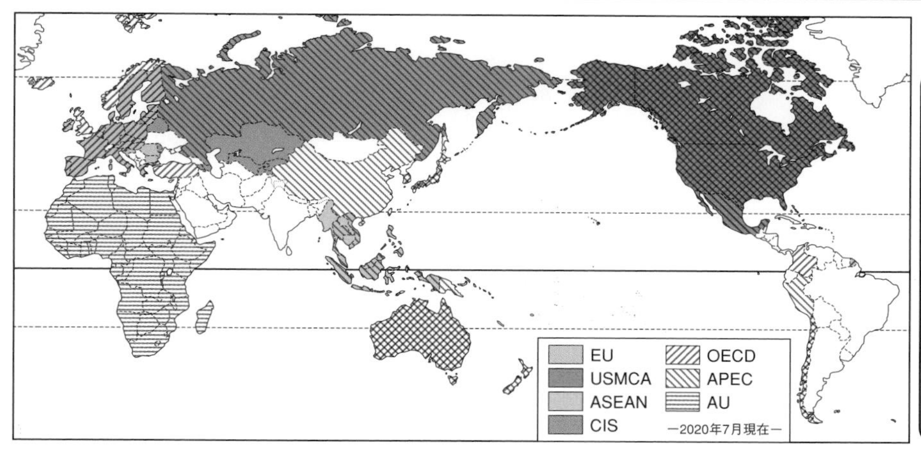

◀おもな国家間の結びつき

用語　サミット(主要国首脳会議)

G7（日本，アメリカ，イギリス，フランス，ドイツ，イタリア，カナダ）およびその年のEU議長国の政府首脳と欧州委員会委員長が年1回集まり，国際的な経済的，政治的課題について討議する。数多くの下部会議や政策検討のほか，G7以外の国や地域，国際機関の代表を招いた会合も行われる。

3　世界の人種・民族・宗教

① 世界の人種

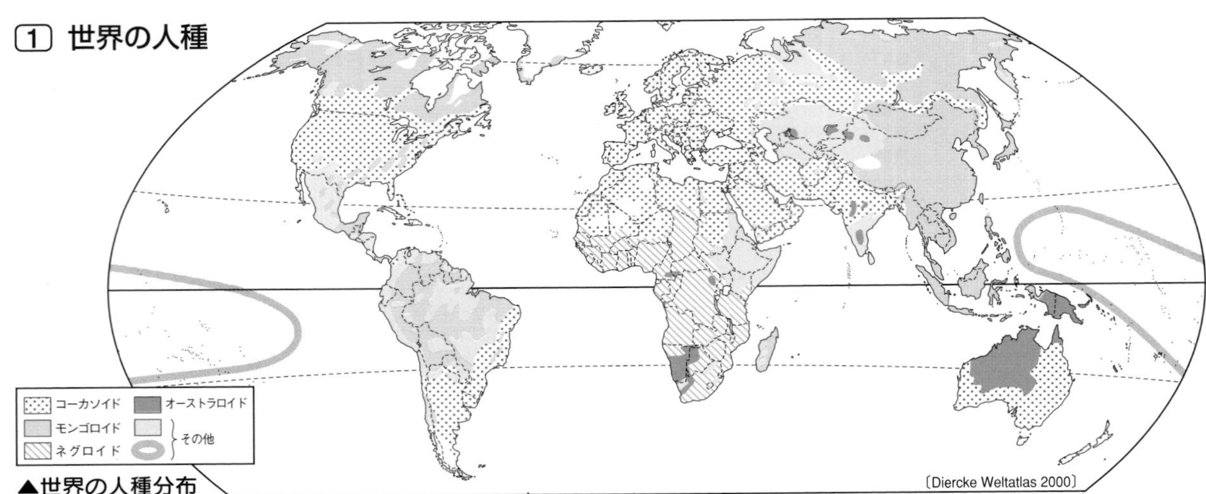

▲世界の人種分布

人種	コーカソイド	モンゴロイド	ネグロイド	オーストラロイド
特徴	白・褐色の皮膚，金髪・黒・波状毛・直毛，中～高の身長	黄・銅色の皮膚，黒く太い直毛，中～低の身長	黒色の皮膚，黒色の巻毛・縮状毛，広く低い鼻，厚い唇	濃色の皮膚，黒色の波状毛・巻毛，低い鼻
分布	ヨーロッパ人(ゲルマン，ラテン，スラブ)，アラブ人，インド人など	中国人，日本人，インドネシア人，イヌイット，ミクロネシア人，ポリネシア人など	スーダンニグロ，バンツーニグロ，ムブティ(ピグミー)，メラネシア人など	オーストラリア先住民（アボリジニー)など

アフリカで誕生した現生人類は，数万年かけて世界に分布を広げ，環境適応によって多様な外見を獲得した。現在も，人類の進化や地理的な集団間の系統関係を，遺伝子解析によって読み解く試みが続けられている。

コラム　「人種」について

上の表は身体的特徴による古典的人種分類だが，科学的な有効性を否定されている。現在，自然人類学では地理的な見地からみた集団(地域大集団)の概念などを用いることが多い。

② 民族と言語

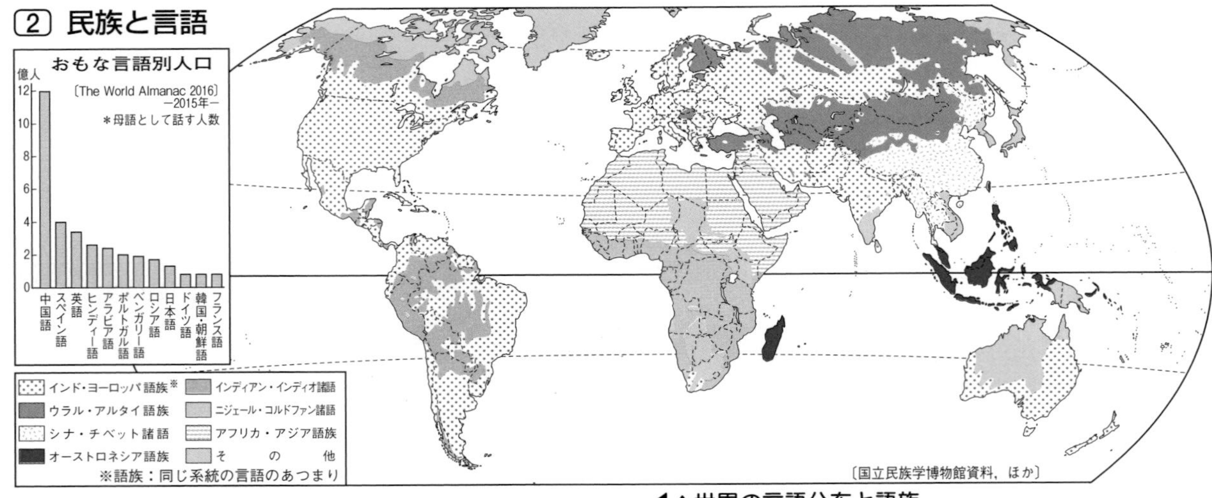

◀▲世界の言語分布と語族

インド・ヨーロッパ語族	ゲルマン語派(ドイツ語・英語など)，ラテン語派(フランス語・スペイン語など)，スラブ語派(ロシア語など)など
ウラル・アルタイ語族	フィンランド語，ハンガリー語，モンゴル語など
シナ・チベット諸語	中国語，チベット語，ミャンマー語，タイ語など
アフリカ・アジア語族	ヘブライ語，アラビア語，エチオピア語など
オーストロネシア語族	ポリネシア語，インドネシア語，マレー語，タガログ語など

民族は，言語，宗教，生活様式，出自などの特定の文化要素と，そこへの帰属意識を共有する集団をいう。**語族**は，世界の言語を系統分類する単位で，ある一つの祖語から分化したと言語学的に認定される諸言語のまとまりをいい，民族や**人種**とは区別される。なかには語族のまとまりが未証明なもの，所属がわからない言語もある。

3 世界の宗教

（1）宗教の分布

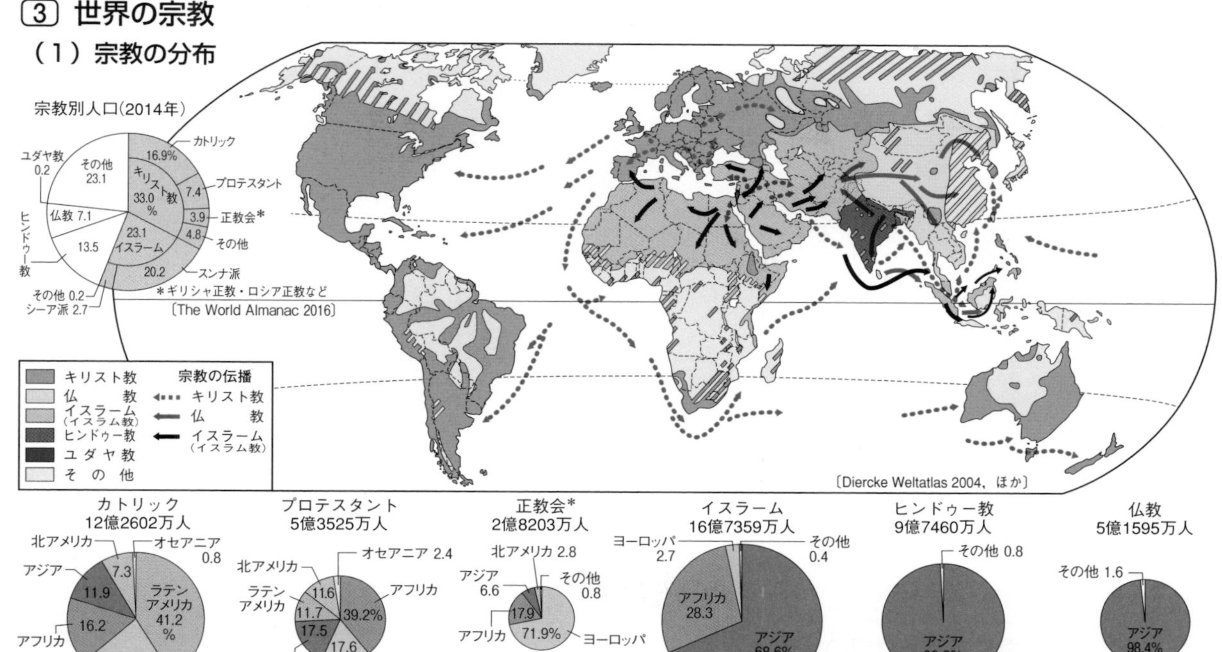

▲世界の宗教分布と宗教別人口

（2）世界のおもな宗教

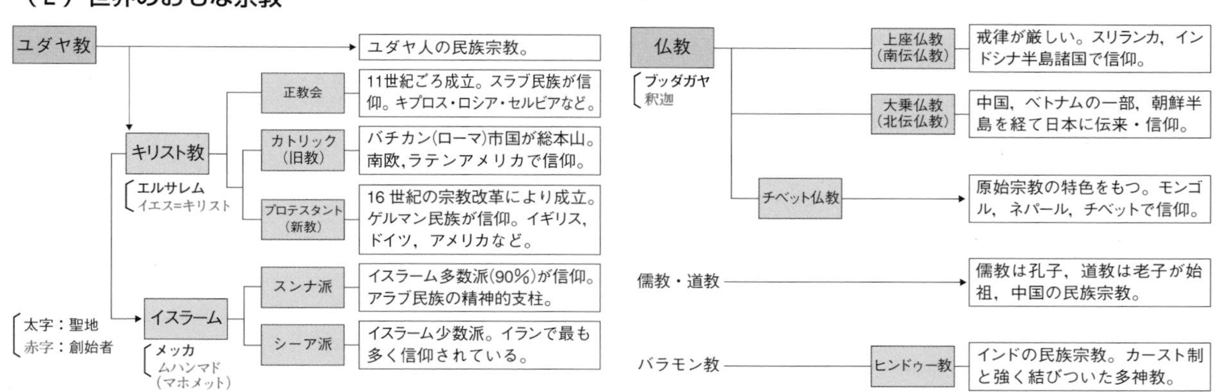

コラム　宗教と食の関係

宗教にはそれぞれ戒律があり，定められた食物の禁忌(きんき)，作法，祝祭儀礼を守ることが信仰の証になる。ユダヤ教やイスラームは飲食の規制が厳しく，教義に則った食品をそれぞれ**コーシャー**，**ハラール**とよぶ。食肉の調製には厳格な作法があり，食べてよい動物でもこの作法が守られていない肉は食べない。ユダヤ教では肉と乳製品の組み合わせも禁忌である。ヒンドゥー教では信仰する神や宗派，地域，個人の信条によって菜食を守る人々もいる。食べてよい食品は菜食遵守の厳格さに応じて決まるが，乳製品は菜食とみなされる。ユダヤ教徒の安息日やエジプト脱出を記念する日，イスラームの断食月や犠牲祭など，各宗教の休日・祝祭日の食事には，特別のご馳走や菓子が振舞われ，食文化の一部となっている。

宗教	食べてよいもの	食べてはいけないもの
イスラーム	牛肉，羊肉，鶏肉，魚介類，卵，乳製品，穀類，野菜，果物	豚肉，豚脂などを含む製品，血，酒(地域による)，処理の作法が守られなかった肉
ヒンドゥー教	羊肉，鶏肉，魚介類，卵，乳製品，穀類，野菜，果物	牛肉，牛脂などを含む製品(人によっては肉類全般，卵などを食べない)
ユダヤ教	蹄が割れ反芻する動物の肉，鶏肉，魚(鱗のあるもの)，穀類，野菜，果物(虫のいないもの)	豚，馬，鱗のない魚介類(ウナギ，イカ，タコ，貝類，甲殻類など)，処理の作法が守られなかった獣肉
仏教	野菜，穀類，果物	肉，卵，魚介類全般
キリスト教	原則すべて	曜日によって肉類を禁ずる宗派もあり，馬肉(地域による)

▲おもな宗教における食の制限

4 世界の衣食住

① 衣食住の分布

(1) 伝統的な衣類における材質の分布

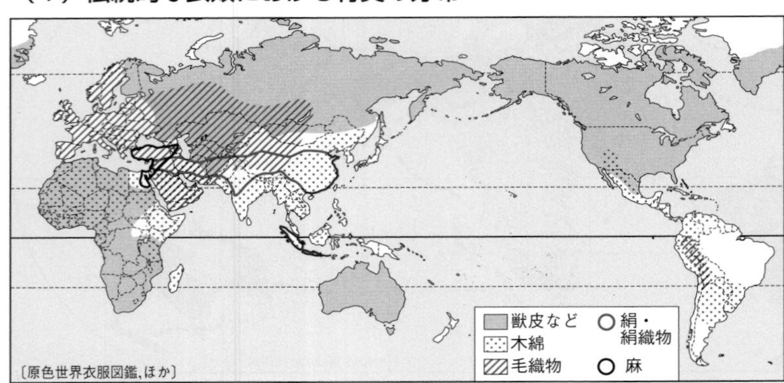

材 料	特 徴
獣皮など	寒冷地域，乾燥気候での防寒に向く。遊牧や狩猟で得た獣皮革をそのまま，または裁断・縫製して利用。
木綿	染色性，吸湿性がよく，高温湿潤な地域に向く。綿織物は古代から利用され，綿生産も広い地域に普及。
毛織物	丈夫で加工しやすく保温・吸湿性に優れる。寒帯・温帯・熱帯を問わず，実用着，装身服，保温用に広く利用。
絹・絹織物	中国東部からシルクロードを経て西欧に伝わり，各地に養蚕も普及。着心地，光沢，染色性がよく，高級衣料に利用。
麻	人類最古の織物。吸湿性がよく，高温湿潤な地域に向く。製糸に手間がかかるため，徐々に綿・毛織物に移行。

▲衣類の材料における条件

衣服は自然環境(寒気，日射，乾燥)から身を守ると同時に，性別や既婚未婚，身分や職業を示す文化的指標でもある。伝統的な衣服は，地元で得やすい材料を使い，地域の気候・風土・生活習慣に合わせたものが多い。流行や既製服，化学繊維の発達で，衣服の型や質は世界的な規格化が進みつつあるが，伝統的衣装が正装として残される場合も多い。

(2) 伝統的な主食における材料の分布

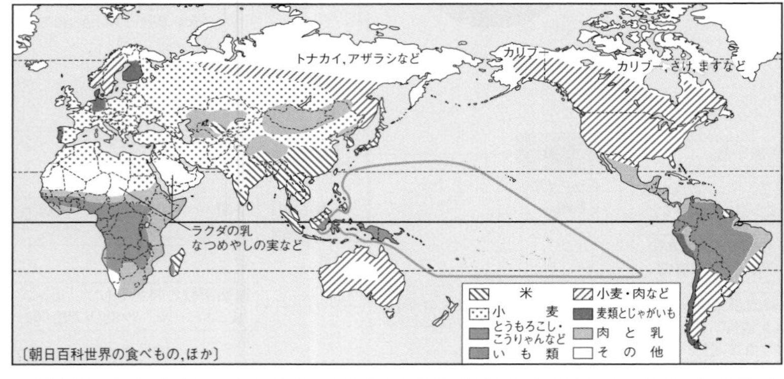

材 料	特 徴
米	モンスーンアジアの主食で粒食が一般的。インド以西ではピラフのように味付けする場合が多い。
小麦	冬雨ステップ地帯に起源。低気温地域では大麦，ライ麦，オート麦も栽培。粉状にしてパンや麺類に加工する。
とうもろこし	新大陸原産。つぶ粥や粉を練った平焼きパンに加工。アフリカでは粉にして雑穀同様に食べる。
いも類	各地の根栽型農耕と関連。有毒の品種はでんぷんを利用。無毒の品種は熱してそのまま食べるか，餅に加工する。
肉と乳	多くの牧畜民はおもに乳製品(チーズ，バター，ヨーグルト)を利用。極北狩猟民はトナカイや海獣の肉を主食。

▲主食の材料における条件

伝統的な主食は，その土地で栽培できる作物とその加工・調理法で決まる。前者は気温，水分，土壌，および自給的・商業的農業のあり方と密接な関係がある。後者は，粒のまま食べる，粉に挽く，練る，炊く，焼く，蒸す，茹でる，発酵の有無など，地域により異なる。外国人や移民が伝えた食べ物が定着している例も広くみられる。

(3) 伝統的な家屋における材料の分布

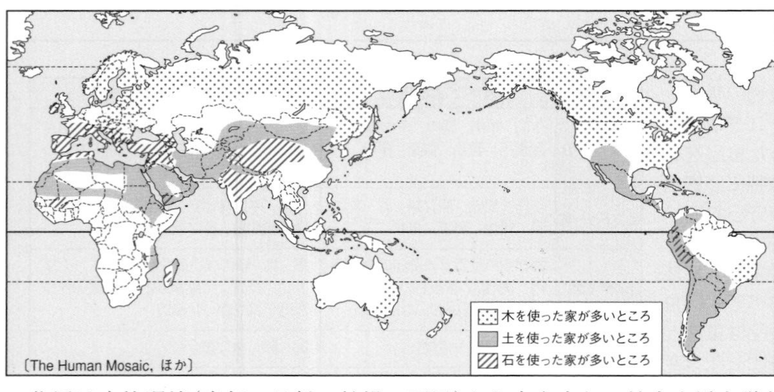

材料	特 徴
木	その土地の樹種や木の豊富さに応じてさまざまな工法がみられる。木は丸太，板，枝などに加工される。総木造りもあれば，石や土・草・竹・やしの葉などと組み合わせる例もある。
土	土は保温性・遮音性の高い身近な素材で，木や石の得にくい地域や少雨地域に多い。地下掘削，土積み，日干しれんが積みなどの工法があり，雨季のある地域では屋根材の工夫がみられる。
石	凝灰岩・石灰岩など加工しやすい石がとれる地域には切石積みの家屋が多い。木材など，ほかの材料と石材の入手のしやすさに応じて，純粋な石積み・木と石の混築などの工法も用いられる。

▲家屋の材料における条件

住居は自然環境(寒気，日射，乾燥，雨風)から身を守り，社会生活を営む場である。伝統家屋には，地域にある材料を組み合わせて気候・風土を克服する知恵と，生業や社会組織にあったさまざまな様式がみられる。都市化や定住化，新建材の普及や規格化で住居の変化が進んでおり，伝統家屋を残すため観光資源として保存・活用するところもある。

② グローバル化と変化

（1）マクドナルドの世界展開

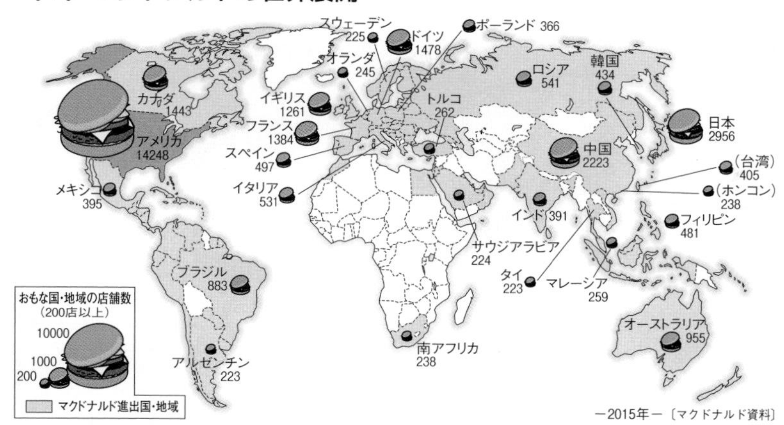

▲マクドナルドが進出している国・地域

国・地域	特　徴
インド	ヒンドゥー教徒が多いため「ベジタブル」か「ノンベジタブル」を選択できる。豚肉・牛肉は用いない。
インドネシア	イスラームが多いため，メニューもムスリム用のものがある。また，店内に礼拝室がある店舗も存在する。
フィンランド	緯度の高い地方でとれるライ麦をバンズに用いた「ライ麦バーガー」などがある。
カナダ	海産物を用いたメニューは数か国存在するが，カナダではロブスターを用いたサンドウィッチがある。
ドイツ	日本ではアルコールのメニューは存在しないが，ドイツ・ベルギーなどではビールを扱っている。
タイ	タイ・シンガポール・ホンコンなどでは，マクドナルドでもライスバーガーを販売している。
日本	しょうゆ味の「てりやきマック」は日本から世界に広がったメニュー。

▲おもな国におけるマクドナルドのメニューの特徴

徹底的な規格化をもとに世界に進出したマクドナルドだが，メニューを見ると地元の事情にあわせて変化をもたせる工夫もしている。ファストフードが最新の食の流行として受容されたことも，進出を後押しした。

（2）日本食の広がりとその影響

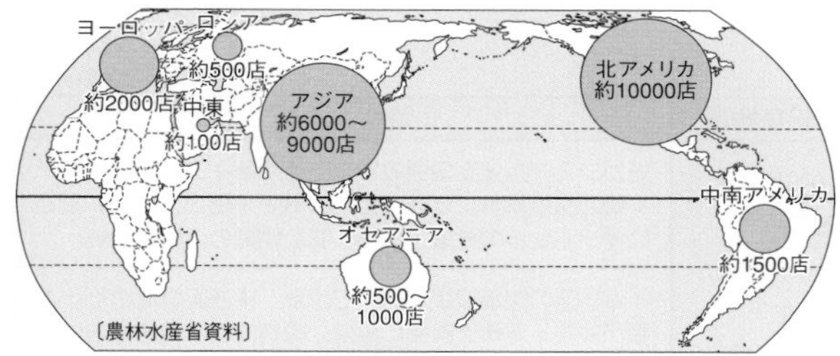

▲日本食レストランの展開

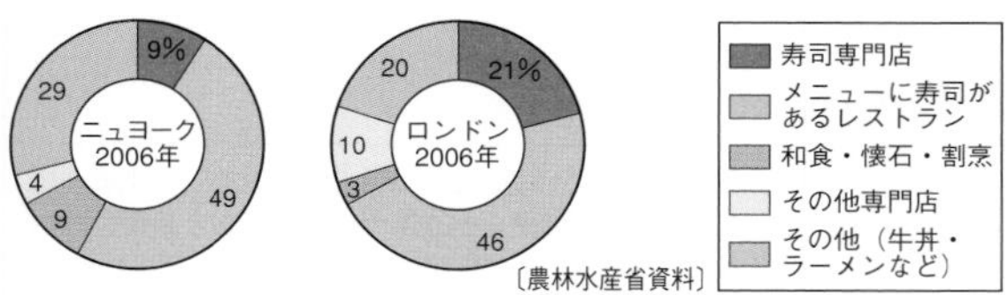

▲おもな都市の日本食レストランの内訳

魚介類，野菜などの素材のよさを引き出し，季節感を意識して盛りつける日本料理は，栄養バランスがよく健康的でおいしく見た目も美しいと，近年は海外でも人気である。なかでも寿司は，低カロリー・低脂肪食品として注目され，日本食レストランに占める寿司店の割合も高い。また，経済成長で豊かになったアジア諸国でも，安全・安心・高品質の印象とともに日本食が広がり，多様な形態の店舗が展開し，幅広い層に受け入れられた。現在，海外に2万～2万4000軒の日本食レストランがあると推計されているが，多国籍企業による店舗展開はごくわずかである。その一方，先進国での健康志向の高まりや日本食ブーム，発展途上国での消費水準の向上による食事の変化によって，世界的に水産物の需要が増え，過剰に漁獲されることもおきている。乱獲が深刻なまぐろ類では，枯渇を防ぐため漁獲量を規制する動きも出てきている。

コラム　トルコにみるグローバル化への反応　参照 p.245

トルコは西欧を手本とする近代化の過程で脱イスラーム化を進め，都市部では洋装が定着した。だが近年，イスラーム復興の動きを反映し，都市部でも，大卒で社会進出した女性も含む一部の女性に，スカーフ着用がみられる。これらの女性の需要に応え，伝統と最先端の流行を組み合わせて作られたイスラームの服飾品は，ヨーロッパやアラブ諸国に販路を広げている。

1991年（全450議席）	2007年（全550議席）
政教分離を掲げる政党 388議席	112議席
62議席	イスラーム主義を掲げる政党 341議席
	その他 97議席

▲トルコにおける政党議席数の変化

1923年	トルコ共和国の成立，政教分離主義の政党（のちの共和人民党）が政権を握る
1925～30年代	イスラーム法・イスラーム暦などの廃止や，アラビア文字からローマ字への文字改革を実施することでイスラーム主義を排除
1951年	NATOに加盟
1970年	イスラーム主義の政党が出現
1980年	クーデターにより，共和人民党は解党，政党活動は禁止へ
1983年	政党の活動再開を承認
1987年	総選挙で母国党（政教分離主義）が圧勝，ECへの正式加盟申請
1995年	福祉党（イスラーム主義）が第一党になる
1999年	民主左派党（政教分離主義）が第一党になる
2007年	イスラーム主義でありながら，EU加盟などを掲げる公正発展党が第一党に

▶トルコにおける政教分離主義とイスラーム主義の変化

トピック　ロングディスタンス・ナショナリズム

大量の移民の出現と情報ネットワークの発達によって，ナショナリズムが故郷とは遠く離れた「遠隔地」で再構築される現象。先進国に居住する移民が，自己のエスニックアイデンティティを確認するため，移住先から出身国の民族運動や政治運動を支援するような場合を指す。活動の結果，かえって紛争が深刻になるなどの影響をもたらす可能性もある。

5　世界の地域紛争

1　世界の地域紛争と難民の移動

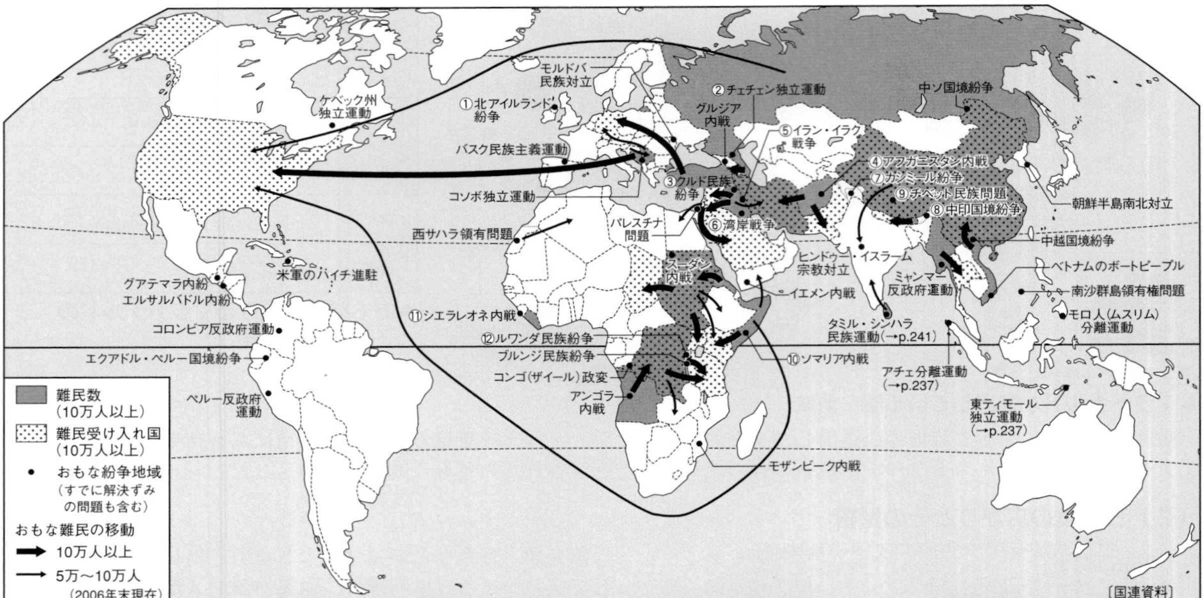

モルドバ民族対立
②チェチェン独立運動
中ソ国境紛争
ケベック州独立運動
①北アイルランド紛争
グルジア内戦
⑤イラン・イラク戦争
バスク民族主義運動
④アフガニスタン内戦
⑦カシミール紛争
③クルド民族紛争
⑨チベット民族問題
コソボ独立運動
⑧中印国境紛争
朝鮮半島南北対立
パレスチナ問題
⑥湾岸戦争
西サハラ領有問題
中越国境紛争
ヒンドゥー・イスラーム宗教対立
ベトナムのボートピープル
スーダン内戦
ミャンマー反政府運動
南沙群島領有権問題
米軍のハイチ進駐
イエメン内戦
グアテマラ内戦
エルサルバドル内戦
モロ人(ムスリム)分離運動
⑪シエラレオネ内戦
タミル・シンハラ民族運動(→p.241)
コロンビア反政府運動
⑫ルワンダ民族紛争
エクアドル・ペルー国境紛争
ブルンジ民族紛争
⑩ソマリア内戦
コンゴ(ザイール)政変
アチェ分離運動(→p.237)
アンゴラ内戦
ペルー反政府運動
東ティモール独立運動(→p.237)
モザンビーク内戦

難民数(10万人以上)
難民受け入れ国(10万人以上)
• おもな紛争地域(すでに解決ずみの問題も含む)
おもな難民の移動
➡ 10万人以上
→ 5万～10万人
(2006年末現在)

〔国連資料〕

	紛争地域	状　況		紛争地域	状　況
①	北アイルランド紛争	英アイルランド支配を巡る，ナショナリスト(自治・独立派：カトリック系)，ユニオニスト(連合継続派：プロテスタント系)および政府治安部隊の武装抗争(→p.257)。	⑦	カシミール紛争	旧カシミール藩王国領の領有をめぐるインド・パキスタン間の国際紛争。3回にわたる戦争を招き，インド領ではインドからの分離を求める武装組織の活動も継続。
②	チェチェン独立運動	チェチェン共和国独立の動きを封じようと軍事介入したロシアとその支援を受けた親ロシア政権に対して，チェチェン独立派武装組織が独立闘争を継続(→p.265)。	⑧	中印国境紛争	イギリスの国境設定が遠因で西部・東部国境をめぐる主張が対立，軍事大衝突に発展。国境問題は現在も未決着だが，経済技術協力などを優先し関係改善を模索。
③	クルド民族紛争	トルコ，イラク，イラン，シリアなどにまたがるクルド住民による，国境を越えた民族統一独立運動を各国政府が弾圧。各国クルド人組織が武装闘争を継続し対抗(→p.245)。	⑨	チベット民族問題	中国軍が進駐し，自治区化されたチベットにおける自治・分離独立運動。指導者ダライ=ラマ14世がインドに亡命政権を樹立し活動を継続。
④	アフガニスタン内戦	ソ連軍の完全撤退後，各主要民族を基盤とする軍閥の間で支配権争いが生じ内戦が継続，新興武装勢力タリバーンと北部の反政府勢力の戦闘が米英軍の介入に発展。	⑩	ソマリア内戦	空港・港湾の支配権や援助物資の利権をめぐる指導者の対立から内戦が勃発。対立勢力の離合集散と抗争が繰り返され，国連介入も効果がなく，国土の分断割拠が継続。
⑤	イラン・イラク戦争	シャトルアラブ川の領有権をめぐる2国間戦争に端を発する。その後，イラン革命による影響を阻止したい周辺国の思惑も絡んで膠着したが，国連決議を受諾し終結。	⑪	シエラレオネ内戦	木材，ボーキサイト，ダイヤモンドなど資源の利権をめぐる指導者間の対立から反政府組織と政府軍の内戦が激化，犠牲者の多さと非人道的な戦闘行為が際立った。
⑥	湾岸戦争	イラクのクウェート侵攻に対して，米軍を核とする多国籍軍が安保理決議にもとづき，イラクへ空爆・地上攻撃を行う。イラク軍をクウェートから撤退させ終結。	⑫	ルワンダ民族紛争	少数派ツチと多数派フツの主導権争いが招いた反政府側ルワンダ愛国戦線と政府軍の内戦。フツによるツチの大量虐殺やフツの大量難民化など大きな人道問題が発生。

2　おもな紛争地域

(1) パレスチナ問題

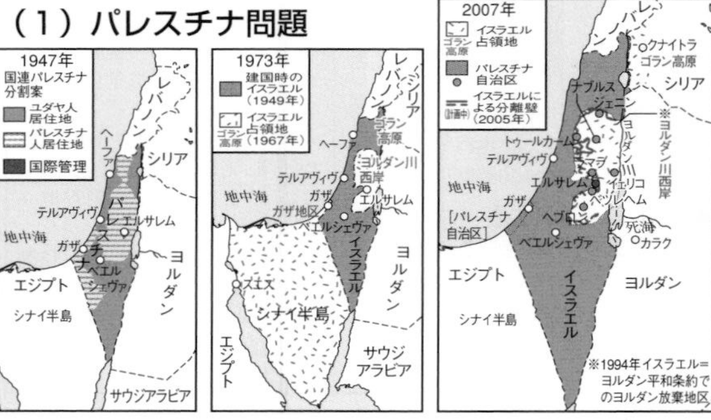

もともとの原因はこの地の帰属をめぐる，20世紀初頭のイギリス外交にある。その後，アラブとユダヤの対立収拾のため1947年に国連が「パレスチナ分割決議」を採択したが，欧米・中東諸国を巻き込む対立に発展。ユダヤ人がイスラエルを建国すると，第1次中東戦争が勃発し，**PLO(パレスチナ解放機構)**などが武力闘争で応じた。93年にイスラエルとPLOの間でパレスチナ暫定自治協定が成立し，2005年までにはガザ地区に駐留していたイスラエル軍は撤退した。しかし，02年からイスラエルがヨルダン川西岸に建設しはじめた分離壁をめぐり，衝突が発生するなど，和平への道のりはけわしい。

◀イスラエルとパレスチナの国境変遷

参照 p.243

(2) 消滅したユーゴスラビア　参照 p.262

バルカン半島は正教会，カトリック，イスラームの各文化圏が重なり，多様な民族が複雑に交錯してきた。第一次世界大戦後にユーゴスラビア王国のもとで統一されたが，第二次世界大戦中のナチス占領下で民族の分断と対立が深まった。戦後，民族の平等と社会主義を掲げるユーゴスラビア連邦が発足したが，ティトー大統領の死去，東欧革命，経済悪化を機に1991年以降紛争が続き，連邦は解体した。民族の対立と激しい内戦が連鎖的に広がり，街の破壊や大量の犠牲者，難民・避難民を伴い，NATO軍や国連の介入する大きな紛争となった。

▲ユーゴスラビアの解体と民族分布

(3) ダールフール紛争　参照 p.248②

スーダン西部のダールフール地方で2003年に勃発した，地元反政府武装勢力と，スーダン軍およびアラブ系政府側民兵(ジャンジャウィード)の間の武力紛争。政府側民兵による住民の迫害・略奪，村の破壊で多数の犠牲者，国内避難民，難民が発生，「最大規模の人道危機」とよばれた。背景に，アフリカ系農耕民とアラブ系遊牧民の間の土地と水をめぐる争いがある。アフリカ連合(AU)と国連が中心となって人道的・軍事的介入と平和調停を試みてきた。近年は終結のきざしもみえている。

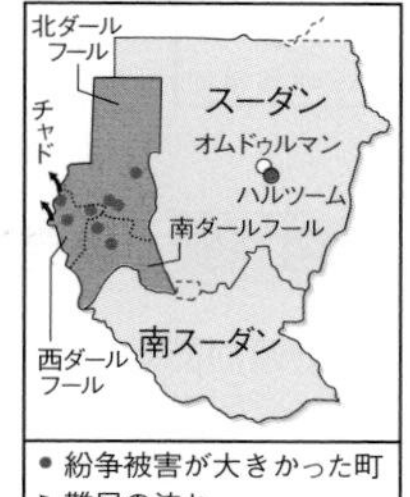

▲ダールフール地方

コラム　アフリカに紛争が多い理由

アフリカ諸国では，植民地支配と独立にいたる経緯から，少数の権力者が国家を私物化する場合が多い。これらの国では，権力者が自国の利権と引き換えに，民衆から政治的忠誠を得る関係で統治を行ってきた。しかし，1980年代からの経済危機，経済自由化で国家の握る利権が減少し，利権の配分による統治は機能しなくなり，国家の安定も失われた。その結果，90年代には国家の解体が顕著になり，複数の支配者が利権や主導権を争い，それぞれのネットワークを動員して対決し，内戦となる例や，鉱産資源などの利権を争い，民兵や民間軍事会社に戦闘を請け負わせる例も頻発したのである。

用語　難民

難民とは，狭義には，難民条約の定める，「人種，宗教，国籍，政治的意見や特定の社会集団に属することを理由に，自国にいると迫害を受ける十分なおそれがあるために他国に逃れた人々」を指す。広義には，武力紛争，民族浄化，自然災害，飢餓のために国外に流出した人々も含む。同様の理由で家を追われたが，国内に留まる人々を**国内避難民**とよぶ。各地で続発した地域紛争は難民を急増させた。近年，アフガニスタン，イラク，シリア，中央アフリカ諸国の紛争で難民数は増加に転じ，それとともに国内避難民の支援も大きな課題となっている。

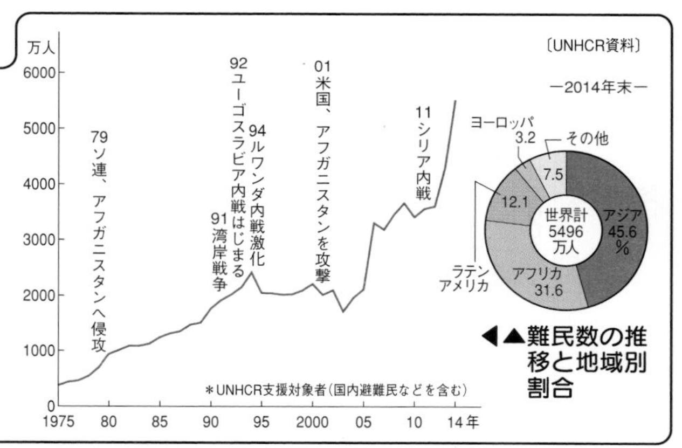

◀▲難民数の推移と地域別割合

③ 日本の領土をめぐる問題

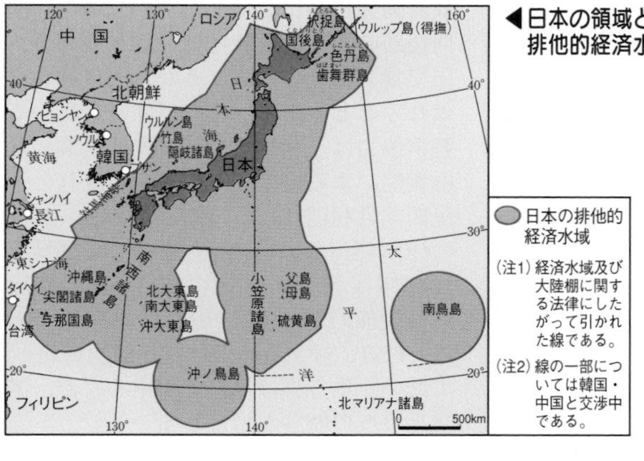

◀日本の領域と排他的経済水域

地　域	状　況
北方領土	択捉島，国後島，色丹島，歯舞群島をさす。日露通好条約(1855年)で日本の領土であることが確定しているが，第二次世界大戦直後にソ連が占領。それ以降，ソ連・ロシアによる不法占拠が続いている。
竹島	島根県隠岐郡隠岐の島町に属する島。17世紀半ばには領有権を確立したが，韓国が領有権を主張し不法占拠を続けている。日本は不法占拠に抗議。
尖閣諸島	沖縄県石垣市に属する無人島で，1895年に領土に編入。周辺に海底油田分布可能性が判明し，1970年代以降，中国や台湾が領有権を主張。2012年に日本が国有化。
沖ノ鳥島	東京都小笠原村に属する日本最南端の無人島。満潮時に二つの岩礁を残し水没するため，コンクリートで固め，島と周辺の排他的経済水域を守っている。

6 国際協力

1 世界の経済格差

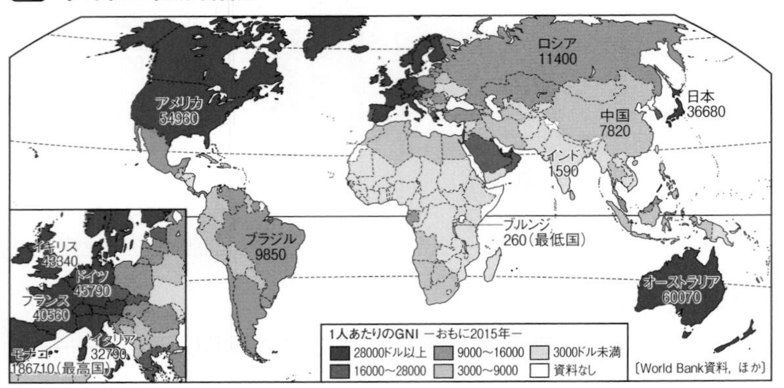

▲1人あたりのGNI

世界の国々の間には大きな経済格差がある。1人あたりGNI（2015年）は，首位のモナコが18万ドルを超え，日本・オーストラリア・欧米諸国が3万ドルを超えている。一方，ブルンジ（260ドル）をはじめ，アフリカや南アジアには1000ドルに満たない国々も多い。これらの低所得国の多くは，長い植民地経済の結果，特定の農産物や鉱産資源の輸出に依存するモノカルチャー経済から抜け出せず，さらに内戦や国内紛争による政情不安もあって，経済的自立が立ち遅れた。そのため，保健医療や教育も十分でない。

用語　南北問題／南南問題

北半球に多い豊かな先進国と，南半球に多い発展途上国との格差を**南北問題**という。現在では，発展途上国の中でも産油国などの資源国や経済成長著しい新興国と，最貧国との経済格差が広がっており，これを**南南問題**という。

用語　後発開発途上国（LDC）

国連が認定した，発展途上国でもとくに開発が遅れた国々。所得水準が低い（1人あたりGNIが1025ドル未満），人的資源に乏しい，経済的に脆弱といった基準で，アフリカ33か国などを含む47か国が認定されている（2018年現在）。

※国土が海から隔絶され，地勢的に開発に不利な途上国を，内陸開発途上国（LLDC）という。

2 経済協力とその課題

（1）経済協力の分類

政府資金	政府開発援助（ODA）	二国間	贈与	**無償資金協力** 返済義務を課さない資金供与
				技術協力 人材教育を目的とした援助
			政府貸付（有償資金協力） 低金利・長期返済の条件での貸し付け	
		多国間	**国際機関に対する拠出など** ユニセフ，アジア開発銀行などへの出資	
	その他の政府資金（OOF）…国際機関への融資など			
民間資金	直接投資…海外での工場設置などの資本輸出			
	国際機関に対する融資など			
民間非営利団体（NGO）による贈与				

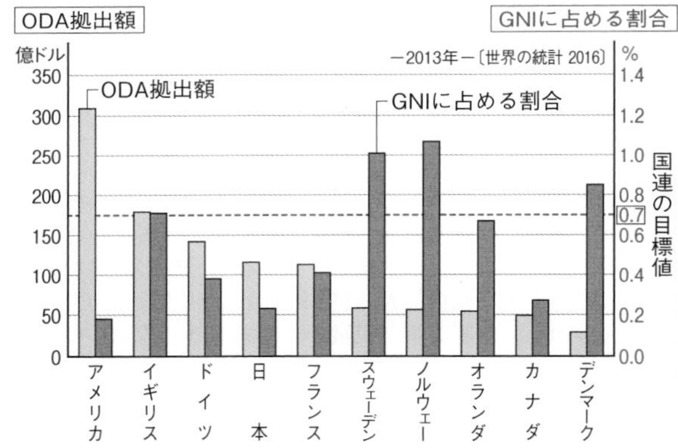

▲ODAの拠出額とGNIに占める割合

政府資金による経済協力のうち，グラント・エレメント（貸付条件のゆるやかさを示す指標で，100％になると「贈与」に該当する）が25％以上のものを**政府開発援助（ODA）**とよぶ。ODAの二国間援助のうち政府貸付は，日本の場合，円で貸し付けられることから**円借款**（えんしゃっかん）とよばれることもある。また民間資金による経済協力は，利益をめざす民間企業・金融機関による途上国への資金の流れと，民間非営利団体による贈与がある。日本のODA拠出額は1990年代を通じて世界第1位であったが，国内の厳しい財政状況で減少傾向にあり，2013年は第4位である。GNIに対する比率は欧州諸国に比べて低い。供与先はアジアが中心だが，アフリカへの贈与が増加している。

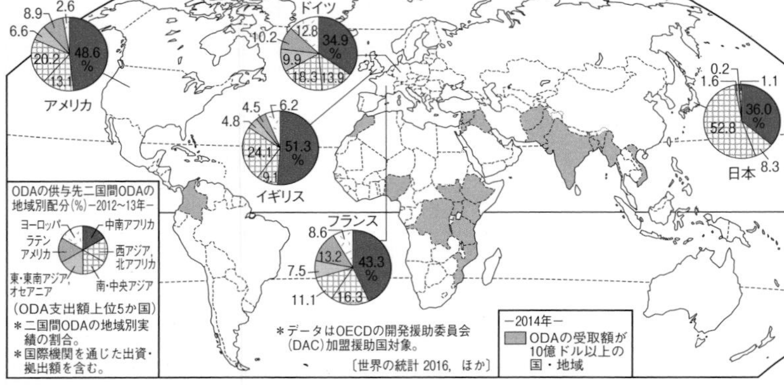

▲ODAの受取額とおもな国の供与先の傾向

（2）日本のODA

国　名	贈与額(億ドル)
アメリカ	235.0
ドイツ	117.1
イギリス	116.9
フランス	107.1
日　本	97.0
オランダ	59.9
スペイン	44.0
スウェーデン	41.1
カナダ	39.2
イタリア	38.7

〔ODA白書2009年版〕

▲ODA贈与額の上位10か国（2006/07年の平均値）

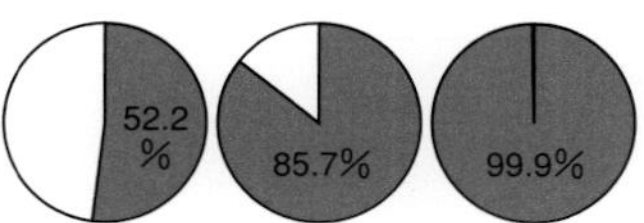

▲ODAにおける贈与率の比較

日本のODAの贈与比率は，拠出国で最も低いが，最貧国へは贈与が中心である。有償の円借款も貸付条件は他国より緩やかで，経済インフラが有利な条件で整備できる。円借款の活用には自助努力をうながすねらいもある。

トピック　経済協力の難しさ

ODAは人道的協力と世界の平和と繁栄への貢献が基本である。しかし，経済・財政状況は厳しく，援助資源は限られている。被援助国が経済政策の失敗，政情不安，自然災害などの理由で，借り入れた援助資金を有効活用できずに深刻な債務を背負い，債務救済・債権放棄が必要になる場合もある。最近では被援助国の開発上の優先課題を援助側が的確に把握し，緊密な政策対話を重ねて，効果的な援助を実現する努力もされている。また，経済協力の論理と外交上の配慮が食い違う場合も生じる。たとえば中国には，アジア・太平洋地域の平和と繁栄に果たす役割が大きいとして，多額の援助が行われてきた。しかし，中国の経済発展，軍備増強，第三国(対アフリカ資源国)援助などを背景に批判が高まり，規模と重点分野が見直された。

3　NGOと市民レベルでの協力

（1）NGOとは

	主　体	資　金	利　点	課　題
NGO	民間の団体	募金や寄付	現地に根ざし，小回りがきく	資金が少ない
ODA	政府	国家予算	資金が多く，大規模な事業が可能	小回りがききにくい

▲NGOによる支援活動とODAの比較

発展途上国で支援活動を行う非政府・非営利の市民組織を指す。募金や寄付を財源とする。現在，日本には国際協力のためのNGOが500以上あるといわれている。

（2）日本におけるNGOの活動

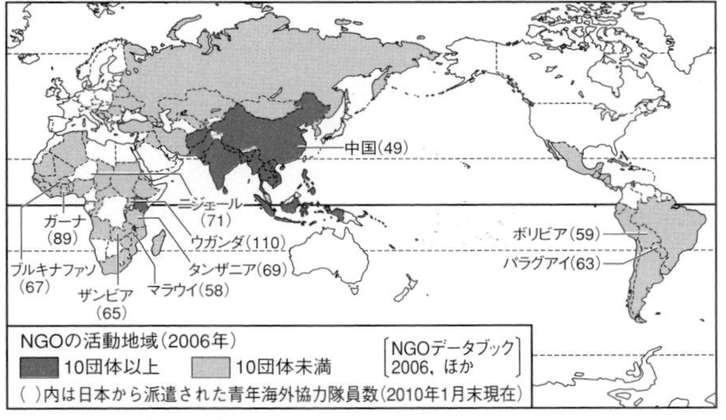

▲NGOの活動地域と青年海外協力隊のおもな派遣先

分　類	活　動　内　容
教　育	識字教育などにおける教育者の派遣および支援
保健医療	貧困・紛争地域などへの医師，看護師の派遣
職業訓練	車の整備など，技術者育成を目的とした人材の派遣
農村開発	農村への農業技術や資金援助などを目的とした派遣
植　林	乾燥地や荒廃地などへの植林技術の技術者を派遣

▲NGOの活動内容

日本のNGOは，とくにアジアに重点をおいて活動している。教育など人材分野や，医療など生活分野が多いが，近年，緊急援助など平和構築に関わる団体も増えている。また，独立行政法人である**国際協力機構（JICA）**が派遣する**青年海外協力隊**は，80か国をこえる国々で，40年以上にわたりのべ3万人以上が活動している。

（3）NGO・政府・経済界の協力

国際緊急援助の分野で活動するNGOが迅速に支援活動に入れるよう，2000年に国際人道支援組織**「ジャパン・プラットフォーム（JPF）」**が発足した。政府や財団，民間企業，NGOなどから調達した資金，機材，ノウハウ，情報をJPFに蓄積する。実際に紛争や自然災害などが発生した際は，現地に出かけるNGOが，ここから必要なものを利用して，救援に向かう。民間企業や地方自治体も，救援物資や義援金の提供，輸送への協力を行う。JPFには一定基準を満たす国際緊急援助関係のあらゆるNGOが参加でき，日本のODAの即応力向上にもつながっている。

活動地域	活　動　内　容
サイクロンの被災者支援（ミャンマー）	被災直後にJPF参加のNGOが現地入りし，被災状況を確認。必要な生活物資の配布，簡易住居の提供を実施し，復旧段階の生活再建支援も引き続き実施。
難民支援（スーダン南部）	JPFに供与されているODA資金により，日本のNGO 6団体が，国際機関・国際NGOと連携し，給水・衛生・教育などの緊急人道支援を実施。
イラク戦争の復興支援（イラク）	北部3県での国内避難民・帰還民・住民向け緊急復興支援，バグダッドでの小中学校修復，北部地域での医療支援など17の復興支援事業を実施。

▲JPFのおもな活動内容

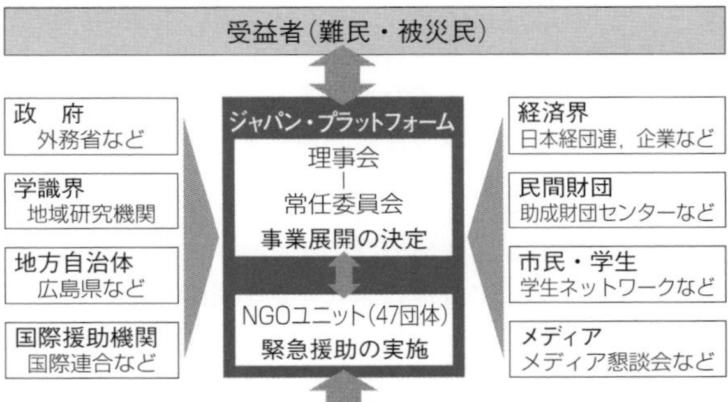

▲JPFのしくみ

1 世界の地域開発

① 世界各地の地域開発

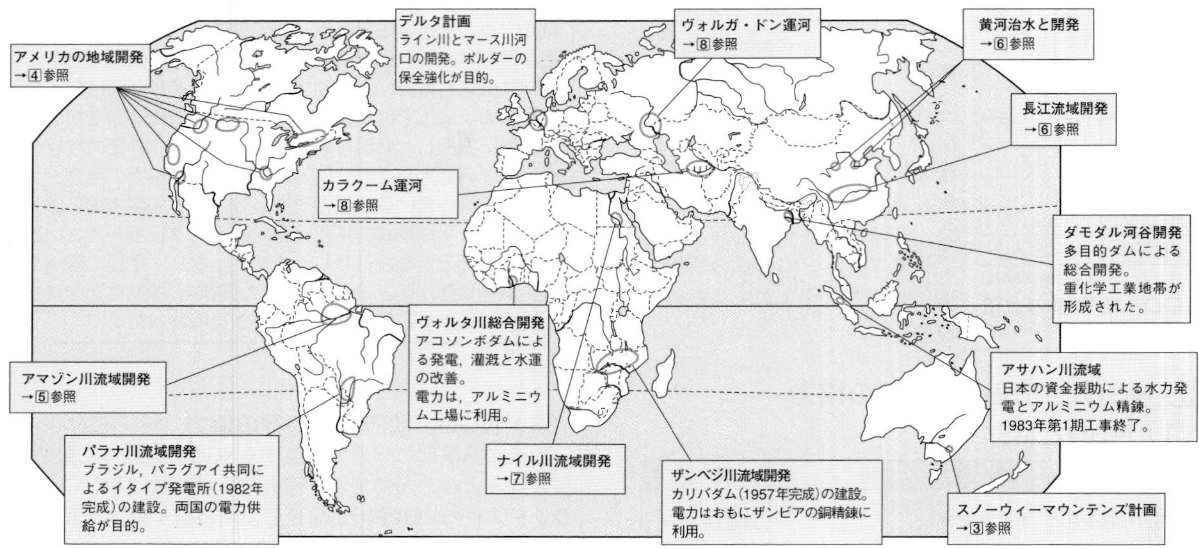

② 地域開発の地域的特徴

先進国	第一次世界大戦後の不況対策としてはじまる（TVA，ゾイデル海干拓など）。第二次世界大戦後は国内の低開発地域の産業振興や農業開発（南部イタリア開発計画など）が中心。
発展途上国	植民地時代は宗主国による輸出用資源を増産するための開発が中心（アスワンダムなど）。独立後はTVA方式の総合開発計画を実施するが，技術や資本を先進国の援助に依存。
ロシア・中国	工業化を主眼とした資本主義諸国の総合開発計画に対し，旧社会主義国の地域開発は農業生産の安定化をめざしたが，その後は工業重点の開発に転換。河川の付け換えや大運河の開削など，大規模な土木事業を実施（黄河水利治水事業，カラクーム運河など）。

③ スノーウィーマウンテンズ計画 参照 p.282

降水量の多いオーストラリアアルプス山脈の東南斜面の融雪水を，トンネルと貯水ダムによって内陸側のマリー川流域に導き，灌漑と電力開発を行う計画。1949年に着工した事業は，多くの海外資本と移民労働力を導入し，1974年に完成した。これによって，マリー川流域の小麦地帯の灌漑システムに水を供給することが可能となった。

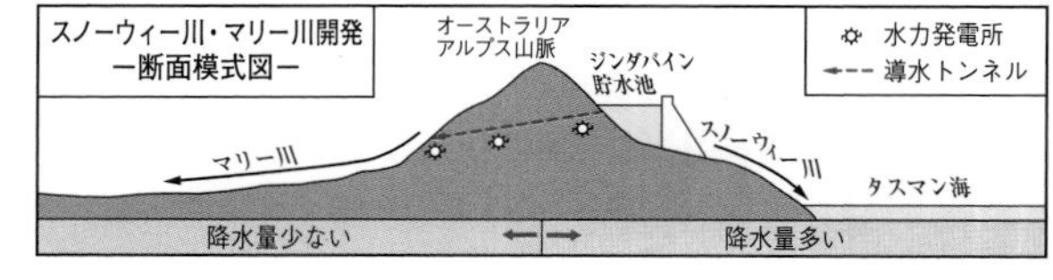

④ アメリカの地域開発 参照 p.268

アメリカの地域開発は，世界恐慌の不況対策（**ニューディール政策**）の一環として，1933年に設立された**TVA**（テネシー川流域開発公社）に端を発する。失業者の救済と流域の農工業の開発を目的としたTVAは，テネシー川流域に治水・灌漑・発電などの多目的ダムを建設していった。その結果，流域の灌漑整備により農業の生産性が高まるとともに，豊富で安価な電力により，アルミニウムや原子力などの産業が立地し，農村の電化も進んだ。同様にコロンビア川流域では，グランドクーリーダムなどによるコロンビア盆地の灌漑で春小麦の栽培が拡大し，シアトル周辺にはアルミニウムや航空機関連の産業が立地した。こうした多目的ダム建設を核とするTVA方式は，その後の地域開発のモデルとなったが，近年は巨大ダムが地域住民の生活環境や生態系に及ぼす悪影響が問題となり，各地で建設計画が凍結されている。

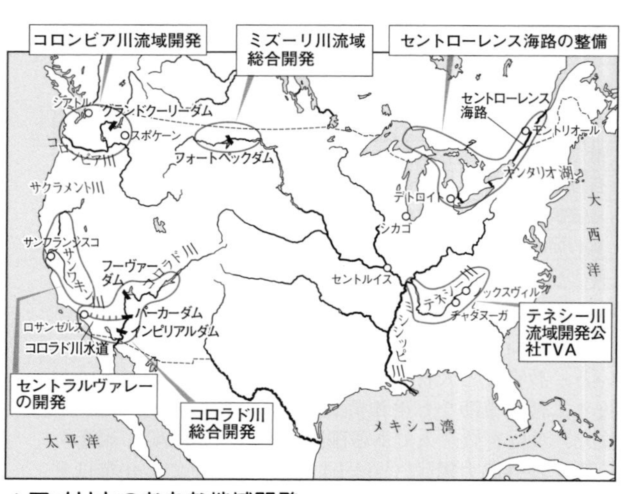

▲アメリカのおもな地域開発

5 ブラジルの地域開発

参照 p.49

アマゾン川流域は，かつては天然ゴムの産地であったが，1970年代に**トランスアマゾニアンハイウェイ**が建設されると，入植者による焼畑や大資本による肉牛の放牧が拡大していった。1980年からは，**カラジャス鉄山**を核とした総合開発がはじまり，日本の資金協力や技術援助などを背景に，カラジャス鉄道やツクルイダムの建設，鉄鉱石やアルミニウムなどの資源開発が進んだ。一方，アマゾン開発による森林破壊も大きな問題となり，ブラジル政府は持続可能な開発への転換をはかっている。南部では，パラナ川の水力を利用した世界最大級の**イタイプ発電所**などの開発も進められている。

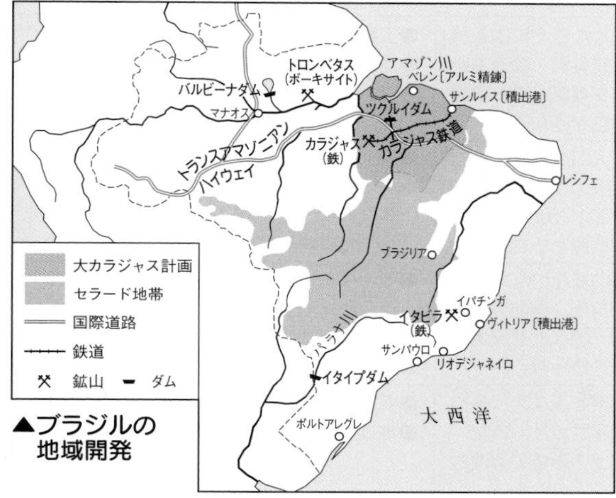

▲ブラジルの地域開発

6 中国の地域開発

参照 p.225

黄河流域では，1955年から天井川(→p.9)の治水工事がはじまり，中流域では**サンメンシヤ**(三門峡)**ダム**，**リウチヤシヤ**(劉家峡)**ダム**の建設，下流域では大規模な河道改修や堤防の建設が進められてきた。ホワンツー(黄土)高原では，土砂流出防止のための植林事業も行われている。一方，長江の中流域では，経済発展に伴う電力供給不足を解消するため，世界最大の多目的ダムである**サンシヤ**(三峡)**ダム**が建設された。建設をめぐっては，約130万人にも及ぶ周辺住民の立ち退き，文化財や耕地の水没，周辺環境や生態系への悪影響など，さまざまな問題が指摘されている。

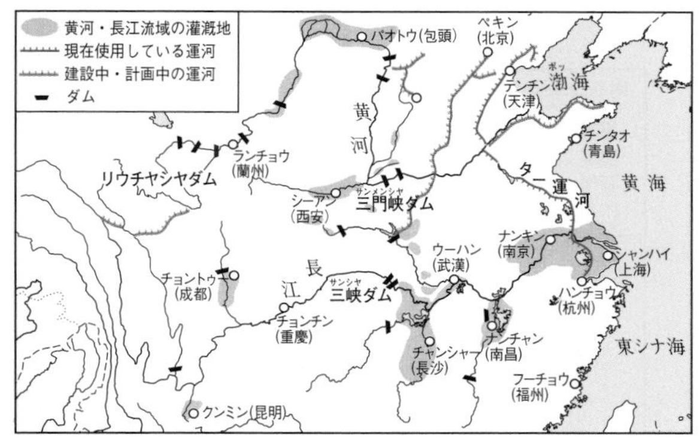

▲黄河・長江流域の開発

7 ナイル川流域の開発

ナイル川には，イギリス資本による**アスワンダム**(1902年完成)，ソ連の援助による**アスワンハイダム**(1970年完成)など，多くのダムが建設されてきた。これによって，周辺地域への電力供給，洪水の調整，灌漑による綿花栽培の拡大などが実現した。しかし，洪水がなくなることで上流からの肥沃な土壌の供給もなくなり，農地の地力低下，河口付近での海岸侵食，沿岸漁業の不振などの問題がおきている。また，灌漑農地では，地下水位の上昇による土壌塩化(塩害)の深刻化や，灌漑水路に生息する貝の寄生虫による風土病の拡大が問題となっている。

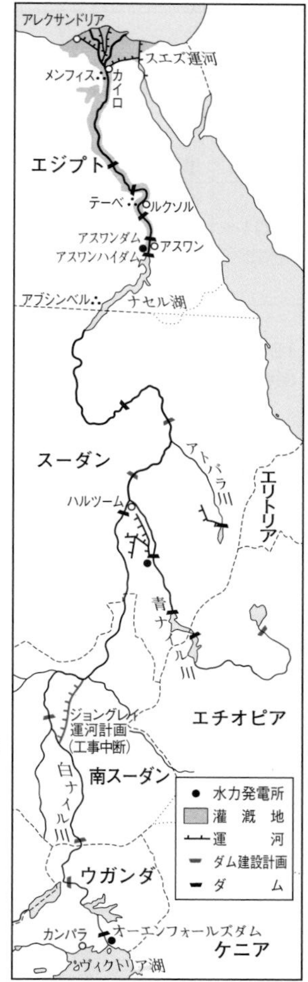

▶ナイル川と流域の開発

8 ソ連時代の自然改造計画

参照 p.51

工業・農業の生産拡大を目的とする自然改造計画では，運河やダムの建設による大規模な灌漑・発電などの事業を，国家主導で進めてきた。ヴォルガ川流域開発では，**ヴォルガ・ドン運河**の建設により白海，バルト海，アゾフ海，黒海，カスピ海が内陸水路で結ばれ，人造湖のヴォルゴグラード湖には低落差発電もみられる。カスピ海から黒海北部にかけては，中央アジアから吹きつける熱風のスホベイから黒土地帯の農地を守るため，防風林を植林する事業が行われている。アラル海周辺では，**カラクーム運河**の建設をはじめ，アムダリア川とシルダリア川からの取水による灌漑の整備により，流域の農地で綿花生産が拡大した。しかし，農地の塩害が広がるとともに，両河川が流れ込むアラル海では，過剰な取水による水位低下と面積の縮小が急速に進み，生態系の変化や漁業の不振などの問題が深刻化している。

▲アラル海周辺農地の灌漑とヴォルガ・ドン運河

2 日本の地域開発

① 日本の国土政策の推移

年代	政策 開発計画／考え方	政策 内容	関連した法律・計画	結果
1951～(昭和26～)	特定地域総合開発計画 －経済の復興	全国22地域を指定。第二次世界大戦後の経済復興をはかる。アメリカのTVA(→p.216)にならい，大規模な多目的ダムをつくる河川総合開発が行われ，治山・治水とともに電源開発と農業振興が進められた。	●北海道開発法	
1962～(昭和37～)	全国総合開発計画(全総) －地域格差の是正	大都市への人口移動に伴う都市問題の解決，および工業地域と農村部における格差の是正をはかる。工業の分散と地方振興のため，工業整備特別地域(6か所)と新産業都市(15か所)を設ける**拠点開発構想**を掲げる。	●新産業都市建設促進法 ●工業整備特別地域整備促進法	太平洋ベルトでは成果をあげたが，格差は拡大。
1969～(昭和44～)	新全国総合開発計画(新全総) －過密過疎・公害対策	人口・産業がよりいっそう大都市に集中したことによる格差拡大や公害問題などの解消をはかる。新幹線・高速道路網や大規模工業基地の整備など，**大規模プロジェクト構想**を掲げ，地域分業による国土利用の効率化をはかる。	●工業再配置促進法 ●全国新幹線鉄道整備法	石油危機などで挫折，工業基地は破綻する地区も発生。
1977～(昭和52～)	第三次全国総合開発計画(三全総) －生活環境の整備	石油危機を契機に安定成長期に移行し，人口や産業の地方分散のきざしが出てきたことに伴い，全国の土地利用の均衡をはかる。中規模都市を核に，全国で200～300か所の**定住圏**を設定(**定住圏構想**)，圏内での産業振興をめざす。	●国土利用計画法 ●高度技術工業集積地域開発促進法(テクノポリス法)	地域の資源をいかす動きがでるが，十分とはいえず。
1987～(昭和62～)	第四次全国総合開発計画(四全総) －多極分散型国土の構築	国際化や技術革新の進展による産業構造の変化のなか，東京への一極集中と，地方の雇用問題が深刻化。機能分散・地域間交流促進のため，交通・通信，観光地などを整備する**交流ネットワーク構想**のもと，計画が進められる。	●総合保養地域整備法(リゾート法) ●地域産業高度化法 ●地方拠点地域整備法	東京圏への人口流入は沈静化，リゾート開発は頓挫。
1998～(平成10～)	21世紀の国土のグランドデザイン(五全総) －多軸型の国土形成の基礎づくり	少子高齢社会，高度情報化社会などの進展をふまえ，多自然居住地域の創造などの新たな構想が提起された。また，地域連携軸の展開などによる，多軸型国土の形成の必要性がうたわれた。	●振興拠点地域制度 ●地域連携支援ソフト事業	

※2005年の法改正で，今後は国土形成計画が策定されることとなった。これまでのような開発中心ではなく，景観整備や環境保全が重視される。全国計画とともに，東北，九州などのブロックごとに広域地方計画が策定される。

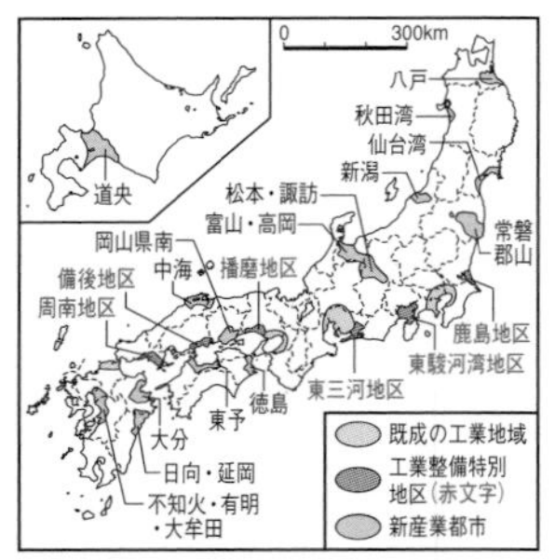

▲全総による指定地域

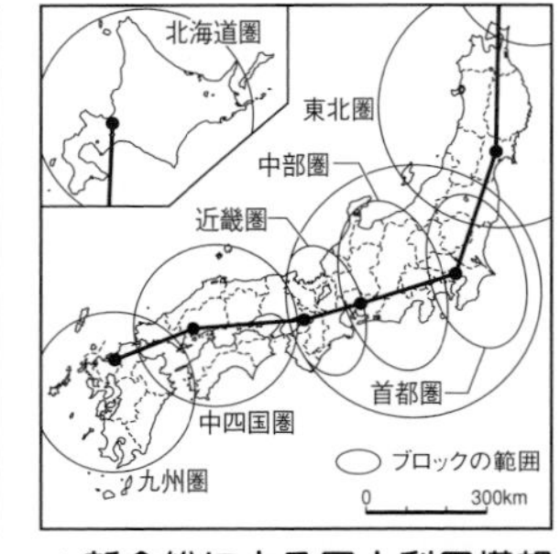

▲新全総による国土利用構想

▲モデル定住圏

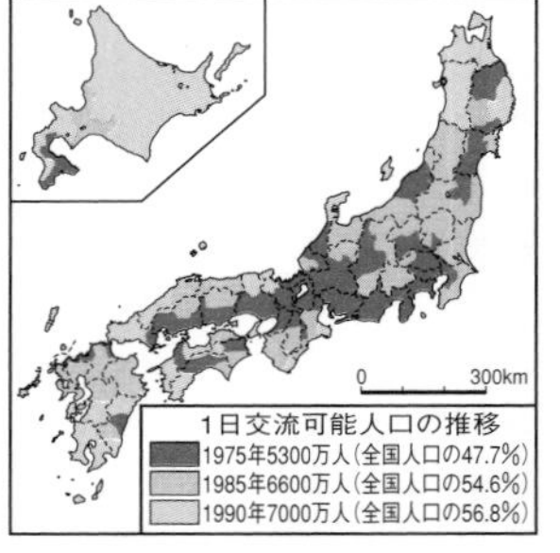

▲1日交流可能人口

トピック 地域からの変化

これまで，地域開発とは，日本全土を視野にいれ，広範な範囲における開発を目的とするものが大半だった。しかし現在では，地域主導による開発が求められるようになっている。2003年に施行された**構造改革特別区域法**では，それまで地方公共団体(自治体)にあまり裁量をあたえなかった教育や農業，医療などの分野において，地域の特性に合った，新たな政策の施行を認めるようになった。このような規制緩和は，地域の特性に応じた新規産業の創出や，地域の活性化を促進しようというもので，成功した事例については全国展開し，日本経済を底上げしていくことも視野にいれている。

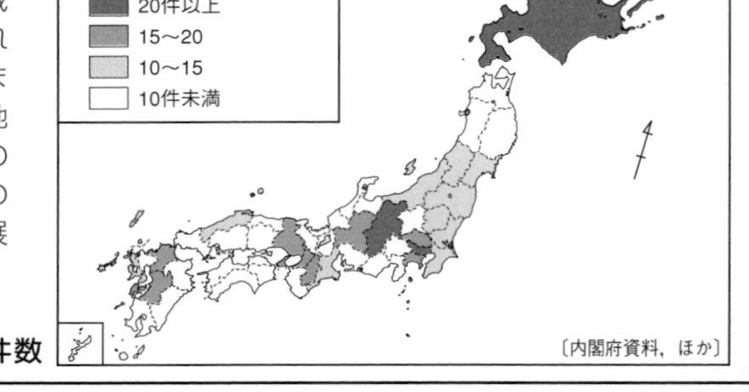

▶構造改革特区の認定件数

1　さまざまな地域区分

(1) 地域区分をする際の視点

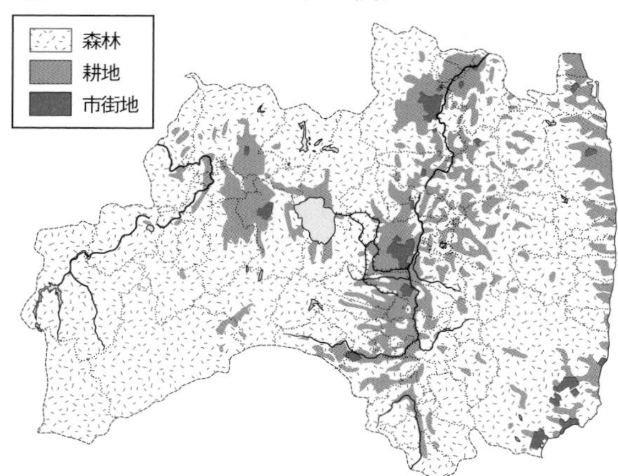

▲土地利用でみた福島県

▼市町村界でみた福島県

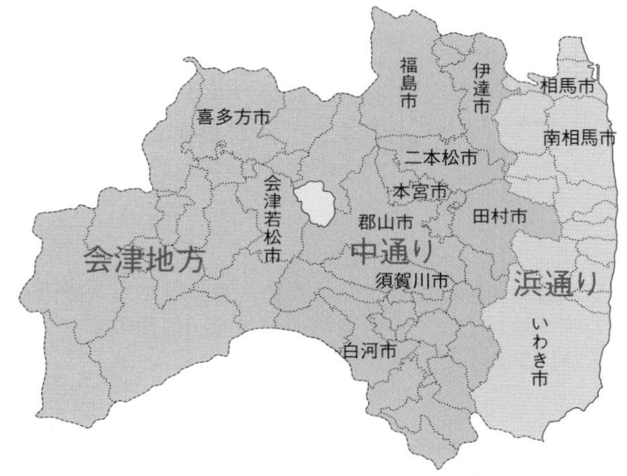

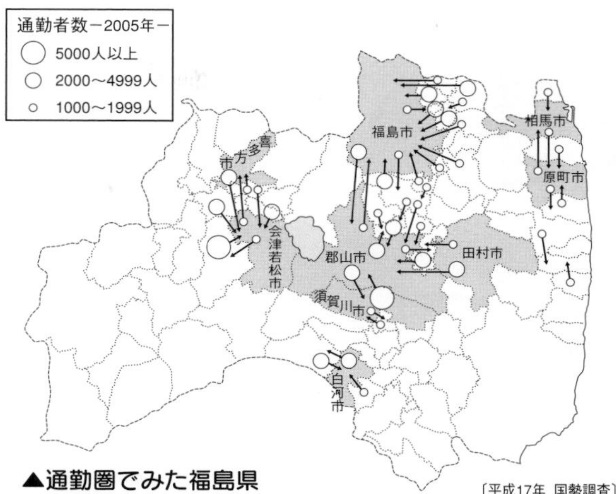

▲通勤圏でみた福島県　〔平成17年 国勢調査〕

地域区分とは，地球の表面を共通性や関連性をもつ，いくつかのまとまりに分けてとらえることである。地域区分によって分けられた地域は，大きく**等質地域**と**機能地域**とに区分できる。

等質地域とは，市街地や耕作地といった土地利用や，熱帯雨林やサバナといった気候区のように，分布が均一であるとみなされる範囲のことである。しかしスケールを変えると，現実には市街地のなかにも水田などの耕作地が存在する。これらのことから，等質地域とは地域の特徴を大きく把握するための地域区分といえる。

機能地域とは，性質の異なる何らかの役割(機能)によって結びついた範囲のことで，通勤圏や商圏といった結びつきに着目した地域区分である。

また「中通り」「浜通り」など，何らかの共通性や関連性の結果として導かれるものではなく，便宜的に分けられた地域区分もあり，これは**形式地域**ともいわれる。

(2) 世界的な視点に立った区分からみえること

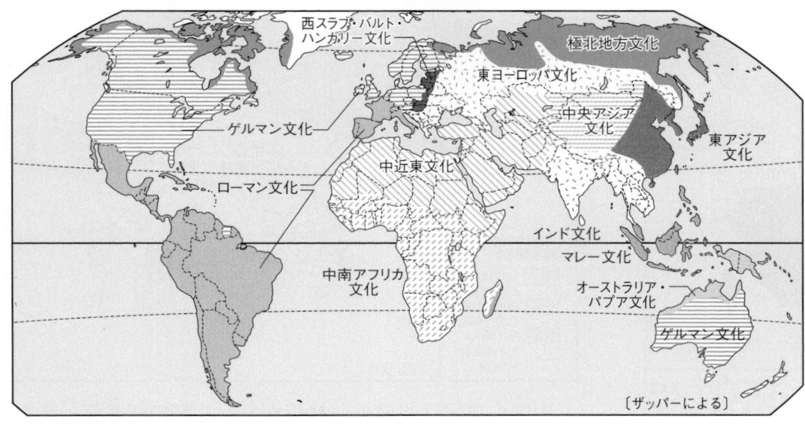

▲文化を指標にした世界の地域区分

地域はさまざまな**指標**によって区分されるが，何を指標にするかによって，区分のされ方や地域の大きさが異なってくる。さまざまな指標で地域をみてみると，それぞれの事象の分布や広がりを視覚的にとらえることが可能となり，地域の特徴を把握したり，地域間を比較したりするのに役立つ。

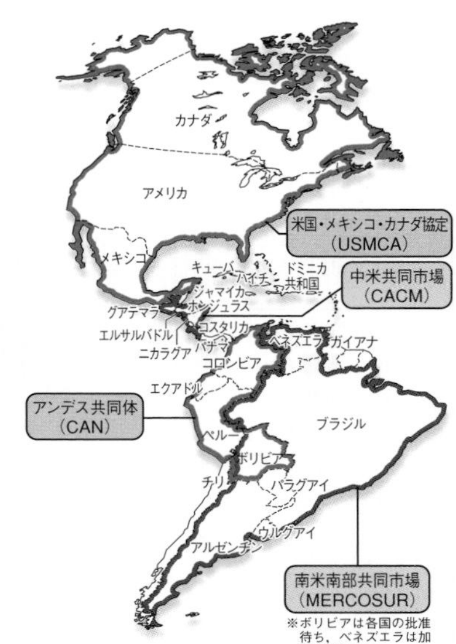

▲経済ブロックを指標にした南北アメリカ

1　中国の自然環境

① 中国と周辺の自然環境

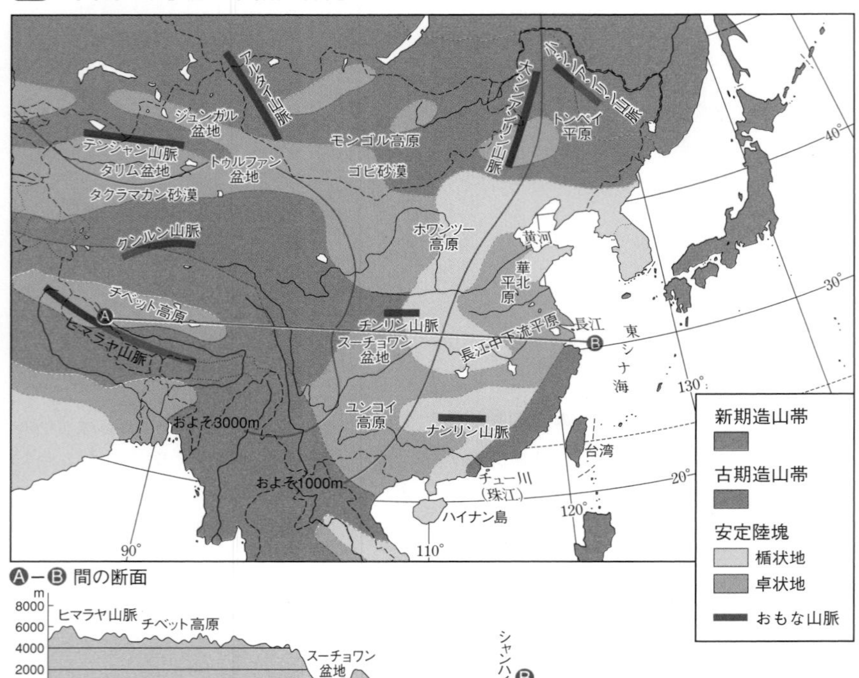

中国の地形は，大河川流域に平野地帯が広がる東部，1000～3000m以上の高原や盆地が広がる中央部，標高3000m以上の山脈が広がる西部に大きく三分される。

（1）新期造山帯の自然環境

チベット高原－標高4000mを超える地帯が多く，世界でも最大規模の広さを誇る高原。

ヒマラヤ山脈－世界最高峰のエヴェレスト(チベット語でチョモランマ)をはじめ，8000m級の山々が連なり，国境をなす。

（2）古期造山帯の自然環境

テンシャン山脈，アルタイ山脈，クンルン山脈－断層運動によって造山され，6000～7000mの急峻な山も存在する。周囲は乾燥地帯だが，これらの山脈の雪どけ水によりオアシスが形成され，シルクロードの拠点にもなった。

（3）安定陸塊の自然環境

中国陸塊－華北平原・長江中下流平原などの大平原が広がる。**ホワンツー(黄土)高原**は内陸の乾燥地から風で運ばれた砂が堆積し，形成されたと考えられている。

タリム盆地－隔海度が大きいため，**タクラマカン砂漠**などの乾燥地が広がる。内陸河川が多く，山麓のオアシスを結び，シルクロードが通った。

② 中国の気候

▼気候区分からみた中国

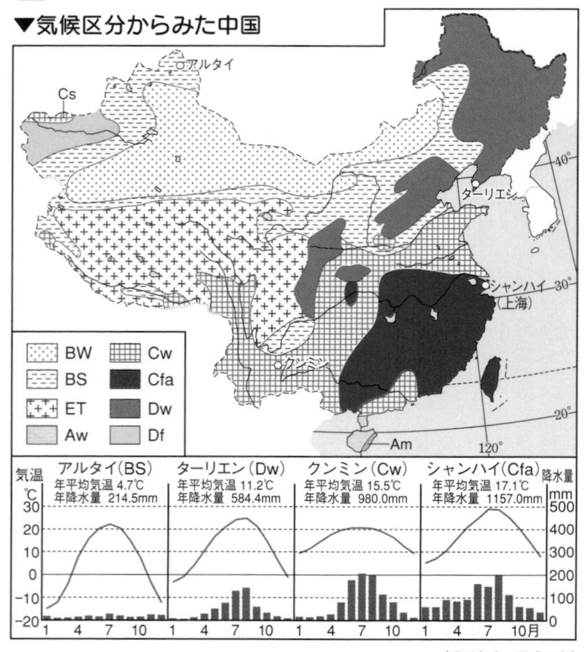

〔理科年表　平成28年〕

▼年降水量と１月の平均気温

〔CRU 資料，ほか〕

中国の気候は南部の亜熱帯から，北部の亜寒帯，また内陸部の乾燥帯まで，多様性に富む。また，チベット高原やユンコイ高原などの高地では高山気候の特色もみられる。気温・降水量はチンリン(秦嶺)山脈とホワイ川を結ぶ年降水量1000mmの線(チンリン=ホワイ線)を境に，北部は寒冷で乾燥，南部は温暖で湿潤である。

2　中国の歴史と文化

1　中国の歴史

（1）中華人民共和国の成立と人民公社

年	事　項	体　制
1937	日中戦争おこる	
1945	国共内戦（～49）	
1949	中華人民共和国成立，中華民国（台湾国民政府）成立	社会主義体制確立
1953	５か年計画はじまる（計画経済）	
1954	中華人民共和国憲法制定	
1958	人民公社のはじまり（集団化による大躍進運動）	大躍進 ↓ 挫折
1960	ソ連と対立，ソ連技術援助うち切り（大躍進運動の失敗で集団化を緩和）	
1966	文化大革命（～76）	文化大革命
1971	台湾にかわって国連代表権を獲得	
1972	米中共同声明，日中国交正常化	
1976	毛沢東死去	
1978	新憲法制定，四つの現代化（農業，工業，国防，科学技術）を目標として掲げる	
1982	人民公社の廃止	開放政策
1989	天安門事件	
1993	憲法改正で社会主義市場経済をめざす	
1997	ホンコン返還（イギリスより）	
1999	マカオ返還（ポルトガルより）	
2001	WTO（世界貿易機関）加盟	
2008	ペキンオリンピック開催	
2010	シャンハイ万博開催。GDPが世界第2位となる	

▲近代中国のあゆみ

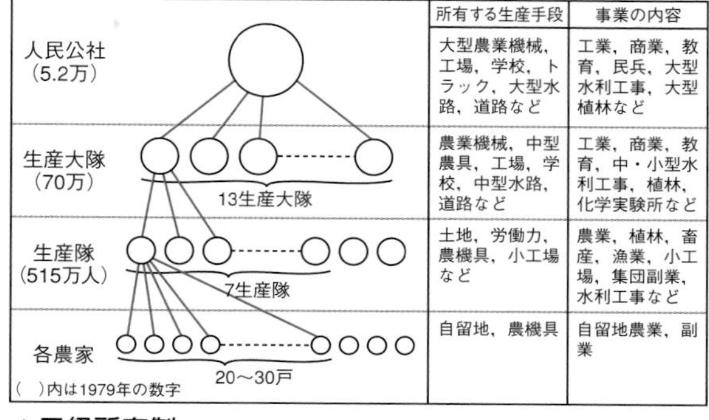

▲三級所有制

人民公社は上図のような組織のもとで，農業機械や労働力などの生産手段を，各段階に応じて所有・管理していた。中国独特の農村制度で，新憲法発足後の1980年代前半まで多く存在した（→p.75）。

（2）経済開放から発展へ

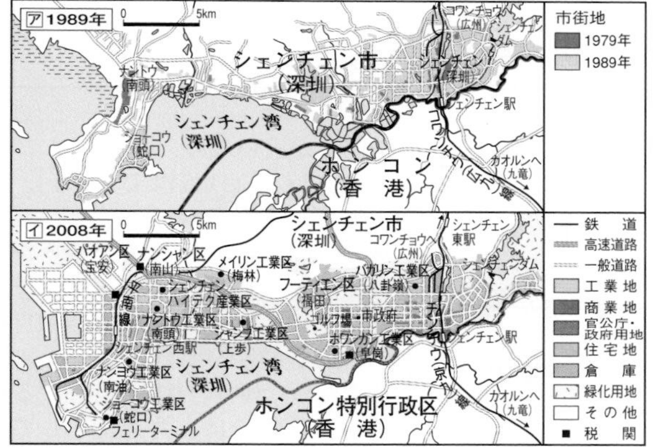

▲シェンチェン経済特区の変化

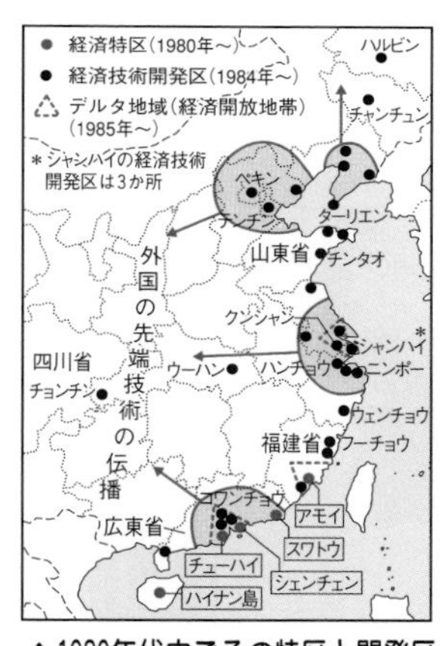

▲1980年代中ごろの特区と開発区

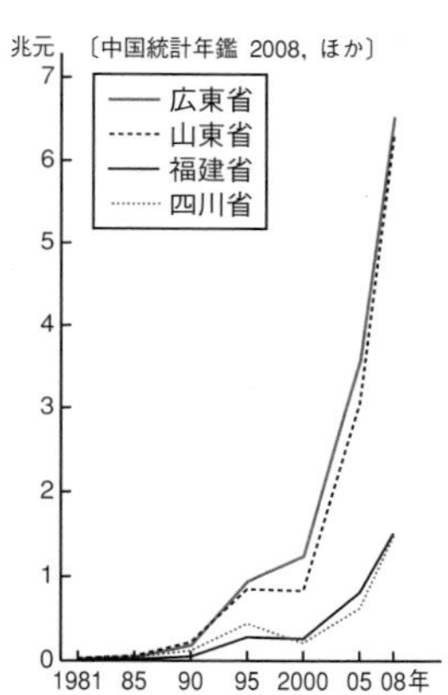

▲工業生産額の推移

中国では，**文化大革命**が行われた1970年代に混乱期を迎え，経済が停滞した。それを解消すべく，1970年代末に経済改革・対外開放政策を打ち出し，国有企業の民営化や個人企業・農家などを容認するようになった。さらに1980年代には，沿海部に**経済特区**（→p.146）を指定し，外国資本の導入を進めて，現在の発展を築き上げた。

2　中国の文化

▲東アジアに影響を及ぼした漢字

1月1日	春節（正月）
1月15日	元宵節
2月8日	清明節
5月5日	端午節
9月9日	重陽節
12月8日	臘八節

※月日はすべて旧暦

◀中国における伝統的な祭日

中国で生まれた文化は，東アジアに広く影響を及ぼした。漢字はそのまま用いられるだけでなく，そこからさまざまな文字が生み出された。正月や節句などの暦も，現在の私たちの生活に根づいている。

コラム　端午の節句と中国

端午の節句には，ちまきを作ったり，菖蒲をかざったり，地域によっては竜船のレースを行ったりすることがある。これらはすべて，中国戦国時代の楚の国の詩人，屈原の死を悼んではじまった，故事に由来するといわれている。

3 中国の民族と人口

① 中国の民族構成

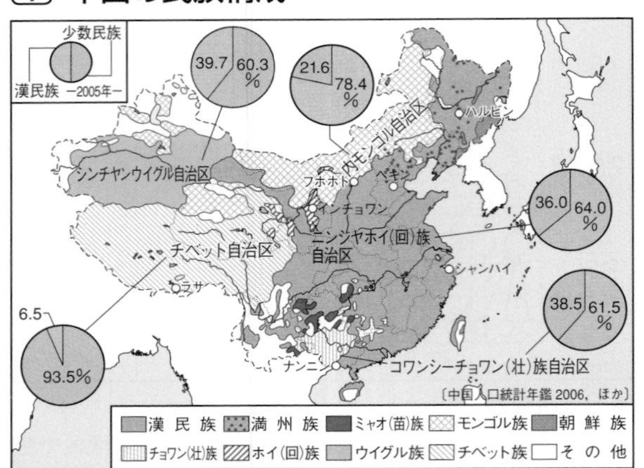

▲民族の分布と構成

1947年	内モンゴル自治政府が成立，民族自治区の原型に
51年	チベット政府軍が人民解放軍に敗北
55年	シンチヤンウイグル自治区が成立
59年	チベット反乱，ダライ･ラマが亡命
62年	トルコ系住民がソ連に亡命
65年	チベット自治区が成立
84年	民族区域自治法が発効
90年	シンチヤンウイグル自治区で暴動発生
2000年	少数民族地域への観光活発に
05年	青蔵(チンツァン)鉄道の開通
08年	チベット自治区で暴動発生
09年	シンチヤンウイグル自治区で暴動発生

▲少数民族問題に関するできごと

全人口の9割が**漢民族**だが，西域地域を中心に，公認されているだけでも55の少数民族が存在する。各民族にはおおよそのまとまりがあり，そのなかでもとくに人口規模の大きい民族を中心に，五つの自治区が割り当てられている。

トピック 少数民族問題

少数民族は，一定の自治権や大学入試の特別枠などの優遇が与えられている。しかし，多数派の漢民族を主とする人々の経済発展などの影響を受け，現在では少数民族自らが漢語(北京語)を勉強し，経済的な成功を獲得しようとする動きもある。その反面，**チベット族**や**ウイグル族**のなかには，そうした漢民族化に反発し，民族の自立を考える人も存在し，しばしば衝突が発生する。チベットでは2008年，チベット仏教に対して政府の干渉が強まったことなどにより，住民の不満が高まり，暴動にまで発展した。

② 中国の言語

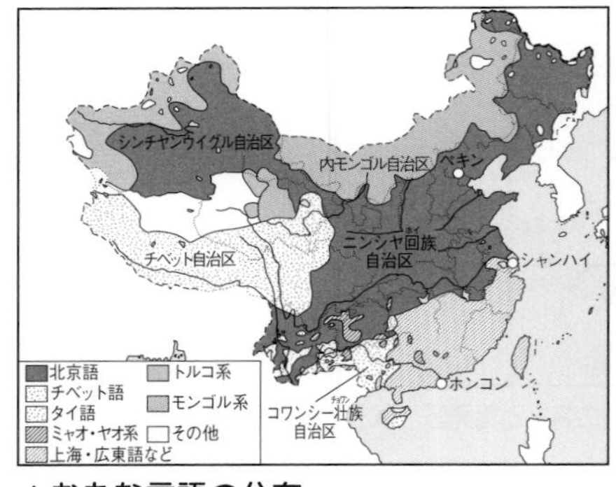

▲おもな言語の分布

漢語	中国人民银行
モンゴル語	ᠮᠣᠩᠭᠣᠯ
ウイグル語	جۇڭگو خەلق بانكىسى
チベット語	ཀྲུང་གོ་མི་དམངས་དངུལ་ཁང་།
チョワン語	Cunghgoz Yinzminz Yinzhangz

▲それぞれの言語の文字で書かれた「中国人民銀行」

国土が広いため，同じ「こんにちは」でも，北京語では「你好(ニイハオ)」，上海語では「侬好(ノンホー)」になるなど，地域によってまったく異なる読みが存在する。またアラビア文字やモンゴル文字といった，各民族独自の言語や文字を用いる人もいる。そのため，独特の言語が存在する地域の学校では，共通語として北京語の発音でつくられた“普通話”が教えられている。

③ 世界最大の人口規模

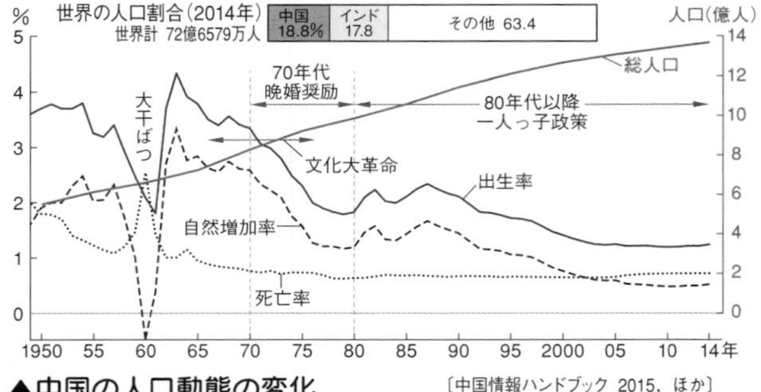

▲中国の人口動態の変化

1960年の大干ばつで多数の餓死者を出したが，その後一転して人口が急増した。これに対し1970年代の末から人口抑制政策を実施し，出生率は抑制された。

用語 一人っ子政策

1979年にはじまった**一人っ子政策**は，一人っ子には優遇措置，２子以上の出産に対し罰金などを科すことで，出生率を低水準に抑えた。しかし，「小皇帝」ともよばれるわがままで過保護な子どもが育ち，社会問題になった。出生率の低下によって急速な**高齢化**が進み労働力不足なども起きた。2016年，一人っ子政策は転換され，１組の夫婦が２人まで子をもてるようになった。

都市部	農村部
「一人っ子証」が発行され，学費や医療費などが援助された。	２人以上の場合，罰金が科せられた。労働力が必要な農家では，第２子を認める場合もあり，少数民族の場合は制限しない。

④ 人口の偏りと地域格差 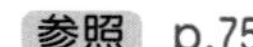 参照 p.75

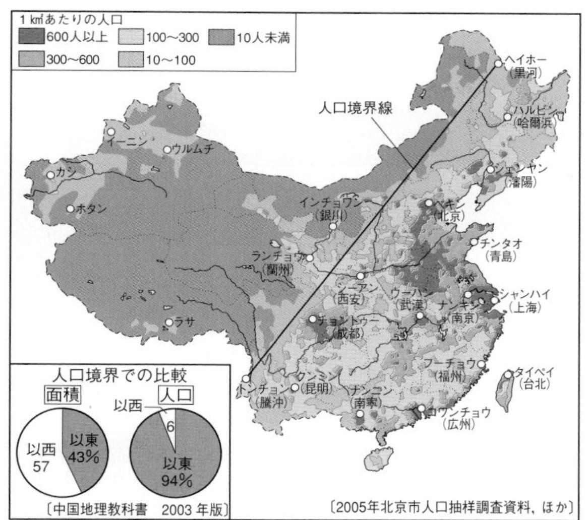

▲二極化する人口分布

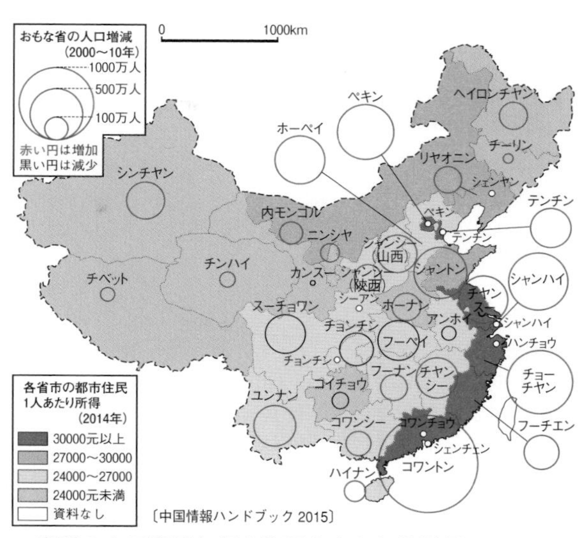

▲省別の人口増減と都市住民１人あたり所得

東北部のヘイホーと南西部のトンチョンの2都市を結ぶ人口境界線の東西で中国の人口分布をみると，5割弱の面積の東部沿海部に，人口の9割以上が集中しているのがわかる。開放政策以降の経済発展における西部から東部への人口流入は，盲流（**民工潮**ともいう）ともいわれる。最近では劣悪な労働環境をきらい，これらに従事する出稼ぎ労働者が不足する**民工荒**という現象もみられるが，基本的に沿海部の人口増加に歯止めはかかっていない。この背景には内陸部と沿海部における所得の格差がある。格差を解消するため，インフラ整備を主体とした**西部大開発**プロジェクトが進められている。

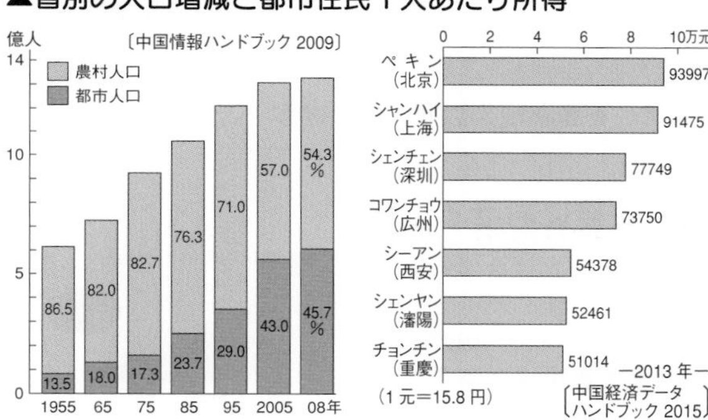

▲都市と農村の人口比率　▲年間平均賃金

コラム　人口移動を制限する二つの戸籍制度

中国では食料確保の必要性から，戸籍を**都市戸籍**と**農業戸籍**に分けていて，人々の移動をきびしく制限してきた。都市戸籍の人々は，食料の配給と住居が保障されていることをはじめ，上級校への進学もしやすいなどの優遇を受けてきたが，農業戸籍の人は移住，とくに都市に住むことが許されないなど，かなり不利になっていた。

しかし，経済発展が進み，2014年7月，二元戸籍制度を廃止して住民戸籍として統一する方針が打ち出され，その実施を地方自治政府に求めた。その結果，各地方政府において戸籍制度の一元化が進められている。

⑤ 人口変動にかかわる課題

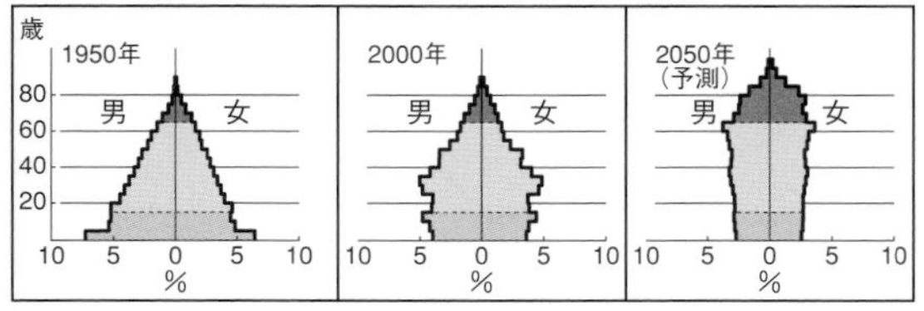

▲中国の人口ピラミッドの変化

中国では，もとより人口抑制の考えがなかったわけではない。しかし，自然災害や文化大革命の考えから，1960年代まで出産は，抑制よりもむしろ奨励され，結果的に人口爆発を招いた。その後，ふくらんだ人口に対して一人っ子政策を実施することにより出生率は下がったが，一方で若年層の人口比率が減少し，高齢化が急速に進んでいる。

トピック　シャンハイ市の高齢化

早くから一人っ子政策を率先して実施したシャンハイ市は，高齢化もほかの都市より早く進んでいる。一人っ子の家庭が多く，高齢者だけの世帯も増えているので，福祉施設の整備が急務である。しかし現在，高齢者数に対するベッド数は5%に満たない。

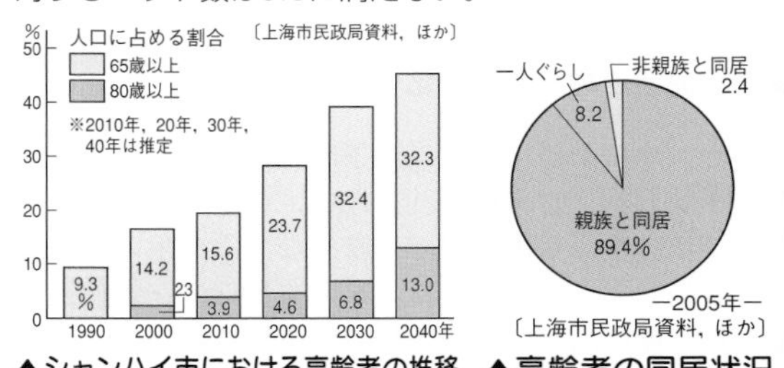

▲シャンハイ市における高齢者の推移　▲高齢者の同居状況

4　経済の発展，中国の整理（1）

① 急速な発展

▶30年間における日本と中国のGNIの比較

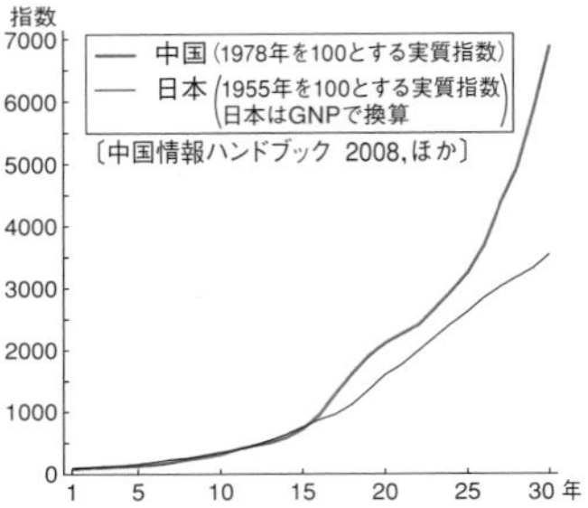

指数
7000
6000
5000
4000
3000
2000
1000
0
1 5 10 15 20 25 30年
―― 中国（1978年を100とする実質指数）
―― 日本（1955年を100とする実質指数 日本はGNPで換算）
〔中国情報ハンドブック 2008，ほか〕

日本と中国の経済成長を比較してみると，中国の成長は急激かつ期間が長いことがわかる。原料が乏しい日本では，石油危機を契機に成長が一時期停滞したのに対し，国内で原料がまかなえたうえ，豊富な労働力がある中国は，長期にわたり成長を維持できたことがうかがえる。また成長に伴い，産業構造も約30年間で急速に変化し，農業主体の産業から，工業・サービス業への移行が現在も続いている。

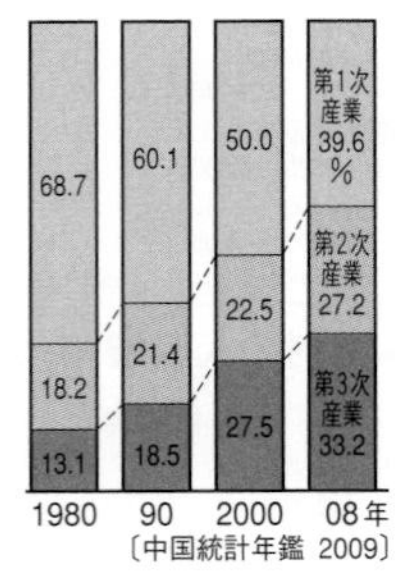

▶産業別人口構成比の推移

② 貿易における変化

経済改革・対外開放政策開始後，輸出額は少しずつ伸びていた。1992年の**社会主義市場経済＊**の提起後，外国からの資本は大幅に増加し，世界でも上位の額となっている。

＊国有企業などの社会主義体制を維持したまま，市場経済を導入すること。

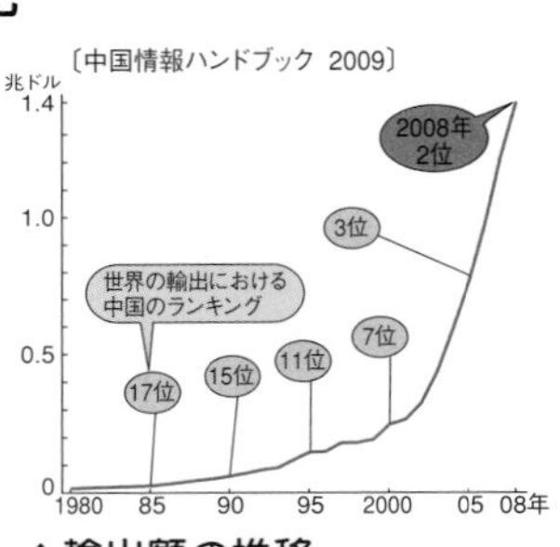

▲輸出額の推移

1985年 輸出総額 273億ドル

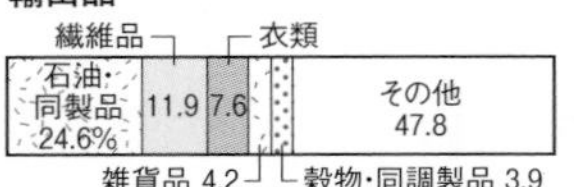

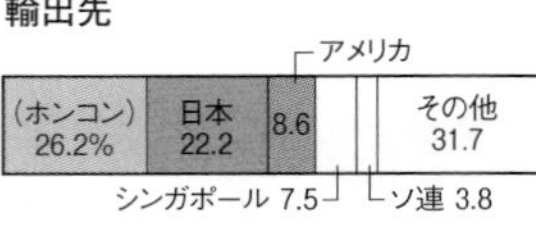

2014年 輸出総額 2兆3423億ドル

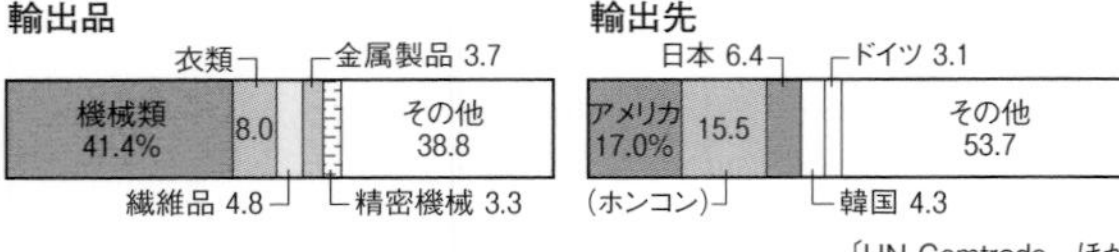

▲輸出品目と輸出先の変化

現在，中国の最大の貿易相手国（地域）はアメリカであり，ホンコン，日本がそれに続いている。アメリカとの貿易では完全な輸出超過で，膨大な黒字を生み出していて，貿易摩擦が起きている。またコワントン省付近の工場では，輸出港をホンコンに設ける場合が多いので，ホンコンへの輸出額も多くなっている。

③ 変化したライフスタイル

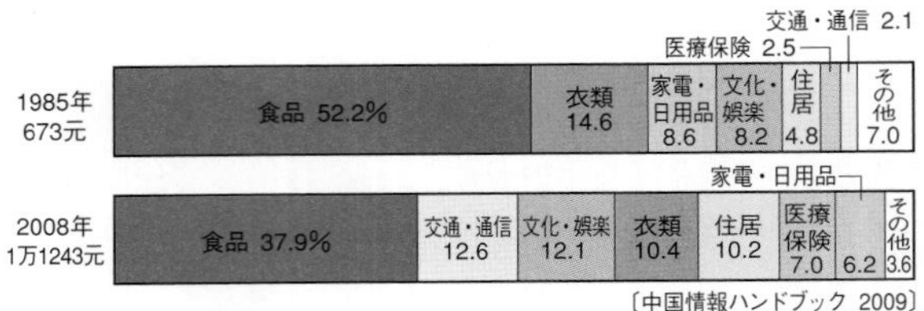

▲1人あたりの消費支出の変化

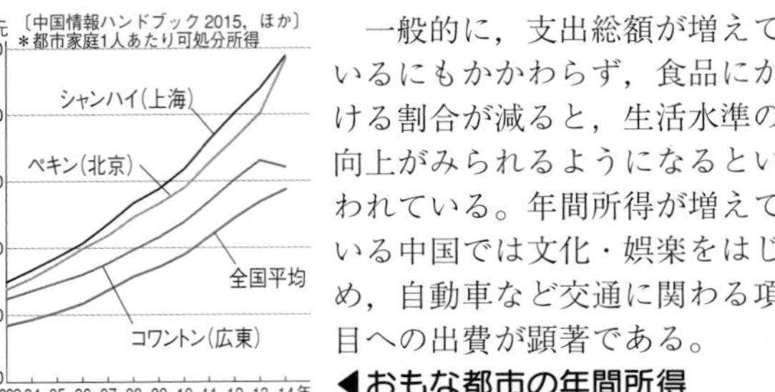

一般的に，支出総額が増えているにもかかわらず，食品にかける割合が減ると，生活水準の向上がみられるようになるといわれている。年間所得が増えている中国では文化・娯楽をはじめ，自動車など交通に関わる項目への出費が顕著である。

◀おもな都市の年間所得

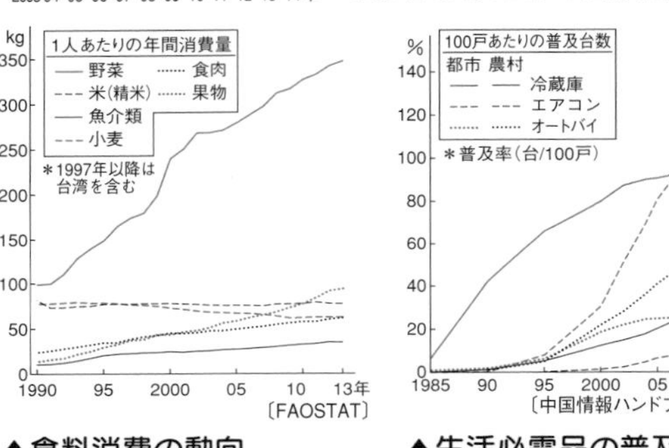

▲食料消費の動向　▲生活必需品の普及率

生産責任制（→p.75）が1980年代に浸透しはじめると，農家の生産意欲が向上し，生産量が増加した。それに伴い，消費量も増加・多様化し，主食である穀物よりも，野菜や肉などの消費が増加している。耐久消費財の普及率においても，都市と農村では顕著な格差がある。

トピック　さかんになる観光業

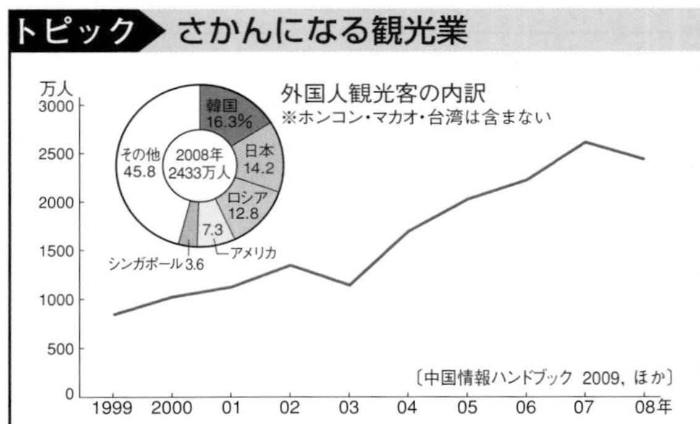

▲中国を訪れる外国人観光客数の推移

自然景観や歴史的建造物などの観光資源が多数存在する中国は，フランスやアメリカなどに次ぐ世界でも有数の観光国である。また，国内旅行もさかんで，大型連休にもなると，のべ1億以上の人々が，旅行のために移動するともいわれている。

④ 変化に伴う現象

参照 p.52⑤

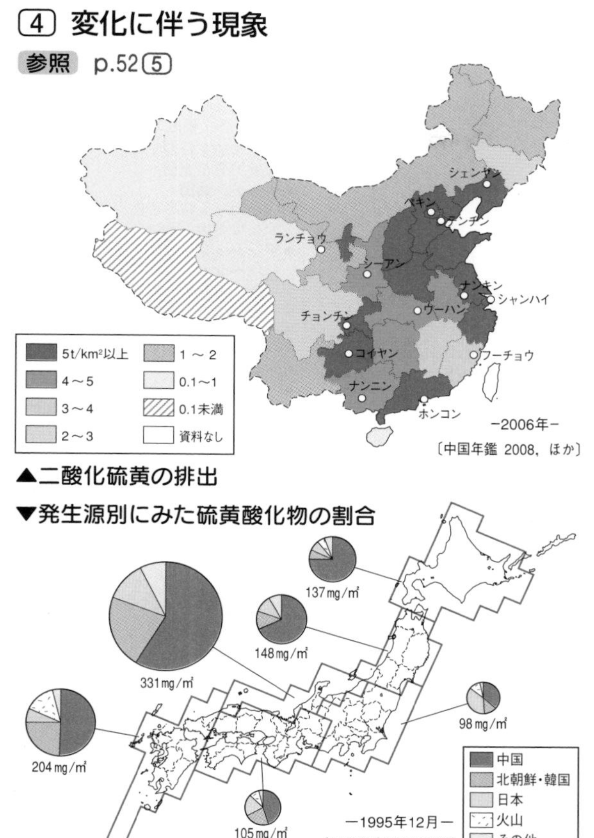

▲二酸化硫黄の排出

▼発生源別にみた硫黄酸化物の割合

　産業の発展により，多量の電力が必要となった中国では，石炭を利用する火力発電所が多数建造されている。発電所で石炭燃焼時に発生する二酸化硫黄や硫黄酸化物などは大気中に放出され，冬の季節風にのって，韓国や日本に運ばれる。現在，各国共同で実態調査や排煙設備の技術援助などに取り組んでいる。

トピック　中国の水資源問題

　国際的に，1人あたりの水資源が1700m³以下で水不足を感じはじめ，1000m³以下になると顕在化し，500m³以下になると深刻な状態になるとされている。中国では，とくに黄河流域で水不足が顕著で，水の豊富な長江を含む南部の水を引いてくる「**南水北調**」プロジェクトが進められている。しかし，環境への負荷や，供給地域が限定されることなどの問題が懸念されている。

▼中国における１人あたり水資源量

⑤ 中国の整理(自然・農業)

内陸地域
- 年降水量500mm以下，**タクラマカン砂漠**はウイグル語で「一度はいると出られない」という意味
- 羊・やぎの放牧
- **オアシス農業**による小麦・野菜・ぶどうなどの果実栽培がさかん
- **ムスリム**が多く食生活も異なる

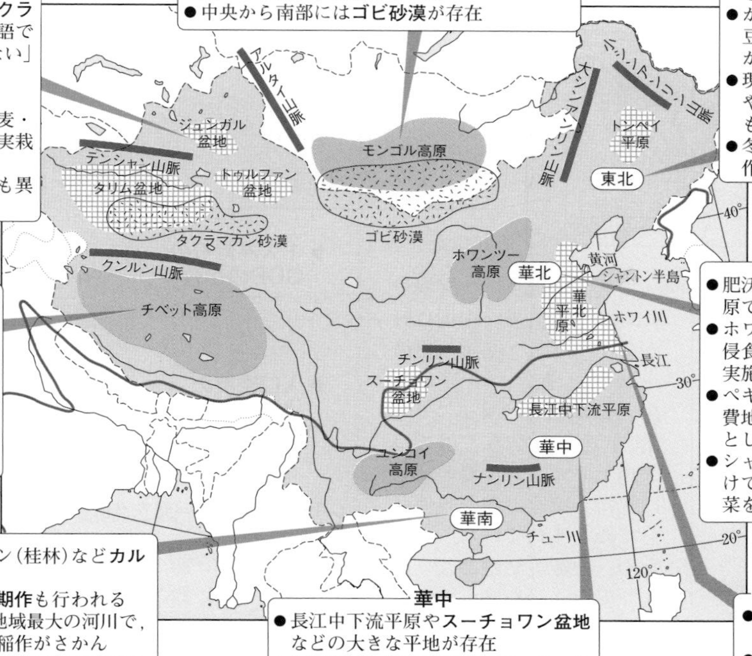

モンゴル高原
- 標高1000m前後からなる，草原が広がる高原
- 馬・羊の放牧，遊牧がさかん
- 中央から南部には**ゴビ砂漠**が存在

東北
- トンペイ平原では肥沃な土を利用した畑作がさかん
- かつてはこうりゃんや大豆・春小麦などの栽培がさかんだった
- 現在，とうもろこしの栽培や稲作がさかんで，生産量も国内有数
- 冬の寒さが厳しいため，夏作物の年一作地域

チベット高原
- **高山気候**に属し，冷涼で不毛な地域が広く分布
- 海に達しない**内陸河川**が多い
- 半農半牧での農耕，ヤク・羊の放牧，大麦・じゃがいもの栽培

華北
- 肥沃な**黄土**が堆積した華北平原では畑作がさかん
- ホワンツー高原は黄河による侵食が激しく，等高線耕作を実施
- ペキンやテンチンなどの大消費地が多く，野菜などを中心とした**近郊農業**が発達
- シャントン半島では，国内だけでなく，輸出用としても野菜を栽培

アルタイ山脈　ジュンガル盆地　テンシャン山脈　トゥルファン盆地　タリム盆地　タクラマカン砂漠　クンルン山脈　チベット高原　モンゴル高原　ゴビ砂漠　ターシンアンリン山脈　シャオシンアンリン山脈　トンペイ平原　東北　ホワンツー高原　華北　黄河　シャントン半島　華北平原　ホワイ川　チンリン山脈　長江　スーチョワン盆地　長江中下流平原　華中　ユンコイ高原　ナンリン山脈　華南　チュー川　40°　30°　20°　120°

華南
- 平地が少なく，コイリン(桂林)など**カルスト地形**が発達
- 降水量が多く，米の**二期作**も行われる
- **チュー川(珠江)**は華南地域最大の河川で，河口のデルタ地帯では稲作がさかん
- ハイナン島では年中温暖な気候を利用して，バナナやパイナップルなどを栽培

華中
- 長江中下流平原や**スーチョワン盆地**などの大きな平地が存在
- 温暖湿潤な気候を利用して，米・冬小麦・茶・養蚕などがさかん

年降水量1000mmの線
- チンリン山脈とホワイ川流域を結ぶ線
- 以北は畑作，以南は稲作が中心

5　中国の整理（2），周辺地域

① 中国の整理（鉱工業・その他）

内陸地域
- 中央アジア諸国との交易がさかん
- **ウルムチ**は人口100万をこえる大都市
  - ―交易の拠点
- 新しい油田・ガス田の開発が進み，工業が発展

華北地方
- ペキン，テンチンは直轄市
- ペキン
  - ―首都，華北地方最大の工業都市
- チンタオ
  - ―港湾都市，綿工業が発達
  - ―青島ビールやハイアール（電機）など，世界ブランドの企業の本拠地
- タートン炭田
  - ―中国最大の炭田，環境問題が深刻

東北地方
- 豊富な地下資源をもとに，古くから重工業が発展
- **ターチン油田**
  - ―中国最大級の油田，パイプラインで各地へ輸送
- **アンシャン**
  - ―**フーシュン**の石炭をもとに，中国でも有数の鉄鋼コンビナートを形成
- チャンチュン
  - ―自動車工業がさかん，トヨタ自動車も進出
- ターリエン
  - ―広大な工業団地を設け，積極的に企業を誘致

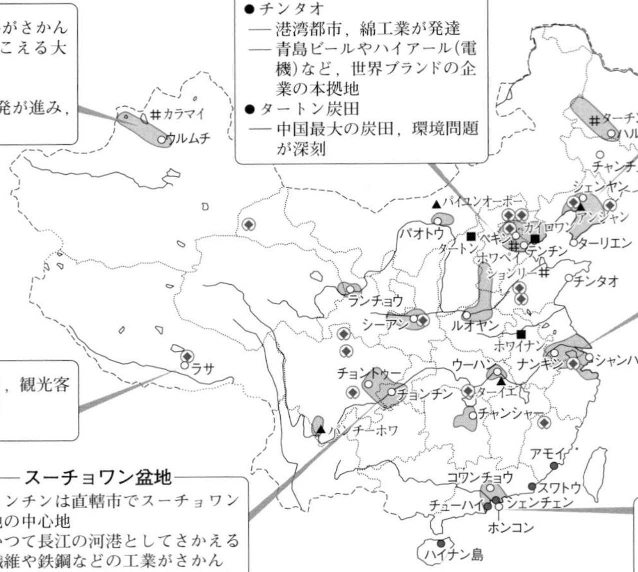

チベット
- **青蔵鉄道**（チンツァン）が開業（2006年），観光客が多く訪れるようになる
- 民族問題をかかえる

華中地方
- **シャンハイ**
  - ―中国最大の工業都市，繊維から重工業までさまざまな工業が発展
  - ―流行発信地の一つで，情報・電子の産業がさかん
- ウーハン
  - ―ピンシャンの石炭とターイエの鉄鉱石をもとに鉄鋼コンビナートを形成

スーチョワン盆地
- チョンチンは直轄市でスーチョワン盆地の中心地
  - ―かつて長江の河港としてさかえる
  - ―繊維や鉄鋼などの工業がさかん
- 周辺には名勝が多く，観光業もさかん
  - ―九寨溝や黄龍などは世界遺産

華南地方
- シェンチェンは**経済特区**
  - ―ホンコンに隣接し，1980年代以降の経済成長が著しい
- コワンチョウもホンコンに近く，経済開放が早くから進んだ
- 台湾との交流が進んでいる
  - ―台湾企業の進出，観光など

おもな工業地域　●経済特区　◈おもな世界遺産

ホンコン・マカオ

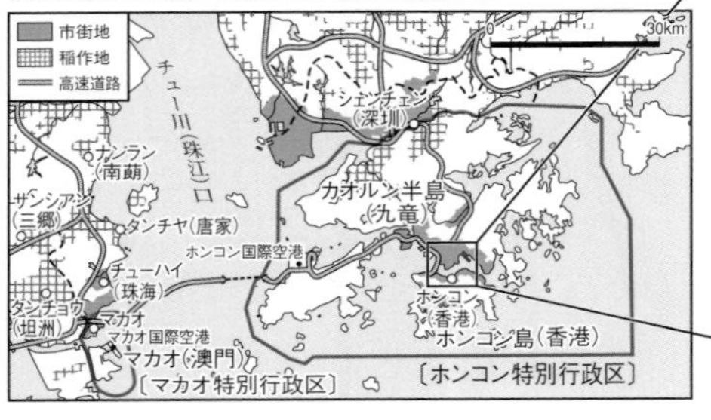

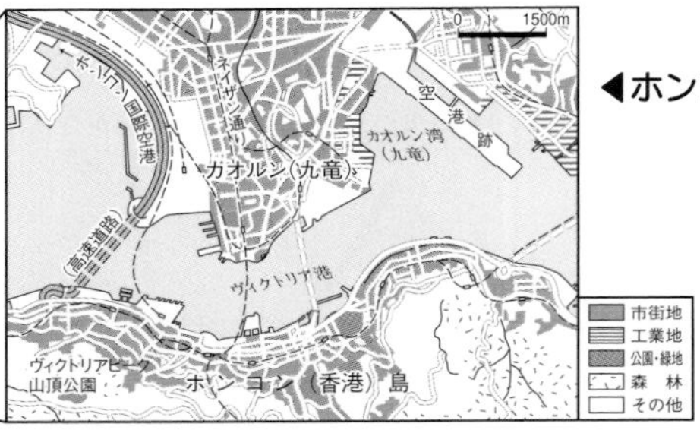

◀ホンコン中心部

ホンコン市の面積は約1100km²で，沖縄島より少し小さい。イギリスの租借地だった歴史をもち，現在でも国際色豊かな都市である。

おもな事件とホンコンへの影響	
1842	南京条約→香港島割譲
1860	北京条約→九竜半島南部割譲
1898	英，新界租借→英領香港成立
1941	太平洋戦争→日本軍が占領（～45）
1945	イギリス軍が再度占領
1950年代～	工業化に成功し経済発展
1967	中国の文化大革命が波及
1980年代～	アジアNIEsとして躍進
1982	英，サッチャー首相が北京訪問 香港返還交渉開始
1984	中英共同声明で返還に合意（一国二制度，50年間現状不変，香港人による統治）
1997	イギリスより香港返還

※マカオは，1557年にポルトガルが居住権を得て19世紀に植民地とする。1999年，中国に返還。

ホンコンは，アヘン戦争（1840年）の結果，中国（清）からイギリスへ割譲・租借された土地で，ホンコン島・島嶼部・カオルン（九竜）半島からなる。ホンコン島とカオルン半島の海峡は水深も深く，港の条件としてめぐまれていた。そのため，中継貿易港としてばかりでなく，戦略上の拠点としても重要な都市である。1997年に中国に返還された。

◀ホンコンの歴史

▶1人あたりのGDPの比較

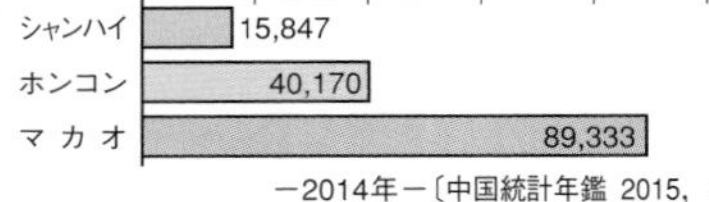

―2014年―〔中国統計年鑑 2015，ほか〕

▶人口密度の比較

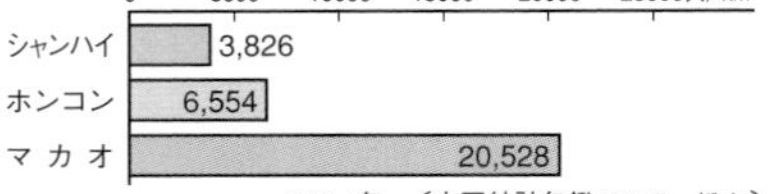

	人/km²
シャンハイ	3,826
ホンコン	6,554
マカオ	20,528

―2014年―〔中国統計年鑑 2015，ほか〕

用語　一国二制度

一つの国のなかに社会主義と資本主義の二つの制度が共存することを認める制度。ホンコンとマカオに適用されている。返還後50年という期限がある。外交と国防を除く高度な自治権と，言論・出版・結社の自由が認められている。

台湾

① 台湾の貿易

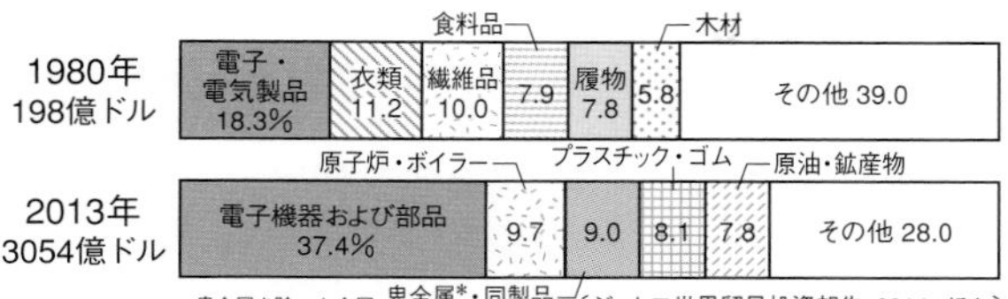

▲輸出品目の変化

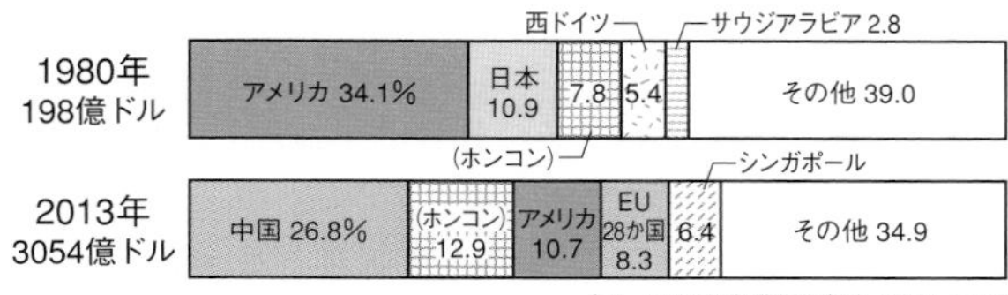

▲輸出先の変化

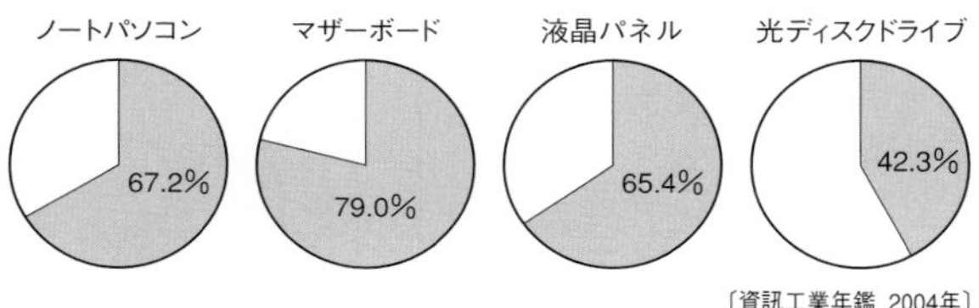

▲台湾製品の世界シェア

台湾のハイテク産業は，タイペイ市近隣に研究開発拠点が整備され，1980年代に政府が税制面で優遇したことから，大きく成長した。現在ではパソコンの部品など，高度な技術の集積が必要な分野で，多くの外国企業からの委託生産をしており，その世界シェアは高い。日本のテレビメーカーなども台湾のメーカーから液晶パネルなどの納入を受けている。

コラム　台湾の少数民族

台湾の人口約2300万のうち，2%にあたる47万が先住民族の**高山族**である(2006年)。もともとはマレー・ポリネシア系の民族で，11世紀以降に渡来したといわれている。高山族には，のちに渡来した漢民族に追われるように山間部に移り住んだ者も多い。「タイワン(台湾)」「カオシュン(高雄)」「キールン(基隆)」などの地名は，もともと彼らが用いていたものである。

② 深まる中国との関係

▶台湾から中国沿海部への投資

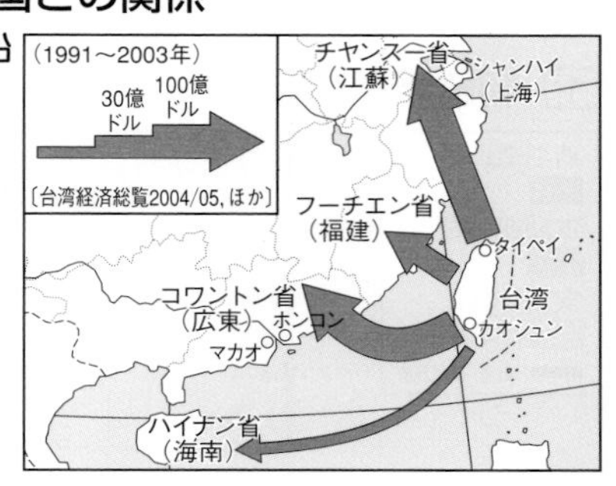

台湾の主権を認めない中国とは，長年，政治・軍事的な面で衝突をくりかえし，ときには東アジアの不安要素の一つにもなってきた。しかし経済面においては，距離が近く，安価な労働力があり，同じ言葉を用いる中国とのつながりを強めている。多くの台湾の企業が中国に進出しているため，産業の空洞化を招くとの懸念すら出てきている。また人の交流に関しても，中国からの観光客が訪れるようになるなど，中国と台湾の関係にも変化がみられる。

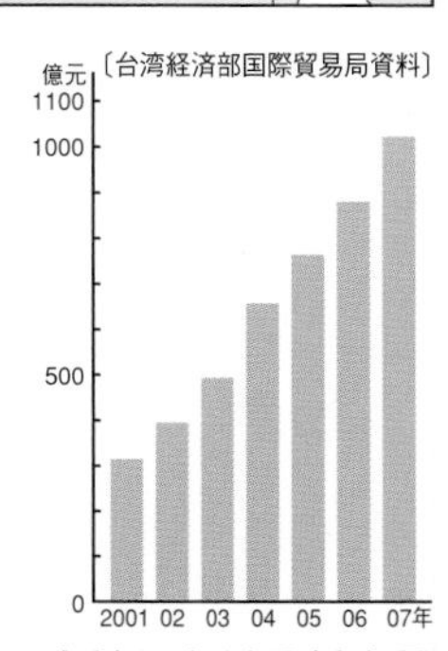

▲台湾における対中国貿易額の変化

③ 台湾の整理

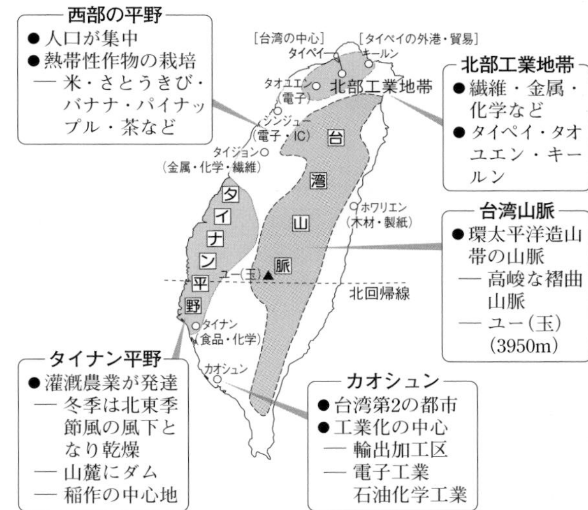

モンゴル

① 定住化する遊牧の民

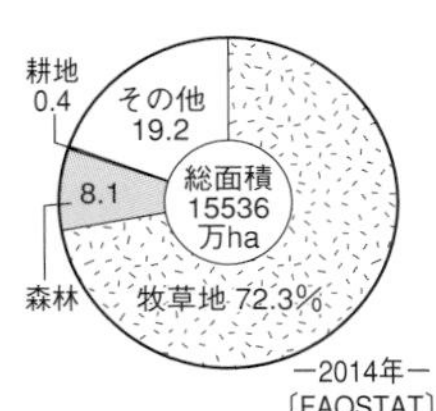

▲土地利用の割合

モンゴルは約70年間続いた社会主義を1992年に放棄し，市場経済を導入した。それに伴い，かつては**ゲル**で移動しつつ，ラクダと馬を放牧していた人々も，都市周辺に定住するようになってきている。しかし一方で，格差の問題も出てきている。

② モンゴルの貿易

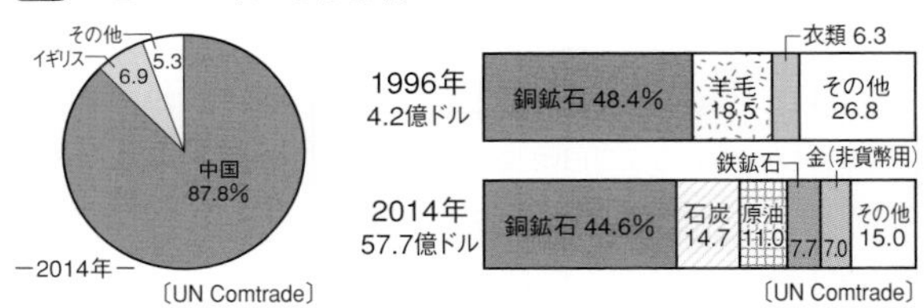

▲輸出相手国　　▲輸出品目の変化

市場経済の導入直後のモンゴルでは，軽工業が主体だった。現在，地下資源の開発などに外国資本が投入され，急速に資源立国に変化しつつある。

1 朝鮮半島の自然・歴史・文化

① 朝鮮半島の自然環境

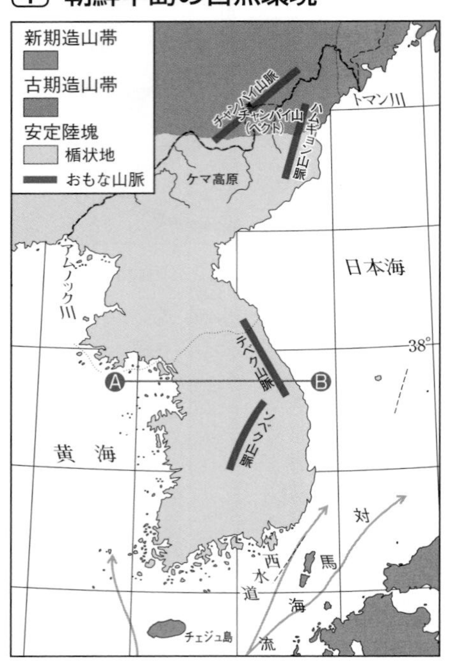

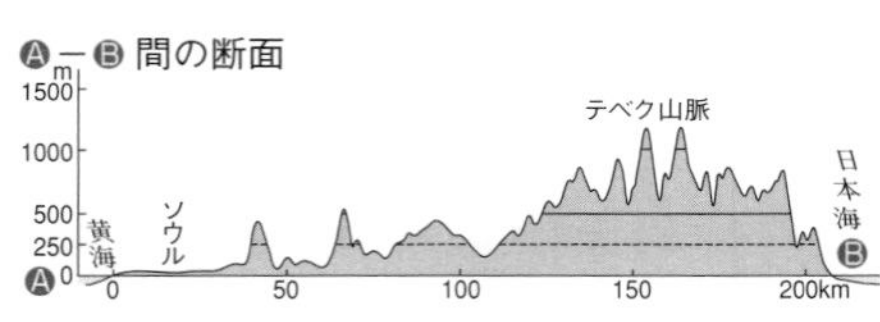

朝鮮半島は，東部・北部に山地が，西部・南部に平野が分布し，東高西低の地形となっている。半島南部の海岸は，入り組んだ**リアス海岸**となっている。南部は**モンスーン**の影響により，夏は蒸し暑く，冬は寒冷である。北部は大陸性の亜寒帯気候で，夏は涼しく，冬は寒さが大変厳しい。

(1) テベク山脈

朝鮮半島の東岸にあたるテベク山脈は**傾動地塊**を形成し，なだらかな西麓に対し，東麓は急斜面で平野も少ない。

(2) 南西部の海岸

朝鮮半島の西側は新生代以降に侵食が進み，比較的平地が多い。南西部にはリアス海岸も見られる。潮の干満の差が大きい。

(3) 北部の山地

北部には朝鮮半島最高峰のチャンパイ(ペクト)山をはじめ，比較的標高の高い地帯が広がる。

(4) チェジュ島

韓国最南端となる火山島。対馬海流の影響を受け，1年を通して温暖である。

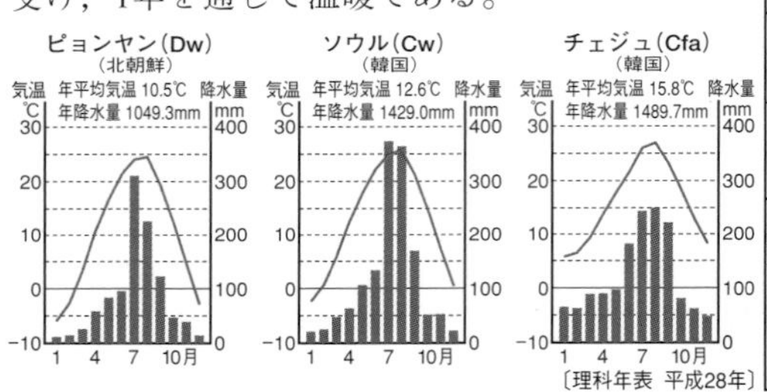

▼気温と降水量

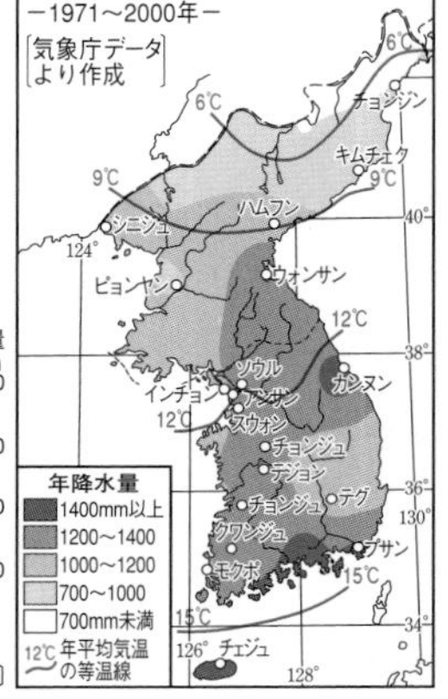

② 分断された朝鮮半島の歴史

年	事　項
1446	ハングルがつくられる(『訓民正音』)
1592	豊臣秀吉の朝鮮出兵(～98)
16～17世紀	日本から朝鮮に唐辛子が伝わる
1636	朝鮮通信使来日
1876	日朝修好条規締結
1910	韓国併合
45	日本の朝鮮支配終わる(太平洋戦争の終了)，アメリカ・ソ連が朝鮮を分割占領
48	大韓民国・朝鮮民主主義人民共和国の成立
50	朝鮮戦争(～53)
53	朝鮮戦争の休戦協定成立
65	日韓基本条約に調印，日韓国交正常化
88	ソウルオリンピック開催(北朝鮮は不参加)
91	南北同時国連加盟
94	北朝鮮，金日成(キムイルソン)が死去
2000	初の南北首脳会談を開催
02	ワールドカップ日韓共催
	日朝首脳会談，日朝ピョンヤン宣言に署名
	拉致被害者5人が帰国
03	ペキンで6か国協議はじまる(韓国・北朝鮮・アメリカ・中国・ロシア・日本)
06	北朝鮮，地下核実験実施
10	北朝鮮が韓国領テヨンピョン島に向けて砲撃
11	北朝鮮，金正日(キムジョンイル)が死去

古くから日本との関係が深く，仏教や儒教もこの地を経て日本にもたらされた。朝鮮出兵などもあったが，江戸時代にも国交は保たれ，朝鮮通信使もしばしば江戸を訪れた。近代になると日本は朝鮮半島への干渉を強め，1910年には併合により植民地とした。第二次世界大戦後，南北に分断され，**朝鮮戦争**を経て，現在にいたる。

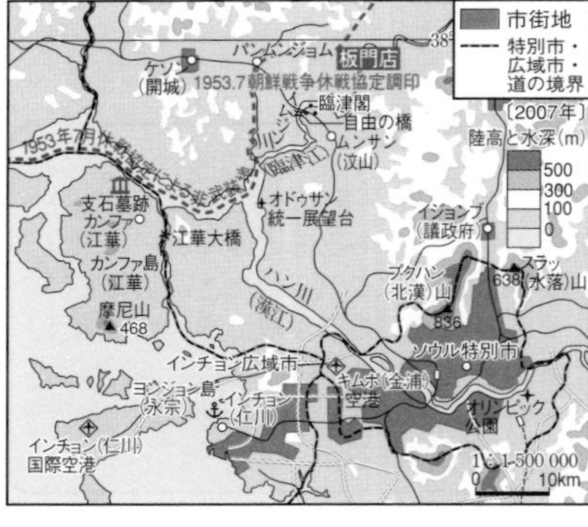

◀パンムンジョム(板門店)周辺

1950年に勃発した朝鮮戦争は，53年に休戦協定が調印され，**北緯38度**付近に軍事境界線が設けられた。両国による共同警備が行われている。

トピック 北朝鮮をめぐる各国の対応

1993年，北朝鮮は日本海に向けてミサイルを試射し，国際社会に衝撃を与えた。さらに2002年には核開発疑惑がもちあがったことで，2003年に核問題解決をめざした**6か国協議**が行われた。2007年に北朝鮮側は国際原子力機関(IAEA)査察団の受け入れや，核施設の稼働停止を表明したが，見返りとして経済制裁の解除などを要求していた。その後，2008年にアメリカがテロ支援国家の指定解除を行い，経済制裁も解除したが，2017年，たび重なるミサイル発射などの挑発行為から再びテロ支援国家に指定された。

3 朝鮮半島の生活・文化

(1) ハングルの文化

母音		子音			用例
ㅏ[a]	ㅑ[ya]	ㄱ[k/g]	ㅇ[ŋ]	ㄲ[k']	キム チ 김치
ㅓ[ɔ]	ㅕ[yɔ]	ㄴ[n]	ㅈ[tʃ/dʒ]	ㄸ[t']	k i / m
ㅗ[o]	ㅛ[yo]	ㄷ[t/d]	ㅊ[tʃʰ]	ㅃ[p']	tʃʰ i
ㅜ[u]	ㅠ[yu]	ㄹ[r/l]	ㅋ[kʰ]	ㅆ[s'/ʃ']	子 母 / 子
ㅡ[ɯ]	ㅣ[i]	ㅁ[m]	ㅌ[tʰ]	ㅉ[tʒ']	子 母
上記の母音の他11の二重母音がある		ㅂ[p/b]	ㅍ[pʰ]		
		ㅅ[s]	ㅎ[h]		

◀ハングルにおける母音と子音

ハングルは，21の母音と19の子音からなる。朝鮮固有の表音文字で「偉大な文字」という意味をもっている。1443年の李氏朝鮮，第四代世宗(セジョン)の時代に創案され，1446年に公布された。その当時，文字は漢字しかなく，しかも儒学者など一部の人のみが使えるものだった。ハングルの登場により，庶民が文字を用いることができるようになり，教育の充実や社会の発展，民族意識の高揚に大きな役割を果たしたのである。庶民には普及したハングルだが，公文書での使用は19世紀以降である。

(2) キムチとオンドル

地方	特徴	キムチの種類
チュンチョンド地方	米・野菜・薬草などを用いたキムチが多い。ほかの地域と比べると柔らかな味付けで薬味も多く用いない。	チョンガクキムチ，ほうれんそうキムチ
チョルラド地方	穀倉地域でもあるこの地域では，魚介・野菜などのキムチが多い。また塩辛を加え，辛味が強いのも特色。	ヤクキムチ，アミ塩辛キムチ

▲各地域におけるキムチ

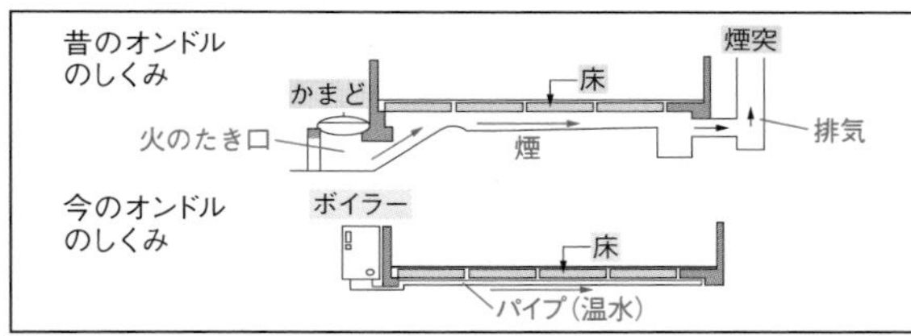

▲オンドルの新旧

朝鮮半島の食文化として有名な**キムチ**であるが，現在のように唐辛子が使われ，辛味が強くなるのは，日本から唐辛子が伝わった17世紀以降である。それ以前は辛味のない水キムチだった。また，**オンドル**は，冬の寒さの厳しい朝鮮半島や中国東北地方で普及し，かまどで熱せられた空気を床下に通して部屋を暖める床暖房である。現在では床下に温水を通す方法に変化している。

(3) 宗教と家系

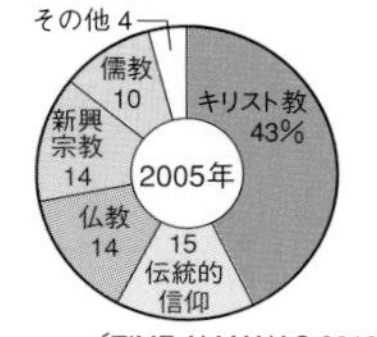

▲韓国の宗教

アジアにおいて韓国は，フィリピンに次いでキリスト教徒の割合が高く，教会も多数存在する。よく韓国は「儒教の国」といわれるが，厳密にいえば儒教は宗教とは言いにくく，宗教別人口の調査でも，儒教と答える人はごくわずかである。しかし，儒教の教えが生活に浸透し，年上(年配)の人を敬う，親孝行をするなど，人間関係にも反映されている。

コラム　制限されていた結婚

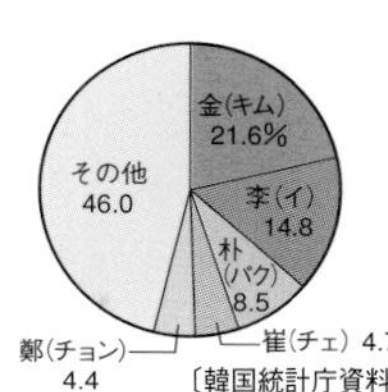

▲韓国における名字の割合

韓国で用いられる姓(名字)は，日本と比べて極めて少ない。また結婚しても父方の姓を受け継ぎ，「**本貫**(ほんがん)」といわれる祖先の発祥地によって細分される。たとえば，金海市生まれの金さんを祖先にもつ人の氏族はすべて「金海金氏」に属する。かつては，同じ姓でかつ同じ土地の生まれ(同姓同本)の男女では結婚できないという法律が規定されていた。これは血のつながった一族同士による近親婚を避けるものとして存在していたが，自由な恋愛・結婚を法律の力だけで禁止することはできない，ということから1997年に廃止された。

(4) 韓国と日本における文化の交流

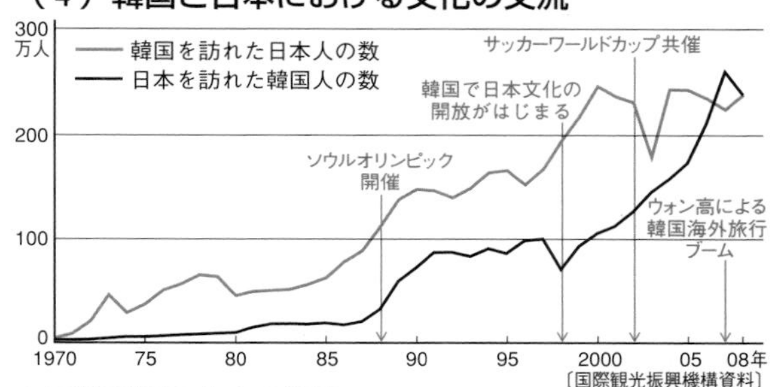

▲日韓両国の人々の流れ

年次	ジャンル	内容
第1次開放(1998年)	映画	4大国際映画祭受賞作の劇場上映
	出版	日本語のまんが出版物の出版
第2次開放(1999年)	映画	約70の国際映画祭受賞作の上映
	歌謡	2000席以下の施設での日本語による公演
第3次開放(2000年)	映画	18歳未満鑑賞不可作品を除く上映
	歌謡	公演は全面開放(ただし日本語によるCDの販売は不可)
	アニメ	国際映画祭受賞作の劇場上映
	放送	報道，スポーツ，ドキュメンタリー番組の放送
	ゲーム	パソコン用・事務用ソフト日本語版の輸入
第4次開放(2003年)	音楽	日本語の歌詞のCD発売
	映画	劇場用アニメ以外の全作品
	ゲーム	家庭用テレビゲームソフト

▲韓国における日本文化開放政策

1948年の独立後，韓国政府は日本文化の紹介を歌舞伎・文楽・茶道など伝統的な文化のみとし，書籍や映画などの大衆文化を広めることを禁止していた。しかし，1998年の日韓共同宣言以降，段階的に日本文化の開放をはじめ，2000年になり，はじめて日本人歌手の日本語による韓国公演が実現した。現在では，両国の文化交流における垣根はないに等しい。若い世代では，アニメをはじめとする日本のポップカルチャーへの関心が高く，世界的に評価の高い日本のアニメの技術を学ぶために，留学する人も少なくない。

2 韓国と北朝鮮の経済，朝鮮半島の整理

1 韓国の経済と生活

（1）韓国の経済

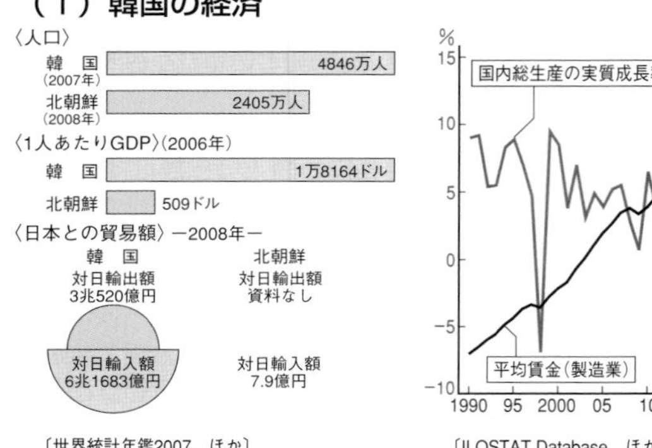

▲韓国と北朝鮮の比較　▲韓国経済の推移

朝鮮戦争以降，資本主義経済体制をとった韓国は，1960年代から外国資本を導入して工業化を進め，**アジアNIEs**の一員として「漢江（ハンガン）の奇跡」とよばれる高度経済成長をとげた。しかし，87年の民主化宣言ごろから賃金が上昇しはじめたため，外国資本は中国やASEAN諸国に生産拠点を移した。さらに，労働争議の発生とウォン高が重なり，輸出主体である韓国の経済成長にブレーキがかかった。97年にアジア経済危機が発生するとウォン安になり，一時期経済は混乱した。しかし逆に輸出は好調となり，成長率は低いが，安定成長を続けている。

（2）ソウルに集中する人口

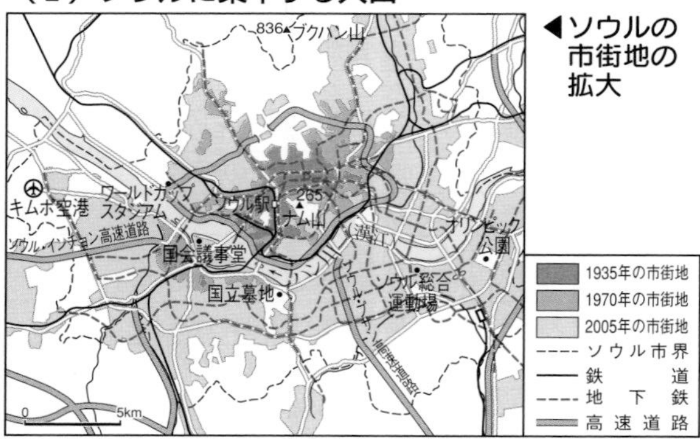

◀ソウルの市街地の拡大

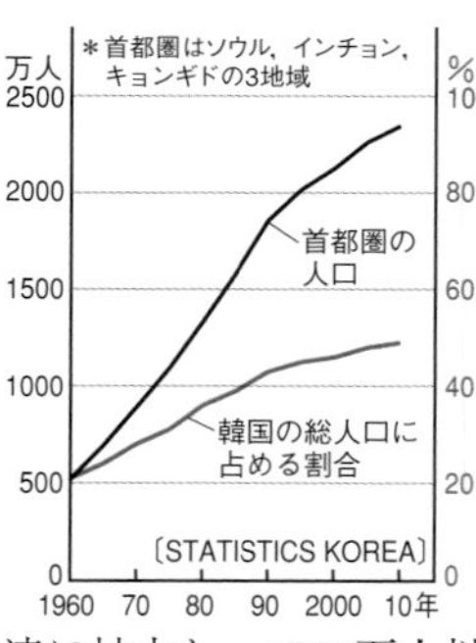

◀ソウルを中心とした首都圏の人口推移

「都」を意味するソウルは，1394年に都がおかれて以来，発展してきた。朝鮮戦争以降，経済を復興させる過程で，政府の投資が都市に集中し，農村から都市へ移る人々が急増したため，ソウル市街地は急速に拡大し，1000万人以上がくらす大都市となった。それに伴い，交通渋滞やヒートアイランドなどの都市問題が発生したが，経済成長期にふさいだ河川を復活させる事業を展開するなど，都市環境を整備している。

（3）貿易にみる韓国

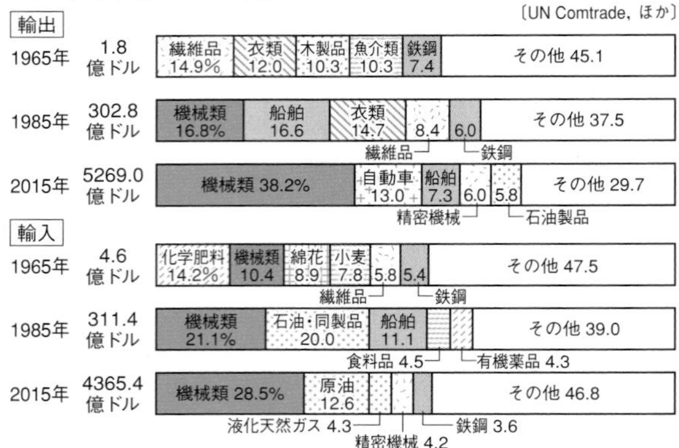

日本同様，原料の乏しい韓国では，原油や鉄鉱石などを輸入し，加工して輸出する**加工貿易**が発展している。しかし貿易品目は，40年間で変化してきた。以前は繊維品や衣類など軽工業に関する品目が主だった。その後，自動車や造船業などの重工業に関する品目が，そして現在では，液晶ディスプレイやフラッシュメモリなどの電子機器に関わる品目が増えている。

トピック 世界に広がる韓国製

〔世界国勢図会 2015/16，ほか〕

サムスン電子（韓） 27.7　LG電子（韓） 15.0　ソニー（日） 7.8　パナソニック（日） 6.0　シャープ（日） 5.4　その他 38.1　2012年出荷額 1088億ドル

LGディスプレー（韓） 24.6%　サムスン電子（韓） 20.1　群創光電（台） 14.6　友達光電（台） 12.4　シャープ（日） 8.7　その他 19.6　2012年出荷額 1107億ドル

▲薄型テレビのシェア　▲液晶パネルのシェア

韓国を支えている工業の一つに電気機械工業がある。とくに，テレビや携帯電話に用いられる液晶パネルは，ソニーなど日本のメーカーにも供給されている。かつて日本は圧倒的な強さをみせていたが，2000年代に入り，技術力をつけた韓国や中国の製品が，シェアを獲得するようになっている。

（4）地域間の経済格差

1960年代以降，急速な経済成長を遂げた韓国だが，大都市であるソウルや，工業都市であるウルサンなど既存の設備が整った地域に集中して産業が発展するようになった。その結果，地域間の経済格差は広がることとなった。そこで2000年以降の国土計画では国土をソウル－プサン軸といったいくつかの軸に分け，それぞれの軸にあった開発計画を進め，格差の是正をはかっている。

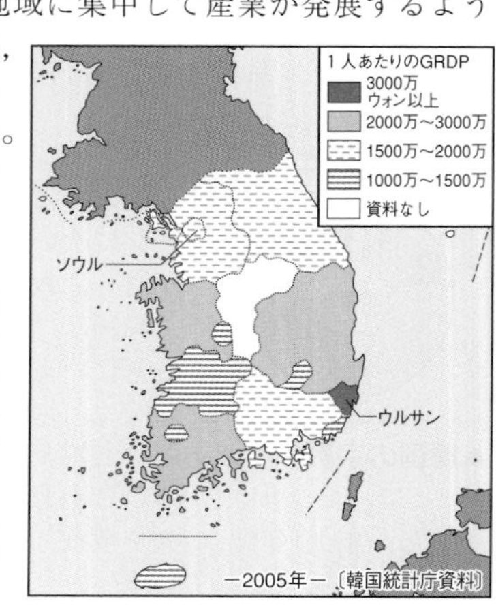

▶韓国における1人あたりGRDP（地域内生産）

(5) 充実したネット環境

参照 p.197

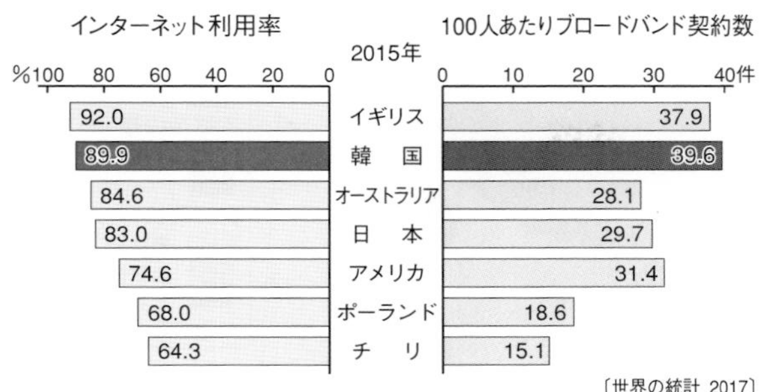

▲インターネットの利用状況

韓国では，PC房とよばれるインターネットカフェだけでなく，いたるところで大容量の通信が可能なブロードバンド回線を利用できる。しかし，ネットの影響とみられる問題も多く発生したため，規制が強まりつつある。

コラム　熾烈(しれつ)な受験戦争

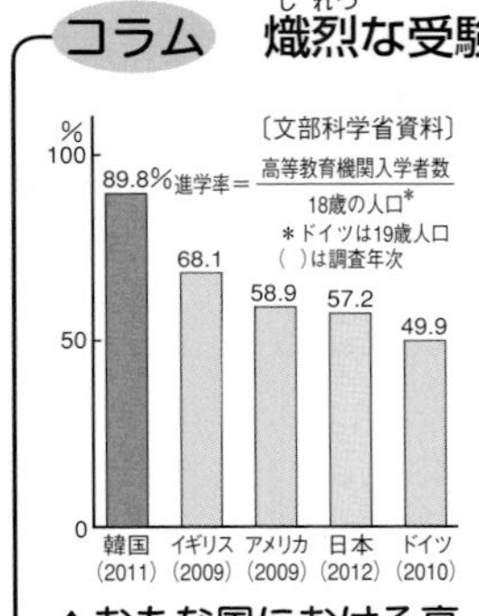

▲おもな国における高等教育への進学率

韓国の高等教育(日本でいう大学・大学院)への進学率は，他国と比較してみても群を抜いている。11月に行われる「大学入試修学能力試験」の日は，白バイやパトカーといった警察車両だけでなく，離島では軍用ヘリすらも，遅刻しそうな受験生のために待機するといわれている。

2 北朝鮮の計画経済

計　画	内　容
人民復興3か年計画(1954~56年)	戦前の生活水準の回復をめざす ソ連への依存強まる(対ソ貿易70%を占める)
第1次5か年計画(1957~61年)*	農業の集団化，共同農場への編入を進める **チョンリマ運動**による政治・経済改革の促進
第1次7か年計画(1961~67年)**	技術革新による工業基盤の拡大をめざす 中ソ関係の悪化，北朝鮮は中国を支持
第1次6か年計画(1971~76年)	火力・鉱業の発展促進，60～70%自給を達成 重工業の拡張優先，西側諸国からの技術導入
第2次7か年計画(1978~84年)	経済生産管理体制の改編，合弁法を制定 外国資本・技術の導入促進をはかる
第3次7か年計画(1987~93年)	先端技術の導入，対外貿易の拡大をはかる (94年キム=イルソン国家主席死去)
緩衝期(1994~96年)	「農業・軽工業・貿易第一主義」を表明 食料難・財政難が浮き彫りになる
先軍政治(1997年～)	軍を主導に，防衛の強化や公共事業の拡大をはかる 配給制は事実上崩壊，市場(いちば)での取引が登場

＊1960年までに短縮，＊＊1970年まで延長

北朝鮮は，ソ連などかつて社会主義体制だった国々が市場経済に転じたあとも，社会主義路線を進め，独自の国家建設を続けてきた。しかし，たび重なる自然災害や対外債務の増大，資本や技術力不足などのため，経済の停滞が著しい。

用語　チュチェ(主体)思想

政治における自主，経済における自立，国防における自衛といった，朝鮮労働党の指導思想。憲法で義務づけられているこの思想の徹底が，世界での孤立を招く一因となった。

3 朝鮮半島の整理

ペクト(チャンパイ)山(2744m)
- 朝鮮半島の最高峰で火山
- アムノック川とトマン川の分水嶺

アムノック川・トマン川
- 豊かな水量があり，スープンダムなどダム施設が多い
- トマン川とともに河川国境を形成

ピョンヤン
- 首都であり，北朝鮮最大の工業都市

軍事境界線
- 朝鮮戦争の休戦協定による軍事境界線，北緯38度付近に設けられる
- 休戦協定が調印されたパンムンジョム(板門店)がある
- 2007年に56年ぶりで南北を結ぶ鉄道(京義線)が運行

ソウルとその周辺
- ソウルは韓国の人口の約20%が集中
- 韓国最大の工業地域
- インチョン国際空港は東アジアのハブ空港として機能

南西部の海岸
- リアス海岸が発達し，多くの港湾がある
- モクポは水産物の集散地

ラソン経済貿易地帯
- 北朝鮮最初の開放地域
- 現状は開放にはほど遠い

ケマ高原
- 溶岩台地
- アムノック川の上流域で水力発電がさかん

テグ周辺
- 米・小麦などの農産物集散地
- 繊維工業がさかん

南東臨海工業地域
- プサンは韓国第2の都市，韓国有数の貿易港
- ポハンの製鉄，ウルサンの造船など重工業地帯が広がる
- マサン(チャンウォン)は1970年代に指定された，韓国でも古くからの輸出自由地域

チェジュ島
- 火山島，温暖な気候を利用したリゾート地

ペクト山　ラソン　チョンジン(製鉄)　ケマ高原　スープンダム　シニジュ(自由貿易地帯)　朝鮮民主主義人民共和国(北朝鮮)　ピョンヤン　テドン川　ウォンサン(造船・化学)　テベク山脈　パンムンジョム　ソウル　インチョン(外港・機械・化学)　大韓民国(韓国)　ポハン　テグ　ウルサン　チャンウォン　プサン　モクポ　リアス海岸　チェジュ島　ハルラ山　42°　40°　38°　36°　34°　126°　128°　130°

1　東南アジアの自然環境

①　東南アジアの自然環境

東南アジアは，インドシナ半島を中心とした安定した地塊の大陸部と，マレー半島および赤道周辺で火山島弧を形成する島嶼(とうしょ)部に分けられる。環太平洋造山帯とアルプス=ヒマラヤ造山帯に属するため，地震や火山活動が活発である。

（1）大陸部

- 半島…インドシナ半島
- 河川…メコン川，チャオプラヤ川，エーヤワディー川など。
  —沖積平野やデルタ地帯で，稲作や河川交通がさかん。

（2）島嶼(とうしょ)部

- 島嶼…マレー半島
  何万もの島々からなる。
  —火山島が多い。
- 海溝…フィリピン海溝，スンダ海溝など。
  —プレートの境界で地震が多い。
- 海峡…マラッカ海峡やロンボク海峡など。
  —貿易上重要な海峡が多い。

Ⓐ—Ⓑ間の断面

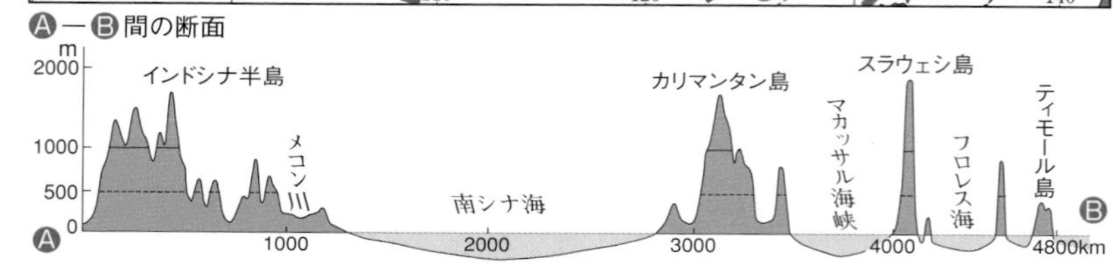

②　東南アジアの気候

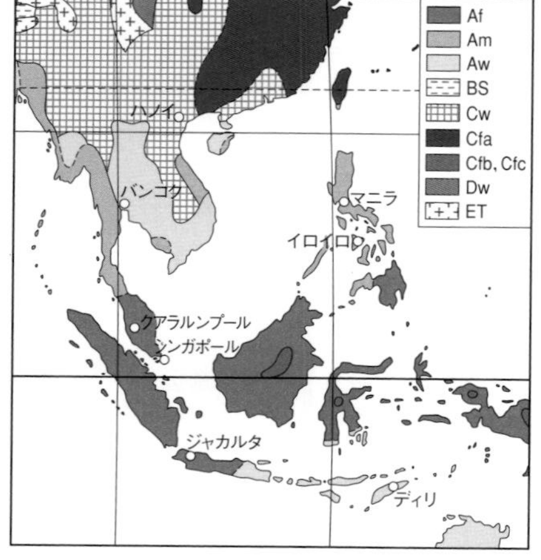

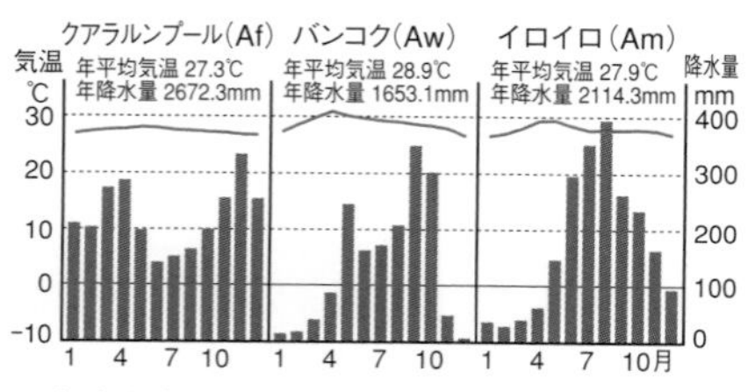

▲おもな都市の気温と降水量〔理科年表 平成28年〕

③　季節風(モンスーン)と降水量の変化

夏と冬で風向きが反対になる風を季節風(**モンスーン**)という。気圧の変化によって，夏は湿った海洋から大陸へ風が吹くため雨季に，冬は乾いた大陸から海洋へ風が吹くため乾季になる。東南アジアでは，夏の南西モンスーンによって大半の地域が雨季になる。反対に冬は大陸からの北東モンスーンによって乾季になる。ただし，降雨の特徴は地域によって大きく異なり，東海岸部や南半球では，冬が雨季になる。

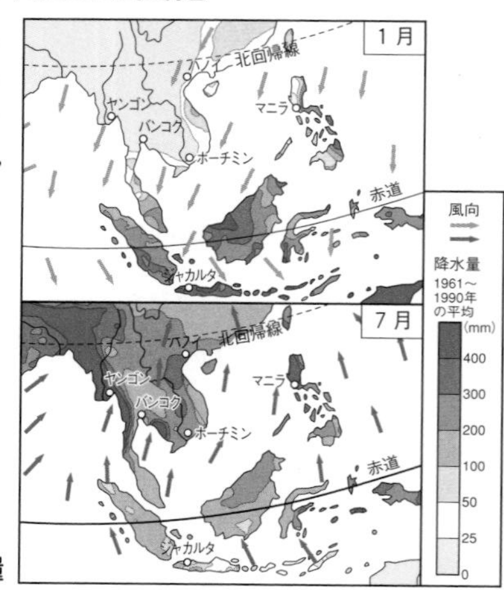

▶乾季と雨季の風向きと降水量

コラム　熱帯地域のスコール

日中，熱帯の強い日差しによって加熱された地表面は上昇気流を発生させる。上空で発達した積乱雲は，午後から夕方の短時間に激しい雨を降らせる。**スコール**とよばれるこの激しいにわか雨は，毎日，降る時間がほぼ一定で，熱帯地域の特徴になっている。また，南北方向にのびる海岸付近では，早朝にスコールがみられる時期がある。これは，夜間から早朝に吹く陸風が，モンスーン気流とぶつかって上昇気流を起こすためと考えられている。

2　東南アジアの宗教と民族

1 東南アジアの宗教の歴史

外来文化の影響を受けてきた東南アジアでは，さまざまな宗教が信仰されている。大乗仏教とヒンドゥー教は，紀元前後に交易を通じてインドから伝わり，支配者層を中心に広がったが，13世紀ごろから衰退期に入る。その後，大陸部に上座仏教，島嶼部にイスラームが伝わり，幅広い階層の人々に受け入れられた。これらの宗教は，東南アジアの文化形成に深い影響を与えてきた。例外的に，16世紀にスペインの植民地になったフィリピンではカトリックが，中国の影響の濃いベトナムでは儒教・仏教・道教が古くから信仰されている。

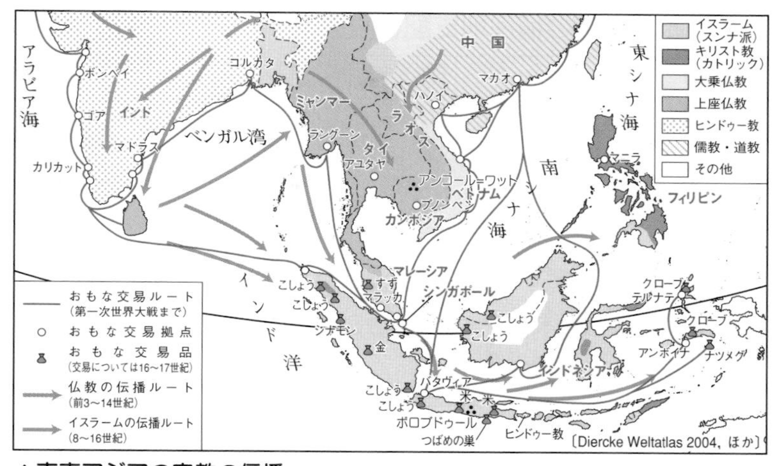

▲東南アジアの宗教の伝播

2 東南アジアの言語・宗教

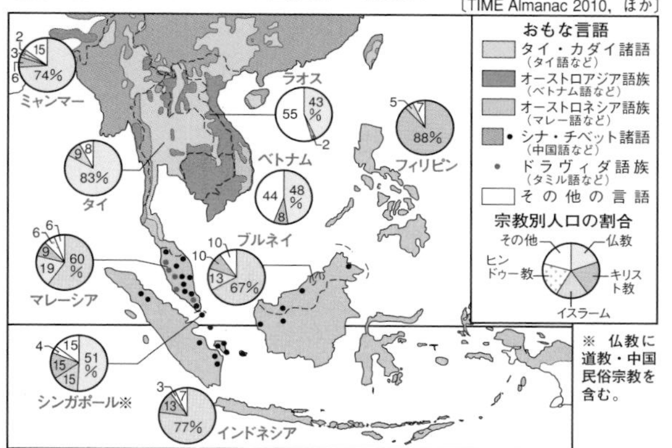

▲東南アジアの言語と宗教別人口の割合

さまざまな民族が分布する東南アジアは，言語も多様である。言語系統で分類すると上図のような広がりがみられる。とくに言語は，宗教との関わりも深く，仏教圏ではサンスクリット語やパーリ語，イスラーム圏ではアラビア語も使用されている。また，多民族国家シンガポールでは，マレー語・英語・中国語・タミル語が公用語に指定され，国歌などの国語はマレー語だが，学校教育や政府の公文書などは英語が使われている。

3 東南アジアの華僑・華人

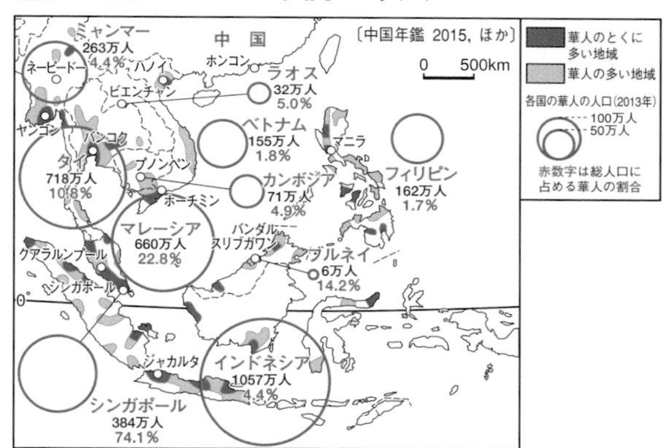

▲東南アジアの華人の分布と割合

中国の航海技術の進歩は，世界各地に中国人移民を送り出してきた。東南アジアは，すでに12世紀ごろには中国系商人の活動圏となり，中国人街が形成された。19世紀にはマレー半島の鉱山や農園の労働力として，中国の福建省や広東省を中心に大量の中国人が移住した(**華僑**)。彼らはその後，移民先の国籍を取得し(**華人**)，なかには現地の経済的実権を握る者も現れた。しかし，政治・経済・文化的規制を受けたり，国内の問題に関連して批判や攻撃の対象になったりした例も少なくない。

コラム　バリ島のヒンドゥー教

日本からも多くの観光客が訪れるインドネシアのバリ島。熱帯の豊かな自然や動植物に囲まれたヒンドゥー教文化は，人々の心を魅了し，神々が住む楽園とも表現される。バリ島のヒンドゥー教は，東ジャワ王朝との交流があった11世紀ごろに広まり，土着の自然崇拝や祖先崇拝と融合してバリ島独自の文化形成に影響をあたえた。現在でも村には2～3の寺院があり，人生の通過儀礼や農耕儀礼などで，踊りや音楽，供物を持った行列をみることができる。このような文化は，1920年代以降ヨーロッパの芸術家の発想を取り入れたものであり，今日の観光資源の基礎となった。

4 シンガポール独立の背景

無住に近い島だったシンガポールは，19世紀後半に，イギリスのヨーロッパ・アジア航海の中継地として発展した。20世紀初頭には，建設業や港湾部門などに携わる中国人移民の大量流入によって中国系の人口比率が高まった。第二次世界大戦後，シンガポールはマレーシア連邦の一員となるが，1965年，マレー系国民優遇政策をめぐる対立から分離独立した。

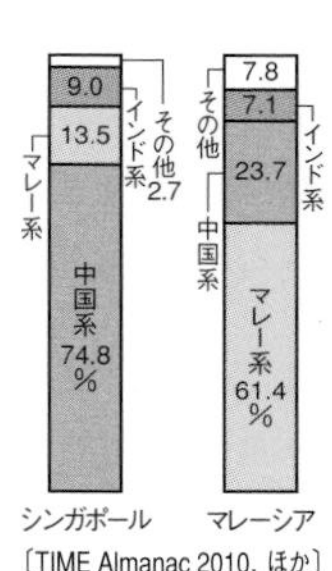

▲民族構成

3 東南アジアの歴史とASEAN

① 東南アジアの植民地支配と独立

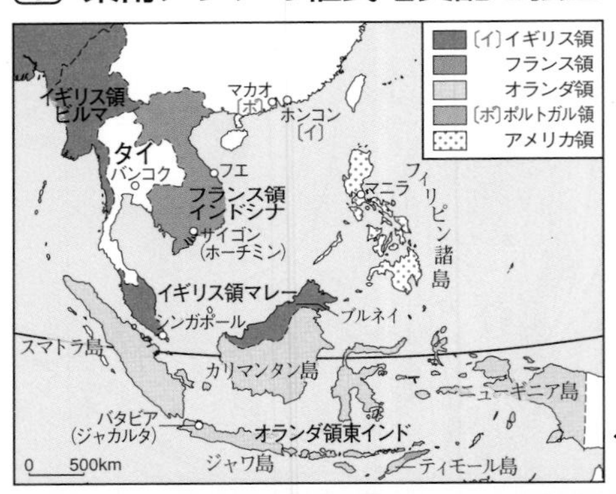

◀1941年の東南アジア

年	1930　日本占領　50　70　90　2000
ミャンマー	イギリス領／37 インドから分離／48 独立 ビルマ連邦／89 ミャンマー
タイ	シャム／39 タイ王国
カンボジア	フランス領／53 独立 カンボジア王国／70 クメール共和国／76 民主カンプチア／79 カンプチア人民共和国／93 カンボジア王国
ベトナム	フランス領／45 独立／54 北ベトナム・54 南ベトナム／76 南北統一
ラオス	フランス領／53 独立ラオス王国／75 ラオス人民民主共和国
マレーシア	イギリス領／マラヤ連邦―57 独立／63 マレーシア連邦
シンガポール	イギリス領／59 自治領／65 分離独立（シンガポール）
インドネシア	オランダ領／45 独立 インドネシア共和国
東ティモール	ポルトガル領／02 独立
ブルネイ	イギリス領／84 独立
フィリピン	アメリカ領／46 独立 フィリピン共和国

19世紀半ば以降，タイを除く東南アジアの全域は欧米諸国の植民地支配に組み込まれた。とくに島嶼（とうしょ）部は，世界市場向けの商品作物や鉱産物の生産の拠点になった。資本と技術，工業製品はイギリスから，労働力はインドや中国から，食料は大陸部から供給され，それらがシンガポールを中継するという経済構造がつくられた。20世紀以降，近代化政策により教育やマスコミが普及すると，ナショナリズムや労働運動がさかんになり，独立をめざす運動へとつながった。第二次世界大戦後は，それぞれ独立を果たしたが，現在でも言語や宗教，生活習慣など旧宗主国の影響は強く残っている。

② ベトナム戦争

第二次世界大戦後，フランスから独立したベトナムは，ジュネーヴ協定によって社会主義の北ベトナムと資本主義の南ベトナムに分断された。南北統一をはかる北ベトナムとその下部組織である南ベトナム解放民族戦線は，1975年まで南ベトナムと戦闘を続けた。戦後，南北は統一され，社会主義国家ベトナムが誕生した。

年	事　項
1945	独立，ベトナム民主共和国成立
46	インドシナ戦争勃発
54	ジュネーヴ協定
	北：ベトナム民主共和国
	南：ベトナム共和国
60	南ベトナム解放民族戦線結成
65	アメリカが軍事介入
	→ベトナム戦争勃発
	北爆（北ベトナム爆撃）開始
73	パリ平和協定→アメリカ撤退
76	南北統一選挙
	ベトナム社会主義共和国成立

▲ベトナムのあゆみ

③ ASEAN—団結する東南アジア

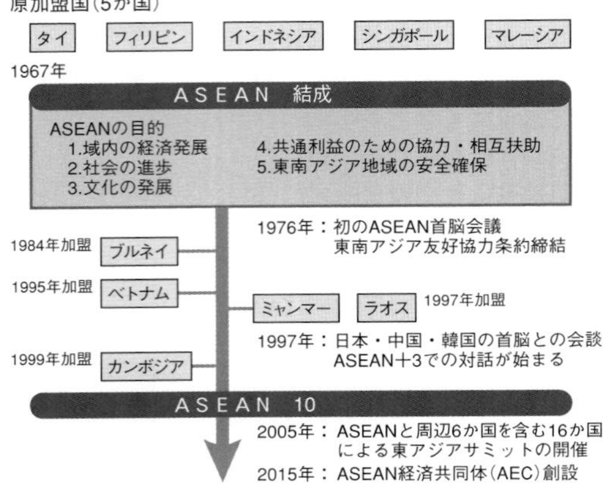

▲ASEANのあゆみ

東南アジアの地域協力機構である**東南アジア諸国連合（ASEAN）**は，1967年に原加盟国5か国によって設立された。当初は，加盟国内の安定と経済発展のために政策調整を行う「内向き」の性格だった。1976年，第1回首脳会議の東南アジア友好協力条約の締結をきっかけに「外向き」に転換する。とくに，加盟国間の経済協力を強化したASEAN自由貿易地域（AFTA）などの取り組みと加盟国の拡大がはかられた。また，経済や安全保障など域外諸国との積極的な連携で，日本・中国・韓国，そしてアメリカやEUを含む協力体制が構築された。現在は，日本・中国・韓国とともに，東アジア共同体をめざしている。

④ 急成長するASEAN

1970年代，原油や一次産品の価格上昇で経済成長をとげたASEAN諸国は，1980年代前半に原油価格の暴落による不況に見舞われた。しかし1980年代後半，日本や韓国からASEAN諸国への直接投資が急増し，経済発展にわいた。1997年の通貨・金融危機では深刻な不況におちいったものの，2000年代には回復し，成長を続けている。

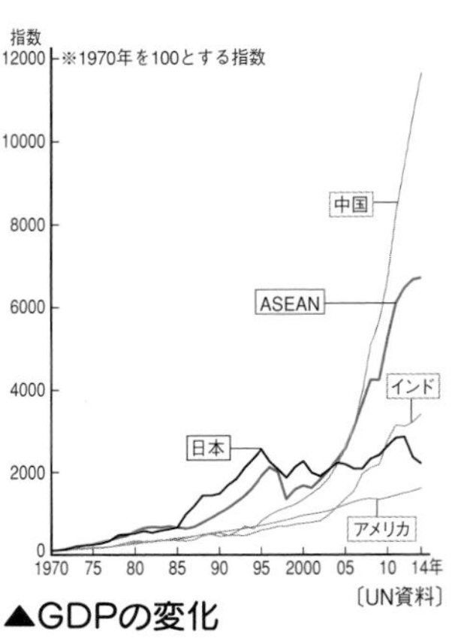

▲GDPの変化

コラム　東南アジアの通貨・金融危機

1997年，管理通貨制度を採用したタイの通貨バーツが価値を大幅に下落させると，アジア全域に通貨・金融危機が波及し，2000年頃まで深刻な経済不況が続いた。タイやインドネシアは巨額のIMF救済融資を受けるかわりに，金融制度改革と企業改革を迫られ，銀行の統合・合併や企業の事業再編が進んだ。また，インドネシアのスハルト政権が崩壊するなど，政治的変動もおきた。

4　東南アジアの国々

タイ・ベトナム・カンボジア・ラオス・ミャンマー

① 大メコン圏(GMS)―世界の第2工場

▲メコン川を中心とした3つの経済回廊

戦争や紛争，地形的な制約から開発が遅れていたメコン川流域で現在，中国にかわる「世界の第2工場」が動き出そうとしている。背景にあるのは，1992年以降の大メコン圏(GMS)経済協力プログラムの推進である。アジア開発銀行が主導し，閣僚会議や首脳会議で決定されたこのプロジェクトは，タイ・ベトナム・中国華南地域を結ぶ3つの経済回廊(道路交通網)の整備や，貿易・観光面での協定締結など，域内外の経済交流を円滑にし，新たな産業の集積と経済の波及効果をめざす。とくに，人件費の安いカンボジア・ラオス・ミャンマーに対して，安定成長を続けるタイや急速な発展をとげたベトナム，さらには中国沿海部などからの投資が期待されている。

② 東南アジアのハブ空港

(2007年)

空港名	チャンギ(シンガポール)	スワンナプーム(タイ)	成田(日本)
滑走路	4000m×2本	4000m×1本 3700m×1本	4000m×1本 2180m×1本
就航航空会社	79社	86社	71社
就航都市	59か国189都市	67か国211都市	36か国95都市
国際旅客数	約3337万人	約3330万人	約3386万人
国際貨物取扱量	約191万t	約123万t	約224万t

▲東南アジアのおもな空港と成田との比較　〔AOT資料，ほか〕

チャンギ国際空港やクアラルンプール国際空港，スワンナプーム国際空港は，すべて巨大な**ハブ空港**(→p.195)で，東南アジアは世界の航空交通の結節点になっている。庶民の航空交通の利用はまだ一般的でないものの，経済発展と中流階級の増加，エア・アジア(マレーシア)のような格安航空会社の出現によって，今後ますます利用者が増加すると予想されている。東南アジアでは航空部門への参入規制が緩(ゆる)く，航空会社があいついで設立される国も多い。一方で，機体の整備不良が原因とみられる航空事故も多発し，対策が課題になっている。

コラム　ミャンマーの軍事政権と経済

ミャンマーは独立後，国内問題からクーデターが勃発し，1962年に軍事政権が誕生した。その後，何度か民主化運動の高まりがあったが，軍に鎮圧されてきた。軍事政権で国有化された産業は生産性が低く，そこに人権問題による欧米からの経済制裁が続き，周辺諸国が経済成長を遂げる中，取り残されてきた。しかし，2010年に20年ぶりに総選挙が行われ，11年に新政権が発足したことで，形式的には軍政から民政へ転換した。現在，政治的経済的に各国の注目を集めている。

③ タイ・ベトナム・カンボジア・ラオス・ミャンマーの整理

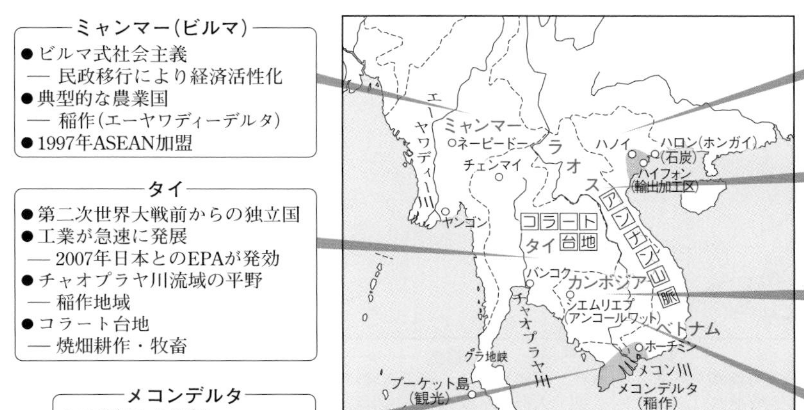

シンガポール・マレーシア・フィリピン

1 ブミプトラ政策の現状―マレーシア

マレーシア政府は，人口の約60％を占めるマレー系に対し，教育や就職，金融面で優遇し，他民族との経済格差是正をめざす**ブミプトラ政策**を実施してきた。そのため1990年代以降の経済成長によりマレー系の所得も上昇した。しかし，中国系との格差はまだ大きく，弁護士や医師などの専門職の伸びも遅い。

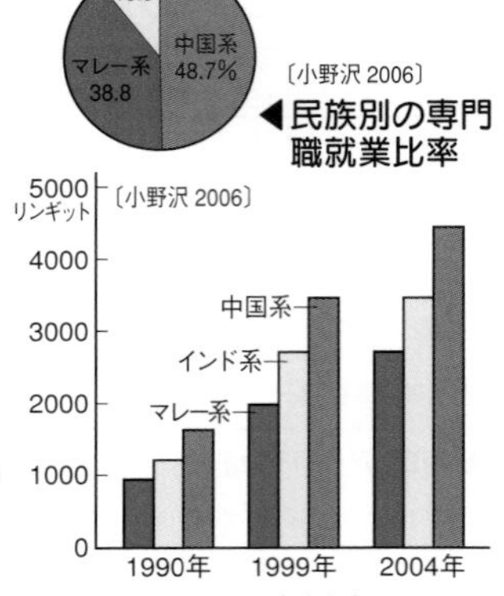

◀民族別の専門職就業比率

▲民族別の月平均賃金

2 都市国家―シンガポール

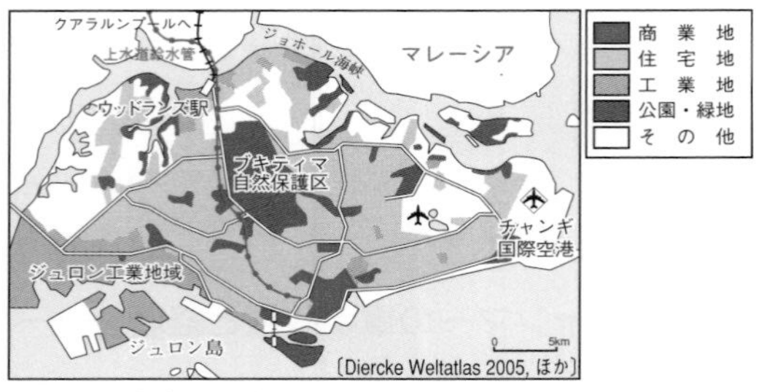

▲シンガポール全図

日本の淡路島程度の小さな島国，シンガポール。人口は少なく資源も乏しいが，多様な民族が居住している。伝統的にマラッカ海峡を利用した中継貿易地として発展してきた。1965年の建国以降は，海外の多国籍企業の東南アジア地域における活動拠点をめざして，工業団地の整備と積極的な誘致を進めた。その結果，製造業と金融・サービス業が主要な地位を占めるなど産業構造は劇的に変化した。アジアNIEsの一国でもある。

3 世界の金融センターをめざすシンガポール

シンガポールは，建国以来の経済戦略として，製造業の振興と国際金融センター化構想を掲げてきた。非居住者の外貨預金の利子課税の免除，アジア初となる金融先物取引所であるシンガポール国際金融取引所(SIMEX)の創設など，積極的に外国からの投資受け入れ環境を整えている。

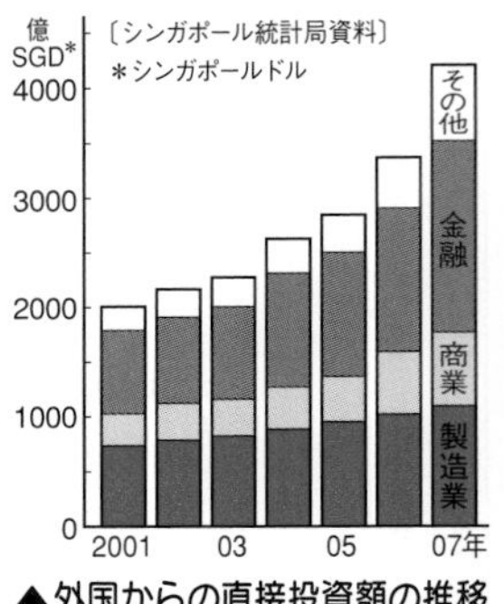

▲外国からの直接投資額の推移

4 フィリピンのキリスト教

フィリピンでは，人口の約90％をキリスト教徒が占めている。この背景には，スペイン人到来以前に外来文化との接触が少なかったこと，スペイン植民地時代にはカトリックの，アメリカ統治時代にはプロテスタントの組織的な布教活動を受けたことが影響している。

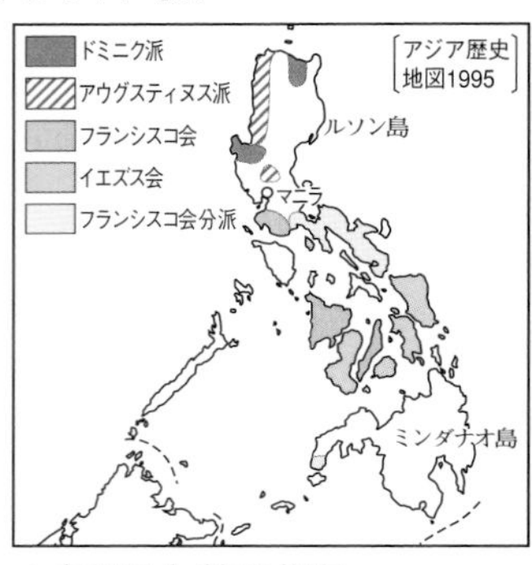

▲キリスト教の分布

コラム 国境を越えた労働力移動

東南アジアでは，国境を越えた労働力移動が珍しくない。とくにフィリピンは，就業人口の4分の1が海外で就業するといわれる。男性は建設・工場労働者が，女性は家政婦などが多かったが，近年は医師や看護師，技術者などの頭脳労働者も増えている。就業先は産油国から東・東南アジア域内に移り変わっている。

5 シンガポール・マレーシア・フィリピンの整理

マレーシア
- 熱帯雨林気候
- プランテーション
  — **天然ゴム・パーム油**の世界有数の生産国
- すずの生産は大きく後退
- ブミプトラ政策
  — マレー人優遇政策
- ルックイースト政策
  — 急速な工業化を推し進める
- 2006年日本とのEPAが発効

シンガポール
- 多民族国家
  — 4分の3は中国系
- 典型的な**NIEs**
  — 貿易・工業・金融
  — ジュロン工業地域
- 2002年日本とのEPAが発効

マラッカ海峡
- 古くから主要航路
  — 日本へ石油を運ぶタンカーの多くが通過

南沙群島
- サンゴ礁が発達，周辺海域に石油や天然ガス埋蔵
  — 中国・台湾・ベトナム・フィリピンなどが領有権を主張

ピナトゥボ山
- 1991年大噴火
  — 山麓の先住民アエタの集落，近くの米軍基地が壊滅，撤退

フィリピン
- 環太平洋山系の多島国
- キリスト教国
- 農業国
  — 稲作
  — 大土地所有制が残存
- 労働力の海外流出
- 2015年人口が1億を突破

ミンダナオ島
- 多国籍企業の進出
  — バナナの農園
- ムスリムによる分離独立運動

南シナ海　ルソン島　マニラ　タイ　バンコク　カンボジア　ベトナム　チャオプラヤ川　ホーチミン　南沙群島　セブ島　フィリピン　マラッカ海峡　マレーシア　ブルネイ　ミンダナオ島　クアラルンプール　シンガポール　ミナス(石油)　ビンタン島　カリマンタン島(ボルネオ)

インドネシア・東ティモール・ブルネイ

1 多民族国家インドネシア

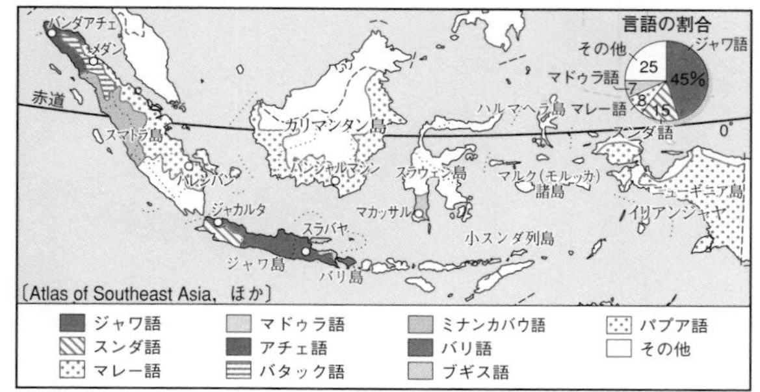

▲インドネシアの言語分布

広大なインドネシアは民族構成が複雑である。国語のインドネシア語は，交易語であったムラユ語(マレー語)がもとで，大多数の国民にとって第二言語である。

2 インドネシア国内の騒乱

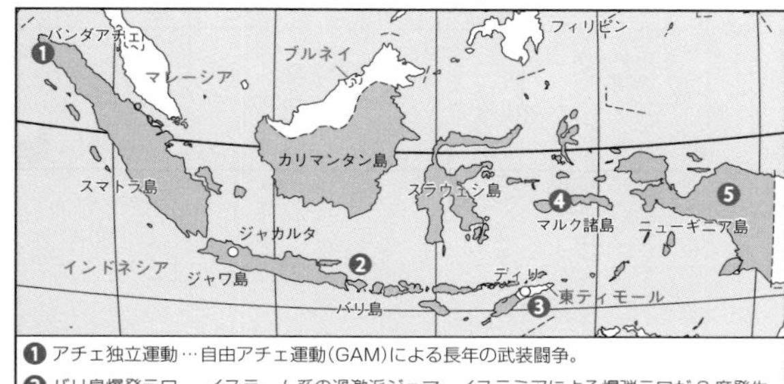

▲インドネシアのおもな紛争・独立運動・テロ

強権的に国家統合を推し進めたスハルト大統領による長期政権は，1998年の経済不況により崩壊した。その後，中央政府の統制力は弱まり，地方では過去の中央政府への従属や国軍・警察による弾圧への不満が噴出し，騒乱や分離独立をめざす動きが活発になった。

3 ジャカルタの都市問題―インドネシア

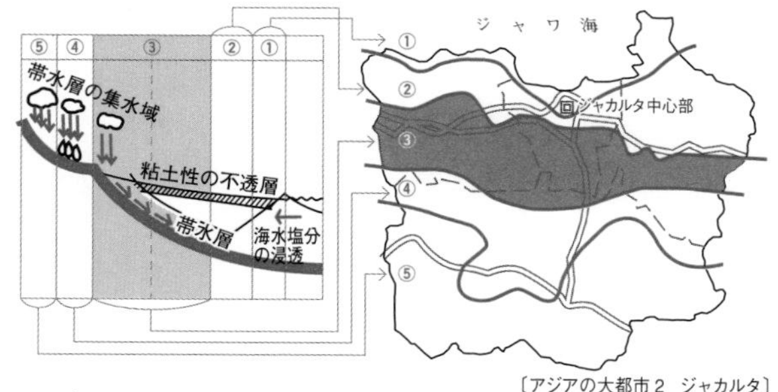

▲ジャカルタ周辺の土壌の特徴

人口流入や交通渋滞など発展途上国共通の都市問題に加え，ジャカルタを悩ますのは水問題である。雨季には市内各地が浸水する都市型洪水が頻発する。この背景には，地下水の過剰利用による地盤沈下，河川へのごみ投棄による河床の上昇，市内や水源地域の開発による遊水池不足などがある。しかし，雨季以外は慢性的な水不足であり，とくに地下水位が深い中北部で水が得にくい。ジャカルタは，経済・行政機能の集中する首都である。増加する水需要への対応が課題となっている。

4 資源大国ブルネイ

ブルネイは豊富な石油と天然ガスに恵まれ，その多くは日本へ輸出される。国民の所得水準が高く，充実した社会保障，個人の所得税徴収がないことで知られている。国民の半数が公務員で，多くの経済活動は外国人労働者に依存している。

▲ブルネイ周辺の油田

5 インドネシア・東ティモール・ブルネイの整理

アチェ
- 敬虔(けいけん)なムスリムが多い
- 自由アチェ運動(GAM)による分離独立運動
- スマトラ沖地震の被害の影響とフィンランド政府の仲介で和平協定

スマトラ沖地震源
- スマトラ島の西岸沖にある地震帯
  — 2004年に大規模な地震が発生，インド洋に面する各地が津波の被害を受けた

インドネシア
- 世界最大の多島国
  — 2つの造山帯の接点
- 世界第4位の人口
  — 約2.5億人(2015年)
  — 90%がムスリム(世界最多)
- 2008年，日本とのEPAが発効

マラッカ海峡　マレーシア　クアラルンプール　ブルネイ　シンガポール　ビンタン島(ボーキサイト)　スマトラ島　ミナス　バンカ島(すず)　パレンバン(石油)　ブリトン島(すず)　カリマンタン島(ボルネオ)　バリクパパン(石油)　赤道　ニューギニア島　(ニッケル)　(銅)　スラウェシ島　インド洋　ジャカルタ　バンドン(避暑地)　インドネシア　ジャワ島　バリ島　ディリ　東ティモール

ブルネイ
- 国内総生産の80%以上が原油
  — そのほとんどは日本に輸出
- 2008年，日本とのEPAが発効

ロンボク海峡
- バリ島・ロンボク島間の海峡
  — 水深が深く，大型船の通航に適す

東ティモール
- 3分の2は山岳地帯
- 2002年5月独立
- カトリックが多い

1 南アジアの自然環境

① 南アジアの自然環境

(1) 新期造山帯の自然環境

参照 p.5⑥(2)

・ヒマラヤ山脈，カラコルム山脈
　―**アルプス=ヒマラヤ造山帯**の一部。インド亜大陸とユーラシア大陸が衝突して隆起した急峻(きゅうしゅん)な山脈。**エヴェレスト山**ほか8000m級の山々が連なる。

・パミール高原，ヒンドゥークシ山脈
　―「世界の屋根」とよばれる。

・カイバー峠
　―東西の交通路として利用された。

(2) 安定陸塊の自然環境

・デカン高原
　―西高東低の楯状地。玄武岩の風化した肥沃な**レグール**が分布し，綿花栽培がさかん。東西両ガーツ山脈にはさまれている。

・大インド(タール)砂漠
　―インド北西部からパキスタンにかけて広がる砂漠。

(3) ヒンドスタン平原

　―ガンジス川によって形成された沖積平野。河口には巨大なデルタが形成されている。稲作をはじめとする農業がさかん。

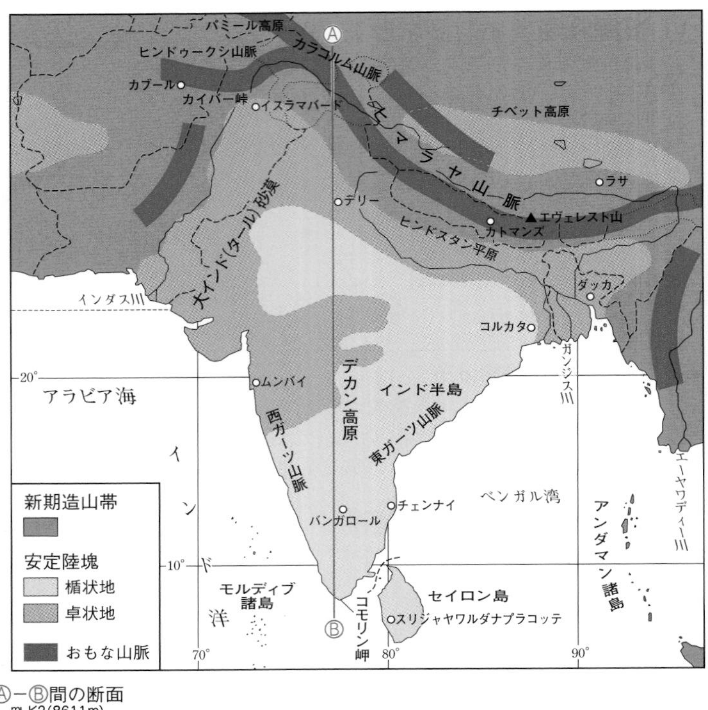

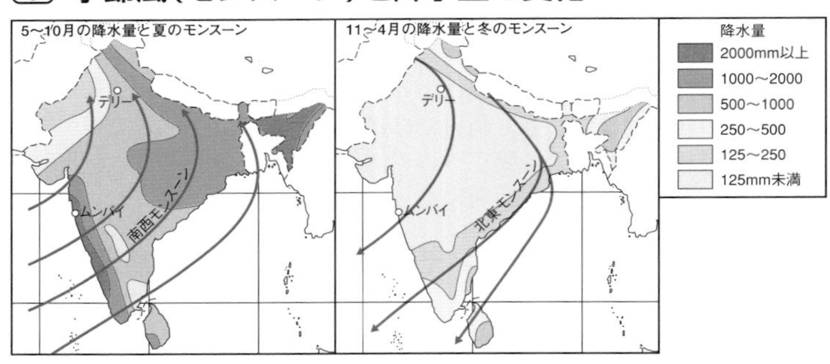

② 南アジアの気候

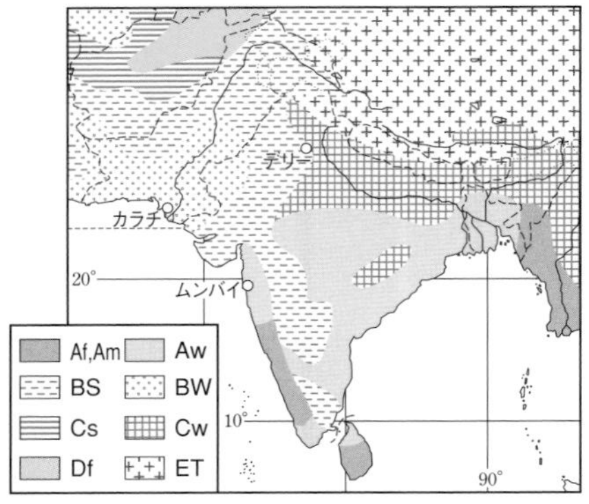

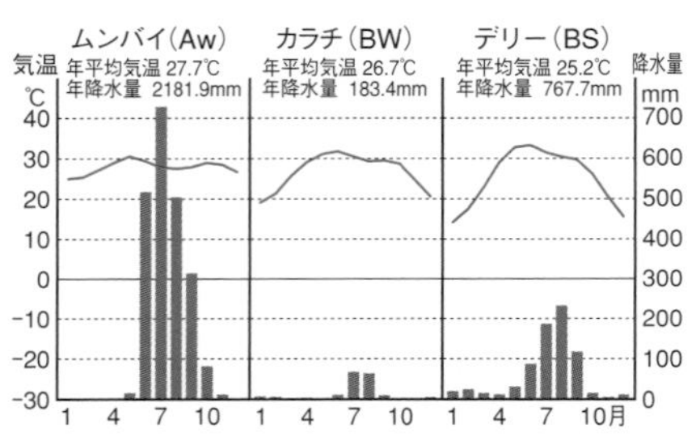

▲おもな都市の気温と降水量〔理科年表 平成28年〕

③ 季節風(モンスーン)と降水量の変化

5～10月の降水量と夏のモンスーン

11～4月の降水量と冬のモンスーン

降水量：2000mm以上／1000～2000／500～1000／250～500／125～250／125mm未満

デリー，ムンバイ，南西モンスーン，北東モンスーン

　南アジアは，季節風の風向きによって雨季と乾季が明確である。とくに，南西の季節風は農業生産や日常生活に重要な意味をもつ。

コラム サイクロンの影響 参照 p.19

　熱帯低気圧は，赤道近海で発生する移動性低気圧で，発達すると激しい暴風雨を伴う。インド洋では**サイクロン**とよばれ，季節風の前後(3～5月，12～2月)に多く発生する。これまでに1991年のバングラデシュ(死者およそ14万人)，1996年のインド南東部海岸，2007年のバングラデシュ南部(死者およそ3000人)など，沿岸国に大きな被害をもたらしている。これらの地域は低地が多い。そのため，サイクロンにより発生する高潮が，被害の規模をより大きくしている。

2　南アジアの歴史・宗教・民族

① 南アジアのあゆみ

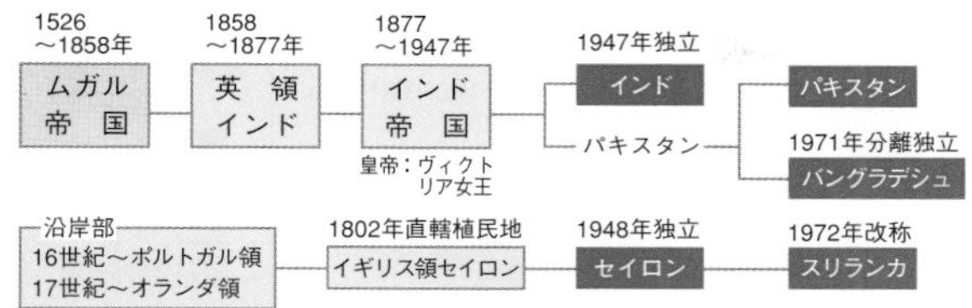

▲植民地支配と独立

南アジアの国々は18〜19世紀にイギリスの植民地支配を受けたが，1947年にヒンドゥー教徒の多いインドとムスリムの多いパキスタンが分離独立した。東西に分かれていたパキスタンは1971年に東側がバングラデシュとして分離独立した。一方，セイロンは1948年に独立し，1972年に国名をスリランカに改称した。

② 南アジアの言語分布

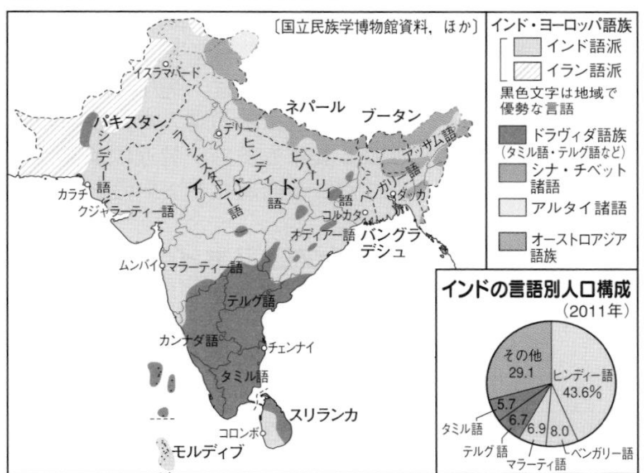

少数民族の言語や方言を含めると，南アジアには数百から数千の言語があるといわれる。これらはインド・アーリア系，ドラヴィダ系，オーストロアジア系，チベット・ビルマ系，イラン系に分類される。インドは独立後，デーヴァナーガリ文字で書かれたヒンディー語を連邦公用語に定める一方，主要言語を基準に州を再編成し，州や地方別の公用語も設けている。

コラム　インド映画と言語

インドでは，年間約900本の映画が製作されるが，その言語はさまざまである。多いのはヒンディー語・タミル語・テルグ語で年間約150本，マラヤーラム語・カンナダ語は約80本，ベンガル語やマラーティー語は約30本である。インド国内には多数の撮影所があるが，とくにムンバイ（「ボリウッド」とよばれる）とチェンナイは映画製作の中心地である。従来，南インドの映画は北インドでは上映されず，ヒット作はムンバイでキャストを代えてリメイクされていた。しかし1990年代以降，南インド映画のヒンディー語吹き替え版が北インドでも大ヒットし，南インドの監督や俳優も全国的なファンを獲得するようになった。

③ 南アジアの宗教分布

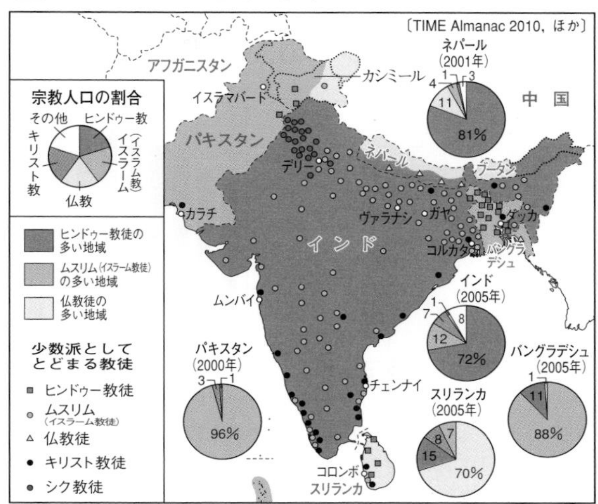

南アジアにはさまざまな宗教が存在する。インドではヒンドゥー教が，パキスタンやバングラデシュではイスラームが，スリランカでは仏教がおもに信仰されている。

用語　カースト制

カースト制とは，生まれながらに属する社会集団（ジャーティ）と，上下の身分関係（ヴァルナ）が結合した世襲的な身分制度である。ジャーティは特定の職業に従事することが多く，地域社会はジャーティ間の分業によって成り立ってきた。

社会生活や儀礼の場で，下位カーストは上位カーストから差別を受けてきたが，現在ではカーストによる身分差別は憲法で禁止されている。従来のカーストにとらわれない職業も増えており，下位カーストでも教育の機会に恵まれれば高収入の仕事につけるチャンスが広がるなど，慣習も変化してきている。

④ カシミール問題

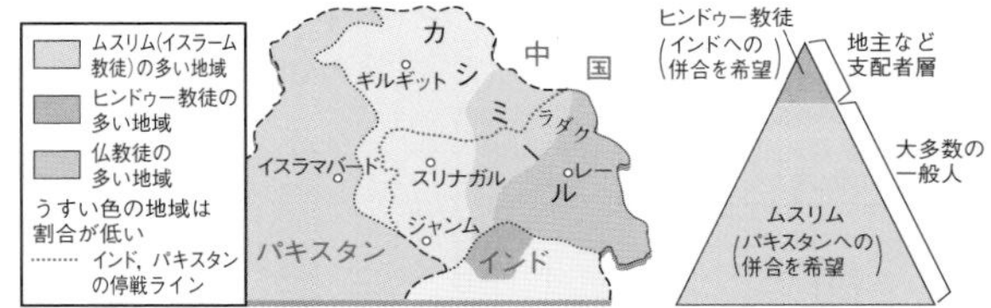

▲カシミール地方の宗教分布（左）と問題の構造（右）

1947年，イギリスからヒンドゥー教徒の多いインドとムスリムの多いパキスタンが分離独立した。このとき，カシミール藩王国は，大半の住民がムスリムであったが，ヒンドゥー教徒の藩王がインドへの帰属を決めた。これにより1948年，カシミール地方の領有をめぐって第1次印パ戦争が勃発した。翌年には暫定協定が結ばれたものの，それ以降も紛争は続き，いまだに解決のきざしはみえていない。

3 南アジアの国々

インド

① 増え続けるインドの人口

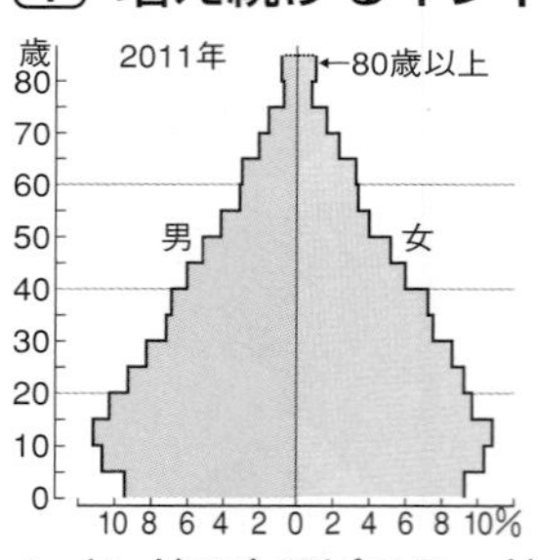

▲インドの人口ピラミッド 〔世界人口年鑑 2014〕

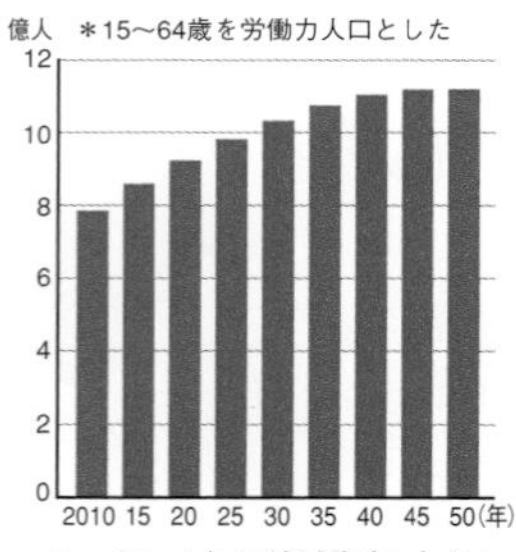

▲インドの労働力人口の推移予測 〔WPP 2006〕

インドの人口は2030年頃に中国を抜いて世界一になり，労働力人口は2050年まで増加が続くと予測されている。しかし，貧困層では多産と貧困が連鎖しているため，女性の教育や家族計画などの普及も進められている。

② 高成長を続けるBRICS

参照 p.151

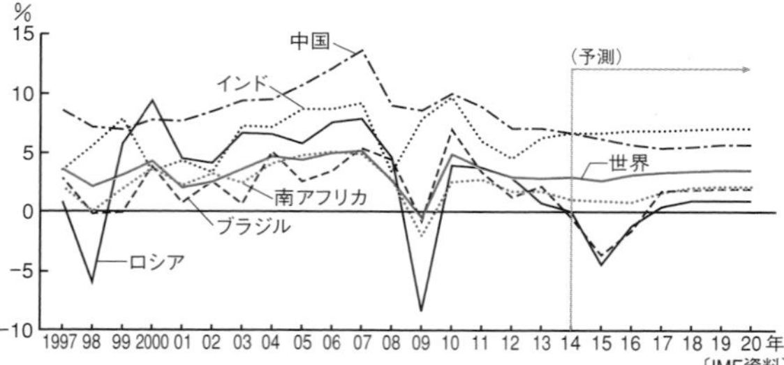

▲BRICS各国のGDP成長率の推移

BRICS諸国が世界から注目されている背景には，増え続ける人口・広大な国土・豊富な鉱物資源・高い経済成長率がある。とくにインドは，理工系の高度な技術者を含めた豊富な労働力や鉄鉱石・石炭などの鉱物資源を有し，ICT産業や自動車産業を核に高成長を続けている。

③ BRICSのICTインフラ環境

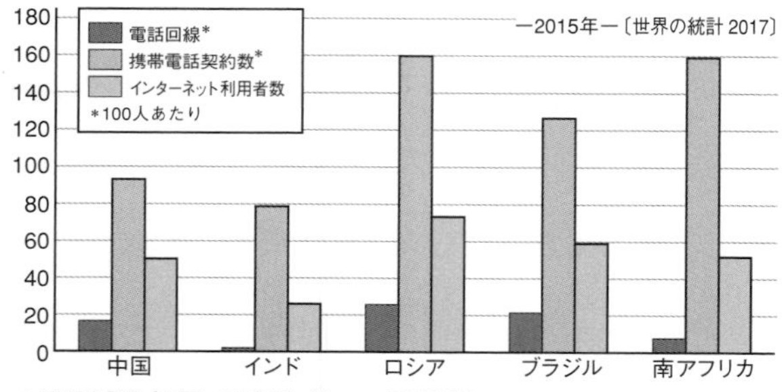

▲BRICS各国のICTインフラ環境

BRICS諸国のうち，インドのICTインフラ環境の未整備が目立っている。インドはICT産業が強いものの，携帯電話登録者やインターネット利用者は，総人口の約５％である。これは今後の発展の大きな課題となっている。

④ インドの農業改革－光と影

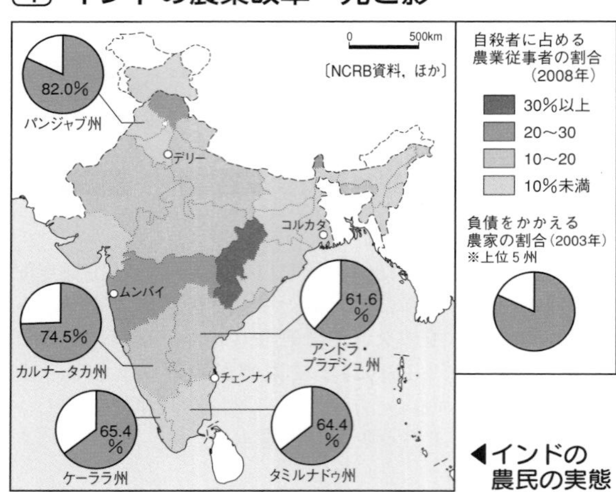

◀インドの農民の実態

1970年代末，インドは**緑の革命**(→p.60)によって食料自給をほぼ達成した。しかし，都市と農村の経済格差は依然大きく，人口の2割は今も貧困に苦しんでいる。とくに，緑の革命以降の近代的農業は，病気に強い遺伝子組み換え種子や化学肥料，殺虫剤の購入など多額の資本が必要で，借金を重ねる農家も多い。最近は多額の負債を抱えて自殺する事件が社会問題化している。

⑤ 貧困層を救うマイクロファイナンス

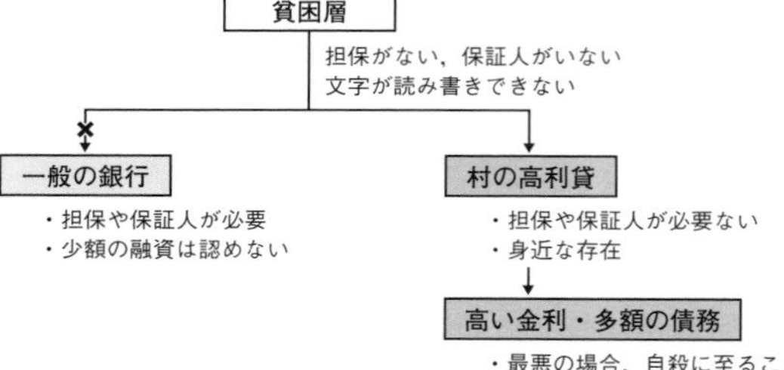

▲貧困層をとりまく金融の問題

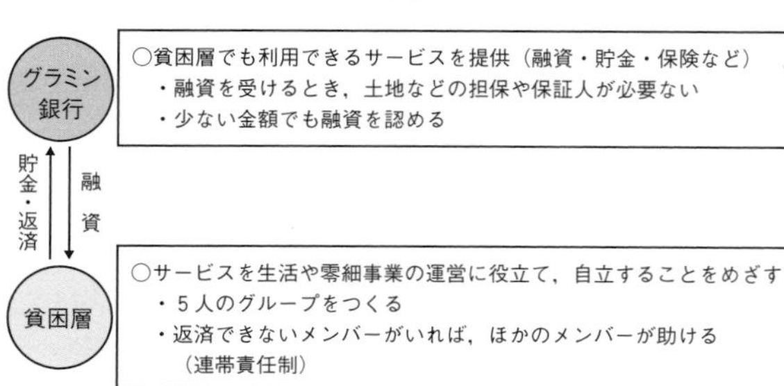

▲マイクロファイナンスのしくみ(当初のグラミン銀行の例＊)

マイクロファイナンスとは，一般の金融機関を利用できない貧困層を対象にし，その経済的な自立を支援することを目的にした金融機関のこと。なかでもノーベル平和賞を受賞したグラミン銀行は，貧しい人もきちんと生計を立てられると考え，マイクロクレジットとよばれる無担保少額融資を可能にし，著しい成果をあげた。

＊現在はグループ連帯保証制度は行っていない。

バングラデシュ・パキスタン・スリランカ

① バングラデシュの洪水災害 参照 p.11⑥

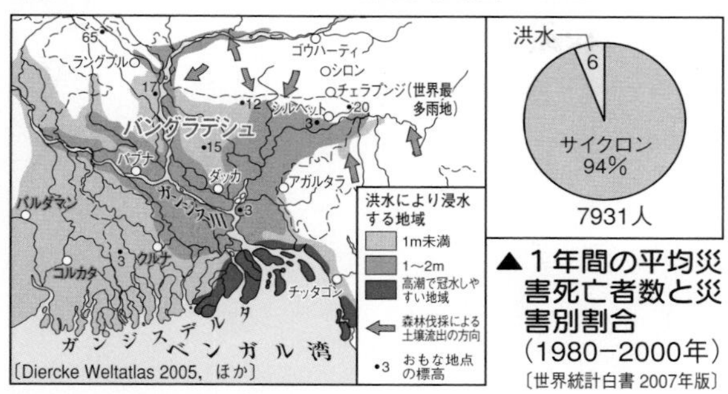

▲洪水で浸水する地域

▲１年間の平均災害死亡者数と災害別割合（1980−2000年）〔世界統計白書 2007年版〕

バングラデシュの国土の大半は，ガンジスデルタにあるため，雨季になるとしばしば大規模な洪水に襲われる。また，暴風雨を伴うサイクロンが直撃し，沿岸部では高潮によって大きな被害をもたらすことも多い。

② バングラデシュの縫製業

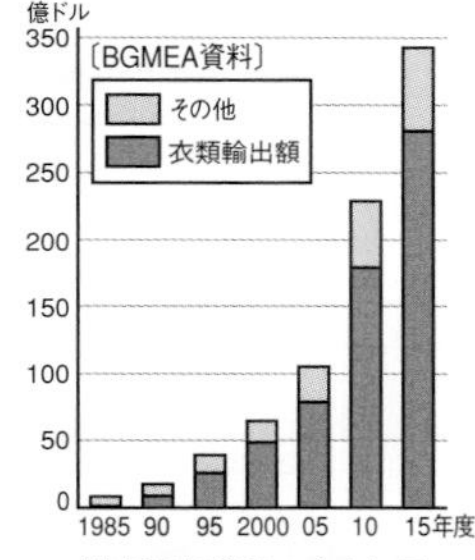

▲総輸出額に占める衣類の割合と推移

現在，バングラデシュの総輸出額のうち，4分の3以上が衣類である。1970年代に韓国とホンコンからの直接投資で始まった縫製業は，欧米諸国を中心に輸出量を増やし，経済発展を支えている。縫製工場は工業団地だけでなく，都市内部の町工場も無数にあり，おもに若い女性労働者が従事している。

コラム　パキスタンのサッカーボール生産

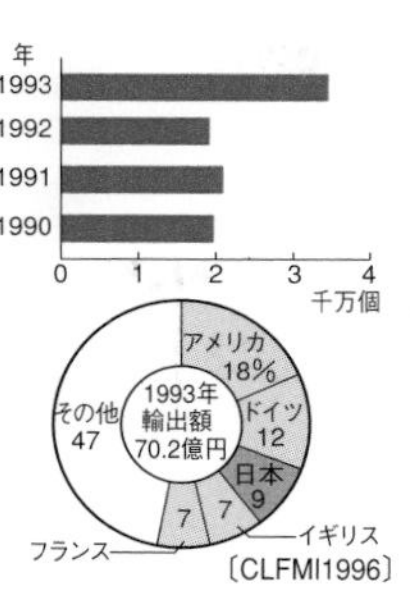

▲サッカーボールの輸出量と輸出相手国の割合

パキスタンはスポーツ用品の生産がさかんで，とくに公式ボールとなる手縫いサッカーボールの生産量は世界一である。しかし，この縫製に多数の児童が従事していることが明らかになった。1997年，サッカーボール業界が児童労働撤廃に向けて，ILOなどの国際機関にサポートを求め，社会保護プログラムが開始された。児童とその家族，約１万人が教育や技能訓練を受け，その成果が出始めている。

③ スリランカの民族紛争

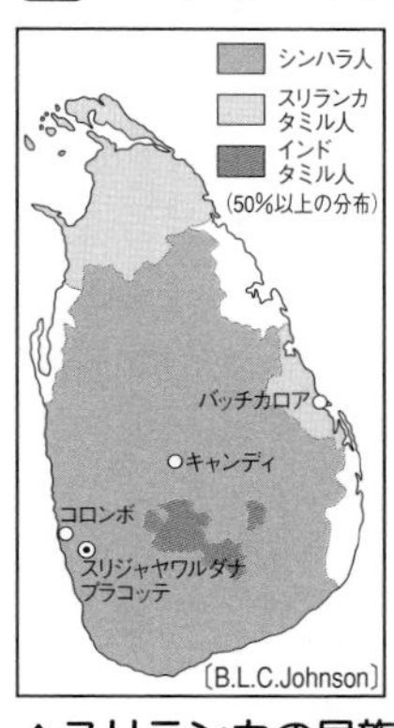

▲スリランカの民族分布

紛争の原因は独立後のシンハラ人優先主義の国家運営にある。1970年代，スリランカタミル人の反政府活動が活発化し，政府軍との武力対立が徐々に激化した。1983年には反タミル人暴動が起き，大量のタミル難民が南インドや欧米諸国に流出した。隣国インドは外交圧力や平和維持軍の派遣を通じて紛争解決を試みたが，泥沼の戦闘に巻き込まれ，失敗した。2009年タミル人の反政府活動が制圧され，内戦が終結した。

④ 南アジア諸国の整理

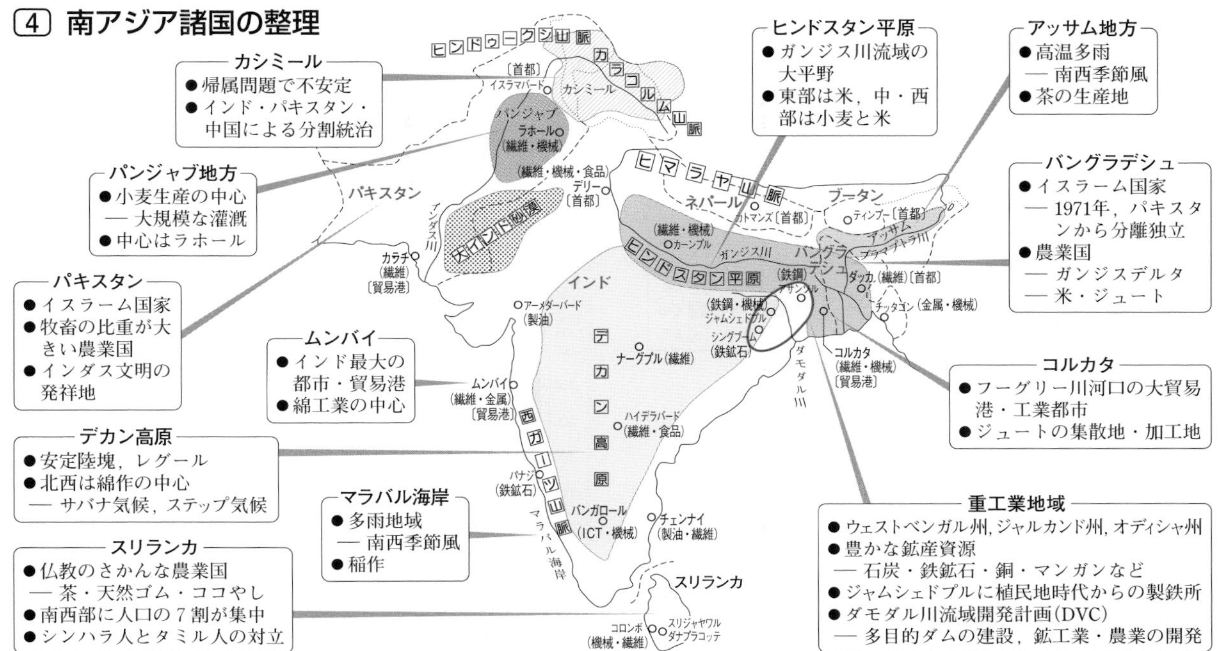

1　中央アジア・西アジアの自然環境

1 中央アジア・西アジアの自然環境

（1）新期造山帯の自然環境

・アナトリア高原
・カフカス山脈
・イラン高原
　―アルプス=ヒマラヤ造山帯に属する。

（2）安定陸塊の自然環境

・アラビア半島
　―アラブ楯状地

（3）砂漠・平原

・ルブアルハリ砂漠
　―アラビア半島南部の3分の1を占める世界最大級の砂砂漠。
・カザフステップ
　―カザフスタン西部の準平原。小麦・てんさい・じゃがいもなどの生産や羊の放牧がさかん。

（4）河川・湖沼

・塩湖…カスピ海，アラル海，死海
・内陸河川…アムダリア川，シルダリア川
・オアシス

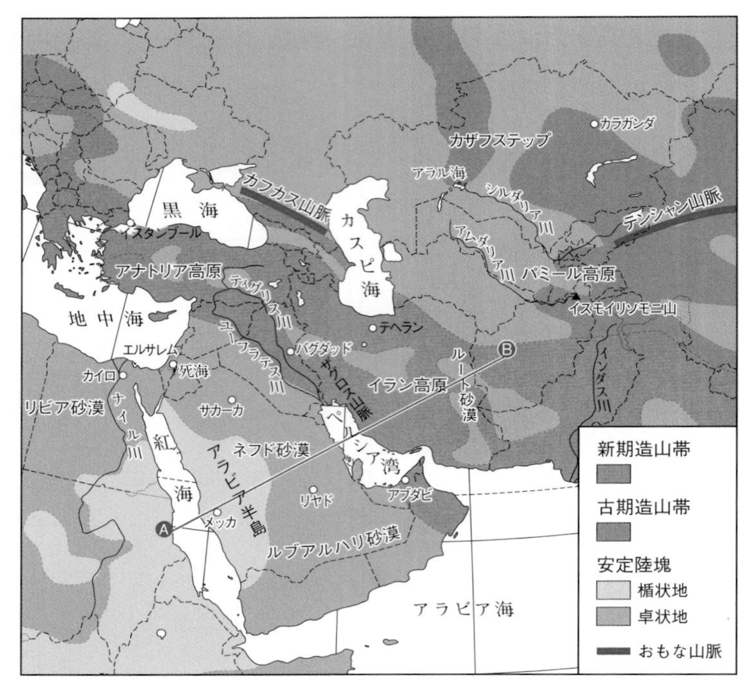

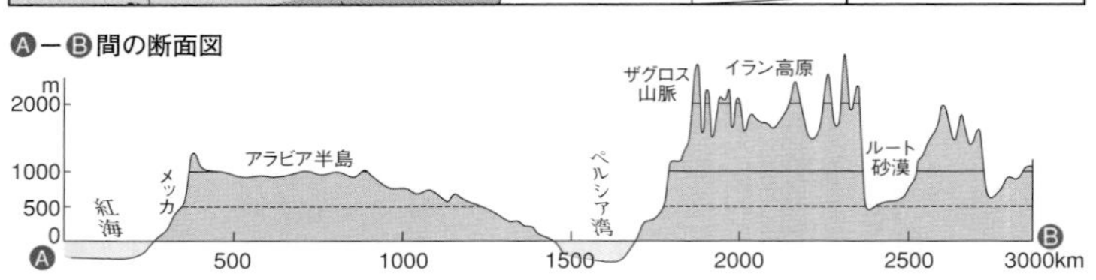

2 中央アジア・西アジアの気候

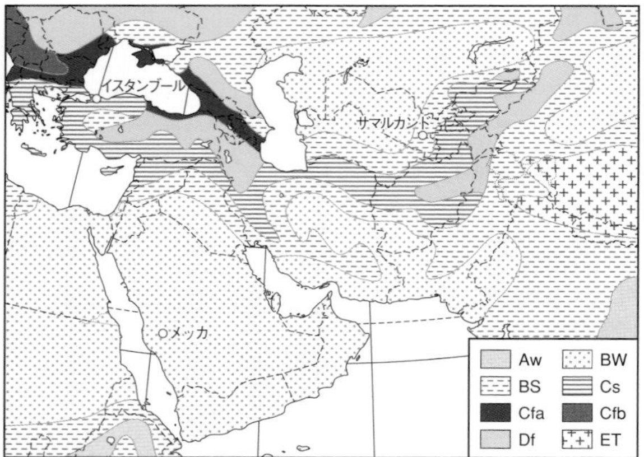

▲中央アジア・西アジアの気候区分

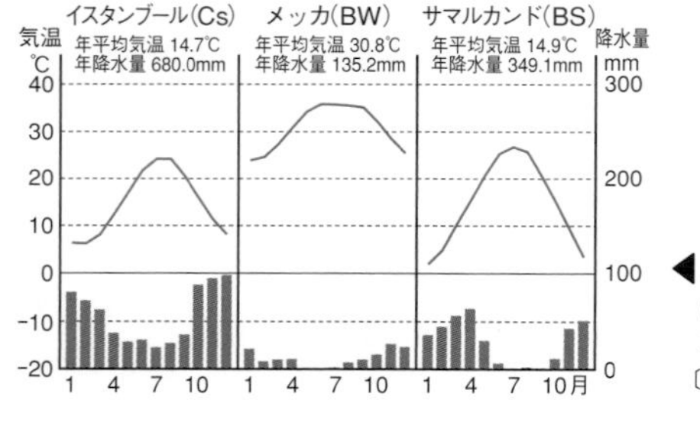

◀おもな都市の気温と降水量
〔理科年表 平成28年〕

用語　カナート・フォガラ・カレーズ

砂漠気候が広がる中央・西アジアでは，蒸発を防ぐため山麓にわき出す地下水を，地下水路によって集落に導いている。地下水路は，イランではカナート，アフガニスタンやパキスタンではカレーズ，北アフリカではフォガラとよばれる。

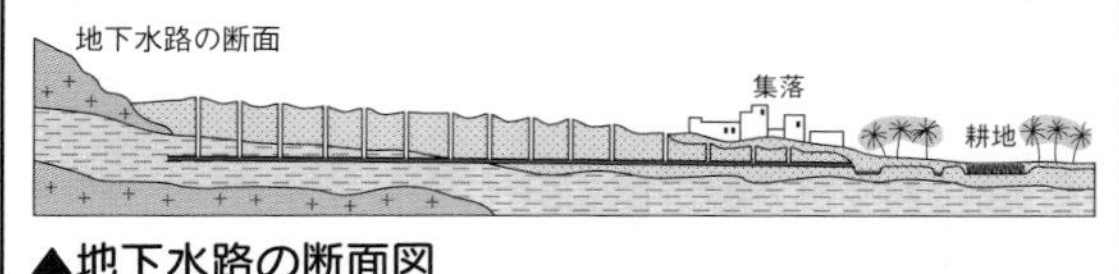

▲地下水路の断面図

3 海水の淡水化

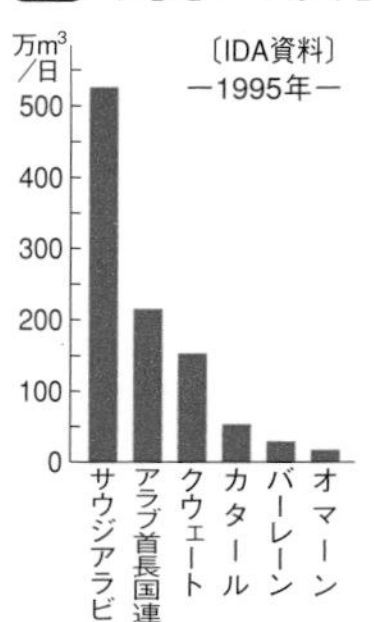

▲主要国の海水淡水化施設の造水量

水資源の乏しい乾燥地域では，伝統的な地下水路の活用だけでなく，近年では，海水を淡水化する施設の建設が進んでいる。とくに，サウジアラビアは世界最大の海水淡水化市場であり，その建設には日本の技術も活かされている。建設や維持には莫大な費用が必要で，その背景には産油国の豊かなオイルマネーの存在が見え隠れしている。

2　中央アジア・西アジアの歴史・宗教・民族

① 中央アジア・西アジアのあゆみ

年	事　項
7～10世紀末	イスラーム伝播
1869	スエズ運河開通
1901	イギリス，イラン南部の石油採掘権獲得
45	アラブ連盟結成
48	イスラエル国建国宣言 第1次中東戦争(パレスチナ難民流出)
51	イラン，石油の国有化宣言
56	第2次中東戦争(スエズ戦争～57年)
60	石油輸出国機構(OPEC)発足
67	第3次中東戦争
68	アラブ石油輸出国機構(OAPEC)発足
73	第4次中東戦争
79	イラン=イスラーム革命 ソ連，アフガニスタン攻撃
80	イラン・イラク戦争(～88年)
91	湾岸戦争 ソ連解体により，中央アジア諸国成立
2001	ニューヨークなどで同時多発テロ アメリカ，アフガニスタン攻撃
03	イラク戦争
06	イラクで新政府発足
11	シリアで内戦始まる

用語　中東

中東とは，おおよそ西アジアから北東アフリカをさした地域の呼称。日本からは西方向にあるが，東とよばれるのは，ヨーロッパ中心の世界観から発生した概念であるため。第一次世界大戦のころに，ペルシア湾周辺の地域をさしてよばれるようになった。

② 中央アジア・西アジアの言語

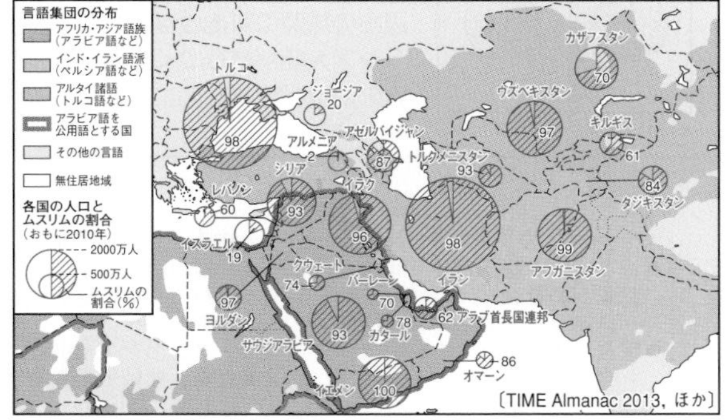

〔TIME Almanac 2013，ほか〕

▲言語分布とムスリム(イスラーム教徒)の割合

この地域は，おもに三つの言語によって民族や文化を分けることができる。アラビア語はアラビア半島から北アフリカ周辺，ペルシア語はイランからインド周辺，トルコ語はトルコから中央アジアにかけて分布している。イスラームの聖典コーラン(クルアーン)は，アラビア語で書かれたもののみ認められる。

アラビア語 (アフリカ・アジア語族)	ペルシア語 (インド・イラン語族)	トルコ語 (アルタイ語族)
スーク(市場)　سوق	バザール(市場)　بازار	チャルシュ(市場)　çarşı
※右から左へ	※右から左へ	

③ エルサレムで誕生した三宗教

	ユダヤ教	キリスト教	イスラーム
成　立	紀元前6世紀	1世紀	7世紀
創始者		イエス	ムハンマド
神の名	唯一神　ヤハウェ	唯一神(父なる神・子なるイエス・聖霊→三位一体)	唯一神　アッラー
聖　典	旧約聖書	旧約聖書，新約聖書	コーラン(クルアーン)
教義の特徴	厳格な律法主義(モーセの十戒) 選民思想，偶像否定，救世主(メシア)思想	"イエスは救世主である" 使徒ペテロ・パウロらの伝道	神への絶対服従，六信五行を守る，偶像崇拝の禁止

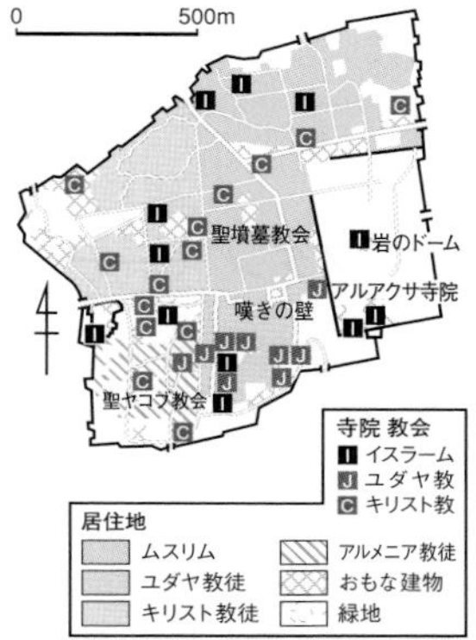

▲エルサレムの旧市街地

エルサレムは，ユダヤ教・キリスト教・イスラームの聖地である。旧市街地には，ユダヤ教の聖地である嘆きの壁や，ユダヤ教の神殿をモスクに変えたアルアクサ寺院・岩のドームなど伝統ある宗教施設が密集している。この三宗教のうち，最も古いのがユダヤ教であり，キリスト教やイスラームの起源になった(→p.209)。

④ イスラームの六信五行

六信	①神(アッラー)… 唯一絶対神，全知全能 ②天使(マラーイカ)… 神と人間の中間的存在(仲介者) ③経典(キターブ)… アッラーの啓示(コーランが最後にして最良の経典) ④預言者(ナビー)… ムハンマドが最も優れた預言者 ⑤来世(アーヒラ)… 最後の審判をうける ⑥定命(カダル)… 人間の行為はすべて神の創造である
五行	①信仰の告白(シャハーダ)… 礼拝のたびに唱える ②礼拝(サラート)… 1日5回(夜明け・正午・午後・日没・夜半)，メッカのカーバ神殿に向かって祈る ③喜捨(ザカート)… 困窮者救済のための施し，一種の財産税 ④断食(サウム)… ラマダーン月の日の出から日没まで飲食しない ⑤巡礼(ハッジ)… 一生に一度は巡礼月の7～13日にメッカに巡礼する

⑤ 食事にみるイスラーム文化

イスラームは不浄を嫌う。これは食事の文化にも反映し，排泄物に触れることの多い左手を使うことや，不浄とされる豚肉を食べることなどが禁止されている。法に則った食品はハラールフードとよばれる。

参照　p.209「コラム」

コラム　イスラーム復興運動

20世紀になると中東諸国では，産油国を中心に富が集中し，貧困層との貧富の差が生じてきた。そのため，イスラームの道徳によって，社会や国家を公正なものにしようとする運動が活発になっている。

3　中央アジア・西アジアの国々

中央アジア諸国

① 中央アジア諸国のあゆみ

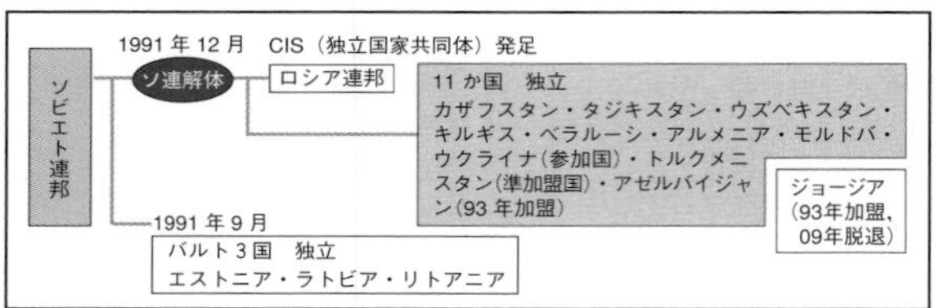

▲ソ連解体と独立

1991年12月，アメリカと比肩（ひけん）していた大国ソビエト連邦が解体し，バルト3国を除く国々からなる独立国家共同体(CIS)が形成された。

コラム　中央アジアの“○○スタン”

中央アジアには，国名に「スタン」がつく国が多い。実は，「スタン」はペルシア語で「～人の国」という意味をもつ言葉。国名と言語の関連性を調べると興味深い。

② 経済格差―ソ連解体後の課題

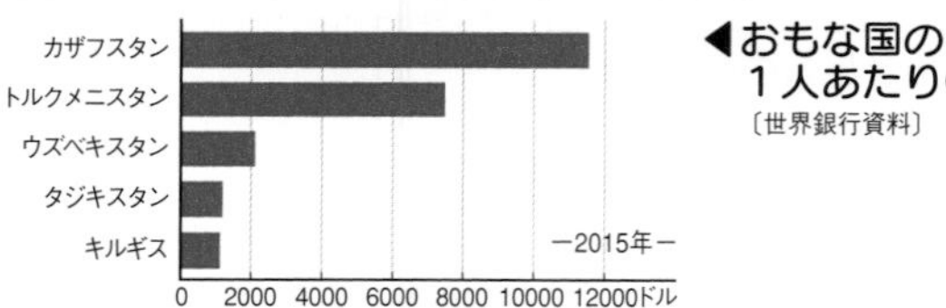

◀おもな国の1人あたりGNI
〔世界銀行資料〕

現在，中央アジア諸国は，各国間の経済格差が問題になっている。これは，ソ連時代に低開発地域だったこと，天然資源を保有するカザフスタンなどの国に富が集中していることなどが背景にある。この問題は，経済協力などの政治面にも影響が出ている。

③ カスピ海の新グレートゲーム

▲カスピ海周辺のパイプライン

19世紀，中央アジアの領有をめぐる大英帝国とロシア帝国の争いを「グレートゲーム」とよんだ。この現代版ともいえる資源争奪戦が，カスピ海周辺で繰り広げられている。この背景には，情勢不安定な中東諸国のエネルギー依存度を下げるために，カスピ海の天然資源が注目されるようになったことがある。アメリカや日本を中心に，世界主要国の企業がこの「ゲーム」に参加しているが，紛争の影響も受け，不安定な情勢が続いている。

トピック　上海協力機構のめざす道

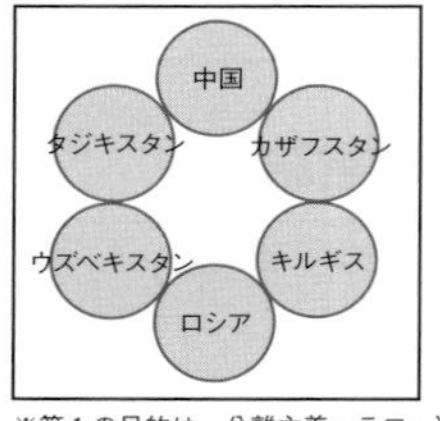

上海協力機構は，中国・ロシアと中央アジアの4か国からなる協力機構。近年の中国とロシアの関係の強化，インドなど周辺国の加盟の可能性など，ユーラシア大陸が結びつく動きに世界の注目が集まっている。

※第1の目的は，分離主義・テロ・過激派への対処。

④ 中央アジア諸国の整理

遊牧民の定着政策
- かつては羊・ヤギなどの遊牧がさかん
- カザフ人，キルギス人など，ソ連時代に定住化が推進された

アラル海
- 綿花栽培のための大規模な灌漑によって湖岸が縮小
- 40年間で約3分の1の面積に

カラガンダ
- カラガンダ炭田とテミルタウの鉄鉱石の結合
  ― 鉄鋼コンプレックスを形成
- 現在，カラガンダの石炭はウラル地方にも供給

中央アジアの工業
- 周辺の綿花・羊毛を原料にした繊維工業がさかん
  ― タシケントが中心
- 近年，機械工業も発達している
- 後背の山地からの豊富な水力発電

バクー地域
- バクー油田を背景に工業化
- 陸上の油田は枯渇し，ほとんどがカスピ海の海底油田

カラクーム運河
- アムダリア川からカスピ海に通す水路
- 灌漑・水運・都市用水用
- 1954年，以前の大トルクメン運河計画に代わって着手
- 1987年時点でカスピ海直前まで開通していた
- アラル海の水位低下が問題

綿花地帯
- シルダリアやアムダリア川・カラクーム運河を利用した灌漑農業
- ソ連時代は綿花生産の約80%を占めていたが，栽培の縮小がはかられている
- その他，飼料作物・野菜・果実・米の栽培もさかん

ロシア　ヌルスルタン　カザフステップ　カラガンダ(鉄鋼)　ヴォルゴグラード　ジェズカズガン(銅鉱・銅精錬)　カザフスタン　アラル海　シルダリア川　バルハシ湖　(繊維・食品)アルマティ　(繊維・食品)ビシュケク　キルギス　天山山脈　黒海　グロズヌイ　ジョージア　トビリシ　カスピ海　アルメニア　トルコ　エレバン　バクー　トルクメニスタン　ウズベキスタン　アムダリア川　(繊維・食品)サマルカンド　タシケント(綿工業・機械・毛織物・食品)　中国　キジルアルバート　カラクーム運河　パミール高原　アゼルバイジャン　アシガバット(繊維・ガラス)　ドゥシャンベ(綿花)　テヘラン　イラン　アフガニスタン　タジキスタン

西アジア諸国

① オイルマネーに踊る産油国

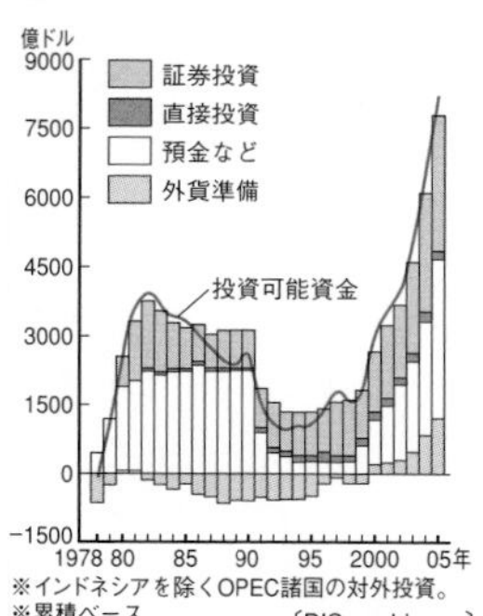

▲オイルマネーの推移と用途

近年，原油価格の急騰によって産油国が得た莫大なオイルマネーの多くは，投資にまわされ，それを運用資金にしたさまざまな建造物の建設ラッシュが進んでいる。

しかし，投資に頼った経営は国際経済の影響をうけやすく，経済発展も安定していないのが実状である。

② 砂漠に浮かぶ蜃気楼都市―ドバイ

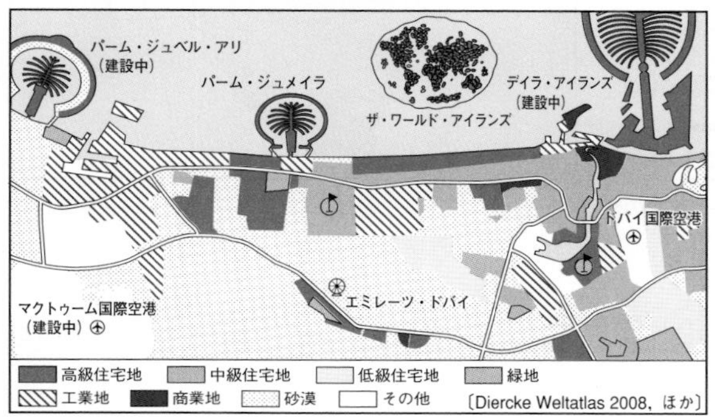

▲ドバイの市街図

砂漠の中の小さな漁村にすぎなかったドバイに，莫大なオイルマネーがつくり上げた近代都市が出現した。やしの木や世界地図の形をした人工島，高さ1000mの超高層ビルなど世界最大級のリゾート開発が計画されている。

③ 泥沼化するイラク情勢

▲イラクの民族・宗教の分布

2003年3月のアメリカによるイラク攻撃後，約2年。崩壊したフセイン政権にかわる新政府が2006年5月に発足した。しかし，スンナ派とシーア派の対立が激化し，爆弾テロの発生など治安は悪化，情勢は泥沼化している。

コラム　国家のない民族―クルド人

クルド人は，推定人口約3000万で，独自の言語と文化をもつ民族。国家はなく，居住地(クルディスタン)がイランやイラク，トルコなどの国境で分断されている。いずれの国でもマイノリティで，独立運動も活発である。

④ EUに加盟すべきか―トルコの葛藤

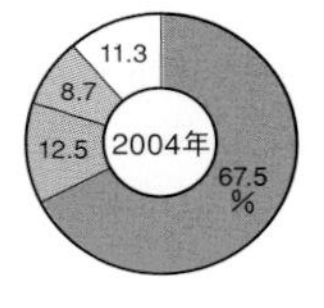

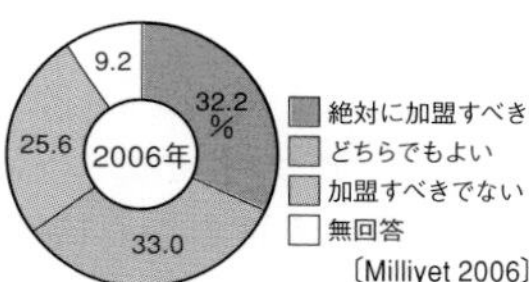

▲トルコ人の世論調査

念願のEU加盟を目指し交渉を続けるトルコ。しかし，国民の大半がムスリムのトルコの加盟は，キリスト教世界のEU諸国から不満の声も多い。ところが，最近のトルコの世論調査では，EU加盟を熱望する声が減少。イスラーム回帰の動きがみえ始めている(→p.211)。

⑤ 西アジア諸国の整理

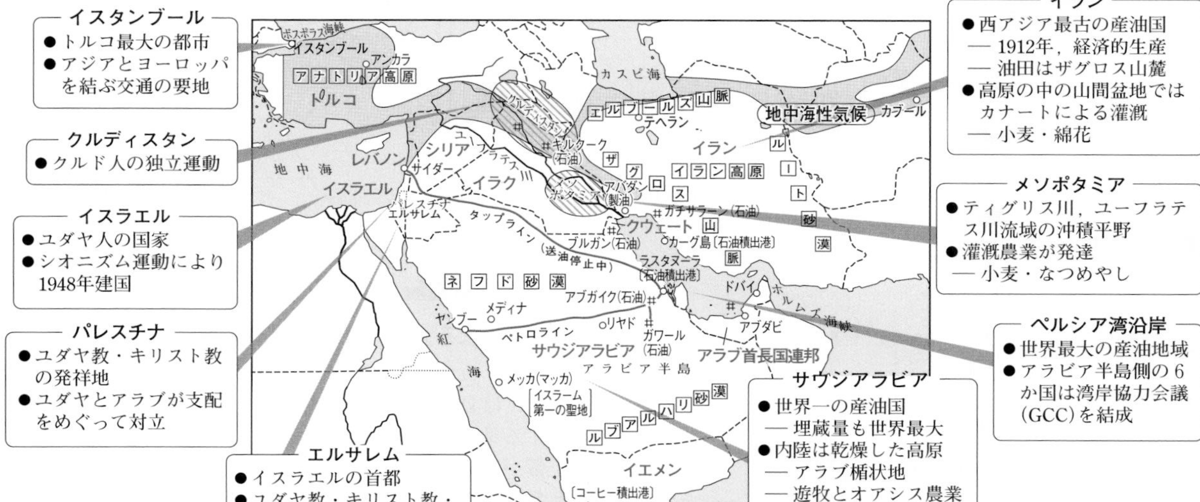

1　アフリカの自然環境

①　アフリカの自然環境　参照 p.2③

アフリカ大陸の多くは1000m以上の台地からなり，サハラ砂漠にも高原が存在する。赤道直下のコンゴ盆地や南部のカラハリ砂漠も200m以上の標高があり，低地は10%にも満たない。

海岸部の低地は狭く，急に台地にあがるため，河川には滝が多いことも特色である。

（1）新期造山帯の自然環境

アトラス山脈－アルプス=ヒマラヤ造山帯に属する。中央は高原となり沼地が多い。

（2）古期造山帯の自然環境

ドラケンスバーグ山脈－アフリカ大陸の南縁にある古期造山帯に属する。褶曲(ケープ褶曲帯)がみられる。

（3）安定陸塊の自然環境

サハラ砂漠－世界最大の砂漠。「サハラ」という名前は，アラビア語の「荒れた土地」に由来する。岩石砂漠・礫(れき)砂漠が広くみられる。豊富な地下水が存在し，オアシスが点在する(→p.29)。

大地溝帯(グレートリフトヴァレー)－紅海からアフリカ大陸東部のエチオピア高原を経て，東部地溝帯と西部地溝帯に分かれ，ザンベジ川河口にいたる高地を南北に縦断する。地球内部のマントルの上昇によって，現在でも広がっている台地の裂け目である(→p.5)。

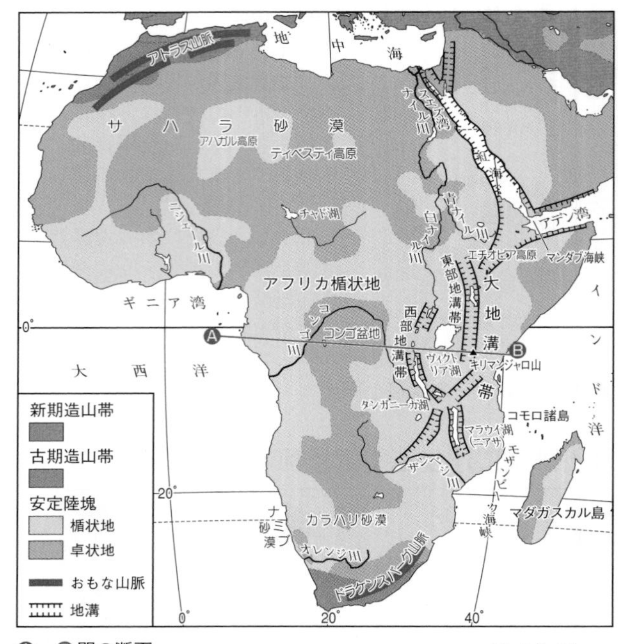

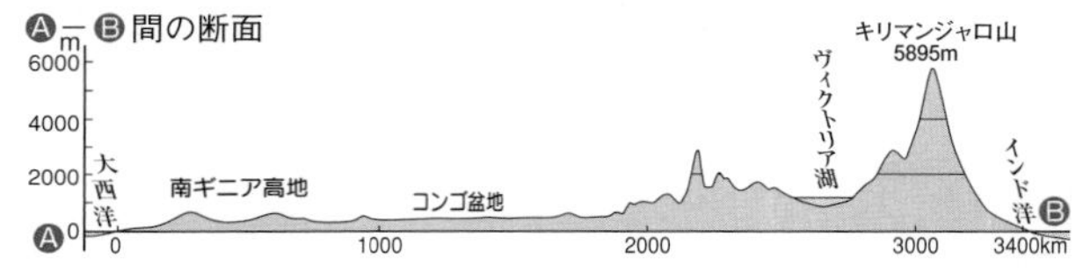

②　アフリカの気候

（1）気候区分

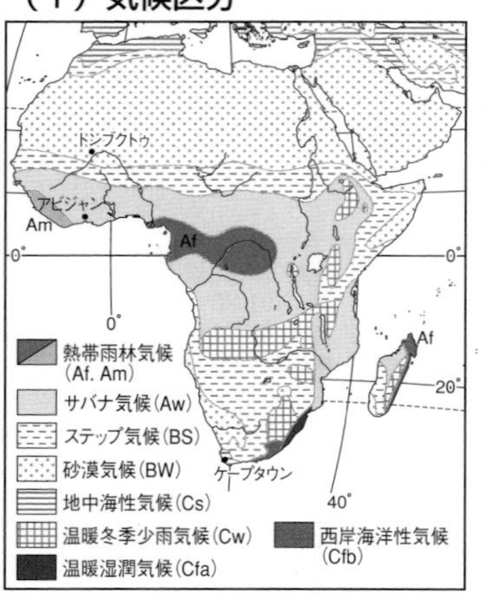

アフリカの気候は，赤道を中心に熱帯→乾燥帯→温帯の順で，南北対称的に分布する。また，赤道に近い地域でも，エチオピア高原のように，標高が高い地域においては，温暖な高山気候がみられ，アフリカ最高峰の**キリマンジャロ山**(5895m)の山頂には万年雪も存在する。

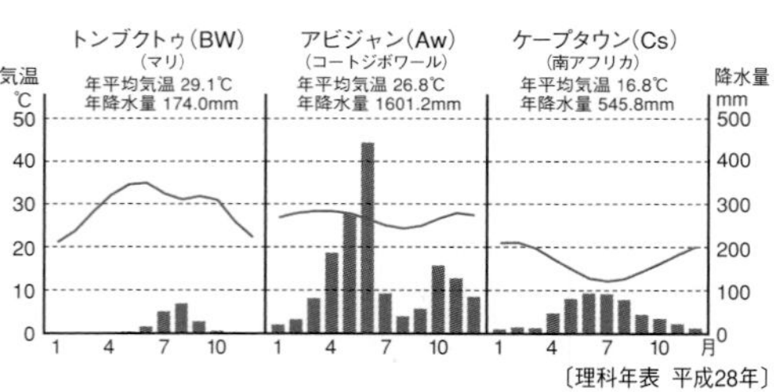

▲おもな都市の気温と降水量

（2）気候の成因

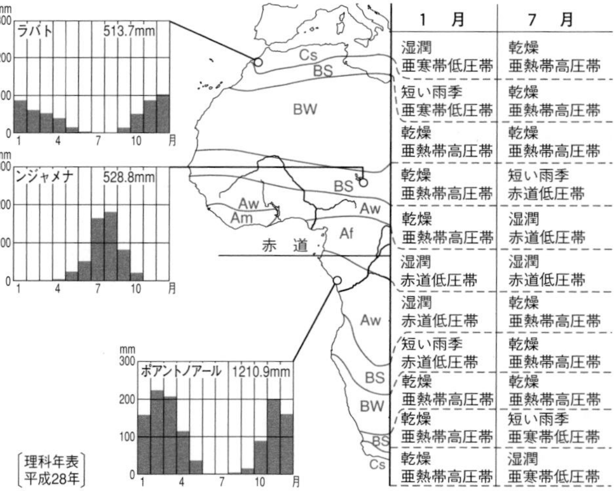

1　月	7　月
湿潤 亜寒帯低圧帯	乾燥 亜熱帯高圧帯
短い雨季 亜寒帯低圧帯	乾燥 亜熱帯高圧帯
乾燥 亜熱帯高圧帯	乾燥 亜熱帯高圧帯
乾燥 亜熱帯高圧帯	短い雨季 赤道低圧帯
乾燥 亜熱帯高圧帯	湿潤 赤道低圧帯
湿潤 赤道低圧帯	湿潤 赤道低圧帯
湿潤 赤道低圧帯	乾燥 亜熱帯高圧帯
短い雨季 赤道低圧帯	乾燥 亜熱帯高圧帯
乾燥 亜熱帯高圧帯	乾燥 亜熱帯高圧帯
乾燥 亜熱帯高圧帯	短い雨季 亜寒帯低圧帯
乾燥 亜熱帯高圧帯	湿潤 亜寒帯低圧帯

▲季節による大気の循環と降水量

アフリカの気候をみると，気圧帯の変化を読み取れる。たとえば夏季に赤道低圧帯が，冬季に亜熱帯高圧帯が接近する地域ではAw気候となる。また，夏季に亜熱帯高圧帯が，冬季に亜寒帯低圧帯が接近する地域ではCs気候となる。赤道低圧帯と亜寒帯低圧帯にはさまれ，つねに高圧帯下におかれる地域ではBW気候となる。

2 アフリカの歴史・民族・宗教

① アフリカの歴史

年	事　項
15世紀	ヨーロッパ諸国の進出
16～19世紀	**奴隷貿易**
1847	リベリア独立（アメリカ合衆国の政策）
19世紀末	ヨーロッパ列強によるアフリカ分割
1910	南アフリカ連邦成立
1948	南アフリカ共和国，**アパルトヘイト（人種隔離政策）導入**
1955	アジア=アフリカ会議（バンドン）
1960	ナイジェリアほか17か国独立「**アフリカの年**」
1963	アフリカ統一機構（OAU）成立
1970～80年代	食料危機と難民の発生
1991	**アパルトヘイト関連法の廃止**
1993年ごろ～	各地に内戦が多発
2002	アフリカ連合（AU）発足
2010	南アフリカ共和国でFIFAワールドカップ開催
2011	「アラブの春」 南スーダン独立

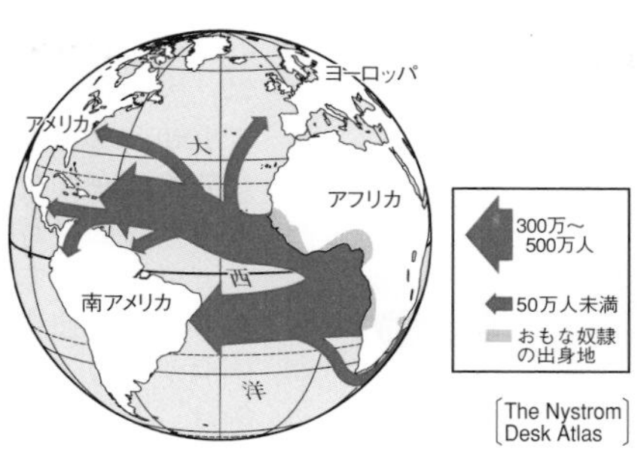

▲奴隷貿易のようす

用語　奴隷貿易

ヨーロッパ諸国は，16世紀から19世紀に奴隷貿易が廃止されるまで，1000万以上の人々を，ギニア湾岸などの西アフリカから南北アメリカへと奴隷として連行した。

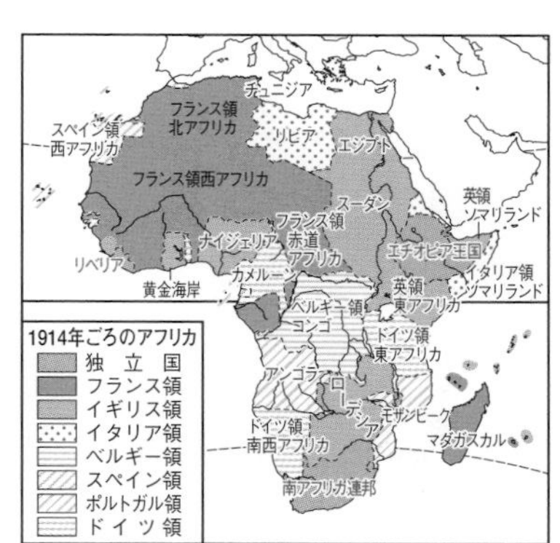

▲1914年ごろのアフリカ

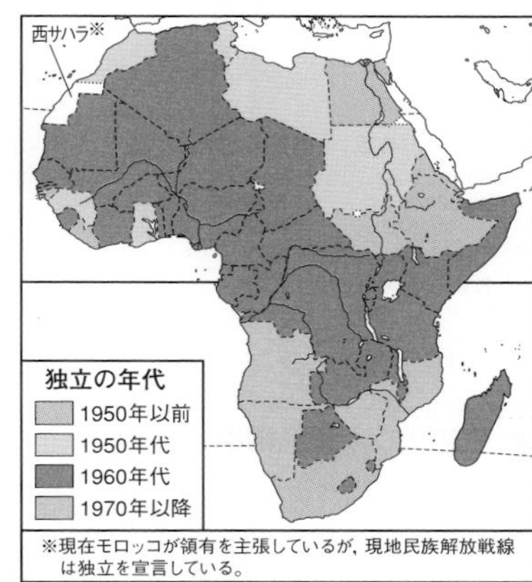

▲アフリカ諸国の独立年

15世紀に欧州列強のアフリカ進出がはじまり，1900年ごろ植民地分割が完成する。現在，アフリカには54の独立国が存在するが，その多くは「**アフリカの年**」とよばれた1960年と，それ以降に独立した国々である。

コラム　アジア・アフリカ会議（バンドン会議）

1955年，日本を含むアジア・アフリカの29か国の首脳が，インドネシアのバンドンに集まった。反植民地主義，世界平和，アジア・アフリカ諸国の自立更生と団結が話し合われ，平和十原則を採択した。

② アフリカの言語と宗教

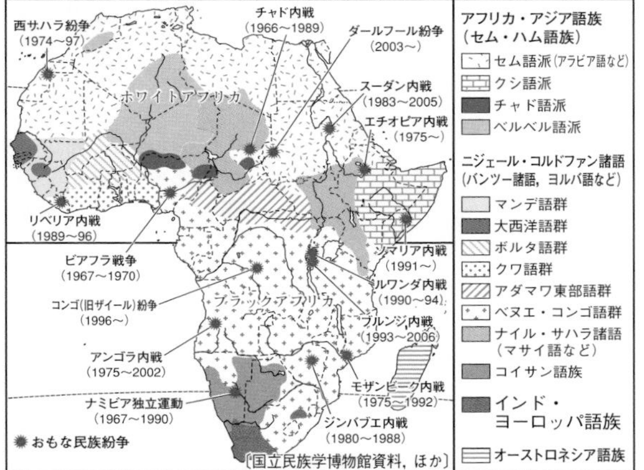

▲アフリカの言語分布と紛争

北部は，イスラームの影響が強く，アラビア語などを中心にアフリカ・アジア語族が多く分布する。一方，サハラ以南は黒人諸語を話す人々が広く分布する。しかし実際には，民族単位の言語も異なり，一つの国のなかに数百の言語がある国も存在する。植民地化された際に，これらの民族集団を無視した境界を引いたことが，今日の地域紛争の一因にもなっている（→p.212，213）。

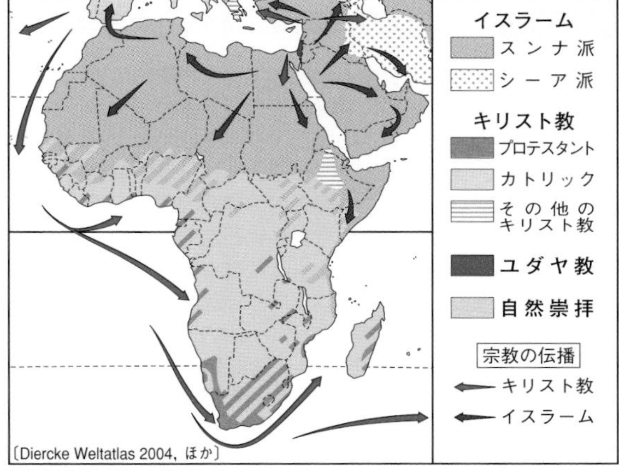

▲アフリカの宗教

アフリカの宗教は自然崇拝も多いが，北アフリカでは7世紀ごろから商人などによってイスラームが広まり，現在にいたっている。また，南アフリカには大航海時代にヨーロッパからキリスト教がもたらされ，信仰されている。エチオピアでは，正教会の流れをくむ**コプト派**とよばれるキリスト教が信仰され，その歴史はイスラームより古く，4～5世紀に伝わったとされている。

3 アフリカの社会と諸問題

① アフリカの貿易

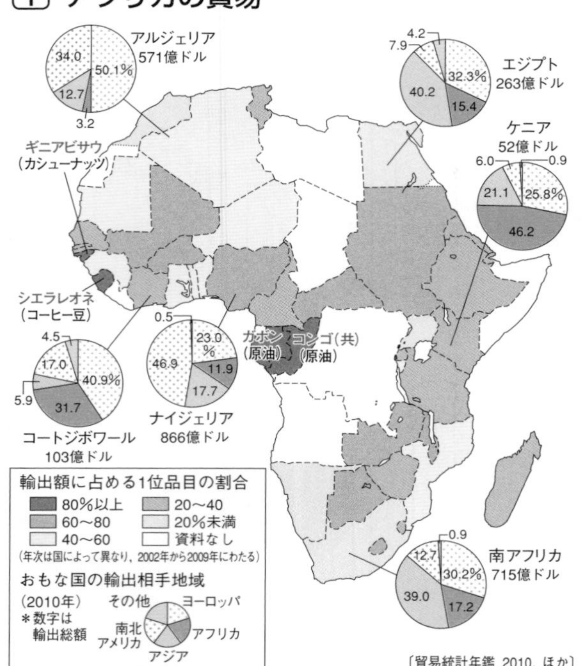

▲アフリカの貿易輸出

貿易相手国としては，旧宗主国やEU諸国，アメリカなどが多かったが，最近では中国などアジア諸国との貿易が増加しつつある。しかし，一国の経済が，特定の一次産品の生産や輸出に依存する**モノカルチャー経済**の国が多いため，生産量や国際価格の変動により，国全体の経済が左右されやすい。

トピック　アフリカとの関係を強める中国

近年，中国はアフリカとの友好関係を積極的に強化し，2000年からは，定期的に中国・アフリカ協力フォーラムを開催している。もともと中国とアフリカは，タンザン鉄道の敷設など，発展途上国どうしで古くから友好関係をもってきた。しかし最近は，中国国内の需要の増加に伴い，国内や周辺諸国だけでは確保できない石油や重金属などを，アフリカからも多く輸入するようになった。現在，中国が輸入する原油の約30%はアフリカからだが，その見返りとして多大な経済援助を供与している。ところが，ダールフール問題(→p.213)をおこし，独裁を維持しているスーダンへの援助などは，世界から批判を受けた。またアフリカにおいても，中国製品の輸入増加に伴う，地域産業の衰退などが懸念され，中国とアフリカの関係が発展するかは，いまだわからない状態である。

▶中国の地域別原油輸入の推移

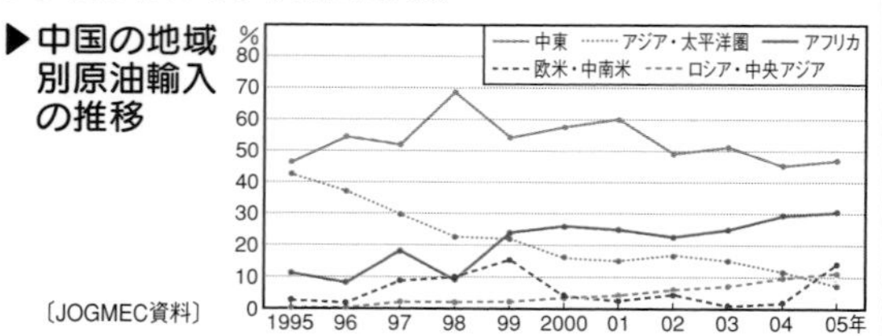

② 植民地境界と民族問題

参照 p.212, 213

アフリカには，大小合わせて800～1200の民族集団が存在しているといわれている。一方，アフリカの独立国54か国の国境線は，その大部分が植民地時代にヨーロッパの宗主国によって，機械的に引かれたものである。

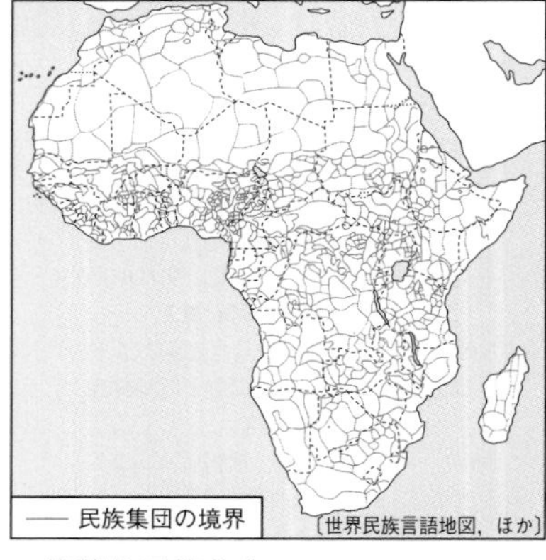

▲複雑な民族分布

そのため，国境線は民族の居住範囲を無視したものとなり，一つの国のなかに多くの民族が所属するなど，民族対立や内戦の要因となっている。近年のアフリカにおける地域紛争は，単なる民族間対立ではなく，大国の干渉や，資源争奪など複雑な要因があるが，その根幹には民族問題があることも事実である。

③ アフリカの変化

▶アフリカにおける経済成長率の変化

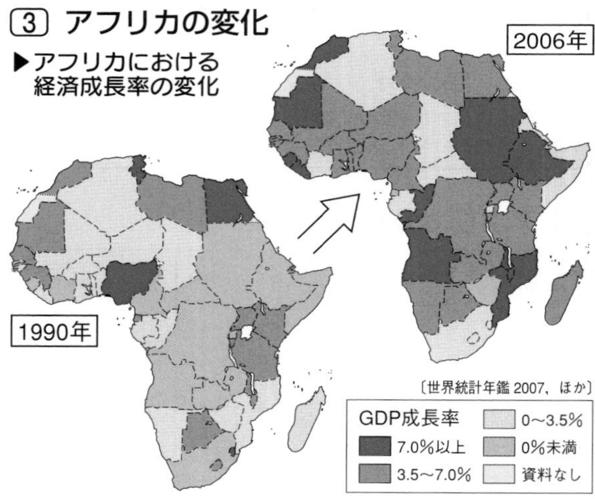

もともと資源が豊富にあったアフリカだが，インフラ未整備や紛争などのため，なかなか開発が進まなかった。しかし，国内情勢の安定とともに，資源開発などが進み，経済が成長しつつある。一方で，経済成長が新たに格差や紛争の原因となっている。

コラム　アフリカ連合(AU)

アフリカ諸国の団結のために1963年にアフリカ統一機構(OAU)が結成され，2002年にはさらに連帯を強化するために**アフリカ連合(AU)**に生まれかわった。54か国と西サハラが加盟し，世界最大の人口規模をもった国家連合体となっている。ヨーロッパ連合(EU)をモデルに，国家のわくをこえた議会・裁判所・中央銀行の設置を掲げるとともに，紛争の調停なども行っている。

4 北アフリカの国々

① イスラームを信仰する国々

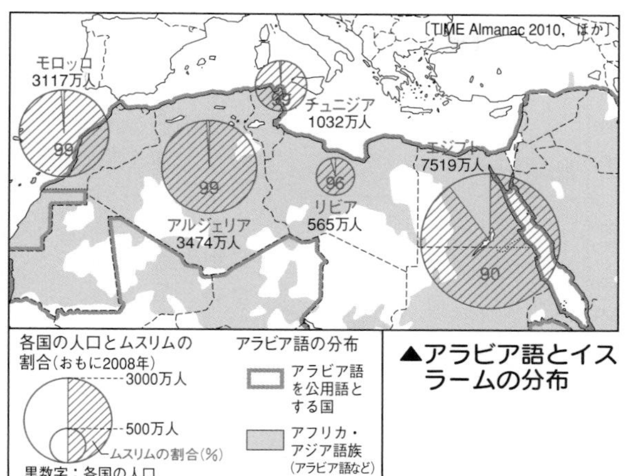

▲アラビア語とイスラームの分布

北アフリカでは，7世紀ごろからイスラームが広まり，それに伴い**アラビア語**が普及した。現在でも，アラビア語を公用語とする国が多く，イスラームを信仰する**ムスリム**も多く住んでいる。

用語　コーラン（クルアーン）

イスラームの創始者，**ムハンマド**に下されたアッラーの啓示をまとめた聖典。7世紀中ごろに現在の形に編集された。「**クルアーン**」とはアラビア語で「読誦すべきもの」という意味で，ムスリムが守るべき義務である五行（→p.243）をはじめ，日常生活で守るべき，さまざまなことが書かれている。

② 立地の利点を生かした資源輸出

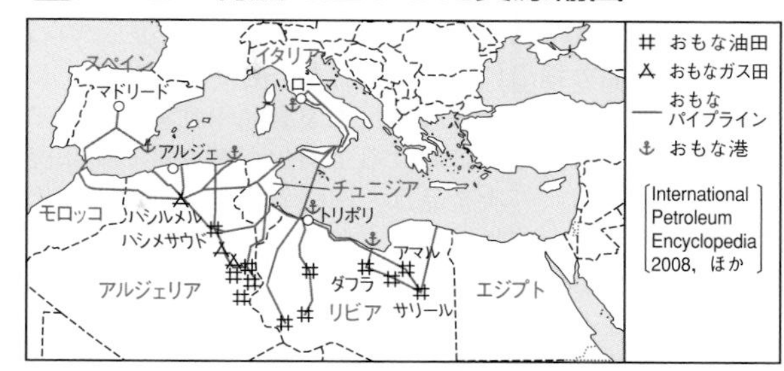

▲アルジェリア，リビアからのびるパイプライン

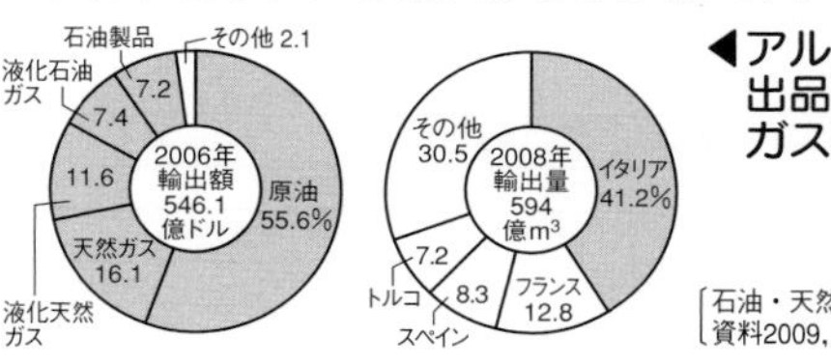

◀アルジェリアの輸出品目（左）と天然ガスの輸出先（右）

近年，ヨーロッパにおいてはロシアからのガス供給が増加している（→p.113）。しかし，地中海に面するイタリアやスペインなどでは，対岸のマグレブ諸国から輸入したほうが輸送コストをおさえられるので，パイプラインの増設や，LNGの受け入れ可能な港の建設を進めている。

コラム　マグレブ諸国

「**マグレブ**」とは，チュニジア・アルジェリア・モロッコなどアフリカ北西部の地域の総称。アラビア語で「日の沈む地」の意味をもつ。1960年代から地域経済の統合が検討されてきたが，域内の政情不安などを理由に，交渉は進んでいない。

③ 北アフリカの整理

ラスパルマス
- カナリア諸島（スペイン領）に位置する都市。
- 日本の海外漁業基地の一つで，まぐろ漁港でもある。

地中海式農業地域
- アトラス山脈の北側の地域，おもにモロッコ・アルジェリア・チュニジアにみられる。
- オリーブ・ぶどうなどを栽培。古代からワインを生産。

エジプト
- 首都カイロはアフリカ有数の都市（人口774万）で世界的な観光都市。
- **ナイルデルタ**は農業の中心地で，綿花や小麦など穀物も栽培。
- **アスワンハイダム**により，ナイル川流域では灌漑による農地が拡大。一方で土砂の供給が止まり，河口では海岸侵食も発生。

サハラ砂漠
- 世界の砂漠面積の3割（907万km²）を占める，世界最大の砂漠。
- 砂砂漠は全体の2割程度。
- 中央部にはアハガル高原など，2000mをこえる山岳地帯が存在。

スエズ運河
- スエズ地峡に位置する全長約160kmの運河。1869年に完成。地中海と紅海が結ばれる。

スーダン
- 首都ハルツームは青ナイルと白ナイルの合流点に位置する。青ナイルと白ナイルに挟まれた地域は灌漑（**ゲジラ計画**）により綿花地帯になっている。
- 2011年7月，南部のアフリカ系民族を中心とした地域が，南スーダンとして独立した。

サヘル地域（→p.51）
- サハラ砂漠の南縁に東西に広がる地域。
- 半乾燥地域でもあり，干ばつが発生しやすい。人口の急増により土地を酷使し，**砂漠化**が急速に進行。

アルジェリア・リビア
- ハシメサウドなど，世界でも有数の埋蔵量を誇る油田・ガス田が存在。輸出品も石油関連の製品が大半を占める。
- 古代ローマ遺跡が多く存在し，観光にも力を入れはじめている。

5 アフリカ中部の国々

1 モノカルチャーの経済体質

中南アフリカでは，農産物・鉱産資源といった，いわゆる一次産品の輸出に占める割合が，きわめて高い。これらの産物で得た貿易収入は，工業製品や食料の輸入にまわされるため，自国における工業化が進みにくい状況におかれている。一次産品は，国際価格の変動に大きく左右されやすく，産物価格の下落時には，しばしば国の財政を圧迫する。また，貿易相手国は旧宗主国に依存する場合がいまだに多く，独立後も経済における支配関係を色濃く残す国も存在する。

▼一次産品にかたよる貿易（2017年）

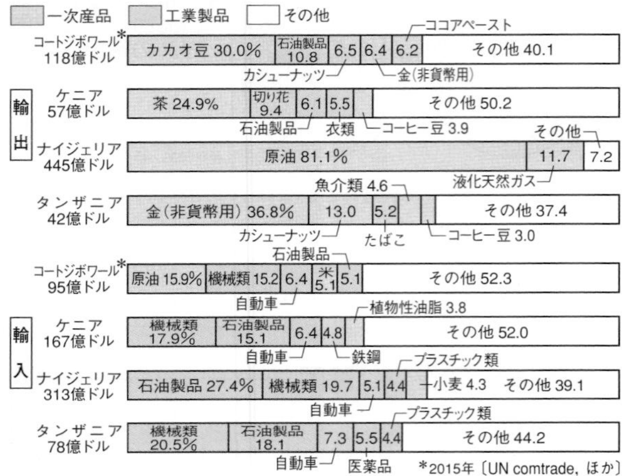

2 穀物生産の変化

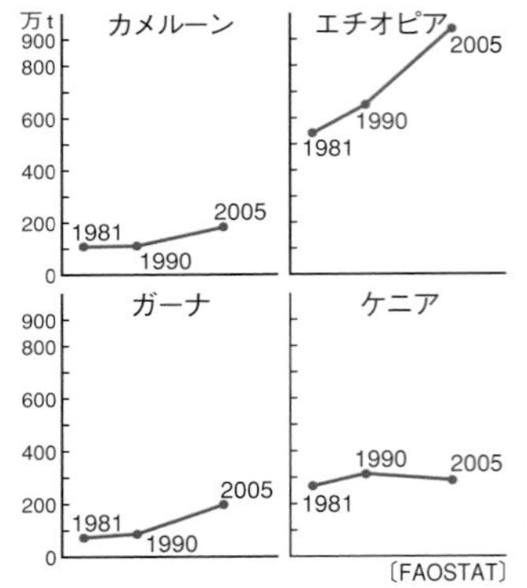

◀おもな国の穀物生産量

近年，アフリカにおいても穀物における**緑の革命**が普及し，生産が増加している。しかし，人口増加に加え，たび重なる内戦や安定しない天候に左右され，穀物生産は安定していない。

コラム 変化する農業形態

アフリカの多くの農家は，わずかな田畑を所有し，家族の労働力を頼りに農業を営む小農が多い。しかし近年，それらの形態にも変化が現れはじめている。

たとえば，独立後のケニアでは，小農による茶の栽培が奨励されていた。しかし現在では，国営もしくは欧米の民間企業が経営する大農園が重要な位置を占め，そこで働く農民は，小農ではなく会社員として雇われている。また，茶だけでなく花卉(かき)の栽培もさかんで，1990年代以降EU向けに輸出をのばした。現在ではケニアの輸出の約10%を占めるまでに成長し，雇用と収益をもたらすようになっている。

3 アフリカ中部の整理

ギニア湾岸諸国

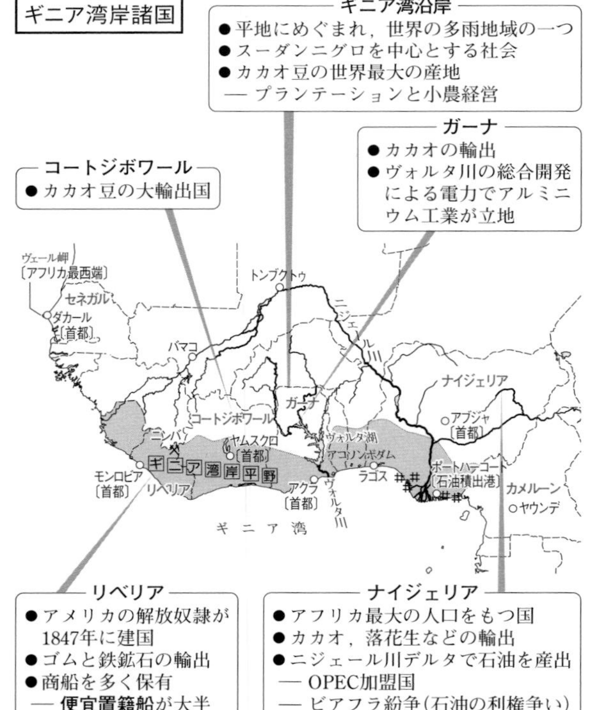

東アフリカ諸国

アフリカ大地溝帯
- 世界最大の地溝帯
- 湖沼と火山が多く，複雑な地形
  - — トゥルカナ湖，タンガニーカ湖，キリマンジャロ山など

エチオピア
- アフリカ最古の独立国
- 2000m前後の高原に人口が集中
  - — 首都アディスアベバ(2354m)
- コーヒー豆の原産地

ホワイトハイランド
- 高原のため，温暖な気候と肥沃な土壌
- 19世紀末以降，ヨーロッパ人(白人)の入植
- 輸出用作物の栽培
  - — 茶，花卉など
- ケニアの人口集中地区

タンザニア
- 農牧業が主産業
  - — メイズ(とうもろこし)，小麦，コーヒー豆
- 農業振興が国の重要課題

タンザン鉄道
- ザンビアの銅の輸出用として，中国の援助で1975年に完成

青ナイル川　白ナイル川　大地溝帯　ソマリア半島　アディスアベバ〔首都〕　南スーダン　エチオピア高原　カッファ　エチオピア　ソマリア　トゥルカナ湖　リフトヴァレー　ケニア　キリニャガ(ケニア)山 △5199　モガディシュ　ヴィクトリア湖　ナイロビ〔首都〕　ホワイトハイランド　5895 キリマンジャロ山　タンガニーカ湖　タンザニア　ダルエスサラーム〔貿易港〕　タンザン鉄道　マラウイ湖　インド洋

6 アフリカ南部の国々

① 南アフリカのアパルトヘイト

1913　原住民土地法
（黒人の居住地を国土の10%に規定）

1948　国民党政権（オランダ系白人）

1949〜50　通婚禁止法，背徳法，集団地域法
（異人種間の結婚，性的交渉を禁止，人種別の居住区を指定）

1953　公共施設分離法

1959　バンツースタン政策
（国土における黒人地域の分割，ホームランドの設定）

1976　ソウェト暴動
（南アフリカ最大の黒人居住区での反アパルトヘイト暴動）

1991　アパルトヘイトを維持するための諸法を廃止

1991　第1回民主南アフリカ会議

1993　複数政党会議・南アフリカ暫定憲法

1994　全人種選挙実施，黒人のマンデラ大統領誕生

▲南アフリカのホームランド指定域

南アフリカにおける差別立法は，19世紀末にはすでに存在していたが，1948年に白人政権が単独政党となると，差別の強化がなされた。とくに59年の「バンツースタン政策」では，ホームランドという黒人居住地域を独立国と称して設定し，黒人は市民権のない出稼ぎ労働者であるとした。これらの政策は国内外で激しい非難を集め，ソウェトでは大規模な暴動が発生した。そのため85年以降，差別法を順次撤廃し，91年にはすべての差別法が廃止された。その後，94年に全人種参加の選挙が行われ，マンデラが初の黒人大統領として選出された。

用語　アパルトヘイト

南アフリカにおいて少数派である白人の特権を維持するための政策。現地のアフリカーンス語（オランダ系白人移民の言語）で「隔離」を意味する語。住民を出生時の肌の色などで4人種（アフリカ系・白人・カラード・インド人など）に分類し，生活のあらゆる場面で区別した。

② アパルトヘイト撤廃後の南アフリカ

アパルトヘイト撤廃後，人種間の経済格差の是正をめざし，ブラック・エコノミック・エンパワーメント政策(**BEE政策**)といわれる，黒人の経済参画支援政策を進めている。しかしヨハネスバーグなどの大都市では，農村から職を求め，多くの人が流入し，治安の悪化をもたらしている。これは，農業では安定した収入が得られないことも原因の一つとして考えられ，格差の是正には，まだしばらくの時間が必要であることを物語っている。

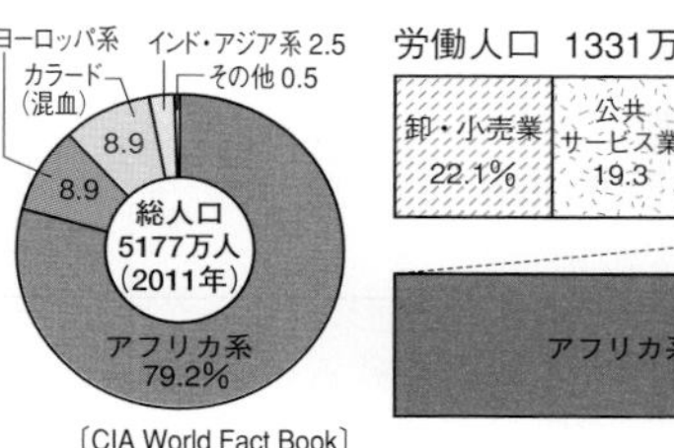

▲南アフリカの人種・民族構成

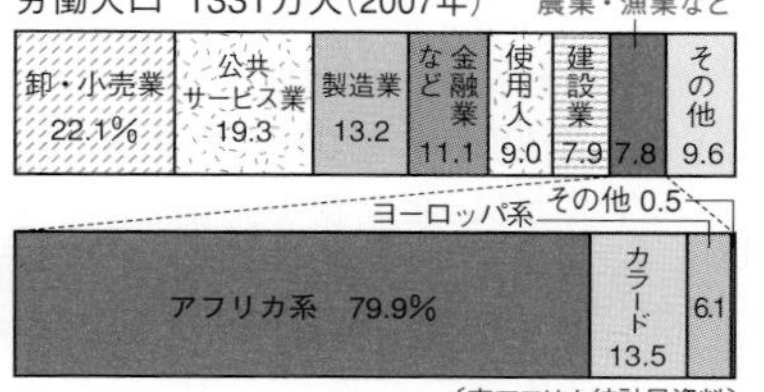

▲南アフリカの労働人口の割合と農業従事者における人種の割合

③ アフリカ南部の整理

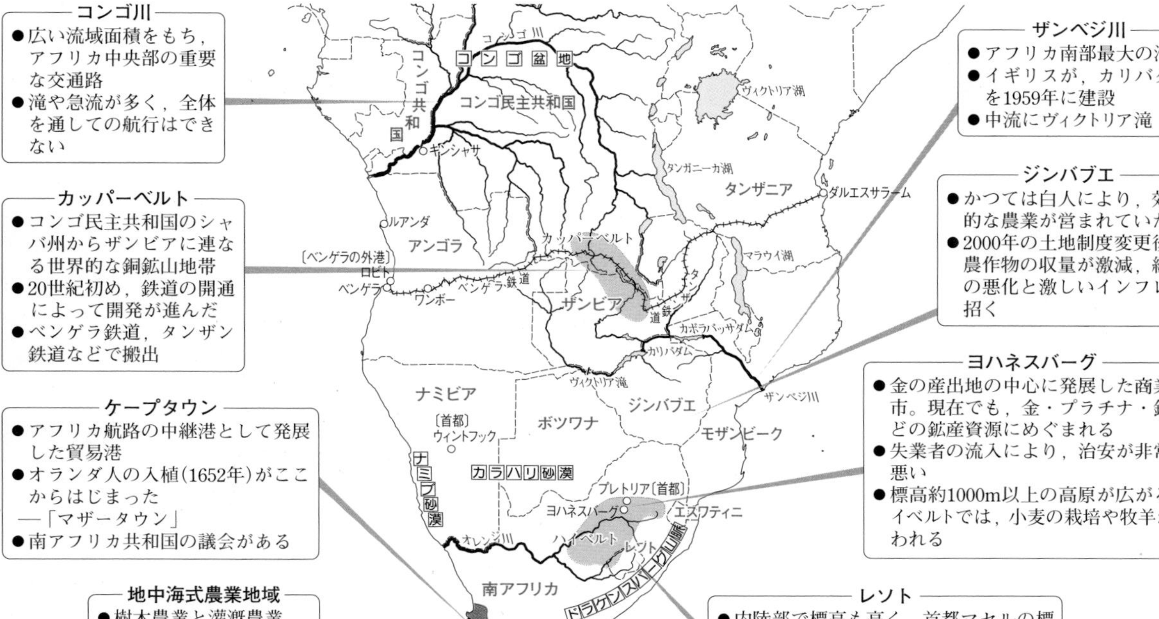

1 ヨーロッパの自然環境

① ヨーロッパの自然環境

（1）氷河の影響

スカンディナヴィア山脈を中心に，更新世に氷河が拡大・縮小をくり返した。

・**フィヨルド**（ノルウェー西岸，スコットランドの海岸）
・ハイデ（北ドイツ平原）｝荒地
・ヒース（スコットランド）｝荒地
・**氷河湖**（フィンランド，スウェーデン）
・**モレーン**（北ドイツ平原）
・氷河の末端部には**レス**が堆積（ハンガリー平原）
└→温帯草原（**プスタ**）が広がる

（2）古期造山帯の自然環境

前・中期 —— カレドニア造山帯（スカンディナヴィア山脈，スコットランド，北ドイツ平原など北部）

後　期 —— バリスカン造山帯（アイルランドやイギリスの南部，フランスのサントラル高地，ステーティ山脈）

（3）新期造山帯の自然環境

・アルプス＝ヒマラヤ造山帯
—**カール・U字谷**などの氷河地形
—アルプス山脈は現在も氷河が残る
—沈水海岸が多く，平野は発達しない
・カルスト地形（スロベニアの**カルスト**地方）
—石灰岩を母岩とする**テラロッサ**が地中海沿岸に分布

（4）安定陸塊の自然環境

・バルト楯状地
—— 準平原 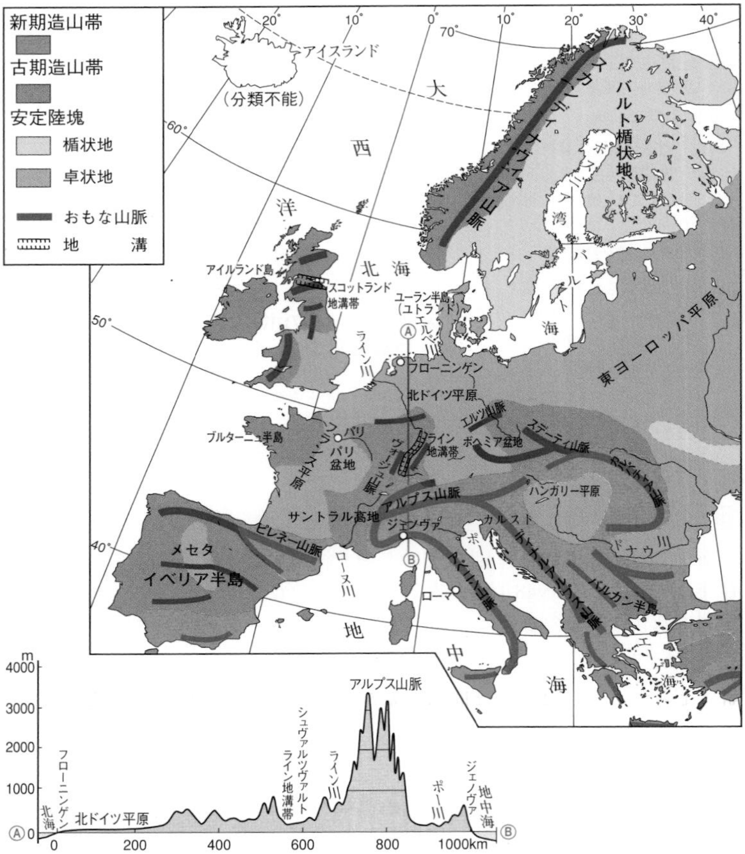
・卓状地（東ヨーロッパ平原～フランス平原）
—— 準平原上に古生代以降の地層が堆積し，構造平野をつくる
—— **ケスタ地形**（パリ盆地，ロンドン盆地）

② ヨーロッパの気候

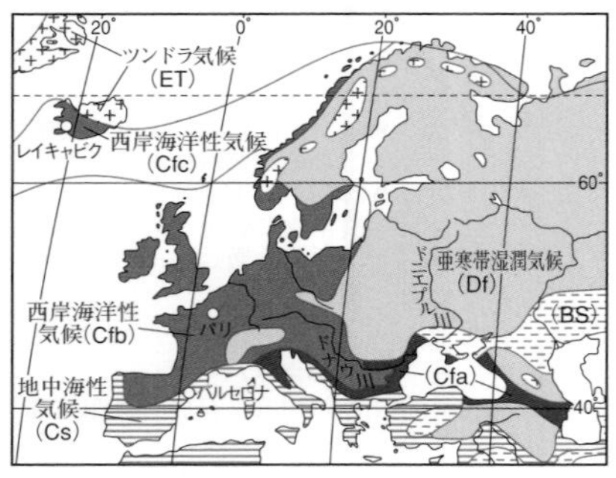

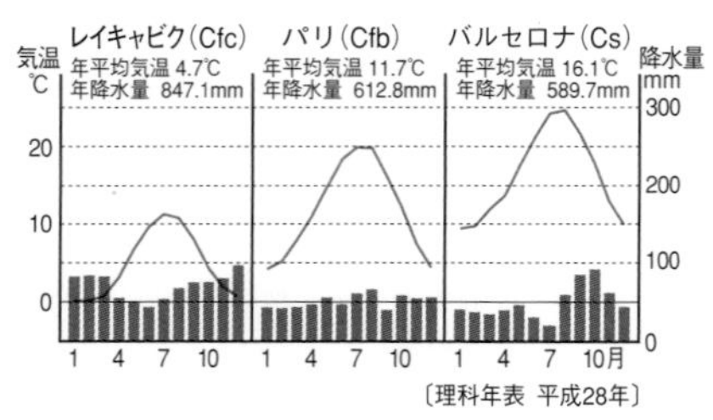

〔理科年表 平成28年〕

③ ヨーロッパの1月と7月の平均気温

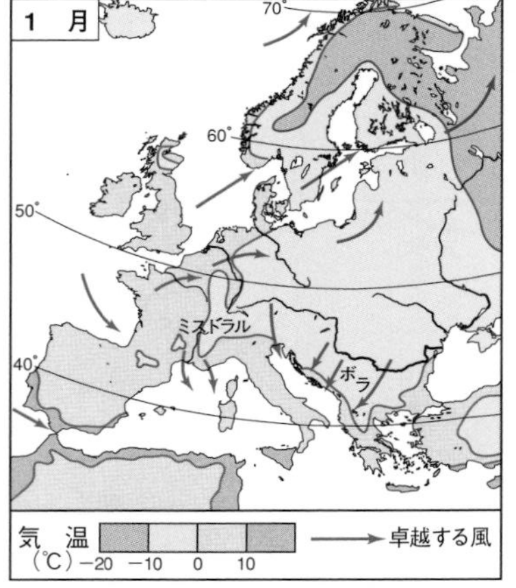

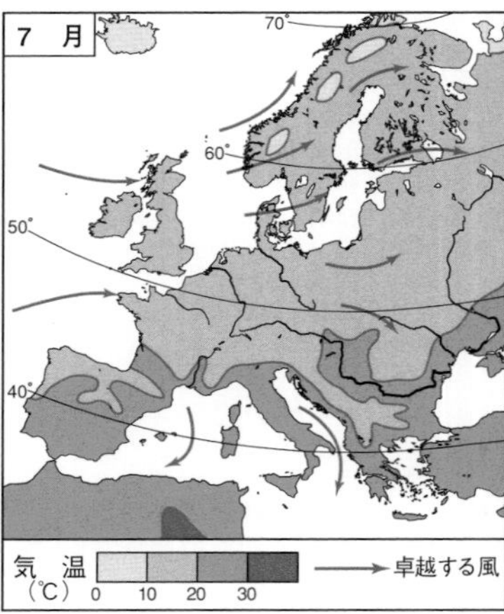

ヨーロッパは年中**偏西風**が吹く。冬は陸よりも海の方が高温であるため，また沖合を暖流の**北大西洋海流**が流れているため，海から吹く偏西風は温暖な気候をもたらす。これに対して，夏は海の方が低温のため，偏西風は冷涼な気候をもたらす。

2 ヨーロッパの歴史と民族・宗教

① 世界に広がったヨーロッパ各国の植民地

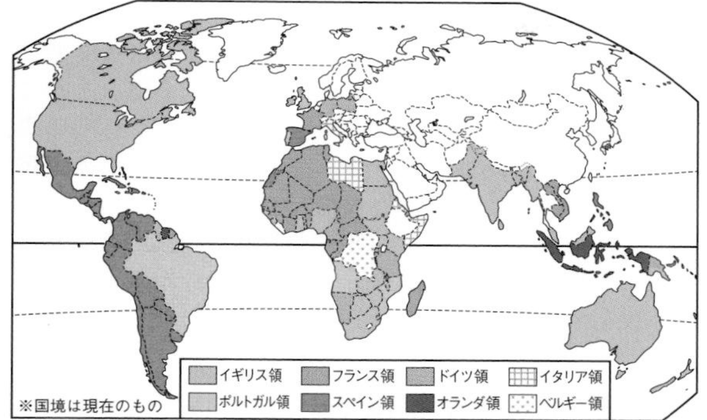

15世紀にはじまる**大航海時代**以降，ヨーロッパ各国は世界各地に進出し，**植民地**をもつようになった。大航海時代の初期には，スペインとポルトガルが中南米とアジアの一部を植民地にした。その後，イギリスとオランダ，フランスが台頭した。とくにイギリスは「日の沈まない国」とよばれるほど，世界各地に広大な植民地を所有した。19世紀後半からは，ドイツ・イタリア・ベルギーなど，ヨーロッパ列強が世界中に植民地を広げて支配した。

さらに18世紀以降には，イギリスではじまった**産業革命**によって，ヨーロッパは世界で先がけて高度な技術と近代工業が発達した。産業革命以降は，工業原料や商品作物の供給基地として植民地を機能させる一方，言語や宗教などで文化的支配も強めていった。

20世紀半ばになると，多くの植民地は政治的に独立を果たしたが，経済的に自立できない状況のもとで旧宗主国に依存する国々も多い。

② 戦後のヨーロッパ

2度の大戦によって，多額の出費と人的・物質的損害が発生した。ヨーロッパのいずれの国も，アメリカやソ連に対抗できるだけの国力をもっていなかった。米ソの対立が進むなか，大戦後のヨーロッパは「**鉄のカーテン**」によって東西に分断され，それぞれ両陣営の枠組みのなかで復興してきた。

1989年にはじまった東欧革命は，こうした体制にピリオドを打った。社会主義国は一気に自由化を進め，市場経済への移行を果たした。それまでソ連を向いていた国々が，いっせいに西欧やアメリカに目を転じたのである。NATOやEUへの加盟も進んでおり，かつて東西に分断されていたヨーロッパは，一つになろうとしている。

年	おもな動き
1914	第一次世界大戦はじまる（～1918）
39	第二次世界大戦はじまる
45	ドイツ降伏，第二次世界大戦終戦
46	チャーチル「鉄のカーテン」演説
48	ソ連によるベルリン封鎖
49	コメコン(COMECON)成立 北大西洋条約機構(NATO)成立 ドイツ，東西に分断
55	ワルシャワ条約機構成立
67	ヨーロッパ共同体(EC)発足
80	ポーランド・ハンガリーで非共産党政権が誕生
89	東欧革命。ベルリンの壁崩壊
90	東西ドイツ統一
91	ユーゴスラビア内戦（～92），5か国に分裂
93	ヨーロッパ連合(EU)発足（→p.255）

③ ヨーロッパの言語分布と民族

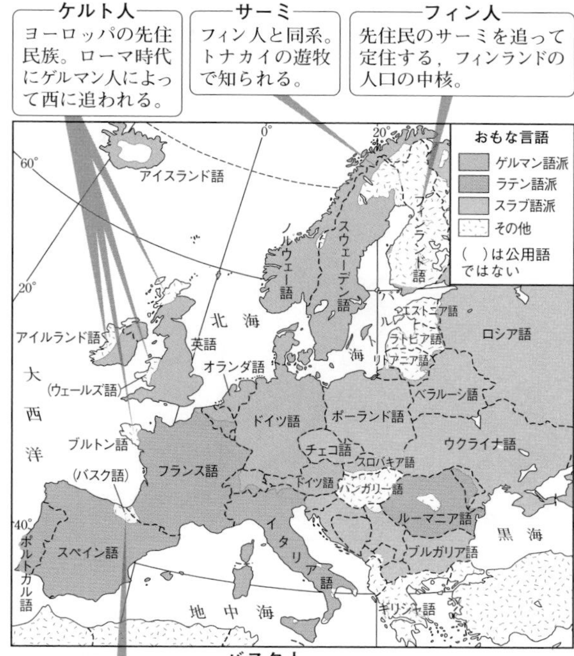

ヨーロッパでは**ゲルマン・ラテン・スラブ**の3民族が多数を占める。言語も多くはこの三つに大別されるが，フィンランドやハンガリー，バルト3国などでは，これらにあてはまらない言語が話されている。

④ ヨーロッパの宗教

ヨーロッパでのおもな宗教はキリスト教である。北欧やイギリス，ドイツ北部などでは**プロテスタント**，東欧・バルカン半島では**正教会**，南欧や中欧など，その他の地域では**カトリック**が多くを占めている。

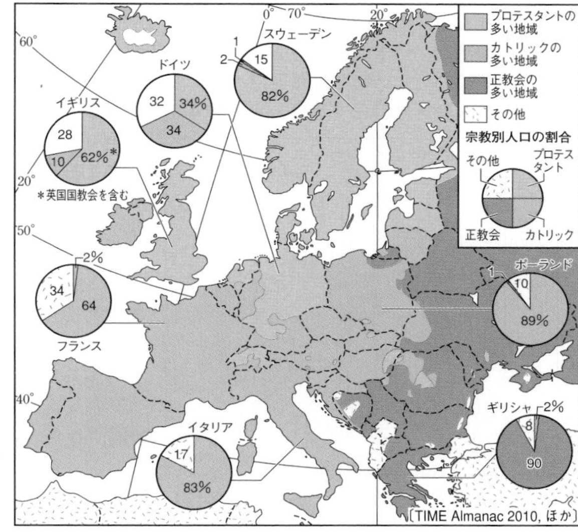

〔TIME Almanac 2010, ほか〕

3　ヨーロッパの社会と生活

①　ヨーロッパの人口密度と空間構造

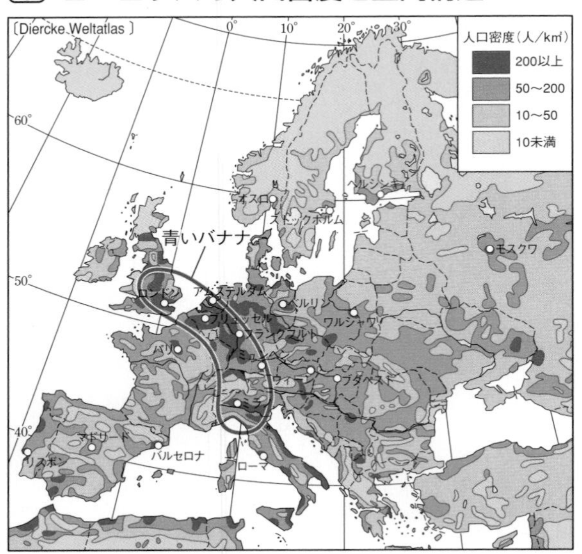

イギリス南部からイタリア北部へといたる地帯は「**青いバナナ**」(→p.154)とよばれ，ヨーロッパで最も人口が集中している。ここは，7000万を超える人口だけでなく，工業・交通・金融・経済が集中しており，西ヨーロッパの経済の中心となっている。

また，EUの拡大に伴い，人件費などの安い地域で新しい産業の集積が進んでいる。「青いバナナ」の南に位置する，スペイン北東部から地中海沿岸の南フランス，北イタリアでは，多くの研究所が集まるとともに，航空機産業やICT産業などの発達がめざましく，「ゴールデンバナナ」とよばれるようになった。

コラム　パンとアルコールにみる食文化

ヨーロッパでは，農業に対応して地域性の豊かな食文化がみられる。ヨーロッパの中南部は温暖で，小麦とぶどうが栽培可能であるため，小麦を原料とする白パンとワインが食卓によくのぼる。これに対し，ヨーロッパの北部は寒冷で，小麦やぶどうの栽培が難しく，大麦が栽培されている。こうした地域では，ライ麦を原料とする黒パンと大麦を原料とするビールを食することが多い。

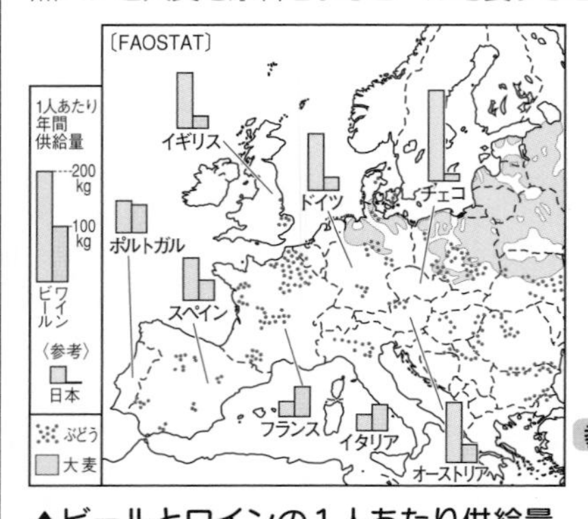

▲ビールとワインの１人あたり供給量

近年のEUの貿易自由化で，食料品の流通はさかんであるが，伝統的な食文化の傾向はあまり変わっていない。参照　p.83

②　ヨーロッパのバカンス　参照　p.178②

バカンスは有給休暇を利用して行われるが，そのはじまりはフランスといわれる。世界恐慌のときに失業者に仕事を分け与えるため，労働者に有給休暇を導入したことがきっかけとなり，ヨーロッパで広まった。休暇の際，人々の多くは国内外の安い農山村・海岸地域の農家民宿を利用する。とくにフランスやドイツでは，国内のバカンス客が海外に奪われることによる外貨の流出を防ぎ，田舎の景観を美しいまま維持するために，政策としての農家民宿の整備を進めている。

トピック　シエスタのいま

夏のスペインには，昼過ぎに学校や職場からいったん帰宅して昼食をゆっくりとったあと，休憩(**シエスタ**)する習慣がある。炎天下で長時間作業すると，高温と強い日射によって体力を消耗するため，涼しい室内で休息をとるのである。しかし，現在では職住近接でなくなって昼休みに帰宅できない人が増えたことや，EU統合による国際的な取引の増加，冷房の普及，夕方の子育て時間の確保などから，シエスタ制度は2006年に公務員で廃止された。大企業でも減少傾向にある。

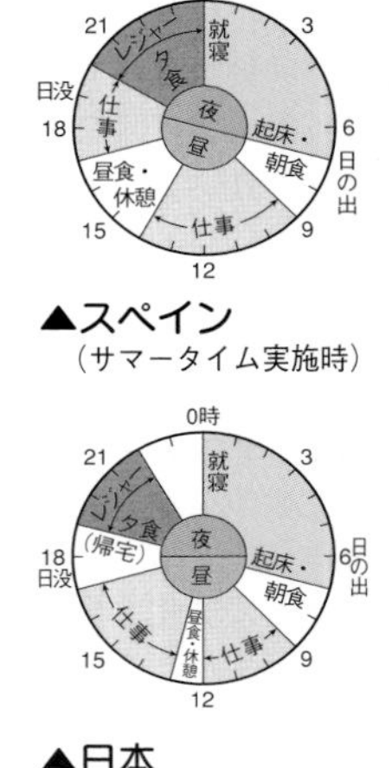

▲スペイン
（サマータイム実施時）

▲日本
（秋分のころの東京）

③　福祉社会と国民負担

ヨーロッパ，とくに北欧は社会保障が充実しているが，その費用は国民負担に大きく依存しており，高負担高福祉の代表例となっている。これに対し，日本やアメリカでは私的保険制度が発達していることもあり，国による社会保障は低負担低福祉となっている。社会保障は，国税・地方税を合わせた租税負担と，社会保険料などの社会保障負担からなり，イギリスやスウェーデンのような租税重点型と，ドイツやフランスのような社会保障重点型に分類できる。

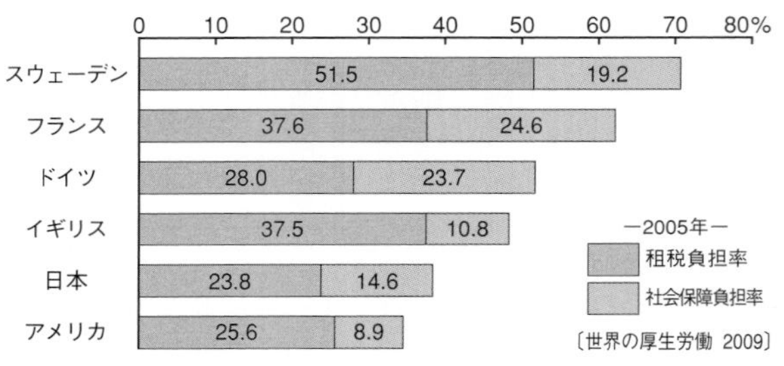

▲社会保障費の国民負担率

4　ＥＵの結成と拡大

1　ＥＵのあゆみ（2020年10月末現在）

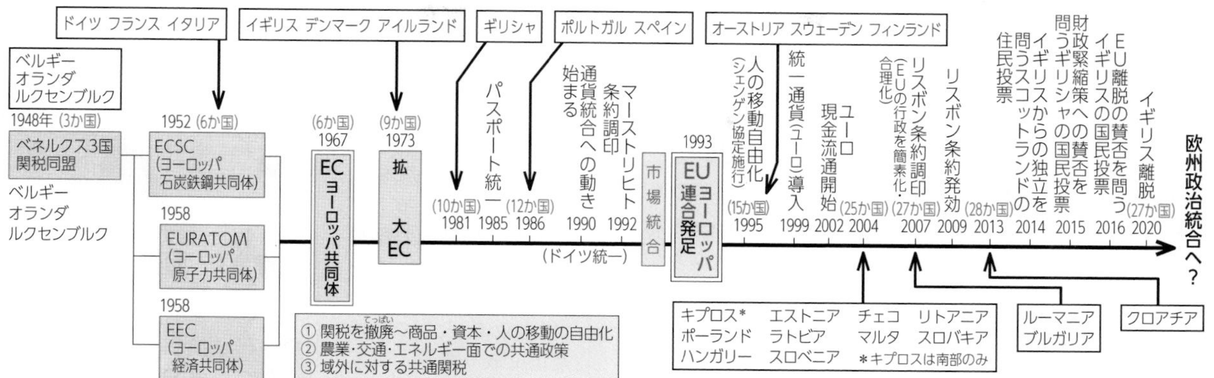

EFTA（ヨーロッパ自由貿易連合）

1960年，EECに対抗してイギリスを中心に結成。工業製品の貿易自由化，農産物の貿易拡大など。対外共通関税をもたないなど結束はゆるい。

現在の加盟国：アイスランド，ノルウェー，スイス，リヒテンシュタイン

かつての加盟国：イギリス，デンマーク，ポルトガル，オーストリア，スウェーデン，フィンランド　※下線付きは発足時の加盟国

EU（ヨーロッパ連合）は，第二次世界大戦後のベネルクスの経済同盟が発端となり，西ヨーロッパの経済同盟を経て発足した。外交・防衛・治安分野にも内容を広げ，冷戦終結以降は東ヨーロッパにも拡大していった。現在，経済分野では加盟国の国家を超越した意志決定を行うことができる。

2　ＥＵの拡大

（1）ローマ条約（1957年）

EEC・ECの基本法。関税同盟だけでなく，通商・農業・運輸・エネルギーの4部門で共通政策を樹立。

（2）マーストリヒト条約（1992年）

EUの基本法。外交・安全保障政策の共通化と通貨統合の達成，共通市民権の導入や欧州議会の権限拡大など，経済統合から政治統合への発展を意図している。

（3）シェンゲン協定（1995年）

協定加盟国間では，域内の国民がパスポートやビザなしで往来可能であるため，人の移動が自由になった。

（4）ユーロの導入（1999年）

ユーロの導入により，通貨交換に伴う両替手数料が不要となるだけでなく，通貨間の為替の変動がなくなり，EU主要国における市場統合がなされた。

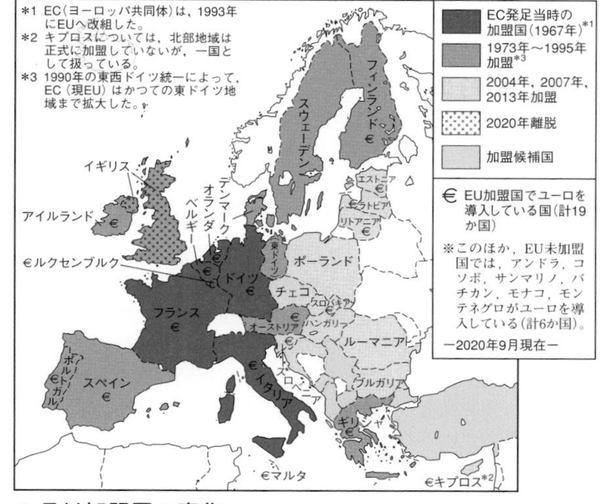

▲ＥＵ加盟国の変化

3　ＥＵの機構

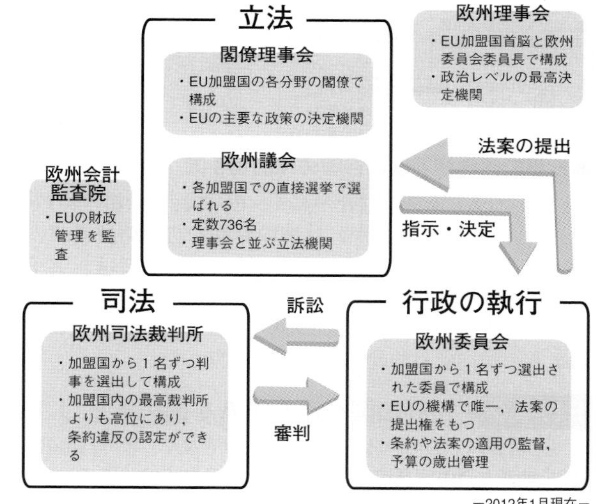

4　ＥＵへの拠出と受け取り　参照 p.85

拠出金はGNIを基準に算定されるため，経済大国で多くなっている。一方で，受取金は農業政策に多く支払われるので，財政負担の格差が問題となっている。また，EUの拡大に伴い，従来は農業のさかんな南ヨーロッパで受取金が多かったが，2004年以降に東ヨーロッパ諸国が加盟して変化がおこっている。

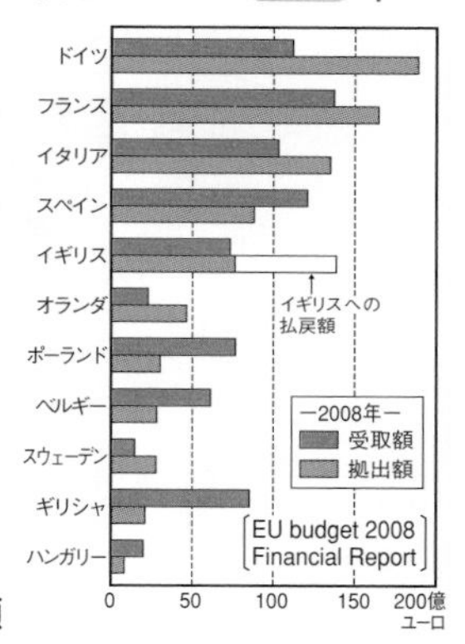

▶各加盟国の拠出と受取額

5　世界のなかのＥＵと今後

(1) 世界のなかのＥＵの位置

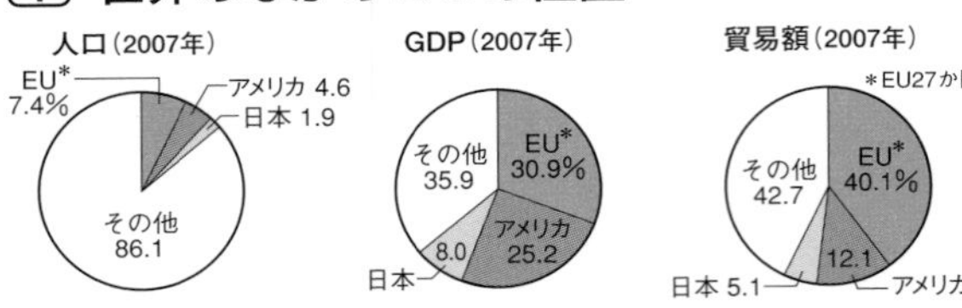

▲世界の人口，GDP，貿易額に占める割合

EUは世界の人口で占める割合は少ないが，GDPや貿易額ではアメリカや日本をしのぐ。世界経済に大きな影響を与える経済圏となっている。

(2) ＥＵの貿易

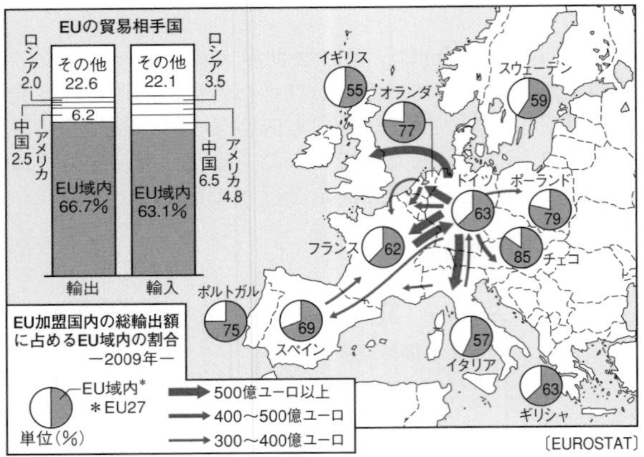

▲ＥＵの貿易相手国と各国の輸出相手国

EUでは域内貿易の割合が高く，EUの貿易総額の約3分の2を占めており，なかには域内貿易が自国の貿易額の80%以上を占める国もある。EU域内の貿易では，ドイツ・イギリス・フランス・オランダ・スペインの間で輸出入額が大きい。2004年に10か国が新しく加盟したことにより，域内貿易の比率がさらに上昇した。

トピック　世界の国々とＦＴＡを進めるＥＵ

EUは域内での自由貿易を進めるだけでなく，世界各地の国・地域と**自由貿易協定（FTA）**（→p.200）を締結することで，関税の優遇など輸出入を促進している。現在はEUの周辺国とのFTAが多いが，南米南部共同市場（MERCOSUR）やASEANなど，ほかの自由貿易地域とのFTA交渉も進めており，その輪を世界に広げている。

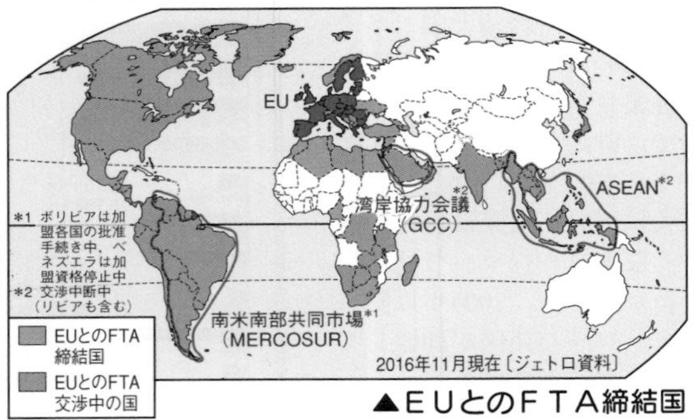

▲ＥＵとのＦＴＡ締結国

(3) ＥＵ諸国の経済格差

EU加盟国間には大きな経済格差がある。2000年までに加盟した15か国の多くは経済的に上位にあり，EUの経済を牽引している。一方，2000年以降に加盟した国の多くは低い経済水準にあり，域内の平均値を超える国はない。こうした域内経済格差はEUの基本原則である，人・モノ・資本などの域内の移動の自由を妨げているため，EU全体の予算で「構造政策」として格差是正に取り組み，競争力の強化を促進している。

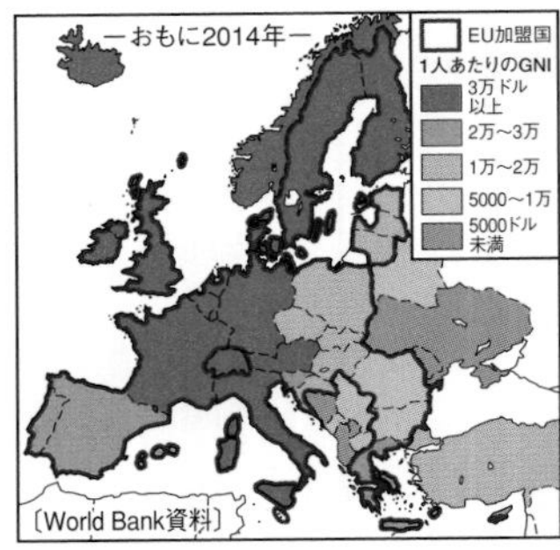

▲各国の１人あたりＧＮＩ

(4) 変わるヨーロッパの枠組み

—2020年9月1日 現在—

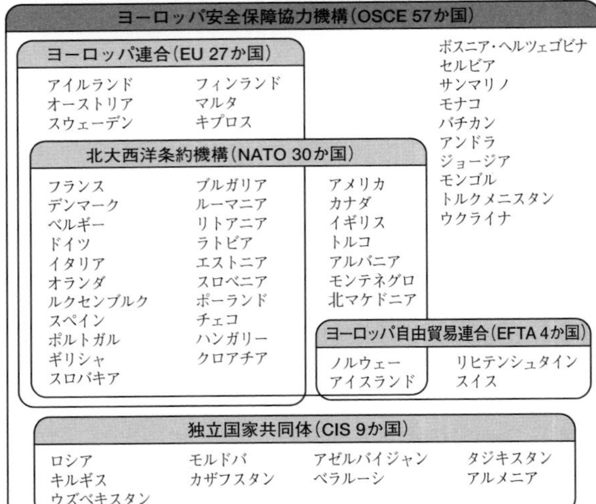

冷戦時代までは東西ヨーロッパが貿易面でも軍事面でも対立してきたが，冷戦終結後には徐々にその枠組みが崩れつつある。しかし，各国の民族・言語・経済状況の違いや歴史的な経緯から，一つのヨーロッパとは成り得ないのも事実である。近年では，ロシアが全ヨーロッパのEU化をおそれてCIS諸国に再び影響力を行使している。

トピック　イギリスのＥＵ離脱

2020年1月31日，イギリスがEUを離脱した。2016年に行われたEUからの離脱の賛否を問う国民投票では離脱が51.9%，残留が48.1%（投票率72.2%）と離脱派が残留派をわずかに上回り，議会では離脱をめぐる攻防が続けられてきたが，ついに離脱が現実のものとなった。離脱派が残留派を上回った背景には，移民問題や緊縮財政のしわ寄せによる鬱屈した不満などがあったとされる。イギリスは関税ゼロなどEU加盟時代の恩恵は受けつつも，EUの規制からは外れたい意向を示しているが，EU側は反発。両者の交渉が続けられている。

6　ヨーロッパの国々

イギリス・アイルランド

① イギリス経済の低迷と再生 参照 p.155③

イギリスは，産業革命により「**世界の工場**」として世界経済をリードしてきたが，第二次世界大戦前後にはアメリカにその地位を譲った。その後も，「ゆりかごから墓場まで」という高福祉政策などにより経済の低迷は進み，1970年代には高失業率・高インフレが続いて「英国病」とよばれた。このようななか，1979年に発足したサッチャー率いる保守党政権は，イギリス経済の復活を公約にして，自由市場原理に基づいた規制緩和・行政改革・民営化を強力に推進するとともに，ロンドン金融市場の近代化・国際化を推進した。これをきっかけに，産業構造は製造業から金融をはじめとするサービス産業が主体となり，また規制緩和や減税により多国籍企業に自由な活動の場が提供されて巨大資本の集積が進み，イギリス経済は再生した。

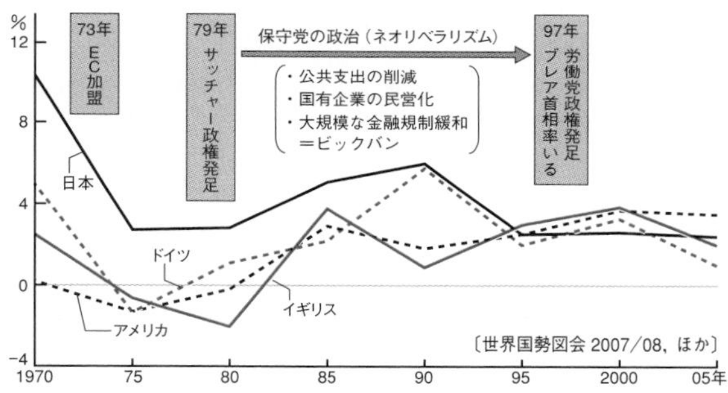

▲イギリスのＧＤＰ成長率

② 北アイルランド紛争

アイルランドは12世紀以来，イギリスの支配下にあった。1922年に英連邦内の自治領として分離・独立したが，北アイルランド9州のうちの6州は，イギリスからの移民者が多かったため，イギリスの統治下に残された。1960年代以降，プロテスタント系住民（北アイルランド政府）と，経済的に格差が大きかったカトリック系住民の対立が深まり，カトリック系住民による独立運動が展開されるようになった。1969年以来，過激派組織IRAのテロ活動と，これに敵対するプロテスタント系過激派の報復テロが相次いでいたが，1998年に和平合意を結んだ後，紛争解決に向かっている。

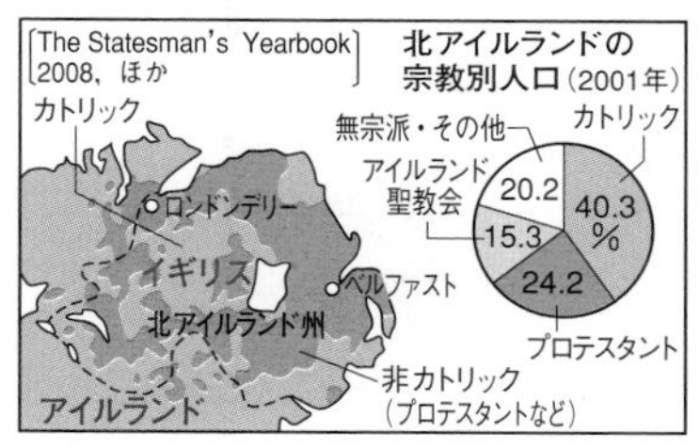

コラム　イギリス連邦（英連邦）

イギリス連邦は1931年に大英帝国の植民地を前身として発足し，1971年以降はゆるやかな独立主権国家の連合組織となった。2017年9月現在，53か国が参加している。参加国は2年に1回の首脳会議と，4年に1回の「コモンウェルス・ゲームズ」とよばれるスポーツ大会を開催して交流を深めている。当初は連邦内での関税の優遇制度によりブロック経済の一翼を担っていたが，現在は制度上，イギリスでの査証免除やワーキングホリデーで便宜をはかる程度である。関税の優遇制度は廃止されたが，現在でも連邦内の相互貿易はさかんである。

③ イギリス・アイルランドの整理

スコットランド中央低地
- 鉄鋼・造船などの重工業が発展していたが衰退
- 近年，半導体生産がさかんになり，**シリコングレン**とよばれる

北アイルランド
- プロテスタント系とカトリック系の住民が対立
- カトリック系住民による独立運動と過激派組織IRAによるテロ

アイルランド
- 1922年，イギリスから独立
- カトリック系住民が多い
- 酪農・牧羊が中心
- 外資による電子産業が発達

ランカシャー地域
- 産業革命発祥の地
- 綿工業の中心地，マンチェスター
- 現在は，自動車・化学・電子機械産業が中心

南ウェールズ地域
- カーディフに臨海型の製鉄所（鉄鉱石は海外から輸入）
- 後背地にウェールズ炭田，大半は閉鎖

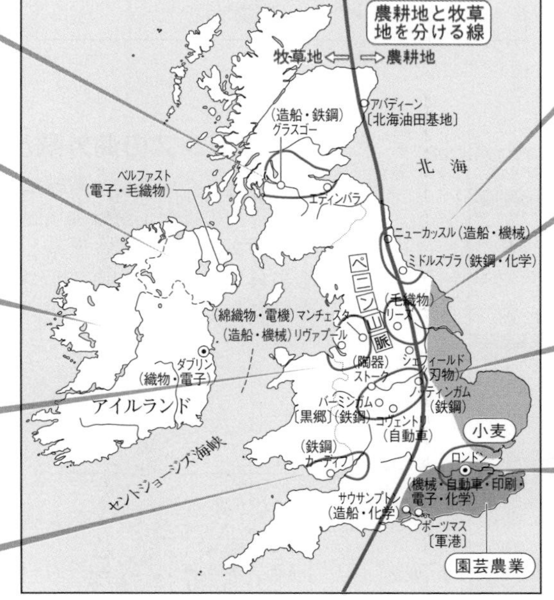

北海油田と北東部
- 1960年代に北海油田の開発進み，原油・天然ガス生産急増
- 油田を背景に，北東部で石油化学・鉄鋼の臨海工業発達
- 北海油田は枯渇が問題視

ヨークシャー地域
- 羊毛工業を中心とした繊維工業
- 中心都市リーズは近年では金融都市として成長著しい

ミッドランド地域
- かつて鉄鋼業の中心地であった→**黒郷**とよばれる
- 石炭，鉄鉱石の枯渇から，自動車・機械工業が中心になる

ロンドン周辺
- イギリス最大の工業地域で，消費財中心の複合工業地域
- 国内人口の4分の1がロンドン都市圏に集中
- 大ロンドン計画でニュータウン建設，**インナーシティ問題**解決のため**ドックランズ**を再開発
- シティ，ドックランズは世界有数の金融の中心地

ドイツ

① ドイツの発展と縮小

古代に起こったヨーロッパの民族大移動の後，800年ごろにはゲルマン人とスラブ人の境界が定まり，ゲルマン人の国の東側境界はエルベ川・ザーレ川付近となった。13世紀には，十字軍の際に武装したドイツ人修道士がスラブ人の住むポーランド北部を征服してキリスト教を布教し，ドイツで発達した農業技術により未開の土地を開墾していく「東方植民運動」をおこした。二度の世界大戦で敗戦した後，中世のオーデル・ナイセ線以西の領土に縮小され，東方地域に住んでいた多くのドイツ人はドイツに追放された。

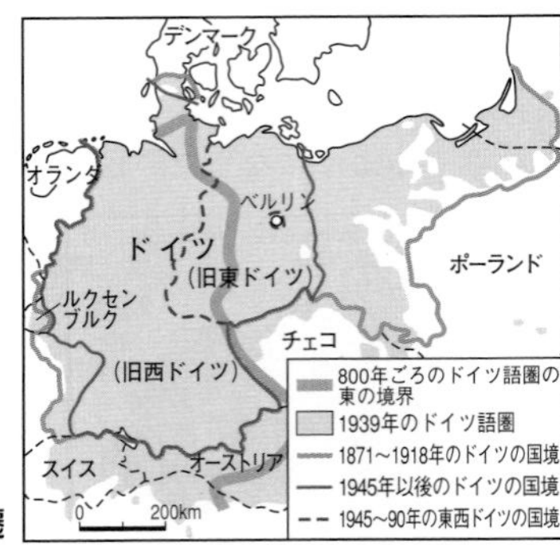

▶ドイツの領域の変遷

② ドイツの失業率問題

ドイツでは安価な労働力として，1960年代にトルコから，東西統一後は東欧から，移民を受け入れた。現在，移民の失業率は高い。このため近年は非熟練労働者の移民の受け入れ規制を強めている。

また，競争力が弱い国営企業の多かった旧東ドイツ地域では，旧西ドイツ地域より失業率が高い。産業構造は製造業への依存が続いており，近年の好況により失業率は低下しつつある。

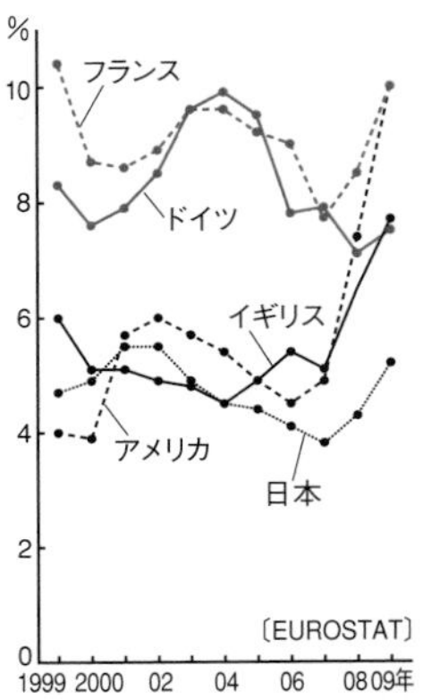

▲ドイツと主要国の失業率

③ ドイツの整理

ルール地方
- ヨーロッパ最大の重化学工業地帯
- ルール炭田の開発を背景に発達
- 一時衰退していたが，1980年代に構造転換をはかり，機械，化学などの工業に移行，さらに近年ではハイテク産業や商業も発展

フランクフルト
- EUの欧州中央銀行がある，世界の金融の中心地の一つ
- フランクフルト空港はヨーロッパ有数のハブ空港(→p.195)

ザール地方
- ザール炭田とロレーヌ鉄山の結合で鉄鋼業が発達していた
- 石炭・鉄鋼産業の不振で工業が衰退，近年は機械・化学工業への転換が進む

北ドイツ平原
- 氷河侵食によってやせたハイデ地帯
- 土地改良や化学肥料の投入で耕地化し，混合農業が行われる

ザクセン地方
- 世界有数の褐炭とカリ塩の産地で，化学工業が発展した
- 近年は，自動車産業が中心

中南部丘陵地
- レス(→p.37)におおわれた肥沃な土壌
- 混合農業が中心

南ドイツ地方
- ミュンヘンやシュツットガルトでは，自動車やハイテク産業がさかん

北海・バルト海運河(キール運河)
キール(造船)[軍港]
ロストク(造船)
酪農
ハンブルク(製油・ゴム・造船・アルミ)
エルベ川
ブレーメン(機械)
ミッテルラント運河
ベルリン(機械・電子)
ハノーファー(自動車・機械)
ヴォルフスブルク(自動車)
デュースブルク(鉄鋼・化学)[欧州最大の内陸港]
ドルトムント(鉄鋼)
エッセン(鉄鋼)
ルール炭田
ハイデ
ライ麦，ばれいしょ，てんさい
ハレ(化学)
ドレスデン(電機・電子)
ケルン(自動車・機械・化学)
イェナ(光学・精密)
ケムニッツ(自動車)
氷期の氷河の最大範囲
フランクフルト[金融の中心]
レス
小麦，ばれいしょ
ザール炭田
ザールブリュッケン(鉄鋼)
カールスルーエ
ドナウ運河
シュツットガルト(自動車・印刷・電子)
シュヴァルツヴァルト(黒い森)
ミュンヘン(自動車・光学・電機・ビール)
フライブルク[環境都市]
ドナウ川

フランス

① フランスの共和政

現在の第五共和政では，強い行政・官僚機構のもと，強大な権限をもつ大統領が国民の直接投票で選出され，一方で首相が議院内閣制として国民会議(下院)により選出される「半大統領制」という政治体制である。とくに，大統領と首相の所属政党が異なるときには，政策をめぐる対立が生じることがある。

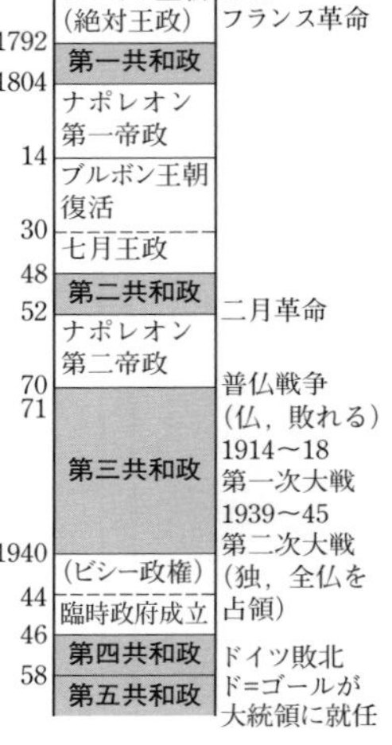

年	政体	できごと
	ブルボン王朝(絶対王政)	1789 フランス革命
1792	第一共和政	
1804	ナポレオン第一帝政	
14	ブルボン王朝復活	
30	七月王政	
48	第二共和政	二月革命
52	ナポレオン第二帝政	
70		普仏戦争(仏，敗れる)
71	第三共和政	1914～18 第一次大戦 1939～45 第二次大戦
1940	(ビシー政権)	(独，全仏を占領)
44	臨時政府成立	
46	第四共和政	ドイツ敗北
58	第五共和政	ド=ゴールが大統領に就任

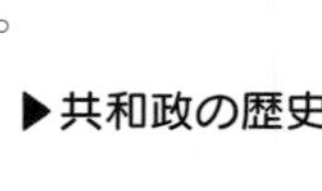
▶共和政の歴史

② フランスの海外県と海外領土

フランスの地方自治組織は，ヨーロッパに13地域圏，96県がある。そのほか，海外地域圏(海外県)と海外準県，特別共同体などがある。海外県・準県とも，本土同様に県議会をもち，国会議員を選出している。かつては強い中央集権制度により政府が県知事を任命していたが，近年では地方分権を進めている。

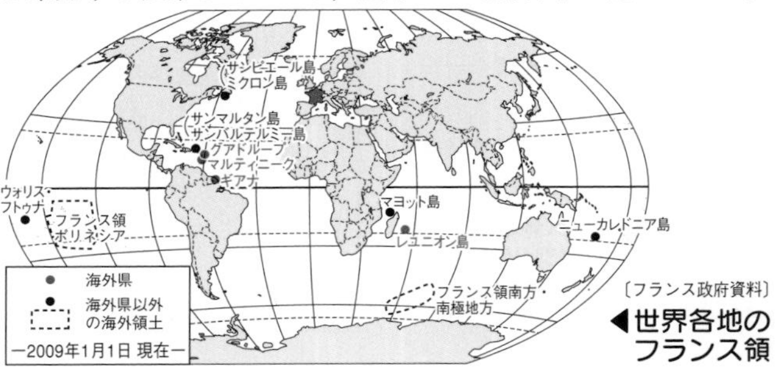

◀世界各地のフランス領

③ フランスの整理

北部地域
- リールを中心に伝統的な羊毛・綿工業がさかん
- 近年では臨海部が，鉄鋼と石油化学の工業地域として成長

パリとパリ盆地
- 大消費地を控えた国内最大の工業地域で，自動車，化学，機械などの工業がさかん
- ラ・デファンス地区など都心部を再開発
- パリ盆地では**ケスタ**(→p.8)地形がみられ，小麦栽培が中心
- 農業経営規模は大きく，機械化されて集約的な混合農業が展開

トゥールーズ
- エアバス社の工場があり，ヨーロッパの航空機産業の中心地

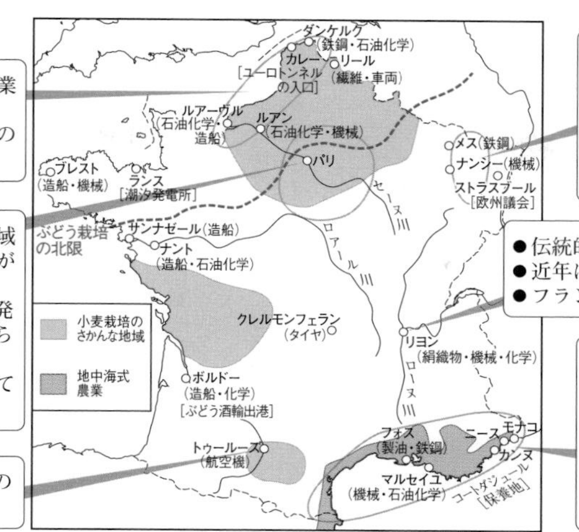

ロレーヌ地方
- ロレーヌ鉄山と，ドイツのザール炭田が結合し，鉄鋼業が発展
- ロレーヌ鉱山はりん分を多く含むミネット鉱→トーマス製鋼法(→p.115)
- 現在は鉄鋼業は衰退し，化学や自動車などの工業がさかん

リヨン地域
- 伝統的な絹織物産地で，化学繊維産業もさかん
- 近年は，化学，医薬品，機械工業がさかん
- フランスの金融の中心で，銀行の本店が多い

地中海沿岸
- マルセイユは国内最大の貿易港
- フォスに石油化学と鉄鋼の臨海工業地を形成
- 農業は地中海式農業で，ぶどうの栽培がさかん
- コートダジュールやラングドック・ルションなどの海浜リゾート

ベネルクス(ベルギー，オランダ，ルクセンブルク)

① ベネルクス3国

オランダ	ベルギー	ルクセンブルク
・ライン川とマース川のデルタとポルダーからなる国土——1/4は海面下 ・世界的な酪農国・園芸農業国で，工業も発達 ・貿易依存度が高い	・南北の言語圏の対立 ・豊富な石炭を利用して早くから工業がさかん——近年，斜陽化 ・ダイヤモンド加工，日本への総輸出額の半分を占める	・ベルギーと経済は一体化している ・銀行業，金融業を中心に経済力が高い ・欧州の金融センターとしての地位を確立している

② ベルギーの言語・民族問題

北部のゲルマン系**フラマン人**はオランダ語を，南部のラテン系**ワロン人**はフランス語を使用し，「言語戦争」とよばれる対立が続いている。平坦なフラマン地域では石油化学工業・サービス業がさかんで経済発展が続いている。山がちなワロン地域では石炭・鉄鋼業がさかんであったが，現在では低迷している。

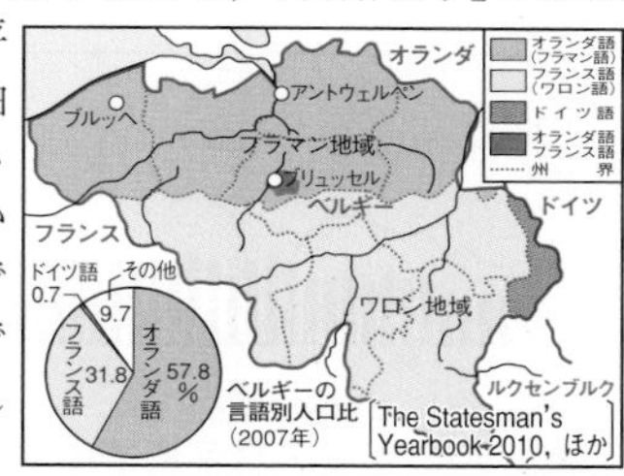

▲言語分布と人口比

③ ユーロポート

オランダのロッテルダム港は，外洋(北海)と国際河川(ライン川の分流である新マース川)の結節点として発展した。現在ではヨーロッパ最多の貨物取扱量を誇り，「EUの玄関口」ともよばれる。ここでは原油取扱量が多く，パイプラインはドイツ西部やルール地方までつながっている。**ユーロポート**は1960年代に建設されたロッテルダム港の一部であり，世界最大規模の石油化学工業地帯の中核をなしている。

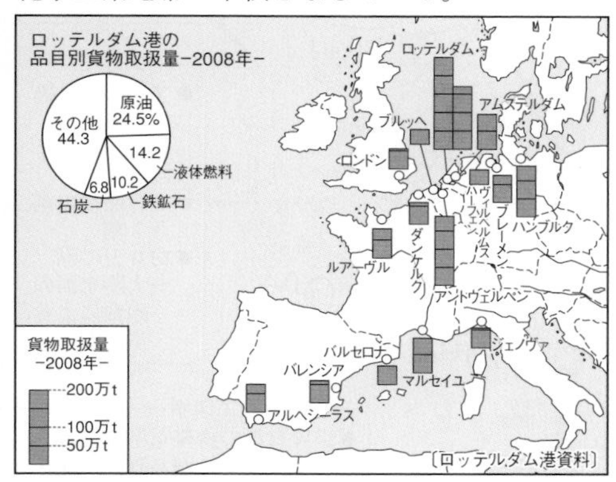

▲ＥＵの港とロッテルダム港で扱う貨物

④ ベネルクスの整理

オランダの農業
- アムステルダムからロッテルダムの都市地域では園芸農業——野菜の温室栽培
- 海岸砂丘地帯は，花卉栽培(ハーレム中心)——花の球根は重要な輸出品
- 低地帯は牧草地で，酪農がさかん

アイセル湖
- 1932年，ゾイデル海を締め切り堤防で分断
- ポルダーの造成

ロッテルダム
- 世界有数の貿易港
- 河口にEUの玄関口ユーロポート——ヨーロッパ最大の石油精製基地

ラントスタット=ホランド
(オランダ環状都市帯)
- オランダの人口の4割以上が集中
- オランダ最大の工業地域

フランドル地方
- 古くから羊毛中心の繊維工業がさかん

ベルギーの工業

フラマン地域(北部)
- 以前は伝統工業に依存
- 近年，鉄鋼・機械・電子など臨海部に工業が発展

ワロン地域(南部)
- 19世紀から重工業の中心——炭田とルクセンブルク・ロレーヌの鉄鉱石を結びつけ，鉄鋼・機械工業
- エネルギー転換で，内陸部の炭田依存型工業は衰退

ブリュッセル
- EU本部とNATO事務局がある
- 言語境界付近に位置し，両語共用地区

北ヨーロッパ諸国

① 北ヨーロッパ諸国の歴史

13 14 15 16 17 18 19 20世紀		OECD	EFTA	EU	NATO
デンマーク	デンマーク	○	◌→	○	○
1944	アイスランド	○	○		○
1905	ノルウェー	○	○		○
1523　スウェーデン	スウェーデン	○	◌→	○	
ロシア領 1917	フィンランド	○	◌→	○	

トピック　変わるノルウェーの水産業

かつてノルウェーでは，漁業に高額な補助金が支払われていた。過剰な労働力と設備投資によって水産資源が乱獲され，1970年代には漁獲量が激減した。ノルウェー政府は1970年代後半に漁業政策を転換し，厳しい規制による水産資源の保護と補助金の見直しを行った。さらに，**フィヨルド**を利用した養殖業を振興させ，これに加えて加工・流通設備を整備した。こうした努力の結果，1980年代以降は水産資源が回復したため，現在では，高値で売れる大きさの魚のみを漁獲するという，世界で最も収益性の高い漁業を行っている。現在の輸出先は，EU向けが過半数を占めている。

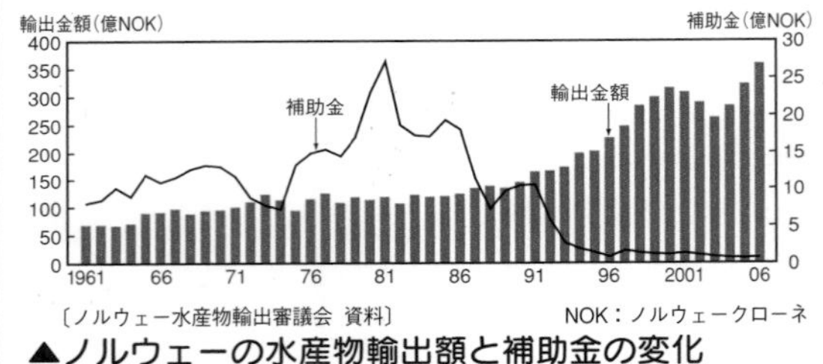

▲ノルウェーの水産物輸出額と補助金の変化

② 北ヨーロッパ諸国の発電

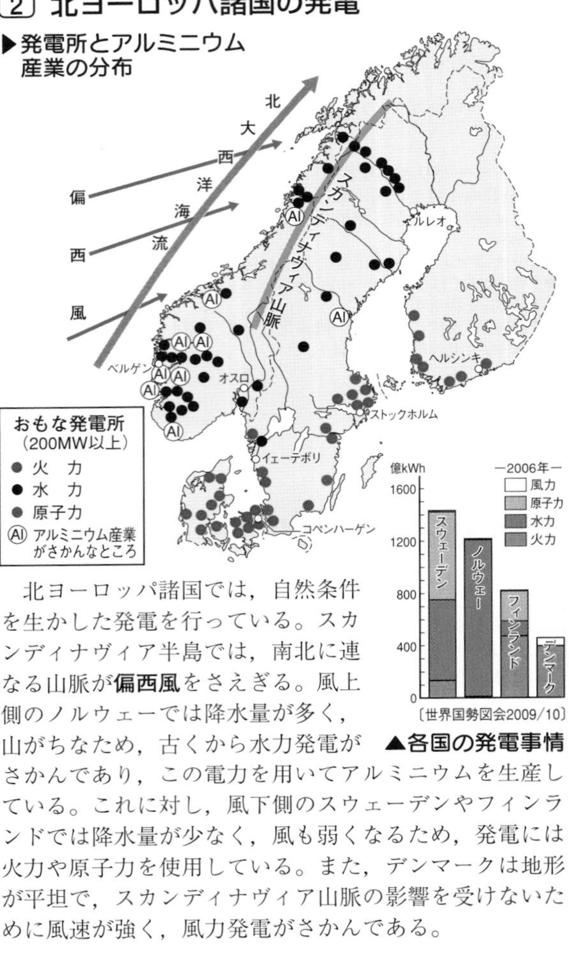

▲各国の発電事情

北ヨーロッパ諸国では，自然条件を生かした発電を行っている。スカンディナヴィア半島では，南北に連なる山脈が**偏西風**をさえぎる。風上側のノルウェーでは降水量が多く，山がちなため，古くから水力発電がさかんであり，この電力を用いてアルミニウムを生産している。これに対し，風下側のスウェーデンやフィンランドでは降水量が少なく，風も弱くなるため，発電には火力や原子力を使用している。また，デンマークは地形が平坦で，スカンディナヴィア山脈の影響を受けないために風速が強く，風力発電がさかんである。

③ 北ヨーロッパ諸国の整理

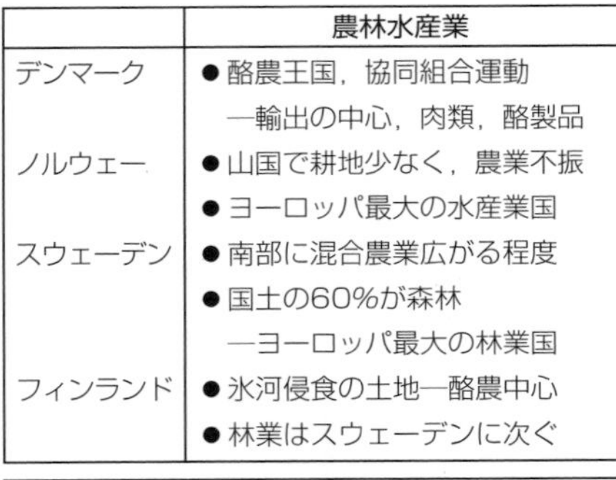

	農林水産業
デンマーク	●酪農王国，協同組合運動 —輸出の中心，肉類，酪製品
ノルウェー	●山国で耕地少なく，農業不振 ●ヨーロッパ最大の水産業国
スウェーデン	●南部に混合農業広がる程度 ●国土の60%が森林 —ヨーロッパ最大の林業国
フィンランド	●氷河侵食の土地—酪農中心 ●林業はスウェーデンに次ぐ

	鉱工業
デンマーク	●資源に乏しく海外に依存 —加工貿易立国
ノルウェー	●豊富な水力発電—アルミ工業 ●北海油田で，石油輸出国 ●海運業がさかん，造船業が発達
スウェーデン	●良質な鉄鉱石と豊富な森林資源 —鉄鋼業，パルプ工業がさかん —特殊鋼・産業ロボットは定評
フィンランド	●木材関連の工業に特徴 ●携帯電話などの電子機器

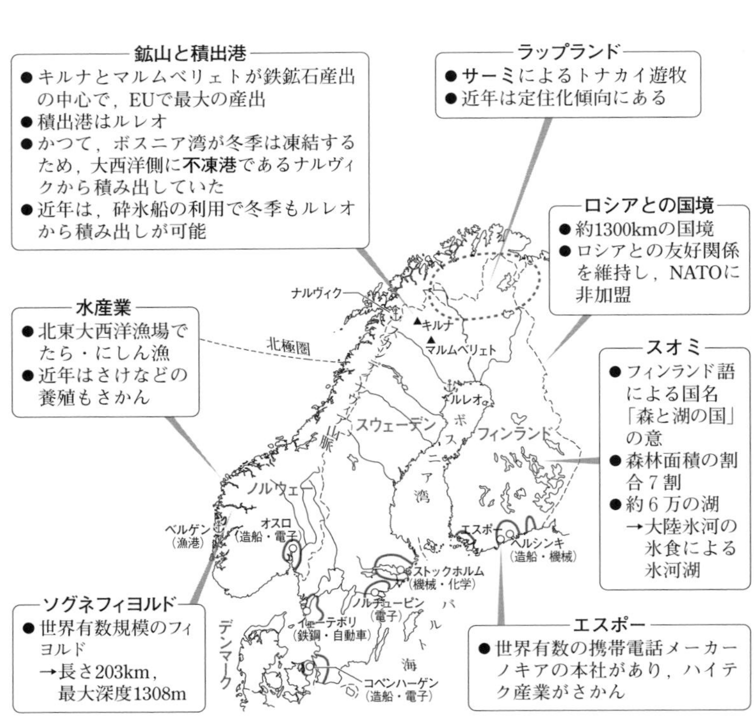

南ヨーロッパ諸国

コラム　キプロス問題

　キプロスは1960年に，イギリスから独立した。当初は統一国家であった。しかし，多数派であるギリシャ系住民と少数派であるトルコ系住民との間で対立し衝突が激化，63年には内戦状態となった。国連安全保障理事会は64年に，国連キプロス平和維持隊を派遣し，現在も駐留している。

　北キプロス（トルコ系地域）は独立を宣言しているが，承認している国はトルコのみである。

　2004年，EUがキプロス共和国（南キプロス；ギリシャ系地域）の加盟を決めた。北キプロスは，国連の提案に従い，南キプロスとの統合を受け入れた。一方で，南キプロスは，住民投票で北部との統合を拒否した。その直後，ＥＵは南キプロスのみを加盟させている。

ギリシャ語 85.2%　トルコ語 11.6　その他 3.2

◀キプロスの言語別人口比
―2000年―

① 観光業のさかんな地中海沿岸

　地中海沿岸は，ヨーロッパのなかでは温暖な気候であるため，伝統的に王侯貴族の保養地であった。戦後の**バカンス**の大衆化に伴い，リゾート開発が進み，現在では年間2億人以上の観光客が押し寄せる。一方で，観光客の増加に伴い，環境破壊が問題になりつつある。

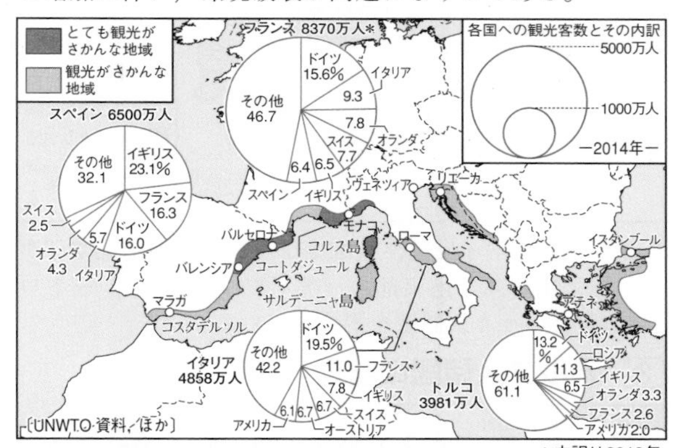

▲地中海沿岸の観光動向と観光客の内訳　＊内訳は2013年

② スペイン・ポルトガルの整理

スペイン	ポルトガル
●中世にイスラーム世界の影響を強く受ける ●16世紀に中南米・アフリカに多くの植民地を獲得 ―スペインは中南米中心，ポルトガルはブラジルとアフリカ南部（ポルトガルは最後の植民地帝国だった） ●1975年ごろまで独裁政治が続き，1980年代に西欧社会への参加なる―1986年に両国EU加盟	
●1960年代に工業国に脱皮，しかし工業化は遅れる ―**水銀**・鉄鉱石など資源の種類は豊富だが，近年は採掘量が減少	●伝統的な農業国 ―**コルクがし**は世界的に有名 ―生産性低く，食料は輸入している ●工業は繊維中心の軽工業

バスク地方
●バスク人独立運動

リアスバハス海岸
●リアス海岸の名称の由来

カタルーニャ地方
●バルセロナが中心
―スペイン第一の貿易港
―機械・繊維・化学などの工業地域

メセタ
●古生層の乾燥した台地
●羊の移牧

ビルバオ　オビエド（鉄鋼）　フランス　アンドラ　メセタ　稲作　リアスバハス海岸　ポルト（ぶどう酒の輸出港）　マドリード（皮革・家具）　バルセロナ（機械・自動車・化学・綿織物）　バレンシア（造船・自動車・化学・繊維）　リスボン　アルマデン（水銀）　コルドバ〔イスラームの古都〕　セビリア（たばこ）　グラナダ〔イスラームの古都〕　カディス（造船）　ジブラルタル〔英軍港〕

地中海沿岸の農業
●ぶどう・柑橘類・オリーブの**地中海式農業**がさかん
●エブロ川下流やバレンシア付近では**商業的稲作**

ポルトガルの農業
●大土地所有制が長い
―不在地主は商品作物のオリーブや**コルクがし**に専念
―食料は海外植民地に依存していたため現在でも食料輸入

ジブラルタル
●イギリスの海外領土
―地中海入口の要衝で海軍基地がある

③ イタリアの整理

工業の三角地帯
●ミラノ・トリノ・ジェノヴァを結ぶイタリアの工業の中心
●自動車，機械などの重工業が中心

パダノ＝ヴェネタ平野
●大規模な商業的混合農業地帯
●小麦の栽培のほか，ポー川流域で稲作

第3のイタリア
●中小企業の成長が著しい，中部～北東部一帯
●皮革や織物などの伝統地場産業が集積

混合農業　（化学・機械・繊維）ミラノ　ヴェネツィア（製油）　トリエステ（造船）　（自動車・鉄鋼）トリノ　ポー川　ジェノヴァ（造船・鉄鋼・製油）　ラヴェンナ（化学）　アペニン山脈　（鉄鋼）ピョンビーノ　ローマ（機械）　ナポリ（化学・機械）　バリ（鉄鋼）　タラント（鉄鋼）　クロトーネ（化学）　パレルモ　シチリア島　地中海式農業　工業地域

南部の工業
●格差是正のためにバノーニ計画のもと政策投資された重工業が中心
●タラントの鉄鋼など

南部の地中海式農業
●ぶどう・オリーブ・柑橘類の栽培
●やぎ・羊の移牧もみられる
●大土地所有制が残存

④ ギリシャの整理

●古代文明発祥地の一つ
●長くローマ帝国やトルコの支配を受ける
●ギリシャ正教が9割以上
●トルコとは領海・**キプロス問題**で対立している
●農業中心で，工業化遅れる
―ボーキサイト豊富
●伝統的な海運業，海外送金・観光収入が頼り
●2010年以降，財政悪化が顕在化，周辺国へ影響が及んでいる

アテネ
●古代の**都市国家**
●**アクロポリス**など古代遺跡多い
―貴重な観光収入源
●鉄鋼・繊維などギリシャの工業の中心

アルプス諸国(スイス，オーストリア)

① スイスの4言語圏

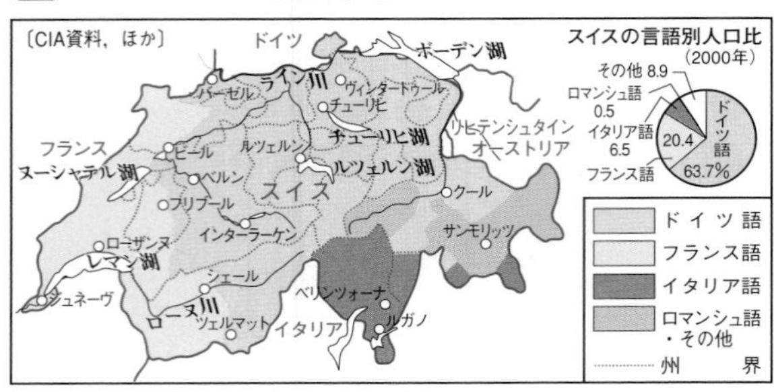

北・中部でドイツ語，西部でフランス語，南部でイタリア語，山がちな南東部の一部でロマンシュ(レートロマン)語という4言語圏を形成している。

② アルプス諸国の観光

アルプスは風光明媚であり，夏は湖，冬はスキーなどの観光地が発展し，世界各国からの観光客でにぎわう。また，温泉などの保養地や文化遺産も点在している。

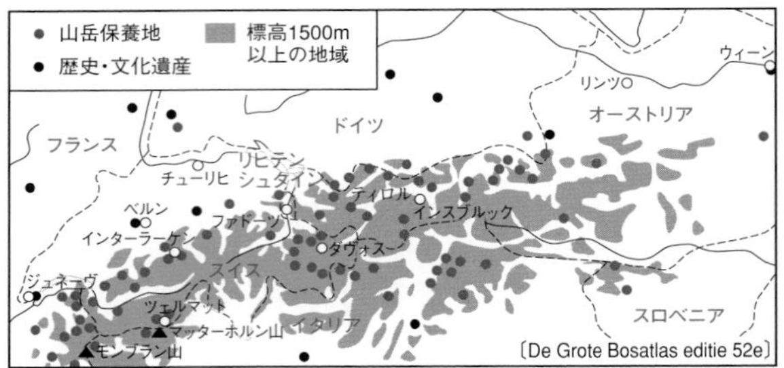

③ アルプス諸国の整理

スイス	・永世中立国 ・宗教はカトリックとプロテスタントが半々 ・資源に乏しいが高度の技術に支えられた精密工業が発達 ・国際金融・観光収入が大きい
オーストリア	・1995年，EUに加盟 ・中世以来ドイツと関係が深く，ドイツ語系の住民がほとんどを占める ・ドイツ系企業の下請けとして，鉄鋼業や自動車工業が発達 ・歴史文化と音楽に関する観光がさかん ・中・東欧への拠点として，日本企業の進出が増加

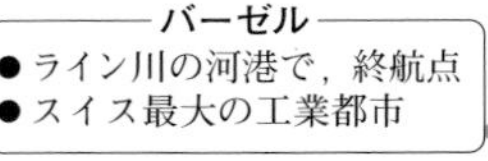

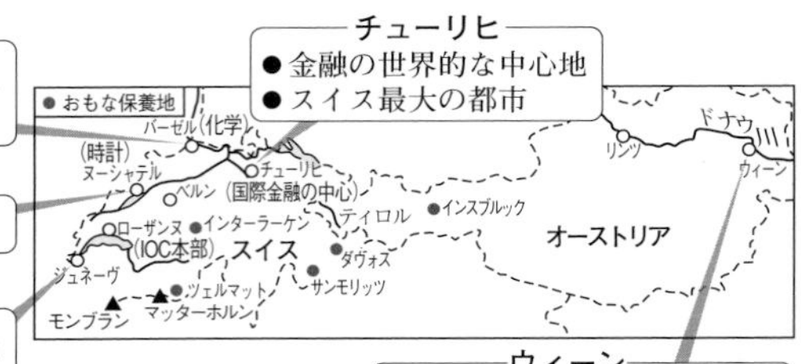

ヌーシャテル地方
●時計工業が集中

ジュネーヴ
●旧国際連盟の本部所在地
●現在も国連機関の本部が多数ある

農業(山岳地域)
●酪農が中心，移牧

東ヨーロッパ諸国

① 中央・東ヨーロッパの歴史的変遷

参照 p.253②

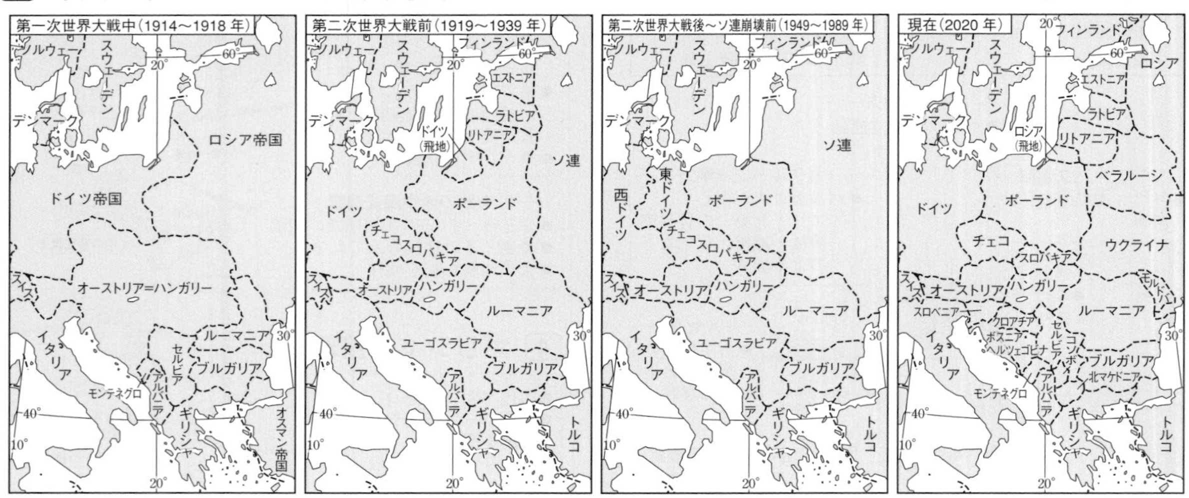

中央・東ヨーロッパでは，多民族国家である近世の大帝国支配が崩壊し，二度の大戦を通じて民族自決の立場からいくつかの独立国が成立したが，冷戦の東側諸国としてソ連の強い影響下におかれた。冷戦終結・ソ連の崩壊後には，ソ連に併合されていた国の独立，ユーゴスラビアの内戦と分裂，東西ドイツ統合などがあり，この地域では20世紀以降，めまぐるしく国境が変わっている。

コラム　冷戦時代の東ヨーロッパ

第二次世界大戦後から1980年代末まで，ソ連中心の社会主義陣営と，アメリカ中心の自由主義陣営が対立していた。この対立を**冷戦**という。東ヨーロッパ諸国を含む社会主義陣営は，経済では経済相互援助会議(コメコン)，軍事ではワルシャワ条約機構を組織していた。

② 東ヨーロッパ諸国の貿易相手国の変化

－1980年－
ポーランド
ソ連 32.3%
7.6
6.7
6.3
その他 43.6
西ドイツ
東ドイツ
チェコスロバキア
フランス3.6
ブルガリア
ソ連 53.5%
東ドイツ6.0
ポーランド3.9
その他 29.6
西ドイツ3.6
チェコスロバキア3.4
ルーマニア
ソ連 17.0%
7.3
アメリカ5.7
その他 60.1
西ドイツ
イラク4.9
東ドイツ5.0
チェコスロバキア
ソ連 35.8%
9.9
7.6
西ドイツ6.1
ハンガリー5.5
その他 35.1
東ドイツ
ポーランド
－2007年－
ポーランド
ドイツ 25.9%
6.6
6.1
イギリス5.9
チェコ5.5
その他 50.0
イタリア
フランス
ブルガリア
10.3
ドイツ 10.3
9.1
6.2
イタリア
ベルギー
その他 52.7
トルコ11.4%
ギリシャ
ルーマニア
イタリア 17.2%
ドイツ 17.0
7.7
7.0
フランス
その他 45.5
トルコ
ハンガリー5.6
チェコ
ドイツ 30.8%
8.7
フランス5.4
イギリス5.0
その他 44.2
スロバキア
ポーランド5.9
ソ連・東欧諸国
EC加盟国
EU加盟国
〔UN Comtrade，ほか〕

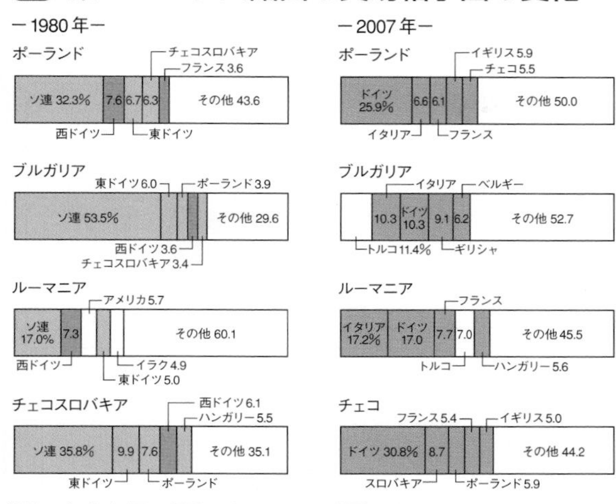

かつてはソ連や東ヨーロッパ諸国との結びつきが強かった。現在ではドイツをはじめとするEUとの結びつきが強くなり，貿易相手国にもそれが現れている。

③ 東ヨーロッパ諸国の人口問題

東ヨーロッパのほとんどの国では，1990年代以降に人口が減少に転じた。これは，政治経済体制が転換された際，児童手当などの出生促進政策が廃止されたことに加え，教育水準の高度化による晩婚化・出産の高年齢化による出生率の低下が原因であると考えられている。

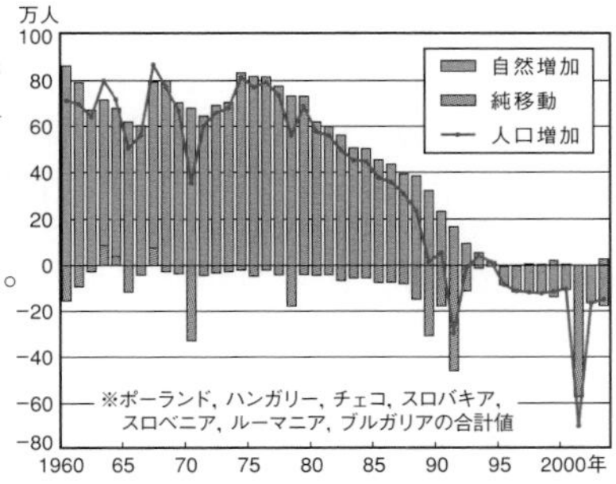

万人
100
80
60
40
20
0
−20
−40
−60
−80
1960
65
70
75
80
85
90
95
2000年
自然増加
純移動
人口増加
※ポーランド，ハンガリー，チェコ，スロバキア，スロベニア，ルーマニア，ブルガリアの合計値
〔朝倉世界地理講座10 東ヨーロッパ・ロシア〕

▲東ヨーロッパ7か国の人口変動

④ 東ヨーロッパ諸国の整理

ボヘミア地方
●高度な技術水準で，繊維・ガラス・陶磁器などが有名
北ドイツ平原
●混合農業地帯
→ライ麦，じゃがいも，てんさい，乳牛，肉牛など
シロンスク地方
●世界的な炭田地帯
●炭田を背景とした鉄鋼業などが発達も，大気汚染問題などで衰退
ドナウ川流域
●小麦・とうもろこしなどの栽培さかん
●ハンガリー平原・ルーマニア平原は有数の穀倉地帯
カルスト地方
●カルスト地形の名前の由来となった石灰岩地帯
東ヨーロッパの工業の変化
●市場経済導入以降，西ヨーロッパをはじめとする国々からの投資で，自動車・家電などの工業が急速に展開
ルーマニアの資源
●原油，天然ガスの産出が多い
→石油化学工業が発達も，今は停滞
グダンスク（造船）
北ドイツ平原
ベルリン
ライ麦・じゃがいも
（繊維）ウーチ
ワルシャワ（機械・繊維）
ヴロツワフ
カトヴィツェ（鉄鋼）
（自動車・機械）プラハ
プルゼニュ
（自動車・機械・ビール）
オストラヴァ（鉄鋼）
クラクフ〔古都〕
（鉄鋼）コシツェ
カルパティア山脈
ブラチスラバ（石油化学）
ウィーン
（鉄鋼）ミシュコルツ
小麦・とうもろこし
ブダペスト（機械・化学）
ハンガリー平原（プスタ）
カルスト
ザグレブ
（ボーキサイト）
（石油化学）プロエシュチ
ブラショフ
ブカレスト（機械・繊維）
ベオグラード（機械・繊維）
ルーマニア平原
ドナウ川
サラエボ
ディナルアルプス山脈
ダルマティア海岸
アドリア海
（多島海）
果樹
ソフィア（機械・繊維）
スコピエ
ローマ
ティラナ
イスタンブール
黒海

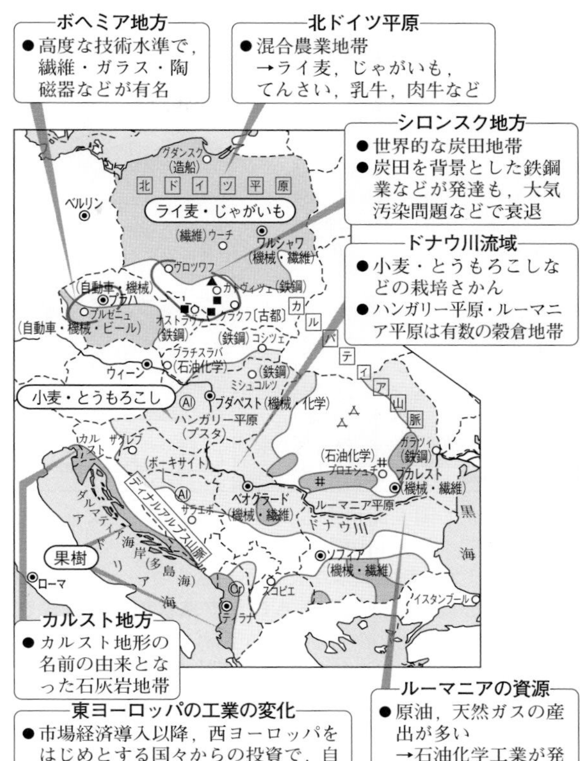

トピック　ポーランドへの労働移民

東ヨーロッパのEU加盟は，労働者の人口移動を引き起こしている。ポーランドでは2004年にEU加盟したのち，熟練工から単純労働者にいたるまで，数百万人に及ぶ労働者がドイツやイギリス，ノルウェーなどの高賃金国へ流出した。この影響でポーランド国内の労働力が不足したため，ベトナム・北朝鮮・モンゴルなど，より賃金の安い国々から労働移民を受け入れるようになった。

その他のヨーロッパ諸国

① バルト3国の整理

エストニア
●ウラル語族（アジア系）のエストニア人が多い
●民間企業中心に経済成長
●北欧諸国との貿易が増大
ラトビア
●バルト語族のラトビア人が多い
●ロシアにエネルギー資源を依存
●ロシアの石油を中心に中継貿易がさかん
リトアニア
●バルト語族のリトアニア人が多い
●原子力発電による電力を周辺国に供給
タリン［機械・電子］
バルト海
リガ湾
リガ［造船・機械］
カウナス［電気機械］
カリーニングラード［軍港］
ロシア（飛地）
ビリニュス

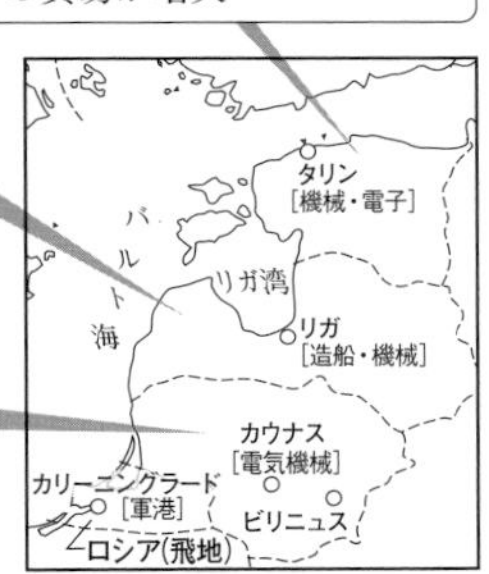

② ヨーロッパの小国の整理

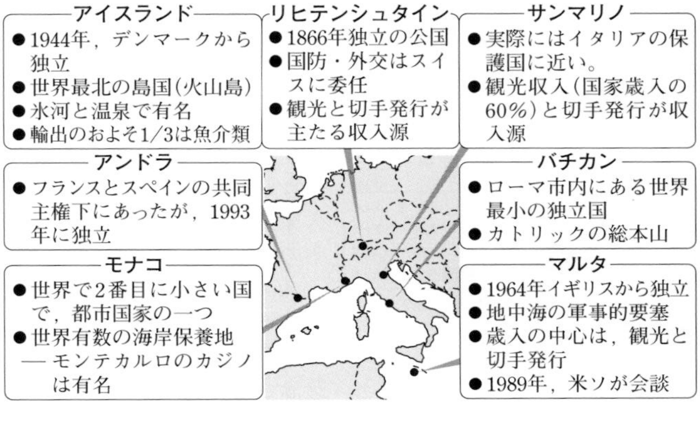

アイスランド
●1944年，デンマークから独立
●世界最北の島国（火山島）
●氷河と温泉で有名
●輸出のおよそ1/3は魚介類
リヒテンシュタイン
●1866年独立の公国
●国防・外交はスイスに委任
●観光と切手発行が主たる収入源
サンマリノ
●実際にはイタリアの保護国に近い。
●観光収入（国家歳入の60%）と切手発行が収入源
アンドラ
●フランスとスペインの共同主権下にあったが，1993年に独立
バチカン
●ローマ市内にある世界最小の独立国
●カトリックの総本山
モナコ
●世界で2番目に小さい国で，都市国家の一つ
●世界有数の海岸保養地
―モンテカルロのカジノは有名
マルタ
●1964年イギリスから独立
●地中海の軍事的要塞
●歳入の中心は，観光と切手発行
●1989年，米ソが会談

1 ロシアと周辺諸国の自然環境

① ロシアと周辺諸国の自然環境

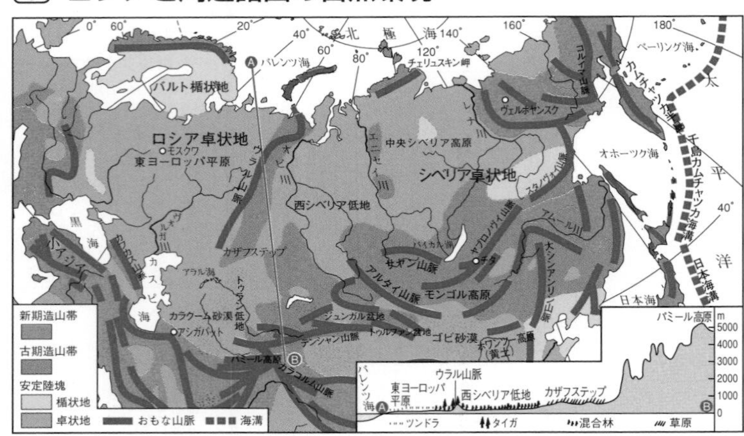

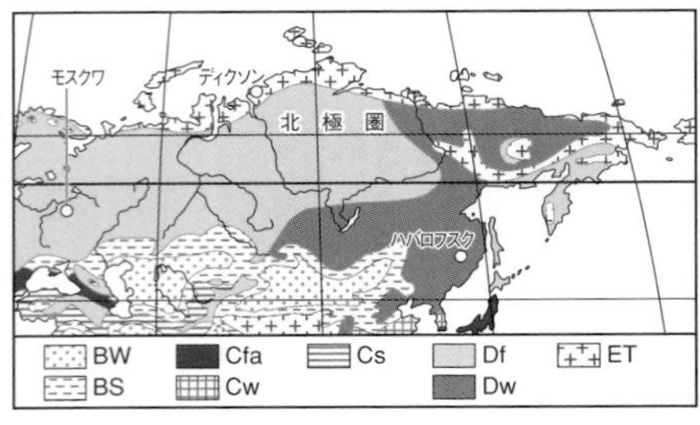

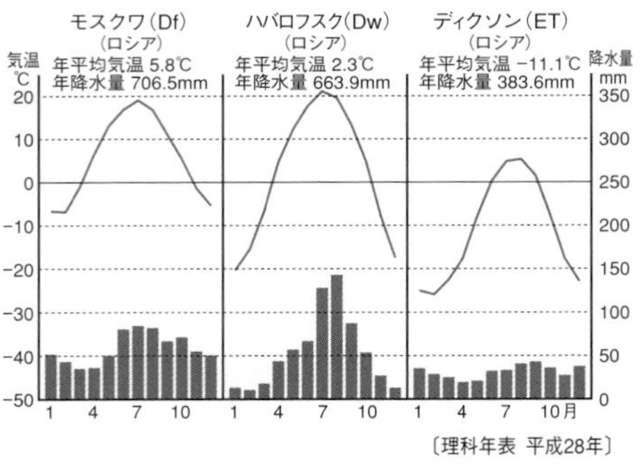

〔理科年表 平成28年〕

世界最大の国土面積をもつロシアは，東西に長く広がっている。**ウラル山脈**を境に西がヨーロッパロシア，東がシベリア・極東ロシアに分かれる。ヨーロッパロシアは，おもに安定陸塊である**ロシア卓状地**から構成され，カスピ海に注ぐヴォルガ川が流れている。一方，ウラル山脈の東は，おもに**シベリア卓状地**が広がる。北極海に向かってオビ川，エニセイ川，レナ川が流れているため，春から初夏には上流部からの雪解け水と，下流で雪や氷の解ける時期が一致し，下流部は洪水に見舞われる。中国とモンゴルの国境地帯には，古期造山帯に属する7000m級のテンシャン山脈などがみられる。また，断層運動による断層湖で，最大水深が世界一である**バイカル湖**がある。新期造山帯は東部と南西部に存在し，カムチャツカ半島やスタノヴォイ山脈などの属する**環太平洋造山帯**と，黒海とカスピ海の間にあるカフカス山脈および「世界の屋根」ともよばれる中央アジアのパミール高原の属する**アルプス=ヒマラヤ造山帯**がある。

植生や気候は，中央アジアにステップや砂漠がみられ，ウクライナからカザフステップにかけては**チェルノーゼム**(→p.37)が広く分布し，世界屈指の小麦生産地である。ロシアの大部分は，冷涼な亜寒帯であり，とくにシベリアには**タイガ**(→p.36)とよばれる針葉樹林が発達し，養分の少ない土壌である**ポドゾル**(→p.37)が広がる。隔海度の大きいシベリア内陸部のオイミャコン周辺は，世界の**寒極**であり，真冬には著しく低温になる。北極海沿岸には，植生に乏しい**ツンドラ**地帯(→p.36)が続く。

② 永久凍土

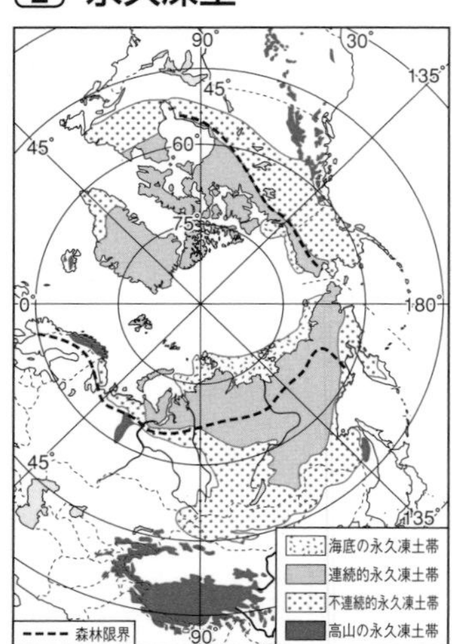

〔pewe(1969,83), Mackay(1872)による〕

▲北半球の永久凍土

年間を通して凍結している土壌が**永久凍土**であり，全陸域の14%を占めている。シベリアに広く分布し，直接地面に建築物を設けると熱が凍土に伝わり融解するので，中空式にし，熱が拡散するようにしている。最近は亜寒帯林の伐採が進み，日光が地面にまで届くようになったため，永久凍土が融解し，凍土中の温室効果ガスであるメタンが大気中に放出されており，地球温暖化を加速することが懸念されている。

③ シベリアの河川の凍結

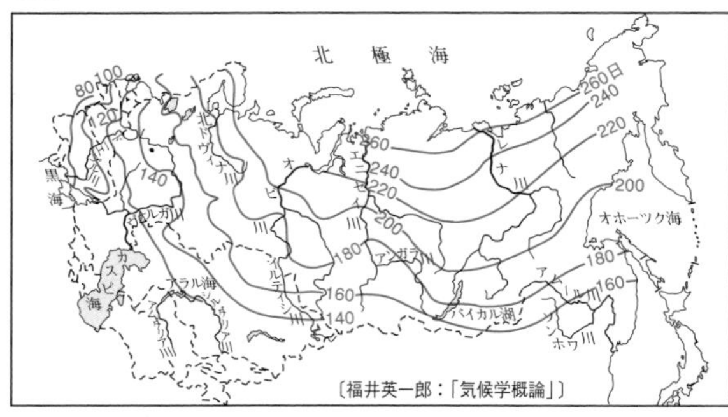

〔福井英一郎：「気候学概論」〕

▲シベリアの河川の凍結日数

シベリアの河川は，冬季を中心に凍結する。とくに冬季に著しく低温になる北東部では，年間8か月以上も凍結する河川もある。これがシベリア開発を妨げる不利な自然条件の一つになる。春になると，川の上流部である南方から解氷がはじまる。緯度の低い地域の方が，暖かいためである。河口付近の解氷が遅れると，上流や中流部の広い範囲にわたって融雪洪水が起こる。

2 ロシアと周辺諸国の民族と社会

① ロシアの領土拡大と社会主義共和国の成立

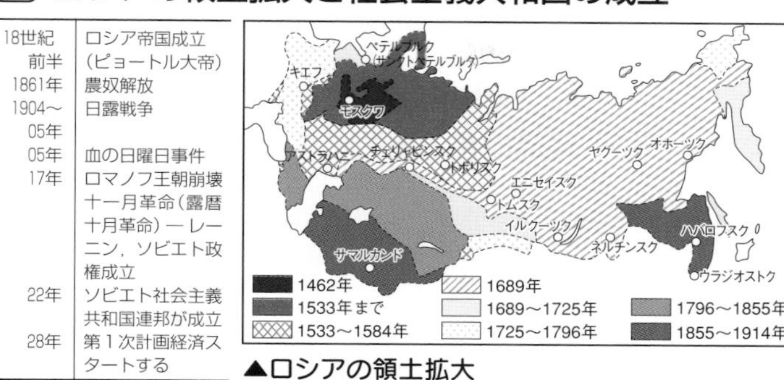

18世紀前半	ロシア帝国成立（ピョートル大帝）
1861年	農奴解放
1904～05年	日露戦争
05年	血の日曜日事件
17年	ロマノフ王朝崩壊　十一月革命（露暦十月革命）―レーニン，ソビエト政権成立
22年	ソビエト社会主義共和国連邦が成立
28年	第１次計画経済スタートする

▲ロシアの領土拡大

ロシアはもともと，東ヨーロッパの小国であった。15世紀以降，周辺諸国を次々と併合し，18世紀前半にロシア帝国を名乗るようになった。シベリアには16世紀から進出が本格化し，17世紀後半には東端にまで勢力を拡大した。以後，**不凍港***を求めた南下政策や，清の弱体化に乗じた領土獲得などで，ほぼ現在の領土を獲得した。**ロシア革命**で多くの地域が分離独立したが，ほとんどの地域は，ソビエト連邦として再び統一国家を形成した。

*冬になっても海面の凍結がなく，一年中使用できる港湾のこと

② 社会主義体制の変更

年	事　項
1917	ロシア革命（帝政崩壊，ソビエト政権樹立）
22	ソビエト社会主義共和国連邦（ソ連）成立
28	5か年計画開始（農業集団化，重工業強化）
40	バルト３国を併合
49	COMECON（東欧経済相互援助会議）発足
55	ワルシャワ条約機構　発足
79	アフガニスタンに軍事介入
85	ゴルバチョフが書記長就任，ペレストロイカ（改革）とグラスノスチ（情報公開）を断行
86	チェルノブイリ原発事故
87	INF（中距離核戦力）全廃条約に調印
91	冷戦終結宣言，アフガニスタンから撤退完了　COMECON，ワルシャワ条約機構　解体，ソ連共産党解散，バルト３国独立，旧ソ連構成国との間に独立国家共同体（CIS）を創設→ソ連消滅
92	価格自由化政策→物価高騰
94	チェチェン紛争へ軍事介入　開始
97	サミット（主要国首脳会議）に正式参加
98	金融危機により通貨（ルーブル）切り下げ
2006	議長国としてサミット開催
14	ソチオリンピック開催
	ウクライナに侵攻

〔世界年鑑 2009，ほか〕

ロシアはかつて，周辺諸国と**ソビエト社会主義共和国連邦**（ソ連）という国を構成していた。ソ連は世界最初の**社会主義**国家としてアメリカと肩を並べる大国であったが，硬直化した**計画経済**のもとでは生産効率が上がらず，経済的に西側先進国に大きく後れをとるようになった。

1986年，ゴルバチョフ書記長によって**ペレストロイカ**政策が始められ，市場経済も導入されたが，経済は混乱し，食料品・日用品などの不足が深刻となった。また，中央集権体制の緩和を進めるなかで，各共和国の権限拡大を求める動きが強まり，91年8月の保守派によるクーデタ失敗後の12月にソ連は解体した。

③ 民族問題

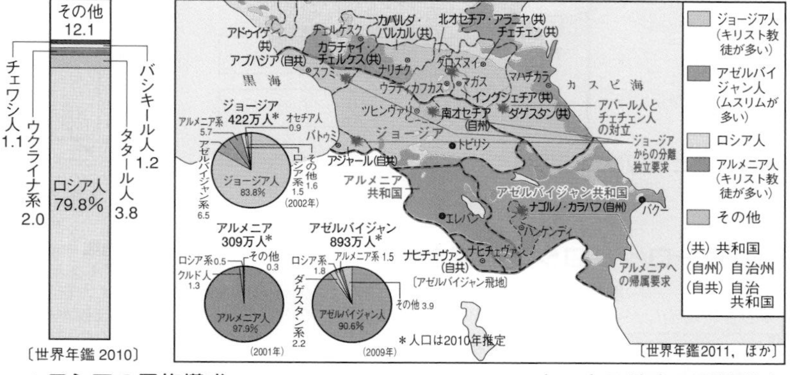

▲ロシアの民族構成　　▲カフカス地方の民族分布

ロシア連邦は，複数の少数民族共和国を抱える多民族国家である。そのため，隣接する旧ソ連構成国も含めて10以上の小さな国があるなど，とくに多数の民族が混在している**カフカス地方**では，紛争や対立が数多く発生している。背景には，独立を求める民族の存在や，カスピ海の油田からのパイプライン敷設ルートを巡る利害関係などがあり，問題を複雑にしている。とくに，ロシアからの独立を求めたチェチェン紛争では，多数の犠牲者と難民が発生し，モスクワでもテロが起きた。

④ 経済成長と貧富の格差

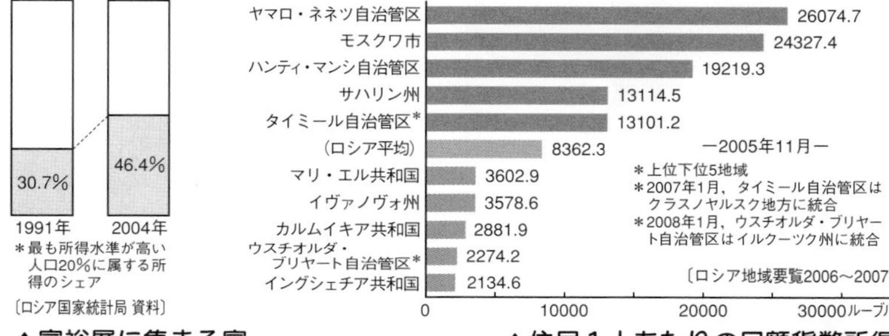

▲富裕層に集まる富　　▲住民１人あたりの月額貨幣所得

ソ連時代は国家によって所得格差を調整していたが，ソ連解体後は，石油・天然ガス関係者などの莫大な富を得ている人々と，経済成長の恩恵にあずかれない人々との間で，所得格差が拡大している。また，経済の中心地であるモスクワや石油・天然ガスの産出地域と，資源産出が少ない地域との地域間格差も深刻で，平均所得に大きな開きが生じている。

3　ヨーロッパロシア

① ロシアと周辺諸国の貿易

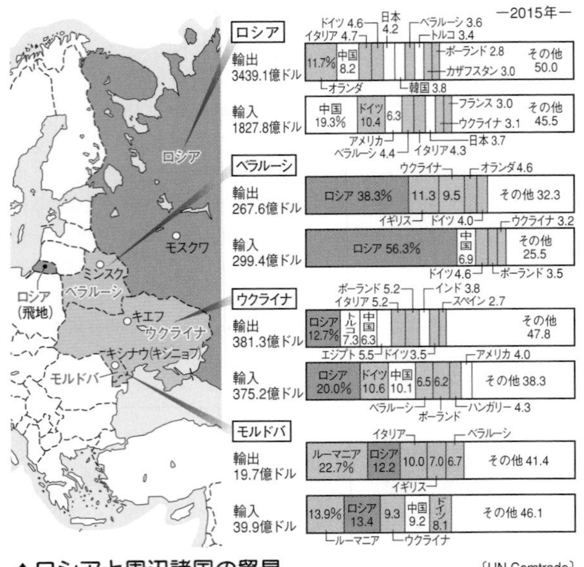

▲ロシアと周辺諸国の貿易　〔UN Comtrade〕

ソ連解体後も，ロシアの周辺諸国はロシアとの結びつきが強く，貿易額からもそれがうかがえる。また，欧州各国で使われるエネルギーはロシアへの依存度が高いため，ロシアの輸出先の上位にそれらの諸国が位置する。

② 経済成長とともに伸びる消費

近年の経済成長を背景にして市民生活は次第に豊かになっている。市民の購買意欲は高く，消費市場は活況である。ソ連解体の前後は物資の不足が深刻であったが，現在モスクワなど大都市では，日本製やドイツ製などの高価な自動車が数多く走り，大型ショッピングセンターや外国製品を売る専門店が数多く見られるなど，市場にはモノがあふれている。また，クレジットカードでの支払いや分割払い制度も整備されはじめている。

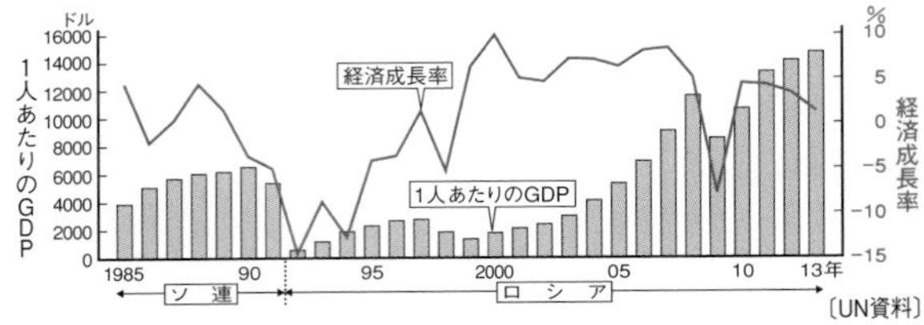

▲1人あたりのGDP（国内総生産）と経済成長率の推移

③ ヨーロッパロシアのまとめ

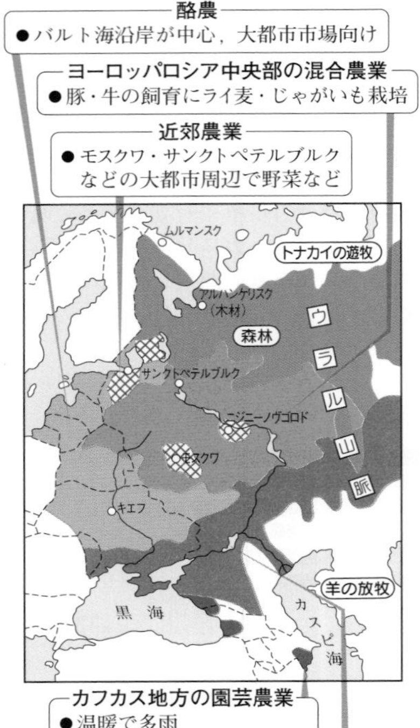

酪農
- バルト海沿岸が中心，大都市市場向け

ヨーロッパロシア中央部の混合農業
- 豚・牛の飼育にライ麦・じゃがいも栽培

近郊農業
- モスクワ・サンクトペテルブルクなどの大都市周辺で野菜など

カフカス地方の園芸農業
- 温暖で多雨
- ぶどう・みかん・茶

ウクライナの穀倉地帯
- 世界最大の穀倉地帯（小麦・とうもろこしが中心，ほかにひまわり・てんさい）
- 黒土（チェルノーゼム）地帯に一致
- 小麦
　― ウクライナ西部では冬小麦（ソ連全体では70%が春小麦）

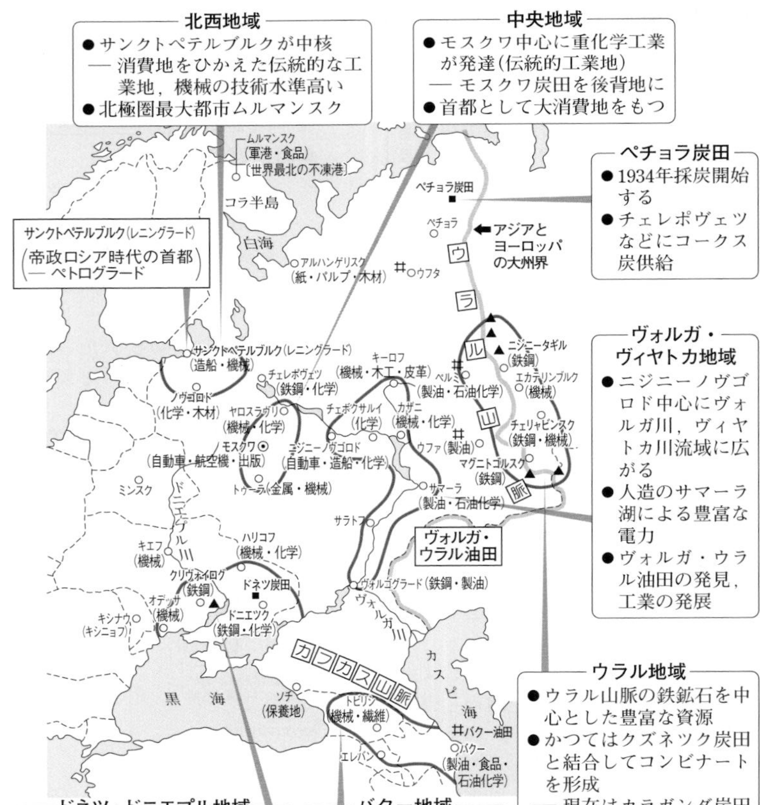

北西地域
- サンクトペテルブルクが中核
　― 消費地をひかえた伝統的な工業地，機械の技術水準高い
- 北極圏最大都市ムルマンスク

中央地域
- モスクワ中心に重化学工業が発達（伝統的工業地）
　― モスクワ炭田を後背地に
- 首都として大消費地をもつ

ペチョラ炭田
- 1934年採炭開始する
- チェレポヴェツなどにコークス炭供給

ヴォルガ・ヴィヤトカ地域
- ニジニーノヴゴロド中心にヴォルガ川，ヴィヤトカ川流域に広がる
- 人造のサマーラ湖による豊富な電力
- ヴォルガ・ウラル油田の発見，工業の発展

ウラル地域
- ウラル山脈の鉄鉱石を中心とした豊富な資源
- かつてはクズネツク炭田と結合してコンビナートを形成
　― 現在はカラガンダ炭田などから
- 第二次世界大戦中の軍事要請で工業開発進む
- ヴォルガ・ウラル油田の発見で石油化学もさかん

ドネツ・ドニエプル地域
- ドネツ炭田とクリヴォイログの鉄鉱石が結合した工業地
　― ソ連の第一の鉄鋼基地
- ドニエプル川の水力発電開発が工業を発展させる

バクー地域
- 1873年開発のバクー油田を背景に工業化
- 原油は減少する一方，ほとんどがカスピ海の湖底油田

4　シベリア・極東ロシア

① 極東ロシアの資源と貿易

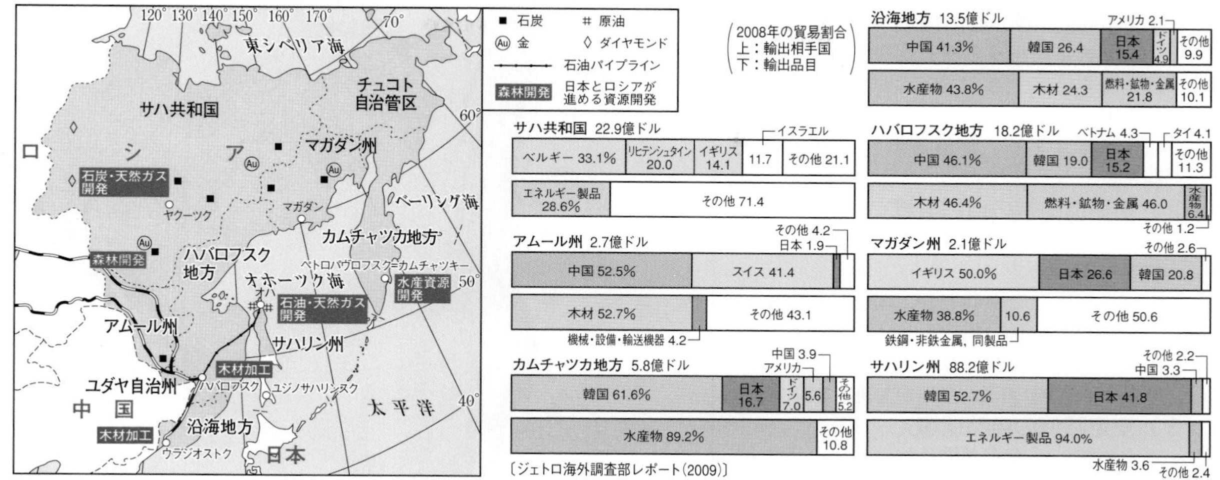

▲資源の分布　　▲輸出相手国と輸出品目

ロシアの極東地域は，サハ共和国およびアムール州から東側の地域を指す。沿海地方やハバロフスク地方など南部に人口と産業が集中している。水産・林産・化石燃料資源が豊富であり将来性が有望だが，自然環境が苛酷なため，開発が十分進んでいない。日本にとっては，距離も近い重要な投資先であり，ロシアと共同で地下資源や森林の開発，石油や天然ガスのパイプライン計画が進められている。しかし，サハリンの油田開発計画では，ロシア政府によって外国企業の権益が縮小されるなど，必ずしも投資環境がよくないという問題もある。また，日本からの中古車輸入が活発で，極東地域では日本の中古車が多くみられる。

② 極東地域への投資と進出

極東ロシアへの外国投資は，2000年代に急激に増加したが，伸び率自体は2003年以降縮小している。投資の種類は，ほとんどが鉱業向けである。地域としては，石油・天然ガス開発が進められているサハリンへの投資が突出しており，全体の8割程度を占める。投資国別では，ロイヤル・ダッチ・シェル社のあるオランダが投資額の過半を占め，日本も10%程度を占める。次にサハ共和国への投資が多く，ほとんどがダイヤモンド・金鉱山の開発向けである。

日本，中国，ロシア，韓国，北朝鮮が，お互いの資源，労働力，技術を補い合い，経済開発を進めることを目的とする「**環日本海経済圏構想**」があるものの，北朝鮮の政情不安もあり混迷が続いている。

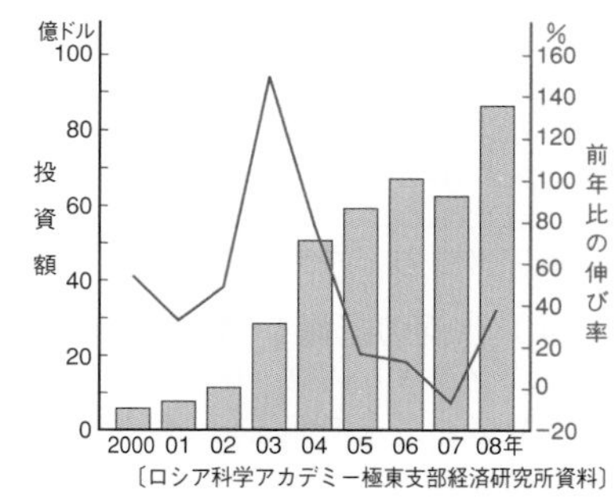

▲極東ロシアにおける外国投資の受入動向

③ シベリア・極東ロシアのまとめ

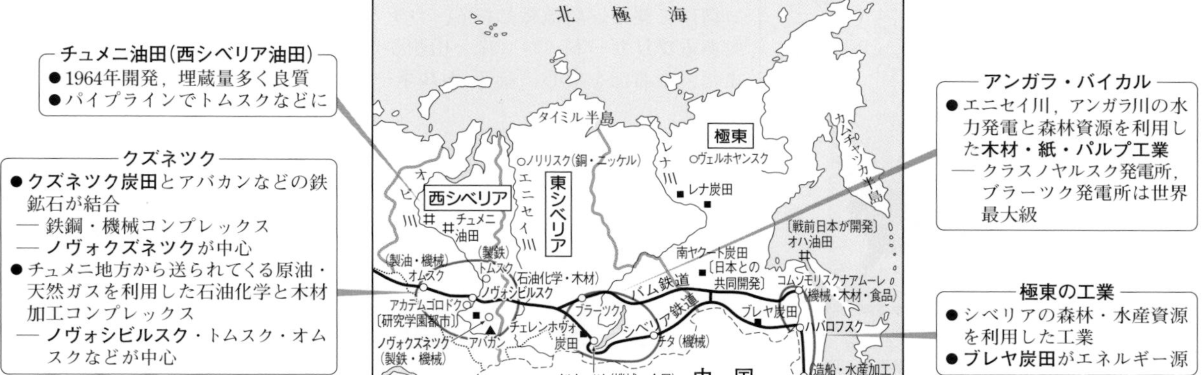

1　アメリカ・カナダの自然環境

① アメリカ・カナダの自然環境

（1）古期造山帯の自然環境

・アパラチア山脈：山脈と直交する谷が多く，越えやすい。
・ピードモント台地：台地のへりは急斜面で，滝や早瀬が多く，**滝線都市**（→p.169③）が存在。

（2）新期造山帯の自然環境

・コルディエラ造山帯（環太平洋造山帯のうち，南北アメリカ大陸にあるもの）の一部。
・ロッキー山脈を中心とし，南北に伸びる，いくつかの山脈で構成。
・山脈の間に**グレートベースン**，コロラド高原などの盆地･高原･台地が分布。

（3）安定陸塊の自然環境

・安定陸塊──**カナダ楯状地**（ローレンシア楯状地）
・構造平野──カナダ楯状地の南部からミシシッピ川下流部にかけて分布。五大湖周辺には**ケスタ**（→p.8）。
・メキシコ湾岸から大西洋沿岸にかけて，海岸平野が広がる。──ミシシッピ河口：**鳥趾状三角州**（→p.11）

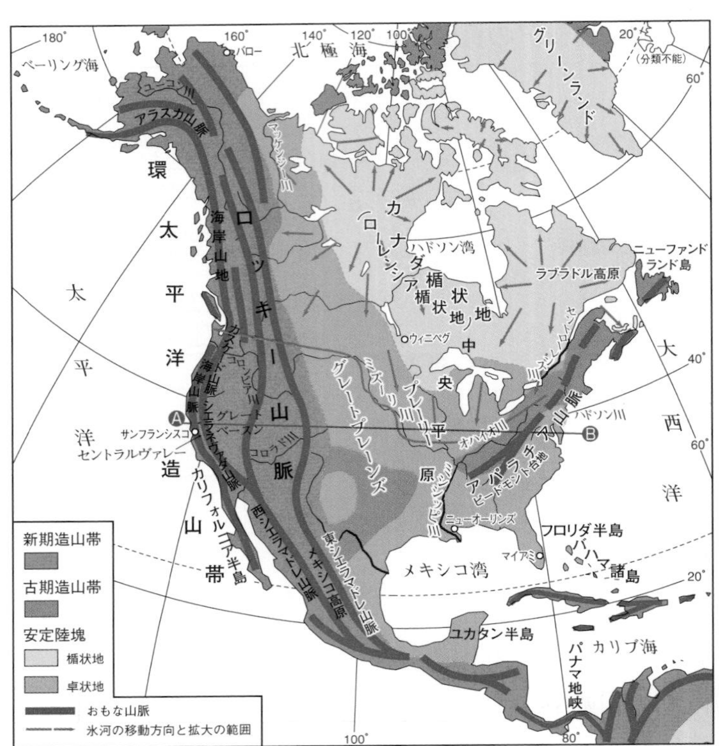

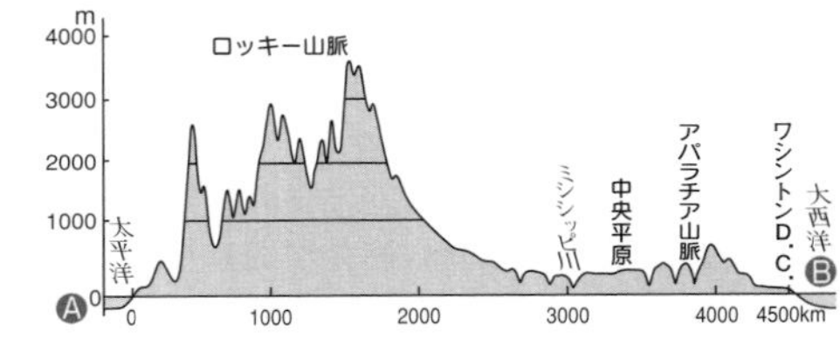

中央平原	アメリカ中央部に広がる構造平野。ミシシッピ川の堆積物に覆われる。
グレートプレーンズ	平原がいくつも連なるところ，を意味する。
プレーリー	グレートプレーンズよりも，降水量がやや多い草原。

▲アメリカ・カナダの平原

（4）氷河の影響　参照 p.15

・ラブラドル高原を中心に，更新世に氷河が拡大・縮小をくり返した。五大湖は世界最大の**氷河湖**。
・**レス**が，末端部周辺に堆積。南に飛ばされたものに腐植土が混じって，**プレーリー土**に。

② アメリカ・カナダの気候　参照 p.19

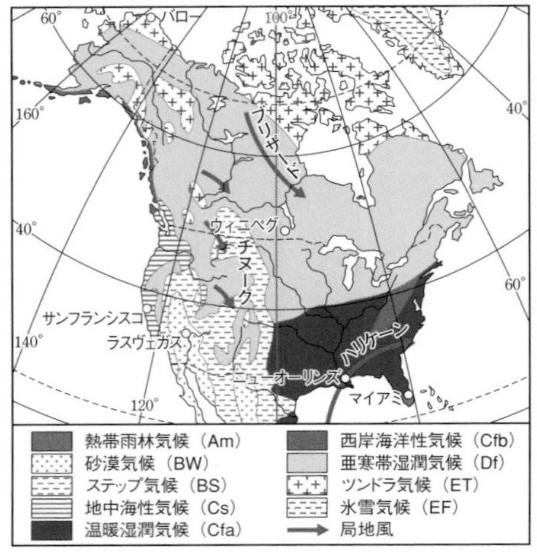

アメリカでは，西経100度付近を境に東側が湿潤地域，西側が乾燥地域となっている。夏には**ハリケーン**とよばれる発達した熱帯低気圧がメキシコ湾岸を襲う。局地風として，カナダ・アメリカ北部を襲う「雪あらし」である**ブリザード**，ロッキー山脈から吹き下りる熱風**チヌーク**が知られる。また，中西部を中心に竜巻（**トルネード**）が発生し，ときに甚大な被害をもたらす。

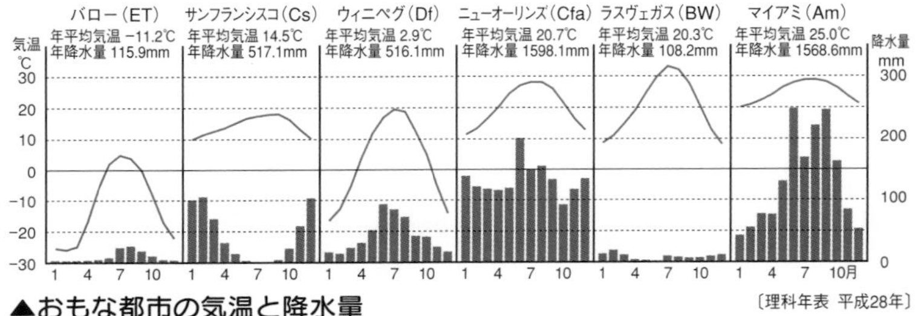

▲おもな都市の気温と降水量

〔理科年表 平成28年〕

2 アメリカの歴史

(1) 移民の国アメリカの歴史 参照 p.184

アメリカ大陸には，約2万5000年前にユーラシア大陸から人類が移動し，**ネイティブアメリカン**の祖先となったと考えられている。16世紀前半にはヨーロッパからの入植がはじまり，主としてスペイン人は南フロリダ・カリフォルニアへ，フランス人はセントローレンス川沿いへ，イギリス人は大西洋岸へ移住した。19世紀には南部を中心に大量の**黒人奴隷**が連れてこられ，20世紀に入ると，日本や中国などアジアからの移民も増加した。近年は**ヒスパニック**とよばれる中南米のスペイン語圏出身者の流入が多い。

年	おもな事項
17世紀初頭	フランス・イギリス・オランダなどによる東海岸北部の植民地化はじまる
1620	メイフラワー号で清教徒移住
1775	独立戦争
76	アメリカ独立宣言
1830	インディアン強制移住法
48	ゴールドラッシュ
61	南北戦争（〜65）
62	ホームステッド法の成立
63	奴隷解放宣言
67	ロシアよりアラスカ購入
69	初の大陸横断鉄道完成
98	ハワイ併合
1914	第一次世界大戦（〜18）
24	割当移民法（排日移民法）の実施
29	世界恐慌
39	第二次世界大戦（〜45）
65	ベトナム戦争（〜75）
69	米の有人宇宙船，月に着陸
79	米中国交正常化
89	東西冷戦終結
2001	ニューヨークなどで同時多発テロ
03	イラク戦争
09	初のアフリカ系アメリカ人大統領就任

(2) 移民の変化

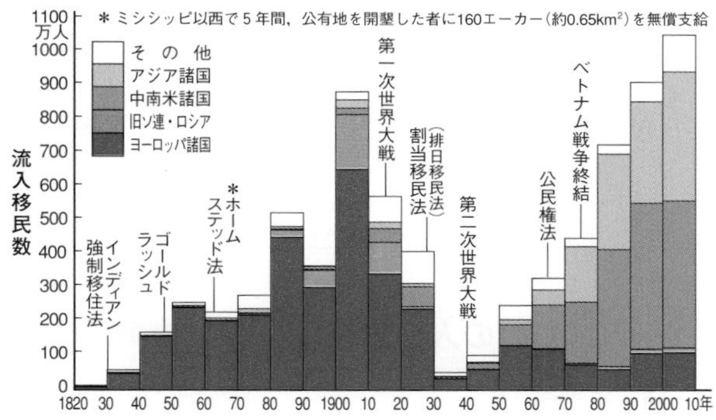

▲移民の出身地の変化〔Statistical Abstract of the United States 2012，ほか〕

用語

WASP：White Anglo-Saxon Protestant（アングロサクソン系プロテスタントの白人）の略。初期の移民の多くを占め，当時のアメリカにおける中心的な民族集団として，政治・経済の指導者階層を形成した。イギリスからの文化的な影響を受けている。のちにアイルランドから移住してきたカトリック教徒は，おもに労働者階級を形成したため，WASPと対照的に語られることが多い。

ホームステッド法：1862年，当時のリンカン大統領の政権下で制定された法律。未開拓の土地を5年間耕作した場合，耕作者に土地が無償で払い下げられることを定めた。自営農地法ともよばれる。自営農の創設が促進された。

(3) 開拓と領土拡張

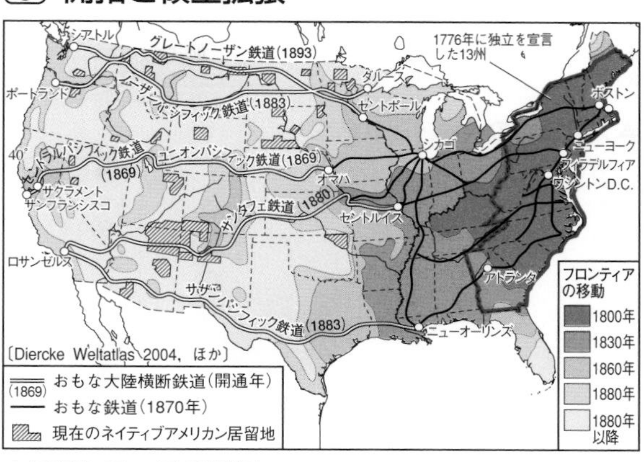

▲フロンティアの開拓

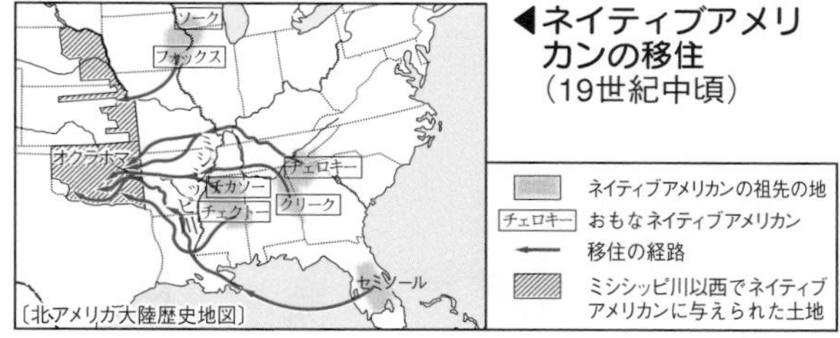

◀ネイティブアメリカンの移住（19世紀中頃）

▼アメリカの領土拡張

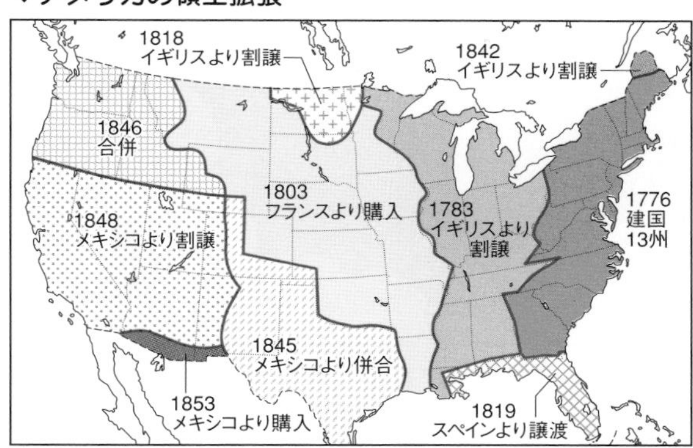

大陸東岸からはじまった移民の入植は，新たな開拓地を求めて西へ進み（**西漸運動**），開拓前線（**フロンティア**）も西へと移動した。一方で多くのネイティブアメリカンが，1830年の「インディアン強制移住法」により，ミシシッピ川以西への移住を強要された。

(4) タウンシップ制 参照 p.168

西部開拓を促進するため，19世紀後半〜20世紀前半に実施された公有地の分割制度。1区画を160エーカーとして碁盤目状に土地を分割，各区画に1軒ずつ農家を入植させた。4区画が1セクション，さらにその36個分が1タウンシップとされた。およそ800m間隔で農家が点在し，現在もこの区画の影響が残っている。

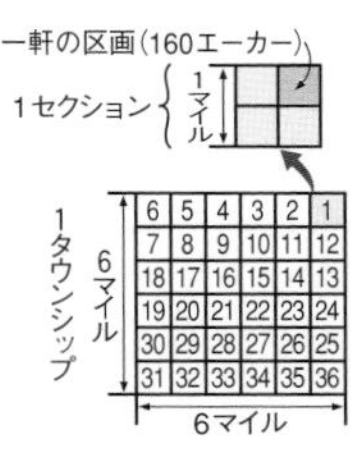

▲タウンシップのしくみ

3　アメリカの民族・人口

① アメリカの民族

▲アメリカの人種・民族構成

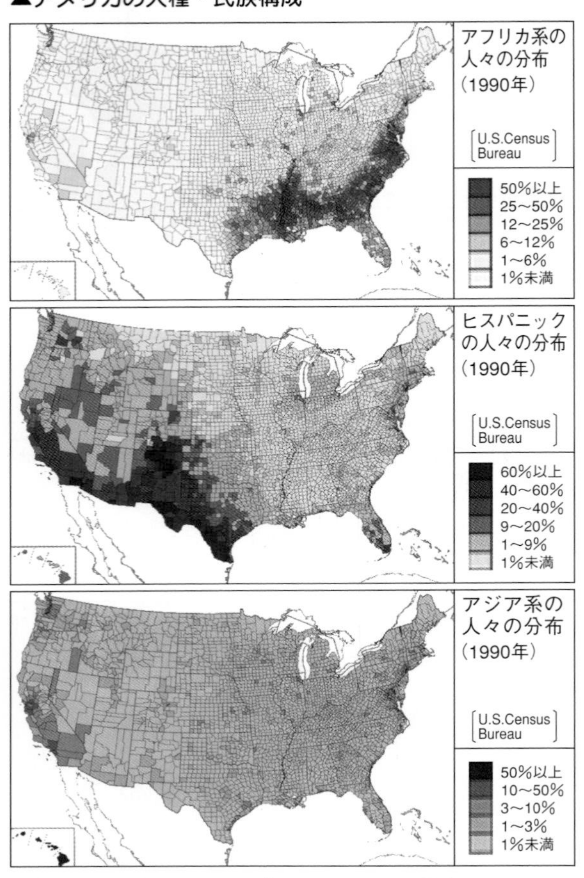

多数の人種・民族が共存するアメリカ社会は，トマトやレタスなどが原型を保ちながら一つの容器(ボウル)にはいっているサラダにたとえられて，**「民族のサラダボウル」**といわれる。アメリカの人口およそ3億のうち，約3分の2を占めるのがヨーロッパ系である。次いで約18%を占めるのが急増しつつある**ヒスパニック**の人々である。アフリカ系の人々は，近年ヒスパニックに抜かれたものの，約12%を占めている。これらの民族の分布は以下のとおりである。

<アフリカ系>南部・南東部において，占める割合が大きい。これは，綿花の**プランテーション**がさかんであったこの地域に，多くの黒人奴隷が連れて来られたことに起因している。

<ヒスパニック>南西部の広い範囲において構成比が大きく，またフロリダ半島にも分布している。前者は旧メキシコ領，後者は旧スペイン領である。

<アジア系>太平洋沿岸に集中して分布している。かつて日本や中国などから多くの人々が太平洋を渡って移住したことを物語っている。

② アメリカの人種・民族の経済格差

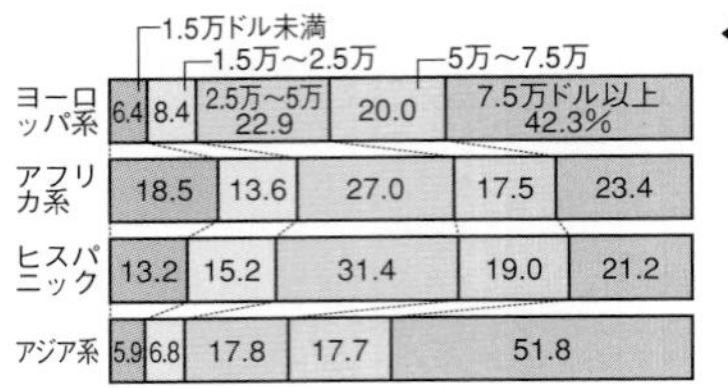

◀人種・民族ごとの年収別世帯数
〔Statistical Abstract of the United States 2010〕
−2007年−

ヨーロッパ系とアジア系には高所得者が多いのに対し，その他の民族には低所得者が多く，とくにアフリカ系には貧困層がかなり多いことが示されている。職業的にも，アフリカ系やヒスパニックでは，経営・管理部門に携わる人が少ない。一方で，ヒスパニックについては，農業や建築業の作業員に占める割合がかなり大きい。

③ ニューヨークの民族分布

アメリカの大都市では民族や所得による住み分けがみられる。ニューヨークも例外ではなく，アフリカ系の集住地区として有名な**ハーレム**のほか，**チャイナタウン**，イタリア人街，ユダヤ人街などがあり，それぞれの民族の文化を垣間見ることができる。

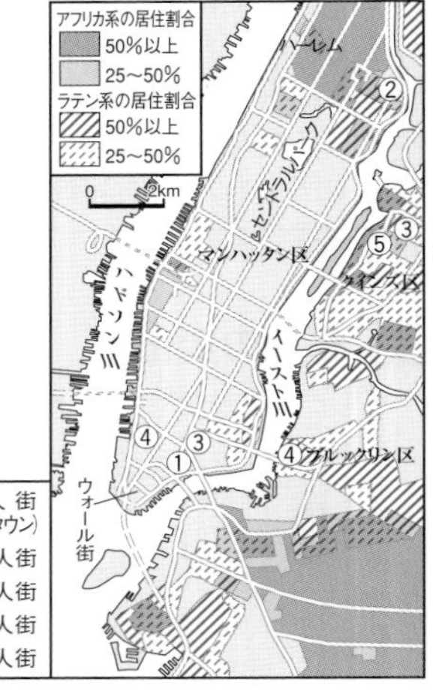

▶ニューヨークの民族の住み分け

① 中国人街(チャイナタウン)
② ドイツ人街
③ イタリア人街
④ ユダヤ人街
⑤ ロシア人街

〔Diercke Weltatlas 2008，ほか〕

④ アメリカの人口分布

参照 p.172

ボストン
ワシントンD.C.
100°
−2000年−
〔U.S.Census Bureau〕
人口密度（1平方マイルあたり）
3000人以上
300〜3000人
160〜300人
79.6〜160人
7〜79.6人※
1〜7人
1人未満
※アメリカ平均…79.6人

▲アメリカの人口密度

西経100度より西側では，太平洋沿岸を除いて人口密度が低い。これは，ロッキー山脈を中心とした高地であること，気候的にも乾燥地帯であることと対応している。一方，東側ではおおむね人口が多く，またいくつかの大都市の存在も読みとれる。とくに大西洋沿岸北部は人口の集中が著しく，ボストンからワシントンD.C.にいたる**メガロポリス**の存在が浮き彫りとなっている。

4　アメリカの社会

① アメリカの州別の経済格差

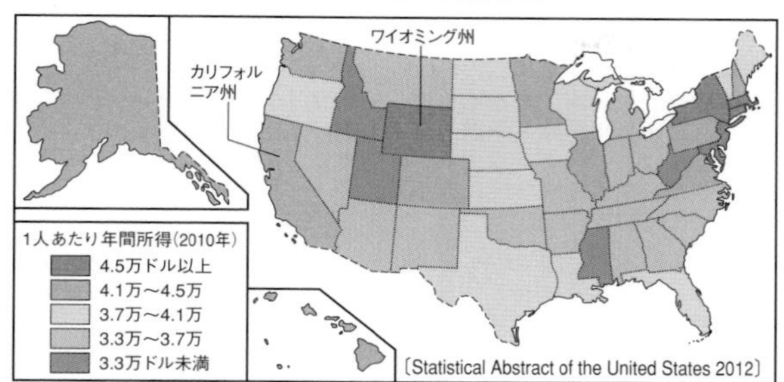

▲州別の１人あたり年間所得

州別の1人あたり年間所得をみると，産業の発達した北東部に高水準の州が集中している。また西海岸のカリフォルニア州も所得が高い。一方で，ロッキー山脈周辺の諸州や南東部一帯では，鉱業のさかんなワイオミング州などを除いて所得水準が低い。五大湖周辺やグレートプレーンズ付近はおおむね平均的な水準である。

コラム　ブルーステートとレッドステート

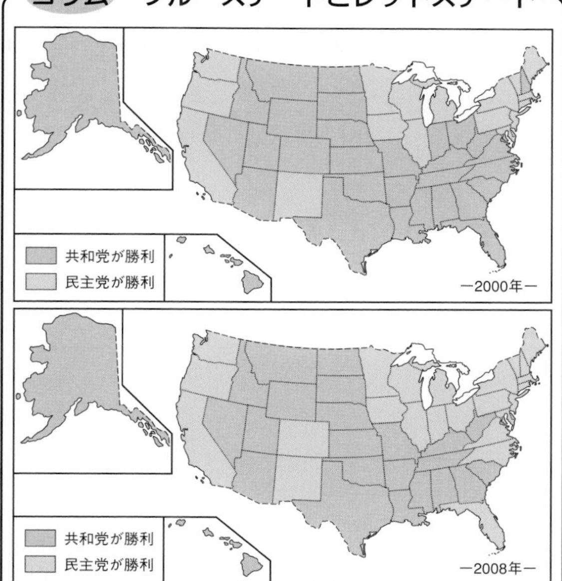

▲アメリカ大統領選挙における各党の得票率の高い州

建国以来の歴史のなかで，政治風土にも地域性が醸成されてきた。二大政党制のアメリカでは，どちらへの支持がより強いかでその一端を見ることができる。それぞれの党のシンボルカラーから，共和党への支持が強い州をレッドステート，民主党への支持が強い州をブルーステートとよぶ。実際，2000年の大統領選挙では共和党のブッシュ氏，2008年には民主党のオバマ氏が当選したが，州別に見ると，同じ党が2回とも勝った州が，それぞれ少なくないことがわかる。なお，民主党と共和党のどちらが勝つか毎回見きわめできない州はスウィングステートとよばれる。

② 車社会のアメリカ　参照 p.176③

アメリカの都市では，鉄道などの公共交通網が未発達であるが，ハイウェイなどの道路網は整備されている。また**ショッピングモール**など，郊外型の大型店舗が発達している。さらに日本とは異なり，多くの企業が郊外にオフィスを構えている。そのため，白人の中・高所得層を中心に郊外に居住する志向が強い。アメリカにおける，先進国中でも群を抜いた**モータリゼーション**の進行には，これらの背景がある。

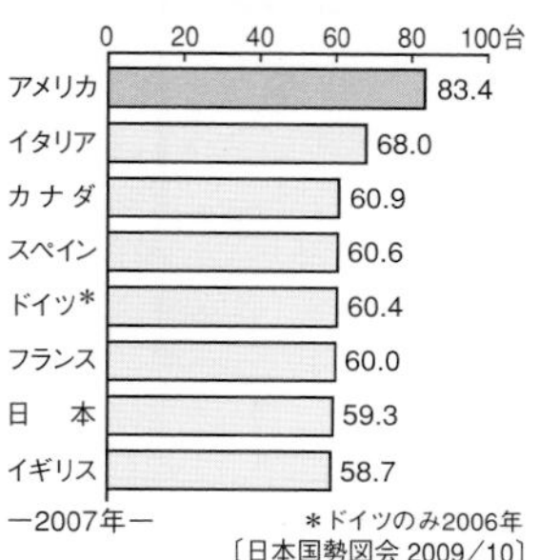

▲人口100人あたりの自動車保有台数

③ 肥満度と健康　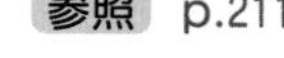 参照 p.211

世界保健機関(WHO)の基準では，肥満の判定は，BMI(ボディ・マス指数：〔体重(kg)〕／〔身長(m)の2乗〕で算出される肥満度の指標)が30以上の人とされている。これにより定義された肥満人口の割合が，アメリカでは3割以上と高く，ほかの先進国と比べてもきわだっている。ファストフードや清涼飲料を嗜好(しこう)する食文化，車社会などが，その要因として指摘されている。

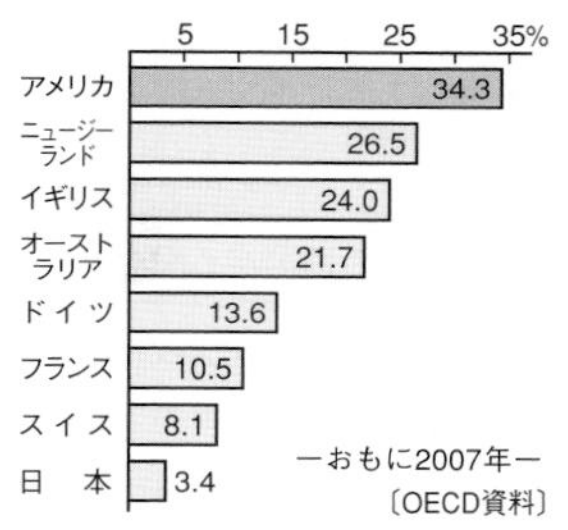

▲BMIが30を超える人々の割合

④ 低い貯蓄率

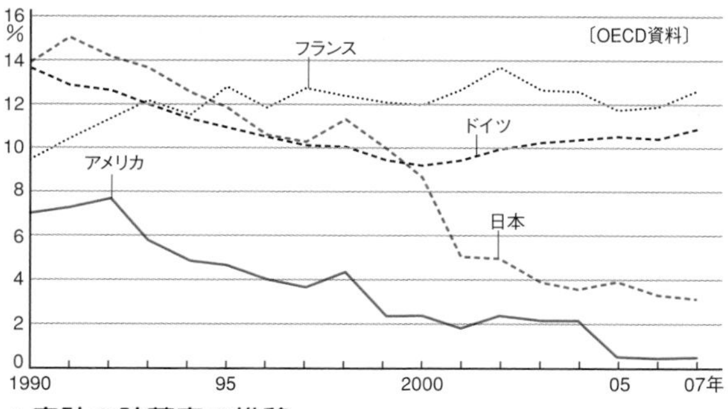

▲家計の貯蓄率の推移

アメリカでは貯蓄よりも消費を志向する人が多いとされる。家計の貯蓄率を見ると，ドイツ・フランスと比べて，低水準にあることがわかる。また近年のITバブル，住宅バブルを経て貯蓄率はさらに低下している。なお日本も近年は貯蓄率が低下しているが，これは高齢化に伴い，貯金を取り崩して生活する人が増えていることが一因とされる。

5　アメリカ・カナダの各地域

アメリカ合衆国

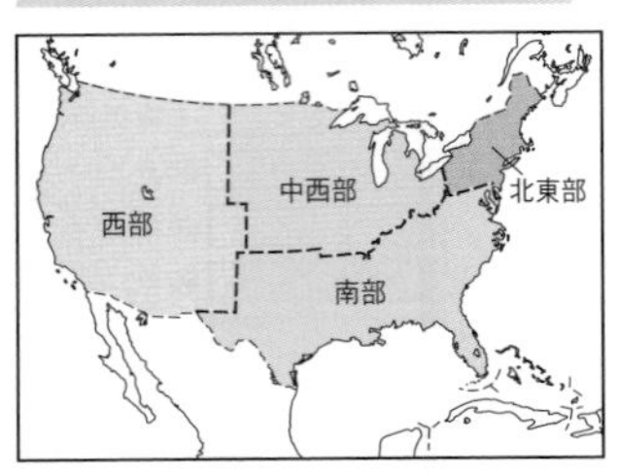

▲アメリカの区分
（アラスカ，ハワイを除く）

① 中西部の整理

デトロイト周辺

- 自動車関連の工業が集中（ガラス，ゴム・タイヤ）
- 1980年以降，自動車工業が不振に ―ガソリン価格の上昇，日本車など小型車の輸入急増と日系企業の進出などのため
- 自動車工業は，近年デトロイトから全米に分散傾向
日系自動車企業も全米各地に進出

スペリオル湖周辺

- 1854年から鉄鉱石を開発
- メサビ鉄山を中心に大規模な露天掘り
― 最近，鉄鉱石の埋蔵量の枯渇が問題
― ダルースから五大湖周辺の工業地域へ

五大湖沿岸

- アパラチア炭田・内陸炭田とスペリオル湖周辺の鉄鉱石が水運で結びついて鉄鋼業が発展
- アメリカの伝統的な工業地域で，工業発展の原動力
- 近年，鉄鋼業が不振に
― 技術革新の遅れ，日本などとの国際競争に勝てず

春小麦地帯　酪農地帯　冬小麦地帯　企業的牧畜（フィードロット）　とうもろこし・大豆地帯　おもな鉱山　おもな工業地域

春小麦・冬小麦地帯

- 年降水量500mm線（100°W）周辺の肥沃なプレーリー土（黒土）をいかす
- 北部は春小麦：ノースダコタ州・サウスダコタ州
南部は冬小麦：カンザス州・ネブラスカ州
- 干ばつや土壌侵食の被害が問題

オガララ帯水層地域

- センターピボット灌漑によるとうもろこし栽培
- フィードロットによる肉牛飼育
- 牛肉・豚肉の大規模食肉工場
- 地下水の枯渇が心配される

コーンベルト

- とうもろこしと畜産を結びつけた家族経営の混合農業
とうもろこしを飼料にして肉牛・豚・鶏を飼育
- 近年，飼料作物栽培と家畜飼育が専門化する傾向
- 大豆の生産も増えている

コーンベルトの工業都市

- 豊かな農業地帯を背景に農業関連の工業
― 豚・牛などの食肉加工業，小麦の製粉業，農業機械

中央炭田

- イリノイ州が中心
- 五大湖沿岸の工業地域へ

各種農業地帯

西部：冬小麦・とうもろこし
東部：たばこ

② 西部の整理

ワシントン州，オレゴン州

- アメリカ最大の林業地帯で製材・パルプがさかん
- まつ・アメリカつが・西洋すぎなどの常緑樹が多い
- シアトル・ポートランドが製材・パルプの中心地
- **シリコンフォレスト**
― シアトル周辺のIC

コロンビア盆地

- コロンビア川流域総合開発
― グランドクーリーダム
― アルミ工業がさかん
- 乾燥農法による冬小麦・春小麦の栽培

シリコンヴァレー

- サンフランシスコ南郊のサンノゼ周辺
- アメリカ最大の半導体やICT関連企業の集積地
- スタンフォード大学など研究機関も多い

セントラルヴァレー，カリフォルニア南部

- 大規模な灌漑農業や地中海式農業―野菜・果樹・稲作
- 柑橘類中心の果樹栽培は，東部の大都市向けや輸出用
- 農作業にはヒスパニックの人々が多く就業
- インピリアルヴァレーは冬季のレタス栽培の中心

ロサンゼルス周辺

- 1920年代，油田の開発
- 第二次世界大戦前から製油や航空機工業が発達
- 近年，自動車産業のほか，宇宙産業，エレクトロニクス産業など先端産業がさかん

西部

- 年降水量500mm以下
- 大規模な企業的牧畜
― 肉牛を放牧で飼育

山岳地域

- 豊富な鉱産資源
― 金，銀，銅，ウランなど
- シリコンマウンテン

シリコンデザート

- フェニックス，トゥーソン

③ 北東部の整理

酪農地帯 / 園芸農業 / おもな工業地域 / ⚒ おもな鉱山

酪農地帯
- 冷涼な気候に適した酪農
- 大都市市場向け

ニューイングランド

<概要>
- ヴァーモント州・コネティカット州以東の各州の総称
- アメリカ最古の歴史と文化を残す
- 中心都市はボストン
  — 近郊は学園都市(ハーバード大学，マサチューセッツ工科大学)

<工業>
- アメリカ最初の工業立地(18世紀末)
  — 繊維工業
- 最近，電子工業がさかん
  — エレクトロニクスハイウェー

<漁業>
- 沖合の大陸棚上でたら漁
  — コッド(たら)岬は有名
- 沿岸はロブスターや貝類

アパラチア炭田
- ペンシルヴェニア州からアラバマ州までのびる，アメリカ最大の炭田
- 製鉄に適する瀝青炭
- かつて，五大湖周辺の鉄鋼業立地に中心的役割
  — ピッツバーグが有名
  — 近年は，鉄鋼が衰退し，電機がさかん

中部大西洋沿岸の工業
- 多様な業種の工業が集積する複合工業地域
- メガロポリスの中心部で大消費地立地
- シリコンアレー

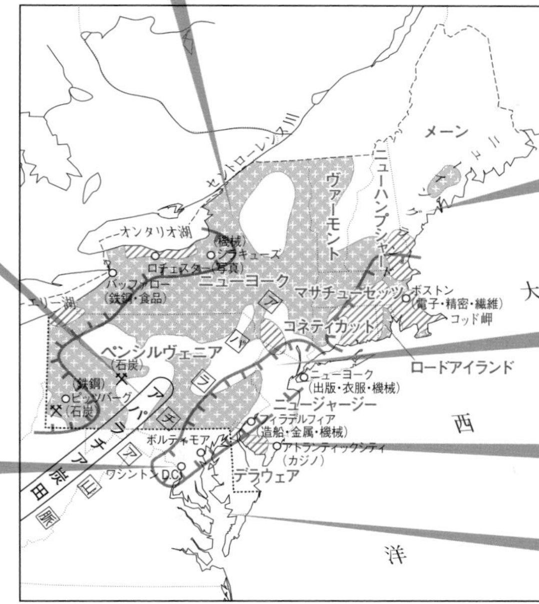

ワシントンD.C.
- 18世紀末設計の計画都市で首都
  (放射直交路都市)
- 特別区Washington District of Columbia
  — どの州にも属さず
  — ワシントンとコロンブスを記念して命名

園芸農業地帯
- 大都市向けの集約的な近郊園芸農業
- 野菜と果樹(りんご・さくらんぼなど)

チェサピーク湾
- 浅瀬でかきの養殖

④ 南部の整理

コットンベルト(綿花地帯)
- 綿花栽培に適した気候条件
  — 年降水量500mm以上，無霜期間200日以上
- 18世紀末から黒人奴隷を使ったプランテーション経営が発達
- 綿花栽培の中心はミシシッピ川以東からテキサス州，オクラホマ州など西方に移動
  — 連作障害による地力低下，土壌侵食
- 近年，大豆・落花生・たばこの栽培など多角化

T V A
- F.ルーズベルト大統領によるニューディールの一環
- 1933年，テネシー河谷開発公社(Tennessee Valley Authority)の設立
- テネシー川水系に約30の多目的ダムをつくる
  — 電源開発とアルミ工業など，工業化を推進

シリコンプレーン
- エレクトロニクス産業の発達
- ダラス，フォートワースが中心(半導体産業の集積地)
  — 従来から石油工業と航空機製造で有名

ピードモント台地
- ノースカロライナ州，ケンタッキー州が中心
- 周辺にたばこ工業が集中
  — 最近は衰退傾向

綿花地帯 / 企業的牧畜(フィードロット) / たばこ / 放牧 / 園芸農業 / ♯ おもな油田 / おもな工業地域

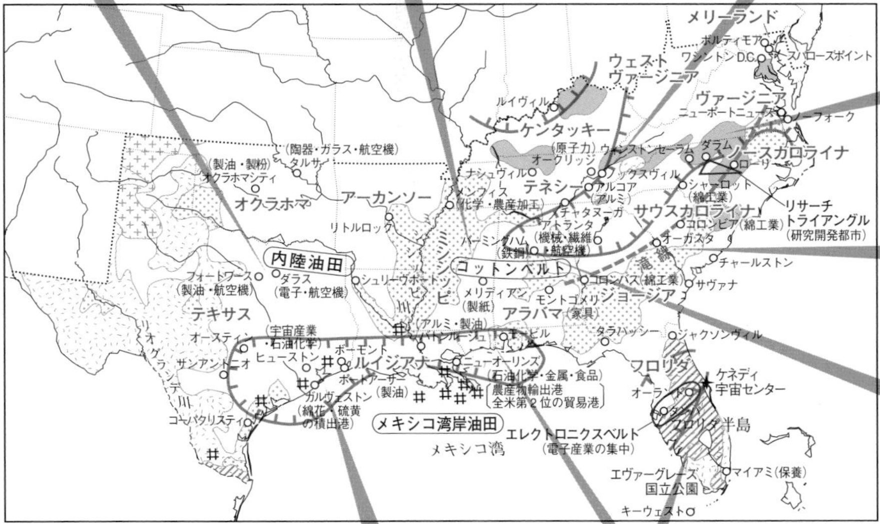

滝線都市
- かつて，滝線の水力と周辺の綿花が結びついた綿工業が発達
- 綿工業は，南部では最も古い工業
- 近年は，化学繊維工業も発達

バーミングハム
- 付近の鉄鉱石とアパラチア炭田が結合した古くからの鉄鋼業
- 第二次世界大戦前は，南部唯一の重工業地域

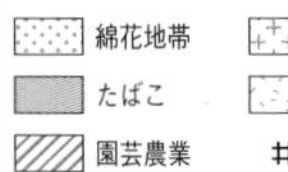

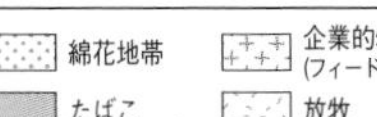

メキシコ湾岸
- 石油・天然ガス資源が豊富で，石油化学工業がさかん
- 600kmに及ぶこの地帯を「黄金の三日月地帯」とよぶ
- 中心都市はヒューストン

園芸農業地帯
- 温暖な気候を利用した果樹栽培
  — グレープフルーツ・オレンジ

5 アラスカの整理

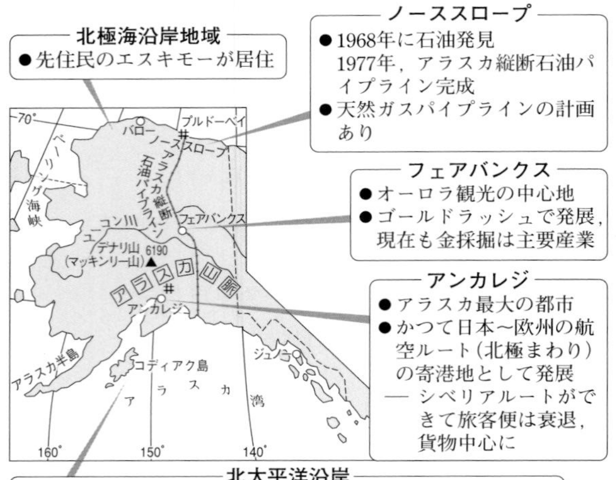

北極海沿岸地域
- 先住民のエスキモーが居住

ノーススロープ
- 1968年に石油発見
1977年，アラスカ縦断石油パイプライン完成
- 天然ガスパイプラインの計画あり

フェアバンクス
- オーロラ観光の中心地
- ゴールドラッシュで発展，現在も金採掘は主要産業

アンカレジ
- アラスカ最大の都市
- かつて日本〜欧州の航空ルート（北極まわり）の寄港地として発展
— シベリアルートができて旅客便は衰退，貨物中心に

北太平洋沿岸
- アメリカ最大の水産業地域
- さけ・ます，にしん，ずわいがに，かきなど
- 州法で養殖を禁止しているため，すべての漁獲物が天然物

6 観光の島ハワイ　参照 p.179

▼ハワイ諸島

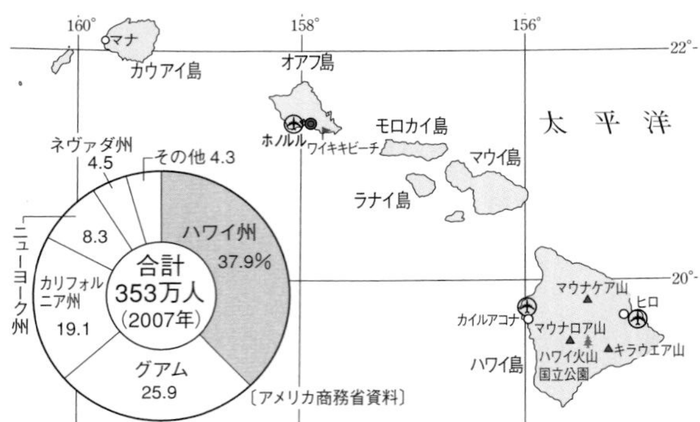

▲日本からの観光客が訪れるアメリカの州・地域別割合

ハワイは観光の島として知られる。日本人にも大変人気があり，訪米観光客の約3分の1はハワイを訪れている。動植物の固有種が多く，これらの観察などを目的とした**エコツーリズム**が近年さかんになっている。

なお，より日本から近く時差が小さいグアム島も，ハワイに次いで日本人観光客に人気がある。

カナダ

1 アメリカ寄りに集中する人口

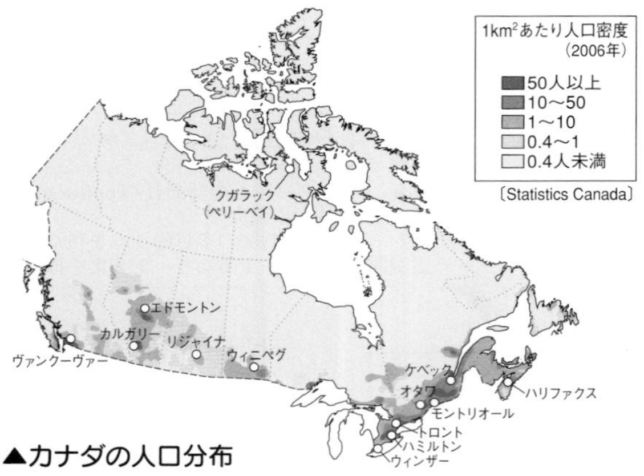

▲カナダの人口分布

カナダの都市の多くは南側の国境近くに立地している。これは，高緯度のカナダのなかでは比較的温暖であること，アメリカへの経済的な依存関係のためである。

2 アメリカ依存のカナダ経済

イギリス連邦（→p.257）に加盟するカナダは，かつてはイギリスと経済的な関係が密接であったが，第二次世界大戦後はアメリカとの結びつきが強くなった。貿易関係でみると2012年には実に6割以上をアメリカが占めている。また産業の各部門においてもアメリカ資本の企業が多く，とくにGMカナダ，フォード・カナダなど，自動車産業において顕著である。

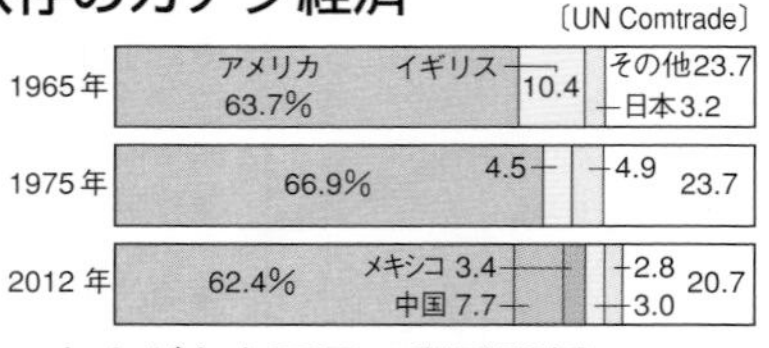

▲カナダと主要国の貿易関係

3 生産が集中する東部 2 州

	オンタリオ	ケベック	ブリティッシュコロンビア	アルバータ	その他
1984年	38.4%	22.3	11.4	13.7	14.2
2007年	38.0	19.5	12.4	17.0	13.1

◀国内総生産に占める各州の割合
〔Statistics Canada〕

州名	農業	林業	魚業	鉱業	計(%)
ニューファンドランド・ラブラドル州	0.4	0.8	2.0	17.9	21.1
プリンスエドワードアイランド州	4.3	0.4	2.4	0.2	7.3
ノヴァスコシア州	0.9	0.6	1.5	2.7	5.7
ニューブランズウィック州	1.5	1.6	0.5	1.6	5.2
ケベック州	1.1	0.5	0.0	0.8	2.4
オンタリオ州	0.8	0.2	0.0	0.7	1.7
マニトバ州	4.5	0.2	0.0	1.8	6.5
サスカチュワン州	5.5	0.4	0.0	14.2	20.1
アルバータ州	1.6	0.2	0.0	17.1	18.9
ブリティッシュコロンビア州	0.9	2.5	0.1	2.7	6.2
ユーコン準州	0.1	0.1	0.0	2.9	3.1
ノースウェスト準州	0.1	0.0	0.1	26.7	26.9
ヌナブト準州	0.0	0.0	0.0	15.5	15.5

◀州生産に占める資源産業の割合
—2002年—
〔Statistics Canada〕

カナダは10の州と3準州から構成される。国内総生産をみると，製造業のさかんなオンタリオ・ケベックの2州で6割近くを占める。その他は資源産業に頼るところが多い。**春小麦**地帯で知られるサスカチュワン州は農業のほか，近年は石油やウランの採掘が盛況で，鉱業の占める割合が大きい。また，カナダ楯状地に位置するノースウェスト準州・ヌナブト準州では鉱業が中心である。

コラム　日本とカナダの貿易

日本とカナダの貿易をみると，日本からの輸出は乗用車や一般機械など工業製品が中心で，これらはおもにカナダの東部諸州に輸出される。一方，カナダからの輸出は，木材・石炭・銅鉱などの資源が中心で，これらは西部地域から輸出される。これらのことから，「日本・カナダ貿易においては二つのカナダが存在する」といった表現が用いられることがある。

日本からカナダへの輸出

自動車	自動車部品	一般機械	電気機械	航空機部品	その他
33.2%	19.5	13.0	9.5	4.0	20.8

カナダから日本への輸出

菜種	肉類・同加工品	木材	石炭	銅鉱	その他
11.4%	9.8	9.6	9.1	8.7	51.4

—2015年—〔財務省貿易統計〕

▲日本・カナダの貿易

4 カナダの民族

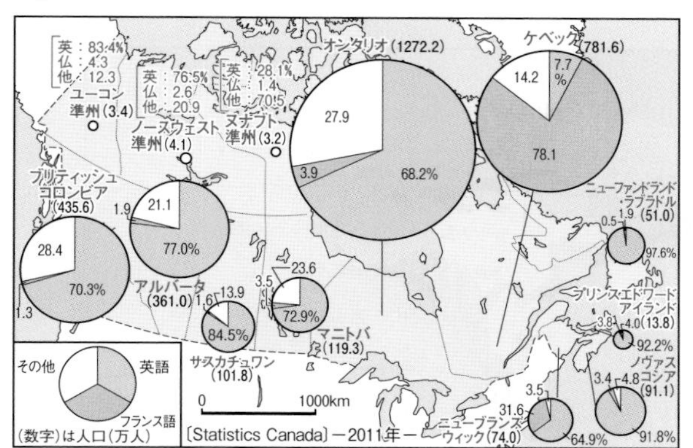

▲州によって異なる主要な言語

カナダは，イギリス人とフランス人が中心となって入植し，建国された。現在，英語とフランス語が公用語となっているが，州別にみるとケベック州においてフランス語を母語とする住民が多い。その他の州は，おおむね英語を母語とする住民が多数を占める。

コラム　ケベック問題

フランス人入植者が築いた仏領カナダ，ニューフランスを起源とするケベック州では，人口の8割がフランス系であり，カナダからの分離独立を求める運動がたびたび起きている。しかし1980年と1995年に実施された州民投票では，イギリス系企業が州外に脱出し，経済的に低迷することをおそれた人々が反対に回り，独立派は敗れた。1995年の投票では独立派と反対派の差はわずかであった。危機感を持った連邦政府は，州政府への権限委譲などの宥和(ゆうわ)政策をはかっている。

▶ケベック州の独立の動き

年	事　項
1976	州議会選挙で分離独立派のケベック党が勝利
77	フランス語のみを公用語とする言語法成立
80	州民投票で過半数の住民が独立に反対
95	再び州民投票が行われ独立反対派が辛勝

5 カナダの整理

プリンスルパート
- 大陸横断鉄道の終点に位置する港湾都市
- 小麦・木材・パルプの積出港，漁港

カナディアンロッキー山脈
- 氷河の侵食によって形成された美しい景観
  — ジャスパー，バンフなどの国立公園

カナダ楯状地
- 氷食を受けた安定陸塊で，不毛地が多い
  — 丘陵・台地・高原・氷河湖
- 地下・森林・水力の各資源にめぐまれている

ケベック州
- 州民の8割はフランス系住民で，9割近くがカトリックを信仰
- モントリオールは，カナダ経済の中心でカナダ第2の都市

オンタリオ州
- カナダ英語圏の核心
  — トロント
- 州の南端部はカナダ工業の中心地域

セントローレンス川
- 河口はエスチュアリ
- 五大湖と大西洋を結ぶ重要な内陸水路
  — セントローレンス海路(1959年開通)
- ケベックより上流の河谷は代表的な酪農地帯

春小麦地帯
冬小麦地帯
灌漑農業
放牧
酪農地帯
混合農業
その他農業・林業
オイルサンド

ドーソン　ユーコン準州　マッケンジー川　グレートベア湖　エコーベイ(ポートラディウム)　ノースウェスト準州　ヌナブト準州　イエローナイフ　グレートスレーヴ湖　ブリティッシュコロンビア　海岸山脈　ロッキー山脈　ウラニウムシティ　ハドソン湾　プリンスルパート　チャーチル(夏季の小麦積出港)　シェファーヴィル　キャロルレーク(鉄)　ニューファンドランド・ラブラドル　ラブラドル高原　ケベック　ニューファンドランド島　アルバータ　サスカチュワン　マニトバ　カナダ楯状地　ハイランドヴァレー(銅)　エドモントン　フリンフロン(鉛,亜鉛)　カルガリー　サスカトゥーン　ウィニペグ湖　オンタリオ　ヴァンクーヴァー　商業的穀物農業地域　リジャイナ　ウィニペグ　サンダーベイ(小麦積出港)　ローレンシア台地　セントローレンス川　ノヴァスコシア半島　ハリファクス　ケベック　サドバリ(ニッケル・銅・コバルト)　スペリオル湖　モントリオール　オタワ　ヒューロン湖　トロント　ハミルトン　オンタリオ湖　ウィンザー　エリー湖

海岸山地
- 太平洋沿岸にフィヨルドが発達

ヴァンクーヴァー
- カナダ太平洋沿岸最大の貿易港
  — 小麦・木材・石炭
- 紙パルプ工業，造船業
- フレーザー川のさけ漁の基地

エドモントン
- 石油・天然ガス生産の中心
  — アルバータ州は国内の8割
- 石油化学工業
- 農産物の集散地

ウィニペグ
- 二つの大陸横断鉄道が交わる要衝
- 小麦の集散地
  — カナダ最大の小麦取引所
- 製粉，食肉加工，農業機械製造など

オタワ
- カナダの首都
- 英語圏と仏語圏の境界付近に立地

北西大西洋漁場
- ニューファンドランド島沖合
- メキシコ湾流とラブラドル海流が出合う海域に多くのバンク
- たら・にしんなど

商業的穀物農業地域
- プレーリーでの春小麦栽培
- 小麦3州(平原3州)
  — マニトバ州・サスカチュワン州・アルバータ州
- 耐寒性品種の開発と鉄道の開通によって形成・発展

カナダ工業の中心
- 五大湖水運の利用
  — トロント(製紙・パルプ)
- ハミルトン(製鉄)
- アメリカ工業との結びつきが強い
  — ウィンザー(自動車)

1　ラテンアメリカの自然環境

① ラテンアメリカの自然環境

（1）新期造山帯の自然環境

・コルディエラ造山帯の一部。
・大アンティル諸島～小アンティル諸島～**アンデス山脈**（長さ約8000kmの世界一長い山脈）
・メキシコ高原
　―北は標高1200m前後，南は2500m前後と，南へいくほど高い。
・ボリビア高原
　―北にチチカカ湖（湖面高度3812mの世界最高位の湖）。
・**高山都市**
　―メキシコシティ，ボゴダ，キト，ラパス。（※ラパスは，世界一標高の高い首都）

（2）古期造山帯の自然環境

・パンパ
　―草原が大部分を占める平坦な土地。

（3）安定陸塊の自然環境

・ギアナ高地
・ブラジル高原
　―旧ゴンドワナランドの一部。
　―標高600～1000mの波状高原，周辺に**構造平野**（アマゾン川，ラプラタ川流域）。

（4）氷河の影響を受けた地形

・パタゴニア南部
　―モレノ氷河（アルヘンティーナ湖に流れ込む）。
・チリ南部海岸
　―**フィヨルド**。

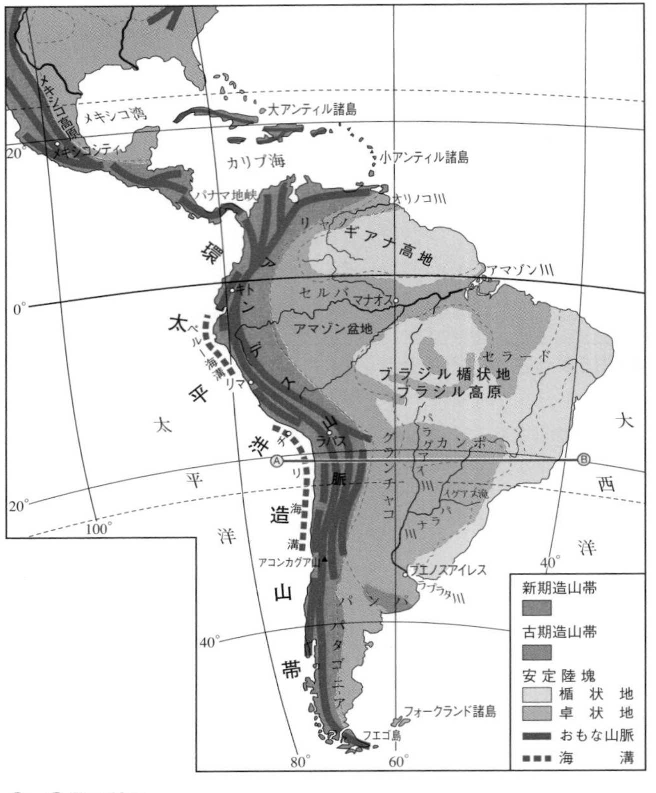

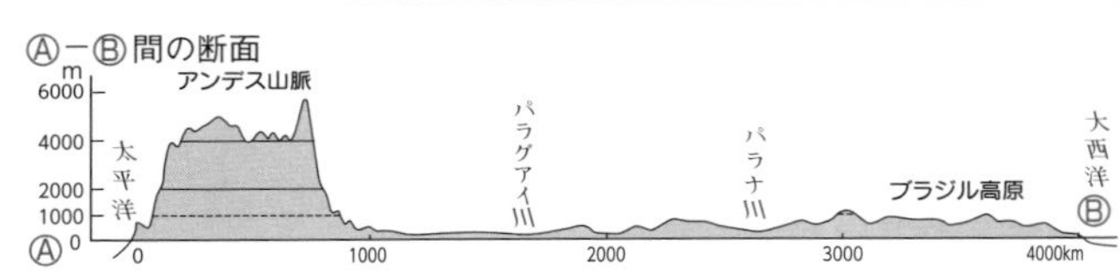

② ラテンアメリカの気候

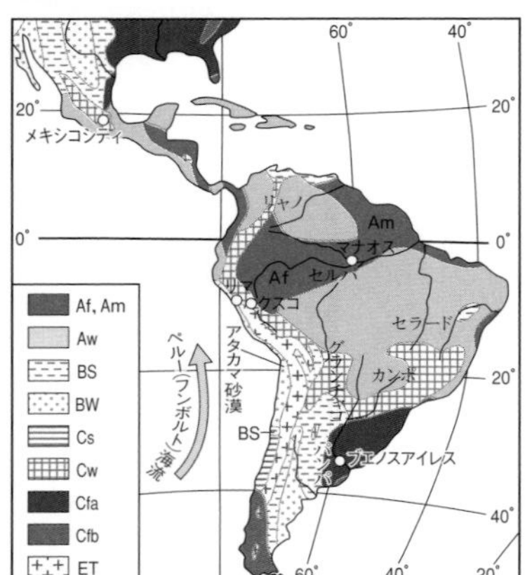

南北に陸地が長くのびるラテンアメリカでは，熱帯から寒帯までの多様な気候が広がる。とくに広い面積を占めるのが，熱帯雨林気候・サバナ気候・温暖湿潤気候であり，右表のような特徴的な植生がみられる。

マナオス（Af）年平均気温 27.0℃ 年降水量 2323.6mm　メキシコシティ（Cw）年平均気温 16.7℃ 年降水量 1190.0mm　ブエノスアイレス（Cfa）年平均気温 17.8℃ 年降水量 1272.8mm　リマ（BW）年平均気温 19.3℃ 年降水量 2.2mm　クスコ（H）年平均気温 12.0℃ 年降水量 709.4mm

〔理科年表 平成28年〕

▲おもな都市の気温と降水量

植生	気候	地域
セルバ	Af	アマゾン盆地
リャノ	Aw	オリノコ川流域
カンポ	Aw	ブラジル高原
セラード	Aw	ブラジル高原 ※カンポよりも樹木が多い
グランチャコ	BS	パラグアイ川流域
パンパ	Cfa	ラプラタ川流域

▲ラテンアメリカの植生

コラム　ラテンアメリカの乾燥地とその利用

ラテンアメリカでは，**アタカマ砂漠**と**パタゴニア**に砂漠気候が広がる。アタカマ砂漠では，寒流のペルー海流と中緯度高圧帯の影響によって降水量が非常に少ない。硝酸（チリ硝石）の産出量が世界一である。一方，パタゴニアは，南緯39度よりも南に位置し，強い風が吹く冷涼な砂漠地域である。大小多数の氷河がみられ，世界自然遺産に登録されたものもある。

参照 p.28③

2　ラテンアメリカの歴史と民族

① ラテンアメリカの歴史

15世紀末から海外進出を拡大したスペインとポルトガルは，トルデシリャス条約を締結して，「新大陸」での領土の取り分を決めた。その結果，アメリカ大陸では西経45度線付近を境界として，西側がスペイン，東側がポルトガルに属することになり，両国の植民地がつくられていった。植民地時代のラテンアメリカでは，白人が経営する農場や鉱山などで，先住民やアフリカから連れてこられた黒人が奴隷労働力として使われた。スペインとポルトガルを中心とするラテンアメリカの植民地支配は19世紀初頭まで継続し，現在の国家や言語の違いを生む要因となった。

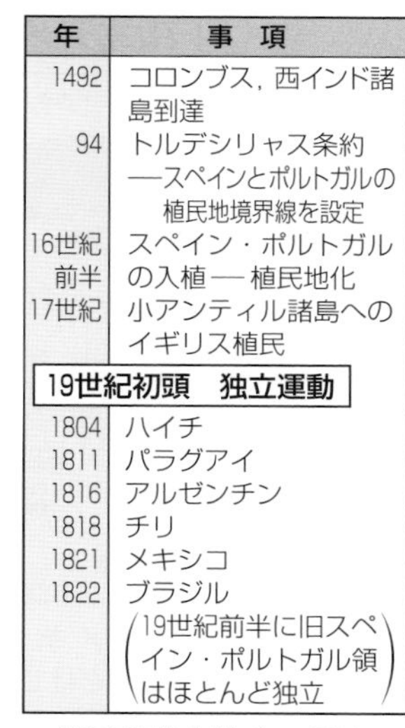

年	事　項
1492	コロンブス，西インド諸島到達
94	トルデシリャス条約 ―スペインとポルトガルの植民地境界線を設定
16世紀前半	スペイン・ポルトガルの入植 ― 植民地化
17世紀	小アンティル諸島へのイギリス植民
19世紀初頭　独立運動	
1804	ハイチ
1811	パラグアイ
1816	アルゼンチン
1818	チリ
1821	メキシコ
1822	ブラジル （19世紀前半に旧スペイン・ポルトガル領はほとんど独立）

▲植民地化と独立の歴史

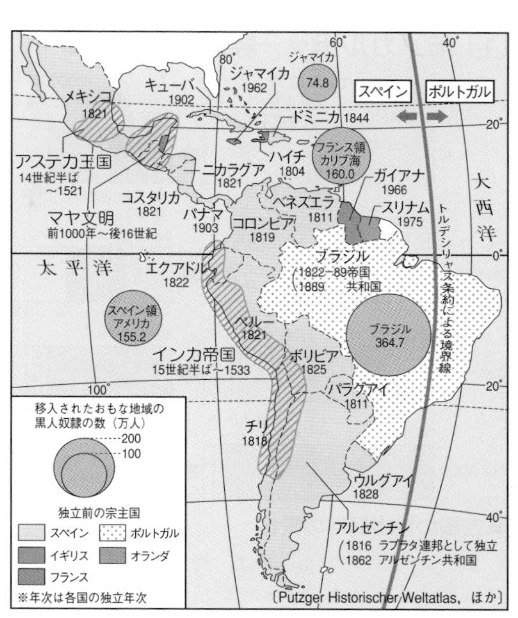

▶旧宗主国と奴隷移入数

② ラテンアメリカの民族

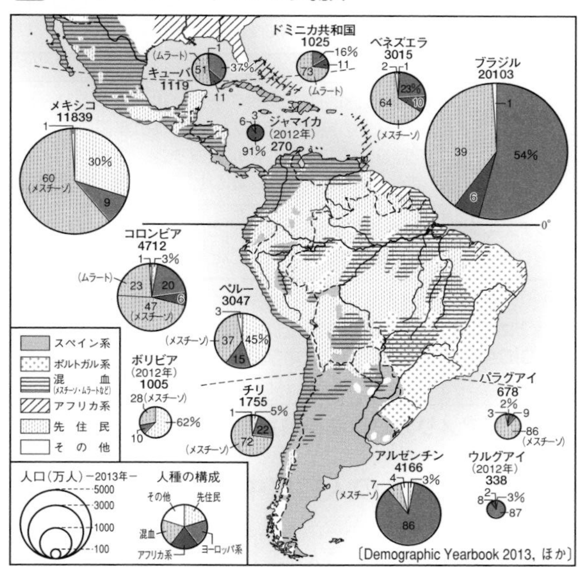

▲ラテンアメリカ諸国の人種と民族

スペイン人とポルトガル人による入植から5世紀以上が過ぎたラテンアメリカでは，人種と民族の混血が進んでいる（右図）。植民地支配が終わってからも，イタリアやドイツなどのヨーロッパ系，レバノンなどのアラブ系，さらには日本人などさまざまな民族がラテンアメリカに渡った。

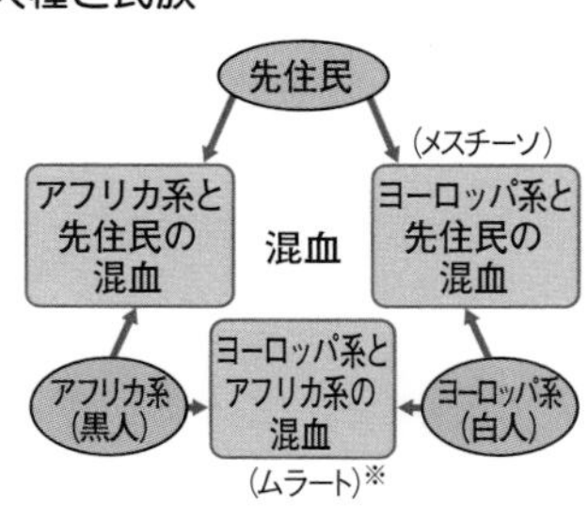

（現在では混血どうしの混血も誕生しており，この図で表現した以上に複雑になっている。）
※現在では一般に使われなくなってきている。

▲人種と民族の混血

③ ラテンアメリカの日系人

日本人のラテンアメリカへの移住は，ペルーとボリビアが1899（明治32）年，ブラジルとアルゼンチンが1908（明治41）年にはじまった。とくにブラジルへは，コーヒー農場の契約労働者として大勢の移民が海を渡った。現在，ブラジルには，最も多くの日系人が住んでいる（約150万）。日本人の移民は勤勉で教育熱心なことで知られ，その子孫である二世・三世には，社会から高く評価されている職種で活躍する人が多い。

総数	期間	国別の内訳
24.5万人	1868～1941（明1～昭16年）	ブラジル 77.2%，ペルー 13.5，メキシコ 6.0
6.6万人	1952～1981（昭27～56年）	ブラジル 80.4%，パラグアイ 10.7，アルゼンチン 3.8

〔ラテンアメリカ事典〕

▲ラテンアメリカに渡った日本人移住者

④ 社会改革と民族主義

従来，ラテンアメリカ諸国の経済は，アメリカやイギリスの影響を強く受けてきた。しかし，1960年代の民族主義運動により，農地改革や外国企業の国有化などの社会改革が実行された。1980年代～90年代にかけて経済が低迷すると，国営企業は民営化され，資本の自由化と規制緩和が進んだ。

国	年	内　容
キューバ	1959年	革命・社会主義政権成立。アメリカからの経済自立
メキシコ	1910～20年代	革命 アシエンダの解体 ― 自作農と共有地の創設
	1938年	石油産業国有化
ボリビア	1960年代	鉱産資源の国有化
ペルー	1968年	軍事クーデタ，鉱産資源国有化・外国企業の接収・農地改革
ベネズエラ	1976年	石油資源国有化
パナマ	1978年	パナマ運河の返還（99年）を決める新条約
ニカラグア	1979年	社会主義政権成立 外国資本の国有化

▲各国の社会改革

3　ラテンアメリカの経済

① モノカルチャー経済とその脱却

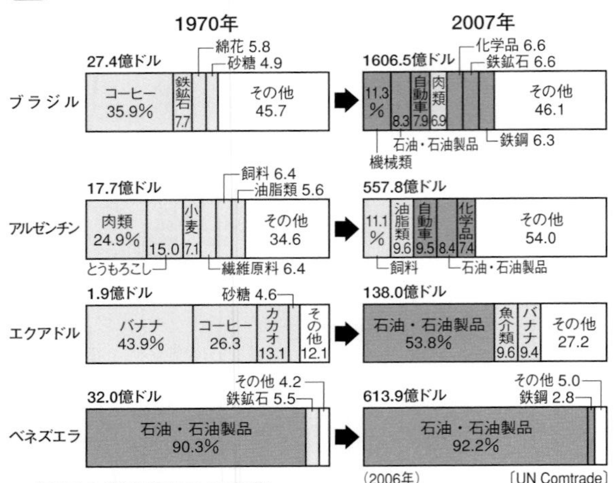

▲各国の輸出品目の変化

ラテンアメリカ諸国では，特定の農産物の生産と輸出に依存するモノカルチャー経済が長く続いた。しかし，モノカルチャー経済は，国際価格の変動により収入が不安定になるため，1970年代後半から多くの国が工業化をめざして外国の資本と技術を導入した。その結果，現在では機械や自動車などの工業製品が輸出の上位を占めるようになっている。とくに**BRICS**の一国であるブラジルの経済成長は著しい。

② ラテンアメリカ諸国の対外債務

ラテンアメリカ諸国には，メキシコやブラジル，アルゼンチンなどGNI(国民総所得)に占める**対外債務**の割合が高い国が多い。こうした国々は，1970年代にモノカルチャー経済からの脱却を図り，外国資本を積極的に受け入れて工業化を推進してきた。しかし，1980年代になると，対外債務の増大と過度のインフレによって深刻な経済危機に陥った。1990年代以降は，経済の自由化政策によって再び外国資本が流入し，工業生産力も増大したが，自国の通貨が暴落するという通貨危機は避けられなかった。

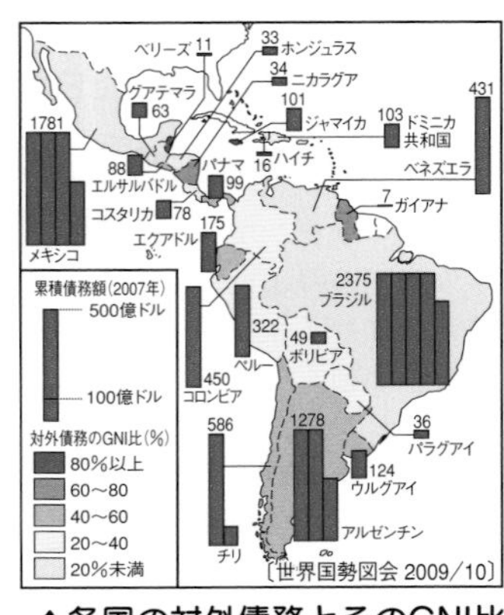

▲各国の対外債務とそのGNI比

用語　対外債務

貿易などによって生じた外国からの借金のこと。ラテンアメリカの国々は，外国資本を導入して工業化を進めたものの，対外債務の返済計画を考慮していなかったため，債務が累積し，経済に大きな影響を与えた。

③ 南北アメリカでの地域経済統合

▲各国のGDPと輸出先

米国・メキシコ・カナダ協定(USMCA)をはじめ，南北アメリカ大陸の国々の間で，貿易の自由化や関税の撤廃などを目的にした経済統合が進んでいる。おもな共同体は図表のとおり。さらに，南北アメリカ大陸全域の自由貿易圏の構築を目指す**米州自由貿易地域(FTAA)**も提唱された。

共同体名	概　要
南米南部共同市場(MERCOSUR)	目的…加盟国間の関税の撤廃によるモノとサービスの自由な流通の促進。1991年設立。 加盟国…ブラジル，アルゼンチン，ウルグアイ，ベネズエラ，ボリビア　*ボリビアは各国の批准待ち ベネズエラは加盟資格停止中
アンデス共同体(CAN)	目的…経済成長と雇用創出の促進。1969年設立。 加盟国…ボリビア，コロンビア，エクアドル，ペルー
中米統合機構(SICA)	目的…輸入代替，輸出指向型の工業化を促進。1991年設立。 加盟国…グアテマラ，ホンジュラス，ニカラグア，エルサルバドル，コスタリカ，パナマ，ベリーズ

▲ラテンアメリカの地域経済共同体

④ 進む都市への人口集中

ラテンアメリカでは，1960年代以降，都市への人口集中が進行している。おもな要因として，①急激な経済成長によって，都市部での雇用機会が増大したこと，②農村部で，農業や牧畜の機械化が進み，以前に比べて多くの労働力を必要としなくなったことなどがある。しかし，都市人口の拡大によって，大気汚染などの公害や住宅不足によるスラムの形成など都市問題が顕在化している。

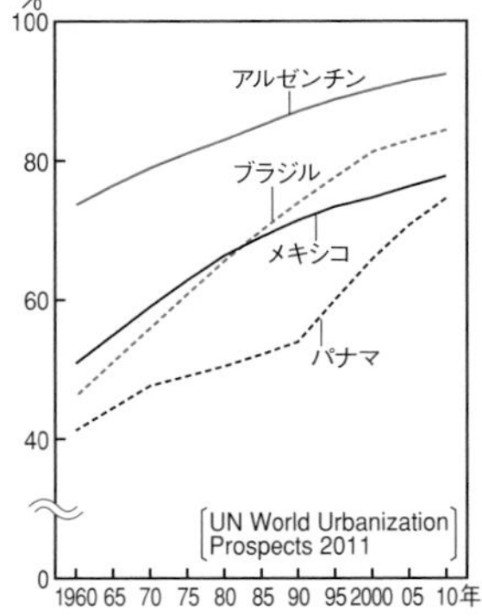

▲各国の都市人口率の推移

4　ラテンアメリカの国々

中央アメリカ・カリブ海諸国

① 社会主義国キューバ

キューバは，国土面積約11万km²の小さな島国である。アメリカとはカリブ海をはさんで隣接し，ラテンアメリカで唯一の社会主義国であることが，この国に政治的な関心を集めた。とくに1962年の**キューバ危機**では，ソ連(当時)がキューバにミサイル基地を建設する計画が明らかになり，世界中の人々が核戦争の勃発を危惧した。

年	おもな出来事
1898	米西戦争勃発
1902	キューバ独立
59	キューバ革命 カストロ政権成立
61	アメリカとの外交関係断絶
65	キューバ共産党結成
80	マリエル事件 約12万人の難民発生
94	アメリカ・キューバ移民協議
2008	カストロ議長，辞す
15	アメリカ・キューバ国交回復

▶キューバのあゆみ

② パナマ運河

参照 p.194

パナマ運河は，太平洋とカリブ海を全長約80kmで結ぶ，ガトゥン湖の水を利用した**閘門式運河**(こうもん)である。1914年にアメリカが完成させ，その運営権と永久租借権を得たが，1999年にパナマに返還された。パナマは，**便宜置籍船**の多い国としても知られている。2016年には拡張工事が完了した。

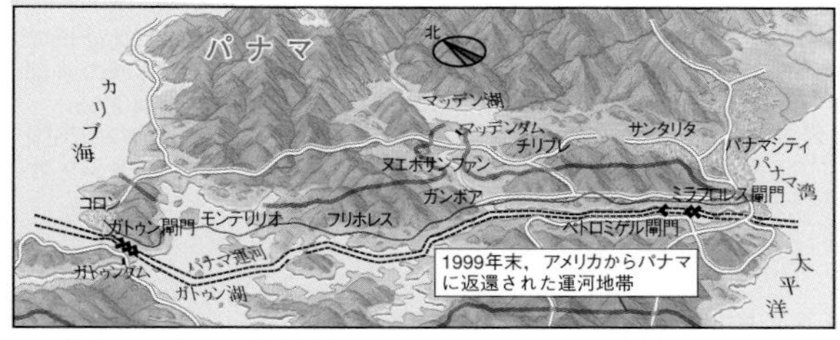

▲パナマ運河の鳥瞰図

③ エコツーリズムの国，コスタリカ

エコツーリズムとは，地域の自然環境や歴史文化を体験・学習し，保全につなげる観光スタイルである。コスタリカはエコツーリズム発祥の国として知られている。コスタリカではバナナとコーヒーの輸出に依存したモノカルチャー経済が長く続いたが，農産物の輸出価格が低下したことにより，政府と住民がエコツーリズムを推進した。森林破壊防止などの環境保全制度を導入し，国立公園の整備や世界自然遺産の登録を進めた。その結果，観光がコスタリカ最大の産業にまで発展した。

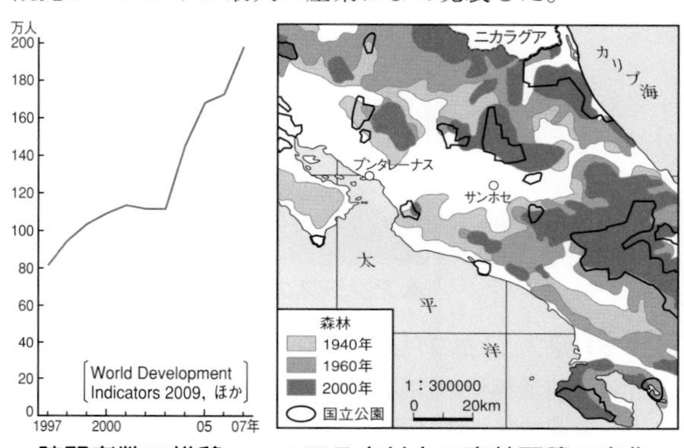

▲訪問者数の推移　▲コスタリカの森林面積の変化

④ 独立相次ぐカリブ海諸国

カリブ海に浮かぶ小アンティル諸島は，長い間，イギリス・フランス・オランダ・アメリカの植民地であった。しかし，イギリス領だった島々の多くは，1960～1980年代にあいついで独立し，人口数万から数十万のミニ国家が誕生した。最初の独立国は，石油資源で経済が豊かになったトリニダード・トバゴである。

⑤ 中央アメリカ・カリブ海諸国の整理

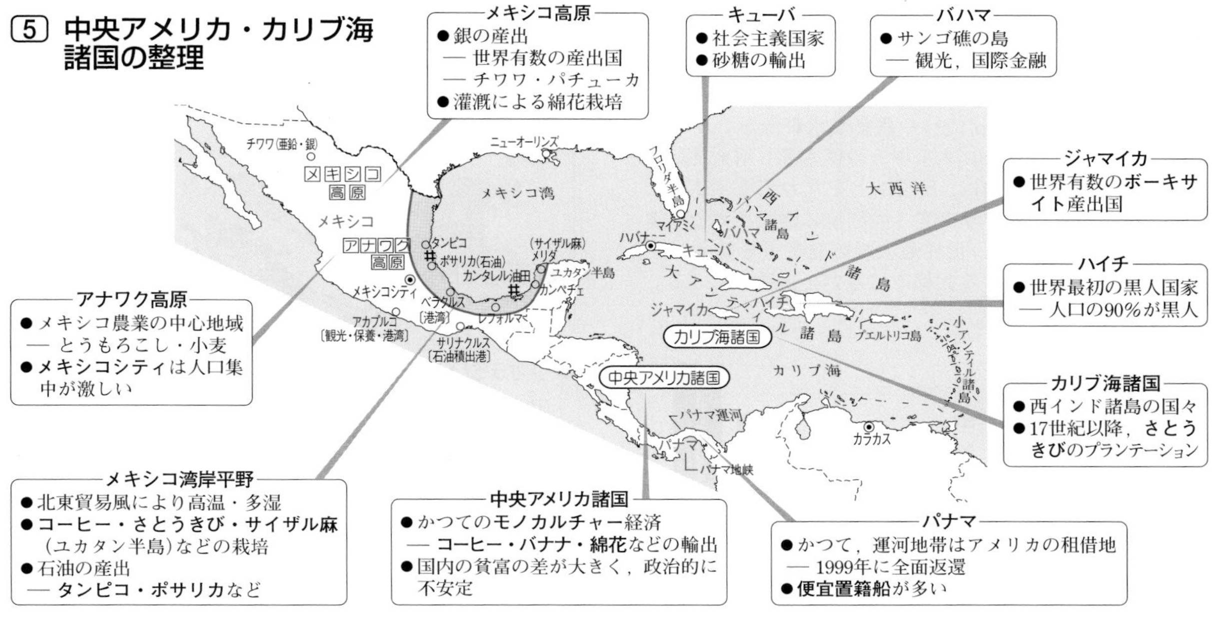

南アメリカ北部の国々

① アンデス諸国の高山都市

アンデス山脈では，海抜2500mを超える高地に大都市が立地している。とくにボリビアのラパスの標高は4000m以上で，世界最高所の首都として知られる。高地に人口が集中する理由は，赤道から近い低緯度の地域であっても，気候条件が良好で，じゃがいもなどの栽培に適しているからである。一方，東部のアマゾン川流域は熱帯雨林が広がり，西部の太平洋沿岸は非常に乾燥するため，高地よりも生活しにくい環境にある。

参照 p.20④

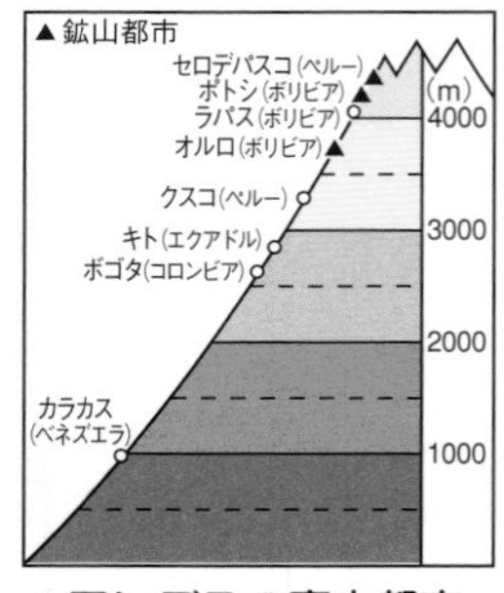

▲アンデスの高山都市

② 資源ナショナリズムの台頭

近年の石油価格の高騰を背景に，南米においても**資源ナショナリズム**(→p.111)の動きが拡大している。産油国ベネズエラでは，石油開発と輸出に対する国の権限が強化され，ボリビアではベネズエラ国営石油公社の技術支援により，天然ガス事業が国営化された。また,エクアドルでは,アメリカ企業による石油施設が国営会社の管理下に置かれた。

③ ラテンアメリカ北部の整理

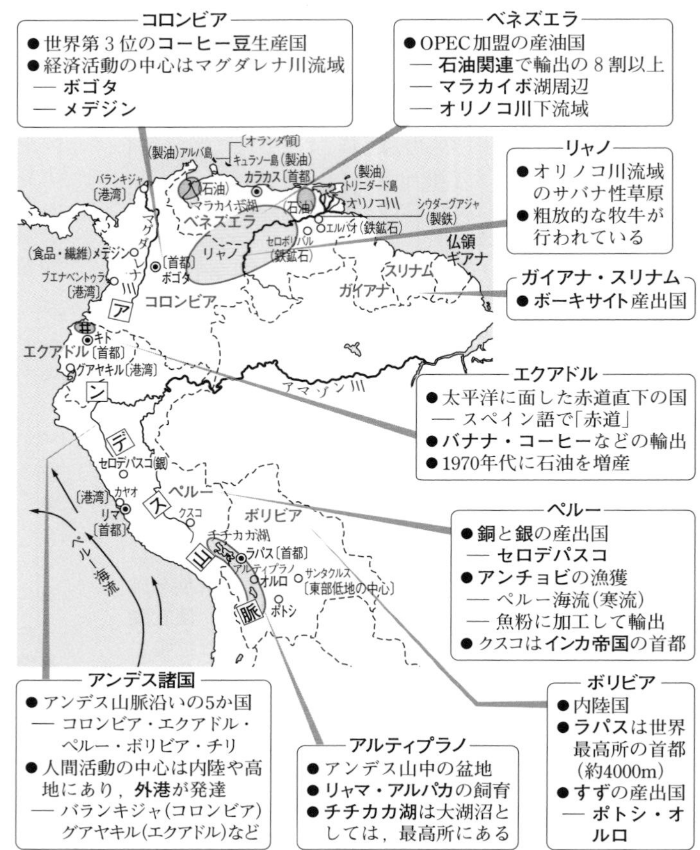

ブラジル

① ブラジルのエネルギー事情

ブラジルでは，1990年代以降の海底油田の開発によって，国内の石油需要の9割を自給できるようになった。しかし，化石燃料だけでなく，さとうきびを原料とした**バイオエタノール**(→p.123)や豊富な水資源をいかした**水力**などのクリーンなエネルギーの供給量も増えている。とくにブラジルの電力は，8割以上を水力発電に依存している。ブラジルとパラグアイの国境に建設された**イタイプダム**(→p.217)は，世界最大級の発電量を誇り，サンパウロをはじめとする大都市に電力を供給している。

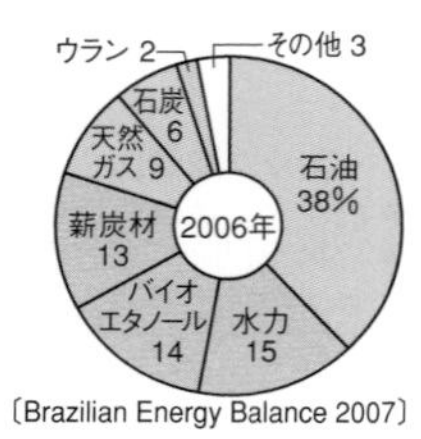

▲ブラジルの1次エネルギー供給の割合

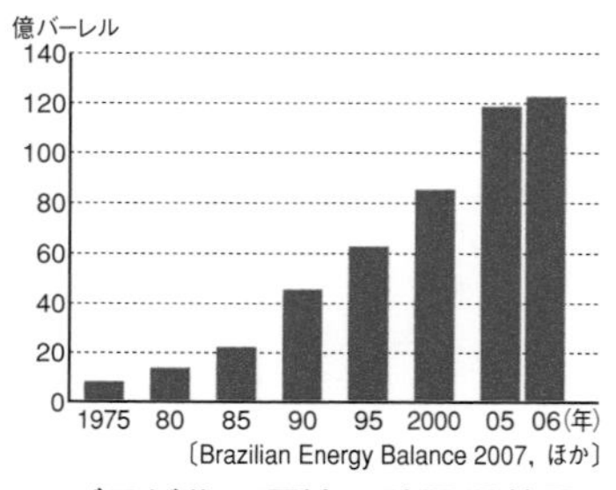

▲ブラジルの原油の確認埋蔵量

② 所得格差と都市問題

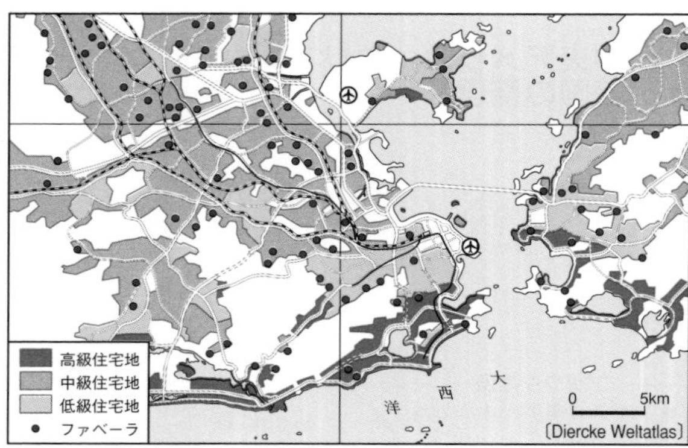

▲リオデジャネイロの都市構造

国民間の所得格差が非常に大きいブラジルでは，都市部に低所得者の住む**ファベーラ**(スラム)が点在している。これらは，農村部から職を求めて流入した人々が，丘陵地の斜面や河川敷などの空き地を不法占拠して形成したものであり，犯罪発生率も高く治安が悪い。近年では，ファベーラの拡大を防止するために，都市の外縁部に家賃の安い公共住宅を建設する自治体が増えている。

③ ブラジルの整理

アマゾン川
- 世界最大の流域面積と流量をもつ
  — 長さは世界第2位
- アマゾン盆地の主要な交通路

アマゾン盆地
- **セルバ**におおわれている
  — 世界最大の熱帯雨林
- 天然ゴムの原産地
- 大部分は未開発

大豆生産地域
- 放牧地や未開の**セラード**が大豆畑に変化
- アメリカの穀物メジャーを介して輸出

用水・電源地域
- **パラナ川**上流にダム
- **イタイプ発電所**は世界最大級

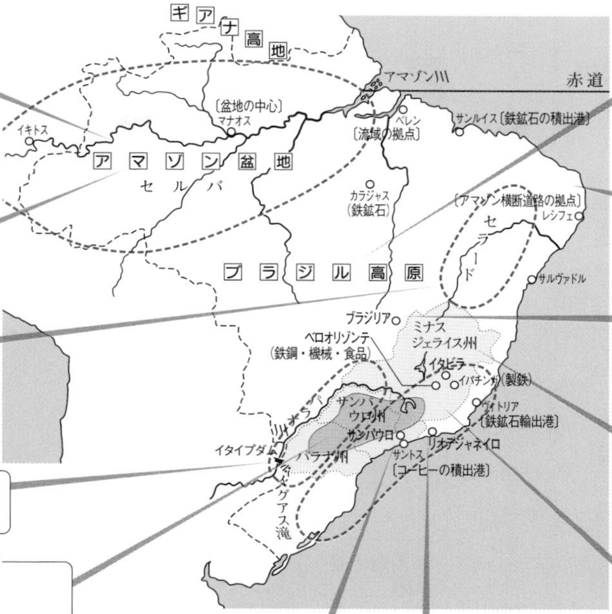

コーヒー生産地域
- サンパウロ州が中心
- 収穫期に乾燥する気候
  — Aw・Cw
- 肥沃で排水のよい土壌
  — **テラローシャ**
- **ファゼンダ**でコロノを使って生産

サンパウロ
- ブラジル最大の都市
- **コーヒー**の集散地
- ラテンアメリカ最大の工業都市

リオデジャネイロ
- 観光保養都市
- 世界3大美港の一つ
- 1960年まで首都

ブラジル高原
- 国土の3分の2を占める
- 広く分布する疎林を交えた草地は**カンポ**とよばれる
- 南部と北東部以外は開発が遅れている

北東部
- 植民が最も早く行われた地域
- さとうきび・綿花・カカオなどの栽培

ブラジリア
- 内陸部開発の拠点として建設された計画都市
- 1960年から首都

ミナスジェライス州
- 鉄鋼業の中心
  — **イタビラ鉄山**
  — **ウジミナス製鉄所**(日本・ブラジル合弁)

核心地域
- 第二次世界大戦後，急速に工業化
  — 製鉄・自動車・食品・繊維
- 人口の激しい都市集中

ギアナ高地　アマゾン川　赤道　〔盆地の中心〕マナオス　イキトス　ベレン〔流域の拠点〕　サンルイス〔鉄鉱石の積出港〕　アマゾン盆地　セルバ　カラジャス〔鉄鉱石〕　〔アマゾン横断道路の拠点〕レシフェ　セラード　ブラジル高原　サルヴァドル　ブラジリア　ベロオリゾンテ〔鉄鋼・機械・食品〕　ミナスジェライス州　イタビラ　イパチンガ〔製鉄〕　サンパウロ州　ヴィトリア〔鉄鉱石輸出港〕　サンパウロ　リオデジャネイロ　イタイプダム　パラナ川　サントス〔コーヒーの積出港〕　イグアス滝

南アメリカ南部の国々

① チリの銅鉱業の変遷

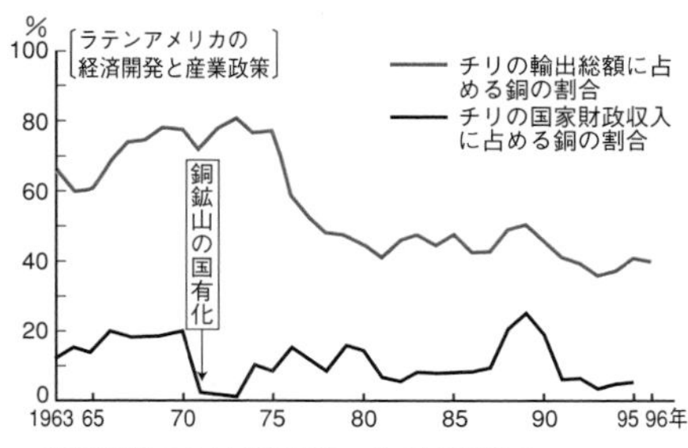

▲銅鉱業のチリ経済に占める割合

チリにおける銅生産の歴史は長く，スペイン人の入植以前から採掘されてきた。しかし，銅が輸出産業として確立したのは，アメリカの企業によって近代的な銅山が開発された20世紀初頭のことである。その後，1970年に社会主義政権が誕生すると，大規模な銅山が国有化されて，外国資本による銅産業の市場支配体制は崩壊した。1974年からの軍事政権下では，投資の自由化政策が実施されたことで，民間の鉱山会社による開発が進み，チリは世界全体の3割以上を生産する銅の大生産国となった。近年では，輸出総額に占める農水産物やその加工品の割合が増加しているが，依然として銅はチリ最大の輸出品目である。

② ラテンアメリカ南部の整理

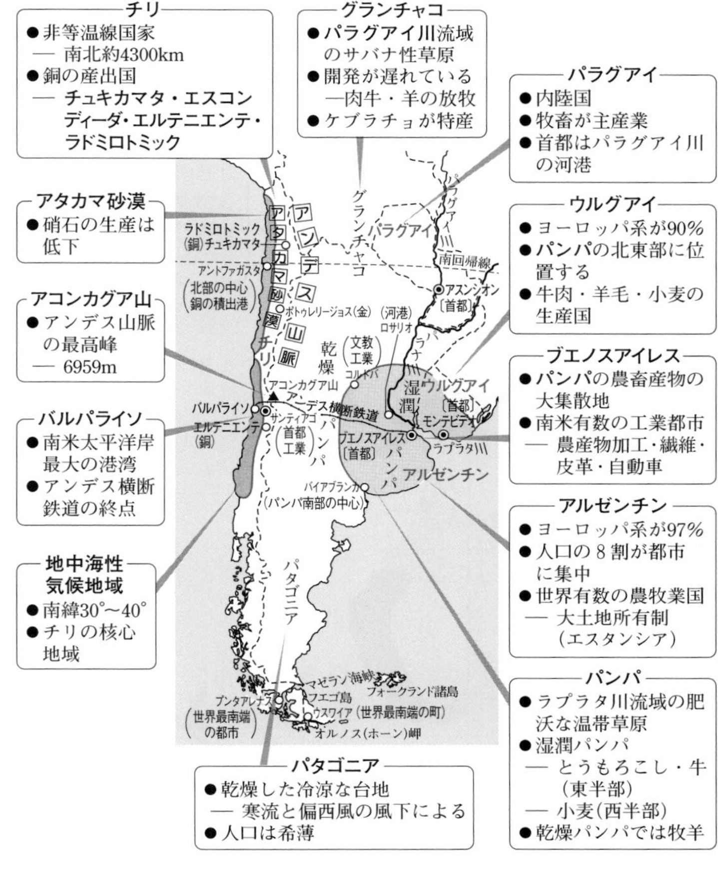

1 オセアニアの自然環境

① オセアニアの自然環境

オーストラリアは古生代以前のきわめて古い地質で，地形は起伏に乏しい。ニュージーランドは**環太平洋造山帯**に属し，中・新生代の新しい地質で，地形は起伏に富む。

（1）安定陸塊の自然環境

・西部台地――海抜300～600mの古生代にできた**楯状地**で，大半は砂漠。

・中央低地――グレートアーテジアン（大鑽井）盆地などの内陸の低地。

・ウルル（エアーズロック）――侵食から取り残された**残丘**。一枚岩からなる。

（2）古期造山帯の自然環境

・東部高地――グレートディヴァイディング山脈を中心とする隆起帯（東西で非対称に隆起）。

（3）新期造山帯の自然環境

・ニュージーランド――火山活動が活発で，地熱発電なども行われている。

（4）サンゴ礁

・グレートバリアリーフ（大堡礁）
――オーストラリア北東部の海岸に広がる世界最大のサンゴ礁。

・南太平洋の島々
――サンゴ礁の島も多く，サンゴ礁の発達の度合いで**裾礁**，**堡礁**，**環礁**（→p.14）。

（5）乾燥地形

・大規模灌漑――内陸部の少雨地域は，大規模灌漑により小麦栽培と牧羊がさかんになった。

・塩性土壌――森林伐採や過剰な灌漑により，地表面や河川水の塩害が深刻。

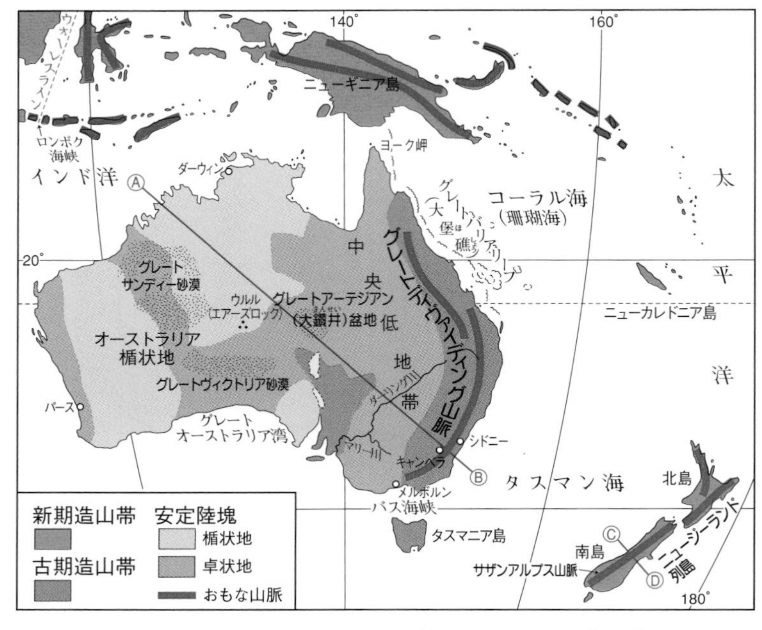

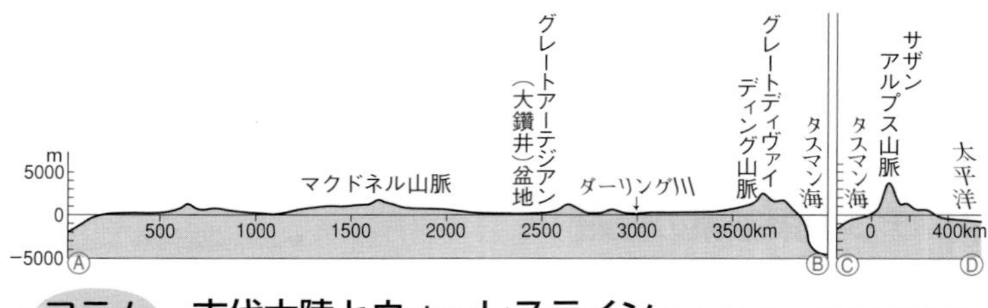

コラム 古代大陸とウォーレスライン

パンゲア大陸から分離し，南側から北上したオーストラリア大陸は，北側から南下してきたアジア大陸と接近した。現在のインドネシアのバリ島とロンボク島の間のロンボク海峡は周囲の海峡に比べて水深が深く，動植物相の境界であるウォーレスラインが通る。イギリスの生物学者ウォーレスにより，1876年に提唱された。

② オセアニアの気候

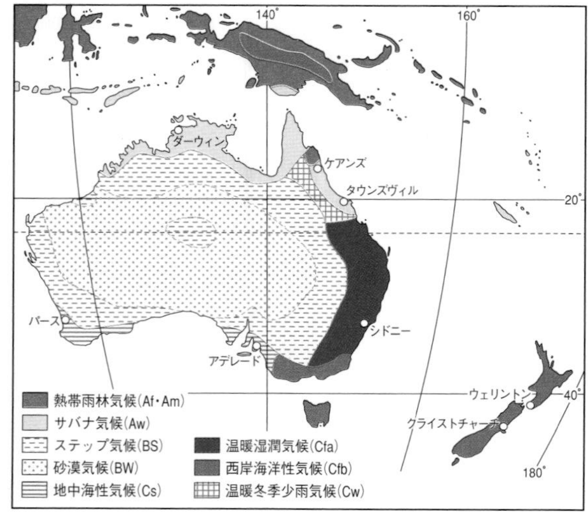

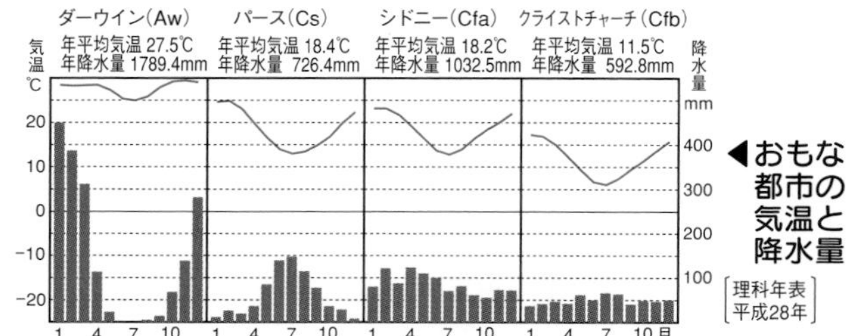

◀おもな都市の気温と降水量 ［理科年表平成28年］

パプアニューギニアの大部分とオーストラリア北部は熱帯である。オーストラリア東岸と南部，およびニュージーランドは温帯の湿潤地域が広がり，年平均気温の高い北部は温暖湿潤気候，南へ下がるほど西岸海洋性気候となる。また，アデレード周辺やパース周辺では冬季に降水が多く，地中海性気候である。しかし，これらの熱帯と温帯地域を除くと，オーストラリアの3分の2は乾燥・半乾燥気候である。大陸の大半が中緯度高圧帯に位置することや，地形性降雨が一部の地域に限られることなどが，その理由である。

2 オーストラリアの歴史と民族

① オーストラリアの歴史と文化

オーストラリアは17世紀にタスマンが「発見」したが，自然環境が厳しく，また金や銀，香辛料なども見つからなかったため見捨てられた。その後，1770年にイギリスの探検家クックが自然条件のよい東岸を「発見」し，流刑地や農業開拓地としてイギリスが領有権を確保した。1851年に始まったゴールドラッシュが全土に拡大するにつれ，急増した外国人労働者は社会問題となり，オーストラリア連邦成立時には移民制限法が制定された（白豪主義の本格化）。

年	事　項
B.C.4万年ごろ	アボリジニー渡来
1644	オランダのタスマン，オーストラリア北岸探検（ニューホーランド命名）
1770	イギリスのクック，オーストラリア東岸発見
88	イギリス，東経135度以東の領有を宣言（流刑植民地にする）
1827	イギリス，オーストラリア全土の領有を宣言
51	ニューサウスウェールズ植民地でゴールドラッシュ始まる
1901	オーストラリア連邦成立　移民制限法発布

▲開拓と植民の歴史

② 移民の国，オーストラリア

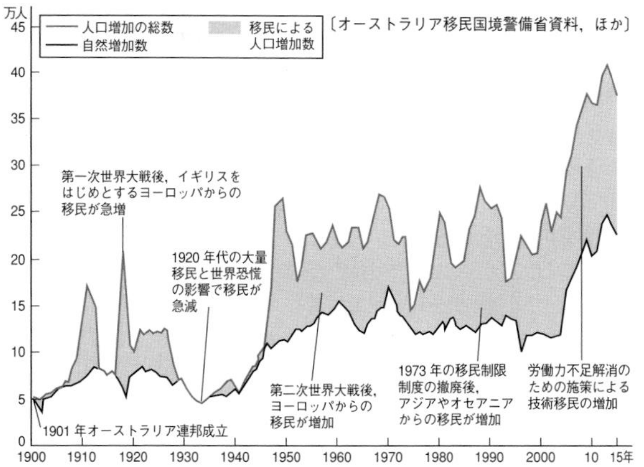

▲オーストラリアの人口の推移と歴史

オーストラリアはかつて，イギリスやアイルランドからの移民を中心とした白人中心の社会をめざしてきた。第二次世界大戦後には労働力不足を解消するために大量の移民受け入れを表明したが，1950年代から60年代にかけて実際にオーストラリアに渡ったのは，南欧や東欧諸国からの移民が多かった。このような「英語を話さない白人」の増加は当初は想定外であったが，多文化主義の普及にとっての伏線となり，70年代からはアジア系移民が急増した。

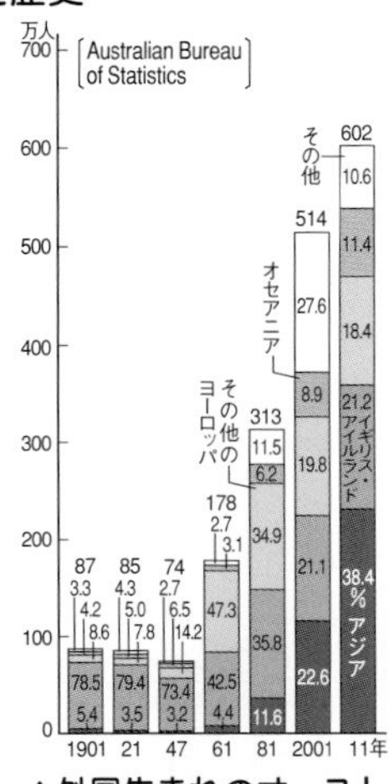

▲外国生まれのオーストラリア人の内訳の推移

用語　白豪主義と多文化政策

白豪主義：1901年の移民制限法による政策の通称。非ヨーロッパ系移民の制限，白人優先の国家建設を進めたが，移民制限法の廃止（1958年）と多文化政策（1970年代～）への転換で，白豪主義的な政策は事実上撤廃された。

多文化政策：民族的な違いによる差別をなくすため，多様な文化を互いに尊重し合う社会の構築を進める政策。例えば，英語以外の多様な言語によるテレビ放送や，異文化理解のための外国語教育など。

③ オーストラリアの先住民アボリジニー

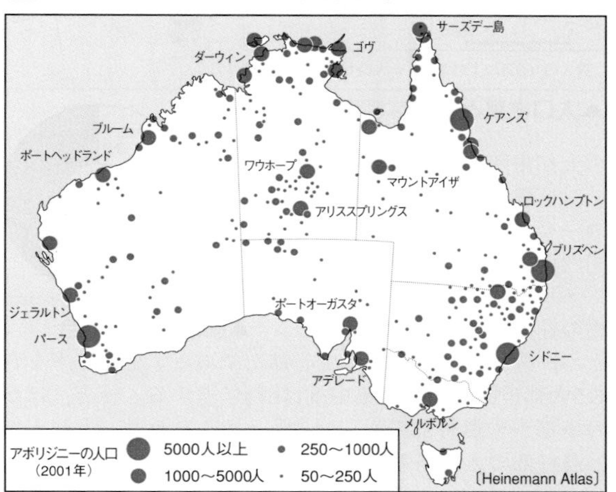

▲アボリジニー人口の分布

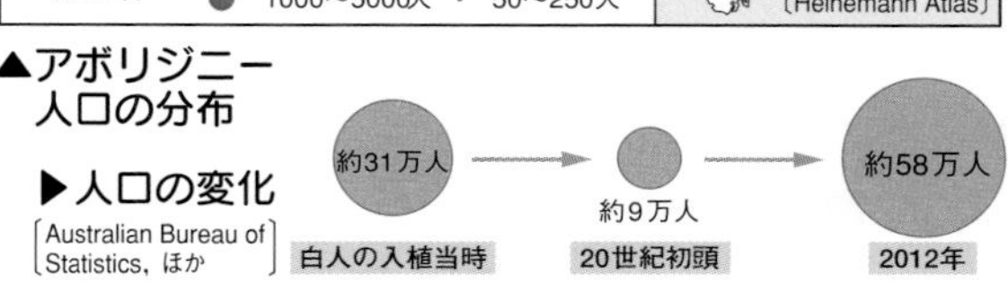

アボリジニーは，数万年前に東南アジアからオーストラリアに渡ったといわれ，ヨーロッパ人が渡来するまで独自の文化を育んできた。彼らは文字をもたず，踊り，歌，絵などにより文化を継承してきた。ヨーロッパ人が入植した約200年前には約31万人のアボリジニーがいたが，その後の土地収奪やヨーロッパ人の持ち込んだ病気などにより，一時は約9万人にまで激減した。

コラム　首都になったキャンベラ

キャンベラは，首都として計画的に建設された政治都市で，放射環状路型の街路網をもつ。そもそもオーストラリアの都市は，植民地化以降，シドニーを中心に発展してきたが，ゴールドラッシュ以降は富を蓄えたメルボルンが台頭した。1901年の連邦国家成立時には暫定的な首都がメルボルンに置かれるものの，シドニー側の猛反発により，両都市の中間地点に首都を建設することになった。開発のしやすさや水資源の確保のしやすさなどから，キャンベラ地区が選定された。国会議事堂ができた1927年以降，キャンベラは名実ともに首都となった。

3 オーストラリアの社会と環太平洋での結びつき

① 沿岸部の都市と内陸部の違い

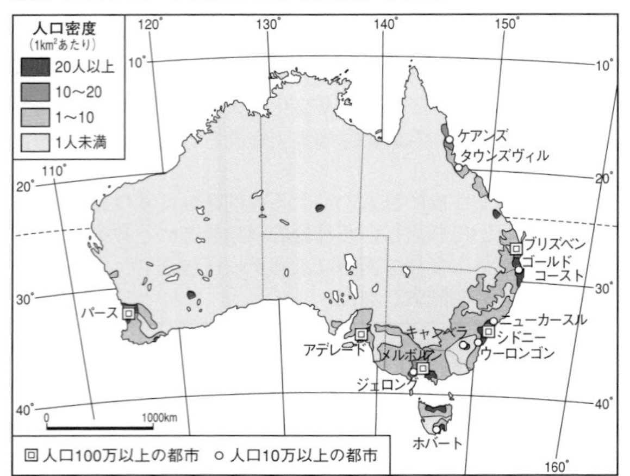

▲人口密度とおもな都市

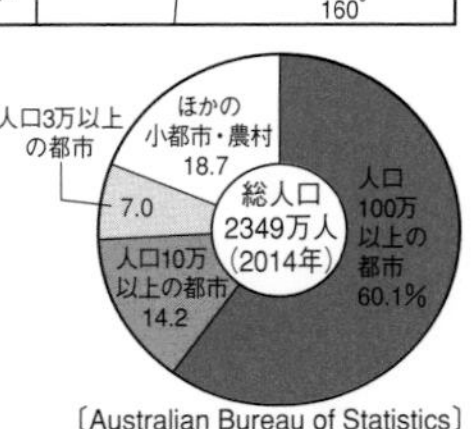

▲都市人口の割合

大都市圏への人口集中が著しい。世界的な金融・経済の中心の一つであるシドニーをはじめ，国内企業の多くが活動拠点を置くメルボルン，鉱産資源や農産物の輸出拠点であるブリズベンとパース，自動車産業の中心都市であるアデレードを含む5大都市圏への人口集中度は6割に達する。一方，ほかの小都市や農村部の人口は2割ほどにすぎず，大都市部と農村部の人口格差も著しい。

② 環太平洋の国々との貿易の増加

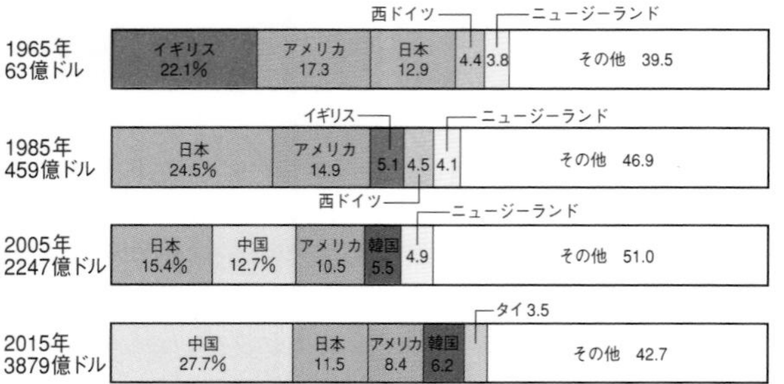

▲オーストラリアの貿易相手国の推移 〔UN Comtrade〕

オーストラリアは，歴史的な経緯から，旧宗主国でありイギリス連邦の中心国であるイギリスとの結びつきが強かった。移民が本格化した19世紀初期には羊毛や小麦，牛肉などの農産物の一大生産拠点として発展し，その後は鉱産資源の輸出拠点としても発展した。1960年代までは最大の貿易相手国はイギリスであったが，イギリスがECに加盟(1973年)した前後から関係が薄れ，代わって日本とアメリカとの関係が強まった。近年は，中国や韓国などのアジアの国々との貿易がさかんである。これは，オーストラリアが，距離的に近く，経済発展が進むアジア太平洋地域の国々との貿易を推進していることを表している。

用語 APEC(アジア太平洋経済協力会議)

1989年にオーストラリアの提唱ではじまった，アジア太平洋諸国を結ぶ経済協力組織。APECはほかの地域の統合と異なり，参加国の自主性を尊重し，域内のみならず域外に対しても貿易投資の自由化と技術移転などの協力を推進している。USMCAやASEAN諸国と日本，韓国，中国，ロシア，中南米諸国を結ぶ広域の組織間連携の役割も果たしている。

③ 重要な産業である観光業

オーストラリアへの観光客は急増している。渡航目的は休暇が最も多く，次いで親戚・知人訪問や商用，就学などとなっている。ドイツ，中国，インドネシア，イギリスなどからの観光客は平均滞在日数が1か月を超えて長い。この理由は，かつて移民を多く送り出したヨーロッパやアジア諸国からの観光客は，親戚・知人訪問を目的とする渡航が相対的に多いからである。近年とくにアジアからの観光客が増加していることは，オーストラリアとアジア諸国との結びつきが強くなっていることを表している。また，近年では自然体験型の観光も増加している。観光業は，オーストラリア経済にとって重要になりつつある。

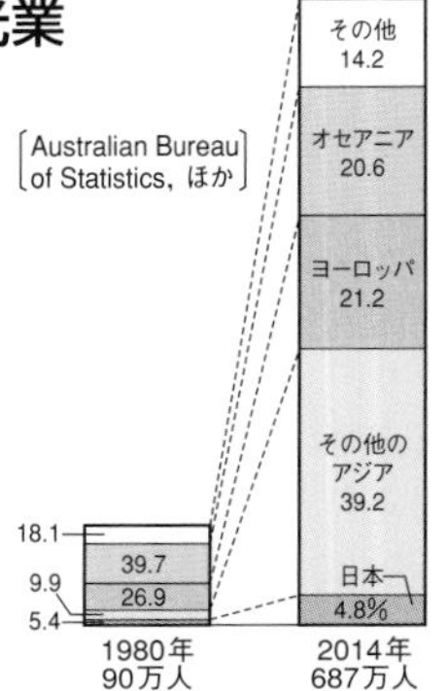

▲オーストラリアへの観光客の変化

国　名	平均滞在日数
ドイツ	49.1
中　国	47.9
インドネシア	45.4
マレーシア	37.4
イギリス	34.1
アメリカ	24.2
日　本	18.0
ニュージーランド	14.1

－2006年－

▶国別オーストラリア訪問者の平均滞在日数
〔Tourism Research Australia 2007〕

コラム ワーキングホリデーとは？

18～30歳までの青少年に認められた制度。訪問先の国で働きながら，その国の言語や生活文化を体験し，自由に旅行することを目的としている(最長1年間)。日本が協定を結んだのはオーストラリアが最初で，2020年現在，ニュージーランド，カナダ，韓国，フランス，ドイツ，イギリスなど26の国と地域の間で協定を結んでいる。

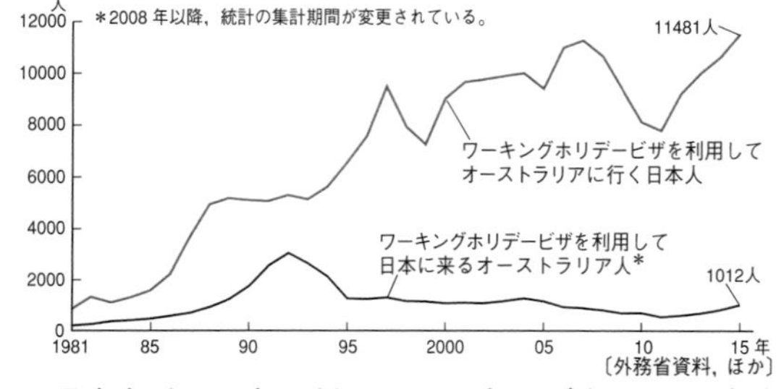

▲日本とオーストラリアのワーキングホリデービザ利用者の推移

4　オーストラリアの整理，ニュージーランド

1　オーストラリアの整理

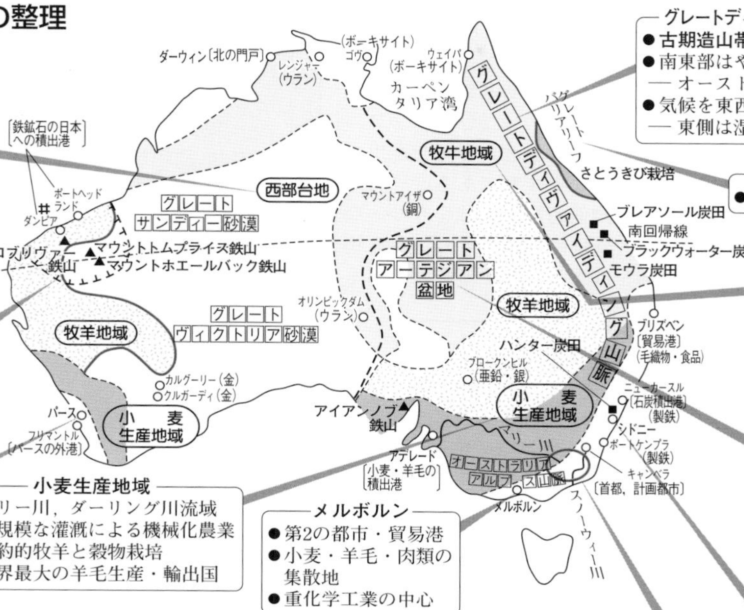

西部台地
- 300～700mの台地
  — オーストラリア楯状地
- 中央部に乾燥地域が広がる
  — 中緯度高圧帯の影響
- 鉱産資源の開発が進む

ピルバラ地区
- 第二次世界大戦後，鉄鉱石の大規模な採掘
  — マウントホエールバック・マウントトムプライス
- 鉄鉱石の多くは中国や日本に輸出

パース
- 西部の中心都市
- 19世紀末，内陸部のゴールドラッシュとともに発展
- 付近は地中海性気候地域

小麦生産地域
- マリー川，ダーリング川流域
- 大規模な灌漑による機械化農業
- 集約的牧羊と穀物栽培
- 世界最大の羊毛生産・輸出国

メルボルン
- 第2の都市・貿易港
- 小麦・羊毛・肉類の集散地
- 重化学工業の中心

スノーウィーマウンテンズ計画
- 世界有数の灌漑・発電計画
- 工業化と都市の電源確保，マリー川流域の灌漑を促進
- 降水量の多い南東部のスノーウィー川をダムでせき止め，山脈に導水トンネルを通し，北西部の乾燥したマリー川流域を灌漑

グレートディヴァイディング山脈
- **古期造山帯**の山脈
- 南東部はやや高い
  — オーストラリアアルプス山脈
- 気候を東西に分けている
  — 東側は湿潤，西側は乾燥

グレートバリアリーフ
- 世界最大の**サンゴ礁**

牧牛地域
- サバナ・ステップ地域
- 牧牛開拓者(オーバーランダー)の活躍によって拡大

グレートアーテジアン盆地
- 羊の放牧地域
- 被圧地下水の利用と開拓者(スコーター)の進出によって発展

シドニー
- 最大の都市・貿易港
- 世界最大の羊毛市場がある
- クックの上陸地
  — ボタニー湾

2　ニュージーランドの民族と移民

ニュージーランドはヨーロッパ系移民が大半であるが，近年はアジア系移民も増加している。先住民のポリネシア系のマオリは，白人の入植後に激減したが，現在では全人口(約444万)の15％台に回復した(2013年)。伝統的な文化が伝承され，生活のさまざまな場面で垣間見られる。

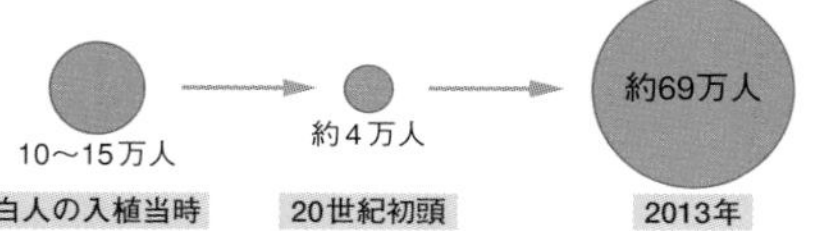

▲マオリの人口の変化〔Statistics New Zealand，ほか〕

3　ニュージーランドの貿易構造

ニュージーランドは農業国で，輸出も乳製品や肉類，果物など農産物が中心である。生活水準や科学技術は先進諸国とほぼ同様にもかかわらず，工業製品の割合が少ない理由は，オーストラリアとは異なり鉱産資源にめぐまれていないこと，また，主要な市場から遠く，人口規模からみて国際競争力が小さいからである。

▲輸出品と輸入品

4　ニュージーランドの整理

酪農地域
- 牧羊に次ぐ重要な産業
- バター・チーズの生産
- 北島の西側は湿潤で温暖
  — 乳牛の8割が集中

クック海峡
- 1769年，クックの探検によって，北島と南島に分かれていることが判明

サザンアルプス山脈
- **環太平洋造山帯**の一部
- 最高峰はアオラキ(クック)山(3724m)
- 南西海岸は**フィヨルド**

ミルフォードサウンド
- 氷河地形

南島西側
- 平地に乏しく，多雨
- 林業地域

南島東側
- 偏西風の風下で降水量が少ない
- 毛用羊の飼育

オークランド
- この国最大の都市
- 商工業都市・貿易港で，この国の経済の中心
  — 酪製品・羊毛などの輸出
- 南太平洋の交通・経済の中心地

ワイラケイ
- 地熱発電所

北島東側
- 毛用羊の飼育

ウェリントン
- 首都
- この国最大の貿易港
  — クック海峡に面する
  — 羊毛・肉・酪製品・木材などを輸出

クライストチャーチ
- 南島最大の都市
- オークランドにつぐ経済機能をもつ
- 小麦・羊毛の集散地

カンタベリー平野
- ニュージーランドの穀倉
- 牧羊，混合農業
  — 羊と小麦

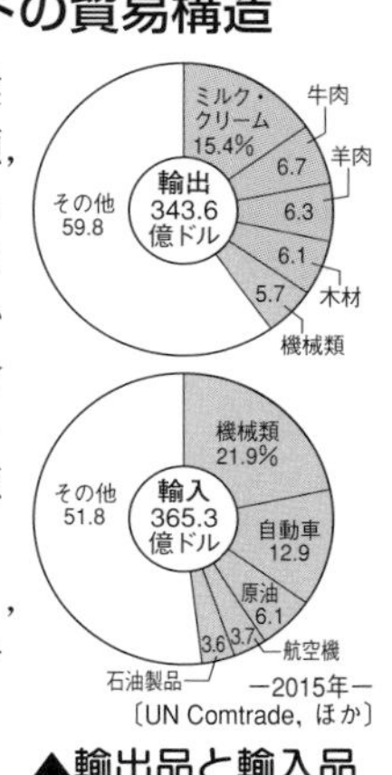

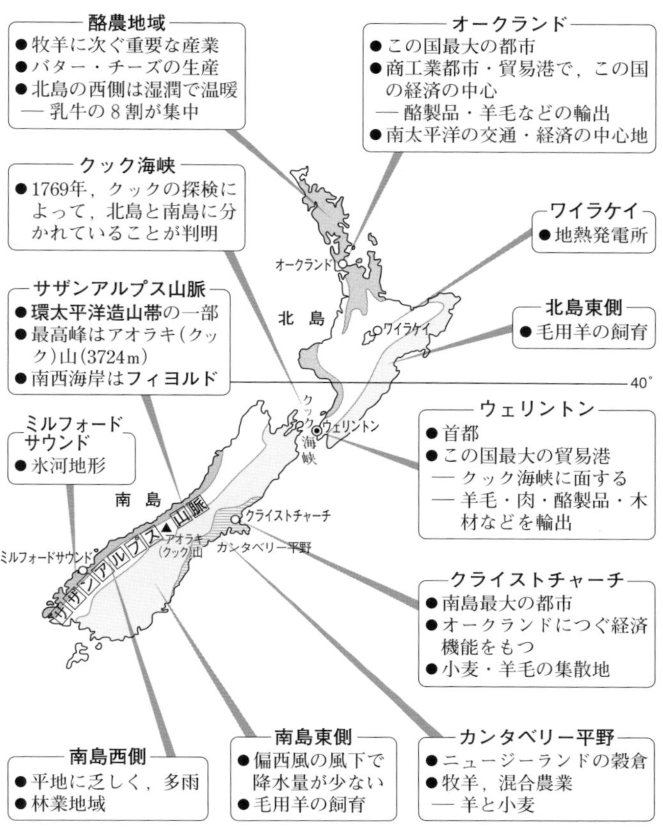

5 太平洋の小国家群

① 太平洋の小国家群とその産業

パプアニューギニアを除くと，広大な海域に小さな島々が散在しているため，人口が小さく，経済的基盤に乏しい国や地域が多い。ニューカレドニア(ニッケル鉱)，パプアニューギニア(金・銅)，ナウル(りん鉱)など，資源を産出する国々もあるが，多くは農・漁業が主産業である。一方で，これらの国々は陸地よりも広い排他的経済水域をもつ。なかには漁業や天然資源の開発，管理の権利をもち，農産物輸出に偏った経済からの脱却をはかろうとする国々もある。

用語　三つのネシア(島々)

太平洋の三つのネシアのうち，経度180度より東側がポリネシア(多くの島々の意味)である。最も広く，ハワイやタヒチも含まれる。西側はおおよそ赤道を境に南北二つに分けられる。北側がミクロネシア(小さな島々)，南側がメラネシア(黒い島々)である。

Ⓟりん鉱石　Ⓐu金　Ⓝiニッケル　ココナッツ　さとうきび　排他的経済水域

〔Heinemann atlas〕

▲太平洋諸国のおもな産業と排他的経済水域

② フィジーのさとうきび産業とインド系移民

フィジーの民族構成は，フィジー系に次いでインド系の割合が高い。これは，19世紀後半にさとうきび農園の労働者として移住させられた経緯による。近年では，水産および水産加工業が発達し，輸出に貢献している。

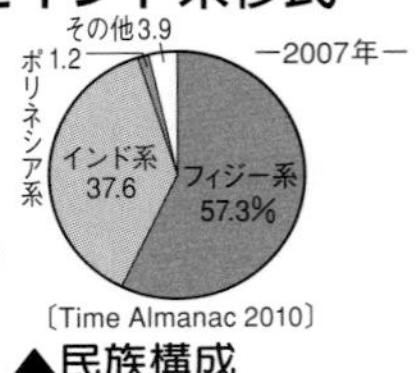

▲民族構成

③ トンガのかぼちゃ生産

南半球では日本とは季節が逆であることを利用して，日本国内産のかぼちゃが品薄になる冬の端境期(1月～5月，11月～12月)に合わせたかぼちゃの栽培がさかんである。とくに，トンガではかぼちゃは全輸出額の約40%を占める重要な農産物になっている。

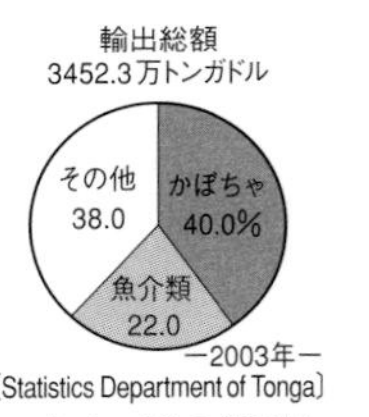

▲トンガの輸出品目

④ 南太平洋の非核化への動き

人口の少ない南太平洋は第二次世界大戦後，欧米の軍事基地や核実験場となってきた。世界的な恒久平和をめざす運動や環境保護運動により，1980年にはパラオで非核憲法が制定されたほか，1985年には南太平洋非核地帯設置条約(ラロトンガ条約)が締結された。その後も何度か核実験は行われたが，1996年以降は国連常任理事国のすべてが条約に加盟し，南太平洋の核実験は事実上終結した。

年	事　項
1945	アメリカが史上初の原爆実験を実施　広島，長崎に原爆投下
49	ソ連が初の原爆実験を実施
52	イギリスが初の原爆実験を実施　アメリカが初の水爆実験を実施
54	アメリカのビキニ環礁での水爆実験により，第五福竜丸などが被曝
60	フランスが初の原爆実験を実施
64	中国が初の原爆実験を実施
74	インドが初の原爆実験を実施
80	パラオ，非核憲法を制定
85	南太平洋非核地帯条約(ラロトンガ条約)を締結
96	包括的核実験禁止条約を発効
97	化学兵器禁止条約を発効

▲非核化へのあゆみ

⑤ 太平洋の小国家群の整理

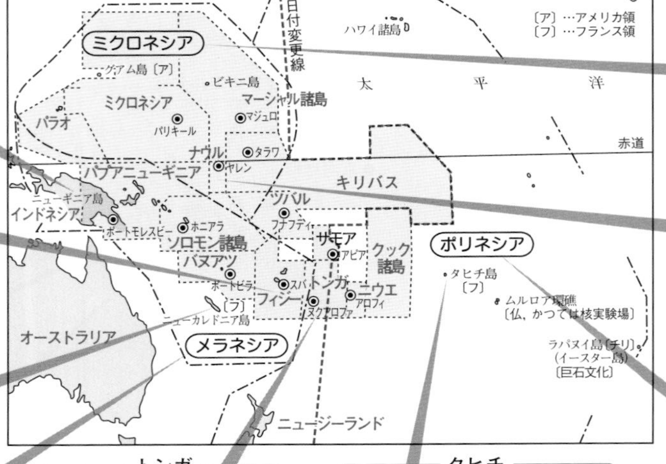

ミクロネシア
- 「小さい島々」という意味 ― 洋島
- 先住民はアジア人に似た皮膚の色と，まっすぐに伸びた髪の毛をもつ

ニューギニア島
- 世界第2位の面積をもつ島
- 西半分はインドネシア

ナウル
- **サンゴ礁の島**
- **りん鉱の輸出**
  - ― 鉱石はほぼ枯渇
  - ― 慢性的な財政赤字をかかえる

フィジー諸島
- 住民の4割はインド系
- 砂糖の生産，漁業がさかん

ニューカレドニア島
- フランス領で独立運動もおこる
- 世界有数の**ニッケル鉱**産地
- 採掘による環境問題も引きおこしている

ポリネシア
- 「多くの島々」という意味 ― 洋島
- 面積は太平洋の2分の1を占める
- 先住民はミクロネシアと同じ身体的特徴をもつ
- 観光産業が発達 ― **ハワイ，タヒチ**

メラネシア
- 「黒い島々」という意味 ― 洋島と陸島

トンガ
- 日本向けのかぼちゃ生産
- ラグビーがさかん

タヒチ
- フランス領ポリネシアの中心
- 観光産業，農業が発達

1　北極地方，南極地方

① 北極地方

範　囲	北緯66度33分よりも高緯度の地域(北極圏)。
地形・気候	陸地の大部分はツンドラ気候。海氷は温暖化により縮小が著しい。夏には太陽が沈まない夜や，太陽が地平線に沈んでも一晩中暗くならない夜(**白夜**)がみられる。一方，冬にはまったく太陽の昇らない日(**極夜**)がみられる。
資　源	すでに開発中の石炭や油田のほか，未確認の天然ガスや石油が多く存在するといわれる。
民　族	北アメリカ極北部のイヌイット，ラップランドのサーミ，シベリア極北部のチュクチやサモエードなど，狩猟採集を営む少数民族が暮らす。
交　通	冷戦時代，北極海上空は主要な航空路であった。現在は温暖化による海氷の減少に伴い，太平洋と大西洋を北極海経由で結ぶ国際航路の実現も現実味を帯びてきている。

(1) 北極海をめぐる領有争い

参照 p.120「トピック」

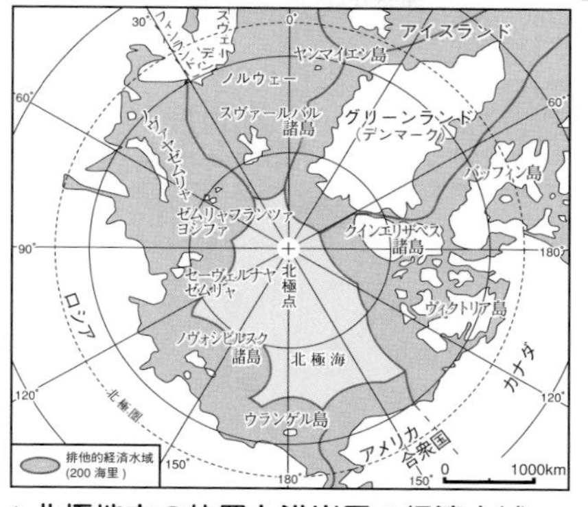

▲北極地方の位置と沿岸国の経済水域

分厚い氷に閉ざされ，採掘が難しいとされていた北極海の海底資源。近年，ロシアを筆頭に沿岸国の間でこの海底資源をめぐるにらみ合いがはじまっている。原因は，地球温暖化。気温の上昇による海氷面積の縮小で，海底資源の探査や採掘が容易になったのである。

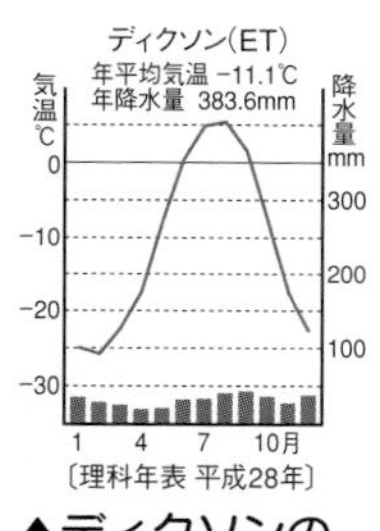

▲ディクソンの気温と降水量

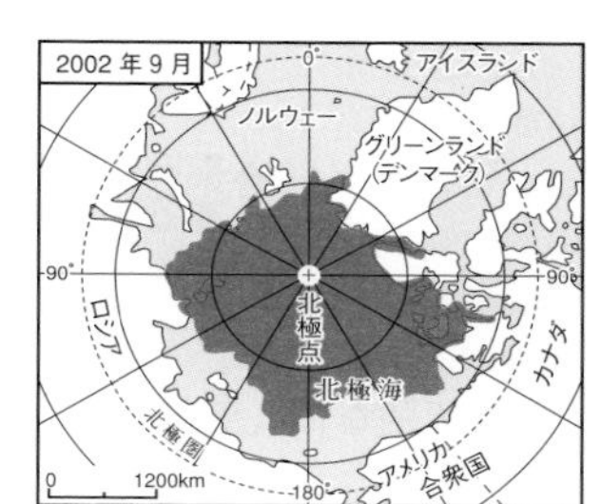

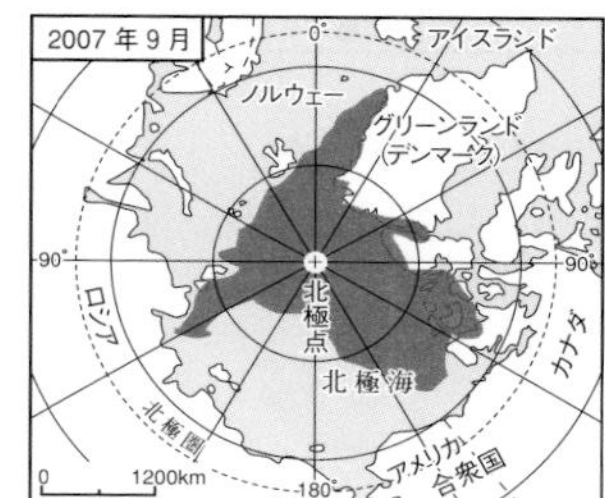

◀北極海の海氷面積の比較

(2) 縮小する北極海の海氷

地球温暖化によって縮小を続ける北極海の海氷。海氷面積の縮小は，周辺の生態系に深刻な影響を与えるだけでなく，地球規模の気候変動にもつながると考えられている。

② 南極地方

範　囲	南極条約では南緯60度以南の領域と定義。
地形・気候	大陸のほぼ全域が大陸氷河に覆われている(平均厚2400m)。このため，陸地は海面下に沈んでいるところが大部分である。気候は氷雪気候。夏には太陽が地平線に沈んでも一晩中暗くならない夜(**白夜**)がみられる。一方，冬にはまったく太陽の昇らない日(**極夜**)がみられる。
資　源	かつてゴンドワナ大陸の一部であったため，多くの資源の存在が推定されている。石炭，石油，鉄，銅，ウランなどがすでに確認され，鉱産資源の宝庫といわれている。かつては油脂用に鯨やアザラシの捕獲もみられたが，現在では南極海洋生物資源保存条約により，南緯60度以南の領域では生物資源の保全がはかられている。

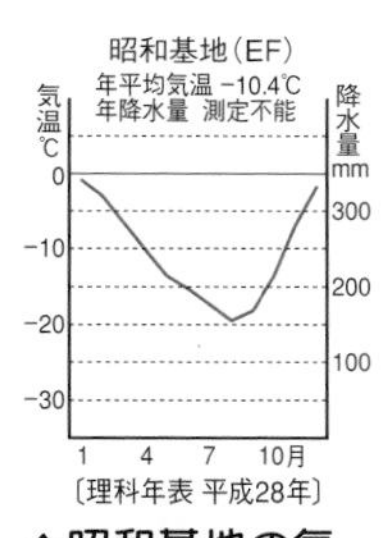

▲昭和基地の気温と降水量

コラム　南極条約

1959年に日本，アメリカ，ソ連など12か国間で締結され，現在は49か国が協議国・締結国になっている。南極地域の非軍事化や領有権主張の凍結，各種の利害調整などが定められている。各国の調査の結果，南極の石油・天然ガスの埋蔵量は世界最大級であるとされ，開発推進派と自然保護派の主張が対立してきた。91年には資源開発を今後50年間禁止することで合意した。地質などの基礎的な調査は継続している。

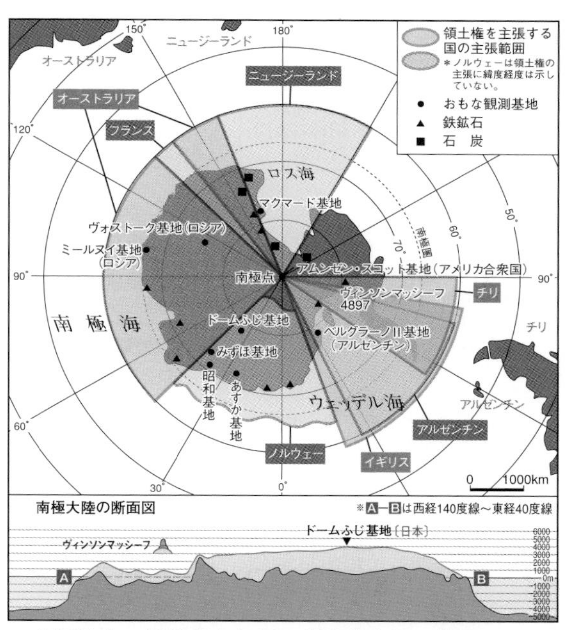

▲南極地方の概観図と各国の領有権主張の範囲

(1) 南極大陸は誰のものなのか？

1959年の時点ではイギリスやフランスなどの5か国が領有を主張していたが，チリとアルゼンチンが加わった。現在では多くの国が南極点から経線に沿って広がる扇状の範囲に対して領有権を主張している。いくつかの国の主張する範囲には重複もみられる。

1　九州地方

①　九州地方の工業

参照　p.126③(4)

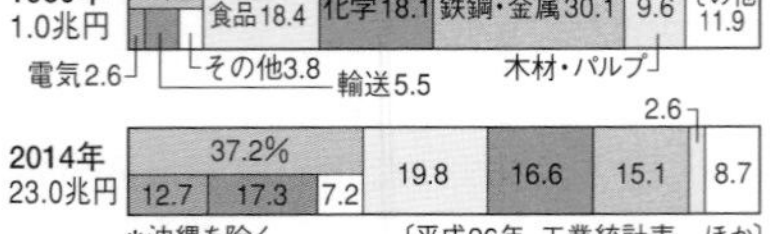

〔平成26年　工業統計表，ほか〕

◀工業出荷額の内訳の変化

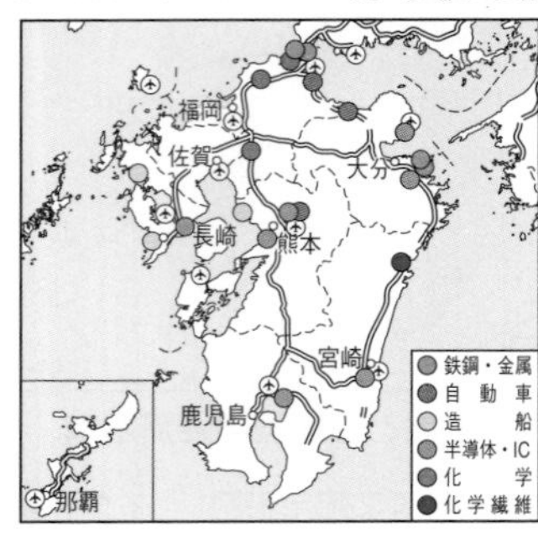

▼九州地方のおもな工場

かつては，筑豊炭田と中国からの輸入鉄鉱石を背景とした鉄鋼業がさかんであった**北九州工業地帯**であるが，鉄鋼業の中心は大消費地に近い京浜工業地帯などに移った。また1970年代以降，九州各地にIC(集積回路)の工場がつくられ，そのため九州は「**シリコンアイランド**」ともよばれた。その後，豊富な労働力や中国市場への近接性をいかして，大規模な**自動車**工場があいついでつくられた。

②　九州地方の農業

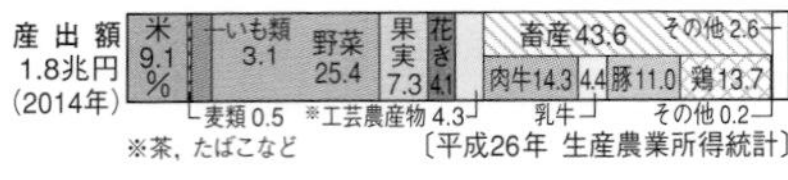

〔平成26年　生産農業所得統計〕

◀農業産出額の内訳

九州北部は**稲作**が，南部は**畑作**と**畜産**が中心である。南部は肉牛・豚・鶏の生産が日本で最もさかんな地域で，九州全体でみても畜産の割合が高い。沖縄では気候をいかして，さとうきびやパイナップルなども生産している。

③　アジアと結びつく九州地方

シャンハイ，ソウル，タイペイといった中国，韓国，台湾の大都市に近い福岡は，これらの国や地域から多数の訪問者を迎えている。またプサンとの間には高速船も運航され，週末などを利用して韓国から気軽に訪れる人も多い。

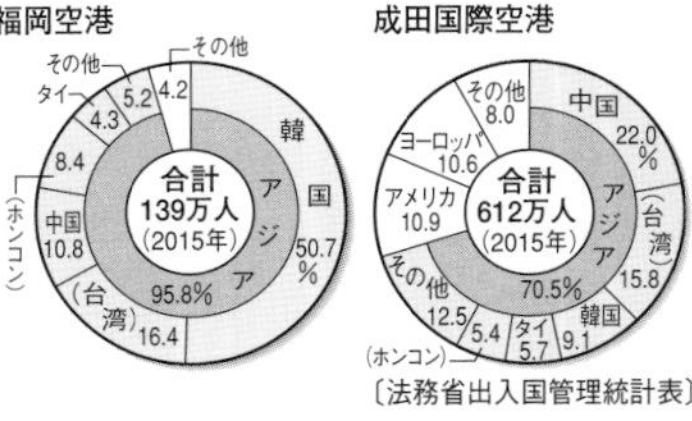

〔法務省出入国管理統計表〕

▲福岡空港と成田国際空港を利用する訪日外国人の割合

④　九州地方の整理

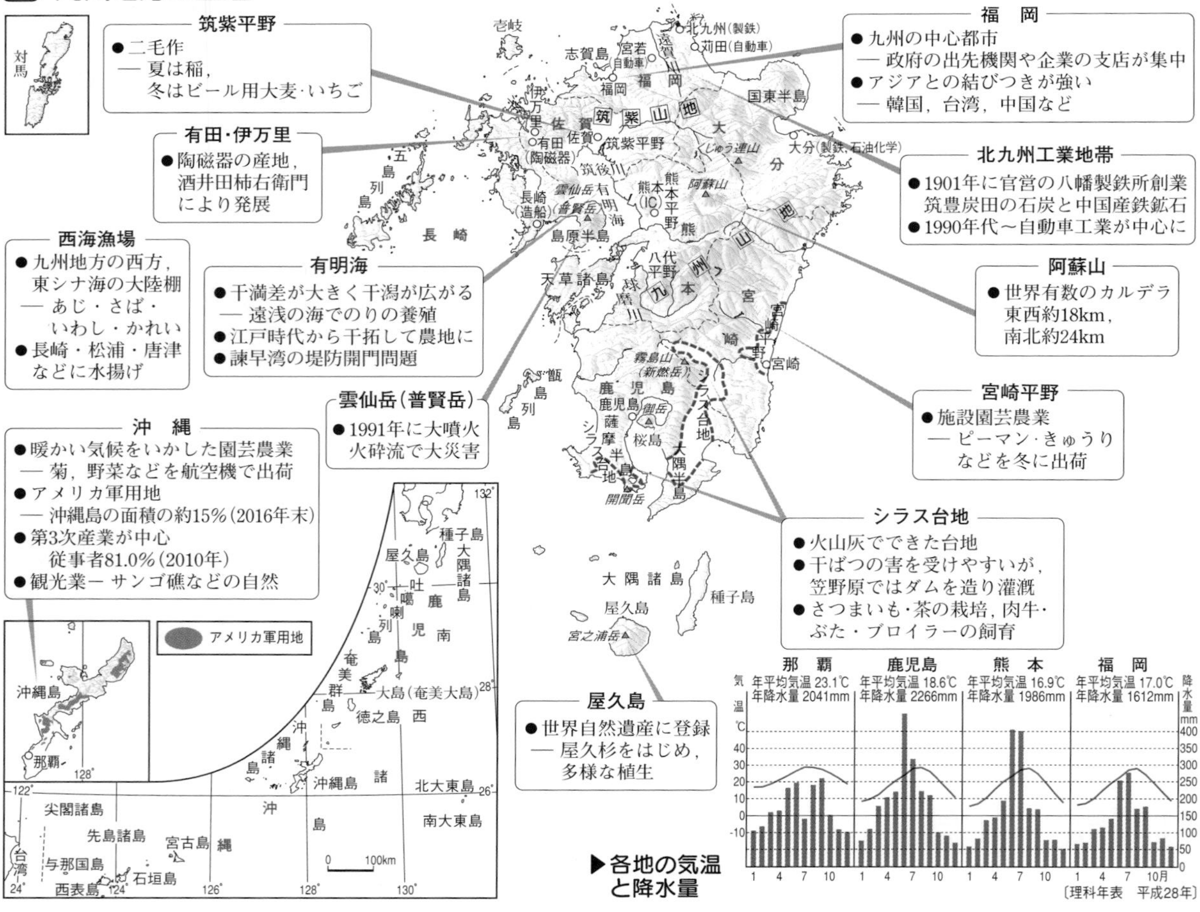

筑紫平野
- 二毛作
  — 夏は稲，冬はビール用大麦・いちご

有田・伊万里
- 陶磁器の産地，酒井田柿右衛門により発展

西海漁場
- 九州地方の西方，東シナ海の大陸棚
  — あじ・さば・いわし・かれい
- 長崎・松浦・唐津などに水揚げ

有明海
- 干満差が大きく干潟が広がる
  — 遠浅の海でのりの養殖
- 江戸時代から干拓して農地に
- 諫早湾の堤防開門問題

雲仙岳(普賢岳)
- 1991年に大噴火　火砕流で大災害

沖　縄
- 暖かい気候をいかした園芸農業
  — 菊，野菜などを航空機で出荷
- アメリカ軍用地
  — 沖縄島の面積の約15%(2016年末)
- 第3次産業が中心
  従事者81.0%(2010年)
- 観光業 — サンゴ礁などの自然

福　岡
- 九州の中心都市
  — 政府の出先機関や企業の支店が集中
- アジアとの結びつきが強い
  — 韓国，台湾，中国など

北九州工業地帯
- 1901年に官営の八幡製鉄所創業　筑豊炭田の石炭と中国産鉄鉱石
- 1990年代〜自動車工業が中心に

阿蘇山
- 世界有数のカルデラ　東西約18km，南北約24km

宮崎平野
- 施設園芸農業
  — ピーマン・きゅうりなどを冬に出荷

シラス台地
- 火山灰でできた台地
- 干ばつの害を受けやすいが，笠野原ではダムを造り灌漑
- さつまいも・茶の栽培，肉牛・ぶた・ブロイラーの飼育

屋久島
- 世界自然遺産に登録
  — 屋久杉をはじめ，多様な植生

対馬　壱岐　北九州(製鉄)　苅田(自動車)　志賀島　宮若(自動車)　福岡　国東半島　伊万里　佐賀　筑紫山地　有田(陶磁器)　筑紫平野　大分(製鉄，石油化学)　五島列島　筑後川　くじゅう連山　大分　長崎(造船)　雲仙岳　普賢岳　有明海　熊本(IC)　熊本平野　阿蘇山　長崎　島原半島　九州山地　八代平野　天草諸島　球磨川　九州山地　宮崎平野　宮崎　霧島山(新燃岳)　甑島列島　鹿児島　鹿児島(御岳)　桜島　薩摩半島　シラス台地　大隅半島　開聞岳　大隅諸島　種子島　屋久島　宮之浦岳

沖縄島　那覇　アメリカ軍用地　種子島　屋久島　大隅諸島　吐噶喇列島　鹿児島　奄美群島　大島(奄美大島)　徳之島　西　沖縄諸島　沖縄島　北大東島　南大東島　尖閣諸島　先島諸島　宮古島　沖縄　与那国島　石垣島　西表島　台湾　0　100km　122°　124°　126°　128°　130°　132°　24°　26°　28°　30°

	那覇	鹿児島	熊本	福岡
年平均気温	23.1℃	18.6℃	16.9℃	17.0℃
年降水量	2041mm	2266mm	1986mm	1612mm

〔理科年表　平成28年〕

▶各地の気温と降水量

2　中国・四国地方

①　中国・四国地方の工業

中国・四国地方 35.3兆円 (2014年)
機械32.8%
8.1
輸送16.0
8.7
食品 8.1
化学28.4
鉄鋼・金属 18.1
5.4
7.2
その他
電気
その他
木材・パルプ
瀬戸内工業地域 31.0兆円 (2014年)
33.2%
6.9
17.7
8.6
7.4
29.8
19.0
4.6
6.0

〔平成26年　工業統計表〕

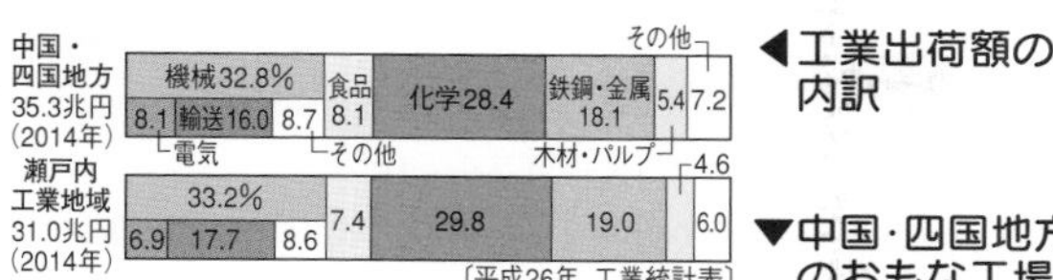

◀工業出荷額の内訳

▼中国・四国地方のおもな工場

松江
米子
鳥取
大田
出雲
津山
勝央
倉敷
岡山
備前
府中
広島
東広島
福山
高松
三原
周南
呉
丸亀
坂出
鳴門
今治
宇部
防府
光
松山
下関
伊予
鉄鋼・金属
機械
化学

海運の便のよい瀬戸内地域では，原材料や製品の重い製鉄業や**石油化学工業**，造船業が多く立地し，日本の高度経済成長を支えた。平野が限られるため，古くから各地に点在した塩田や干拓地を用地にして重化学工業が発達し，広範囲にわたる**瀬戸内工業地域**を形成している。1980年代以降，瀬戸内地域の重化学工業が伸び悩む一方で，中国地方の内陸部に開通した高速道路に沿って工業立地が進み，大阪に比較的近い津山盆地などでは**工業団地**も建設された。

②　中国・四国地方の農業

中国地方 4119億円 (2014年)
米22.8%
野菜19.0
果実 11.0
花き2.9
肉牛 6.9
豚4.8 8.3
畜産41.4
鶏21.1
その他2.9
乳牛
その他0.3
四国地方 3859億円 (2014年)
10.9 %
35.1
18.5
25.0
0.1
5.5
11.5
いも類2.8
4.5
4.0
3.9
3.2

〔平成26年　生産農業所得統計〕

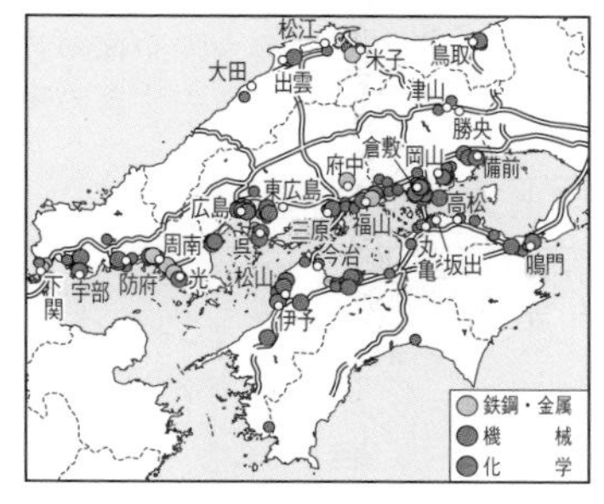

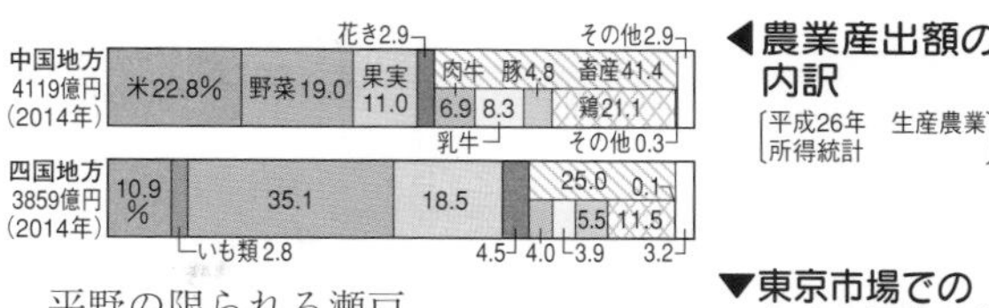

◀農業産出額の内訳

▼東京市場でのなすの入荷時期

t
2000
1500
1000
500
0
高知
群馬
栃木
1 2 3 4 5 6 7 8 9 10 11 12月

〔東京都中央卸売市場資料〕 －2009年－

平野の限られる瀬戸内地域では，江戸時代から**干拓**が進められてきた。なかでも児島湾の干拓は歴史が古く，規模も大きい。一方，丘陵地でも可能な果樹栽培がさかんなことも，この地域の農業の特色である。愛媛県のみかん，岡山県のもも，ぶどうはその代表である。また，降水量が少ないことから，農業用水を確保するための**ため池**が，数多くつくられている。一方，高知平野では温暖な気候をいかした**施設園芸農業**での，なすやきゅうりの生産がさかんで，関東地方などの大消費地が品薄になる冬季に出荷することで利益を得ている。

③　中国・四国地方の整理

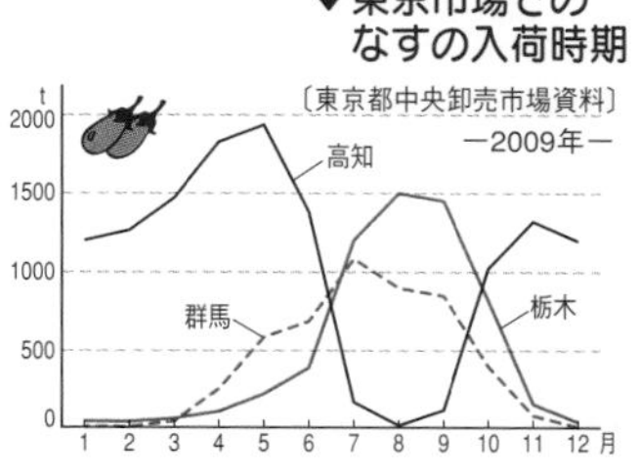

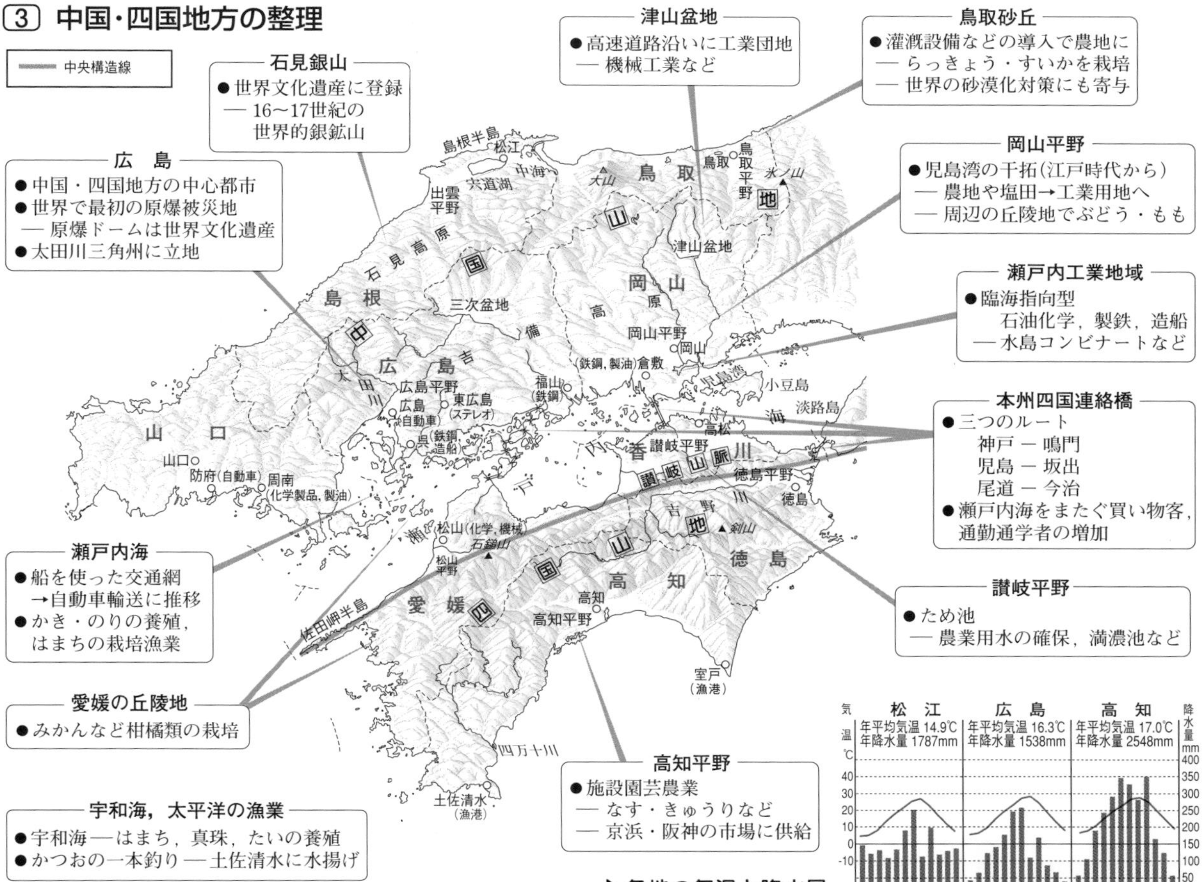

中央構造線
石見銀山
●世界文化遺産に登録
— 16～17世紀の世界的銀鉱山
津山盆地
●高速道路沿いに工業団地
— 機械工業など
鳥取砂丘
●灌漑設備などの導入で農地に
— らっきょう・すいかを栽培
— 世界の砂漠化対策にも寄与
広　島
●中国・四国地方の中心都市
●世界で最初の原爆被災地
— 原爆ドームは世界文化遺産
●太田川三角州に立地
岡山平野
●児島湾の干拓(江戸時代から)
— 農地や塩田→工業用地へ
— 周辺の丘陵地でぶどう・もも
瀬戸内工業地域
●臨海指向型
石油化学，製鉄，造船
— 水島コンビナートなど
本州四国連絡橋
●三つのルート
神戸 — 鳴門
児島 — 坂出
尾道 — 今治
●瀬戸内海をまたぐ買い物客，通勤通学者の増加
瀬戸内海
●船を使った交通網
→自動車輸送に推移
●かき・のりの養殖，はまちの栽培漁業
讃岐平野
●ため池
— 農業用水の確保，満濃池など
愛媛の丘陵地
●みかんなど柑橘類の栽培
高知平野
●施設園芸農業
— なす・きゅうりなど
— 京浜・阪神の市場に供給
宇和海，太平洋の漁業
●宇和海 — はまち，真珠，たいの養殖
●かつおの一本釣り — 土佐清水に水揚げ
島根半島
松江
中海
宍道湖
出雲平野
大山
鳥取
鳥取平野
氷ノ山
鳥取
中国山地
石見高原
島根
三次盆地
津山盆地
岡山
吉備高原
岡山平野
岡山
(鉄鋼,製油)倉敷
児島湾
小豆島
淡路島
広島
太田川
広島平野
広島(自動車)
東広島(ステレオ)
福山(鉄鋼)
呉(鉄鋼,造船)
山口
山口
防府(自動車)
周南(化学製品,製油)
瀬戸内海
高松
香川
讃岐平野
讃岐山脈
徳島平野
徳島
吉野川
剣山
松山(化学,機械)
石鎚山
松山平野
四国山地
愛媛
高知
高知
高知平野
徳島
佐田岬半島
室戸(漁港)
四万十川
土佐清水(漁港)

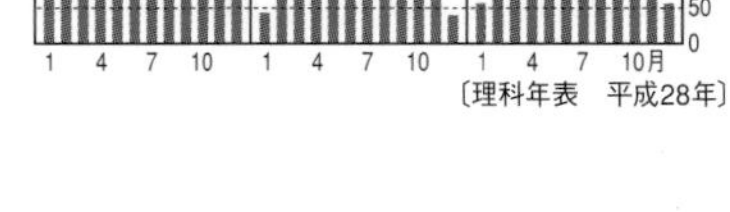

気温℃
松江
年平均気温 14.9℃
年降水量 1787mm
広島
年平均気温 16.3℃
年降水量 1538mm
高知
年平均気温 17.0℃
年降水量 2548mm
降水量mm
40
30
20
10
0
-10
400
350
300
250
200
150
100
50
0
1 4 7 10
1 4 7 10
1 4 7 10月

▶各地の気温と降水量
〔理科年表　平成28年〕

3　近畿地方

①　近畿地方の工業

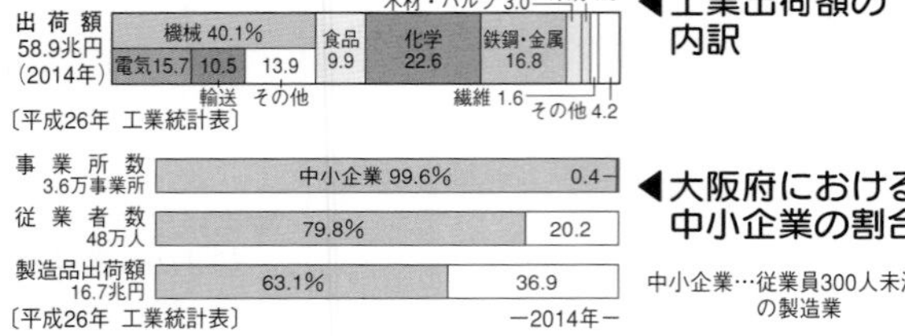

◀工業出荷額の内訳

◀大阪府における中小企業の割合

中小企業…従業員300人未満の製造業

阪神工業地帯は，明治以降，繊維工業や重化学工業があいついで発達し，日本を代表する工業地帯となった。しかし自動車工業や先端技術産業が少なかったため次第に地位が下がり，現在の工業出荷額は中京，京浜工業地帯に次ぐ。**中小工場**が多いことも特徴である。

②　国際貿易港，神戸

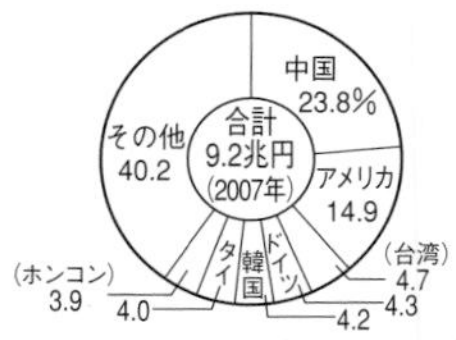

◀神戸港の貿易相手国別輸出入額の割合

神戸港は横浜港とならんで，日本を代表する**国際貿易港**である。1995年の兵庫県南部地震では大きな被害を受けたが，現在は復興している。

③　近畿地方の農業

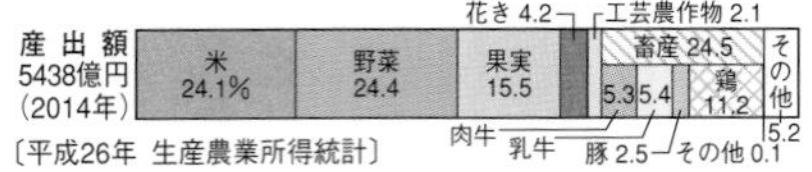

◀農業産出額の内訳

紀伊半島は海岸近くまで山地がせまり，年間を通じて温暖，多雨である。こうした気候や地形をいかし，山の斜面や丘陵地ではみかんや梅の栽培がさかんである。また紀伊山地は，高品質のすぎの産地としても知られる。

④　大阪の問屋街

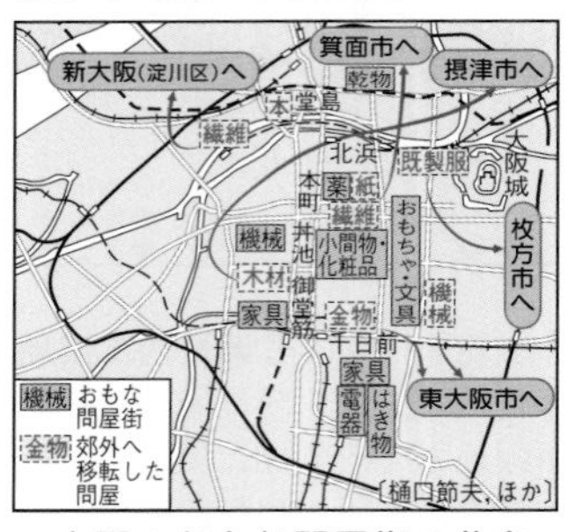

▲大阪のおもな問屋街の分布と問屋の移転

商業の街大阪では古くから**卸売業**がさかんで，大阪環状線の内側に業種別に**問屋街**が形成された。繊維の本町・丼池（どぶいけ），薬品の道修町（どしょうまち），機械工具の立売堀（いたちぼり）などである。

1960年代半ばから，郊外に卸売商業団地がつくられ，多くの問屋が移転している。

⑤　近畿地方の整理

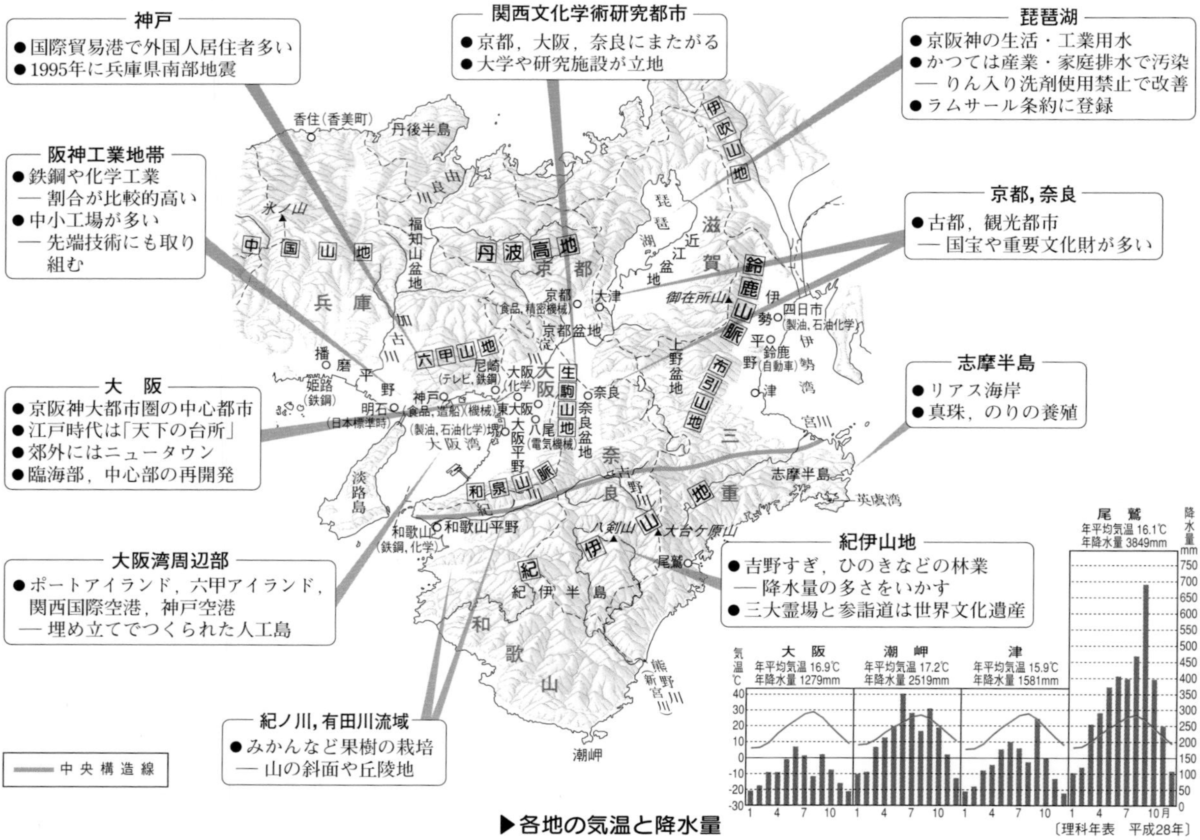

神戸
- 国際貿易港で外国人居住者多い
- 1995年に兵庫県南部地震

関西文化学術研究都市
- 京都，大阪，奈良にまたがる
- 大学や研究施設が立地

琵琶湖
- 京阪神の生活・工業用水
- かつては産業・家庭排水で汚染
  — りん入り洗剤使用禁止で改善
- ラムサール条約に登録

阪神工業地帯
- 鉄鋼や化学工業
  — 割合が比較的高い
- 中小工場が多い
  — 先端技術にも取り組む

京都，奈良
- 古都，観光都市
  — 国宝や重要文化財が多い

志摩半島
- リアス海岸
- 真珠，のりの養殖

大　阪
- 京阪神大都市圏の中心都市
- 江戸時代は「天下の台所」
- 郊外にはニュータウン
- 臨海部，中心部の再開発

大阪湾周辺部
- ポートアイランド，六甲アイランド，関西国際空港，神戸空港
  — 埋め立てでつくられた人工島

紀伊山地
- 吉野すぎ，ひのきなどの林業
  — 降水量の多さをいかす
- 三大霊場と参詣道は世界文化遺産

紀ノ川，有田川流域
- みかんなど果樹の栽培
  — 山の斜面や丘陵地

中央構造線

大阪　年平均気温 16.9℃　年降水量 1279mm
潮岬　年平均気温 17.2℃　年降水量 2519mm
津　年平均気温 15.9℃　年降水量 1581mm
尾鷲　年平均気温 16.1℃　年降水量 3849mm

〔理科年表　平成28年〕

▶各地の気温と降水量

4 中部地方

① 中部地方の工業

参照 p.126③(2)(5)

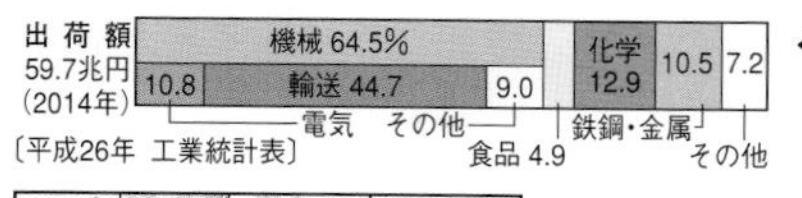

出荷額 59.7兆円 (2014年)
機械 64.5%
輸送 44.7
10.8
電気
9.0
その他
食品 4.9
化学 12.9
鉄鋼・金属
10.5
7.2
その他
〔平成26年 工業統計表〕

◀工業出荷額の内訳（愛知・岐阜・三重）

1928年
長地村
下諏訪町
平野村
諏訪湖
川岸村
湊村
豊田村
中洲村
永明村
朝日村
湖南村
宮川村
500~1000人
300~500人
10~300人
製糸
精密機械
電気機械
精密部品など
2004年
下諏訪町
諏訪湖
諏訪市
岡谷市
中央自動車道
茅野市

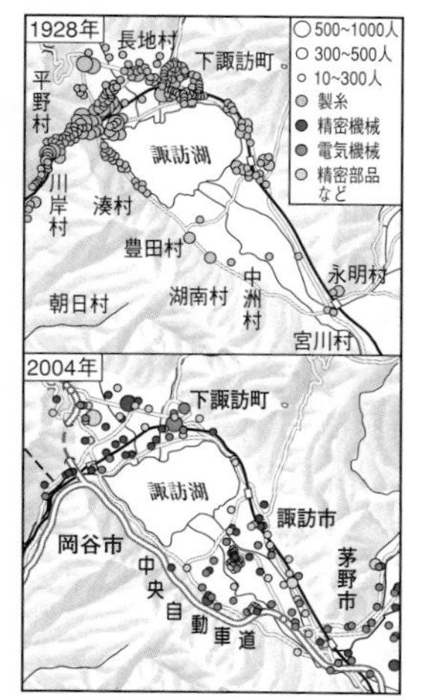

▲諏訪盆地の工業の変化

中京工業地帯は，もともとは**繊維工業**が中心であったが，戦後は**自動車工業**が発展した。トヨタ自動車がある豊田市は，本社や工場，部品を製造する下請け会社が集まる**企業城下町**となっている。

北陸地方では，降雪期の農家の副業がさかんであったことから**地場産業**が発達しており，これらの技術を基盤とした工業の発展がみられる。

また古くから製糸業が立地した諏訪盆地では，戦後に**精密機械工業**が発達した。

② 中部地方の農業

産出額 1.3兆円 (2014年)
米 24.3%
野菜 26.1
果実 12.8
花き 8.2
工芸農作物 2.1
畜産 22.4
豚 5.1
鶏 8.6
その他
肉牛 3.2
乳牛 4.8
その他 0.7
4.1
〔平成26年 生産農業所得統計〕

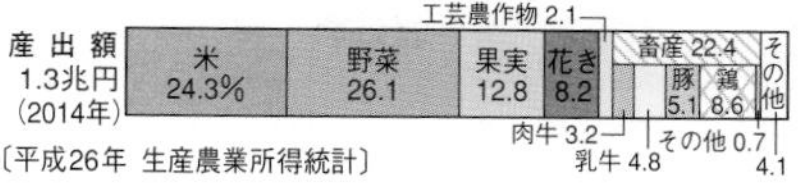

◀農業産出額の内訳

木曽川，長良川，揖斐川が密集して流れる下流域では，かつては洪水被害が多かった。そのため江戸時代に，村の外側を高い堤防で囲む**輪中**とよばれる集落がつくられた。東海地方の平野部では，もともとは稲作がさかんであったが，大都市への交通の便がよくなった現在は**園芸農業**が発達し，価格の高い野菜や果物がつくられている。中央高地ではかつては養蚕がさかんであったが，戦後は**果樹栽培**が急速に増えている。

輪中地域
干拓地域
用水路(幹線)
灌漑地域
愛知用水
濃尾平野
名古屋
長島
矢作川
明治用水
岡崎
豊川用水
安城
知多半島
岡崎平野
伊勢湾
三河湾
豊川
豊橋

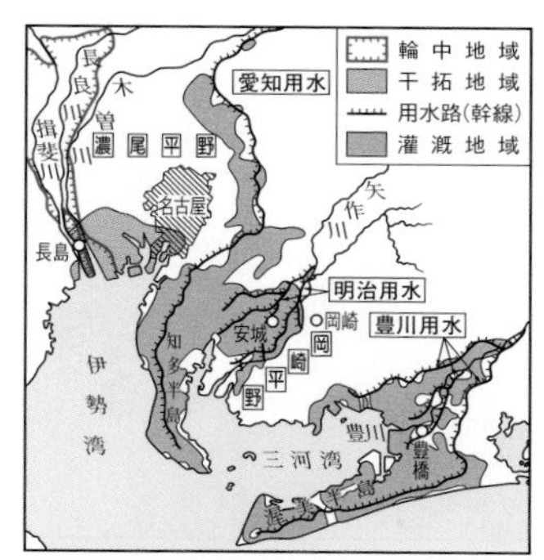

▲輪中地域と灌漑地域

③ 中部地方の整理

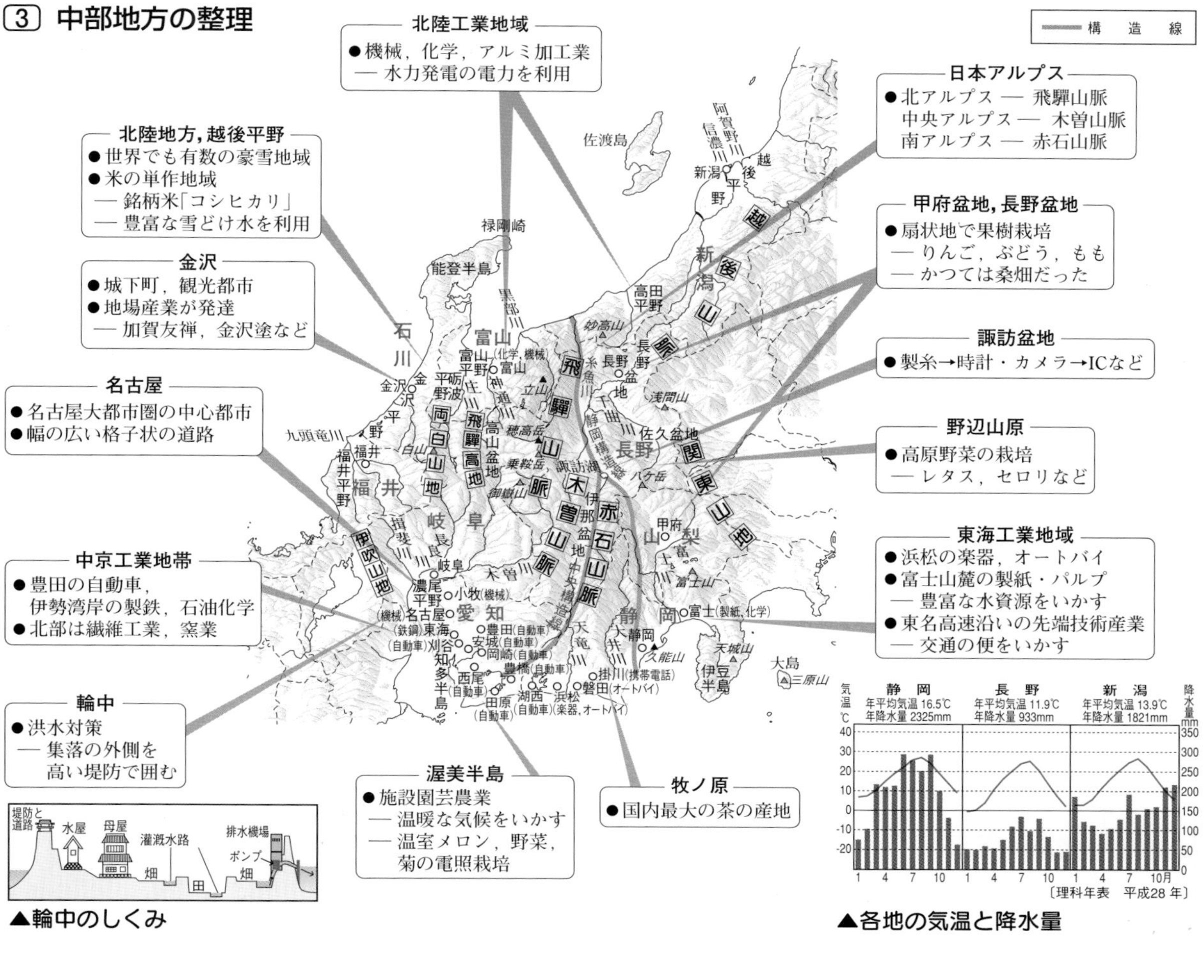

構造線
北陸工業地域
●機械，化学，アルミ加工業
── 水力発電の電力を利用
北陸地方，越後平野
●世界でも有数の豪雪地域
●米の単作地域
── 銘柄米「コシヒカリ」
── 豊富な雪どけ水を利用
金沢
●城下町，観光都市
●地場産業が発達
── 加賀友禅，金沢塗など
名古屋
●名古屋大都市圏の中心都市
●幅の広い格子状の道路
中京工業地帯
●豊田の自動車，伊勢湾岸の製鉄，石油化学
●北部は繊維工業，窯業
輪中
●洪水対策
── 集落の外側を高い堤防で囲む
渥美半島
●施設園芸農業
── 温暖な気候をいかす
── 温室メロン，野菜，菊の電照栽培
牧ノ原
●国内最大の茶の産地
日本アルプス
●北アルプス ── 飛驒山脈
中央アルプス ── 木曽山脈
南アルプス ── 赤石山脈
甲府盆地，長野盆地
●扇状地で果樹栽培
── りんご，ぶどう，もも
── かつては桑畑だった
諏訪盆地
●製糸→時計・カメラ→ICなど
野辺山原
●高原野菜の栽培
── レタス，セロリなど
東海工業地域
●浜松の楽器，オートバイ
●富士山麓の製紙・パルプ
── 豊富な水資源をいかす
●東名高速沿いの先端技術産業
── 交通の便をいかす
佐渡島
新潟
越後平野
新潟
越後山脈
禄剛崎
能登半島
富山
富山平野
石川
金沢
金沢平野
九頭竜川
福井
福井平野
砺波平野
飛驒山脈
両白山地
飛驒高地
高山盆地
岐阜
濃尾平野
伊吹山地
揖斐川
長良川
木曽川
木曽山脈
赤石山脈
伊那盆地
長野
長野盆地
佐久盆地
浅間山
八ケ岳
関東山地
甲府盆地
山梨
富士山
静岡
富士(製紙，化学)
天竜川
大井川
久能山
天城山
伊豆半島
大島
三原山
高田平野
妙高山
立山
穂高岳
乗鞍岳
御嶽山
糸魚川静岡構造線
中央構造線
小牧(機械)
名古屋
東海(鉄鋼)
刈谷(自動車)
豊田(自動車)
安城(自動車)
岡崎
豊橋(自動車)
知多半島
西尾
湖西(自動車)
浜松(楽器，オートバイ)
田原(自動車)
磐田(オートバイ)
掛川(携帯電話)
愛知

堤防と道路
水屋
母屋
灌漑水路
排水機場
ポンプ
畑
田
畑

▲輪中のしくみ

気温 ℃
降水量 mm
静岡 年平均気温 16.5℃ 年降水量 2325mm
長野 年平均気温 11.9℃ 年降水量 933mm
新潟 年平均気温 13.9℃ 年降水量 1821mm
〔理科年表 平成28年〕

▲各地の気温と降水量

5 関東地方

① 関東地方の工業

参照 p.126③(3)

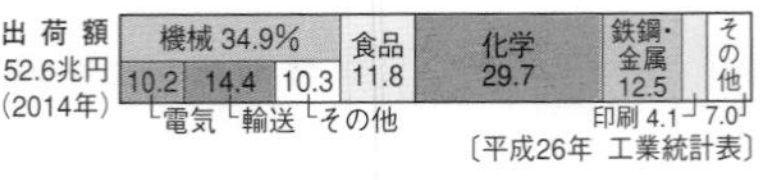

◀工業出荷額の内訳（東京・神奈川・埼玉・千葉）

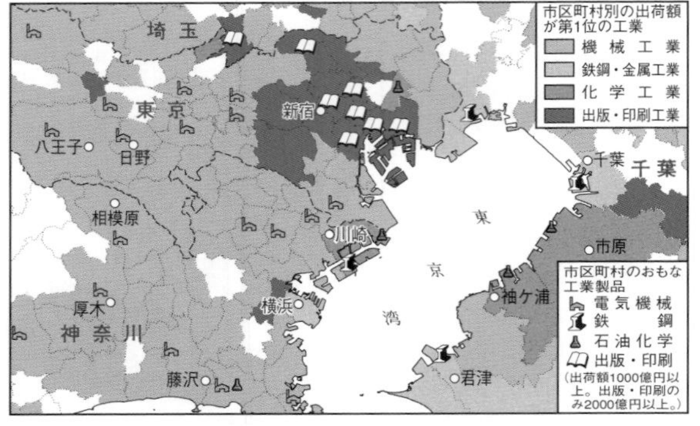

▲京浜工業地帯のおもな工業の分布〔平成13年 工業統計表〕

京浜工業地帯にはさまざまな工業がみられる。なかでも，政治・経済・文化の中心であり，情報が集積する東京23区では，**出版・印刷業**が発達している。また北関東では電気機械，自動車などの工業がさかんである。

② 関東地方の農業

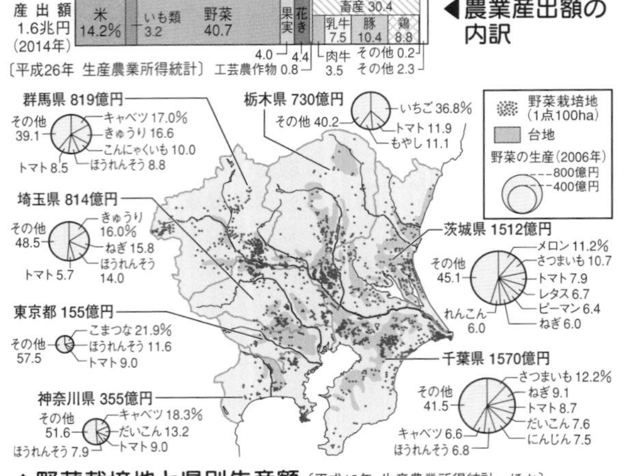

▲野菜栽培地と県別生産額〔平成18年 生産農業所得統計，ほか〕

関東地方は大消費地をもつという条件をいかし，**近郊農業**が発達していて，農業産出額に占める野菜の割合が非常に高い。また，道路網の整備により，群馬県嬬恋村のキャベツなど，外縁部での野菜生産も増えている。

③ 関東地方の整理

関東山地，越後山脈
- 多くのダム
  — 首都圏の人々の水源
- 冬に「からっ風」を吹きおろす

嬬恋村
- 夏～秋にキャベツを出荷
  — 高冷地の気候を利用

北関東
- 電気機械，自動車などの機械工業
  — かつては製糸・絹織物がさかん

京浜工業地帯
- 東京23区に出版・印刷業が集中
- 東京湾沿い — 石油化学，鉄鋼
- 川崎周辺 — 先端技術産業が集積
  — 企業のR＆D（研究開発部門）と熟練技術の職人のいる小規模工場

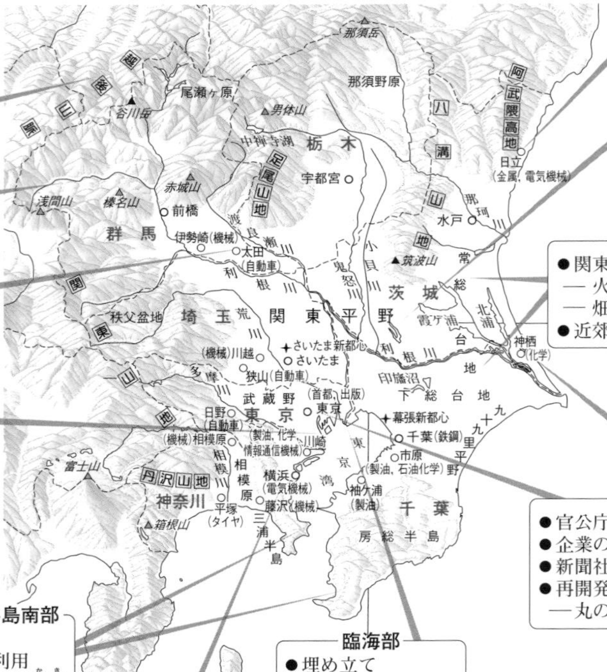

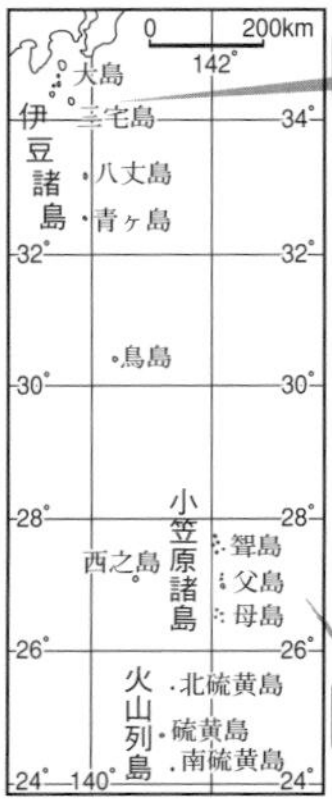

伊豆諸島
- 火山活動が活発

三浦半島・房総半島南部
- 近郊農業
  — 温暖な気候を利用
  — 都市部向け野菜と花卉

横浜
- 国際貿易港
- みなとみらい21
- 郊外の丘陵に港北ニュータウン
  — ニュータウンは，東京の多摩地区にも

小笠原諸島
- 2011年，世界自然遺産に登録

日立
- 電気機械工業

つくば
- 筑波研究学園都市
  — 大学，官庁や企業の研究所が立地
- つくばエクスプレスが東京都心と結ぶ

下総台地，常総台地
- 関東ローム
  — 火山灰が厚く積もった赤い土
  — 畑や市街地に利用
- 近郊農業 — 都市部向けの野菜

鹿嶋
- 1960年代に大規模な掘り込み港を建設
- 石油化学，鉄鋼など

東京都心
- 官公庁，大使館が集中
- 企業の本社，外資系の企業も多い
- 新聞社，放送局，文化施設も集中
- 再開発
  — 丸の内，六本木，秋葉原など

臨海部
- 埋め立て
  — 廃棄物を利用
- 観光
  — 東京ディズニーリゾートなど

▶各地の気温と降水量〔理科年表 平成28年〕

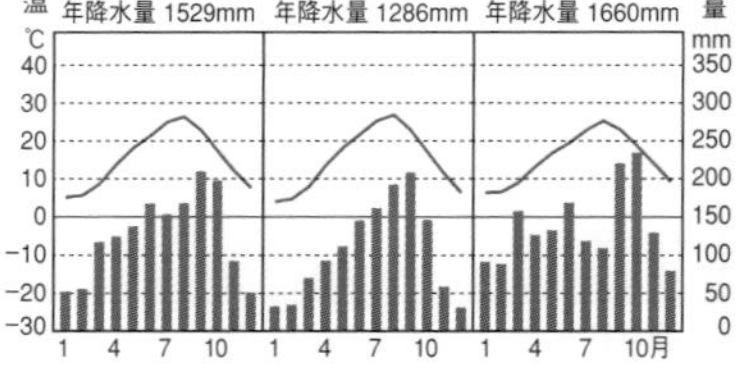

	東京	熊谷	銚子
年平均気温	15.4℃	15.0℃	15.4℃
年降水量	1529mm	1286mm	1660mm

6　東北地方

① 東北地方の工業

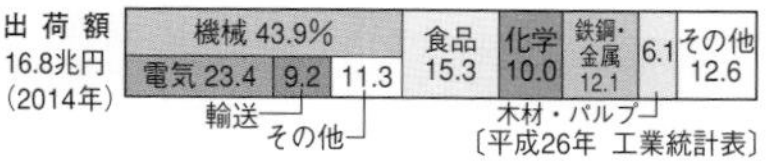

出荷額
16.8兆円
(2014年)
機械 43.9%
電気 23.4
9.2
11.3
輸送
その他
食品 15.3
化学 10.0
鉄鋼・金属 12.1
6.1
その他 12.6
木材・パルプ
〔平成26年 工業統計表〕

◀工業出荷額の内訳

高速道路
有料道路
新幹線
空港
東京から車での所要時間（1999年）
9時間以上
7〜9
5〜7
3〜5
3時間以内
・IC関連工場
青森
六ヶ所
弘前
八戸
秋田
盛岡
岩手
北上
金ケ崎
酒田
鶴岡
新庄
山形
東根
宮城
仙台
石巻
米沢
会津若松
福島
郡山
いわき
〔平成16年 工業統計表，ほか〕

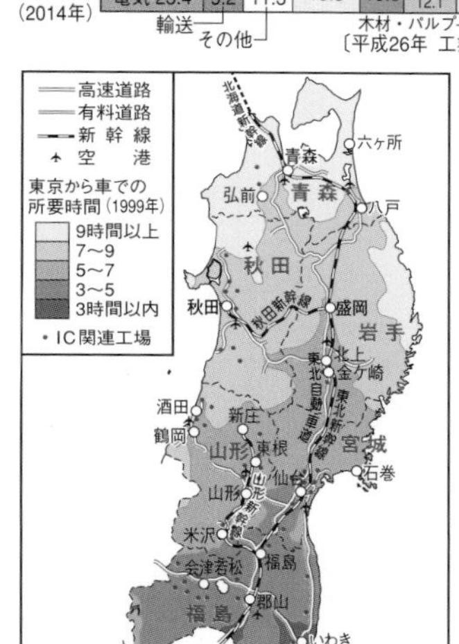

◀IC工場の分布と東京からの所要時間

もともとは工業立地が少なかった東北地方であるが，高速道路の開通によって関東地方との**時間距離**が大幅に短縮されたことから，1980年代以降，電子・電気機器，ICなどの工場が，高速道路沿いを中心に数多く立地するようになった。一方，交通の便が悪く，企業進出が少ない地域では，国や県による開発が進められた。石油備蓄基地や原子燃料サイクル施設が建設された青森県六ヶ所村などがその例である。

② 東北地方の農業

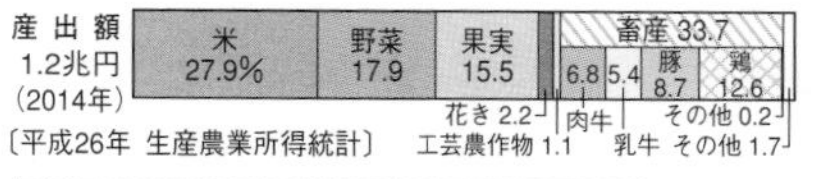

産出額
1.2兆円
(2014年)
米 27.9%
野菜 17.9
果実 15.5
畜産 33.7
6.8
5.4
豚 8.7
鶏 12.6
花き 2.2
肉牛
その他 0.2
工芸農作物 1.1
乳牛
その他 1.7
〔平成26年 生産農業所得統計〕

◀農業産出額の内訳

—2012年—
0　50km
つがるロマン 39
まっしぐら 61%
青森
その他 5
めんこいな 7
ひとめぼれ 9
あきたこまち 79%
秋田
いわてっこ 7
その他 3
あきたこまち 18
ひとめぼれ 72%
岩手
その他 17
つや姫 10
ひとめぼれ 11
はえぬき 62%
山形
まなむすめ 6
その他
ササニシキ 8
宮城
ひとめぼれ 80%
天のつぶ 4
その他 6
福島
ひとめぼれ 24
66% コシヒカリ
〔農林水産省資料〕

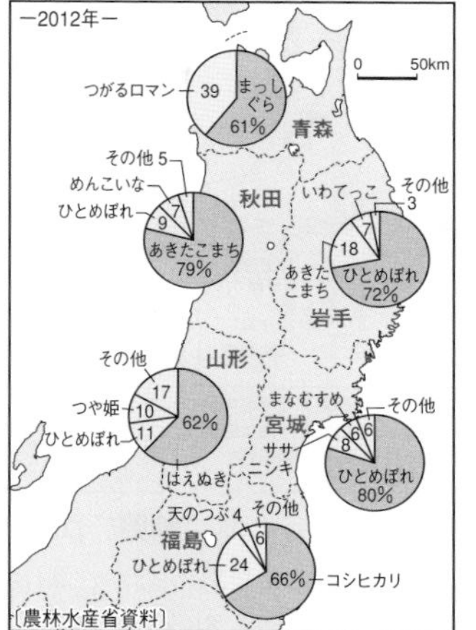

◀東北地方のおもな銘柄米

東北地方は，日本のなかでも米づくりがさかんな地域である。秋田平野・庄内平野・仙台平野は日本有数の稲作地帯となっており，それぞれ「あきたこまち」「はえぬき」「ひとめぼれ」といった**銘柄米**が生産されている。また内陸では**果樹栽培**もさかんである。青森県はりんごの生産量が第1位であり，全国の約半分を占める。そのほか，山形県ではさくらんぼや西洋なしが，福島県ではももが多く生産されている。

③ 東北地方の整理

津軽平野
- りんごの栽培
  — 全国の生産量の約半分

白神山地
- 屋久島とともに，日本初の世界自然遺産
- ぶなの原生林

八郎潟
- 1950〜60年代に干拓で農地に
- 機械化による大規模稲作
  →減反政策実施後は量より質の米づくりに移行

龍飛崎
恐山
下北半島
津軽半島
岩木川
青森
津軽平野
岩木山
八甲田山
白神山地
十和田湖
米代川
北上高地
出羽山地
秋田
八幡平
奥羽山脈
田沢湖
岩手山
男鹿半島
秋田平野
盛岡
早池峰山
雄物川
横手盆地
北上盆地
金ケ崎(自動車，IC)
鳥海山
栗駒山
三陸海岸
庄内平野
最上川
新庄盆地
月山
山形盆地
宮城
仙台平野
北上川
朝日山地
山形(電機)
蔵王山
仙台(電機，製油)
牡鹿半島
米沢盆地
阿武隈川
福島盆地
福島(電機)
裏磐梯高原
磐梯山
会津盆地
越後山脈
猪苗代湖
郡山(食品，電気機械)
郡山盆地
阿武隈高地
燧ケ岳
いわき(化学，電機)

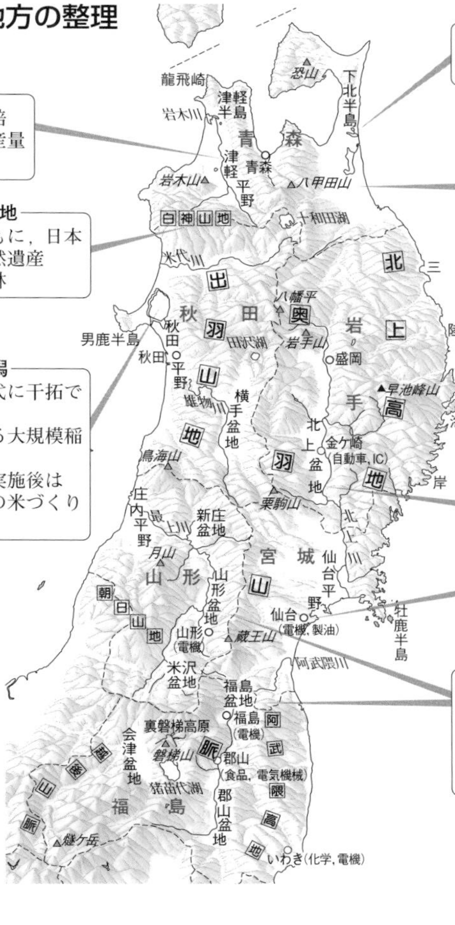

六ヶ所
- 原子燃料サイクル施設，石油備蓄基地

北部の太平洋岸
- やませ
  — 初夏に吹く北東の冷たい風，冷害をもたらす
  →「ひとめぼれ」など耐寒品種を開発

三陸海岸
- リアス海岸
  — かきなどの養殖
  — 気仙沼，女川などの漁港

平泉
- 2011年，世界文化遺産に登録

仙台
- 東北地方の中心都市
- 「杜の都」

山形盆地，福島盆地
- 果樹栽培
  — 山麓や丘陵の斜面，扇状地などを利用
  — 山形のさくらんぼ，福島のももなど

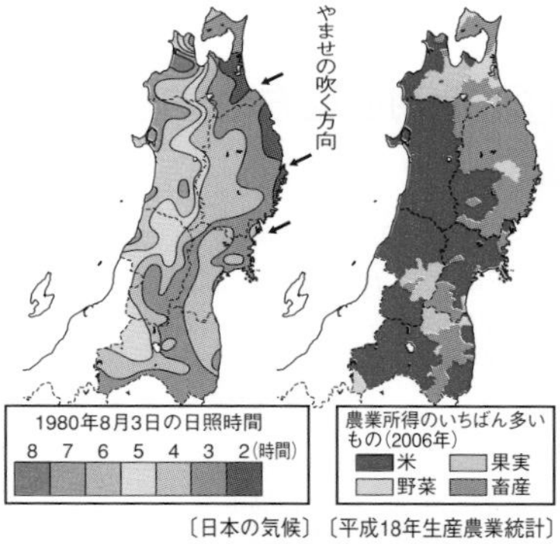

やませの吹く方向
1980年8月3日の日照時間
8 7 6 5 4 3 2(時間)
農業所得のいちばん多いもの(2006年)
米
果実
野菜
畜産
〔日本の気候〕〔平成18年生産農業統計〕

▲やませ発生時の日照時間（左）と土地利用の特色（右）

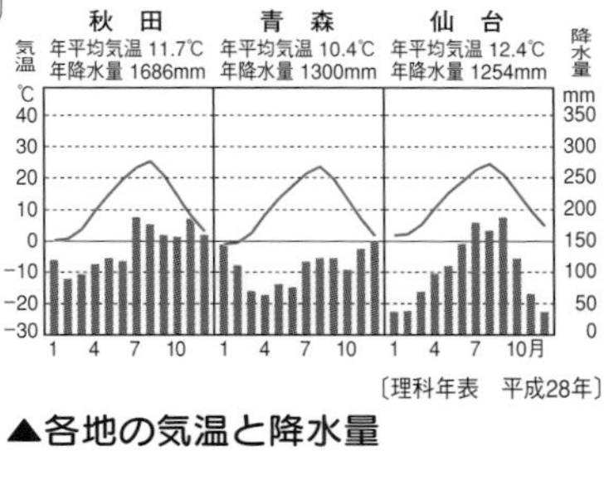

秋田
年平均気温 11.7℃
年降水量 1686mm
青森
年平均気温 10.4℃
年降水量 1300mm
仙台
年平均気温 12.4℃
年降水量 1254mm
気温 ℃
降水量 mm
〔理科年表 平成28年〕

▲各地の気温と降水量

7 北海道地方

① 北海道の開拓

稚内
ヤムワッカナイ（冷たい水の川）
礼文
レブンシリ（沖の島）
モベッ（静かな川）
紋別
サルオマペッ（湿原にある川）
シルエトク（大地の先）
知床
富山県（明治27年）
奈良県（明治22年）
徳島県（明治12年）
香川県（明治30年）
宮城県（明治元年）
愛知県（明治11年）
名寄
佐呂間
網走
留萌
沼田
旭川
北見
新十津川
小樽
岩見沢
根室
仁木
帯広
池田
釧路
北広島
札幌
占冠
福井県（明治29年）
シモカプ（はなはだ静かで平和な上流の場所）
京極
伊達
苫小牧
広島県（明治17年）
雲
室蘭
えりも
エンルム（岬）
モルエラニ（小さい下り道）
トマクオマナイ（沼の奥にある川）
函館
江差
エサウシイ（頭を浜に出しているもの）
サッポロペッ（かわいた大きい川）
開拓の進展
1867年まで（江戸時代）
1868～1887年（明治1～20）
1888～1907年（明治21～40）
アイヌ語に由来する地名の例
※ はアイヌ語，( )内は語義
本州からの移住・開拓民の出身県と移住年
屯田兵村

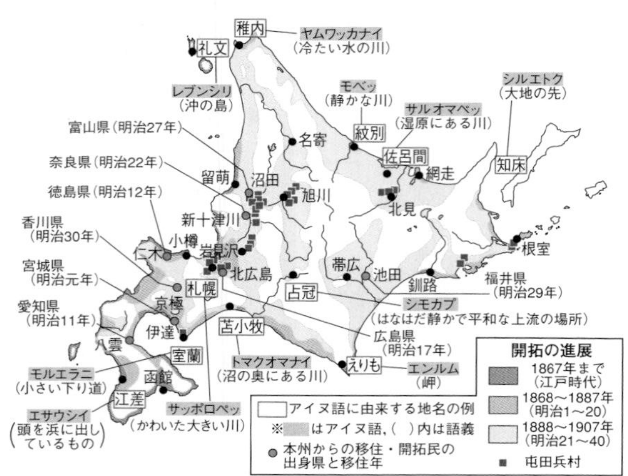

▲北海道の開拓と地名の由来 参照 p.168

北海道はもともと**アイヌ**が住む地域であったが，明治時代以降進められた開拓によって，アイヌの土地は奪われ，伝統文化も次第に失われた。北海道の地名にはアイヌ語に由来するものが多い。たとえば苫小牧は「トマクオマナイ」(沼の奥にある川)に由来する。また，新十津川(奈良県十津川村出身者による)や北広島(広島県出身者による)など，移住者によってつけられた地名もみられる。

② 北海道の産業

工業出荷額 6.7兆円（2014年）
11.1%
5.2
機械
その他 2.2
食品 33.1
化学 28.5
鉄鋼・金属 12.6
木材・パルプ 9.2
その他 5.5
電気 3.7
輸送
いも類
工芸農作物 3.8
4.3
農業産出額 1.1兆円（2014年）
米 9.9%
5.9
野菜＊ 19.0
肉牛 8.1
畜産 54.3
乳牛 35.5
豚 4.1
鶏 3.3
その他
麦類 1.7
花き 1.1
＊メロンなど果菜類を含む
その他 3.3

◀工業出荷額，農業産出額の内訳
〔平成26年 工業統計表，ほか〕

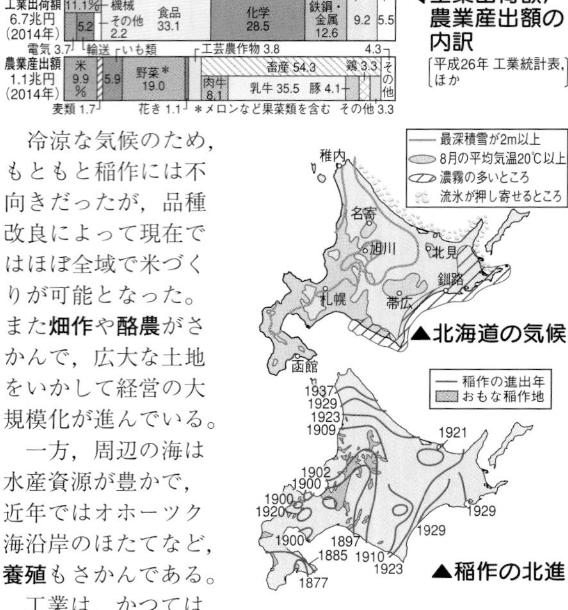

冷涼な気候のため，もともと稲作には不向きだったが，品種改良によって現在ではほぼ全域で米づくりが可能となった。また**畑作**や**酪農**がさかんで，広大な土地をいかして経営の大規模化が進んでいる。

一方，周辺の海は水産資源が豊かで，近年ではオホーツク海沿岸のほたてなど，**養殖**もさかんである。

工業は，かつては石狩炭田を利用した室蘭の製鉄業のほか，地元の原材料を用いた**製紙工業**や**食品工業**などが発達した。

最深積雪が2m以上
8月の平均気温20℃以上
濃霧の多いところ
流氷が押し寄せるところ
稚内
名寄
旭川
北見
釧路
札幌
帯広
函館

▲北海道の気候

稲作の進出年
おもな稲作地
1937
1929
1923
1909
1921
1902
1900
1900
1920
1929
1929
1900
1897
1885
1910
1923
1877

▲稲作の北進

③ 北海道地方の整理

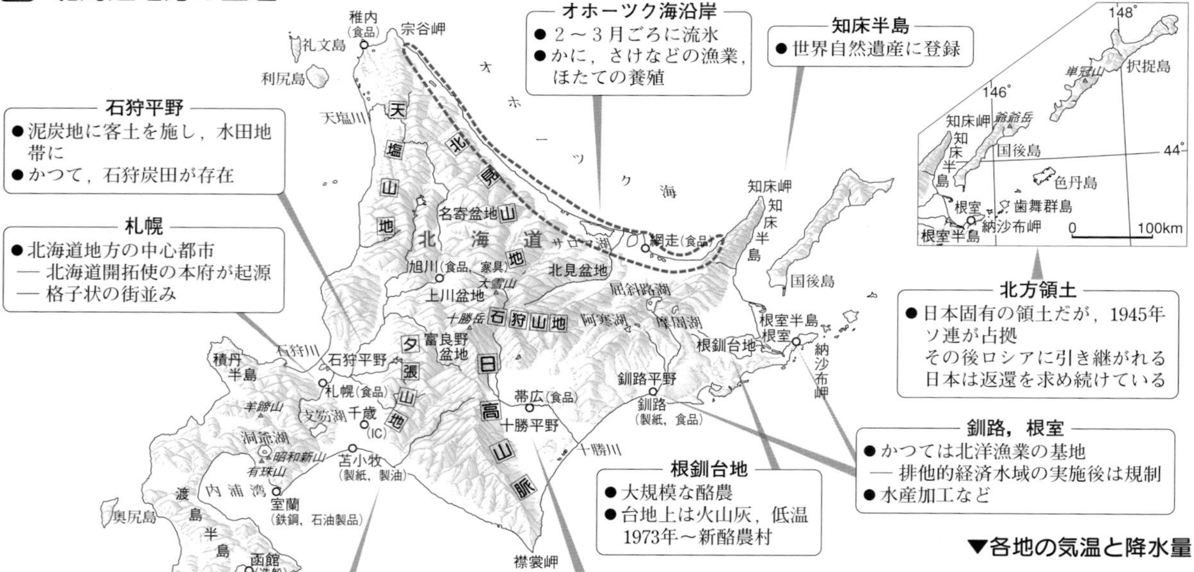

稚内（食品）
宗谷岬
礼文島
利尻島
天塩川
天塩山地
北見山地
名寄盆地
北海道
旭川（食品，家具）
上川盆地
大雪山
北見盆地
網走（食品）
サロマ湖
オホーツク海
知床岬
知床半島
国後島
屈斜路湖
阿寒湖
摩周湖
十勝岳
石狩山地
夕張山地
富良野盆地
日高山脈
根室半島
根室
根釧台地
納沙布岬
釧路平野
釧路（製紙，食品）
帯広（食品）
十勝平野
十勝川
襟裳岬
石狩川
石狩平野
積丹半島
札幌（食品）
支笏湖
千歳（IC）
羊蹄山
洞爺湖
昭和新山
有珠山
苫小牧（製紙，製油）
内浦湾
室蘭（鉄鋼，石油製品）
渡島半島
奥尻島
函館（造船）
松前半島
148°
146°
44°
択捉島
単冠山
知床岬
羅臼岳
国後島
色丹島
根室
歯舞群島
納沙布岬
根室半島
0 100km
石狩平野
●泥炭地に客土を施し，水田地帯に
●かつて，石狩炭田が存在
札幌
●北海道地方の中心都市
― 北海道開拓使の本府が起源
― 格子状の街並み
オホーツク海沿岸
●2～3月ごろに流氷
●かに，さけなどの漁業，ほたての養殖
知床半島
●世界自然遺産に登録
北方領土
●日本固有の領土だが，1945年ソ連が占拠
その後ロシアに引き継がれる
日本は返還を求め続けている
釧路，根室
●かつては北洋漁業の基地
― 排他的経済水域の実施後は規制
●水産加工など
根釧台地
●大規模な酪農
●台地上は火山灰，低温
1973年～新酪農村
十勝平野
●広い経営面積と機械化農業
― 農家1戸あたり約30ha
全国平均の20倍以上
●じゃがいも・小麦・てんさい・とうもろこしや，あずき・大豆の輪作
苫小牧
●海の玄関
― 貨物の船舶輸送

▼各地の気温と降水量

函館 年平均気温 9.1℃ 年降水量 1152 mm
札幌 年平均気温 8.9℃ 年降水量 1107 mm
旭川 年平均気温 6.9℃ 年降水量 1042 mm
釧路 年平均気温 6.2℃ 年降水量 1043 mm
気温 ℃
降水量 mm
40 30 20 10 0 −10 −20
350 300 250 200 150 100 50 0
1 4 7 10 1 4 7 10 1 4 7 10 1 4 7 10月

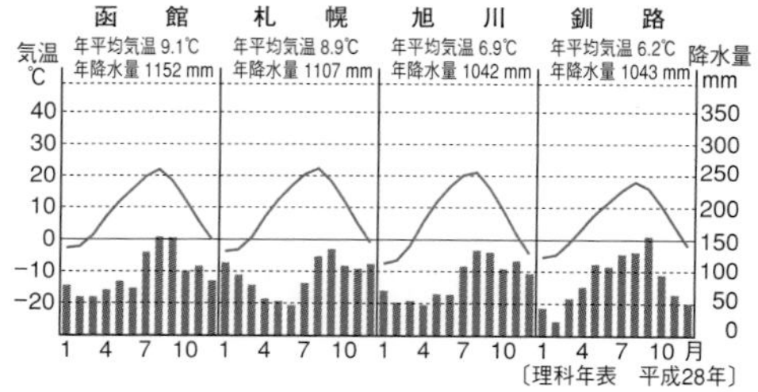

〔理科年表 平成28年〕

8 日本の整理

1 旧国名と国境

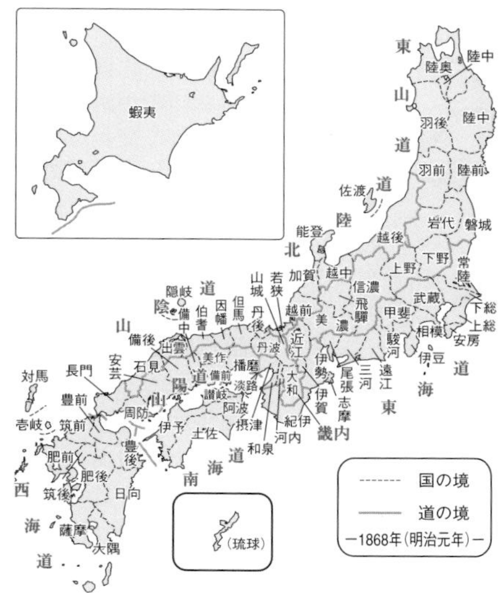

2 地方別の割合

	九州	中国・四国	近畿	中部	関東	東北	北海道
面積 38万km²（2015年）	11.8%	13.4	8.8	17.7	8.6	17.7	22.0
人口 1.3億人（2016年）	11.4%	8.9	17.7	16.9	33.8	7.1	4.2
農業産出額 8.9兆円（2015年）	20.8%	9.6	6.5	15.3	19.5	14.9	13.4
工業出荷額 307兆円（2014年）	7.5%	11.4	19.2	27.9	26.3	5.5	2.2

参照 p.188～189

参照 p.96～99

参照 p.163～165

〔住民基本台帳人口要覧2016，ほか〕

3 都道府県別・業種別の工業製品出荷額

―2014年―（単位は億円）
赤字は1位から3位までの数値を示す。

都道府県名	製造品全出荷額①	食料品・飲料・たばこ・飼料	繊維②	パルプ紙・紙加工品	化学③	窯業・土石製品	鉄鋼	非鉄金属	金属製品	一般機械器具④	電気機械器具⑤	輸送用機械器具
1970年	69.0兆円	71,506	53,466	22,696	80,982	24,697	65,648	30,547	37,277	68,028	73,305	72,758
1980年	214.7兆円	225,126	111,320	67,993	356,644	83,645	178,956	81,186	106,465	175,998	222,346	249,536
1990年	327.1兆円	334,230	129,081	88,732	461,526	108,577	183,131	78,526	191,197	337,110	546,668	469,497
2000年	303.6兆円	351,146	68,364	79,858	470,007	89,787	119,630	62,189	155,868	304,132	595,817	444,474
全国計	307.0兆円	357,123	39,588	70,067	617,521	74,197	192,475	94,483	142,010	340,342	395,566	601,229
北海道	67,435	22,318	285	4,127	19,211	1,867	5,581	202	2,722	1,410	•2,521	3,534
青森	16,031	4,228	219	924	•615	474	1,213	•3,392	431	•1,647	•2,110	288
岩手	22,843	3,587	255	818	•1,181	1,058	959	152	886	3,377	•3,295	5,695
宮城	39,880	6,448	202	1,905	•2,342	1,258	1,894	672	1,793	3,295	7,324	3,661
秋田	12,249	1,186	406	460	•1,195	511	235	•525	636	1,599	3,685	619
山形	26,237	3,479	529	220	3,050	851	330	537	908	3,343	9,119	1,262
福島	51,247	6,823	551	1,595	8,523	2,118	1,046	2,151	2,702	5,763	13,896	4,010
茨城	114,481	18,063	574	2,182	•24,334	3,426	9,246	6,650	7,743	20,525	•11,988	4,334
栃木	83,264	14,401	594	2,388	•12,414	1,707	2,393	3,596	4,206	9,757	•13,266	15,852
群馬	84,204	11,704	599	794	11,004	973	2,667	1,270	3,986	9,531	7,041	31,592
埼玉	125,104	18,206	952	4,265	24,064	2,742	3,359	6,038	7,163	13,101	11,079	22,059
千葉	139,232	17,181	244	1,045	•70,447	2,745	18,405	2,219	5,860	8,719	•5,528	1,294
東京	83,550	8,443	748	1,441	6,205	1,729	1,626	835	3,130	8,424	20,229	15,535
神奈川	178,044	18,394	411	1,998	•55,253	3,119	7,306	3,482	6,567	23,459	17,022	36,888
新潟	46,792	8,071	768	2,223	8,236	1,119	2,212	949	5,331	7,104	6,899	1,776
富山	35,869	2,100	750	1,384	•8,448	852	1,888	4,004	3,625	5,404	•3,644	1,399
石川	26,318	1,688	2,071	233	•2,157	695	498	408	1,386	7,867	•5,915	1,314
福井	19,128	635	2,451	472	4,217	450	292	1,406	854	1,198	•4,359	1,246
山梨	21,488	3,013	376	215	•1,490	566	100	391	874	5,052	7,326	1,036
長野	54,968	6,549	172	800	3,252	1,232	538	1,098	2,672	12,237	19,791	3,716
岐阜	51,501	4,099	1,494	2,030	7,963	3,760	2,114	865	4,497	7,545	4,758	9,008
静岡	161,289	23,925	1,001	7,653	•23,382	1,794	2,346	5,713	5,382	12,663	•28,049	42,303
愛知	439,899	20,553	4,388	4,093	40,772	7,691	25,618	5,648	14,371	38,809	32,911	235,169
三重	105,761	4,903	536	887	28,327	2,460	1,245	4,431	3,791	7,461	26,834	22,711
滋賀	68,326	3,348	2,027	1,150	•15,740	3,455	993	1,616	3,586	11,618	•12,321	9,233
京都	48,768	10,919	1,164	1,158	3,758	1,794	784	807	1,701	7,835	7,892	5,182
大阪	167,336	14,287	3,227	3,422	45,321	2,280	14,914	7,631	14,434	23,970	16,103	11,741
兵庫	149,600	20,270	1,213	2,834	25,108	3,112	20,144	2,934	7,877	23,651	26,482	10,864
奈良	19,132	2,382	746	572	•3,213	311	350	271	1,301	3,272	•2,734	1,966
和歌山	30,115	2,129	724	348	11,435	523	8,903	•296	834	3,545	•334	179
鳥取	6,846	1,659	178	841	•256	107	•164	x	357	280	•2,369	197
島根	10,662	827	345	297	•385	386	1,732	191	363	•1,411	3,136	744
岡山	82,784	6,366	2,354	833	•33,672	2,138	10,974	742	2,267	5,186	•6,012	9,213
広島	96,043	6,853	1,065	1,060	•10,093	1,248	14,953	3,033	3,132	13,635	10,080	27,315
山口	65,309	2,734	726	1,026	•33,510	2,066	6,363	•1,119	1,770	2,399	•1,542	11,038
徳島	17,924	1,912	285	1,181	•6,359	212	•369	•0	725	1,227	•1,143	150
香川	23,875	3,446	509	1,250	4,088	718	485	3,797	1,563	2,330	2,014	2,357
愛媛	41,559	3,577	1,847	5,677	10,904	420	1,106	6,866	670	•3,294	•1,687	4,729
高知	5,341	913	173	584	•195	579	388	•0	147	•893	•334	277
福岡	84,762	14,020	479	806	•10,970	4,131	9,056	1,189	4,913	5,298	•5,352	24,188
佐賀	17,448	3,633	204	735	•2,666	487	409	•582	995	•880	3,364	2,009
長崎	15,728	2,866	255	67	•272	437	352	•0	575	2,725	•4,140	3,678
熊本	24,896	4,537	278	888	•3,500	688	590	•374	1,450	2,729	•4,739	3,884
大分	45,692	2,782	178	295	14,735	1,245	5,748	•5,745	592	3,231	•5,051	5,432
宮崎	15,384	4,785	846	419	•3,174	378	242	33	371	930	2,905	392
鹿児島	19,342	10,669	148	418	•461	1,713	51	•287	491	666	•3,661	141
沖縄	6,397	2,214	42	55	•2,406	570	293	x	379	•47	•47	19

①その他も含む　②衣類・その他の繊維製品（化学繊維を含む）を含む　③石油製品・石炭製品・ゴム製品・プラスチック製品を含む（ただし，1980年以前はプラスチック製品を含まず）　④2008年より「はん用機械」「生産用機械」「業務用機械」に細分化　⑤電気機械器具・情報通信機械器具・電子部品・デバイス　xは数値が秘匿されている　•は秘匿を含む数値
〔平成26年　工業統計表（産業編）〕

4 都道府県別の農産物収穫量・畜産飼養頭数

―2015年（*1は2016年，*2は2011年，*3は2009年）―〔農林水産省統計表，ほか〕

	米（千t）	*1 小麦（千t）	*1 大麦（千t）	じゃがいも（千t）	さつまいも（千t）	大豆（千t）	野菜（産出額）（億円）	だいこん（千t）	キャベツ（千t）	きゅうり（千t）	トマト（千t）	果実（産出額）（億円）	りんご（千t）	みかん（千t）	ぶどう（千t）	荒茶（千t）	畜産（産出額）（億円）	*1 乳牛（千頭）	*1 肉牛（千頭）	*1 豚（千頭）	*1 採卵鶏（万羽）	*1 ブロイラー（万羽）	生乳（千t）
1980年	9,751	583	332	3,421	1,317	174	19,037	2,689	1,545	1,018	1,014	6,916	960	2,892	323	102.3	32,187	2,091	2,157	9,998	16,472	13,125	6,504
1990年	10,499	952	346	3,552	1,402	220	25,880	2,336	1,544	931	767	10,451	1,053	1,653	276	89.9	31,303	2,058	2,702	11,817	18,741	15,045	8,189
2000年	9,490	688	214	2,899	1,073	235	21,139	1,876	1,449	767	806	8,107	800	1,143	238	84.7	24,596	1,764	2,823	9,806	17,847	10,841	8,497
2010年	8,483	568	162	2,290	864	223	22,485	1,496	1,359	588	691	7,497	787	786	185	85.0	26,475	1,484	2,892	*2 9,768	*2 17,592	*3 10,714	7,720
全国	7,989	778	169	2,406	814	243	23,916	1,434	1,469	550	727	7,838	812	778	181	79.5	31,631	1,345	2,479	9,313	17,335	13,440	7,379
1位	新潟 619	北海道 514	栃木 38	北海道 1,907	鹿児島 295	北海道 86	北海道 2,224	北海道 177	愛知 262	宮崎 61	熊本 126	青森 857	青森 470	和歌山 160	山梨 41	静岡 31.8	北海道 6,512	北海道 786	北海道 513	鹿児島 1,263	茨城 1,284	宮崎 2,744	北海道 3,871
2位	北海道 603	福岡 44	佐賀 25	長崎 93	茨城 166	宮城 18	茨城 1,890	千葉 157	群馬 244	群馬 50	北海道 62	山形 673	長野 157	愛媛 121	長野 28	鹿児島 22.7	鹿児島 2,837	栃木 53	鹿児島 319	宮崎 835	千葉 1,281	鹿児島 2,684	栃木 326
3位	秋田 522	佐賀 27	福井 16	鹿児島 76	千葉 105	佐賀 14	千葉 1,749	青森 133	千葉 133	福島 41	茨城 47	和歌山 627	山形 51	静岡 101	山形 18	三重 6.8	宮崎 2,094	岩手 44	宮崎 244	千葉 673	鹿児島 1,052	岩手 2,179	熊本 253
4位	山形 401	群馬 24	福岡 15	茨城 45	宮崎 85	秋田 13	熊本 1,273	鹿児島 98	茨城 106	埼玉 41	千葉 43	長野 558	岩手 49	熊本 75	岡山 16	宮崎 3.6	岩手 1,483	熊本 43	熊本 125	群馬 629	岡山 1,007	青森 712	群馬 251
5位	福島 365	愛知 24	富山 11	千葉 27	徳島 26	福岡 12	群馬 1,035	宮崎 92	神奈川 75	千葉 35	愛知 41	愛媛 497	福島 26	長崎 54	福岡 8	京都 3.2	千葉 1,350	群馬 36	岩手 90	北海道 608	愛知 887	北海道 464	千葉 217
6位	宮城 365	埼玉 19	茨城 8	長野 23	熊本 24	新潟 10	愛知 1,012	神奈川 89	鹿児島 71	茨城 27	栃木 36	山梨 484	秋田 23	佐賀 45	北海道 7	福岡 1.9	茨城 1,290	千葉 32	栃木 81	茨城 558	広島 885	徳島 429	岩手 216
7位	茨城 357	滋賀 17	北海道 7	福島 20	静岡 11	富山 10	埼玉 1,003	茨城 64	長野 64	高知 24	岐阜 25	静岡 304	群馬 9	広島 32	大阪 5	奈良 1.7	熊本 1,115	愛知 26	宮城 81	岩手 432	群馬 770	佐賀 381	愛知 183
8位	栃木 310	三重 15	群馬 7	青森 18	–	滋賀 10	長野 889	長崎 57	北海道 57	北海道 15	福島 25	福島 264	北海道 8	愛知 26	愛知 4	佐賀 1.2	群馬 1,098	茨城 24	長崎 76	栃木 395	新潟 697	熊本 320	茨城 160
9位	千葉 307	茨城 15	岡山 6	宮崎 14	–	山形 8	栃木 883	新潟 45	熊本 42	山形 15	群馬 22	熊本 263	宮城 4	神奈川 23	青森 4	熊本 1.1	栃木 1,055	宮城 20	沖縄 71	青森 362	北海道 679	鳥取 256	宮城 120
10位	岩手 288	熊本 13	石川 4	埼玉 13	–	青森 7	福岡 801	群馬 33	兵庫 30	岩手15 長野15	長野 21	福岡 244	岐阜 2	福岡 23	広島 3	愛知 0.9	愛知 923	長野 16	群馬 59	愛知 333	青森 659	兵庫 251	長野 106

1 地球上の位置と時差

① 地球上の位置の求め方

（1）緯度と経度

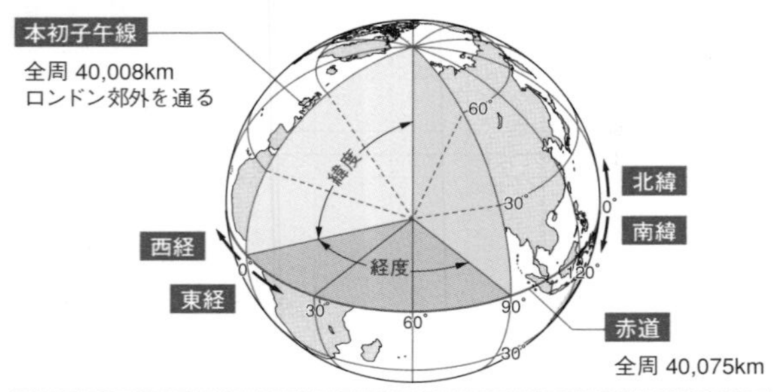

緯線	地球を赤道面に平行に切ったときにできる地表上の線。
経線	地軸を含む平面で切ったときにできる地表上の線。**子午線**ということもある。
北緯 南緯	**赤道**を緯度0度として，南北それぞれを90度に分け，北を北緯，南を南緯という。
西経 東経	**本初子午線**を経度0度とし，東西をそれぞれ180度に分け，東を東経，西を西経という。

（2）方位

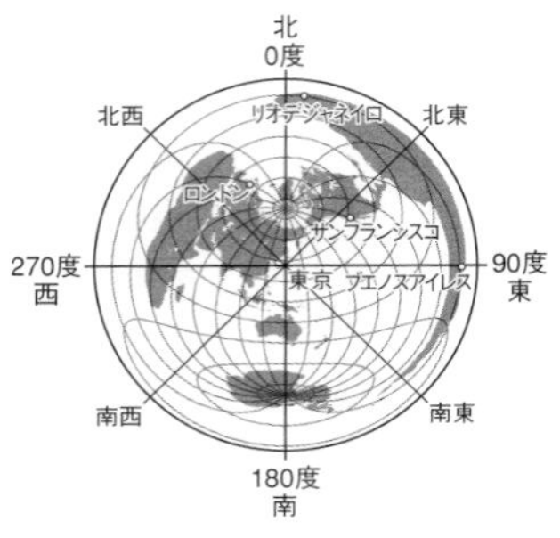

方位は，北極と南極を結ぶ経線が南北，それと直角に交わる大円が東西を示す。そのため，東京を真東に進むとブエノスアイレスにたどり着く。

◀**東京を中心にした正距方位図法**

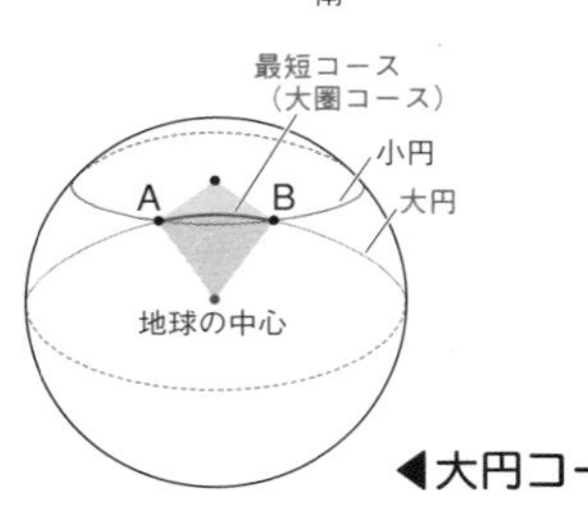

◀**大円コース**

地球の中心点を通る平面で切ったときの切り口が大円である。地球上の2地点間の最短コースは必ず大円の円周上にある。これは**大円コース**（大圏コース）とよばれる。

② 等時帯

〔WorldTimeZone.com資料，ほか〕

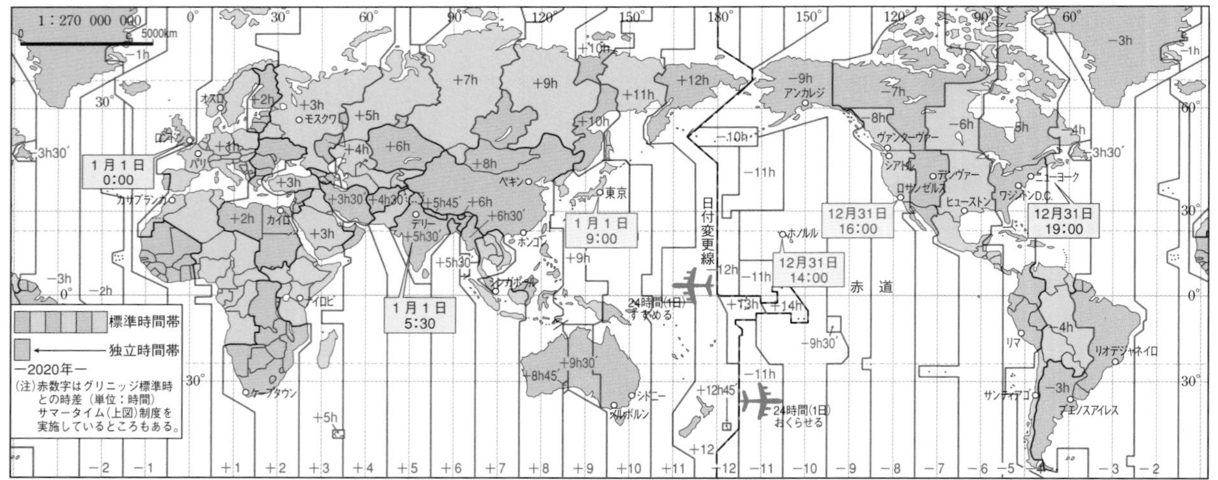

③ 時差の計算

世界の国々では，それぞれ基準となる経線を決めて，それに合わせた時刻（**標準時**）を使っている。共通の標準時で帯状に区分された地帯を**等時帯**という。

また，各地の標準時の差を**時差**という。地球は24時間で1回転（360度）するので，世界各地の時刻（標準時）は経度15度ごとに1時間ずつずれることになる。

用語 サマータイム

昼の時間が長い夏季の間だけ標準時を1時間進める制度をサマータイムという。とくに，高緯度の国々で積極的に採用され，日照時間の有効利用や省エネ対策，仕事後のゆとり時間などに効果がみられる。ただし，生活リズムが不安定になるなど課題も多い。日本でも導入の議論がある。

④ 眠らない世界のマーケット

—2012年末現在—

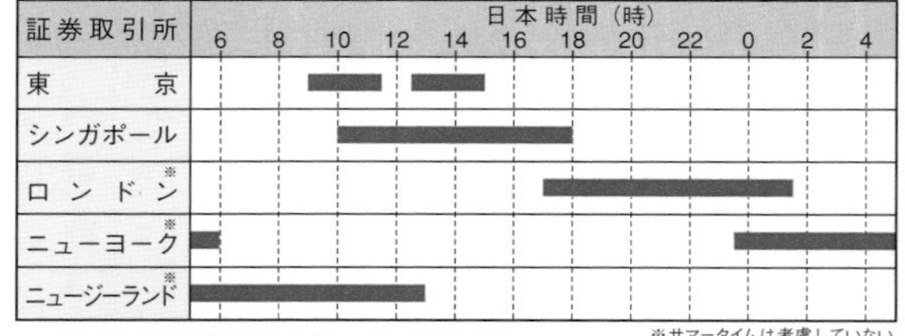

▲**世界の証券取引所の立会時間**

太陽が地球の自転に沿って24時間地球のどこかを照らし続けるように，証券もまた，世界のどこかの取引所で取引されている。

このような時差を利用した世界の分業システムは，効率をあげるために多国籍企業などでも取り入れられている。

2　生活世界の拡大と地図の発達

① 時代をナビゲートしてきた地図―人類の挑戦と地図の発達

年　代		地理的視野の拡大
古代	前4世紀	ピュアテス（ギリシャ）がビスケー湾・ブリテン島などを探検
	前334～323	**アレクサンドロス**（マケドニア）がペルシア・インドに遠征
中世	980頃	ノルマン人がグリーンランドに達する
	1271～95	**マルコ=ポーロ**（イタリア）が中国などを旅行，「東方見聞録」
近代	1488	バルトロメウ=ディアス（ポルトガル）がアフリカ南端の喜望峰に達する
	1492	**コロンブス**（イタリア，スペイン）が西インド諸島に達する
	1498	**ヴァスコ=ダ=ガマ**（ポルトガル）がインドに達する，インド航路発見
	1501	**アメリゴ=ヴェスプッチ**（イタリア）が南アメリカ大陸を探検
	1519～22	**マゼラン**（ポルトガル）一行が世界一周を果たす，マゼランはフィリピンで死去
	1532	ピサロ（スペイン）が南米インカ帝国を征服
	1543	ポルトガル人が日本の種子島に漂着
	1642～43	**タスマン**（オランダ）がオーストラリアを周航
	1768～79	クック（イギリス）が3回にわたり太平洋を周航
	1786・98	最上徳内・近藤重蔵（日本）が千島列島を探検
	1800～16	**伊能忠敬**（日本）が日本全国の沿岸測量を行う
	1808～18	**間宮林蔵**（日本）が樺太・アムール川下流域を探検
	1831～36	ダーウィン（イギリス）がビーグル号で世界周航
	1893～1908	スベン=ヘディン（スウェーデン）が中央アジアを探検
	1909	ピアリー（アメリカ）が北極点に到達
	1911	アムンゼン（ノルウェー）が南極点に到達
現代	1957	ソ連が世界初の人工衛星「スプートニク号」の打ち上げに成功
	1960	アメリカ「トリエステ号」がマリアナ海溝の深度10,916mに達する
	1961	ソ連が世界初の有人宇宙飛行に成功，「ボストーク1号」
	1969	アメリカのアポロ11号が人類で初めて月面に達する
	1973	ソ連の無人探査機「マルス3号」が世界で初めて火星に達する
	1998～	国際宇宙ステーションの建設はじまる

地理思想と地図の発達	
バビロニア	円盤状の世界観，粘土板の地図。
ギリシャ	ヘカタイオス（前6世紀）・円盤状世界の地図を作成。 アリストテレス（前4世紀）・地球の球体を証明。 エラトステネス（前3世紀）・子午線の全周を測定。
ローマ	プトレマイオス（2世紀）・経緯線を用いた単円錐図法による。
・キリスト教教義が学問・思想を支配，世界観の後退。**TOマップ**がつくられる。 ・イスラーム世界で地球球体説が継承されるが，南北は逆に表現される。	
・ヨーロッパの西にアジアを描いたトスカネリの地図がコロンブスの航海を促す。 ・1492年…マルティン=ベハイム（ドイツ）が世界で最初の地球儀を作成。 ・1569年…**メルカトル**が新しい投影法で世界全図を作成。正角円筒図法。 ・1617年…スネル（オランダ）が三角測量を実施。 ・1736年…フランス学士院が地球扁平楕円体を実証。 ・1817年…リッター（ドイツ）が「一般比較地理学」を著す。 ・1818年…カッシニ（フランス）がフランス地形図作成。 ・1872年…日本で三角測量開始。 ・1882年…ラッツェル（ドイツ）が「人文地理学（人類地理学）」を著す。 ・1884年…万国子午線会議，本初子午線がロンドンのグリニッジ天文台を基準に決定。 ・1922年…ブラーシュ（フランス）が「人文地理学原理」を著す。	
・1947年…国際民間航空図作成開始。 ・1962年…測地人工衛星の打ち上げ成功。 ・1994年…国連海洋法条約発効。 ・紙地図からデジタル地図への開発が進む。	

おもな地図

1. 海
2. 山
3. バビロン
4. 小都市
5. ユーフラテス川
6. 湿地帯
7. ペルシア湾

▲バビロニアの地図
バビロニア人の世界観を表現した地図。大地の中心にバビロンがあり，それを大海が囲んでいる。

▲TOマップ
キリスト教の世界観を表現した絵図。地球が球体であることを実証した古代科学は否定された。

▲伊能忠敬による実測図
伊能忠敬が，1809年に未測量だった九州を推定加筆して幕府に提出した地図。海岸線を歩いての歩測だったが，かなりの高精度である。

（1）世界の中心はどこだ!?―地図と世界観

片山恭一の代表作に『世界の中心で、愛をさけぶ』（小学館）というタイトルの小説がある。そもそも世界の中心はどこか。地図をみると，時代ごとの世界観が理解できて興味深い。たとえば，キリスト教世界の地図ではエルサレムが，仏教世界の地図では須弥山（しゅみせん）が中心に位置していた。また，中華思想を反映した地図では，漢民族が中心に位置し，周辺は異民族の住む外夷であるとされた。

（2）探検家の紀行文を読んでみよう

古代から中世，近現代と人類の地理的視野は地図の発展とともに拡大してきた。情報化社会の今日でも，人々の未知なる土地への好奇心は変わることはない。しかし，実際に訪れるとなると経済的にも大変だ。そこで，地図帳を片手にさまざまな紀行文を読むのはどうだろうか。
①関野吉晴『グレートジャーニー地球を這う』筑摩書房
②沢木耕太郎『深夜特急』新潮文庫　などがある。

3 地図投影法

① 3次元から2次元の表現―地図のしくみ

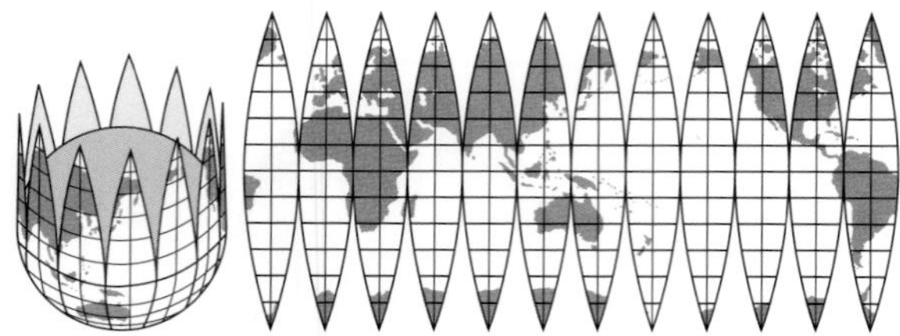

▲地球儀を切り開く

私たちの身のまわりにはさまざまな地図があふれている。しかし，球体の地球を平面の地図に表すのは難しく，投影法を用いる必要がある。投影法とは，文字どおり，地球儀に光をあて，平面に影を映しだす方法である。

② 身のまわりの地図

分類	種類	例
目的による分類	一般図	国土基本図・地形図・地勢図
	主題図	地質図・海図・土地利用図・統計地図・観光地図・道路地図・ハザードマップなど
作成方法による分類	実測図	国土基本図・地形図(1/2.5万)*
	編集図	地形図(1/1万，1/5万)・地勢図(1/20万)・地方図(1/50万)ほか多くの主題図
形式による分類	切　図	地形図など(経緯線などで区切る)
	全　図	日本全図・世界全図など
体裁による分類	マップ	一枚ものの地図
	アトラス	地図帳(本になったもの)
媒体による分類	紙地図	地形図など
	電子地図	GIS・Web上の地図など

＊平成25年図式の地形図は電子国土基本図から作成しているので編集図となる。　〔地図のことがわかる事典〕

③ 投影法の違いによる分類

平面(方位)図法

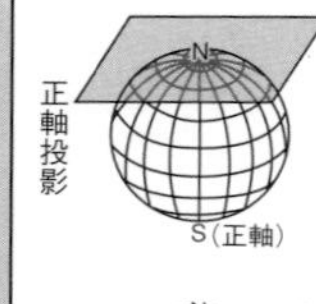

方法
1点で地球に接する平面に地球を投影する。
特徴
視点の位置で**正射図法**・**平射図法**・**心射図法**に分けられる。正射図法・心射図法は半球図が限度である。

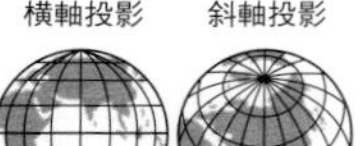

正射図法：視点を無限遠において投影する。そのため，周辺部が縮小される。斜軸図は立体感がある。直射図法ともいう。

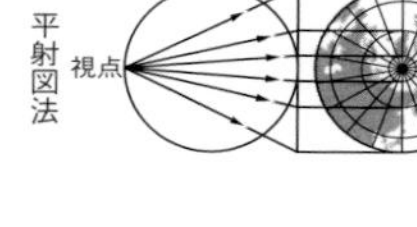
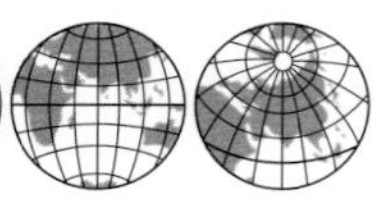

平射図法：視点を接点の反対側の地表面において投影する。ステレオ図法ともいわれ，周辺部は徐々に拡大する。正角図法の一種。

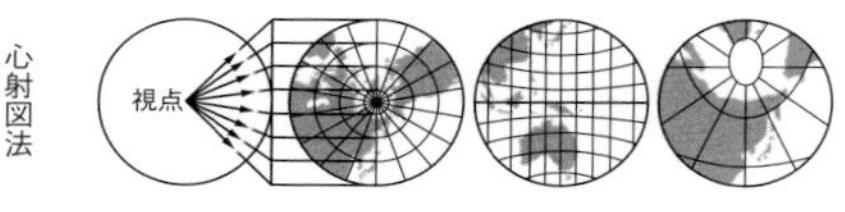

心射図法：視点を地球の中心において投影する。そのため，周辺部は極端に拡大される。任意の直線はすべて2点間の大圏コースを示す。

展開図法

円筒図法

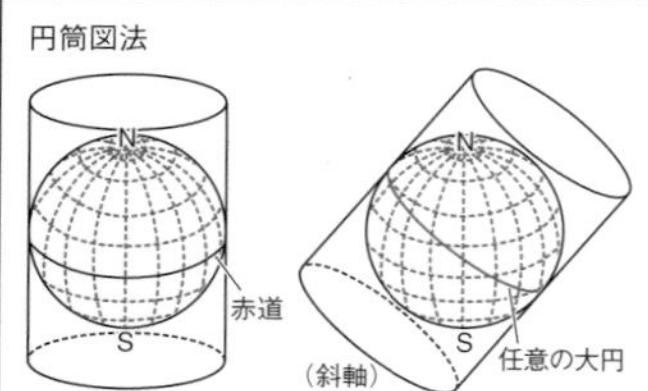

中央経線：東経150°
標準緯線：0°

▲例：正積円筒図法

方法
地球に円筒をかぶせ，地球の中心から投影し，展開する。円筒は赤道で地球に接する。
特徴
経緯線が互いに直交する。両極地方は著しく拡大されるが，図が四角形のためみやすい。**メルカトル図法**や**UTM**(ユニバーサル横メルカトル)**図法**などがある。

円錐図法

標準緯線
N
S(正軸)

中央経線：東経150°
標準緯線：北緯60°

▲例：正距円錐図法

方法
地球に円錐をかぶせ，地球の中心から投影し，展開する。円錐は1本の緯線(標準緯線)で接する。
特徴
緯線は同心円に，経線は中心から放射する直線で緯線に直交する。標準時を離れるにつれて緯線間隔が広がり，歪みが大きくなる。

任意図法

方法：平面図法・展開図法の各図法を基本とし，さまざまな変更を加えて作成する。
特徴：擬円筒図法…緯線には緯線が直線になる円筒図法の性質を，経線にはさまざまな曲線を用いる。**サンソン図法**など。
その他の図法…既存の図法を基本とし，使用上都合のいいようにさまざまな変更を加えて作成する。**ホモロサイン**(グード)**図法**や**ヴィンケル図法**など。

4 用途の違いによる分類

（1）「面積」を正しく表す地図

正積図法

緯線と経線に囲まれた空間の面積が，地球上の面積に比例するように緯線と経線の間隔を調節している。この場合，緯線と経線に囲まれた空間の形は問題にしない。図中の面積がどこでも正しいのでドットマップなどの分布図や統計地図に利用される（→p.317）。

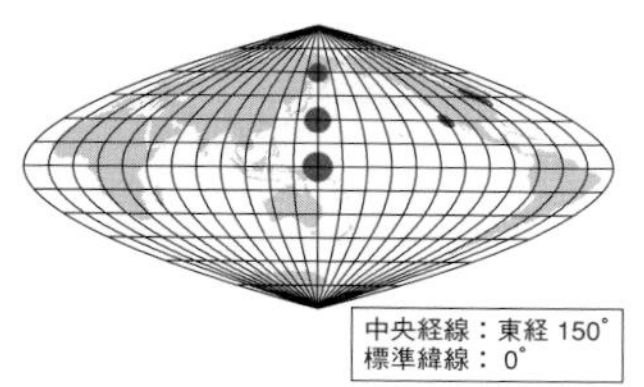

緯線には等間隔平行直線，経線には正弦曲線を用いている。中央経線と赤道に沿って形の歪みは小さいが，縁辺部に行くほど大きくなる。中央経線と赤道の長さの比は1：2である。

▲サンソン図法

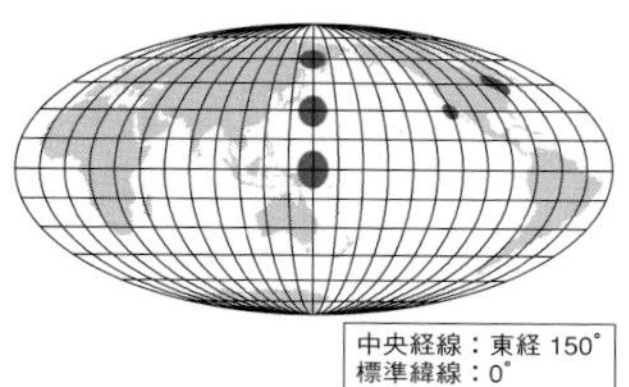

サンソン図法の経線を正弦曲線から楕円にし，高緯度の歪みを減らした図法。緯線は平行直線で，高緯度ほど間隔がせまい。中央経線と赤道の長さの比は1：2である。

▲モルワイデ図法

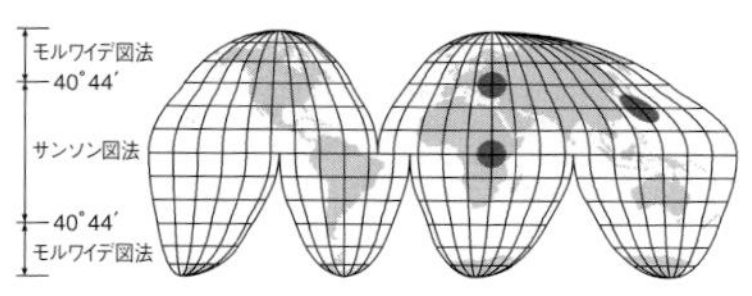

▲ホモロサイン（グード）図法

歪みの小さいサンソン図法の低緯度部分と，モルワイデ図法の高緯度部分を緯度40度44分で接合し，さらに大陸の形の歪みが小さくなるように，海洋を断裂した図法。分布図や密度図などに用いられる。

（2）「角度」を正しく表す地図

正角図法

地球上の任意の地点の角度が，平面（地図）上でも同じ角度で表されるように，緯線と経線の間隔を調節している。角度が正しく，等角航路が直線で示されるため，海図に用いられる。

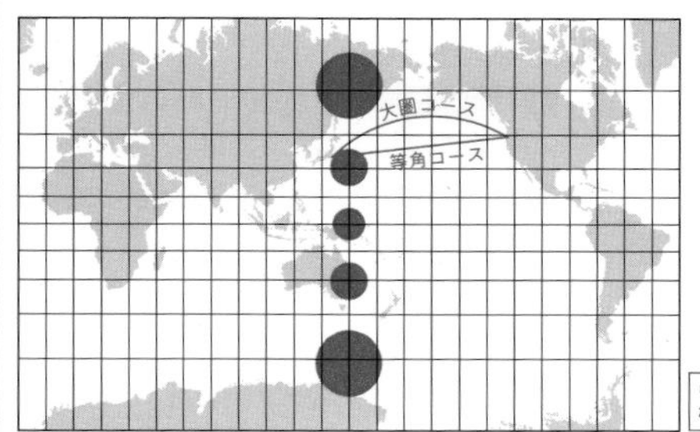

▲メルカトル図法

経緯線が互いに直交する平行線で表されている。そのため，本来は点でしかない北極・南極が赤道と同じ長さになるなど，高緯度ほど面積や距離が拡大される。任意の2点間を結ぶ直線は等角コースで示されるが**大圏コース**（最短距離）ではない。海図や低緯度地方の地方図に用いられる。

（3）「距離」・「方位」を正しく表す地図

正距図法

地球上の任意の2点間の距離をすべて正しく表すことは不可能である。一般的には，経線方向の距離を正しくしたものを正距図法という。

正方位図法

地球上の任意の地点からの方位をすべて正しく表すことは不可能である。ただし，球体に接する平面（地図）上を視点とし投影することで，図の中心から任意の地点までの方位を正しく表すことができる。

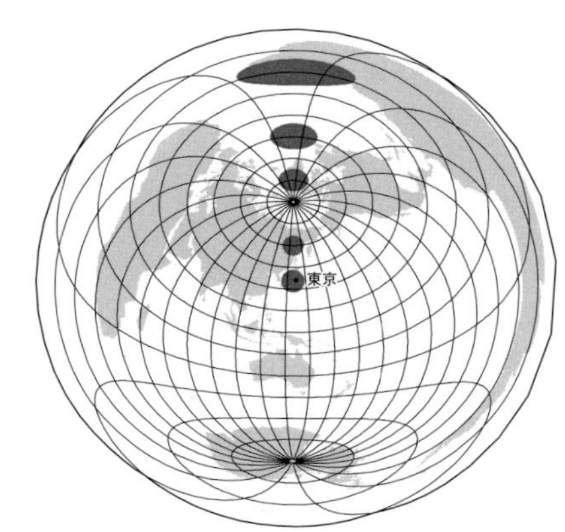

▲正距方位図法（東京を中心としたもの）

正距方位図法

図の中心から任意の地点までの方位と距離が正しく，両地点を結ぶ直線は大圏コース（最短距離）を表す。外縁部ほど面積や形の歪みが大きくなる。全球図では，外周が図の中心の対蹠点にあたる。国連旗に用いられている。

コラム　地図に歪みはつきもの

地図は，**距離**・**面積**・**角度**の3要素を同時に正しく表すことはできない。反対にいえば，どのような地図であっても，いずれかの要素に歪みが生じるということ。東西冷戦時代，ソ連の国土が拡大表示されるメルカトル図法をみた西側諸国が，ソ連に対する脅威を拡大させてしまったという話があるが，この基本を理解しておけば万事大丈夫だ。

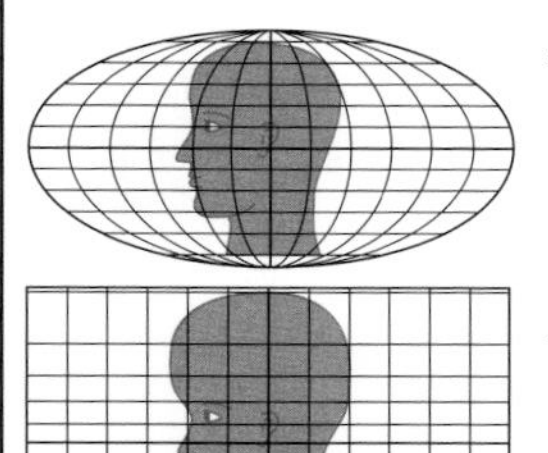

モルワイデ図法

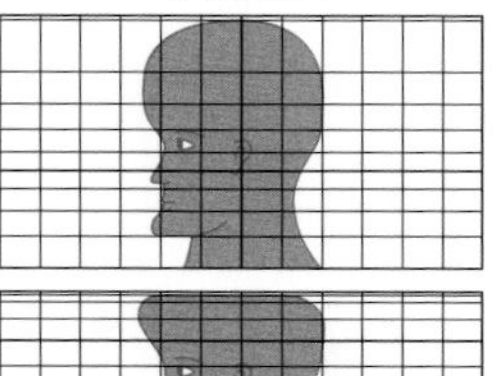

メルカトル図法

正積円筒図法

※モルワイデ図法を基準に比較
〔地図学の基礎〕

4　地形図読図の基礎

1　地形図と測量

（1）地形図ができるまで

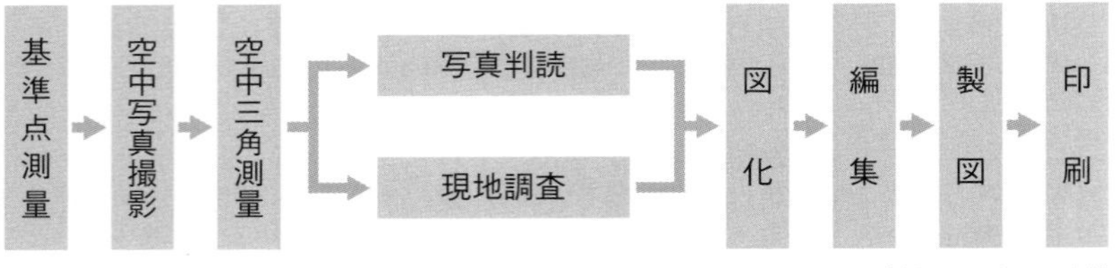

［地図のことがわかる事典］

地形図とは，土地の起伏や土地利用，集落や交通路など地表のようすを縮尺に応じて正確に表した，最も基本的な地図である。国土地理院の発行する地形図が代表的。おもに左の図のような工程を経て作成されている。

（2）位置と高さの基準になる点

地形図の作成には，地球上の位置や高さを正確に測るための基準点が必要である。

三角点は位置（緯度・経度）の基準点で，三角測量のために通常は山頂などの見晴らしのよいところに設置される。三角点の原点は，かつての東京天文台の跡地（東京都港区麻布台）にある。

水準点は海抜高度を測定するための基準点のことで，主要道路沿いに設置されている。水準原点は国会議事堂前の庭園（東京都千代田区永田町）にあり，東京湾の平均海面を0mとして，24.4140mとなっている。

また，**電子基準点**は，人工衛星からの電波を受けて位置を測定するGPS測量のための基準点である。

（3）空中写真と実体視

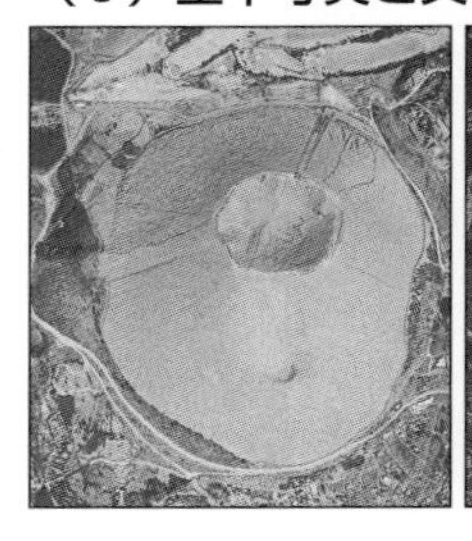

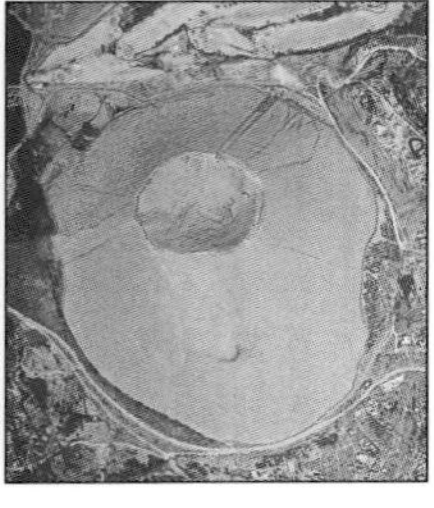

肉眼による実体視の練習

焦点を遠くに合わせて指の先をぼんやりと見つめることがポイント。

◀**大室山（静岡県伊東市）**

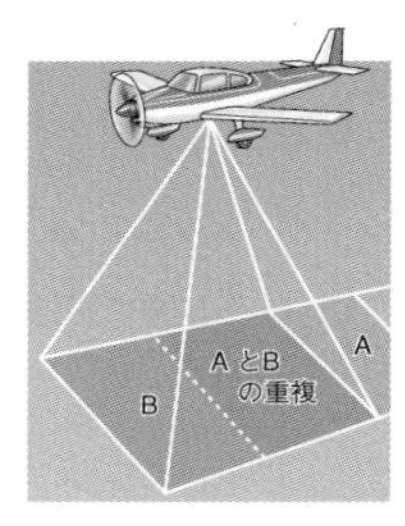

等高線など地表のようすを地形図に描く際には，空中写真が用いられる。空中写真は，飛行機などから地表を撮影した写真で，水平飛行中に連続撮影される。となり合った写真は，約60％ずつ重複されている。実体視をすると，地表の起伏を立体的にとらえられる。上の空中写真で実体視にチャレンジするとよい。

◀**空中写真の撮り方**

2　地形図を観察しよう

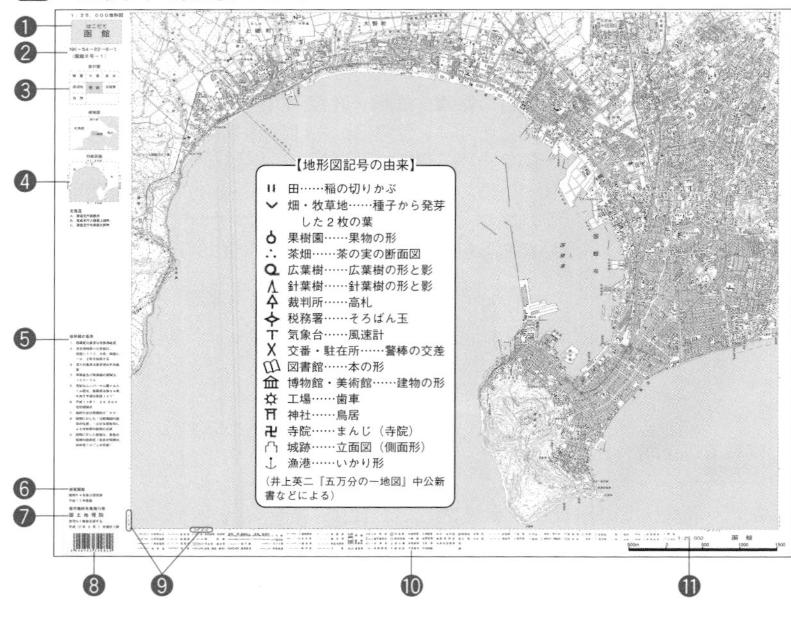

地形図の外側にも大切な情報がある。ひとつずつ確認していこう。

❶**図名**…原則として図中の著名な居住地が採用される。

❷**地形図番号**…地形図の種類と地球上での位置を示している。

❸**索引図**…隣接する地形図を探すときに便利。

❹**行政区画**…境界線の略図と各辺の地図上の長さ。

❺**地形図の基準**…位置座標や標高基準，図法や図式など。

❻**地図の履歴**…測量・修正された年次が記されている。

❼**発行者**…国土交通省国土地理院

❽**バーコード**…商品管理用

❾**緯度・経度**…世界測地系による経緯度が示されている。

❿**地形図記号**…さまざまな地図情報が記号化されている。

⓫**縮尺・スケール**…2万5千分の1や5万分の1がある。

3 読図のポイント

（1）方位のルール

地図は特別なことわりがない限り，通常，北が上になるように描かれている。地形図読図の際は，このルールをしっかりと頭に入れて，16方位すべて言えるようにする。

（2）縮尺の計算

地図の縮尺	実際の距離 1km の地図上での長さ	地図上 1cm の実際の長さ
2万5千分の1	4cm	250m
5万分の1	2cm	500m
10万分の1	1cm	1000m
20万分の1	0.5cm	2000m

計算例
$4\text{cm} \div \frac{1}{25,000}$
=100,000cm
=1,000m
=1km

「地形図上の長さ」÷「縮尺」の計算式で，実際の距離が求められる。単位に気をつけて，上の計算例以外にもさまざまな縮尺で練習するとよい。

（3）等高線の種類

地形図の等高線は，縮尺によって下の表のような基準がある。地形図の縮尺が示されていないときは，**主曲線**や**計曲線**の描き方から縮尺を判断する。また等高線の間隔から傾斜を判断できるようにする。

種類＼縮尺	1:50,000	1:25,000	1:10,000	書き表し方
計曲線	100m	50m	平地·丘陵 10m 山地 20m	―――――
主曲線	20	10	平地·丘陵 2 山地 4	―――――
補助曲線※1	10	5か2.5※2	平地·丘陵 1 山地 2	― ― ― ―
	5			- - - - - -

※1 必要に応じて用いる。　※2 等高線数値を表示する。

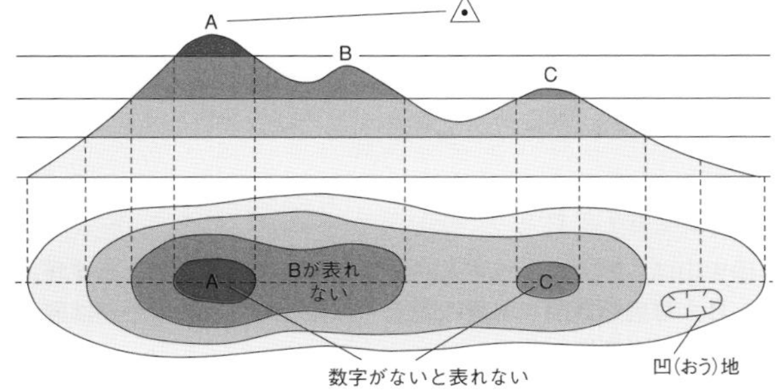

（4）尾根と谷の見分け方

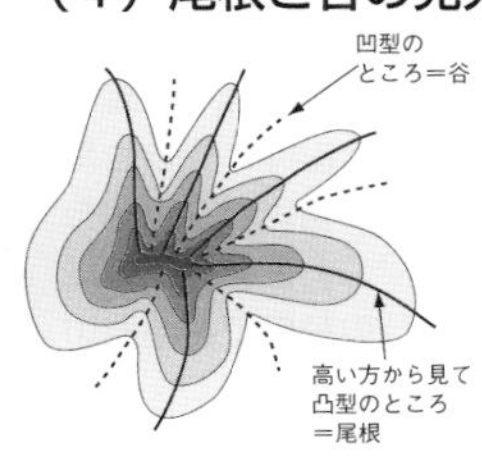

山頂から山ろくに向かって等高線が張り出すところが**尾根**。山ろくから山頂に向かって等高線が食い込むところが**谷**。手にたとえると，指が尾根，指の間が谷だ。

（5）平均傾斜（勾配）・面積の求め方

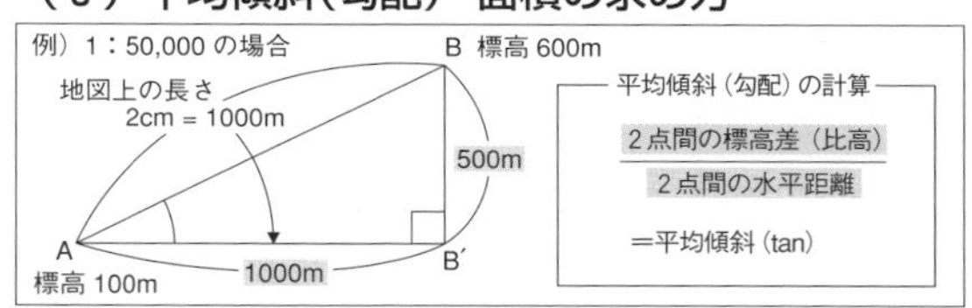

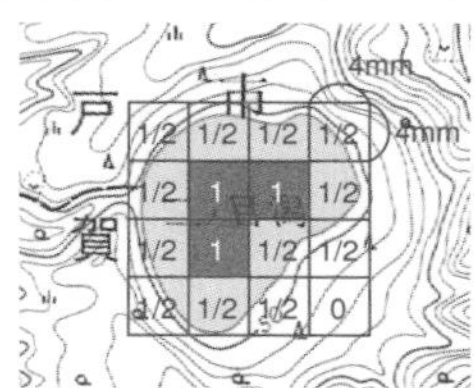

1：25,000「戸賀」

湖の面積は方眼で推定する。左の図は1辺が 4mm（100 m）なので，湖に完全にのっているものを 1 ha，ほかを 1/2ha として計算。

（6）2万5千分の1地形図の記号（平成14年図式）※

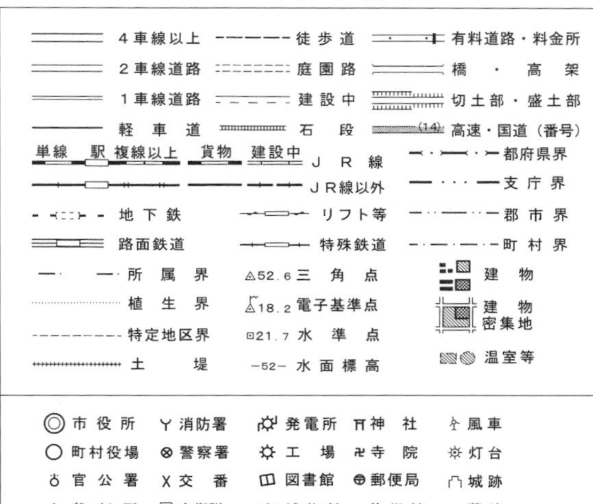

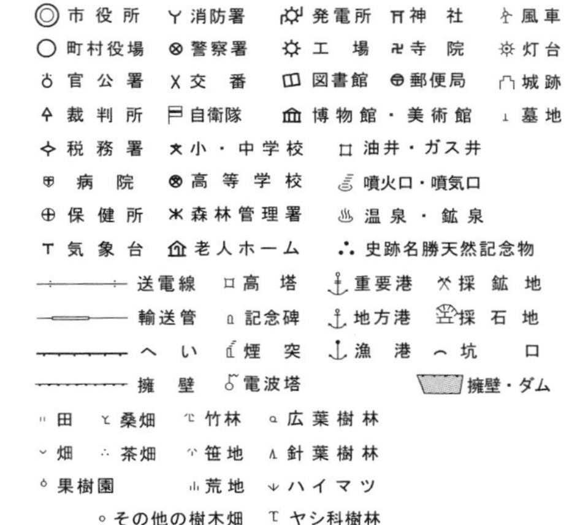

※平成25年に2.5万分の1地形図の図式が改められた。

5　地形図の読図（1）―地形

火山地形

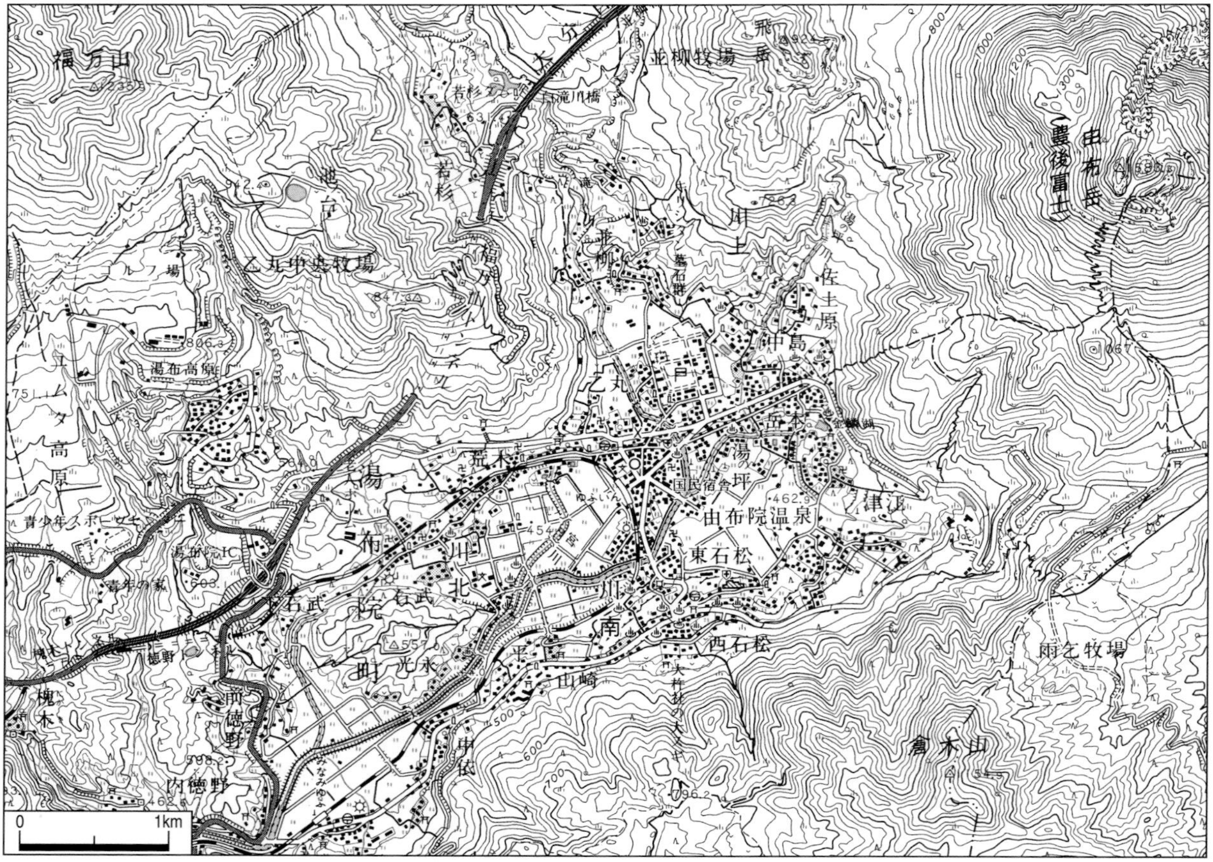

1：50,000「別府」平成8年要部修正

作業

1．湯布院市街地を通る計曲線を赤でたどりなさい。
2．温泉の記号を青の○で囲みなさい。
3．水田を黄緑で着色しなさい。
4．牧場の文字を緑の□で囲みなさい。

読図トレーニング　〈解答はp.333〉

問1　上の地形図に関する次の説明文のうち誤っているものを1つ選べ。

①三方を山で囲まれた盆地の底に温泉街があり，そこに水田が開かれている。
②由布院温泉は中心部を流れる河川の河岸段丘の上に発達した。
③山の斜面は火山灰土のために水に乏しく，耕地ではなく森林や牧草地になっている。
④由布院温泉は盆地の底にあるため，霧がよく発生することで知られている。

問2　由布岳を「ゆふいん」駅前から見たらどのような形に見えるか。

ここがポイント

Ⓟ火山は，噴火によって人間生活に大きな災害をもたらすが，壮大な自然景観や温泉は観光・保養地に，火山の地熱は発電などに利用される。

上図は，大分県由布市湯布院町（ゆふいん）にある湯布院盆地を中心とした地形図である。図の東にみえる由布岳は，西日本火山帯に属した火山である。豊後（ぶんご）の秀峰として知られ，別名「豊後富士」とよばれる。この由布岳を中心とした山々に囲まれた湯布院盆地には，環境省の国民保養温泉地に指定された由布院温泉がある。河川沿いに分布している「♨」は温泉の地形図記号である。この地域には，河岸段丘の特徴である河川沿いの段丘崖や土地利用はみられない。

氷河地形

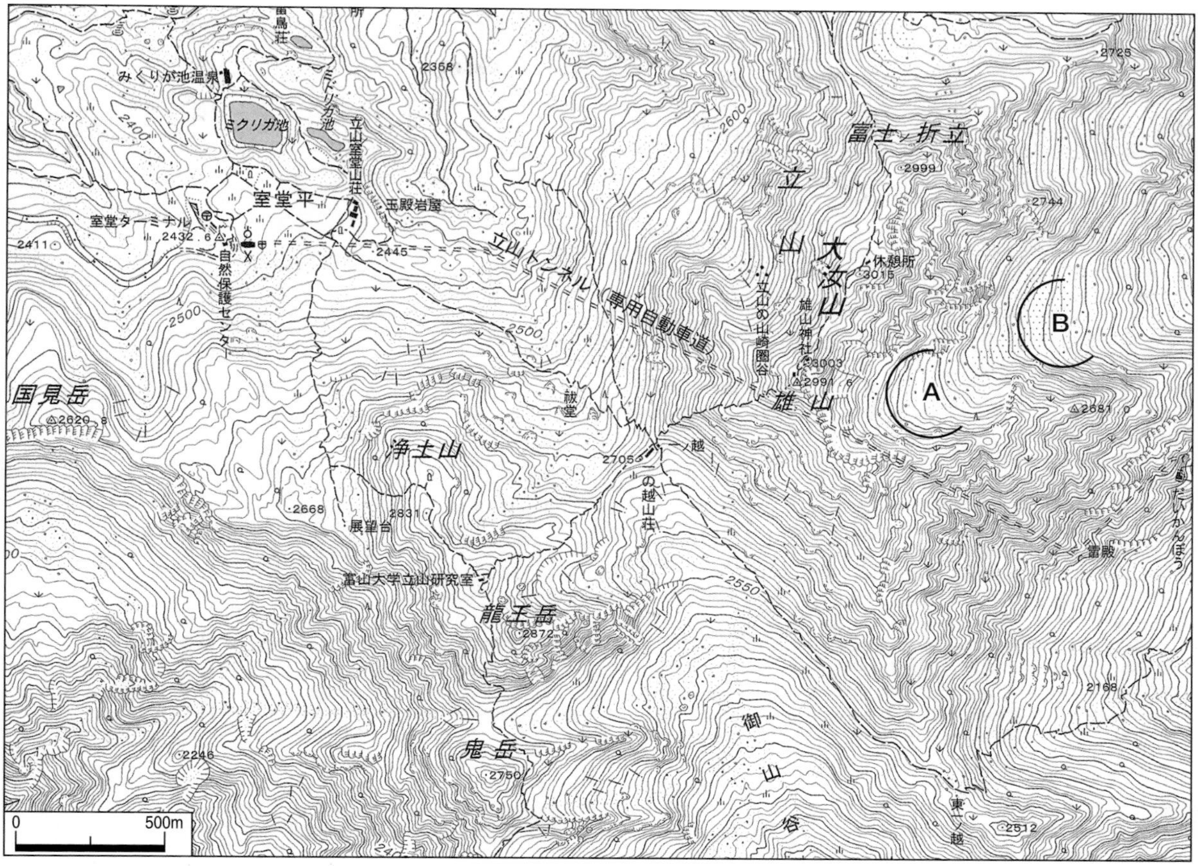

1：25,000「立山」平成19年更新

作業

1．図中A・Bと同様にお椀状の等高線で示されるところを赤の◯で囲みなさい。

読図トレーニング　〈解答はp.333〉

問1　図中の地域で見られる地形のおもな形成要因は何か。以下の中から1つ選べ。
①河川の侵食　②氷河の侵食　③地下水の侵食

問2　自然保護センターと富山大学立山研究室の標高差は約何mか。
①約300m　②約400m　③約500m

問3　図中A・Bのような地形を何というか。

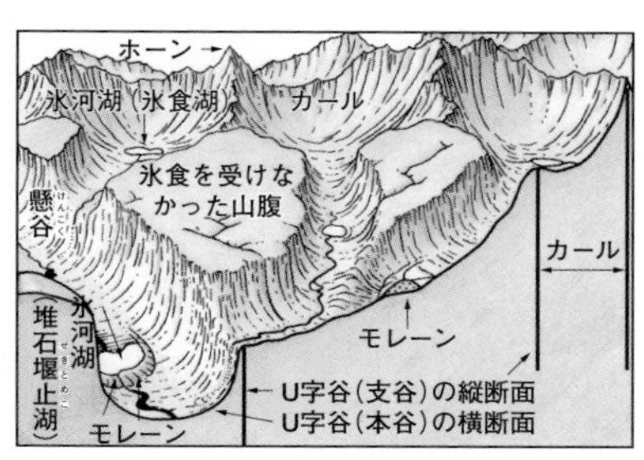

▲氷河地形のモデル図

ここがポイント

Ⓟ氷河地形は，寒冷な氷期に発達した氷河の侵食や運搬，堆積作用によって形成された。

Ⓟ氷河の侵食作用による地形
- **カール（圏谷(けんこく)）…お椀状で急傾斜の凹地。**
- **ホーン（尖峰(せんぽう)）…山頂部にみられる鋭い峰。**
- **U字谷…氷河が流下したときに侵食されてできたU字型の谷。沈水するとフィヨルドになる。**

Ⓟ氷河の運搬・堆積作用による地形
- **モレーン…氷河の末端や側方に堆積した岩塊や砂礫からなる三日月状や堤防状の丘。**

上図は，北アルプスとよばれる飛驒山脈の立山周辺の地形図である。日本でも今から2万年前頃の最終氷期には，日本アルプスや北海道の日高山脈などの山頂付近に氷河が発達していた。近年，立山や剱岳(つるぎ)の万年雪の一部が氷河であることが分かった。

図中では，富士ノ折立から大汝山，雄山にいたる稜線の東側にいくつものカールがみられる。南の龍王岳や鬼岳付近にも小規模なカールが並び，その東の御山谷は谷底が平坦なU字谷である。冬の北西季節風の影響で，山頂付近の雪が吹き飛ばされ，積雪は稜線の東側に多いため，西側にはカールは少なく，あっても小規模である。

河岸段丘

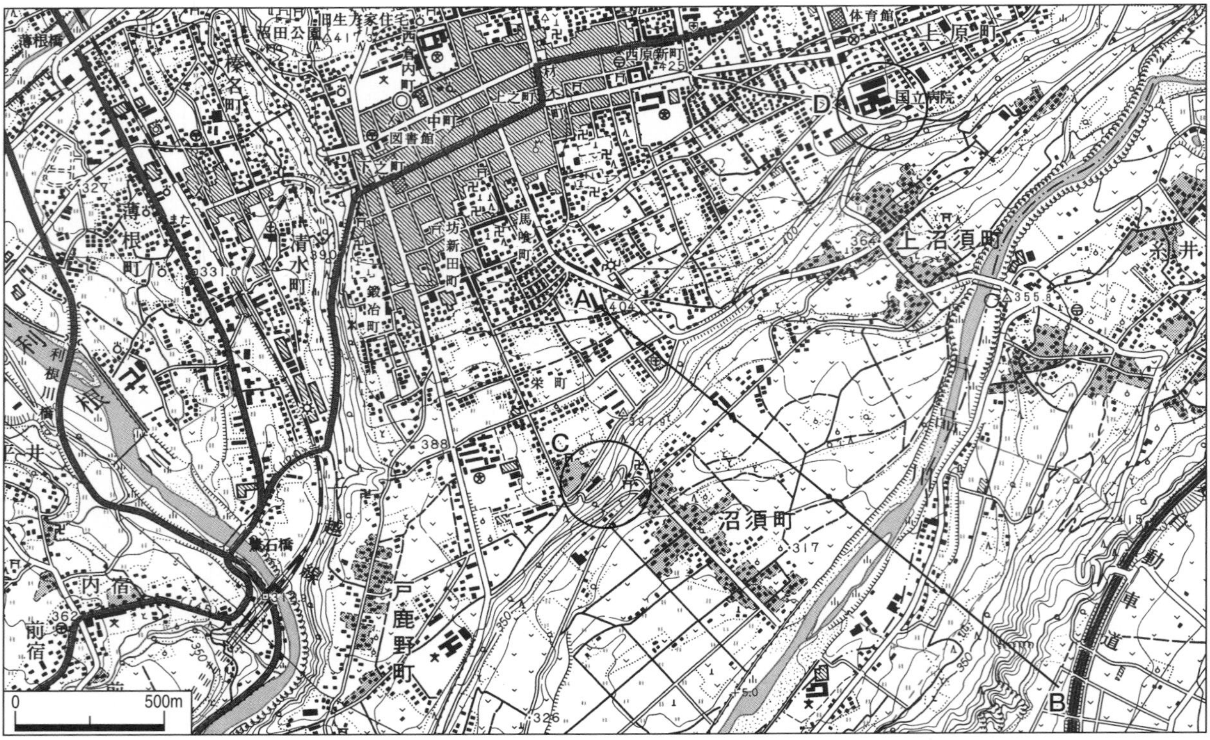

1：25,000「沼田」平成10年部分修正測量

作業

1．水田を黄緑，畑を黄，桑畑を紫で着色しなさい。

2．A－B間の断面図を描きなさい。

＊地図中の点は500m・1000m・1500mを示している。

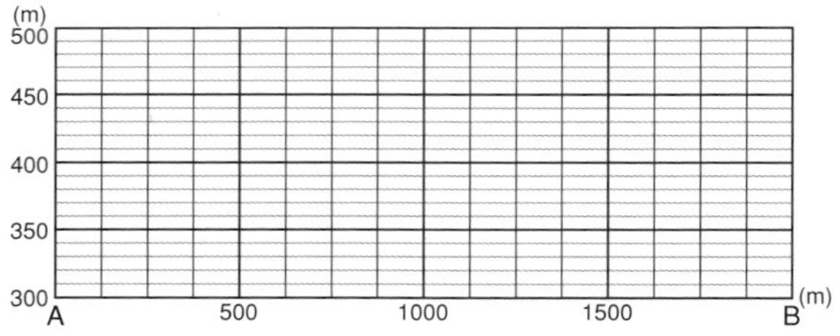

読図トレーニング　〈解答はp.333〉

問1　上位段丘面はどのような土地利用がなされているか。おもなものを1つ選べ。

①水田　②畑や桑畑　③森林　④茶畑や果樹園

問2　段丘崖はどのような土地利用がなされているか。

①宅地　②森林　③畑や果樹園　④水田

問3　C・D地点の道路はなぜ曲がりくねっているのか。

ここがポイント

Ⓟ河岸段丘とは，平坦な段丘面と急傾斜の段丘崖が階段状に連なって河川沿いに形成された地形のこと。

Ⓟ土地利用は，段丘面は水利の違いによって，水田・畑・桑畑・果樹園などに利用され，利用しにくい段丘崖は森林が広がっている。

上図は，群馬県沼田市周辺の地形図で，利根川と片品川によって形成された見事な河岸段丘がみられる。河岸段丘は，谷底平野が隆起を繰り返すたびに河川によって侵食され，以前の谷底平野が河川の両岸に段丘状に取り残された地形である。C・D地点では高低差が50mあり，道路が屈折している。

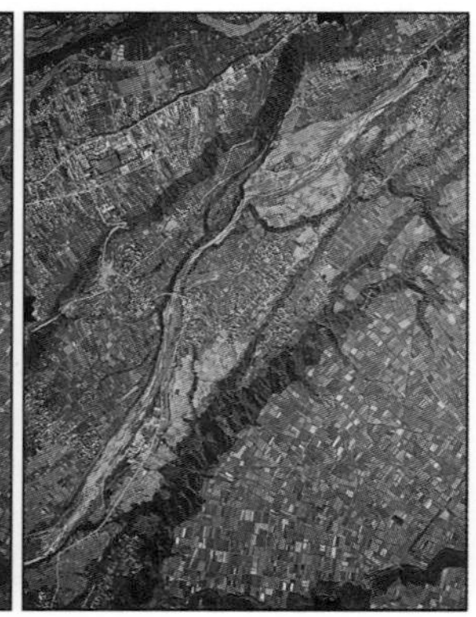

▲河岸段丘の実体視

扇状地

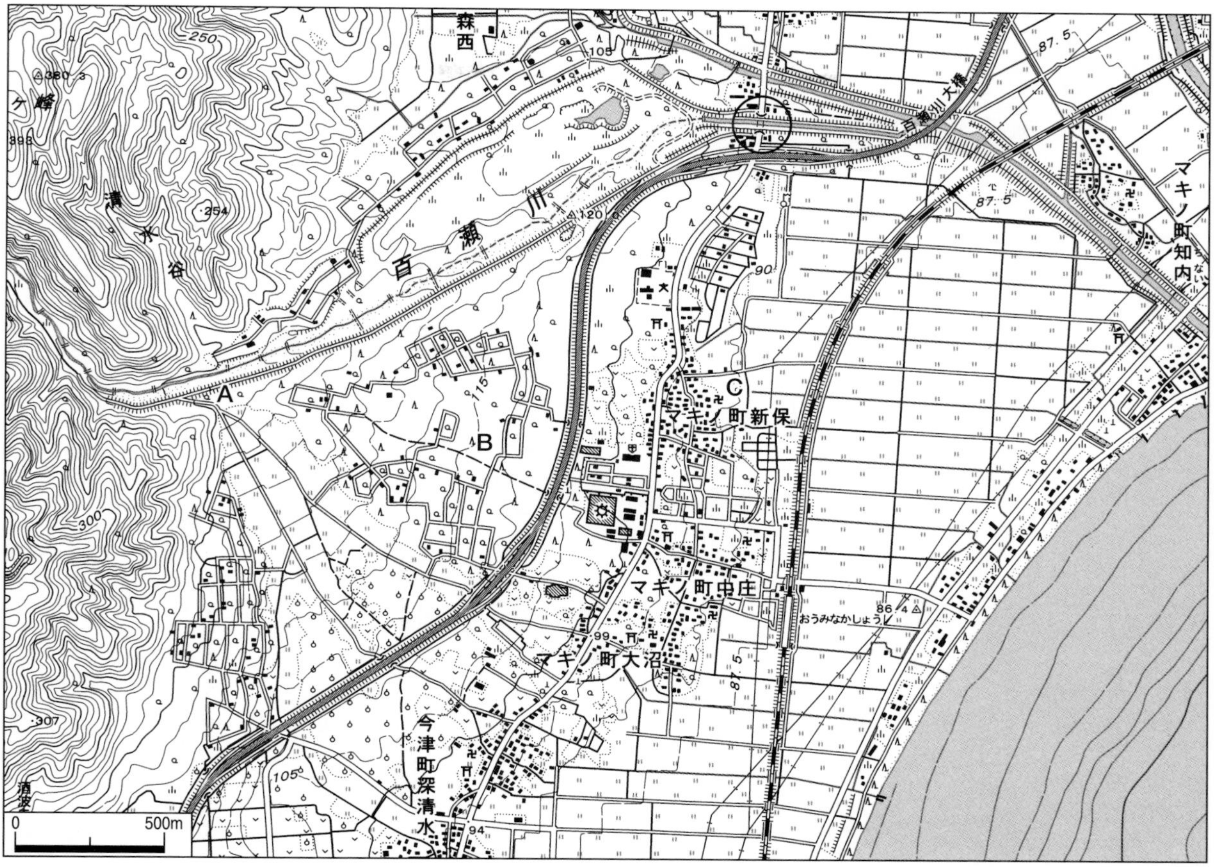

1：25,000「海津」平成18年更新

作業

1．水田を黄緑，果樹園を橙，畑を黄で着色しなさい。
2．集落名で水に関連した名前を赤の○で囲みなさい。
3．百瀬川両岸の堤防を紫で着色しなさい。
4．百瀬川が途中で破線になっているのはなぜか。

読図トレーニング　〈解答はp.333〉

問1　A～C地点をそれぞれ何とよぶか。

問2　作業2．で囲んだ集落ができたのはなぜか。

問3　図中○地点では，道路が百瀬川の下をトンネルで通過している。このような特徴をもつ河川を何というか。

問4　百瀬川の堤防の特徴を説明した次の文のうち，誤っているものを1つ選べ。
①扇状地は，砂礫質で河底が浅いため，河川は乱流となりやすく，堤防の間がたいへん広い。
②水田地帯では，粘土質になり，河底が深くなるので，堤防間が急に深くなる。
③扇状地では，不必要に堤防間が広く，水田地帯では水量が減るため堤防間が狭い。

ここがポイント

Ⓟ扇状地の土地利用
- **扇頂…水が得やすく集落や水田が立地。谷口集落**
- **扇央…水が得にくく果樹園や畑に利用。伏流水・水無川**
- **扇端…水が得やすく集落や水田が立地。湧水帯**

上図は，琵琶湖西岸，滋賀県高島市の地形図である。扇状地は，河川が山地から平野に流れ出るところの扇形の地形で，傾斜の変化によって河川が運搬した砂礫が堆積して形成された。とくに扇央は砂礫の粒が粗いため，水が地下深くに伏流し，水無川になることが多い。なお，図中の百瀬川は，砂礫の堆積によって川底が周辺よりも高くなる天井川である。

▲扇状地のモデル図

氾濫原

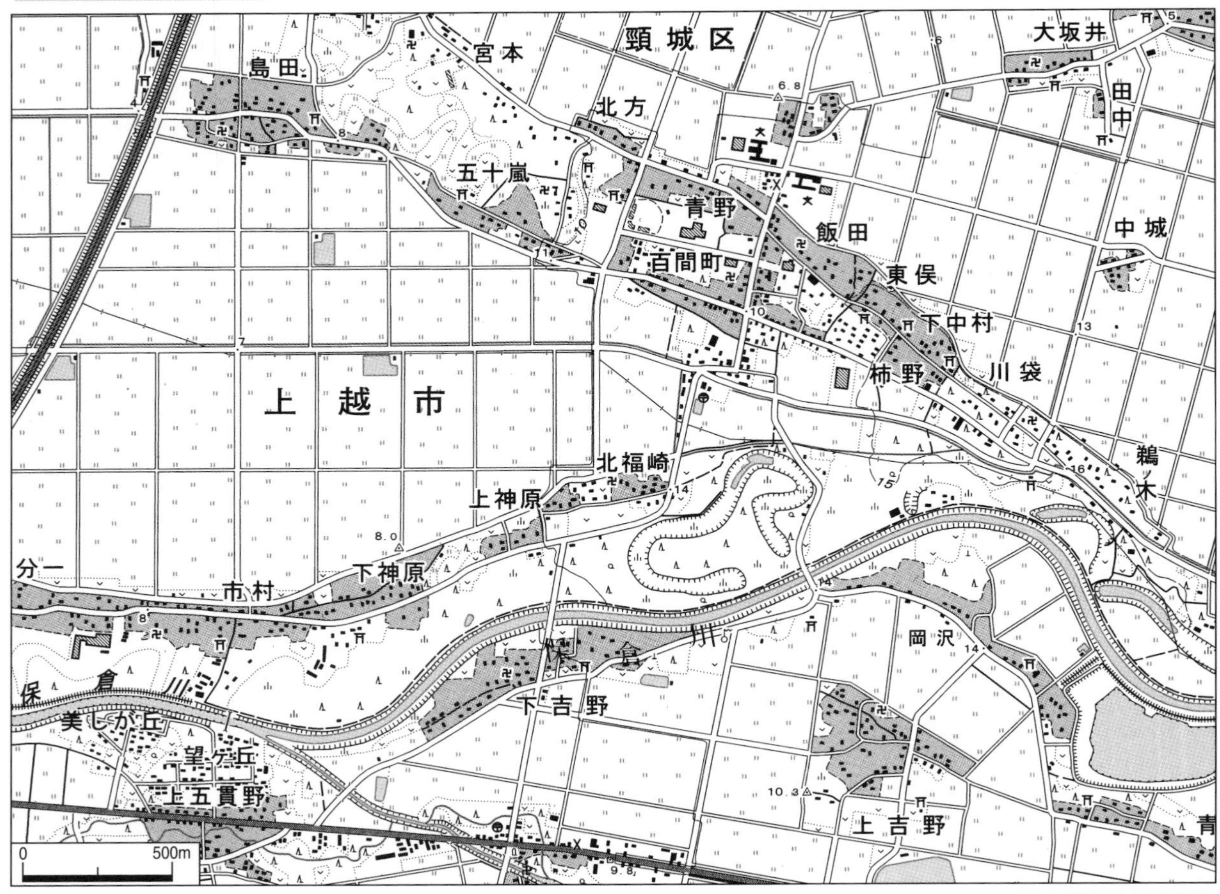

1:25,000「潟町」平成2年修正測量

作業

1．10m・15mの等高線を橙でたどりなさい。
2．畑を黄，森林を緑，集落を赤で着色しなさい。
3．標高点・三角点・水準点を赤の○で囲みなさい。
4．三日月湖を青で着色しなさい。

読図トレーニング　〈解答はp.333〉

問1　集落・畑が立地しているのはどのような地形のところか。

問2　水田が立地しているのはどのような地形のところか。

問3　地図中の川（保倉川）はどちらへ流れているか。
①東から西　②西から東

問4　五十嵐付近の水田が，畑の中を曲がりくねって立地している。この水田はどのような地形上に形成されているか。
①自然堤防　②後背湿地　③旧河道

ここがポイント

Ⓟ氾濫原（はんらんげん）の特徴

- **河川の蛇行（だこう）…緩傾斜になり，S字状に蛇行しやすい。**
- **三日月湖…蛇行した河川が洪水時に切り離され，残った旧河道が湖になったもの。河跡（かせき）湖ともいう。**
- **自然堤防…洪水時に土砂が堆積してできた微高地。古くからの集落が立地することが多い。**
- **後背湿地…自然堤防の外側に広がる低湿地。水田が多い。**

上図は，新潟県上越市周辺の地形図である。図中を流れる保倉川によって形成された氾濫原のようすがよくわかる。

保倉川北岸の市村・下神原・上神原・北福崎の集落と畑は，河川改修前の旧河道に沿った自然堤防上に立地している。また，北西の島田から南東の鵜ノ木までの集落列からも旧河道が読める。とくに五十嵐の蛇行した水田は，旧河道を利用したものである。一般に，氾濫原では自然堤防上に集落が立地し，畑や果樹園などに利用されるが，後背湿地は水田に利用される。ただし近年は河川改修などによって，後背湿地にも新しい住宅地が形成されることも多い。古くからの集落は，樹木に囲まれていたり，不規則に立地していたりすることが多いので見分けるポイントにしよう。なお，保倉川は標高差から東から西へ流れていることがわかる。

台地

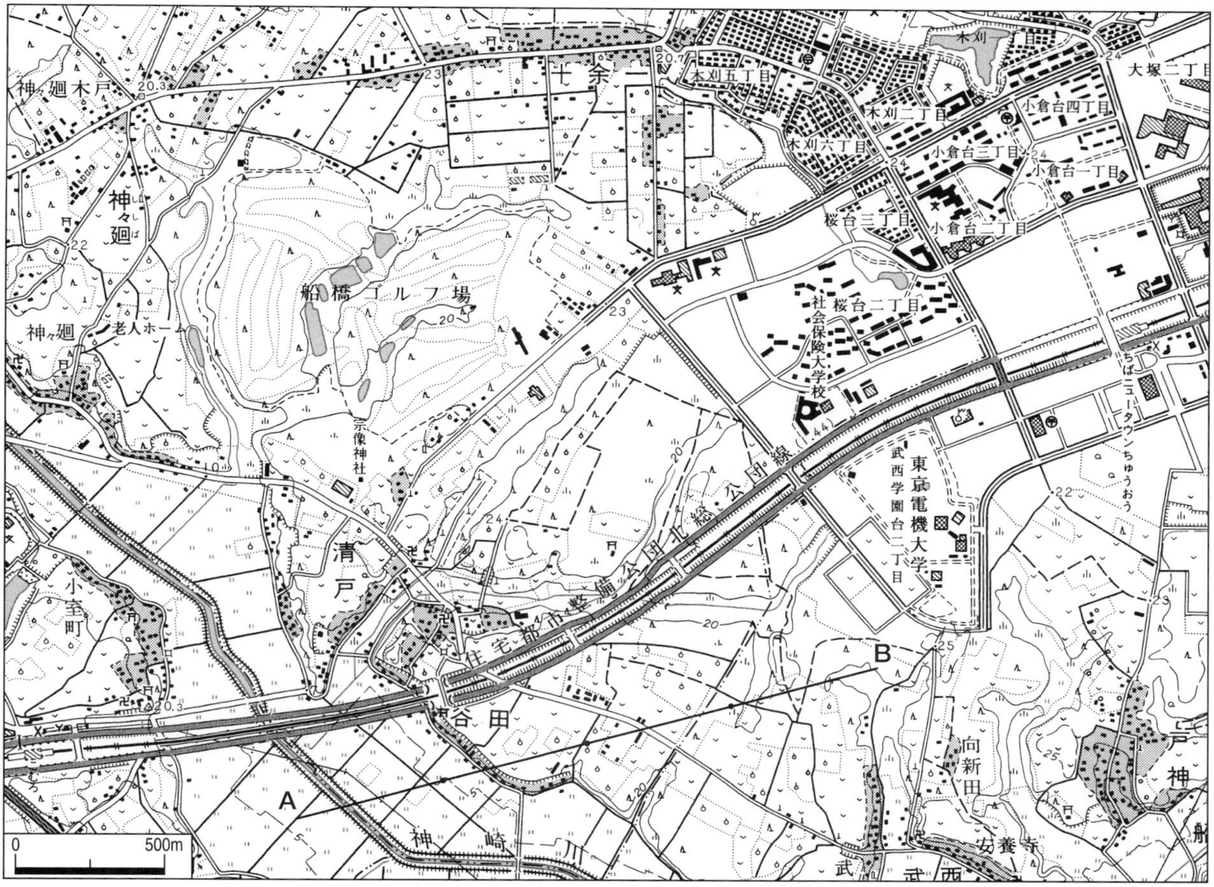

1:25,000「白井」平成９年修正測量

作業

１．標高点・三角点を赤の○で囲みなさい。
２．水田を黄緑で着色しなさい。
３．A－B間の断面図を描きなさい。
＊地図中の点は500m・1000m・1500mを示している。

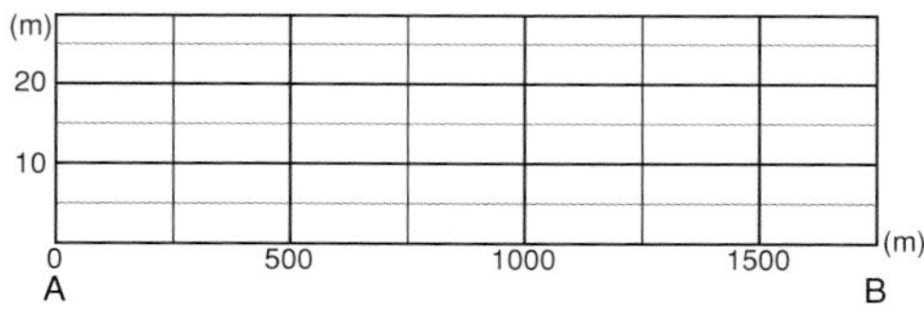

４．台地の麓の集落（武西，谷田など5 ～ 20mの高さにある集落）を赤で着色しなさい。
５．船橋ゴルフ場付近の20m等高線を紫でたどりなさい。

読図トレーニング 〈解答はp.333〉

問１　台地の海抜高度はおよそ何mか。
①15m　②20m　③25m　④30m

問２　台地面を刻んでいる谷は何に利用されているか。
①水田（一部荒地）　②畑　③住宅団地

問３　台地上の土地利用として適さないものはどれか。
①畑　②水田　③ゴルフ場　④森林

問４　問３の結果から考えて，かつての台地上の土地利用および生活上の問題点は何か。

ここがポイント

Ⓟ台地は，更新世に形成された谷底平野・扇状地・三角州などが隆起し，侵食されないで残った地形。
Ⓟ台地上は，水害の心配はないが，水が得にくく開発が遅れた。畑や果樹園などに利用されている。

上図は，千葉県印西市周辺の下総（しもうさ）台地の地形図である。関東ロームとよばれる赤い土におおわれたほぼ平坦な台地の間に，神崎川による侵食谷が発達し，谷底平野を形成している。
下総台地は，水が得にくく江戸時代まで大部分が原野のままだった。明治時代になってから畑作がはじまり，東京の発展とともに近郊農業的性格を強め，野菜の生産が増加した。
近年は，用水の完成によって水不足が解消し，交通網の整備とともに宅地化や工場・大学などの進出がみられる。

離水海岸

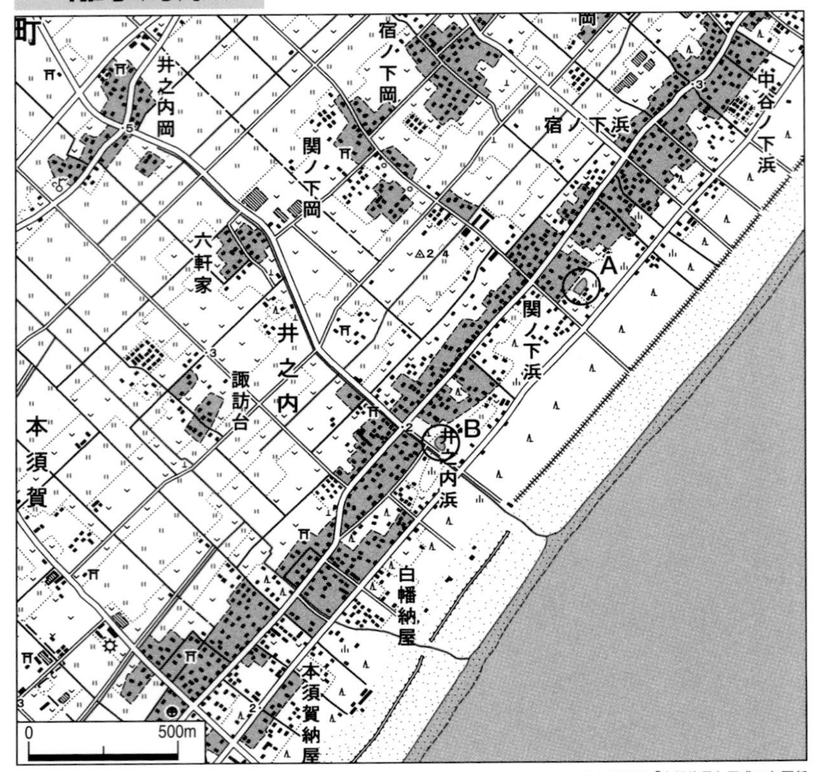

1：25,000「上総片貝」平成15年更新

作業

1．水田を黄緑，畑を黄，森林を緑で着色しなさい。

2．地名の下部に岡・納屋・浜がつくものを赤の○で囲み，囲んだ地名の上部と同じ名前がつくものを地図中から探し，赤線で結びなさい。

読図トレーニング　〈解答はp.333〉

問1　岡・納屋・浜の地名がつく集落は，どのような地形に立地しているか。

問2　海岸線より少し内陸に池が並んでいる（○印A・B）。この池はどのようにしてできたものか。

ここがポイント

Ⓟ海岸平野の特徴
海岸線と並行に浜堤（ひんてい）と低湿地が交互に続く。

Ⓟ千葉県　九十九里浜の地名の特徴
- **内陸（親村）…「〜岡」**
- **海岸（子村）…「〜納屋・浜」**

沈水海岸

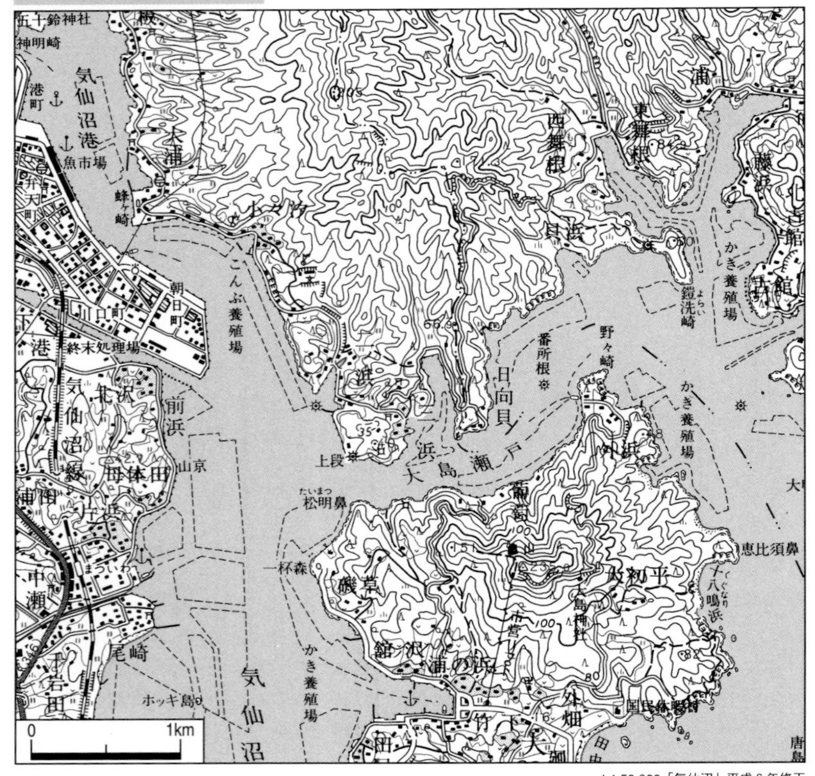

1：50,000「気仙沼」平成6年修正

作業

1．100mの等高線を赤でたどりなさい。

2．漁業関係の施設（港・灯台・養殖場）と地名を青の○で囲みなさい。

3．水田を黄緑で着色しなさい。

読図トレーニング　〈解答はp.333〉

問1　左の地形図でみられる海岸地形は何とよばれるか。
①フィヨルド　②エスチュアリ
③リアス海岸

問2　このような海岸地形は，どのように形成されたものか。

問3　かきやこんぶの養殖場が多くみられるが，これはなぜか。

ここがポイント

Ⓟ沈水（リアス）海岸は，海岸線が複雑に入り組み，水深の深い波静かな入り江や湾になっている。そのため，湾内には養殖場が多い。

カルスト地形

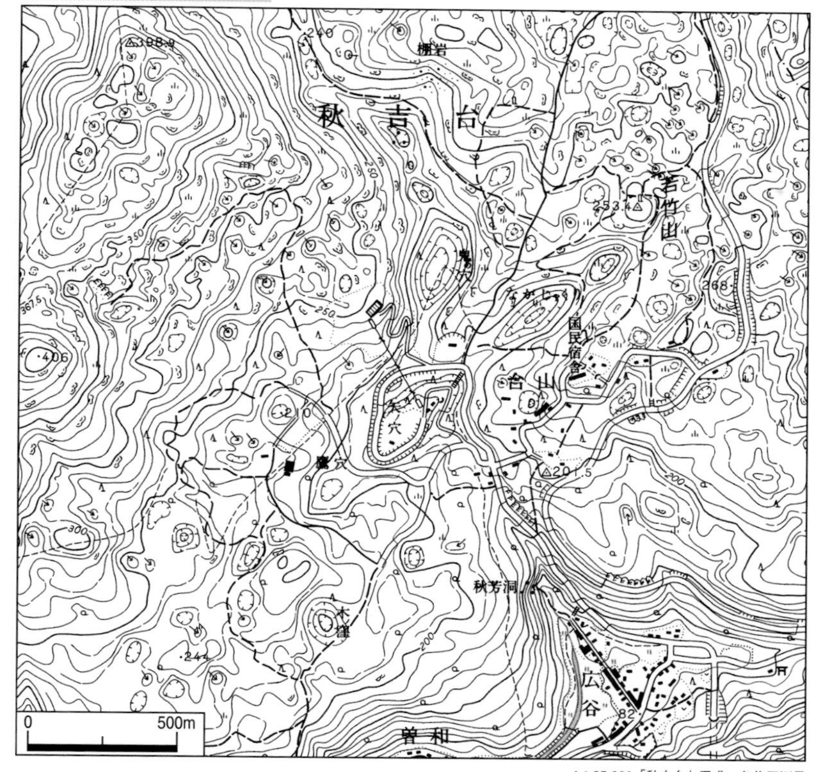

1：25,000「秋吉台」平成13年修正測量

作業

1．100m，200m，300mの等高線を赤でたどりなさい。

2．凹（おう）地を紫で着色しなさい。

読図トレーニング　〈解答はp.333〉

問1　台地上に点在する　　の地形は何か。

①鉱物の採掘地　②火山の噴火口

③雨水による溶食でできた小凹（おう）地（ドリーネ）

問2　台地を構成する岩石は何か。

①玄武岩　②安山岩　③砂岩

④石灰岩

問3　秋芳洞はどのような観光地か。

①渓谷　②鍾乳洞　③登山　④旧跡

ここがポイント

Ⓟ代表的なカルスト地形には，石灰岩が雨水の溶食を受けてできた凹地（ドリーネやウバーレ）がある。

サンゴ礁

1：50,000「与論島」平成３年第２回編集

作業

1．島を取り囲むようにして海中にあるサンゴ礁を桃色でたどりなさい。

2．20m，40m，60mの等高線を赤でたどりなさい。

3．凹（おう）地を紫で着色しなさい。

読図トレーニング　〈解答はp.333〉

問1　左図のサンゴ礁の形態を何というか。

①裾礁　②堡礁　③環礁

問2　島を構成する岩石は何か。

①玄武岩　②安山岩　③砂岩

④石灰岩

問3　おもな土地利用は何か。

①水田　②畑　③森林　④果樹園

ここがポイント

Ⓟサンゴ礁には，裾礁（きょしょう）・堡礁（ほしょう）・環礁（かんしょう）の3つの形態がある。カルスト地形同様，石灰岩で構成されている。

6 地形図の読図（2）―村落と都市

新田集落・路村

1：25,000「所沢」平成17年更新

作業

1．畑を黄，茶畑を黄緑，果樹園を橙で着色しなさい。

2．樹木に囲まれた居住地を赤，新興住宅地を紫，工場を青で着色しなさい。

3．墓地を緑の○で囲みなさい。

読図トレーニング 〈解答はp.333〉

問1　図中に水田が見られない理由を以下から2つ選べ。

①地下水位が深く，井戸が掘りにくいから。

②畑作物の方が収益が上がるから。

③乏水性の台地上にあるから。

問2　上富・中富付近の森林・畑・集落・道路の位置関係についてまとめよ。

ここがポイント

Ⓟ新田集落の特徴

- **江戸時代以降の技術革新によって開拓された路村。**
- **道路に沿って，短冊状の地割がみられる。**

Ⓟ新田集落特有の地名

- **新田，新畑，開，発，新屋敷，出屋敷，出村など。**

上図は，埼玉県所沢市北部の新田集落の地形図である。武蔵野の上富（かみとめ）・中富（なかとみ）・下富（しもとみ）を合わせて三富（さんとめ）新田とよんでいる。武蔵野は，もともと水が得にくいため，開発が遅れていた。開発がはじまったのは，農業技術や土木技術が発展した江戸時代以降である。

新田集落は，開拓道路沿いに家屋が列状に並ぶ路村形態を示している。家屋の背後には，それぞれの家屋の耕地が短冊状に並んでいる。土地利用は，水田ではなく畑が中心で，おもに道路側から家屋・耕地・森林として利用されている。また，墓地が1戸ごとにあるのが特徴的である。

近年は，都市化に伴い，新興住宅地や工場，大学などの進出がみられる。

新田集落特有の地名として，新田，新畑，開，発，新屋敷，出屋敷，出村などがある。

※上図には記載がないが，この地区には「新田」や「新開」の名がついたバス停や交差点が存在する。

名田百姓村・散村

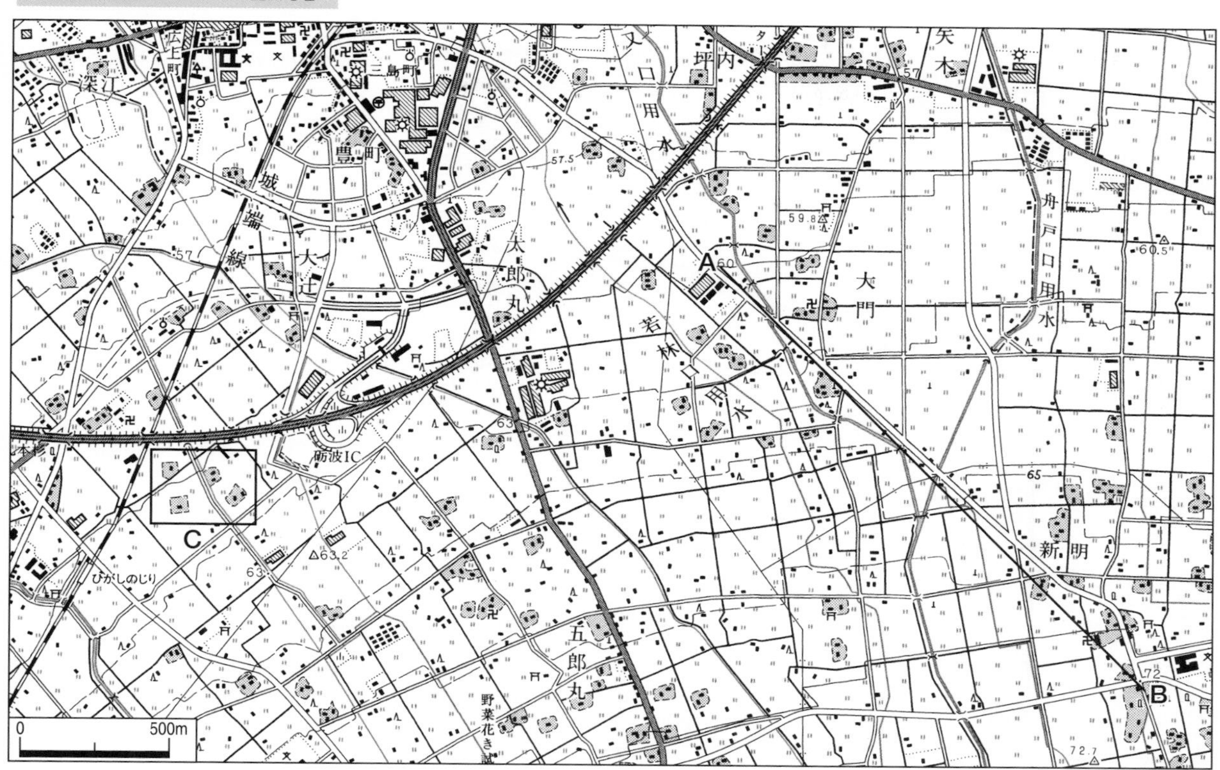

1：25,000「砺波」平成8年部分修正測量

作業

1．55m・60m・65m・70mの等高線を赤でたどり，どのような地形か答えなさい。
2．名田百姓村と思われる地名を青の○で囲みなさい。

読図トレーニング　〈解答はp.333〉

問1　作業1でわかった地形の特性から考えて，図中に水田が多く見られるのはなぜか。

問2　A－B間の傾斜を分数で求めなさい。

問3　図中のCの範囲内の屋敷どうしの間隔を測り，その平均の間隔を求めよ。

形態	起源	関係ある地名
名田百姓村	名主や名門が中心に開拓した村	太郎丸，次郎丸，五郎丸，太郎名，福富，貞光など
荘園村	荘園の開拓に起源をもつ村。古代末期より発生	別所，別府，与野，領主，地頭方，庄，給田，京田，治，張，墾など
豪族屋敷村	豪族の軍事的保護を求め，その居館の周りに形成された村	舘，楯，柞，土居，堀内，堀籠，三輪，寄居，麓，根古（小）屋，構，箕輪など
寺百姓村	寺領の開拓にはじまる村	とくになし
隠田(おんでん)百姓村	落武者の村。山間部	とくになし

▲中世に開拓起源をもつ集落

ここがポイント

Ⓟ名田百姓村の特徴

- **中世に開拓起源をもつ集落のひとつ。**
- **開墾権を与えられた名主の屋敷を中心に発達した。**
- **特有の地名…太郎丸，次郎丸，五郎丸など。**

Ⓟ散村の特徴

- **広い地域に家屋が孤立し，散在している。**
- **水が得られる地域，強風地帯で防火の必要がある地域，治安の心配のない地域などに形成される。**

上図は，富山県西部の砺波平野の地形図である。この地域では，一軒一軒の家屋が耕地のなかに孤立した散村形態がみられる（孤立荘宅）。また，冬の季節風や春のフェーン現象など強風地帯でもあるため，家屋の周囲にはすぎなどの防風林が植えられている。集落が散村形態を形成しているのも，火災の延焼を防ぐためだといわれている。小矢部川や庄川によって形成されたゆるやかな扇状地上にあるが，用水路が整備されているため，全体的に水利がよく水田が広がっている。

なお，太郎丸などの地名から，この地域が中世に開拓起源をもつ名田百姓村であることがわかる。

条里制

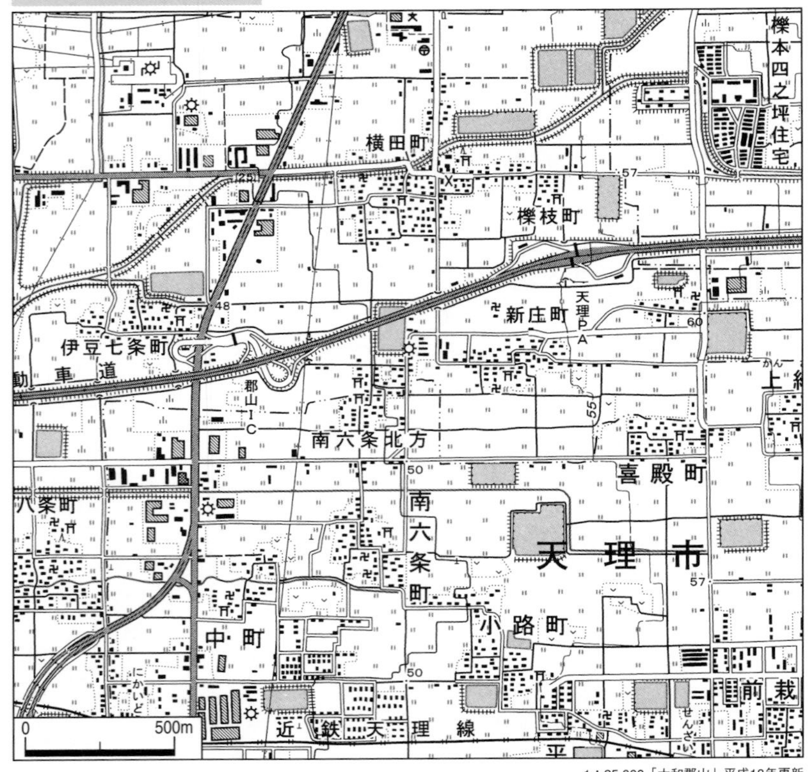

1：25,000「大和郡山」平成18年更新

作業
1．条里制特有の地名を赤の○で囲みなさい。
2．神社を緑，寺院を青の○で囲みなさい。

読図トレーニング　〈解答はp.333〉

問1　地名以外で，条里制の名残を示すものは何か。

問2　村落の形態は何か。
①路村　②散村　③塊村　④街村

問3　新しい集落（櫟本四之坪住宅など）と古くからの集落（小路町など）との違いを家屋の集合状況から答えよ。

ここがポイント

Ⓟ**条里制の特徴**
- **直交する道路や水路がみられる。**
- **集落形態は塊村。**
- **特有の地名…里，坪，条など。**

屯田兵村

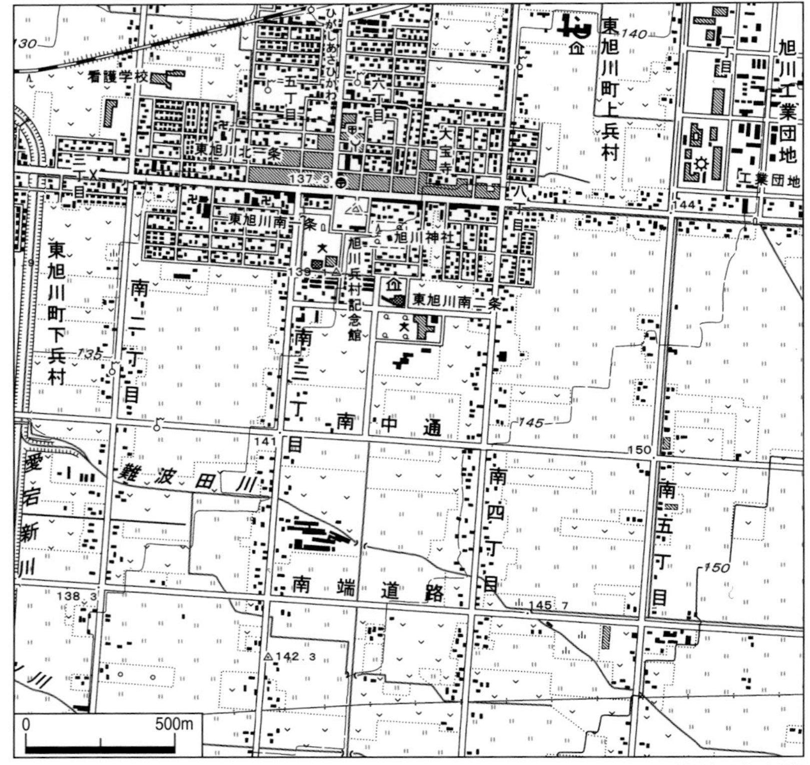

1：25,000「永山」平成18年更新

作業
1．屯田兵村の名残をとどめる地名を赤の○で囲みなさい。
2．140m，150mの等高線を赤でたどりなさい。

読図トレーニング　〈解答はp.333〉

問1　図中で標高が高くなっていくのはどの方向か。
①中央部　②北東部　③北西部
④南東部　⑤南西部

問2　道路網にはどのような特徴があるか。

問3　地名や道路網の特徴から，この地域の集落の起源はいつごろであるか。
①古代　②中世　③近世　④近代

ここがポイント

Ⓟ**明治時代の北海道の防備・開拓と士族救済を目的に形成。アメリカのタウンシップ制がモデル。**

城下町

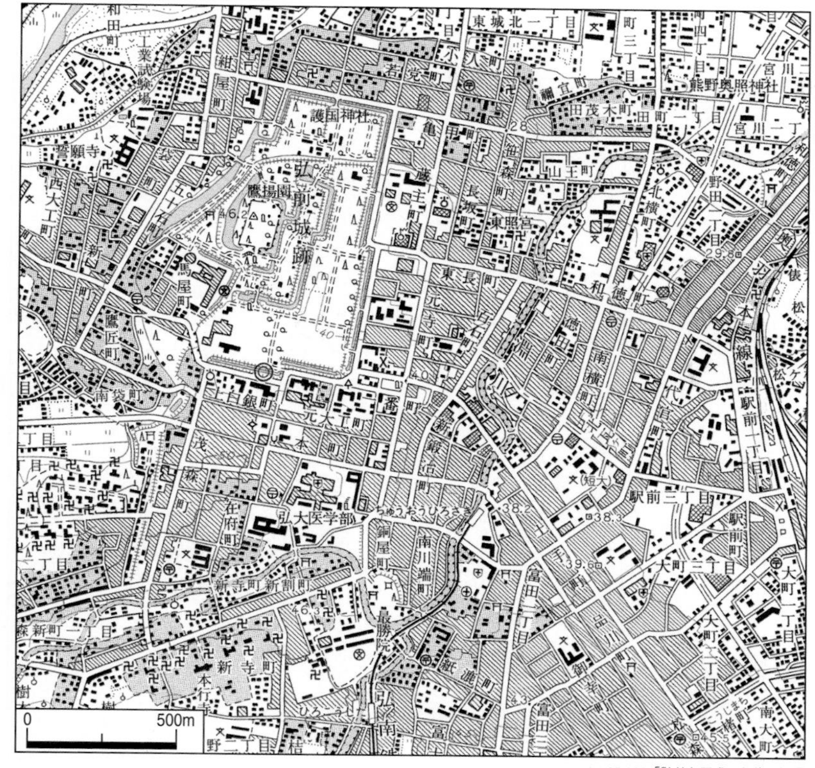

1：25,000「弘前」平成6年修正測量

作業

1．50mの等高線を赤でたどりなさい。

2．城跡を黄，官庁を橙，寺院を紫，工場を青，大学を桃の○で囲みなさい。

読図トレーニング 〈解答はp.333〉

問1　城下町特有の道路の形態はどのようなものか。また，そのようにつくった理由は何か。

問2　官庁街はどのようなところに形成されているか。

①城郭の内部　②城郭周辺　③駅前

問3　寺院の分布の特徴を以下から1つ選べ。

①城郭の内部　②駅の周辺

③城郭の外側

ここがポイント

Ⓟ城下町は，T型・カギ型の道路が特徴的。寺院は外縁部に分布。

宿場町

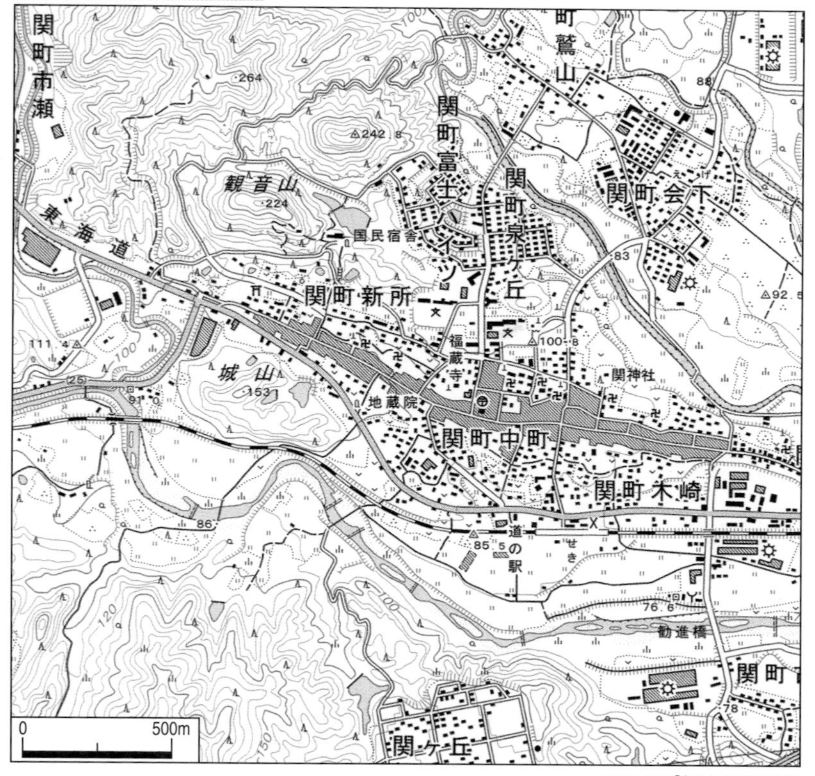

1：25,000「亀山」平成20年更新

作業

1．密集している集落を赤で着色しなさい。

2．寺社仏閣を緑の○で囲みなさい。

3．かつての街道を示す名前を青の○で囲みなさい。

読図トレーニング 〈解答はp.333〉

問1　宿場町の特徴を示す以下の文のうち，最も適当なものを1つ選べ。

①街道に沿う短い区間に幅広く発達する。

②街道に沿って細長く発達する。

③街道とは関係なく不規則に発達する。

問2　新しい道路はなぜ古くからの集落を避けているのか。

ここがポイント

Ⓟ江戸時代の主要街道沿いに発達した街村。明治時代以降，鉄道の開通によって衰退した。伝統的な町並みが観光資源になっている。

7 地形図の読図（3）―新旧の比較

都市化とニュータウン

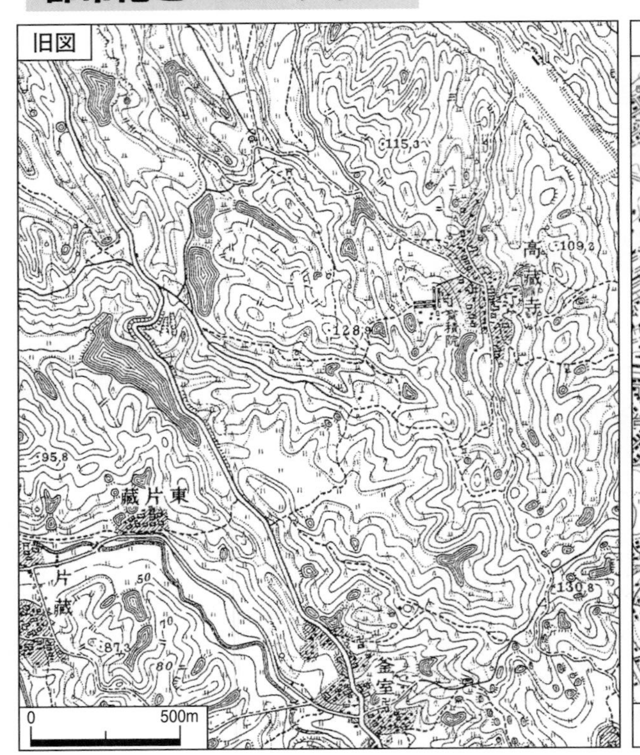

1：25,000「富田林」昭和33年資料修正

1：25,000「富田林」平成19年更新

作業

1．旧図で，ため池を青，水田を黄緑，集落を紫で着色しなさい。

2．新図で，旧図時代から見られる集落を紫で，道路を赤で着色しなさい。

3．新図で，「台」のつく地名を桃色の○で囲みなさい。

読図トレーニング 〈解答はp.333〉

問1 ニュータウン建設前の地形はどれか。最も適当なものを以下から1つ選べ。また，それはどのようなことから推察できるか。

①高原 ②丘陵 ③盆地 ④低地

問2 茶山台二丁付近の住宅は一戸建て住宅か集合住宅か。

問3 日本のニュータウンの課題は何か。

①教育施設 ②日照権 ③交通・通勤

ここがポイント

Ⓟニュータウンの特徴

- ロンドン…職住近接型
- 日本…職住分離型
  →日本では，居住者の高齢化が進んでいる。

Ⓟ都市化の弊害

- スプロール現象
  都市周辺の急激な都市化により，農地や森林が無秩序に開発され，虫食い状に住宅や工場などが分布する現象。インフラ整備が追い付かず，公害などの問題も生じる。

上図は，大阪府の泉北ニュータウンの新旧の地形図である。泉北ニュータウンは，大阪都心部から南へ20km，堺市の南域の泉北丘陵に位置する。大阪市や堺市への通勤人口を収容する住宅地として，千里ニュータウンに引き続き建設された。

そもそもニュータウンは，イギリスのハワードが田園都市論の中で提唱したもので，その第1号は，1903年にロンドンの郊外に建設されたレッチワースであった。しかし，ロンドンのニュータウンが職住近接型であるのに対し，日本のニュータウンは職住分離型を選択した。その結果，通勤ラッシュなどの問題が生じることになった。

なお，地形図の新旧比較では，地形や地名，古くからの集落などの変容や名残に注目して読図してみよう。

8　いろいろな地図

①　1万分の1地形図

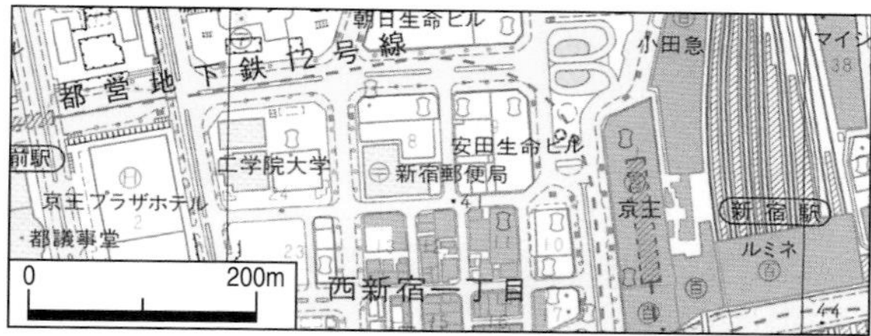

1：10,000「新宿」平成5年修正

全国主要部都市域に作製されている。自治体の作製した1：2,500都市計画図の白地図から編集したもので，ほとんどの建物の形状が表現されている。道路上の歩道や地下鉄の出入口も表現されている。1kmは10cm。

②　20万分の1地勢図

1：200,000「札幌」平成18年編集

1：50,000地形図を基に編集したもので，縮尺上，省略が多いので，使用する際に注意が必要である。130面で全国を覆う。1kmは5mm。多色刷りで陰影表現も用いられているので地表の起伏状態がわかりやすい。

③　5万分の1地質図

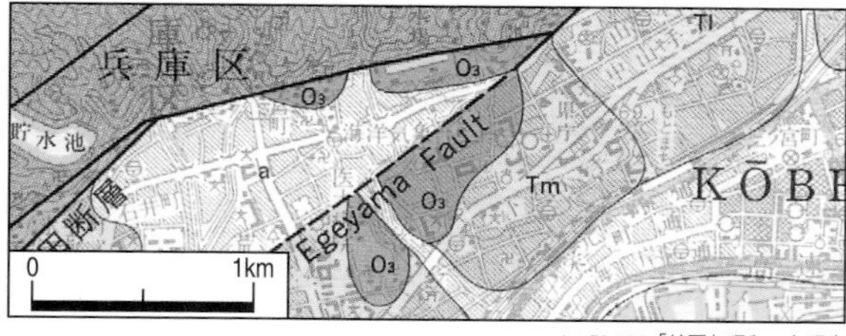

1：50,000「神戸」昭和56年調査

1：50,000地形図上に，その土地の基盤となる地質現象（岩石や地層など）を表したもの。資源探鉱や環境対策，災害防止，土地利用など幅広い分野で利用される。

④　海図

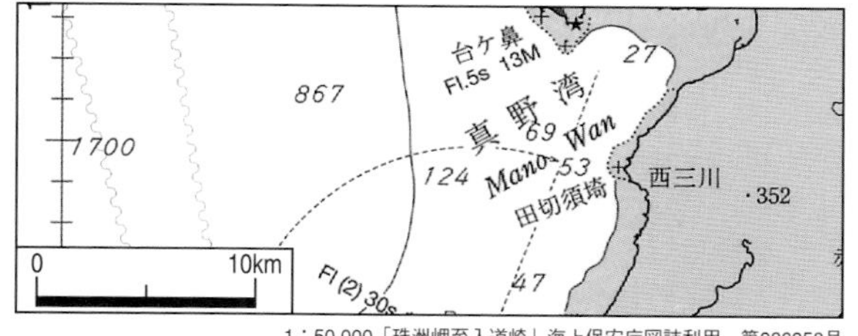

1：50,000「珠洲岬至入道崎」海上保安庁図誌利用　第080058号

航海用の地図が海図である。海岸線は満潮時のものであり，深度は最大干潮時の深さである。

⑤　外国の地形図

1：50,000「JULIERPASS」

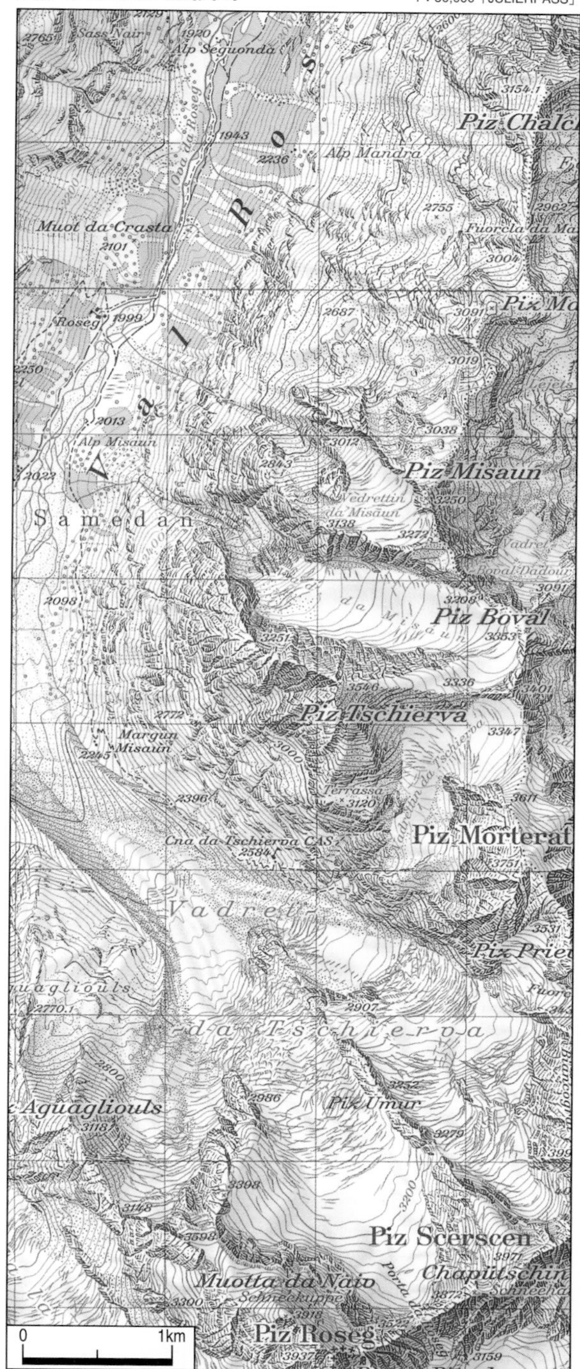

© 2006. Bundesamt für Landestopografie 3084 Wabern

スイスとイタリアの国境付近のアルプス山脈を表したスイスの地形図である。スイスの地形図の美しさは繊細な線画と色彩，スイスの景色を彷彿させるような山地の実証的な表現にあるといえる。図中の緑色は森林，青色の等高線は氷，茶色の線は土，黒色の線は岩石と，地表の要素ごとに等高線の色を分けている。

9　主題図

① 主題図ー特定のテーマについて表現した地図

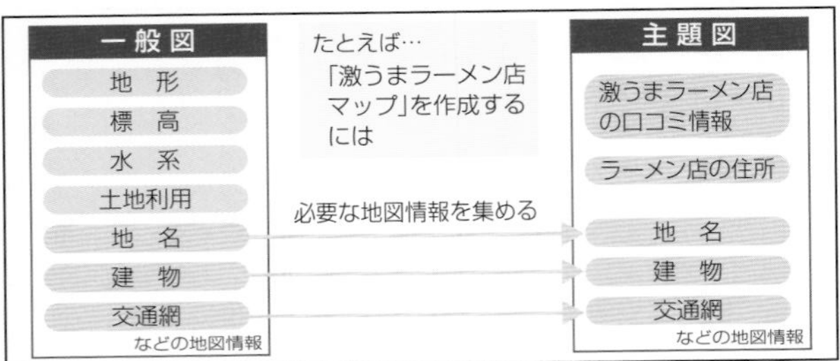

▲主題図のつくり方の例

地形，河川，交通，郡市町村などの地名，土地利用などの基本的な情報を，多目的に利用できるよう特定のテーマに限定せず表した地図を**一般図**とよぶ。それに対し，特定のテーマについて表した地図を**主題図**とよぶ。住宅地図や道路地図など，私たちの身のまわりにある地図の多くが主題図であり，おもに一般図をベースマップ（基図）にして作成される。

左の例では，ラーメン店のグルメマップを作成するときに，地名や周辺の建物，さらにはアクセスのための交通網を一般図から引用している。

② 身のまわりの主題図の例

（1）「交通」をテーマにした地図

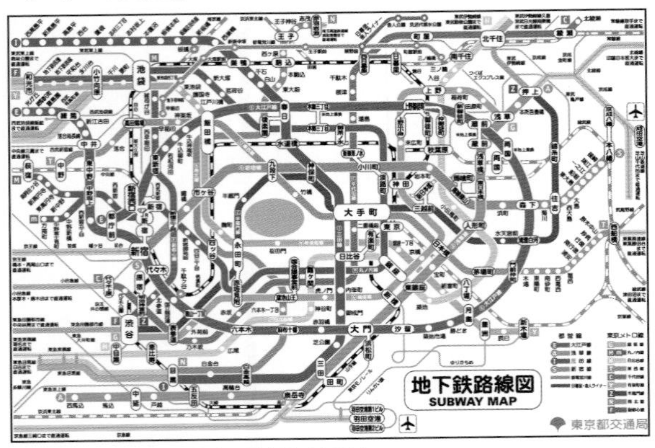

▲東京都交通局「地下鉄路線図」

交通をテーマにした地図には，道路地図や鉄道路線図，バス路線図などがある。とくに路線図の場合，路線の種類や駅の並び，乗換駅などを正確に伝えることが第一目的であり，距離や位置は必ずしも正確ではない。

（2）「観光」をテーマにした地図

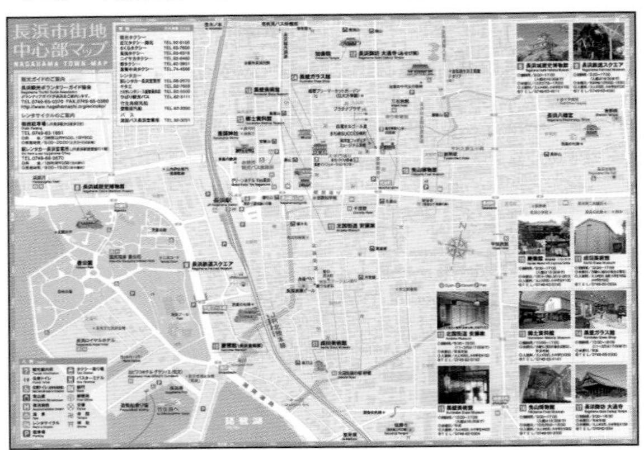

▲長浜市観光協会「長浜市観光マップ」

観光をテーマにした地図には，観光名所や観光案内所，駐車場や公衆トイレの位置など，観光客が必要としている情報が表されている。上の地図のように，観光名所の写真や入場料などの情報を併記していることも多い。

（3）「防災」をテーマにした地図　参照 p.41⑥

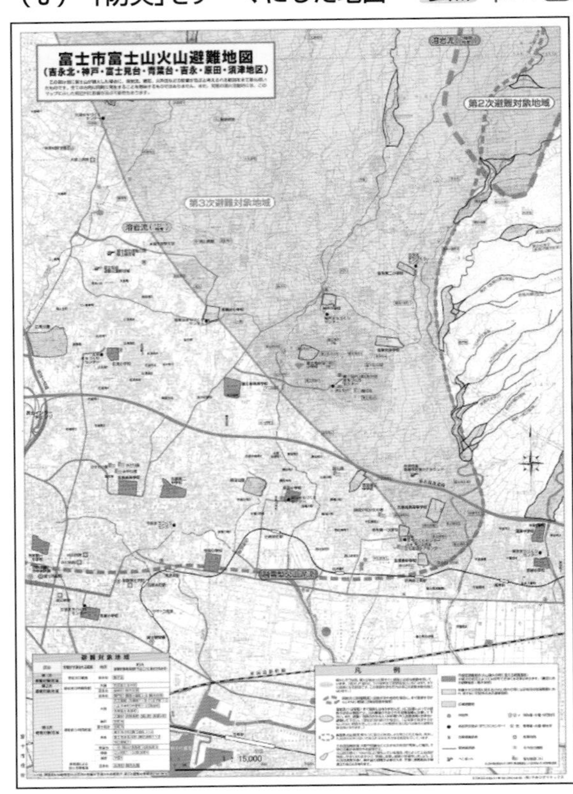

▲富士市役所「富士市富士山火山防災マップ」

防災をテーマにした地図のうち，地震や洪水，火山噴火などの自然災害の被害範囲や危険地域などを過去のデータから予測して地図に表したものを**ハザードマップ**とよぶ。自然災害が多い日本では，全国の自治体の多くがハザードマップを作成し，避難所なども示して住民に注意を呼びかけている。とくに，東海地震や南海地震など大規模地震の発生が予測されている地域では，阪神・淡路大震災の教訓やハザードマップのデータを参考に広域的な防災対策が進められている。

なお，上の地図は，富士山が噴火した際の被害範囲を表した富士市のハザードマップである。

③ 統計地図―統計データを地図化した主題図

（1）統計地図とは

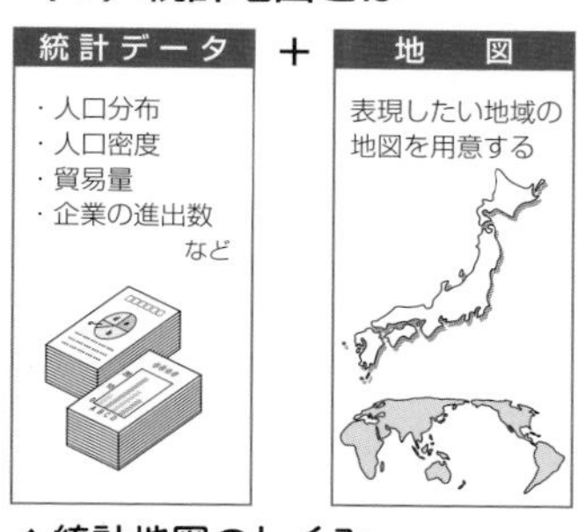

▲統計地図のしくみ

統計地図は，測地データ（気温や降水量など）や統計データ（人口や生産量など）を地図上に表した主題図のひとつである。複雑で膨大な量のデータを地図化することは，視覚的にわかりやすくなるだけでなく，比較や分析，管理などの際にも効果的である。

ただし，統計地図の表現には，数値の絶対値を示した絶対分布図と1人あたりなどの割合を示した相対分布図がある。そのため，統計データの種類によって適切な表現を考えなければならない。

（2）統計地図の種類―絶対分布図

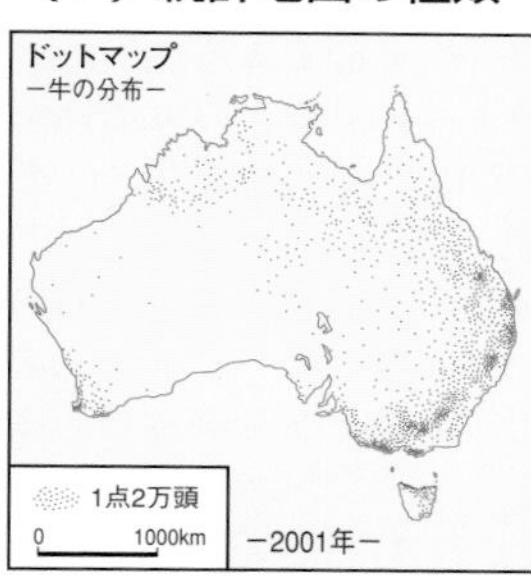

数量を点（dot）で表し，分布の状態を示した地図。人口や家畜頭数の分布，農産物の産出量の分布などを把握するときに用いられる。

左の図は，オーストラリアの牛の分布を表したドットマップである。

◀ドットマップ

等しい数値の地点を線で結んだ地図。等高線図や等降水量線図などがある。

左の図は，オーストラリア大陸の年降水量を表した等値線図である。

◀等値線図

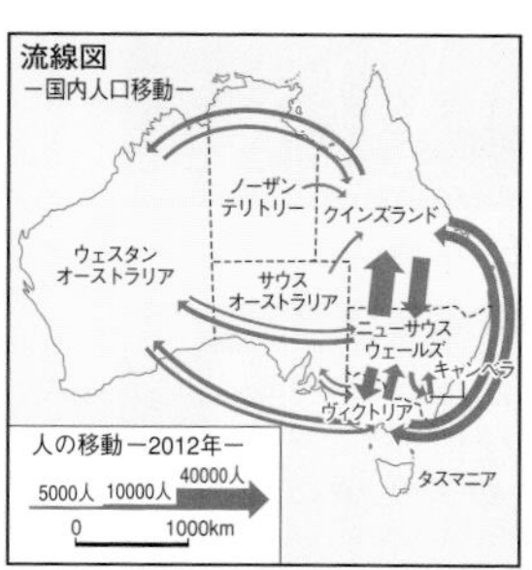

モノや人の移動を矢印で結び，その量を太さで表した地図。たとえば，原油がどの国からどの国に多く輸出されているのかなど，貿易関係を示すときなどに用いられる。

※凡例を階級区分した場合は，相対分布図になる。

◀流線図

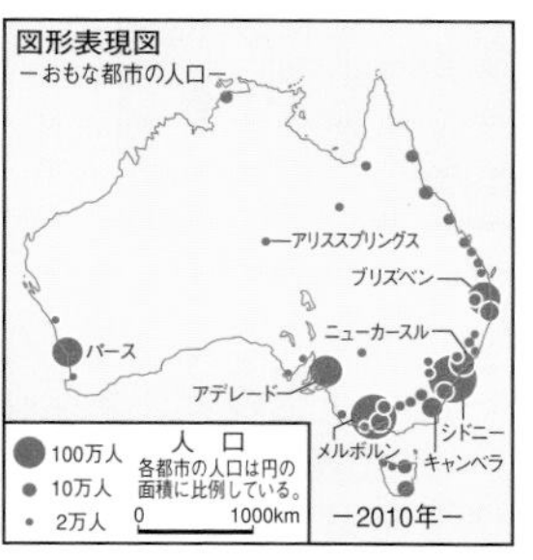

数量を円や棒，さらにはモノや人の形など図形の大きさで表した地図。各都市の人口や海外への日本企業の進出数などさまざまな用途に用いられる。

◀図形表現図

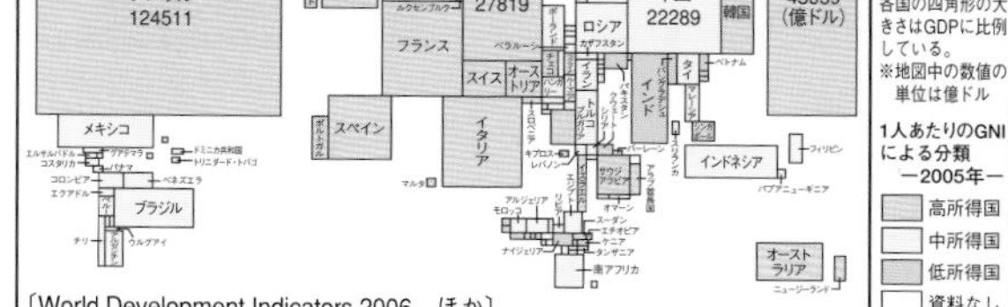

▲カルトグラム

統計値の大きさにあわせて，もとの地図を変形したもの。

（3）統計地図の種類―相対分布図

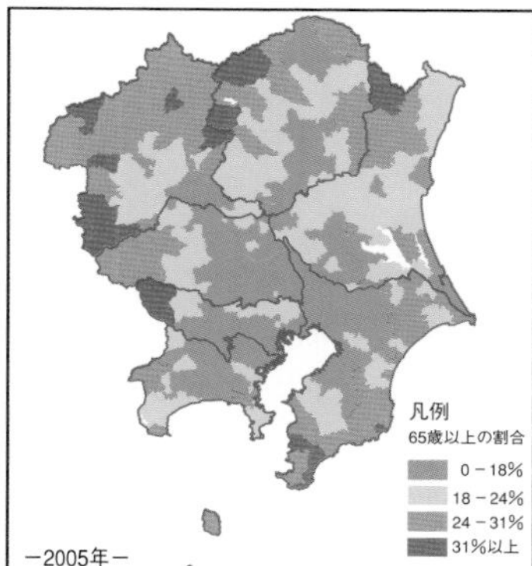

▲階級区分図（関東地方）〔平成17年 国勢調査〕

階級区分図は，調査地域ごとの割合をランク分けし，色彩や模様などで表した地図である。

左の図は，関東地方の市町村ごとの65歳以上の人口割合を示した階級区分図である。全体的に都市部で低く，山間部などで高い。

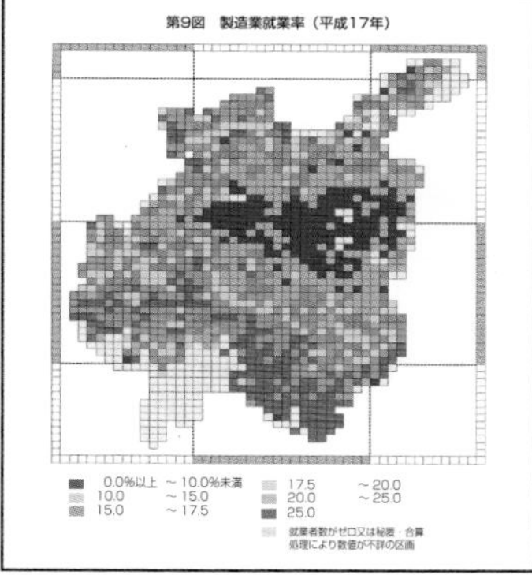

▲メッシュマップ（名古屋市）※名古屋市データを元に一部改変

メッシュマップは，一定間隔の区画ごとの数値を階級区分し，色彩や模様などで表した地図である。階級区分図のように，特定の地域では区切れない降水量などの気象データや人口分布などのデータを示すときに用いられることが多い。

10 GIS（地理情報システム）

① GISのしくみ―デジタル地図の可能性

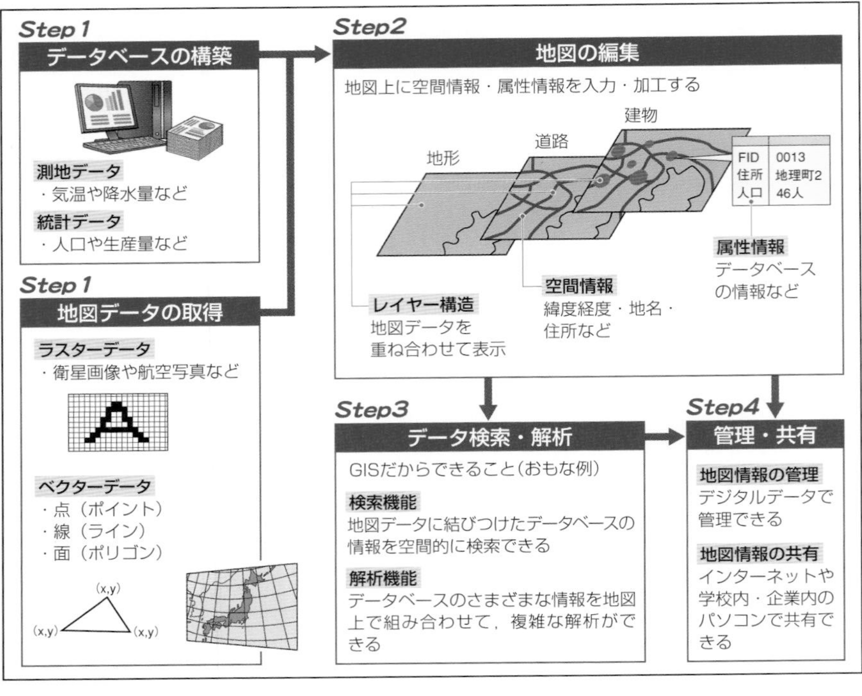

GISは，地理情報システムの略。簡単にいえばコンピュータ上で空間情報の編集・解析・検索・管理ができるデジタル地図のことである。空間情報が固定化されている紙地図では不可能だった作業もGISの登場によって可能になった。たとえば，目的に応じた地図の拡大・縮小，地形や建物の3D表示，さらに複数の地図データや測地・統計データなどを重ね合わせれば複雑な解析も可能である。

このように無限大の可能性を秘めたGISだが，携帯性にはまだ課題がある。折りたたんで持ち運べる紙地図に対し，GISはパソコンなどのハードウェアの使用が前提となるからである。しかし，最近ではポータブルGISなどの専用機の開発も進み，携帯性も徐々に改善方向にある。

② GISの活用例

（1）地方公共団体―統合型GIS

▲統合型GISのモデル

電子自治体を目指す地方公共団体では，統合型GISの導入が進んでいる。これまで各部署が独自に作成・管理していた地図情報をGISで統一的に管理することで，ネットワークを通して住民全体で共有できるようになった。

（2）企業―エリアマーケティング

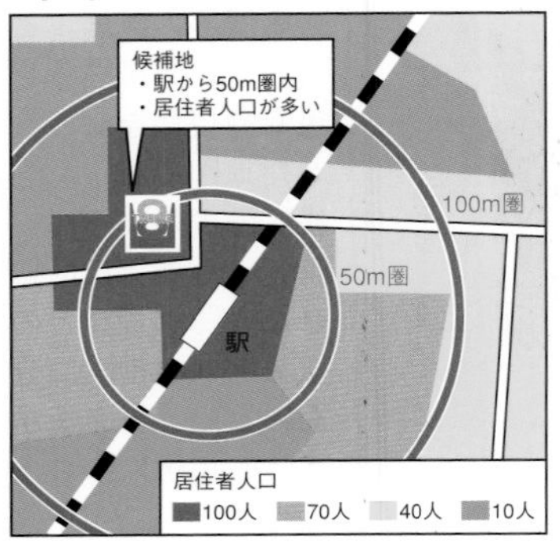

▲エリアマーケティングの例

エリアマーケティングとは，ある地域の市場を分析する企業戦略のひとつである。たとえば，ある地域に新しいコンビニエンスストアを出店するときの候補地は，GISで人口分布や交通網，競合店の位置などを空間的に分析して決められる。

（3）個人―身のまわりのGIS

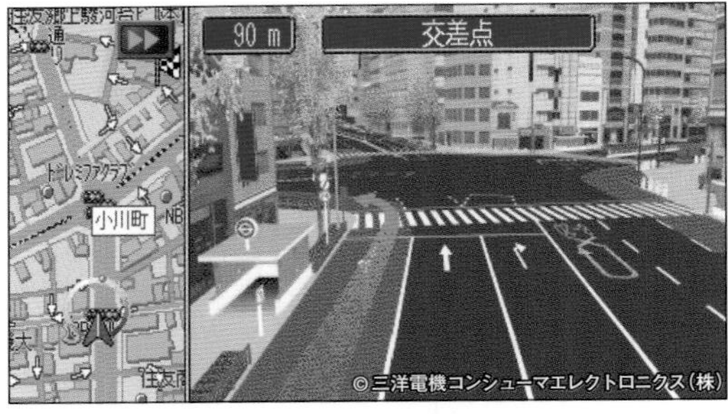

▲カーナビゲーションシステム〔GORILLAR〕

▲GIS機能を利用した地図ゲーム〔ニッポンのあそこで〕

専門機関だけでなく，私たちの生活の中にもいろいろなGISが存在している。インターネット上のデジタル地図やカーナビゲーションシステムが代表的だが，最近ではGIS機能を利用した地図ゲームも発売されている。

11　GNSS(全球測位衛星システム)・リモートセンシング

①　人工衛星を利用した技術

実用衛星	通信・放送衛星	情報を伝える(衛星放送・衛星電話)
	GPS衛星	地球上の位置を把握する
	地球観測衛星	地球上の状態を把握する
	気象衛星	雲の動きなど気象の状態を観測する
科学衛星	天文観測衛星	宇宙空間の観測をする
	月・惑星衛星	特定の惑星の調査を行う
軍事衛星		軍事上の目的に利用される

▲人工衛星の種類

地球のまわりには，数多くの人工衛星がまわっている。人工衛星は，大きく実用衛星・科学衛星・軍事衛星に分類できる。とくに実用衛星は，衛星放送やナビゲーション，さらに環境問題対策など私たちの生活に役立っている。このうち，GNSS衛星と地球観測衛星は，地理の学習に関わりが深い。なお，GPS(Global Positioning System)はGNSSのうち，アメリカ合衆国のシステムをさす。

②　GNSS―地球上の「位置」を測定する

▲GNSSの活用例

GNSSは，全球測位衛星システムの略。地球を周回する約30基のうち，4基以上のGPS衛星から電波を同時に受信することで，地球上のどこにいても現在位置(緯度・経度・高度)がわかるシステムである。おもに自動車や船舶，航空機などのナビゲーションやGPS測量に利用されている。

▲GPS機能がついたスマートフォン〔iPhone〕

▲GPSと携帯電話のネットワーク

③　リモートセンシング―地球上の「モノ」を観測する

(1) リモートセンシングのしくみ

※1μm=10⁻⁶m

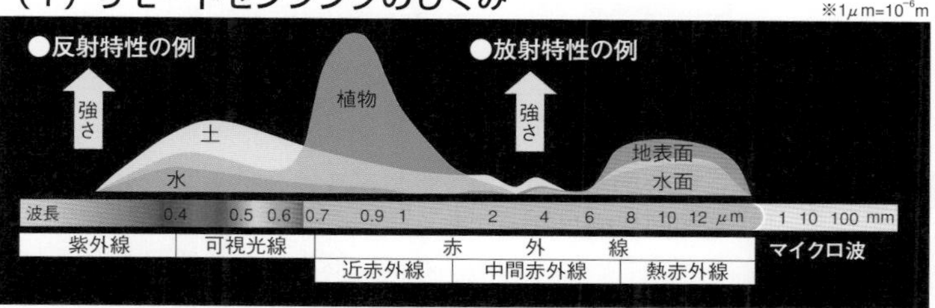

〔JAXA〕

実際にモノにさわらずに遠隔から測定する技術をリモートセンシングという。地球観測衛星は，地表面から反射・放射される電磁波を受信して地表面の状態を観測する。電磁波は物質によって波長が異なるため，それぞれの波長に応じた観測センサーが搭載されている。

◀光のスペクトルと反射の特徴

(2) 観測センサーの種類

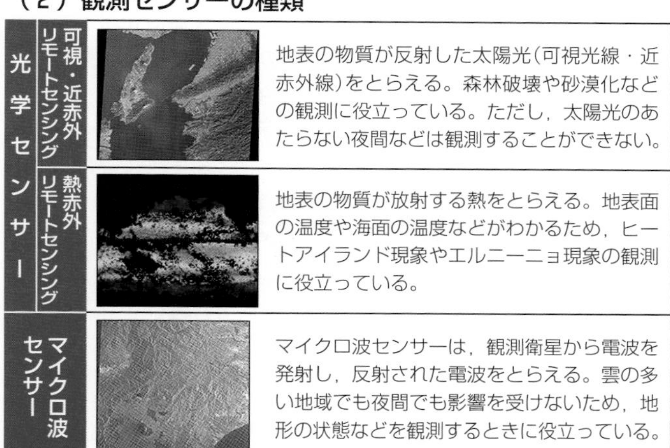

光学センサー	可視・近赤外リモートセンシング	地表の物質が反射した太陽光(可視光線・近赤外線)をとらえる。森林破壊や砂漠化などの観測に役立っている。ただし，太陽光のあたらない夜間などは観測することができない。
	熱赤外リモートセンシング	地表の物質が放射する熱をとらえる。地表面の温度や海面の温度などがわかるため，ヒートアイランド現象やエルニーニョ現象の観測に役立っている。
マイクロ波センサー		マイクロ波センサーは，観測衛星から電波を発射し，反射された電波をとらえる。雲の多い地域でも夜間でも影響を受けないため，地形の状態などを観測するときに役立っている。

〔JAXA〕

(3) リモートセンシング技術の活用

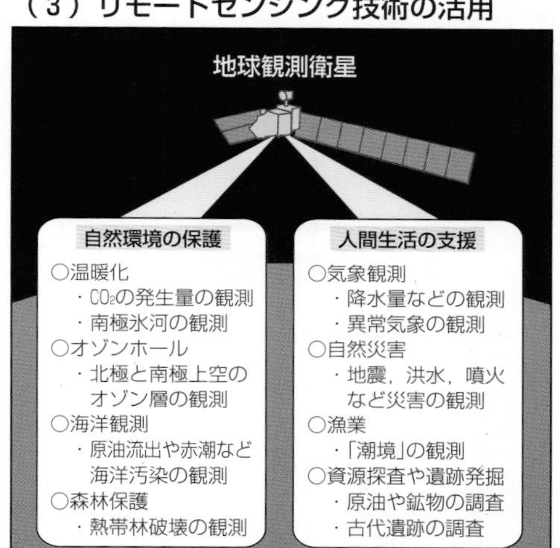

12 フリーソフトを利用した地理学習

① 衛星画像の観察―Google Earth

▲Google Earth の表示画面

Google Earthは，Google社が開発したパソコン上のデジタル地球儀ソフトで，世界中の詳細な衛星画像・地図・地形・3Dの建物などが閲覧できる。３D表示やストリート・ビュー機能では，地形の形状や一つ一つの建物の立体表現により，世界各地の特徴的なすがたを実際に訪れたような感覚で確認することができる。都市の詳細な道路や，建造物などの位置を地名検索から調べることもできる。また，視点を斜め上に設定することで，鳥瞰図のような表現で地域をとらえることも可能である。地理の学習にとって，世界の著名な地形や農業地域，世界遺産などがどこにあるのか，旅をするように楽しみながら調べることのできるツールである。

検索ワード Google Earth

② 地形の学習―カシミール３D

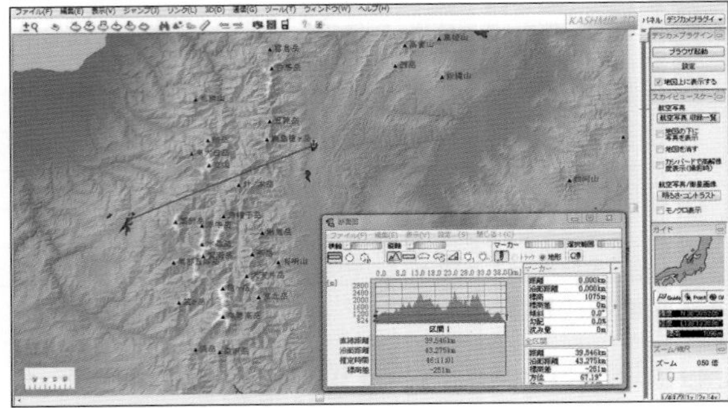

▲カシミール３Dの表示画面
（数値地図50mメッシュのデータを利用）

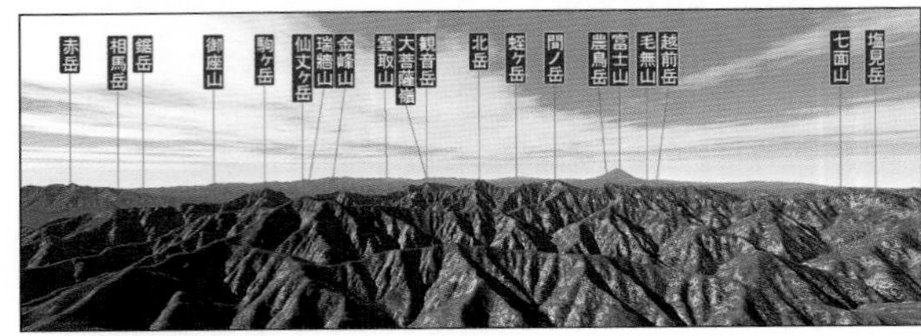

▲鳥瞰図（カシバードにて作成）

カシミール3Dは，DAN杉本氏が開発した地形図ソフトで，地形の立体表示や鳥瞰図・断面図の作成などができる。ただし，国土地理院の数値地図など，標高データは各自で用意する必要がある。

地理の学習では，地形図の読図など，平面の地図から立体的な地形を読み取るときに活用できる。

検索ワード カシミール３D

③ 主題図の作成―MANDARA

（１）統計地図を作成してみよう

▲帝国書院Web「いろいろな統計」

ポイント

必要なデータ
①属性データ
ここでは，帝国書院ホームページの「いろいろな統計」から引用する

②地図データ
ここでは，MANDARAの「JAPAN」データを使う

MANDARAは，埼玉大学准教授の谷謙二氏が開発した主題図作成ソフトである。Excelなどの表計算ソフトにある統計データを利用すれば，簡単に統計地図を作成することができる。

地理の学習では，統計地図とGISのしくみを理解するときに活用できる。統計データは，帝国書院Webページのいろいろな統計から引用するのが便利である。

検索ワード MANDARA ・ 帝国書院

Step 1

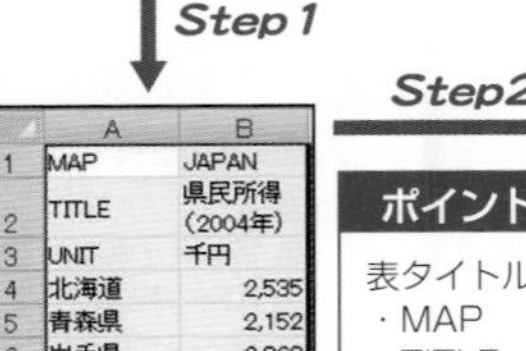

	A	B
1	MAP	JAPAN
2	TITLE	県民所得（2004年）
3	UNIT	千円
4	北海道	2,535
5	青森県	2,152
6	岩手県	2,363
7	宮城県	2,530
8	秋田県	2,297
9	山形県	2,411
10	福島県	2,712
11	茨城県	2,929
12	栃木県	3,062
13	群馬県	2,828
14	埼玉県	2,956

▲Excelにコピー

Step2

ポイント

表タイトルは
・MAP
・TITLE
・UNIT
都道府県名には「～県」等を必ず付ける

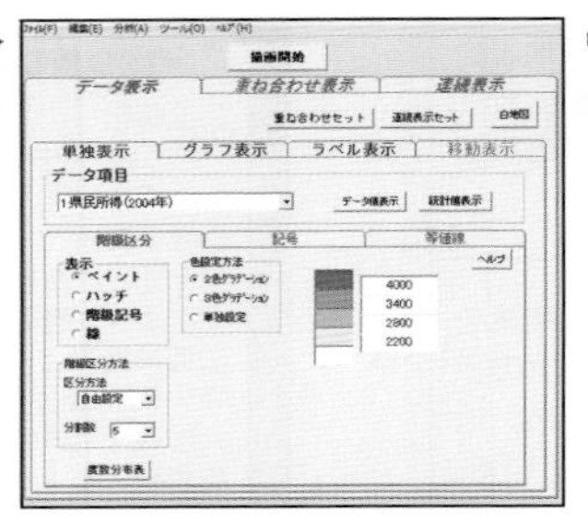

▲MANDARAの編集画面

Step3

ポイント

①Excelのデータ範囲をコピーする

②MANDARAを起動後，クリップボードのデータを読み込むを選択する

③表示要素を編集し，描画開始へ

▲完成した統計地図

主要国要覧

《表の見方》

国旗　正式国名

アメリカ合衆国

United States of America　（英語による名称）

●国旗の説明●
赤と白のストライプは独立したときの13州の数，50の星は，アラスカやハワイを含めた現在の州の数を表す。星の数は，州が増えるたびに増えてきた。

●政治・経済●
世界最大の経済規模をもつ。工業，農業ともにさかん。経済，金融，軍事面で世界に与える影響が大きい。

DATA
首都：ワシントンD.C.
人口：3億2312万人
面積：983.4万km²
人口密度：33人／km²
（おもに2016年（国連『Demographic Yearbook 2016』より））
民族：ヨーロッパ系 66%，ヒスパニック15%
宗教：プロテスタント 51%，カトリック 24%
言語：英語
（おもに（『The Statesman's Yearbook 2017』より））

貿易
輸入額 23068.2 億ドル，輸出額 15038.7 億ドル
おもな輸入品：機械類 28.9%，自動車 12.1%，原油 5.7%
おもな輸出品：機械類 25.5%，自動車 8.2%，石油製品 5.0%
（おもに2015年（国連『UN Comtrade』より））

アジア

アフガニスタン・イスラム共和国

Islamic Republic of Afghanistan

●国旗の説明●
黒は侵略と抑制された時代，赤は流血時代，緑は平和・発展と豊かさを示す。中央に国家の紋章，コーランの一節「アッラーのほかに神はなし，ムハンマドはアッラーの使徒なり」が書かれている。

●政治・経済●
かつては１政党支配共和国。農業国だが，天然ガスなどの資源をもつ。繊維をはじめとする若干の軽工業がある。

DATA
首都：カブール
人口：2765万人
面積：65.3万km²
人口密度：42人／km²
民族：パシュトゥン人 42%，タジク系 27%
宗教：イスラーム 99%
言語：パシュトゥー語，ダリー語

貿易
輸入額 77.2 億ドル，輸出額 5.7 億ドル
おもな輸入品：石炭 16.6%，小麦粉 6.1%，加工油脂 4.5%
おもな輸出品：じゅうたん15.8%，植物性原材料 14.3%，干しぶどう 14.0%

アラブ首長国連邦

United Arab Emirates

●国旗の説明●
アラブ諸国に共通する赤・緑・白・黒の４色からなる。赤は過去に流された血を，緑は豊かな国土，白は清潔な生活，黒は過去の圧政や戦争を意味する。

●政治・経済●
７首長国の連邦国家。石油経済国。主産業は石油製品，石油化学，セメントなど。ドバイは輸出・金融業がさかんで，中継貿易の拠点。

DATA
首都：アブダビ
人口：912万人
面積：7.1万km²
人口密度：128人／km²
民族：アラブ人48%，南アジア系36%
宗教：イスラーム 62%，ヒンドゥー教21%
言語：アラビア語

貿易
輸入額 2986.1 億ドル，輸出額 3803.4 億ドル
おもな輸入品：機械類 25.7%，金(非貨幣用) 10.0%，自動車 7.9%
おもな輸出品：原油 18.9%，機械類 13.5%，石油製品 7.2%

イスラエル国

State of Israel

●国旗の説明●
中央の六角の星は「ダビデの星」で，ユダヤの伝統的なシンボル。青と白はユダヤ教高僧の肩掛けの色で，青はパレスチナの空の色，白は清い心を表す。

●政治・経済●
経済は多角化。ハイテク産業などで高い水準をもつ。輸出品は研磨したダイヤモンド，医療精密機器など。国営企業の民営化は進んでいない。

DATA
首都：エルサレム
人口：838万人
面積：2.2万km²
人口密度：380人／km²
民族：ユダヤ人 76%，アラブ人ほか24%
宗教：ユダヤ教 76%，イスラーム 18%
言語：ヘブライ語，アラビア語

貿易
輸入額 620.7億ドル，輸出額 640.6 億ドル
おもな輸入品：機械類 23.9%，ダイヤモンド 11.1%，自動車 7.7%
おもな輸出品：ダイヤモンド 27.5%，機械類 23.9%，医薬品 10.3%

イラク共和国

Republic of Iraq

●国旗の説明●
赤は勇気，白は寛大さ，黒はイスラームの伝統，アラビア文字は「神は偉大なり」を表す。

●政治・経済●
石油経済国。イラク戦争で独裁体制は崩壊したが，宗派間・民族間の争いが続くなど治安が不安定。

DATA
首都：バグダッド
人口：3665万人
面積：43.5万km²
人口密度：84人／km²
民族：アラブ人 65%，クルド人 23%
宗教：イスラーム 96%
言語：アラビア語，クルド語

貿易
輸入額 370.6 億ドル，輸出額 845.1 億ドル
おもな輸入品：鉄鋼 25.2%，機械類 14.0%，自動車 11.8%
おもな輸出品：石油 99.6%，石油製品 0.3%，有機化合物 0.1%

イラン・イスラム共和国

Islamic Republic of Iran

●国旗の説明●
中央には１本の剣と四つの三日月を組み合わせてアッラーの文字を図案化し，緑と赤の内側にはアラビア文字で「神は偉大なり」と22回書かれている。

●政治・経済●
石油経済国。石油収入で工業部門を多様化，強化させている。1980年代のイラクとの戦争は経済に大きく影響している。

DATA
首都：テヘラン
人口：7968万人
面積：162.9万km²
人口密度：49人／km²
民族：ペルシア人 35%，アゼルバイジャン系 16%
宗教：イスラーム 98%
言語：ペルシア語

貿易
輸入額 683.2 億ドル，輸出額 1305.4 億ドル
おもな輸入品：機械類 23.2%，鉄鋼 13.0%，自動車 4.2%
おもな輸出品：原油 64.6%，有機化合物 2.7%，液化石油ガス 2.4%

インド

India

●国旗の説明●
オレンジはヒンドゥー教，緑はイスラーム，白は両者の和解と平和を表す。中央の紋章はチャクラ(法輪)という仏教のシンボルで，24の車軸は１日の時間を表している。

●政治・経済●
農業国であるが，豊富な鉱産資源を有し，経済成長率が著しい。自動車やICT関連産業が急速にのびている。

DATA
首都：デリー
人口：12億1337万人
面積：328.7万km²
人口密度：369人／km²
民族：インド・アーリヤ系 72%
宗教：ヒンドゥー教 72%，イスラーム12%
言語：ヒンディー語，ほか英語

貿易
輸入額 3907.4 億ドル，輸出額 2643.8 億ドル
おもな輸入品：原油 18.5%，機械類 17.3%，金(非貨幣用) 9.0%
おもな輸出品：石油製品 11.5%，機械類 8.4%，ダイヤモンド 8.3%

インドネシア共和国
Republic of Indonesia

●国旗の説明●
伝統的な国民色である赤と白でシンプルに構成され，赤は自由と勇気を，白は正義と純潔を表す。この２色は，赤が太陽，白が月を表す色としても親しまれている。

●政治・経済●
農業と石油経済国。1980年代前半から製造業が急速に発展。世界第4位(2016年)の人口が成長市場として注目されている。

DATA
首都：ジャカルタ
人口：2億5870万人
面積：191.1万km^2
人口密度：135人/km^2
民族：ジャワ人 36%，スンダ人 14%
宗教：イスラーム 77%，キリスト教 13%
言語：インドネシア語

貿易
輸入額 1781.8 億ドル，輸出額 1760.4 億ドル
おもな輸入品：機械類 24.2%，石油製品 15.0%，原油 7.3%
おもな輸出品：石炭 11.8%，パーム油 9.9%，機械類 9.0%

カザフスタン共和国
Republic of Kazakhstan

●国旗の説明●
中央の太陽とワシは希望と自由のシンボルで，トルコ系民族の伝統色である水色は草原の広い空と平和を表す。左端の文様はカザフ人伝統の装飾模様。

●政治・経済●
銅，亜鉛など非鉄金属資源が豊富。石油，石炭の埋蔵量も多い。小麦生産が多く，鉄鋼などの重工業が発展。

DATA
首都：ヌルスルタン
人口：1716万人
面積：272.5万km^2
人口密度：6人/km^2
民族：カザフ人 57%，ロシア系 27%
宗教：イスラーム 43%，キリスト教 17%
言語：カザフ語，ロシア語

貿易
輸入額 305.7 億ドル，輸出額 418.5 億ドル
おもな輸入品：機械類 28.8%，鉄鋼 7.7%，自動車 6.3%
おもな輸出品：原油 62.5%，無機化合物 5.3%，鉄鋼 4.8%

カンボジア王国
Kingdom of Cambodia

●国旗の説明●
中央には国のシンボルであるアンコール=ワットが仏教を象徴する白で描かれ，青紫は王室の権威を，赤は国民の忠誠心を表している。

●政治・経済●
農業国だが，近年は縫製業と観光業の伸びが顕著。1970年代は内戦，その後のベトナム軍の侵入などで，経済は大きな打撃をうけた。

DATA
首都：プノンペン
人口：1540万人
面積：18.1万km^2
人口密度：85人/km^2
民族：クメール人 85%，中国系 6%
宗教：仏教 85%
言語：カンボジア語

貿易
輸入額 189.7 億ドル，輸出額 106.8 億ドル
おもな輸入品：繊維品 40.4%，機械類 15.0%，自動車 3.9%
おもな輸出品：衣類 50.0%，切手類 36.8%，履物 3.9%

キプロス共和国
Republic of Cyprus

●国旗の説明●
白地の中央にキプロス島が描かれ，黄色は古くからの銅の産地であることを示す。２本のオリーブの枝には，ギリシャ系住民とトルコ系住民の協調と平和を願う思いが込められている。

●政治・経済●
主要産業は観光業と金融業。海運業も活発。ギリシャ系住民とトルコ系住民の紛争で南北に分かれている。

DATA
首都：ニコシア
人口：84万人
面積：0.9万km^2
人口密度：92人/km^2
民族：ギリシャ系 80%，トルコ系 11%
宗教：ギリシャ正教 78%，イスラーム18%
言語：ギリシャ語，トルコ語，英語

貿易
輸入額 56.7 億ドル，輸出額 19.3 億ドル
おもな輸入品：石油製品 21.1%，機械類 11.0%，自動車 6.7%
おもな輸出品：石油製品 16.6%，医薬品 14.5%，機械類 10.4%

クウェート国
State of Kuwait

●国旗の説明●
アラブ諸国に共通する緑・白・赤・黒の４色からなる。緑は国土や平和，白は国民の清廉さ，赤はアラブの血縁や勇気，黒は戦いを表している。

●政治・経済●
石油経済国。石油収入は社会保障の充実，海外投資，工業の発達につぎこまれている。１人あたりのGNIは世界有数。

DATA
首都：クウェート
人口：392万人
面積：1.8万km^2
人口密度：220人/km^2
民族：アラブ人 80%
宗教：イスラーム 74%，キリスト教 13%
言語：アラビア語

貿易
輸入額 319.1 億ドル，輸出額 551.6 億ドル
おもな輸入品：機械類 23.0%，自動車 14.8%，鉄鋼 4.0%
おもな輸出品：原油 61.9%，石油製品 23.5%，有機化合物 2.8%

サウジアラビア王国
Kingdom of Saudi Arabia

●国旗の説明●
イスラームの伝統色である緑地に，アラビア文字で「アッラーのほかに神はなし，ムハンマドはアッラーの使徒なり」と書かれている。剣には聖地メッカを守護する意味が込められている。

●政治・経済●
石油経済国。石油収入により，石油化学，鉄鋼などが発展。近年は観光業など経済の多角化を進めている。

DATA
首都：リヤド
人口：3174万人
面積：220.7万km^2
人口密度：14人/km^2
民族：サウジ系アラブ人74%
宗教：イスラーム 94%，キリスト教 4%
言語：アラビア語

貿易
輸入額 1638.2億ドル，輸出額 2014.9 億ドル
おもな輸入品：機械類 28.0%，自動車 15.2%，鉄鋼 4.4%
おもな輸出品：原油 64.4%，石油製品 8.6%，プラスチック類 7.4%

シンガポール共和国
Republic of Singapore

●国旗の説明●
赤は多民族で構成された国民の融和と平等を，白は純粋性を表す。五つの星は自由・平和・進歩・平等・公正の理想を表し，三日月は五つの星が示す理想に向かって進むことを意味する。

●政治・経済●
貿易の拠点として古くから発展。海運業や航空業，港湾は世界有数の規模。金融，観光業がさかん。

DATA
首都：シンガポール
人口：560万人
面積：0.07万km^2
人口密度：7799人/km^2
民族：中国系 74%，マレー系 13%
宗教：仏教・道教 51%，イスラーム 15%
言語：マレー語，英語，中国語，タミル語

貿易
輸入額 2967.4 億ドル，輸出額 3466.4 億ドル
おもな輸入品：機械類 43.0%，石油製品 14.3%，原油 6.1%
おもな輸出品：機械類 47.8%，石油製品 12.1%，有機化合物 4.3%

スリランカ民主社会主義共和国
Democratic Socialist Republic of Sri Lanka

●国旗の説明●
剣を持つライオンは，シンハラ王朝以来の古いシンボル。四隅の黄色い葉は菩提樹の葉で仏教を，緑はイスラーム，オレンジ色はヒンドゥー教を表す。

●政治・経済●
主要な産業は農業と繊維産業。輸出品は繊維，茶，宝石，機械類など。少数派タミル人の独立問題に関わる紛争が続いた。

DATA
首都：スリジャヤワルダナプラコッテ
人口：2120万人
面積：6.6万km^2
人口密度：323人/km^2
民族：シンハラ人 72%，タミル人18%
宗教：仏教 70%，ヒンドゥー教 15%
言語：シンハラ語，タミル語

貿易
輸入額 189.7億ドル，輸出額 104.4 億ドル
おもな輸入品：機械類 14.2%，自動車 11.8%，繊維品 11.5%
おもな輸出品：衣類 42.8%，茶 12.8%，ゴム製品 5.7%

タイ王国
Kingdom of Thailand

●国旗の説明●
赤は国家と国民の団結心を表し，青はタイ王室を象徴している。白は建国神話に登場する白象に由来し，仏教への信仰心を意味している。フランスの三色旗を手本にして考案された。

●政治・経済●
海外投資と輸出指向型の工業化政策により，電気機械工業が急速に発展。観光業もさかん。

DATA
首都：バンコク
人口：6593万人
面積：51.3万km^2
人口密度：128人/km^2
民族：タイ人81%，中国系11%
宗教：仏教83%，イスラーム9%
言語：タイ語

貿易
輸入額2020.2億ドル，輸出額2108.8億ドル
おもな輸入品：機械類31.5%，原油9.6%，鉄鋼5.3%
おもな輸出品：機械類31.6%，自動車12.5%，プラスチック類4.5%

大韓民国
Republic of Korea

●国旗の説明●
白地は民族色。中央の太極模様は宇宙を表し，万物は陰陽の調和に基づいていることを示す。四すみの記号は宇宙の構成要素である天地水火を象徴する。

●政治・経済●
輸出指向型の工業化により，鉄鋼や自動車，造船などの重化学工業が発展。近年は家電製品にも重点がおかれ，世界のトップブランドも生まれている。

DATA
首都：ソウル
人口：5124万人
面積：10.0万km^2
人口密度：511人/km^2
民族：朝鮮民族97.7%
宗教：キリスト教43%，伝統的信仰15%
言語：韓国語

貿易
輸入額4365.4億ドル，輸出額5269.0億ドル
おもな輸入品：機械類28.5%，原油12.6%，液化天然ガス4.3%
おもな輸出品：機械類38.2%，自動車13.0%，船舶7.3%

中華人民共和国
People's Republic of China

●国旗の説明●
「五星紅旗」とよばれ，大きな星は中国共産党を表し，小さな四つの星は，労働者，農民，知識人，愛国的資本家の人民階級を示す。

●政治・経済●
沿海部の都市や経済特区・経済技術開発区を中心に外国資本を導入。豊富な労働力を利用した生産と輸出がさかんで，「世界の工場」とよばれる。

DATA
首都：ペキン
人口：14億264万人
面積：960.1万km^2
人口密度：146人/km^2
民族：漢民族92%
宗教：道教，仏教，キリスト教，イスラーム
言語：標準中国語，中国語7地域方言

貿易
輸入額16816.7億ドル，輸出額22818.6億ドル
おもな輸入品：機械類35.0%，原油8.0%，精密機械5.8%
おもな輸出品：機械類42.1%，衣類7.7%，繊維品4.8%

朝鮮民主主義人民共和国
Democratic People's Republic of Korea

●国旗の説明●
赤・青・白の配色は朝鮮民族の伝統色。白い円は太極(宇宙)を，星は社会主義を象徴している。また，赤は社会主義の建設を，青は平和への希望を，白は純潔と光明を表している。

●政治・経済●
混合経済国。輸出は鉱石と金属製品など。貿易相手国は中国，韓国が中心。社会主義路線を進め，独自の国家体制を維持している。

DATA
首都：ピョンヤン
人口：2459万人
面積：12.1万km^2
人口密度：204人/km^2
民族：朝鮮民族99.8%
宗教：仏教，キリスト教
言語：朝鮮語

貿易
資料なし

トルコ共和国
Republic of Turkey

●国旗の説明●
「三日月旗」あるいは「新月旗」とよばれ，赤地の中央に細い月と，五角の星が配されている。この由来には諸説があり，進歩と全国民の一致，独立などの意味が含まれているといわれる。

●政治・経済●
鉱業は石炭，輸出は自動車，鉄鋼，衣類など。工業や観光業がさかんな沿海部と東部との経済格差が大きい。

DATA
首都：アンカラ
人口：7874万人
面積：78.0万km^2
人口密度：101人/km^2
民族：トルコ人65%，クルド人19%
宗教：イスラーム98%
言語：トルコ語，クルド語

貿易
輸入額2072.1億ドル，輸出額1438.5億ドル
おもな輸入品：機械類21.1%，自動車8.2%，プラスチック類5.4%
おもな輸出品：機械類14.3%，自動車11.7%，衣類10.5%

日本国
Japan

●国旗の説明●
「日の丸」，「日章旗」とよばれるように，太陽をかたどった旗。公式に用いられるようになったのは，江戸幕府によって1854年から。そして1870年，太政官布告という政府の通達で商船用・軍艦用として「日の丸」が定められた。国旗として公式に制定されたのは，1999年国旗・国歌法による。

DATA
首都：東京
人口：1億2699万人
面積：37.8万km^2
人口密度：336人/km^2
民族：日本人98.5%
宗教：神道，仏教，キリスト教など
言語：日本語

貿易
輸入額6477.7億ドル，輸出額6247.0億ドル
おもな輸入品：電気機械15.3%，原油及び粗油10.4%，一般機械8.4%
おもな輸出品：電気機械17.6%，一般機械17.0%，自動車(部品を除く)15.9%

ネパール連邦民主共和国
Federal Democratic Republic of Nepal

●国旗の説明●
二つの三角形はヒマラヤ山脈の山々と，ヒンドゥー教・仏教の2大宗教を表す。白い形は上が月，下が太陽で，国家繁栄の願いが込められている。

●政治・経済●
2008年に王制が廃止され，新たな国づくりに動き出す。労働人口の7割が農業に従事。輸出は衣類，じゅうたんなど。経済は外国援助に依存。

DATA
首都：カトマンズ
人口：2843万人
面積：14.7万km^2
人口密度：193人/km^2
民族：ネパール人56%，マイシリ人11%
宗教：ヒンドゥー教81%，仏教11%
言語：ネパーリー語

貿易
輸入額66.1億ドル，輸出額6.6億ドル
おもな輸入品：機械類14.1%，石油製品9.2%，鉄鋼9.0%
おもな輸出品：繊維品32.1%，衣類10.8%，鉄鋼9.3%

パキスタン・イスラム共和国
Islamic Republic of Pakistan

●国旗の説明●
基調となる地色の緑と三日月・星は，イスラームのシンボル。月は進歩と発展，星は光明と知識を表す。また，緑は国の繁栄を，白は平和とともにムスリム以外の少数派の存在を示している。

●政治・経済●
農業国。輸出は綿花，米，繊維製品，皮革など。海外出稼ぎ者の送金が経済を支えている。民族対立抗争がある。

DATA
首都：イスラマバード
人口：1億9171万人
面積：79.6万km^2
人口密度：241人/km^2
民族：パンジャブ人45%，パシュトゥン人15%
宗教：イスラーム96%
言語：ウルドゥー語，英語，パンジャビー語

貿易
輸入額439.9億ドル，輸出額220.9億ドル
おもな輸入品：機械類17.9%，石油製品13.4%，原油6.9%
おもな輸出品：繊維品37.3%，衣類22.7%，米8.7%

バーレーン王国
Kingdom of Bahrain

●国旗の説明●
赤はシーア派の一派，ハワーリジュ派の伝統色で，白は平和を表す。五つのギザギザは，イスラームの五行(信仰告白，礼拝，喜捨，断食，巡礼)を示す。

●政治・経済●
石油経済国。輸出は国産および輸入原油の精製品やアルミ製品。金融業や観光業などが発展し，中東の金融拠点となっている。

DATA
首都：マナーマ
人口：142万人
面積：0.08万km^2
人口密度：1829人／km^2
民族：アラブ人 64%
宗教：イスラーム 82%，キリスト教11%
言語：アラビア語，英語

貿易
輸入額 163.8 億ドル，輸出額 138.5 億ドル
おもな輸入品：原油 24.0%，機械類 13.5%，自動車 12.7%
おもな輸出品：石油製品 37.0%，アルミニウム 13.7%，機械類 10.6%

バングラデシュ人民共和国
People's Republic of Bangladesh

●国旗の説明●
地色の緑はイスラームの伝統色で緑深い国土を象徴し，赤は太陽の恵みと独立闘争で流された人々の血を表す。日本の日の丸を参考にしてつくられた。

●政治・経済●
農業国。輸出は衣類，ジュート製品，皮革品など。食料自給をめざしているが，サイクロンなどの自然災害で毎年穀物を輸入。

DATA
首都：ダッカ
人口：1億6080万人
面積：14.8万km^2
人口密度：1090人／km^2
民族：ベンガル人 98%
宗教：イスラーム 88%，ヒンドゥー教 11%
言語：ベンガリー語

貿易
輸入額 412.2 億ドル，輸出額 243.1 億ドル
おもな輸入品：機械類 16.2%，繊維品 16.0%，植物性油脂 8.6%
おもな輸出品：衣類 79.1%，繊維品 7.8%，冷凍えび 2.0%

フィリピン共和国
Republic of the Philippines

●国旗の説明●
青は理想，赤は勇気，白は平和と純潔を表す。太陽は独立と自由を象徴し，三つの星はルソン島・ミンダナオ島・ヴィサヤ諸島の主要三地域を示す。

●政治・経済●
米，ココやし，バナナなどの栽培がさかん。輸出は機械類，衣類，果実・野菜など。海外出稼ぎ者の送金も重要。

DATA
首都：マニラ
人口：1億324万人
面積：30.0万km^2
人口密度：344人／km^2
民族：タガログ人28%，セブアノ人13%
宗教：カトリック65%，
言語：フィリピノ語，英語

貿易
輸入額 701.5 億ドル，輸出額 586.5 億ドル
おもな輸入品：機械類 40.1%，自動車 6.8%，原油 5.6%
おもな輸出品：機械類 58.5%，家具を除く木製品 4.8%，精密機械 4.0%

ブルネイ・ダルサラーム国
Brunei Darussalam

●国旗の説明●
イスラームの象徴である三日月の上に，王家の権威を示す旗と傘が，正義や平和を意味する翼の上に乗っている。両手は繁栄を進める国家の誓いを，黄色は王，白黒の帯は宰相を表している。

●政治・経済●
石油経済国。輸出は天然ガス，原油，石油製品。海外投資によって，金融業や観光業の育成がはかられている。

DATA
首都：バンダルスリブガワン
人口：41万人
面積：0.6万km^2
人口密度：72人／km^2
民族：マレー系 66%，中国系 11%
宗教：イスラーム 67%，仏教 13%
言語：マレー語，英語

貿易
輸入額 32.3 億ドル，輸出額 63.5 億ドル
おもな輸入品：機械類 21.4%，鉄鋼 8.4%，自動車 7.9%
おもな輸出品：液化天然ガス 55.7%，原油 37.3%，機械類 1.6%

ベトナム社会主義共和国
Socialist Republic of Viet Nam

●国旗の説明●
赤は革命で流された血と社会主義を表し，黄色の星の光は労働者・農民・知識人・青年・兵士の団結を意味する。

●政治・経済●
石炭，石油など広範な鉱産資源をもつ。輸出は機械類，衣類などだが，主工業は繊維産業。ドイモイ(刷新)政策で市場開放が進んだ。コーヒー豆の生産が急増。

DATA
首都：ハノイ
人口：9269万人
面積：33.1万km^2
人口密度：280人／km^2
民族：ベトナム人(キン人) 86%
宗教：仏教 48%，新興宗教 11%
言語：ベトナム語

貿易
輸入額 1478.4 億ドル，輸出額 1502.2 億ドル
おもな輸入品：機械類 34.8%，繊維品 8.2%，鉄鋼 6.0%
おもな輸出品：機械類 30.3%，衣類 13.4%，履物 7.1%

マレーシア
Malaysia

●国旗の説明●
14本の赤と白の線は，独立時の14州を表す。黄色の星と三日月はイスラームの象徴。青・白・赤は旧宗主国のイギリス国旗に由来する。

●政治・経済●
インフラ整備や重工業の充実など積極的な経済政策で工業化に成功。輸出は原油，電子部品，パーム油，ゴムなど。経済成長率は比較的高い。

DATA
首都：クアラルンプール
人口：3166万人
面積：33.0万km^2
人口密度：96人／km^2
民族：マレー系 69%，中国系 23%
宗教：イスラーム 60%，仏教 19%
言語：マレー語，英語

貿易
輸入額 1761.7 億ドル，輸出額 2002.1 億ドル
おもな輸入品：機械類 38.1%，石油製品 8.4%，自動車 3.4%
おもな輸出品：機械類 40.3%，液化天然ガス 6.0%，石油製品 5.3%

ミャンマー連邦共和国
Union of Myanmar

●国旗の説明●
2010年に採択された国旗。黄は国民の団結，緑は平和，赤は勇気を象徴し，中央の白い星は国家の永続性を表す。

●政治・経済●
農業国で主要農産物は米だが，天然ガスなど，さまざまな鉱産資源を産出する。軍事政権から民政に移管後，急速な民主化と経済改革が進んでいる。

DATA
首都：ネーピードー
人口：5291万人
面積：67.7万km^2
人口密度：78人／km^2
民族：ビルマ人 68%，135の少数民族
宗教：仏教 74%
言語：ミャンマー語

貿易
輸入額 41.6 億ドル，輸出額 76.3 億ドル
おもな輸入品：石油製品 21.9%，機械類 19.0%，鉄鋼 9.0%
おもな輸出品：天然ガス 38.5%，貴石・半貴石 24.4%，豆類 11.7%

モンゴル国
Mongolia

●国旗の説明●
赤は勝利，青は草原の空の色を表す。左側の文様は，炎(繁栄)・太陽と月(神聖)・矢じりと槍(敵の制圧)，ともえ形の2匹の魚(警戒心)から構成され，左右の長方形は国民の団結力を意味する。

●政治・経済●
農業国。金，銅，石炭，ほたる石などの鉱産資源が豊富。輸出品は鉱産資源とカシミア，皮革などの牧畜産品。

DATA
首都：ウランバートル
人口：308万人
面積：156.4万km^2
人口密度：2人／km^2
民族：モンゴル人 82%，カザフ系4%
宗教：精霊信仰32%，チベット仏教(ラマ教) 23%
言語：モンゴル語

貿易
輸入額 38.0 億ドル，輸出額 46.7 億ドル
おもな輸入品：機械類 21.1%，石油製品 18.6%，自動車 8.9%
おもな輸出品：銅鉱石 48.8%，石炭 11.9%，金(非貨幣用) 9.0%

ラオス人民民主共和国
Lao People's Democratic Republic

●国旗の説明●
社会主義政権が成立した1975年に制定。赤はラオス人民が流した血を，青は国土の繁栄とメコン川を，白い円は社会主義国家の団結と統一性を表す。

●政治・経済●
農業国。輸出品は銅，縫製品，電力，木材など。1970年代後半から電力輸出が多くなった。電力と木材の輸出のほとんどはタイ向け。

DATA
首都：ビエンチャン
人口：690万人
面積：23.7万km²
人口密度：29人/km²
民族：ラオ人 55%
宗教：伝統的信仰 49%，仏教 43%，
言語：ラオ語

貿易
輸入額 6.1 億ドル，輸出額 1.9 億ドル

アフリカ

アルジェリア民主人民共和国
People's Democratic Republic of Algeria

●国旗の説明●
緑はイスラームを象徴する聖なる色で繁栄を表し，白は純潔と平和を表す。三日月と星はイスラームのシンボルで，赤は独立戦争で流された血を表す。

●政治・経済●
石油経済国。輸出のほとんどを原油とその関連製品が占める。国内産業は農業が主で，小麦やなつめやし，かんきつ類を栽培。

DATA
首都：アルジェ
人口：4083万人
面積：238.2万km²
人口密度：17人/km²
民族：アルジェリア・アラブ人 59%
宗教：イスラーム 99.7%
言語：アラビア語，フランス語

貿易
輸入額 518.0 億ドル，輸出額 348.0 億ドル
おもな輸入品：機械類 27.8%，自動車 9.0%，鉄鋼 8.3%
おもな輸出品：原油 34.2%，天然ガス 20.7%，石油製品 17.8%

エジプト・アラブ共和国
Arab Republic of Egypt

●国旗の説明●
赤・白・黒の３色はアラブ諸国に共通する色で，赤は革命を，白は明るい未来を，黒は過去の外国支配による抑圧の終わりを表す。中央のワシは国章で，力と強さを象徴している。

●政治・経済●
輸出は原油と石油製品など。観光，スエズ運河通航料，海外出稼ぎ者の送金も主要な外貨収入源。

DATA
首都：カイロ
人口：9102万人
面積：100.2万km²
人口密度：91人/km²
民族：エジプト系アラブ人 84%
宗教：イスラーム 90%，キリスト教 10%
言語：アラビア語

貿易
輸入額 713.4 億ドル，輸出額 268.1 億ドル
おもな輸入品：機械類 14.9%，石油製品 7.8%，自動車 7.2%
おもな輸出品：原油 11.4%，石油製品 9.1%，機械類 8.2%

エチオピア連邦民主共和国
Federal Democratic Republic of Ethiopia

●国旗の説明●
緑・黄・赤の３色は「汎アフリカ色」とよばれ，1960年前後に独立した多くのアフリカ諸国の旗で使われている。中央の「ソロモンの星」は，国家と国民の発展を象徴し，青は平和を表す。

●政治・経済●
農業国。輸出はコーヒー豆が中心で，皮革，果実・野菜なども。金など鉱産資源をもつ。

DATA
首都：アディスアベバ
人口：9220万人
面積：110.4万km²
人口密度：83人/km²
民族：オロモ人 35%，アムハラ人 27%
宗教：イスラーム 34%，エチオピア教会 33%
言語：アムハラ語，英語

貿易
輸入額 258.2 億ドル，輸出額 50.3 億ドル
おもな輸入品：機械類 25.0%，自動車 9.1%，石油製品 9.0%
おもな輸出品：コーヒー豆 20.3%，野菜 17.6%，石油製品 13.8%

ガーナ共和国
Republic of Ghana

●国旗の説明●
赤・黄・緑の３色は「汎アフリカ色」で，赤は独立闘争で流された血を，黄は豊かな地下資源を，緑は森林と農業を象徴する。黒い星は自由のシンボル。

●政治・経済●
農業国。輸出の中心はカカオ豆とその製品で，金，木材なども。水力発電を利用したアルミ製造業や若干の軽工業がある。

DATA
首都：アクラ
人口：2830万人
面積：23.9万km²
人口密度：119人/km²
民族：アカン人 42%，モッシ人 23%
宗教：キリスト教 52%，伝統的信仰 22%，イスラーム 20%
言語：英語

貿易
輸入額 127.9 億ドル，輸出額 126.4 億ドル
おもな輸入品：機械類 22.6%，自動車 16.7%，鉄鋼 4.9%
おもな輸出品：金(非貨幣用) 42.6%，原油 23.8%，カカオ豆 10.9%

ケニア共和国
Republic of Kenya

●国旗の説明●
黒は国民を，赤は独立戦争の際に流された血を，緑はサバナが広がる大地を表し，２本の白い線は平和を意味する。中央の盾と槍は，銃を使わずに独立を勝ち取った誇りを象徴している。

●政治・経済●
農業国。アフリカ諸国のなかでは比較的工業化が進む。輸出は茶，切花など。観光が重要になりつつある。

DATA
首都：ナイロビ
人口：4538万人
面積：59.2万km²
人口密度：77人/km²
民族：キクユ人 22%，ルヒヤ人 14%
宗教：プロテスタント・独立派キリスト教 66%
言語：スワヒリ語，英語

貿易
輸入額 163.9 億ドル，輸出額 55.4 億ドル
おもな輸入品：石油製品 19.7%，機械類 19.0%，自動車 7.4%
おもな輸出品：茶 22.1%，切花 8.7%，衣類 5.1%

コートジボワール共和国
Republic of Côte d'Ivoire

●国旗の説明●
オレンジ色は国の繁栄と北部の肥沃なサバナを，白は平和と清純を，緑は将来の希望と南部の豊かな原生林を表す。旧宗主国フランスの三色旗を手本にデザインされた。

●政治・経済●
農業国で，カカオ豆やカシューナッツ，天然ゴムなど多様な農産物を輸出。原油生産が増え，石油製品も輸出する。

DATA
首都：ヤムスクロ
人口：2395万人
面積：32.2万km²
人口密度：74人/km²
民族：アカン人 42%，ボルタイック人・グロ人18%
宗教：伝統的信仰 37%，キリスト教 32%
言語：フランス語

貿易
輸入額 95.3 億ドル，輸出額 118.4 億ドル
おもな輸入品：原油 15.9%，機械類 15.2%，自動車 6.4%
おもな輸出品：カカオ豆 30.0%，石油製品 10.8%，カシューナッツ 6.5%

コンゴ民主共和国
Democratic Republic of the Congo

●国旗の説明●
水色は平和と希望，赤い帯は国家統一で流された人々の血，黄色の線は豊かな天然資源を表す。星は輝かしい未来と民族・国家の統合を象徴している。

●政治・経済●
1997年の政権交代により国名を変更(旧ザイール)。銅，コバルト，ダイヤモンドなど有数の資源国だが，政情不安で経済は混乱している。

DATA
首都：キンシャサ
人口：6452万人
面積：234.5万km²
人口密度：28人／km²
民族：ルバ人18%，コンゴ人16%
宗教：キリスト教80%，イスラーム10%
言語：フランス語，キスワヒリ語

貿易
輸入額8.9億ドル，輸出額7.4億ドル

スーダン共和国
The Republic of the Sudan

●国旗の説明●
赤・白・黒はアラブ諸国に共通する色で，赤は革命と進歩，白は平和と未来への希望，黒は国名(スーダンとは「黒い土地」の意味)とアフリカ大陸，緑はイスラームの繁栄を表す。

●政治・経済●
輸出品は石油，石油製品，家畜，ごまなど。内戦の激化で経済は混乱。2011年に南スーダンが分離・独立。

DATA
首都：ハルツーム
人口：3964万人
面積：184.7万km²
人口密度：21人／km²
民族：アフリカ系52%，アラブ人39%
宗教：イスラーム68%，伝統的信仰11%
言語：アラビア語，英語

貿易
輸入額84.1億ドル，輸出額55.9億ドル
おもな輸入品：機械類18.5%，自動車9.9%，航空機8.0%
おもな輸出品：原油53.2%，ごま15.1%，金(非貨幣用)12.3%

ナイジェリア連邦共和国
Federal Republic of Nigeria

●国旗の説明●
1959年に一般公募の中から選ばれたデザイン。緑は農業と豊かな森林を，白は平和と全国民の一致を表している。三つの縦じまは，ハウサ人・ヨルバ人・イボ人の主要3民族を示している。

●政治・経済●
石油経済国で輸出のほとんどを石油が占めている。かつては農業もさかんだったが，カカオ豆以外衰退。

DATA
首都：アブジャ
人口：1億9339万人
面積：92.4万km²
人口密度：209人／km²
民族：ヨルバ人18%，ハウサ人17%
宗教：イスラーム51%，キリスト教48%
言語：英語，ヨルバ語，ハウサ語

貿易
輸入額465.3億ドル，輸出額1028.8億ドル
おもな輸入品：機械類23.3%，石油製品15.3%，自動車9.4%
おもな輸出品：原油72.9%，液化天然ガス8.5%，石油製品6.1%

ナミビア共和国
Republic of Namibia

●国旗の説明●
青は大西洋と空を，赤は独立のために流された血を，緑は豊かな森林と繁栄を表す。左上の金色の太陽は，独立の喜びと豊かな鉱産資源を表し，12本の光線は主要な12民族を示している。

●政治・経済●
1990年3月に，南アフリカ共和国から独立。ダイヤモンドとウランの採鉱が経済の中心。牧畜と漁業も主要な産業。

DATA
首都：ウィントフック
人口：232万人
面積：82.4万km²
人口密度：3人／km²
民族：オバンボ人34%，混血15%
宗教：プロテスタント49%，カトリック18%
言語：英語，アフリカーンス語

貿易
輸入額85.3億ドル，輸出額59.8億ドル
おもな輸入品：機械類17.6%，船舶13.3%，自動車12.0%
おもな輸出品：ダイヤモンド23.9%，船舶13.9%，魚介類11.8%

マダガスカル共和国
Republic of Madagascar

●国旗の説明●
赤と白は，かつてこの国を統治していたメリナ王朝(マレー系民族)の旗に由来する。緑は，東部に住むマレー系以外の民族を示し，赤・白・緑でこの国の主要民族の協調を表している。

●政治・経済●
農業国。輸出の中心はバニラなどの香辛料，コーヒー豆など。工業では衣類など繊維製品の輸出が増加している。

DATA
首都：アンタナナリボ
人口：2243万人
面積：58.7万km²
人口密度：38人／km²
民族：マレーポリネシア系96%
宗教：伝統的信仰42%，プロテスタント27%
言語：マダガスカル語，フランス語，英語

貿易
輸入額29.6億ドル，輸出額21.6億ドル
おもな輸入品：石油製品15.1%，機械類13.8%，繊維品11.6%
おもな輸出品：ニッケル25.4%，衣類19.2%，バニラ9.6%

南アフリカ共和国
Republic of South Africa

●国旗の説明●
赤は独立と黒人解放運動の犠牲者の血，緑は農業，黄色は豊かな鉱物資源，青は希望・空，黒は黒人，白は白人を表す。三角は民族と文化の共生を象徴。

●政治・経済●
金，石炭，ダイヤモンド，プラチナなどの鉱産資源が豊富。鉄鋼や自動車などの工業もさかん。近年は金融業の割合も高まっている。

DATA
首都：プレトリア
人口：5590万人
面積：122.1万km²
人口密度：46人／km²
民族：アフリカ系79%，ヨーロッパ系9%
宗教：独立派キリスト教37%，プロテスタント26%
言語：英語，アフリカーンス語

貿易
輸入額795.9億ドル，輸出額696.3億ドル
おもな輸入品：機械類24.3%，原油10.6%，自動車8.0%
おもな輸出品：自動車11.6%，機械類9.8%，プラチナ9.3%

モロッコ王国
Kingdom of Morocco

●国旗の説明●
中央にイスラームの伝統色の緑で描かれているのは，「スレイマン(ソロモン)の星」とよばれる国家安泰と神の加護を願うしるし。赤は王家の伝統色であり，預言者ムハンマドも象徴する。

●政治・経済●
リン鉱石，鉛などの鉱産資源が豊富。輸出品はリン製品，機械類など。自動車・自動車部品の輸出も成長している。

DATA
首都：ラバト
人口：3448万人
面積：44.7万km²
人口密度：77人／km²
民族：アマジグ(ベルベル)系45%，アラブ人44%
宗教：イスラーム99%
言語：アラビア語

貿易
輸入額375.5億ドル，輸出額220.4億ドル
おもな輸入品：機械類18.3%，石油製品8.9%，自動車7.9%
おもな輸出品：機械類17.1%，衣類12.7%，自動車12.0%

リビア
Libya

●国旗の説明●
赤・黒・緑の「汎アラブ色」の地色に，イスラームのシンボルである三日月と星が描かれている。旧国旗は緑一色だったが，2011年のカダフィ政権崩壊に伴い，王政時代の国旗が復活した。

●政治・経済●
石油経済国。原油と天然ガスで輸出の9割を占める。2011年に起きた内戦により政情は不安定。

DATA
首都：トリポリ
人口：616万人
面積：167.6万km²
人口密度：4人／km²
民族：アラブ人87%，アマジグ(ベルベル)系7%
宗教：イスラーム96%
言語：アラビア語

貿易
輸入額176.7億ドル，輸出額364.4億ドル
おもな輸入品：機械類32.2%，自動車13.8%，鉄鋼9.4%
おもな輸出品：原油83.8%，天然ガス5.7%，炭化水素5.2%

ヨーロッパ

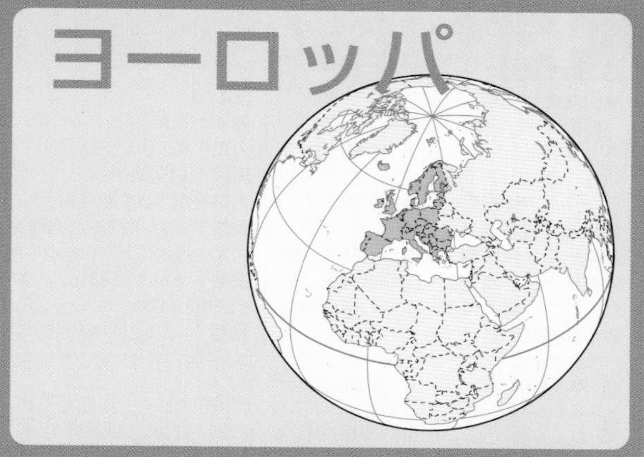

アイスランド共和国
Republic of Iceland

●国旗の説明●
スカンディナヴィア半島の国々と同じ十字架の図柄で，十字架はキリスト教国であることを示す。青と白はアイスランドの国民色で，赤は火山を表している。

●政治・経済●
漁業国。輸出の約3分の1は魚介類。ほかにアルミ製造業があり，地熱発電の開発も進む。金融立国であったが，金融危機で経済は停滞。

DATA
首都：レイキャビク
人口：33万人
面積：10.3万km²
人口密度：3人／km²
民族：アイスランド人 93%
宗教：プロテスタント 81%
言語：アイスランド語

貿易
輸入額 52.9 億ドル，輸出額 47.2 億ドル
おもな輸入品：機械類 21.3%，石油製品 11.7%，アルミナ 9.8%
おもな輸出品：アルミニウム 39.7%，魚介類 36.8%，飼料 4.7%

アイルランド
Ireland

●国旗の説明●
緑はカトリック教徒や先住民族ケルトなどの伝統的要素を，オレンジはプロテスタントとアングロサクソン系などの新興要素を，白はその両者の友愛と平和を表している。

●政治・経済●
牧畜業がさかん。輸出は医薬品，化学品，コンピュータなど。石油開発が進む。観光業も重要。

DATA
首都：ダブリン
人口：472万人
面積：7.0万km²
人口密度：68人／km²
民族：アイルランド人 87%
宗教：カトリック 87%，アイルランド聖公会 3%
言語：アイルランド語，英語

貿易
輸入額 766.2 億ドル，輸出額 1237.1 億ドル
おもな輸入品：機械類 18.3%，航空機 15.7%，医薬品 8.2%
おもな輸出品：医薬品 27.0%，有機化合物 19.3%，機械類 9.8%

イタリア共和国
Italian Republic

●国旗の説明●
フランスの三色旗の影響を受けたデザイン。緑は美しい国土と自由，白はアルプスの雪と平等，赤は愛国の精神と博愛を表している。

●政治・経済●
輸出品は機械類，自動車，鉄鋼，衣類など。ファッション産業も重要。南部は北部に比べ，工業化が遅れている。農産物ではワインや乳製品が有名。

DATA
首都：ローマ
人口：6066万人
面積：30.2万km²
人口密度：201人／km²
民族：イタリア人 96%
宗教：カトリック 83%
言語：イタリア語

貿易
輸入額 4089.7 億ドル，輸出額 4587.5 億ドル
おもな輸入品：機械類 17.0%，自動車 8.7%，原油 5.8%
おもな輸出品：機械類 26.2%，自動車 7.9%，医薬品 5.1%

エストニア共和国
Republic of Estonia

●国旗の説明●
青は空・海・湖沼や母国への忠誠心を，農夫の伝統的服装に由来する黒は大地と外国支配による抑圧の歴史を，白は雪や将来への希望を表している。

●政治・経済●
輸出品はオイルシェール精製油，携帯電話部品，木材など。近年は観光業，ICT産業が発達している。フィンランドとの経済的な結びつきが強い。

DATA
首都：タリン
人口：131万人
面積：4.5万km²
人口密度：29人／km²
民族：エストニア人 69%，ロシア系26%
宗教：キリスト教 64%
言語：エストニア語

貿易
輸入額 157.2 億ドル，輸出額 139.6 億ドル
おもな輸入品：機械類 25.1%，石油製品 9.6%，自動車 7.1%
おもな輸出品：機械類 26.3%，石油製品 7.9%，木材 4.9%

オーストリア共和国
Republic of Austria

●国旗の説明●
赤・白・赤の国旗は十字軍遠征の際，オーストリア大公レオポルド５世の純白の軍服が敵の返り血で赤く染まり，ベルトの跡だけが白く残ったという伝説にもとづく。

●政治・経済●
工業国。輸出品は機械類，自動車，医療品など。ウィーンやザルツブルクを中心に，観光業の収入が多い。

DATA
首都：ウィーン
人口：869万人
面積：8.4万km²
人口密度：104人／km²
民族：オーストリア人 91%
宗教：キリスト教 82%
言語：ドイツ語

貿易
輸入額 1479.4 億ドル，輸出額 1452.8 億ドル
おもな輸入品：機械類 22.9%，自動車 10.2%，医療品 6.0%
おもな輸出品：機械類 28.9%，自動車 8.9%，医療品 6.4%

オランダ王国
Kingdom of the Netherlands

●国旗の説明●
赤は多くの戦いにのぞんだ国民の勇気，白は神への信仰心，青は祖国への忠誠心を表す。赤はもとはオレンジ色だったが，海上で見えにくいのと色あせやすいなどの理由で赤に変更された。

●政治・経済●
輸出品は機械類，化学品のほか農産物も重要。ライン川がよい輸送航路で，ユーロポートはヨーロッパ最大の港。

DATA
首都：アムステルダム
人口：1697万人
面積：4.2万km²
人口密度：409人／km²
民族：オランダ人 81%
宗教：カトリック 30%，プロテスタント 11%
言語：オランダ語

貿易
輸入額 4190.8 億ドル，輸出額 4719.6 億ドル
おもな輸入品：機械類 24.6%，石油製品 6.2%，原油 6.0%
おもな輸出品：機械類 23.1%，石油製品 8.9%，医薬品 5.4%

ギリシャ共和国
Hellenic Republic

●国旗の説明●
青は海を，白は空を表し，十字はキリスト教の信仰を示している。青と白の９本の縞は，独立戦争時のかちどきの声「自由か，死か」というギリシャ語の９音節を意味するなどといわれる。

●政治・経済●
オリーブなどの栽培がさかん。輸出品は石油製品，果実・野菜，衣類など。海運と観光業が主たる外貨収入源。

DATA
首都：アテネ
人口：1078万人
面積：13.2万km²
人口密度：82人／km²
民族：ギリシャ人 90%
宗教：ギリシャ正教90%
言語：ギリシャ語

貿易
輸入額 472.6 億ドル，輸出額 282.9億ドル
おもな輸入品：原油 17.1%，機械類 12.1%，医療品 6.5%
おもな輸出品：石油製品 28.2%，機械類 8.5%，アルミニウム 5.1%

グレートブリテン及び北アイルランド連合王国

United Kingdom of Great Britain and Northern Ireland

●国旗の説明●
「ユニオンジャック」とよばれ，イングランド，スコットランド，アイルランドの十字旗を組み合わせてつくられた。ウェールズがないのは当時すでにイングランドに併合されていたため。

●政治・経済●
輸出品は機械類，自動車，医薬品など。原油・石油製品も多い。ロンドンは世界三大金融センターの一つ。

DATA
首都：ロンドン
人口：6538万人
面積：24.3万km²
人口密度：270人／km²
民族：イングランド人77%
宗教：キリスト教72%
言語：英語，ゲール語，ウェールズ語

貿易
輸入額6292.3億ドル，輸出額4659.2億ドル
おもな輸入品：機械類21.7%，自動車12.2%，医薬品5.5%
おもな輸出品：機械類20.4%，自動車10.5%，金(非貨幣用)8.3%

スイス連邦

Swiss Confederation

●国旗の説明●
神聖ローマ帝国からの独立運動に立ち上がったシュヴィーツ州の旗に由来する。赤は力と主権を表し，白い十字はキリスト教とその精神を象徴する。

●政治・経済●
輸出品は機械類，化学品，時計，精密機械など。観光業と国際金融業により大量の外貨を得る。多くの国際機関の本部が置かれている。

DATA
首都：ベルン
人口：832万人
面積：4.1万km²
人口密度：202人／km²
民族：ドイツ系65%，フランス系18%
宗教：カトリック42%，プロテスタント35%
言語：ドイツ語，フランス語，イタリア語

貿易
輸入額2531.5億ドル，輸出額2919.6億ドル
おもな輸入品：金(非貨幣用)28.3%，機械類12.5%，医薬品9.1%
おもな輸出品：金(非貨幣用)24.9%，医薬品22.2%，機械類12.0%

スウェーデン王国

Kingdom of Sweden

●国旗の説明●
伝説や王家の家紋に由来するが，北欧諸国に共通する「スカンディナヴィアクロス」のデザインで，旧宗主国デンマークの国旗の影響が濃い。青は湖を，黄は黄金や輝く太陽を象徴する。

●政治・経済●
輸出品は機械類，自動車，鉄鋼などのほか，木材や木材パルプも。教育・社会福祉の水準が高い。

DATA
首都：ストックホルム
人口：985万人
面積：43.9万km²
人口密度：22人／km²
民族：スウェーデン人84%
宗教：プロテスタント77%
言語：スウェーデン語

貿易
輸入額1381.0億ドル，輸出額1401.3億ドル
おもな輸入品：機械類25.2%，自動車11.0%，原油5.2%
おもな輸出品：機械類26.3%，自動車11.1%，紙・同製品6.3%

スペイン王国

Kingdom of Spain

●国旗の説明●
「血と金の旗」とよばれ，黄は国土を，赤は血を表し，国土を守る決意を象徴している。紋章の両側の柱は，ジブラルタルと対岸のレオナ岬を表すヘラクレスの柱である。

●政治・経済●
おもな輸出品は自動車，鉄鋼，果実・野菜など。マグネシウムなど多種の鉱産資源をもつ。観光業の収入も多い。

DATA
首都：マドリード
人口：4644万人
面積：50.6万km²
人口密度：92人／km²
民族：スペイン人45%，カタルーニャ人28%
宗教：カトリック77%
言語：スペイン語，カタルーニャ語

貿易
輸入額3052.7億ドル，輸出額2781.2億ドル
おもな輸入品：機械類17.4%，自動車12.5%，原油8.1%
おもな輸出品：自動車17.9%，機械類13.7%，衣類4.4%

スロバキア共和国

Slovak Republic

●国旗の説明●
地色はスラブ民族を象徴する白・青・赤の「汎スラブ色」からなる。左側の盾形の紋は国章で，青い山は国のシンボルの三つの山を，複十字(ダブルクロス)はキリスト教を表している。

●政治・経済●
チェコとの分離直後は経済が悪化したが，経済改革が進み好調に転じた。輸出品は機械類，自動車，鉄鋼など。

DATA
首都：ブラチスラバ
人口：543万人
面積：4.9万km²
人口密度：111人／km²
民族：スロバキア人86%，ハンガリー系10%
宗教：カトリック69%
言語：スロバキア語

貿易
輸入額731.5億ドル，輸出額752.6億ドル
おもな輸入品：機械類32.2%，自動車14.4%，金属製品4.2%
おもな輸出品：機械類31.8%，自動車27.4%，鉄鋼4.5%

セルビア共和国

Republic of Serbia

●国旗の説明●
赤・青・白は「汎スラブ色」で，赤は血の犠牲，青は空，白は輝く光明を表す。紋章には胸に盾を持った双頭のワシと王家の冠が描かれている。

●政治・経済●
鉄鋼業と果実・小麦などの農業が中心。経済改革により安定的に成長しているが，経常赤字や高い失業率などに悩む。

DATA
首都：ベオグラード
人口：705万人
面積：7.8万km²
人口密度：91人／km²
民族：セルビア人83%，ハンガリー系4%
宗教：セルビア正教85%，カトリック6%
言語：セルビア語

貿易
輸入額182.1億ドル，輸出額133.8億ドル
おもな輸入品：機械類16.6%，自動車10.6%，プラスチック類4.5%
おもな輸出品：機械類16.5%，自動車11.7%，金属製品4.0%

チェコ共和国

Czech Republic

●国旗の説明●
1993年にスロバキアと分離したが，チェコスロバキア時代と同じ旗を現在も使用する。ボヘミアを表す赤，モラヴァを表す白，スロバキアの紋章からとった青の「汎スラブ色」からなる。

●政治・経済●
おもな輸出品は機械類，自動車など。民主化以降も構造改革や外貨の導入などで順調に経済成長を続けている。

DATA
首都：プラハ
人口：1055万人
面積：7.9万km²
人口密度：134人／km²
民族：チェコ人90%，モラヴィア人4%
宗教：カトリック27%
言語：チェコ語

貿易
輸入額1374.9億ドル，輸出額1556.8億ドル
おもな輸入品：機械類35.4%，自動車9.7%，金属製品4.3%
おもな輸出品：機械類34.9%，自動車19.9%，金属製品5.2%

デンマーク王国

Kingdom of Denmark

●国旗の説明●
世界で最も古い歴史をもつ国旗で，戦いに勝利した伝説に由来する。「ダンネブロ(赤い布の意味)」とよばれ，北欧諸国の国旗に共通する「スカンディナヴィアクロス」の先駆けとなった。

●政治・経済●
北海油田により，石油・天然ガスが豊富。輸出品は医薬品，肉類，水産品など。海運業，観光業も重要である。

DATA
首都：コペンハーゲン
人口：572万人
面積：4.3万km²
人口密度：133人／km²
民族：デンマーク人92%
宗教：プロテスタント83%
言語：デンマーク語

貿易
輸入額852.8億ドル，輸出額944.3億ドル
おもな輸入品：機械類21.8%，自動車7.6%，衣類5.3%
おもな輸出品：機械類22.7%，医薬品6.7%，肉類4.4%

ドイツ連邦共和国
Federal Republic of Germany

●国旗の説明●
19世紀にドイツ統一を推進した学生義勇軍の服装(黒いマントに赤い肩章と金ボタン)の色をとりいれたもので，黒は勤勉，赤は熱血，黄(金)は栄誉を表す。
●政治・経済●
機械類，自動車，医薬品などの生産がさかんな工業国。環境問題に対する意識が強い。旧東ドイツ地域の経済再建が大きな負担になっている。

DATA
首都：ベルリン
人口：8217万人
面積：35.7万km^2
人口密度：230人/km^2
民族：ドイツ人 88%
宗教：プロテスタント 34%，カトリック 34%
言語：ドイツ語

貿易
輸入額 10563.4 億ドル，輸出額 13311.9 億ドル
おもな輸入品：機械類 23.5%，自動車 9.0%，医薬品 4.4%
おもな輸出品：機械類 26.4%，自動車 17.7%，医薬品 5.7%

ノルウェー王国
Kingdom of Norway

●国旗の説明●
北欧諸国に共通する「スカンディナヴィアクロス」のデザイン。スウェーデンの支配下にあった時代に，旧宗主国デンマークの国旗にスウェーデンを示す青十字を重ねたものが採用された。
●政治・経済●
輸出は５割を原油と天然ガスが占め，金属製品，船舶，化学品，水産品，紙も多い。福祉国家として知られる。

DATA
首都：オスロ
人口：523万人
面積：32.4万km^2
人口密度：16人/km^2
民族：ノルウェー人 94%
宗教：プロテスタント 86%
言語：ノルウェー語

貿易
輸入額 771.9 億ドル，輸出額 1048.0 億ドル
おもな輸入品：機械類 23.4%，自動車 10.2%，船舶 5.4%
おもな輸出品：天然ガス 25.1%，原油 24.2%，機械類 9.2%

ハンガリー
Hungary

●国旗の説明●
赤は愛国者の血，白は純潔と平和，緑は希望を象徴する。社会主義時代にあったハンマーと小麦の紋章は，1956年のハンガリー動乱後に取り除かれた。
●政治・経済●
混合経済国。1989年の体制転換以来，外資導入により経済成長をとげた。輸出は機械類，自動車，医薬品など。食料では肉が多い。観光業の収入も多い。

DATA
首都：ブダペスト
人口：983万人
面積：9.3万km^2
人口密度：106人/km^2
民族：ハンガリー人 84%
宗教：カトリック 52%，プロテスタント 16%
言語：ハンガリー語

貿易
輸入額 903.7 億ドル，輸出額 1001.7 億ドル
おもな輸入品：機械類 36.7%，自動車 9.8%，医薬品 4.4%
おもな輸出品：機械類 38.1%，自動車 17.8%，医薬品 4.7%

フィンランド共和国
Republic of Finland

●国旗の説明●
北欧諸国に共通する「スカンディナヴィアクロス」のデザインで，十字はキリスト教を象徴する。青は空と19万にも及ぶ湖を，白は雪を表す。
●政治・経済●
豊かな森林資源を生かした製紙・パルプ・木材産業のほか，通信設備を中心とするICT産業，機械産業などがさかん。高い教育水準を誇る。

DATA
首都：ヘルシンキ
人口：553万人
面積：33.8万km^2
人口密度：16人/km^2
民族：フィン人 92%
宗教：プロテスタント 83%
言語：フィンランド語，スウェーデン語

貿易
輸入額 601.7 億ドル，輸出額 596.8 億ドル
おもな輸入品：機械類 21.9%，自動車 7.7%，原油 6.6%
おもな輸出品：機械類 23.7%，紙・同製品 13.5%，石油製品 6.3%

フランス共和国
French Republic

●国旗の説明●
青・白・赤は自由・平等・博愛のシンボル。ブルボン王家の色である白に，パリ市の色である青と赤を加えたフランス革命時の帽章に由来する。
●政治・経済●
輸出品は機械類，航空機，自動車など。EU最大の農業国で，小麦やワイン，チーズなどの輸出が多い。観光業も重要。原子力発電への依存率が高い。

DATA
首都：パリ
人口：6685万人
面積：64.1万km^2
人口密度：104人/km^2
民族：フランス人 77%
宗教：カトリック 64%，イスラーム 4%
言語：フランス語

貿易
輸入額 6515.0 億ドル，輸出額 5730.6 億ドル
おもな輸入品：機械類 19.6%，自動車 8.5%，航空機及び部品 8.4%
おもな輸出品：機械類 18.5%，航空機 13.4%，自動車 7.6%

ブルガリア共和国
Republic of Bulgaria

●国旗の説明●
「汎スラブ色」の白・青・赤からなる帝政ロシアの三色旗の青を緑に変えたデザイン。白は平和，緑は農業と大地の恵み，赤は愛国心を表している。
●政治・経済●
輸出は機械類，石油製品など。対EU貿易が輸出・輸入ともに５割前後を占めるが，原油・天然ガスを輸入するロシアとの結びつきも強い。

DATA
首都：ソフィア
人口：715万人
面積：11.1万km^2
人口密度：65人/km^2
民族：ブルガリア人 84%，トルコ系 9%
宗教：ブルガリア正教 81%，イスラーム 12%
言語：ブルガリア語

貿易
輸入額 292.7 億ドル，輸出額 257.8 億ドル
おもな輸入品：機械類 18.9%，原油 7.7%，自動車 5.8%
おもな輸出品：機械類 17.8%，銅 8.7%，石油製品 6.6%

ベルギー王国
Kingdom of Belgium

●国旗の説明●
黒・黄・赤の３色は，黒の地色に赤い舌を出した黄色のライオンを描いたベルギーの伝統的紋章に由来する。黒は力，黄は充実，赤は勝利を表す。
●政治・経済●
１人あたりのGNIは世界トップクラスだが，貿易依存度が高い。輸出品は医薬品，機械類，自動車など。チョコレートやビールなどの食品も有名。

DATA
首都：ブリュッセル
人口：1131万人
面積：3.1万km^2
人口密度：371人/km^2
民族：フラマン系 54%，ワロン系 32%
宗教：カトリック 75%
言語：オランダ語，フランス語，ドイツ語

貿易
輸入額 3710.3 億ドル，輸出額 3977.4 億ドル
おもな輸入品：機械類 12.2%，自動車 11.3%，医薬品 10.4%
おもな輸出品：医薬品 11.6%，機械類 10.9%，自動車 10.3%

ポーランド共和国
Republic of Poland

●国旗の説明●
赤と白の２色は，夕焼けの空を飛ぶ白いワシを見て旗にしたという建国時の伝説に由来する。赤は建国のために流された血，白は自由と平和を表す。
●政治・経済●
工業国だが，農業の占める割合も大きい。石炭，天然ガスなどの鉱産資源が豊富。輸出品は機械類，自動車，家具，金属製品など。

DATA
首都：ワルシャワ
人口：3796万人
面積：31.3万km^2
人口密度：121人/km^2
民族：ポーランド人 90%
宗教：カトリック 89%
言語：ポーランド語

貿易
輸入額 1897.0 億ドル，輸出額 1944.6 億ドル
おもな輸入品：機械類 25.7%，自動車 8.0%，原油 5.2%
おもな輸出品：機械類 24.6%，自動車 10.8%，家具 5.1%

ポルトガル共和国
Portuguese Republic

●国旗の説明●
緑は誠実と希望，赤は新世界発見にのりだした勇気ある国民の血を表す。紋章の天測儀はすぐれた航海術を象徴し，五つの盾と七つの城は征服したムーア人の国と奪い返した城の数を表す。

●政治・経済●
輸出品は集積回路，自動車，衣類など。オリーブやワイン，コルクなどの生産がさかん。観光業も重要。

DATA
首都：リスボン
人口：1034万人
面積：9.2万km^2
人口密度：112人／km^2
民族：ポルトガル人 92%
宗教：カトリック 87%
言語：ポルトガル語

貿易
輸入額 668.0 億ドル，輸出額 553.1 億ドル
おもな輸入品：機械類 15.7%，自動車 11.2%，原油 8.2%
おもな輸出品：機械類 14.5%，自動車 10.8%，石油製品 6.8%

ラトビア共和国
Republic of Latvia

●国旗の説明●
「ラトビアン・レッド」とよばれるエビ茶色は民族独立のために流された血を，白は栄誉と信頼を表す。13世紀の戦争で傷ついた兵士を包んだ白い布が血で染まったことに由来する。

●政治・経済●
輸出品は機械類，木材や木製品など。沿岸 2 港を自由貿易港に指定し，CIS諸国と西欧諸国との中継貿易を推進。

DATA
首都：リガ
人口：196万人
面積：6.5万km^2
人口密度：30人／km^2
民族：ラトビア人 59%，ロシア系 28%
宗教：正教会 29%，カトリック 19%
言語：ラトビア語

貿易
輸入額 138.8 億ドル，輸出額 115.0 億ドル
おもな輸入品：機械類 20.8%，石油製品 8.0%，自動車 6.7%
おもな輸出品：機械類 18.0%，木材 10.2%，家具を除く木製品 5.6%

リトアニア共和国
Republic of Lithuania

●国旗の説明●
黄・緑・赤はリトアニアの伝統的な民族衣装の色。黄は光と健康の源である太陽を，緑は国土の美しさと希望を，赤は大地と自由のために戦った国民の勇気・血を表している。

●政治・経済●
独立後の経済改革と外国企業の誘致により経済が成長。バイオテクノロジー，ICT産業などもさかん。

DATA
首都：ビリニュス
人口：288万人
面積：6.5万km^2
人口密度：44人／km^2
民族：リトアニア人 84%，ポーランド系 6%
宗教：カトリック 79%
言語：リトアニア語

貿易
輸入額 281.8 億ドル，輸出額 254.1 億ドル
おもな輸入品：機械類 17.5%，原油 11.4%，自動車 6.0%
おもな輸出品：石油製品 15.3%，機械類 14.6%，家具 6.0%

ルクセンブルク大公国
Grand Duchy of Luxembourg

●国旗の説明●
旗の色は，13世紀の大公家の紋章「青と白のしまに赤いライオン」に由来する。かつてオランダの統治下にあったため，オランダ国旗の似ている。

●政治・経済●
ヨーロッパ有数の金融センターをもつ。1 人あたりGNIは世界トップクラス。重工業のほか，通信衛星やインターネットなどのICT産業もさかん。

DATA
首都：ルクセンブルク
人口：57万人
面積：0.3 万km^2
人口密度：223人／km^2
民族：ルクセンブルク人 57%
宗教：カトリック 90%
言語：ルクセンブルク語，フランス語，ドイツ語

貿易
輸入額 193.0 億ドル，輸出額 126.3 億ドル
おもな輸入品：機械類 14.7%，自動車 11.7%，石油製品 6.9%
おもな輸出品：鉄鋼 16.7%，機械類 16.5%，自動車 6.5%

ルーマニア
Romania

●国旗の説明●
王政時代に定められた青・黄・赤の三色旗で，かつて王国を構成した 3 公国(トランシルヴァニア，モルドヴァ，ワラキア)を示すといわれる。青は空，黄は穀物，赤は戦いを表す意味もある。

●政治・経済●
石油，石炭，天然ガスなどの鉱産資源が豊富。輸出品は機械類，自動車，衣類など。農業人口の割合が高い。

DATA
首都：ブカレスト
人口：1976万人
面積：23.8万km^2
人口密度：83人／km^2
民族：ルーマニア人 90%
宗教：ルーマニア正教 87%，プロテスタント6%
言語：ルーマニア語

貿易
輸入額 698.6 億ドル，輸出額 606.1 億ドル
おもな輸入品：機械類 27.5%，自動車 8.1%，繊維品 4.6%
おもな輸出品：機械類 27.3%，自動車 14.2%，衣類 4.9%

ロシアと周辺諸国

ウクライナ
Ukraine

●国旗の説明●
水色はウクライナの色とされ，空を表す。黄色は麦で，世界有数の農業国であることを表している。

●政治・経済●
ドネツ炭田など石炭は多いが，石油は少ない。土壌が肥沃で穀物栽培がさかんなため「ヨーロッパの穀倉」といわれた。工業は重化学工業がさかん。

DATA
首都：キエフ
人口：4259万人
面積：60.4万km^2
人口密度：71人／km^2
民族：ウクライナ人 78%，ロシア系 17%
宗教：ウクライナ正教 84%
言語：ウクライナ語，ロシア語

貿易
輸入額 375.2 億ドル，輸出額 381.3 億ドル
おもな輸入品：機械類 17.2%，天然ガス 12.0%，石油製品 10.2%
おもな輸出品：鉄鋼 22.0%，機械類 10.3%，ひまわり油 7.9%

ロシア連邦
Russian Federation

●国旗の説明●
1991年のソ連解体時に，鎌とハンマーの赤旗から帝政ロシア時代の旗に戻った。白・青・赤は「汎スラブ色」で，白は高貴とベラルーシ人，青は名誉とウクライナ人，赤は愛とロシア人を表す。

●政治・経済●
原油，天然ガス，木材など資源が豊富。小麦・てんさいの栽培もさかん。工業は多岐にわたり発達。

DATA
首都：モスクワ
人口：1億4350万人
面積：1709.8万km^2
人口密度：8人／km^2
民族：ロシア人 80%，タタール人 4%
宗教：ロシア正教 53%，イスラーム8%
言語：ロシア語

貿易
輸入額 1827.8 億ドル，輸出額 3439.1 億ドル
おもな輸入品：機械類 30.5%，自動車 8.2%，医療品 5.0%
おもな輸出品：原油 26.0%，石油製品 19.6%，天然ガス 12.2%

アメリカ・カナダ

アメリカ合衆国

United States of America

●国旗の説明●
赤と白のストライプは独立したときの13州の数，50の星は，アラスカやハワイを含めた現在の州の数を表す。星の数は，州が増えるたびに増えてきた。

●政治・経済●
世界最大の経済規模をもつ。工業，農業ともにさかん。経済，金融，軍事面で世界に与える影響が大きい。

DATA
首都：ワシントンD.C.
人口：3億2312万人
面積：983.4万km²
人口密度：33人／km²
民族：ヨーロッパ系 66%，ヒスパニック 15%
宗教：プロテスタント 51%，カトリック 24%
言語：英語

貿易
輸入額 23068.2 億ドル，輸出額 15038.7 億ドル
おもな輸入品：機械類 28.9%，自動車 12.1%，原油 5.7%
おもな輸出品：機械類 25.5%，自動車 8.2%，石油製品 5.0%

カナダ

Canada

●国旗の説明●
赤と白はカナダの国民色。この国のシンボルであるカエデ(メイプルリーフ)の葉を中央に配し，両側の赤い帯は太平洋と大西洋を表している。

●政治・経済●
対アメリカ合衆国が輸出・輸入ともに全体の5割以上を占める。輸出品は自動車，原油，機械類，金，航空機とその部品など。

DATA
首都：オタワ
人口：3628万人
面積：998.5万km²
人口密度：4人／km²
民族：イギリス系 46%，フランス系 24%
宗教：カトリック 43%，プロテスタント 28%
言語：英語，フランス語

貿易
輸入額 4191.5 億ドル，輸出額 4088.0億ドル
おもな輸入品：機械類 25.2%，自動車 15.6%，原油 3.1%
おもな輸出品：自動車 14.6%，原油 12.3%，機械類 11.0%

ラテンアメリカ

アルゼンチン共和国

Argentine Republic

●国旗の説明●
水色と白は革命軍の服装の色からとったといわれ，水色は正義と自由を，白は平和を表す。中央の太陽は｢5月の太陽｣とよばれ，1810年5月に始まったスペインからの独立闘争の象徴。

●政治・経済●
輸出品は大豆飼料や大豆であるが，自動車などの工業製品の割合が高まっている。パタゴニアでは原油を産出している。

DATA
首都：ブエノスアイレス
人口：4359万人
面積：278.0万km²
人口密度：16人／km²
民族：ヨーロッパ系 86%
宗教：カトリック 80%，プロテスタント 5%
言語：スペイン語

貿易
輸入額 597.9 億ドル，輸出額 567.5 億ドル
おもな輸入品：機械類 28.7%，自動車 13.8%，有機化合物 4.4%
おもな輸出品：大豆飼料 17.0%，自動車 10.5%，大豆 7.5%

エクアドル共和国

Republic of Ecuador

●国旗の説明●
黄は太陽と鉱産資源，青は海と空，赤は独立のために流された血を表す。中央の紋章には，コンドル，雪をかぶったチンボラソ山，航行する商船，太陽と黄道がデザインされている。

●政治・経済●
原油が最大の輸出品。その収入で工業が発展した。農業ではバナナとコーヒー豆が重要。漁業もさかんで，魚の輸出もある。

DATA
首都：キト
人口：1652万人
面積：25.7万km²
人口密度：64人／km²
民族：メスチーソ 65%，先住民 25%
宗教：カトリック 85%
言語：スペイン語，ケチュア語

貿易
輸入額 213.9 億ドル，輸出額 183.3 億ドル
おもな輸入品：機械類 22.7%，石油製品 9.8%，鉱物性タール 7.5%
おもな輸出品：原油 34.7%，魚介類 19.1%，バナナ 15.4%

キューバ共和国

Republic of Cuba

●国旗の説明●
赤い三角形は独立時に流された血と自由・平等・博愛を，白い星は輝く未来を象徴する。3本の青い帯は独立3州を，2本の白い帯は独立の精神を表す。

●政治・経済●
社会主義国。医療水準が高く，ベネズエラなどへの医師派遣(サービス輸出)が外貨収入を支える。アメリカ合衆国との国交回復後，観光業も成長。

DATA
首都：ハバナ
人口：1123万人
面積：11.0万km²
人口密度：102人／km²
民族：ムラート 51%，ヨーロッパ系 37%
宗教：カトリック 47%
言語：スペイン語

貿易
輸入額 101.7 億ドル，輸出額 29.8 億ドル
おもな輸入品：機械類 23.8%，精密機械 2.9%，金属製品 2.9%
おもな輸出品：医薬品 9.6%，たばこ 7.4%，機械類 3.7%

コスタリカ共和国

Republic of Costa Rica

●国旗の説明●
白は平和，青は空，赤は独立時に流された血を表す。紋章には，この国が7地域から構成されていることを示す七つの星，帆船が浮かぶ太平洋とカリブ海，三つの火山などが描かれている。

●政治・経済●
輸出品は機械類，バナナなど。外国企業の誘致により，集積回路，医療器具などの製造業が発展。観光業も重要。

DATA
首都：サンホセ
人口：489万人
面積：5.1万km²
人口密度：96人／km²
民族：ヨーロッパ系 77%，メスチーソ 17%
宗教：カトリック 76%，プロテスタント 14%
言語：スペイン語

貿易
輸入額 155.0 億ドル，輸出額 95.8 億ドル
おもな輸入品：機械類 21.0%，自動車 9.4%，石油製品 8.0%
おもな輸出品：精密機械 17.9%，機械類 9.1%，バナナ 8.7%

コロンビア共和国
Republic of Colombia

●国旗の説明●
黄と赤は旧宗主国スペインの国旗の色に由来する。黄は新大陸の黄金を，赤はヨーロッパの旧大陸を表し，青は大西洋によって新旧両大陸が結びつくことを象徴しているといわれる。

●政治・経済●
輸出品は原油，石炭，コーヒー豆，バナナ，化学品，衣類，切花など。金，エメラルドなどの鉱産資源が豊富。

DATA
首都：ボゴタ
人口：4874万人
面積：114.2万km²
人口密度：43人／km²
民族：メスチーソ 47%，ムラート 23%
宗教：カトリック 93%
言語：スペイン語

貿易
輸入額 540.4 億ドル，輸出額 356.9 億ドル
おもな輸入品：機械類 23.5%，石油製品 9.4%，自動車 7.7%
おもな輸出品：原油 36.0%，石炭 12.8%，コーヒー豆 7.1%

チリ共和国
Republic of Chile

●国旗の説明●
赤はスペインから独立するために流された血，青い四角はチリの空の色，白はアンデスの雪，星は国家の統一と名誉・進歩を表す。

●政治・経済●
輸出は銅，ぶどうなどの果実，魚介類，パルプなど。産出量世界一の銅をはじめ，銀，鉄鉱石，モリブデンなど，鉱産資源が豊富。工業化も進んでいる。

DATA
首都：サンティアゴ
人口：1819万人
面積：75.6万km²
人口密度：24人／km²
民族：メスチーソ 72%，ヨーロッパ系 22%
宗教：カトリック 70%
言語：スペイン語

貿易
輸入額 630.4 億ドル，輸出額 633.6 億ドル
おもな輸入品：機械類 24.4%，自動車 11.2%，石油製品 6.3%
おもな輸出品：銅 26.8%，銅鉱石 21.9%，果実 7.9%

パナマ共和国
Republic of Panama

●国旗の説明●
赤と青は独立当時の2大政党であった自由党と保守党を表し，赤い星は政治の権威と国の発展，青い星は国への忠誠，白は両党の協力を示している。

●政治・経済●
輸出品は魚介類，バナナ，木材など。運河，港湾，金融などフリーゾーンでの工業と観光など第3次産業が発展。2016年にパナマ運河の拡張工事終了。

DATA
首都：パナマシティ
人口：403万人
面積：7.5万km²
人口密度：54人／km²
民族：メスチーソ58%，アフリカ系・ムラート 14%，
宗教：カトリック 71%，プロテスタント・独立派キリスト教 14%
言語：スペイン語，英語

貿易
輸入額 121.3億ドル，輸出額 7.0 億ドル
おもな輸入品：機械類 18.9%，石油製品 12.7%，自動車 10.4%
おもな輸出品：魚介類 22.5%，果実 20.2%，木材 5.2%

ブラジル連邦共和国
Federative Republic of Brazil

●国旗の説明●
青い円は天体で，星は首都ブラジリアと26州を表し，27個ある。天体の帯にはポルトガル語で「秩序と進歩」と書かれている。また緑は豊かな森林，黄は鉱産資源を表す。

●政治・経済●
経済規模は南米最大。輸出品は大豆，機械類，肉類，コーヒー豆など。鉄鉱石，ボーキサイトなど鉱産資源が豊富。

DATA
首都：ブラジリア
人口：2億608万人
面積：851.6万km²
人口密度：24人／km²
民族：ヨーロッパ系 54%，ムラート・メスチーソ 39%
宗教：カトリック 65%，プロテスタント 13%
言語：ポルトガル語

貿易
輸入額 1714.5 億ドル，輸出額 1911.3 億ドル
おもな輸入品：機械類 26.7%，自動車 7.8%，有機化合物 5.3%
おもな輸出品：大豆 11.0%，機械類 8.0%，肉類 7.5%

ベネズエラ・ボリバル共和国
Bolivarian Republic of Venezuela

●国旗の説明●
地色の黄・青・赤の意味はコロンビア国旗と同じで，新大陸の黄金，大西洋，旧大陸を表す。八つの星は独立時の7州と領有権を主張するガイアナのエセキボ地方を表し，左上の国章には自由を象徴する白馬が描かれている。

●政治・経済●
世界有数の石油産出国。鉄鉱石，ボーキサイトなどの鉱産資源も豊富。

DATA
首都：カラカス
人口：3102万人
面積：91.2万km²
人口密度：34人／km²
民族：メスチーソ 64%，ヨーロッパ系 23%
宗教：カトリック 85%
言語：スペイン語，31の先住民言語

貿易
輸入額 449.5 億ドル，輸出額 879.6 億ドル
おもな輸入品：機械類 26.4%，医薬品 7.8%，鉄鋼 4.5%
おもな輸出品：原油 85.1%，石油製品 12.5%

ペルー共和国
Republic of Peru

●国旗の説明●
赤は勇気と愛国心，白は平和・名誉・進歩を示す。中央の紋章にはビクーニャやキナの木，金貨があふれる角が描かれ，豊かさを象徴している。

●政治・経済●
主要輸出品は銅や金をはじめとした鉱産物。石油製品，原油も多い。水産業も発達しており，魚粉などの加工品も主要な産業。

DATA
首都：リマ
人口：3148万人
面積：128.5万km²
人口密度：25人／km²
民族：先住民 45%，メスチーソ 37%
宗教：カトリック 81%，プロテスタント 13%
言語：スペイン語，ケチュア語，アイマラ語

貿易
輸入額 381.0 億ドル，輸出額 332.4 億ドル
おもな輸入品：機械類 26.2%，自動車 9.4%，石油製品 5.8%
おもな輸出品：銅鉱石 19.8%，金(非貨幣用) 17.0 %，銅 5.7%

ボリビア多民族国
The Plurinational State of Bolivia

●国旗の説明●
赤は動物，黄は鉱産資源，緑は森林資源を示している。中央の紋章には，州の数を表す九つの星や，コンドル，ポトシ銀山，パンの木などボリビアを象徴する動植物や地形が描かれている。

●政治・経済●
輸出品は天然ガス，亜鉛鉱，金，銀など。リチウムは世界有数の埋蔵量。近年は大豆などの輸出用農業がさかん。

DATA
首都：ラパス
人口：1098万人
面積：109.9万km²
人口密度：10人／km²
民族：先住民 62%，メスチーソ28%
宗教：カトリック 78%，プロテスタント・独立派キリスト教 16%
言語：スペイン語，36の民族公用語

貿易
輸入額 96.8 億ドル，輸出額 89.1 億ドル
おもな輸入品：機械類 26.3%，自動車 13.0%，石油製品 10.6%
おもな輸出品：天然ガス 42.3%，亜鉛鉱 9.7%，金(非貨幣用) 8.1%

メキシコ合衆国
United Mexican States

●国旗の説明●
緑は諸州の自由と独立，白はカトリック，赤は民族の統一を表す。サボテンの上のヘビをくわえたワシは，アステカ帝国の首都建設の伝説に由来する。

●政治・経済●
外国企業の進出が進み，工業化が著しい。輸出品は機械類，自動車，原油など。アメリカ合衆国への輸出額は8割を占める。

DATA
首都：メキシコシティ
人口：1億2227万人
面積：196.4万km²
人口密度：62人／km²
民族：メスチーソ 60%，先住民 30%
宗教：キリスト教 96%
言語：スペイン語

貿易
輸入額 3952.3 億ドル，輸出額 3807.5 億ドル
おもな輸入品：機械類 38.7%，自動車 9.4%，石油製品 5.1%
おもな輸出品：機械類 37.0%，自動車 23.6%，原油 4.9%

オセアニア

オーストラリア連邦
Commonwealth of Australia

●国旗の説明●
ユニオンジャックは英連邦の一員であることを示す。右側の五つの星は南十字星で，この国が南半球にあることを示し，左下の大きな星の七つの光は，独立時の６州とタスマニア島を表す。

●政治・経済●
輸出品は鉄鉱石，石炭，天然ガスなどの鉱産資源，穀物，羊毛，肉類と広範にわたる。日本の主要原料供給国。

DATA
首都：キャンベラ
人口：2412万人
面積：769.2万km²
人口密度：3人／km²
民族：ヨーロッパ系92%，アジア系6%
宗教：キリスト教64%
言語：英語

貿易
輸入額2001.1億ドル，輸出額1877.9億ドル
おもな輸入品：機械類26.3%，自動車12.3%，石油製品6.9%
おもな輸出品：鉄鉱石19.6%，石炭15.2%，液化天然ガス6.6%

トンガ王国
Kingdom of Tonga

●国旗の説明●
以前からトンガの島々の旗として親しまれていたものを，1970年の独立時に国旗として制定した。十字はキリスト教国，白は純潔，赤地はキリストの聖なる血を表す。

●政治・経済●
輸出品は魚介類，野菜など。輸出作物としてかぼちゃ栽培に成功したが現在は急減。出稼ぎ者の送金が外貨獲得源。

DATA
首都：ヌクアロファ
人口：10万人
面積：0.07万km²
人口密度：135人／km²
民族：ポリネシア系，ミクロネシア系
宗教：プロテスタント65%，カトリック16%
言語：トンガ語，英語

貿易
輸入額2.2億ドル，輸出額0.2億ドル
おもな輸入品：石油製品20.3%，機械類18.7%，肉類10.9%
おもな輸出品：魚介類34.0%，野菜27.3%，石油製品15.5%

ニュージーランド
New Zealand

●国旗の説明●
1902年にイギリスの商船旗をもとにつくられた。ユニオンジャックは，英連邦の一員であることを示す。四つの星は，南半球のシンボル南十字星。

●政治・経済●
畜産を主とした世界屈指の先進農業国。輸出は乳製品，肉類などの畜産品と機械類。最近はバイオテクノロジーと映画産業にも力を入れている。

DATA
首都：ウェリントン
人口：469万人
面積：26.8万km²
人口密度：18人／km²
民族：ヨーロッパ系68%，マオリ人15%
宗教：キリスト教51%
言語：英語，マオリ語

貿易
輸入額365.3億ドル，輸出額343.6億ドル
おもな輸入品：機械類21.9%，自動車12.9%，原油6.1%
おもな輸出品：ミルク·クリーム15.4%，牛肉6.7%，羊肉6.3%

地形図読図　読図トレーニングの解答

p.302　火山地形
問1　②　　問2　ア

p.303　氷河地形
問1　②　　問2　②　　問3　カール

p.304　河岸段丘
問1　②　　問2　②
問3　段丘崖の急斜面を上り下りするから。

p.305　扇状地
問1　A：扇頂　B：扇央　C：扇端
問2　扇端で水が得やすいから(扇端の湧水帯)。
問3　天井川　　問4　③

p.306　氾濫原
問1　自然堤防上　　問2　後背湿地　　問3　①
問4　③

p.307　台地
問1　③　　問2　①　　問3　②
問4　水が得にくいこと。

p.308　離水海岸
問1　浜堤　　問2　浜堤の間の旧ラグーンのなごり。

p.308　沈水海岸
問1　③
問2　陸地が沈降，あるいは海面が上昇してできた。
問3　リアス海岸の湾や入り江は，幅の割りに水深が深く，波が静かで養殖場に適しているから。

p.309　カルスト地形
問1　③　　問2　④　　問3　②

p.309　サンゴ礁
問1　①　　問2　④　　問3　②

p.310　新田集落・路村
問1　①・③
問2　道路に沿って路村形態の集落がみられ，その背後に畑・墓地，最も遠いところに森林。

p.311　名田百姓村・散村
問1　緩傾斜の扇状地上に灌漑用水路が整備されているから。　　問2　3/500　　問3　約130m

p.312　条里制
問1　直交する道路網，直線・直角に曲がる水路，四角いため池，一定間隔の集落。　　問2　③
問3　家屋の配置が，新しい集落は規則的で，古くからの集落は不規則(塊村状)である。

p.312　屯田兵村
問1　④　　問2　格子状に規則正しく直交している。
問3　④

p.313　城下町
問1　T字型やL字型の道路，袋小路がみられる。敵の襲来に備えて，見通しを悪くするため。
問2　②　　問3　③

p.313　宿場町
問1　②　　問2　古い集落にある道路は幅が狭く，騒音や振動などの問題から拡幅が難しかったため。

p.314　都市化とニュータウン
問1　②　台の地名がつくことや土地利用から推察できる。
問2　集合住宅　　問3　③

巻末資料　世界の農産物

稲

原産地はまだ特定されていないが，長江中・下流域説が有力。生育期に高温多雨な気候を好む。粒が細く粘りの少ないインディカ種が主として熱帯で，短粒で粘り気の多いジャポニカ種が日本・朝鮮・中国北部で栽培される。日本酒の多くは酒造用に改良された米からつくられる。

参照　p.70

小麦

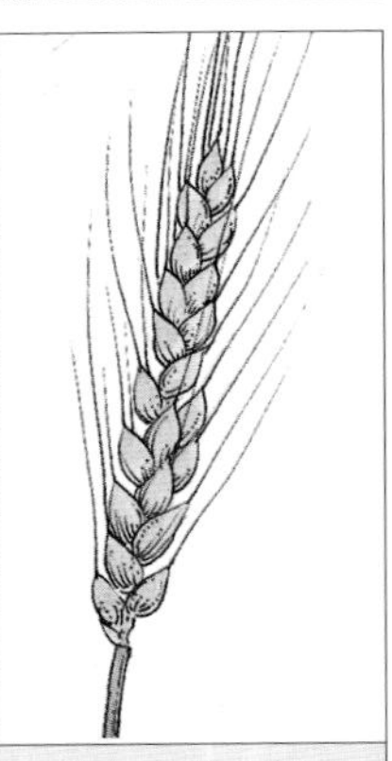

原産地は西アジア周辺。生育期に冷涼(れいりょう)多湿，成熟期に温暖・乾燥する気候を好む。草丈80～100cm程度。稲より低温・少雨でも生育可能で，温帯では冬小麦，亜寒帯では春小麦と，1年を通して世界のどこかで栽培されている。

参照　p.71

大麦

原産地は西アジア周辺。チベットなどでは粉にしてだんご状に加工し，いまでも主食である。先進国では飼料用，ビール醸造(じょうぞう)用に利用。日本では麦茶などに利用されるが，栽培は減少傾向。

ライ麦

カフカス～中央アジアにかけてが原産地とされ，小麦畑・大麦畑の雑草から作物化された。小麦より耐寒性に優れ，酸性土壌(どじょう)もきらわないため，東欧・ロシアで栽培がさかん。生産量の3分の1は配合飼料の原料で，黒パンやウオツカの原料にもなる。

こうりゃん

もろこしなどとともにソルガムと総称される。原産地は熱帯アフリカのエチオピア地域と考えられる。干ばつに強く，酸性土壌に適す主食代用品。先進国では飼料用として栽培。インド・中国・アメリカ合衆国が主産地。

とうもろこし

原産地は中南米といわれる。生育期に高温多湿な気候を好む。胚芽は油分を含むため，植物油の原料としても利用されるが，大部分は飼料として利用。小麦・米に次ぐ穀類として重要。

参照　p.72

大豆

東アジアが原産とされる。短期間に実るので，寒冷地でも夏を利用して栽培できる。飼料や食用以外にも大豆油からつくられる大豆油インキとしても利用される。

参照　p.72

さとうきび

イネ科で，原産地は熱帯アジア～太平洋の島々。草丈2～4m，直径3～4cmの茎を刈り，汁をしぼり，煮つめて砂糖を精製する。製糖作物としては最も重要。ブラジルでは，さとうきびを発酵(はっこう)させてアルコールを精製し，自動車燃料として利用している。

参照　p.67

じゃがいも

原産地はアンデス山脈中のチチカカ湖周辺。16世紀にスペイン人によって旧大陸にもたらされた。生育期間が短く，寒さに強いので，亜寒帯や高冷地から亜熱帯まで広く栽培される。料理のはばも広いので重宝される。

タロいも

熱帯アジアを原産地とし，高温多湿な土地を好む。モンスーンアジアの温帯にも分布。日本のさといももその一種である。オセアニアの島々や熱帯アフリカ(ギニア湾沿岸)では主食の一つとなっていたが，食生活の洋風化によって減少傾向にある。

ヤムいも

日本のやまいもに似ており，原産地は中国の華南西部の高地。東南アジア，オセアニアの島々，アフリカ西岸の国々で栽培。焼畑で栽培される場合が多い。野生種の多くは有毒で，食用には手間をかけて毒抜きをする必要がある。

てんさい

地中海東部から中央アジアにかけてが原産地。砂糖大根，ビートともいう。かぶより大きい。品種改良により，20%以上の糖分を含み，冷温帯地域の糖料作物として重要。混合農業地で輪作用に栽培。葉としぼりかすは飼料となる。

オリーブ

原産地は地中海沿岸。乾燥に強く，ほかの樹木が生育困難な岩石が多い土地でも生育可能。樹高20～30mにもなる。楕円形で2cmほどの実は40～60%の油分を含み，採油される。食用にもなる。

こしょう

原産地はインド南部。多年生つる植物で9m前後に生育するため，支柱にはわせて栽培する。直径7mmほどの球形の実から香辛料であるこしょうをつくる。インド，インドネシアのジャワ・カリマンタンで栽培。ブラジルのピメンタは黒こしょう。

カカオ

原産地は熱帯アメリカ低地。赤道を中心に南北10度以内の低地で栽培。常緑樹で樹高4～10mになる。高温多雨で無風帯，排水良好な土壌を好む。果実の中の種子をとりだし，乾燥させ，出荷。

参照 p.67

コーヒー

原産地はエチオピア高原(カッファ　Kaffa)地方。常緑樹で樹高3～5m。栽培適地は開花後，乾季となる熱帯高地で排水良好な緩斜面。幼樹は日射や風に弱く，保護するため「母の木」を植える。

参照 p.67

茶

天然木は7～8mに達するが，栽培種は1m程度に剪定。日本茶の原産地はチベット～中国ユンナン(雲南)省。年中高温多雨で排水良好な丘陵地が栽培適地。

参照 p.67

ジュート（黄麻）

原産地は熱帯アジア。高温多湿な気候と肥沃土を好み，水田で栽培される。草丈3～5m。茎の表皮から繊維をとり，包装用粗布袋(ガンニー袋)，じゅうたんの裏打用布に加工される。

綿花

原産地はインド北西部，中南米など数か所存在する。年間無霜期間200日以上の比較的高温で，開花後は乾燥していることが必要。種子に密生する綿毛から繊維をとり，種子は採油原料となる。

参照 p.73

天然ゴム（パラゴム）

原産地はアマゾン川流域。樹高17～35m。年中高温多雨で暴風雨のない低地で，深い砂質土が栽培適地。1本の木から年に5kgのゴム液が採取でき，自動車のタイヤなどに利用される。合成ゴムの増加で生産が停滞していたが，近年，中国の自動車生産の増加で需要が増えている。

コルクがし

原産地は地中海沿岸。常緑樹で寿命は80～150年といわれ，樹高30mにもなる。20年目くらいの木の樹皮からコルク層が採取できる。その後9年ごとに採取。ビンの栓，サンダル底などに利用。スペイン・ポルトガル・アルジェリアなどで栽培。

サイザル麻（ヘネケン麻）

原産地はメキシコのユカタン半島。高温で乾燥した気候を好む多年生の多肉植物。高さ約7m，葉の長さ1～2m。葉から繊維がとれ，ロープ・敷物に加工される。

キャッサバ

原産地はブラジルとされる。熱帯地方で広く栽培されている。根からデンプン(タピオカ)を採取し，食用に加工したり，飼料として利用される。品種によっては毒素(青酸)があるため，このようなキャッサバは，天日で乾燥させることで毒素(青酸)を除いてから利用される。

油やし

原産地は熱帯西アフリカの雨林帯。樹高が10～20mで，葉の付け根に5cmくらいの果実を1000個あまりも集めた房状の実をつける。果実は油分に富み，パーム油がとれる。これは，洗剤やマーガリンの原料となる。近年，バイオディーゼルの原料としても注目される。

参照 p.78

ココやし

原産地はオセアニア説が有力。年中高温な熱帯低地を好み，樹高20～30mに生育。葉は5～7mにおよぶ。果実の胚乳を乾燥させたものをコプラといい，やし油をとる。

参照 p.78

なつめやし

原産地はメソポタミア周辺。樹高約30mに成長し，高温少雨の乾燥気候に適応する。果実は甘く，西アジア～北アフリカのオアシスでは主食，また，菓子の材料，乾果としても使われる。果実からは酒もつくられる。幹や葉は現地の建築用にも利用される。

参照 p.58

巻末資料　世界の家畜

肉牛

夏に毛が短く，冬に長くなるフランス原産のシャロレーや，どんな気候の土地でも飼育可能なイギリス原産のヘレフォードなどがいる。日本では，小型の日本在来の牛にブラウンスイス（スイス原産）やショートホーン（イギリス原産）を交配し，改良された黒毛和種が代表的。

豚

ヨークシャー：イギリスのヨークシャー地方が原産地。性質はおとなしく1回に生まれる子の数が多い。日本の風土にも適している。
バークシャー：イギリスのバークシャー地方が原産地。強健で成長が早く，肉質もよい。

羊

オーストラリアでおもに飼育されるメリノ種は毛用種の王座を占める品種であり，羊毛量が多く高品質で飼育しやすい。食肉用にはコリデール種やロムニー種が有名で，おもにニュージーランドで飼育されているが，ロムニー種の毛はカーペット用としても有名。

乳牛

ホルスタイン：オランダ原産で，乳牛として最も多く飼育されている品種。品種改良によって乳量が牛のなかで最多を誇り，年間4.5～6tにもなる。
ジャージー：イギリス原産で，ホルスタインの次に多い。年間3～4tの乳を出す。

ヤギ

寒さに強く，やせた土地にも強いので，牛などを飼いにくい山地や荒れ地で飼われる。地域によって体形に大きな差があり，同一種と見えないこともある。乳・毛・皮・肉用としてのほかに，アンゴラ種やカシミール種のように毛を目的として飼育することもある。

ラクダ

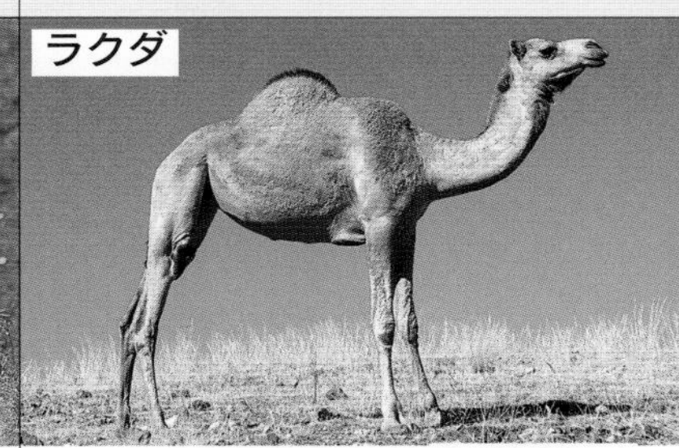

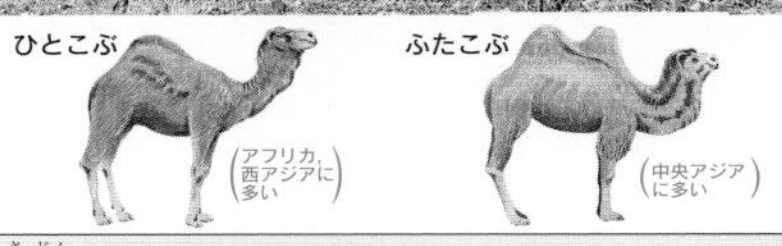

砂塵（さじん）を防ぐ鼻や目，荒れ地でも大丈夫な厚い足裏をもち，粗食に耐え，数日に1度の飲水で生きることができるため，古くから砂漠（さばく）地帯で飼育されてきた。高温で乾燥した気候に耐えるひとこぶラクダと，低温で乾燥した気候に耐えるふたこぶラクダとがいる。

ヤク

牛の一種。チベット，ヒマラヤ山脈など，標高6000mくらいの冷涼（れいりょう）な気候に適応する。地衣（ちいるい）類やコケ類が食料で，多くは家畜として飼育され，運搬のほか，乳はバターに，肉は食用に，毛は織物に，糞は燃料にと余すところなく利用されている。野生のヤクは国際保護動物になっている。

トナカイ

北極周辺のツンドラ地帯で飼育される。コケ類・地衣類などを食料とし，北極海沿岸からタイガまで遊牧が行われる。そりをひき，乗用・運搬用に，また肉や乳は食用に，皮はテント・衣服用に利用される。

リャマ　アルパカ

ともにラクダ科で極めて近い関係にあり，両者の雑種もできやすいのでアンデスの現地人でも区別がつけにくいといわれる。リャマは力が強く，荷役用のほか食用や採毛用としても重要な家畜である。アルパカはリャマより小型で，上質の毛をとるために飼育されている。

巻末資料　世界の鉱産物

鉄

鉄分を50〜60％含む暗赤色の磁鉄鉱・赤鉄鉱や，鉄分を20〜50％含む褐色の褐鉄鉱などがある。このうち，赤鉄鉱は製鉄用として使用される。このほか，りんを含むミネット鉱はトーマス法によって製鉄される。

参照 p.114

銅

銅は，延性や展性，熱伝導に優れているので，多種多様な工業で利用され，多くの合金がつくられている。銅鉱石は酸化物や硫化物として採掘されるので，鉄分や硫黄分を取り除いたあと精錬してできる。

参照 p.116

ボーキサイト

ボーキサイトから取り出したアルミナと氷晶石（溶剤）を入れた電解槽で電気分解によってアルミニウムを得る。軽くて腐食に強く電気伝導に優れるので，軽合金やジュラルミンなど多くの合金に利用されている。

参照 p.116

金

比重が大きく，熱や酸・アルカリにも強い。また，展性に優れ，厚さ1ミクロン未満にまで引きのばせる。多くは合金にして利用される。

参照 p.116

ダイヤモンド

炭素からなる無色透明かクリーム色，赤色の鉱物で，鉱物のなかでは最も硬い。研磨や，金属の切断，装飾品として利用される。

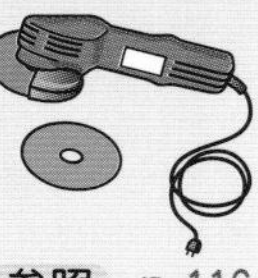

参照 p.116

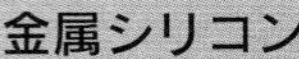

金属シリコン

石英を主成分とする，珪石や珪砂を精錬してつくられる半金属。半導体や原子力発電機，ジェットエンジンなどに利用されている。

ウランとイエローケーキ

花崗岩質の岩石中などに含まれている。取り出されたウラン鉱は，精錬されてイエローケーキになり，さらに濃縮工場で濃縮ウランになる。これが原子力発電に利用される。

参照 p.119

石炭

炭素が含まれる量によって，無煙炭（80％以上），瀝青炭（80〜50％），褐炭（50〜30％）に分けられる。このうち，瀝青炭は石炭のなかでは最も生産量が多く，製鉄用コークスや燃料に利用される。

参照 p.108

原油

地殻変動などの圧力や熱によって，地質時代の動植物から生じた炭化水素が水成岩にたまったもの。今日最も多く利用されるエネルギー源である。加工されたものには灯油・重油・ナフサなどがある。

参照 p.110

さくいん

※アカ字はとくに詳しく解説しているページです。

アルファベットさくいん